Cambodge, Laos

Île de Phú Quốc (Vietnam)

Cofondateurs : Philippe GLOAGUEN et Michel DUVAL

Directeur de collection et auteur
Philippe GLOAGUEN

Rédacteurs en chef adjoints
Amanda KERAVEL
et Benoît LUCCHINI

Directrice de la coordination
Florence CHARMETANT

Directrice administrative
Bénédicte GLOAGUEN

Directeur du développement
Gavin's CLEMENTE-RUIZ

Conseiller à la rédaction
Pierre JOSSE

Responsable voyages
Carole BORDES

Direction éditoriale
Élise ERNEST

Rédaction
Isabelle AL SUBAIHI
Emmanuelle BAUQUIS
Mathilde de BOISGROLLIER
Thierry BROUARD
Marie BURIN des ROZIERS
Diane CAPRON
Véronique de CHARDON
Laura CHARLIER
Fiona DEBRABANDER
Anne-Caroline DUMAS
Éléonore FRIESS
Géraldine LEMAUF-BEAUVOIS
Olivier PAGE
Alain PALLIER
Anne POINSOT
André PONCELET

2020

hachette

TABLE DES MATIÈRES

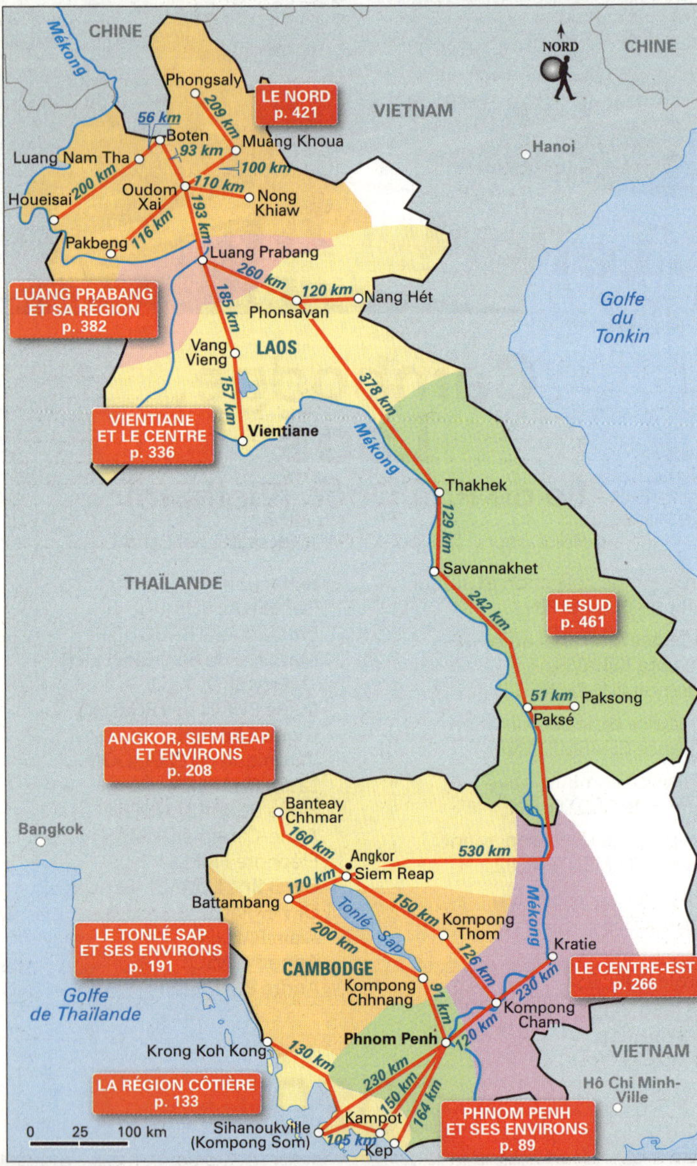

PRÉAMBULE

Important : dernière minute

Sauf rares exceptions, le *Routard* bénéficie d'une parution annuelle à date fixe. Entre deux dates, des événements fortuits (formalités, taux de change, catastrophes naturelles, conditions d'accès aux sites, fermetures inopinées, etc.) peuvent modifier vos projets de voyage. Pour éviter les déconvenues, nous vous recommandons de consulter la rubrique « Guide » par pays de notre site • ***routard.com*** • et plus particulièrement les dernières ***Actus voyageurs.***

Repiquage du riz à Battambang, Cambodge

LA RÉDACTION DU ROUTARD

(sans oublier nos 50 enquêteurs, aussi sur le terrain)

© R. Delalande et E. Dessons

Jean-Sébastien, Olivier, Mathilde, Alain, Gavin's, Éléonore, Anne-Caroline, André, Laura, Florence, Véronique, Isabelle, Géraldine, Fiona, Amanda, Benoît, Emmanuelle, Bénédicte, Philippe, Carole, Diane, Anne, Marie.

La saga du *Routard* : en 1971, deux étudiants, Philippe et Michel, avaient une furieuse envie de découvrir le monde. De retour du Népal germe l'idée d'un guide différent qui regrouperait tuyaux malins et itinéraires sympa, destiné aux jeunes fauchés en quête de liberté. 1973. Après 19 refus d'éditeurs et la faillite de leur première maison d'édition, l'aventure commence vraiment avec Hachette. Aujourd'hui, Le *Routard*, c'est plus d'une cinquantaine d'enquêteurs impliqués et sincères. Ils parcourent le monde toute l'année dans l'anonymat et s'acharnent à restituer leurs coups de cœur avec passion.

Merci à tous les Routards qui partagent nos convictions : liberté et indépendance d'esprit ; découverte et partage ; sincérité, tolérance et respect des autres.

NOS SPÉCIALISTES CAMBODGE ET LAOS

Isabelle Al Subaihi : une émigration outre-Manche à l'âge de 4 mois, forcément, ça laisse des traces : un goût prononcé pour l'exotisme ! Depuis, elle cherche à transmettre sa passion du voyage. Ce qu'elle aime partager : un bon plat, des éclats de rire, l'émotion d'un paysage qui bouleverse. Et surtout, une vision décalée grâce à des rencontres surprenantes.

Fabrice de Lestang : il s'est longtemps levé bien tard puis a subitement réalisé, à 22 ans, que la vie c'est le mouvement. Régisseur sur les plateaux de tournage 7 jours sur 7, il est passé avec bonheur des décors de studio aux paysages réels. Au Routard depuis plus de 20 ans, il se lève désormais très tôt et affiche plus de 100 voyages au compteur.

Dimitri Lefèvre : après avoir travaillé sur de nombreux films, il a rejoint le Routard il y a 9 ans. Pour lui, recommander une adresse c'est faire un casting pointu, visiter un lieu c'est faire des repérages pour écrire le scénario de la Palme d'or du film de vacances. Mais au final, les pépites découvertes et les bons conseils aux lecteurs, ce n'est pas du cinéma !

UN GRAND MERCI À NOS AMI(E)S SUR PLACE ET EN FRANCE

Pour cette nouvelle édition, nous remercions particulièrement :

Au Cambodge :

- **Johnni Tong** et **Su Do** à Phnom Penh ; **Mister T** à Stung Treng ; **Eugénie,** pour ses tuyaux sur Sihanoukville et sa région ; **Sarah,** incollable sur Kampot et la zone côtière.

Au Laos :

- **Céline, Anthony** et **Rémi** de l'ECC ; **Dirk** pour ses bons conseils sur la *Loop* des Karsts de Khammouane ; **Nicolas** pour son aide à Savannakhet et **Christophe** pour ses bons plans à Vientiane et dans le nord du pays. Et plus au sud, un grand merci également à **Nathalie** pour son aide et sa vigilance. **Fred** à Don Khône et **Jacques Bacon,** infatigable baroudeur.
- **Valérie, Charly et Bruno** – à Luang Prabang – pour leur disponibilité et leur grande connaissance du pays.

Sans oublier :

- **Daniel Bastard** de Reporters sans frontières et **Gaël Grilhot** – pour ses contributions régulières.
- Et enfin un grand merci **à tous les voyageurs rencontrés sur place** pour leurs commentaires, suggestions et bons plans partagés.

Pictogrammes du Routard

Établissements

- Hôtel, auberge, chambre d'hôtes
- Camping
- Restaurant
- Terrasse
- Pizzeria
- Boulangerie, sandwicherie
- Pâtisserie
- Glacier
- Café, salon de thé
- Café, bar
- Bar musical
- Club, boîte de nuit
- Salle de spectacle
- Boutique, magasin, marché

Infos pratiques

- Office de tourisme
- Poste
- Accès Internet
- Hôpital, urgences
- Adapté aux personnes handicapées

Sites

- Présente un intérêt touristique
- Point de vue
- Plage
- Spot de surf
- Site de plongée
- Recommandé pour les enfants
- Inscrit au Patrimoine mondial de l'Unesco

Transports

- Aéroport
- Gare ferroviaire
- Gare routière, arrêt de bus
- Station de métro
- Station de tramway
- Parking
- Taxi
- Taxi collectif
- Bateau
- Bateau fluvial
- Piste cyclable, parcours à vélo

Le *Routard* est imprimé sur un papier issu de forêts gérées.

I.S.B.N. 978-2-01-706800-6

Sites inscrits au Patrimoine mondial de l'Unesco
NORD
THAÏLANDE
BANGKOK
Poipet
Sisophon
O'smach
Samrong
Chong Sa Ngam
Anlong Veng
Preah Vihear
Banteay Chhmar
ANGKOR, SIEM REAP ET ENVIRONS p. 208
Kulen
Koh Ker
Phnom Kulen
Angkor
Beng
Preah Khan
Siem Reap
Prek Toal
Kampong Phluk
Battambang
Spean Preah Toeus' Bridge
Tonlé Sap
Pailin
Ban Pakard
Sangker
Kompong Thom
Pursat
Kompong Luong
LE TONLÉ SAP ET SES ENVIRONS p. 191
Kompong Chhnang
Oudong
Koh Dach
PHNOM PENH
Had Lek
Krong Koh Kong
Kompong Speu
Kirirom National Park
Tonlé Bati Ta Prohm
Koh Kong Island
PHNOM PENH ET SES ENVIRONS p. 89
Phnom Chisor
LA RÉGION CÔTIÈRE p. 133
Kâaong
Takeo
Baie de Kompong Som
Angkor Borei et Phnom Da
Golfe du Siam
TAKEO
Le Bokor
Phnom Chhnork
Phnom Sorseha
Kampong Trach
Phnom Den
Tinh Bien
Koh Rong
Ream National Park
Koh Rong Samloem
Kampot
Kep
Prek Chak
Kompong Som (Sihanoukville)
Koh Tonsay
Ha Tien
Angkoul
Île de Koh Ta Kiev
Phũ Quốc (Vietnam)
0 25 50 km

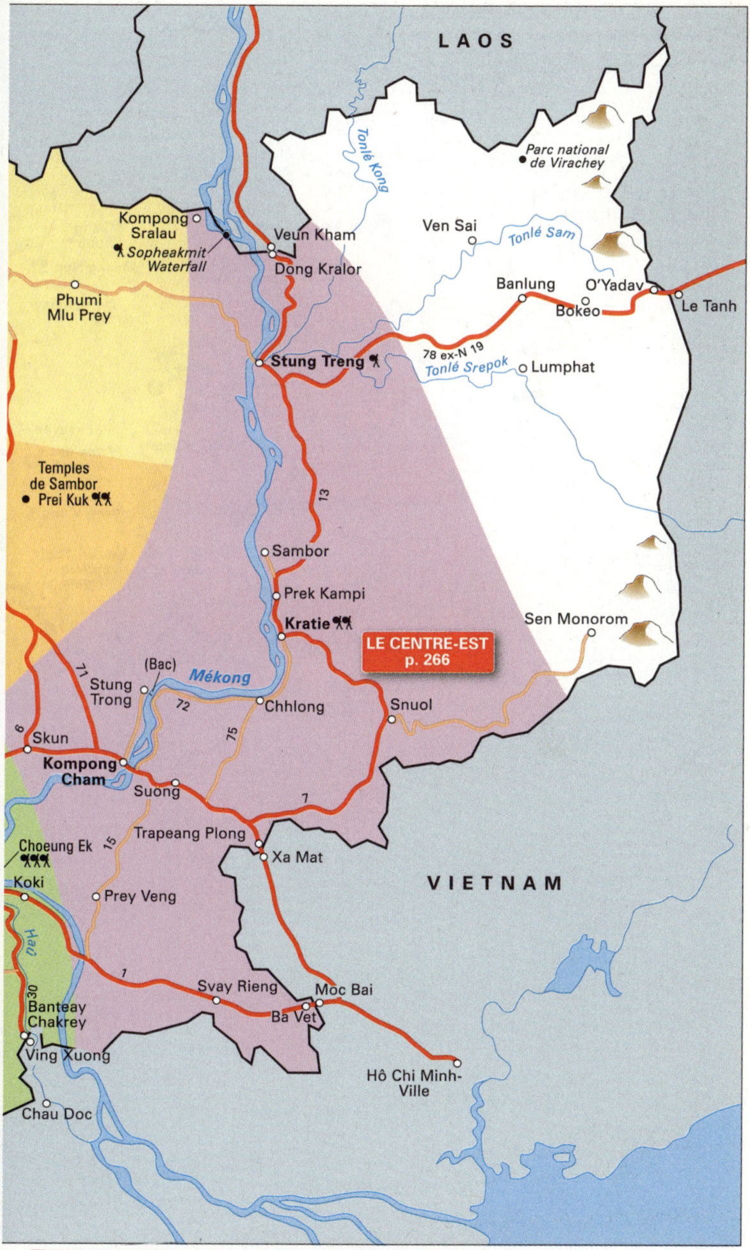
LAOS
Parc national de Virachey
Tonlé Kong
Ven Sai
Tonlé Sam
Kompong Sralau
Sopheakmit Waterfall
Veun Kham
Dong Kralor
Phumi Mlu Prey
Banlung
O'Yadav
Bokeo
Le Tanh
Stung Treng
78 ex-N 19
Tonlé Srepok
Lumphat
Temples de Sambor Prei Kuk
13
Sambor
Prek Kampi
Kratie
Sen Monorom
LE CENTRE-EST p. 266
(Bac)
Mékong
71
Stung Trong
72
Chhlong
Snuol
6
Skun
75
Kompong Cham
Suong
7
Trapeang Plong
15
Choeung Ek
Xa Mat
VIETNAM
Koki
Prey Veng
Hau
1
30
Svay Rieng
Moc Bai
Ba Vet
Banteay Chakrey
Ving Xuong
Hô Chi Minh-Ville
Chau Doc

LE CAMBODGE

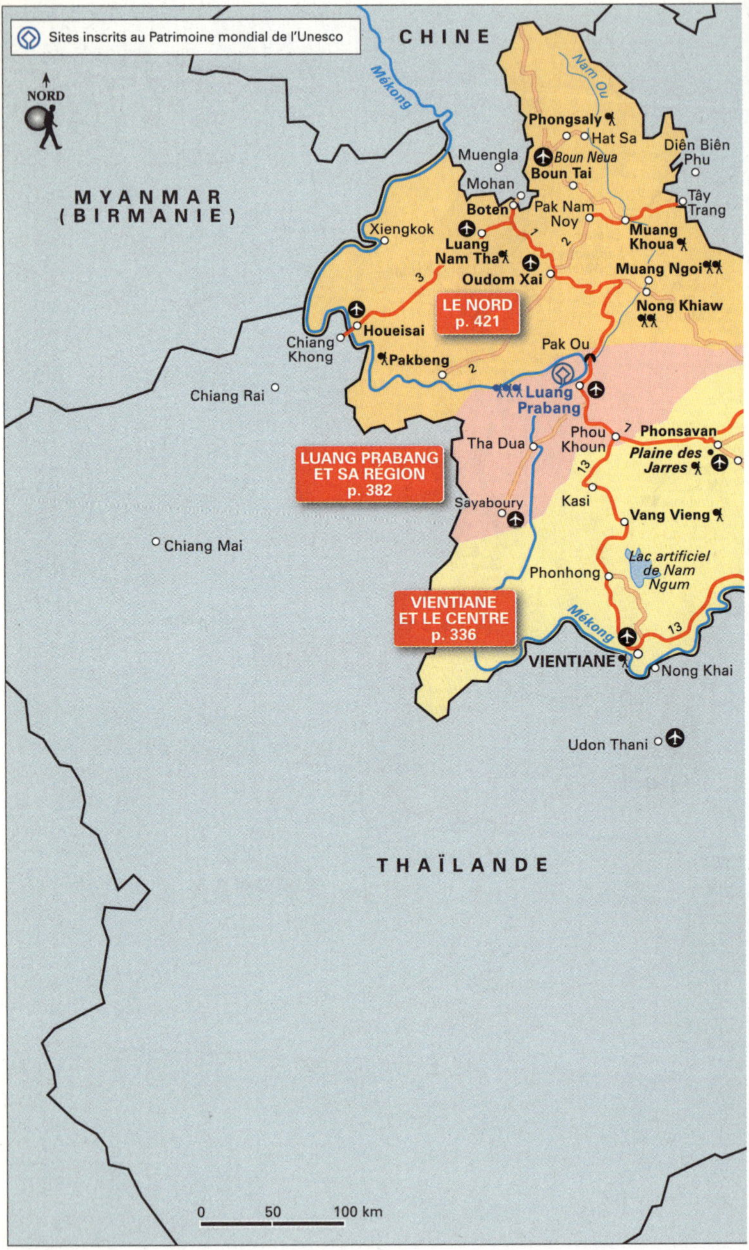

Sites inscrits au Patrimoine mondial de l'Unesco
NORD
CHINE
MYANMAR (BIRMANIE)
THAÏLANDE
Mékong
Nam Ou
Phongsaly
Hat Sa
Diên Biên Phu
Boun Neua
Boun Tai
Muengla
Mohan
Tây Trang
Boten
Pak Nam Noy
Xiengkok
Luang Nam Tha
Muang Khoua
Oudom Xai
Muang Ngoi
LE NORD p. 421
Nong Khiaw
Houeisai
Chiang Khong
Pakbeng
Pak Ou
Chiang Rai
Luang Prabang
Phou Khoun
Phonsavan
Tha Dua
Plaine des Jarres
LUANG PRABANG ET SA RÉGION p. 382
Sayaboury
Kasi
Vang Vieng
Chiang Mai
Lac artificiel de Nam Ngum
Phonhong
VIENTIANE ET LE CENTRE p. 336
VIENTIANE
Nong Khai
Udon Thani
0
50
100 km

CHINE
HANOI
VIETNAM
Sam Neua
Na Mèo
Nang Hét
Nam Khan
Muang Khoun
5101
D1
Golfe du Tonkin
Vinh
Paksane
Nam Phao
Cau Tréo
8A
Laksao
13
Na Phao
Chalo
12
Nakhon Phanom
Thakhek
LE SUD p. 461
9
Lao Bao
Mukdahan
Savannakhet
Dan Savan
Hué
Da Nang
13
Saravane
Tad Lo
Sékong
Tad Phaxuam
16
Plateau des Bolavens
Chong Mek
Paksé
Ubon Ratchathani
Vangtao
Tad Fane
Paksong
Champasak
Vat Phou
Attapeu
Mékong
13
Île de Khong
CAMBODGE
Îles de Khône et de Det (4000 îles)
Veun Kham
Dong Kralor
Stung Treng

LE LAOS

Bas-reliefs dans le temple Banteay Srei

« Quand les éléphants se battent, ce sont les fourmis qui meurent. »
Proverbe laotien

Le paradoxe du Cambodge, c'est d'être médiatisé au travers de ce qu'il a donné de plus grandiose, Angkor, et de pire, les Khmers rouges. Désormais, le calme règne sur tout le territoire et l'amélioration des infrastructures permet de chercher ce pays au-delà du seul et fabuleux Angkor. C'est le moment d'aller s'enivrer de **la magie** bien actuelle **des campagnes khmères.** Bourgs et villages parsèment des paysages, non pas impressionnants, mais authentiques et générateurs d'atmosphères. Les étendues régulières plantées de rangées de cocotiers et de palmiers à sucre qui marquent à perte de vue le tapis des rizières, dominées au loin par quelques collines incongrues et esseulées, exercent un **indicible pouvoir hypnotique.** Beaucoup de voyageurs tombent alors amoureux du Cambodge et de sa population si attachante, au sourire contagieux. Si vous y allez pour Angkor, on vous le garantit, vous en reviendrez **conquis par les Cambodgiens** et leur pays !

Le Laos cultive, quant à lui, une tranquille nonchalance, rythmée par le cours du Mékong, véritable colonne vertébrale du pays. **Un pays d'eau,** de plaines fertiles, **de paysages** tantôt montagneux, tantôt **karstiques,** mais aussi de temples, témoins de la splendeur passée. Sans oublier de petites touches qui rappellent la présence française, comme **l'odeur de la baguette** sortant des boulangeries ou le choc des boules sur **les terrains de pétanque.** L'occasion de se mesurer à des joueurs souvent excellents et de faire connaissance avec une population la plupart du temps discrète. L'ancien « **royaume du million d'éléphants** », aujourd'hui l'un des plus pauvres de la planète, est à la recherche d'une voie qui lui permette à la fois de préserver son identité et de consolider son développement économique. Pas toujours simple quand on est entouré de voisins aussi dynamiques qu'envahissants.

Pétanque au Laos (eh oui !)

NOS COUPS DE CŒUR

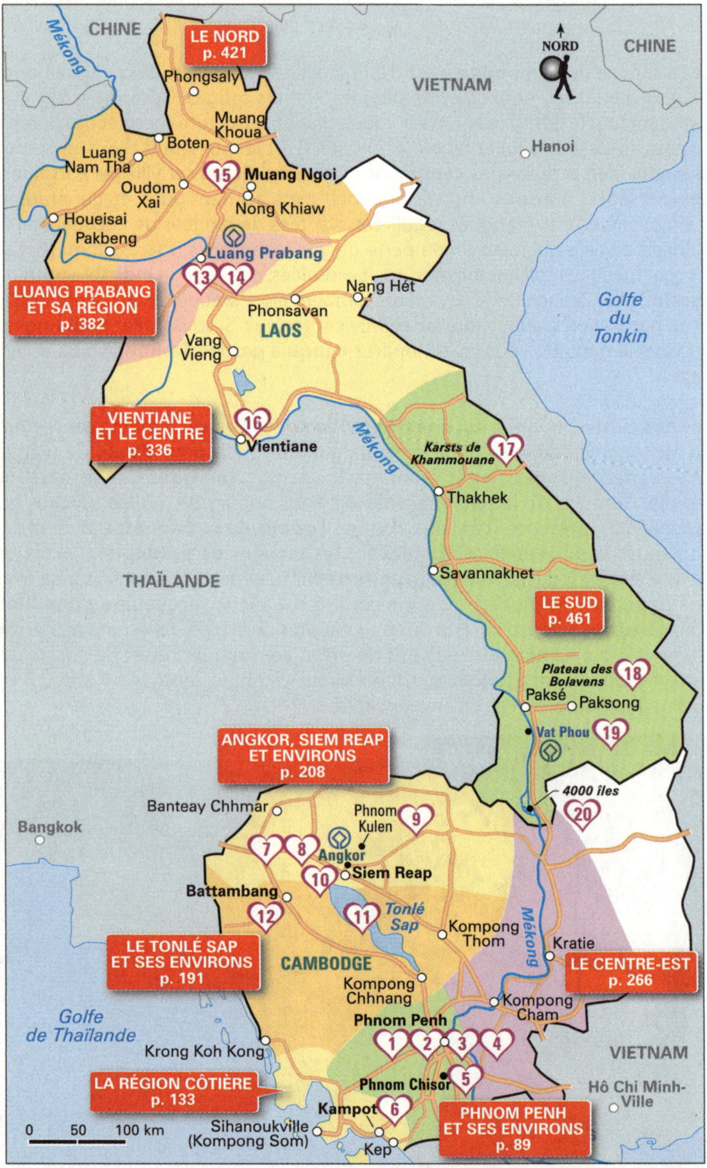

AU CAMBODGE

① Partir du Palais royal pour se balader en fin de journée sur le Tonlé Sap, à Phnom Penh.

La capitale du Cambodge fut surnommée « la perle de l'Asie du Sud-Est » à l'époque coloniale. Le long du fleuve Tonlé Sap, admirez le Palais royal et les façades coloniales qui rivalisent d'élégance. À la tombée de la nuit, rejoignez la longue promenade bien proprette du quai, arpentée par ses badauds, vendeurs et bateleurs, tous au rendez-vous. Embarquez pour un coucher de soleil d'anthologie à bord d'un bateau qui peut même vous conduire sur certaines îles à quelques encablures de la capitale. *p. 118*

© Guiziou Franck/hemis.fr

② Rejoindre une des terrasses du quai Sisowath, la Croisette de la capitale.

Parmi les nombreux et confortables cafés du quai Sisowath, la « promenade des Anglais » de Phnom Penh, la terrasse du *FCC* est idéalement située. Dominant le fleuve d'un côté et le Palais royal de l'autre, l'ancien repaire des correspondants de guerre est un lieu de choix pour siroter un cocktail, tranquillement installé dans un fauteuil avec vue ou perché au comptoir de son célèbre bar en fer à cheval. *p. 115*

Bon à savoir : *boire un verre au* FCC *n'est pas donné (on paie le cadre !) ; du coup, on profite des* happy hours *(de 17h à 19h).*

© Body Philippe/hemis.fr

3 Arpenter le marché russe à Phnom Penh, pour les emplettes et pour tester ses talents de négociateur.

Parmi les marchés grouillants de vie de Phnom Penh, le marché russe (appelé ainsi car les Russes le fréquentaient beaucoup pendant la période vietnamienne) est notre préféré. Excentré, vieillot et bondé, c'est le plus typique, celui où vous trouverez le plus de souvenirs à rapporter. En général, les prix restent raisonnables, même s'il est pas mal prisé par les touristes. *p. 125*

Bon à savoir : *nombreuses gargotes à l'intérieur et à l'extérieur (sur le parking à partir de 16h).*

4 Coup au cœur plutôt que coup de cœur : visiter Tuol Sleng (le camp S-21), ancienne prison des Khmers rouges à Phnom Penh.

Cet ancien lycée fut, d'avril 1975 à janvier 1979, la prison la plus terrifiante du Cambodge des Khmers rouges. Environ 20 000 personnes y subirent les pires tortures avant d'être achevées dans le camp de Choeung Ek à quelques kilomètres de la capitale. Baptisé S-21 par les hommes de Pol Pot, ce lieu n'est pas sans rappeler certains camps de concentration nazis. Une visite cauchemardesque mais indispensable pour vraiment saisir l'ampleur du traumatisme subi par le peuple cambodgien. *p. 122*

Bon à savoir : *• tuolslenggenocidemuseum.com •*

5 Escalader les 413 marches du Phnom Chisor et être récompensé par le mystère des vieilles pierres et la vue, d'une sérénité absolue.

Le temple de Phnom Chisor, au sud de Phnom Penh, fut construit au XIe s sous le règne de Suryavarman Ier. Le site, assez ruiné, possède néanmoins une forte identité et de beaux restes, en particulier de superbes linteaux. Un centre bouddhique s'est installé à côté. Il faut dire que l'endroit incite particulièrement à la méditation... *p. 129*

Bon à savoir : *ne pas arriver trop tôt dans l'après-midi, sinon il fera trop chaud pour grimper au sommet de la colline-temple.*

6 **Se pourlécher les babines en se régalant du célèbre crabe au poivre vert de Kampot.**

Déjà récolté par les Chinois dans la région au XIIIe s, ce sont les Français qui, au XIXe s, ont introduit la culture intensive de ce fameux poivre de Kampot, qui rivalise avec les meilleurs du monde. On dénombre près de 300 plantations réparties de Kampot à Kampong Trach, près de la frontière vietnamienne. Si la vedette locale accommode de nombreux plats, le crabe au poivre frais est une merveille ! p. 141

Bon à savoir : *parce qu'il est impossible de différencier visuellement le poivre de Kampot de celui du Vietnam voisin, le « Kampot Pepper » bénéficie désormais du label Indication Géographique Protégée (IGP) reconnu par l'Union européenne.*

(7) Se laisser gagner par le mystère d'Angkor au lever et au coucher du soleil.

Pour éviter le plus gros des foules à Angkor, pas de vrai remède, mais quelques palliatifs possibles : admirer Angkor Wat, le plus connu, le plus majestueux des temples aux premières heures du jour ; tenter de percer le mystère du Bayon et sa forêt de têtes gigantesques durant l'après-midi ; ressentir la magie du Ta Prohm quand les derniers rayons inondent ce temple dévoré par la jungle… *p. 236*

***Bon à savoir :** acheter les billets la veille au soir, à partir de 17h, pour pouvoir accéder au site le soir même au coucher du soleil et le lendemain dès l'ouverture… à 5h du matin.*

(8) Espérer croiser Angelina Jolie dans les ruines romantiques et mythiques du Ta Prohm à Angkor.

Vous en pincez pour Lara Croft, l'archéologue aventurière de *Tomb Raider* ? Vous aurez alors reconnu le Ta Prohm, ce temple livré à la jungle, qui fut le théâtre de scènes du film… Angelina Jolie, tombée amoureuse du Cambodge lors du tournage, y serait retournée plusieurs fois. Si aucune rencontre ne se produit, rattrapez-vous en admirant la lumière rasante du soir, entre la pierre et le végétal conquérant… *p. 257*

9 **Vivre sa découverte d'un site archéologique isolé. Votre choix sera le bon.**

S'il faut bien reconnaître qu'Angkor connaît une explosion touristique exponentielle, le site a de quoi exciter encore l'imagination et favoriser l'inspiration. Pensez donc, plus de 280 temples ont été recensés dans la région ! Inclure la visite d'un site isolé reste le moyen le plus sûr d'étancher les soifs d'explorateur des petits et des grands. *p. 260*

© Lemaire Stéphane/hemis.fr

10 **Déjeuner à l'école *Sala Baï* à Siem Reap.**

Sala Baï est une école hôtelière gratuite réservée aux jeunes issus de familles extrêmement défavorisées. Le restaurant d'application est ouvert à tous. L'accueil y est chaleureux, et l'excellente cuisine propose saveurs khmères ou occidentales. Alliant l'agréable à l'utile, votre repas servira à financer les étudiants et à contribuer au succès de cette formidable initiative. *p. 226*

Bon à savoir : *le resto est ouvert de mi-octobre à mi-juillet, pour le petit déj et le déjeuner seulement.* • salabai.com •

© Régis Binard/École SalaBaï

11 **Découvrir les richesses du monde lacustre du Tonlé Sap et ses villages flottants.**
Plus grand lac d'Asie du Sud-Est, organe vital du Cambodge, le Tonlé Sap se remplit et se vide au rythme des moussons. Près de 3 millions de personnes vivent autour du lac et dans ses villages lacustres. L'ONG *Osmose* propose aux touristes d'être ici les témoins d'une nature et d'une population essayant de vivre en osmose. Le bénéfice des visites permet de contribuer au développement des communautés locales en les aidant à prendre en main leur destinée tout en les sensibilisant à la valeur de leur environnement. Remarquable ! *p. 191*
Bon à savoir : *pour plus d'infos,* • *osmosetonlesap.net* • *Y aller d'octobre à mars (d'avril à juin, niveau du lac trop bas, et en été, les oiseaux se dispersent vers d'autres cieux).*

12 **S'offrir une petite parenthèse à Battambang, ancienne ville coloniale.**
Entourée de plaines considérées comme le grenier du Cambodge, la 2e ville du pays occupe une place importante dans l'économie nationale. Quelques éléments d'architecture coloniale, un marché incontournable, le cirque Phare devenu une référence et de très beaux alentours font le charme de Battambang. On y mange aussi très bien : y goûter le riz cultivé dans les plaines, le plus parfumé qui soit. *p. 194*

AU LAOS

13 Admirer le panorama depuis le mont Phousi à Luang Prabang dans l'atmosphère pleine de spiritualité du wat Chomsi.

On conseille de commencer la visite de Luang Prabang par l'ascension du mont Phousi. À son sommet, le wat Chomsi, stûpa de 20 m de hauteur érigé sur une pyramide à 3 gradins. Y monter à la tombée de la nuit, lorsque le ciel rougeoie et que résonnent les cloches des monastères. La ville apparaît alors baignée par une lumière dorée… *p. 407*

© Paul Brown/Alamy/Hemis

14 À Luang Prabang, visiter l'ancien Palais royal et son musée.

Pour les Laotiens, l'ancien Palais royal est moins important que la précieuse relique qui s'y trouve, le bouddha d'Or, sous la protection duquel le Laos est encore aujourd'hui officiellement placé. La statue, visible à travers une grille, pèse 50 kg et mesure 83 cm de hauteur. Au fil des salles du palais, on admire de superbes peintures de style Art déco, de vénérables tambours de bronze, de magnifiques fresques en verre coloré… Incontournable. *p. 408*

© Hughes Hervé/hemis.fr

15 **Depuis Nong Khiaw, rejoindre le site exceptionnel de Muang Ngoi en 1h de bateau sur la Nam Ou, au milieu de paysages superbes.**
Poursuivre l'exploration grâce à une balade fluviale entre villages, grottes et cascades. La vie au bord de l'eau défile, paisible : pêcheurs, jeunes filles qui ramassent les algues, buffles se rafraîchissant… À l'aube, sur les berges de la rivière… c'est *Tous les matins du monde* ! *p. 450*

16 **À Vientiane, visiter l'incontournable wat Sisaket, le temple le plus ancien de la ville (1818).**
C'est en fait le seul à avoir échappé au pillage des Siamois en 1827. Situé en face du palais présidentiel et à 2 encablures du Mékong, il se dégage une atmosphère apaisante dans ce sanctuaire entouré d'un cloître dans l'enceinte duquel sont nichées de multiples statuettes du Bouddha. *p. 356*
Bon à savoir : *prévoir un répulsif antimoustiques, même en saison sèche, surtout si l'on traîne un peu au bord de l'eau.*

17 **S'émerveiller en détaillant les paysages karstiques de Khammouane.** Ses grottes sont traversées par des rivières souterraines dans lesquelles se reflètent les formations calcaires dans un silence presque absolu. Ne pas manquer la plus célèbre de toutes : la grotte de Kong Lor, une merveille de la nature de plus de 7 km de long que l'on visite en pirogue. *p. 468*
Bon à savoir : *le site étant assez excentré, il vaut mieux loger sur place.*

© Philippe Crochet/Photononstop

18 **Partir à la découverte des Bolavens, une région parmi les plus mystérieuses du pays.**

Plantée de rizières et d'hévéas, elle est aussi et surtout connue pour ses théiers et caféiers. Ne pas manquer de goûter à ces breuvages particulièrement fameux. Se baigner ensuite au pied d'une des innombrables cascades qui arrosent le plateau. Un coin pour amoureux de sites grandeur nature et de petits villages aux habitants authentiques et attachants. *p. 501*

Bon à savoir : *compter 2 jours pour la petite boucle des Bolavens, 4 jours pour la grande.*

19 **Gravir les marches du site archéologique de Vat Phou, bordées par les frangipaniers à l'odeur enivrante.**
Aboutir au sanctuaire adossé à la montagne que vénéraient à la fois les hindouistes et les bouddhistes. Méditer alors tout son soûl devant un panorama grandiose qui embrasse la vallée avant de redescendre empreint d'une belle sérénité. *p. 497*
Bon à savoir : *démarrer tôt pour éviter l'ascension sous la canicule.*

20 **Filer vers les 4 000 îles, à l'extrême sud du pays, delta intérieur du Mékong.**
Les chaos rocheux à l'approche de la frontière cambodgienne forment des chutes à la puissance vertigineuse. On s'étourdit devant le cadre sauvagement beau des chutes de Li Phi (« le gouffre aux mauvais esprits »), avant d'opter pour l'effet brumisateur des chutes de Phapeng, les plus larges d'Asie (10 km jusqu'aux chutes de Sopheakmit) et surnommées le « Niagara du Mékong ». *p. 509*

La grotte aux milliers de statuettes, à Pak Ou, Laos

ITINÉRAIRES CONSEILLÉS

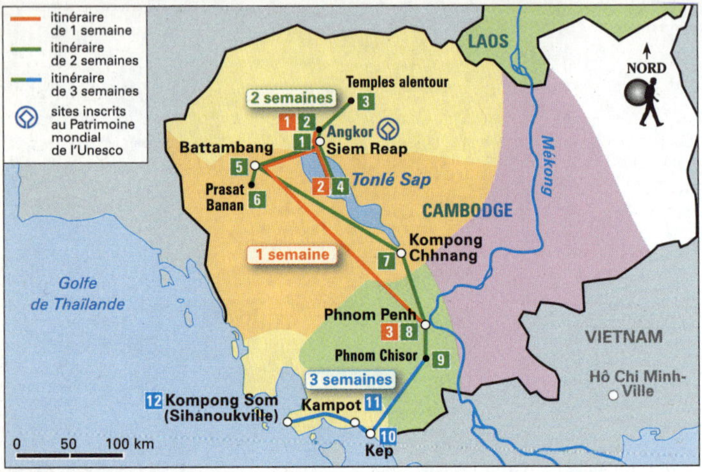

AU CAMBODGE

1 semaine

- **Du 1er au 3e jour : Angkor (1).** On atterrit, on dîne et on loge à Siem Reap pour visiter en journée Angkor. Prévoir au moins 3 jours pour appréhender ce site grandiose inscrit au Patrimoine mondial de l'Unesco.
- **4e jour :** rejoindre Phnom Penh en bus, ou mieux en bateau le long du **Tonlé Sap (2).**
- **Du 5e au 7e jour : Phnom Penh (3).** Entre Palais royal, pagodes, vestiges coloniaux, marchés animés et musées mémoriaux, la capitale se révèle une étape incontournable.

2 semaines

- **1er jour : Siem Reap (1).** Porte d'entrée du célèbre site, cette petite ville devenue grande a su attirer les visiteurs grâce à ses nombreux marchés et son très beau musée pour aborder Angkor. De plus, le soir, animation garantie dans *Pub Street* et *The Lane.*
- **Du 2e au 4e jour : Angkor (2).** 3 jours pour appréhender au mieux le site en parcourant le petit circuit d'**Angkor Wat à Angkor Thom** et le grand circuit **Preah Khan, Neak Pean, Ta Som,** le **Mébon oriental** et **Pre Rup.**
- **5e et 6e jours,** les **temples alentour (3) :** le **Banteay Srei,** le **Beng Mealea** ou le **Kbal Spean,** et d'autres encore qu'on ne cesse de découvrir dans la jungle…
- **7e jour :** le **Tonlé Sap (4).** Une journée de navigation sur ce lac unique aux multiples villages flottants.
- **8e et 9e jours :** par la route ou en bateau, poursuivre jusqu'à **Battambang (5),** et passer au moins un jour dans cette ancienne capitale, 2e ville du pays, entourée de plaines considérées comme « le bol de riz » du Cambodge. On en profite

pour voir dans les environs les ruines du temple **wat Ek Phnom, Prasat Banan (6),** un très bel ensemble de tours au sommet d'une colline, ou les sinistres grottes de **Phnom Sampeau** utilisées par les Khmers rouges et connues sous le nom de « Killing Caves ».

- **Du 10e au 13e jour :** rejoindre, en longeant le Tonlé Sap, **Kompong Chhnang (7),** avec son village de pêcheurs et ses potiers, juste le temps d'une pause avant de poursuivre vers **Phnom Penh (8),** où l'on peut facilement passer 3 jours. L'ancienne « perle de l'Asie du Sud-Est », à l'époque coloniale, est aujourd'hui une capitale à taille humaine, où l'on s'attarde pour ses marchés, son Palais royal, sa pagode d'Argent et autres temples, son Musée national et ses musées-mémoriaux Tuol Sleng et Choeung Ek...
- **14e jour :** ceux qui ont le temps pousseront au sud vers **Tonlé Bati** et **Ta Prohm,** voire jusqu'à **Phnom Chisor (9).** Bel environnement pour le 1er temple, non loin d'un lac, et le charme d'un site sauvage qui recèle encore de beaux vestiges pour le 2d, plus éloigné.

3 semaines

En continuité de l'itinéraire de 2 semaines, cap au sud :

- **15e et 16e jours : Kep et ses environs (10).** Dans cette petite ville de bord de mer, tranquille et charmante, on regarde le temps s'écouler, entre la visite d'une plantation de poivre (plus proche de Kep que de Kampot), la visite de la grotte-temple Kirisela et une excursion (ou un séjour pour un farniente total) sur l'**île de Tonsay** qui accueille quelques bungalows sur la plage.
- **17e et 18e jours : Kampot (11)** pour son célèbre poivre, ses bons restos, ses soirées épicées et sa jolie campagne alentour (grottes, lac secret…) à parcourir à vélo, en *tuk-tuk* ou à moto.
- **Du 19e au 21e jour : Sihanoukville (12)** retient les voyageurs fatigués. C'est de là qu'on embarque vers ses îles (la festive Koh Rong ou la plus tranquille Koh Rong Samloem) : un peu de plongée par-ci, un peu de farniente par-là pour conclure un voyage en douceur.

SI VOUS ÊTES...

Culture, tendance vieilles pierres : Siem Reap pour visiter **Angkor** et tous les temples alentour. Arpentez ensuite la capitale **Phnom Penh,** une ville quadrillée de larges avenues pour mettre en valeur les trésors architecturaux khmers (pagodes, Palais royal).

Plages : Kep, petite station balnéaire tranquille par rapport à sa grande sœur, Sihanoukville, d'où l'on part pour les séduisantes **îles de Koh Ta Kiev, Koh Rong** et **Koh Rong Samloem.**

Gastronomie : Kampot et **Kep** pour le sublime crabe au poivre vert, **Siem Reap** pour ses gâteaux à la noix de coco et pour le restaurant-école *Sala Baï,* **Phnom Penh** pour ses délicieux restaurants d'ONG et leurs spécialités khmères, **Battambang** pour son riz très parfumé, ses noix de coco et ses oranges.

Mémoire : visite et recueillement au musée du Crime génocidaire Tuol Sleng et à Choeung Ek (Killing Fields), à **Phnom Penh.** Dans les environs de **Battambang,** faites halte aux sinistres grottes de Phnom Sampeau, aussi appelées « Killing Caves ».

AU LAOS

1 semaine

Elle peut largement être consacrée à **Luang Prabang (1) et ses environs.** La plus jolie ville du pays est édifiée dans un site exceptionnel. Ville royale à taille humaine et classée au Patrimoine mondial de l'humanité de l'Unesco ! Vraiment attachante avec son charmant Palais royal, ses superbes temples, ses balades bucoliques et de belles étapes gastronomiques. Aux alentours, les grottes de Pak Ou, quelques villages et une série de belles cascades... En prime, une vie nocturne assez courte, mais intense (ah, les soirées à l'*Utopia* !)...

2 semaines dans le Nord

• **Du 1er au 4e jour : Luang Prabang (1),** reprendre le descriptif pour une semaine en privilégiant aux alentours les grottes de Pak Ou et la cascade de Kouang Si.

• **5e et 6e jours :** rejoindre **Nong Khiaw (2)** en bus, et se poser dans ce gros village au bord de la rivière Nam Ou, cerné de monts rocheux recouverts d'une végétation luxuriante.

- **7e et 8e jours :** relier ensuite **Muang Ngoi (3)** en bateau (1h). Un bout du monde enchanteur.
- **Du 9e au 12e jour :** revenir sur Nong Khiaw et Luang Prabang et poursuivre sa route vers **Vang Vieng (4).** Autrefois lieu de tous les excès, Vang Vieng s'est assagi. On en profite pour explorer cette magnifique région karstique à la découverte de villages, grottes, lagons et autres cascades.
- **13e et 14e jours :** continuer jusqu'à **Vientiane (5),** capitale-village, pour l'animation de ses rues et de ses marchés, ses quelques guinguettes au bord du Mékong, bars et restos.

Cap au sud en 3 semaines

- **Du 1er au 4e jour : Luang Prabang (1).** Reprendre les visites de l'itinéraire de 2 semaines.
- **Du 5e au 7e jour :** enchaîner vers le sud en direction de **Vang Vieng (2)** et de **ses environs.**
- **Du 8e au 11e jour :** se poser 2 jours à **Vientiane (3),** puis filer en bus (environ 8h de trajet) vers la **grotte de Kong Lor (4),** que l'on traverse en pirogue grâce à sa rivière souterraine. Dormir dans le village.
- **12e et 13e jours : Thakhek (5),** que l'on rejoint soit par Nakai, en faisant la boucle des **karsts de Khammouane** aux impressionnants panoramas (mieux vaut être véhiculé), soit plus directement par la route 13. La ville possède un charmant vieux centre d'époque coloniale adossé au Mékong.
- **14e jour : Paksé (6),** après quelques bonnes heures de bus.
- **15e et 16e jours :** Paksé est un point de départ vers le **plateau des Bolavens (7)** célèbre pour son café et son thé, sa fraîcheur, ses cascades et ses nombreuses ethnies (compter 2 jours pour la petite boucle, 3-4 jours pour la grande).
- **17e et 18e jours :** au sud, ne pas manquer la douceur de vivre de **Champasak (8),** bonne base pour explorer le magnifique temple pré-angkorien du **Vat Phou,** les villages aux éléphants, ou tout simplement se poser au bord du Mékong.
- **Du 19e au 21e jour :** enfin, à la frontière cambodgienne, voici les **4 000 îles (9),** où le fil du Mékong s'entortille autour d'une myriade d'îles luxuriantes avant de se heurter au chaos rocheux dans un fracas assourdissant. C'est à Don Khong, ou plus souvent à Don Khône et Don Det, que les voyageurs font une pause, suspendus à un hamac qui se balance au-dessus du fleuve, avant de rentrer ou de continuer vers le Cambodge.

SI VOUS ÊTES...

Fan de temples et de pagodes : Luang Prabang pour ses merveilleux temples et ses grottes sacrées, dans le séduisant environnement d'une vieille ville pleine de charme ; le **wat Sisaket** à **Vientiane,** pour ses milliers de statuettes du Bouddha, le **wat That Luang** aux abords de la capitale, le monument religieux le plus important du Laos, un peu austère mais non moins particulier, enfin le **Vat Phou,** superbe temple pré-angkorien près de Chapasak.

Fou de nature et de villages ethniques : les **environs de Luang Prabang** et de **Luang Nam Tha,** la **réserve naturelle de Nam Tha ;** les environs de **Nong Khiaw-Muang Ngoi** (l'un de nos coins routards préférés) ; les sauvages **collines de Phongsaly** à l'extrême nord du pays et la région du **plateau des Bolavens** au sud.

Amateur de paysages étonnants : les régions karstiques (massifs calcaires dits aussi « pains de sucre ») de **Vang Vieng** et surtout de **Khammouane** ; le monde étonnant et submersible du Mékong au gré des saisons des **4 000 îles.**

Le Tonlé Sap, Cambodge

Interview #experienceroutard

Par la rédaction du Routard

Pourquoi on aime le Cambodge ?

D'abord pour les Cambodgiens, héritiers d'une civilisation exceptionnelle, victimes de bourreaux parmi les pires du XXème s, ils se reconstruisent en tentant de préserver leur identité et leur force. Pour cela, l'art constitue un ancrage majeur. Que ce soit la sculpture, la danse, d'un grand raffinement, le théâtre d'ombres ou la musique, on sillonne avec bonheur le pays à travers cette matrice culturelle qui nous en apprend autant sur le passé que sur le présent. Angkor en est le point d'orgue, bien sûr, mais il ne doit pas faire oublier les autres attraits du pays et notamment le Tonlé Sap, le plus grand lac d'Asie du Sud-Est, à l'écosystème aussi unique que fragile. Des millions de personnes vivent autour, dans des villages sur pilotis ou flottants au rythme des crues et décrues. Et puis le Cambodge, c'est aussi la gastronomie : on adore cette délicieuse cuisine parfumée (ah ! le poivre de Kampot, le riz de Battambang, les restaurants d'application,...) : de quoi réjouir tous les sens.

Une fête haute en couleur au Laos ?

La fête des Lumières, fin octobre, début novembre, rivalise en popularité et en beauté avec la fête des Eaux en avril. Si elle vibre au rythme des courses de pirogue la journée, elle prend toute son ampleur la nuit, lorsque les temples sont illuminés de lampes en forme de fleurs. En une procession joyeuse, les habitants et les moines poussent les bateaux de papier et de lumière qu'ils ont confectionnés exprès pour l'événement, puis les lancent sur le Mékong. Le fleuve se pare alors d'une guirlande d'embarcations lumineuses, qui emportent avec elle la malchance et les péchés. C'est aussi un hommage à Naga, la divinité de l'eau. Magique !

Un souvenir de voyage marquant au Laos ?

On aurait pu rejoindre Phongsaly en petit coucou jusqu'à Boun Neua, mais on a choisi de se casser le dos sur la route ou plutôt la piste creusée, vermoulue, qui file tant bien que mal à l'assaut des montagnes du nord jusqu'à la frontière chinoise. Là-haut (on est à 1 400 m), l'influence du voisin est palpable : dans la cuisine, la population, les bars à karaoké. Mais les villages alentour, riches de 15 ethnies différentes, présentent un tout autre attrait. Au village phounoy de Ban Komaen, au cœur d'un paysage magnifique, les femmes récoltent les feuilles de thé, dans des arbres non taillés. L'après-midi, quand elles ont terminé leur travail, on les retrouve assises devant leur maison à vendre ce thé vert au goût fumé, qu'elles ont corseté avec des tiges de bambou selon la tradition. Et on partage un verre d'eau fumante colorée juste par quelques feuilles séchées. Un grand moment de zénitude et de bonheur simple.

LES QUESTIONS QU'ON SE POSE AVANT LE DÉPART

➢ Quels sont les documents nécessaires pour entrer au Cambodge et au Laos ?

Pour les 2 pays, chaque voyageur doit être muni d'un ***passeport*** valable encore au moins 6 mois après le retour et d'un ***visa*** (sauf pour les ressortissants suisses qui restent au Laos moins de 15 jours). Ce dernier s'obtient aisément à l'arrivée, dans les aéroports internationaux et à certaines frontières terrestres ou par Internet (e-visa) pour le Cambodge et peut-être prochainement pour le Laos (se renseigner). Il est valable 3 mois à partir de la date d'émission, pour un séjour de 30 jours maximum.

➢ Quelle est la meilleure période pour y aller ?

De novembre à mars, car d'avril à octobre, c'est la mousson d'été : pluie et touffeur au programme.

➢ Quel budget prévoir ?

La vie est bon marché. Meilleur au Laos qu'au Cambodge. On peut voyager à la routarde dans des hôtels petit budget (autour de 10-20 €) le plus souvent bien tenus ; autour de 30 €, on trouve des établissements très propres et de bon standing. On mange correctement pour 3-6 €. Les transports (taxis, bus) sont à prix modérés. L'addition a toutefois tendance à grimper dans les villes les plus touristiques : Siem Reap (en plus du prix d'entrée à Angkor), Sihanoukville et Phnom Penh, au Cambodge ; Vientiane et Luang Prabang, au Laos. L'aérien local reste à des prix « internationaux ».

➢ Y a-t-il des problèmes de sécurité en général ?

Non, les 2 pays connaissent une vraie situation de sécurité civile. Demeurent parfois les pickpockets sur les marchés et dans les bus, et quelques vols à l'arraché, mais c'est le lot de tous les pays du monde ! Et aussi, comme partout, ne pas toucher aux drogues.

➢ Quel est le décalage horaire ?

Au Cambodge, comme au Laos : 5h de plus qu'en France (6h en hiver). Quand il est 12h à Paris, il est 17h à Phnom Penh et Vientiane, en été. Voir également le site • *horlogeparlante.com* •

➢ Quel est le temps de vol ?

Il n'existe pas encore de vol direct entre l'Europe et le Cambodge ou le Laos. La durée du voyage dépend donc de l'escale. Au départ de Paris, compter au minimum 14h de vol pour Phnom Penh et 16h pour Vientiane.

➢ Côté santé, quelles précautions ?

Vérifiez avant de partir vos vaccinations traditionnelles (polio, tétanos, etc.), les vaccins contre l'hépatite A et la typhoïde sont indispensables, celui contre la rage est fortement recommandé ; l'encéphalite japonaise sévit surtout pendant la mousson, la vaccination est recommandée pour les séjours ruraux. Plus d'infos à la rubrique « Santé » dans « Cambodge utile » et « Laos utile ». Par ailleurs, ne buvez que de l'eau en bouteille capsulée ; choisissez vos gargotes avec discernement. ***Remarque particulière concernant le Laos :*** si on trouve des cliniques privées dans les grandes villes du Cambodge, au Laos, les conditions sanitaires étant particulièrement précaires, ne pas y voyager si l'on n'est pas en bonne santé. En cas de nécessité, même pour un problème bénin, on réalisera vite que l'on est bien seul, d'autant si l'on se trouve dans la campagne. ***Partir impérativement avec une bonne assurance*** pour être transporté dans un hôpital thaïlandais ou rapatrié dans son pays d'origine si besoin.

➢ Y a-t-il des risques de paludisme ?

Hélas oui, spécialement pendant la saison des pluies. Même si certaines régions (comme Vientiane, Phnom Penh et Siem Reap intra-muros) sont sûres. Dès le coucher du soleil, porter des vêtements longs associés à un répulsif antimoustiques efficace. Attention, la dengue, également présente dans les 2 pays, est aussi transmise par les moustiques.

➢ Peut-on y aller avec des enfants ?

Au Cambodge, les enfants aimeront découvrir quelques temples du merveilleux site d'Angkor, avant de se rafraîchir dans la piscine (nombreux sont désormais les hôtels avec une petite piscine, dès les 1res catégories de prix) et découvrir les villages flottants du Tonlé Sap. À Kratie, les dauphins d'eau douce de l'Irrawaddy devraient aussi figurer au programme. Quant aux modes de déplacement, ils peuvent être ludiques : la circulation en *tuk-tuk,* ou un trajet en bateau (Siem Reap-Battambang, par exemple). On peut aussi opter pour quelques jours de baignade sur la côte ou une des îles voisines.
Au Laos, il est déconseillé de partir avec des enfants en bas âge en raison du manque d'infrastructures sanitaires. Les plus grands apprécieront les parcs équipés de tyroliennes dans les environs de Luang Prabang, ainsi que les cascades, qu'on trouve aussi en nombre sur le plateau des Bolavens et aux 4 000 îles, les balades en bateau sur le Mékong ou ses affluents, l'observation des éléphants, une sortie en kayak aux 4 000 îles... S'ils sont marcheurs et prêts à sacrifier leur confort, ils crapahuteront jusque dans des villages isolés à la rencontre des habitants très attachés à leur identité ethnique.

➢ Comment se déplacer ?

Dans les 2 pays, le bus est bon marché et le réseau dense, mais compte tenu de l'état des routes au Laos, on déconseille les trajets de nuit : nuit blanche assurée, et c'est dangereux. Idem en voiture, que vous en louiez une avec ou sans chauffeur. Au Laos, certaines liaisons peuvent encore se faire en bateau, notamment sur le magnifique Mékong. Au Cambodge, on peut rallier Siem Reap à Battambang (probablement le plus beau trajet) et Phnom Penh via le Tonlé Sap, et profiter ainsi des célèbres villages flottants.

➢ Quel est le taux de change ? Comment payer sur place ?

Au Cambodge, la monnaie locale est le riel, mais le dollar américain est roi. Il est accepté partout. *Grosso modo* 1 $ équivaut environ à 4 000 riels.
Au Laos, le kip s'obtient facilement dans les banques et les bureaux de change contre des euros dans les villes touristiques, mais il arrive qu'on ne puisse changer que des dollars dans certains coins plus isolés (prévoir de changer ses euros avant ou emporter quelques dollars par sécurité). 1 € correspond à environ 9 500 kips (on devient vite millionnaire !). On trouve des distributeurs partout dans toutes les villes.

➢ Quelles langues parle-t-on ?

Dans les 2 pays, l'anglais est la langue favorite des jeunes, des affaires et du tourisme. Au Cambodge (et dans une moindre mesure au Laos), les textes et panneaux administratifs sont traduits en français et certains étudiants ou personnes âgées parlent la langue de Molière, héritée de la période coloniale, mais pas seulement : toute une diaspora cambodgienne s'est constituée à l'étranger, en France notamment, pour fuir le régime génocidaire des Khmers rouges ; et aujourd'hui, une partie de ces émigrés sont rentrés au Cambodge. Connaître quelques mots de la langue locale (« bonjour », « merci », « au revoir ») est évidemment toujours bienvenu.

➢ Y a-t-il encore des problèmes de mines ?

Un énorme travail de déminage a été effectué au ***Cambodge*** ces dernières années. L'ensemble des sites touristiques a été nettoyé et ne présente plus de danger. Au ***Laos,*** il reste encore beaucoup à faire. Dans tous les cas, il est important de ne pas sortir des sentiers balisés, surtout dans le nord et l'est du Laos, les régions les plus touchées.

ARRIVER – QUITTER

EN PROVENANCE D'EUROPE

▲ AIR FRANCE

Rens et résas au ☎ 36-54 (0,35 €/mn ; tlj 6h30-22h), sur • airfrance.fr •, dans les agences Air France et dans ttes les agences de voyages (fermées dim).

➢ Au départ de Paris-Charles-de-Gaulle, Air France dessert Phnom Penh à raison de 10 vols/sem avec ses partenaires : 3 vol/sem via Bangkok en collaboration avec *Bangkok Airways,* 1 vol/j. via Guangzhou (Canton) avec *China Southern Airlines* et 7 vol/sem via Hanoï ou Saigon avec *Vietnam Airlines.*

Air France propose à tous des tarifs attractifs toute l'année. Pour consulter les meilleures offres du moment sur Internet, aller directement sur la page « Nos meilleurs tarifs » sur *• airfrance.fr •*

Flying Blue, le programme de fidélité gratuit d'Air France-KLM, permet de gagner des miles en voyageant sur les vols Air France, KLM et les compagnies membres de *Skyteam,* mais aussi auprès des nombreux partenaires non aériens *Flying Blue...* Les *Miles* peuvent ensuite être échangés contre des billets d'avion ou des services (surclassement, bagage supplémentaire, accès salon...), ainsi qu'auprès des partenaires. Pour en savoir plus, rendez-vous sur *• flyingblue.com •*

▲ CATHAY PACIFIC

☎ 0805-542-941 (prix d'un appel local). • cathaypacific.com/fr •

➢ Cathay Pacific assure jusqu'à 14 vols directs/sem entre Paris et Hong Kong, puis sa filiale Cathay Dragon propose 14 vols/sem vers Phnom Penh et 4 vols/sem vers Siem Reap (enregistrement de bout en bout).

Cathay Pacific permet de programmer son voyage dans la région en arrivant par le Cambodge et en repartant du Vietnam (Hanoi, Da Nang ou Hô Chi Minh-Ville) ou vice versa. À noter aussi, selon le billet, possibilité de visiter sans frais Hong Kong lors du transit aller ou retour (« *stopover* gratuit »).

▲ KLM

Rens et résas : ☎ 0892-70-26-08 (service 0,35 €/mn + prix appel). • klm.fr • Résas par tél, Internet, dans les agences Air France et les agences de voyages.

KLM propose 1 vol/j. sur Phnom Penh au départ d'Amsterdam via Bangkok en collaboration avec *Bangkok Airways*. Pour se rendre à Amsterdam, il existe de nombreux départs de Paris et de province.

▲ QATAR AIRWAYS

– Paris : 64, rue de la Boétie, 75008. ☎ 01-43-12-84-40. • qatarairways.com • Ⓜ Saint-Philippe-du-Roule. Lun-ven 9h-17h.

➢ Qatar Airways propose 1 vols/j. de Roissy-CDG à destination de Phnom Penh (avec changement d'appareil à Doha et un stop technique en principe à Hô Chi Minh-Ville). Ces vols sont également disponibles de 19 villes en France, grâce à l'accord TGV Air.

▲ THAI

– Paris : Tour Opus 12, 77, esplanade du Général-de-Gaulle, 92914 La Défense Cedex. ☎ 01-55-68-80-70. • thaiairways.fr • Ⓜ La Défense (Grande-Arche). Lun-ven 9h-12h30, 13h30-17h30 (17h ven).

➢ THAI propose 1 vol/j. sans escale de Paris vers Bangkok en A 380, puis relie le Laos avec 2 vols/j. vers Vientiane (THAI et THAI Smile) et 2 vols/j. vers Luang Prabang (en *code share* avec *Bangkok Airways*), et le Cambodge avec 2 vols/j. vers Phnom Penh opérés par THAI. Également 2 vols/j. avec *THAI Smile,* plus 5 vols/j. en *code share* avec *Bangkok Airways* à destination de Siem Reap.

▲ **VIETNAM AIRLINES**

– Paris : 49-53, av. des Champs-Élysées, 75008. ☎ 01-44-55-39-90. • vietnamairlines.com • Ⓜ Franklin-D.-Roosevelt. Lun-ven 9h30-13h, 14h-17h30.

➢ Vietnam Airlines propose au départ de Roissy-CDG et sans escale, jusqu'à 13 vols/sem à destination de Hanoi et Hô Chi Minh-Ville, à bord de l'A 350. Correspondances quasi immédiates et quotidiennes pour Phnom Penh, Siem Reap, Vientiane et Luang Prabang. Grâce à l'accord TGV Air, départs possibles depuis 19 villes de France.

LES ORGANISMES DE VOYAGES

EN FRANCE

▲ **ALTIPLANO VOYAGE**

– Annecy (Metz-Tessy) : Park Nord, Les Pléiades N° 35, 74370. ☎ 04-57-09-80-00. • cambodge@altiplano-voyage.com • Lun-ven 9h-13h, 14h-18h.

Osez l'inédit ! Telle est la devise d'Altiplano Voyage, agence spécialiste des voyages sur mesure au Cambodge et au Laos. Expert en circuits multidestinations ou thématiques, Altiplano Voyage offre des prestations originales. À votre écoute, les spécialistes du Cambodge et du Laos partagent avec vous leurs conseils et astuces afin de créer le voyage qui vous ressemble avec le degré d'autonomie souhaité (en liberté ou avec guide et visites). Ainsi, lors d'un circuit entièrement personnalisé, vous découvrez le Cambodge, ancien royaume khmer (avec ses temples, ses rizières et surtout sa population chaleureuse) et/ou le Laos, un pays tout en douceur lové au bord du Mékong.

▲ **ASIA**

– Paris : 1, rue Dante, 75005. ☎ 01-44-41-50-10. • asia.fr • Ⓜ Maubert-Mutualité. Lun-ven 9h-18h30 ; sam 10h-13h, 14h-17h.

– Agences également à Lyon, Nice, Marseille et Toulouse.

Asia est leader des voyages sur l'Asie et propose des voyages personnalisés en individuel ou en petits groupes sur l'ensemble de la zone Asie-Pacifique. Au Cambodge et au Laos, Asia met son expertise au service de ses clients pour réaliser le voyage de leurs envies. Connaissance du terrain et du patrimoine culturel, respect de l'environnement et authenticité, c'est au plus près des populations et toujours dans l'esprit des lieux qu'Asia fait partager ses créations « maison » : au Laos, le *Luangsay Lodge,* écolodge sur pilotis sur les rives du Mékong où l'on accède par bateau, et le *Vat Phou,* bateau-hôtel de charme pour caboter sur le Mékong, et encore, au cœur de Luang Prabang, la *Luang Say Residence,* une adresse luxueuse de style colonial. De plus, Asia a sélectionné des adresses idylliques et des spas raffinés pour des séjours bien-être.

▲ **ASIE INFINY**

– Paris : 5 bis, rue de l'Asile-Popincourt, 75011. ☎ 01-53-70-23-51. • asieinfiny.com • Lun-ven 9h30-19h ; sam 10h-13h, 14h-18h.

Créée en 2015, Asie Infiny, spécialiste du voyage à la carte, décline ses formules à l'infini pour répondre à toutes les envies et offrir une « Asie pour chacun ». De l'Inde au Japon en passant par le Sri Lanka, l'Indonésie (Bali) et l'Asie du Sud-Est (Thaïlande, Birmanie, Laos, Cambodge et Vietnam), son équipe vous propose une offre complète et variée. Guidé, en groupe, classique, hors des sentiers battus, à la carte ou cousu main. En route, les métropoles vibrantes et dynamiques que sont Singapour ou Hong Kong, vous attendent pour une escale de quelques jours.

▲ **CERCLE DES VACANCES / ASIE**

– Paris : 4, rue Gomboust (angle 31, av. de l'Opéra), 75001. ☎ 01-40-15-15-18. • cercledesvacances.com • Ⓜ Pyramides ou Opéra. Lun-ven 9h-20h, sam 10h-18h30.

Le vrai voyage sur mesure à destination des pays d'Asie, dont le Cambodge et le Laos.

Cercle des Vacances propose un large choix de voyages adaptés à

chaque client : circuits avec guide et chauffeur, voyages en groupe, croisière, combinés de plusieurs pays, voyages de noces... Les experts Cercle des Vacances partagent leurs conseils et leurs petits secrets pour faire de chaque voyage une expérience inoubliable. Cercle des Vacances offre également un service liste de mariage gratuit. Les petits plus qui font la différence : cours de cuisine, rencontre avec les éléphants, balade en train local, tour en pirogue...

▲ COMPTOIR DES VOYAGES

• comptoir.fr • Lun-sam 9h30-18h30.
– Paris : 2-18, rue Saint-Victor, 75005. ☎ 01-53-10-30-15. Ⓜ Maubert-Mutualité.
– Bordeaux : 26, cours du Chapeau-Rouge, 33800. ☎ 05-35-54-31-40.
– Lille : 76, rue Nationale, 59160. ☎ 03-28-04-68-20. Ⓜ Rihour.
– Lyon : 10, quai Tilsitt, 69002. ☎ 04-72-44-13-40. Ⓜ Bellecour..
– Marseille : 12, rue Breteuil, 13001. ☎ 04-84-25-21-80. Ⓜ Estrangin.
– Nice : 62, rue Giofreddo, 06000. Ouverture prévue en 2020.
– Toulouse : 43, rue Peyrolières, 31000. ☎ 05-62-30-15-00. Ⓜ Esquirol.

En plus de 30 ans, Comptoir des Voyages s'est imposé comme la référence incontournable du voyage sur mesure en immersion, avec plus de 90 destinations sur les 5 continents. Ses conseillers-spécialistes construisent des voyages uniques en s'adaptant à votre budget, vos goûts et vos envies. Pour favoriser les rencontres et l'immersion dans la vie locale, ils privilégient des hébergements typiques et des expériences authentiques. Sur place, des *greeters* francophones partagent avec vous conseils et bonnes adresses le temps d'un café. Sur votre smartphone, l'application mobile Luciole vous informe sur le déroulé de votre voyage et vous guide grâce à un GPS hors connexion.

Comptoir des Voyages est membre d'Agir pour un Tourisme Responsable depuis 2009, labellisation ATR renouvelée par Ecocert Environnement en 2019.

▲ LA ROUTE DES INDES ET DE L'ASIE

– Paris : 7, rue d'Argenteuil, 75001. ☎ 01-42-60-60-90. • laroutedesindes.com • Ⓜ Palais-Royal ou Pyramides. Lun-jeu 10h-19h, ven 10h-18h, sam sur rdv.

La Route des Indes et de l'Asie s'adresse aux voyageurs indépendants et propose des voyages individuels organisés, sur mesure, à travers l'Asie du Sud-Est et l'Extrême-Orient, adaptés au goût et au budget de chaque voyageur. Les itinéraires sont construits par des spécialistes après un entretien approfondi. La librairie offre un large choix de guides, de cartes et de littérature consacrée à l'Asie du Sud-Est et à l'Extrême-Orient. Des expositions sont régulièrement organisées dans la galerie photo et des écrivains sont invités à venir signer leurs ouvrages.

▲ LA ROUTE DES VOYAGES

– Paris : 10, rue Choron, 75009. ☎ 01-55-31-98-80. Ⓜ Notre-Dame de Lorette.
– Angers : 6, rue Corneille, 49000. ☎ 02-41-43-26-65.
– Annecy : 4 bis, av. d'Aléry, 74000. ☎ 04-50-45-60-20.
– Bordeaux : 19, rue des Frères-Bonie, 33000. ☎ 05-56-90-11-20.
– Lyon : 59, rue Franklin, 69002. ☎ 04-78-42-53-58.
– Toulouse : 9, rue Saint-Antoine-du-T, 31000. ☎ 05-62-27-00-68.
Agences ouv lun-jeu 9h-19h, ven 18h. Rdv conseillé. • laroutedesvoyages.com •

23 ans d'expérience de voyage sur mesure sur les 5 continents ! 15 pays en Europe complètent à présent leur offre. Cette équipe de voyageurs passionnés a développé un vrai savoir-faire du voyage personnalisé : écoute, conseils, voyages de repérage réguliers et des correspondants sur place soigneusement sélectionnés avec qui ils travaillent en direct. Son engagement à promouvoir un tourisme responsable se traduit par des possibilités de séjours solidaires à insérer dans les itinéraires de découverte individuelle. Elle a aussi créé un programme de compensation solidaire qui permet de financer des projets de développement locaux.

▲ MONDE AUTHENTIQUE

– Paris : 5, rue Thorel, 75002. ☎ 01-53-34-92-71. • monde-authentique.com • Ⓜ Bonne-Nouvelle. Lun-ven 9h30-19h, sam sur rdv ou à domicile à Paris et dans la région parisienne (moyennant participation).

Envie de sortir des sentiers battus, de découvrir ce qu'un pays peut offrir de meilleur ? Depuis 2003, Monde Authentique propose des itinéraires individuels à l'écart des sentiers battus sur des destinations originales. En parfaits artisans et connaisseurs du monde, les 14 créateurs de voyages maîtrisent à la perfection les destinations sur lesquelles ils travaillent.

Monde Authentique s'adresse à des clients exigeants, désireux de faire de beaux voyages.

▲ NOMADE AVENTURE

☎ 01-46-33-71-71 (service 0,15 €/mn + prix appel). • nomade-aventure.com • Lun-sam 9h30-18h30.

– Paris : 40, rue de la Montagne-Sainte-Geneviève, 75005. ☎ 01-46-33-71-71. Ⓜ Maubert-Mutualité.

– Lyon : 10, quai Tilsitt, 69002. ☎ 04-72-44-13-50.

– Marseille : 12, rue Breteuil, 13001. ☎ 04-84-25-21-86.

– Toulouse : 43, rue Peyrolières, 31000. ☎ 05-62-30-10-77.

Nomade Aventure propose des circuits inédits partout dans le monde, à réaliser en famille, entre amis, avec ou sans guide. Également hors de groupes constitués, ils organisent des séjours libres en toute autonomie et sur mesure. Spécialiste de l'aventure avec plus de 600 itinéraires (de niveau tranquille, dynamique, sportif ou sportif +) faits d'échanges et de rencontres avec les habitants, Nomade Aventure donne la priorité aux expériences authentiques à pied, à VTT, à cheval, à dos de chameau, en bateau...

▲ NOSTALASIE

– Paris : 19, rue Damesme, 75013. ☎ 01-43-13-29-29. • ann.fr • Ⓜ Tolbiac. Lun-ven 10h-13h, 15h-18h.

Parce qu'il n'est pas toujours aisé de partir seul, NostalAsie, un tour-opérateur indépendant, propose de véritables voyages sur mesure en Asie, notamment au Cambodge et au Laos, des lieux les plus connus jusqu'aux contrées les plus reculées, en individuel ou en groupe déjà constitué. 2 formules au choix : *Les Estampes* avec billets d'avion, logements, transferts entre les étapes, ou *Les Aquarelles* avec en plus un guide et une voiture privée à chaque étape. Vous trouverez sur le site des idées d'itinéraires que vous pourrez ensuite personnaliser et adapter selon vos envies avec Ylinh, la chaleureuse directrice, grande connaisseuse de l'Asie, et son équipe de jeunes passionnés qui vous donneront des conseils avisés pour réussir votre voyage.

▲ ROUTES DU CAMBODGE

• routes-du-cambodge.com •

Contactez Routes du Cambodge, une agence locale de confiance, pour organiser votre voyage sur mesure au Cambodge. Leurs conseillers, fins connaisseurs du terrain et de la réalité du pays, vous accompagnent dans la préparation de votre voyage, en couple, en famille ou en groupe d'amis. Vous avez ainsi accès à un service personnalisé en bénéficiant d'un prix accessible. Membre de la communauté bynativ, la communauté des agences de voyages locales, Routes du Cambodge vous propose un maximum de garanties et de services : règlement de votre voyage en ligne de façon sécurisée, possibilité de souscrire à une assurance de voyage et de bénéficier de garanties solides en cas d'imprévu. De quoi voyager de façon authentique et en toute tranquillité !

▲ ROUTES DU LAOS

• routes-du-laos.com •

Contactez Routes du Laos, une agence locale de confiance, pour organiser votre voyage sur mesure au Laos. Leurs conseillers, fins connaisseurs du terrain et de la réalité du pays, vous accompagnent dans la préparation de votre voyage, en couple, en famille ou en groupe d'amis. Vous avez ainsi accès à un service personnalisé en bénéficiant d'un prix accessible. Membre de bynativ, la communauté des agences de voyages locales, Routes du Laos vous propose

un maximum de garanties et de services : règlement de votre voyage en ligne et ce de façon sécurisée, possibilité de souscrire à une assurance de voyage et de bénéficier de garanties solides en cas d'imprévu. De quoi voyager de façon authentique et en toute tranquillité !

▲ SHANTI TRAVEL

17, rue Galilée, 75116 Paris. ☎ 01-82-28-92-28. • shantitravel.com • Également des bureaux à New Delhi, Colombo, Bali, Yangon, Katmandou, Siem Reap et Hanoï.

Une agence de voyages francophone qui façonne des itinéraires de voyage et des treks sur mesure à travers l'Asie depuis 2005. Fort de ses 14 années d'expertise, Shanti Travel fait découvrir de l'intérieur 18 destinations en Asie dont la Birmanie, le Cambodge, Hong Kong, l'Inde, l'Indonésie, le Japon, le Laos, la Malaisie, le Népal, le Sri Lanka, Singapour, la Thaïlande et le Vietnam. Selon vos désirs, vos disponibilités, et votre budget, vous pouvez choisir de partir sur mesure en créant votre itinéraire, étape par étape, avec un expert voyage personnel ; partez où, quand et avec qui vous voulez. Soit en petit groupe sur un des programmes thématiques, à des dates fixes mais variées, en bénéficiant de prix imbattables. Profitez également d'un accompagnateur francophone gratuit à partir de 6 participants.

▲ TERRE INDOCHINE

– Paris : 28, bd de la Bastille, 75012. ☎ 01-44-32-12-82. • terre-indochine.com • Ⓜ Bastille. Lun-ven 9h-18h30, sam 10h-18h.

Combinant le Laos, le Cambodge, le Vietnam et aussi la Thaïlande, l'équipe de Terre Indochine a la passion du voyage innovant. Ce spécialiste de la destination assure sa logistique avec des partenaires, experts et amis, réunis par les mêmes expériences et dans le respect des traditions locales et du tourisme responsable. Avec souplesse, précision et diversité, ses séjours et circuits, à la carte ou organisés pour les groupes et les individuels, alternent les modes de transport (4x4, à pied, à vélo, à moto, en bateau) et multiplient les rencontres jusque dans les terres les plus reculées de l'Indochine.

▲ TERRES D'AVENTURE

☎ 0825-700-825 (service 0,15 €/mn + prix appel). • terdav.com •
– Paris : 30, rue Saint-Augustin, 75002. ☎ 01-70-82-90-00. Ⓜ Opéra ou Quatre-Septembre. Lun-sam 9h30-19h.
– Agences également à Bordeaux, Grenoble, Lille, Lyon, Marseille, Nantes, Rennes, Rouen, Strasbourg et Toulouse.

Depuis 1976, Terres d'Aventure, spécialiste du voyage à pied, propose aux voyageurs passionnés de marche et de rencontres des randonnées hors des sentiers battus à la découverte des grands espaces de notre planète. Voyages à pied, à cheval, en bateau... Sur tous les continents, des aventures en petits groupes ou en individuel encadrés par des professionnels expérimentés sont proposées. Les hébergements dépendent des sites explorés. Les voyages sont conçus par niveaux de difficulté : de la simple balade en plaine à l'expédition sportive.

En province, certaines de leurs agences sont de véritables *Cités des Voyageurs* dédiées au voyage. Consulter le programme des manifestations sur leur site internet.

▲ TERRES DE CHARME & ÎLES DU MONDE

☎ 01-55-42-74-10. • terresdecharme.com •
– Paris : 5 bis, rue de l'Asile-Popincourt, 75011. Lun, mer, jeu, ven 9h30-18h30, mar 14h-18h30.
– 68, rue de Miromesnil, 75008. Lun, mer, jeu, ven 9h30-18-30, mar 14h-18h30, sam 10h30-13h, 14h-17h.

Artisans du voyage individuel sur mesure depuis plus de 20 ans, leurs scénaristes du voyage ont à cœur de faire partager leurs passions en concevant des séjours authentiques, inoubliables et singuliers aux 4 coins du monde. C'est la rareté et le charme raffiné savamment dosés qui animent l'équipe pour créer des voyages placés sous le signe

7 CONSEILS POUR VOYAGER CHILDSAFE

7 Façons d'aider les enfants pendant votre Voyage

1. Les enfants ne sont pas des attractions touristiques ; réfléchissez avant de visiter une école ou un orphelinat.
2. Être volontaire auprès d'enfants part d'un bon sentiment mais peut leur nuire ; impliquez-vous différemment.
3. Les enfants paient le prix de votre générosité ; ne donnez pas aux enfants qui mendient.
4. Les professionnels sont les mieux à même d'aider un enfant ; appelez-les si un enfant a besoin d'aide.
5. Avoir des rapports sexuels avec des enfants est un crime ; signalez le tourisme sexuel impliquant des enfants.
6. Les enfants ne devraient pas travailler au lieu d'aller à l'école ; signalez le travail des enfants.
7. Protégez les enfants ; soyez un Voyageur ChildSafe.

MOUVEMENT ChildSafe

Découvrez plus d'informations sur ChildSafe et les actions que vous pouvez réaliser sur ***www.thinkchildsafe.org***

REJOIGNEZ LE MOUVEMENT!

Espace offert par le Routard

d'émotions intenses et rares. Sandals privés glissant le long du Nil, camp privatif au cœur du Masaï Mara, îles exclusives de l'Océan indien, décors magiques des Caraïbes, sites cachés en Asie, trains de luxe et de légende... Telles sont quelques-unes des créations de Terre de Charme & Îles du Monde pour faire de votre voyage une expérience unique.

▲ VOYAGEURS DU MONDE (VOYAGEURS EN ASIE DU SUD-EST)

• voyageursdumonde.fr •

– Paris : La Cité des Voyageurs, 55, rue Sainte-Anne, 75002. ☎ 01-42-86-16-88. Ⓜ Opéra ou Pyramides. Lun-sam 9h30-19h. Librairie spécialisée dans les voyages.

– Également des agences à Bordeaux, Grenoble, Lille, Lyon, Marseille, Montpellier, Nantes, Nice, Rennes, Rouen, Strasbourg et Toulouse. Ainsi qu'à Bruxelles et à Genève.

Parce que chaque voyageur est différent, que chacun a ses rêves et ses idées pour les réaliser, Voyageurs du Monde conçoit, depuis plus de 30 ans, des projets sur mesure. Les séjours proposés sur 120 destinations sont élaborés par leurs 180 conseillers voyageurs. Spécialistes par pays et même par région, ils vous aideront à personnaliser les voyages présentés à travers une trentaine de brochures d'un nouveau type et sur le site internet où vous pourrez également découvrir les hébergements exclusifs et consulter votre espace personnalisé. Au cours de votre séjour, vous bénéficiez des services personnalisés Voyageurs du Monde, dont la possibilité de modifier à tout moment votre voyage, l'assistance d'un concierge local, la mise en place de rencontres et de visites privées et l'accès à votre carnet de voyage via une application iPhone et Androïd.

Voyageurs du Monde est membre de l'association ATR (Agir pour un tourisme responsable) et a obtenu sa certification Tourisme responsable AFAQ AFNOR.

> Voir aussi, au sein de chaque ville, les agences locales que nous avons sélectionnées.

Comment aller à Roissy et à Orly ?

Toutes les infos sur le site *• routard.com •*, à l'adresse suivante : *• bit.ly/aeroports-routard •*

> Conservez dans votre bagage cabine vos médicaments, vos divers chargeurs et appareils ainsi que vos objets de valeur (clés et bijoux). Et on ne sait jamais, ajoutez-y de quoi vous changer si vos bagages n'arrivaient pas à bon port avec vous.

EN BELGIQUE

▲ CONTINENTS INSOLITES

– Bruxelles : 44A, rue César-Franck, 1050. ☎ 02-218-24-84. • continents-insolites.com • Lun-ven 10h-18h, sam sur rdv 10h-16h30.

Continents Insolites, organisateur de voyages lointains sans intermédiaire, propose une gamme étendue de formules de voyages détaillées sur leur site internet.

– *Voyages découverte sur mesure :* à partir de 2 personnes. Un grand choix d'hébergements soigneusement sélectionnés : du petit hôtel simple à l'établissement luxueux et de charme.

– *Circuits découverte en minigroupes :* de la grande expédition au circuit accessible à tous. Des circuits à dates fixes dans plus de 60 pays en petits groupes francophones de 7 à 12 personnes. Avant chaque départ, une réunion est organisée. Voyages encadrés par des guides francophones, spécialistes des régions visitées.

▲ TERRES D'AVENTURE

– Bruxelles : 23, chaussée de Charleroi, 1060. ☎ 02-543-95-60. • terdav.com • Lun-sam 10h-19h.

Voir texte dans la partie « En France ».

▲ VOYAGEURS DU MONDE

– Bruxelles : 23, chaussée de Charleroi, 1060. ☎ 02-543-95-50. • voyageursdumonde.com •

Le spécialiste du voyage en individuel sur mesure. Voir texte dans la partie « En France ».

Kanitha, 6 ans, Cambodgienne
Future professeur de Mathématiques
grâce à votre parrainage
L'enfant que nous aidons aujourd'hui
sauvera son pays demain

EN SUISSE

▲ ALTIPLANO VOYAGE

– Genève : pl. du Temple 3, 1227 Carouge. ☎ 022-342-49-49. • agence@altiplano-voyage.ch • altiplano-voyage.ch • Sur rdv seulement.

Rencontrez votre experte de l'Asie en plein centre de Carouge.

Voir texte dans la partie « En France ».

▲ ASIA

– C/o Fert et Cie voyages : rue Barton, 7, Case postale 2364, CH-1211 Genève 2. ☎ 022-839-43-92.

Voir texte dans la partie « En France ».

▲ ÈRE DU VOYAGE (L')

– Nyon : 21, Grand-Rue, 1260. ☎ 022-365-15-65. • ereduvoyage.ch • Mar-ven 8h30-12h30, 13h30-18h ; sur rdv en dehors de ces horaires.

Agence fondée par 4 professionnelles qui ont la passion du voyage. Elles pourront vous conseiller et vous faire part de leur expérience notamment en Asie. Des itinéraires originaux, testés par l'équipe de l'agence : voyages sur mesure pour découvrir un pays en toute liberté en voiture privée avec ou sans chauffeur, guide local et logements de charme, petites escapades pour un week-end prolongé et voyages en famille.

▲ HORIZONS NOUVEAUX

– Verbier : 6, rue de Medran, CP 196, 1936. ☎ 027-761-71-71. • horizonsnouveaux.com • Lun-ven 9h-17h ; sam sur rdv.

Horizons Nouveaux est le tour-opérateur suisse spécialisé dans les régions qui vont de l'Asie centrale à l'Asie du Sud en passant par le Cambodge et le Laos. Horizons Nouveaux organise principalement des voyages à la carte, des voyages culturels à thème, des trekkings souvent inédits et des expéditions.

▲ JERRYCAN VOYAGES

– Genève : 11, rue Sautter, 1205. ☎ 022-346-92-82. • jerrycan-voyages.ch • Lun-ven 9h-12h30, 13h30-18h.

Tour-opérateur de la Suisse francophone spécialisé dans l'Afrique, l'Asie et l'Amérique latine. 3 belles brochures proposent des circuits individuels et sur mesure. L'équipe connaît bien son sujet et peut construire un voyage à la carte.

▲ ROUTE DES VOYAGES

• ch.route-voyages.com • geneve@route-voyages.com • ☎ 022-552-34-46.

Voir texte dans la partie « En France ».

▲ TERRES D'AVENTURE

– Genève : 19, rue de la Rôtisserie, 1204. ☎ 022-518-05-13. • geneve@terdav.com • Lun-ven 10h-19h, sam 9h30-18h30.

Voir texte dans la partie « En France ».

AU QUÉBEC

▲ EXOTIK TOURS

Rens sur • exotiktours.com •

Exotik Tours offre en hiver des séjours en Asie (combiné Vietnam-Cambodge). Durant cette saison, on peut également opter pour des combinés plage + circuit.

▲ EXPÉDITIONS MONDE

• expeditionsmonde.com •

Expéditions Monde est à l'avant-garde du voyage d'aventure, de découverte, de trekking, de vélo et d'alpinisme sur tous les continents. Les voyages en petits groupes facilitent les déplacements dans les régions les plus reculées et favorisent l'interaction avec les peuples locaux pour vivre une expérience authentique.

▲ TOURS CHANTECLERC

• tourschanteclerc.com •

Tours Chanteclerc est un tour-opérateur qui publie différentes brochures de voyages, dont une sur l'Asie en circuits ou en séjours. Il s'adresse aux voyageurs indépendants qui réservent un billet d'avion, des excursions ou une location de voiture.

EN PROVENANCE DE THAÏLANDE

Nous donnons ici **quelques conseils spécifiques** liés à la particularité de certains passages effectués depuis la Thaïlande. Notez que passer par la Thaïlande avant de rejoindre le Cambodge ou le Laos quand on vient

Paradis oublié, Daniel Gilbert
Espace offert par le Guide du Routard
Un don, un sourire
Pour faire vos dons :
Association «Les Médecins de Chinguetti Pakbeng» au Laos
9 avenue Charles Binder
95290 L'Isle Adam
www. medecinsdechinguettipakbeng.com
Les Médecins de
CHINGUETTI PAKBENG
Conception / Rédaction : Amélie BARBOSA et Roland INAN

d'Europe ou d'un autre pays asiatique peut être bien plus économique, notamment par voie aérienne, grâce aux compagnies locales *low-cost.*

Vers le Cambodge

Bangkok est la porte d'entrée la plus utilisée pour le Cambodge. On y trouve d'ailleurs des vols secs et des circuits sur le Cambodge nettement moins chers qu'en Europe.
Il existe 6 points de passage entre les 2 pays. Les plus utilisés sont Aranyaprathet/Poipet et Hat Lek/Koh Kong. Pour les autres points de passage, transport parfois galère, se renseigner : à l'est, Ban Pakard/Pailin (relativement fréquenté) et Ban Laem/Duan Laem ; au nord, Chong Jom/O'Smach (région de Surin) – un poste-frontière « aventure » à seulement 150 km d'Angkor – et Chong Sa Ngam/Anlong Veng.
Le *visa on arrival* peut être obtenu à toutes les frontières terrestres (30 $ en principe, mais il est souvent majoré ; à négocier, mais pas simple). Validité : 30 j.
– ***Attention aux arnaques au point de passage Aranyaprathet-Poipet*** (ouv 7h-20h). Les formules de bus Bangkok-Siem Reap, achetées notamment dans les petites agences de Khao San Road, affichent un prix intéressant, mais le bus traîne énormément ou emprunte la frontière Ban Pakard/Pailin pour débarquer dans la nuit à Siem Reap, dans une *guesthouse* « amie ». Jusqu'à 8h de retard sur un trajet normal ! ***Il est donc conseillé de se débrouiller seul.*** De Bangkok, prendre un bus avt 9h (c'est mieux) à la station de Mo Chit (env 5h de route) ou un train depuis la gare de Hualamphong (2 départs/j. en principe, 6h de voyage) jusqu'à Aranyaprathet. Puis *tuk-tuk* ou un peu de marche jusqu'à la frontière (les bus locaux s'arrêtent à 1 km) et passage de celle-ci à pied. Rejoindre ensuite la gare routière à 2 km (à pied, en moto ou *tuk-tuk*). Attention aux rabatteurs qui essaieront de vous diriger vers un autre bus.
– Que ce soit au poste-frontière de ***Aranyaprathet/Poipet*** ou à celui de ***Hat Lek/Koh Kong*** (ouvert 6h-22h), on paie en baths, mais après négociation, les dollars sont aussi acceptés... en principe (plus avantageux). Compter 1 600 Bts (vraiment pas intéressant) ou 35 $ (37 $ sans photo), ou se procurer un *e-visa* avant le départ. Présenter le document de sortie du territoire remis à l'arrivée en Thaïlande. Toujours vérifier que le tampon du visa a bien été apposé. Pas mal de rabatteurs également, assez pénibles. Refuser poliment mais fermement leur aide. Même attitude à adopter vis-à-vis des bus qui assurent le passage des frontières et qui vous proposeront sans doute leur « aide » pour faire tamponner votre visa, moyennant un supplément de 1 à... 15 $!
– De l'autre côté, à Poipet, ne pas suivre un rabatteur, mais prendre la navette gratuite jusqu'à la gare routière ou marcher jusqu'au sens giratoire pour trouver bus ou taxis collectifs rejoignant Siem Reap.

Vers le Laos

On peut acheter un *visa on arrival* (validité 30 j.) aux postes-frontières laotiens avec la Thaïlande (ainsi qu'avec le Vietnam, le Cambodge et la Chine). Se renseigner quand même avant le départ, les choses peuvent évoluer. Pour plus d'infos, se reporter aux formalités d'entrée dans le chapitre « Laos utile » rubrique « Avant le départ ».
– ***Conseil pour les petits budgets : rejoindre Nong Khai*** depuis Bangkok via Udon Thani (dans le nord de la Thaïlande). Nong Khai se situe au bord du Mékong, à la frontière avec le Laos. Après le passage du pont de l'Amitié, Vientiane n'est plus qu'à une vingtaine de kilomètres au nord-ouest (facilement accessible en *tuk-tuk* ou taxi).
D'Udon Thani et Nong Khai à la station Talat Sao de Vientiane, le plus pratique et économique consiste à emprunter le Thai-Lao International Bus.

En train

➢ ***Ligne Bangkok-Nong Khai :*** c'est sans doute le moyen le plus confortable, mais les trains sont souvent complets. 3 trains/j. au départ des gares de Hualamphong (Bangkok), pour environ 11h de voyage. Un peu plus cher,

le train de nuit permet d'économiser du temps et l'hôtel (2e classe, wagon femmes ou 1re classe). Infos horaires et confort sur • *thairailways.com* •

En bus

➢ La plupart des agences de voyages de Bangkok vendent des billets de bus pour la ville de ***Nong Khai.*** Mais il est préférable d'acheter son billet directement à la gare routière du Nord (près de Chatuchak Market), car les agences vous vendent le billet plusieurs heures à l'avance et vous font poireauter jusqu'au départ. Le voyage se fait en général en bus de nuit, avec sièges inclinables, clim et w-c. Compter 11h de voyage.

➢ ***Chiang Khong-Houeisai*** *(au nord-ouest du Laos)* **:** désormais, les touristes étrangers doivent passer par le pont de l'Amitié qui débouche à 8 km au sud de Houeisai. 2 bus/j. assurent la liaison entre Chiang Mai ou Chiang Rai et la gare routière Aloun de Houeisai *(hors plan de Houeisai par A2,* ***4****).* Trajet : env 3h. Ces bus s'arrêtent à la gare routière de Chiang Khong, puis vous déposent avant chaque poste-frontière pour le passage de la douane et vous reprennent juste après.

➢ Il est également possible de passer la frontière par ses propres moyens, par une succession de *tuk-tuk* : depuis Chiang Khong jusqu'à la frontière thaïlandaise (cher !) ; un second *tuk-tuk* assure la traversée du pont entre les 2 postes-frontières ; un 3e relie la frontière laotienne à la gare de Houeisai (soit au bourg, soit aux embarcadères). Côté thaïlandais, des minivans relient régulièrement la frontière à Chiang Rai, voire Chiang Mai. Le poste-frontière est, en principe, ouvert tous les jours 6h-22h (se présenter au plus tard avt 21h). Possibilité d'obtenir le visa laotien sur place. Bureaux de change et distributeur.

En avion

➢ ***Bangkok-Udon Thani :*** 4 vols/j. avec *THAI Smile.* Durée : 1h05. À l'aéroport d'Udon Thani, départs de bus synchronisés avec les vols en direction du pont de l'Amitié.

QUITTER LE CAMBODGE

En dehors de la sortie du territoire par avion, mieux vaut se renseigner sur les pratiques frontalières, d'autant plus si l'on envisage un passage peu fréquenté. On tombe parfois sur des petites (ou grosses !) arnaques liées au tarif des visas ou au déroulement du voyage.

– ***Taxes de sortie :*** pas de taxe de sortie par voie terrestre, maritime ou aérienne.

Vers le Laos

Un *visa on arrival* valable 30 j. est délivré aux différents postes-frontières terrestres ou aéroportuaires. Compter en principe 30 $. Lire également plus loin les formalités d'entrée dans la partie « Laos utile », « Avant le départ ».

En avion

➢ Au départ de Phnom Penh :

■ ***Vietnam Airlines :*** ☎ *023-990-840.* • *vietnamairlines.com* •

■ ***Lao Airlines :*** ☎ *023-222-956.* • *laoairlines.com* •

■ ***Cambodia Angkor Air :*** ☎ *023-666-67-86.* • *cambodiaangkorair.com* •

Plusieurs vols/j. pour ***Vientiane*** avec les 3 compagnies.

➢ Au départ de Siem Reap :

Plusieurs vols/sem pour ***Luang Prabang*** avec les 3 compagnies.

Également 2-3 vols/j. pour ***Vientiane*** avec escale à ***Paksé*** *(Lao Airlines).*

Par la route

Un seul passage tout près du Mékong : Dong Kralor (Cambodge)/Veun Kham (Laos). Dong Kralor est situé à 70 km au nord de Stung Streng. Une « taxe d'infrastructures touristiques » d'environ 2 $ a été instaurée pour entrer dans le pays.

➢ ***Phnom Penh-Paksé :*** avec la compagnie *Sorya,* 1 bus/j. tôt le mat. Compter 12h30 de route (481 km).

➢ ***Siem Reap-4 000 îles :*** départ le mat en minibus. Changer à Stung Treng. Compter 8h30-9h de route.

Déjeuner à Sala Baï,

c'est donner plus de sens à votre voyage...

Sala Baï est une école d'hôtellerie restauration destinée aux jeunes Cambodgiens défavorisés, située à Siem Reap. Depuis sa création en 2002 par l'association Agir pour le Cambodge, elle a permis à plus de 1600 jeunes, dont 70% de jeunes filles, de trouver un emploi pérenne, suite à leur formation professionnelle.

Déjeuner à Sala Baï
= une journée de formation pour un élève

Séjourner à Sala Baï
= 2 à 4 jours de formation pour un élève

Réservation à Sala Baï : quartier Wat Svay, Tonle Sap road, Siem Reap, Cambodge - Tél : + 855 (0)89 590 864 ou www.salabai.com
Vous pouvez aussi envoyer vos dons à Agir pour le Cambodge 14, rue des Jeûneurs 75002 Paris - Tél : 06 62 12 87 39

AGIR pour le CAMBODGE

Espace offert par le Routard - Crédits photos : Régis Binard

Vers la Thaïlande

Pour la Thaïlande, visa à l'aéroport (valable 30 j.) ou aux frontières terrestres (15 j.).

En avion

➢ Au départ de Phnom Penh :

■ ***Bangkok Airways*** *(plan couleur A2-3)* **:** ☎ *023-971-771.* ● *bangkokair.com* ● Pour **Bangkok,** 4 liaisons/j. Durée : 1h.

■ ***THAI :*** ☎ *023-214-359.* ● *thaiairways.com* ● 2 vols/j. vers **Bangkok.**

■ ***Air Asia :*** *à l'aéroport.* ☎ *023-666-65-55.* ● *airasia.com* ● 1 liaison/j. avec **Bangkok.**

➢ Au départ de Siem Reap :

■ ***Bangkok Airways :*** ☎ *063-965-423.* ● *bangkokair.com* ● *Tlj 8h-20h.* Pour **Bangkok,** 5 liaisons/j. (1h de vol).

■ Également 1 liaison/j. vers **Bangkok** avec ***Cambodia Bangkok Air.***

Par la route

➢ ***Poipet-Aranyaprathet :*** ouv en principe 7h-20h. Pour aller à Poipet, voir « Arriver – Quitter » à Siem Reap et à Battambang. Depuis ces villes, les compagnies vendent des billets combinés jusqu'à Bangkok. Un correspondant attend à la frontière (changement de bus). Économie (1-2 $), mais du temps perdu (env 2h). Pour attraper le dernier train Aranyaprathet-Bangkok, partir le plus tôt possible. Formalités sans problème (30 mn-2h selon le monde), pas de harcèlement, en principe, dans ce sens. Côté thaï, prendre un *tuk-tuk* (80 Bts) ou marcher un peu jusqu'à la station de bus d'Aranyaprathet (à env 1 km).

➢ ***Koh Kong-Had Lek :*** ouv en principe 7h-20h. Rejoindre Koh Kong par la route ou par bateau. De là, *moto-dop* ou *tuk-tuk* sur 10 km jusqu'à Had Lek. Pont à péage après Koh Kong.

Liaisons en bus

Pour les coordonnées des compagnies, se reporter à la rubrique « Arriver – Quitter » à Phnom Penh. Certaines liaisons ne sont pas mentionnées, notamment à Sihanoukville, car opérées par des compagnies que nous ne souhaitons pas recommander.

➢ ***Phnom Penh-Bangkok :*** au départ de Phnom Penh, 2 minibus/j. (le mat et le soir tard) avec *Mekong Express* et 1 bus/j. avec la compagnie *Sorya.* Prévoir un trajet de 16h avec les formalités frontalières.

➢ ***Phnom Penh-Poipet*** *(frontière)* **:** de Phnom Penh, plusieurs bus/j. Trajet : env 6h30.

➢ ***Phnom Penh-Koh Kong*** *(frontière)* **:** bus le mat avec la compagnie *Sorya.* Trajet : 5h.

➢ ***Siem Reap-Poipet*** *(frontière)* **:** 1 bus/j. avec *Capitol Tour.* Durée : 3h.

➢ ***Battambang-Poipet*** *(frontière)* **:** env 2 bus/j. avec *Capitol Tour.*

Vers le Vietnam

Pour un séjour au Vietnam n'excédant pas 15 jours, un visa n'est actuellement pas nécessaire pour les ressortissants français (il l'est pour les Belges et les Suisses). Mais les formalités pouvant évoluer, mieux vaut se renseigner préalablement auprès d'un consulat de ce pays.

En avion

➢ Au départ de Phnom Penh :
1 vol/j. pour **Hanoi** et 5 vols/j. pour **Hô Chi Minh-Ville** avec *Vietnam Airlines.*

➢ Au départ de Siem Reap :
Nombreux vols directs/j. pour **Hô Chi Minh-Ville** avec *Cambodia Angkor Air* et *Vietnam Airlines* (1h15 de vol) et 3 vols/j. avec **Hanoi** (1h30 de vol). Vols quotidiens aussi vers **Da Nang** (1h50 de vol) avec *Vietnam Airlines* et *Silk Air.*

■ ***Vietjet :*** la compagnie *low-cost* assure des liaisons avec Hanoi.

➢ Au départ de Sihanoukville :
Plusieurs vols/sem à destination de **Hô Chi Minh-Ville** avec *Vietnam Airlines.*

Par la route

Compter 150 km de Phnom Penh à la frontière, puis 75 km jusqu'à Hô Chi Minh-Ville.
Les ***2 postes-frontières principaux*** sont :

➢ ***Ba Vet/Moc Bai :*** point de passage utilisé par les bus (dont des directs jusqu'à Hô Chi Minh-Ville).

➢ ***Kaam Samnor/Ving Xuong :*** utilisé par les circuits-croisières. Faisable

seul, en prenant un ferry côté cambodgien de Neak Loeung à la frontière.
Il existe 6 autres postes-frontières :
➢ ***Prek Chak/Ha Tien-Xa Xia :*** idéal si vous êtes à Kep, car ça permet de suivre la côte pour rejoindre le delta du Mékong. Poste-frontière ouvert, en principe, tlj 7h-18h (mais se renseigner sur place).
➢ ***Phnom Den/Tinh Bien :*** pour ceux qui sont à Takeo.
➢ ***O'Yadav/Le Thanh :*** relie le Ratanakiri à la province de Gia Lai (capitale Pleiku, au sud de Da Nang). Service de minivan le mat au marché de Banlung (résa auprès des hôtels). Prévoir 2h de trajet jusqu'au poste-frontière. Puis taxi collectif pour se rendre au Tanh (Vietnam), et enfin bus jusqu'à Pleiku.
➢ ***Trapeang Plong/Xa Mat, Banteay Chakrey*** *(province de Prey Veng)/* ***Ving Xuong*** et, peu fréquenté, ***Trapeang Sre*** *(province de Kratie)/* ***Hoa Lu.***

Liaisons en bus

Très nombreux départs quotidiens.
➢ ***Phnom Penh-Hô Chi Minh-Ville :*** très nombreux bus/j. avec les compagnies *Sorya*, *Giant Ibis*, *Mekong Express* et *Capitol Tours*. Voir la rubrique « Arriver – Quitter » à Phnom Penh pour les coordonnées des compagnies.

En bateau

➢ ***Phnom Penh-Chau Doc :*** bateaux rapides tlj qui partent dans l'ap-m de Phnom Penh. Trajet : 5h. Les billets s'achètent directement au port. Prix : env 30 $ au départ de Phnom Penh ; plus cher depuis le Vietnam (car à contre-courant). Voir plus loin, la rubrique « Arriver-Quitter » à Phnom Penh. Une option qui permet de visiter cette intéressante ville *cham* avant de poursuivre le voyage dans le delta du Mékong.
➢ ***Phnom Penh/Hô Chi Minh-Ville :*** trajet en 2 j. + 1 nuit ou 3 j. + 2 nuits (à Chau Doc et Can Tho), petit déj inclus. Compter 3h de navigation jusqu'à la frontière. Toutes les agences de voyages le proposent (voir « Adresses et infos utiles. Agences de voyages » à Phnom Penh).

Autres destinations

En avion

■ ***Air France-KLM :*** *à Phnom Penh. ☎ 023-219-220 ou 023-965-500.* Vers ***Paris et Amsterdam via Bangkok.***
■ ***Malaysia Airlines :*** *à Phnom Penh. ☎ 023-426-688. 📱 012-868-747. À l'aéroport de Siem Reap : ☎ 063-964-135. • malaysiaairlines.com •* 2 liaisons/j. ***Phnom Penh-Kuala Lumpur.*** Également 1 vol/j. ***Siem Reap-Kuala Lumpur.***
■ ***Air Asia :*** *bureau à l'aéroport (room T6) de Siem Reap. 📱 023-890-035. • airasia.com •* À destination de ***Kuala Lumpur,*** 1 vol/j. de ***Siem Reap,*** 1 autre de ***Sihanoukville.***
■ ***Cathay Dragon :*** *à Phnom Penh. ☎ 1800-209-783 (appel gratuit sur place). • dragonair.com •* 2 liaisons/j. ***Phnom Penh-Hong Kong*** et 4 vols/sem ***Siem Reap-Hong Kong.***
■ ***Silk Air :*** *à Phnom Penh. ☎ 023-426-808. À l'aéroport de Siem Reap : ☎ 063-964-993. • silkair.com •* 2 liaisons/j. vers ***Singapour*** au départ de ***Phnom Penh*** et de ***Siem Reap.***
■ ***China Airlines :*** *à Phnom Penh. ☎ 023-222-056 ou 023-223-525. • china-airlines.com •* 3 liaisons/sem ***Phnom Penh-Pékin*** et ***Taipei.***
■ ***Jet Star Asia :*** *à Phnom Penh. ☎ 023-220-909. • jetstar.com •* 5 liaisons/sem ***Phnom Penh-Singapour.***

QUITTER LE LAOS

Lire, plus haut, les formalités de sortie et avertissement propres à chaque pays mentionné dans « Quitter le Cambodge ».
– Au Laos, seules les villes de *Vientiane, Luang Prabang, Paksé* et *Savannakhet* possèdent des ***aéroports internationaux,*** avec des vols réguliers pour les principales villes ou capitales du Sud-Est asiatique.
– ***Par la route :*** avant de se rendre dans un pays limitrophe, mieux vaut

amica travel
l'âme du voyage
DES VOYAGES COUSUS MAIN
AU PLUS PRÈS DES PEUPLES,
À LA MESURE DE VOS RÊVES
Voyage sur mesure au Vietnam, Laos, Cambodge & en Birmanie
www.amica-travel.com • info@amicatravel.com
Hotline : France (+33 619 08 15 72) • Vietnam (+84 984 56 66 76)

Khoa viet travel
KHOAVIET TRAVEL
Voyage avec le sourire
Licence
01-266/LHQT
✓ Offres originales
✓ Service clientèle 24/24
✓ Bonne prestation avec prix local
Agence de voyage sur mesure au Vietnam au Laos et au Cambodge
62 rue Yen Phu, Ba Dinh, Hanoi, Vietnam
Tel: +844 39380968 - Mel: info@khoaviettravel.com
Site: www.khoaviettravel.fr ou www.hanoitours.fr

connaître les horaires d'ouverture de la frontière et des conditions de transport. Dans le cas des frontières peu fréquentées, il est souvent préférable d'acheter un billet de pays à pays, incluant le passage de la frontière. Sinon, on risque de se retrouver planté ou entouré de chauffeurs profitant de la situation pour imposer des tarifs hors de prix. Ne pas hésiter à se renseigner auprès des autres routards que l'on croisera, les choses peuvent toujours changer !

Vers le Cambodge

Un *visa on arrival* valable 30 j. est délivré aux différents postes-frontières terrestres ou aéroportuaires. Lire également plus loin les formalités d'entrée dans la partie « Cambodge utile », « Avant le départ ».

En avion

■ ***Lao Airlines :*** *à Vientiane. ☎ (021) 21-20-50. • laoairlines.com • À l'aéroport, ☎ (021) 51-20-28 ; (021) 51-31-46 (terminal international) et (021) 51-30-32 (terminal domestique).*

■ ***Vietnam Airlines :*** *à Vientiane. ☎ (021) 21-75-62 ou (021) 25-26-18. • vietnamairlines.com • À l'aéroport de Luang Prabang : ☎ 21-30-48.*

➢ ***Vientiane-Phnom Penh :*** 1 vol/j. avec *Vietnam Airlines.*

➢ ***Vientiane-Siem Reap :*** 3 vols/sem, via Paksé, avec *Lao Airlines.* Durée : 3h.

➢ ***Luang Prabang-Siem Reap :*** 5 vols/sem avec *Vietnam Airlines.*

➢ ***Paksé-Siem Reap :*** 2 vols/j. avec *Lao Airlines.* Durée : 1h.

En bus

➢ ***Luang Prabang-Siem Reap :*** 1 bus/j. en début de soirée. Trajet : pas moins de 35h.

➢ ***Région des 4 000 îles-Siem Reap :*** 1 minibus avec 2 changements (à la frontière et à Stung Treng) ou prendre le bus *Sorya* Paksé-Phnom Penh (voir plus bas). Durée : env 8h30-9h. Taxe de sortie de 1 $ le w-e et en dehors des heures de bureau.

➢ ***Paksé-Phnom Penh :*** depuis Paksé (gare du Sud), départs le mat avec arrêts à Ban Nakasang (accès pour les 4 000 îles), Stung Treng (correspondance possible pour Siem Reap), Kratie et Kompong Cham. Compter env 12h30 pour Phnom Penh, formalités comprises.

Vers la Thaïlande

En avion

■ ***Lao Airlines :*** *pour les coordonnées à Vientiane, voir plus haut « Vers le Cambodge ». À Luang Prabang (plan d'ensemble Luang Prabang, C3,* ***9****) : ☎ 21-21-72 ou 21-21-73 (à l'aéroport). • laoairlines.com •*

■ ***THAI :*** *à l'aéroport de Vientiane. ☎ (021) 51-20-24. • thaiairways.com •*

■ ***Bangkok Airways :*** *à Luang Prabang. ☎ 25-33-34. À l'aéroport : ☎ 25-32-53. • bangkokair.com •*

➢ ***Vientiane-Bangkok :*** 3-5 vols/j. avec *Lao Airlines, THAI* et *Bangkok Airways.* Durée : 1h15.

➢ ***Luang Prabang-Bangkok :*** 1 vol/j. avec *Lao Airlines,* 2 vols/j. avec *Bangkok Airways.*

➢ ***Vientiane-Chiang Mai :*** 1-2 vols/j. avec *Lao Airlines,* via Luang Prabang.

➢ ***Paksé-Bangkok :*** env 5 liaisons/sem avec *Lao Airlines.* Durée : 2h40.

➢ ***Savannakhet-Bangkok :*** env 5 vols/sem avec *Lao Airlines.* Durée : 1h30.

En bus

➢ ***Luang Prabang-Chiang Mai :*** 1 bus/j., en début de soirée. Trajet : env 16h.

➢ ***Houeisai-Chiang Khong-Chiang Rai :*** 2 bus/j. depuis la gare routière Aloun *(hors plan de Houeisai par A2,* ***4****).* Trajet : env 3h. Ces bus s'arrêtent à la gare routière de Chiang Khong, en Thaïlande, puis continuent jusqu'à Chiang Rai. On peut aussi franchir la frontière par soi-même et emprunter des minibus reliant la frontière thaïlandaise à Chiang Rai et Chiang Mai. Pour les conditions de passage, voir plus haut « En provenance de Thaïlande. En bus »).

➢ ***Savannakhet-Nakhon Phanom ou Ubon Ratchathani et Bangkok :*** via le pont de l'Amitié II. Bus pour la frontière de ***Mukdahan*** env ttes les heures, 8h15-19h. Durée : 1h.

➢ ***Paksé-Ubon Ratchathani et Bangkok via le poste-frontière Vangtao-Chong Mek*** *(à 45 km de Paksé)* **:** 2 liaisons/j. avec le Thai-Lao International Bus. Sinon, une myriade de *songthaew* et taxis collectifs assurent la liaison avec la frontière thaïlandaise (ouv tlj 6h-18h). De Ubon Ratchathani, Bangkok est accessible (du moins cher au plus cher) en bus de nuit, train-couchettes ou vol direct.

➢ ***Thakhek-Nakhom Phanom :*** par le pont de l'Amitié III, situé à 12 km au nord du centre (ouv 8h-18h). 1 liaison/h Thakhek-Nakhon Phanom, 8h15-17h env, avec le Thai-Lao International Bus. Prix modique. De Nakhom Phanom possibilité de rejoindre Bangkok en bus ou en avion.

➢ ***Vientiane (Thanaleng)-Nong Khai :*** par le fameux et 1er pont dit « de l'Amitié ». 1er pont construit entre les 2 pays, il enjambe le Mékong à une vingtaine de kilomètres au sud-est de Vientiane. Le poste-frontière de Thanaleng est le plus utilisé par les routards, car c'est le plus proche de la capitale, et, de plus, les liaisons entre Bangkok, Udon Thani (en avion avec *Nok Air*) et Nong Khai sont commodes et fréquentes, en bus, mais aussi en train (se renseigner auprès des agences de Vientiane). Lire aussi plus haut « En provenance de Thaïlande ».

➢ ***Vientiane-Bangkok :*** 1 bus de nuit depuis la gare Talat Sao à Vientiane.

– 2 autres points de passage entre le Laos et la Thaïlande sont autorisés aux étrangers mais rarement utilisés : ***Paksan/Bueng Kan*** (en bateau-navette) et ***Kaenthao-Nakaxeng,*** entre les provinces de Loei et de Sayabouri. Attention, pas de *visa on arrival* a priori (peut évoluer, se renseigner).

Vers le Vietnam

Lire l'avertissement au sujet du visa, cité plus haut dans « Quitter le Cambodge ».

En avion

➢ ***Paksé-Hô Chi Minh-Ville :*** env 3 liaisons/sem avec *Lao Airlines.* Durée : 1h30.

➢ ***Vientiane-Hanoi :*** 3-4 vols/j. avec *Lao Airlines* et *Vietnam Airlines.* Durée : 1h.

➢ ***Vientiane-Hô Chi Minh-Ville :*** jusqu'à 2 vols/j. avec *Vietnam Airlines,* un via **Phnom Penh.** Durée : 3h. Et 5 vols/sem avec *Lao Airlines* via **Paksé.**

➢ ***Luang Prabang-Hanoi :*** 5 vols/sem. avec *Vietnam Airlines.* Durée : 1h.

En bus

➢ ***Luang Prabang-Hanoi :*** 1 bus/j., en fin d'ap-m. Trajet : 24h min.

➢ ***Houeisai-Hanoi :*** 2 bus/sem. Départ en milieu d'ap-m. Trajet : près de 24h (1 100 km).

➢ ***Houeisai-Diên Biên Phu :*** 2 bus VIP/sem par le poste-frontière de Tây Trang. Départ en début de soirée. Trajet : env 14h (510 km).

➢ ***Oudom Xai-Diên Biên Phu*** *(Vietnam)* **:** 1 bus/j., tôt le mat. Trajet : env 7h (210 km).

➢ ***Muang Khoua-Diên Biên Phu :*** 1 bus tlj en fin de mat, ou minibus ts les 2 j. tôt le mat, via Tây Trang.

➢ ***Vientiane-Hanoi :*** départs tlj. Trajet : 24h.

➢ ***Phonsavan-Vinh :*** départ de Phonsavan tôt le mat, tlj. Poste-frontière à Nam Khan. Compter env 8h-9h de route jusqu'à Vinh.

➢ Au départ de ***Thakhek, Dong Hoi*** (compter env 12h de route), ***Hué, Vinh*** et ***Hanoi*** sont desservis.

➢ ***Savannakhet-Hué :*** 1 bus le mat 5 fois/sem, et 1 bus le soir 2 fois/sem. Durée : 9h. Bonne route, pas de galère au passage de la frontière Lao Bao-Dan Savan.

➢ ***Savannakhet-Danang :*** 1 bus le soir 5 fois/sem, et 1 bus le mat 3 fois/sem. Durée : 14h.

➢ ***Savannakhet-Hanoi :*** 1 bus le mat 4 fois/sem. Durée : 24h.

➢ ***Savannakhet-Lao Bao*** *(frontière)* **:** 2 bus/j., 7h et 12h. Durée : 5h.

– ***Poste-frontière de Bo Y :*** le seul passage du Sud-Laos au Vietnam. La route n° 16 Paksé-Attapeu continue jusqu'au poste-frontière de Bo Y (compter 4-5h de trajet). Côté vietnamien, la route débouche sur la piste Hô Chi Minh, à 20 km de la frontière, d'où l'on peut monter vers le nord sur Da Nang (100 km)

ou descendre par les hauts plateaux sur Kontum (60 km), Pleiku, Buon Ma Thuot et Dalat.

Vers les autres destinations

En avion

■ ***China Eastern Airlines*** *(plan d'ensemble Vientiane, A2,* ***7****)* **:** *à Vientiane.* ☎ *21-23-00.* ● *flychinaeastern.com* ●

■ ***THAI*** : *à Vientiane.* ☎ *22-25-27.* ● *thaiairways.com* ●

➢ ***Vientiane-Kunming*** *(Yunnan/Chine)* **:** 2-3 vols/j. avec *China Eastern Airlines* et 1 vol/j. avec *Lao Airlines* (voir coordonnées plus haut « Vers la Thaïlande »). Durée : 3h10.

➢ ***Luang Prabang-Jinghong*** *(Yunnan/Chine)* **:** 2 vols/sem avec *Lao Airlines.*

➢ ***Vientiane-Yangon et Mandalay*** *(Birmanie)* **:** via Bangkok, 2 vols/j. avec THAI et 1 vol/j. avec *THAI Smile* pour Yangon et 1 vol/j. pour Mandalay avec *THAI Smile* et plusieurs vols quotidiens en *code share* avec *Bangkok Airways.*

➢ ***Vientiane-Kuala Lumpur*** *(Malaisie)* **:** 3 vol/sem. avec *Air Asia (● airasia.com ●).* Durée : 2h45.

➢ ***Luang Prabang-Singapour :*** 2 vols/sem avec *Lao Airlines.*

➢ ***Vientiane-Singapour :*** 1 vol/sem avec *Lao Airlines.*

➢ ***Vientiane-Séoul*** *(Corée)* **:** 1 vol/j. avec *Lao Airlines.*

En bus

➢ ***Luang Nam Tha-Muengla*** *(Chine)* **:** 1 bus/j., le mat. Trajet : env 3h (125 km).

➢ ***Luang Nam Tha-Diên Biên Phu*** *(Vietnam)* **:** 2 bus/j., tôt le mat. Trajet : env 9h.

➢ ***Luang Nam Tha-Boten*** *(frontière chinoise)* **:** 6 minibus/j. Trajet : env 1h30 (50 km).

➢ ***Oudom Xai-Muengla*** *(Chine)* **:** 1 bus/j., le mat. Trajet : env 6h (160 km).

➢ ***Oudom Xai-Boten*** *(frontière chinoise)* **:** 1 bus/j. Trajet : env 4h (100 km).

– Il existe un poste-frontière avec la *Birmanie,* à Ban Meuang Nom, mais il n'est pas ouvert aux touristes étrangers.

CAMBODGE UTILE

ABC du Cambodge

- ***Population :*** 16,2 millions d'hab.
- ***Capitale :*** Phnom Penh.
- ***Religion :*** bouddhisme.
- ***Régime politique :*** monarchie constitutionnelle à tendance autoritaire.
- ***Roi :*** Norodom Sihamoni (depuis 2005).
- ***1er ministre :*** Hun Sen (de 1985 à 1993 et sans interruption depuis 1998).
- ***Langues :*** khmer, français (celui de l'écrit administratif), anglais et vietnamien.
- ***Monnaie :*** le riel (et aussi, en pratique, le dollar US).
- ***Signes particuliers :*** 70 % de la population a moins de 30 ans ; 1/7e des routes sont goudronnées.
- ***Point culminant :*** Phnom Aoral (1 813 m).
- ***Salaire moyen :*** 120 $.
- ***Indice de développement humain :*** 146e rang (0,582) sur 189 pays.

AVANT LE DÉPART

Représentations diplomatiques

En France

■ ***Ambassade et consulat du Cambodge :*** *4, rue Adolphe-Yvon, 75116 Paris.* ☎ *01-45-03-47-20.* ● *amb cambodgeparis.info* ● Ⓜ *Rue-de-la-Pompe. RER C : Henri-Martin. Service visas : lun-ven 9h-13h.* Demande de visa par correspondance possible.

En Belgique

■ ***Ambassade du Cambodge :*** *av. de Tervueren, 264A, Bruxelles 1150.* ☎ *02-772-03-72.* ● *camemb.bel@mfaic.gov.kh* ● *Service visas : lun-ven 9h-12h.* Possibilité de télécharger le formulaire de visa sur le site de l'ambassade du Cambodge à Paris.

En Suisse

■ ***Mission permanente du Cambodge auprès des Nations unies*** *(section consulaire)* **:** *3, chemin Taverney, case postale 213, 1218 Le Grand-Saconnex, Genève.* ☎ *022-788-77-73.* ● *cambodiaembassy.ch* ● *Service visas : lun-ven 10h-12h, 14h-16h.* Demande de visa par correspondance possible.

Au Canada

■ Les ressortissants canadiens doivent contacter l'ambassade du Cambodge aux États-Unis, ***à Washington*** : *4530 16th St NW, Washington DC, 20011.* ☎ *001-202-726-77-42 ou 001-202-997-70-31 (services consulaires).* ● *embassyofcambodia.org* ● *Lun-ven 9h-12h, 13h-16h.*

Formalités

Tout voyageur se rendant au Cambodge est tenu de posséder un ***passeport*** valable encore au moins 6 mois après le retour, et un ***visa de tourisme.*** Celui-ci est valable 3 mois à partir de la date d'émission, pour une seule entrée et un séjour de 30 jours maximum. Notez que les ressortissants français sont exemptés de visa pour les séjours qui n'excèdent pas 15 jours au Vietnam. Se renseigner avant, car cette disposition peut toujours évoluer.

Les ***mineurs*** doivent être munis de leur propre pièce d'identité (passeport pour le Cambodge). Pour l'autorisation de sortie de territoire lorsque les enfants ne sont pas accompagnés par un de leurs parents, chaque pays a mis en place sa propre régulation. Ainsi, ***les mineurs français*** doivent être munis d'une ***autorisation de sortie du territoire.*** Pour voyager à l'étranger, ils doivent présenter leur passeport, un formulaire signé par l'un des parents titulaires de l'autorité parentale et la photocopie de la pièce d'identité du parent signataire. Renseignements auprès des services de votre commune et sur • *service-public.fr* •

On peut obtenir le visa :

– ***auprès du consulat du Cambodge,*** en présentant une photo d'identité, le passeport et sa photocopie, un formulaire par personne à remplir (téléchargeable sur le site de l'ambassade, voir plus haut), y compris pour un enfant mineur. Visa par correspondance possible. Prix du visa (toujours susceptibles d'évoluer) : 35 € en France et en Belgique, en espèces ; 35 Fs en Suisse (billets seulement, ce qui revient à devoir payer 40 Fs) ; 30 US$ pour les Canadiens. Délai : 48h en France ; 3 j. ouvrables en Belgique et en Suisse. Pour un visa express, supplément à prévoir.

– ***À l'arrivée :*** le *visa on arrival*, pour les touristes, peut être obtenu à toutes les frontières terrestres et dans les aéroports internationaux. Il est valable 30 j. Mieux vaut être en possession d'un billet retour, car certaines compagnies rechignent parfois à embarquer des passagers sans visa ni billet retour. Aux aéroports de Phnom Penh ou de Siem Reap, prévoir plusieurs photos d'identité et environ 30 $ (petit supplément si vous arrivez sans photo), mais prévoyez un peu plus large, ça peut toujours changer. Aux frontières terrestres, officiellement, c'est le même tarif. Mais dans la réalité, visa ou pas, on vous réclamera un supplément officieux qui peut aller de 5 à 10 $ ... Et, attention, assurez-vous que les frontières sont bien ouvertes.

– ***Par Internet :*** le ministère cambodgien des Affaires étrangères et de la Coopération internationale propose d'obtenir un ***e-visa*** touristique sur • *evisa.gov.kh* • Il suffit de compléter le formulaire, de télécharger une photo et de régler par carte de paiement (environ 36 $; ***attention aux sites frauduleux*** qui parfois vous font payer bien plus). Vous recevez votre visa par courrier électronique sous 3 jours. Il ne reste plus qu'à l'imprimer en 2 exemplaires (pour le présenter à l'arrivée et au départ). ***Mais, attention, le visa électronique n'est pas accepté aux postes-frontières terrestres et maritimes qui ne sont pas équipés pour lire ce type de visa.*** Un tableau est disponible sur le site avec les points d'entrée et sortie valides (« Name of port »).

Le visa touristique peut être prolongé une seule fois sur place pour 30 jours supplémentaires, auprès du *General Department of Immigration,* situé à Phnom Penh (voir les « Adresses et infos utiles » de cette ville). Attention, le délai officiel pour l'obtenir est de 2 semaines.

– ***Visa périmé à la sortie du pays*** *(« overstay »)* ***:*** amende de 10 $ par jour dépassé. Toujours conseillé de ne pas accumuler les jours « illégaux » !

Pensez à scanner passeport, visa, cartes de paiement et *vouchers* d'hôtel. Ensuite, adressez-les-vous par mail, en pièces jointes, en même temps que votre billet électronique. En cas de perte ou de vol, rien de plus facile pour les récupérer. Les démarches administratives en seront bien plus rapides.

Avoir un passeport européen, ça peut être utile !

L'Union européenne a organisé une assistance consulaire mutuelle pour les ressortissants de l'UE en cas de problème en voyage. Vous pouvez y faire appel lorsque la France (c'est rare) ou la Belgique (c'est plus fréquent) ne disposent pas d'une représentation dans le pays où vous vous trouvez. Concrètement, cette assistance vous permet de demander de l'aide à l'ambassade ou au consulat (pas à un consulat honoraire) de n'importe quel État membre de l'UE. Leurs services vous indiqueront s'ils peuvent directement vous aider ou vous préciseront ce qu'il faut faire. ***Leur assistance est bien entendu limitée aux situations d'urgence :*** décès, accident ayant entraîné des blessures ou des lésions, maladie grave, rapatriement pour raison médicale, arrestation ou détention. En cas de ***perte ou de vol de votre passeport,*** ils pourront également vous procurer un ***document provisoire*** de voyage. Cette entraide consulaire entre les États membres de l'UE ne peut, bien entendu, vous garantir un accueil dans votre langue. En général, une langue européenne courante sera pratiquée.

Ariane, pour votre sécurité, restez connecté

Ariane est un service gratuit mis à disposition par le Centre de crise du ministère français des Affaires étrangères pour vous alerter en cas de risque sécuritaire lors de vos déplacements à l'étranger. Créez votre compte et inscrivez vos voyages personnels ou professionnels. Les informations renseignées sur Ariane seront utilisées uniquement en cas de crise pendant votre séjour et permettent notamment de contacter les proches lors des situations d'urgence. Pour en savoir plus : • *diplomatie.gouv.fr* •

Douane

Il est autorisé d'importer 2l d'alcool et 4 cartouches de cigarettes, mais comme d'autres pays à travers le monde, le Cambodge ***interdit l'importation de la cigarette électronique et son usage dans tous les lieux publics***. Renseignez-vous systématiquement sur cette législation, toujours susceptible d'évoluer.

Sites utiles

• ***tourismcambodia.org*** • Site officiel du ministère du Tourisme.
• ***routard.com*** • Le site de voyage n° 1, avec plus de 800 000 membres et plusieurs millions d'internautes chaque mois. Pour s'inspirer et s'organiser, près de 300 guides destinations actualisés, avec les infos pratiques, les incontournables et les dernières actus, ainsi que les reportages terrain et idées week-end de la rédaction. Partagez vos expériences avec la communauté de voyageurs : forums de discussion avec avis et bons plans, carnets de route et photos de voyage. Enfin, vous trouverez tout pour vos vols, hébergements, voitures et activités, sans oublier notre sélection de bons plans, pour réserver votre voyage au meilleur prix.
• ***diplomatie.gouv.fr*** • Cliquer sur « Conseils aux voyageurs ». Le site du ministère français des Affaires étrangères, mis à jour régulièrement, répertorie les régions déconseillées et donne aux voyageurs, selon un classement par pays, des conseils généraux de sécurité, les formalités d'entrée et de séjour. Un site à consulter avant votre départ.

Assurances voyage

■ ***Routard Assurance par AVI International :*** *40, rue Washington, 75008 Paris.* ☎ *01-44-63-51-00.* • *avi-international.com* • Ⓜ *George-V.*
Enrichie au fil des années par les retours des lecteurs, *Routard Assurance* est devenue une assurance voyage référence des globe-trotters. Tout est inclus : frais médicaux, assistance rapatriement, bagages, responsabilité civile... Avant votre départ, appelez *AVI* pour un conseil

personnalisé. Besoin d'un médecin, d'un avis médical, d'une prise en charge dans un hôpital ? Téléchargez l'appli mobile AVI international pour garder le contact avec *AVI Assistance* et disposez de l'un des meilleurs réseaux médicaux à travers le monde. AVI Assistance est disponible 24h/24 pour une réponse en temps réel. De simples frais de santé en voyage ? Envoyez les factures à votre retour, *AVI* vous rembourse sous une semaine.

■ ***AVA (Assurance Voyages et Assistance) :*** *25, rue de Maubeuge, 75009 Paris.* ☎ *01-53-20-44-20.* • *ava.fr* • Ⓜ *Cadet.* Un autre courtier fiable pour ceux qui souhaitent s'assurer en cas de décès-invalidité-accident lors d'un voyage à l'étranger, mais surtout pour bénéficier d'une assistance rapatriement, perte de bagages et annulation. Attention, franchises pour leurs contrats d'assurance voyage.

■ ***Pixel Assur :*** *18, rue des Plantes, BP 35, 78601 Maisons-Laffitte.* ☎ *01-39-62-28-63.* • *pixel-assur.com* • *RER A : Maisons-Laffitte.* Assurance de matériel photo et vidéo tous risques (casse, vol, immersion) dans le monde entier. Devis en ligne basé sur le prix d'achat de votre matériel. Avantage : garantie à l'année.

ARGENT, BANQUES, CHANGE

Monnaie et change

– La devise cambodgienne s'appelle le ***riel.*** Cependant, ***c'est le dollar américain*** ($) ***qui vous sera le plus utile dans le pays*** ! Tout le monde l'accepte depuis le passage des contingents de l'ONU qui en ont inondé le pays. On vous rendra souvent la petite monnaie en riels, ce qui ne pose d'ailleurs aucun problème, les 2 devises étant acceptées partout. Le change riels/dollars est à peu près stable et souvent plus intéressant dans les bureaux de change que dans les banques, mais autant garder ses dollars.

– ***Change :*** à titre indicatif (sous réserve de fluctuations), compter environ 4 000 riels pour 1 $ (environ 0,80 €). Dans les régions frontalières avec la Thaïlande, le *baht* (Bts) thaïlandais est aussi utilisé : 1 $ = 35 Bts = 4 000 riels, soit 1 Bts = environ 115 riels. En général, tout se passe très bien, sans arnaques. Essayer d'avoir un maximum de petites coupures (1 et 5 $) pour les tractations de base (*tuk-tuk,* repas, etc.). Attention tout de même aux dollars trop abîmés ou marqués (les Cambodgiens ne les acceptent pas), aux billets douteux de 50 et 100 $ ou imprimés avant 1990 (même en bon état ; bien le préciser auprès de la banque où est effectué le change) !

– L'***euro*** se change sans problème dans les banques et les bureaux de change. Cela dit, vous aurez quand même intérêt à changer vos euros en dollars plutôt qu'en riels, toujours pour des raisons pratiques. La bonne astuce est de commander vos devises sans commission en ligne, comme le propose Travelex. Il vous suffit de commander et payer vos devises sur le site • *travelex.fr* • et de passer les récupérer directement dans l'une des agences Travelex présentes dans la plupart des grands aéroports et gares en France.

Cartes de paiement

Avertissement

Si vous comptez effectuer des retraits d'argent aux distributeurs, il est **très vivement conseillé** d'avertir votre banque avant votre départ (pays visité et dates). En effet, **votre carte peut être bloquée dès le 1er retrait** pour suspicion de fraude. C'est de plus en plus fréquent. Bonjour les tracasseries administratives pour faire rentrer les choses dans l'ordre et on se retrouve vite dans l'embarras !

– ***Distributeurs automatiques :*** dans les grandes villes (Phnom Penh, Siem Reap, Sihanoukville et Battambang, notamment), on trouve des distributeurs automatiques, délivrant des... dollars. Même si le taux de change est meilleur que dans les banques et les *money changers,* la banque locale prélève sa commission (1 à 2 % par retrait) en plus de celle de votre banque, souvent élevée. Toujours vérifier que les distributeurs affichent le logo de votre carte de paiement, ce qui n'est pas toujours le cas, ou renseignez-vous dans la banque aux heures ouvrables. En tout cas, ne retirez pas de petites sommes. Noter qu'il est également possible d'obtenir directement au guichet des banques une avance en espèces avec votre carte de paiement (même commission ; minimum 5 $) et sur présentation de votre passeport. Autre argument en faveur d'un retrait aux heures d'ouverture de la banque : des lecteurs nous ont signalé avoir récupéré des faux billets au distributeur. Bien vérifier et ne pas hésiter à vous rendre tout de suite à un guichet au moindre doute.

Petite mesure de précaution : si vous retirez de l'argent dans un distributeur, utilisez de préférence les distributeurs attenants à une agence bancaire. En cas de pépin avec votre carte (carte avalée, erreurs de code secret...), vous aurez un interlocuteur dans l'agence pendant les heures ouvrables.

– ***Règlement par carte de paiement :*** de plus en plus utilisé dans les grands hôtels, restaurants haut de gamme, boutiques de luxe, agences de voyages, mais aussi dans de grosses *guesthouses,* certains supermarchés, etc. Comme dans tous les pays asiatiques, une commission supplémentaire (autour de 3 %) est prélevée. Garder donc plutôt l'usage des cartes de paiement pour les grandes occasions.
Pensez à relever le plafond de retrait aux distributeurs et pour les paiements par carte, quitte à le faire rebaisser à votre retour.
Avant de partir, notez donc bien le numéro d'opposition propre à votre banque (il figure souvent au dos des tickets de retrait, sur votre contrat, ou à côté des distributeurs de billets), ainsi que le numéro à 16 chiffres de votre carte. Bien entendu, conserver ces informations en lieu sûr et séparément de votre carte.
N'oubliez pas aussi de VÉRIFIER LA DATE D'EXPIRATION DE VOTRE CARTE DE PAIEMENT avant votre départ !

Besoin urgent d'argent liquide

Envoyer de l'argent par ***La Poste*** : le bénéficiaire, muni de sa pièce d'identité, peut retirer les fonds dans n'importe quel bureau du réseau local. Le transfert s'effectue avec un mandat ordinaire international (jusqu'à 3 500 €), et la transaction prend 8-10 jours vers l'international. Plus cher, mais plus rapide, le mandat express international permet d'envoyer de l'argent (montant variable selon la destination – 34 au total) sous 2 jours maximum, 24h lorsque la démarche est faite en ligne. *Infos : ● labanquepostale.fr ●*
Vous pouvez être dépanné en quelques minutes grâce au système ***Western Union Money Transfer.*** L'argent vous est transféré en moins de 1h. La commission, assez élevée, est payée par l'expéditeur. Possibilité d'effectuer un transfert auprès d'un des bureaux *Western Union* ou, plus rapide, en ligne, 24h/24 par carte de paiement (*Visa* ou *MasterCard*) : on trouve des bureaux affiliés un peu partout au Cambodge, y compris dans des villes de moyenne importance.
Même principe avec d'autres organismes de transfert d'argent liquide, comme ***MoneyGram, PayTop*** ou ***Azimo.*** Transfert sécurisé en ligne en moins de 1h.
Dans tous les cas, se munir d'une pièce d'identité. Toutefois, en cas de perte/vol de papiers, certains organismes permettent de convenir d'une question/réponse type pour pouvoir récupérer son argent. Chacun de ces organismes possède aussi des applications disponibles sur téléphone portable. Consulter

les sites internet pour connaître les pays concernés, les conditions tarifaires et trouver le correspondant local le plus proche :
• *westernunion.com* • *moneygram.fr* • *paytop.com* • *azimo.com/fr* •

ACHATS

L'artisanat traditionnel a presque entièrement disparu pendant la guerre, mais certains tentent de le faire revivre. En attendant, il reste pas mal de souvenirs à rapporter, que vous trouverez surtout dans les nombreux marchés de Phnom Penh. Quelques beaux objets un peu anciens, en cherchant bien.
– Le ***krama,*** très beau foulard à carreaux en soie ou en coton, est une production typiquement cambodgienne, ainsi que le ***sampot,*** étoffe portée autour de la taille.
– Les ***boutiques des ONG,*** très nombreuses à Phnom Penh, Siem Reap, et Sihanoukville notamment, vendent souvent de très beaux articles (sacs, vêtements, pochettes, etc.), colorés et créatifs. Pas donnés, mais c'est pour la bonne cause.
– Les ***fripes*** valent vraiment le coup : on trouve des chemises d'occasion en soie à des prix encore plus bas qu'en Thaïlande.
– Parmi les nombreuses épices, le ***poivre de Kampot*** est considéré parmi les meilleurs au monde, notamment sur les viandes grillées. Acheter du « Kampot Pepper » certifié pour ne pas se faire refiler du poivre vietnamien... En vente entre Kep et Kampot, dans les plantations et certaines boutiques.
– ***À Angkor,*** tout le monde vend la même chose : illustrations rudimentaires sur carton, instruments de musique, ainsi que figurines et bijoux en toc qu'on vous vendra au prix de l'or ou de l'argent ! Prenez soin toutefois de vous munir d'un papier délivré par les sculpteurs pour la douane.
– Bien sûr, fréquentez les ***marchés,*** présents dans tout le pays mais particulièrement nombreux à Phnom Penh, où vous trouverez, entre autres, des boussoles en faux ivoire ou en corne, des objets en bois sculpté, des statuettes en cuivre, des bijoux intéressants, des pierres précieuses (à condition de s'y connaître), etc.
– Important : il est ***strictement INTERDIT de sortir du pays des antiquités khmères*** – Angkor a été déjà suffisamment pillé ! Ne tentez surtout pas de rapporter le moindre caillou ramassé dans un temple ou une sculpture ancienne achetée sur le site : la douane fouille scrupuleusement les bagages à l'aéroport...

Marchandage

Une vieille tradition asiatique à laquelle vous n'échapperez pas. Tous les prix se discutent, surtout sur les marchés. Certains demandent des tarifs sans commune mesure avec ceux pratiqués auprès des Cambodgiens. Mais sachez aussi que, dans la plupart des cas, le commerçant n'acceptera pas de vous laisser le bien convoité au prix qu'il demande à ses compatriotes, normal puisque vous avez forcément plus d'argent qu'eux... Renseignez-vous sur les prix pratiqués pour savoir sur quelle base négocier et comparez. Ensuite, à vous d'évaluer la juste mesure entre ce que vous êtes prêt à mettre et ce qu'attend le vendeur. Sachez que dans les campagnes et les petites villes, les habitants sont habituellement moins gourmands : il convient donc de ne pas y appliquer tout à fait les mêmes principes.
N'oubliez jamais que le marchandage est un art qui demande un peu de patience et beaucoup de sourires et d'humour (très important !). Passé les premières réticences, vous y trouverez même peut-être du plaisir...

BUDGET

Le Cambodge est un pays plutôt bon marché. À 10-15 $, la majorité des chambres sont propres et confortables. Dans les restos, les prix restent abordables. Même remarque pour les moyens de transport. Attention à Siem Reap où les dépenses

peuvent vite s'accumuler entre le prix d'entrée élevé à Angkor, les transports pour s'y rendre et des tarifs d'hébergement et de repas plus hauts que dans le reste du pays.
Inutile de culpabiliser si le prix d'une course à *moto-dop* vous paraît incroyablement bon marché (1 000 ou 1 500 riels, c'est le prix que paient les Cambodgiens).
En résumé, en adoptant un mode de vie routard normal, on peut visiter le pays avec un budget raisonnable. En prenant du temps, bien sûr, car les transports sont longs. Notez qu'entre Noël et le Jour de l'an, ainsi que pendant le Nouvel An khmer (mi-avril), période de vacances pour les Cambodgiens, les prix ont tendance à grimper.
Attention, les fourchettes de prix ci-dessous correspondent aux prix pratiqués dans les zones les plus touristiques (Siem Reap, Sihanoukville, Phnom Penh...). Les prix sont bien moins élevés dans le reste du pays.

Hébergement

Les prix s'entendent pour 2 personnes en haute saison, sauf pour les dortoirs dans la catégorie « bon marché » où la fourchette vaut pour 1 personne. À noter que le petit déj est généralement en supplément pour les catégories les plus basses.
- ***Bon marché :*** moins de 15 $ (13,70 €).
- ***Prix moyens :*** de 15 à 30 $ (13,70 à 27,30 €).
- ***Chic :*** de 30 à 50 $ (27,30 à 45,50 €).
- ***Plus chic :*** de 50 à 80 $ (45,50 à 72,70 €).
- ***Très chic :*** de 80 à 120 $ (72,70 à 109 €).
- ***Spécial coup de folie :*** plus de 120 $ (109 €).

Nourriture

Prix d'un plat dans un restaurant :
- ***Bon marché :*** moins de 4 $ (3,60 €).
- ***Prix moyens :*** de 4 à 8 $ (3,60 à 7,30 €).
- ***Chic :*** de 8 à 13 $ (7,30 à 11,80 €).
- ***Plus chic :*** plus de 13 $ (11,80 €).

Transports

Quelques idées de prix :
- ***Bus :*** Phnom Penh-Siem Reap, de 7 à 15 $ selon les compagnies. Phnom Penh-Sihanoukville, de 7 à 13 $; Phnom Penh-Hô Chi Minh-Ville, de 10 à 18 $. Un peu plus cher en minibus.
- Un siège en ***taxi collectif*** : Siem Reap-Battambang, 7 $ environ ; Sihanoukville-Phnom Penh, environ 15 $.
- Location d'un ***taxi entier*** : multiplier le prix d'un siège par 5 au minimum, généralement par 7.
- Une place en ***bateau*** : de 3 à 6 fois plus cher que le bus.
- ***Avion :*** pour un vol Phnom Penh-Siem Reap, compter environ 50-120 $, selon les compagnies et les offres.

Pourboires

Ce n'est pas une tradition répandue, mais le personnel de l'ONU a habitué les employés des bars et des restos (surtout à Phnom Penh) à en recevoir. Il est toujours apprécié par les gardiens de parking quand le stationnement est « gratuit ». Cela dit, vous ne vexerez personne en ne laissant rien. Pensez aux chauffeurs et aux guides pour lesquels l'habitude du pourboire est généralisée. Un ordre d'idée : de 3 $, pour les premiers, à 5 $, pour les seconds, par jour et par personne, en fonction de la prestation bien sûr.

CLIMAT

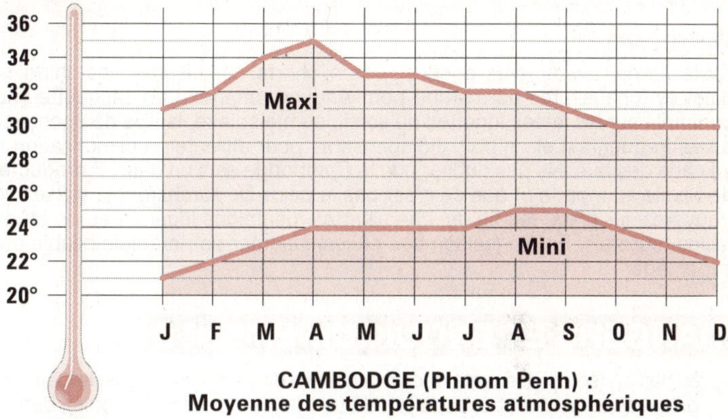

CAMBODGE (Phnom Penh) :
Moyenne des températures atmosphériques

CAMBODGE (Phnom Penh) :
Nombre de jours de pluie

Comme tout pays tropical digne de ce nom, le Cambodge connaît 2 saisons : la ***période d'hiver (de novembre à mars)*** et la ***mousson d'été (d'avril à octobre).*** La 1re est relativement sèche (avec une température autour de 25 à 30 °C) ; la 2de est très chaude (jusqu'à 35 °C) et surtout très humide (pluies violentes mais courtes, en fin de journée, et pas mal d'inondations). Avril et mai sont 2 mois particulièrement étouffants.

En résumé, il fait (très) chaud toute l'année ! Mais la chaleur est plus facilement supportable en hiver (janvier est idéal), moment où les pluies sont très rares. La meilleure période pour partir est donc de novembre à mars.

À emporter

Toute l'année : vêtements légers en coton, shorts, chemisettes, tee-shirts, sandalettes (chaussures de marche pour Angkor), chapeau ou casquette (indispensable sur les sites), lunettes de soleil, crème solaire, lampe de poche (coupures fréquentes) et un pull, indispensable pour affronter la climatisation très efficace des bus. Ne pas oublier que le Cambodge est l'un des 1ers producteurs de textile au monde et que ce n'est pas la peine de surcharger la valise : vous trouverez sur place tee-shirts, chemisettes, pantalons légers. Peu de grandes tailles toutefois. En été (saison des pluies) : ajouter un parapluie pliable ou un imper léger.

DANGERS ET ENQUIQUINEMENTS

Après des années d'insécurité dues à la guérilla des Khmers rouges, le Cambodge est progressivement rentré, depuis 1998 (année de la fin des combats), dans une période de stabilité et de sécurité civile. ***Phnom Penh*** a connu une véritable métamorphose et a quitté le cercle des capitales dangereuses. Ce qui n'empêche pas d'être vigilant : le vol à l'arraché (surtout des gars à moto) est en expansion. Alors, tenez bien vos sacs quand vous marchez dans la rue, circulez à bord d'un bus, d'un *tuk-tuk* ou d'un *moto-dop*. La nuit, prenez un *tuk-tuk* et pas un *moto-dop*. Comme il y a moins de circulation, ces derniers ont tendance à rouler nettement plus vite ou carrément en état d'ivresse, quand ce n'est pas les deux...
Siem Reap, la région des temples d'Angkor et les grandes villes sont des destinations sûres. Jusqu'aux provinces reculées de *Kratie* et du *Ratanakiri* et, surtout, de *Païlin* (l'ancien fief des Khmers rouges) qui s'ouvrent de façon dynamique au tourisme, preuve s'il en est que le spectre de l'insécurité militaire et civile est désormais bien loin.
On peut donc se balader de façon autonome presque partout. Cela n'empêche pas de se méfier, comme dans n'importe quel autre pays, des pickpockets dans les marchés et les bus, ainsi que des quartiers excentrés un peu trop sombres la nuit. On donne la même consigne qu'en maints autres pays : en cas d'agression armée (ça peut arriver, comme partout), ne tentez pas de résister, donnez sur-le-champ l'argent (ou la montre). Concernant l'argent, ne jamais en emporter beaucoup en balade. Enfin, lorsque vous partez vous promener, laissez votre passeport dans un lieu sûr et ne conservez sur vous qu'une photocopie.
À consulter aussi : • *diplomatie.gouv.fr* •

ÉLECTRICITÉ

Pas de problème majeur. Les prises françaises s'adaptent parfaitement aux prises cambodgiennes.

FÊTES ET JOURS FÉRIÉS

Pour les fêtes dont les dates varient selon la lune, renseignez-vous pour connaître les dates précises, nous n'indiquons qu'une période. À noter également que lorsqu'un jour férié à date fixe tombe un samedi ou un dimanche, les administrations ferment le lundi suivant.
– ***7 janvier :*** fête nationale. Elle commémore la chute du régime de Pol Pot, suite à l'intervention de l'armée vietnamienne.

– ***Janvier-février :*** fête du Têt. C'est le Nouvel An vietnamien. La plupart des magasins ferment à cette occasion pendant plusieurs jours.
– ***Fin février :*** course de cyclo-pousse à Phnom Penh, dans le quartier du Palais royal. Le 1er rallye eut lieu en 1993, à l'initiative de Serge Chevalier (un boulanger français) et du ministère du Tourisme.
– ***8 mars :*** Journée internationale de la femme.
– ***Mi-avril :*** Nouvel An khmer *(Bon Chaul Chhnam),* fêté pendant 3 jours. Il marque la fin de la saison sèche. Nombreux jeux dans la rue. Les Cambodgiens passent leur temps à s'asperger les uns les autres. Amusant. Comme c'est une période de congés, il est plus difficile de trouver des restos ouverts, une chambre d'hôtel (penser à réserver) ou une place de bus. Et les prix ont tendance à grimper.
– ***Fin avril, début mai :*** anniversaire de l'Illumination du Bouddha.
– ***1er mai :*** fête du Travail, comme partout.
– ***9 mai :*** jour du Génocide. Un hommage est rendu ce jour-là à la mémoire des (nombreuses) victimes des Khmers rouges. La cérémonie la plus émouvante a lieu au mémorial de Choeung Ek, dans les environs de Phnom Penh.
– ***14 mai :*** anniversaire du roi Norodom Sihamoni. Le jour chômé ne tombe pas forcément à cette date-là, il peut varier de quelques jours.
– ***Mi-mai :*** cérémonie du Sillon sacré *(Chat Prea Angkal).* Cette fête traditionnelle célèbre les premières pluies et donc les premières semailles de riz. Elle a généralement lieu devant le Musée national.
– ***1er juin :*** Journée internationale de l'enfant.
– ***18 juin :*** anniversaire de Sa Majesté la reine mère.
– ***24 septembre :*** Journée de la Constitution.
– ***Fin septembre :*** fête des Ancêtres *(Phchoum Ben).* Les Cambodgiens commémorent les esprits des morts. Des offrandes sont faites à cette occasion. La croyance veut que si les âmes des personnes mortes ne voient pas leur famille faire des offrandes dans un wat, l'âme sera damnée et viendra importuner sa famille pendant l'année. À l'occasion de cette importante fête, les prix augmentent, et certaines boutiques et restos ferment.
– ***Octobre :*** autre fête religieuse importante venant après la fête des Ancêtres. Elle dure 29 jours, pendant lesquels les Cambodgiens se rendent en procession au wat pour offrir aux moines de nouvelles robes safran.
– ***23 octobre :*** célébration des accords de Paris de 1991.
– ***29 octobre :*** jour du couronnement du roi Norodom Sihamoni.
– ***Novembre*** (renseignez-vous sur la date précise, ça change chaque année) ***:*** fête des Eaux *(Bon Om Touk).* Une fête à ne pas manquer !
– ***9 novembre :*** fête de l'Indépendance. À cette occasion, tous les magasins suspendent le drapeau national devant leur vitrine, improvisant un mât avec un portemanteau, par exemple.
– ***10 décembre :*** Journée des Droits de l'homme.

HÉBERGEMENT

On trouve de quoi se loger à tous les prix. Pour l'instant, ***pas de camping,*** bien que certaines adresses (très peu) proposent des tentes à louer ou un bout de pelouse. Pour les fauchés, on trouve souvent des ***hamacs*** à louer pour 2 fois rien (encore faut-il arriver à dormir dans un hamac). Dans la capitale et les endroits touristiques, les ***hostels*** (AJ privées), ***guesthouses*** et ***petits hôtels*** ne manquent pas. Ces établissements proposent souvent des dortoirs. Et, bien sûr, des chambres simples, avec ou sans fenêtre, salle de bains, moustiquaire, ventilo, clim, eau chaude, etc. Noter que de plus en plus d'hôtels de bon standing ont des sections « *hostel* » pour capter tous les budgets (notamment à Siem Reap). Un petit conseil, n'hésitez pas à vérifier la propreté des draps lorsque vous prenez la chambre.

Une autre option qui tend à se développer, souvent avec l'aide d'ONG : les ***homestays,*** des chambres bon marché chez l'habitant ou des gîtes gérés par des communautés villageoises, repas compris. Confort souvent sommaire, mais les hébergements sont propres et l'accueil est au rendez-vous. En tout cas, un moyen idéal pour se plonger dans la vie quotidienne des Khmers.
Avec quelques dollars supplémentaires, on pourra loger dans des établissements plus confortables (pas mal d'établissements dans les 20-40 $ offrent de remarquables rapports qualité-prix !). Quelques belles adresses de charme également.
Bon à savoir pour comprendre les tarifs indiqués dans les hôtels : « single » désigne généralement une chambre avec un lit double et « double » une chambre avec 2 lits simples.

LANGUE

L'idiome officiel est le *khmer,* grammaticalement simple : il n'existe ni conjugaison, ni genre, ni nombre, ni article. Ainsi, pour exprimer une action passée ou future, il suffit d'ajouter des adverbes avant ou après le verbe (hier, aujourd'hui, demain) ou des particules avant le verbe.
C'est avec la prononciation que tout se complique : le « r » est, par exemple, roulé en début et en milieu de mot. Il est, en revanche, à peine audible ou carrément guttural quand il est placé à la fin. De même, le « tch » est tout juste esquissé et le « b » final se prononce entre le « b » et le « p ».
Pour ne rien arranger, l'écriture (d'élégantes volutes) est indéchiffrable pour qui n'a pas fait Langues O, l'alphabet étant issu du sanskrit... Rassurez-vous, (presque) tout est traduit en anglais dans les magasins, les restos et les édifices publics. Pas mal de traductions en français également. N'oublions pas que le français, bien que de moins en moins parlé, est la 2de langue du pays et que tous les textes administratifs sont traduits dans la langue de Rabelais.
Aujourd'hui, les jeunes apprennent surtout l'anglais. Mais l'Institut français du Cambodge attire tout de même près de 6 000 élèves. Il y a également beaucoup de francophones, généralement d'anciens exilés revenus au pays (les « Franco-Khmers »), dans l'administration. Quelques rudiments de khmer ne vous seront pas inutiles, surtout en dehors de la capitale. On peut se procurer, dans les librairies de Phnom Penh, l'excellent petit lexique français-khmer de Pierre Guynot. Voici quelques mots indispensables, que nous vous conseillons de prononcer de différentes manières tant que vous n'êtes pas compris.

COMMENT ÇA VA ?

Les Cambodgiens adorent interpeller les femmes francophones par cette phrase d'apparence anodine. La prononciation est très proche de « Cormon sava », qui signifie en khmer... jeune fille capricieuse ! Coquins, ces Cambodgiens !

Vocabulaire de base

Expressions courantes

Bonjour	*Suôr sdei*
Bonsoir	*Sa ayan souô sadai*
Pardon	*Somto*
Au revoir	*Léa sen haoy*
Merci (beaucoup)	*Or koun (chœur)*
Oui	*Baat* (par les hommes) ou *chaah* (par les femmes)
Non	*Baat tè* et *chaah tè*

Comment ça va ?	*Sok sa bai ?*
Argent	*Luoy ; prakh*
Combien ça coûte ?	*Tlay pon man ?*
Je voudrais	*Khniam chang ban*
S'il vous plaît	*Somtoh*
Cher (C'est trop cher)	*Tlaï (Tlaï nah !)*
Excusez-moi	*Som toh*
Comment t'appelles-tu ?	*Neak tchmo haï ?*
Je m'appelle...	*Khniom tchmo...*

Au resto

Manger	*Gniamiam*
Viande	*Satch*
Boire	*Niam teuk*
Porc	*Satch tchrouk*
Bouteille	*Dâp*
Poulet	*Moan*
Eau (pure)	*Teuk (sot)*
Bœuf	*Satch ko*
Bière	*Biia* (ou *beer* en anglais)
Sel	*Amboel*
Poivre	*M'réét*
Riz que l'on achète	*Baï*
Riz (que l'on mange)	*Angkâr*
Fruit	*Plètcheu*
Soupe	*Sômlâ*
Banane	*Tcheik*
Œuf	*Potear*
Couteau	*Kâmbet*
Fourchette	*Sâm*
Poisson	*Treï*
Lait	*Teuk dâ ko*

À l'hôtel

Hôtel	*Santhakea*
Douche	*Bantoup teuk*
Chambre	*Bantoup*
Lumière	*Ponlü*
Lit	*Kré*
Moustiquaire	*Mung*
Draps	*Kom ral pouk*
Savon	*Sabou*

Sur la route

Bus	*Lan krong*
Gare routière	*Ben lan*
Vélo	*Kâng*
Moto	*Môtô*
Billet (pour)	*Tinh sâmbot (thœu)*
Petit bateau (pirogue)	*Touk*
Grand bateau	*Kapal*
Quand ?	*Pel na ?* (ou *kal na ?)*
Voiture	*Lan*
À quelle heure ?	*Mâong ponman ?*
Gare	*Sathani*
Où ?	*Ti na ?*

Lieux

Où se trouve ?	*Neuv ai naa ?*
Loin	*Chngaay*
Proche	*Chiet*
Ville	*Ti krong*
Lac	*Boeng*
Pagode	*Wat*
Temple	*Prasat*
Pont	*Spiean*
Colline	*Phnom*
Fleuve	*Tonlé*
Rizière	*Srê*
Port	*Kompong*
Marché	*Psaa(r)*
Banque	*Thoniaki*
W-c	*Bankoune*

En cas de problème

Malade	*Chloen*
Très urgent	*Prognap nah*
Ambulance	*Lan pèt*
Vite	*Poeun*
Médecin	*Krou pèt*
Hôpital	*Monti pèt*
Français	*Barang*
Je suis français	*Kniom chon cheat barang*

Nombres

Un	*Mouï*
Deux	*Pi*
Trois	*Beï*
Quatre	*Boun*
Cinq	*Pram*
Six	*Pram mouoï*
Sept	*Pram pi*
Huit	*Pram beï*
Neuf	*Pram boun*
Dix	*Dâp*
Onze	*Dâp mouï*
Douze	*Dâp pi*, etc.
Seize	*Dâp pram mouï*
Dix-sept	*Dâp pram pi*, etc.
Vingt	*Mapeï*
Vingt et un	*Mapeï mouï*, etc.
Trente	*Samsap*
Quarante	*Sairsap*
Cinquante	*Asap*
Soixante	*Oksap*
Soixante-dix	*Tchetsap*
Quatre-vingt	*Pètsap*
Quatre-vingt-dix	*Kaosap*
Cent	*Mouï roï*, etc.
Mille	*Mouï poan*, etc.

LIVRES DE ROUTE

Romans, récits

– ***Un barrage contre le Pacifique,*** de Marguerite Duras (Gallimard, coll. « Folio », 1978). Porté à l'écran par René Clément quelques années après sa parution en 1950, puis par le cinéaste franco-cambodgien Rithy Panh en 2008. Dans ce roman autobiographique, Marguerite Duras nous immerge dans l'ambiance du Cambodge de l'époque coloniale en relatant l'histoire d'une famille française marquée par le déclassement social.

– ***La Voie royale,*** d'André Malraux (Le Livre de Poche, 1976). Quelque part au Cambodge serpentent les restes de ce qui fut la Voie royale, la route mythique et disparue qui reliait, à travers la jungle, Angkor au bassin de la Menam, la route des temples khmers, somptueux et inviolés. Dans cette région sauvage iront se perdre un archéologue et un vieil aventurier unis par leurs quêtes parallèles, à la recherche d'inestimables sculptures de grès. Récit semi-autobiographique fiévreux et sombre, magnifique roman d'aventures.

– ***Nos vingt ans*** (1962, Grasset, coll. « Les Cahiers Rouges », 2006), de Clara Malraux. Avoir la vingtaine dans les années 1920. L'ex-femme du célèbre ministre de la Culture du grand Charles dédie ses mémoires aux beatniks 2 ans avant Mai 68. Carnet de route d'un jeune écrivain ambitieux et d'une petite (par la taille !) bourgeoise juive, attirés par les voyages et les œuvres d'art. Malraux organise une expédition à Angkor pour aller dérober des statues et les revendre aux antiquaires. Tout ne se passe pas comme prévu. Il manque de croupir dans les geôles de Phnom Penh, mais un manifeste d'intellectuels (Aragon, Mauriac, Breton...) prend fait et cause pour sa libération.

– ***Jaraï,*** de Loup Durand (Kailash, 2006). Heureuse initiative de l'éditeur de Pondichéry que cette réédition d'un roman dont l'action se déroule dans le Cambodge du début des années 1970. On peut à la fois le considérer comme un roman d'aventures et comme un récit initiatique ! Tout premier voyageur au Cambodge se doit de l'avoir lu et tout résident de le relire, car il est à la fiction ce que fut l'essai de Charles Meyer – *Derrière le sourire khmer* (une rareté très recherchée) –, une mine d'informations et de réflexions pour mieux appréhender ce pays mystérieux.

– ***Le Roi lépreux,*** de Pierre Benoît (1927 ; Le Livre de Poche, 2012). L'auteur de *L'Atlantide* inventait le polar archéologique dans les années 1930 avec ce *road-book* dont le thème se résume à une question : pourquoi la statue de ce roi lépreux présente un visage souriant alors que les peintures le représentent avec un air soucieux ? Un trio composé d'une danseuse apsara, d'un conservateur français et d'une milliardaire américaine s'attache à dénouer cette énigme.

– ***L'Archéologue,*** de Philippe Beaussant (1987). Mordu par un serpent, un archéologue se meurt sur les berges du Nil. Son passé lui revient, en particulier son itinéraire cambodgien. Dans un long monologue philosophique passionnant et superbement écrit, où il est tout autant question de musique que d'archéologie, le narrateur sonde avec une rare acuité l'âme khmère et l'essence de son expression artistique.

– ***Le Saut du varan,*** de François Bizot (Gallimard, coll. « Folio », 2008). Un polar historique qui met en scène 2 hommes, un inspecteur et un ethnologue, amenés à enquêter sur le meurtre d'une jeune Cambodgienne sur fond de traditions et de terres ancestrales.

– ***Kampuchéa,*** de Patrick Deville (Points, 2012). L'auteur s'était déjà aventuré au Vietnam avec *Peste et Choléra.* Avec la même précision d'explorateur et de chimiste, il replonge le lecteur dans le tumultueux passé du Cambodge, en faisant revivre avec une densité extraordinaire des histoires individuelles. Depuis la colonisation jusqu'au régime khmer rouge, on est embarqué par le récit de personnages souvent oubliés.

– ***Un pèlerin d'Angkor,*** de Pierre Loti (1913 ; CreateSpace Independent Publishing Platform, 2017). Quand Pierre Loti découvre Angkor pour la 1re fois, en 1901, son rêve d'enfant devient réalité. Face à la majestueuse cité khmère, l'écrivain (pourtant grand voyageur) se sent tout petit. De par son humilité, le récit de son pèlerinage nous livre bien des clés de sagesse. Plus qu'un périple, une découverte : sur soi, les autres, le monde. Un siècle après, ce carnet de voyage trépidant résonne toujours avec la même intensité poétique.

Histoire et civilisations

– ***Les Khmers,*** de Bruno Dagens (Les Belles Lettres, 2003). Un vrai jeu de piste par thème dans la culture khmère. Tant d'érudition en si peu de pages et exposée d'une façon aussi simple et ludique mérite le respect. À consulter pour devenir incollable sur les us et coutumes et l'histoire du Cambodge.
– ***Cambodge : art, histoire, société,*** de Danielle et Dominique Guéret (Actes Sud, Imprimerie Nationale, 2009). Un livre d'art et de référence sur le patrimoine culturel et naturel du royaume. Indispensable à tout amoureux du Cambodge ou tout lecteur désireux de connaître le pays en profondeur.
– ***100 questions sur le Cambodge,*** de Frédéric Amat et Jérôme Morinière (Gope éd., coll. « Tuk-Tuk », 2013). Les deux journalistes interrogent 9 spécialistes sur l'histoire, les Droits de l'homme, leur vision du pays, leurs souvenirs et anecdotes. Des réponses et récits pour mieux appréhender le Cambodge.
– ***Cambodge contemporain,*** sous la direction d'Alain Forest (Indes Savantes/Irasec, 2008). Au sein de cette somme pluridisciplinaire, on retiendra, entre autres, le chapitre très instructif « Pour comprendre l'histoire contemporaine du Cambodge », signé par l'un des meilleurs connaisseurs francophones du pays.

Sur la période khmère rouge et les procès

– ***Le Portail,*** de François Bizot (Gallimard, coll. « Folio », 2002). Ethnologue, membre de l'École française d'Extrême-Orient, l'auteur est fait prisonnier au Cambodge par la guérilla khmère rouge, en 1971. Enchaîné, il passe 3 mois dans un camp. Il est interrogé par Duch, le tortionnaire, plus tard directeur de la prison S-21 et responsable de 17 000 morts. À la chute de Phnom Penh, les Khmers rouges le nomment interprète des réfugiés qui se sont retranchés à l'ambassade de France. Il démontre ici les mécanismes de l'épouvante du régime khmer rouge et fait tomber le masque du bourreau monstre qui, grâce à une écriture splendide, redevient presque humain.
– ***Le Silence du bourreau,*** de François Bizot (Flammarion, 2011), coll. « Folio », 2013). Prolongement du récit ***Le Portail,*** suite aux retrouvailles de l'auteur et de son ex-geôlier en 2008. À travers ce témoignage très personnel et le recueil de la confidence de Duch durant son procès, Bizot s'interroge sur la terrifiante capacité d'un homme à devenir un monstre, tout en restant humain...
– ***Le Maître des aveux,*** de Thierry Cruvellier (Gallimard, 2011). Spécialisé dans la couverture de procès internationaux (Sierra Leone, Rwanda...) et seul journaliste étranger à avoir suivi de façon continue le procès des hauts dirigeants khmers de 2007 à 2011, Thierry Cruvellier signe ce récit au centre duquel il y a le procès de Duch, en 2009, le bourreau zélé du régime, qui a plaidé coupable.
– ***Tu vivras, mon fils,*** de Pin Yathay (2000 ; Archipel, 2005). Récit autobiographique du passage miraculeux d'un jeune ingénieur à travers les mailles sanglantes de l'univers concentrationnaire des Khmers rouges. De l'évacuation de Phnom Penh jusqu'à la fuite à travers la jungle vers la Thaïlande, l'odyssée tragique d'un homme ordinaire propulsé chef d'un clan familial qui sera entièrement décimé compose un véritable manuel de survie allant jusqu'à traiter les cas de conscience les plus douloureux. Un des meilleurs exemples de cette littérature.
– ***Une enfance en enfer, Cambodge 17 avril 1975-8 mars 1980,*** de Malay Phcar (Robert Laffont, 2005). L'auteur n'avait que 9 ans quand les Khmers se sont emparés de Phnom Penh en 1975. Une vision de l'intérieur avec les yeux d'un enfant. Le travail forcé et toutes ses horreurs. Émouvant.

– ***L'Élimination,*** de Rithy Panh, avec Christophe Bataille (2012 ; Le Livre de Poche, 2013). « Oublier est impossible. Comprendre est difficile. » C'est pourtant ce que Rithy Panh tente de faire dans ce livre fascinant. Extrêmement sobre et sensible, le récit alterne entre souvenirs bouleversants de l'enfance de l'auteur dans le Kampuchéa démocratique et confidences de Duch, obtenues après des centaines d'heures d'entretien. En donnant ainsi la parole à l'ex-directeur du camp S-21, inventeur d'une véritable mécanique d'élimination, Rithy souhaite exposer la vérité et non juger.

B.D.

– ***L'Année du lièvre*** (tome I, *Au revoir Phnom Penh*), Gallimard, 2011, par Tian. Cette B.D. nous plonge dans le quotidien d'une famille chassée de Phnom Penh après la prise de la capitale et du pouvoir, le 17 avril 1975, par les Khmers rouges. Angoisse, peur et violence l'accompagnent tout au long de sa fuite, au cours de laquelle elle va découvrir les horreurs de la révolution. Le tome II, *Ne vous inquiétez pas,* et le tome III, *Un nouveau départ,* sont parus en 2013 et 2016 chez le même éditeur.
– En plus des récits des rescapés cités plus haut, il faut lire la trilogie de ***Séra,*** auteur de B.D. franco-khmer, imprégnée du traumatisme cambodgien et très documentée (cartes, plans, bibliographie). Le style de l'illustrateur inspiré par la photographie, aux tonalités sombres et angoissantes, accentue l'horreur et les tourments, en prenant parfois le pas sur la narration :
– ***Impasse et rouge*** (Albin Michel, 2003). La chute de la République khmère de Lon Nol.
– ***L'Eau et la Terre : Cambodge 1975-1979*** (Delcourt, 2005). Le Cambodge durant les années de plomb de l'autogénocide.
– ***Lendemains de cendres : Cambodge 1979-1993*** (Delcourt, 2007). La fin du régime de Pol Pot et la fuite des premiers réfugiés vers la Thaïlande.
– ***Concombres amers : Cambodge 1967-1975*** (Marabulles, 2018). Récit de la montée tragique qui va conduire au génocide khmer.

Sur Angkor

Quelques ouvrages indispensables pour mieux comprendre le Cambodge, avant et après votre voyage... Cette liste n'inclut pas tous les livres consacrés à Angkor, trop nombreux. Vous en trouverez sur place, la plupart épuisés en France, photocopiés par des revendeurs cambodgiens...
– La référence est l'ouvrage de Jean Laur, ***Angkor, temples et monuments*** (Flammarion, 2002). Ancien conservateur du site, il a répertorié chaque emplacement avec minutie et passion. Un beau livre assez lourd, plutôt à consulter avant ou après le voyage. On trouve cet ouvrage en solde.
– ***Angkor, la forêt de pierre,*** de Bruno Dagens (Gallimard, coll. « Découvertes », n° 64, 1989). Le plus accessible (financièrement) des livres illustrés consacrés à Angkor. Un panorama complet du site le plus mythique d'Asie du Sud-Est, de sa découverte par un voyageur chinois jusqu'au vandalisme actuel qui le menace. Aucune figure ne manque : archéologues héroïques qui consacrèrent leur vie aux temples, écrivains inspirés par la magie des lieux, grands de ce monde en pèlerinage obligatoire ou simples balayeurs dévoués... Reproductions superbes de cartes et gravures anciennes.
– ***Le Guide des temples d'Angkor,*** de Michel Petrotchenko (2015 ; Michel Petrotchenko, 2018). Une approche à la fois très descriptive, complète, et pour autant pas du tout rébarbative. Bien au contraire ! Les nombreuses illustrations et un usage précis des couleurs sur les nombreux plans rendent l'ensemble vivant, simple et très accessible. Probablement le plus pratique de tous les guides. Une réussite.
– ***Angkor : gloire et splendeur de l'Empire khmer,*** de Marilia Albanese (éd. White Star, 2010). Superbement illustré, cet ouvrage détaille chaque temple avec force plans et itinéraires.

– ***Angkor et ses temples,*** de Thierry Zéphir (Éd. du Pacifique, 2005). Du fait de son format pratique et léger, de son prix raisonnable, c'est l'une des meilleures ventes sur le site archéologique.

– ***Archéologues à Angkor,*** de l'EFEO (éd. Paris-Musée, 2010). Illustré d'une sélection de photos tirées des archives de l'EFEO. Un ouvrage incontournable pour tout amateur d'art khmer.

Et, parce que la majesté des sites d'Angkor requiert autant de bases sur la mythologie hindouiste que bouddhiste, voici une petite approche très agréable à parcourir :

– ***Promenade avec les dieux de l'Inde,*** de Catherine Clément (Points, 2007, 265 p.). Ces pages sont tirées des émissions que l'écrivaine a concoctées pour France Culture. Loin de constituer une introduction traditionnelle à l'hindouisme, elles rendent les frasques et les relations de ces dieux familières. Des connaissances érudites transmises avec la simplicité et le talent d'une conteuse.

Langue

– ***Parler le cambodgien, comprendre le Cambodge,*** de Pierre-Régis Martin. Disponible uniquement sur place (librairie « Carnets d'Asie », Mekong Libris). En plus de la partie langue pure, permet aussi d'en savoir plus sur les coutumes et la mentalité khmères.

Sur la cuisine cambodgienne

– ***La Cuisine du Cambodge avec les apprentis de Sala Baï,*** de Joannès Rivière (Philippe Picquier, 2009). Voici le livre de recettes de l'école hôtelière de l'association *Agir pour le Cambodge* (voir plus loin « Aide humanitaire » dans « Cambodge. Hommes, culture, environnement »). Vous pouvez reproduire ce que vous aurez eu la chance de goûter sur place au resto d'application *Sala Baï* (voir également à Siem Reap « Où manger ? »). Les droits d'auteur de l'ouvrage sont intégralement reversés à *Agir pour le Cambodge* *(14, rue des Jeûneurs, 75002 Paris ; • agirpourlecambodge.org •).*

– ***Le Vrai Goût du Cambodge : une traversée du pays en 50 recettes,*** de Céline Anaya Gautier (Aubanel, 2008). Ouvrage très illustré, au titre explicite, puisqu'il s'agit aussi d'un beau livre sur le pays khmer.

Pour les Franciliens, ne pas hésiter à vous rendre dans cette librairie spécialisée :

■ ***You Feng :*** *45, rue Monsieur-le-Prince, 75006 Paris.* ☎ *01-43-25-89-98. • you-feng.com •* Ⓜ *Odéon. Lun-sam 9h30-19h.* ***Autre adresse :*** *66, rue Baudricourt, 75013 Paris.* ☎ *01-53-82-16-68.* Ⓜ *Tolbiac. Mar-sam 10h-18h30.* Éditeur-libraire très sympa, spécialiste du Cambodge et de l'Extrême-Orient. Tous les ouvrages disponibles (en anglais et en français).

PHOTO

Par courtoisie, demandez toujours aux gens (y compris aux bonzes et aux vieillards) s'ils vous autorisent à les photographier (un signe et un sourire suffisent). S'ils ont quelque chose à vendre, achetez-leur une babiole pour les remercier de la faveur qu'ils vous font. Quant aux moines, donnez-leur une obole en signifiant bien que c'est pour l'entretien du temple. Par ailleurs, on trouve des cartes mémoire dans certaines boutiques de Phnom Penh ou sur le site d'Angkor à des prix assez intéressants.

POSTE

Les principaux bureaux de poste sont ouverts du lundi au samedi de 8h à 12h et de 14h à 17h. Délai approximatif : 15 jours.

SANTÉ

Dans un pays ruiné comme le Cambodge, la situation sanitaire est évidemment déplorable. La population connaît les ravages du paludisme, de la malnutrition, de la tuberculose, actuellement première cause de mortalité, et de la rage (pays le plus touché par cette maladie). Quant aux voyageurs, les vaccins, les règles élémentaires d'hygiène et les précautions alimentaires habituelles les préserveront dans la plupart des cas.

Vaccinations

Aucune vaccination n'est obligatoire pour les voyageurs en provenance d'Europe. Sont très fortement conseillées :

- ***les vaccinations « universelles »,*** encore plus utiles là-bas. Diphtérie, tétanos, polio, coqueluche (Repevax ou Boostrixtetra) : un rappel tous les 20 ans à partir de l'âge de 25 ans, pour les personnes qui ont eu un suivi régulier de leurs rappels. Hépatite B : immunité d'autant plus longue que la primovaccination a été complète (3 injections en 6 à 12 mois), et faite tôt dans la vie (avant 20 ans, probable immunité à vie).
- ***Rougeole :*** maladie potentiellement grave, très contagieuse, à transmission respiratoire nécessitant une à 2 doses de vaccins en fonction de la date de naissance.
- ***Hépatite A*** (par exemple Vaqta) ***:*** absolument indispensable. Après la première injection (protectrice 15 jours plus tard, à quasi 100 %), une seconde injection faite 6 à 18 mois plus tard entraîne très vraisemblablement une immunité à vie.
- ***Typhoïde*** (Typhim Vi) ***:*** parfois utile pour des séjours prolongés ou effectués dans mauvaises (voire très mauvaises) conditions d'hygiène alimentaires Immunité : partielle (50 à 65%) pendant 3 ans. Il existe également un vaccin combiné hépatite A + typhoïde, le Tyavax.
- ***La rage :*** attention particulièrement aux chiens, souvent porteurs de la maladie, mais tous les mammifères peuvent être vecteurs. Le délai moyen d'apparition des symptômes est de 3 semaines à 3 mois mais il peut être plus rapide et l'issue est alors toujours fatale. Le vaccin avant le voyage peut être délivré par tout pharmacien et les 3 injections (J0, J7, de J21 à J28) peuvent être réalisées par tout médecin (en cas de difficulté d'approvisionnement du vaccin, ne pas hésiter à contacter un centre de vaccinations). En cas de morsure, laver immédiatement et abondamment la plaie avec de l'eau et du savon pendant 15 mn. Puis se rendre dans un centre de vaccination antirabique, indiqué par les services médicaux locaux ou votre compagnie d'assistance. Attention, même lorsqu'on est déjà vacciné, il faut malgré tout consulter et faire 2 injections de rappel (à 3 jours d'intervalle).
- ***L'encéphalite japonaise :*** elle sévit en permanence. C'est une maladie grave. La vaccination est d'autant plus recommandée que les séjours ruraux seront longs, en particulier dans les zones de rizières. Le vaccin (Ixiaro®) consiste en 2 injections (J0, J28 pour les adultes jusqu'à 65 ans), en centre de vaccinations internationales et en pharmacie (sur prescription) : autour de 90 € chaque dose ! Plus d'infos sur • *astrium.com/encephalite-japonaise.html* •

Centres de vaccination

Pour les centres de vaccination partout en France, dans les DOM-TOM, en Belgique et en Suisse, consulter le site internet • *astrium.com/espace-voyageurs/centres-de-vaccinations-internationales.html* • Tous les centres de vaccination sont aussi disponibles sur • *routard.com* •

Risques et précautions

- Le ***paludisme*** est, d'une manière générale, mal connu des médecins européens. Il faut savoir que le paludisme en Asie, certes redoutable, est absent du centre-ville

L'ABSINTHE CONTRE LE PALUDISME

En guerre contre les Américains, l'armée du Vietnam, dévastée par le paludisme, se tourna vers la Chine, un ancien allié, pour trouver un remède. Sous couvert d'un projet secret nommé « 523 », le docteur Youyou Tu finit par isoler « la » substance miracle au début des années 1970. Son nom ? L'artémisinine, qui est un dérivé de l'absinthe ! Aujourd'hui encore, l'artémisinine reste le traitement considéré comme le plus efficace pour lutter contre le paludisme. Alors merci, Youyou Tu, trop tardivement récompensée – en 2015 – du prix Nobel de médecine. Et merci l'absinthe. Santé !

des grandes villes et très restreint en bord de mer. Mais si à Phnom Penh et à Siem Reap il n'y a quasi pas de paludisme intra-muros, les moustiques vecteurs sont bel et bien présents sur le site d'Angkor, d'où il est conseillé de repartir avant le coucher du soleil... l'heure où se réveillent ces « chair » bestioles ! Dans le cas contraire, pour Angkor et les zones rurales, un traitement antipaludique est fortement conseillé. Ne pas prendre cette maladie à la légère. Utiliser abondamment des répulsifs antimoustiques efficaces (à base de DEET 50 %), s'enduire les parties découvertes du corps et renouveler fréquemment l'application (toutes les 4h). Une moustiquaire imprégnée d'insecticide est utile (moustiquaire souvent fournie dans les hôtels mais rarement imprégnée ; emporter la sienne !). Porter des vêtements couvrants, si possible imprégnés d'insecticides (chemise à manches longues et pantalon), lorsque la nuit est tombée et jusqu'au lever du soleil. Éviter le parfum. ***NE PAS OUBLIER LES ANTIPALUDIQUES*** prescrits par un médecin si vous séjournez dans des zones à risques. En cas de fièvre pendant ou après le voyage, consulter d'urgence un spécialiste.

– La ***dengue*** est également transmise par les moustiques, mais de jour. Les symptômes sont sensiblement les mêmes que pour le paludisme (fièvre, migraines, douleurs musculaires, fatigue intense et, en prime, parfois une éruption cutanée), à cette différence près que cette maladie est rarement mortelle. Heureusement, car on ne lui connaît pas de traitement. Protégez-vous ! Une raison de plus pour éviter de se faire piquer...

– Comme la dengue, le ***zika*** est transmis par un moustique qui pique le jour. Maladie grave pour les femmes enceintes (risques de malformations graves chez le fœtus).

– L'***eau*** est le principal vecteur de maladies. On ne le répétera jamais assez, ***NE JAMAIS BOIRE L'EAU DU ROBINET.*** Bien vérifier que les bouteilles d'eau (purifiée) que l'on vous propose sont fermées. Si elles ont été décapsulées avant d'être placées sur votre table, les refuser. Il est possible de purifier l'eau suspecte grâce à un procédé individuel et économique : une paille d'ultrafiltration de poche à 0,01 micron, qui, à travers 5 étages de filtration, piège absolument tous les parasites, virus et bactéries avec une capacité de 2 000 l d'eau purifiée. Grande autonomie, donc. Ni pile, ni substance chimique et un embout qui permet de fixer la paille à une bouteille en plastique (type « coca ») transformée alors en gourde, pratique !

– Les ***aliments*** sont l'autre source de ***problèmes intestinaux.*** Le choix des restaurants s'avère donc primordial : si c'est vraiment très sale, fuyez ! Un endroit vide doit être considéré comme louche. À Phnom Penh, les estomacs fragiles préféreront sans doute les restos occidentaux, non par conservatisme mais par mesure d'hygiène. Ne pas exagérer, cependant, on trouve tout plein de bonnes et fiables adresses khmères.

Éviter les crudités et les légumes non bouillis. De même pour les glaces et fruits déjà épluchés. Aujourd'hui, le traitement d'une turista simple de l'adulte repose sur l'association d'un antibiotique en une prise, une seule fois, type azithromycine

(Zithromax® ; 2 comprimés en une seule prise, une seule fois), allié à un ralentisseur du transit intestinal, tel que l'acécadotril (Tiorfan® ; une gélule d'emblée, puis une gélule 3 fois par jour, si possible avant les 3 principaux repas ; durée maxi : 7 jours). Se réhydrater fréquemment, manger du riz et boire de l'eau de riz, du thé ou des boissons de préférence sans bulles. La présence de sang ou de pus dans les selles ainsi que la coexistence d'une fièvre imposent une consultation très rapide. Contacter le médecin de l'ambassade qui vous conseillera.

– Le ***soleil*** tape fort au Cambodge, surtout à Angkor : se couvrir la tête avec un chapeau à larges bords et ne pas oublier sa crème solaire. Boire beaucoup d'eau (purifiée) ou de Coca-Cola pour éviter la déshydratation. En cas de coup de soleil, appliquer la pommade *Biafine.*

– La bilharziose et certaines parasitoses s'attrapent lors des ***baignades*** sur les bords du Mékong, dans les eaux stagnantes ou à faible débit.

– ***Les piqûres et morsures d'animaux :*** si vous êtes piqué par de petits insectes, employez de la pommade type *Parfenac* (anti-inflammatoire). Pour les moustiques, on a déjà parlé du paludisme, de la dengue et du zika. Les ***piqûres de scorpion*** sont douloureuses mais jamais mortelles, sauf exception rarissime. On trouve des scorpions dans les temples, alors mieux vaut ne pas glisser ses mains n'importe où (sous les cailloux notamment) et attention au moment de remettre ses chaussures, prisées par les scorpions. N'oubliez pas de les secouer avant de les remettre. En cas de piqûre, consulter un médecin.

Les ***morsures de serpent*** peuvent être mortelles, mais là encore, les cas sont rares, car le serpent est un animal craintif. Porter des chaussures montantes et marcher en faisant du bruit. Éviter les sandalettes à Angkor. En cas de morsure, ne pas s'affoler, éviter de courir, poser un bandage serré autour de la plaie et essayer de la refroidir. Ne pas mettre de garrot. Ne pas exciser. Ne pas sucer la plaie. Le venin met souvent plusieurs heures avant d'agir ; il convient donc de trouver un hôpital au plus vite !

Les sangsues abondent dans les hautes herbes pendant la saison des pluies. Ne jamais tenter de les arracher.

Pour plus d'infos, consulter ● *astrium.com* ●

En cas de pépin

Ne pas trop se fier aux « pharmaciens » du pays (certains vendent des médicaments périmés ou contrefaits et ils ne sont pas plus pharmaciens que vous, bien souvent) ou aux hôpitaux (sous-équipés). Demander conseil à votre ambassade, qui connaît les adresses compétentes. En cas de pépin sérieux, prendre le premier avion pour Bangkok, qui possède les meilleurs hôpitaux de la région. Savoir, enfin, qu'au Cambodge les études de pharmacie (et de médecine) se font en français. Si un médecin ne parle pas le français, dans la plupart des cas, ce n'est pas bon signe...

– ***Les pharmacies :*** il en existe de 2 types, les A et les B. Les premières sont tenues par des pharmaciens diplômés qui proposent théoriquement de vrais médicaments. Le problème, c'est qu'il n'y en a quasiment pas. Voir « Adresses et infos utiles » à Phnom Penh. Les secondes (les B) ne sont que des revendeurs de médicaments. Il faut savoir que la plupart d'entre eux sont des faux souvent fabriqués au Vietnam. Ces ***contrefaçons*** – sorte de placebos dans le meilleur des cas, toxiques dans le pire – ont la forme, le goût, la couleur et l'emballage des médicaments qu'ils copient. ***La prudence certaine est donc de rigueur.*** C'est simple, éviter les petites pharmacies de rue, même si les médicaments qu'on y propose semblent familiers. Et surtout, acheter les médicaments avant de partir.

■ Les produits et matériels utiles aux voyageurs, assez difficiles à trouver dans le commerce, peuvent être achetés par correspondance sur le site ● *astrium.com* ● Infos complètes toutes destinations, boutique web, paiement sécurisé, expéditions *Colissimo Expert* ou *Chronopost.* ☎ *01-45-86-41-91 (lun-ven 14h-19h).*

TÉLÉPHONE, INTERNET

– Pour passer vos coups de fil, ***n'hésitez pas à acheter une carte SIM locale vraiment très bon marché*** (lire plus loin) ou dirigez-vous vers les boutiques internet qui proposent des connexions téléphoniques à moindre coût via la Toile, depuis un poste de téléphone à disposition ou à partir d'un ordinateur équipé d'un logiciel du type *Skype*. Compter environ 0,05 $ (ou 200 riels)/mn pour l'Europe. Seul inconvénient, la communication n'est pas toujours très bonne.
– ***France → Cambodge :*** 00 + 855 + indicatif de la ville (sans le « 0 ») + numéro du correspondant.
– ***Cambodge → France :*** 001 (ou 007, moins cher) + 33 + numéro du correspondant (9 chiffres : ne pas composer le « 0 » initial).
– ***Cambodge → Cambodge :*** les numéros de postes fixes comportent 9 chiffres et commencent par 023 ou 024 à Phnom Penh, 063 à Siem Reap... (à composer même pour les communications intra-urbaines) ; ceux des mobiles sont constitués de 9 ou 10 chiffres, les 3 premiers variant en fonction des opérateurs (012, 017, 076, 067, etc.).
● ***yp.com.kh*** ● Les *Pages jaunes* du Cambodge. Peut s'avérer utile. Lancer une recherche par catégories marche parfois mieux.

Téléphones portables

Au Cambodge, les portables sont partout, le réseau téléphonique fixe souffrant de grosses faiblesses. D'ailleurs, de nombreux établissements disposent de plusieurs fournisseurs de téléphonie et donc de plusieurs numéro(s). Malheureusement, les gérants d'établissements peuvent changer, et les numéros de téléphone avec...
– ***À savoir :*** un téléphone tribande ou quadribande n'est, en principe, pas nécessaire au Cambodge, sauf si vous souhaitez bénéficier d'Internet. Pour être sûr que votre appareil soit compatible avec votre destination, renseignez-vous auprès de votre opérateur.
– ***Activer l'option « international » ou « monde » :*** elle est en général activée par défaut. Pensez sinon à contacter votre opérateur pour souscrire à l'option (gratuite) au moins 48h avant le départ.
– ***Le « roaming » ou itinérance :*** c'est un système d'accords internationaux entre opérateurs. Concrètement, cela signifie que lorsque vous arrivez dans un pays, le nouveau réseau local s'affiche automatiquement. Vous recevez rapidement un SMS de votre opérateur qui propose un ***pack voyageurs*** plus ou moins avantageux, incluant un forfait limité de consommations téléphoniques et de connexion internet.
– ***Forfaits étranger inclus :*** certains opérateurs proposent des forfaits où ***35 jours de roaming par an sont offerts*** dans le monde entier. On peut donc cumuler plusieurs voyages à l'étranger sans se soucier de la facture au retour. Attention, si SMS, MMS et appels sont souvent illimités, la connexion internet est, elle, limitée. D'autres opérateurs offrent carrément le ***roaming toute l'année vers certaines destinations.*** Renseignez-vous auprès de votre opérateur.
– ***Tarifs :*** ils sont propres à chaque opérateur et varient en fonction des pays (le globe est découpé en plusieurs zones tarifaires). N'oubliez pas qu'à l'international vous êtes facturé aussi bien pour les appels sortants que pour les appels entrants (ces derniers étant bien moins chers évidemment), idem pour les textos. Donc quand quelqu'un vous appelle à l'étranger, vous payez aussi. Soyez bref !
– ***Acheter une carte SIM/puce sur place :*** c'est l'option la plus avantageuse pour appeler dans le pays et à la maison, mais aussi pour surfer sur le web sans souci. Il suffit d'acheter à l'arrivée, muni de son passeport, une carte SIM locale pour quelques dollars, incluant un petit crédit de communication (certaines sont même gratuites) et la connexion internet. Plusieurs compagnies se

partagent le marché et le pays est bien couvert. On conseille en particulier les opérateurs *Smart* et *Cellcard,* qui disposent des meilleurs réseaux et permettent de se connecter à Internet en 2G, 3G et même en 4G. Le tarif varie selon la durée du contrat. On trouve des cartes SIM dans les nombreuses petites boutiques de téléphonie mobile ou en supermarché, stations-service, tabac-journaux, etc. Pour les plus pressés, on peut les acheter dès l'aéroport, mais les forfaits proposés sont plus chers qu'en ville. Attention, emporter un portable à double carte SIM (désactiver les données mobiles sur votre carte SIM d'origine) ou un vieux portable, sinon on ne pourra plus vous joindre sur votre numéro habituel. Avant de signer le contrat et de payer, essayez donc, si possible, la carte SIM du vendeur dans votre téléphone – préalablement débloqué – afin de vérifier si celui-ci est compatible.

La connexion internet en voyage

– ***Se connecter sur les réseaux wifi*** est le meilleur moyen d'avoir accès au Web gratuitement, si vous ne disposez pas d'un forfait avec *roaming* offert. Le plus sage consiste à ***désactiver la connexion*** « Données à l'étranger ». On peut aussi mettre le portable ***en mode « Avion »*** et activer ensuite le wifi. Attention, le mode « Avion » empêche, en revanche, de recevoir appels et messages.
Quasi tous les hôtels, restos et bars des villes touristiques disposent désormais d'un réseau accessible, généralement gratuit (mais pas toujours des plus efficaces dans les hôtels). On trouve même une connexion dans les bus VIP de certaines compagnies !
– Une fois connecté au wifi, vous avez accès à tous les services de la ***téléphonie par Internet,*** comme ***WhatsApp, Messenger*** (la messagerie de *Facebook*), ***Viber, Skype.***

Attention piratage !

Les wifi publics sont devenus de véritables passoires ! Il est devenu très facile, même pour un débutant, de s'introduire sur un réseau. La seule parade véritablement fiable est de ne fréquenter que des sites « certifiés ». Ils commencent par « https:// » et affichent souvent un petit cadenas à côté de l'adresse. Dans ce cas, vos transmissions sont cryptées et donc sécurisées. Les sites les plus sensibles et populaires, comme les banques, ont tous une connexion certifiée.
Enfin, si vous utilisez un ordinateur en libre-service, évitez, dans la mesure du possible, d'entrer votre mot de passe ou toute information sensible ! Une quantité phénoménale de ces postes est infectée par des « enregistreurs de frappe », qui peuvent transmettre vos données à un destinataire malintentionné. Et si, malgré tout, vous utilisez ces postes, pensez à bien vous déconnecter et à ne pas cliquer sur l'option « enregistrer mon mot de passe ».

TRANSPORTS

Train

Depuis 2016, une ligne de chemin de fer relie à nouveau Phnom Penh à Sihanoukville (4 fois par semaine, principalement le week-end), via Takeo et Kampot.

Bus

C'est un moyen de transport économique mais rarement ponctuel et pas toujours sûr. Il y a encore des accidents à cause de véhicules en mauvais état et de conduites irresponsables (alcoolémie, vitesse), en particulier la nuit. Plusieurs compagnies relient quotidiennement la capitale aux principales villes du pays. Nombreux bus également pour le Vietnam et la Thaïlande. *Giant Ibis*

SIHANOUKVILLE	SIEM REAP	PHNOM PENH	KRATIE	KOMPONG THOM	KOMPONG CHAM	KAMPOT	BATTAMBANG	DISTANCES EN KM
520	170	290 (4/5 h)	640	320	415	440		BATTAMBANG
100	465	150	500	315	265		440	KAMPOT
350	270 (4 h)	120	230	126 (2 h 30)		265	415	KOMPONG CHAM
395	150 (2 h 30)	165	370		126 (2 h 30)	315	320	KOMPONG THOM
579	665	340 (6 h)		370	230	500	640	KRATIE
230	320		340 (6 h)	165	120	150	290 (4/5 h)	PHNOM PENH
545		320	665	150 (2 h 30)	270 (4 h)	465	170	SIEM REAP
	545	230	579	395	350	100	520	SIHANOUKVILLE

REMARQUE : ON PEUT CONSIDÉRER QUE LES BUS FONT UNE MOYENNE DE 50 KM/H

(• giantibis.com •) et *Mekong Express (• catmekongexpress.com •)* sont parmi les meilleures compagnies, mais pas les moins chères (*Giant Ibis* est la plus chère, mais les bus sont, en principe, à l'heure). La compagnie *Sorya (• ppsoryatransport.com.kh •)* est moins fiable (sécurité, ponctualité), mais elle propose un grand nombre de liaisons entre les villes. Si vous prenez une autre compagnie, renseignez-vous sur sa fiabilité. Certaines disposent de bus de nuit confortables. Ça peut être intéressant pour le trajet Phnom Penh-Siem Reap.

Rouler, un défi permanent

– ***Attention :*** la circulation urbaine à la mode cambodgienne peut s'avérer particulièrement traumatisante, pas forcément à cause des vitesses atteintes (rarement possible d'aller très vite), mais en raison des trajectoires et modes d'arrêt parfois diamétralement opposés à ceux que nous connaissons.
– Le trafic arrive dans les 2 sens, même sur une bande de circulation apparemment à sens unique : gardez bien les yeux ouverts ; le plus gros ayant toujours raison, cédez-lui donc le passage !
– On double là où il y a de la place et, en général, la droite de la route est réservée aux motos.
– À moto, pour couper un boulevard, conduisez en diagonale en sens opposé tout en agitant votre bras gauche. Le port du casque est obligatoire pour le conducteur et son passager.

– Si vous tournez à droite, le feu rouge ne compte pas.
– Si un type en uniforme bleu agite de loin un bâton en vous pointant du doigt, faites comme si de rien n'était, essayez de tourner à droite ou à gauche avant d'arriver jusqu'à lui, ou faites demi-tour et repartez en sens inverse. Si malgré tout vous êtes arrêté, gardez le sourire. Être en possession d'un ***permis de conduire international*** peut éviter les tentatives de racket. Sinon dites que vous n'êtes pas pressé et que vous n'avez qu'un ou deux dollars sur vous. Après quelques conciliabules (si vous n'avez en fait commis aucune infraction), il prendra le dollar en détournant les yeux (il en gagne 30 par mois !). Si vous avez passé outre, aucun risque d'être poursuivi, le réservoir des motos de policiers est souvent quasi vide ! À l'extérieur des villes, c'est beaucoup plus gérable, même si ça vaut aussi son pesant de cacahuètes.
– À noter que de nombreux ponts se construisent sur le Mékong. Ils raccourcissent les temps de trajet, mais alourdissent parfois la facture, certains étant à péage.

Les applis de cartes embarquées

Sans connexion, mais à télécharger avt le départ :
– ***Maps.me :*** itinéraire sur plan (silencieux). Bien aussi pour les randos. Une précieuse aide.

Avec connexion et à télécharger avt le départ :
– ***Google Maps/Waze :*** indique en temps réel la qualité du réseau, les points radar, les limitations de vitesse et autres incidents sur le réseau routier. Notez qu'une fois l'itinéraire lancé, on peut se déconnecter et l'appli continue de fonctionner...

Taxi à 2, 3 ou 4 roues

Si votre chauffeur est trop kamikaze ou paraît ivre, n'hésitez pas à en changer. Pas mal d'accidents sont à déplorer.
On trouve 5 sortes de taxis. Les ***rickshaws,*** scooters à 3 roues recouverts d'une bâche, sont les plus économiques si l'on est 2. Viennent ensuite les fameux ***tuk-tuk,*** carrioles typiques, également attelées à des scooters ou à des motos, pouvant transporter jusqu'à 4 personnes. Les ***motos-taxis*** (appelées ***motos-dops***) sont le moyen de transport le moins coûteux si l'on est seul. Tous les jeunes chauffeurs ne conduisent pas comme des kamikazes, mais il est très conseillé de se faire prêter un casque, on ne sait jamais (à éviter la nuit). Enfin, les ***pick-up*** et autres petites berlines servant de taxis collectifs ne sont pas chers. On les trouve près des marchés. Le confort est limite et, à moins d'acheter plusieurs places ou le véhicule entier, il faut attendre qu'ils soient pleins avant de partir.

Avion

Il existe une ligne intérieure opérée par *Cambodia Angkor Air* (● cambodiaangkorair.com ●) qui assure des liaisons quotidiennes entre Phnom Penh et Siem Reap, ainsi qu'entre Sihanoukville et Siem Reap.
Voir aussi ● *corp.cambodia-airports.aero* ● pour connaître les liaisons domestiques et internationales.

URGENCES

Attention, les numéros à 3 chiffres suivants ne sont joignables que depuis des postes fixes dont l'indicatif est le 023, donc uniquement depuis Phnom Penh.

■ ***Police :*** ☎ *117 ou 118.*
■ ***Ambassade et consulat de France à Phnom Penh :*** ☎ *023-260-010.* ● *ambafrance-kh.org* ●

Médicales

■ ***SAMU :*** ☎ *119 (à Phnom Penh).*
✚ ***Urgences 24h/24 :*** **Naga Clinic** à

*Phnom Penh (plan Phnom Penh, A3, **17**).* ▯ *012-767-505.*

■ ***Centre antirabique :*** *le seul du pays est celui de l'**Institut Pasteur,** à Phnom Penh, bien sûr.* ☎ *023-426-009.* ● *pasteur-kh.org* ●

Pour les cartes de paiement

En cas de perte, de vol, ou de fraude, quelle que soit la carte que vous possédez, chaque banque gère elle-même le processus d'opposition et le numéro de téléphone correspondant.

Par ailleurs, l'assistance médicale se limite aux 90 premiers jours du voyage et l'assistance véhicule aux cartes haut de gamme (renseignez-vous auprès de votre banque).

– ***Carte Visa :*** *n° d'urgence (Europe Assistance),* ☎ *(00-33) 1-41-85-85-85 (24h/24).* ● *visa.fr* ●

– ***Carte MasterCard :*** *n° d'urgence,* ☎ *(00-33) 1-45-16-65-65.* ● *mastercardfrance.com* ●

– ***Carte American Express :*** *n° d'urgence,* ☎ *(00-33) 1-47-77-72-00.* ● *americanexpress.com* ●

Il existe aussi un serveur interbancaire d'opposition qui, en cas de perte ou de vol, vous met en contact avec le centre d'opposition de votre banque. *En France :* ☎ *0892-705-705 (service 0,35 €/mn + prix d'un appel) ; depuis l'étranger :* ☎ *+ 33-442-605-303.*

Besoin urgent d'argent liquide

Se reporter plus haut à la rubrique « Argent, banque, change ».

Pour les téléphones portables

Voici les numéros des 4 opérateurs français, accessibles depuis la France et l'étranger :

– ***Orange :*** *depuis la France,* ☎ *0800-100-740 ; depuis l'étranger,* ☎ *+ 33-969-39-39-00.*

– ***Free :*** *depuis la France,* ☎ *3244 ; depuis l'étranger,* ☎ *+ 33-1-78-56-95-60.*

– ***SFR :*** *depuis la France,* ☎ *1023 ; depuis l'étranger,* ▯ *+ 33-6-1000-1023.*

– ***Bouygues Télécom :*** *depuis la France comme depuis l'étranger,* ☎ *+ 33-800-29-1000 (service et appel gratuits).*

Vous pouvez aussi demander la suspension de votre ligne depuis le site internet de votre opérateur.

LE CAMBODGE

PHNOM PENH ET SES ENVIRONS

PHNOM PENH

env 1,6 million d'hab.

- Plan Phnom Penh Nord (plan I) *p. 92-93*
- Plan Phnom Penh Sud (plan II) *p. 96-97*

La capitale du Cambodge fut longtemps surnommée « la perle de l'Asie du Sud-Est » à l'époque coloniale. Pour mettre en valeur les trésors architecturaux khmers (pagodes, Palais royal), les Français ont en effet conçu une ville quadrillée de larges avenues bordées de luxueux bâtiments. La politique d'embellissement entreprise par Norodom Sihanouk après l'indépendance accentua encore son charme. Quelques grandes trouées vertes et les promenades des berges permettent encore aujourd'hui de respirer, malgré la forte congestion automobile. Mais la guerre, bien sûr, a laissé des traces. Les édifices religieux ont le plus souffert, rasés en grande partie par les Khmers rouges. Après une décennie d'immobilisme sous le régime provietnamien, la ville s'est relevée de ce long cauchemar grâce à l'afflux des capitaux étrangers, essentiellement chinois. Aujourd'hui, elle se modernise à vitesse grand V. On construit un peu partout, et de plus en plus haut. Au nord de la ville, le lac Boeng Kak a été remblayé en réponse à la pression immobilière, pour laisser la place à de futurs condominiums. Les grands boulevards, comme Monivong, connaissent des embouteillages comparables à ceux de Bangkok. En même temps, la ville jouit d'une animation digne d'une petite capitale asiatique. On commande désormais ses *tuk-tuk* par géolocalisation – le centre n'est d'ailleurs pas si grand – ce qui permet de passer facilement de la solennité du Palais royal à l'effervescence du marché russe, en passant par les façades coloniales du quai Sisowath. Bien sûr, on n'oubliera pas (dur euphémisme) de visiter les lieux de mémoire dédiés aux victimes des Khmers rouges, qui ont laissé une trace indélébile dans l'histoire du pays. Mais le soir, les échoppes populaires aux enseignes indéchiffrables fleurissent sur les trottoirs tandis que les « beaux quartiers » arborent toujours cette allure de petit Paris asiatique avec leurs terrasses peuplées d'une foule cosmopolite. Il faut dire que la communauté francophone y est bien implantée, occupant largement le secteur de l'hôtellerie et de la restauration.

À l'aube et au crépuscule, au confluent du Mékong et du Tonlé Sap, des contre-jours puissants et colorés amplifient encore cette atmosphère particulière. Bref, si la ville peut être fatigante, à la longue, et plutôt polluée, Phnom Penh n'en reste pas moins une capitale à taille humaine et une étape quasi incontournable.

UN PEU D'HISTOIRE

Au XVe s, le nom officiel de la ville est un vrai poème : « Capitale des Quatre Bras, heureuse maîtresse du Cambodge, nouvelle Indraprashtha, noble fortunée et frontière du royaume » ! Les 4 bras sont ces cours d'eau qui, en se croisant à cet endroit précis, forment un « X » : le Mékong qui descend du Laos, le Tonlé Sap qui devient un grand lac un peu avant Angkor, le fleuve Antérieur qui n'est autre que la suite du Mékong et le Bassac, sorte d'appendice appelé défluent.

ÇA VALAIT LA PENH !

Le nom de la ville est dû à une certaine Mme Penh. Selon une jolie légende, Mme Penh découvrit 4 statues de bronze dans un tronc d'arbre flottant sur le Mékong. Pour mettre à l'abri son trésor, elle éleva une butte en pierre : le phnom (« colline » en khmer), sur lequel fut ensuite édifié un temple. Phnom Penh, vieux village de pêcheurs, devint la résidence des rois khmers vers le XVe s.

Phnom Penh commence à ressembler à une capitale à partir de 1863, avec le protectorat imposé par la France au roi Norodom. Elle restera florissante, grâce au commerce, durant plus d'un siècle. En 1975, la déportation de ses 2,5 millions d'habitants par les Khmers rouges (voir la rubrique « Histoire » dans « Cambodge : hommes, culture, environnement ») en fait une ville exsangue, livrée à la végétation. Mise à sac par les révolutionnaires, Phnom Penh, en plus de ses trésors, perd la mémoire : les archives disparaissent, les bibliothèques sont brûlées. À partir de 1979, l'armée vietnamienne, après avoir chassé les Khmers rouges, achève le pillage.

Dès lors, l'arrivée des Casques bleus et des ONG insuffle une incroyable dynamique à la capitale meurtrie, qui vivote entre les couvre-feux et les incessantes coupures de courant. Le départ de l'UNTAC (autorités provisoires des Nations unies) en 1993 affaiblit l'économie phnompenhoise. La ville connaît quelques péripéties (attentats, prises d'otages, manifestations violentes, etc.), liées à la lutte pour le pouvoir entre les différentes composantes du gouvernement. Mais depuis l'arrêt des combats et la fin des derniers maquis khmers rouges (1998), l'espoir d'une paix durable s'installe et anime toute la population.

Arriver – Quitter

En avion

✈ ***Aéroport international de Pochentong*** *(hors plan I par A3) : à 8 km à l'ouest de Phnom Penh, par le bd Pochentong. • pnh.cambodia-airports.aero • ☎ 023-862-800.*

– ***Visa à l'arrivée et formalités :*** remplir un formulaire de demande de visa, fournir une photo d'identité et environ 30 $ en espèces (somme à vérifier avant le départ). Prévoir un peu plus large au cas où, et en dollars, car les distributeurs de billets sont dans la zone bagages après la police des frontières... Remplir également les formulaires « Arrivée-départ » et « Douane ».

■ ***Change :*** *Cambodia Asia Bank (CAB ; tlj 6h-minuit),* entre la police des frontières et la douane ; taux assez médiocre. Mieux vaut attendre d'être en ville ou utiliser les *distributeurs automatiques* dans le hall des arrivées.

■ ***Autres services :*** office de tourisme *(tlj 8h-17h).* Boutiques de téléphonie. Cela dit, on vous conseille d'acheter votre carte SIM en ville car les tarifs à l'aéroport sont surfacturés.

Pour rejoindre le centre-ville

Se diriger vers les comptoirs officiels situés à la sortie. Choix entre les ***tuk-tuk*** (triporteurs pour 4 personnes, tarif officiel dans les 9-12 $, environ 4 $ à l'extérieur de l'aéroport), bien si l'on n'a pas de gros bagages ni peur de

la pollution automobile, et les ***taxis*** (pour 4 personnes également, compter 12-15 $). Le ***bus*** nº 3 (env 2 000 riels, soit 0,50 $), qui va jusqu'au *Night Market (plan I, C3, **63**)* et aux bureaux des compagnies de bus, se prend à l'extérieur de l'aéroport, sur la route principale. Tlj 5h30-20h30. Pour tous ces transports, prévoir de 45 mn à... 2h de trajet selon la circulation.
Le ***train*** (*shuttle train*) part ttes les 30 mn, 6h-20h. Durée : 30 mn jusqu'à la gare centrale *(plan I, B3)*. Compter env 2,50 $. Cela dit, de là, il vous faudra prendre un autre transport pour gagner votre point de chute...

Vols intérieurs et compagnies domestiques

■ ***Cambodia Angkor Air :*** ☎ *0236-666-03-30.* • *cambodiaangkorair.com* • 4-7 vols directs/j. pour Siem Reap. Durée : 45-55 mn.

Vols internationaux

Liaisons avec ***Vientiane, Bangkok, Hanoï, Hô Chi Minh-Ville, Hong Kong, Kuala Lumpur, Singapour, Pékin, Taipei, Doha,*** etc. Voir le chapitre « Arriver – Quitter », au début du guide, pour les coordonnées des compagnies.

En bus

Il y a encore des accidents de bus dans le pays. Dans la mesure du possible, privilégier la compagnie *Giant Ibis,* la plus chère mais de loin la plus sûre et la plus confortable. En 2e choix, *Mekong Express,* qui assure un grand nombre de liaisons, même si on nous signale quelques problèmes (évitez les résas par Internet). Pour les autres, éviter si possible les trajets de nuit, toujours plus dangereux, et vérifier l'état du bus et la conduite du chauffeur, quitte à descendre et à changer de compagnie si vous n'êtes pas rassuré...

LE CAMBODGE

Adresses utiles

- **1** Mekong Express (C3)
- **2** Giant Ibis (C3)
- **3** Station de bus du marché central (compagnie Sorya ; B4)
- **5** Parapharmacie U-Care (D4)
- **6** General Department of Immigration (hors plan par A3)
- **7** Acleda, Cambodia Asia Bank et Western Union (D4)
- **8** ANZ Royal Bank, Cambodia Asia Bank et Western Union (D3-4)
- **9** Ambassade et consulat de France (B1)
- **10** Hôpital Calmette (B1)
- **12** Royal Phnom Penh Hospital (hors plan par A3)
- **13** Institut Pasteur (B1)
- **15** Pharmacie de la Gare (B3)
- **20** Apple Travel et Dina Seeing Hands Massage (C2-3)
- **21** Smart Shop (B4)

Où dormir ?

- **30** One Stop Hostel (C2)
- **32** Europe Guesthouse (D3)
- **35** Rachana (C4)
- **36** Amanjaya Pancam Hotel et Ohana Hotel (D4)
- **38** Onederz Hostel (C-D3)
- **39** RS III Hostel (D4)
- **50** The Billabong Hostel (B4)
- **52** Cara Hotel (B1)
- **53** Raffles Hotel Le Royal (B2)

Où manger ?

- **15** La'Baab (B3)
- **60** Friends et Let's Eat! (D4)
- **63** Night Market (C3)
- **66** Scodo (D4)
- **68** Aroma (D4)
- **70** Sam Doo (B4)
- **72** Kabbas (D4)
- **75** Food Centre du centre commercial Sorya (B4)
- **77** On The Corner et Chiang Mai Riverside (D3)
- **85** Pop Café (D4)
- **87** Au Marché (C4)
- **92** Restos au-delà du Tonlé Sap (Kado ; hors plan par B1)

Où prendre le petit déj ou un bon goûter ? Où déguster une bonne glace ?

- **80** The Blue Pumpkin (D4)
- **103** Brown Coffee and Bakery (C2)

Où boire un verre ? Où sortir ? Où danser ?

- **8** La Croisette (D4)
- **36** K-West Café, The Riverside Palace et Le Moon (D4)
- **85** Bar du FCC (D4)
- **102** Mekong River (D3)
- **105** Sora Sky Bar (B3)
- **111** Dodo Rhum House (C3)
- **113** Pontoon (C4)
- **115** The Quay Boutique Hotel (D4)

Achats

- **60** Friends' n' Stuff (D4)
- **133** Sentosa Silk (D4)

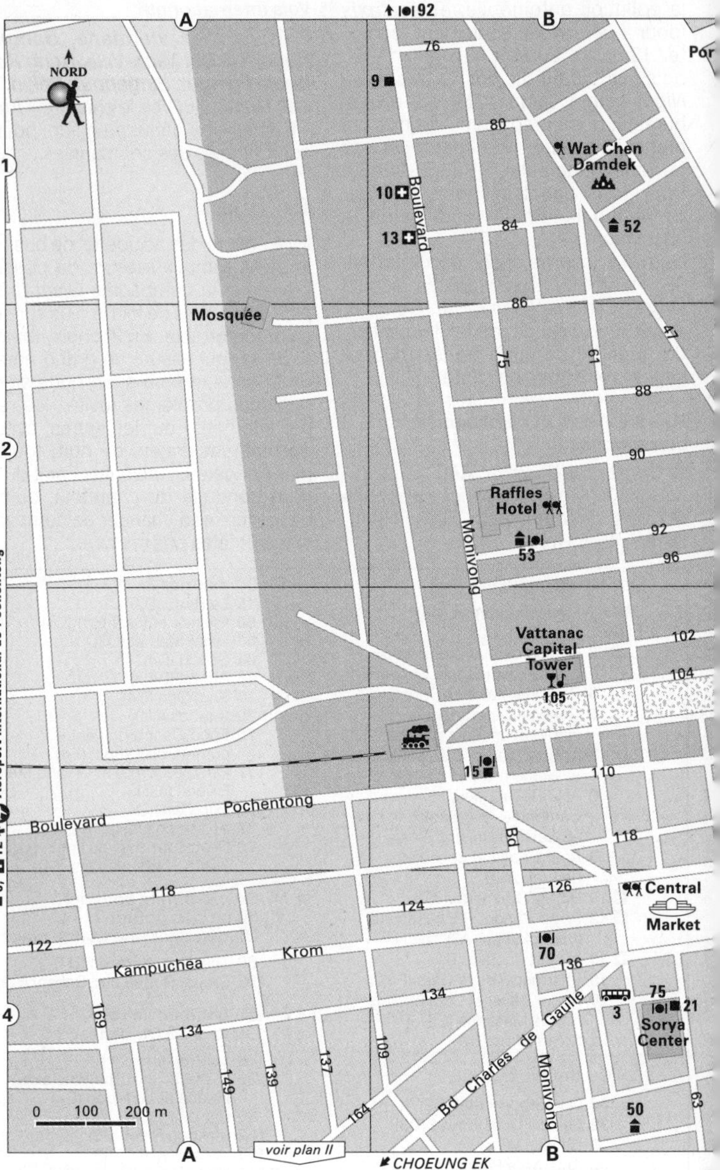

NORD
92
76
Por
9
80
Wat Chen Damdek
10
Boulevard
13
84
52
Mosquée
86
47
75
61
88
90
Raffles Hotel
Monivong
53
92
96
Vattanac Capital Tower
102
104
105
15
110
Pochentong
Boulevard
Bd
118
■ 6, 12 Aéroport international de Pochentong
118
126
Central Market
124
122
Krom
Kampuchea
70
136
134
75
3
21
Sorya Center
169
134
Bd Charles de Gaulle
109
137
139
149
Monivong
63
0 100 200 m
164
50
A
B
1
2
4
voir plan II
CHOEUNG EK

PHNOM PENH – NORD (plan I)

Compagnies de bus et destinations

Giant Ibis *(plan I, C3,* ***2*****) :** *au tt début de la rue 106. 096-999-3333. • giantibis.com • Tlj 7h-minuit.* Bus récents, confortables et ponctuels (ne pas arriver en retard).

➢ ***Siem Reap :*** 6 départs/j. (8h45-23h30). Trajet : 5h.

➢ ***Sihanoukville :*** 2 bus/j. (en principe, mat et vers midi). Trajet : env 5h.

➢ ***Kep et Kampot :*** 2 départs/j., 1 le mat, l'autre en début d'ap-m. Trajet : 5h.

➢ ***Hô Chi Minh-Ville :*** 2 bus/j., le mat (voir le chapitre « Arriver – Quitter » au début du guide).

Mekong Express *(plan I, C3,* ***1*****) :** *115, quai Sisowath (angle rue 106), face à l'embarcadère des bateaux. 070-833-399. • catmekongexpress.com • Tlj 6h-23h30.* Liaisons avec :

➢ ***Siem Reap :*** 4 bus/j. (7h30-14h25). Trajet : 6h.

➢ ***Sihanoukville :*** 2 bus et 6 minibus/j. (7h-17h).

➢ ***Battambang :*** 4 minibus/j. (7h30-17h).

➢ ***Hô Chi Minh-Ville (Vietnam) :*** très nombreux bus, mais seulement 2 minibus VIP/j. (6h30-15h30).

➢ ***Bangkok :*** 2 minibus VIP directs/j., le mat et tard le soir.

Voir aussi le chapitre « Arriver – Quitter » au début du guide.

Station de bus du marché central *(Central Market ; plan I, B4,* ***3*****) :** utilisée par la compagnie *Sorya*, la gare se trouve juste derrière le centre commercial Sorya Center et à côté de la station-service.

Sorya *(plan I, B4,* ***3*****) :** *☎ 023-210-359. 012-631-545. • ppsoryatransport.com.kh • Résa en ligne possible.* Ce n'est pas la meilleure compagnie en termes de sécurité et de confort (sans compter quelques petites entourloupes), mais c'est celle qui opère le plus de liaisons.

➢ ***Siem Reap (via Kompong Thom) :*** env 7 bus/j. (7h-22h30). Trajet : 5-6h (4h pour Kompong Thom).

➢ ***Battambang et Poipet*** *(frontière thaïlandaise)* **:** 6 bus/j. (6h30-21h). Trajet : respectivement 6h et 8h.

➢ ***Kep et Kampot :*** 6 bus/j. (7h-17h45). Respectivement 4h30 et 5h de route.

➢ ***Sihanoukville :*** une douzaine de bus/j. (6h30-17h45). Trajet : 4h.

➢ ***Kompong Cham :*** 7 bus/j. (7h45-16h30). Trajet : 2h-2h30.

➢ ***Kratie :*** 3 bus/j. (le mat). Compter 5-6h de trajet.

➢ ***Stung Treng et frontière laotienne :*** 2 bus/j. (le mat tôt). Respectivement 7h (372 km) et 10h de route (481 km).

➢ Également 1 bus/j. (généralement, tôt le mat) pour ***Pursat, Preah Vihear,*** le ***Mondulkiri*** et le ***Ratanakiri.***

➢ ***Pour Hô Chi Minh-Ville (Vietnam) :*** 4 bus/j. (6h45-14h45).

➢ Pour les liaisons vers ***Bangkok, Poipet*** et ***Koh Kong*** (2 points de passage vers la Thaïlande), ***Paksé*** (Laos) et la frontière vietnamienne, se reporter au chapitre « Arriver – Quitter » au début du guide.

Capitol Tours *(plan II, B6,* ***4*****) :** *14A, rue 182 (angle rue 107) ; en face du marché Orussey. ☎ 023-724-104. 012-404-645. • capitoltourscambodia.com • Tlj 6h-20h.* Là encore, jeter un œil aux bus avant de monter. Resto sur place pour patienter. Liaisons avec :

➢ ***Sihanoukville :*** env 6 bus/j. (7h15-16h45). Trajet : 5h.

➢ ***Siem Reap :*** 8 bus/j. (6h30-17h30). Trajet : 7h.

➢ ***Battambang :*** une douzaine de bus/j. (6h45-17h30). Trajet : 5h.

➢ ***Kompong Cham :*** 2 bus/j. (le mat et début d'ap-m). Trajet : 3h.

➢ ***Kampot :*** 2 départs/j. (le mat et début d'ap-m). Trajet : 4h.

➢ ***Hô Chi Minh-Ville (Vietnam) :*** 4 bus/j. (6h-13h30).

➢ ***Chau Doc (Vietnam) :*** 1 bus/j. (le mat).

➢ ***Bangkok :*** 1 bus/j. (le mat).

➢ ***Poipet :*** 4 bus/j. (6h30-12h30).

Voir aussi le chapitre « Arriver – Quitter » au début du guide.

En bateau

Embarcadère *(plan I, C-D2-3) :* *quai Sisowath, face à la rue 104.* Panneau « Bopha, Passenger and Tourist Terminal », mais l'embarcadère est curieusement surnommé « Titanic »

(sic !), du nom du resto chic situé à l'arrière. Un seul bureau de réservation, à droite en entrant, pour toutes les compagnies.
➢ ***Siem Reap :*** liaisons en bateau rapide (notamment avec *Angkor Express Boat*) – dépend du niveau d'eau et de la demande. Liaison proposée (irrégulière) de mi-août à mars, la hte saison s'étalant de mi-oct à janv. Départ vers 7h30, arrivée vers 13h30. Compter env 35 $; billets en vente à l'embarcadère, dans les agences de voyages et dans certains hébergements. Sachez tout de même qu'au milieu du lac le voyage devient monotone. Fenêtres fumées, et on ne peut pas monter sur le toit. Prévoir une petite laine (clim polaire).
➢ ***Pour le Vietnam (Chau Doc) :*** départ selon l'affluence, tlj dans l'ap-m. Compter env 30 $ avec le *Hang Chan Express Boat.* Rens sur ● *chaudoctravel.com* ● Voir aussi auprès de la compagnie *Blue Cruiser.* ● *bluecruiser.com* ● Notez que les ressortissants français sont exemptés de visa pour les séjours qui n'excèdent pas 15 jours au Vietnam. Se renseigner avant, car cette disposition peut toujours évoluer.
De Chau Doc, possibilité de prendre un bus pour Hô Chi Minh-Ville (compter 6h de trajet). Se reporter aussi au chapitre « Arriver – Quitter » au début du guide.
➢ ***Croisières :*** voir « Promenades et minicroisières en bateau » dans la rubrique « À faire », plus loin.
➢ ***Koh Dach (île de la Soie) :*** voir « Dans les environs de Phnom Penh », plus loin.

Adresses utiles

- Offices de tourisme (B5 ; B8)
- **4** Capitol Tours (B6)
- **11** Naga Clinic (urgences 24h/24) et Pharmacie U Care (C6)
- **14** Raffles Medical (C6)
- **16** Apsara Tours (C7)
- **17** Institut français du Cambodge et Carnets d'Asie (B5)
- **18** Monument Books (C6)
- **19** Meta House (D7)
- **22** Diethelm Travel (C6)

Où dormir ?

- **31** SLA Boutique Hostel (C5)
- **33** Aura Thematic (C5)
- **37** Blue Lime et Okay Boutique Hotel (C5)
- **40** Top Banana (C7)
- **42** The 252 (B7)
- **43** Tea House Hotel (B6)
- **44** Villa Langka (C7)
- **45** Villa Samnang (C7)
- **46** Narin Guesthouse (A6)
- **47** Lucky Guesthouse II (A6)
- **48** Star Wood Inn (A7)
- **49** La Plantation (C5)
- **51** Salita Hotel (A7)
- **54** Envoy Hostel (B-C8)
- **55** Aquarius Hotel (C6)
- **93** Feliz Hostel (C7)

Où manger ?

- **61** Romdeng (B5)
- **62** Connecting Hands (C5)
- **64** Mok Mony (C7)
- **65** Kravanh (D6-7)
- **67** Backyard Café (D6)
- **71** Tom Yum Kung (B-C7)
- **73** Orussey Restaurant (A-B5-6)
- **74** Sesame Noodle Bar et Vibe (hors plan par A8)
- **78** Flavors of India (B7)
- **79** ARTillery (C-D6)
- **81** Pho de Paris (B5)
- **82** Comme à la Maison (B7)
- **83** Piccola Italia Da Luigi (C7)
- **84** Bouchon Wine Bar (B5)
- **89** Open Wine (C6)
- **93** Bistrot Langka (C7)

Où prendre le petit déj ou un bon goûter ? Où déguster une bonne glace ?

- **76** The Shop 240 Bakery & Bistro (C6)
- **101** Java Café (C-D7)
- **103** Brown Coffee and Bakery (C6, C7 et D6)

Où boire un verre ? Où sortir ? Où danser ?

- **19** Meta House (D7)
- **40** Penthouse (C7)
- **83** Bars de Bassac Lane (C7)
- **86** Duplex, Club Love et Zeppelin (C7)
- **104** Sundown Social Club (hors plan par A8)

Spectacles

- **120** Sovanna Phum (hors plan par B8)

Achats

- **76** Boutiques de la rue 240 (C6)
- **130** Village Works (A8)
- **131** Tabitha (C8)
- **132** Hanuman (C8)
- **134** Espadrilles Amboh (C8)

voir plan I
NORD
A
B
5
6
7
8
137
139
149
164
Bd Charles de Gaulle
166
169
141
182
CHOEUNG EK
Psaar Orussey
MARCHÉ CENTRAL ET STADE OLYMPIQUE
73
4
47
Boulevard Monivong
81
174
178
Croix Rouge
17
Bophana Centre
63
172
51 (Pasteur)
84
61
200
208
214
222
228
240
43
59
55
Stade olympique
141
125
113
107
232
46
111
238
242
48
250
42
252
260
Preah Sihanouk
(274)
Preah
78
276
278
51
280
282
82
288
294
302
306
310
322
63
334
352
360
Tuol Sleng (musée du Crime génocidaire)
130
163
348
113
105
95
350
167
143
0 100 200 m
74 104 Psaar Tuol Tom Pong (Marché russe)
120 Wat Tuol Tom Poung

PHNOM PENH – SUD (plan II)

En train

Gare ferroviaire *(plan I, B3) :* 078-888-582 ou 583. • royal-railway.com •

➢ ***Aéroport :*** voir plus haut « En avion, pour rejoindre le centre-ville ».

➢ ***Sihanoukville, via Takeo et Kampot :*** depuis Phnom Penh, 1 départ le ven ap-m, 1 le sam mat et 2 le dim. Au départ de Sihanoukville, 1 départ sam mat, 2 le dim et 1 le lun mat. Durée : env 1h30 pour Takeo, 5h pour Kampot et 7h jusqu'à Sihanoukville. Possibilité d'embarquer sa moto.

Orientation

Le centre-ville est assez étendu, mais on s'y repère vite grâce à quelques bâtiments incontournables : le wat Phnom (temple colline) et le marché central au nord ; le Stade olympique et le monument de l'Indépendance au sud ; le Palais royal et l'*Hôtel Cambodiana* à l'est. Principaux axes : le boulevard Monivong, longue rue commerçante qui traverse la ville du nord au sud ; et, plus à l'est, le boulevard Norodom, puis le quai Sisowath le long du fleuve Tonlé Sap. Le cœur du centre-ville est délimité au nord par les boulevards Kampuchea Krom et Ang Duong et au sud par le boulevard Sihanouk. Et, à propos de noms de grands axes, vous observerez la diversité des personnalités retenues : Mao, Charles de Gaulle, Kim Yong Sun...

La grande majorité des rues ont perdu leur nom pour porter de simples numéros. Pratique (sauf pour certains quartiers excentrés) : ***les rues impaires sont verticales sur le plan (axe nord-sud) et leurs numéros vont croissant d'est en ouest. Les rues paires sont horizontales (axe est-ouest) et leurs numéros vont croissant du nord au sud.*** Les chauffeurs de *rickshaws*, de *tuk-tuk* et de *motos-dops* ne connaissent pas toujours les numéros des rues et ne savent pas forcément lire. À vous de les guider en leur donnant des repères (« marché Truc », « grand hôtel Machin », etc.). Cela dit, si vous utilisez les applications *PassApp* et *Grab* (voir la rubrique suivante), le problème est vite réglé. Enfin, sachez que la mention « E0 », ajoutée à de nombreuses adresses, signifie tout simplement « Étage 0 », soit le rez-de-chaussée (donc « E1 », « Étage 1 », etc.).

Comment circuler en ville ?

À pied

En dehors du centre, la ville est très étendue avec peu de moyens pour se repérer : les rues sont numérotées, mais pas forcément dans le bon ordre. Il y a toutefois des plaques aux coins des rues et pas mal de boutiques affichent leur adresse en devanture, ça aide ! Reste le problème des numéros d'immeubles qui ont changé récemment et affichent souvent 2 numéros. Du coup, on peut arriver devant le bon numéro, mais pas à la bonne adresse, car le nouveau « bon numéro » a été posé à l'autre bout de la rue... Il est prudent de demander entre quelles rues se situe un immeuble.

Enfin, la chaleur et l'humidité en période de mousson, les trottoirs qui servent de parking permanent et obligent à marcher sur le côté de la chaussée ne facilitent pas les déplacements en ville. Sans parler des incessantes sollicitations des *motos-dops* et *tuk-tuk*... qui, au final, peuvent être utiles si vous êtes perdu.

Le bus

Le réseau s'est modernisé et s'avère une solution très bon marché, y compris pour aller à l'aéroport (lire plus haut). De plus, on évite la pollution du transport en *rickshaw* et en *tuk-tuk*... Pour visualiser les 8 lignes de bus, téléchargez avec votre carte SIM locale l'application gratuite *StopsNearMe.* Confortables et climatisés, les bus passent en moyenne toutes les 15 mn de

5h30 à 20h30 environ. Compter environ 1 500 riels à chaque trajet (pas de correspondance gratuite), à payer à bord. À chaque arrêt, panneau indiquant le trajet de la ligne (souvent en anglais, parfois seulement en alphabet khmer).

Les 8 lignes de bus

La ligne nº 1 descend le boulevard Monivong du nord au sud avec des arrêts proches des différents centres d'intérêt. ***La nº 2***, verticale, passe par Norodom Bd, le monument de l'Indépendance et Wat Phnom. ***La nº 3,*** d'est en ouest, va au Night Market (bureaux des compagnies de bus), au Central Market et à l'aéroport. ***La nº 4***, d'est en ouest, passe par Wat Phnom, Central Market et le Stade olympique. ***La nº 5*** dessert le centre commercial Aeon Mall 1, Diamond Island, le boulevard Mao Tse Toung et le nord du marché russe. ***La nº 6*** passe par l'ambassade de France et prend la N6 jusqu'au ferry de l'île de la Soie. ***La nº 7A*** dessert le Stade olympique, le monument de l'Indépendance et Aeon Mall 1. Les lignes nº 7B et nº 8 sont sans intérêt.

Pour commander son* rickshaw, *son* tuk-tuk *ou son taxi, utiliser les applications PassApp et Grab. Il suffit d'acheter une carte SIM locale dotée de la 4G (très bon marché) et de charger l'appli. Immédiatement géolocalisé, on choisit son mode de transport, le prix s'affiche, on valide et on suit le trajet sur son portable... Hyper pratique. Autre avantage, le prix est fixé d'avance, donc pas de négociation, ce qui n'empêche pas d'arrondir la somme au-dessus car les tarifs sont assez bas. Cela dit, on peut toujours continuer à les héler comme avant, mais il vous faudra alors négocier. Le tarif dépend, bien sûr, de la distance, et augmente le soir et la nuit.

Les *rickshaws* et les *tuk-tuk*

Le *rickshaw* peut accueillir 2-3 personnes, la carriole du *tuk-tuk* jusqu'à 4. Très économique si on passe par les applis *PassApp* ou *Grab*. En *rickshaw* (le moins cher), compter environ 1 à 2 $ la course en centre-ville. Un poil plus cher en *tuk-tuk*. Sans les applis, tout dépend de vos talents de négociateur... À la journée, prévoir environ 20-30 $. Essayer de trouver un chauffeur qui parle l'anglais. Il peut être judicieux de s'adresser à la réception de l'hôtel malgré une petite com éventuelle. Se mettre bien d'accord sur le prix et les horaires d'utilisation après avoir précisé les lieux à visiter.

Les taxis

Si vous n'utilisez pas les applis mentionnées plus haut, sachez qu'on les trouve près des grands hôtels, des sites touristiques et sur les grands axes nord-sud. Ils sont facilement reconnaissables et disposent en principe d'un compteur (mais pas toujours...). Bien se mettre d'accord avant de monter. Au compteur, prise en charge minimum : 1 $, puis compter environ le même montant au kilomètre. 2 compagnies : ***Choice Taxi*** *(☎ 023-888-023)* et ***Global Taxi*** *(☎ 1800-211-888 ; 📱 011-311-888).*

Les motos-taxis *(motos-dops)*

Le moyen de déplacement le plus rapide. Ils sont présents à chaque carrefour et sillonnent toutes les rues de la ville. La conduite peut effrayer au premier abord, par la manière de se faufiler dans la circulation. Toutefois, on peut généralement faire confiance aux chauffeurs. En revanche, se méfier le soir et la nuit, car ils vont bien plus vite lorsque la circulation est moins dense. En moyenne, compter 2 $/pers pour une petite course en centre-ville (1-2 km), 3 $ jusqu'à 4 km et 4 $ jusqu'à 8 km. Plus cher la nuit.

Les voitures avec chauffeur

En raison des embouteillages, très nombreux, mieux vaut réserver ce mode de transport aux excursions en dehors de la ville. Prévoir min 40 $/j. mais tout dépend du parcours demandé. Se renseigner à son hôtel ou dans les agences de voyages.

Location de vélos

Pourquoi pas, la ville se prête tout à fait au vélo si l'on fait abstraction des embouteillages et de la pollution... Pas mal d'agences de location et quelques hôtels en louent, voire en prêtent. Sinon, compter environ 3-5 $/j. selon le modèle et l'état du biclou.

Adresses et infos utiles

Informations touristiques et administratives

Pas d'office de tourisme officiel en ville, demandez des infos aux agences de voyage privées (voir plus loin).

■ ***Sites internet :*** • *phnom-penh.biz* • Site internet privé et francophone, riche en infos. Également • *canbypublications.com* • Vivant de la pub, la couverture des adresses n'y est pas neutre. Cela dit, plein d'infos pratiques, notamment sur les transports, le taux de change, etc. En anglais. • ***cambodiapocketguide.com*** • Le site du gratuit *Pocket Guide*. Même genre de site que *canbypublications*, avec peut-être plus d'articles pointus et les dernières ouvertures.

■ ***General Department of Immigration*** *(hors plan I par A3,* ***6****) : 322, bd Russian, juste en face de l'aéroport. Lun-ven 8h30-12h, 14h-16h30.* Établit les ***prolongations de visas. Attention, le délai officiel d'obtention est de 2 semaines !*** Applicable une seule fois dans le cas du visa touristique (30 jours supplémentaires pour 50 $). Se munir d'une photo. Savoir que nombre d'agences (dont celles que nous indiquons) proposent ce service pour un prix parfois inférieur, tout en économisant le déplacement jusqu'à l'aéroport.

Poste, téléphone et Internet

✉ ***Poste principale*** *(plan I, C2-3) : rue 13, à l'angle de la rue 102 (est du Wat Phnom). Lun-ven 7h30-17h30, le w-e 8h-17h.* Grand bâtiment colonial français restauré, qui a belle allure dans sa livrée jaune. Services postaux, achat de timbres et philatélie, expédition de colis. Distributeurs de billets juste devant.

– ***Pour les communications nationales et internationales :*** acheter une puce locale, très bon marché. On trouve les revendeurs des principaux opérateurs partout en ville. Sinon, avec la 4G et le wifi (présent partout), il est facile d'appeler gratuitement via WhatsApp, Skype, etc.

■ ***Smart Shop*** *(plan I, B4,* ***21****) : au rdc du Sorya Center, à l'angle des rues 63 et 142, tt près du marché central. Tlj 7h30-21h.* Une boutique facile à trouver pour acheter une puce locale bon marché, avec téléphone et Internet en 4G.

Argent, banques, change

Aucune difficulté pour se réapprovisionner en dollars. Sinon, plusieurs banques et bureaux de change le long du quai Sisowath, mais penser à comparer les taux, le quartier est assez touristique. Quelques distributeurs de billets devant la poste principale *(plan I, C2-3).*

■ ***ANZ Royal Bank*** *(plan I, D4,* ***8****) : 265, quai Sisowath. Lun-ven 8h-16h.* Distributeur accessible 24h/24.

■ ***Cambodia Asia Bank*** *(CAB ; plan I, D4,* ***7****) : 349, quai Sisowath (et au 263 également ; plan I, D4,* ***8****). Tlj 8h-21h.* Taux de change moyen. Service de transfert d'argent *Western Union*.

■ ***Western Union*** *(service de transfert d'argent express) : service très courant un peu partout en ville, notamment dans le réseau des banques* ***Acleda*** *et* ***Cambodia Asia Bank*** *(CAB ; plan I, D4,* ***7****).*

Représentations diplomatiques

■ ***Ambassade et consulat de France*** *(plan I, B1,* ***9****) : 1, bd Monivong. ☎ 023-260-010. • ambafrance-kh.org • Lun-ven 8h30-11h30, l'ap-m sur rdv seulement.* En cas d'urgence uniquement.

■ ***Consulat honoraire de Belgique*** *(hors plan II par B8)* **:** *404D, bd Monivong. ☎ 214-024. En cas d'urgence : 📱 012-840-056. ● belco.ppenh@gmail.com ● Mar et jeu à partir de 16h.* Dépend de l'ambassade de Belgique à Bangkok.

■ ***Agence consulaire de Suisse :*** *50, rue 334. ☎ 023-218-209 ou 305. ● pnh.consularagency@eda.admin.ch ● Lun-ven 9h-11h, l'ap-m sur rdv seulement.* Dépend de l'ambassade de Suisse à Bangkok.

■ ***Ambassade du Canada :*** *service consulaire limité et assuré par l'ambassade d'Australie, 16B, rue de l'Assemblée-Nationale, Sangkat Tonle Bassac, Khan Chamkamon. ☎ 023-213-470. ● australian.embassy.cambodia@dfat.gov.au ●* Sinon, contacter l'ambassade du Canada à Bangkok : *15th floor, Abdulrahim Place, 990 Rama IV, Bangrak. ☎ (066) 026-46-43-00 ou 45. ● bangkok-consul@international.gc.ca ●*

■ ***Ambassade et consulat du Laos*** *(hors plan II par C8)* **:** *15-17, bd Mao-Tsé-Toung. ☎ 023-997-931 ou 023-982-632. ● laoembpp@canintel.com ● Lun-ven 8h-11h30, 14h-17h.* On peut s'y faire délivrer un visa de tourisme pour 1 mois. Coût : 40 $. Délai d'obtention : 1 jour. Prévoir 2 photos d'identité. Sinon *visa on arrival* possible (30 $; prévoir une photo d'identité).

■ ***Consulat du Vietnam*** *(hors plan II par B8)* **:** *440A, bd Monivong (angle rue 436). ☎ 023-726-274. ● vnembassy-phnompenh.mofa.go.vn ● Arrêt de bus ligne 1. Lun-ven 8h-11h30, 14h-16h30.* Pas besoin de visa pour les ressortissants français pour un séjour au Vietnam de moins de 15 jours (aux dernières nouvelles, les Belges et les Suisses devaient toujours en faire la demande). Toutefois, il n'est possible de bénéficier de ce dispositif qu'une fois tous les 30 jours. Pour un séjour de 15 jours et plus, prévoir une photo, un formulaire à remplir et 40 $ pour un visa à entrée simple permettant de rester 1 mois sur place, 70 $ pour un visa à entrées multiples. Délai d'obtention de 3 jours ouvrables (avec supplément pour un délai plus court). Bien vérifier le numéro de passeport inscrit sur le visa (en cas d'erreur – ça arrive –, la police de la frontière fait payer « une amende »). Attention, les modalités peuvent changer, mieux vaut se les faire confirmer avant le départ.

■ ***Ambassade de Thaïlande*** *(hors plan II par C8)* **:** *196, bd Norodom. ☎ 023-726-306 ou 308. ● thaiembassy.org/phnompenh ● Lun-ven 8h30-11h (bureau des visas).* Rappel : obtention d'un visa gratuit et valable 15 jours directement à toutes les frontières terrestres du pays (visa porté à 30 jours en arrivant par voie aérienne). Se rendre ici pour les autres visas (catégorie, durée).

Hôpitaux

Pour les très gros pépins, mieux vaut se faire rapatrier à Bangkok ou à Singapour.

✚ ***Hôpital Calmette*** *(plan I, B1,* ***10****)* **:** *2-3, bd Monivong (angle rue 80). ☎ 023-426-948. 📱 011-426-948 (médecin de garde pour les urgences). ● calmette.gov.kh ● Consultations lun-ven 7h30-11h30, 14h30-16h30.* Le plus connu de Phnom Penh. Les personnels de *Médecins du monde* et de la *Coopération française* y exercent. Ophtalmo, dentiste, etc. Équipé d'une IRM.

✚ ***Naga Clinic*** *(plan II, C6,* ***11****)* **:** *11, rue 254. ☎ 023-211-300 (standard). Dr Garen : 📱 012-767-505. ● nagaclinic.com ●* Clinique dirigée par le Dr Garen (médecin-conseil de l'ambassade de France). Service d'urgences 24h/24. Spécialisée notamment dans les maladies tropicales, la pédiatrie et l'ORL. Gynéco sur rendez-vous. Compter 35 $ pour un généraliste (60 $ la nuit et les jours fériés) et 50 $ pour un spécialiste.

✚ ***Royal Phnom Penh Hospital*** *(hors plan I par A3,* ***12****)* **:** *888, bd de la Confédération-de-Russie. ☎ 023-991-000. ● royalphnompenhhospital.com ●* Super bien équipé, mais cher.

✚ ***Institut Pasteur*** *(plan I, B1,* ***13****)* **:** *5, bd Monivong. ☎ 023-426-009 (accueil). 📱 012-812-003 (analyses et vaccins). ● pasteur-kh.org ● À côté de l'hôpital Calmette. Lun-sam 7h-17h (11h30 sam).* On peut s'y faire vacciner contre le tétanos, la rage, l'hépatite B, l'encéphalite japonaise et la fièvre jaune. À noter que c'est également le seul centre de traitement antirabique du pays.

■ ***Raffles Medical*** *(International SOS ; plan II, C6, **14**) : 161, rue 51 (rue Pasteur). ☎ 023-216-911 (urgences). • internationalsos.com • Consultations lun-sam 8h-17h30 (12h sam).* Médecine générale, dermatologie, pédiatrie et gynécologie. Équipée d'un labo et d'un service de radiologie. Quelques médecins francophones. Pas donné.

■ ***European Dental Clinic*** *(plan II, C7) : 9, rue 306, angle bd Norodom. 012-893-174 ou 012-340-393. • eurodentalcambodia.com • Lun-ven 8h-13h, 14h-19h ; sam 8h-13h ; dim consultation d'urgence.* Un cabinet dentaire, tenu par des Français et des Anglais compétents. Accepte la carte *Visa*.

■ ***Roomchang Dental Hospital*** *(plan II, C5) : rue 184, angle bd Norodom. 069-811-338. Tlj sauf dim 8h-17h.* Un autre bon cabinet dentaire, avec des dentistes francophones et anglophones.

Pharmacies

Certains médicaments vendus dans les pharmacies « standard » de la ville peuvent être périmés ou contrefaits. Voici quelques adresses fiables.

■ ***Pharmacie de la Gare*** *(plan I, B3, **15**) : 81, bd Monivong (et rue 108). ☎ 093-711-771 (urgences). Tlj 7h30-19h (12h dim). CB acceptées.* Très propre et bien fournie. Le patron et certains employés parlent le français.

■ ***Pharmacies U Care*** *: à la Naga Clinic (plan II, C6, **11**) ; voir plus haut. 095-888-545. Tlj 24h/24. Également à l'angle du bd Sothearos et de la rue 178 (plan I, D4, **5**), 095-888-531, tlj 8h-22h ; au 41-43, bd Norodom (095-888-534) ; ou encore au 39, bd Sihanouk (095-888-532). Adresses et localisation sur • ucarepharma.com/stores-locator •*

Agences de voyages

■ ***Shanti Travel*** *: ☎ (00-33) 9-70-40-76-17. • shantitravel.com •* Une agence dynamique créée par des Français installés en Asie depuis de nombreuses années, à contacter avant votre départ pour organiser votre voyage. Spécialiste du voyage sur mesure, l'équipe partage ses conseils du terrain, et crée pour vous des programmes qui correspondent à vos attentes, votre rythme et votre budget. Leur mission ? Vous faire découvrir le Laos et le Cambodge de manière authentique, hors des sentiers battus. Et pour les voyageurs prêts à continuer leur route en Asie du Sud-Est, *Shanti Travel* vous emmène aussi en Birmanie, au Vietnam, en Thaïlande ou encore en Indonésie.

■ ***Diethelm Travel*** *(plan II, C6, **22**) : 3, rue 240, au 2e étage du Sophy & Sina Building. ☎ 023-219-151. • diethelmtravel.com •* Une grosse agence suisse, très compétente, avec une succursale à Siem Reap et dans toute l'Asie.

■ ***Apsara Tours*** *(plan II, C6-7, **16**) : 8, rue 254, Khan Daun Penh. ☎ 023-212-019. • apsaratours.com.kh •* L'un des plus grands tour-opérateurs européens. Le patron et les guides parlent le français. On peut y acheter ses billets pour Angkor, louer une voiture avec chauffeur, etc. Leur bureau de Siem Reap est aussi très efficace.

■ ***Apple Travel*** *(plan I, C2-3, **20**) : 16, rue 13, S/K Wat Phnom. ☎ 023-213-006. 012-804-688. Face à la poste. Lun-sam 8h-18h.* Au fond du magasin de souvenirs, une petite agence tenue par Su Do, un francophone efficace pour toute résa de bus, bateau, avion, ou pour obtenir ou renouveler des visas.

■ ***Compagnie fluviale du Mékong*** *: ☎ 023-216-070. Résas sur le site • cfmekong.com •* Propose de superbes itinéraires-croisières pour voyages de noces ou riches routards souhaitant découvrir les mondes du Mékong dans des embarcations traditionnelles en bois, alliant charme et grand confort. Croisières entre Phnom Penh et Siem Reap (3 jours et 2 nuits) ou Hô Chi Minh-Ville (à partir de 4 jours et 3 nuits).

Divers

■ ***Institut français du Cambodge*** *(plan II, B5, **17**) : 218, rue 184. ☎ 023-985-611 ou 612. • institutfrancais-cambodge.com •* Ce sanctuaire bien vivant de la francophonie est installé de part et d'autre de la rue. D'un côté, la section enseignement, de l'autre, un bureau d'accueil *(lun-ven 13h-19h, sam 9h-14h, 15h-19h),* une médiathèque *(mar-sam 10h-18h30 ; fermé de mi-juil à mi-août ; consultation libre sur place, inscription payante pour les emprunts),* une galerie d'expositions *(lun-sam 8h-21h30),* un cinéma *(séances ven à 19h, sam à 10h et 14h30 ; tarif : 2 $)* et un resto-café, *Le Bistrot (mar-sam 8h-22h).* C'est le bon endroit pour sympathiser avec des Cambodgiens francophones.

■ ***Carnets d'Asie*** *(plan II, B5,* ***17****) : dans le complexe de l'Institut français du Cambodge (voir ci-dessus). ☎ 023-210-421. Lun-sam 12h-19h.* Librairie francophone qui, en plus d'un bon fonds généraliste, est spécialisée dans l'Asie du Sud-Est et le Cambodge. Propose aussi bien des éditions françaises que cambodgiennes francophones ou bilingues, à peu près introuvables en France. Sélection de périodiques, de cartes postales, de plans, de guides touristiques et culturels. Antenne à Siem Reap.

■ ***Monument Books*** *(plan II, C6,* ***18****) : 111, bd Norodom. ☎ 023-223-622. • monument-books.com • Tlj 8h-20h.* Librairie anglophone, mais également quelques ouvrages, journaux et magazines en français, beaux livres et cartes routières. Succursale ultramoderne dans le *Aeon Mall* près de l'ambassade de Russie *(plan II, B3 ; tlj 9h-22h).*

■ Pour trouver des ***bouquins,*** on peut aussi aller au *marché central (plan II, A2)* ou au *marché Orussey (plan II, A2).* On y trouve des livres d'occasion et beaucoup d'éditions « pirates » vendues quelques dollars, sur le Cambodge en général et Angkor en particulier. Les vendeurs des rues en proposent aussi. Quant à la presse française, on l'achète aussi au supermarché *Thai Huot (105, bd Monivong).*

■ ***Infos et activités sur la capitale :*** plusieurs gratuits en anglais, dont *Pocket Guide* (trimestriel de petit format disponible un peu partout ; *• cambodiapocketguide.com •*) et *Bayon Pearnik* (mensuel ; *• bayonpearnik.com •*), qui fournissent pas mal d'infos pratiques (transports, visas, banques, excursions, etc.). Pour les francophones, il existe *L'Écho du Cambodge.* Savoir quand même que, financés par la publicité, ils ne sont pas très objectifs quant aux adresses mentionnées dans leurs colonnes. Également le mensuel payant *Southeast Asia Globe,* à vocation plus régionale *(• sea-globe.com •).*

■ ***Meta House*** *(Goethe Institute ; plan II, D7,* ***19****) : voir « Où boire un verre ? Où sortir ? Où danser ? ».*

■ ***Seeing Hands Massage Centre :*** on trouve de nombreux petits centres de massages tenus par des personnes aveugles un peu partout en ville et notamment autour de la poste et du quai Sisowath. Par exemple, *Dina Seeing Hands Massage (plan I, C2-3,* ***20*** *; au 12, rue 13 ; 📱 017-881-779 ; tlj 8h-21h).* Les quelques masseurs, tous aveugles et supportés par des organisations caritatives, pratiquent le shiatsu et la réflexologie au travers des vêtements par étirements et pressions. Corps trop sensibles, s'abstenir.

■ ***Spas :*** voir plus loin *Bliss* dans « Achats. Shopping classique » pour une version raffinée.

■ ***Piscines :*** possibilité de profiter des piscines des grands hôtels, moyennant d'ordinaire un droit d'entrée d'environ 5 $ par personne (parfois jusqu'à 10 $ le week-end). Celle de l'*Aquarius* est assez exceptionnelle (voir « Où dormir ? »).

■ ***CCC (Comité cambodgien de coopération*** *; hors plan par A3) : 9-11, rue 476, Toul Tompoung I. ☎ 023-214-152. • ccc-cambodia.org •* S'occupe de la coordination entre les ONG du Cambodge. Si vous souhaitez donner de votre temps et partager vos compétences, vous pouvez y déposer votre CV, consulter son importante documentation et y être conseillé.

Où dormir ?

Nous précisons lorsque les hébergements soutiennent l'action de *ChildSafe,* une ONG qui s'engage à fournir aux enfants un environnement protégé.

LE CAMBODGE

Vers le quai Sisowath et le Palais royal (plan I)

Bars et restos alignent leurs terrasses le long du quai, à touche-touche, qui de fait est devenu très touristique. Si bien qu'il est devenu difficile de contempler le Tonlé Sap, tant il y a de voitures. Mieux vaut prendre de la hauteur ou longer le fleuve à pied.

Bon marché (moins de 15 $)

SLA Boutique Hostel (plan II, C5, **31**) : *15, rue 174. ☎ 023-997-515. • slahostel.com • Dortoirs « Bon marché » et doubles à « Prix moyens ».* Une petite AJ moderne qui attire pas mal de jeunes routards anglo-saxons. Sur 3 étages, des dortoirs et des chambres privées bien entretenus et dotés de lits en métal arrondi, façon baldaquin moderne. Avec ou sans fenêtre, avec ou sans salle de bains privée. Outre les infos habituelles sur les transports, on y trouve un bar avec cuisine ouverte. Possibilité de se faire la popote ou de commander un petit déj et quelques plats.

One Stop Hostel (plan I, C2, **30**) **et Onederz Hostel** (plan I, C-D3, **38**) : *respectivement 85 et 151, quai Sisowath. ☎ 023-992-822 et 023-982-822. • onederz.com •* Cette récente chaîne d'auberges de jeunesse propose 2 adresses sur le quai. Configuration quasi identique dans les 2 cas (mais possibilité de loger à prix moyens en chambre double dans la 2e adresse). On se déchausse pour accéder aux dortoirs (dont un réservé aux filles), tous assez modernes avec la clim, casiers, loupiotes, prises électriques et literie confortable. Coin salon-télé-ordis en mezzanine. Infos sur les transports et les balades. Laverie. Équipe efficace et sympa. Seul petit bémol, le quai est plutôt bruyant.

Aura Thematic (plan II, C5, **33**) : *205 A, rue 19. ☎ 023-986-211. Dortoirs 4-8 places, petit déj en sus.* Une AJ récente et fonctionnelle, située à l'arrière des hauts murs du Palais royal. Dortoirs mixtes ou pas, certains avec lits superposés doubles. Clim, salle de bains attenante et casiers sous les lits. Les points faibles : pas de fenêtre dans certains et les lits sont très rapprochés. En revanche, bar sympa sur le toit, avec des canapés, et des animations régulières.

RS III Hostel (plan I, D4, **39**) : *29, rue 178. 070-779-575. Dortoirs 4-6 pers, petit déj en sus.* Dans une impasse qui promet un calme relatif, un immeuble très moderne, avec des dortoirs petits mais récents, salle de bains attenante et la clim, plus casiers et prises de courant. C'est propre et correct, mais assez impersonnel.

Prix moyens (15-30 $)

Rachana (plan I, C4, **35**) : *142, rue 19. 077-333-007. • rachanahostel.hotel-phnompenh.com/fr • Pas de petit déj.* En face du wat Saravan. Un petit hôtel aux chambres propres et coquettes, dotées de la clim et d'un balcon ; pensez à réserver sur l'arrière car la rue est vraiment bruyante ! Attention, quelques-unes sans fenêtre au même prix. Accueil agréable et bar très sympa sur le toit.

Europe Guesthouse (plan I, D3, **32**) : *51, rue 136. ☎ 023-691-88-83. • europeguesthousepp.com •* Situation centrale, même si la rue a vu fleurir les « bars à hôtesses », mieux vaut le savoir. Le patron, francophone, et ses employés, tiennent bien la boutique. Attention, seulement quelques chambres avec fenêtre et lumière du jour. Les moins chères donnent sur le couloir, sanitaires communs et ventilo. Également des familiales. Dans l'ensemble, c'est un poil cher, mais le rapport qualité-prix reste valable.

De plus chic à très chic (50-120 $)

Okay Boutique Hotel (plan II, C5, **37**) : *174, impasse 19Z (donne sur la rue 19, à hauteur du n° 178). ☎ 023-979-666. • okayboutiquehotel.com • Ne pas confondre avec la Okay Guesthouse de la rue 258. Doubles « plus chic » et des suites familiales, petit déj* *inclus. Réduc de 10 % si résa en direct.* Très bien situé, dans une impasse, à l'arrière du Palais et du Musée national. En passant devant, on pense d'abord à un temple... Dès l'entrée, étonnante décoration, avec statues bouddhiques et boiseries sculptées à profusion. Chambres dotées de beau parquet et d'un balcon étroit (gare aux jeunes enfants !). Au 13e étage, le resto et sa belle terrasse avec vue, plus piscine, lampadaires dorés, et même une statue kitsch de Sihanouk...

Ohana Hotel *(plan I, D4, **36**) : 4-6, St. 148. ☎ 023-989-671. 📱 012-906-696. • ohanahotelpp.com • Doubles « plus chic ».* Le chic khmer, neutre mais confortable, avec pas mal de bois et de marbre. Il vous faudra faire l'ascenseur entre le *rooftop* doté d'un jacuzzi-bar (vue imprenable, géniale au petit dej) et le patio du rez-de-chaussée pour la piscine. En passant par votre chambre, bien sûr, sans charme particulier, mais confortable et climatisée. Un havre fort bien situé, au bord de la rivière.

Blue Lime *(plan II, C5, **37**) : 42, rue 19Z (l'impasse 19Z donne sur la rue 19, à hauteur du n° 178). ☎ 023-222-260. • bluelime.asia • À l'arrière du* Musée national. *Résa très conseillée. Doubles « très chic », fourchette haute. Petit déj inclus.* Le « Citron bleu » est résolument contemporain, béton – l'essentiel du mobilier – et urbain – vue sur les toits « faveles-ques » de Phnom Penh. Chambres sur 3 étages, avec des lits à baldaquin en bleu et blanc. Les plus chères profitent d'une petite piscine privée ! Sinon, la belle piscine commune occupe l'essentiel du jardin, au calme parfait, avec un bar et des transats. Original et réussi. Cette adresse soutient l'action de *ChildSafe.*

Spécial coup de folie (plus de 120 $)

La Plantation *(plan II, C5, **49**) : 28, rue 184. ☎ 023-215-151. • theplantation.asia • Doubles env 110-165 $ en hte saison, petit déj inclus.* L'un des plus beaux hôtels de la capitale. Voici une belle maison coloniale stylisée, dotée d'un patio où trône un arbre planté au centre d'un bassin à nénuphars et encadré par des sculptures de lions. Le tout est entouré de passerelles métalliques élégantes, d'un café-resto et d'un spa. Couloirs d'inspiration Art déco, dotés de carrelage rétro, menant à des chambres au diapason, tout confort, avec salle de bains ouverte sur la chambre. Certaines avec un petit patio privé, d'autres protégées par un rideau de bambous. Service au niveau.

Amanjaya Pancam Hotel *(plan I, D4, **36**) : 1, rue 154 (à l'angle du quai Sisowath, repérable au* K-West Restaurant*). ☎ 023-214-747. • amanjaya-pancam-hotel.com • Compter 120-190 $ selon saison, petit déj compris.* Hyper bien situé, c'est l'un des plus charmants boutiques-hôtels de la ville. Au-dessus de l'élégant lobby boisé, de superbes suites, d'une surface allant de 43 à 91 m², à la déco raffinée. Certaines donnent sur le Tonlé Sap, d'autres sur le wat Ounalom (et parfois sur les 2). Toutes avec un petit balcon pour le lever de soleil. Très bon petit déj. Encore un coup de cœur ! Seul inconvénient : la circulation sur le quai aux heures de pointe. Au dernier étage, *Le Moon,* bar-terrasse très bien arrangé. Cette adresse soutient l'action de *ChildSafe.*

Vers le monument de l'Indépendance (plan II)

Quartier plaisant, sillonné de rues tranquilles. La rue 278 attire pas mal de routards grâce à ses hébergements bon marché, ses restos et bars. La rue 258 offre également pas mal de possibilités à tous les prix.

De bon marché à prix moyens (moins de 30 $)

Envoy Hostel *(plan II, B-C8, **54**) : 32, rue 322. ☎ 023-220-840. • envoyhostel.com • Dortoirs 6-8 lits « bon marché » et doubles à « prix moyens » ; petit déj inclus.* Logée dans une sorte de villa avec courette-jardin, une vraie auberge de jeunesse dotée d'une vaste réception. Calme et agréable, avec canapés, plus un *juice bar* et surtout une cuisine ouverte, où l'on prend le petit déj (payant en dortoir). Dortoirs et chambres privées ont clim et casiers, la moitié une salle de bains privée. Terrasse sur le toit où l'on peut pratiquer son yoga (prêt de matelas). Animations, excursions et bonnes infos. Accueil pro et sympa.

Feliz Hostel *(plan II, C7,* ***93****)* **:** *rue 51 (angle rue 288), dans l'allée du* Patio Hotel. ☎ *023-216-596.* ● *felizhostel.com* ● *Dortoirs « bon marché », doubles à « prix moyens ». Petit déj en sus.* Dans une ruelle en retrait de la rue 51, jalonnée d'hôtels et de restos. Dortoirs très récents, hyper propres, avec clim, rideaux, prises et casiers. Également des chambres privées. Tous avec salle de bains communes impeccables. Le tout dans un décor de métal noir et de tons chauds. Café-bar au rez-de-chaussée. Bref, de quoi être *feliz,* même si on n'est ni un chat, ni espagnol.

Top Banana *(plan II, C7,* ***40****)* **:** *à l'angle des rues 51 (rue Pasteur) et 278.* 📱 *012-885-572.* ● *topbanana.biz* ● *Réception au rooftop du dernier étage. Dortoirs (dont un pour filles) avec AC « bon marché », doubles avec sdb, clim ou ventilo à « prix moyens ».* Happy hours *16h-20h.* La petite adresse pour routards à l'esprit fêtard. Un genre d'AJ privée où l'on prolonge les soirées sur le *rooftop,* en discutant affalé sur les coussins de la terrasse, sur fond de musique *lounge.* Les chambres les plus chères sont plus éloignées du salon-réception, donc plus calmes. Certaines n'ont pas de fenêtre. Sinon, dortoirs propres avec la clim.

De chic à très chic (30-120 $)

Pas mal de villas coloniales restaurées et d'hôtels design, tous dotés d'une piscine...

Tea House Hotel *(plan II, B6,* ***43****)* **:** *32, rue 242 (et rue 55).* ☎ *023-212-789.* ● *theteahouse.asia* ● *Doubles à prix « chic », petit déj-buffet inclus.* Boutique-hôtel agrémenté de bassins entourés de végétation et d'une vaste réception avec coussins pour s'adosser en tailleur. Alors, elle est pas zen, l'Asie ? Côté dodo, de belles chambres au design épuré. Cela dit, prendre une supérieure, les moins chères étant vraiment petites, pas la peine de venir ici pour se frustrer. Tout le confort espéré, jolie piscine avec un peu de verdure autour et chaises longues. Il y a même un spa (remise de 10 % pour les clients de l'hôtel).

Villa Langka *(plan II, C7,* ***44****)* **:** *14, rue 282.* ☎ *023-726-771.* ● *villalangka.com* ● *Doubles « de plus chic à très chic », petit déj-buffet inclus. Plus des suites.* Très bien situé dans le centre-ville, un hôtel de charme à la déco élégante et épurée. Chambres plus ou moins grandes selon le prix, réparties dans 2 ailes. Charme du vieux carrelage dans l'*Old Building,* qui a notre préférence (mais renseignez-vous avant sur le chantier voisin...). Chambres plus modernes, presque design, dans le *New Building* (ascenseur). Toutes lumineuses et fonctionnelles. Belle piscine entourée d'un agréable jardin. Et c'est aussi une bonne table, alors n'hésitez pas à y faire escale ! Accueil sympathique de l'équipe et de la direction française.

Villa Samnang *(plan II, C7,* ***45****)* **:** *15, rue 302.* ☎ *023-221-644.* ● *villa-samnang.com* ● *Doubles « de chic à plus chic » et familiales, petit déj inclus.* Dans une rue au calme, une jolie villa dotée d'une très agréable piscine entourée de *daybeds* pour se prélasser, d'un bar et d'un resto. Chambres tout confort, pour certaines, spacieuses et avec balcon pour d'autres, décorées au goût du jour. Vieux carrelage, literie neuve et bonne isolation phonique. L'ensemble est sobre et contemporain. Beaucoup de charme. Bon accueil de la patronne francophone.

The 252 *(plan II, B7,* ***42****)* **:** *19, rue 252.* ☎ *023-998-252.* ● *the-252.com* ● *Doubles « plus chic », petit déj compris.* Dans une rue calme, un hôtel de facture contemporaine, à la déco sobre et épurée, tendance design-*lounge* et béton coloré. Le parti pris est réussi, le confort au rendez-vous (larges lits, haut-parleurs pour écouter sa musique). Chouette piscine entourée de *daybeds.* Fait aussi resto et propose des cours de cuisine de bonne réputation, organisés par *La Table Khmère* (même maison). Direction française. Cette adresse soutient *ChildSafe.*

Aquarius Hotel (*plan II, C6,* **55**) : *5, rue 240. ☎ 023-972-089. • aquariushotel.asia • Doubles « de plus chic à très chic », petit déj compris.* Cet hôtel chic, doté d'une réception toute vêtue de brique et de métal noir, porte bien son nom. La piscine (d'eau salée), sorte d'énorme aquarium posé sur le *rooftop,* jouit d'une terrasse et d'une vue imprenable qui donne même le vertige... On loge ici pour ça d'ailleurs, même si les chambres sont dans l'esprit des lieux, confortables, avec une petite touche rétro. Accueil pro. Seul bémol, de temps à autre, la piscine est privatisée pour un événement...

Du marché central au Stade olympique (plan II)

Quartier populaire et commerçant, où l'on trouve surtout de petits hôtels en béton sans aucun charme, mais corrects et à prix tassés. Attention, accueil et entretien variables... Plutôt un quartier de secours si vous êtes fauché et que tout est plein ailleurs.

De bon marché à prix moyens (moins de 30 $)

Lucky Guesthouse II (*plan II, A6,* **47**) : *30, rue 115 (sud du marché Orussey, proche de la rue 214) ; ne pas confondre avec l'établissement* Lucky I, *situé presque en face, moins bien. 📱 016-537-777. Doubles « bon marché », limite « prix moyens » ; pas de petit déj.* Adresse déjà ancienne, sorte d'« hôtel-salle de bains », c'est-à-dire tout carrelé et propre. 5 étages de chambres aux prix variant avec la température de l'eau et de l'air (en clair : avec ou sans eau chaude, ventilo ou clim). Grimper aux étages : moins de chambres aveugles... mais pas d'ascenseur ! Celles sur l'arrière sont plus calmes, forcément... Personnel très gentil.

Narin Guesthouse (*plan II, A6,* **46**) : *50, rue 125. 📱 099-881-133. Doubles avec sdb « bon marché ».* Pas besoin d'avoir du nez pour la trouver, cette adresse. Cela dit, à défaut d'avoir du charme, les chambres sont confortables, et propres, et c'est bien ce qu'on leur demande. Éviter celles du rez-de-chaussée, vraiment sombres. Les plus chères avec clim. Terrasse côté rue. Parking à scooters. Accueil en anglais du sympathique patron et de son personnel. Pensez à confirmer votre réservation.

Star Wood Inn (*plan II, A7,* **48**) : *74, rue 141 (proche du bd Sihanouk). ☎ 023-223-253. 📱 015-324-325. • starwood-inn.com • Doubles à « prix moyens », limite « bon marché ».* Sur 3 étages (sans ascenseur), des chambres climatisées à la déco soignée. Pour le même prix, demandez l'une des chambres d'angle. L'ensemble est propre, confortable. Le vaste entresol qui fait office de garage et de réception n'est pas super chaleureux, mais, après tout, ce n'est pas là que vous allez dormir ! Pas de petit déj. Vente de billets de bus. Un honnête rapport qualité-prix.

Chic (30-50 $)

The Billabong Hostel (*plan I, B4,* **50**) : *5, rue 158. ☎ 023-223-703. • thebillabonghotel.com • Dortoirs « bon marché » et doubles à prix « chic ». Petit déj en sus.* Au sud du marché central, cet hôtel au management australien arbore un environnement épuré, avec une belle piscine entourée de verdure, l'ensemble donnant la sensation d'une enclave bien au calme. Dortoirs et chambres égayés de tableaux contemporains et dotés de belles salles de bains. Très bon confort. Clientèle essentiellement anglo-saxonne, *of course.*

Salita Hotel (*plan II, A7,* **51**) : *70, European Street Union (rue 143) et rue 280, quartier Sangkat Boeung Kengkang. ☎ 023-221-776 ou 777. 📱 077-453-333. • salitahotel.net • Doubles à « prix chic », petit déj* *inclus.* Au sud du quartier routard, un hôtel « moderne », en béton, d'une dizaine d'étages, avec ascenseur vitré. Chambres assez spacieuses, très propres et de bon confort. Préférer les étages supérieurs pour la vue. Resto au 10e et dernier étage avec panorama sympa dès le petit déj. Pick-up et transfert aéroport. Pas de charme, mais un rapport qualité-prix efficace.

Au nord du centre-ville
(plan I)

De chic à plus chic (30-80 $)

☗ ***Cara Hotel*** *(plan I, B1,* ***52****)* ***:*** *à l'angle des rues 84 et 47. ☎ 023-430-066.* • *stay@hotelcara.com* • *Doubles et familiales, petit déj compris. Promos sur Internet.* Tendance boutique design pour cet établissement assez récent. De mignons espaces communs et intérieurs charmants, malgré des finitions un peu hâtives (surtout dans les *deluxe,* bien qu'elles aient un balcon). Chambres confortables, de taille plutôt modeste et sans luxe excessif. Éviter quand même les *superior* sans fenêtre... Quelques carats de plus pour les *luxury,* un peu plus grandes et situées à l'angle de l'immeuble, avec un balcon. Juste à côté, les portes s'ouvrent sur *Doors,* un resto-bar à tapas branchouille.

Spécial coup de folie

☗ 🍴 ***Raffles Hotel Le Royal*** *(plan I, B2,* ***53****)* ***:*** *à l'angle du bd Monivong et de la rue 92. ☎ 023-981-888.* • *raffles.com/phnom-penh* • *À partir de 265 $, taxes comprises, mais sans le petit déj... Souvent des promos intéressantes sur le site à condition de réserver en avance.* Un nom légendaire dans le monde des palaces du Sud-Est asiatique. Cela dit, soyons francs, ce n'est pas le plus beau des *Raffles.* Certes, le vieux bâtiment, composé de 3 ailes communicantes, abrite sous son cachet colonial, mélangeant Art déco et style khmer, tous les services d'un hôtel de luxe contemporain et les chambres évoquent pour certaines leurs illustres hôtes (André Malraux, Jackie Kennedy...), que l'on retrouve en photo devant le restaurant chic *Le Royal.* Mais toutes n'ont pas le même cachet ni le même confort, certaines étant assez petites et mal insonorisées. Alors, choisissez bien. 2 somptueuses piscines, en revanche. Bon petit déj-buffet, même si l'on trouve le cadre un peu *cheap* et le service pas toujours hyper souriant. On peut aussi y boire un verre (*happy hours* 17h-20h). Cette adresse soutient l'action de *ChildSafe.*

Où dormir dans les environs ?

Voir « Dans les environs de Phnom Penh. L'île de la Soie ».

Où manger ?

CUISINE DE RUE

À condition que le lieu débite suffisamment, en évitant les crudités et la volaille grossièrement coupée (pleine d'os pointus), on peut très bien se restaurer dans la rue. Ce ne sont pas les cantines de quartier qui manquent sur les trottoirs. Et comme poste d'observation de la vie locale, vous ne trouverez pas mieux... On vous conseille notamment les petites échoppes ***à l'ouest du marché central,*** côté boulevard Monivong *(plan I, B4),* mais il y en a toujours une au coin de la rue. Très bon marché, bien sûr... Les soirs des vendredi et samedi, également le ***Night Market*** *(plan I, C3,* ***63****),* au croisement du quai Sisowath et de Preah Mohaksat Treiyani Kossamak. Si vous appréhendez ce type d'adresses, le *Food Centre* du centre commercial *Sorya* (voir plus loin) constitue une alternative plus aseptisée, forcément.

LES RESTOS D'APPLICATION D'ÉCOLE HÔTELIÈRE GÉRÉS PAR DES ONG

La capitale héberge de nombreux restaurants montés par des ONG où l'on réinsère de jeunes Cambodgiens en difficulté pour diverses raisons. C'est l'occasion de déguster des cuisines souvent très bien mitonnées, dans un cadre souvent artistique, et d'apprécier les prestations des élèves tout en apportant sa petite pierre à l'édifice. Certes, les prix sont un peu plus élevés qu'ailleurs, mais c'est pour la bonne cause. Nous précisons dans la mesure du possible lorsque les restaurants soutiennent l'action de *ChildSafe,* une ONG qui s'engage à fournir aux enfants un environnement protégé.

Bon marché (moins de 4 $)

|●| *Let's Eat!* (plan I, D4, **60**) **:** *215, rue 13. À côté du resto* Friends *(voir plus bas). Ouv le midi seulement.* Ce restaurant d'application, petit frère de *Friends,* est spécialisé dans les soupes de nouilles maison au porc ou aux champignons. Avec sa vocation de business social et solidaire, il forme des adultes, leur fournit un revenu et quelques notions, notamment pour gérer une micro-entreprise.

De prix moyens à chic (4-13 $)

|●| ***Friends*** (plan I, D4, **60**) **:** *215, rue 13. 012-802-072. Proche du Musée national. Tlj (sauf certains jours de cours) 11h-23h (22h pour la cuisine).* Un resto autofinancé et créé pour former les jeunes en insertion aux métiers de l'hôtellerie *(● mithsamlanh.org ●),* à l'initiative du label *ChildSafe.* Cadre confortable, chaleureux et coloré. Petite terrasse verdoyante côté rue. On y sert une excellente cuisine fusion, des plats végétariens, des tapas et les *specials* du mois, tous préparés en direct dans la cuisine vitrée. Délicieux *fruit-shakes* et cocktails. En face, la boutique de sacs, bijoux... fabriqués à partir de matières recyclées, et, au fond, le cabinet d'esthétique d'application des élèves.

|●| ***Romdeng*** (plan II, B5, **61**) **:** *74, rue 174. 092-219-565. ● romdeng-restaurant.org ● Tlj 11h-23h (22h pour la cuisine). Happy hours 15h-18h. Résa conseillée.* Une autre émanation de l'ONG *Friends,* fonctionnant sur le même modèle. Cadre très agréable, grande demeure à l'allure coloniale, tendance Art déco. Autour, un jardin dans lequel sont disséminées les tables. Le soir, l'atmosphère est intime. Bonne cuisine traditionnelle khmère, malgré quelques écarts de temps à autre, le plus possible à base de produits régionaux. On peut même s'essayer aux araignées frites ou au bœuf saupoudré de fourmis rouges (vraiment croustillant !). Bons vins à prix raisonnables. Service attentif. Cette adresse soutient l'action de *ChildSafe.*

|●| ***Connecting Hands*** (plan II, C5, **62**) **:** *42, rue 178. 078-588-810. Tlj sauf dim 9h-18h (sam 17h).* Fondé par une ONG australienne, ce tout petit café situé juste en face du joli wat Saravan permet à des jeunes filles victimes de maltraitance de se former au métier de la restauration. Jolie déco contemporaine pour avaler un bon petit déj (muesli, fruits, œufs, etc.) et, le midi, des soupes, salades, burgers, plats *vegan* et sans gluten. À faire descendre avec des jus, thé bio, etc. Pas donné mais de bonne qualité.

LES RESTOS PAR QUARTIERS

Vers le monument de l'Indépendance (plan II)

De bon marché à prix moyens (moins de 8 $)

|●| ***Tom Yum Kung*** (plan II, B-C7, **71**) **:** *10, rue 278, entre les rues 57 et 63. ☎ 023-720-234. Tlj jusqu'à 21h. Prix moyens.* Sous une paillote écrasée par les buildings, l'un des bons restos thaïs du centre-ville, servant aussi quelques plats cambodgiens. Soupe khmère ou thaïe (*tom yum,* bien relevée mais délicieuse), crevettes ou calamars au poivre vert, tout est d'un bon

rapport qualité-prix. Service un peu nonchalant.

Flavors of India *(plan II, B7,* **78***) : 158, rue 63 (et bd Sihanouk). ☎ 023-990-455. 012-886-374. Tlj 11h-23h. Prix moyens.* Un resto indien et népalais dans une salle tout en longueur avec une déco et une musique ad hoc. On recommande particulièrement le *thali,* archicopieux (1 pour 2 suffit !). Plats classiques et pains traditionnels, plus quelques plats népalais sur demande *(thali, momos).* Bon rapport qualité-prix.

De prix moyens à chic (4-13 $)

Mok Mony *(plan II, C7,* **64***) : 63C, rue 294. 095-970-861. Tlj 11h-22h. Résa conseillée.* La salle vitrée peut laisser quelque peu dubitatif. C'est sans compter sur la cuisine inspirée de Mony, qui travaille en tandem avec son fils. De délicieux plats khmers et malais parfumés à la coriandre, au tamarin, à la citronnelle, des viandes marinées, on a envie de tout essayer ! Quelques plats du jour inspirés, à prix raisonnables. Le tout répertorié sur une « échelle du piment » de 1 à 10. Et si, par hasard, le plat ne correspondait pas à vos attentes, pas de problème : il repart pour être proposé à une association qui vient en aide aux plus démunis. Service tout en douceur lui aussi, et sympathique terrasse.

Kravanh *(plan II, D6-7,* **65***) : 112, Sothearos Blvd. ☎ 012-539-977. Tlj 11h-14h30, 17h-21h30. Prix moyens.* Une escale raffinée nichée dans un cadre élégant et soigné. En dehors de classiques *amok* ou *lok lak,* la carte offre un bel éventail de plats (en photo d'ailleurs, ça peut aider...), qu'on n'a pas souvent vus ailleurs. Spécialité de *nom ban chok* (nouilles maison), mais aussi des soupes, riz et currys... Fin et délicieux. Service efficace, pro et anglophone. Annexe au marché russe *(67, rue 450 ; ☎ 012-395-608 ; tlj 11h30-21h ; même carte).*

Comme à la Maison *(plan II, B7,* **82***) : 13, rue 57. ☎ 023-360-801. Tlj 6h30-22h.* Derrière un bâtiment design un peu froid, une discrète terrasse couverte d'une charpente de style khmer. Très apprécié dès le petit déj, avec sa boulangerie sur place, qui sort baguettes et viennoiseries comme on les aime. Aux heures des repas, snacks et plats de très bonne facture dans tous les sens du terme, sans oublier « la spécialité de la semaine ». Également une boutique traiteur à côté, avec confitures, charcuteries et les glaces de chez *Bonbon. Deli-shop et boulangerie au 73, quai Tonlé-Sap.*

Piccola Italia Da Luigi *(plan II, C7,* **83***) : 36, rue 308, dans l'allée à droite du Malis. 017-323-273. Tlj midi et soir, sauf lun.* Chez *Luigi,* tout le monde vous le dira, on mange « les meilleures pizzas de la ville ». Bon, même s'il n'est pas le seul (voir aussi le *Pop Café* plus loin), et que le cadre est un peu désuet, il est vrai que ça ne désemplit pas. Du coup, il y a de l'ambiance et la ruelle est assez festive. Excitants *antipasti,* savoureuses pizzas proposées en 2 tailles et tiramisu fondant au programme. Quelques tables en terrasse dans la petite rue.

De chic à plus chic (plus de 8 $)

Bistrot Langka *(plan II, C7,* **93***) : rue 51 (rue Pasteur). 070-727-233. Au fond de l'allée du* Patio Hotel. *Tlj 18h-22h. Résa conseillée.* Ce n'est pas plus grand qu'un bijou de famille, mais c'est presque aussi précieux et élégant, avec un petit quelque chose du bistrot parisien chic et branché, où touristes et expats jouent des coudes. Les 2 niveaux sont reliés par un escalier en fer forgé et lorgnent sur la cuisine ouverte, dans une ambiance jazzy. La carte *frenchie* et fusion, renouvelée tous les mois, fait quasi l'unanimité. Tout est vraiment délicieux, mais on craque immanquablement pour les fidèles gnocchis maison et le fondant au chocolat ! Accueil souriant, en français.

Vers le quai Sisowath et le Palais royal (plan I)

De bon marché à prix moyens (moins de 8 $)

Kabbas *(plan I, D4,* **72***) : 166, rue 13. 089-929-729. Tlj 10h-22h.* Dans un pâté de maisons, où se blottissent plusieurs restos abordables. On y déguste un *amok* de bonne qualité, un *pad thaï* ou encore un curry. Bons jus de fruits et de légumes. La petite salle ventilée est constellée de mots et dessins de remerciement laissés par les visiteurs de passage.

Scodo *(plan I, D4, **66**) : 33, rue 178. 070-932-265.* À côté du Musée national, une déco soignée (pas toujours le cas dans cette catégorie de prix) avec un bout de terrasse noyée de plantes vertes. Dans l'assiette, tous les classiques, poulet à la citronnelle, *amok, loklak,* poisson du Mékong... La courte carte, composée de plats cambodgiens mâtinés de touches occidentales, est plutôt bien maîtrisée. Atmosphère zen et cosy. Un bon rapport qualité-prix.

Aroma *(plan I, D4, **68**) : 186, rue 13. 086-268-081. Tlj sauf lun 9h-22h.* Allez, une escale méditerranéenne pour changer un peu de régime ! Feuilles de vigne, *labneh, falafel, houmus...* Moins goûteux qu'au pays, mais tout à fait honnête. Et pour ne pas avoir à choisir, on peut opter pour une assiette de *mezze* à partager, ce qui permet de goûter plusieurs plats. Et si le patron (Mansour) est là, faites-vous conseiller pour le vin. Petite terrasse simple et sympa.

Backyard Café *(plan II, D6, **67**) : 11B, rue 246. Tlj 7h30-20h30 (17h lun) ; petit déj jusqu'à 11h30. Prix moyens.* Bien caché entre le Palais royal et le *Cambodiana*, voici l'une de nos plus jolies surprises ! 2 petites salles contemporaines et un bout de terrasse pour déguster une véritable cuisine *vegan* (mais pas que !), toujours gaie, saine et savoureuse. Même maison que *Vibe,* au marché russe, donc à base de produits locaux et bio : petit déj, salades, soupes, sandwichs, *bowls* (mention spéciale au *power bowl*). Desserts sans gluten, smoothies et jus, certes pas donnés mais vraiment excellents. Pailles en bois : la planète les remercie ! En revanche, apportez votre antimoustiques, ça pique parfois...

ARTillery *(plan II, C-D6, **79**) : rue 240 ½ (discrète impasse accessible par la rue 244). 078-985-530. Tlj 7h30-20h30. Prix moyens.* Dans une ruelle aux adresses modernes et branchées, une petite maison bleu et blanc à la grecque, avec une poignée de tables en terrasse. Idéal pour les végétariens et les végétaliens et très agréable pour un petit déj ou un grignotage léger dans la journée. Produits bio, jamais cuits au-delà de 40 °C et toujours sans gluten ni sucre. Salades, sandwichs, assiette de fromages, houmous, falafel... À accompagner d'un bon cocktail de santé aux herbes, d'un thé ou d'un smoothie. Un peu d'artisanat en vente en mezzanine.

De prix moyens à plus chic (4-13 $ et plus)

Ne soyez pas étonné de trouver, dans cette catégorie, un grand nombre de restaurants français. Ce n'est pas du chauvinisme, mais le reflet de l'importance de la communauté francophone à Phnom Penh (et dans le pays).

Au Marché *(plan I, C4, **87**) : 169 E, rue 154. 098-284-494. Tlj 11h-15h, 18h-23h, sauf dim et lun midi.* Comme son nom l'indique, ce joli bistrot, tenu par les sympathiques Camille et Thomas, propose des plats à l'ardoise qui changent toutes les semaines. Au gré du marché, une fondante côte de porc et sa purée de butternut, un filet de bœuf au poivre vert ou encore un roulé de poulet au vinaigre de framboise... Des plats simples et soignés, à base de produits sélectionnés. Et, bonne nouvelle, le lundi soir, les vins sont vendus à prix coûtant. Bon accueil.

On The Corner *(Le Resto du Coin ; plan I, D3, **77**) : 191, quai Sisowath, près de la rue 130. 012-210-355. Tlj 7h-22h.* Noyée dans l'animation locale, sa petite salle façon garage amélioré, comme tout le monde, propose aussi 2-3 tables sur le trottoir. La cuisine, khmère et française, y est savoureuse. On recommande particulièrement les viandes, mais on y trouve aussi des pâtes fraîches, du poisson et même... du couscous. Également des en-cas simples, des glaces et des sorbets. Bière pression à prix canon.

Pop Café *(plan I, D4, **85**) : 371, quai Sisowath. 012-562-892. À 2 pas du FCC. Tlj 11h30-14h, 18h-22h.* Sur le quai, face au fleuve, une minuscule et mignonne *trattoria* dans les tons blancs, bois et verre, avec photos aux murs. Excellentes pizzas et pâtes maison, *insalata,* tiramisù, le tout accompagné de la faconde souriante du patron napolitain. Prix un peu musclés, certes, mais vu la quantité de produits que le patron importe et la qualité au rendez-vous, on se fait une raison.

|●| ***Open Wine*** *(plan II, C6,* ***89****) : 219, rue 19. ☎ 023-223-527. Tlj 11h-22h. Menu déj avec mise en bouche, lun-sam 14 $; plats env 15-30 $ le soir.* À 2 pas du Palais royal, une salle de bistrot climatisée avec une terrasse (bruyante). L'endroit est surtout connu pour son excellent rapport qualité-prix du midi. Le soir, c'est nettement plus cher, mais la cuisine, exclusivement française, reste de haut niveau. La maison a sa propre boucherie, fume son saumon et fait son pain, entre autres. Spécialités de foie gras, escargots, tartare, tournedos... Beau choix de vins au verre. Bon accueil francophone.

|●| ***Chiang Mai Riverside*** *(plan I, D3,* ***77****) : 227, quai Sisowath. 012-832-369. Tlj 10h-22h.* Salle tout en longueur, déco banale, éclairage blafard, tables décorées de *kramas* et serveurs à l'air un peu blasé, flot touristique oblige. En revanche, dans l'assiette, c'est le pays du sourire. Incroyable choix de plats thaïs, long comme le bras, du plus doux au plus pimenté. Spécialité de bar cuisiné avec ail, citronnelle, jus de citron et sauce chili. À moins d'opter pour une soupe *tom yam,* un gâteau de poisson ou un curry, à noyer sous des flots de *Tiger Beer,* le tout à prix raisonnables.

Du marché central au Stade olympique *(plan II)*

De bon marché à prix moyens (moins de 8 $)

|●| ***Pho de Paris*** *(plan II, B5,* ***81****) : 260, bd Monivong. 099-555-833. Tlj 6h30-22h.* Repérable à ses *Vache qui rit* en vitrine, cet excellent resto vietnamien régale ses clients depuis de nombreuses années. La carte (avec photos) décline une quantité incroyable de plats, tous de qualité régulière. Tenu par un jeune Sino-Franco-Cambodgien né à Paris, le tonique et sympathique Johnni Tong.

|●| ***Food Centre du centre commercial Sorya*** *(plan I, B4,* ***75****) : au 4ᵉ étage de la tour vitrée, se diriger vers « Sorya Food City ». Tlj 8h-20h. Bon marché.* Pour goûter à la cuisine populaire au frais et dans un cadre plus hygiénique que beaucoup de restos de rue. Mais on est au sein d'une galerie commerçante aseptisée et sonore (surtout le week-end), mieux vaut le savoir. Vous choisissez vos plats aux stands avant de payer à une caisse centrale qui vous remet une carte magnétique. Puis à vous de trouver une table disponible.

|●| ***Orussey Restaurant*** *(plan II, A-B5-6,* ***73****) : 42Eo, rue 182 (angle de la rue 113). 012-755-055. Face à l'entrée principale du marché du même nom. Tlj 5h-10h30 (!), 13h30-21h30. Bon marché.* L'impression d'être au cœur du cyclone, là où circulation et animation atteignent leur paroxysme... Un genre de cantine sino-khmère typique, qui délivre avec régularité des nouilles en soupe ou sautées, des *dim sum* (bouchées vapeur), etc. Attrapez une chaise en terrasse et contemplez cette planète qui tourne ici plus vite qu'ailleurs. En revanche, méfiez-vous de leurs horaires !

|●| ***Sam Doo*** *(plan I, B4,* ***70****) : 56-58, Kampuchea Krom. 017-427-688. À l'étage (escalier sur la gauche). Tlj 7h-2h du mat.* Cantine à la cantonaise, avec une salle impersonnelle mais animée au rez-de-chaussée et un resto à l'étage, plus feutré mais pas toujours ouvert. Cela dit, la carte est la même, très vaste. Elle propose, entre autres, de bons *dim sum* et des soupes de nouilles aux *wonton.* En revanche, service sans chichis et toilettes à l'hygiène parfois un peu douteuse.

De chic à plus chic (8-13 $ et plus)

|●| ***Bouchon Wine Bar*** *(plan II, B5,* ***84****) : 82, rue 174 (face au*

Cardamom Hotel). 077-881-103. *Lun-sam 11h-14h, 16h-minuit. En principe, musique live mer et sam.* Ce resto-bar à vins chicos a pris ses quartiers dans une maison coloniale qui s'ouvre sur une élégante terrasse. Pour ceux qui ont la nostalgie du pays, jolie sélection de vins, principalement de bordeaux, à accompagner de tapas, d'une planche de charcuterie, de viandes grillées ou d'une bonne cuisine du Sud-Ouest. Portions un peu chiches pour le prix, cela dit, et addition assez salée à l'arrivée.

Autour du marché russe *(Psaar Tuol Tom Pong ; hors plan II par A8)*

Le quartier du marché russe devient un quartier à la mode, où fleurissent les restos branchés de qualité.

Prix moyens (4-8 $)

I●I *Sesame Noodle Bar* *(hors plan II par A8,* ***74****) : 9, rue 460 (entre les rues 135 et 155).* *096-868-5780. Tlj jusqu'à 21h30, sauf lun. Happy hours 17h-19h. CB refusées.* Dans un local type garage, pimpant et carrelé de blanc, avec comptoir et serveurs en tee-shirt turquoise. À la carte, très courte, la pastille bleue indique un plat froid, la rouge du chaud. Agréables salades de nouilles, *ramen* épicés ou au porc, à prix très raisonnables. Tout est maison et sans glutamate. Jus, smoothies, bière microbrassée, saké et autres alcools à base de céréales.

I●I *Vibe* *(hors plan II par A8,* ***74****) : 26A, rue 446, au marché russe.* *061-764-937. Tlj 7h30-21h.* Adeptes du *vegan* et de la nourriture saine, vous devriez vibrer dans ce temple contemporain basé sur le béton et la sobriété, avec terrasse, cuisine ouverte et 2 salles dans les étages. Certes, le concept se paye un peu mais ici, tout est concocté avec des produits locaux, bio et sans gluten. Grand choix de sandwichs, *bowls,* burgers, tacos, taboulé, nouilles... sans oublier les desserts, servis crus et sans sucre ! Le tout à avaler avec un bon jus ou un smoothie, certes pas donnés non plus. Mais votre intestin vous remerciera pour ces *good vibrations !*

Près de la gare ferroviaire *(plan I)*

Chic (8-13 $)

I●I *La'Baab* *(plan I, B3,* ***15****) : 81, bd Monivong (et rue 108).* *099-335-666. Au-dessus de la Pharmacie de la Gare, au 2e étage ; entrée par l'escalier à gauche côté boulevard. Tlj 11h-21h30. Prévoir 5 % de service en sus.* Face à un immeuble en forme de botte de 7 lieues ultramoderne, l'adresse mérite le détour. Décor tout de bois vêtu, où flotte une petite nostalgie dans la déco. La carte, égayée de photos appétissantes, remonte le cours du Mékong... Il est vrai qu'on y trouve des plats peu vus ailleurs. En entrée, on vous conseille la salade de bœuf et de crabe aux herbes ou encore les grenouilles farcies. Côté plats, beaucoup de choix, des légumes sautés aux soupes, en passant par les travers de porc à la khmère et le poisson entier. Bon accueil.

Où manger dans les environs ?

I●I *Restos au-delà du Tonlé Sap* *(hors plan I par B1,* ***92****) : passer l'ambassade de France et traverser le pont japonais, annoncé par un de ces ronds-points chaotiques dont la ville a le secret. Env 5-7 $ en tuk-tuk. Y aller pour le dîner ; fermeture des cuisines vers 21h30.* Sur la rive gauche, une enfilade de néons enveloppe une bonne centaine de restaurants khmers typiques. Un must, kitsch à souhait. Selon l'établissement, de bons orchestres de musique folklorique ou de variété assez sirupeuse, agrémentée d'une série de vieux standards des années 1960. « *Beer girls* » assez offensives et de nombreux gamins qui harcèlent les convives en leur proposant des colliers de fleurs

LE CAMBODGE

de jasmin. Suivre l'exemple des spectateurs qui honorent le chanteur ou la chanteuse de ces mêmes guirlandes. Plus il ou elle engrangera de colliers, meilleures seront sa réputation et sa rémunération. À vous de choisir parmi les restos, suivant votre intuition. À 2 km environ sur la gauche en venant du pont, le ***Kado*** (📱 011-942-360) vous offre (c'est presque le cas de le dire) une ambiance populaire, quelques canards parfois encore pleins de plumes et des prix allant de bon marché à moyens. Nombreuses paillotes. Celles du fond sont posées au bord d'un environnement verdoyant. Long menu avec photos de plats khmers, thaïs et vietnamiens. Soupes généreuses. Restriction d'usage concernant les volailles, pour ceux qui ne sont pas habitués : elles sont entièrement passées au hachoir à la mode asiat et donc servies « oiseau entier avec la peau, les tendons et les os » (bien pointus !).

Où prendre le petit déj ou un bon goûter ? Où déguster une bonne glace ?

☕ Quelques excellentes adresses pour prendre le petit déj dans notre rubrique « Où manger ? » : ***Connecting Hands*** *(plan II, C5,* ***62****)*, ***Backyard Café*** *(plan II, D6,* ***67****)*, ***ARTillery*** *(plan II, C-D6,* ***79****)*, ***Vibe*** *(hors plan par A8,* ***74****)* ou encore ***Comme à la Maison*** *(plan II, B7,* ***82****)*. Également le ***Bar du FCC*** *(plan I, D4,* ***85****)* pour un petit déj *nostalchic* avec vue sur le fleuve (voir « Où boire un verre ? Où sortir ? Où danser ? »).

☕ ***The Shop 240 Bakery & Bistro*** *(plan II, C6,* ***76****)* **:** *39, rue 240. 📱 092-955-963. Tlj 7h-19h. Petit déj servi tte la journée.* Alliant élégance coloniale et minimalisme moderne, cette adresse plaira aux amateurs de petit déj tardif... Les formules complètes ne sont pas données (surtout la *Gérard Depardieu* ... on s'en doutait !), mais les produits sont de bonne qualité. Cela vaut autant pour les jus, smoothies et cafés frappés que pour les pâtisseries, la boulange et les en-cas style salades et sandwichs (sans parler des chocolats belges !). Idéal aussi pour un *break* aussi raffiné que relax.

☕ 🍽 ⛱ ***Java Café*** *(plan II, C-D7,* ***101****)* **:** *56, bd Sihanouk. ☎ 023-987-420. Tlj 7h-22h. Éviter le rdc et prendre l'escalier à droite dans la ruelle.* Mal situé (en plein boulevard immense et archipassant !), ce café, à la fois bar, resto et lieu d'expos, possède néanmoins une jolie salle et une terrasse à l'étage, d'ailleurs bien plus sympa que la salle clinique du rez-de-chaussée (très climatisée !). Si vous êtes dans le quartier, c'est pratique pour avaler un petit déj, certes pas donné, un grignotage léger le midi ou un goûter. Cette adresse soutient l'action de *ChildSafe.*

☕ 🍸 ***Brown Coffee and Bakery*** **:** *1, rue 98 (et quai Sisowath, à côté de KFC ; plan I, C2,* ***103****) ; 102, bd Sothearos (angle rue 266 ; plan II, D6,* ***103****) ; rue 51 (rue Pasteur ; à l'angle de la rue 302 ; plan II, C7,* ***103****) et 17, rue 214 (plan II, C6,* ***103****). Tlj 6h30-21h.* Cette chaîne est réputée pour ses expressos et autres cafés préparés au percolateur, chers mais excellents, plus gâteaux à prix modérés, smoothies, jus de fruits frais, salades, sandwichs, pâtes, etc. Clientèle jeune, venue se détendre en surfant sur la toile.

🍦 ***The Blue Pumpkin*** *(plan I, D4,* ***80****)* **:** *245, quai Sisowath. Tlj 6h-23h.* Au rez-de-chaussée tristounet, vente à emporter. Au 1er étage, bien plus gai, de grandes baies vitrées donnent sur l'animation du quai et sur le fleuve. Jeunes et bobos se déchaussent nonchalamment avant de s'affaler sur de grosses banquettes moelleuses tout en léchant une bonne glace maison. Petite restauration. Pas donné, mais sympa pour une pause détente sur le quai.

Où boire un verre ? Où sortir ? Où danser ?

L'une des tendances, ce sont les nombreux *rooftop*-bars situés au dernier étage de restos, *guesthouses* ou hôtels. Et il y en a pour tous les goûts.

Au plaisir d'une soirée autour d'un verre s'ajoute celui de surplomber la ville, d'avoir une vue dégagée et de s'extraire du bruit ambiant.

Vers le quai Sisowath et le Palais royal (plan I)

Bar du FCC (*plan I, D4,* **85**) **:** *363, quai Sisowath. ☎ 023-210-142. Tlj 6h-minuit ; le 3e étage seulement à partir de 16h.* Happy hours *17h-19h et 21h-23h (cocktails).* Live music *ven 20h-23h. Attention, 15 % de service et de TVA en plus !* The « F » pour les habitués. Une institution locale. Le club des correspondants de presse, notamment ceux de la guerre du Vietnam, dont c'était le Q.G., même si certains n'ont que rarement décollé leur fessier des tabourets du bar, rassemble depuis belle lurette plus de touristes et d'expats que de journalistes. Il suffit d'observer le bâtiment, puis d'y entrer, pour comprendre le succès de cet archétype colonial d'architecture et de décoration. Grimper les escaliers en contemplant les photos. Idéalement située, la terrasse d'angle domine le fleuve d'un côté et le Palais royal de l'autre. S'installer tranquillement dans un fauteuil avec vue ou se percher au célèbre comptoir en fer à cheval du 2e étage. Bien sûr, ce n'est pas donné (on paie le cadre) et la qualité des cocktails n'est pas toujours extra. Du coup, les *happy hours* sont les bienvenues. Billard. Fait également resto. Service pas toujours à la hauteur de cette institution. Cette adresse soutient l'action de *ChildSafe.*

***Les cafés avec terrasse du quai Sisowath* :** *surtout entre les rues 154 et 108. Tlj jusqu'à minuit-1h, voire plus.* On s'y installe en journée pour boire un café en consultant ses e-mails (tout le monde propose une connexion wifi), pour grignoter quelques ailes de poulet, puis pour boire un verre en soirée, de préférence en profitant des *happy hours,* tout ça pour voir et... être vu ! Un peu la promenade des Anglais de Phnom Penh.

The Riverside Palace (*plan I, D4,* **36**) **:** *à l'angle du quai et de la rue 148. Tlj 7h-0h30. Groupe ou DJ chaque soir vers 20h.* Un classique du quai, profond, avec un double bar. Très haut de plafond, avec d'amusantes fresques kitschounettes. Écrans TV pour les matchs et billards. Plus haut, à l'angle de la rue 144, le bien nommé ***La Croisette*** (*plan I, D4,* **8**), propose une ambiance plus *lounge.* Pour les noctambules et les insomniaques, le ***Mekong River*** (*plan I, D3,* **102**), à l'angle de la rue 118, est ouvert 24h/24 et offre également une jolie terrasse.

The Quay Boutique Hotel (*plan I, D4,* **115**) **:** *277, quai Sisowath.* Belle terrasse avec vue plongeante sur le fleuve et l'animation du quai, en version chic...

Dodo Rhum House (*plan I, C3,* **111**) **:** *133, rue 130. 📱 012-549-373. Tlj sauf dim de 17h à tard.* Spécialisé, comme son nom le laisse deviner, dans le rhum arrangé. Petite sélection de plats dont certains à saveur réunionnaise, une île qu'apprécie particulièrement Rémi, jeune patron flegmatique. Bonne zique. Lieu de rendez-vous d'une faune francophone tous azimuts et parfois gentiment azimutée en fin de soirée.

K-West Café (*plan I, D4,* **36**) **:** *à l'angle de la rue 154. ☎ 023-214-747. Tlj 6h-23h.* Happy hours *17h-20h.* Grande salle climatisée au cadre chic et contemporain, avec beau plancher, long bar et bonne musique de fond. Pour plus d'intimité, quelques box très agréables où se côtoient expats *trendy* et Cambodgiens huppés.

Le Moon (*plan I, D4,* **36**) **:** *1, rue 154 (à l'angle du quai Sisowath). Au 4e étage de l'Amanjaya Hotel (voir « Où dormir ? »). Tlj 17h-1h.* Superbe point de vue depuis ce bar-terrasse branché, comme en apesanteur, agrémenté de plantes, de coins et de recoins. De quoi grignoter, mais on y vient surtout pour l'apéro en observant défiler le Tonlé Sap et les *tuk-tuk* au va-et-vient incessant.

Pontoon (*plan I, C4,* **113**) **:** *80, rue 172 (et rue 51). 📱 010-300-400. • pontoonclub.com • Tlj 22h-5h. Entrée : env 6-8 $ (1 boisson standard incluse) ; en principe gratuite avt 23h.* Ladies night *le mer et* happy hour *sur certaines boissons en début de soirée.* L'incontournable des nuits de Phnom Penh, ouvert même en début de semaine. Bonne programmation et événements. Cela dit, pas mal d'amazones et on nous signale quelques entourloupes ici ou là, alors restez vigilant.

Vers le monument de l'Indépendance (plan II)

Bassac Lane (*plan II, C7,* **83**) **:** l'ancien passage interlope épargné par le tumulte de la circulation s'est mué en une ruelle proprette où sont désormais nichés une poignée de microbars, restos et boutiques design dans l'air du temps, qui attirent tout ce que la ville compte d'habitants et touristes *trendy.* De petits espaces, ce qui fait que, certains soirs de week-end, *Bassac Lane* n'est parfois plus qu'un unique espace apéro à ciel ouvert (mais attention, loin de l'atmosphère de *Pub street* à Siem Reap, pour ceux qui connaissent). On a bien aimé le ***Red Bar,*** entre autres. Incontournable dans le paysage de la vie nocturne de la capitale.

Penthouse (*plan II, C7,* **40**) **:** *à l'angle des rues 51 (rue Pasteur) et 278. Tlj 15h-minuit.* Happy hours *15h-20h.* Il faut grimper les raides escaliers jusqu'au bout pour accéder à cette terrasse arrondie. Position stratégique typique et sympa pour observer la vie du quartier tout en buvant une petite mousse en compagnie d'une clientèle locale. Juste en face, le *rooftop* de la *guesthouse Top Banana,* plus branché mais plus confidentiel.

Zeppelin (*plan II, C7,* **86**) **:** *7, rue 278 (angle rue 57). ☎ 012-881-181. Tlj jusqu'à 2h en sem et 3h le w-e.* Ce petit bar discret, à l'étage, est tenu par un Taiwanais fou de *heavy metal,* dont il possède un nombre incroyable de vinyles. Il fait d'ailleurs le DJ lui-même la plupart du temps... Billard.

Duplex et Club Love (*plan II, C7,* **86**) **:** *3, rue 278. 📱 098-317-150. Bar tlj, boîte mer-sam.* 2 lieux à la mode dans la rue. Jolie « taverne belge » décorée de bambou, idéale pour se ressourcer à coup de bière du Plat Pays. Fait aussi resto (*glamburgers,* risotto, lasagnes...). Écran géant. Pour prolonger la soirée, *lounge* et boîte à l'étage avec DJ en fin de semaine *(Club Love),* avec une clientèle jeune et festive.

Meta House (*plan II, D7,* **19**) **:** *37, bd Sothearos, Songkhat Tonle Bassak. ☎ 023-224-140. 📱 010-312-333. • meta-house.com • Tlj sauf lun jusqu'à 23h-minuit pour le bar (22h pour les cuisines).* Le centre culturel allemand, doté d'un toit-terrasse, propose des expos, soirées à thème, projection de documentaires, plus des DJ parties *(jeu-sam à partir de 21h).* Bar proposant de la bière allemande et à la pression. Venir uniquement s'il y a un événement, sinon c'est mort...

Ailleurs

Sundown Social Club (*hors plan II par A8,* **104**) **:** *86, rue 440. 📱 015-526-373.* Surplombant le marché russe, une terrasse idéale pour observer l'animation et le coucher du soleil... même si les places sont chères en fin de journée. Cocktails onéreux également et pas toujours réussis. Heureusement, la bière démarre à 2 $.

Sora Sky Bar (*plan I, B3,* **105**) **:** *au 37e étage de l'hôtel* Rosewood, *dans la Vattanac Capital Tower, 66, Monivong Bd. ☎ 023-936-888. Tlj de 17h à tard. Dress code exigé : pas de sandales, ni de tenue débraillée !* Face à la gare ferroviaire, c'est le *rooftop* ultime, le nec plus ultra de la branchitude dorée à Phnom Penh. Fichée dans une tour ultra-moderne en forme de botte de 7 lieues, cette terrasse offre une vue imprenable sur la ville, à déguster au coucher du soleil et bien après... Entrée sélecte, cocktails très chers et ambiance chic au programme.

Spectacles, sport

Sovanna Phum (*hors plan II, par B8,* **120**) **:** *166, rue 99 et rue 484). 📱 010-337-552 ou 012-846-020. • sovannaphumtheatre.com • Assez excentré ; y aller en* tuk-tuk. *Spectacles ven et sam à 19h30. Atelier-expo tlj sauf dim. Spectacles : env 10 $; réduc enfant.* Cette association, qui a notamment à son crédit le sauvetage du petit théâtre d'ombres, le « Sbaek Touch », présente des spectacles khmers traditionnels de qualité réunissant les arts du cirque, la danse classique et folklorique, les marionnettes et la musique khmers. Superbes marionnettes en cuir, masques traditionnels et autres articles en vente.

Voir aussi les spectacles de danses traditionnelles donnés au ***National Museum.*** Lire plus loin.

Combats de boxe : des combats de boxe cambodgienne, similaire à sa cousine thaïlandaise, ont généralement lieu les vendredi et samedi à 19h dans les locaux de certaines chaînes de télévision (TV5 cambodgienne et CTN, notamment). Pour y assister, demander aux conducteurs de *tuk-tuk* qui, en général, connaissent les jours et les horaires des combats.

Achats

En faveur des ONG

Les boutiques ci-après vendent plus ou moins les mêmes types d'article : jouets, sacs, dessins, paniers et tissus confectionnés avec des matériaux locaux par des Cambodgiens défavorisés.

Friends' n' Stuff *(plan I, D4,* ***60****) : mêmes coordonnées que le resto Friends (voir « Où manger ? »). • mithsamlanh.org • Tlj 10h-21h.* Nombreux objets faits à partir de matériaux de récupération : sacs, étuis, carnets, bijoux, etc. C'est tendance et sympa !

Tabitha *(plan II, C8,* ***131****) : 239, rue 51 (angle rue 360). ☎ 023-721-038. • tabitha-cambodia.org • Tlj 8h-18h, sauf dim.* Une organisation chrétienne australienne aidant les plus démunis. Atelier sur place. Beaucoup d'articles en soie, sacs à main, pochettes de voyage, porte-monnaie, cravates, carnets de notes, etc. Un large choix, mais modèles parfois un peu désuets.

Village Works *(plan II, A8,* ***130****) : à l'angle des rues 113 et 330 ; derrière le musée du Crime génocidaire Tuol Sleng (à gauche en sortant du musée). ☎ 023-215-732. • villageworks.biz • Tlj 8h-17h, sauf dim mat.* Cette ex-ONG devenue une entreprise privée procure du travail à des villageoises et des personnes handicapées qui fabriquent sacs, boîtes, chaussons, pochettes, etc. Coloris et design originaux. Petit café juste à côté (pas très bon marché).

Shopping classique

Des ***boutiques de déco, d'accessoires et de vêtements branchés*** ont envahi Phnom Penh. Souvent tenus par les créateurs des lignes originales qu'ils diffusent, inspirés par le pays, nourris des produits locaux, ces élégants magasins pratiquent des prix plutôt élevés au regard du niveau de vie local, mais pas forcément pour le budget de leurs visiteurs. On en trouve une flopée dans la touristique ***rue 240*** *(plan II, C6,* ***76****)*, comme *AND (vêtements, bijoux et objets design), Mékong Créations (au n° 47 ; patchwork khmer, vélos en bambou avec possibilité d'expédition),* ou encore *Bliss (au n° 29 ; également un spa)...*

Côté ***marchés,*** pour vous aider, procurez-vous une petite brochure très complète, *Pocket Guide,* qui contient un plan détaillé du marché central et du marché russe. Se reporter plus loin à la rubrique « À voir. Les marchés ».

Hanuman *(plan II, C8,* ***132****) : 13B, rue 334. ☎ 023-211-916. Tlj 8h-18h.* Sur 2 niveaux, des centaines d'objets d'art superbes à prix élevés, certes, mais présentant – pour certains d'entre eux – un bon rapport désir-qualité-prix.

Espadrilles Amboh *(plan II, C8,* ***134****) : 45, rue 21 (Abdul Carime St). 088-90-59-509. Lun-ven 9h-19h, sam 14h-17h30. Compter 25-40 $ la paire (du 31 au 45).* Un produit français associé à un savoir-faire cambodgien. On les trouve dans différentes boutiques de la ville – consulter Facebook –, mais c'est seulement dans le bureau-atelier, ouvert au public, qu'on peut customiser sa paire, recycler sa vieille chemise préférée ou choisir un *krama* local ou un autre tissu en stock (48h de délai de fabrication). Un peu cher quand même. Profitez-en pour vous balader dans la rue, très sympa...

Sentosa Silk *(plan I, D4,* ***133****) : 33, Sothearos (angle 178).* ☎ *023-222-974.* 📱 *012-962-911. • sentosasilk.com • Tlj 8h-18h30.* Grande boutique de soieries : écharpes, coussins, dessus-de-lit, sacs, trousses... Assez cher, mais c'est de la bonne qualité. Service de tailleur en 48h.

À voir

Wat Preah Keo *(****Royal Palace*** *et* ***Silver Pagoda ;*** *le Palais royal et la pagode d'Argent ; plan II, C-D5)* ***:*** *entrée côté bd Sothearos. Tlj 8h-11h, 14h-17h. Entrée : env 10 $; gratuit moins de 6 ans. Un conseil : arriver dès l'ouverture, car le palais ferme entre 11h et 14h, de plus c'est rapidement la foule à partir de 8h45. Visite guidée conseillée : des guides badgés attendent à gauche de la billetterie, quelques-uns sont francophones (mieux vaut les réserver) ; compter 10 $ jusqu'à 9 pers.*

– ***Quelques infos utiles :*** le palais peut être fermé au public, sans préavis, lors de cérémonies officielles. Cela dit, même s'il est ouvert, on ne pénètre évidemment pas dans la partie du palais où réside le roi actuel. En général, la pagode d'Argent reste toujours ouverte à la visite. *Impératif :* tenue correcte exigée, pas de shorts trop courts, ni de minijupes, ni d'épaules nues ; sinon, on vous demandera d'acheter un tee-shirt sur place ! Photos interdites à l'intérieur des bâtiments, sauf dans la salle des palanquins, à la sortie.

Le Palais royal et les bâtiments voisins

Malgré ses airs de pagode ancienne, le palais actuel ne date que du début du XXe s. Les principaux bâtiments ont été commandés à des architectes cambodgiens et français par le roi Norodom, puis le roi Sisowath. L'ensemble, d'inspiration traditionnelle khmère, a beaucoup d'allure avec ses toits étagés aux tuiles vernissées, ses frontispices sculptés, ses balcons et colonnes, ses cours fleuries et ses longues galeries. Disséminé sur une superficie équivalant à plusieurs pâtés de maisons, le tout est entouré de hautes murailles gardées par des guérites. La pagode d'Argent, séparée du palais par une ruelle étroite, se trouve sur la gauche en entrant dans la vaste cour (mais on en parle plus loin). Nombreuses essences d'arbres intéressantes dans l'enceinte du palais, mais toutes ne sont pas forcément visibles. Signalons tout de même le bananier « cent régimes », le palmier à sucre, les tiges rampantes des feuilles de bétel, la noix d'arec, mais surtout, à l'entrée, l'*arbre de sala,* de même type que l'arbre sacré sous lequel le Bouddha serait né. Noter que ses feuilles se trouvent tout en haut et que ses fleurs émergent du tronc. Celles-ci sèchent au soleil, tombent, et les femmes les utilisent en tisane (radical, dit-on, pour faciliter l'accouchement). Fruits en forme de ballons !

Principaux bâtiments du palais

Nous indiquons les numéros des bâtiments correspondant au plan donné avec le ticket à l'entrée.

– ***La salle du Trône*** *(prasat Tevea Vinichhay ; n° 5)* ***:*** *au centre de l'enceinte.* Achevé en 1917, ce bel édifice mesure 100 m de long. Ici avaient lieu les cérémonies de couronnement. Observer d'abord la flèche d'une soixantaine de mètres de hauteur, surmontée d'un Brahma à 4 visages (comme le Bayon d'Angkor), représentant les 4 vertus du Bouddha et rappelant la longue coexistence du bouddhisme et du brahmanisme hindou. À l'intérieur, que l'on observe uniquement par les portes et fenêtres ouvertes : le trône d'apparat, représentant le mont Meru, recouvert de feuilles d'or et surmonté de 5 parasols ; un vaste tapis de 33 m de long ; au plafond, des fresques du *Râmâyana* hindou représentant l'épopée khmère. À l'entrée, 2 petits tambours pour faire tomber la pluie (symbolisée par de minuscules grenouilles) pendant les périodes de sécheresse. Autour de la salle du Trône, plusieurs pavillons qu'on ne visite pas : l'un dédié aux cendres des rois, d'autres à la prière (plusieurs bouddhas) et au repos de Sa Majesté. À droite du bâtiment, un petit pavillon avec une plate-forme qui permettait au roi de monter et descendre de... son éléphant. En toute simplicité.

– ***Le palais Kemarin*** *(n° 7) : derrière la salle du Trône, à droite. Visite interdite.* C'était la résidence de Sihanouk, construite dans les années 1930. Le général de Gaulle y fut hébergé en 1966. Le prince y fut également retenu prisonnier par les Khmers rouges. Quand le drapeau bleu royal flotte, cela indique la présence de Norodom Sihamoni, le roi actuel.

– ***Le pavillon Hor Samritvimean*** *(n° 8) : à gauche de la salle du Trône.* Au rez-de-chaussée, un petit musée avec des costumes traditionnels pour les différents jours de la semaine et certaines fêtes, des costumes royaux pleins de dorures (pour les cérémonies sacrées, couronnements, mariages), bénitiers bouddhiques, vaisselle... Sachez que dans la pièce supérieure, interdite à la visite, se trouvent en principe l'épée sacrée, très ancienne et couverte de pierres précieuses, et la couronne royale, appelée « grand Mokot ».

– ***Le pavillon Napoléon III*** *(n° 9) : à gauche de la salle du Trône, face au bâtiment administratif royal. En restauration depuis des années, sans que l'on sache jusqu'à quand...* Ce pavillon métallique fut construit pour accueillir l'impératrice Eugénie lors de l'inauguration du canal de Suez, en 1869. Napoléon III l'offrit ensuite au roi Norodom qui le fit édifier ici en 1876. Bon, on attend toujours (avec impatience) sa réouverture ! En attendant, on peut glisser un œil ou deux dans les trous de la gigantesque bâche photographique en façade...

– ***Le pavillon Chan Chaya*** *(n° 4) : côté rue 184. Parfois fermé.* Toiture superbe de style traditionnel, récemment restaurée. Ici avaient lieu les discours officiels et les grandes cérémonies (danses, concerts, etc.). Encore utilisé aujourd'hui pour les grands banquets.

La pagode d'Argent (temple du Bouddha d'émeraude ; n° 17)

Au sud de l'enceinte du Palais royal, à gauche depuis l'entrée principale du complexe. La partie en bois fut bâtie entre 1892 et 1902, la partie en dur (en béton) date de 1962. Ce n'est pas la plus ancienne pagode de la capitale, mais c'est certainement la plus luxueuse. Ne surtout pas manquer, tout le long du mur d'enceinte, la longue fresque contant les péripéties à multiples rebondissements du *Râmâyana.* Nombreuses scènes très distrayantes, comme dans une bande dessinée, avec des singes bleus, des cavaliers, des temples, etc. Bien que restaurée en 1985 (et, encore de nos jours, par des spécialistes polonais), la fresque est encore partiellement abîmée. Les parties restaurées se situent au niveau de la porte nord, par laquelle on entre, et autour de la porte ouest. La porte sud, par laquelle on sort, demeure la plus détériorée.

Avant de sortir, rendez-vous au centre de la cour, face à la porte est, et grimpez l'escalier en marbre d'Italie qui mène au saint des saints. Une fois déchaussé, foulez le sol de la pagode, il est pavé de ***5 329 carreaux d'argent***, de 1,125 kg chacun ! D'où le nom de la pagode, bien sûr. On n'en aperçoit que quelques-uns, la plupart étant recouverts de tapis. On remarquera que les Français y firent graver... des fleurs de lys. L'intérieur fut saccagé par les Khmers rouges, mais l'édifice ne fut pas détruit (contrairement à d'autres). Pol Pot ne voulait pas s'attirer les foudres du roi d'alors, Norodom Sihanouk.

Parmi les trésors contenus dans la pagode restaurée, un peu moins de la moitié ont échappé au désastre. Les plus belles pièces sont incontestablement les bouddhas. On en trouve une centaine. Le fameux ***bouddha d'Émeraude,*** qui est en fait en jade, trône au centre de la pagode sous un luxueux baldaquin doré. C'est probablement une copie, réalisée en cristal vert. Juste devant, l'immanquable ***bouddha d'Or,*** grandeur nature et pesant 90 kg. Créé en 1904 dans les ateliers royaux, il est incrusté de 2 086 diamants, dont le plus gros, au centre du diadème, accuse 25 carats. Derrière, un bouddha en marbre provenant de Birmanie (Myanmar actuel) et un palanquin royal datant de 1941. À gauche, au pied du grand bouddha d'Or, devant l'autel, un tout petit stûpa contient une relique du Bouddha. Tout autour, de nombreuses vitrines abritant des effigies offertes pour

LE CAMBODGE

remercier l'Éveillé de son aide. Nombreux magnifiques objets, comme ces boîtes à cigarettes or et argent, incrustées d'émeraudes. À droite, une vitrine d'objets d'art représentant toutes les étapes de la vie du Bouddha, de la naissance au nirvana. Noter aussi les suspensions ouvragées du début du XXe s, fabriquées en France.
Autour de la pagode, plusieurs édifices, dont ***l'ancienne bibliothèque (Mondap), 3 stûpas royaux*** du début du XXe s qui abritent les cendres des ancêtres du roi actuel (dont celles de Sihanouk), un clocher et un petit temple censé contenir une empreinte du pied du Bouddha, de même qu'un stûpa construit sur un monticule symbolisant le mont Kailash. La statue équestre représente le roi Norodom, fondateur de la dynastie du même nom et ancêtre de Sihamoni. Il paraîtrait qu'à l'origine c'était celle de Napoléon III, dont la tête aurait été coupée et remplacée ! Maquette des temples d'Angkor devant la porte ouest.
À la sortie (porte sud), on trouve encore 2 salles de musée. La première contient des palanquins royaux d'enfants et de reines, d'autres à vocation funéraire (de couleur blanche) et celui qui servit au couronnement du roi actuel, en 2004 (pour l'anecdote la cérémonie dura 3 jours au lieu des 7 traditionnels, par souci d'économie). En face, à l'étage, quelques costumes de danse et des documents d'époque rédigés en français. Dans la 3e salle, en bas, belle collection de palanquins pour éléphants. Atelier de tissage sous une demeure traditionnelle khmère. Galerie de photos évoquant le règne du roi Sihanouk et le souverain actuel. Enfin, avant de sortir, à gauche, reconstitution assez kitsch du couronnement du roi actuel, Sihamoni.

National Museum *(le Musée national du Cambodge ; plan II, C5) : entrée par la rue 178. • cambodiamuseum.info • Tlj 8h-17h. Entrée : env 10 $; réduc. Photos payantes à l'intérieur. Audioguide (en français) à 5 $ ou guide (francophone, selon disponibilité) à 6 $ (jusqu'à 6 pers). Compter 1h30 de visite. Côté tenue : épaules et genoux couverts sinon on vous vendra un tee-shirt.*
Dans cet imposant bâtiment rouge – construit par les Français dans les années 1920 dans le respect de l'architecture khmère traditionnelle – sont exposés les chefs-d'œuvre de l'art khmer en provenance d'Angkor. Certes, la présentation générale peut paraître un peu datée mais les collections sont vraiment superbes et la plupart des panneaux et légendes sont en français. Pour comprendre les périodes historiques auxquelles le musée fait référence (pré-Angkor, Angkor et post-Angkor), rappelons que la période dite d'Angkor (ou angkorienne) s'étend grosso modo du IXe au XVe s.
Commencer la visite par la gauche, même si cet itinéraire ne respecte pas la chronologie. Impossible de tout citer, bien sûr ; voici notre sélection :
– ***Hall d'entrée :*** un *Garuda* ailé de 2 m en pierre (X^{e} s) marque l'entrée du musée. Cette partie abrite principalement les bronzes. Dans les 1res vitrines de gauche, lingam de la période angkorienne en cristal de roche, superbes taureaux (dont un dit de Shiva, du XIIe s) et belles divinités (Vishnou, Shiva, Lakshmi...). Notez ce dieu masculin étêté de style Baphuon du XIe s et ces Ganesh à 4 bras du XIIIe s (période Bayon). Ne manquez pas la petite divinité (style Baphuon du XIe s) dotée de 8 visages et 16 bras...

RETOUR AU BERCAIL

Ces dernières années, le musée a pu récupérer 5 statues en grès du Xe s représentant Balarâma, frère aîné de Krishna, 2 figures du Mahābhārata. Volées à la fin des années 1960 (à Koh Ker, à 80 km d'Angkor), elles ont été retrouvées, grâce à la vigilance de l'École française d'Extrême-Orient, au Norton Museum de Los Angeles, au Metropolitan de New York, lors des enchères de Sotheby's et Christie's. Seule l'une d'entre elles est actuellement exposée (la n° 151, dans la galerie sud). On attend les autres avec impatience tout en espérant que ce précédent permettra à d'autres œuvres de rentrer à la maison...

– ***Galerie sud*** *(sites Phnom Dà, Banteay Srei)* **:** nombreuses stèles gravées d'inscriptions en sanskrit et en khmer ancien, avec un alphabet calqué sur le modèle indien, ce qui prouve la forte interconnection entre les 2 cultures. Statuaire en pierre représentant des bouddhas couchés, debouts, assis... mais aussi Brahma, Krishna, Shiva, etc. Riche présentation de lingams et yonis. Au centre, grand *Vishnou* debout (période pré-Angkor, VIe s), en schiste noir. À côté, un Krishna de la même époque qui semble danser, une belle Durga à la poitrine généreuse ou encore un Vajimuka à tête de cheval. Paire de magnifiques colonnes ciselées du IXe s (style Preah Kô), puis *Combat des Singes* et belle double tête de Brahma du Xe s. Le couple enlacé de *Shiva et Uma* date du Xe s et provient du temple Banteay Srei, le chouchou de Malraux. L'une des têtes (la plus petite) fut volée en 1970. Derrière, un fronton provenant du même temple (bataille entre *Bhima* et l'invincible *Duryodhana*). À droite, plus sensuels, les corps sans tête de deux lutteurs du Xe s...

– ***Galerie ouest*** *(périodes Khléang, Baphuon, Angkor Wat et Bayon)* **:** côte à côte, nombreuses divinités debout et plusieurs bouddhas assis en méditation, protégés par un naga du XIIe s. Jolie tête de Vishnou couché, en bronze, du XIe s. 2 salles consacrées au style Bayon, correspondant à la période du roi Jayavarman VII (XIIe s), le plus dynamique de tous. Il conquit le royaume cham et construisit plus de 100 hôpitaux ! Dans la 2e salle, jeter un œil au bouddhiste tenant un texte d'adoration au-dessus de sa tête (XIIIe s), fort élégant, puis au fronton orné de guerriers sur éléphants (la défaite de Mara), du XIIe s, avec des scènes pleines de fougue.

– ***Galerie nord*** **:** consacrée à l'ethnologie et l'art post-angkorien. Magnifique *cabine de bateau* du XIXe s en bois ciselé. Un véritable chef-d'œuvre, dont on peut admirer l'exubérant décor floral. Dans un tout autre registre, « la plus longue écharpe tissée à la main » (classée au *Guinness Book*) et une pierre de lune offerte par Richard Nixon au Cambodge en 1973...

– ***La petite salle suivante*** expose poteries, cloches, tambours de bronze rituels, urnes funéraires et quelques vestiges préhistoriques...

– ***Salle des bouddhas*** **:** riche sélection de bouddhas postangkoriens du XVe au XIXe s, dominée par un buste de style Bayon. Également des plaquettes votives en or.

– ***À droite de l'entrée,*** une galerie exhibant nombre de bijoux, objets rituels et usuels en bronze, d'insolites crochets de palanquins, grelots d'éléphants (XIIe-XIIIe s) et autres nécessaires à bétel en forme de paon (XVIIIe s).

– Enfin, ***dans le beau patio,*** nombreux reliefs et linteaux, provenant notamment de Kampong Thom (pré-angkorien du VIIe s). Grandes stèles en grès gravées d'écritures (Prasat Pré Rup, Angkor Xe s) et têtes sculptées de Yaksa du IXe s. Au centre trône, sous un dais, une mauvaise copie de la statue en grès du *Roi lépreux* du XIIIe s et qui provient d'Angkor Thom ; mieux vaut admirer l'original qui se trouve dans la galerie ouest du musée (no 185 de l'audioguide). Son intérêt : le corps du roi est nu (mais asexué), ce qui est plutôt inhabituel dans la statuaire khmère.

À signaler, dans les jardins du musée (à l'extérieur de l'enceinte du musée), un ***spectacle de danses traditionnelles et de chants folkloriques*** : *tlj (sauf dim avr-août) à 19h. Entrée 15-25 $ selon placement ; réduc ; résa conseillée.* 017-998-570 ou 010-559-272. • cambodianlivingarts.org •

Cambodiana Hotel *(plan II, D6)* **:** *313, quai Sisowath.* Un hôtel impressionnant, à l'architecture inspirée de celle du Palais royal, situé à quelques centaines de mètres. Il servit aux troupes de Lon Nol, puis aux réfugiés quand les Khmers rouges entrèrent en ville. C'est ici que la famille royale loge parfois ses invités de marque. Les chambres donnent d'un côté sur les toits de la pagode d'Argent, de l'autre sur le Mékong. Cela dit, le confort et la décoration des chambres (on ne parle pas des suites) ne sont pas à la hauteur des tarifs, pourtant très élevés, cela va de soi...

Diamond Island *(hors plan II par D7)* **:** *derrière l'hôtel Cambodiana.* Cette presqu'île, destinée à la classe aisée, se couvre peu à peu de constructions modernes.

On y trouve également un golf, des parcs d'attractions et une ambiance de fête foraine, ainsi que des restaurants de fruits de mer. Cette enclave de luxe est évoquée dans le film *Diamond Island*, de Davy Chou.

Bophana Audiovisual Resource Centre *(le Centre de ressources audiovisuelles Bophana ; plan II, B5-6)* **:** *64, rue 200. ☎ 023-992-174. • bophana.org • Lun-ven 8h-12h, 14h-18h ; sam 14h-18h. Fermé certains j. fériés. GRATUIT.* Le centre Bophana a vu le jour avec l'appui de Rithy Panh, cinéaste cambodgien et réalisateur, en 1996, du documentaire *Bophana, une tragédie cambodgienne.* Le centre a pour objectif la sauvegarde de la mémoire nationale, que les Khmers rouges tentèrent de détruire entre 1975 et 1979. Ses missions : récolter, restaurer et archiver les moindres bribes de documents audiovisuels et photographiques relatifs au génocide khmer. Au rez-de-chaussée, coin expo et espace cinéma où sont projetés plusieurs films ou documentaires par semaine, pas forcément en rapport avec le génocide d'ailleurs. Au 1er étage, salle des archives avec des ordinateurs à disposition. La plupart des documentalistes parlent le français et vous accueillent avec un plaisir évident. Propose également des conférences, parfois en français.

« BOPHANA, UNE TRAGÉDIE CAMBODGIENNE »

Accusée par les Khmers rouges d'être un agent infiltré, Bophana, violée, tenta de se suicider. Fille-mère, elle fut rejetée par la communauté. Seul son amour pour son cousin Sitha, un bonze, la sauva. Ils se marièrent en 1975. Bophana, retournée au village natal, et Sitha, cadre du Parti, s'écrivaient de longues lettres enflammées. Mais lors d'une nouvelle purge, on trouva leurs lettres d'amour, jugées hautement contre-révolutionnaires. Torturée pendant 5 mois au camp S-21, Bophana livra 1 000 pages de « confessions » à ses bourreaux, qui l'exécutèrent le 18 mars 1977, le même jour que son mari.

Tuol Sleng *(ou* ***camp S-21*** *; musée du Crime génocidaire ; plan II, A8)* **:** *angle des rues 113 et 350. ☎ 023-216-045. • tuolslenggenocidemuseum.com • Tlj 8h-17h. Entrée : 5 $, plus 3 $ pour l'audioguide en français (durée 1h30 ; très bien conçu, on le conseille vivement) ; réduc. Sinon, guides anglophones sur place (donation à votre appréciation). Prévoir 2h au moins, plus les films de 1h chacun, bât. D. Pour plus d'intimité, privilégier l'heure du déjeuner : très peu de visiteurs.*

1975-1979, un centre de torture

Évidemment, ce n'est pas un lieu que l'on visite à la légère – à déconseiller aux enfants. Un inhabituel silence règne d'ailleurs parmi les visiteurs. Resté presque en l'état depuis son évacuation à la va-vite en 1979, cet ***ancien lycée,*** construit en 1962 avec l'aide des Français, devint, d'avril 1975 à janvier 1979, la prison la plus terrifiante du Cambodge des Khmers rouges. Baptisé S-21 par les hommes de Pol Pot, ce n'est pas le seul endroit où ils commirent leurs atrocités (on ne les compte plus), mais, tristement emblématique et facilement accessible en pleine ville, celui-ci a été ***transformé en musée-mémorial.***

Environ 20 000 personnes y subirent les pires tortures, sans même parler des viols, avant d'être achevées dans le camp d'extermination de Choeung Ek (voir plus loin les *Killing Fields* « Dans les environs de Phnom Penh »). Seulement une poignée survécut.

Les Khmers rouges firent de Tuol Sleng un ***centre de purge*** pour leurs propres cadres, les potentiels opposants au régime et les « intellectuels » (enseignants, ingénieurs, fonctionnaires, ministres, diplomates...) pour n'importe quel motif (porter des lunettes signifiait être un intellectuel et donc suffisait), sans distinction d'âge, allant parfois jusqu'à des familles entières avec leurs bébés, anticipant ainsi toute vengeance ultérieure. Des étrangers passèrent également entre ces murs

dont 3 Français. Les ***gardiens,*** qui avaient ***entre 10 et 25 ans environ,*** vivaient sous la menace (ils devaient torturer sans tuer, sous peine de subir le même sort) et étaient endoctrinés par les cadres de l'Angkar, ce qui les rendait encore plus monstrueux que leurs aînés.
Kaing Guek Eav, alias ***Duch,*** un ex-prof de maths, fut le tortionnaire en chef de Tuol Sleng. Reconnu dans un village cambodgien par un photographe en 1999, ce rare survivant des leaders khmers rouges put être jugé : condamné à 35 ans de prison en 2010, il écopa de la perpétuité en appel en 2012 après avoir plaidé coupable. Le Français François Bizot, à qui Duch laissa la vie sauve dans son camp précédent de M.13, témoigna au procès. Il a écrit des pages intenses sur sa captivité et sa relation complexe avec Duch, l'un des pires tortionnaires du XXe s (lire *Le Portail* et *Le Silence du bourreau,* adaptés en film par Régis Wargnier, en 2014 – dans *Le Temps des aveux*). Le cinéaste cambodgien Rithy Panh confronta, quant à lui, d'anciens gardiens avec 2 survivants sur les lieux mêmes de la prison dans son saisissant documentaire *S21, la machine de mort khmère rouge* (2002).

La visite

– ***Les anciennes salles de classe du bâtiment A*** (à gauche de l'entrée) servaient pour les interrogatoires (entendre les tortures). Dans chaque pièce, presque vide, le lit métallique sur lequel étaient entravés les prisonniers et une photo saisissante d'un corps mutilé. Une entrée en matière qui peut se révéler abrupte. On peut toujours choisir de ne pas entrer dans les salles.
– ***Dans la cour*** (autrefois de récréation...), la potence et les jarres dans lesquelles étaient réanimés les malheureux pendus par les pieds pour prolonger le supplice. À côté, les tombes des dernières victimes. Un panneau énumère les 10 édifiantes règles en vigueur dans le bâtiment. Inutile de s'appesantir en commentaires...
– ***Dans le bâtiment B,*** contigu, au rez-de-chaussée, de grands panneaux reprennent à l'infini des portraits figés de prisonniers, parmi lesquels de très nombreux Khmers rouges, victimes de purges (on les distingue à leurs casquettes). Les tortionnaires photographiaient et fichaient comme des maniaques les « ennemis de la Révolution » à leur arrivée et leur mettaient sous le nez des versions différentes des mêmes récits pour les accuser de mensonge. Il fallait à tout prix que les condamnés « avouent ». Beaucoup de Cambodgiens sont venus scruter ces photos dans l'espoir d'identifier des proches disparus. Le 2e étage présente les dignitaires khmers rouges, les textes restituant leur psychologie paranoïaque, engluée dans un système pyramidal où l'horreur au quotidien ne devenait plus qu'un outil de travail. Le principe était simple : obéir et se faire obéir pour ne pas tomber soi-même. Voilà l'une des raisons pour lesquelles relativement peu de personnes furent poursuivies par les tribunaux, dans un souci de réconciliation nationale.

MESSAGE POSTHUME

John Dewhirst et Kerry Hamill figurent parmi les étrangers détenus à Tuol Sleng. Ces plaisanciers néo-zélandais partis pour un tour du monde avaient eu le malheur de pénétrer dans les eaux cambodgiennes. Kerry Hamill dut dénoncer, sous la torture, un réseau d'espionnage totalement fictif. Il puisa les noms de ses soi-disant complices dans ses lectures d'enfant ou dans des films, se jouant de l'ignorance de ses interrogateurs. Il savait que ces clins d'œil seraient archivés et un jour lus par sa famille. Il périt au bout de 2 mois.

– ***Le bâtiment C*** est entièrement constitué de minuscules cellules individuelles, construites à la hâte avec des briques au rez-de-chaussée, plus soigneusement et en bois à l'étage, toutes affreusement oppressantes. Les barbelés des balcons servaient à empêcher les suicides. Jusqu'à 1 500 prisonniers cohabitèrent à Tuol Sleng dans ces cellules individuelles ou par groupes de 60, dans d'anciennes classes, enchaînés, affamés et allongés à même le sol.

– ***Dans le bâtiment D*** (le dernier), les cellules ont été transformées en salles d'expo. Voir la tristement célèbre « chaise photographique », qui servait à ficher les prisonniers. Parmi les rares survivants évoqués, outre l'histoire incroyable de 2 enfants (des frères qui s'étaient cachés dans un tas de vêtements), on retient celle de 2 peintres : Bou Meng, toujours vivant et souvent présent au musée pour vendre son livre, et Vann Nath, décédé en 2012. Ce dernier n'a eu de cesse de peindre des scènes de détention (il s'est représenté sur l'une des œuvres) ou de torture, terriblement réalistes mais moins insoutenables que des photos.
Également un hommage à Bophana, jeune fille devenue le symbole de toutes ces victimes. La candeur résignée de son visage photographié à son arrivée parle de lui-même. Photos des destructions des bâtiments « capitalistes », carte des sites des massacres, plans des migrations forcées, ossuaire de crânes (lugubres, mais constituant de précieuses preuves médico-légales des tortures pratiquées ici), expos temporaires, etc. Au 2e étage, projection de 2 films d'environ 1h chacun et à heure fixe.
– ***Cour du mémorial :*** devant le bâtiment D. L'occasion de s'asseoir et de méditer à la fin de cette visite éprouvante devant les stèles portant les noms de 12 000 victimes répertoriées de Tuol Sleng.

Monument of Independance *(plan II, C7)* **:** *au croisement des bd Norodom et Sihanouk.* Édifié en 1958 par l'architecte Vann Molyvann, architecte en chef du roi Sihanouk (auteur du Stade olympique et de Sihanoukville, entre autres). L'édifice, inauguré en 1963, représente un bouton de fleur de lotus et évoque les tours d'Angkor Wat, la référence incontournable. À l'arrière du monument, jeter aussi un œil à la nouvelle *statue de Norodom Sihanouk.*

Les pagodes

Wat Phnom *(plan I, C2)* **:** *au nord du bd Norodom. Accès par des escaliers situés côté fleuve. Tlj 7h-18h. Entrée : env 1 $; accès libre après 18h.* Les habitants viennent se promener tout autour, comme dans un jardin public. On y trouve des adorateurs du Bouddha, bien sûr, ce sanctuaire sacré étant le plus ancien de la ville (du XIVe s, mais l'édifice actuel date de 1926), à laquelle il a donné son nom (voir aussi « Un peu d'histoire », en début de chapitre). Également des vendeurs de boissons, d'oiseaux, des diseurs de bonne aventure et des joueurs attirés par le tirage du loto... Au sommet d'une minicolline artificielle haute de 30 m, la pagode, décorée de belles fresques et de nombreux bouddhas. Derrière, un stûpa contenant les cendres du roi fondateur de la ville *(fermé à la visite).* À l'arrière et à gauche du temple principal, petite statue colorée et naïve de la fameuse Mme Penh, d'autres petits temples, plus, au pied de l'horloge inclinée, un petit monument en céramique en hommage au traité franco-siamois du 15 mars 1907.

Wat Ounalom *(plan I, D4)* **:** *à l'angle du quai Sisowath et de la rue 154. Tlj 6h-18h.* Inratable : difficile de faire des portes plus rouges et plus dorées ! Fondé au milieu du XVe s, ce monastère comprenait une quarantaine de bâtiments, presque tous rasés par les Khmers rouges. Le temple principal abrite le fameux bouddha de marbre, brisé par les soldats khmers rouges : ses morceaux ont été recollés. Il n'est pas visible. Le bâtiment le plus ancien est le stûpa situé derrière la pagode. Dans celle-ci, quelques statues du Bouddha *(se faire ouvrir par le gardien).*

Wat Botum Vaddey *(plan II, D6)* **:** *accès par la rue 19 ou la rue 7 à l'arrière, à 500 m du Palais royal.* Ce monastère abrite l'une des plus anciennes pagodes du pays (milieu du XVe s). Le stûpa principal contiendrait des cendres du Bouddha en personne.

Wat Langka *(plan II, C7)* **:** *bd Norodom, proche du monument de l'Indépendance.* Première pagode à avoir été reconstruite après l'ère polpotienne, elle a retrouvé son style traditionnel, ainsi qu'une partie de ses statues, et ses fresques ont été refaites.

Les autres wats : nombreux dans la capitale, ils ont beaucoup souffert sous les Khmers rouges, qui généralement les détruisirent. D'intérêt architectural réduit, leur découverte reste néanmoins intéressante. Ainsi, le ***wat Svay Popeh*** *(plan II, D8),* à l'angle de la rue 312 et du boulevard Sothearos, au sud-est de la ville. Probablement construit au XVe s, remanié au milieu du XXe s, c'est l'un des plus jolis de la ville. On y recueillait autrefois les cendres des personnalités de sang royal. Le ***wat Chen Damdek*** *(plan I, B1),* rue 47, au nord du wat Phnom, est ouvert uniquement lors de cérémonies (sinon, demander à un bonze). Datant du XIXe s, la charpente en bois et les colonnes sculptées sont d'époque. Le ***wat Tuol Tom Poung*** *(hors plan II, par A8),* boulevard Mao-Tsé-Toung, a miraculeusement échappé à la destruction, d'où ses nombreuses peintures murales datant des années 1960. Enfin, l'élégant ***wat Saravan*** *(plan II, C5),* rue 19, conserve de belles fresques et bouddhas souvent plongés dans la pénombre (entrée à l'arrière). Jeter également un coup d'œil aux stûpas et aux éléphants sculptés, à l'extérieur, ainsi qu'aux ateliers privés de sculpture juste en face du wat...

Les marchés

Tlj 7h-17h. Calmes à l'heure du déj. Après 15h30, ça commence à fermer... À ne pas manquer, c'est là que vous aurez le plus de contacts avec la population et que vous pourrez goûter aux soupes cambodgiennes et acheter quelques souvenirs.

Psaar Thmey *(Central Market ; le marché central ; plan I, B4)* **:** *entre les bd Monivong et Norodom.* Appelée aussi « nouveau marché », cette gigantesque et emblématique halle jaune est le lieu d'échanges le plus important de la ville et l'un des plus grands marchés couverts d'Asie.
Il a été construit en 1937 par Jean Desbois, un architecte français, dans un style colonialo-Art déco. C'était déjà le plus grand d'Asie. Il est coiffé d'une impressionnante coupole de 26 m de hauteur, qui se prolonge par 4 ailes. Son architecture, pensée pour assurer une circulation optimale de l'air, lui donne une étrange silhouette de soucoupe volante posée au milieu de la capitale. On trouve absolument de tout auprès des centaines de stands : vêtements et tissus, électroménager et gadgets, et enfin, dans une moindre mesure, alimentation. Au centre, les bijoux (surtout de l'or), montres et pierres précieuses. Autour, fleuristes, vendeurs ambulants et quelques stands pour manger sur le pouce. C'est ici que vous trouverez les fameux *kramas* (foulards) khmers, entre autres.

Psaar Tuol Tom Pong *(le marché russe ; hors plan II, par A8)* **:** *rues 440 et 163 ; au sud du bd Mao-Tsé-Toung. À ne pas confondre avec le marché Orussey.* Appelé ainsi car les Russes le fréquentaient beaucoup pendant la période vietnamienne. Légèrement excentré, ***c'est le marché à la mode chez les expats et les touristes.*** Signe des temps, on y trouve d'ailleurs de plus en plus de restos branchés (voir « Où manger ? »). Pas vraiment d'alimentation, surtout des fringues et des babioles à rapporter, à prix encore raisonnables. Beaux tissus (soie), tee-shirts, bijoux (essentiellement en argent), fausses antiquités, pièces de moto, beaucoup de quincaillerie, pas mal d'artisanat, des bouquinistes, des montres, des sacs et des valises. Également de la porcelaine de Chine ou du Vietnam (moins bien et moins chère). Nombreuses gargotes à l'intérieur et à l'extérieur (sur le parking à partir de 16h). Sympa, à condition de manger cuit ou frit, bien sûr. À proximité, le ***Sundown Social Club*** *(hors plan II par A8,* ***104****)* offre une terrasse stratégique pour observer l'animation locale au coucher du soleil. Voir « Où boire un verre ? Où sortir ? Où danser ? ».

Psaar Kandal *(plan I, D4)* **:** *à 2 pas du fleuve et en face du mur d'enceinte nord du wat Ounalom.* Quoique situé dans un quartier touristique, ce sont bien les locaux qui fréquentent ce petit marché. Ici pas de souvenirs mais de l'effervescence, d'étroites allées, regorgeant d'étals de produits frais, de nombreux coiffeurs, bijoutiers, couturières... Bref, un marché, mais de ceux qui ont un petit supplément d'âme.

Psaar Orussey *(le marché Orussey ; plan II, A5)* **:** l'un des grands marchés alimentaires de la ville. Étals remplis d'œufs rose fluo, de champignons séchés, de poivre et d'épices, de poisson et de viande... Sinon, les boutiques se succèdent à touche-touche : ustensiles de cuisine, matériel de bricolage, papeterie, produits d'hygiène et petit électroménager. Le bâtiment a vieilli, mais il fait toujours partie des lieux incontournables de la capitale.

Psaar Chah *(le vieux marché ; plan I, C3)* **:** *rue 108, à l'angle avec la rue 13.* Originellement en bois, il a fini par brûler fin 2014, mais a tout de suite été reconstruit avec des structures métalliques. Encore un vieux marché devenu tout neuf... Stands de nourriture, de vêtements, de bijoux et gadgets. Également quelques stands de coiffure et de massage.

Les vestiges coloniaux

Les nostalgiques de l'Indochine française peuvent s'amuser à un petit jeu de piste à travers la ville. L'influence architecturale française sur la capitale demeure évidente. Tout chauvinisme mis à part, il faut reconnaître que les traces laissées par les Français donnent du charme aux rues de Phnom Penh.

La grande poste *(plan I, C2-3)* **:** *voir « Adresses et infos utiles ».* Grosse bâtisse jaune du XIXe s, typique de l'architecture coloniale, bien rénovée. Dommage qu'une poignée de distributeurs d'argent soient posés devant...

L'ex-Manolis Hotel **:** *face à la poste.* Vieille bâtisse délabrée où vivent encore des dizaines de familles. C'est ici qu'André Malraux, accusé d'avoir dérobé des bas-reliefs d'Angkor, fut placé en résidence surveillée...

Phnom Penh Municipality *(la mairie ; plan I, B2)* **:** *entre la gare et l'hôpital Calmette.* Ce beau bâtiment, construit par les Français, était auparavant occupé par l'évêché. Il ne reste en revanche rien de la cathédrale catholique voisine, dynamitée par les Khmers rouges en 1978 et remplacée en 1986 par une station satellite soviétique !

Library *(la bibliothèque ; plan I, B2)* **:** *rue 92.* Construite en 1924. Les Khmers rouges l'ont laissée à l'abandon, ainsi que sa précieuse collection de livres anciens. Elle vaut le coup d'œil.

Court of Justice *(la cour de justice ; plan II, D5)* **:** *face à la pagode d'Argent.* Élégante bâtisse en U.

Wat Phnom Hotel *(plan II, D5)* **:** *entre le quai Sisowath et le wat Phnom.* C'est l'ancien palais du gouvernement, autrefois siège de l'autorité coloniale. Restauré par la France, le bâtiment devint le siège du Conseil national, chargé de gouverner provisoirement le pays après les accords de paix de Paris.

Raffles Hotel Le Royal *(plan I, B2,* ***53****)* **:** *voir « Où dormir ? ».* L'hôtel le plus prestigieux de la ville, où tous les « grands » descendaient.

De belles ***maisons*** coloniales, dont certaines en restauration, dans le quartier du Palais royal, notamment boulevard Norodom, et dans la partie nord de la ville.

À faire

Promenades et minicroisières en bateau *(plan I, C-D2-3)* **:** *quai Sisowath, juste en face de la rue 104 (sur le panneau, indiqué « Parking-Bopha Phnom Penh Titanic »).* Très populaire et magique en fin d'après-midi, quand le soleil embrase les rives. Si l'on a le temps, il est possible d'organiser une petite croisière vers certaines îles. L'une n'est habitée que par des artisans spécialisés dans le travail de l'argent. Une poignée de petites compagnies proposent des virées sur des bateaux plus ou moins bien entretenus, donc regardez bien l'état de l'esquif avant d'acheter votre ticket. Pour les croisières de luxe, voir la *Compagnie fluviale du Mékong* dans « Adresses et infos utiles. Agences de voyages ».

Manifestation

– ***La fête des Eaux (Bon Om Touk) :*** le jour de la pleine lune, la population acclame le changement de sens du cours d'eau du Tonlé Sap, au moment où le lac se déverse dans le fleuve. À cette occasion, ne pas rater les régates de pirogues multicolores jusqu'à la tombée du jour, face au Palais royal de Phnom Penh, suivies de danses et de feux d'artifice. À cette occasion, une partie du Palais royal est fermée au public et l'accès à la ville en voiture est problématique.
2 légendes se disputent l'origine de la fête des Eaux. La première remonte à l'époque d'Angkor et des combats entre le roi du Champa, qui avait envahi le Cambodge, et le roi khmer. Les batailles se faisaient en pirogue sur le fleuve. En souvenir de la victoire du roi khmer, des courses de pirogues ont été organisées tous les ans sur le fleuve. La 2de légende raconte que cette fête sert à remercier les génies des Eaux qui donnent l'eau pour l'agriculture. À vous de choisir !

DANS LES ENVIRONS DE PHNOM PENH

Koh Dach (*l'île de la Soie*) **:** *à env 10 km au nord de Phnom Penh, par les ponts japonais ou chinois, puis au rond-point prendre tt droit sur la N6 ; sur le côté droit de la route, 4 petits ferries y mènent (pancartes en khmer) ;*
Si vous êtes en voiture mais surtout à vélo, on vous conseille de traverser à Prek Leap, côté sud, juste avt la station Total *(repérer la porte chinoise, la* Westline School *et le* Crystal Land Hotel*) car la liaison est plus facile et plus fréquente ; sinon, possibilité de prendre le 4e ferry à Kaday Cha, au nord, pour arriver directement dans le village. À Prek Leap, traversée ttes les 10 mn, 4h-20h30 env. Coût : quelques centaines de riels. Durée : 5 mn. Sur place, compter 2h30 pour faire le tour de l'île à vélo (loueurs à Prek Leap) ou prendre un moto-dop payé à l'heure. Route asphaltée avec des portions de piste.*
Il existe aussi de petites croisières depuis l'embarcadère du quai Sisowath, à Phnom Penh, juste en face de la rue 104 (panneau « Parking-Bopha Phnom Penh Titanic »). Compter env 5-15 $/pers selon la formule choisie.
Sur l'île, éviter les femmes à moto qui traquent les touristes avec des écharpes identiques à celles du marché russe, plus chères...
C'est l'île des tisserands, facilement accessible depuis Phnom Penh. On y va pour s'extraire de l'agitation de la capitale, et se mettre au rythme d'une vie de village. Sous la plupart des maisons en bois sur pilotis, un ou plusieurs métiers à tisser fonctionnent tous les jours, et les femmes de la famille s'y relaient. On se balade dans le tac-tac-tac des navettes et les couleurs étincelantes des tissus. Les quelque 16 000 habitants de l'île ont un niveau de vie sensiblement plus élevé que sur la terre ferme : le limon y est riche, les cultures sont prospères, et les zébus nombreux quoiqu'un peu efflanqués.
Tout au nord de l'île, une plage sur le fleuve, malheureusement mal entretenue *(droit d'entrée très bon marché).* Quelques minipaillotes les pieds dans l'eau, au sens propre (enfin, si l'on ose dire), où se retrouvent des familles épanouies. Les mômes batifolent dans l'onde. Quelques amoureux flirtent dans les hamacs. Tout se révèle doux et bon enfant, atmosphère vraiment agréable.

Red House : *Chong Koh.* ☎ *096-736-02-56.* ● *kohdachredhouse.com* ● *Au sud-ouest de l'île. Double avec ventilo 20 $, petit déj en sus.* De loin, notre adresse préférée sur l'île ! Une charmante maison d'hôtes logée dans une maison de bois fruitiers, avec 3 chambres vraiment bien arrangées.

Cahute zen avec hamacs au bord du fleuve. Idéal pour ceux qui souhaitent partager la vie locale. Tenue avec beaucoup d'empathie par Stephan et son épouse cambodgienne. Petit déj avec confitures maison et repas sur demande. Prêt de vélos et possibilité de visiter des ateliers de tissage. Une escale avec un supplément d'âme.

Villa Le Kroma : *Kbal Koh Village, après le psaar Samaki (le marché central de l'île) à droite. 012-933-939. • lekromavilla.com • Double 35 $, petit déj inclus.* Ici, on mise sur le confort, avec une poignée de chambres dans des bungalows sur pilotis, équipées de salle de bains et de clim. Vue sur le fleuve et les champs, tout comme depuis la jolie piscine. Fait aussi resto, avec des pizzas le week-end. Bon accueil de la charmante patronne francophone.

Pour ceux qui en voudraient plus, ***Silk Island,*** sur l'île voisine de Koh Oknha Tei, est un parc d'attractions proposant un petit parcours pédagogique sur la soie *(entrée : 1 $).* On peut y voir les femmes tisser. Possibilité de baignade dans une piscine flottant sur le Mékong.

« Killing Fields » *(le camp d'extermination de Choeung Ek)* **:** *à 15 km au sud-ouest de Phnom Penh. ☎ 023-305-371. • cekillingfield.org • Prendre le bd Monireth pour sortir de la ville et continuer sur 9 km après le petit pont. Prévoir 17-20 $ en tuk-tuk A/R, et 30-45 mn de trajet. Tlj 7h30-17h30. Entrée : 8 $, audio-guide inclus (intéressant) ; réduc. En saison, arriver dès l'ouverture, car c'est la foule à partir de 9h. Compter 1h de visite. Projection d'un film de 15 mn, 9h-16h30.*

Rendu célèbre par le film *La Déchirure (Killing Fields),* ce camp de la mort fut exploité pendant 3 ans par les Khmers rouges. C'est ici qu'étaient acheminés les prisonniers de Tuol Sleng (voir plus haut) pour être liquidés. Pour ne pas gaspiller leurs cartouches, les bourreaux les achevaient à coups de crosse. Les corps, recouverts de DDT (un insecticide utilisé par les paysans) pour achever les victimes et limiter la puanteur, ont été jetés dans 129 fosses communes à l'emplacement d'un ancien verger et d'un ancien cimetière chinois (on voit encore les vestiges de quelques tombes).

90 de ces charniers ont actuellement été mis au jour, permettant ainsi de retrouver les ossements de quelque 9 000 personnes. Dans l'un d'eux, on a découvert 166 squelettes sans tête, en majorité des Khmers rouges, considérés comme déserteurs ou victimes des nombreuses purges du régime et décapités pour l'exemple (ils étaient surnommés à l'époque « têtes de Viets, corps de Cambodgiens »). D'autres charniers abritent les dépouilles de femmes, déshabillées, violées puis tuées, et de bébés, que les Khmers rouges n'hésitaient pas à fracasser contre des arbres, comme en témoigne le *killing tree* recouvert de bracelets de couleurs. Entre les charniers, de petites vitrines de vêtements et d'ossements. Un générateur permettait de faire fonctionner des projecteurs, ainsi qu'un haut-parleur suspendu à « l'arbre magique », diffusant des chants pour couvrir les cris des victimes.

En fin de parcours, on se recueille au mémorial en forme de stûpa, érigé en 1988, dans lequel sont exposés des centaines de crânes entassés sur des étagères, avec en dessous un tas de guenilles. Noter que le stûpa arbore à la fois le *Naga* et le *Garuda,* généralement ennemis dans la mythologie mais associés ici pour symboliser la paix et la réconciliation. Chaque année, le 20 mai, a lieu une cérémonie de commémoration au pied du stûpa.

Enfin, la visite se termine au musée, où des panneaux en anglais décrivent le « Kampuchéa démocratique » des tortionnaires et ses leaders (« the clique of Pol Pot criminals »), leurs procès, quelques uniformes et des fiches signalétiques de prisonniers. Juste à côté, projection d'un film informatif plus ou moins grandiloquent.

En résumé, tout comme la prison S-21, le camp de Choeung Ek est un lieu de pèlerinage et de recueillement, un chemin de mémoire plutôt qu'un site « à voir ». Mais il faut absolument y aller, et ce malgré le petit budget que ça représente (et il n'est pas précisé si les bénéfices reviennent à des ONG qui s'occupent des victimes). Comme nous l'ont expliqué plusieurs Cambodgiens, certaines personnes voudraient tout oublier de cette période et détruire le camp.

Koki Beach (Kien Svay) **:** *15 km à l'est, sur la route 1, en direction du Mékong. Env 15-20 $ en tuk-tuk.* C'est un lieu de pique-nique très populaire au bord d'un lac, bondé de Cambodgiens le dimanche. Des petites paillotes très agréables ont été aménagées au-dessus de l'eau. Possibilité de se restaurer sur place.

Tonlé Bati (le lac Bati) et **Ta Prohm :** *à env 32 km de Phnom Penh, par la route N2 filant vers Takeo ; tourner à droite au niveau de la station-service Sokimex pour s'engager sur un chemin plein de trous, puis à droite sous une arche en pierre surmontée de 3 flèches sculptées (panneau). Entrée : 1 $.*
Le *Ta Prohm* est un temple bouddhique et brahmanique ignoré par beaucoup de visiteurs. Tant mieux, car découvrir ce temple seul est un vrai délice. Cet appareillage en grès et en pierre de latérite, assez rudimentaire (pour ne pas dire branlant !), fut construit au XIIe s par le roi Jayavarman VII, à qui l'on doit le merveilleux Angkor Thom. Conjugué à un environnement verdoyant et fleuri, est-ce cela qui lui donne tant de charme ? Sanctuaire central présentant d'intéressantes sculptures. Sur le 1er linteau, un bouddha couché. De part et d'autre de la porte, les 2 gardiens avec leur bâton. Puis, sur les côtés, les gardiennes et de fausses fenêtres avec imitation de treillis et colonnettes. Abondant décor floral et frise de petits bouddhas. Dans le sanctuaire, succession de petites salles cruciformes abritant des lingams. Au fond, sur la dernière porte (la plus branlante, dans l'axe de l'entrée), un bouddha assez primitif et un linteau où figurent des démons (ou des singes).
Face au parking, dans le monastère de l'autre côté de la piste et juste à proximité de la pagode, jeter un coup d'œil au petit sanctuaire *Yeay Peau.* L'entrée se trouve à l'arrière. Intéressant linteau sculpté d'une divinité soutenue par 3 personnages indéfinissables et, en dessous, 4 orants.
À 500 m de là, lieu de pique-nique très populaire le dimanche au bord du lac. Les Cambodgiens n'hésitent pas à piquer une tête au milieu des jacinthes d'eau. Petites paillotes sur l'eau pour se restaurer, certaines avec un hamac. Même carte, mêmes prix partout *(prix moyens).*

Phnom Chisor : *à env 60 km au sud de Phnom Penh par la N2, tourner à gauche au village de Chisor au niveau de la belle arche ; c'est à 7 km plus loin, au village de Sla. Tlj 7h-18h. Entrée : env 2 $.*
Notre *phnom* préféré. Peu de touristes. Ne pas arriver trop tôt dans l'après-midi, sinon il fera trop chaud pour grimper au sommet de la colline-temple. Il faut gravir quelque 300 marches (soit environ 20 mn d'ascension) par l'un des 2 escaliers : l'un moderne au niveau du parking principal, l'autre plus ancien, beaucoup moins fréquenté et plus long à grimper. Ce dernier débute côté ouest (gauche) de la colline, à environ 1 km par la piste. Un centre bouddhique s'est installé à côté du temple, construit au XIe s sous le règne de Sûryavarman Ier. Il faut dire que l'endroit incite particulièrement à la méditation...
Assez ruiné et jamais vraiment rénové, le site essuya quelques bombes américaines. Il possède néanmoins une forte identité et de beaux restes, en particulier de superbes linteaux. À terre, un désordre un peu libertaire de vieilles pierres tombées au fil des années et des guerres. Ainsi, dès l'enceinte du site franchie, sur la droite, observer le linteau de l'ancienne porte d'entrée principale : il a perdu la moitié de sa Lakshmi, qui gît devant, dans l'herbe. Au centre, le sanctuaire en brique proprement dit, entouré de 4 petits édifices. Celui du fond à gauche pourrait être la bibliothèque. Fronton joliment ciselé et remarquable linteau avec un Vishnou sur une tête de démon. Colonnes de forme hexagonale sculptées et inscription en sanskrit sur le côté gauche. Au dos de la « bibliothèque », linteau figurant un Shiva dansant. Celui sur la dernière porte (face à la plaine et à l'entrée du sanctuaire en brique) représente Shiva orné d'un beau décor floral. Au-dessus, un couple assis sur une vache. De cette porte, le panorama est d'une sérénité totale. La voie sacrée, jalonnée de deux édifices cruciformes (peut-être des salles de repos pour les pèlerins), se perd à l'horizon vers un grand bassin carré.

Kirirom National Park : *embranchement à 80 km de Phnom Penh, sur la route de Sihanoukville (N4), indiqué par un panneau sur la droite (« Preah Suramarit Kossamak National Park ») ; il reste encore 20 km à faire jusqu'à l'intérieur du parc. Il est préférable d'avoir son propre moyen de transport.* Ce massif, culminant à presque 700 m d'altitude, est recouvert d'une magnifique forêt de pins, très agréable et reposante, où l'on échappe à la chaleur accablante de la capitale. Nombreuses balades vers des lacs ou même une cascade. Selon les Cambodgiens, des tigres habiteraient dans la forêt.

TAKEO *(sites d'Angkor Borei et Phnom Da)*

À 75 km de Phnom Penh. Bus depuis le marché central. La ville de Takeo est la modeste capitale de la province du même nom, une région considérée comme le berceau de la civilisation khmère. Chaque année, une grande partie des terres est inondée à la saison des pluies. Ce caractère lacustre saisonnier, immémorial, se retrouve dans le mystérieux nom de « Chenla d'eau », donné aux royaumes de ces contrées (VIe-VIIe s, fin du Funan – début ère angkorienne) par les chroniques chinoises, seules sources historiques régionales. Beaucoup de commerce avec le Vietnam tout proche, à travers les nombreux canaux. En venant de Phnom Penh, prendre à gauche au monument de l'Indépendance de Takeo, puis à droite, pour se retrouver sur les quais. Attention, peu d'animation le soir. À 20h, tout est fermé !

Arriver – Quitter

En bus et taxis collectifs

Gare routière : *à env 1 km du rond-point du monument de l'Indépendance.* Depuis et vers ***Phnom Penh,*** uniquement des minibus et taxis collectifs privés (trajet : env 2h30-3h). Pas de liaison directe pour Kep, ni Kampot : il faut se rendre à l'intersection de la N3 (à une dizaine de kilomètres, en taxi collectif ou en *tuk-tuk*) et monter dans un bus qui relie Phnom Penh à Kep-Kampot, s'il y a de la place. Aléatoire, donc ! On peut parfois attraper un bus pour ***Hô Chi Minh-Ville,*** tôt le matin ; ce sont les bus en provenance de Phnom Penh. Même probléme, il arrive qu'il n'y ait pas de places disponibles...

– Pour Phnom Penh, on trouve des ***taxis privés*** près du marché, entre les 2 stations-service *Tela*.

En train

Gare ferroviaire : *à 4 km à l'ouest du centre. 099-222-533. • royal-railway.com •*

■ ***Sihanoukville-Kampot-Takeo-Phnom Penh :*** vers Sihanoukville, 1 départ le ven ap-m, 1 le sam mat et 2 le dim. Vers Phnom Penh, 1 départ sam mat, 2 le dim et 1 le lun mat. Davantage pdt les fêtes locales et, de temps à autre, 1 départ supplémentaire en semaine – se renseigner. Durée : env 2h pour Phnom Penh, 3h pour Kampot et 5h jusqu'à Sihanoukville.

Adresses utiles

■ ***Office de tourisme :*** *prendre la rue en face de l'embarcadère et du Stung Takeo* Restaurant, *puis tourner dans la 2e rue à droite. C'est au niveau d'un petit marché*. Les employés, qui parlent l'anglais, fournissent un plan de la ville et des brochures. Bon accueil.

■ ***Acleda Bank :*** *au rond-point du monument de l'Indépendance. Lun-sam 7h30-16h30 (12h sam).* C'est la seule banque pour faire du change dans le secteur. Taux fort correct, service *Western Union* et distributeur 24h/24 acceptant les cartes *Visa* et *MasterCard.*

Où dormir ? Où manger ? Où boire un verre à Takeo et dans le coin ?

Nita Guesthouse : *à 200 m à gauche de l'embarcadère. 012-955-526. Doubles 5-12 $ selon confort. Pas de petit déj.* Un « hôtel-salle-de-bains » tout carrelé, sans charme mais bien tenu. Des chambres avec ventilo ou clim selon le prix. En demander une côté fleuve, bien sûr, d'autant qu'on y bénéficie de balcons avec vue. Bon, on y parle très peu l'anglais.

Daunkeo Guesthouse : *à 100 m à droite de l'embarcadère. 032-210-303. • daunkeo.com • Doubles avec sdb (eau chaude) et clim 15-25 $ selon taille ; petit déj en sus.* Une adresse assez confortable et plutôt bien tenue. Avec leurs petites touches de déco, les chambres sont une bonne surprise. Les plus onéreuses sont des *VIP rooms,* à peine plus grandes que les standards le long d'une allée bordée de manguiers et de jacquiers. Resto sur place.

Stung Takeo Restaurant : *juste avt l'embarcadère en venant de* Daunkeo Guesthouse. *Tlj 8h-20h. De bon marché à chic selon le choix.* C'est le resto incontournable. Vaste et agréable terrasse en bois, avec hamacs, dominant joliment le canal. Bonne cuisine copieuse qui régale les Cambodgiens et les quelques touristes de passage. Soupes, friture *(fried fish),* crevettes... Mais la spécialité, que les Cambodgiens aisés viennent effeuiller avec force démonstration, c'est la langouste ! Seulement, elle est chère (compter environ 20 $ la livre !). Et si vous n'arrivez pas assez tôt, ben, il n'y en aura plus... Bonne adresse pour boire l'apéro en profitant de la vue.

Le Petit Bistrot : *dans la même rue que la* Daunkeo Guesthouse, *à gauche en regardant l'hôtel. Prix « chic ».* Une envie irrésistible d'entrecôte, de magret de canard ou d'escargots ? Si vous êtes en fonds, vous trouverez votre bonheur. Petite terrasse colorée, accueil gentil.

Mlop Sbov Trachak Chit *(prononcer Molap Sbao Trotiêtiet)* **:** *rue 10 ; de l'embarcadère, longer la* Daunkeo Guesthouse, *tourner à droite puis à gauche et repérer les panneaux « Cambodia/Anchor Beer » sur la gauche. Tlj 10h-21h. Prix moyens.* Posé sur un bassin, un resto assez populaire servant des spécialités khmères et chinoises. Canard, crevettes crues, anguille, poisson fermenté, ver à soie aux oignons *(hmm !)*...

Possibilité de passer la nuit dans le village d'***Angkor Borei.*** S'adresser au gardien du musée, qui ne parle que le cambodgien.

LE CAMBODGE

DANS LES ENVIRONS DE TAKEO

➢ ***Comment aller à Phnom Da et Angkor Borei ?*** *Louer une barque à moteur de 6 pers à l'embarcadère (que l'on repère aux quelques marches près du* Stung Takeo Restaurant*). Compter env 35 $ le bateau (A/R, temps de visite inclus) pour les 2 sites. Trajet : env 45 mn jusqu'à Phnom Da, puis 15 mn pour Angkor Borei. Possibilité de louer une voiture mais on ne vous le conseille pas tant la balade en bateau est charmante et moins difficile (sinon 1h30 de mauvaise route).* Balade en bateau superbe. D'abord un chenal, puis un lac immense (sauf pendant la saison sèche), avant d'arriver à la rivière proprement dite. Le long du parcours, nombreuses scènes de vie de pêcheurs. Quelques hébergements rustiques sur place et pas grand-chose pour se sustenter. Prévoir des provisions.

Phnom Da : c'est la 1re étape et la meilleure. Itinéraire jalonné de rustiques petits élevages de poissons. Débarquement au milieu des plantes aquatiques dans un tout petit village de pêcheurs. Vous en trouverez toujours une demi-douzaine pêchant à l'épervier dans un grand étang. À quelques centaines de

mètres, le *prasat Phnom Da,* juché sur sa petite colline *(entrée : env 2 $).* Émouvant, car c'est sans doute le plus ancien temple pré-angkorien du pays (daterait du VIe ou du VIIe s). Il figure d'ailleurs sur la liste indicative de l'Unesco, ce qui pourrait permettre un jour une inscription au Patrimoine mondial... Il possède un côté abandonné presque séduisant.
Sanctuaire assez imposant, qui semble avoir brûlé tant les murs sont noircis par les mousses et le temps. Avec un chapeau et un peu de solitude, on pourrait presque se prendre pour Indiana Jones découvrant un temple dans l'une de ses aventures... Environnement paisible à souhait, d'où l'on a une jolie vue sur les rizières de la vallée. Le temple lui-même a perdu nombre de ses décors. Les 1ers volés, les autres en sûreté dans les musées d'Angkor Borei et de Phnom Penh. À l'intérieur, appareillage en brique de latérite en « escalier ». Mais dommage que ni le temple, ni les alentours ne soient entretenus. Par un chemin différent, on parvient à un autre minuscule temple de style hindou et de la même époque, *Ashram Maha Rosei.*

Angkor Borei et le Musée archéologique : *à 15 mn de bateau de Phnom Da. Musée à 200 m du débarcadère. En principe, ouv tlj 8h-19h ; si c'est fermé, le gardien n'est jamais bien loin. Entrée : env 1 $.*
Les environs du village (qui vaut aussi le détour pour ceux qui veulent s'immerger dans la vie locale) font l'objet de nombreuses recherches archéologiques. Angkor Borei, avec sa colline de Phnom Da, était tout de même la capitale du royaume du Funan (VIe s) sous le roi Rudravarman...
Le *Musée archéologique* est vraiment petit. Ne vous faites pas trop d'illusions, d'autant que toutes les statues à l'extérieur sont des copies ! À l'intérieur, jeter un œil à la photo de l'ancienne fortification de 6 km de tour qui cernait jadis le village. Quelques pièces exposées pêle-mêle : linteaux provenant de Phnom Da, un bouddha du VIe s, un autre du XVIIIe s en position de *bhumisparsamudra* (prise de la Terre à témoin), un Shiva de style Baphuon et un Vishnou du XIe s, quelques vitrines remplies de statuettes et de poteries, des pilons médicinaux, des lingams en pierre, poteries et lissoirs de potiers. Et puis voilà.

Phnom Chisor : *à env 30 km au nord de Takeo, sur la route de la capitale.* Le temple est décrit plus haut, dans « Les environs de Phnom Penh ».

OUDONG

➢ *À env 40 km au nord de Phnom Penh, sur la route de Battambang. Depuis Phnom Penh, prendre un bus pour Kompong Chhnang et demander à être déposé à l'intersection de la route allant au site d'Oudong (entre les km 36 et 37, indiqué par un panneau et un portail avec 2 nagas). Reste 3 km à faire (moto-dop ou stop). Au retour, arrêter un bus sur la route principale. Entrée payante.*
Cette ancienne capitale des rois khmers du XVIIe au XIXe s tombe en ruine. Le Palais royal a disparu. Les affrontements entre Lon Nol et les Khmers rouges ont entraîné la destruction d'un nombre élevé de monuments. En bas de la plus haute colline, un petit *mémorial des crimes des Khmers rouges.* L'excursion vaut avant tout pour l'animation et l'ambiance des week-ends, et pour ceux qui disposent de temps.

Où manger ?

Oudong accueille des milliers de pèlerins, il y a une grande aire de repos et de restauration au pied de la colline. Très peu de touristes occidentaux. Faites comme les Cambodgiens, choisissez une paillote, étendez-vous sur une natte (ou prenez un hamac) et dégustez relax tout un tas de petites préparations maison... Une vraie tranche de vie locale !

À voir

Preah Atharas : la pagode la plus impressionnante, au sommet d'un des *phnom* (collines) d'Oudong. Détruite par les bombardements américains, puis par les Khmers rouges, elle abritait une statue du Bouddha qui devait bien faire 10 m de hauteur ! Il n'en reste presque plus rien, sinon des vestiges assez pathétiques. Subsiste des moignons de huit colonnes et du socle sculpté du bouddha. Il est caché derrière de hauts murs, on tourne autour dans une sorte de déambulatoire. En avant du socle, petit temple où l'on retrouve d'ailleurs le nez du bouddha tombé à terre.

La colline des 3 stûpas : le 1er, tout neuf, assez monumental, incrusté de têtes d'éléphants, a été offert par l'ancien roi Norodom Sihanouk et ses ministres. Longue volée de marches pour y accéder. Lieu de dévotion très populaire, il réunit plus d'un million de Cambodgiens à son inauguration en 2002. De sa terrasse, panorama imprenable. Le 2e stûpa est celui du roi Ang Duong, construit en 1891 par le roi Norodom pour abriter les cendres de son père. Tout en brique, puis décoré de stuc ciselé et de fleurs en céramique. Il survécut miraculeusement aux bombardements. Le dernier, enfin, date sans doute du début du XVIIe s, ce qui explique son état délabré. On y accède par un petit escalier en pierre. Sur son sommet, les faces de Brahma, Shiva et Vishnou. Vue plein sud (en direction de Phnom Penh) à couper le souffle.

LA RÉGION CÔTIÈRE

KEP

• Plan *p. 135*

Créée en 1908 par les Français sous le nom de Kep-sur-Mer, cette petite station balnéaire fut très prisée dans les années 1960, avant de s'évanouir dans les tourments de l'Histoire. On la rejoint en 30 mn depuis Kampot, par 25 km de routes bordées de nombreux villages chams, vrai décor de carte postale quand les rizières sont bien vertes. Le long de la corniche, les quelques bâtisses de l'époque coloniale construites par de riches Cambodgiens durant l'âge d'or des sixties ont été détruites par les Khmers rouges, qui ne quittèrent la région qu'en 1998. Parmi elles, l'ancienne résidence du roi Sihanouk, située sur les hauteurs.
Aujourd'hui, la vie a repris le dessus, tandis que la végétation qui a envahi les quelques vestiges calcinés atténue la morbidité du passé. Malgré quelques aménagements hôteliers, Kep conserve son charme et sa tranquillité. On vient ici surtout pour ne rien faire et pour s'empiffrer de crabe au poivre vert. Pour épicer ses soirées, en revanche, on va plutôt à Kampot...
Attention, Kep est très étirée. Le centre administratif est assez loin de la plage principale, très modeste au demeurant. Les amoureux de l'océan, du

farniente et du temps qui s'écoule paisiblement prendront plutôt un bateau à destination de Koh Tonsay, l'agréable « île des Lapins », située à quelques encablures au large de Kep.

Arriver – Quitter

Au rond-point principal de Kep Beach *(plan A2)*, tout en bas, plusieurs petites agences vendent des tours et des transports en minibus, dont *Anny Tours, Ocean Tours* ou encore *Champa Mekong Travel.* En revanche, les conditions de voyage ne sont pas toujours top...

➢ ***Kampot :*** 5-6 bus/j. Ce sont les bus en provenance de Phnom Penh. Pour se rendre à Kampot, passages à Kep vers 12h et 17h. Trajet : env 30 mn. Également des minibus en 40 mn. Sinon, *moto-dop* ou *tuk-tuk,* plus simple si l'on n'est pas chargé. Route assez tranquille et jolie.

➢ ***Phnom Penh :*** ligne Phnom Penh-Kep-Kampot. 5-6 bus/j. dans chaque sens ; passages à Kep en direction de Phnom Penh vers 7h30, 9h30 et 13h env. Trajet : env 4h30.

➢ ***Sihanoukville :*** minibus quotidiens. Sinon, départs plus nombreux depuis Kampot. Trajet : env 2h30.

➢ Également des liaisons avec ***Chau Doc*** et ***Ha Tien*** (frontière vietnamienne), par exemple pour rejoindre ***Phú Quốc.***

LE CAMBODGE

Adresses et infos utiles

■ ***Change*** *(plan A2,* ***1****)* **:** attention, pas de banque ni de bureaux de change à Kep même. Distributeurs *Visa* et *MasterCard* sur le rond-point principal, mais retrait limité à 200 $. Sinon, il faut aller à l'*Acleda Bank,* à Damnak Chang'aeur, à environ 15 mn avant Kep par la route 33 *(hors plan par B2 ; lun-ven 7h30-16h, sam 7h30-12h).* Bon taux de change, distributeur et service *Western Union.*

■ ***Pharmacie*** *(plan A2)* **:** *en face de la plage principale, à côté de la boulangerie française. Tlj 8h-19h.*

■ ***Location de vélos, scooters et motos :*** *compter près de 2 $/j. pour un vélo, 6-8 $/j. pour une moto (casque fourni).* Mine de rien, la ville est assez étendue. Le plus simple est de demander à votre *guesthouse* (nombre d'entre elles en louent ; sinon, elles contacteront un loueur).

Où dormir ?

Bon marché (moins de 15 $)

Kepmandou *(plan B2,* ***10****)* **:** *dans la partie urbaine, mais en retrait vers la mer (pas de vraie plage), au nord de l'embarcadère pour l'île des Lapins. Au chauffeur de bus, demander l'arrêt de la poste. 097-795-8723. • kepmandou-guesthouse.com • Hamac, dortoir et doubles « bon marché ».* L'adresse routarde et festive de Kep. Dortoirs avec lits simples ou doubles, chambres avec ou sans fenêtre, avec ou sans salle de bains. Également des chambres avec balcon et des bungalows en bambou. Fait resto. Mais le *lounge bar* est surtout un lieu de rencontres pour les fêtards (sommeils légers, s'abstenir). Une partie des bénéfices sert à donner des cours de français et d'anglais au sein du *Jardin des langues Ayravady.*

Man Groove Guesthouse *(plan B2,* ***11****)* **:** *après Kepmandou en allant vers le village. 097-916-15-53 et 087-288-938.* Juste quelques bungalows en feuille de palme, rustiques, mais avec salle de bains (eau chaude) tout de même, posés dans un petit jardin. Franchement pour le prix, difficile de faire la fine bouche. Accueil francophone. À l'avant, leur resto donne sur la rue principale.

Phum Thmey Natural Guesthouse *(plan A2,* ***12****)* **:** *au début du chemin*

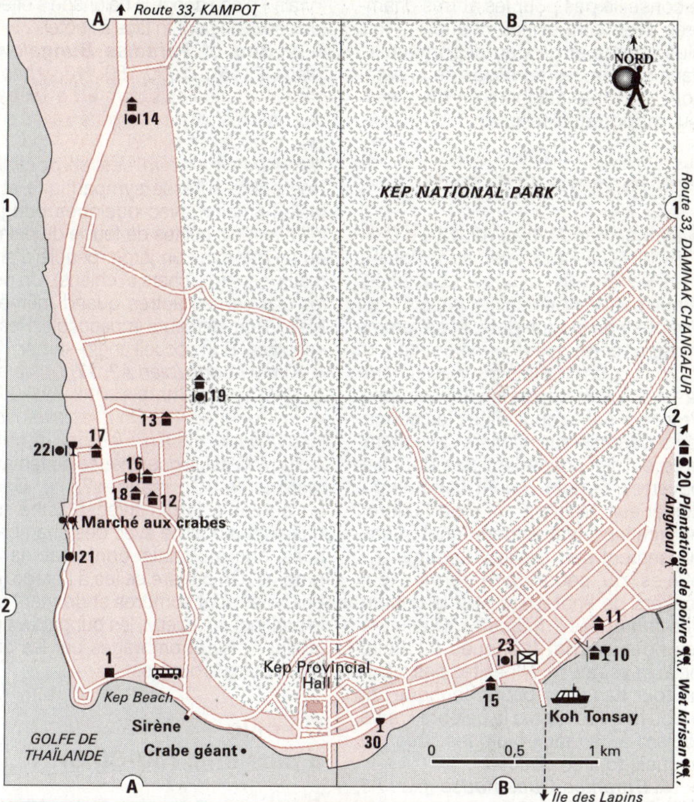

KEP

■ **Adresses utiles**

1 Distributeur de billets (A2)

Où dormir ?

10 Kepmandou (B2)
11 Man Groove Guesthouse (B2)
12 Phum Thmey Natural Guesthouse (A2)
13 Khmer Hands (A2)
14 Botanica Guesthouse (A1)
15 Brise de Mer (B2)
16 Bird of Paradise Bungalows (A2)
17 Kimly Lodge (A2)
18 Raingsey Bungalow (A2)
19 Kep Lodge (A1-2)
20 The Vine Retreat (hors plan par B2)

Où manger ? Où boire un verre ?

21 Kimly, Holy Crab et Seagull (A2)
22 Sailing Club (A2)
23 Captain Chim (B2)
30 Waterfront (B2)

pour le Veranda Natural Resort, *sur la gauche.* 📱 *012-204-855 ou 957. Ni petit déj ni repas.* Une petite *guesthouse* tenue par des Khmers qui ne parlent quasi pas l'anglais. Dans un jardin, quelques chambres en dur, très simples, avec salle de bains (eau froide) et ventilo à prix plancher. On ne le conseille pas pour les autres chambres avec clim et eau chaude, 3 fois plus chères et un peu déprimantes ; dans ce cas, les adresses de la catégorie suivante affichent un bien meilleur rapport qualité-prix.

Prix moyens (15-30 $)

Khmer Hands (plan A2, **13**) : 088-215-00-11. • *info.khmerhands@gmail.com* • *Résa à l'avance conseillée.* Tenue par un Américain, « kepois » (on invente !) de longue date, et sa femme khmère, cette *guesthouse* connaît un franc succès à la fois pour ses chambres et pour sa dimension sociale. Première petite originalité : les bungalows perchés sur pilotis et les chambres en dur possèdent des douches ouvertes, certaines sont carrément à l'extérieur. Mais ce qui rend l'endroit particulier, c'est le personnel : l'établissement sert de lieu de stage aux élèves du secondaire formés aux métiers de l'hôtellerie et à la couture (les fameuses « *hands* »). D'ailleurs, les rideaux sont fabriqués à l'atelier de la *guesthouse.* N'hésitez pas à faire un tour dans leur petite boutique : on y trouve entre autres le célèbre *krama,* foulard à carreaux typiques. Très bon accueil, tout en douceur.

Botanica Guesthouse (plan A1, **14**) : *un peu excentré, sur la route 33 vers Kampot.* ☎ *097-899-8614 ou 097-801-9071.* • *kep-botanica.com* • *Doubles avec sdb (eau chaude), ventilo ou clim à « prix moyens » (fourchette hte). Guesthouse* tenue par Philippe et son épouse khmère. Dans un beau jardin touffu, qui a donné son nom au lieu, 8 bungalows en dur, confortables, avec une bonne literie. Superbe piscine à débordement avec traitement au sel. Excellent resto (mention spéciale pour le bœuf au poivre vert). Prêt de vélos et location de scooters.

Brise de Mer (plan B2, **15**) : *088-733-03-36 et 012-897-205. Doubles avec sdb à « prix moyens » (fourchette hte).* Les chambres plutôt spacieuses et bien équipées s'alignent devant le petit jardin impeccablement entretenu et la plagette artificielle qui fait illusion. Et puisqu'on est tout de même devant la mer (sans « vraie » plage donc), la baignade s'effectue depuis le ponton face à l'hôtel.

Bird of Paradise Bungalows *(plan A2,* ***16****) :* *090-880-413.* • *birdofparadisebungalows.com* • *La plupart des doubles à « prix moyens » avec sdb (eau chaude) et ventilo, « chic » pour la plus grande avec clim, petit déj possible.* Une petite adresse sympathique et à taille humaine avec quelques bungalows en bois coiffés de feuille de palme ou en dur dans un jardin peuplé d'animaux (canards, chats et chiens). Un peu les uns sur les autres quand même... Mais le tout demeure impeccable. Resto sur place. Bon accueil anglo-khmer.

Kimly Lodge (plan A2, **17**) : *juste avt le Knai Bang Chatt.* *012-721-200.* • *kimlylodge.com* • *Doubles avec sdb (eau chaude) et clim, « de prix moyens à chic ».* C'est la *guesthouse* du fameux resto (voir « Où manger ?... »). Dans un agréable jardin avec piscine, un bâtiment moderne avec des chambres sans charme mais confortables et propres. On préfère celles à l'étage (en bas, elles sont sombres et donnent sur le parking) ou, mieux, les bungalows du jardin, isolés et ombragés par les palmiers et les arbustes.

De chic à plus chic (50-80 $)

Raingsey Bungalows (plan A2, **18**) : *Mountain Hillside Rd.* *085-560-294 et 077-927-030.* • *raingsey-bungalow-kep.com* • *Sur la piste du Veranda Resort, prendre un petit chemin sur la gauche (fléché). Prix « plus chic ».* Un jardin soigné abrite de jolis bungalows coquets et disposant de tout le confort (le hamac sur la terrasse n'a pas été oublié). La belle piscine et l'environnement paisible contribuent à faire du lieu une adresse de charme. En prime, très bon accueil des proprios français, sur place les ¾ de l'année.

Kep Lodge (plan A1-2, **19**) : *à env 1 km du rond-point principal, en direction de Kampot, prendre la piste sur la droite, c'est 500 m plus loin.* ☎ *210-225.* *096-998-37-55.* • *keplodge.com* • *Doubles à prix « chic », petit déj compris ; plus des familiales en bungalows à étage. Piscine accessible aux non-résidents : 3 $.* En pleine nature et au sein d'un beau jardin tropical, d'agréables bungalows en dur, bien équipés. On est un peu loin de la mer, mais l'endroit est particulièrement paisible, et la piscine permet de se rafraîchir. Grande paillote disposant d'un coin salon et d'un billard avec une jolie vue à l'étage. Fait resto.

Où dormir ? Où manger dans les environs ?

The Vine Retreat (*hors plan par B2,* **20**) : *à 5 km de l'entrée de Pepper Rd, la piste des plantations de poivre, sur la droite (attention, entrée discrète). 096-700-10-96 et 092-494-272. • cambodiaretreats.com • Résa à l'avance conseillée. Dortoirs (5 lits) et doubles sans ou avec sdb « de prix moyens à chic », petit déj inclus.* Pour ceux qui veulent se mettre au vert, pour ne pas dire au poivre vert, vu qu'on est au cœur des plantations du fameux poivre de Kampot. On dirait une maison de famille, en pierre et en bois, avec jardin et piscine. D'ailleurs, les groupes de yoga et méditation se sentent ici à leur aise et louent parfois l'adresse en exclusivité. Les chambres du rez-de-chaussée sont agréables, avec leur vieux carrelage. Cela dit, on préfère celles de l'étage, quoique plus chères, plus vastes, avec balcon privé pour certaines, de belles boiseries et même un lit à baldaquin dans la nº 9. Pour se relaxer, un chouette resto à base de produits bio de la ferme. Et pour se dégourdir, terrain de foot et de volley, chemins de randonnée et visite gratuite de la plantation de poivre voisine et du verger du domaine accompagné d'un guide. Le patron est originaire de Montréal.

Où manger ? Où boire un verre ?

C'est vraiment l'endroit où se faire une orgie de crabe ! On vous le conseille au poivre vert de Kampot, un délice quand il est bien fait. Plein de gargotes et de petits restos servant le crabe tout frais du marché voisin.

Sailing Club (plan A2, 22) : *juste à droite de l'hôtel chic Knai Bang Chatt. « Prix moyens ». Happy hours lun-jeu 17h-19h.* Cette belle « bicoque » en bois, bleu et blanc, offre une superbe terrasse sur l'eau, face à un ponton idéal pour rêvasser. Bonne cuisine tournée vers la mer, et le crabe en particulier. Également des plats khmers, sandwichs et salades à prix chic, mais aux portions généreuses. Très bien aussi pour boire un verre au coucher du soleil (magnifique). Activités de club nautique, ping-pong, beach-volley et billard.

Holy Crab (*plan A2,* **21**) : *au marché aux crabes, à droite du resto Kimly. 097-632-34-56. Tlj 10h30-22h30. « Prix moyens ».* Encore une adresse où le crabe est... sacré. La cuisine et le service sont le plus souvent raffinés, mais le rapport qualité-prix n'est pas forcément meilleur qu'à côté. Crabe décliné à toutes les sauces, y compris dans l'*amok* maison. En fait, on vient aussi pour le cadre, très reposant avec sa belle terrasse sur l'eau.

Seagull (La Mouette ; *plan A2,* **21**) : *au marché aux crabes, après le Holy Crab. 012-435-480. Tlj 9h-22h. « Prix moyens », fourchette hte.* Bonne cuisine élaborée, bien sûr, autour du crabe et du poivre vert pour les amateurs. On aime la terrasse à l'étage, avec ses canapés et fauteuils en osier, largement ouverte sur le large. Bien aussi juste pour venir siroter un verre.

Kimly (*plan A2,* **21**) : *au marché aux crabes. 012-345-753. Tlj 9h-23h. « Prix moyens ».* Salle avec vue sur la mer. Pour 2 personnes, menu avec 3 plats en petite portion (exemple : poisson, crevettes et calamars). Goûtez aussi les préparations aux nouilles transparentes, au gingembre et au poivre de Kampot et le crabe au poivre frais, bien sûr. Boissons pas chères. *Kimly,* c'est une institution à Kep, mais l'accueil s'en ressent aujourd'hui, dommage.

Captain Chim (*plan B2,* **23**) : *avt le village, sur la gauche en venant de la plage. Tlj midi et soir. « Bon marché ».* Une petite adresse sans prétention, tenue par une sympathique famille cambodgienne. Repas correct et vraiment pas cher, servi dans la grande cour. Très bien pour se nourrir sans se ruiner.

🍷☂ ***Waterfront*** *(plan B2,* ***30****)* **:** *un peu isolé entre la plage et le village. Tlj sauf mar jusqu'à 21h (22h le w-e). Fermé en principe de mi-août à mi-oct, mais mieux vaut tél avt.* Très belle terrasse meublée avec goût face à la mer. Idéal pour se relaxer à l'heure de l'apéro : bonne sélection de vins au verre parfois servi avec du poivre vert de Kampot. Et quelques petites choses à grignoter pour prolonger agréablement la soirée. Loue également 2 chambres avec salle de bains à l'extérieur. Accueil avenant en français.

À voir. À faire

Les plages : dans le bourg même ou au niveau du marché aux crabes. Sachez qu'une partie du sable est importé des îles quand c'est nécessaire...

Le marché aux crabes *(plan A2)* **:** on peut en acheter, le matin, parmi le groupe de vendeuses qui les maintiennent au frais dans des paniers en osier au bord du rivage. Elles confectionnent de petits paquets de minuscules poissons emballés dans une feuille pour les donner en pâture aux crabes. Quelques bateaux de pêche prennent la pose pour la photo. Vente de poivre de Kampot également. Nombreux restos sur place (voir plus haut « Où manger ? »).

Kep National Park : *au sommet de la colline qui domine la ville. Accès par une piste qui débute derrière l'hôtel* Le Bout du Monde. *Entrée : env 1 $, mais pas toujours quelqu'un.* Un espace naturel qui offre l'occasion de faire une jolie balade sans difficulté particulière, en suivant un sentier de 8 km, bien balisé et en boucle. Compter 2h30. Au cours de la promenade, beaux points de vue sur la mer, une pagode, des écureuils et quelques singes. Retour par le quartier des villas coloniales incendiées, avec des chèvres dans les ruines...

– ***Les activités nautiques :*** le *Sailing Club* (voir « Où manger ? Où boire un verre ? ») de l'hôtel chic *Knai Bang Chatt* loue des kayaks et des planches à voile. Également des cours de *hobbies cat.*

DANS LES ENVIRONS DE KEP

Wat Kirisan *(ou* ***Kirisela*** *; grotte-temple ; hors plan par B2)* **:** *à* ***Kampong Trach,*** *à env 17 km à l'est de Kep par une route bitumée. Y aller à moto ou en tuk-tuk. Dans le village de Kampong Trach, bifurquer à gauche au niveau du panneau « Kampong Trach Mountain Resort », puis suivre la piste à trous principale sur 2 km. Entrée : 1 $. Prévoir éventuellement une lumière, même si la grotte est en partie éclairée (malgré tout, des enfants à vélo continuent de proposer leur service).* Il s'agit d'un *wat* (temple) que l'on atteint par une grotte, dont le plafond s'est effondré, formant ainsi un bel espace à ciel ouvert. À l'intérieur, un grand bouddha couché, de 1959. De là part un dédale de petites galeries qui parcourent le pied de la montagne. L'une d'elle, au fond à droite, débouche de l'autre côté, mais il faut ensuite rebrousser chemin. À 50 m à droite de l'entrée du *wat,* un escalier permet d'accéder au sommet de la montagne.

KOH TONSAY *(île des Lapins)*

Juste en face de Kep.

➢ ***Pour y aller :*** *au niveau de la station Sokimex (plan B2), petit guichet situé avt le ponton. Les guesthouses de Kep proposent aussi l'excursion. En principe, au moins 2 départs/j., le mat et en début d'ap-m. Compter env 8 $ pour l'A/R dans la journée, 9 $ si on dort sur place et 10 $ si on demande à rentrer avt l'heure prévue.*

LE CAMBODGE

Sinon, possibilité de louer un bateau à l'embarcadère, 7h-17h. Prix fixe : 25 $/ bateau l'A/R (6 pers max). Résa conseillée la veille en saison. Trajet : 20 mn.
Conservez le ticket que l'on vous remet au guichet et sur lequel figure le numéro de votre bateau. Ce dernier est tenu de vous ramener à Kep, mais il arrive que l'on vous confie à un autre batelier : ce qui compte c'est de vous en assurer... En saison des pluies (de mai à octobre), les liaisons peuvent être interrompues à cause du mauvais temps. Dernière précision : certaines agences de Kep proposent des excursions sur d'autres îlots, plus éloignés. Sachez que les bateaux ne sont pas conçus pour aller en mer et que lors de conditions météo défavorables, cela peut être dangereux.
L'île de Tonsay est un spot agréable pour se détendre, même si les petites *guesthouses* jouent désormais des coudes sur la plage. Pour ceux qui s'interrogeraient, pas de lapins sur l'île, c'est sa forme qui lui a donné son nom ! La plage, ourlée de sable blanc et bordée de cocotiers, s'étire sur près de 400 m. Plutôt propre. Le secteur du poste de police après la plage, sur la gauche, est en revanche jonché de détritus, mais a priori, pas de raison particulière de s'y rendre...
Pas grand-chose à faire, si ce n'est de goûter à quelques bonheurs simples de la vie, comme celui de déguster un crabe les pieds dans le sable, de se laisser bercer par le chuchotement des vagues, de se faire masser au bord de la plage et de sombrer dans une sieste bienfaisante au fond d'un hamac... Les plus courageux opteront pour le tour de l'île, seul ou accompagné d'un guide. Compter environ 2h avec un passage difficile à la fin à marée haute (mieux vaut y aller à marée basse). Départ par un sentier sur la droite de la plage principale (dos la mer). Après 15 mn, petite plage tranquille.

Où dormir ? Où manger ?

En haute saison, réservez quelques jours avant si vous souhaitez y dormir. Compte tenu de la taille du site, on ne trouve pas de grosses structures, mais un alignement de bungalows en bois sur l'unique plage aménagée, tenus par des proprios cambodgiens, pour la plupart originaires de l'île. Ça reste assez rudimentaire : salle de bains (eau froide), sans ou avec balcon, en tout cas sans wifi, l'électricité étant assurée par des groupes électrogènes. Ils appartiennent tous à la catégorie « bon marché » *(moins de 15 $ pour 2)*, mais certains peuvent atteindre 30 $ en haute saison, ce qui est carrément exagéré. Tous disposent d'un restaurant au bord de la mer. Bien regarder les conditions d'hygiène avant de faire son choix. Petite sélection :

Khim Vouch lay : *tt au bout de la plage à droite. 077-288-844.* Des bungalows simples avec balcon tendu d'un hamac, autour d'un jardin bien entretenu, planté de cocotiers. Excellent accueil du proprio qui fournit de bons conseils sur les balades.

Ngan Sokha Guesthouse : *vers le milieu de la plage. 097-757-61-16 et 097-913-10-12.* Bungalows plus « hermétiques » avec sol en tomettes. Propre. Un peu plus confortables que les autres et vraiment pas cher.

Simones : *vers le milieu de la plage. 097-664-83-33 et 012-893-102.* Privilégier les bungalows les plus récents, d'un rapport qualité-prix correct. Certains sont vraiment en mauvais état. Propres. Bon resto. Patronne un peu plus « business » que ses voisins.

SUR LA ROUTE DE KAMPOT

Entre Kep et Kampot, les amateurs de grottes pas trop exigeants iront visiter : la ***grotte de Kbal Romeas*** *(qui est aussi un site d'escalade géré par* Climbodia *: 070-255-210 ; • climbodia.com •)*, la ***grotte de Phnom Chhnork*** (superbe campagne, mais pas facile à trouver et piste en mauvais état) et les ***grottes de Phnom Sorseha.*** Utiliser votre éclairage de smartphone, sinon on trouve souvent sur place un « guide » équipé moyennant 1 $. Si vous ne louez pas de vélo ni de moto, prenez un *tuk-tuk tour* (environ 30 $ la journée...).

Secret Lake : *à env 8 km de Kep vers Kampot, tourner à droite et poursuivre sur env 5 km. De la sortie de Kampot, compter env 10 km avt de bifurquer à gauche.* Il s'agit d'un réservoir construit à l'origine par les Khmers rouges. Le barrage a cédé dans les années 1990, inondant les terres alentours. Il a, depuis, été réparé et fait l'objet d'une agréable balade généralement à moto. On sillonne alors les petits chemins de latérite qui contournent les plantations de durians et rejoignent la grande *Plantation* de poivre (lire plus loin), à 4,5 km de celle des cafés ci-dessous :

Khmer Root Café *(hors plan par B2) : au début du lac, dans sa partie sud. 088-356-80-16. En journée seulement.* Une paillote qui s'est taillé une sacrée réputation d'abord à Kampot avant de s'installer dans ce coin nature. Cuisine traditionnelle khmère, parfumée et d'une grande finesse. Soklim, le talentueux chef, utilise beaucoup de plantes aromatiques. Vive les racines !

Secret Lake Cafe : *à côté du Khmer Root Café. Bon marché.* Une gargote avec cuisine en plein air. On mange autour de rondins de bois essentiellement du riz et des légumes sautés (aubergines, liseron-*morning glory*...) et autres plats copieux et très corrects.

Les plantations de poivre (hors plan par B2) **:** *y aller en tuk-tuk ou à moto. La visite des plantations est gratuite.* Lire aussi plus loin le texte consacré au poivre, dans l'introduction de Kampot.

– **Sothy's Farm :** *au début de Pepper Road. À env 13 km au nord de Kep, sur la route 1333, perpendiculaire à la route 33 (axe principal). 088-951-35-05. • mykampotpepper.asia • Tlj 9h-17h (dernière visite). GRATUIT. Durée : 30 mn-1h.* Ambiance familiale dans cette plantation dirigée par Sothy et son mari allemand Norbert. La plupart du temps, ce sont des volontaires de toutes nationalités, accueillis dans le cadre du réseau « *workaway* » qui assurent les visites. Vente de poivre éco-certifié et labellisé « Kampot Pepper », donc qualité garantie mais pas au premier prix.

Fait aussi resto le midi *(prix moyens)* et loue 2 bungalows en bois, simples, dans la plantation *(env 15 $ pour 2 ; pens complète possible).*

– **La Plantation :** *à env 23 km de Kep. Direction Kampot, prendre à droite au bout de 12 km vers le Secret Lake pour le contourner par l'est ; la plantation se situe au nord du lac. De Kampot, au km 5, après le pont, tourner à gauche. 017-842-505. • kampotpepper.com • Compter env 45 mn de Kampot en tuk-tuk et autour de 15-20 $ en incluant les grottes de Chhnork. Tlj 9h-17h15 (dernier tour). GRATUIT. La visite comprend une présentation sur l'histoire du poivre et de la région (en français ou en anglais), un tour et une dégustation. Également des activités payantes : tour en charrette tirée par 2 buffles d'eau jusqu'au lac secret (avec guide francophone ou anglophone). Prix : 6 $; réduc. Durée : 1h20. Visite de la ferme : 3 $/pers.* Parmi les plantations accessibles aux visiteurs, celle-ci est sans aucun doute la plus vaste (20 ha) et la plus organisée. Depuis son installation relativement récente (2013), le couple franco-belge à l'origine du projet s'est imposé comme un acteur majeur de la filière et de la région apportant à l'entreprise une dimension à la fois touristique et sociale (aide et bourses accordées à l'école du village, conditions de travail des ouvriers décentes...). La visite vous apprendra tout sur les différents poivres labellisés « Kampot Pepper », et notamment sur le vert, le frais, le moins connu sous nos tropiques, que leurs spécialistes sont parvenus à conserver un peu plus longtemps dans du sel. Cette technique lui confère un goût très particulier. À tester et à acheter sur place, dans la boutique bien fournie, en même temps que d'autres épices telles que le curcuma.

Resto avec des plats concoctés, bien sûr, autour du poivre. *Prix moyens.* Noter que ce vaste bâtiment en bois est l'ancien réfectoire des bonzes appartenant à la pagode du village voisin et qui devait être détruit. Il a été démonté et reconstruit ici. De la plate-forme, belle vue sur le lac et le Bokor au loin. Également des ***cours de cuisine*** : *sur résa (017-842-505). Tlj 11h-14h. Prix : 20 $/pers (repas inclus).* En option, courses au marché de Kampot le matin.

KAMPOT

• Plan *p. 143*

La modeste ville de Kampot distille un petit charme urbain indéfinissable. Oh, rien d'extraordinaire, juste une situation plaisante proche de l'embouchure d'une rivière, avec un miniquai Sisowath (voir « Phnom Penh ») tourné vers le coucher du soleil, plus de belles maisons à l'architecture coloniale. Là, une flopée de petits restos et de bars, souvent gérés par des expats anglo-saxons et français, distille une atmosphère de village et une bonne animation nocturne sans être tout à fait trépidante. Mais on trouve aussi de très belles adresses dans les environs proches, joliment verdoyants. En journée, on se balade à la campagne (vraiment belle), dans les grottes environnantes, on achète le fameux poivre de Kampot ou l'on se repose de ses agapes en s'imprégnant du rythme indolent propre à ces latitudes...

Kampot mérite aussi un brin d'histoire. Quand l'Indochine explose, le Vietnam bloque la navigation sur le Mékong et, par là, asphyxie Phnom Penh et le Cambodge. Norodom Sihanouk choisit alors de développer le port de Kompong Som (Sihanoukville), car celui de Kampot n'est pas assez profond pour les nouveaux cargos. Ce faisant, il réduit la ville à une longue hibernation dont, aujourd'hui, elle se réveille lentement. Un nouveau pont a été construit, les maisons négligées ont été repeintes, les carrefours redessinés : un embellissement qui risque toutefois d'être terni par l'arrivée d'investisseurs chinois, déjà très implantés à Sihanoukville. Ici aussi, des immeubles devraient bientôt sortir de terre, et on doute que ce soit dans le respect de l'architecture locale...

LE POIVRE DE KAMPOT

Le fameux poivre de Kampot rivalise avec les meilleurs poivres du monde. Le poivre, né dans le Kerala, au sud de l'Inde, était déjà récolté dans la région par les Chinois, mais ce sont les Français qui, au XIXe s, ont introduit sa culture intensive. Après avoir périclité sous le régime des Khmers rouges, la production connaît aujourd'hui un nouvel essor. On dénombre près de 300 plantations, réparties de Kampot à Kampong Trach, près de la frontière vietnamienne.

Le poivre est une liane qui s'enroule autour d'un grand tuteur en bois. La taille d'une exploitation se compte en nombre de tuteurs (soit 500 pour une exploitation de taille moyenne). Vous les repérerez aisément aux feuilles de palmiers qui leur assurent l'ombrage nécessaire. Un même plant peut produire pendant une vingtaine d'années. La floraison vient avec la saison pluvieuse de juin et la récolte dès que l'on trouve des grains

LE FAMEUX « POIVRE DES OISEAUX »

Les oiseaux ne mangent que le poivre arrivé à maturité, lorsqu'il est rouge. Lors du transit, les enzymes intestinales transforment la composition aromatique et la première couche protectrice colorée (le péricarpe) est digérée. C'est donc par voie naturelle qu'on obtient le « poivre des oiseaux », que les enfants récoltent dans la nature. À ne pas confondre avec le poivre blanc, qui est obtenu en ébouillantant le poivre rouge avant de retirer manuellement ou mécaniquement l'enveloppe externe. Saurez-vous goûter la différence ? Les grands chefs étoilés, eux, ne s'y trompent pas !

rouges, soit à peine un an après, avant que le cycle ne recommence. Les poivres rouges et blancs sont beaucoup plus rares, puisque récoltés grain par grain sur la grappe à pleine maturité. Ce sont en fait les grains de poivre vert qui deviennent noirs après 2 jours de séchage. D'ailleurs, profitez d'être ici pour déguster le poivre vert (inoubliable, avec du crabe !), car il se mange seulement frais et voyage très mal au-delà de 4 jours...
Sachez toutefois que le poivre que l'on trouve sur les marchés du coin provient essentiellement du Vietnam. Attention aussi à celui qui est vendu sur les plantations : certains producteurs n'hésitent pas à faire venir du poivre vietnamien pour répondre à la demande ! À vue d'œil, impossible de faire la différence entre le poivre de Kampot et celui du Vietnam. C'est dans ce contexte qu'a été mise en place, en 2010, une ***Indication géographique protégée,*** officiellement reconnue en 2016 par l'Union européenne. Au Cambodge, pour se procurer du poivre de Kampot véritable, il faut l'acheter conditionné dans un emballage qui porte la mention « Kampot Pepper », suivie d'un petit logo. Cette appellation interdit l'utilisation de pesticides, engrais de synthèse et autres produits chimiques. Pour en savoir plus, n'hésitez pas à aller voir *FarmLink* (se reporter à la rubrique « À voir. À faire », plus loin) et à visiter l'une des plantations (voir plus haut « Sur la route de Kampot »).

Arriver – Quitter

En bus

Gare routière *(plan B2)* **:** *à l'extrémité est de l'esplanade centrale.* Bus et taxis collectifs.

■ ***Giant Ibis*** *(plan B1, 1)* **:** *non loin du rond-point du Durian. 095-666-809. • giantibis.com • Tlj 7h-18h.* Compagnie très fiable.
Sinon, autre solution à peine plus chère

■ Adresses utiles

1 Giant Ibis (B1)
2 Kampot Tours (zoom)
3 Canadia Bank (B1)
4 Acleda Bank (B1)
5 Cambodian Public Bank (B1)
6 Sonja Kill Hospital (hors plan par A2)
7 Bokor Clinic (hors plan par B1)
8 Thida Net (zoom)
9 Sean Ly Motorcycle Shop et Tree Travel (zoom)
10 Bookish Bazar (zoom)

Où dormir ?

20 Ta Eng Guesthouse (B2)
21 Bandini's (A1)
22 Pepper Guesthouse et Monkey Republic (B2)
23 Baraca Rooms & Tapas (zoom)
24 Mea Culpa (B2)
25 L'Auberge du Soleil (zoom)
27 Rikitikitavi (zoom)
28 The Columns (zoom)
29 Kampot Cabana (hors plan par A2)
30 Srey Pou Mlob Dong Moit Prek, Karma Traders, Les Manguiers, Champa Lodge et Sabay Beach (hors plan par A1)
31 Greenhouse (hors plan par A1)

Où manger ? Où prendre un petit déj ?

24 Mea Culpa (B2)
25 L'Auberge du Soleil (zoom)
41 Lemongrass (zoom)
42 Epic Arts Café (zoom)
43 Café Espresso (B2)
44 Rusty Keyhole (B2)
45 Sunbird (zoom)
46 The Fishmarket (zoom)
47 Mittapheap (A-B1)
48 Simple Things (zoom)
49 L'Épi d'Or (zoom)
50 Bokor Night Market (A1)
51 Delicious (zoom)

Où boire un verre ? Où écouter de la musique ?

61 Le Camp'Potes Bar (zoom)
62 Oh'Neil's (zoom)

Achats

60 Dorsu (zoom)
70 FarmLink (hors plan par A1)
71 Kampot Pepper Shop (zoom)
72 Indochina Gecko Shop (zoom)

■ À faire

62 Seeing Hands Massage 5 (zoom)
80 Banteay Srey (hors plan par A1)
82 Golden Hands Massage (zoom)

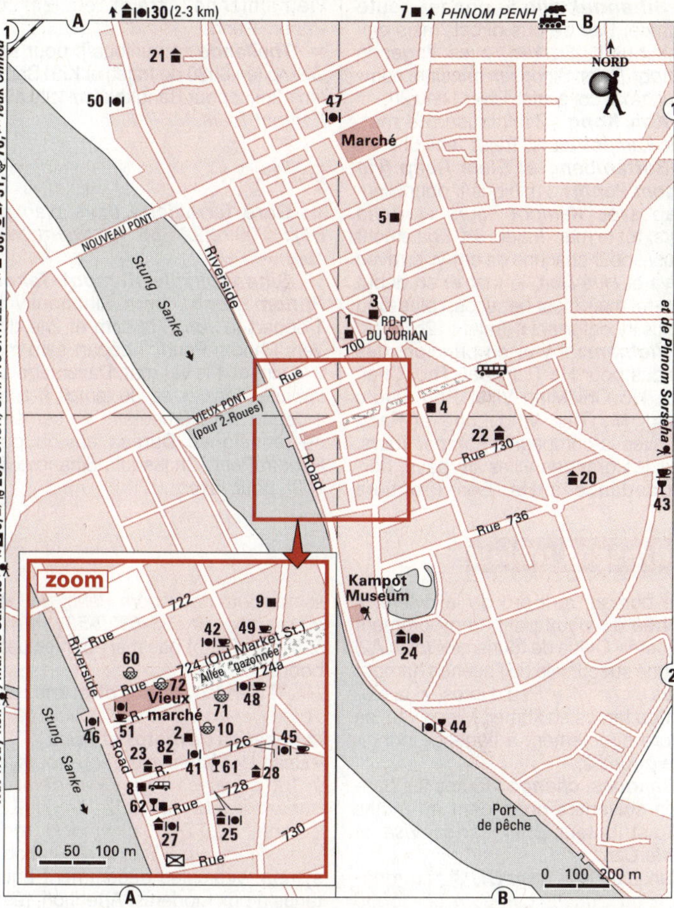

KAMPOT

que le bus et en principe plus confortable pour les longues distances : l'agence *Kampot Tours* (zoom, **2** ; 092-125-556 ou 087-225-556) dispose de minibus (10-12 personnes) pour les principales destinations du pays, plus la Thaïlande et le Vietnam. Gros avantage, on vient vous chercher à votre hôtel. Cela dit, il arrive aussi qu'il y ait des retards, que l'on vous transfère sur un autre bus ou que l'on remplisse un peu trop le minibus...

➢ ***Phnom Penh :*** une dizaine de bus/j. affrétés par 3 compagnies (*Hua Lian, Capitol* et *Giant Ibis*), 6h45-13h. Certains passent par Kep (vérifier). Trajet : env 5h.

➢ ***Kep :*** les bus pour Phnom Penh s'y arrêtent, en principe. Trajet : env 30 mn. Également des minibus avec *Kampot Tours.* Trajet 2 fois plus long. Autre possibilité, prendre un *moto-dop* ou un *tuk-tuk,* mais pas top avec une valise ou lorsqu'on voyage seul.

➢ ***Sihanoukville :*** bonne route bitumée. Pas de bus direct, mais env 9 minibus/j., 8h-16h, avec l'agence *Kampot Tours.* Sinon, en principe, nombreux taxis collectifs. Trajet : env 2h.

➢ ***Koh Kong :*** 2 minibus/j., le mat, avec *Kampot Tours.* Trajet : env 5h.

➢ ***Battambang et Siem Reap (via Phnom Penh) :*** 3 minibus/j. pour Siem Reap avec *Kampot Tours* et *Anna Tours,* tôt le mat. Trajet : 9h. Également 4 bus/j. pour chacune de ces villes avec *Sorya* et *Hua Lian,* le mat et en début d'ap-m, mais c'est beaucoup plus long et plus inconfortable. Trajet : 12h.

➢ ***Vietnam :*** il y a, en principe, des minibus pour Ha Tien, Can Tho, Chau Doc, Hô Chi Minh-Ville, Phú Quô'c Island, My Tho, Ving Long et Rach Gia avec la compagnie *Kampot Tours.* Pour les grandes villes du pays, correspondance à Ha Tien (frontière vietnamienne ; trajet env 2h) ou Phnom Penh.

➢ ***Thaïlande :*** 1 minibus/j. pour Koh Chang (en 8h30 de trajet) et Koh Samet (en 12h), 2 pour Bangkok (en 12h) avec *Kampot Tours.*

En train

Gare ferroviaire *(hors plan par B1)* **:** *099-222-566.* ● *royal-railway.com* ●

➢ ***Sihanoukville-Kampot-Takeo-Phnom Penh :*** vers Sihanoukville, 1 départ le ven, 1 le sam et 2 le dim. Vers Phnom Penh, 1 départ sam mat, 2 le dim et 1 le lun mat. Davantage pdt les fêtes locales et, de temps à autre, 1 départ supplémentaire en semaine, se renseigner. Durée : env 5h pour Phnom Penh, 2h jusqu'à Sihanoukville et 3h pour Takeo.

Adresses utiles

– Le bureau, au bord de la rivière, à l'entrée du vieux pont, improprement étiqueté « Office de tourisme » *(plan A2)* est une succursale de l'agence *Kampot Tours (tlj 7h-21h).* Peu d'infos, et la plupart du temps en khmer. Mieux vaut se rendre directement à l'agence principale *(zoom,* ***2****).*

■ ***Banques, change :*** toutes les banques suivantes possèdent au moins un distributeur pour cartes *Visa* et *MasterCard.*

– *Canadia Bank (plan B1,* ***3****) : au rond-point du durian. Lun-sam 8h-15h30 (11h30 sam).* Change.

– *Acleda Bank (plan B1,* ***4****) : à l'angle des rues 701 et 724a. Lun-sam 7h30-16h (11h30 sam).* Service de change et *Western Union.*

– *Cambodian Public Bank (plan B1,* ***5****) : 45, rue 3 ; à 100 m au sud du marché. Lun-ven 8h-16h.* Service *Western Union.*

■ ***Sonja Kill Hospital*** *(hors plan par A2,* ***6****)* **:** *à 6 km à l'ouest par la N3, à l'intersection de la route de Bokor. Urgences (24h/24) : 078-265-782. Consultations (lun-ven sauf j. fériés 8h-17h) : 077-666-752.* Le meilleur hôpital du secteur pour les urgences, mais prévoir de l'attente.

■ ***Bokor Clinic*** *(hors plan par B1,* ***7****)* **:** *sur la route de Phnom Penh, non loin du marché. ☎ 033-6320-531. 017-620-531.* Plutôt pas mal pour les petits bobos.

■ ***Service de taxis et laverie :*** *chez* ***Thida Net*** *(zoom,* ***8****). 012-245-303.*

■ ***Location de motos et vélos :***

– *Sean Ly Motorcycle Shop (zoom,* ***9****) : à 100 m au sud du rond-point du durian. 012-944-687. Tlj 7h-18h. Compter 5-20 $/j. selon modèle ; réduc si plusieurs jours.* Bonne réputation et sympa. Véhicules décemment entretenus à prix modérés. Attention, réserver la veille ou venir tôt le matin pour obtenir du premier choix. Tester l'engin sur quelques kilomètres avant d'attaquer. Vérifier chaîne, pneus, freins, etc. Location de voitures également *(env 40 $/j.).*

– *Tree Travel : voisin de Sean Ly. 012-974-698. Loc de VTT à 3 $/j.* Organise aussi des balades dans la campagne environnante. Sinon, pour louer des vélos, adressez-vous à votre hébergement (certains en prêtent).

Bookish Bazaar *(zoom,* ***10****) : 25, Ekreach St. Tlj sauf lun 8h-18h.* La plus large sélection de livres d'occasion en français (et d'autres langues) collectés par Sarah. Possibilité de déposer, de vendre ou d'échanger vos bouquins : 2 livres donnés, un récupéré. On peut aussi lire sur place, à l'étage de cette maison coloniale, boire un café, grignoter un morceau, ou opter pour un plat chaud. Le lieu abrite aussi des expos temporaires. Un petit espace culturel qu'on aime bien à Kampot.

Où dormir ?

Également de très belles adresses dans la campagne proche de la ville (voir plus loin « Où dormir ? Où manger dans les jolis environs ? »), pensez-y...

Bon marché (moins de 15 $)

Ta Eng Guesthouse (plan B2, **20**) : *dans un quartier populaire mais calme, à 300 m de la gare routière. Parking. Pas de résa par tél, seulement sur place ou via Booking ! Attention, couvre-feu à minuit.* C'est la 1re *guesthouse* de la ville, fondée par un adorable papi chinois qui aligne un peu de français, aujourd'hui épaulé par son fils. Rien n'a changé depuis, ou presque, c'est toujours aussi sympa et l'entretien a plutôt bien suivi. Chambres simples mais de belle taille et très propres, réparties dans 2 bâtiments, d'un bon rapport qualité-prix. Belle vue sur Kampot depuis le toit. Plein de petits services : laverie, location de vélos et de motos, vente de tickets de bus et de bateaux, etc. Un bon plan, vraiment !

Bandini's (plan A1, **21**) : *au nord de la ville. 087-923-623. • bandinis kampot.com • Doubles avec sdb et ventilo, petit déj en plus.* Dans un quartier rural et populaire de Kampot. On se met au vert dans cette guesthouse toute simple tenue par Beam et Nick. Les chambres de plain-pied s'ouvrent sur le jardin qui possède des coins « salon » bien agréables pour se poser, par exemple avec un bouquin choisi dans la bibliothèque. Prêt de vélos, mais pour ceux qui n'auraient pas le courage de ressortir en ville le soir, il est possible de manger un morceau sur place (sandwichs, salades) ou de se faire livrer des plats après 15h. La bonne idée !

Pepper Guesthouse (plan B2, **22**) : *rue 730, à 200 m env de la gare routière. 012-875-845. • peppergues thousekampot@yahoo.com • Doubles sans ou avec sdb.* Dans une rue qui aligne une flopée de *guesthouses,* voici une villa plantée au milieu d'une grande cour-jardin. Quasi toutes les chambres possèdent eau chaude, TV, et la clim pour les plus chères. Également 2 bungalows bien décorés sur le côté, avec terrasse. Bon accueil.

Monkey Republic (plan B2, **22**) : *rue 730. 012-848-390. Dortoirs (6-16 lits « alvéolés » ou fermés par un rideau) avec clim et sdb, plus des doubles avec ventilo, sdb commune ou privée.* Plusieurs bâtiments posés dans un petit jardin qui accueillent les routards du monde entier. Du basique très correct, propre et pas mal équipé. Pour le prix, rien à redire. Également un resto-bar ouvert à tous du petit déj au dîner. Bon accueil par du personnel occidental.

Prix moyens (15-30 $)

Baraca Rooms & Tapas (zoom, **23**) : *rue 724, au sud du vieux marché. 011-290-434. • baraca.org • Fourchette basse.* Dans un vieil édifice colonial, 4 chambres doubles, toutes avec du vieux carrelage, murs blancs ou jaunes, portes et volets bleus, petite alcôve ici, touches de couleur là, salle de bains et balcon ou terrasse. Très sympa. Et, au rez-de-chaussée, un chouette petit bar à tapas *(tlj sauf dim-lun).* Attention, vite plein, donc si vous trouvez une chambre, c'est que vous avez décidément la baraka...

Mea Culpa (plan B2, **24**) : *à env 500 m au sud de la poste, dans la 1re rue parallèle à celle qui longe le fleuve. 012-504-769. • meaculpa kampot.com • Fourchette hte et petit déj en plus.* Dans une maison récente, à l'écart du centre-ville, un Irlandais très attentionné propose des chambres, fraîches et calmes, certaines dans une annexe. Toutes d'un bon confort, d'une propreté irréprochable et joliment décorées à partir d'artisanat

LE CAMBODGE

cambodgien. 2 disposent d'un balcon privé (les nos 10 et 11). Autour du bâtiment, un jardin avec une agréable paillote, bien paisible pour prendre le petit déj (bon café !). Fait aussi resto (voir « Où manger ? Où prendre un petit déj ? », plus loin). Prêt de vélos.

L'Auberge du Soleil (zoom, **25**) : *23, rue 728. ☎ 033-633-33-13. 088-882-02-45. • auberge-du-soleil.com • Doubles avec sdb à « prix moyens », limite « chic » pour celle avec balcon ; 1 familiale.* Dans une agréable maison coloniale restaurée, Cédric propose 3 chambres, dont une avec balcon et une autre très vaste pouvant accueillir 4 personnes. Toutes avec lambris et mobilier en rotin, ventilo, clim et TV (TV5). Également un resto de spécialités... suisses (voir « Où manger ? »).

Plus chic (50-80 $)

Rikitikitavi (zoom, **27**) : *face à la rivière, à proximité de la poste. 012-235-102 ou 012-274-820. • rikitikitavi-kampot.com • Doubles avec un bon petit déj inclus. Plats à « prix moyens ».* Si vous arrivez à prononcer son nom, vous gagnez le droit de lire (ou de relire) *Le Livre de la jungle,* de Rudyard Kipling, dont il est tiré. Cette adresse possède des chambres bien équipées, bénéficiant d'une déco particulièrement soignée, avec coussins et dessus-de-lit en soie. Elles sont peut-être un peu sombres, certes. Sur la terrasse, face à la rivière, long bar pour siroter un cocktail et salle de resto où la carte propose un mix des cuisines du monde. Accueil souriant.

The Columns (zoom, **28**) : *37, Phoum 1, au sud du rond-point de l'An 2000. 092-128-300. • thecolumns.com • CB acceptées (commission).* Un bel exemple d'architecture *French colonial* datant des années 1920, avec une superbe façade, du vieux carrelage et des ventilos nostalgiques au plafond. Chambres carrelées aux murs blancs, avec mobilier dessiné et fabriqué localement, coussins en soie, etc. Toutes différentes, très confortables. Celles dont la salle de bains est ouverte sur la chambre déroutent un peu. Excellent petit déjeuner et plein de services (transferts, location de motos, laverie). Une adresse classe.

Où dormir ? Où manger ?
Où boire un verre dans les jolis environs ?

À seulement quelques kilomètres du centre-ville, voici des adresses en bordure de rivière, au calme et souvent bourrées de charme. On les rejoint facilement en *tuk-tuk* ou à moto.

Bon marché (moins de 15 $)

Kampot Cabana (hors plan par A2, **29**) : *Andung Khmer Village. 086-768-050. • kampotcabana.pw • Après avoir traversé le nouveau pont, prendre à gauche au rond-point et continuer sur env 1,5 km. Fléché ensuite sur la gauche. Doubles avec sdb commune (eau froide).* L'allée en gravillons traverse un terrain soigné et distribue quelques bungalows simples, en bambou tressé, impeccables avec ventilo et moustiquaire. Elle conduit jusqu'à une terrasse en bois sur la rivière, idéale pour boire un verre peinard. Tout est mignon et bien entretenu. Très bon rapport qualité-prix et accueil aussi souriant que dynamique.

Srey Pou Mlob Dong Moit Prek (hors plan par A1, **30**) : *plus simple à trouver qu'à prononcer ! Après* Les Manguiers *(lire plus bas). À env 6 km du pont, côté gauche, pas d'enseigne de guesthouse, mais un panneau de loc de kayaks. Entre « bon marché » et « prix moyens ».* La maison familiale et traditionnelle des proprios cambodgiens jouxte quelques bungalows sur pilotis en bord de rivière, très simples avec salle d'eau, moustiquaire, draps fleuris et ventilo. Endroit paisible, animé par les caquètements de la basse-cour. Accueil gentil mais anglais limité.

Karma Traders (hors plan par A1, **30**) : *à 1 km au nord du nouveau pont, avt* Les Manguiers, *10-15 mn à pied du centre. 016-556-504. Dortoirs (4-8 lits) « bon marché » et doubles avec sdb (eau chaude) à « prix moyens » (fourchette basse).* Guesthouse qui a aménagé un *rooftop bar* sympa avec vue sur la campagne et la rivière. Music live en principe tous les mardis soir. Et s'il est trop dur de repartir, il restera peut-être de la dispo dans les dortoirs ou les chambres à l'écart, impeccables. Piscine bienvenue dans cet environnement encore un peu aride.

De prix moyens à plus chic (15-80 $)

Greenhouse (hors plan par A1, **31**) : *à env 7 km au nord de Kampot, sur la rive ouest de la rivière. 088-886-30-71. • greenhousekampot.com • Facilement accessible à vélo, moto ou tuk-tuk depuis Kampot. Du centre, traverser le nouveau pont et tourner à droite vers les rapides de Chhou. Au niveau d'un petit village, panneau sur la droite, suivre le joli chemin de terre à travers les vergers. Attention, les enfants de moins de 12 ans ne sont pas acceptés pour des raisons de sécurité (en bordure de rivière). Bungalows pour 2 « de prix moyens à chic » ; également pour 4 pers (lits doubles superposés). Resto ouv à tous 7h-21h « prix chic ».* L'une des meilleures adresses de la région. Pile en sentinelle d'un méandre de rivière, ce petit éden se niche dans une oasis de fleurs, de cactus, d'arbres et d'arbustes régionaux. Des bungalows en bambou tressé avec salle de bains privée ou pas, *deluxe* (plus de vue et d'espace, eau chaude) et familial. Ponton-terrasse idyllique en surplomb de l'eau... pour donner envie de faire un tour en bateau, en kayak ou du *paddle*, de se baigner ou de... ne rien faire du tout. Location de VTT et de scooters également. Le lieu est aussi un restaurant réputé qui propose une cuisine fusion franco-khmère, parfumée et authentique, autour du poivre, concoctée par un chef français. Fait aussi bar et sert un excellent *espresso* à l'italienne. Très bon accueil.

Les Manguiers (The Mango Trees ; hors plan par A1, **30**) : *prendre la latérite qui part à droite juste avt le nouveau pont. C'est au milieu des rizières, 2 km plus loin, au bord de la rivière. 092-330-050 ou 012-823-400. • mangokampot.com • On vient vous chercher gratuitement pour un séjour à partir de 2 nuits. Large gamme d'hébergements « de prix moyens à plus chic » pour 2 pers. Également des chambres pour 4 pers. Déj (menu fixe) env 8 $, dîner sur résa.* Idéal pour un séjour en famille. Les proprios franco-khmers travaillent pour une ONG qui finance du soutien scolaire aux enfants en difficulté. Vaste terrain avec un ensemble de jolis bungalows en bois disséminés sous les manguiers (on s'en doutait !). Au choix, bungalows sur pilotis, maisons avec ou sans salle de bains, jolies chambres avec salle de bains à partager. Plein d'activités : kayak, badminton, pétanque, ping-pong, jeux pour les enfants, bouquins, sorties en bateau. Prêt de vélos. Noter l'amusante traction avant, construite avec des pierres dans le jardin !

Champa Lodge (hors plan par A1, **30**) : *à env 3,5 km de Kampot. 092-525-835. • champalodge.com • Après* Les Manguiers *(lire ci-dessus), prendre à gauche la latérite qui traverse un paysage rural de tte beauté. Doubles « plus chic », mais réduc fréquentes sur leur site.* Dans un bel environnement campagnard, une adresse certes onéreuse, mais plutôt originale. Stéphane, un Flamand francophone a remonté ici 3 maisons traditionnelles khmères. La plus chère se trouve au bord de l'eau et face au coucher du soleil, les 2 autres ont vue sur les champs et sur le lever de soleil. L'une d'elle abrite au rez-de-chaussée 2 chambres moins chères mais plus classiques, avec douche privée à l'extérieur et bout de terrasse. Fait aussi resto (plats et barbecue khmers, ragoût à la bière belge, crabe sur commande...) et bar, avec un grand choix de bières belges, pas données, mais vous en trouverez difficilement ailleurs...

Sabay Beach (hors plan par A1, **30**) : *à env 7 km au nord de la* *ville, après* Les Manguiers, *2ᵉ moitié de parcours sur une piste défoncée à subir de préférence à moto, sinon accès possible en* tuk-tuk. ☎ *031-417-93-04.* ● *sabaybeach.com* ● *« De prix moyens à chic. »* Les jeunes proprios français ont fait leur nid au cœur d'une plantation de manguiers. D'où l'idée de profiter de cette végétation généreuse en construisant des cabanes dans les arbres desquelles on peut cueillir les fruits depuis sa terrasse. Elles sont conçues sur 3 niveaux. D'autres bungalows, moins chers, jouxtent la plage (artificielle) au bord de l'eau. On peut aussi venir y passer la journée : resto, bar et la rivière où on peut piquer une tête.

Où manger ? Où prendre un petit déj ?

L'animation se concentre autour du vieux marché, entre la rivière et les deux ronds-points. N'oubliez pas nos adresses aux proches environs (lire ci-dessus), certaines, comme la ***Greenhouse,*** étant vraiment superbes, voire exceptionnelles.

Bon marché (autour de 4 $)

|●| 🍸 ☂ ***Lemongrass*** *(zoom,* ***41****) : rue 728. Tlj midi et soir.* Sur une agréable petite terrasse fleurie, large choix de plats khmers et thaïs à prix très doux. Bons et bien servis. Patron cambodgien sympa qui manie très bien le *shaker.*

|●| ***Bokor Night Market*** *(plan A1,* ***50****) : accès par Riverside Rd. Tlj à partir de 17-18h, mais surtout animé le w-e.* Stands de cuisine de rue, plutôt bons et variés. Ambiance familiale grâce aux nombreux jeux pour enfants. L'autre *Night Market,* au rond-point du Durian *(plan B1),* qui peut valoir aussi une visite, présente moins d'intérêt sur le plan culinaire.

☕ **|●|** ***Delicious*** *(zoom,* ***51****) : dans le vieux marché. Tlj 7h30-16h.* L'occasion de siroter un café 100 % robusta en provenance du Mondulkiri, région du nord-est du Cambodge. Pour certains, il procure une sensation de douceur chocolatée : tout un programme ! Si vous êtes conquis, possibilité d'en acheter. Pâtisseries, snacks et quelques plats servis également.

Prix moyens (4-8 $)

|●| ☕ ***Epic Arts Café*** *(zoom,* ***42****) : derrière le vieux marché. Tlj 7h-16h. En principe, spectacle de danses traditionnelles sam soir 19h30 (10 $/pers).* Une adresse éthique, fondée pour réinsérer les personnes handicapées, notamment sourdes et muettes. Jolie salle et terrasse sous les arcades, plus une galerie à l'étage. On y vient dès le petit déj, excellent et servi toute la journée, avec café-poussoir, gâteaux, pancakes, *shakes...* On y revient le midi pour avaler de bons petits plats *world food* et quelques plats khmers. Vente d'artisanat équitable.

|●| ☕ ***Café Espresso*** *(plan B2,* ***43****) : route 33, à la sortie de Kampot en allant vers Kep. Mar-ven 8h15-16h, le w-e 9h-16h30. Fermé lun.* Dans un des derniers entrepôts de sel de Kampot. Décor aussi brut que branché avec canapés et tables en bois au milieu d'énormes sacs de grains. On s'installe pour un café régional torréfié et en vente sur place ou un petit déj à base de toasts ou d'*eggs benedict.* Le midi, sandwichs, salades, tacos, burgers, le plus possible à base de produits locaux. Créé par un Australien, géré par une Italienne.

|●| 🍸 ***Rusty Keyhole*** *(plan B2,* ***44****) : au sud de la ville, avt le port. Tlj 7h30-23h30.* Installé sur un ponton au bord de l'eau, le resto est connu pour ses *spare ribs,* servis copieusement aux expats et touristes, surtout anglo-saxons. Également du chili, des sandwichs, saucisses... Une autre enseigne dans le centre, vers *Sunbird (zoom,* ***45****).*

|●| ☕ ***Sunbird*** *(zoom,* ***45****) : 42-44, rue 726. Tlj sauf mar 8h-15h30.* Petit café vintage à l'écart de l'animation, qui sert de bons petits déj, copieux et vitaminés, des gâteaux, quelques snacks aussi et des cocktails de fruits revigorants (pas donnés toutefois).

L'Auberge du Soleil *(zoom, **25**) : Kipling Lane. Tlj sauf lun soir 7h-22h. Résa conseillée le soir.* Cédric, venu du pays de Guillaume Tell, a apporté ses racines dans cette maison coloniale jaune comme le soleil. Il propose donc, pour changer du régime khmer, des plats suisses, tels raclette, fondue au fromage et röstis (galettes de pommes de terre râpées nature ou fourrées). Également de la fondue bourguignonne (minimum 2 personnes). Pourrait être un peu plus copieux. Accueil avenant. Il loue aussi 3 chambres (voir « Où dormir ? »).

The Fishmarket *(zoom, **46**) : Riverside Rd. 012-728-884. Tlj 11h-23h. « De prix moyens à chic. » Attention aux 10 % de taxes ajoutés sur l'addition.* L'ancien marché aux poissons de la ville accueille désormais un resto plutôt chic à la déco étudiée. On peut aussi venir boire un verre face à la rivière, carrément tentant au coucher du soleil.

Mea Culpa *(plan B2, **24**) : voir « Où dormir ? « De prix moyens à chic ». Tlj midi et soir jusqu'à 21h30.* Pour les amateurs de bonnes pizzas cuites au feu de bois, servies en 2 tailles.

Mittapheap *(plan A-B1, **47**) : 107, rue 713. 012-330-105. Face à l'angle nord-est du marché. Tlj jusqu'à 20h.* Pour une pause après le marché. Resto sino-khmer typique, dont la grande salle sert aussi de salon familial. Tout est là : la tenancière à l'air sévère, les nombreux gamins, les carrelages blancs et les grandes tables syndicales. Menu en anglais. Spécialités de fruits de mer et de crabe au poivre vert... mais aussi des *fried noddles* et *rice* pour faire baisser l'addition. Accueil sans fioritures.

Simple Things *(zoom, **48**) : 54, Old Market. Tlj sauf mer 8h-22h.* Café qui délivre une nourriture saine, souvent bonne, servie dans une salle tout en longueur... un peu comme le service. Cours de yoga *(payant)* et méditation. L'adresse connaît son petit succès.

L'Épi d'Or *(zoom, **49**) : rue 724, à l'angle. Tlj 7h-19h.* Boulangerie française avec de bonnes viennoiseries et pâtisseries... à prix parisiens. Pour les nostalgiques en fonds.

Où boire un verre ? Où écouter de la musique ?

Le Camp'Potes Bar *(zoom, **61**) : 34, rue 726. Tlj sauf dim 17h-22h.* Dans le quartier animé, une petite enclave francophone tenue par Jean-Jacques, originaire d'Antibes et amoureux des îles. Au programme, pastis et une sacrée sélection de rhums arrangés aux saveurs locales. Sympa pour l'apéro, si vous avez envie de papoter avec les expats du coin.

Oh'Neil's *(zoom, **62**) : sur le quai. Tlj 17h-minuit min (3h le w-e)...* Un pub tenu par un Irlandais, donc une valeur sûre pour ceux qui veulent boire jusqu'au bout de la nuit. Quand tout est fermé ailleurs, c'est le point de ralliement. Bonne musique de fond.

Bars sur les bateaux *(zoom) : amarrés le long de Riverside Rd.* Sympa au coucher du soleil.

Achats

FarmLink *(hors plan par A1, **70**) : de l'autre côté de la rivière ; après le nouveau pont, tourner à droite, c'est la 2e maison sur la gauche. ☎ 033-690-23-54. 092-952-486. • farmlink-cambodia.com • Lun-ven 7h30-11h30, 13h30-16h30. Visite guidée gratuite.* Une société fondée en 2004 par un Français, Jérôme Benezech, et désormais gérée par Sébastien Lesieur, qui aide les petits producteurs locaux à structurer la filière de commercialisation du fameux poivre de Kampot (lire le paragraphe consacré au poivre dans l'introduction de la ville). Au cours de la visite, on peut notamment voir les artisanes trier et équeuter les grains, avec une dextérité qu'on ne peut acquérir qu'après des années d'expérience. Une visite instructive. Achat possible sur place.

Dorsu (zoom, **60**) **:** *35, Old Market St. 017-326-617. • dorsu.org • Tlj 10h-19h.* Cette ONG à but lucratif emploie des locaux selon une charte éthique (et finance une école). Production de vêtements classiques en coton-jersey de qualité, en partie issus du recyclage. Possibilité de visiter leur fabrique à la sortie de Kampot, sur la route de Kep (près du *Café Espresso*) qui propose un peu plus de choix : *077-224-982 ; tlj 8h-17h.*

Kampot Pepper Shop (zoom, **71**) **:** *Old Market St. Tlj 8h-20h.* Vente de poivre certifié en provenance de la *Bo Tree Farm.* Dans l'arrière-boutique, on peut voir les femmes trier les grains.

Indochina Gecko Shop (zoom, **72**) **:** *Old Market St. Tlj 8h30-22h (9h-21h en basse saison).* Sous la boutique de souvenirs conventionnelle bien remplie, on peut dénicher quelques curiosités, comme ces *magnets* dont on se demande si la collection n'est pas privée, des photos anciennes, tirées au format carte postale pour certaines... Il faut fouiller pour trouver son bonheur, qui sait ?

À faire

Spa, massages

■ **Seeing Hands Massage 5** (zoom, **62**) **:** *entrée discrète face à la rivière, entre le* Bokor Mountain Lodge *et le* Rikitikitavi *et à côté de* Oh'Neil's. *012-328-465. Tlj 8h-23h.* Vous aurez le choix entre 7 massages différents. Ces « mains qui voient », efficaces et relaxantes, appartiennent à des masseurs non voyants, pour la plupart. Pas cher.

■ **Banteay Srey** (Women's Spa ; hors plan par A1, **80**) **:** *33, Tuek Chhu Rd. 012-276-621. Tlj sauf mar 11h-19h.* Réservé aux femmes ! Là encore, un business éthique, soit un spa destiné à insérer les femmes cambodgiennes en difficulté, formées par un personnel qualifié. Toute une gamme de massages à l'huile de coco, à 2 ou 4 mains, gommage *(body scrub)*... Tarifs fort abordables. Également des cours de yoga. Terrasse sur la rivière pour boire un verre ou manger des plats végétariens.

■ **Golden Hands Massage** (zoom, **82**) **:** *5, rue 726. 017-855-200. Tlj 10h-23h.* Massages à l'huile ou façon khmère, aromathérapie, pédicure et manucure. Tout pour se refaire une santé et une beauté.

À voir. À faire

En ville, rien de particulier, à part les ronds-points kitschissimes et, plus sérieusement, les jolies maisons coloniales issues d'une autre époque, dont l'ancienne maison du gouverneur transformée en ***musée*** *(plan B2)* sur l'histoire de la région de Kampot et son peuplement : des origines aux Khmers rouges en passant par la période du protectorat français. *Ouv en principe mar, jeu 15-18h et w-e 8h-11h, 15h-18h.*

Les 2 sites suivants se trouvent de l'autre côté de la rivière, au sud de Kampot, sur l'île de Treuy (« l'île des poissons » ou « l'île des pêcheurs ») reliée à la rive ouest par un pont. L'idéal est de louer un vélo, un *tuk-tuk* ou une moto :

Wat Treuy Koh (hors plan par A2) **:** *du centre de Kampot, après avoir traversé le nouveau pont, prendre à gauche au rond-point et continuer sur env 2 km.* Beau complexe monastique situé au bord de la rivière qui confère au lieu charme et sérénité. En tout, trois temples autour desquels on déambule paisiblement, un bassin de lotus (pas très propre) avec, au bout, un kiosque qui incite à la méditation. Dans le jardin, des scènes sculptées naïvement évoquent la vie de Siddharta, sa découverte de la souffrance et son illumination. À voir aussi près de l'entrée, la longue pirogue abritée sous un hangar utilisée pendant les fêtes.

Balades dans les marais salants (hors plan par A2) **:** *après Wat Treuy Koh. Se renseigner auprès de son hébergement pour l'accès. Déconseillé en période de mousson.* Magnifique balade qui permet de découvrir des rizières et des marais salants, après avoir pédalé 3 ou 4 km à peine. Y aller de préférence en fin d'aprèsmidi. Très photogénique.

DANS LES ENVIRONS DE KAMPOT

Pour les amateurs de balade à vélo ou à moto, jolie campagne au nord-ouest, du côté de nos adresses aux environs (voir plus haut), avec vergers, rizières, rivière... Ne pas manquer non plus les grottes, le lac secret et les plantations de poivre – dont on parle plus haut, dans les environs de Kep, « Sur la route de Kampot ».

Balades sur la rivière : *pour la sunset cruise, départ vers 16h le long de Riverside Rd retour aux alentours de 18h. Rens auprès de votre guesthouse. Compter env 5 $/pers.* C'est un peu l'usine (certains bateaux embarquent jusqu'à 50 personnes, voire plus, avec plusieurs arrêts pour faire monter d'autres passagers : difficile de profiter du coucher de soleil). Certains organisent la sortie plus tard pour aller admirer les lucioles et les planctons bioluminescents *(prévoir env 10 $/pers),* pas toujours visibles cela dit. Une bonne option (mais plus chère) : *Love the River* *(📱 016-627-410)* cette agence gérée par un Allemand propose des balades guidées en bateau *(max 6 pers)* au lever (7h-9h) et au coucher du soleil (à partir de 15h). Temps de baignade compris. Environ 17-20 $/pers selon le nombre de passagers. Départ devant la *Greenhouse Guesthouse.*

Teuk Chhou (hors plan par A1) **:** *à env 9 km au nord de la ville. Entrée : 2 $.* Depuis la construction d'un barrage, ces modestes rapides ont encore perdu de leur intensité. Reste un endroit populaire auprès des Cambodgiens qui viennent pique-niquer en famille sous les kiosques tendus de hamacs au bord de la rivière. Bien agréable. Quelques boutiques sur place pour se sustenter.

Le Bokor : *à 38 km de Kampot en direction de Sihanoukville. Après 20 km, une route en lacet grimpe sur 18 km. Très sympa à faire à moto ou moto-dop (env 20 $ la ½ j.) ; n'envisagez même pas un tuk-tuk, ça monte raide ! Sinon, louer les services d'un taxi (env 30-40 $). Quant aux agences qui proposent des packages, sachez que bien souvent les minivans sont en retard et blindés. Pas l'idéal, donc. Selon la saison, prévoir un pull, il peut y faire frais.*
Lancée à l'époque du protectorat, cette station d'altitude et ancienne plantation de thé marque l'extrémité abrupte de la chaîne de montagnes de l'Éléphant, qui prolonge au sud celle des Cardamomes. Depuis la route, ce relief semble surgir de nulle part, comme si quelque géant s'était pris les pieds dans le tapis terrestre. Au-delà de sa topographie et de la fraîcheur de l'altitude, la vue depuis le sommet (par temps dégagé) constitue le sel de cette excursion. En contournant par la gauche l'hôtel-casino jaune (de 600 chambres !) et en

LES FORÇATS DE LA ROUTE

Gaston Doumergue, alors ministre des Colonies, décida, en 1917, de construire une station d'altitude au Bokor pour soigner les colons européens souffrant de maladies tropicales, et éviter ainsi des rapatriements coûteux pour l'État. Pour finir le plus vite possible les 32 km de route, on abusa de la main-d'œuvre locale : des milliers de forçats cambodgiens travaillèrent sur le chantier pendant 6 ans. Plus de 1 000 d'entre eux périrent de la malaria et de conditions de travail indignes. Marguerite Duras l'évoque dans Un barrage contre le Pacifique. *En 1926, le député Marcel Cachin porta le scandale devant l'Assemblée nationale.*

prenant ensuite à droite, on parvient au bout de 2 km au ***Wat Sampov Pagoda,*** un complexe bouddhique encore actif, composé de 3 beaux temples, édifiés en bordure de falaise. Des différentes terrasses, vue incroyable sur la plaine et le golfe de Thaïlande, encore plus beau au coucher du soleil (mais attention au retour de nuit, peu conseillé).

Plus loin, le ***Bokor Palace,*** un chef-d'œuvre Art déco en péril, abandonné pendant la 2de Guerre mondiale, puis sous Lon Nol. Ses immenses salles aux murs grisâtres (qui furent criblés de balles khmères rouges et vietnamiennes avant la « rénovation ») servirent de décor de film d'épouvante dans la scène finale de *City of Ghosts,* de Matt Dillon, avec Gérard Depardieu. Brrr ! Il entame aujourd'hui une nouvelle vie après avoir été transformé en hôtel de luxe. Juste avant, on sera passé devant l'anachronique église catholique désaffectée sur fond de graffitis khmers, vietnamiens et anglais. En principe, on complète le tour du plateau par la ***cascade de Popokvil,*** à 10 km au nord de l'hôtel-casino jaune. Elle est impressionnante surtout en saison des pluies.

Aujourd'hui, le grand projet d'aménagement du *tycoon* Sok Kong, patron de la *Sokimex,* société pétrolière également en charge de l'exploitation touristique d'Angkor, dénature peu à peu le site. Pas sûr que la nostalgie soit encore de mise dans quelques années...

SIHANOUKVILLE (KOMPONG SOM) — 200 000 hab.

• Plan d'ensemble et zoom Otres *p. 154-155* • Zoom centre *p. 157*

Situé à 230 km au sud de Phnom Penh, le 1er port du Cambodge est aussi la plus grande station balnéaire du pays. Au milieu de cette anarchie immobilière et touristique, on trouve néanmoins de belles et longues plages de sable fin – malheureusement pas toujours bien propres – et, à quelques encablures, des îles – Koh Ta Kiev, Koh Rong et Koh Rong Samloem – d'ailleurs devenues des destinations à part entière.

À Sihanoukville même, le gros des troupes est constitué de touristes, additionnés le week-end d'expats et d'estivants khmers venus se prélasser à l'ombre des filaos et des cocotiers. Mais la physionomie de la ville change très rapidement sous l'impulsion des investisseurs chinois qui font de Sihanoukville leur nouveau Macao. Partout dans le centre, émergent de massifs casinos (interdits aussi bien aux Cambodgiens qu'aux étrangers !) et des tours (que l'on voit depuis Koh Rong Samloem, l'île d'en face !). Même Otres Village et Otres 1 sont peu à peu engloutis sous les flots de béton. Les commerces plient bagage les uns après les autres. Quelques adresses résistent, mais pour combien de temps ?

– ***Attention pendant la saison des pluies*** (juin-octobre), et notamment au cours des derniers mois, il peut pleuvoir toute la journée et pendant de nombreux jours. Pas drôle !

Arriver – Quitter

Par la route

Gare routière *(plan d'ensemble, B1) : à env 1 km d'Independence Sq et à env 6 km d'Ochheuteal Beach (env 4 $ en tuk-tuk).* Taxis collectifs pour Phnom Penh et bus.

– Pratique : les compagnies disposent de bureaux au centre-ville. Pour quelques dollars supplémentaires, le bus peut vous prendre à votre hôtel. En revanche, à l'arrivée, les bus s'arrêtent tous à la gare routière. On vous rappelle que les compagnies les plus sûres sont *Giant Ibis et Mekong Express*. D'autres compagnies, que nous ne souhaitons pas recommander, desservent des destinations telles que Siem Reap et Battambang, villes qui ne sont donc pas mentionnées ici. Sinon, renseignez-vous sur le trajet avant de partir auprès d'autres voyageurs, regardez bien l'état des véhicules et évitez, quand c'est possible, les trajets de nuit.

■ ***Giant Ibis*** *(zoom centre, A2-3,* ***4****) : 2 Thnou St.* ☐ *089-999-818. • giantibis.com • Tlj 7h-21h.*

■ ***Mekong Express*** *(zoom centre, B1,* ***12****) : Omui St (☐ 012-257-599 ; • cat mekongexpress.com •)* et ***Capitol Tour*** *(zoom centre, A-B1,* ***1****) ☎ 034-934-042 ou (☐ 011-600-943 ; Ekareach St, avt la station Caltex en venant d'Ochheuteal).*

■ ***Golden Bayon*** *(zoom centre, A2,* ***5****) : 2 Thnou St, quasi au rond-point aux Lions.* ☐ *089-283-737. • bayonvip.com •* Compagnie récente.

■ ***Sorya*** *(zoom centre, B2,* ***2****) : 2 stations en ville sur Ekareach St, une dans le grand virage et l'autre après la station Caltex en venant d'Ochheuteal, un 3e sur Independance Sq (plan d'ensemble A-B1). ☎ 034-933-888.* ☐ *081-908-055 (résa). • ppsoryatransport.com.kh • Résa en ligne possible.*

Liaisons avec :

➢ ***Phnom Penh :*** 4 minivans/j. avec *Giant Ibis* (mat et début d'ap-m). 8 bus/j. avec *Sorya* (7h30-17h45), une dizaine avec *Capitol* (7h-17h15), 7 bus/j. avec *Mekong Express* et 5 minivans avec *Golden Bayon* (7h15-14h30 au départ de Sihanoukville, 15h30 de Phnom Penh). Trajet : env 4h.

➢ ***Koh Kong :*** en général 1 bus le mat, avec *Sorya*. Trajet : env 4h.

➢ ***Kampot et Kep :*** en principe, les bus pour Ha Tien (voir plus bas) s'y arrêtent. 1 minivan/j. avec *Giant Ibis* et 2 minibus/j., avec *Sorya*. Durée : env 2h30. Également des minibus avec les compagnies *Kampot Tours* et *Rith Travel* (voir la rubrique « Arriver – Quitter » à Kampot). Viennent vous chercher à votre hébergement.

➢ ***Siem Reap :*** 1 bus de nuit avec *Giant Ibis*. Durée : 10-12h.

➢ Liaisons pour le ***Vietnam*** et la ***Thaïlande*** (voir « Arriver – Quitter » en début de guide).

🚐 ***Taxis collectifs pour Kampot*** *(zoom centre, B1) : juste en face du marché Psaar Leu, dans le centre-ville.* Trajet : env 1h30.

En train

🚂 ***Gare ferroviaire*** *(plan d'ensemble, B1) :* ☐ *099-222-544 (quelques mots d'anglais). Rens (fiche horaires) et achat des billets possibles directement à la gare, en principe tlj 7h-17h ou en ligne • baolau.vn •*

➢ ***Phnom Penh via Kampot et Takeo :*** au départ de Sihanoukville, seulement 1 départ sam tôt le mat, 2 le dim et 1 le lun mat. Depuis Phnom Penh, 1 départ le ven ap-m, 1 le sam mat et 2 le dim. Davantage pdt les fêtes locales et, de temps à autre, 1 départ supplémentaire en semaine – se renseigner. Durée : env 7h jusqu'à Phnom Penh, 2h pour Kampot et 5h pour Takeo.

En avion

✈ ***Aéroport de Sihanoukville*** *(hors plan d'ensemble par D2) : • kos.cambodia-airports.aero • À env 20 km de la ville, sur la route de Kampot (20 mn de trajet).* Bureau de change (taux moyen, service *Western Union*) et distributeur de billets. Pour rejoindre la ville, taxi dans l'enceinte de l'aéroport ou *tuk-tuk* à l'extérieur.

➢ ***Siem Reap :*** 1-2 vols/j. avec *Cambodia Angkor Air (☐ 023-66-66-788 ; • cambodiaangkorair.com •)*, mais aussi 1 vol/j. avec la récente *JC Airlines* en Airbus A320 *(• jcairlines.com •)* et, en principe, 3 fois/sem avec *Sky Angkor Airlines* en Airbus A320 et A321 *(☎ 063-967-300 et 023-217-130 ; • skyangkorair.com •)*. Durée : 1h.

➢ ***Pour Bangkok, Ho Chi Minh-Ville*** et ***Kuala Lumpur,*** se reporter à la partie « Arriver – Quitter » en début de guide.

Adresses utiles

9 Consulat du Vietnam (B1)

Où dormir ?

23 Don Bosco Guesthouse & Hotel School (C2)
30 Lim Hour Bungalows et Relax Bungalows (zoom Otres)
32 Sunset Lounge Guesthouse (C2)
33 Otres Orchid (zoom Otres)
34 Jin Resort et Om Home (zoom Otres)
35 Mama Clare's B & B (zoom Otres)
37 Secret Garden (zoom Otres)

Où manger ?

32 Sunset Lounge Guesthouse (C2)
43 New Beach Restaurant (A1)
50 Sam's Beach Bar (zoom Otres)
51 Papa Pippo (zoom Otres)
53 Sok Sabay (zoom Otres)

Achats

60 Tapang (zoom Otres)

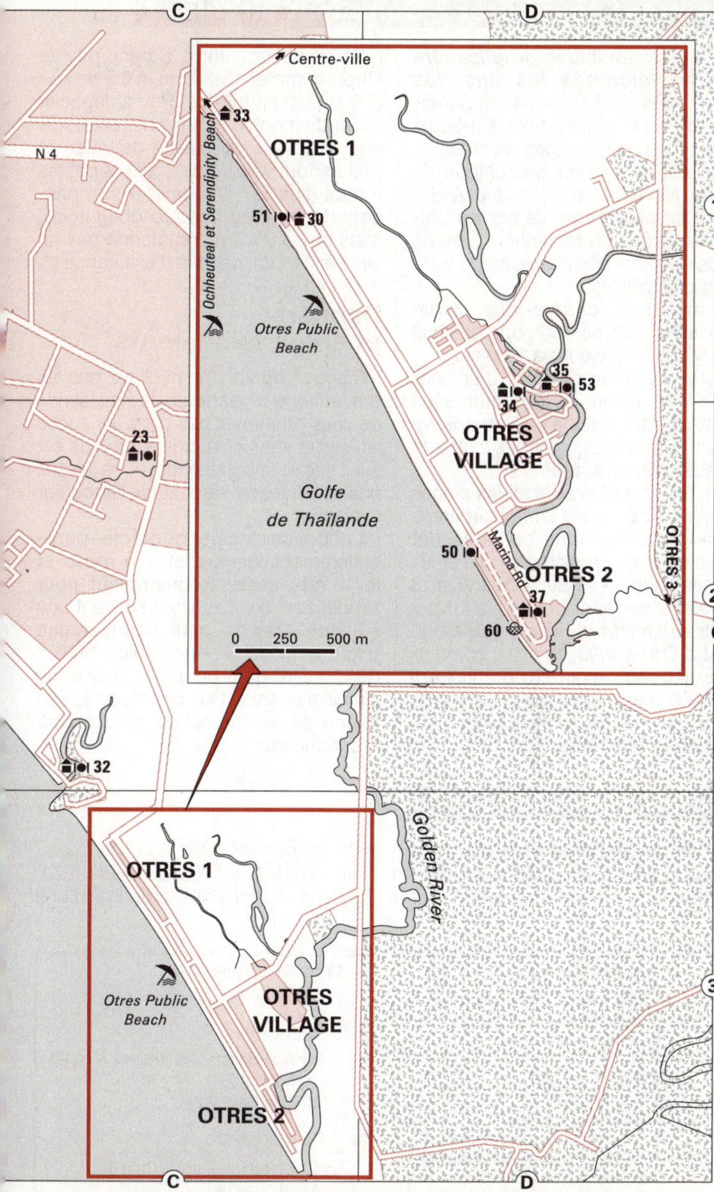

SIHANOUKVILLE – Plan d'ensemble et zoom Otres

Comment se repérer ? Comment circuler ?

La ville est constituée de ***plusieurs quartiers éloignés les uns des autres*** : près de 8 km séparent Serendipity d'Otres. L'ensemble s'articule autour d'une péninsule accidentée.

– Au nord, le quartier anarchique de ***Victory Hill*** *(plan d'ensemble A-B1)* de plus en plus plébiscité par les Chinois et où sévit la prostitution. Il borde paradoxalement des plages assez tranquilles et familiales.

– Au milieu, le ***centre-ville*** *(zoom B1-2),* sans charme, regroupe pas mal de services et quelques adresses.

– Au sud, au rond-point orné d'un couple de lions *(zoom A2-3),* commence la zone architouristique de ***Serendipity*** (la mal-nommée...), quartier animé le soir, puis d'***Ochheuteal.***

– Enfin, encore plus au sud, les plages d'***Otres 1 et 2*** *(zoom Otres)* séparées par la plage publique commencent aussi à subir la pression chinoise et les activités proposées sur Otres. 2 et 3 pourraient, par effet domino, s'arrêter du jour au lendemain. Téléphonez avant. Quant à ***Otres Village,*** où la communauté néobaba avait élu domicile, il est peu à peu racheté par des investisseurs chinois qui y construisent tours et casinos en nombre.

– *Se déplacer :* entre Serendipity et Otres, compter 15-20 mn et 6 $ de jour (7 $ la nuit) en *tuk-tuk.* Prix à négocier avant de monter. Moins cher en *motodop.* Bien sûr, possibilité de louer un peu partout vélos (env 2 $/j.) et petites motos (env 5-7 $/j. ; laisser son passeport ; port du casque obligatoire, mais on ne vous recommande pas de circuler à moto, car pas d'assurance...).

Dangers et enquiquinements

– ***Risques de vol :*** ne négligez pas les précautions d'usage et de bon sens : ne vous promenez pas dans les zones isolées et sans éclairage – qui plus est avec sac et appareil photo –, ne laissez pas vos affaires sans surveillance sur la plage...

– La police locale apprécie particulièrement les touristes ***à moto*** et les arrête assez fréquemment pour simple contrôle... Et il y a souvent une « bonne » raison pour flanquer une petite amende, « négociable » autour de 1 $. Dire qu'on n'a pas plus et ne jamais s'énerver. On vous rappelle que le port du casque est obligatoire pour le conducteur.

Adresses et infos utiles

ℹ ***Office de tourisme et police touristique*** *(zoom centre, A3) : Serendipity Rd, dans un kiosque rond et vert, tt en verre, partagé avec la police touristique. ☎ 016-635-599 et 010-240-074. Tlj 7h-22h.* Office privé, propriété d'une

Adresses utiles

- ℹ Office de tourisme et police touristique (A3)
- **1** Capitol Tour (A-B1)
- **2** Sorya (B2)
- **3** SmartShop (B1)
- **4** Giant Ibis (A2-3)
- **5** Golden Bayon (A2)
- **6** Pharmacie Santepheap (B1-2)
- **7** Seeing Hands Massage 3 (B2)
- **10** Scuba Nation (A3)
- **11** The Dive Shop (A3)
- **12** Mekong Express (B1)
- **13** Speed Ferry Cambodia et Pharmacie Chamroeun Chanlida (A3)
- **14** CT Polyclinic (A1)
- **15** Mottah (A1)

Où dormir ?

- **22** Don Bosco Guesthouse & Hotel School (B1)
- **25** One Derz (A2)

Où manger ?

- **40** Starfish Bakery & Café (B1)
- **44** Sandan (A2)
- **45** Chamkar Spei (A2)

Achats

- **44** Tapang (A2)

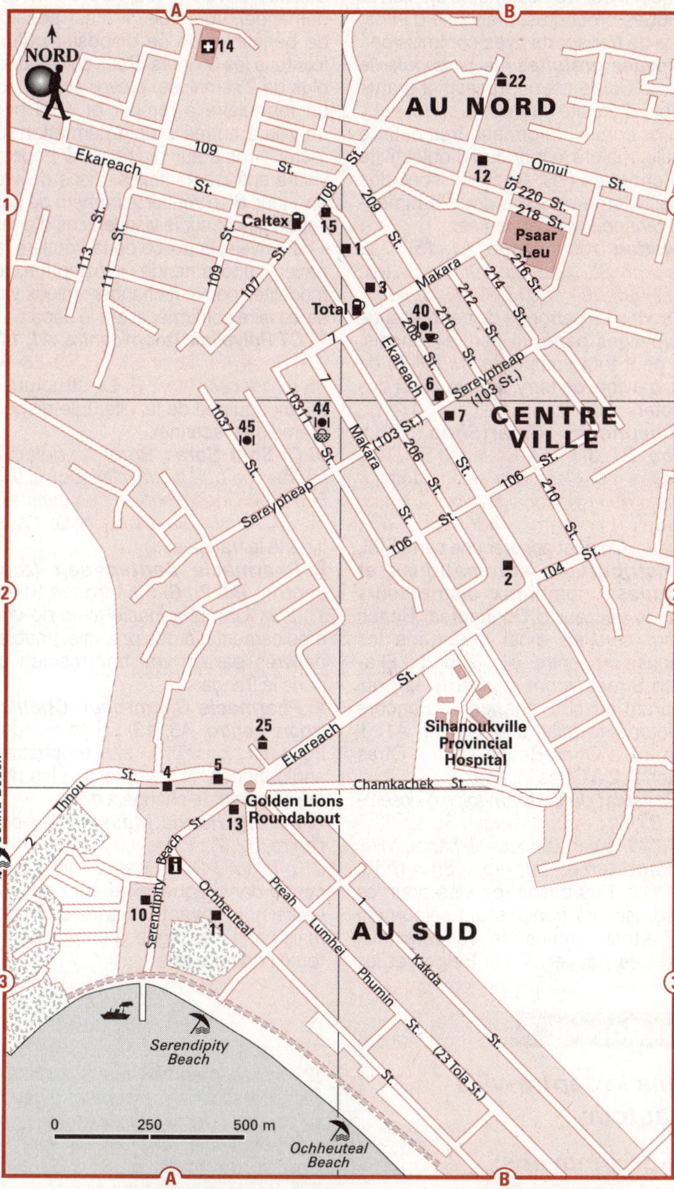

SIHANOUKVILLE – Zoom centre

agence. Il délivre néanmoins un plan et quelques brochures, mais peu d'infos. Vente de transports avec commission.

■ ***Revues gratuites :*** le *Sihanoukville Visitors Guide* est un trimestriel gratuit doublé d'un site internet *(• canbypublications.com •)*. Informatif, très détaillé et utile, malgré le manque d'objectivité des critiques (les adresses sont des pubs). Même principe pour le bimensuel *Sihanoukville Advertiser.*

■ ***Mottah*** *(zoom centre, A1,* ***15****) : 193 Ekareach St, face à la station* Caltex. *012-996-604 et 015-996-678. • mottah.com •* La patronne de cette agence de voyages parle un peu le français. Elle peut tout vous obtenir : billets de bus, d'avion, de ferry, et loue aussi des scooters.

■ ***Téléphone – SmartShop*** *(zoom centre, B1,* ***3****) : 137, Ekareach St. Dans le centre-ville, face à la station* Total, *à gauche de la* National Bank of Canada Group. *Lun-sam 7h30-20h, dim 8h-16h).* On peut acheter une carte SIM.

■ ***Distributeurs automatiques et banques :*** nombreux distributeurs dans le secteur d'Ochheuteal Beach *(zoom centre),* ainsi que dans les banques du centre-ville, le long d'Ekareach Street *(zoom centre, B1-2),* qui assurent aussi le change ; ou encore à Victory Hill *(plan d'ensemble, A1).* Il y en a 2 à Otres Beach 1, un à Otres Beach 2, 2 à Otres Village.

■ ***Consulat du Vietnam*** *(plan d'ensemble, B1,* ***9****) : 302, Ekareach St. ☎ 034-934-039. • vnconsulate-shihanoukville.mofa.gov.vn • Lun-ven 8h-11h30, 14h-17h.* Pas besoin de visa pour les ressortissants français qui séjournent au Vietnam moins de 15 jours (aux dernières nouvelles, les Belges et les Suisses devaient toujours en faire la demande). Toutefois, il n'est possible de bénéficier de ce dispositif qu'une fois tous les 30 jours. Pour un séjour de plus de 2 semaines, prévoir une photo, un formulaire à remplir et 40 $ pour un visa à entrée simple permettant de rester 1 mois sur place, 70 $ pour un visa à entrées multiples. Visas délivrés en 1 jour. Bien vérifier le numéro de passeport inscrit sur le visa (en cas d'erreur – ça arrive –, la police de la frontière fait payer « une amende »). Attention, les modalités peuvent changer : mieux vaut se les faire confirmer avant le départ.

■ ***CT Polyclinic*** *(zoom centre, A1,* ***14****) : 47, Borei Kamakor St, 089-88-66-66 (urgences 24h/24).* La structure la mieux équipée de la ville. Elle dispose même d'un scanner.

■ ***Dr Som Sara :*** *Borei Kamakor St (même rue que la polyclinique). 012-845-223. Consultation à son cabinet tlj 7h-8h, 11h30-13h et à partir de 17h30.* Il parle le français.

■ ***Pharmacie Santepheap*** *(zoom centre, B1-2,* ***6****) : Ekareach St. Tlj 7h-20h.* Une pharmacie avec de vrais médicaments, à des prix raisonnables, délivrés par un vrai pharmacien qui parle le français.

■ ***Pharmacie Chamroeun Chanlida*** *(zoom centre, A3,* ***13****) : près du rond-point aux Lions. Tlj 9h-22h.* Propriétaires anglophones. N'accepte que les riels, mais bureau de change à côté.

■ ***Seeing Hands Massage 3*** *(zoom centre, B2,* ***7****) : Ekareach St. 012-799-016. Tlj 8h30-21h. Compter env 7 $.* Un centre dans lequel exercent des masseurs non voyants. Cadre sommaire mais bons massages, à un prix défiant toute concurrence.

Où dormir ?

Dans le centre-ville et autour

De prix moyens à chic (15-50 $)

Don Bosco Guesthouse & Hotel School *(zoom centre, B1,* ***22,*** *et plan d'ensemble, C2,* ***23****) : pour la 1re adresse, prendre Omui St en face de Caltex et tourner rapidement à gauche au panneau dans la ruelle étroite ; pour la 2de, continuer dans Omui St sur 5 km, c'est sur la droite. 087-919-834 et 016-679-526 respectivement. • donboscoguesthouse.com • donboscohotelschool.com • Pour l'*Hotel School, *mieux vaut être motorisé ; sinon, transfert gratuit sur résa ; navette gratuite* *vers la ville et les plages 3 fois/j. Compter respectivement 15-20 $ et 30-60 $ selon confort, petit déj en sus.* Fondée par une congrégation catholique italienne, cette école hôtelière (couplée à une école technique) propose les services d'un hôtel en permettant aux jeunes Cambodgiens d'acquérir une formation. À la *guesthouse,* modeste mais centrale, dans un quartier populaire (avec « bars à hôtesses », autant être prévenus !), chambres propres et carrelées (dont 2 familiales). Possibilité de prendre ou de se faire livrer petit déj et repas (sans oublier les glaces, bien sûr !) chez *Gelato Italiano,* le resto de l'école à 2 rues de là. On peut aussi profiter de la piscine de l'*Hotel School,* à 5 km, siège de l'école hôtelière. Là-bas, chambres plus confortables, mais sans fantaisie (sauf les *deluxe* avec jacuzzi, les plus chères). Resto avec buffet midi et soir (cuisine khmère et occidentale). Pas donné, mais les profits sont réinvestis dans des programmes éducatifs. Cette adresse soutient l'action de *ChildSafe,* qui s'engage à fournir aux enfants un environnement protégé.

À Sokha Beach, Ochheuteal Beach et Serendipity Beach

Bon marché (moins de 15 $)

■ ***One Derz*** *(zoom centre, A2,* ***25****) : dans une impasse donnant sur le rond-point aux lions. ☎ 096-339-00-05. • onederz.com • Dortoirs 6-8 lits, mixtes ou pour filles. Petit déj et repas possibles.* En retrait dans une impasse, à environ 30 m du rond-point, une bonne surprise que cette auberge de jeunesse qui propose d'agréables dortoirs de plain-pied, articulés autour de la petite piscine (on a un peu l'impression d'être un poisson dans un bocal, mais elle a le mérite d'exister !). Tous avec clim, casiers, loupiotes et prises électriques. C'est moderne, lumineux, un poil confiné, bien propre, fonctionnel ; et l'atmosphère est sympa. Accueil efficace.

De chic à plus chic (30-80 $)

■ |●| ***Sunset Lounge Guesthouse*** *(plan d'ensemble, C2,* ***32****) : à l'extrémité est d'Ochheuteal Beach. ☎ 0977-340-486. • sunsetlounge-guesthouse.com • Doubles à prix « chic » et bungalows « plus chic ». Plats à « prix moyens ».* Cadre verdoyant et impeccablement tenu. Devant chaque chambre, un pan de soie fasseye comme autant de voiles multicolores. Une idée simple et réussie qui, en plus d'ombrager et d'abriter des regards le rêveur dans son hamac, donne un petit cachet. Aucune chambre n'a malheureusement de vue sur la rivière. On parle du café-resto dans la rubrique « Où manger ? ».

Plus au sud, à Otres Beach 1

À environ 5 km du rond-point aux lions. Compter 4-5 $ en *tuk-tuk.*

De prix moyens à chic (15-50 $)

Nos adresses se trouvent en léger retrait de la plage (maximum 20 m à pied !), et à proximité les unes des autres.

■ ***Lim Hour Bungalows*** *(zoom Otres,* ***30****) : ☎ 093-334-446. • kannikatan2012.blogspot.fr • Doubles avec sdb (eau froide), moustiquaires et ventilo à « prix moyens ».* Tenues par une famille cambodgienne, les chambres sont réparties dans 2 bâtiments tout en longueur et qui se font face. Les chambres sont simples, mais correctes pour le prix. Billard.

■ ***Relax Bungalows*** *(zoom Otres,* ***30****) : en face du resto* Pippo. *☎ 016-996-626. • relax_bungalows@yahoo.com • Doubles avec ou sans AC « prix moyens » limite « chic ». Pas de petit déj.* Des chambres carrelées et propres dans un bâtiment en longueur. Bien placé, aussi proche de la plage aménagée que de la vierge plage publique *(long beach).* Et une piscine pour varier les plaisirs (pas fréquent dans cette gamme de prix).

Otres Orchid *(zoom Otres, **33**) : 017-877-692. • otres.orchid@yahoo.com • Doubles avec sdb « prix moyens » limite « chic ».* Une petite adresse au style khmer avec une série de bungalows en canne et feuilles de palme, plutôt agréables. Tous avec mobilier en rotin, balcon et eau chaude. Jardin plein de plantes. Bon accueil.

Otres Village

Otres Village, ancien refuge baba, est malheureusement devenu un vaste chantier piloté par les Chinois. Combien de temps résisteront les quelques adresses encore ouvertes ? Mieux vaut les contacter avant de s'y rendre, car la période est incertaine. Compter env 20 mn à pied pour rejoindre la plage.

De bon marché à prix moyens (moins de 30 $)

Jin Resort *(zoom Otres, **34**) : dans la rue qui mène au marché. 096-858-10-59. • jin.otres@gmail.com • Doubles à « prix moyens ».* Un hébergement-resto tenu par Christian et Elisa, frère et sœur italiens de Ligurie, accueillants et disponibles, qui parlent un peu le français. Une poignée de bungalows ventilés simples et récents (bon, il manque un chouïa de pression dans les douches), avec terrasse, semés dans un jardin très verdoyant. Espace resto-bar agréablement arrangé. Et la cuisine d'Elisa n'est pas en reste, à accompagner d'un joli choix de jus frais.

Om Home *(zoom Otres, **34**) : Market Str. 070-642-526. À env 15 mn à pied de la plage. Doubles à « prix moyens ».* Spacieux et bien entretenu, voici en bref ce qui caractérise ce *Om Home* géré par Deima. Sympa et dynamique, la jeune Lituanienne parle le français, ce qui ne gâche rien. Au menu, des bungalows ventilés et quelques chambres climatisées et spacieuses, mais trop impersonnelles. Un frigo collectif, eau chaude solaire, eau et café à volonté. Un petit bar, et un vaste espace commun, en fait une terrasse couverte. Une adresse bien au calme, avec restos et bars dans les rues voisines. Vraiment un bon rapport qualité-prix.

Mama Clare's B & B *(zoom Otres, **35**) : 097-690-2914. Doubles avec sanitaires communs à « prix moyens » ; petit déj en sus.* Quelques maisonnettes en bois et en hauteur, genre cabanes dans les arbres, dont 2 au bord de l'eau. Bon accueil de la pétillante Mama Clare, qui gère tout toute seule, en plus d'accueillir un groupe d'enfants pendant une partie de la journée, histoire qu'ils ne soient pas livrés à eux-mêmes. Si son implication locale vous intéresse, elle vous en dira plus !

Otres Beach 2

Après la plage publique, à 8 km de Sihanoukville (du centre, environ 6 $ en *tuk-tuk*, 7 $ le soir). C'est plutôt le coin des hôtels de charme...

Très chic et plus (à partir de 80 $)

Secret Garden *(zoom Otres, **37**) : juste avt* Tamu. *097-649-5131. • secretgardenotres.com • Double 110 $, petit déj inclus. Resto « de prix moyens à chic ». CB acceptées (+ 2,5 %).* L'autre adresse de charme. Une petite série de bungalows en dur avec toits de « chaume » local, dans un jardin doté d'une piscine. Jolie décoration avec quelques touches traditionnelles et coffre en bois. Tout le confort moderne, mais pas de TV : ici, on regarde la mer ! Spa. Paillote-restaurant avec un staff local et australien. Sandwichs, salades, plats asiatiques et occidentaux, plus un menu qui change 2 fois par semaine.

Où manger ?

Là encore, compte tenu de tous les bouleversements induits par l'implantation chinoise, mieux vaut se renseigner pour savoir si l'adresse visée existe encore.

Dans le centre-ville

Bon marché (moins de 4 $)

|●| ☕ ***Starfish Bakery & Café*** *(zoom centre, B1, **40**) : prendre la ruelle très étroite juste à droite du supermarché Samudera. 📱 012-952-011. Tlj 7h-17h.* La cour de cette ancienne maison coloniale abrite plusieurs espaces, qui, tous, permettent à des personnes handicapées de travailler. Un café, une boutique d'artisanat, et un salon de massage *(7 $/h)*. Les bénéfices sont reversés à la fondation qui mène différents projets auprès de personnes défavorisées (accès aux soins et à l'emploi, purification d'eau...). Bien pour joindre l'utile à l'agréable, du petit déj (pancakes et pains à emporter, dont le *brown rice bread*) au déjeuner (sandwichs, salades, *mezze*).

|●| ***Chamkar Spei*** *(Cabbage Garden ; zoom centre, A2, **45**) : rue 1037. 📱 015-444-663. Tlj 9h-23h.* Resto populaire et familial. On ne se déplace pas pour le cadre (un vaste hangar), mais pour des plats bien cuisinés sans esbrouffe (poisson entier à la vapeur ou frit) à prix local. Très apprécié des Cambodgiens.

De prix moyens à chic (4-13 $)

|●| ***Sandan*** *(zoom centre, A2, **44**) : rue 10311. ☎ 034-452-40-00. Tlj 11h30-22h (dernière commande). Happy hours 16h-19h. Danses traditionnelles par les enfants le sam en hte saison 19h-21h.* Encore un beau bébé de l'ONG *Friends,* avec un excellent resto doublé d'une belle boutique de souvenirs *(Tapang* ; voir « Achats »). Dans cette ancienne et traditionnelle maison en bois, on déguste des plats tout en finesse, comme le traditionnel *amok*, ou du crabe. Tables basses ou classiques, en bas ou sur le balcon. Carte des vins.

À Ochheuteal Beach et Serendipity Beach

Le soir, les bars-restos de Serendipity Beach et d'Ochheuteal Beach proposent des ***barbecues de poisson bon marché.*** Atmosphère intime, à condition que les baffles du bar voisin ne s'excitent pas trop...

Prix moyens (4-8 $)

|●| ***Sunset Lounge Guesthouse*** *(plan d'ensemble, C2, **32**) : voir plus haut « Où dormir ? ». Plats à « prix moyens ».* Le café-resto bien clean et convivial se prolonge, bien sûr, le long de la plage. Dans l'assiette, de bons plats khmers ou occidentaux à la présentation soignée, à déguster devant une plage bien entretenue de ce côté-là. Beau choix de cocktails.

Victory Hill et Victory Beach

Prix moyens (4-8 $)

|●| ⛱ ***New Beach Restaurant*** *(plan d'ensemble, A1, **43**) : au nord de Victory Beach, resto du* New Beach Hotel. *☎ 034-933-818.* Pour les curieux, les égarés, avant que le quartier ne soit entièrement englouti sous le béton chinois, voici juste une terrasse très simple qui surplombe la mer, face à l'île aux Serpents et un pont devenu inutilisable... Cuisine de qualité constante, orientée poissons et fruits de mer. Également une carte chinoise. Sa réputation n'est plus à faire, et les Cambodgiens y viennent en famille le dimanche. Très calme le reste du temps...

Otres Beach

De bon marché à chic (jusqu'à 13 $)

|●| ***Sam's Beach Bar*** *(zoom Otres, **50**) : au tt début d'Otres 2, côté plage. « Bon marché. »* Quoique pas spécialement engageante, la petite adresse s'est fait un nom avec son barbecue, servi tous les soirs. Également un petit déj toute la journée et quelques plats khmers. Et puis, comme dit Sam, le patron, « free swimming pool » juste en face... La mer, quoi !

Loue également des chambres rudimentaires.

Papa Pippo (zoom Otres, **51**) : *à Otres 1. Pizzas à emporter jusqu'à 2h du mat, tlj sauf lun. « Prix moyens ». Musique live le jeu soir.* Une chouette paillote sur la plage, avec parasols et transats. Chez Pippo, on sert de bonnes pizzas, mais aussi des *piadine,* une sorte de pita italienne (de Romagne) que l'on fourre de charcuterie, fromage, etc. Également des pâtes, bien sûr, sans quoi l'Italie ne serait plus l'Italie. Possède aussi l'*Amarèina,* sur la route avant la jonction pour Otres Village, une autre bonne adresse du secteur.

Otres Village

Prix moyens (4- 8 $)

Sok Sabay (zoom Otres, **53**) : *016-406-080. Tlj 7h-21h30 (dernière commande). « Prix moyens » limite « chic ».* Cadre harmonieux sous une grande paillote en bois au bord d'un étang. À la carte, la cuisine khmère (amok, poisson aux bananes, fruits de mer au poivre de Kampot...) jouxte des plats d'inspiration méditerranéenne, mais aussi des salades et des burgers pour satisfaire tout le monde. Succès oblige, l'attente peut se faire un peu longue. Prévoir l'antimoustiques.

LE CAMBODGE

Où boire un verre ? Où sortir ?

À Otres 1 et 2, toutes nos adresses signalées dans « Où dormir ? » et « Où manger ? » font aussi bar. Nombreux ***bars-restos installés en bord de plage,*** bien sûr. Parfois quelques animations. Quelques DJs et concerts sympa... Le reste du temps, le ***Straycats,*** juste à côté du resto *Green Lantern (zoom Otres, **52**),* tenu par de jeunes Français, distille une bonne ambiance. Musique live de temps en temps.

Achats

Tapang *(zoom Otres, **60** et zoom centre A2, **44**) : respectivement devant Secret Garden sur Otres 2 et au resto Sandan dans le centre-ville (voir « Où manger ? »). Tlj 11h-21h.* Émanations de l'ONG *Friends,* cette boutique propose une jolie petite collection de vêtements, sacs et pochettes. Idéal pour faire ses emplettes sans trop se ruiner, tout en rendant service à des tas de familles et à leurs enfants, qui peuvent ainsi aller à l'école...

Les plages

Plusieurs plages, chacune a sa propre atmosphère. Avant de vous jeter à l'eau, une précision : les Khmers se baignent habillées ; mesdemoiselles et mesdames, évitez donc le topless !
Le sable est fin et d'une belle blondeur, mais il faut parfois ne pas être trop regardant sur sa propreté... Notez qu'on peut rarement relier les plages entre elles.
Toutefois, le tableau est aujourd'hui flouté par les Chinois, qui ont trusté plusieurs terrains en bord de mer et édifié de grands ensembles d'une trentaine d'étages. C'est le cas de la zone près d'***Independence Beach*** (après Hawaï Beach ; *plan A2*) de **Serendipity Beach** et d'**Ochheuteal Beach**, aujourd'hui désertées autant par les Cambodgiens que par les touristes.

Du nord au sud et du plus calme au plus « festif »...

Hun Sen Beach *(hors plan d'ensemble par A1) : à 5-6 km au nord de la ville, proche de la zone portuaire et des villages de pêcheurs.* Jolie plage, très prisée des familles le week-end, peu touristique et plutôt bien entretenue. Emporter son pique-nique, pas de resto sur place.

Victory Beach *(plan d'ensemble, A1)* **:** plage familiale aux abords aménagés, un ensemble de paillotes et quelques hôtels au bord de l'eau. Malheureusement peu entretenue.

Hawai Beach *(plan d'ensemble, A1)* **:** face à l'île aux Serpents. Plage familiale et populaire, fréquentée le week-end par les Cambodgiens. Toute une ribambelle de petites paillotes-gargotes les pieds dans l'eau. Pas mal de déchets en tous genres sur la plage. Et la vue est quelque peu mitée par le pont (en travaux) qui relie l'île aux Serpents à Sihanoukville, dommage.

Sokha Beach *(plan d'ensemble, B2)* **:** bordée par des bungalows à clientèle chinoise en majorité, quelques bars et gargotes. Plage propre, beau sable blanc, pas mal pour le farniente.

Otres Beach *(zoom Otres)* **:** *à env 4 km au sud d'Ochheuteal Beach, par une route goudronnée à l'intérieur des terres. En tuk-tuk, compter 5 $ l'aller pour Otres.* Sable blanc et site propice à la baignade. La plage s'étire sur 2 à 3 km, et se trouve scindée en 3 parties.
– À Otres Beach 1, on trouve pas mal de nos adresses à prix raisonnables. Noter qu'en principe les bungalows construits côté plage devraient disparaître, mais pas ceux de l'autre côté du chemin, ni les bars et les restos les pieds dans le sable, sauf imprévu toujours possible...
– La 2e partie est une plage publique propre, où les constructions sont rigoureusement interdites. En revanche, de grosses constructions émergent sur les terrains à l'arrière. Une poignée de filaos permettent de se protéger du soleil, mais ils sont pris d'assaut, alors mieux vaut arriver de bonne heure.
– Enfin, la 3e partie, Otres 2, est bordée d'hôtels plus chics, avec bars et restos sous des paillotes agréables. Ambiance plus calme qu'à Otres 1.

Secret Beach : *sur Otres 3, env 500 m après La-Oh-Park (voir plus loin « À faire »).* Une plage encore peu fréquentée qui offre un coucher de soleil d'anthologie.

À voir. À faire

Psaar Leu *(zoom centre, B1)* **:** *Makara St. Tlj 7h-17h30.* Ambiance bien typique. Tous produits, de l'alimentation aux vêtements, et différents artisans-commerçants qui travaillent sur place dans de microscopiques échoppes : orfèvres, coiffeurs, couturières...

Wat Leu *(plan d'ensemble B1)* **:** *accessible par une côte plutôt raide en moto-dop ou « super tuk-tuk ».* Point culminant de Sihanoukville, le temple est perché à 130 m d'altitude. D'un côté, il surplombe la campagne et un bouddha assis face à un bassin ; de l'autre, du haut de la terrasse, la ville (et ses chantiers), puis la mer. Endroit paisible.

Shipyard and fishing ports *(le chantier naval et les petits ports de pêche ; hors plan d'ensemble par B1)* **:** à environ 1 km au nord de Victory Beach, après le *ferry dock* (containers et file de camions), petit chantier naval et port de pêche au niveau du panneau « Royal Port ». 2 km plus loin, au niveau de la pêcherie *(fishery)*, autre port de pêche *(nop rolok)*.

Balades à cheval : *avec **Liberty Ranch,** à Otres 3. 097-257-0187. • libertyranch-sihanoukville.com • En attendant qu'une piste/route relie Otres 2 à 3, il faut passer par l'intérieur des terres en partie sur une piste en latérite en assez bon état.* Mais compte tenu de tous les changements sur la région, bien vérifier que le ranch existe encore avant de se déplacer.

LE CAMBODGE

Débutants bienvenus. Sorties à cheval dans la campagne environnante ou sur la plage ; on peut même nager avec les chevaux !

Stand Up Paddle : *sur la plage d'Otres 2. 096-322-82-76. • sup-otres-beach.com • Nov-mars seulement, sur résa.* Location à l'heure ou excursions à la journée ou demi-journée qui combinent différentes activités : paddle, *snorkelling,* nage au milieu du plancton bioluminescent, marche dans la jungle... Les jeunes Français à l'origine du projet proposent même des cours de yoga sur la planche (on a bien dit sur la planche et non sur la plage) : chiche !

Plongée

Elle se pratique essentiellement de novembre à avril. Plusieurs spots intéressants pour tous niveaux, comme les îles de *Koh Rong Samloem* et *Koh Rong* (excursion d'une journée) ou, plus loin : *Koh Tang* et *Koh Prins.* Excursions de plusieurs jours ou *snorkelling* à la journée également possibles. Compter dans ce cas 25 $/personne (palmes, tuba, boissons et casse-croûte inclus) pour une excursion d'une journée depuis Sihanoukville. Sachez que plus vous plongerez à proximité de la côte, moins la visibilité sera bonne (la déficience en termes de retraitement des eaux usées en serait la raison principale).

■ ***Scuba Nation*** *(zoom centre, A3, **10**) : dans la rue qui descend vers Serendipity Beach, sur le côté droit (à env 100 m de la plage). 012-604-680. • divecambodia.com • Baptême 110 $ la journée en mer ou 105 $ pour une remise à niveau.* Centre PADI très sérieux et réputé (un des plus anciens clubs de la ville), tenu par Gerard, Néerlandais et l'un des plongeurs les plus qualifiés du Cambodge. Plongée, cours et *snorkelling.* Dispose en principe de 2 instructeurs français.

■ ***The Dive Shop*** *(zoom centre, A3, **11**) : Ochheuteal Beach Rd, entouré de casinos. ☎ 034-933-664. 097-723-2626. • diveshopcambodia.com • Baptême env 95 $; pour confirmés env 80-90 $ la journée avec 2 plongées (repas inclus).* Centre PADI également, de bonne réputation, avec plongées et formations, parfois encadrées par des instructeurs français. Propose aussi du *snorkelling.* Également un bureau sur l'île de Koh Rong Samloem.

DANS LES ENVIRONS DE SIHANOUKVILLE

Koh Ta Kiev : *au sud d'Otres Beach, face au Ream National Park. Boat trip à la journée, mais on y trouve aussi quelques hébergements (les contacter pour les transferts). En bateau collectif (ferry), depuis Otres Beach, compter 45 mn et env 15 $/pers A/R. Ou en long tail boat organisé soit par votre hôtel, soit par un propriétaire de bateau sur les plages d'Otres.* C'est l'île la plus proche de Sihanoukville (environ 10 km). C'est aussi la plus petite des îles accessibles dans les environs. Elle mesure 28 km^2, abrite aujourd'hui – outre un village de pêcheurs et un terrain militaire – une poignée d'hébergements. Elle ressemble à un petit paradis par rapport aux îles de Koh Rong et de Koh Rong Samloem, de plus en plus fréquentées et aménagées (voir plus loin), à condition de savoir apprécier des conditions d'hébergement sommaires (électricité quelques heures dans la journée, pas de wifi ni d'eau courante, sanitaires communs) et une fréquentation plutôt hippie. Pas mal de bateaux déversent des petits groupes de touristes en saison, mais la plupart repartent en fin de journée. C'est le dimanche qu'on y trouve le plus de monde.
Concernant les belles plages de sable fin, on a préféré celle du sud (moins fréquentée, donc plus propre) plutôt que celle de l'ouest...

Les déchets sont un vrai problème sur les îles comme sur la côte, qu'ils soient rejetés par la mer ou abandonnés par les touristes ou les structures touristiques. Sans compter qu'il faut – théoriquement en tout cas – les réexpédier sur le continent. Certaines adresses offrent une bière à qui remplit un sac de déchets, alors tchin !

L'ombre d'un rachat par un investisseur qui projette l'aménagement d'hébergements haut de gamme plane sur l'île...

Crusoe Island : *côte ouest. 093-54-92-39. • crusoeislandbar@gmail.com • Leur bateau part tlj d'Otres 1 à 11h. Hamac 2 $/pers, tente « bon marché » et bungalow pour 2 à « prix moyens ».* Le nom et les bouts de bois flottés récupérés et peints pour indiquer telle ou telle direction donnent le ton. Petit espace commun qui s'articule autour du feu et de bancs de fortune. Les hébergements sont disséminés au fil d'un chemin qui longe l'eau. On peut louer un hamac (avec moustiquaire), une tente avec matelas et oreillers posée ou non sur une plate-forme de bois, des bungalows – sans porte – dont un avec des w-c ou une petite salle de bains, un autre avec une petite plate-forme privée au-dessus de l'eau. Couple khméro-australien épaulé par la famille cambodgienne de madame. Atmosphère sympa et bohême.

Ten 103 Treehouse Bay : *côte ouest. 097-943-7587. • ten103-cambodia.com • Bateau vers Sihanoukville à 9h. Hamac avec moustiquaire 3 $; 35 $ le bungalow avec sdb.* Ten 103 ? Un nom en référence aux points de latitude et longitude de l'hébergement. L'adresse la plus excentrico-hippie du lot, ponctuée de bons mots peints sur des panneaux de bois, où l'on vient plus pour l'atmosphère musicale (forte) que pour le rapport qualité-prix de l'hébergement. Four à bois (le pain aussi est maison du coup) et cuisine méditerranéenne appréciée. Agréable espace commun avec des coussins moelleux.

LE CAMBODGE

Ream National Park *(hors d'ensemble par D2) : rens au* Ream National Park Headquarter, *à env 20 km ; prendre la route de Kampot, le bâtiment se trouve juste en face de l'aéroport. 016-328-882. Tlj 7h30-17h. Possibilité de balades à pied de 1h30 en compagnie d'un ranger (mais tous ne parlent pas l'anglais), pas trop difficile mais prévoir de bonnes chaussures (compter env 8 $/pers), en bateau (2h ; prévoir 35 $ pour un bateau, 1-5 pers).* Site de 21 000 ha offrant un paysage varié : mangroves, plages (malheureusement, pas toujours propres), bancs de coraux, quelques petites îles. Très riche par la diversité de sa faune (et de sa flore). *Un barrage contre le Pacifique,* le film de Rithy Panh, avec Isabelle Huppert, adapté du roman de Marguerite Duras, a été tourné dans le coin. Malheureusement, un consortium chinois a confisqué toute la partie sud du parc, celle où l'on pouvait croiser les dauphins justement. Et puis, les balades archibalisées ne permettent plus d'apercevoir grand-chose, même depuis la tourelle de 12 m de haut. Du coup, la visite du parc a grandement perdu de son intérêt, d'autant plus si le guide ne parle pas l'anglais. En revanche, on conseille de faire une pause, voire de dormir à l'adresse suivante :

Monkey Maya : *dans le parc, à env 10-11 km du Park Headquater. 078-760-853. • monkeymayaream.com • Dortoir « bon marché » ; doubles à prix « chic ». Pas de clim et eau froide. Plats à « prix moyens ». Pas de wifi.* Ambiance sereine sur cette agréable terrasse en hauteur, cernée par la végétation, avec l'océan qu'on devine juste derrière. Au menu, *mezze,* salades et plats khmers, malais et méditerranéens. Pour une pause plus longue, on a le choix entre deux types de bungalow : ceux en bois, plus rustiques, qui accueillent jusqu'à 4 personnes, et ceux en dur pour 2, adossés à la forêt et plus chauds du fait de leur large baie exposée plein sud. Mais tous sont tournés vers la mer, dont on profite depuis la terrasse. Le *resort* organise des sorties en kayak dans la mangrove et la possibilité de nager avec le plancton bioluminescent.

KOH RONG ET KOH RONG SAMLOEM

Une quinzaine de petites îles s'égrènent à quelques encablures de Sihanoukville. Nature sauvage, végétation luxuriante, récifs coralliens, belles petites plages de sable où se disputent cocotiers et filaos. Longtemps resté oublié, ce chapelet d'îles suscite désormais un véritable engouement touristique.
Si certaines îles ont été privatisées, comme *Koh Pos* (« l'île aux Serpents », la plus proche de Sihanoukville, cédée à des Russes) et *Koh Russei* (« Bamboo Island », cédée à un groupe haut de gamme), d'autres font l'objet d'une concession accordée à de grands groupes qui louent les terrains à de petites structures hôtelières (nos adresses indiquées plus loin). Cependant, ces groupes de luxe pourraient un jour remettre en question les structures modestes et bâtir de vastes complexes touristiques. Ce pourrait être, un jour, le cas de *Koh Rong,* la plus grande. À ne pas confondre avec *Koh Rong Samloem,* sa petite sœur plus au sud, pour l'instant plus calme et plus familiale.
Sur ces îles, pas vraiment de villages, ni routes, ni voitures, ni électricité (à part les groupes électrogènes ou les panneaux solaires). Le wifi, comme les portables, passe plutôt mal. Tant mieux. Voici un cadre (presque) idéal pour le farniente. Pas grand-chose d'autre à faire, d'ailleurs, si ce n'est se balader à pied pour découvrir les côtes désertes, ou moins fréquentées, et plonger pour admirer la faune et la flore sous-marines avec palmes ou bouteille...

Arriver – Quitter

Tous les bateaux partent de Sihanoukville, mais à une fréquence aléatoire (bateaux parfois en réparation, annulations si la météo est mauvaise, etc.). Hors saison, nettement moins de liaisons. ***Se renseigner sur les horaires la veille ou le jour même du départ.***

Bon à savoir

– Certains *resorts* possèdent leur propre bateau, notamment à Koh Rong, dans la baie de Sok San. Au moment de la résa, poser la question et bien se faire préciser l'embarcadère.
– À ***Koh Rong Samloem,*** il existe 4 débarcadères qui s'égrènent le long de la longue plage (2,7 km). En principe, on fait coïncider la compagnie de bateau, qui possède un débarcadère attitré, avec son hébergement pour ne pas avoir à marcher trop longtemps dans le sable chargé de bagages. S'ils sont prévenus, certains hôtels « chic » peuvent venir récupérer leurs clients au débarcadère.
– ***L'état de la mer :*** elle peut être ***dangereuse en toute saison.*** En cas de gros temps, les compagnies annulent, accumulent du retard et, parfois, prennent des risques pour écouler le flux de voyageurs bloqué d'un côté comme de l'autre (plus de passagers que de sièges, conditions de navigation limites...). ***Ne jamais prévoir un vol international le jour même*** d'un retour d'une des îles.
– Notez qu'il est possible de prendre un ***slow ferry,*** mais pas forcément moins cher qu'un *speed,* et ils sont assurément moins nombreux. Intérêt limité.

Les compagnies de *speed ferries*

Infos et résa auprès des adresses ci-dessous ou en ligne sur • *bookmebus.com* • *visitkohrong.com* •

– ***Speed Ferry Cambodia*** *(zoom centre de Sihanoukville, A3,* ***13****) :*

Serendipity Rd, tt proche du rond-point aux lions, mêmes locaux que Koh Rong Dive Centre. ☎ 081-466-880 (à Sihanoukville) ; ☎ 093-227-867 (à Koh Rong) ; ☎ 096-666-29-10 (à Koh Rong Samloem). • speedferrycambodia.com • Compagnie plutôt ponctuelle.

– **Buva Sea :** *☎ 098-888-950 (à Sihanoukville) ; ☎ 016-888-960 (Koh Rong) ; ☎ 015-888-970 (à Koh Rong Samloem). • buvasea.com •* Moyennement ponctuel, mais dessert pas mal d'arrêts. Bateaux assez rapides par mer calme.

– **GTVC :** *☎ 069-221-234 et 017-338-821.* Similaire à *Buva Sea* en termes de ponctualité et de type de bateau.

– **Island Speed Ferry Cambodia :** *• islandspeedferry.com • ☎ 015-878-117-11.*

– D'autres compagnies ont vu plus récemment le jour, telle que **CC Blue Sea** : *• ccbluesea.com •*

➢ **Pour Koh Rong :** départ du quai de Serendipity Beach *(zoom centre de Sihanoukville, A3).* Selon les saisons, compter 17-25 $ l'A/R. Le retour est toujours réservé en *open ticket,* à confirmer la veille. Un conseil : éviter les places sans bâche si vous n'aimez pas l'eau...

Il existe plusieurs débarcadères :

– **Touch (ou Tui) :** *au sud de l'île.* C'est le débarcadère principal. Les 4 compagnies assurent chacune la liaison 3-4 fois/j., 8h-17h. Trajet : 45 mn-1h.

– **Long Set Beach :** *au nord-est de Touch. Buva Sea* s'y rend en principe 4 fois/j.

– **Sok San Bay :** *sur la côte ouest de l'île. Island Speed Ferry* propose 3 liaisons/j. (9h-15h) et *Buva Sea* 1/j..

– **Pour les autres plages** de Koh Rong : *Buva Sea et GTVC* s'arrêtent en principe à Coconut Beach (à l'est). Pour le reste, se renseigner auprès de son hôtel, qui soit assurera lui-même le transfert, soit vous demandera de prendre un *taxi boat* depuis Touch.

➢ **Pour Koh Rong Samloem :** embarcadère de Serendipity Beach *(zoom centre Sihanoukville, A3).* Toutes les compagnies proposent 3-4 traversées/j. Même temps de trajet, même tarif et même impératif de confirmation de retour que pour Koh Rong. Certaines font plusieurs stops : bien se le faire préciser, car il arrive aussi parfois (en cas de mer houleuse) qu'à Saracen Bay le bateau ne s'arrête pas à l'embarcadère prévu... celui près du logement réservé !

– **Saracen Bay :** *à l'est de l'île.* Pas moins de 4 débarcadères, du nord-ouest au sud-est de la baie : Freedom Pier, le plus abrité, c'est celui qui est utilisé par toutes les compagnies quand la mer est agitée, pas très pratique, car le plus éloigné ; Diamond Pier *(Speed Ferry Cambodia),* Orchid Pier, le plus central (*GTVC, Buva Sea* et, parfois, *Speed Ferry Cambodia*) ; Paradise Pier (ou Soon Noeng Pier : *Island Speed Boat* et parfois *Speed Ferry Cambodia*), le plus à l'est. ***Bien se faire confirmer*** par son hébergement ***l'embarcadère le plus proche*** et la compagnie à emprunter.

– **M'Pay Bay** *(prononcer « Mapaï »)* **:** *au nord de l'île. Speed Ferry Cambodia* assure 3 traversées/j. Prévoir 45 mn. À M'Pay, possibilité d'acheter ses tickets de ferry auprès de *Mango Lounge,* quasi face au débarcadère.

– **Entre Saracen Bay et M'Pay :** 2 fois/j., le mat et l'ap-m avec *Speed Ferry Cambodia.* Prix : env 5 $. Mêmes horaires avec *Island Speed Boat Cambodia.*

➢ **Entre Koh Rong (KR) et Koh Rong Samloem (KRS) :** moins de liaisons et toujours à confirmer sur place selon la météo. En principe, *Speed Ferry Cambodia* et *Island Speed Ferry Cambodia* proposent chacune 3 traversées/j. à bord d'un petit *speed boat.* Trajet : 20-45 mn selon les arrêts. Prix : 7 $. Noter que le billet acheté à Sihanoukville en *open ticket* sera valable pour le trajet retour de Koh Rong Samloem à Sihanoukville (à confirmer la veille auprès des bureaux des compagnies ou à l'*Orchid Guesthouse* de Saracen Bay pour GTVC). Noter aussi que si vous avez perdu votre ticket, il vous en coûtera env 12 $.

Un *long tail boat* entre les 2 îles revient à environ 40-50 $. À ne prendre que si la mer est calme.

Infos et conseils utiles

– ***Pas de banque ni de distributeur,*** évidemment. Prévoyez avant de partir.
– En haute saison, il est impératif de ***réserver à l'avance*** dans les adresses à prix moyens et chic indiquées plus loin, qui disposent d'un téléphone, voire d'un bureau à Sihanoukville. Pour les petites adresses pas chères, une seule solution : se dépêcher à l'arrivée du bateau !
– Attention, les prix indiqués augmentent, voire doublent facilement à Noël.
– ***Koh Rong Emergency :*** *096-243-26-17.* Association de médecins nord-américains bénévoles qui travaillent sur les 2 îles.
– Gare aux ***moustiques,*** aux punaises et aux puces des sables (prévoir un répulsif).
– Les bonnes connexions wifi sont rares ou très, très lentes... À Koh Rong, la meilleure connexion est celle du *Paradise Bungalows,* où l'on peut se contenter de boire un verre pour bénéficier du wifi.
– Si vous avez absolument besoin de téléphoner ou d'être joint, achetez plutôt une puce *Smart,* dont le réseau passe à peu près sur les 2 îles. En revanche, dans les adresses de la côte ouest de Koh Rong Samloem, seul l'opérateur *Metphone* fonctionne.
– Électricité fournie le soir par groupe électrogène (plus rarement par panneau solaire), généralement entre 17h et 2h du matin.
– À Touch (Koh Rong), ***quelques supérettes*** pour faire des emplettes de base.
– Enfin, attention aux drogues qui circulent, surtout à Koh Rong, et aux poudres magiques que certains esprits malveillants versent dans les verres des routards allumés et qui sont parfois coupées de substances très dangereuses...

Où dormir ? Où manger ? Où boire un verre ?

À Koh Rong

C'est la plus grande des deux îles. La majorité des adresses sont entassées sur la plage de ***Touch*** (ou Tuich ou Tui !), au sud-est, principal débarcadère. Ambiance très routarde, très festive, parfois un peu zone. Pour trouver un peu de calme, quelques adresses à l'écart, vers la droite de la plage, ou ***plus à l'est,*** vers les plages de Long Set Beach, Coconut Beach, Pagoda Beach qui se développent peu à peu ou carrément à ***Sok San Beach,*** sur la côte ouest...

➢ ***Se déplacer sur l'île :*** entre Touch et Sok San Beach, on emprunte soit des bateaux-taxis *(long tail boat)* par temps calme *(compter 1h et env 25 $ le bateau),* soit (en saison sèche seulement) des *moto-dops* par une piste à travers la jungle *(env 5 $/pers et 20 mn de moto, plus 10-15 mn de marche).* Possibilité de louer aussi une moto *(env 15 $/j.).* Entre Touch et les plages de l'est, bateaux-taxis seulement.

À Touch

De bon marché à prix moyens (moins de 30 $)

Petites *guesthouses* les unes sur les autres, sur la plage ou dans les ruelles à l'arrière sur la gauche du quai. Souvent des baraques en bois avec cloisons ajourées, très inégales, parfois très glauques ! Regardez-y à 2 fois avant de dire oui ou investissez dans une chambre double ailleurs...

Natural Lounge : *à gauche du débarcadère, tourner dans la 1re allée. À l'arrière du village. 069-541-177 ou 097-911-7799. • chhengphearin2014@gmail.com • Dortoir « bon marché », doubles avec sdb et familiale sans sdb à « prix moyens ».* Dans un beau bâtiment en bois assez récent, 2 dortoirs très corrects et de jolies chambres. Casiers à la réception. Resto en projet.

Vanna's Guesthouse : *à gauche du débarcadère, tourner dans la 2e allée (la même que pour la gargote Sigi's, plus connue), c'est à l'arrière du village. Doubles avec ventilo et douche commune « bon marché ».* Une baraque en bois proposant une dizaine de chambres correctes. Petite terrasse. On se sent un peu chez l'habitant.

Rising Sun : *à gauche du débarcadère.* Chambres très basiques, mais acceptables, au même prix avec ou sans vue.

Sea House : *sur le ponton où l'on débarque. 016-295-333. • seahouse96@gmail.com • Doubles avec ventilo, sdb commune, entre « bon marché » et « prix moyens ».* Une grande baraque en bois donnant directement sur l'eau, sympa, non ? Cela dit, préférer les chambres nos 5 et 6 pour en bénéficier vraiment. Sinon, vue depuis le resto-bar décoré de quelques fresques. Évidemment, on se prend le vent en pleine poire ! Bonne musique.

Coco Bungalows : *au milieu de la plage. Accès par le bar-resto côté quai. 018-963-96-96 et 081-565-682. • cocokohrong.com • Doubles sans ou avec sdb et vue, clim ou ventilo, « de prix moyens à chic ». 10 % de réduc à partir de 3 nuits.* Sur un terrain qui grimpe à l'arrière du village, donc un peu en retrait du bruit. Une série de chambres au confort différent sans vue mer mais donnant sur un jardin.

Monkey Island : *à droite, entre* Happy Bungalows *et* Paradise Bungalows. *• monkeyisland-kohrong.com • Résa à Sihanoukville, au resto* Monkey Republic *(voir coordonnées plus haut). Doubles sans ou avec sdb, prix « chic » pour une vue mer. Et chambres jusqu'à 5 pers. Resto « bon marché » limite « prix moyens ».* Un gros spot de routards très animé. Bungalows en matériaux locaux plutôt corrects, vue mer pour certains. Mais on y vient surtout pour l'ambiance qui règne au resto-bar sur fond de bonne musique. Bons petits plats khmers, thaïs et occidentaux, à arroser d'une bonne bière. Cool, *man...*

Sigi's : *à gauche du débarcadère, à l'arrière du village, tourner dans la 2e allée.* Une simple gargote composée de quelques planches pour s'asseoir autour de la cuisine ouverte. Plats thaïs réputés.

De plus chic à très chic (50-100 $)

Happy Beach Bungalows : *à droite. 060-877-000 ou 087-605-366. Doubles avec sdb (eau froide) « plus chic », « très chic » en hte saison pour celles avec vue. Pas de petit déj.* Bungalows en bois et feuilles de palme, un peu en retrait du front de mer. Tous avec moustiquaire, ventilo, coffre en bois et balcon. Pas donné, mais pas mal du tout. Plutôt calme.

Paradise Bungalows : *à droite, c'est le dernier de la plage. 0966-497-195. • paradise-bungalows.com • Tlj 7h30-22h. Résa possible à Sihanoukville chez* Casablanca Books, *Serendipity Rd (zoom centre, A3, **8**). Doubles allant de « plus chic » à « très chic » selon la vue et la proximité de la plage, une avec clim encore plus chère ; familiales 3-5 pers. Plats à « prix moyens ».* C'est l'adresse chic de la plage principale. Une série de bungalows répartis de façon un peu décousue en surplomb de la mer. Les moins chers avec pas ou peu de vue, dommage. Belle paillote *lounge* aménagée avec coussins et tables basses. Plats sans glutamate mais cuisine un peu chère et inégale. Bien aussi pour boire un verre et bénéficier d'une bonne connexion wifi.

Tree House Bungalows : *à droite, tt au bout de la plage principale, accès par un petit chemin. 015-755-594 et 070-934-744. • treehousebungalows.com • Bungalows dans la jungle ou en lisière de plage de « plus chic » à « très chic » selon la situation et le nombre de pers (2-4), et tree houses « plus chic ».* Prisé des routards pour son bar-resto face à une belle plage dorée devant la mer saupoudrée de rochers. Ceux qui veulent prendre de la hauteur iront nicher dans les arbres. Les autres crècheront dans un des bungalows en bois disséminés dans la forêt et équipés d'une salle de bains (heureusement, car certains sont plutôt éloignés), de ventilo et d'une moustiquaire (indispensable). Bonne ambiance.

Flopée de bars à droite du débarcadère.

À Sok San Beach

Cette baie splendide s'étire sur 7 km. Elle est bordée par une plage de sable blanc, léchée par des eaux turquoise, et reste aménagée uniquement dans son extrémité sud par un *resort* de luxe, éloigné de tout, au nord par un autre resort (plus modeste) et le tranquille village de Sok San.

Dans le village, une succession de bungalows simples et bon marché, ainsi que des restos, s'alignent de part et d'autre d'un chemin bétonné. Certains ont les pieds dans l'eau. Et ça continue plus modestement tout au bout, après le pont, avec pour l'instant juste quelques *guesthouses*.

Sok San Beach Resort : *partie nord de la baie, avt le village. Possède son propre bateau (à organiser au moment de la résa). 017-777-831 (résa) et 012-573-110 (réception). • soksanbeachresort.com • Doubles 120-170 $ selon taille et vue.* Idéalement situé sur la plage. Différents types de bungalows en bois, avec clim et eau chaude (rares dans le secteur), certains avec vue mer, plus ou moins spacieux. L'ensemble pourrait être mieux entretenu, surtout compte tenu des prix. Rapport qualité-prix médiocre donc. Bon accueil et service attentionné néanmoins. Organise quelques activités.

Eat, Pray, Love : *au bout du village de Sok San. 011-45-40-51. Tlj 18h30-21h30 (dernière commande).* Une adresse qui sort du lot, perchée sur pilotis face à la mer. Le chef italien fait tout lui-même : pâtes, pizzas, gnocchis dont on se régale sur une plaisante terrasse couverte.

Sur les autres plages

Lonely Beach : *à la pointe nord de l'île. 071-209-48-58 et 010-726-707. • lonely-beach.net • Transfert tlj du Royal Pier à Sihanoukville, en début d'ap-m (retour le lendemain mat) ; compter 3h de bateau et 20 $ l'A/R. Dortoir « bon marché », bungalows « prix moyens ». Sdb commune.* Une superbe adresse, totalement isolée, qui fait le bonheur des routards. Agréable dortoir aéré de style khmer, avec vue et moustiquaires. Avis aux routards fauchés et motivés : on peut parfois travailler ici en échange d'un lit, des repas et d'un peu d'argent de poche... Pour les budgets plus aisés, bungalows en matériaux locaux. Électricité solaire. Le tout entouré par la jungle et face à la plage, le rêve !

Tamu : *Pagoda Beach, à l'est de l'île, après Coconut Beach. 015-258-340. • tamucambodia.com • Pour l'accès, se rens au moment de la résa. Pour 2, prévoir 130-200 $ avec le petit déj.* Des tentes archiconfortables ont été aménagées sur cette belle plage pour chouchouter les adeptes du *glamping*. Salle de bains privée extérieure, clim et *king size bed* donnent vie à ce « camping glamour ». Elles sont disposées en front de mer ou au milieu des cocotiers. Les chambres en dur se situent, quant à elles, dans la jungle. Resto sur place. Et entre 2 pauses sur le sable blanc, possibilité de s'adonner au *snorkelling* dans les eaux transparentes de la baie. Une adresse splendide qui mérite son prix haut de gamme. Tenu par des Français.

À Koh Rong Samloem

C'est la plus petite des 2 îles. Plus calme, plus familiale... Plus venteuse aussi, ***Saracen Bay,*** la plage principale, accueille la majorité des adresses, nettement moins concentrées toutefois que sur la plage de Touch à Koh Rong. Pour les amateurs de robinsonnades, un autre chemin mène en 45-50 mn à pied à ***Sunset Beach*** sur la côte ouest (avec montées et descentes ; prévoir de bonnes chaussures, car plein de rochers dans la 2e montée) : une plage joliment orangée où se trouvent 2-3 adresses qui ont notre préférence, plus une annexe du club de plongée *The Dive Shop* (voir « Plongée » à Sihanoukville). Il est possible de demander à son hébergement un transfert en bateau. Se renseigner au moment de la résa.

Quant à ***M'Pay Bay,*** un petit village de pêcheurs au nord de l'île, il offre un bon compromis. Il accueille des *guesthouses* à prix raisonnables dans une ambiance encore tranquille, mais aussi quelques bars pour combler la soif d'une jeune clientèle.

– Notez qu'on trouve une petite ***pharmacie*** sur ***Saracen Bay*** : *tlj 7h-22h, un peu en retrait de la plage, avt* Lucky

Sun Restaurant. Peut dépanner en cas de petits bobos.

À Saracen Bay

De bon marché à plus chic

Les adresses pour petits budgets ont tendance à se ressembler : chambres rustiques avec ventilo, moustiquaire et salle de bains. Rien de très emballant et à prix toujours plus élevés que sur le continent.

The Beach Island Resort : *dans la partie nord de la baie. 068-470-198. Lit double en dortoir « prix moyens », bungalows sans sdb avec ou sans vue mer à « prix moyens ».* *Resort* pas très intime mais il propose, sur 2 étages (attention, escalier raide !), les plus grands dortoirs de l'île avec une armée de matelas à 2 places (si, si), moustiquaires, et salle de bains commune. Les bungalows, eux, sont un peu étranges, sortes de champignons recouverts de paille ; d'autres, en bois, en retrait de la plage se révèlent très basiques. Resto-paillote sur la plage.

Punleu Spa Rooms : *quasi au milieu de la baie. 088-217-77-72. Doubles avec sdb à « prix moyens ». Pas de petit déj.* Chambres en dur, basiques, perpendiculaires à la plage (pas de bol), mais du coup les prix se tiennent. Accueil gentil d'une famille cambodgienne à l'anglais limité.

Saracen Bay Resort : *Saracen Bay. 016-997-047. • saracenbay-resort-cambodia.com • Près de Diamond Pier. Résa conseillée. Doubles « plus chic », petit déj inclus. Plats « chic ».* Un des meilleurs rapports qualité-prix de Saracen Bay. Bungalows en bois, avec salle de bains en dur à l'arrière, terrasse et hamacs, plus la plage avec ses transats juste devant. Elle n'est pas belle la vie ? Le resto-bar se trouve sur un agréable ponton. Plats asiatiques et occidentaux servis avec le sourire.

Freedom Bungalows : *le plus au nord de la baie. 090-333-095 et 015-331-329. • freedombungalow.com • Doubles « plus chic » avec sdb, clim et petit déj. La longue enfilade de bungalows longe le chemin bétonné qui relie les 2 derniers embarcadères (Diamond et Freedom) ; l'accueil et le resto sont tt au bout.* Derrière des vitres fumées bleues (quelle idée !), s'ouvrent des chambres pas bien grandes mais très correctement équipées, voire presque charmantes, pour certaines, avec leur terrasse fleurie. Toutes ont vue sur la mer, ce qui au final en fait un rapport qualité-prix plutôt positif comparé aux autres.

Green Blue Restaurant : *quasi au milieu de la baie. « Prix moyens ».* Cette élégante paillote est tenue par une Australienne avenante. Au menu, des plats pour tous les goûts : turcs, khmers (amok végétarien !), en passant par les incontournables pâtes. Bonne atmosphère aussi bien le jour, face à la mer, que le soir, lorsque les tables et les profonds fauteuils en osier sont éclairés de lumières tamisées.

The Tree Bar : *quasi au milieu de la baie. Tlj 8h-1h du mat.* Tenu par de jeunes Cambodgiens, cette paillotte ronde sur la plage est le passage obligé pour écluser une bière, un cocktail ou un verre de vin à prix raisonnable tout en prenant quelques leçons de khmer. Serveurs très cool et bonne musique.

À Sunset Beach

Robinson Bungalows : *à 45 mn de marche ou transfert direct (sauf en saison des pluies) via* The Dive Shop *(voir « Plongée » à Sihanoukville) avec un bateau tlj le mat pour 20 $ l'A/R (2h30 par trajet). 088-454-6872. • robinsonbungalows.com • Doubles à « prix moyens ».* Une dizaine de bungalows en matériaux locaux, parfois un peu branlants, mais qui plairont aux Robinsons en herbe (enfin, en sable). Le tout au bord d'une jolie plage tranquille et généralement propre (les déchets apportés par les courants n'arriveraient qu'en basse saison...). Tous avec moustiquaire, balcon, hamac et électricité solaire (chouette, ni bruit ni pollution !). Et dans la cuisine locale, ni glutamate ni huile de palme. Beau coucher de soleil pour l'apéro. Tenu par un couple suisse cool.

À M'Pay Bay

Pas encore de gros *resorts* sur cette côte. Mais toutes les chambres possèdent au minimum ventilo, moustiquaire et – souvent – une salle de bains privée (avec eau froide).

Sunset Bungalows : *tt au bout, à droite du débarcadère, passer le petit pont. 086-682-546. • sunsetbungalowscambodia.com • Bungalows en bois à prix « chic » (fourchette basse) et en dur « plus chic ». Petit déj en sus. Plats à ts les prix.* Magnifiquement situé, au calme, avec un côté plus sauvage. Les bungalows, tout simples, alignent leur terrasse en front de mer (pas de plage), en lisière de jungle. Les plus chers disposent de la clim, de l'eau chaude et d'une bonne literie. On a un (gros) faible pour le resto et sa salle ouverte en demi-lune face à l'océan. Plats khmers, mais aussi thaïs et chinois. En prime, bon accueil de Thomas.

M'Pai Backpackers : *en retrait de la plage. 069-669-804. Facebook. Suivre la rue en face du débarcadère et à l'intersection, tourner à droite vers « The Cliff » ; c'est après le virage, sur la gauche. Pas de petit déj. Prix « bon marché ».* Dans une maison en bois, des chambres doubles basiques à l'étage, propres, avec salle de bains et d'un bon rapport qualité-prix. Accueil anglo-saxon sympa.

Big Moon : *à droite du débarcadère. 016-596-111. • mpaybay.com • Chambres sans ou avec sdb « de bon marché à prix moyens », petit déj en sus.* Les bungalows en bois sont plantés au fond d'un terrain, derrière le bar-resto du front de mer. Ils offrent un équipement correct avec une salle de bains et une terrasse tendue d'un hamac. Pour les budgets serrés, des chambres avec salle de bains commune.

M'Pay Bay Bungalows : *086-779-776. • samnarng16@gmail.com • À 50 m de la plage. Accès par la rue face au ponton ; c'est un peu plus loin sur la droite. Pas de petit déj. « Prix moyens » limite « chic ».* Quelques bungalows (pour 2-3 personnes) en dur, spacieux, posés dans un petit jardin presque coquet. Prévoir l'antimoustiques.

Fishing Hook : *même direction que* M'Pai Backpackers *(voir plus haut) et continuer à grimper, c'est sur la droite. « Prix moyens. »* Les routards ont flairé le bon plan et plébiscitent l'adresse aux plats généreux le midi, et surtout le buffet de poisson « *all you can eat* » le soir. Super ambiance et, de la terrasse, vue géniale sur la mer.

Dragon Fly : *un peu avt* Fishing Hook. Situation stratégique pour ce bar-resto avec, en bordure de falaise, une terrasse aménagée de gros fauteuils en osier face à l'océan. Idéal pour venir y boire un verre, notamment au coucher du soleil.

À voir. À faire

Pas grand-chose, si ce n'est se balader à pied pour découvrir les côtes moins fréquentées ou s'offrir un accrobranche au ***High Point Ropes Park*** de Koh Rong (assez cher cependant), à gauche du débarcadère, au bout. Surtout, plusieurs de ces îles sont connues pour leurs spots de plongée et de ***snorkelling.*** Magnifiques faune et flore sous-marines à découvrir avec palmes ou bouteille...

– ***Centre de plongée :*** *au* Sok San Beach Resort, *côte ouest. Résa la veille (avt 18h) sur place ou par mail : • justdiving1966@gmail.com • Baptême : 75 $, plongées 50-65 $ selon niveau. Snorkelling 2h, env 20 $ sur 2 spots différents.* Centre PADI et CMAS, géré par Vincent, un Français qui a posé ses palmes dans les eaux cambodgiennes après avoir « bullé » en Méditerranée. Formations PADI niveaux 1 et 2. Les sorties se font en bateau au départ du *resort.*

➢ Randonnée ***de Saracen Bay à Lazy Beach,*** une plage de sable dorée, par environ 20 mn de chemin plat et facile. Puis continuer éventuellement jusqu'au phare *(payant),* d'où l'on bénéficie d'une belle vue sur la côte et la jungle. Beau coucher de soleil à Lazy Beach, mais prévoir une lumière pour rentrer sur Saracen.

➢ Balade en bateau pour admirer et nager avec le plancton bioluminescent – par nuit noire seulement.

➢ Plongée et *snorkelling* avec *The Dive Shop,* bureau au milieu de la baie, *• diveshopcambodia.com •*

KOH KONG

Cette province englobe des kilomètres de côtes vierges, une grande île homonyme (mais pas très facile d'accès) et un arrière-pays extrêmement sauvage que les montagnes des Cardamomes mettent en relief. En attendant leur correspondance, de nombreux voyageurs venus de Thaïlande passent une nuit dans le petit port de (Krong) Koh Kong, situé à une dizaine de kilomètres de la frontière. Une nuit, mais rarement plus... Il est vrai que la ville ne présente pas d'intérêt particulier.
Pourtant, le potentiel aventure-nature de cette province côtière, semée de réserves naturelles et de mangroves, striée de rivières et ponctuée d'îles perdues, est très prometteur. Sa valorisation touristique, qu'on espère la plus respectueuse possible, n'en est qu'à ses balbutiements. Si de gros projets industriels ne viennent pas abîmer le paysage...

Orientation dans la province

La N48 qui relie Koh Kong à la N4 (axe Phnom Penh-Sihanoukville) est entièrement bitumée et souvent bordée de forêt tropicale, même si celle-ci s'éloigne de plus en plus de la route... En revanche, à l'exception de cet axe principal, pas de routes ou presque. Même les pistes pour motos deviennent rapidement difficiles et impraticables en saison des pluies.

Arriver – Quitter

En bus

Gare routière : *à env 2 km au nord-est du centre-ville.* Inutile de s'y rendre car les 4 compagnies de bus (*Virak Buntham, Sorya, Olympic* et *Rith Mony*) ont des bureaux au centre-ville, dans la rue principale, d'où ont aussi lieu certains départs (se renseigner lors de l'achat du billet).
La gare routière n'intéressera que ceux qui prennent un ***taxi collectif*** pour ***Kampot, Phnom Penh*** ou ***Sihanoukville.*** Pour ***Kep,*** changer à Kampot ou louer un taxi privé. Pour les bus et minibus (vans), bien regarder l'état du véhicule avant de monter.
➢ ***Bangkok :*** 1 bus/j. avec *Rith Mony,* en fin de mat. 1 minibus avec *Virak Buntham* en début d'ap-m, mais attention à cette heure on retrouve beaucoup de monde à la frontière. En fait, les bus partent de la frontière (côté Thaïlande). Le prix du ticket comprend le transfert depuis le centre-ville de Koh Kong jusqu'à la frontière. Trajet : 7h30-8h.
➢ ***Phnom Penh :*** plusieurs minibus/j., 7h30-14h, avec *Virak Buntham* (qui propose aussi 1 bus VIP le mat), *Olympic* avec changement à la jonction de Srae Ambel et *Rith Mony.* Attention, lieux de départs différents selon la compagnie. Trajet : min 5-6h.
➢ ***Sihanoukville :*** 1 bus VIP direct en début d'ap-m avec *Olympic,* 1 départ/j. le mat avec *Virak Buntham* et 1 départ/j. le mat avec *Rith Mony,* mais changement de bus à Srae Ambel. Trajet : env 5h.
➢ ***Frontière :*** compter autour de 10 $ en taxi, 7 $ en *tuk-tuk* et 3 $ à moto.
Les compagnies proposent aussi des ***bus pour Siem Reap, Battambang*** et ***Hô Chi Minh-Ville,*** mais il faut changer à Phnom Penh.

Adresses et infos utiles

Le baht est la devise la plus utilisée dans cette région frontalière. Gardez-en quelques coupures si vous venez de Thaïlande car on perd un peu au change en utilisant riels ou dollars.

■ **Acleda Bank :** *au bord de la N48, sur le rond-point avt d'entrer dans le centre-ville. Lun-ven 7h30-16h, sam 7h30-11h30.* Change à taux correct, *Western Union* et distributeur pour *Visa* et *MasterCard.*

■ **Canadia Bank :** *à gauche de la* Kaing Kaing Guesthouse. *Lun-ven 8h-15h30, sam 8h30-11h30.* Change et distributeur.

■ **Ratha Exchange & Transfer :** *rue 2, à proximité du marché (à droite de la* Cambodia Public Bank*). Tlj 7h-17h30.* Bureau de change. Bons taux. Juste à gauche, la *Cambodia Public Bank* possède un distributeur *Visa* et *MasterCard* (pas de change au guichet, en revanche).

■ **Ritthy Koh Kong Eco Adventure Tours :** *sur le port (rue n° 1), entre le* Koh Kong City Hotel *et la* Kaing Kaing Guesthouse. *☎ 012-707-719 ou 097-555-27-89. ● kohkongecoadventure.com ● Tlj 7h-21h30.* Outre les excursions (lire « À voir. À faire dans les environs »), Ritthy propose des tickets de bus incluant le pick-up à l'hôtel, location de vélos, VTT et motos, visas, etc. Très bonne agence.

Où dormir ?

De bon marché à prix moyens (jusqu'à 30 $)

99 Guest House : *135, rue 6. ☎ 016-203-666. ● 99guesthouse.net ● Dans la rue en face de l'*Apex Hotel. *Doubles « bon marché » avec sdb (eau chaude), ventilo ou clim. Pas de petit déj.* Un hôtel central et moderne, aux chambres très bien tenues. Laverie. Prêt de vélos. Mais le grand plus, c'est l'accueil excellent de Sok, qui a vécu en France, et qui parle impeccablement notre langue.

Kaing Kaing Guesthouse : *sur le port (rue n° 1), au sud d'*Eco Adventure Tours. *Doubles « bon marché », limite « prix moyens », avec ventilo ou clim.* Sur le port, un édifice jaune, sur 5 étages, avec une déco sympa : escalier en bois massif et tabourets en forme de pions d'échec géants. Chambres impeccables, certaines avec balcon donnant sur l'eau, mais parfois bruyant. Plus on grimpe, plus belle est la vue ; reste à avoir les mollets affûtés ! Bon rapport qualité-prix, mais personne ne parle l'anglais.

Koh Kong Heritage Guesthouse : *rue 6 (rue perpendiculaire aux quais, qui débute presque en face de l'ancien embarcadère). ☎ 087-909-989. Doubles « bon marché » avec sdb et clim. Pas de petit déj.* Dans un bâtiment récent, une quinzaine de chambres réparties sur 2 niveaux. Elles sont simples, sans charme, mais propres et correctement équipées. Au rez-de-chaussée, certaines sont très sombres, préférer les étages.

Ritthy's Retreat : *à l'arrière de l'agence de voyages* Rithy Koh Kong Eco Adventures Tours. *☎ 012-707-719. Dortoir mixte de 10 lits avec sdb et ventilo ; doubles sans ou avec sdb, ventilo ou clim. « Bon marché ».* Un bon plan pour les budgets serrés. Ceux qui sont un plus à l'aise pourront louer une chambre tout équipée avec en prime vue sur la mer. Pas de charme, mais on a tout sur place : le resto (cuisines asiatique et occidentale), le bar et l'agence pour organiser ses excursions.

Asian Hotel : *juste en face du* Koh Kong City Hotel. *☎ 015-936-667 ou 012-936-667. ● asiankohkong.com ● Doubles avec sdb à « prix moyens ».* Un hôtel moderne et fonctionnel. Chambres impeccablement propres. Les moins chères donnent sur l'arrière, les autres ont un balcon côté rue. Le resto *Baan Peakmei* est juste à côté.

Chic (30-50 $)

Oasis Bungalow Resort : *Smach Mean Chey. ☎ 016-331-556 ou 092-228-342. ● oasisresort.netkhmer.com ● Du centre, continuer tt droit au* *rond-point de la banque* Acleda *sur 1 km, en passant la Red Cross, puis suivre les panneaux. Fourchette basse.* Une adresse de charme à 2-3 km du centre-ville. Magnifique jardin avec une belle piscine et une grande paillote faisant office de salon et de restaurant. Une poignée de bungalows, spacieux et joliment décorés, avec colonnette en bois, beaux tissus et coussins multicolores, plus tout le confort. Vraiment bien ! Tenu par le sympathique Jason, Irlandais d'origine.

Où dormir sur ou au bord de la rivière ?

Sur la route 48, au sud de la ville de Koh Kong et de l'intersection avec la nationale Phnom Penh-Sihanoukville, voici des établissements situés sur les berges luxuriantes de la ***Tatai,*** l'une des rivières qui s'échappe du massif sauvage et mystérieux des Cardamomes. ***L'accès se fait en* tuk-tuk *depuis Koh Kong (à 20 km), puis par bateau :*** départ sous la pile du pont Phum Daung, environ 20 km. On conseille d'y séjourner au moins 2 nuits pour profiter pleinement de l'expérience. Mais le prix peut en faire hésiter plus d'un. En dehors du *Rainbow Lodge* et, dans un style différent, du *Neptune,* les prix nous paraissent excessifs. Tous organisent des excursions.

🏠 🍽 ***Rainbow Lodge :*** *à 10 mn en bateau vers l'amont depuis le pont.* 📱 *012-160-25-85.* • *rainbowlodgecambodia.com* • *Bungalows pour 2 pers en pens complète 85-105 $. Et 1 familiale (4-5 pers).* Ce *lodge* fut créé par une Britannique qui réalisa l'urgence d'initier des projets touristiques en phase avec l'écologie et les communautés locales, permettant, aux femmes notamment, de développer des micro-entreprises. Les actuels proprios (anglo-saxons également) perpétuent l'esprit des lieux. L'ensemble, en retrait de la rivière, a été construit dans la forêt. Les 7 bungalows sur pilotis sont équipés de salle de bains, d'un balcon tendu d'un hamac et d'un ventilo (clim passive en développement). La cuisine fait la part belle aux produits locaux, certains issus du jardin de la maison. Plusieurs formules de treks guidés, camping, paddle et kayak possibles. On peut aussi se contenter d'une baignade, de balades en bateau (coucher de soleil, cascade), du spa et des massages.

🏠 🍽 ***Neptune :*** *près de* Rainbow Lodge. 📱 *088-777-05-76. Doubles avec sdb privée extérieure 35-50 $.* Thomas, le proprio allemand, a tout monté avec l'aide d'une famille du coin en essayant de minimiser son impact sur l'environnement (eau du puits, panneaux solaires...). Les matériaux proviennent de la région, les fruits sont cueillis dans son verger, le reste arrive des environs. Ses bungalows sur pilotis présentent des conceptions différentes, jusqu'à ce lit rond posé sur une plate-forme à moitié ouverte sur l'extérieur (pas de cloison pour être en contact direct avec la nature !). Les autres sont fermés. Salle de bains privée extérieure. Repas pris sur une paillote au bord de l'eau. Le lieu ne conviendra pas à tout le monde, car l'ensemble est rustique. Thomas accueille des volontaires pour l'aider à entretenir son vaste terrain.

🏠 🍽 ***Tatai Riverfront :*** *à 30 mn du pont, en aval. Doubles avec sdb (eau chaude l'ap-m seulement) 130 $ avec petit déj, ½ pens et pens complète proposée.* Juste une poignée de bungalows sur l'eau, moitié tente, moitié bambou doublé de tissu, plutôt kitsch et qui ne ferment pas. Mais le principal atout est l'accueil de l'adorable famille cambodgienne. La proprio, très souriante parle parfaitement l'anglais. Elle concocte une délicieuse cuisine à base de produits des environs. Et si, de jour, l'environnement lacustre révèle tous ses charmes, la nuit, on profite de l'absence de pollution lumineuse pour admirer le ciel étoilé d'une beauté inouïe.

🏠 🍽 ***4 Rivers Floating Lodge :*** *en aval du pont sur la rivière Tatai ; voir directement avec le* lodge *pour l'accès.* 📱 *097-643-4032 (à Phnom Penh).* • *ecolodges.asia* • *2 bateaux gratuits/j. dans les 2 sens, sinon* *compter 20 $/bateau et env 30 mn de bateau. Résa impérative. Double env 260 $, petit déj compris. Menu env 20 $.* Ce *camping-lodge* de luxe flotte sur un réseau de pontons en plastique recyclé. Il propose de vastes tentes (45 m²), dont le mobilier est habillé de jacinthe d'eau, aux ouvertures généreuses et salles de bains originales (ou limite kitsch !). Toutes profitent d'une géniale terrasse privée avec transats, fauteuils et bastingage fendu d'une échelle pour la trempette. On vous rassure, pas de crocos dans la région... Au resto, cuisine gastronomique, khmère et occidentale, et belle cave à vins. Nombreuses balades en bateau possibles et de petites randos, on peut même faire le tour de la petite île en kayak. Service aussi discret qu'attentif.

Où manger ? Où boire un verre dans le coin ?

De bon marché à chic (moins de 13 $)

Woodhouse : *Street 8, qui relie le rond-point central à la mer. Tlj midi et soir (le w-e à partir de 17h hors saison).* Maison bleue traditionnelle retapée par un jeune couple franco-khmer. Mobilier en bambou sur une petite terrasse charmante, tout comme le bar à l'intérieur avec son coin aménagé de fauteuils aux coussins accueillants. La cuisine, quant à elle, tient ses promesses. On a, par exemple, aimé le poisson au gingembre, bien parfumé, et les bons jus de fruits frais, le tout revigorant ! Accueil, qui plus est, adorable.

Fat Sam : *au rond-point central (avec statue de porteur). Tlj 9h (16h dim)-21h (dernière commande). « Bon marché ».* C'est un peu le quartier général du centre-ville. Un café-resto, avec terrasse, tenu par un patron écossais très doux. On y vient du petit déj jusqu'au dîner, ou juste pour boire une bonne bière pression. Rien d'extraordinaire, mais une cuisine fort honnête : omelettes, salades, sandwichs, burgers, hot-dogs, plats occidentaux, asiatiques et végétariens... Voir aussi « À faire ».

Crab Shack : *Phumi Thnai Krabei, sur la presqu'île en face de la ville. Passer le pont, puis tourner à gauche et rouler sur plusieurs km jusqu'à la plage. Tlj 8h-22h. Attention, il y a un 2d* Crab Shack, *un peu plus loin (qui loue des hamacs à 5 $ la nuit si le cœur vous en dit...). Pour du crabe, tabler sur des prix « chic ».* Une petite affaire familiale qui a son petit succès, avec paillotes et tables en bord de mer. Bien sûr, on y mange du crabe, servi frit au poivre ou à la vapeur. Quelques plats moins chers. Demander le prix avant de commander.

Thmorda Crab House : *au* Thmorda Riverside Resort, *169, Neang Kok Village. 093-343-421. Sur la presqu'île face à la ville ; prendre le pont, tourner à droite et encore à droite au panneau (chemin sur 500 m). Pas loin en tuk-tuk. Passer le bâtiment orange en « L » et suivre le chemin jusqu'au bord de l'eau. « De prix moyens à chic » pour le crabe.* Dans ce site complètement isolé, on vient profiter de cet adorable ponton en bois, avec son joli bar et ses paillotes sur l'eau. Très esthétique et propice à la rêverie. Bien sûr, la spécialité, c'est le crabe, cuisiné de 9 façons différentes. Également d'autres fruits de mer et quelques plats de nouilles et de viande. Parfois un peu de roulis dans l'accueil et le service. Bien aussi pour un simple verre. Loue également des chambres en dur, bien équipées, avec vue sur l'eau. Elles manquent encore un peu d'âme, mais pas de tranquillité.

Café Laurent : *au* Koh Kong City Hotel, *à 300 m au sud du pont. 016-373-737. Tlj 10h30-21h30. « Prix moyens » limite « chic ».* Un bar-resto sur pilotis très esthétique, avec de nombreuses passerelles, idéalement situé pour siroter un verre en journée ou, mieux, au soleil couchant. Côté resto, c'est plutôt bon. Plats *western* et asiatiques, en portions *small* ou *big.* Si vous êtes juste côté budget, les *small* suffisent largement. Carte des alcools bien fournie, mais pas donné.

À voir. À faire dans les environs

De l'avis général, la meilleure agence locale pour organiser ses excursions est ***Ritthy Eco Adventure Tours,*** tenue par l'excellent et sympathique Ritthy. Coordonnées plus haut dans « Adresses et infos utiles ». Au programme, trek dans la jungle des Cardamomes, journée sur l'île de Koh Kong avec découverte de la mangrove et *snorkelling,* journée en kayak, cascades de Thummel Dar à la frontière thaïe, etc. *(compter env 25 $/pers et par j.).* Le resto ***Fat Sam*** (voir « Où manger ? Où boire un verre dans le coin ? ») organise aussi des excursions et loue des scooters et des motos.

Chi Pat : *pour s'y rendre, prévoir 2h en bus (3 départs/j. le mat de la gare routière jusqu'au village d'Angdong Teuk), puis 2h30 en bateau (env 25 $) ou 40 mn à moto-dop (env 7-8 $/pers). 092-720-925. • chi-phat.org • Rens auprès des agences de Koh Kong.* Ce village au bord de la rivière bénéficie d'un projet communautaire écotouristique initié par *Wildlife Alliance* (• wildlifealliance.org •), une ONG qui vise à protéger la partie sud des Cardamomes du braconnage et de la déforestation anarchique. Il offre ainsi une source de revenus alternative à la population. Plusieurs activités sur place : trek avec les rangers, VTT, observation des oiseaux, baignade dans les cascades. Une belle façon d'appréhender cette région méconnue. Il est d'ailleurs conseillé d'y passer au moins une nuit, chez l'habitant ou dans des *guesthouses.* Resto sur place.

Koh Kong Island : *au sud, à env 2h30 de navigation de Koh Kong. Accessible nov-juin seulement.* Cette île magnifique (mangrove, *snorkelling*) est accessible en saison sèche par *speed boat* *(départ chaque jour à 8h30 et retour à 15h ; compter 22 $ A/R).* À réserver auprès de *Ritthy KK Eco Adventures Tours* ou le resto *Fat Sam.* Notez qu'il est désormais interdit de loger sur place ; du coup ça fait beaucoup d'heures de bateau pour peu de temps passé sur place.

L'ÎLE DE PHÚ QUỐC (VIETNAM)

• Carte *p. 179*

Voilà une belle île tropicale qui dessine une vague forme de triangle à l'extrémité sud du Vietnam. Sur les eaux claires du golfe du Siam, au large des côtes du Cambodge (45 km ouest) et du Vietnam, Phú Quốc est habitée par un peu plus de 100 000 habitants. Longue de 50 km du nord au sud et large de 25 km, c'est la plus grande île du Vietnam. Mais, on en fait vite le tour en 2 journées au guidon d'une moto, la meilleure façon de l'explorer.
La façade ouest séduit par la beauté des plages abritées, bordées de cocotiers et de palmiers. Une vision de carte postale qui s'étire jusqu'à l'extrême sud-est. Cette côte abrite la capitale de l'île, Dương Đông. La façade est, qui lorgne du côté des côtes vietnamiennes, accueille les 2 ports de l'île, *Da Chong* et *Bai Vong.* Plus exposée aux vents, longée par une piste en cours d'asphaltage, donc encore peu fréquentée, elle est ponctuée de jolies plages désertes et reste représentative de ce qu'était l'île avant le boom touristique des dernières années. Enfin, la forêt primaire, les collines boisées de l'intérieur et surtout de la partie au nord-ouest forment un poumon de verdure au sein d'un parc national protégé (propriété de l'armée), traversé par une belle route bitumée.
Outre la beauté de ses plages, l'île est connue pour sa production de poivres noirs, l'un des meilleurs au monde, de *nước-mắm* et de perles de culture. On y mange aussi d'excellents poissons et fruits de mer.
Gagnée par le progrès, l'île, déjà dotée d'un aéroport, connaît une expansion galopante, notamment avec la construction de nouveaux hôtels, de plus en plus imposants, en bord de mer. Le gigantesque complexe *Vinpearl Resort,* au nord-ouest de l'île, sur une portion de côte où il n'y avait auparavant rien

que du sable et des cocotiers à l'infini, en est l'exemple le plus criant. La politique gouvernementale, bien décidée à tirer le meilleur parti financier de l'île (il faut dire que celle-ci est stratégiquement bien située), l'a placée au centre du développement économique et touristique du pays. Résultat : l'asphaltage progressif des pistes en terre rouge se généralise, la ville principale de Dương Đông continue de s'étendre en zone côtière et vers l'intérieur des terres, et les projets de construction se multiplient en attendant que se posent les questions essentielles de développement durable, de gestion de déchets et d'eau potable, entre autres. Quant aux prix, ils grimpent : la vie est globalement plus chère que dans le reste du Vietnam.
Néanmoins, l'île de Phú Quốc n'a pas encore vendu son âme au diable du béton, loin s'en faut ! Seulement 35 % du territoire sont occupés et le parc national est le garant de zones non constructibles. Avec ses nombreux atouts : longues plages encore sauvages, eaux mirifiques, climat doux et stable, elle reste un vrai paradis tropical.

Bon à savoir

– ***Pour joindre par téléphone l'île de Phú Quốc au Vietnam :*** pensez à composer le 00-84 devant chaque numéro indiqué dans cette partie, suivi de 297 (indicatif de Phú Quốc) et sans le premier « 0 » d'un portable.
– ***Change :*** mi-2019, 1 € s'échangeait contre environ 27 000 dongs (Dg) et 1 $ à peu près 23 000 Dg. La monnaie locale est utilisée pour les petits achats et les transports locaux. Les hôtels facturent en US$.
– ***Exemption de visa :*** certains touristes étrangers, dont les Français, qui souhaitent visiter le Vietnam bénéficient d'une exemption de visa de 15 jours (se renseigner pour savoir si cette mesure a évolué). Cette politique est appliquée pour les arrivées directes sur l'île de Phú Quốc par bateau, mais également pour les arrivées transitées d'un autre aéroport vietnamien, en attendant la réouverture de lignes aériennes internationales.
Toutefois, ***ceux qui entrent ensuite au Cambodge*** (pour la 1ère ou 2nde fois) devront payer un nouveau visa : environ 30 $, mais prévoir un peu plus, ça peut toujours évoluer.
– ***Climat :*** la meilleure période se situe de début novembre à début mai ; le temps est sec, la mer est calme, et les prix (forcément) au beau fixe ! Entre juillet et septembre, il fait très chaud, il pleut quelques heures tous les jours, les moustiques se régalent. ***Évitez d'y aller entre le 15 septembre et fin octobre,*** c'est la saison la plus pluvieuse : les pistes sont impraticables et certains hôtels ferment.
– Toutes les adresses proposent gratuitement ***le wifi.***

UN PEU D'HISTOIRE

Un des premiers étrangers à y poser les pieds est le missionnaire français Pigneau de Behaine. Il y installe son camp de base de 1760 à 1780. Puis arrivent les colons français. En 1869, l'île est prise et occupée par la France qui la place sous la tutelle du gouverneur de la Cochinchine. Phú Quốc sert de bagne pendant la période coloniale. Pendant la guerre américaine, elle abrite la célèbre prison

ERREUR FATALE DE POL POT

En mai 1975, les Khmers rouges de Pol Pot décidèrent d'envahir l'île de Phú Quốc, affirmant que celle-ci appartenait au Cambodge et non au Vietnam. L'armée vietnamienne intervint et les chassa de l'île, mais ce fut le début de la guerre entre les 2 pays. Elle dura jusqu'en janvier 1979, date de l'invasion du Cambodge par l'armée vietnamienne et de la fin du génocide cambodgien.

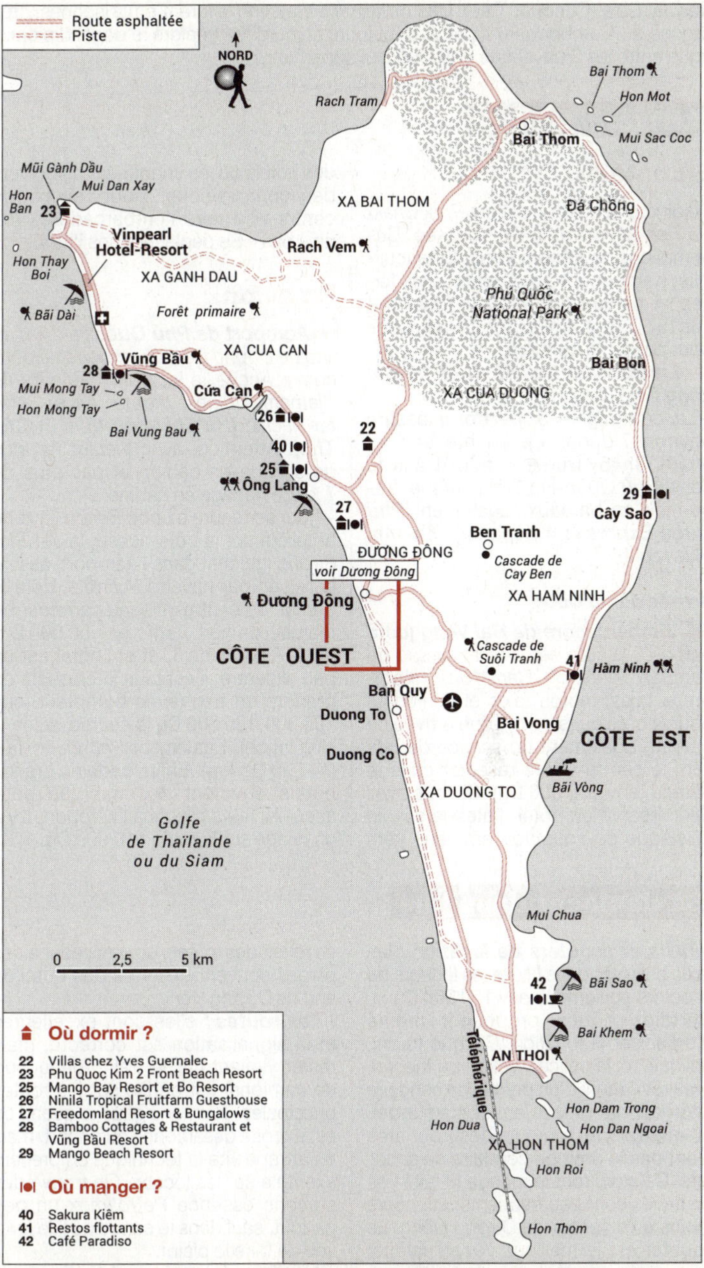

L'ÎLE DE PHÚ QUỐC

de Cây Dừa (Coconut Tree). Des milliers de Vietcong y furent emprisonnés. Très proche du Cambodge qui prétend toujours aujourd'hui (malgré le dégel diplomatique entre les 2 pays) que Phú Quốc lui appartient.

Arriver – Quitter

En bateau

Rejoindre le poste-frontière *Prek Chak/Ha Tien (Vietnam),* à l'est de Kep. Bus et minibus de Phnom Penh, Sihanoukville, Kampot et Kep. Attention, les ferries ne partant que le matin (dernier à 13h15), il faut arriver tôt à Prek Chak pour passer la frontière.

➢ ***Liaisons entre Hà Tiên et Bãi Vòng*** *(Phú Quốc)* **:**

– La compagnie ***Superdong*** assure environ 7 départs/j. en hte saison, 6h15-13h45. Durée : 1h20. Dans le sens Phú Quốc-Hà Tiên, même fréquence de bateaux. Egalement ***Phú Quốc Express :*** 4 départs/j., 6h-14h. Plus rapide.

Arrivée à Phú Quốc

Embarcadère de Bãi Vòng (côte est) : *sur la côte est, à 5 km au sud de l'embarcadère de Hàm Ninh.* Nombreux taxis, motos-taxis et miniboats pour la côte ouest, à chaque arrivée de bateau. Également un service de bus vers le centre-ville à réserver dans le bateau (env 100 000 Dg). Si vous avez déjà réservé un hôtel, faites-le savoir, au risque de vous voir emmené vers des hôtels où les chauffeurs perçoivent des commissions. Pour revenir du centre-ville vers l'embarcadère, voir plus bas « Se déplacer dans l'île ».

En avion

✈ ***Aéroport de Phú Quốc :*** *à 7 km au sud de Dương Đông.* • *phuquocairport.com* • Accueille les vols intérieurs de *Vietnam Airlines, VietJet Air* et *Jetstar Pacific* ***(Ho Chi Minh-Ville*** et ***Cần Thơ).*** Attention, avec *VietJet Air*, pas de service en cabine et pas plus de 7 kg de bagage en cabine.

– Pour se rendre à *Long Beach* (la zone hôtelière sur la côte ouest), la *Jet Star Pacific* (guichet dans l'aéroport) assure la liaison par navette. 4 arrêts, dont le dernier en centre-ville, au carrefour du marché de nuit. Tarif : env 50 000 Dg/pers. À partir de 3, et si l'hôtel est un peu excentré, il est plus intéressant de prendre un taxi (avec compteur, env 100 000-180 000 Dg la course, selon la circulation). Également *Phú Quốc Taxi* (14 000 Dg/km). Enfin, certains grands hôtels envoient des minibus pour accueillir leurs clients à l'aéroport. Il y a un péage sur la route : 10 000 Dg.

Se déplacer dans l'île

– ***Taxis et scooters de location :*** les taxis pullulent dans l'île et les loueurs de scooters également (env 150 000 Dg/j.). Certains hôtels proposent même d'organiser la location. Casque fourni, obligatoire, la police y veille ! En théorie, il faut être muni d'un permis de conduire international (quasi jamais demandé), et en théorie toujours les touristes n'ont pas le droit de conduire de scooters. Cela dit, tout le monde le fait ! Les contrôles sont peu fréquents, et encore moins à l'extérieur de Dương Đông. Le scooter est le meilleur, voire l'unique, moyen de se déplacer dans l'île, ce d'autant qu'il faut emprunter des pistes, en retrait des routes, pour accéder à des plages souvent désertes dès que l'on sort de Dương Đông.

– ***Les routes :*** elles sont excellentes et la signalisation est correcte, mais rester vigilant car le trafic (beaucoup de camions) est dense sur les routes principales. Tourner à gauche quand on est à droite désarçonne au départ, mais on attrape vite la technique en prenant exemple sur les locaux. On trouve des stations essence *Petrolimex* un peu partout, sauf dans le centre de l'île (prévoir de faire le plein).

– ***Minibus pour se rendre au port de Bai Vong*** *(côte est de l'île)* **:**

tlj 7h30-18h30. Billet : env 40 Dg. Durée : 20-30 mn. Il faut réserver la veille par téléphone *(☎ 01-656-54-77-64 ; demander Bao).* C'est le principe du minibus « *pickup* » : il vient vous chercher à votre hôtel.

DƯƠNG ĐÔNG

• Plan *p. 183*

La capitale de l'île, sur la côte ouest, est encore un port de pêche qui vit au rythme des saisons et des poissons. Sous l'effet du tourisme, elle connaît un développement rapide. Pas spécialement charmante, mais vivante, elle a le mérite de regrouper les principaux commerces : banques, distributeurs de billets, poste, boutiques... et un marché de nuit très animé. La zone des hôtels se situe à l'entrée sud de la ville, sur *Long Beach,* longue avenue, comme son nom l'indique, qui borde le littoral sur plusieurs kilomètres.

Adresses utiles

■ ***Change :*** dans les banques *Vietcombank* (juste à côté de la fabrique de nuoc-mâm) et *Sacombank.*

■ ***Distributeurs ATM :*** nombreux en ville, dont 2 juste devant la banque *Agribank (30 Tháng 4),* à l'entrée du marché de nuit. ■ ***Stations-service :*** plusieurs dans le centre.

✚ ***Vinmec International Hospital :*** *Bai Dai, Ganh Dau ; à la porte du complexe Vinpearl, à 24 km au nord de Dương Đông. 📱 077-398-55-88. • vinmec.com •* Le top sur l'île en matière d'équipements et de soins. En cas de gros pépin, contacter les urgences de l'hôpital franco-vietnamien de Saigon : ☎ *(08)54-11-35-00 ou (08)62-91-11-67.* Les frais y sont pris en charge avec la carte Vitale.

Où dormir ?

Prix moyens (moins de 25 $)

🏠 ***9 Station Hostel*** *(hors plan par B3,* ***10****) : 91/3, Trần Hưng Dao. 📱 077-658-89-99. • 9stationhostel.com • Compter 7-11 $/pers en dortoir, 35 $ en chambre double.* Cette AJ contemporaine à la déco industrielle dénote dans le paysage balnéaire. Dortoirs mixtes ou non (4, 8 ou 12 lits) et des chambres privées répondent à un design épuré, tout en boiseries, et ultraconfort : rideaux individuels, *lockers,* bonne insonorisation, salles de bains communes nickel. Les espaces détente et jeux (billard, baby-foot), le bar-snack, la musique *lounge,* la piscine contribuent au succès des lieux. Bien mérité ! Organisent des tours et excursions et accès plage via le *Moon Resort.*

🏠 ***Antinho Hostel*** *(plan B4,* ***11****) : 118/1, Trần Hưng Dao. 📱 09-49-04-28-29 et 09-19-33-62-77. • antinhohostel.com • Dortoirs de 8 lits 5-7 $. Double 15 $.* Chambres colorées et 2 dortoirs de 8 lits, mixtes, bien tenus. Très *roots,* mais plaisant, nickel et surtout idéalement placé, à quelques volées de tongs de la plage. Chambres privatives agréables et colorées et dortoirs bien tenus. C'est aussi, et surtout, une petite agence locale qui organise des transferts dans tout le pays et au Cambodge au départ de Phú Quốc, ainsi que des tours dans l'île : pratique !

🏠 🍴 ***Sirena Guest House*** *(plan B4,* ***16****) : 100C/3, Trần Hưng Đạo. ☎ 39-92-256. 📱 09-13-38-02-44. • sirenaphuquoc.com • Doubles avec sdb, ventilo et clim env 500 000 Dg, sans petit déj.* Ancien juriste originaire d'Ostende (Belgique), le jovial Jean-Marie a décidé de se retirer à Phú Quốc. Avec sa femme Thanh Duyen, il tient ce petit hôtel à taille humaine, niché dans un jardin à la végétation luxuriante, à 400 m de la mer. Il propose des bungalows impeccables, disposés autour de la petite piscine. Calme et très bien tenu. Sert aussi les repas, cuisines vietnamienne et européenne.

Homestead Garden View Resort *(plan B4,* ***12****) : 118/2, Trần Hưng Đạo. ☎ 384-74-82. 📱 09-18-21-46-24. • thanhhaiguesthouse@yahoo.com.vn • À env 2,5 km au sud de la ville. Juste à côté du* Bistrot. *Doubles avec sdb, ventilo ou clim à partir de 15 $. CB refusées.* Non loin de la plage (100 m), dans un jardin fleuri, bungalows en dur couverts de tuiles, avec des chambres (dans des petits bungalows) très propres, de confort suffisant, prolongées par de petites terrasses. Très bon rapport qualité-prix. Tenu par une gentille famille.

Bungalows Hương Giang *(plan A3,* ***13****) : Trần Hưng Đạo, KP 7. ☎ 384-81-66. À 200 m après* Le Bistrot, *sur la droite du chemin de terre qui conduit à* Mai House Resort. *Compter env 15-30 $ la nuit pour 2.* Dans un grand jardin, quelques bungalows en brique et tuiles, de confort sommaire (ventilo, frigo, douche/w-c) mais propres et calmes. Notre préféré est le nº 7. Le propriétaire est un paysan vietnamien lancé dans le tourisme.

Chic (25-45 $)

Hôtel Liên Hiệp Thành *(Family Hotel ; plan B4,* ***15****) : 118/12, Trần Hưng Đạo. ☎ 384-75-83. 📱 09-13-75-80-34. • lienhiepthanhresort.com • À 1,5 km de Dương Đông. Sur le même chemin que* La Véranda *(200 m) et* Nhật Lan. *Ne pas le confondre avec* Hiệp Thạnh Resort *(autre secteur, plus cher). Bungalows 25-70 $.* Les bungalows de brique rose, spacieux et confortables (clim, ventilo), sont ravissants et installés dans un jardin descendant vers la mer. Environnement vraiment agréable. Les plus chers sont près de la plage, notamment le nº 5. Excellent accueil. Salle de resto sur la plage, honnête cuisine locale.

Nhật Lan Resort *(plan B4,* ***14****) : 118, Trần Hưng Đạo. ☎ 384-76-63. 📱 09-18-46-41-27. • nhanghinhatlan@yahoo.com • Un des derniers au fond de la ruelle. Au bout du chemin de terre, après le* Véranda Resort. *Bien indiqué. Compter 35-50 $, petit déj compris.* Le long du chemin, qui glisse en pente douce vers la plage, agréables bungalows bien équipés (clim) et petite terrasse extérieure. Ceux en bas du terrain, près de la plage, sont certes plus chers, mais dotés de larges baies vitrées avec vue imprenable sur la plage et de hamacs. Le nº 209 est aux premières loges ! Au-dessus de la réception, quelques chambres avec microbalcon, très bien tenues et bon marché. Super accueil, anglophone. Fait aussi bar-resto sur le sable.

De chic à plus chic (45-80 $)

Phú Quốc Kim (Chez Kim et Christophe *; plan A4,* ***17****) : 118/2/1/1 Trần Hưng Đạo, KP 7. ☎ 399-68-29. 📱 09-42-11-05-55. • phuquockimbungalows.com • (demandes de résas). Bungalows 40-100 $.* Kim, originaire du nord du pays, et Christophe, son mari français, pâtissier de métier, figurent parmi les plus anciens installés sur le « village ». Idéalement placés, ils louent des bungalows au bord de la plage, et 2 plus récents en front de mer. Confort identique dans tous et entretien nickel ; seul l'emplacement justifie la différence de prix. Louent également 3 chambres, basiques, idéales pour budgets serrés. Au resto (fermé le soir), plats vietnamiens et européens. Et surtout un petit déj d'anthologie avec viennoiseries maison (voir aussi plus bas la *Bonjour Bakery*). On adore !

La Mer Bungalows *(plan B4,* ***18****) : 118, Trần Hưng Đạo. ☎ 399-22-18. 📱 09-79-75-84-17. • lamerphuquoc.com • Situé à 400 m de la plage accessible à pied par un chemin. Doubles env 55-60 $.* Lorsque le patron, vietnamien et francophile, est absent, l'aimable réceptionniste anglophone accueille les hôtes. L'établissement ne se trouve pas au bord de la plage mais dans un joli jardin tropical luxuriant, avec petite piscine. Plusieurs bungalows en brique (pour 2 ou 4 personnes) élégants et tout confort. Les plus chers ont une salle de bains en plein air, c'est charmant... Fait aussi restaurant. Un petit cocon à l'atmosphère confidentielle.

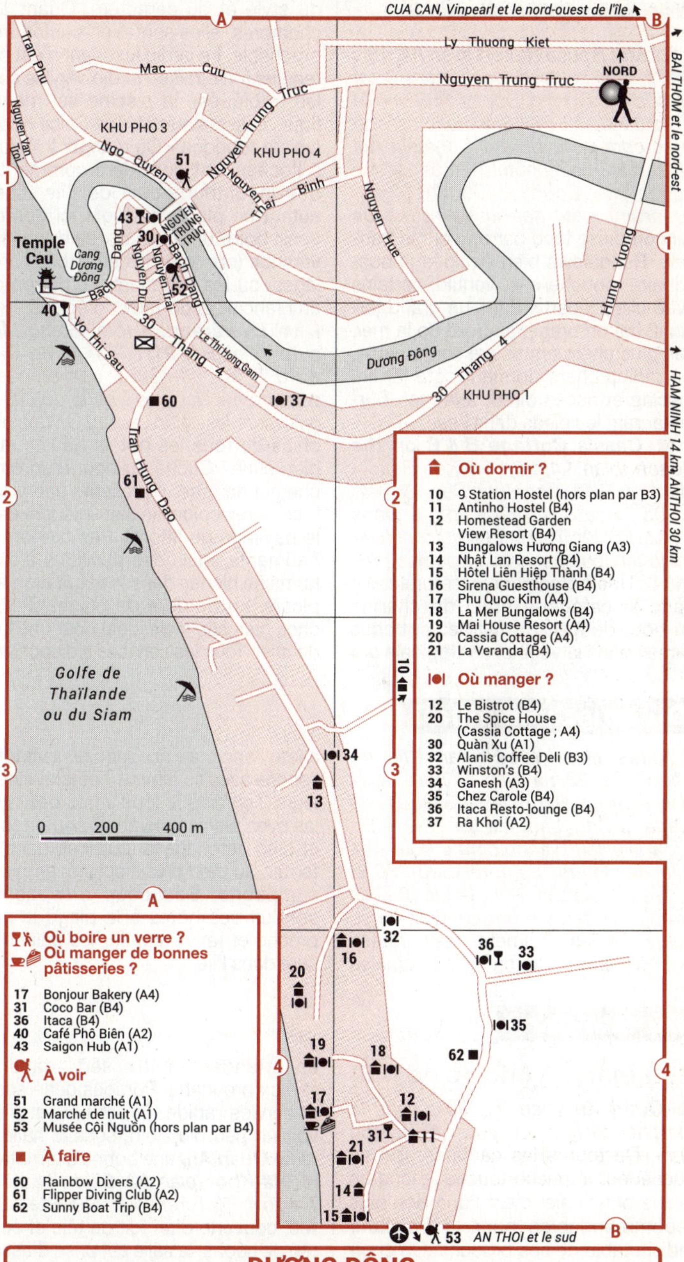
CUA CAN, Vinpearl et le nord-ouest de l'île
BAI THOM et le nord-est
HAM NINH 14 km, ANTHOI 30 km
AN THOI et le sud
NORD
Ly Thuong Kiet
Nguyen Trung Truc
Mac Cuu
Tran Phu
Nguyen Van Troi
KHU PHO 3
KHU PHO 4
KHU PHO 1
Ngo Quyen
Nguyen Thai Binh
Nguyen Hue
Hung Vuong
Temple Cau
Cang Dương Đông
Bach Dang
Nguyen Du
Nguyen Trai
Vo Thi Sau
30 Thang 4
Le Thi Hong Gam
Dương Đông
Tran Hung Dao
Golfe de Thaïlande ou du Siam
0 200 400 m
Où dormir ?
10 9 Station Hostel (hors plan par B3)
11 Antinho Hostel (B4)
12 Homestead Garden View Resort (B4)
13 Bungalows Hương Giang (A3)
14 Nhật Lan Resort (B4)
15 Hôtel Liên Hiệp Thành (B4)
16 Sirena Guesthouse (B4)
17 Phu Quoc Kim (A4)
18 La Mer Bungalows (B4)
19 Mai House Resort (A4)
20 Cassia Cottage (A4)
21 La Veranda (B4)
Où manger ?
12 Le Bistrot (B4)
20 The Spice House (Cassia Cottage ; A4)
30 Quàn Xu (A1)
32 Alanis Coffee Deli (B3)
33 Winston's (B4)
34 Ganesh (A3)
35 Chez Carole (B4)
36 Itaca Resto-lounge (B4)
37 Ra Khoi (A2)
Où boire un verre ? Où manger de bonnes pâtisseries ?
17 Bonjour Bakery (A4)
31 Coco Bar (B4)
36 Itaca (B4)
40 Café Phô Biên (A2)
43 Saigon Hub (A1)
À voir
51 Grand marché (A1)
52 Marché de nuit (A1)
53 Musée Cội Nguồn (hors plan par B4)
À faire
60 Rainbow Divers (A2)
61 Flipper Diving Club (A2)
62 Sunny Boat Trip (B4)

DƯƠNG ĐÔNG

Très chic (plus de 80 $)

🏠 🍴 ***Mai House Resort*** *(plan A4,* ***19****) : 112/7/8, Trần Hưng Đạo ; à env 3 km au sud de Dương Đông.* ☎ *384-70-03.* 📱 *09-18-12-37-96.* • *maihousephu quoc.com* • *Au bout du chemin qui dessert les petits hôtels, après* La Mer Bungalows. *Doubles 100-110 $ (mer ou jardin), petit déj-buffet inclus.* Un joli complexe tenu par un couple français. Bungalows bien équipés (moustiquaire, douche/w-c, ventilo, certains avec clim) répartis dans un grand jardin (2 ha) ombragé, au bord de la mer. Les plus chers ont la vue sur la plage, les moins chers donnent côté jardin. Piscine et accès direct à la mer. Bar-restaurant les pieds dans l'eau.

🏠 🍴 ***Cassia Cottage B & B on the Beach*** *(plan A4,* ***20****) : Bà Kèo Beach, Khu Phố 7, 43, Trần Hưng Đạo.* ☎ *384-83-95.* • *cassiacottage.com* • *Dans l'allée du* Hiệp Thạnh Resort, *continuer jusqu'au bout (panneau). Doubles 110-250 $.* Une de nos adresses préférées dans la catégorie hôtel de charme en bord de mer. De fait, les cottages nichés dans la végétation tropicale ont du style et du caractère. Quant aux chambres, elles sont d'un confort irréprochable. Le jardin luxuriant n'est pas régulier (on dirait un jardin anglais sous les tropiques), la piscine est magnifique, et le restaurant, *The Spice House* (voir la rubrique « Où manger ? »), face à l'océan, est considéré comme l'un des incontournables de l'île. C'est autant un plaisir de loger ici que d'y venir boire un verre ou dîner sous la véranda (observez les superbes carrelages) ou les cocotiers. Le patron est un Français exportateur d'épices.

🏠 🍴 ***La Véranda*** *(Hôtel Grand Mercure ; plan B4,* ***21****) : Trần Hưng Đạo, ward 7.* ☎ *398-29-88.* • *laverandare sorts.com* • *Doubles à partir de 220 $; prix variables selon saison.* Un des plus chics de tous les hôtels de l'île et si bien situé ! Caché au bout d'un étroit chemin de terre, il présente une architecture néocoloniale bien intégrée dans le paysage du littoral. Pas d'énormes bâtiments, mais des pavillons à taille humaine nichés dans la végétation tropicale, en bordure de plage. Chic et cher, bien sûr, mais idéal pour une lune de miel. Tous les services à disposition.

Où louer une villa ?

🏠 ***Villas chez Yves*** *(plan L'île de Phú Quốc,* ***22****) : à 6 km au nord de la ville (Dương Đông) et à 3 km de la plage d'Ông Lang.* 📱 *09-72-94-95-17.* • *yveslen@yahoo.com* • *Pour une villa de 6 pers, compter 500-800 €/sem selon saison. Petit kit de poivres et épices offert sur présentation de ce guide.* Ancien sommelier-restaurateur, ancien marin, le Breton Yves Guernalec a jeté l'ancre à Phú Quốc où il vit toute l'année avec sa femme vietnamienne et leurs 2 enfants. Il loue 2 très belles villas avec piscine privative, confortables et bien aménagées (cuisine), dans un terrain au pied d'une colline, en pleine campagne. Beaucoup d'espace. Il conduit ses hôtes à la plage la plus proche et renseigne sur les balades à faire dans l'île.

Où manger ?

Bon marché (moins de 4 $)

🍴 ***Quán Xu*** *(plan A1,* ***30****) : dans le marché de nuit, un peu avt* Saigon Hub. De toutes les cantines, qui se succèdent à touche-touche le long de la rue principale, c'est l'une des plus recommandables pour la fraîcheur indiscutable de ses produits. On choisit son poisson ou ses fruits de mer à l'étalage, on pèse et on file s'attabler en attendant d'être servi dans un joyeux brouhaha. Portions généreuses et service rapide. Si celui-ci est plein, voir un peu plus loin, sous la halle, le resto ***Quan An,*** une bonne alternative.

🍴 ***Ra Khoi*** *(plan A2,* ***37****) : 131 bis 30 Thang 4. Tlj 10h-minuit.* Ouverte sur la rue, couverte d'un toit de tôle et éclairée de néons, la salle est prise d'assaut le midi comme le soir. La carte longue comme le bras décline les classiques locaux, servis sans rondeurs ni politesses, mais au moins, ça pulse ! Légumes et poissons frais, et assiettes particulièrement généreuses.

Alanis Coffee Deli (plan B3-4, **32**) : *98, Trần Hưng Đạo. 09-33-55-17-69. Sur la droite de la route principale, quasi en face de l'*An Binh Resort & Hotel. *Tlj 8h-22h.* Les couleurs blanc et vert pomme de la façade sont à l'image de l'esprit du lieu : jeunesse, fraîcheur et ambiance un peu branchée. C'est tout petit, mais idéal pour croquer un encas (sandwich, burger, salades, *pancakes*...), boire un bon café (*frappuccino,* café italien...) ou un smoothie bien frais, et déguster une bonne glace. Bon accueil d'Alain Nguyễn.

De prix moyens à chic (env 4-11 $)

Winston's (plan B4, **33**) : *121/1, Trần Hưng Đạo, KP 7. 012-6390-1093. Dans une petite rue, à droite de la* pagode Phap Quang. *Tlj 12h30-22h30.* Vous raffolez de la cuisine vietnamienne et de ses parfums, mais l'idée d'un bon burger juteux vous fait saliver ? Bingo, *Winston* a tout bon : bœuf (australien) tendre, sauces et buns maison, accompagnements généreux et frites, elles aussi, *home made.* Néanmoins, impossible de zapper la tarte au citron maison *(lime tart),* diaboliquement crémeuse. Accueil cool, très sympa.

Ganesh (plan A-B3, **34**) : *97, Trần Hưng Đạo. ☎ 399-49-17. 09-14-15-96-27. Tlj.* Ce resto indien mérite des éloges, car on y mijote une savoureuse cuisine indienne, élaborée par un chef nepali et ses commis vietnamiens. Tous les classiques de l'Inde se trouvent à la carte : spécialités au curry, *biryanis, tandooris,* et aussi des *thalis* (plats végétariens ou non). Pain indien *(roti)* et vin au verre, et bien sûr l'excellent *lassi* (yaourt liquide) à la fin du repas.

Le Bistrot (plan B4, **12**) : *118/2, Trần Hưng Đạo. Dans le jardin du* Homestead Garden View Resort. *012-56-030-399. Tlj.* Un resto animé et très apprécié des touristes pour sa carte de plats français et vietnamiens, ainsi que pour ses pizzas cuites au four à bois servies en 3 formats. Le service est vite débordé, les pizzas sont inégales. Mais le cadre, tout en terrasses, pas désagréable, le service francophone et l'ambiance plutôt festive fédèrent et compensent !

Chez Carole (plan B4, **35**) : *125, Trần Hưng Đạo, Khu Phố 7. ☎ 384-88-84. À env 4 km au sud de Dương Đông, côté gauche de la route principale.* Vaste et agréable terrasse ombragée où l'on a plaisir à dîner le soir en écoutant de la musique *live.* Cuisine vietnamienne traditionnelle et plats internationaux (spaghettis, pizzas, salades...) de bon rapport qualité-prix. Pour le *hot pot* (fondue vietnamienne), bien demander avant de commander pour combien de personnes il est servi !

De chic à plus chic (env 11-26 $)

The Spice House, restaurant du Cassia Cottage (plan A4, **20**) : *Bà Kèo Beach, Khu Phố 7, 43, Trần Hưng Đạo. ☎ 384-83-95. Résa préférable le soir (surtout pour les non-résidents). Plats « chic » fourchette basse.* Il s'agit du restaurant de l'hôtel *Cassia* (nom qui signifie « cannelle » en latin). Au bord de la plage, décor colonial raffiné : mobilier en teck, larges ventilateurs, superbes carrelages en carreaux de ciment, et la mer en toile de fond. La spécialité de la maison, ce sont les épices, que le patron (M. Burnett) cultive, conditionne et exporte en Asie et dans le reste du monde. Elles parfument subtilement une cuisine de saison vietnamienne, fine et créative. Produits de la mer d'une fraîcheur indiscutable, ingrédients naturels et saisonniers, légumes frais... soigneusement présentés. Le contenu de l'assiette joue dans la cour des grands ! Une belle expérience culinaire dans un superbe environnement tropical.

Itaca Resto-Lounge (plan B4, **36**) : *119, Trần Hưng Đạo. 907-97-91-44. Tlj sauf mar, seulement le soir, 18h-22h30. Un peu à l'écart de l'animation, sur la gauche de la route en allant vers le sud. Tapas 140 000-195 000 Dg ; plats « fourchette basse ».* 3 copains catalans ont ouvert ce bar-resto *lounge* à la déco contemporaine et soignée. Le chef, Mateu Batista, également catalan

LE CAMBODGE

et passionné par la cuisine, décline les saveurs de la Méditerranée alliées aux épices de l'Asie. Résultat, on savoure ici une cuisine fusion pas donnée, mais goûteuse et de qualité. Une belle adresse pour le soir, pour dîner ou simplement boire un cocktail dans le jardin subtilement éclairé et bercé par la musique.

Où boire un verre ? Où manger de bonnes pâtisseries ?

Bonjour Bakery *(plan A4,* ***17****) : 118/2/1/1 Trần Hưng Đạo, KP 7. En face de l'hôtel* Phú Quốc Kim. *Tlj 7h15-19h.* À l'origine, Christophe propose quelques tables pour apprécier sur place ses merveilles sucrées : viennoiseries comme chez nous et tartes aux fruits délicieuses (ah, celle au citron !). Ici, assure-t-on, tout est fait maison avec des produits de qualité, quitte à les importer, comme le beurre. La qualité des fruits locaux, gorgés de sucre, et le tour de main du pâtissier font le reste. Jus, smoothies et glaces maison. Super pour un petit déj de fête ou la pause de 4 heures.

Café Phô Biên *(plan A1-2,* ***40****) : sur le port, juste avt la petite jetée qui mène au phare, sur la gauche. Café à l'étage.* Ce n'est pas pour le cadre que l'on vient, ni pour la carte des boissons, franchement basique, mais pour la vue extra sur le phare, en surplomb du port et de son animation. Choisissez une table près du balcon en fin de journée pour assister au coucher de soleil, aux premières loges !

Coco Bar *(plan B4,* ***31****) : 118/2, Trần Hưng Đạo. Sur le chemin qui mène à l'hôtel* La Véranda, *quasi en face du resto* Le Bistrot. Bien que blindé de petits hôtels, le secteur est relativement calme en soirée. Toujours un peu de monde, en revanche, chez *Coco Bar,* pour siroter un de ces délicieux cocktails à base de rhum, dont seul Raphaël, le patron, a le secret.

Saigon Hub *(plan A1,* ***43****) : Bach Dang Street. 0947-694-869.* Idéalement situé au croisement de la rue principale du marché de nuit et de la halle couverte, le *Saigon Hub* fait office de point de ralliement. Tenu par un Français très impliqué, qui n'hésite pas à faire le tour des tables et à échanger 3 mots avec les clients, l'affaire tourne rond ! Bonne cuisine occidentale, poissons frais et pâtes maison, mais addition élevée. À vrai dire, surtout sympa à l'heure de l'apéro. Excellent accueil.

– Voir aussi plus haut ***Itaca Resto-Lounge*** *(plan B4,* ***36****),* dans la rubrique « Où manger ? ».

À voir. À faire

Dương Đông est une bonne base pour rayonner alentour. Louez une moto et partez à l'aventure sur les pistes en terre (bien roulantes) pour vivre les dernières années du Phú Quốc sauvage, pêcheur et rural.

Le grand marché *(plan A1,* ***51****) : au centre-ville. Après le pont en direction de la plage d'Ông Lang, 1re rue à gauche.* Quartier vivant et populaire, autour de la rue Ngo Quyen, en bord de rivière. Fruits, légumes, et nombreuses gargotes pour avaler une copieuse soupe pas chère.

– Le ***marché de nuit*** *(Dinh Cậu Night Market ; plan A1,* ***52****) : avt le pont, sur la droite, sur la rue Bach Dang, le long de la rivière.* Très animé à partir de 18h30. Immenses étals de tout ce que l'océan a de comestible. Nombreux restos qui servent des produits frais, mais attention, pas toujours bon marché. Mais on

RIEN QUE DU BON !

L'île de Phú Quốc est réputée pour produire le meilleur nước-mâm du Vietnam, mais aussi le meilleur poivre. La qualité des eaux, le type de climat, la terre fertile et le savoir-faire des îliens favorisent la naissance de bons produits naturels et savoureux.

vous en a tout de même trouvé un (voir plus haut, le *Quán Xu*, dans « Où manger »). Vous lorgnez les bestiaux dans les aquariums ou sur les étals, puis pointez du doigt votre choix, on pèse la bête, et hop c'est parti ! Également boutiques touristiques de fringues et bibelots.

Le musée Cội Nguồn *(Cội Nguồn Bảo tàng ; hors plan par B4,* ***53****) : 149, Trần Hưng Đạo. ☎ 398-02-06. Sur la gauche de la route. Tlj 7h-17h. Billet : 20 000 Dg.* Ce musée privé (créé par un Vietnamien passionné) présente sur 8 étages l'histoire de Phú Quốc. La partie la plus intéressante est cette épave de bateau chinois du XVIIIe s dans laquelle on a trouvé des céramiques, de la vaisselle et des amphores thaïlandaises. Voir aussi les documents sur la prison de Phú Quốc pendant la guerre du Vietnam (cages au tigre et conteneurs où étaient enfermés les prisonniers). Location de chambres correctes dans l'hôtel attenant.

Plongée sous-marine

■ ***Rainbow Divers*** *(plan A2,* ***60****) : 11, Trần Hưng Đạo. Nico, francophone, 0166-993-6920 ; Johnny (anglophone), 09-13-40-81-46. • nico@divevietnam.com • divevietnam.com • Prix à partir de 85 $/pers.* Implanté depuis longtemps dans plusieurs sites balnéaires du Vietnam (Nha Trang, Côn Đảo, l'île de la Baleine...), cet organisme possède une très bonne réputation. Personnel compétent, moniteurs agréés PADI, matériel sûr et en bon état. Initiation pour les débutants ou forfaits pour les plongeurs confirmés. Les sorties en mer se font à la journée ou sur plusieurs jours, les prix sont donc variables.

■ ***Flipper Diving Club*** *(plan A2,* ***61****) : 60, Trần Hưng Đạo. ☎ 399-49-24. 09-39-40-28-72. • flipperdiving.com •* Sérieux, et on y parle l'anglais et le français. Le club est dirigé par Willy, un Vietnamien francophone qui a vécu à La Rochelle.

Balades en mer

■ ***Sunny Boat Trip*** *(plan B4,* ***62****) : 143, Trần Hưng Đạo. 09-69-68-79-28. • sunnyphuquoc@yahoo.com • phuquocsunny.com • Sorties en mer à partir de 17 $/pers en groupe.* Bureau situé au bord de la rue principale, en face du *Saigon Phú Quốc Resort*. Compagnie sérieuse et recommandable. Sorties *snorkelling* et pêche, balade en mer au sud ou vers le nord de l'île. Ils viennent vous chercher à votre hôtel.

BALADE DANS LE NORD-OUEST DE L'ÎLE

À cette occasion, louez une moto ou prenez une moto-taxi pour la journée. La route du Nord-Ouest est entièrement bitumée sur 2 voies, de Dương Đông à Mũi Gành Dầu (pointe nord-ouest), elle est aussi très fréquentée en semaine. Prudence, donc.

Immense ***plage d'Ông Lang*** (à une dizaine de kilomètres au nord de Dương Đông) plus sauvage que Long Beach. L'une des plus belles de l'île, bordée d'arbres penchés et quelques portions rocheuses, au sable blanc étincelant qui descend en pente douce vers des eaux cristallines. Au fil des ans, de nouveaux et luxueux hôtels ont été construits en bord de mer, mais de longues portions demeurent totalement sauvages.

➢ *1er accès :* suivre le panneau *Hôtel Chieng Si* (hôtel 5 étoiles). On arrive sur une très jolie plage avec buvette au déjeuner. Très fréquentée par les locaux les fins de semaine.

➢ *2e accès :* prendre à gauche (en venant de Dương Đông) la route indiquant les hôtels *Mango Bay* et *Bo Resort*. Le long de cette petite route, pas mal de restos sympa ont poussé ces dernières années créant un peu d'animation dans une zone autrefois déserte. La route se scinde ensuite ; de part et d'autre, elle mène vers la plage.

Traversée de ***Cửa Cạn,*** vieux village de pêcheurs. Tout au long de la route, riches champs de poivriers. En janvier-février, le poivre noir est mis à sécher au bord de la route.

LE CAMBODGE

Arrêt détente au hameau de ***Vũng Bầu.*** Superbe plage où l'on trouve plusieurs hôtels pieds dans l'eau.

– Entre Vũng Bầu et la pointe de Gành Dầu, la route longe le récent ***complexe hôtelier Vinpearl Resort,*** étendu sur près de 300 ha en bord de mer. Cet immense ensemble est composé d'un hôtel de 300 chambres, de villas, d'un parc d'attractions (style Disneyland) et d'un golf de 27 trous.

Suivre la route côtière vers le ***cap de Mũi Gành Dầu.*** On longe les ***plages de Vũng Bầu*** et ***Bãi Dài*** (propre). Une piste de sable (plus pour longtemps) longe le littoral encore totalement vierge par endroits. Fin de la balade au ***cap de Gành Dầu,*** bonne piste en terre battue, mais fort peu de pancartes routières. Juste en face, une grande île cambodgienne.

Du ***cap de Gành Dầu,*** il est possible de rejoindre ***Bãi Thóm,*** au nord-est, par une piste en terre rouge en bon état (17 km), qui traverse l'épaisse forêt primaire avant de rejoindre la route bitumée de Dương Đông. Si vous le pouvez, faites une incursion dans le petit ***village de pêcheurs de Rach Vem,*** hors du temps.

Où dormir ?
Où manger sur la côte nord-ouest de l'île ?

À Ông Lang Beach

Mango Bay Resort *(plan L'île de Phú Quốc,* ***25****) : plage d'Ông Lang, à 6 km env, sur la route de Cửa Cạn. ☎ 398-16-93. 09-69-68-18-20. • mangobayphuquoc.com • Compter 20 mn à moto et 30 mn en voiture. Doubles env 140-255 $ selon saison et confort, petit déj continental compris. Villas à partir de 215 $.* Au pied d'une colline couverte d'une dense végétation tropicale, sur un terrain de 10 ha en bord de mer... Les propriétaires sont anglais et australiens. L'ensemble abrite une série de beaux bungalows dont certains construits en argile, suivant une astucieuse technique antithermique locale. Résultat, sans clim (mais avec ventilo), il y fait toujours frais. Décor intérieur raffiné et moustiquaire. Eau chaude à énergie solaire. Les chambres les plus économiques sont toujours très soigneusement décorées. Les 5 villas sont pour les groupes ou les familles. Cuisine réussie et très soignée préparée par un chef français (plats vietnamiens et français). 2 restos en terrasse et un autre « bistrot » de plage 300 m plus loin. Cours de yoga gratuits. Organise des transferts de/pour l'aéroport, des navettes pour Dương Đông, et loue des scooters.

Bo Resort *(plan L'île de Phú Quốc,* ***25****) : plage d'Ông Lang, à 6 km env, sur la route de Cửa Cạn, près du Mango Bay Resort. ☎ 370-24-46. • boresort-phuquoc.com • Bungalows 55-120 $ pour 1 ou 2 pers selon confort et saison, petit déj en sus.* La route grimpe fort jusqu'à l'entrée du *resort* ; on redescend ensuite à pied par un sentier dans un bois tropical vers la réception et la plage, qui forme un croissant de sable de 3 km de long... L'environnement est enchanteur. Voici un petit hôtel de plage tenu par un jovial couple de retraités franco-vietnamien (Régis et Marie). Leurs bungalows (en bois et en pierre) avec vue sur mer ou jardin sont répartis sur un site naturel remarquable, au milieu d'une végétation luxuriante. Pas de TV, pas de téléphone, pas de clim, mais un ventilateur, un confort suffisant et un certain charme dans la déco. Points forts : la situation du resto sur la plage et la qualité de la cuisine.

Ninila Tropical Fruitfarm Guesthouse *(plan L'île de Phú Quốc,* ***26****) : plage d'Ông Lang, Xa Cua Duong. ☎ 657-66-77. 09-38-14-57-03. • ninilaphuquoc.wixisite.com • À env 7 km au nord du Dương Đông, peu après le Mango Bay. Doubles 25-35 $, plus un grand bungalow 4 pers 50 $.* Ensemble de petits cabanons aux toitures en feuilles séchées et montés sur pilotis, à quelques minutes de la plage. Les chambres s'ouvrent sur des petites terrasses privatives, dans le jardin laissé au naturel, et quelques-unes donnent directement sur la piscine, comme le restaurant. Très jolies salles de bains en pierre, déco soignée et service attentionné : autant d'atouts pour cette bonne adresse d'un excellent rapport qualité-prix-calme. Location de vélos et de motos.

Freedomland Resort & Bungalows *(plan L'île de Phú Quốc, **27**) : entre Dương Đông et Ông Lang. 09-44-68-70-71. • freedomland-phuquoc-resort.com • freedomland-phuquoc-resort.com • Taxi de l'aéroport : env 150 000 Dg. Bungalows env 30-75 $ selon confort et taille.* Peter (ancien photographe de mode) et Rita (sa femme portugaise) ont construit ce petit éco-hôtel dans la nature tropicale et ils le gèrent selon des règles environnementales strictes (détritus récupérés, eau filtrée, recyclage des matériaux...). De taille et de confort différents, les bungalows intégrés dans le paysage sont construits avec des matériaux locaux (bois, bambou). Douche tiède, ventilateur, confort suffisant. Repas possibles, servis sur place et préparés avec des produits naturels. Ici, on préfère les hôtes cool, car c'est un lieu pour « socialiser » dans l'esprit écologique et non un banal hôtel standard. La plage est à environ 12 mn de marche.

Sakura Kiêm *(plan L'île de Phú Quốc, **40**) : Ông Lang. 077-62-94-856 ou 012-28-18-34-84. Juste à l'embranchement, en direction du Bo Resort. Ouv tlj 9h-22h.* Cette cantine de bord de route, gérée de main de maître par sa propriétaire (une sacrée personnalité !), fait le bonheur des gens du coin pour sa cuisine bien fraîche. Sur la carte, tous les grands classiques vietnamiens, avec une prédilection, on s'en doute, pour les poissons. Service rapide, cuisine délicieuse et généreuse, tarifs bon marché, enfin. On y revient forcément !

À Vũng Bầu

Vũng Bầu Resort *(plan L'île de Phú Quốc, **28**) : Cửa Cạn. 09-18-72-99-97. • vungbauresort.net • Doubles avec sdb et ventilo ou clim 30-70 $.* Au bout d'une piste de terre de 2 km, ce petit « écolodge » donne directement sur une belle plage de sable, propre et ombragée. Un emplacement formidable, calme et de bon rapport qualité-prix, avec 2 catégories de bungalows. Les plus simples sont couverts de chaume, les autres en brique avec toit de tuiles. Vue sur jardin ou sur la mer. Les repas se prennent sous une paillote. Plongée possible (beaux coraux), et quelques singes dans les arbres environnants.

Bamboo Cottages & Restaurant *(plan L'île de Phú Quốc, **28**) : Vũng Bầu, Cửa Cạn. ☎ 281-03-45. • bamboophuquoc.com • À côté du Mai Phương Beach Resort. Fermé juil-sept, pdt la saison des pluies. Bungalows 115-140 $ en hte saison (déc-fév), petit déj inclus. Réduc 15-20 % pour les séjours de plus de 3 nuits.* Hai, le patron, est un dynamique Vietnamo-Américain. Une quinzaine de ravissants bungalows (très bien équipés), dans un bel environnement naturel, et au bord d'une très belle plage de sable ombragée par des cocotiers. Au resto, cuisine savoureuse et de qualité ; bon service. Possibilité de balades en bateau, plongée sous-marine, location de motos, cours de yoga, leçons de taï-chi... On coule des jours heureux ici. Une très bonne adresse.

À Ganh Dau

Phú Quốc Kim 2 Front Beach Resort *(plan L'île de Phú Quốc, **23**) : Chuong Vich, Ganh Dau. 0981181918. • phuquockim2gmail.com • Doubles 100-125 US$.* À l'extrême pointe nord-ouest de l'île, dans un repli de la côte, face à la mer, voici un petit hôtel agréable et bien situé. Il se compose de 21 chambres réparties en 4 bâtiments et de bungalows. Bon confort partout : literie de qualité, clim, frigo, et vue sur le jardin et la plage (propre) ourlée de palmiers. Fait aussi resto. Location de scooters.

À faire dans le nord-ouest de l'île

➢ ***Balades en bateau et plongée sous-marine :*** l'hôtel-resto *Mai Phương* organise des parties de pêche à bord d'un bateau rapide et des plongées *snorkelling* (observation des poissons avec masque et tuba) à ***Móng Tay,*** un îlot de corail à 3 km en mer. Minimum 4 personnes (ou négocier). Compter 350 000-400 000 Dg. Possibilité de tour sur deux îles, en y ajoutant celle de *Đồi Mồi* (belle plage de sable jaune). Plus cher bien sûr. Dans le prix, masque, tuba, palmes et matériel de pêche sont inclus.

BALADE DANS LE NORD-EST ET L'EST DE L'ÎLE

La partie nord-est de l'île est couverte, en grande partie, par l'épaisse forêt primaire du ***parc national de Phú Quốc,*** classée réserve de biosphère par l'Unesco en 2006. Propriété de l'armée, et donc interdite d'accès, elle héberge une faune et une flore inestimables, de fait, protégées.
La route de Dương Đông vers ***Bãi Thóm*** la traverse. Peu avant Bãi Thóm, on peut emprunter une route, sur la gauche au niveau du mirador qui mène au village de pêcheurs de Rach Tram. Petit café à l'entrée du village, où l'on recommande de laisser sa bécane. Atmosphère paisible entre forêt, mangrove et plage. Juste en face, à quelques brasses, une île cambodgienne.

La piste qui longe le littoral de Bãi Thóm à ***Hàm Ninh*** est désormais entièrement bitumée et on peut rejoindre facilement le sud sans repasser par la case Dương Đông. Un gain de temps inouï, et surtout l'occasion de découvrir un littoral superbe, venteux, avec de longues langues de sable blanc, ourlées d'arbres tropicaux et parsemé de gros rochers noirs. Pour un peu, on se croirait aux Seychelles !

En rentrant vers Dương Đông, si vous avez du temps, balade à la cascade de ***Suối Tranh.*** Attention, durant la saison sèche (de novembre à juin), elle ne coule guère. Prendre la direction de *Hàm Ninh.*

Où dormir ? Où manger sur la côte est de l'île ?

À Hàm Ninh

Mango Beach Resort *(plan L'île de Phú Quốc,* ***29****) :* *Tô 3, hameau de Cây Sao, xa Hàm Ninh. ☎ 629-95-55 (centrale de résa). Chambres 90-105 $.* Une situation idyllique entre mer et montagne. Sur un terrain en pente, s'accrochent les bungalows sur pilotis, offrant une vue imprenable sur la mer (avec accès direct). Les chambres sobres et lambrissées sont d'excellent confort, impeccables et calmes. Ce qui peut être un atout pour certains (les amoureux y roucoulent en paix) sera sans doute un point faible pour d'autres car, de fait, l'hôtel est relativement isolé. Cela dit, bon resto sur place, sur la plage.

Fishing Village *(plan L'île de Phú Quốc,* ***41****) :* le long de l'ancienne digue du village de Ham Ninh, dégustations de poissons, fruits de mer et crabes, sur les bateaux amarrés. Tous proposent les mêmes produits de la pêche, d'une fraîcheur garantie, à des prix justes. Très populaire et ambiance festive (musique à fond la caisse) au milieu des familles vietnamiennes. Sur le port, le ***restaurant Song Lê*** bénéficie d'une bonne réputation.

VERS LA POINTE SUD DE L'ÎLE

À une trentaine de kilomètres au sud de Dương Đông, ***An Thới*** ne sert plus de port de débarquement, mais sa vie portuaire (pêche locale) continue. Pas de raison d'y dormir. Le plus pratique et le moins cher, pour s'y rendre, c'est la mototaxi. Compter 80 000 Dg, environ 30 mn. La route est entièrement bitumée et débouche sur le *Mariott Hotel,* à l'architecture mégalomaniaque. Les 2 plages les plus connues sont celles de Bãi Khem et Bãi Sao.

Bãi Khem, la plus proche d'***An Thới*** (environ 3 km), déroule son sable blanc au fond d'une baie ravissante. Plage peu ombragée cependant. La plage de ***Bãi***

Sao reçoit plus de monde pour sa petite forêt de cocotiers. Plus intime aussi, c'est notre préférée ! Allez vous poser tout au bout, sur la gauche, vers le ***Café Paradiso,*** plus calme.

Café Paradiso *(plan L'île de Phú Quốc,* ***42****) : à l'extrémité nord de la plage.* Il porte bien son nom celui-là ! Littéralement pieds dans le sable, tables en terrasse abritées de parasols, il propose une carte d'en-cas vietnamiens et occidentaux de très bonne qualité. Jus et cocktails. Service parfait. Juste devant, une rangée de transats pour buller en toute quiétude.

Balade en bateau dans les îles en face d'An Thới. Beaux paysages et spots de plongée. Pour les découvrir, voir à Dương Đông nos adresses « Plongées » et « Balades en mer ».

Le téléphérique pour l'île de Hon Thom : *• honthom.sunworld.vn • Départ depuis la station située à 4 km au nord-ouest du bourg d'An Thới. Tlj 8h-17h30. Durée : 15 mn. Billet A/R : 150 000 Dg, réduc. En cas de mauvais temps, il ne fonctionne pas.* Considéré comme le plus long du monde au-dessus de la mer (7,8 km), il relie le bourg d'An Thới à l'île de Hon Thom, dont une partie a été aménagée en parc de loisirs (Hon Thom Nature Park). Le voyage au-dessus des bateaux et de la mer a quelque chose d'exceptionnel pour la vue. Sur l'île de Hon Tom, on se déplace en voiturette électrique *(buggy)* jusqu'à la plage de sable blanc où l'on peut se baigner et pratiquer plusieurs activités : kayak de mer, plongée sous-marine, parachute ascensionnel...
– ***Bon à savoir :*** en fait c'est le trajet en téléphérique qui vaut la peine, plus que le séjour dans le parc balnéaire. Une fois sur l'île, on ne peut pas sortir du périmètre du parc, c'est-à-dire l'enceinte privée appartenant à la compagnie *Sun World.* Personne ne parle l'anglais. Les infrastructures n'étaient encore finies au printemps 2019.

Coconut Prison : *sur la route d'An Thới à Ham Ninh, à 3 km au nord du port d'An Thới. Bien indiqué sur la droite de la route.* Infâme prison originellement construite par les Français et « reprise » par les Sud-Vietnamiens. Ces derniers l'avaient transformée en un immense camp de hangars en tôle ondulée (des fours... volontairement !), avec des containers « *Made in USA* » comme cachots. Jusqu'à 40 000 prisonniers y ont été enfermés ; petit musée. En face, un grand monument honore tous ceux qui y ont laissé leur vie.

LE TONLÉ SAP ET SES ENVIRONS

UN LAC AU SYSTÈME HYDROLOGIQUE UNIQUE...

Le Tonlé Sap est ***le plus grand lac d'Asie du Sud-Est*** et la mère nourricière du Cambodge. Fonctionnant comme un véritable cœur, le lac se gonfle et se dégonfle au rythme des moussons. Son niveau est bas de février à juin et haut d'août à novembre. Il multiplie sa surface par 4 et sa profondeur par 10 grâce au phénomène des vases communicants : le Mékong en crue atteignant un niveau supérieur à celui du lac, il force le courant de la rivière Tonlé Sap à s'inverser pour aller remplir le lac en amont. Cela limite aussi les risques d'inondation au sud.
Cette véritable ***mer intérieure,*** qui inonde les forêts et les champs alentour, est aussi l'une des plus poissonneuses au monde. Les poissons remontent le fleuve

sur plusieurs centaines de kilomètres pour pondre leurs œufs, et les larves reviennent ensuite dans le lac avec la crue, attirant une foule d'oiseaux d'eau (pélicans, marabouts, cormorans, hérons, aigrettes, cigognes...), dont plusieurs espèces en voie de disparition. Également des reptiles, crocodiles, varans, ainsi que des tortues trouvent refuge dans la forêt inondée. Pendant la saison sèche, l'eau laisse assez de sédiments derrière elle pour fertiliser la terre et permettre une activité agricole, essentiellement du riz, jusqu'à 3 récoltes par an au lieu de 1 ou 2 dans le reste du pays.

... ET UN ÉCOSYSTÈME DANS UN ÉTAT CRITIQUE

Cet extraordinaire environnement est classé ***Réserve de la biosphère par l'Unesco.*** Malheureusement, il reste très fragilisé par une importante poussée démographique (nombre de jeunes ne trouvant pas de travail dans les villes s'installent sur le lac), la surexploitation des ressources (surpêche, braconnage...), la destruction de la forêt inondée (conversion en terres agricoles, coupe pour bois de chauffe, incendies) et les plantes exotiques envahissantes, dont la célèbre jacinthe d'eau. Le lac est désormais considéré au bord de la rupture écologique. Ajoutons à cela le souci des ***barrages hydrauliques*** : les projets en cours sur le Mékong mettent indéniablement en cause la sécurité alimentaire du bassin du Mékong. Qu'adviendra-t-il de cette faune génétiquement programmée pour terminer son cycle et pondre en remontant le Mékong ? Les enjeux tant écologiques qu'humains sont énormes et mobilisent de nombreuses associations.

Mais les dirigeants et la *Mekong Commission* ont choisi l'électricité (lobby et argent aidant) et sacrifié le poisson sur l'autel du développement, avec l'étiquette d'« énergie durable » pour se donner meilleure conscience. Pour les défenseurs du lac et de ses habitants, c'est un « écocide » économique, social et culturel qui se dessine.

LA VIE SUR LE LAC : VILLAGES FLOTTANTS ET MAISONS SUR PILOTIS

Ici a pris souche le ***peuple khmer,*** installé sur des villages lacustres depuis la nuit des temps. Mais historiquement, il semble que les ***Vietnamiens*** soient les pionniers de l'implantation et des ingénieuses techniques de pêche sur le lac. Aujourd'hui, ce sont près de ***3 millions de personnes*** qui vivent autour du Tonlé Sap, dans des conditions de pauvreté alarmantes, sur des villages flottants (Chong Khneas, par exemple) ou dans des maisons sur pilotis. Les maisons se déplacent au rythme des crues et décrues, plus d'une dizaine de fois par an, et des besoins de ses habitants en fonction de la hauteur des eaux.

Tout se fait par bateau : l'école, les courses, la pêche bien sûr... On fait sécher le poisson, on le pile pour en faire du *prahoc,* cette pâte de poisson qui agrémente la cuisine cambodgienne, ou on le transforme en farine pour alimenter les élevages de porc (sur l'eau !).

Dans certains villages, on peut aussi voir les femmes travailler la jacinthe d'eau, cette plante aquatique verte que l'on fait sécher, que l'on fume et qui sert ensuite à la fabrication d'objets de vannerie : hamacs, chapeaux, paniers, boîtes, etc.

Une diversification indispensable qui permet désormais à ces communautés lacustres de générer un peu de revenus. Tout comme l'accueil de touristes mis en place par l'ONG *Osmose,* par exemple (voir plus loin). Sur les rives du lac, enfin, toute une zone inondable où les maisons sont fichées sur de très hauts pilotis comme dans le village de Kampong Phluk. Là aussi, la vie des habitants est intimement liée au rythme des eaux.

La visite

Si vous en avez le temps, il faut absolument aller à la découverte du Tonlé Sap. Le lever et le coucher du soleil restant les moments les plus magiques. ***Privilégiez la période d'octobre à mars***, le niveau de l'eau étant très bas d'avril à juillet. Naviguer dans les méandres de la forêt inondée reste un grand moment, tout comme découvrir les villages flottants. Mais tout dépend où et avec qui.
Logiquement, plus les villages sont proches de Siem Reap, plus il y a de touristes. Malheureusement, certaines agences organisent ces excursions selon une éthique assez éloignée du tourisme solidaire. Et plusieurs villages, comme ***Chong Khneas,*** sont devenus une attraction malsaine où le voyageur se sent voyeur.

***Kampong Khleang** (village sur pilotis) :* *à 45 km env de Siem Reap. Accès au village : en principe 2 $ (mais certains lecteurs ont dû payer jusqu'à 5 $) ; ou forfait incluant la balade en bateau. Attention, pendant la saison des pluies, le village es souvent inaccessible par la route (sept-janv).* Plus grand village établi sur le lac. Avec ses quelques maisons flottantes et son marché, il est encore peu touristique et authentique.
Une agence en propose la visite avec la possibilité de passer une nuit chez l'habitant. Elle s'inscrit dans une démarche de tourisme durable, qui favorise le développement local :

■ ***Buffalo Trails :*** *012-297-506 ou 093-832-812. • buffalotrails-cambodia.com • Balade à la journée ou ½ journée, prévoir 50-85 $/pers selon nombre de participants (à partir de 2 pers). Réduc de 5 % sur présentation du guide de l'année.* L'agence organise également des randonnées à pied, balades en charrette à buffles (ou bœufs), etc. Une façon authentique de découvrir la campagne cambodgienne et ses habitants. Programme aussi des excursions de plusieurs jours.

***Kampong Phluk** (village sur pilotis) :* *à 26 km de Siem Reap. Accessible depuis la route 6, par une bifurcation à droite au-delà des temples Roluos (panneau « Orphan Centre »). Balade en bateau comprenant le droit d'entrée au village : 25 $/pers ! Un supplément de 5 $/pers pour aller en bateau, par un canal et à travers la forêt inondée, jusqu'au Tonlé Sap.* Vraiment très cher, pour un village qui n'a plus grand-chose de pittoresque. Il se distingue par ses maisons perchées sur pilotis jusqu'à 10 m de hauteur, en fonction du niveau du lac (attention, il arrive qu'il n'y ait pas d'eau en saison sèche). Déjeuner possible à l'un des restos flottants sur la rivière, à 100 m du lac. Marché tous les matins.

La réserve ornithologique, la forêt inondée et le village de Prek Toal : visite possible avec l'ONG *Osmose.* Meilleure période : octobre-mars (d'avril à juin, le niveau du lac est trop bas, et en été, les oiseaux se dispersent vers d'autres cieux).

■ **Osmose** *(plan de Siem Reap, B3, 8) : bureau à Siem Reap. ☎ 063-765-506. 012-832-812 (contact francophone). • osmosetonlesap.net • Groupes 2-8 pers. Départ à 6h et retour vers 17h. Prix sur la base d'un groupe de 4 pers : 121 $/adulte (réduc moins de 12 ans), comprenant les transports A/R depuis l'hôtel, le ticket pour la réserve, un guide spécialisé, les repas et l'eau pour la journée. Possibilité de passer la nuit chez l'habitant.* Cette ONG accomplit un énorme travail pour la préservation de l'écosystème du lac et du mode de vie de ses habitants. Elle propose aux visiteurs d'être les témoins d'une nature et d'une population essayant de vivre en « osmose » avec le Tonlé Sap. Selon les itinéraires, principalement en bateau à moteur : traversée du lac, observation des oiseaux dans la forêt inondée, bon déjeuner traditionnel au restaurant communautaire, visite du village flottant de Prek Toal en pirogue traditionnelle, etc. Visite également d'un atelier d'artisanat de jacinthes d'eau *(Saray Tonle)*, géré par

Osmose pour promouvoir le travail des femmes et cours de tressage. Le bénéfice des visites permet de financer un programme d'éducation à l'environnement et de développement ciblant les familles les plus défavorisées. En assurant un revenu correct aux pêcheurs, ces derniers ne sont pas tentés de braconner. Certains ont même intégré l'équipe de gardes forestiers.

Nettement plus au sud, entre Battambang et Kompong Chnang, la ville flottante et sur pilotis de ***Kompong Luong*** reste l'une des plus facilement accessibles depuis la N5 et l'une des plus authentiques. Voir « Dans les environs de Kompong Chhnang ». Possibilité d'y passer la nuit chez l'habitant.

Enfin, une option que l'on recommande en saison haute (août-novembre) : le ***trajet en bateau*** – parfois épique – ***de Siem Reap à Battambang.*** Plus cher que le bus, mais il offre une très bonne opportunité d'observer des villages flottants et leurs activités, sans en déranger les habitants. Entre les arrêts pour embarquer les passagers, on a tout loisir d'observer ici une église montée sur des bidons, là une école avec sa cour de récréation sur le toit-terrasse, ou encore épiceries et maisons du Parti du Peuple... Départ tôt le matin pour 7 à 10h de bateau. Se reporter aux rubriques « Arriver – Quitter » des chapitres « Siem Reap » et « Battambang ».

À L'OUEST

BATTAMBANG

250 000 hab.

• Plan *p. 197*

2e ville du pays, Battambang fut fondée au XIe s sur les bords de la rivière Sangker. Cette ancienne capitale se retrouve à 2 reprises sous le contrôle des Thaïlandais, avant de récupérer à chaque fois son indépendance grâce aux Français. Entourée de plaines considérées comme le grenier du Cambodge, Battambang occupe une place importante dans l'économie du pays, dont elle a suivi le réveil. Sans avoir le même charme que d'autres petites villes, son architecture doit encore beaucoup à l'époque coloniale, surtout représentée par des rangées de modestes immeubles à boutiques d'un étage. Ainsi, pas grand-chose à visiter dans le centre, à part l'obligatoire marché central. Tout se passe aux alentours. Il faut aller s'enivrer du puissant parfum bucolique de la campagne pour apprécier les contrastes de cette contrée où se cultive le riz le plus parfumé, où l'on cueille les noix de coco les plus sucrées et les oranges les plus juteuses du Cambodge.

Arriver – Quitter

En voiture

Les routes goudronnées Phnom Penh-Battambang (290 km, trajet env 6h) et Battambang-Siem Reap (entre 2h et 3h30 en fonction des travaux) sont en bon état. Même constat pour rallier la frontière thaïlandaise (ouverte aux étrangers) par Poipet (180 km, 2h30 max) ou Pailin plus au sud (97 km, 1h30).

En bus

Prix à peu près alignés entre les compagnies, mais on conseille d'acheter son billet la veille à la réception de son hôtel pour connaître les meilleurs plans. Sinon s'adresser directement aux bureaux des compagnies. Les départs et les arrivées ont lieu dans le centre ou à l'extérieur de la ville (navettes dans ce cas).

Mekong Express (*plan A1,* ***1***) **:** *323 rue 3, Mohatep Village. 088-576-7668. • catmekongexpress.com/bus-schedule.aspx •* Notre compagnie préférée pour ses minibus confortables, sans musique à tue-tête comme c'est souvent le cas. Un peu plus cher mais aussi plus rapide.
Capitol Tour (*plan A1,* ***2***) **:** *739, rue La Ae. ☎ 053-953-040. • capitolkh.com •*
Phnom Penh Sorya Transport (*plan A1,* ***4***) **:** *092-181-804.*
Rith Mony (*plan A1,* ***3***) **:** *rue La Ae, dans un kiosque voisin de la station-service. 077-600-133.*
➢ ***Phnom Penh et Siem Reap* :** nombreuses liaisons avec ttes les compagnies. De là, autre bus ou avion pour ***Sihanoukville.***
➢ ***Poipet*** (frontière thaïe) **:** des liaisons avec ttes les compagnies. Consulter aussi le chapitre « Arriver – Quitter » en début de guide.
➢ ***Kompong Cham* :** départs ts les mat avec *Sorya Transport et Rith Mony.*

En taxi

Départ du marché (taxis publics). Intéressant pour aller aux frontières thaïlandaises de Poipet ou Pailin (40 $ l'aller simple) et jusqu'à 2 fois plus rapide que le bus. Compter env 50 $ pour Siem Reap. Essayez de trouver des compagnons de route pour partager le coût d'une location, en passant par votre hôtel notamment.

En bateau

➢ ***Battambang-Siem Reap* :** *à Battambang, quai en contrebas du nouveau pont au nord de la ville (plan A-B1).* 1 bateau/j. dans les 2 sens, départ à 7h. Ticket env 20 $, à acheter la veille. La plupart des hôtels vendent également les billets. Confort moyen, mais une magnifique navigation en perspective sur des chenaux, puis en plein lac. Émouvantes tranches de vie en traversant les villages flottants. Cette « croisière » reste assez longue (min 6-7h). Une excellente manière de joindre l'utile à l'agréable : la traversée peut aisément se substituer aux balades en bateau qui partent à l'assaut des villages flottants. Prévoir crème solaire, chapeau et pique-nique. Voir également le chapitre « Siem Reap ».

LE CAMBODGE

Adresses et infos utiles

Office de tourisme (*plan B3*) **:** *en face de la résidence du Gouverneur. 012-534-177. En principe, lun-ven 7h30-11h30, 14h-17h30.* Infos de base, quand c'est ouvert...
- Consulter **Battambang Buzz** (*• battambangbuzz.blogspot.fr •*), un blog en anglais et à jour. Plan de ville, carte des environs, infos pratiques...
■ ***Banques* :** notamment ***ANZ Royal Bank*** (*plan A1,* ***5***), à l'extrémité est du marché. Sinon ***bureaux de change*** face au marché (les meilleurs taux en ville).
Polycliniques* : *Handa Medical Center *(hors plan par B2,* ***6****; sur la N5 ; 095-52-0654 ; tlj 8h-19h – 17h le w-e).* La principale de Battambang. ***Visal Sokh Polyclinic*** *(plan A1,* ***7****; près de la station Total ; 012-848-415).* Pour les petits pépins 24h/24. Également ***Yi Kuok Clinic*** *(plan A1,* ***8****; ☎ 053-952-414 ; 093-828-373 ; tlj 7h-20h).* On vous renverra peut-être à la maison-mère (24h/24), au sud du centre-ville *(rue 154).* Font tous également pharmacie.
■ ***Pharmacie* :** *en face du Seng Hout Hotel (plan A1,* ***13****). Tlj 7h30-17h.* Plusieurs autres pharmacies en ville.
■ ***Butterfly Tour* :** *089-29-70-70. • butterflytour.asia • Balades guidées à la ½ journée ou la journée à partir de 18 $.* Plusieurs circuits à vélo encadrés par des étudiants cambodgiens anglophones. Super pour découvrir la campagne et l'artisanat dans les villages. À faire le matin de préférence.
■ ***Soksabike*** (*plan A1,* ***9***) **:** *dans la petite rue 1,5, parallèle à la rue 2. 012-542-019. • soksabike.com • Balades*

guidées à la ½ journée (env 27 $) ou à la journée. Parcours à vélo accompagnés dans la campagne. On traverse notamment des villages où sont fabriqués le papier et les galettes de riz.

■ ***Sangker Gallery :*** *rue 2, près du White Rose (plan A2, **21**).* Cet espace de création est dédié aux artistes cambodgiens, notamment ceux de l'école d'art *Phare Ponleu Selpak* (voir plus loin les « ONG »). Des œuvres parlant du Cambodge d'aujourd'hui ou d'hier. La galerie est aussi tournée vers les habitants, et vers les plus jeunes en particulier, pour qu'ils découvrent l'art contemporain à travers des ateliers, des projections de films cambodgiens, des visites guidées... Un espace à voir et à vivre.

Où dormir ?

De bon marché à prix moyens (moins de 30 $)

Royal Hotel *(plan A1, **10**) : dans la rue face au grand marché.* *016-912-034 et 012-894-862. • royalhotelbattambang.com • Résa conseillée. Ts les prix dans cette catégorie.* Une large gamme de chambres depuis la double ventilo-eau froide (sur le palier), un peu sombre car donnant sur l'atrium à la suite plus chic à l'étage. Confort général correct. Agréable toit-terrasse abritant le resto où sont servis petit déj et dîner (sandwichs et plats khmers). Personnel aussi efficace que sympathique. Au final, une adresse très centrale d'un intéressant rapport qualité-prix, souvent prise d'assaut.

The Place *(plan A1, **11**) : 53, rue 3.* *096-71-58-250 et 096-537-95-99. • theplacebtb.wixsite.com/theplace • « Bon marché ».* Une petite merveille d'auberge de jeunesse, conçue par Emma, une architecte française qui a fait appel à des ébénistes locaux pour la déco. Les 2 dortoirs de 6 lits présentent un vrai cachet design, tout comme le reste du bâtiment, dans des tons lumineux. Lumière individuelle

Adresses utiles

- Office de tourisme (B3)
- Départ des bateaux (A-B1)
- **1** Mekong Express (A1)
- **2** Capitol Tour (A1)
- **3** Rith Mony (A1)
- **4** Phnom Penh Sorya Transport (A1)
- **5** ANZ Royal Bank (A1)
- **6** Handa Medical Center (hors plan par B2)
- **7** Visal Sokh Polyclinic (A1)
- **8** Yi Kuok Clinic (A1)
- **9** Soksabike (A1)
- **13** Pharmacie (A1)
- **21** Sangker Gallery (A2)

Où dormir ?

- **10** Royal Hotel (A1)
- **11** The Place (A1)
- **12** Star Hotel (A1)
- **13** Seng Hout Hotel (A1)
- **14** Sangker Villa (B1-2)
- **15** Phka Villa (B2)
- **16** Au Cabaret Vert (hors plan par A3)
- **17** La Villa (B2)
- **18** Bambu Hotel (B2)
- **19** Battambang Resort (hors plan par A3)

Où manger ?

- **17** La Villa (B2)
- **20** Les gargotes du marché de nuit (A2)
- **21** White Rose et restaurant chinois (A2)
- **22** Nary Kitchen (A1)
- **23** Smokin' Pot (A2)
- **24** About the World (A2)
- **25** Jaan Bai (A1)
- **26** La Casa (A1)

Où prendre un petit déj ? Où manger une pâtisserie ? Où boire un verre ?

- **24** Vintage Wine Bar (A2)
- **30** Choco l'Art Café (A1)
- **32** The Lonely Tree Cafe (A2)
- **33** Madison Corner (A2)
- **34** Libations (A1-2)

Où prendre un cours de cuisine ?

- **22** Nary Kitchen (A1)

Achats

- **24** La Fabrik (A2)
- **36** Gecko (A1)

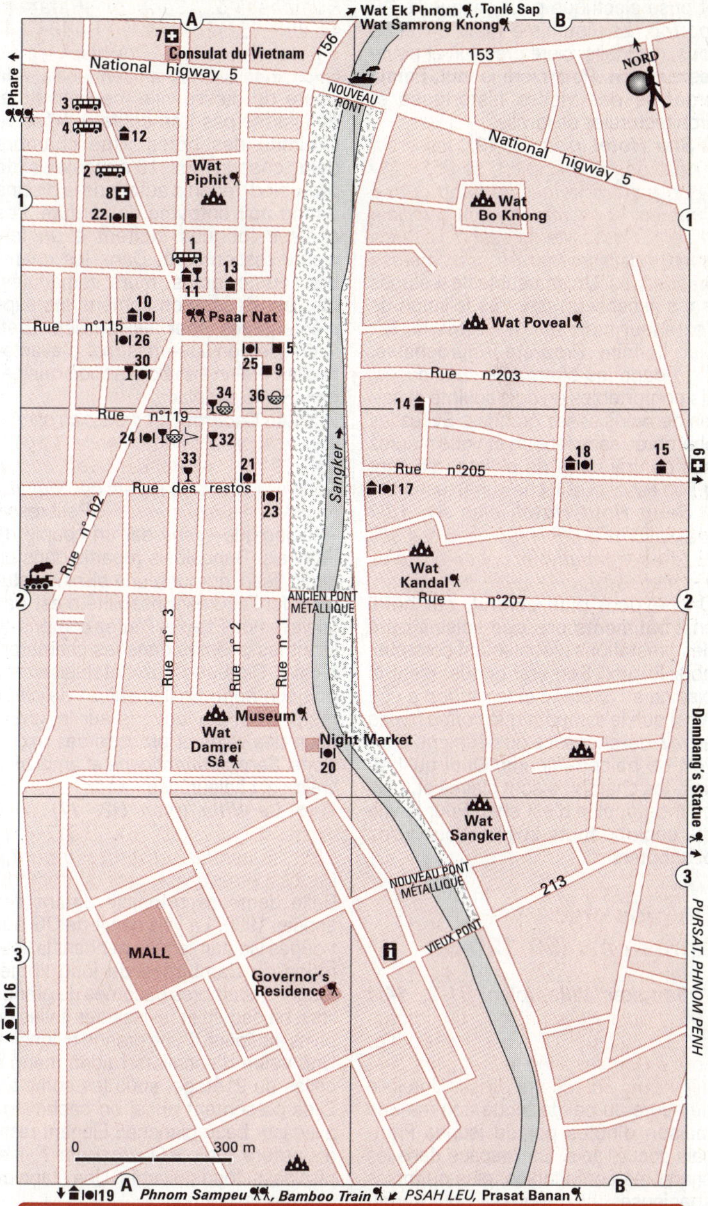

BATTAMBANG

LE CAMBODGE

et prise électrique pour chaque lit. Au *rooftop,* bar intimiste mais ouvert à tous, cocktails, bière pression et petite restauration. Pour clore le tout, Emma organise des visites historiques et architecturales de la ville.

Star Hotel *(plan A1,* ***12****) : Lak A St, à côté des bus* Capitol. *☎ 053-953-522. • starhotelbattambang.com • Doubles « bon marché » et familiale (4 pers). Possibilité de petit déj à l'*Asia Hotel *voisin (même proprio, mêmes prestations).* Un immeuble de 4 étages (sans ascenseur) pas très folichon de l'extérieur mais qui, à ce prix-là, fait bien l'affaire. Propreté irréprochable, frigo dans les chambres spacieuses, lits confortables en bois sculpté et salles de bains assez grandes. Évitez les chambres sans fenêtre et vous n'aurez pas de vrai motif de plainte, d'autant qu'on est accueilli chaleureusement.

Seng Hout Hotel *(plan A1,* ***13****) : rue 2. ☎ 053-952-900. 012-530-327. • senghouthotel.com • Doubles à « prix moyens », petit déj en sus.* On ne peut plus central, cet hôtel en 2 bâtiments presque voisins offre des prestations globalement correctes pour le prix. Son vrai bonus, c'est la piscine au 3e étage et le *rooftop* au 6e. Ainsi que le sympathique *coffee house* au rez-de-chaussée du bâtiment, couvert de balcons fleuris. Quoi qu'il en soit, les chambres sont claires et, plus on monte, plus c'est cher. Pour la vue qui englobe toute la ville. Loue vélos et scooters.

De plus chic à très chic (50-120 $)

Sangker Villa *(plan B1-2,* ***14****) : 200, Phum Rumcheck 4 ; rive droite. 097-764-00-17. • sangkervilla.com • Doubles avec sdb et clim, petit déj inclus. Fourchette basse.* Une jolie demeure au calme tenue comme une maison d'hôtes par de jeunes Français accueillants. De l'espace dans les chambres confortables, plus ou moins spacieuses avec terrasse pour certaines. À l'arrière, petite piscine et bar. Une atmosphère chaleureuse règne dans cet hôtel familial.

Phka Villa *(plan B2,* ***15****) : K.O St, Romcheak 5, Sangkat Ratanak. ☎ 053-953-255. 089-969-366. • phkavilla.com • Doubles « plus chic », petit déj et transfert inclus.* À la lisière du centre-ville, ce petit hôtel de charme pas trop coûteux préserve l'intimité des hôtes. Une chambre dans chacun des 10 bungalows de plain-pied, répartis autour de la piscine à fond noir entourée de verdure. Les chaises longues incitent à un farniente ressourçant. Dans les chambres confortables, murs immaculés, discrète décoration khmère, lits supplémentaires pour les familles. Bref, l'adresse conjugue pas mal d'avantages et offre un très bon rapport qualité-prix. Resto sur place.

Au Cabaret Vert *(hors plan par A3,* ***16****) : à 10 mn à pied du centre. ☎ 053-656-20-00. • aucabaretvert.com • Doubles « plus chic », petit déj compris. Plats khmers à prix « chic ».* Petit *resort* « écologique » tenu par un couple de Français. Bungalows répartis dans un jardin fleuri, autour d'une piscine naturelle. Ici l'écoresponsabilité n'est pas un vain mot. Et vous l'aurez compris en lisant les poèmes dans les chambres, c'est à Rimbaud que l'établissement doit son nom. Également un délicieux resto et un bar ouverts sur le jardin. Loue des vélos et propose des excursions. Service attentionné et ambiance vraiment chaleureuse.

La Villa *(plan B2,* ***17****) : rive droite. ☎ 053-730-151. 017-411-880. • lavilla-battambang.com • Doubles « très chic », petit déj compris.* Belle demeure coloniale datant des années 1930. La villa servit de QG aux troupes vietnamiennes pendant la libération du Cambodge du joug khmer rouge. 7 chambres décorées de grands lits à baldaquin et ravissantes salles de bains équipées d'une grande baignoire. Une volée d'escaliers raides mène à celles du 2e étage, sous les combles. Elles présentent aussi un cachet fou avec leur beau plancher. Élégant resto à l'arrière (voir « Où manger ? ») et piscine au fond du jardin. Une étape de charme assurément.

Bambu Hotel *(plan B2,* ***18****) : rive droite, pas loin de* La Villa. *☎ 053-953-900. • bambuhotel.com • Doubles « très chic », petit déj inclus.* Un bel hôtel contemporain dont les chambres sont réparties dans 4 pavillons aux noms de temples des environs. Un luxe inattendu à la lisière du centre-ville. À l'étage, les chambres les plus chères, avec terrasse privative et vue sur la piscine. Les autres, en rez-de-chaussée, sont ravissantes, spacieuses, décorées avec le goût du détail et parfaitement équipées : beaux carreaux de céramique au sol. Service adorable. Location de vélos.

Où dormir dans les environs ?

🏠 |●| ***Battambang Resort*** *(hors plan par A3,* ***19****) : Wat Ko Village, à env 4 km au sud de la ville. ☎ 053-666-10-01. 📱 098-528-210 et 012-510-100. ● battambangresort.com ● Doubles « plus chic », petit déj et transferts inclus.* Un peu à l'écart ? On ne s'en porte que mieux en découvrant ce havre de sérénité blotti dans un immense jardin, au milieu des rizières. Un environnement enchanteur abritant des bungalows modernes qui accueillent des chambres design et de plain-pied aux lignes épurées, avec vue splendide sur le jardin ou le lac. Belle piscine d'eau salée, jacuzzi. Prêt de vélos ou *tuk-tuk* gratuit pour se rendre en ville. Resto sur place, aussi agréable pour son cadre que pour sa cuisine, à prix modérés. Vous l'avez compris, on est sous le charme...

Où manger ?

Attention, les repas sont servis tôt, notamment le soir. Après 21h, tout le monde plie bagage et la plupart des rues sont désertées !

Bon marché (moins de 4 $)

|●| ***Les gargotes du marché de nuit*** *(plan A2,* ***20****) : au bord de la rive ouest de la rivière, face au musée. Tlj 15h30-4h du mat.* Ensemble de petits restos locaux et authentiques servant de la cuisine khmère bonne et vraiment pas ruineuse.

|●| ***Restaurant chinois*** *(plan A2,* ***21****) : rue 121. Tlj.* En fait, le resto n'a pas de nom. Et ce n'est pas la salle, éclairée au néon, qui séduit d'emblée locaux et expats. Ce sont plutôt les *noodles,* faites maison et trônant sur toutes les tables, le plus souvent servies en soupe.

|●| ***Nary Kitchen*** *(plan A1,* ***22****) : 650, rue 111, tt près du vieux marché. Tlj 8h-22h.* La jovialité de Nary, sa passion pour la cuisine et son désir de bien faire (et de parler français !) constituent les ingrédients de son succès. On recommande aussi son école de cuisine (voir « Où prendre des cours de cuisine » ?). Le sourire des convives en dit long sur la satisfaction des clients. Atmosphère chaleureuse, cuisine khmère spontanée et savoureuse, réalisée avec des produits frais du marché.

|●| ***Smokin' Pot*** *(plan A2,* ***23****) : dans la rue des restos. Tlj 9h30-22h.* Une cantine de rue, toutes tables dehors. Service efficace et plus tardif qu'ailleurs. Des plats khmers sans prétention mais parfumés, préparés sous vos yeux.

|●| ***White Rose*** *(plan A2,* ***21****) : 102, rue 2 ; à l'angle de la rue des restos. Tlj 7h-22h.* Fréquenté aussi bien par les touristes à l'étage que par les locaux en bas. La carte décline les grands classiques sino-khmers servis en portions généreuses. Un lieu vivant et sympa.

De prix moyens à chic (4-13 $)

|●| ***About the World*** *(plan A2,* ***24****) : rue 2,5. 📱 098-343-472. Résa conseillée.* Prière de se déchausser dans ce resto de poche pour manger assis en tailleur, à moins d'opter pour la terrasse abritée de la rue par des plantes. Une invitation à la détente pour une cuisine khmère des plus réussies, servie avec un réjouissant sourire.

Jaan Bai (plan A1, **25**) : rue 2. Tlj 11h-22h30. Voilà une adresse moderne à la salle climatisée qui se remplit vite à chaque service. Décor très sobre, banquettes en carreaux de ciment, et quelques tables en bois. Au choix, des assiettes « *small* » ou « *large* », pour caler tous les appétits avec de savoureux plats khmers et thaïs concoctés avec des produits de saison. Une partie des bénéfices est reversée à une association qui forme les jeunes au métier de cuisinier.

La Villa (plan B2, **17**) : voir « Où dormir ? ». Salle de resto à l'arrière de cette villa historique, sous une verrière aux armatures métalliques ou choisissez les quelques tables dans le jardin. Déco et ameublement dans le ton de la demeure, avec beaux carrelages et piano. Mais dans l'assiette, nous direz-vous ? Une cuisine franco-khmère bien équilibrée, comme à la maison, servie dans une ambiance relax.

La Casa (plan A1, **26**) : rue 115. 081-610-177. La déco bois et les coussins dans les tons noirs dominent dans cette vaste salle ventilée au sol brut. Une ambiance sobre et un brin design, donc, chez cet italien apprécié pour ses pizzas de compét. Un établissement *clean*, rapide et généreux en portion.

Où prendre un petit déj ?
Où manger une pâtisserie ? Où boire un verre ?

Choco l'Art Café (plan A1, **30**) : tt près du marché central, dans une ruelle. 010-66-16-17. Tlj sauf mar 8h (10h hors saison)-22h. L'enseigne en dit long, sans bluffer ! Voilà une alternative gourmande et raffinée à la cuisine khmère classique. On aime autant la salle, haute de plafond, qui expose des œuvres d'artistes, que les délicieux gâteaux à savourer sur des tables basses. Réjouissant aussi pour un déjeuner à base de crêpes, salades, sandwichs... À moins qu'on ne flanche pour un cocktail ou un verre de vin.

The Lonely Tree Cafe (plan A2, **32**) : rue 2,5. Tlj 10h-22h. Une terrasse sur la rue prolonge la salle du rez-de-chaussée et le coin boutique, qui vend foulards et artisanat au profit d'une ONG. Gagner l'étage aux élégants murs de briques et bois pour boire un verre à la *happy hour*, en fin de journée, en grignotant des tapas espagnoles ou des plats khmers servis avec diligence.

Madison Corner (plan A2, **33**) : tlj non-stop. Avec sa petite terrasse d'angle, ses fauteuils en osier et ses banquettes, un bar agréable, animé de jour comme de nuit. Expressos, bières et jus de fruits frais, ainsi que des crêpes. Beau choix de rhums arrangés maison. Petits déj. Billard. Un *corner* où il fait bon se la couler douce.

Vintage Wine Bar (plan A2, **24**) : 84, rue 2,5. 096-42-95-420. Tlj midi et soir. Inattendu bistrot à la française avec son miroir au-dessus du comptoir et les photos des clients, parmi lesquels un certain Matthieu Chedid. Luc et sa talentueuse femme cambodgienne proposent sushis et tapas pour rendre l'apéro plus festif.

Libations (plan A1-2, **34**) : 112, rue 2. 077-531-562. Bar tlj 17h-21h (boutique dès 11h). Boutique-atelier, *B & B* chic, resto choc... On opte pour l'apéro au bar en soirée dans cet antre du bon goût tenue par un Australien fan de déco. Une maison détonante à Battambang !

Où prendre un cours de cuisine ?

Nary Kitchen (plan A1, **22**) : tt près du vieux marché. 012-763-950. • narykitchen.com • Cours à 9h et 15h30 ; durée 3h. Compter 10 $/pers. À l'arrière de son petit resto (voir plus haut « Où manger ? »), Nary organise des cours conviviaux de cuisine khmère traditionnelle. Le cours commence par une séance au marché et se termine, bien entendu, par la dégustation. Atmosphère sympathique comme tout. Et vous repartirez avec un livret de recettes.

Achats

La Fabrik *(plan A2, **24**)* **:** *rue 2,5. Tlj 9h-21h (15h-20h dim).* Boutique chic d'artisanat et épicerie où les produits sont choisis avec soin. Rayon spécial enfants et une belle touche d'originalité, à l'image des montres et lunettes en bambou.

Gecko *(plan A1, **36**)* **:** *rue 1.* Collée au restaurant *Kitchen,* une mignonne boutique d'accessoires khmers, bijoux, kramas, tee-shirts, sacs, hamacs, montres vintage... Tout un panel à des tarifs très raisonnables.

À voir

Museum *(plan A2)* **:** *rue 1. Normalement, lun-ven 8h-11h et tlj 14h-17h. Entrée : 1 $.* Présentation désordonnée et poussiéreuse mais, noyées dans un beau fatras, quelques belles pièces d'archéologie, notamment les linteaux sculptés et fragments de style Koh Ker (Xe s) et Bayon (XIIe-XIIIe s). En vrac, pas mal de stèles et têtes du Bouddha, corps de divinités de style Angkor Wat, et d'imposantes têtes de *yaksa* du temple de Beantey Srei du XIIIe s.

Dambang's Statue *(hors plan par B3)* **:** elle trône au milieu du rond-point. C'est la figure légendaire à laquelle la ville doit son nom, et elle est très vénérée des Cambodgiens qui viennent même y brûler de l'encens. Plusieurs versions sur son origine. On retiendra celle de Dambang Kranhoung, un bûcheron géant qui tenait son nom du « bâton » (un véritable tronc) provenant d'un arbre, le *kranhoung.* Opposé au roi khmer de l'époque, un jour il lança violemment son bâton dans les airs. L'endroit où on le retrouva prit le nom de *Bat Dambang* (Battambang) : « le bâton perdu et retrouvé ».

The Governor's Residence *(résidence du Gouverneur ; plan A3)* **:** *près de l'office de tourisme.* Un exemple de monumentale demeure coloniale aux allures de palais italien. On ne peut que le contempler à travers les grilles, mais repérer les 2 canons datant de 1789 et les 2 lions.

Wat Damreï Sâ *(plan A2)* **:** *rue 3, à l'ouest du musée.* Ce temple du début du XXe s abrite aujourd'hui une université bouddhique. Les bas-reliefs illustrent des scènes intéressantes du *Râmâyana* tandis que trônent 2 éléphants blancs.
Autre temps, pousser jusqu'au ***Battambang Mall,*** à proximité, une galerie commerciale dernier cri version khmère.

9 pagodes à Battambang sont disséminées des 2 côtés du fleuve. Rive est, voir notamment ***Wat Kandal*** *(plan B2)* et ***Wat Poveal*** *(plan B1).* Ce dernier date du XVIIIe s et abrite aujourd'hui la résidence du chef des bonzes de la province de Battambang ainsi qu'une école réservée aux jeunes bonzes, dans leur tenue safran. Sur la rive ouest (celle du marché), voir ***Wat Piphit*** *(ou wat Peapahd, plan A1).*

Psaar Nat *(marché ; plan A1)* **:** au centre de la ville, tous les chemins y mènent ! Énorme, il dresse sa silhouette massive des années 1930. Peu de souvenirs à y glaner, mais toute une brochette de métiers et des machines d'un autre temps à observer : couturières, tailleurs, chausseurs, joailliers...

Où voir un spectacle de cirque ?

Phare Ponleu Selpak *(hors plan par A1)* **:** *Anch Anh Village, dans la commune d'**Ochar.** 077-554-413. • phareps.org • Par la route 5 en direction de Sisophon. Représentations à 19h les lun, mer, jeu et sam en hte saison* *(nov-mars) ; sinon lun, jeu et sam (sauf sam en basse saison). Entrée : 14 $; ½ tarif enfant.* En français, « Phare, la lumière des arts ». C'est une association créée par 9 jeunes Cambodgiens et leur prof de dessin, après la guerre, dans le but de reconstruire l'identité culturelle du pays à travers les arts. Aujourd'hui, *Phare Ponleu Selpak* accueille près de 750 jeunes dans son centre basé à Battambang et leur propose entre autres une formation gratuite aux arts visuels et appliqués (dessin, peinture, arts plastiques) ainsi qu'aux arts de la scène (cirque, musique, théâtre, danse). Avec l'école publique sur le campus, ce sont plus de 1 200 jeunes qui sont accueillis, sans compter la librairie, le centre de développement pour enfants, le département de protection de l'enfance, etc. Ce lieu hors norme se visite en journée. Forte de sa réputation, l'école de cirque organise des performances de haute volée sous son chapiteau (5 spectacles différents, programme sur le site), toujours précédées d'une courte représentation de danse traditionnelle. Une pépinière de talents à découvrir absolument, dans une ambiance bon enfant mais concentrée, à l'image du cirque professionnel de Siem Reap, issu de Battambang. Enfin, sachez que Phare Ponleu Selpak propose un programme de parrainage afin de soutenir les enfants les plus défavorisés : voir leur site.

DANS LES ENVIRONS DE BATTAMBANG

Les attraits limités de la ville elle-même (quoique...) sont largement compensés par l'exquise beauté de la campagne, un peu moins verte au pic de la saison sèche. Petites rivières et bocages, potagers et arbres majestueux marquent autant le visiteur que les vieilles pierres, si puissantes soient-elles. Pour une excursion à la journée, en *tuk-tuk,* prévoir autour de 20 $. Ne pas oublier chapeau et crème solaire.

Wat Ek Phnom *(hors plan par A1) : à 12 km au nord, par la route qui longe la rive gauche de la rivière. Comptez 30 mn de trajet sur une charmante piste bordée de maisons sur pilotis et de fabriques de feuilles de riz. Fermeture à 17h. Entrée : 1 $.* Modestes mais ravissantes ruines d'un temple datant du XIe s, sur un tertre en pleine campagne, à côté d'une pagode clinquante. Très belle lumière en fin d'après-midi. Sanctuaire entouré d'un poétique chaos de blocs de pierre (l'ancienne enceinte) et, tout autour, de champs de nénuphars. Festival de portes et fenêtres de guingois, ornées des traditionnelles colonnettes sculptées. Au centre, la *cella* percée de 4 portes surmontées de linteaux richement ornés.

Wat Samrong Knong *(hors plan par A1) : à 5 km de la ville ; sur le chemin de wat Ek Phnom, prendre un chemin à droite sous une arche.* L'une des plus anciennes pagodes de la province de Battambang (1707) jouxte un nouveau temple. À l'époque des Khmers rouges, elle servit de prison avant que les détenus ne soient déportés vers le camp S-21, à Phnom Penh. Traverser la pagode en passant près d'un plan d'eau et des logements des moines pour aller voir le monument commémoratif, « The Well of Shadows » (« le puits des ombres ») doté d'un lugubre ossuaire vitré.

Prasat Banan *(hors plan par B3) : à 22 km au sud de Battambang en suivant la rive gauche de la rivière Sangker. Route pleine de vie jalonnée de maisons sur pilotis. Fermeture à 17h. Entrée : 2 $. Buvette opportunément installée au bord de l'eau.* Hardi petit, pour ce romantique et rustique ensemble de tours du XIe s perchées à 100 m de hauteur. En haut des 369 abruptes marches, on ne voit plus grand-chose des collines et des falaises environnantes, la végétation ayant repris ses droits. Le lieu fut une position stratégique des Khmers rouges (et il fut bombardé, bien sûr). La plupart des statues ont disparu ou sont au musée de Battambang. Quelques linteaux sculptés, quand même, qui représentent notamment des apsaras sans tête. En bas de la colline, de belles grottes à 350 m (se les faire indiquer, car difficile à trouver).

Phnom Sampaeu : *à 12 km à l'ouest de la ville, sur la route de Pailin. Compter 1h de marche A/R. Entrée : 1 $. Se rendre d'abord aux grottes (20 bonnes mn à pied ; 1 $ à moto ou en jeep), puis 10 mn de montée jusqu'au sommet (ou 1 $ à moto). Redescente par une volée de plusieurs centaines de marches. On peut aussi faire le circuit à pied dans l'autre sens, en empruntant l'escalier sur la droite en arrivant (grimpette de plusieurs centaines de marches).* Important pèlerinage bouddhique, cette montagne rappelle également des événements de sinistre réputation. En effet, les Khmers rouges y assassinèrent au moins 10 000 personnes. Macabres ossuaires et atmosphère chargée dans les *killing caves,* ces grottes où les prisonniers étaient précipités depuis un trou en haut de la caverne. Une reconstitution en béton des tortures, aussi expressive qu'inesthétique marque l'entrée du site. La 2e étape marque le sommet de la montagne, d'où l'on jouit d'une vue panoramique sur la campagne, les rizières et les collines. Attention aux singes, ils peuvent parfois se révéler agressifs.

CHAUVE QUI PEUT !

Les grottes de Phnom Sampeau abritent plus d'un million de chauves-souris. Vers 17h-18h, une nuée de centaines de milliers de chaerephon plicatus prend son envol, comme un fascinant ruban au flux ininterrompu et fébrile. Show assuré tous les soirs ! Les chauves-souris parcourront 50 km pour aller chasser les insectes avant de revenir dans la nuit. Elles sauvent ainsi sans le savoir 2 000 tonnes de riz par an en dévorant les pestes animales, comme les criquets.

En fin d'après-midi, à la redescente, chaises et tables attendent les touristes qui ne manqueraient pour rien au monde l'envol de centaines de milliers de chauves-souris. Un must !

***Bamboo Train** (hors plan par B3) **:** à Banan, 22 km au sud de Battambang. Ticket : 5 $.* Le *Bamboo Train,* fut surnommé ainsi en raison de sa structure en... bambou. Situés auparavant sur l'ancienne voie ferroviaire Phnom Penh-Battambang (en réfection), rails et wagons ont déménagé en 2018 près du Wat Banan. On parcourt environ 4 km sur ces plates-formes précaires entraînées par un moteur de style tondeuse. Rien d'incontournable.

AU SUD

KOMPONG CHHNANG

Bâti sur les rives marécageuses du Tonlé Sap, ce chef-lieu de la province du même nom présente, côté route (la nationale 5), une partie moderne et sans grand charme, et côté lac un village plus typique qui s'étire le long du quai, avec ses habitations sur pilotis, le port et son pittoresque marché maraîcher et d'artisanat local (poterie et vannerie). Une étape pratique le temps d'un déjeuner ou d'une nuit entre Battambang et Phnom Penh, mais on n'a guère d'adresses vraiment enthousiasmantes à proposer.
Jolies balades à faire dans le coin jusqu'aux villages potiers ou à la découverte de 2 villages flottants en dehors des circuits habituels.

Arriver – Quitter

En bus

Les bus entre Phnom Penh (à 90 km) et Battambang (à 200 km) font un arrêt à Kompong Chnang (le long de la N5, partie moderne de la ville). Route correcte et liaisons assurées par les compagnies *Sorya, Capitol* et *Olympic Express.* Se présenter à l'arrêt 30 mn avt l'heure indiquée sur le billet, les horaires de passage étant très fluctuants, selon le trafic.

➢ ***Phnom Penh et Battambang :*** env 9 bus/j., 7h30-16h pour Battambang (trajet 3h30), 10h-16h pour Phnom Penh (trajet 3h). Départs ttes les heures.

➢ ***Siem Reap :*** changement à Battambang.

En voiture

Compter 2h avec Phnom Penh, 3h30-4h avec Battambang.

Où dormir ? Où manger ?

Garden Guesthouse : *CA19, Mombarang Village. 012-550-633 et 097-99-097-88. • ssophea@ymail.com • En venant de Phnom Penh, tourner à gauche au niveau du grand monument rouge ; c'est à 1 km (les tuk-tuk connaissent). « Bon marché ».* Un peu loin de la rivière mais à 10 mn de l'arrêt de bus, cette adresse reposante et accueillante se démarque par son cadre verdoyant. Chambres simples et jolies, disséminées dans un jardin tout en longueur. AC ou ventilo, eau chaude ou froide... Il y en a pour tous les budgets, sans jamais se ruiner. Loue des vélos.

Sok San II : *sur la route N5, en sortie de ville direction Phnom Penh. « Bon marché ».* Un arrêt privilégié pour les touristes à midi, sous une vaste structure en bois soutenue par de gros troncs d'arbre. Carte longue comme le bras et plats en 3 tailles. Serpent à la carte pour les amateurs !

Sovannphum Hotel : *sur la route N5, Kandal village. ☎ 026-989-333. 012-812-459. • sovannphumkphotel@yahoo.com • « Bon marché ».* Un hôtel avant tout fonctionnel au bord de la N5, près du grand monument rouge. Restaurant correct.

À voir. À faire

On peut ***louer un bateau*** à l'un des nombreux pêcheurs qui travaillent sur le Tonlé Sap. *Prix à négocier : env 10 $/pers.* Balade très sympa dans les villages lacustres de *Phoum Kandal* (le plus proche) et *Chong Kos.* Privilégier une barque à rames qui n'utilise le moteur que pour approcher des villages. Les habitants, majoritairement d'origine vietnamienne, habitent dans des maisons colorées, souvent précédées d'un ponton et d'un hamac. Peu de touristes et très pittoresque !

Ondoung Rossey : *à env 5 km au nord-ouest, A/R possible en tuk-tuk ou à vélo.* Parmi les villages de potiers qui émaillent la campagne alentour, celui-ci est le plus organisé. On trouve un atelier artisanal avec son four sous pratiquement chaque maison avec point de vente de vaisselle et petits objets, tous bruts, sans déco.

SUR LA ROUTE DE BATTAMBANG

Kompong Luong : *à 60 km de Kompong Chnang ; quitter la N5 au village de Krakor et parcourir quelques km sur une piste (distance variable en fonction du niveau du lac). Infos à l'embarcadère : env 13 $/h pour une sortie bateau 1-6 pers ; nuitée env 6 $/pers. 017-911-64 ou 097-91-53-244.*

Difficile de parler de village flottant, ici, quand on dénombrerait plus de 10 000 habitants ! Pagode, échoppes de poisson, élevage de crocos, école, boulangerie, église... La visite en bateau donne un aperçu stupéfiant de ce monde hors-sol, grouillant de vie. On peut même y passer une nuit en totale immersion (repas compris) dans des chambres d'hôtes rudimentaires, mais propres et tenues par des familles accueillantes.

À L'EST

KOMPONG THOM

32 000 hab.

Paisible ville de province, située au bord de la rivière Stung Sen, Kompong Thom se trouve à mi-chemin entre Phnom Penh et Siem Reap. On ne s'y attarde pas vraiment mais c'est le point de départ pour la visite de *Sambor Prei Kuk,* un ensemble de temples datant du VIIe s. Plus difficilement accessible, mais possible, on peut aussi rejoindre *Preah Khan* (à ne pas confondre avec son homonyme d'Angkor), qui témoigne également de la grandeur et de l'étendue de la civilisation khmère.

Arriver – Quitter

➢ Tous les ***bus*** desservant la ligne ***Phnom Penh*** (à 170 km) – ***Siem Reap*** (150 km) s'arrêtent dans le centre de Kompong Thom devant l'*Arunras Guesthouse* (où l'on conseille de s'adresser pour toute info). Dans les 2 sens, des bus aux horaires fluctuants, 9h30-18h env (compter 2h-2h30), avec les compagnies *Mekong Express, Sorya* et *Bayon* (minibus) ; être là en avance. Pour ne payer que la moitié du trajet Phnom Penh-Siem Reap (normal, on est à mi-chemin !), réserver avec l'*Arunras Guesthouse.*

➢ Compter 2h30 avec ***Kompong Cham.*** Se renseigner au préalable si de Kompong Cham on souhaite remonter vers Stung Treng via Kratie. ***Taxis collectifs*** si les horaires ne conviennent pas.

Adresse utile

■ ***Canadia Bank :*** *face à l'Arunras Guesthouse.* DAB 24h/24 et service *Western Union.*

Où dormir ? Où manger ?

De bon marché à prix moyens

⌂ ***Vimean Sovann Guesthouse :*** *St 7.* ☎ *078-220-333 et 087-220-333. À 10 mn à pied au sud du centre-ville. Doubles avec ventilo (« bon marché ») ou clim (« prix moyens »). Pas de petit déj.* On apprécie le charme et les tarifs mesurés de cette *guesthouse* tenant plutôt de l'hôtel. Chambres réparties sur 6 étages : propres, jolies et calmes, certaines avec balcon. Le tout dans un quartier calme et bien situé. Location de scooters.

⌂ ***Arunras Guesthouse & Hotel :*** *46Eo, rue Sereipheap.* ☎ *062-666-1777 et 012-865-935. Doubles et plats « bon marché ».* Impossible à manquer : la *guesthouse,* l'hôtel et les restos du même nom sont

LE CAMBODGE

limitrophes et situés à la descente des bus (pratique !). Sous une apparente décrépitude, les chambres sont plutôt correctes si l'on n'est pas trop pointilleux sur le bruit et la propreté. Pour 1 $ de plus, on gagne quelques mètres carrés à l'hôtel. Certaines chambres avec ventilateur ont un mur aveugle. Resto aéré par plein de ventilos. Sa grande salle carrelée est la plus animée de la ville, souvent complète et très bruyante. Grand choix de plats honorables et servis copieusement.

Santepheap Guesthouse : *23, rue Pracheathipathay. ☎ 011-882-527. Dans la rue menant au* Sambor Village*. Doubles sans ou avec sdb et clim. Pas de petit déj.* Pas le grand luxe, mais un confort honorable dans 2 bâtiments contigus couleur saumon. Chambres carrelées à la propreté satisfaisante. Accueil souriant.

Kompong Thom Restaurant : *au bord de la rivière, à droite au pont en allant vers Siem Reap. Plats à « prix moyens ».* Si la cuisine se révèle convenable sans plus, la terrasse sur le Mékong s'avère un atout incontestable.

Plus chic (50-80 $)

Sambor Village : *Democrat St (à 600 m de la N6). ☎ 017-92-46-12. • samborvillage.asia • Fourchette basse. Plats à « prix moyens ».* La seule adresse de charme de Kompong Thom, délicieusement noyée dans la verdure. Dans chacun des 10 pavillons, 2 chambres prolongées par une terrasse privée ouverte sur le luxuriant jardin et la piscine. Lits à baldaquin, moustiquaires, carreaux de ciment, beaux volumes et salles de bains modernes. Resto à l'étage de la maison khmère où l'on sert de délicieux plats locaux, des pizzas et des pâtes. Empruntez les vélos ou la barque devant l'hôtel pour une balade sur la rivière. Une belle adresse pour une détente assurée.

Où dormir ? Où manger sur la route ?

Soban Teuk : *sur la N6, à 28 km au sud de Kompong Thom (au niveau de la borne « 142 km »). ☎ 09-57-03-255 et 07-82-51-976. • sobanteukkgt.wixsite.com/monsite • Doubles env 25-75 $ avec petit déj. Repas env 10 $. Être motorisé.* Discrète de l'extérieur, cette résidence tenue par un couple franco-khmer affable abrite des bungalows simples et colorés ainsi que 2 maisons d'hôtes traditionnelles reconstituées, habilement disséminés dans un petit jardin rafraîchissant. Kunthy n'a pas sa pareille aux fourneaux (et on ne vous parle pas de ses mojitos !), tandis que Rico propose toutes sortes d'excursions dans la région. Une adresse accueillante où l'on peut facilement se poser quelques jours.

Prey Pros Rest Area : *à 15 km au nord de Kompong Thom, direction Siem Reap. ☎ 011-788-882. Plats « bon marché ».* Quasi tous les touristes font halte dans cette zone plaisante de restaurants sur la N6, sorte d'aire d'autoroute khmère. Il faut dire que le paysage s'y prête, en bord de Mékong. Le *Prey Pros* propose des paillotes individuelles et ouvertes, posées sur pilotis. Dans l'assiette, des soupes, des stirfrys et des currys bien appétissants, en portions plus que généreuses.

À faire

Balade le long des quais de Kompong Thom : à faire en fin de journée pour voir l'envol de centaines de chauves-souris gigantesques qui ont investi 3 arbres ancestraux, à côté de l'ancienne résidence du gouverneur français. Il reste encore quelques bâtisses d'époque coloniale en très mauvais état sur cette berge abandonnée.

DANS LES ENVIRONS DE KOMPONG THOM

Remarquables ou modestes, mais toujours divertissantes et photogéniques, il y a plein d'excursions à faire autour de Kompong Thom !

Vers le nord

Sambor Prei Kuk *(temples de) : depuis Kompong Thom, suivre la N6 pdt 5 km en direction de Siem Reap jusqu'à une fourche avec panneau ; y obliquer à droite sur la N62 (anciennement N64), large route désormais asphaltée, filant vers Tbeng Meanchey (à 130 km de là) ; après 12 km, embranchement sur la droite indiqué (panneau et mur en brique), puis 13 km de route goudronnée (attention aux nids-de-poule) qui, après un pont, devient une piste. Alternative (pour faire une jolie boucle A/R) : 4 km seulement après l'intersection sur la N62, bifurquer à droite (passage sous une arche), puis à gauche après 4 km ; poursuivre jusqu'au village d'Asti, où passe la piste principale ; demander son chemin, tout le monde connaît ces temples. Compter 1h de trajet. Ticket (à prendre juste avant le pont) : env 10 $.*
Les temples de Sambor Prei Kuk – classés au Patrimoine mondial de l'Unesco en 2017 – constituent l'un des plus remarquables exemples de l'art préangkorien (1re moitié du VIIe s), malheureusement en mauvais état et mal restaurés (portes renforcées par du béton). Sous l'ancien nom d'Ishanapura, les temples furent la capitale du royaume indianisé de Chenla et dédiés au culte de Harihara, unissant Vishnou à Shiva. L'architecture à base de brique est semblable à celles de sites de l'Inde du Sud : une tour centrale, représentant la montagne sacrée *meru,* entourée de sanctuaires de taille inférieure, de murs d'enceinte et de fossés. Aux 3 grands ensembles de temples (le central, le sud et le nord) s'ajoutent sur 840 ha plus d'une centaine d'autres sanctuaires plus modestes. Le site compte surtout 10 temples octogonaux, des spécimens uniques en leur genre en Asie du Sud-Est.
La visite des 3 grands *prasat* (signalés par des panneaux) se fait facilement à pied, sur des sentiers sablonneux. Compter 2h pour parcourir ce site très boisé, reposant et... quelque peu magique. Une belle balade en forêt !
– ***Prasat Sambor*** *(groupe nord)* **:** passé le mur d'enceinte encore significatif, quatre tours en assez bon état sur les côtés. Au milieu, le prasat Sambor est entouré de 4 tours octogonales. Sur l'une d'entre elles, des bas-reliefs assez bien conservés révèlent notamment Shiva et de petits chevaux ailés. À terre, remarquer les quadrilatères aux flancs ciselés qui accueillaient des lingams. La tour centrale a été bombardée alors que les Khmers rouges s'étaient réfugiés sur le site. En allant vers le prasat Tor, un bassin avec des vestiges d'escaliers.
– ***Prasat Tor*** *(groupe central)* **:** la muraille extérieure et tous les temples sont quasiment effondrés. De façon puissante et élégante à la fois, seul le *temple du Lion (prasat Tor)* émerge au milieu des éboulis et de lianes courant d'arbre en arbre pour former des balançoires naturelles. Linteaux bien restaurés.
– ***Prasat Yeay Peau*** *(groupe sud)* **:** belles tours octogonales et intéressants vestiges de sculptures, notamment dans 2 cercles sur le mur intérieur. Malgré leur forte usure, on reconnaît à gauche un lion (crinière, queue et pattes) écrasant 2 guerriers. À droite, un singe offre, semble-t-il, un cadeau à une divinité.

Khmer Bridge : *à* ***Kompong Kdei,*** *en marge de la nationale, à env 90 km de Kompong Thom et 60 km de Siem Reap.* Il s'agit d'un des plus longs ponts à voûtes en encorbellement du monde (il y en a 21), long de 22 m et large de 16 m. Construit en latérite au XIIe s, il est aussi parfaitement conservé. Son parapet se termine par 4 statues de nagas en grès, sculptées à chaque extrémité. Seuls les 2-roues et les piétons peuvent aujourd'hui l'emprunter.

Preah Khan : *dans la province de Preah Vihear, à env 4h de Kompong Thom (en saison sèche seulement). Pour la description, voir plus loin « Angkor. À voir. À l'extérieur des circuits. À l'est d'Angkor ». Jusqu'à nouvel ordre, l'accès le plus aisé (relatif...) se fait depuis la N6 en allant vers Siem Reap ; bifurcation au village de Stoung, ou, plus simple, à env 14 km de Kompong Thom (arche sur la droite). Autre option : emprunter la N62 jusqu'au carrefour de Phnom Dek, d'où une piste très sablonneuse rejoint le village de Ta Seng, où se rejoignent ttes les pistes mentionnées ici.* Ce site très difficile d'accès est réservé aux motards accompagnés (tour guidé ou *moto-dop* local), à moins d'avoir une bonne expérience, de posséder un GPS, de parler le cambodgien, ou, mieux encore, tout cela à la fois !

Vers le sud

Phnom Santuk : *en direction de Phnom Penh par la N6, embranchement bien indiqué au km 17. 809 marches à gravir (c'est précis ! on l'a fait !) ou, pour les véhiculés, route étroite et sinueuse jusqu'au sommet. Entrée : 2 $. Env 10 $ l'A/R en tuk-tuk.* Sur cette colline boisée culminant à 180 m, lieu de pèlerinage régional, de spectaculaires bouddhas couchés, sculptés dans les cavités de la roche tourmentée, voisinent avec une pagode et divers pavillons, dont un avec de belles peintures très colorées. Le panorama depuis une table rocheuse légèrement en contrebas, notamment au coucher du soleil fait un peu oublier les quantités de déchets qui couvrent le site.

ANGKOR, SIEM REAP ET ENVIRONS

SIEM REAP

250 000 hab.

• Plan *p. 211*

À 320 km au nord-ouest de Phnom Penh et à quelques encablures du lac Tonlé Sap, la ville de Siem Reap, traversée du nord au sud par une rivière, sert de porte d'accès et de lieu de séjour aux visiteurs d'Angkor. Son nom, « Siamois battus », a été donné à la province au XVIe s quand les pilleurs siamois furent boutés hors du royaume.

La ville, qui n'était qu'une bourgade jusque dans les années 2000, connaît aujourd'hui un boom touristique incroyable, dû surtout au marché régional (Vietnam, Chine et Thaïlande). Les mégahôtels et les *guesthouses* poussent comme des champignons afin de satisfaire les millions de visiteurs annuels (à peine 10 000 en 1993) ! Et on ne compte plus les restaurants, salons de massage ou autres agences de voyages qui ouvrent ou qui ferment en permanence. Les maisons traditionnelles aux façades de bois colorées ne sont plus qu'un souvenir, le trafic automobile s'intensifie toujours plus tandis que le soir, avec les nombreux bars de *Pub Street* (communément appelée « rue de la Soif ») et de

sa jumelle, l'allée piétonne *The Lane,* le niveau sonore devient vite assourdissant ! On aime ou pas. Mais l'atmosphère de la ville reste agréable ailleurs, notamment dans le quartier du vieux marché.
Vous l'aurez compris, Siem Reap est un passage obligé pour tout voyage au Cambodge et, certainement, le lieu où l'on dépense le plus. Entre l'entrée au site d'Angkor (pas donné), les transports pour s'y rendre, les hôtels et les restaurants en général plus chers qu'ailleurs dans le pays, gare au budget final !

Arriver – Quitter

En bus

Gare routière *(hors plan par B1)* ***:*** *excentrée, à 4 km à l'est sur la route 6 en direction de Phnom Penh.* Joyeux chaos en permanence. Même si on peut acheter les billets sur place (petits guichets sur la route ou devant les compagnies), on recommande chaudement de passer par les agences du centre-ville ou les hôtels. Plus fiables pour les horaires et on économise le déplacement jusqu'à la gare routière (compter 3 $ en *tuk-tuk*).

Les compagnies

Les horaires des compagnies sont d'une manière générale assez respectés. Il est plus prudent de réserver. Le transfert à l'arrivée ou au départ est souvent organisé par la compagnie ou le vendeur de billets. Sinon, y aller en *tuk-tuk* ou à *moto-dop.* Voici une sélection des compagnies de bus, d'un confort inégal, mais a priori correctes. Il en existe d'autres que nous ne prendrons pas la responsabilité de citer, devant la vétusté alarmante de certains engins.

■ ***Giant Ibis :*** *Sivatha bd, Mondol 1 village, Svay Dangkom district.* *096-999-3333.* • *giantibis.com* • 3 départs/j. pour ***Phnom Penh*** (dont 3 bus de nuit). Compagnie la plus chère, mais aussi les bus les plus confortables, les plus fiables niveau sécurité et ponctuels, équipés du wifi.
■ ***Mekong Express Limousine Bus :*** *Banteay Chas Village, Slorkram, N6.* ☎ *063-963-119.* Dessert ***Phnom Penh*** (4 bus/j., trajet 7h). De là, bus pour ***Sihanoukville*** et ***Hô Chi Minh-Ville.***
■ ***Capitol Tour :*** *428, St 9 et 10, au sud du vieux marché, pas loin de Sivatha Bd.* ☎ *063-968-268.* Dessert ***Phnom Penh*** jour et nuit (trajet 7h), ***Battambang*** (3h de trajet), ***Poipet*** (1 bus, trajet 3h), ***Sihanoukville*** et ***Hô Chi Minh-Ville*** (par Phnom Penh). Pour Bangkok, 1 bus le mat (trajet 9h). Propose également des minivans vers Phnom Penh.
■ ***Phnom Penh Sorya Transport :*** *Psar Krom Road, Svay Dangkum.* *081-90-80-18.* Dessert ***Phnom Penh*** (6 bus/j. et 1 de nuit).
■ ***Golden Bayon Express :*** *269, Wat Bo village, Salakamreuk.* *017-221-919.* 5 trajets quotidiens en minibus entre ***Phnom Penh*** et Siem Reap.
■ ***Gold VIP :*** ☎ *023-632-7600.* Des minivans directs pour Sihanoukville (inutile de passer par Phnom Penh). Même service avec ***Virak Buntham Express*** : *095-47-04-70 et 096-84-70-470.* • *virakbuntham.com* •

En bateau

Quai d'embarquement *(hors plan par A3)* ***:*** *arrivée et départ au port de Chong Khneas, près de Phnom Krom, à 15 km au sud de Siem Reap, sur le Tonlé Sap.* Prévoir 30 mn de trajet en *tuk-tuk* (env 10 $) pour rejoindre la ville. Transfert en général inclus dans le billet vendu par les hôtels. Prévoir chapeau, crème solaire (si vous vous retrouvez sur le toit...) et eau.

Liaisons

➢ ***Phnom Penh :*** bateau rapide *(Angkor Express Boat),* à fenêtres fumées, et on ne peut pas monter sur le toit. L'intérêt est donc un peu limité.... Départ garanti s'il y a assez de passagers, mais dépend du niveau d'eau (sujet à caution donc de novembre à mars). Compter au moins 35 $ et 5-6h

Adresses utiles

- Quai d'embarquement (hors plan par A3)
- Tourist Office (B1)
- 1 Cathay United Bank (A2)
- 2 Foreign Trade Bank of Cambodia (zoom)
- 3 ANZ Royal Bank (A-B2)
- 4 Canadia Bank (A2)
- 5 Huynken (A2)
- 7 Missing Socks Laundry Café (A3)
- 8 Osmose
- 9 Monument Books (A3)

Où dormir ?

- 10 One Derz (A2)
- 11 Neth Socheata (zoom)
- 12 Siem Reap Riverside (A3)
- 13 Villa b (A3)
- 14 Bou Savy Guesthouse (A1)
- 15 The Villa Siem Reap (A2)
- 16 Paris Angkor Boutique (A1)
- 18 Auberge Mont Royal (A2)
- 19 Villa D Riverside (B1)
- 20 Central Boutique Hotel (A2)
- 21 Victoria Angkor Resort & Spa (B1)
- 22 Raffles – Grand Hôtel d'Angkor (B1)
- 23 FCC Angkor (B2)
- 24 The Backpacker Hostel (B3)
- 25 Hostelling International (hors plan par A3)
- 26 Happy Guesthouse, Sweet Dreams Guesthouse et European Guesthouse (B2)
- 27 Lovely Family Guesthouse (B2)
- 28 Goyavier Hotel (hors plan par A1)
- 30 La Maison d'Angkor (hors plan par A1)
- 31 White Rabbit Hostel (B2)
- 33 Angkor Retreat Villa (B1)
- 34 The Siem Reap Hostel (B3)
- 35 Golden Banana (B3)
- 36 Résidence Watbo (hors plan par B3)
- 37 Alliance Boutique Villa (B3)
- 39 Les Mystères d'Angkor (hors plan par B1)
- 40 Kafu Resort and Spa (B1-2)
- 42 Sizen Retreat & Spa (B1)
- 44 La Palmeraie (hors plan par A1)
- 45 Pavillon Indochine (hors plan par A1)
- 46 Navutu Dreams Resort (hors plan par B3)
- 47 Maison 557 (B3)
- 48 Angkor Village Hotel (B3)
- 49 Sala Lodges (hors plan par B3)
- 50 École hôtelière Sala Baï (hors plan par A3)
- 51 Hôtel d'application de l'école Paul-Dubrule (hors plan par A1)

Où manger ?

- 11 Socheatea Restaurant (zoom)
- 40 Chili Pepper (B1-2)
- 50 École hôtelière Sala Baï (hors plan par A3)
- 60 Crep' Italie (zoom)
- 61 Cambodian Traditional Chef (A3)
- 62 Little Kroma (B3)
- 63 Madam Moch (A2)
- 64 Mie Café (hors plan par B1)
- 65 La Cabane, cuisine des filles (B3)
- 66 Chamkar (zoom)
- 67 The Indian (zoom)
- 68 Croq'Me (B2)
- 69 Hansa BBQ (B2)
- 70 Sister Srey (zoom)
- 71 Jomnan's Kitchen (A2)
- 72 Paris-Saïgon (B2)
- 73 Barrio (B3)
- 74 Phare Cafe (hors plan par A3)
- 75 Arun (B1)
- 76 Peace Café (B1)
- 77 Dakshin's (zoom)
- 78 Viroth's Restaurant (B2)
- 79 Le Tigre de Papier (zoom)
- 80 Touich Restaurant (hors plan par B1)
- 81 The Square 24 (B2)
- 82 Marum (B1)
- 83 The Kitchen (hors plan par A1)
- 84 Cuisine Wat Damnak (B3)
- 85 Bugs Café (A2)
- 86 Let's Eat ! (A3)
- 87 Le Jardin des Délices (hors plan par A1)
- 88 Factory (zoom)
- 89 Le Malraux (zoom)
- 90 Le Napoléon Gastrobar (zoom)
- 91 The Haven (B3)
- 92 Sugar Palm (B3)

Où boire un thé, un café ? Où prendre un petit déj ? Où déguster une glace ?

- 100 Bayon Pastry school Coffee Shop (A1)
- 101 La Couleur du Thé (hors plan par B1)
- 102 Gelato (zoom)
- 103 Malis (B2)

Où boire un verre ? Où écouter de la musique ?

- 21 L'Explorateur (B1)
- 22 Elephant Bar (B1)
- 23 Bar du FCC Angkor (B2)
- 109 Asana (zoom)
- 110 Miss Wong (zoom)
- 111 Siem Reap Brewpub (B2)
- 113 Red Piano (zoom)
- 114 Angkor What ? (zoom)
- 115 X Rooftop Bar (A3)

Spectacles

- 40 Théâtre d'ombres (B1-2)
- 48 Apsara Theatre (B3)
- 74 Phare, « The Cambodian Circus » (hors plan par A3)

Massages

- 121 Sokkhak Spa (A3)
- 122 Khmer Relief Spa (zoom)
- 134 Frangipani (A2)

Achats

- 130 Senteurs d'Angkor (zoom)
- 131 Les Artisans d'Angkor (A3)
- 132 Samatoa (hors plan par A3)
- 133 Theam's (A1)
- 134 Les boutiques du « Kandal Village » (A-B2)
- 135 Khmer Ceramics & Bronzes (B1)

À voir

- 22 Raffles – Grand Hôtel d'Angkor (B1)
- 23 FCC Angkor (B2)

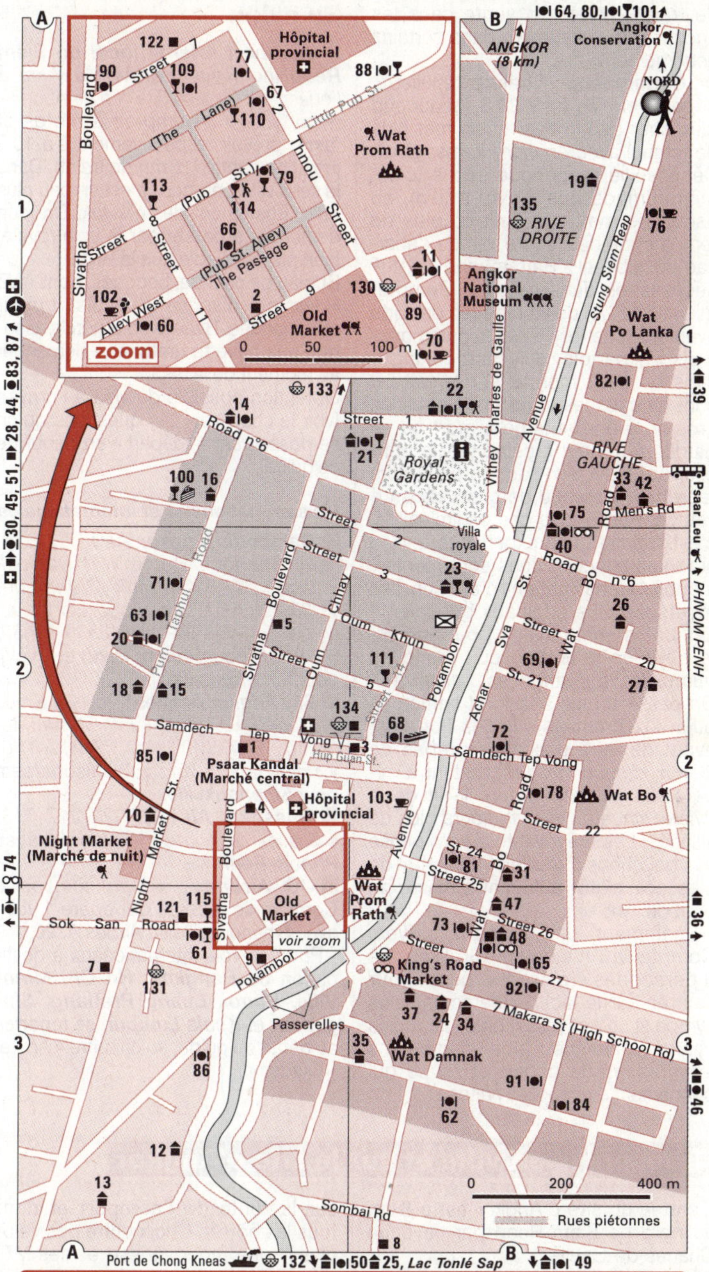

ANGKOR (8 km)
Angkor Conservation
NORD
zoom
Hôpital provincial
Little Pub St.
Wat Prom Rath
Boulevard
Street
(The Lane)
Thnou
Street
(Pub St.)
Sivatha
Street
8 Street
(Pub St. Alley) The Passage
Alley West
11
Street
Old Market
RIVE DROITE
Stung Siem Reap
Angkor National Museum
Wat Po Lanka
Road n°6
Street 1
Royal Gardens
Vithey Charles de Gaulle
Avenue
RIVE GAUCHE
Men's Rd
Psaar Leu
PHNOM PENH
Villa royale
Street 2
Street 3
Road n°6
Boulevard
Chhay
Oum Khun
Street 20
Wat Bo
Sva
Pokambor
Achar
St. 21
Sivatha
Street 5
Street 14
Pum Taphul Road
Samdech Tep Vong
Hup Guan St.
Psaar Kandal (Marché central)
Hôpital provincial
Wat Bo
Street 22
Night Market (Marché de nuit)
Night Market St.
Sivatha Boulevard
Old Market
voir zoom
Wat Prom Rath
St. 24
Street 25
Street 26
Sok San Road
Street 27
King's Road Market
Pokambor Avenue
Passerelles
7 Makara St (High School Rd)
Wat Damnak
Sombai Rd
Rues piétonnes
Port de Chong Kneas
Lac Tonlé Sap

SIEM REAP

de trajet ; billets en vente dans les agences de voyages et dans certains hébergements.

➢ ***Battambang :*** 1 bateau régulier/j., départ vers 7h (env 20 $, beaucoup plus cher que le bus, et on met plus de temps) avec *Angkor Express Boat.* Déconseillé en période sèche (c'est même impossible d'avril à juin), au risque de mettre beaucoup plus de temps et de descendre loin du débarcadère habituel à Battambang (*tuk-tuk* nécessaires dans ce cas). Compter minimum 6-7h de voyage (en principe avec des toilettes). Pas toujours ponctuels et, parfois, du « surbooking », mais on peut monter sur le toit où sont stockés les bagages. Se fait en gros hors-bord chargé à mort ou en barque à moteur à peine moins remplie. Assis sur son sac, on peut alors regretter l'absence de gilets de sauvetage. Passé tous ces préliminaires, c'est vraiment une expérience à vivre si toutes les conditions sont réunies. Inoubliable navigation, c'est l'un des trajets les plus originaux qui soient ! Les côtés sont ouverts pour admirer le paysage (attention aux branches quand la végétation est resserrée). On passe du lac à la forêt immergée puis aux premiers villages flottants, avant de faire une pause repas de 20 mn, dans un troquet flottant à mi-parcours et de parcourir le lit de la rivière, sinueux, avec toujours plus de villages. Les prévoyants auront pensé aux bouchons d'oreille et tâcheront de s'asseoir plutôt à l'avant à cause du bruit du moteur.

– Également des bateaux privés. Compter au minimum 180 $ de 1 à 6 personnes (plus 3 $/pers pour l'entrée sur le lac). Évidemment plus sympa et un peu plus rapide, car moins chargé. Mais aussi plus souple dans les horaires de départ et en ce qui concerne d'éventuelles haltes.

En avion

✈ ***Aéroport international de Siem Reap** (hors plan par A1) :* *à 7 km à l'ouest, par la route 6. • rep.cambodia-airports.aero* • Comptoir à motos et taxis ; prévoir respectivement 5 à 10 $ jusqu'au centre (15 mn de trajet). Dans le sens ville-aéroport, c'est un peu plus cher. Également des *tuk-tuk.* De jour, demander à passer par la voie royale, bien plus agréable que la RN6.

Bureau de change, banques, dont *ANZ Royal* qui dispose d'un distributeur automatique. Beaucoup d'hôtels assurent une navette gratuite, à demander au moment de la résa.

Obtention possible du visa à l'arrivée (voir le chapitre « Les questions qu'on se pose avant le départ » en début de ce guide).

Liaisons nationales et internationales

■ ***Cambodia Angkor Air :*** *Day Sunrises Boutique Hotel, Wat Damnak Village, Sala Kamreuk Commune. ☎ 063-969-268. • cambodiaangkorair.com • Lun-ven 8h-12h, 13h30-17h30.* 5-6 vols/j. pour ***Phnom Penh*** et 1 vol/j. pour ***Sihanoukville.***

■ ***Sky Angkor Airlines :*** *Rd 106, Krous Village, Svay Dangkum Commune. ☎ 063-967-300 et 023-217-130. • skyangkorair.com •* 3 liaisons/sem pour ***Sihanoukville.***

■ ***Bassaka Air :*** *☎ 023-217-613. • bassakaair.com •* 1 liaison/j. avec ***Phnom Penh.***

■ ***JC Airlines :*** *• jcairlines.com •* Compagnie récente qui opère 1 vol/j. avec Sihanoukville en *Airbus A320.*

– Pour les vols internationaux à destination de ***Bangkok, Hô Chi Minh-Ville, Hanoi, Luang Prabang, Singapour*** et ***Kuala Lumpur,*** se reporter, au début du guide, au chapitre « Arriver – Quitter ».

Transports en ville et sur le site d'Angkor

L'entrée du site d'Angkor est à 8 km au nord de Siem Reap par l'avenue Charles-de-Gaulle.

– ***Location de vélos :*** plusieurs boutiques le long de Sivatha Boulevard, sur la route de l'aéroport et dans tous les hôtels. Choix entre des vélos classiques monovitesse et des VTT de qualité moyenne. La région est plate, une simple petite reine vaut mieux qu'un VTT qui déraille ; tester l'engin ! Meilleur moyen pour se balader dans Siem Reap, le vélo est en revanche réservé aux endurants dès qu'il s'agit de pousser jusqu'à Angkor. Attention, la saison chaude (avril-mai) est ici plus redoutable qu'à Phnom Penh pour ne pas dire dangereuse. Voir plus loin « Angkor. Conseils pratiques ». Dans certaines boutiques le prix de location *(2-3 $)* s'entend à la journée (remise du vélo escomptée avant la fermeture nocturne) et non sur une base de 24h.

– ***Vélos électriques :*** un moyen de transport génial pour sillonner la ville et visiter Angkor sans suer sang et eau. Location à l'agence ***Green e-bike*** *(plan A2)* : *Central Market, south side ; en face de l'hôpital provincial.* 📱 *095-700-130 ou 140.* • *greene-bike.com* • *Tlj 7h30-19h. Compter 10 $/24h (avoir son passeport).* Vert grenouille, les vélos électriques sont en fait de vraies petites pétrolettes écolos ! Rapides (on peut rouler jusqu'à 35 km/h), et d'une autonomie de 40 km (si l'on ménage sa monture), les *e-bikes* permettent de faire le petit ou le grand circuit d'Angkor sans avoir à recharger sa batterie. Plusieurs points de charge gratuits disséminés en ville et sur le site d'Angkor (signalés sur le plan qu'on vous remet, compter 1h de recharge pour 5 km). Casque (obligatoire) et cadenas fournis. Bon briefing avant le départ. Noter que l'agence propose également des circuits autres qu'à Angkor.

– **Tuk-tuk :** si vous êtes 2 ou 3 et que vous ne voulez pas pédaler, voici le moyen de transport le plus pratique, économique et sympa pour sillonner Angkor et les environs de Siem Reap. Là encore, bien négocier les tarifs ! Compter entre 15 et 25 $ la journée complète, en fonction de la distance à parcourir (sites visités). Si vous en trouvez un qui vous convient, gardez-le et négociez le tarif en fonction de vos déplacements, sur plusieurs jours. Sinon, pour un déplacement en ville, compter 2 $.

– ***Location de motos :*** **fermement interdite aux touristes.** Il reste normalement possible de sillonner la province avec une moto louée ailleurs (à Phnom Penh, par exemple), mais mieux vaut se renseigner auprès des loueurs. L'agence ***Vespa Adventures*** propose des excursions parmi les temples, à la campagne, etc. Voir « À faire », plus loin.

– ***Motos-taxis*** **(motos-dops)** ***:*** nombreux, comme ailleurs. On les hèle dans la rue ou ils vous abordent d'eux-mêmes. Possible aussi de demander à sa pension. Négocier le service avant de monter, qu'il soit à la course (à partir de 1 $), à l'heure ou à la journée sur Angkor notamment (prévoir 6 à 15 $ dans ce cas).

– ***Voitures et minibus (avec chauffeur) :*** prévoir de 25 à 40 $ par jour, avec un supplément pour Banteay Srei, Beng Mealea, Kbal Spean et les autres temples éloignés.

Adresses et infos utiles

ℹ ***Tourist Office*** *(plan B1)* ***:*** *dans le parc, quasi en face de l'hôtel* Victoria. • *siemreap.me* • *Tlj 8h-17h30.*

■ ***Sites internet :*** • ***canbypublications.com*** • Plein d'infos pratiques, notamment sur les transports, le taux de change, etc. Savoir que les adresses citées sont des pubs. En anglais. • ***cambodiapocketguide.com*** • Le site du gratuit *Pocket Guide*. Même genre de site que *canbypublications*, avec peut-être plus d'articles pointus et les dernières ouvertures.

■ ***Banques*** *(fermées sam ap-m et dim)* et ***distributeurs automatiques*** 24h/24 partout en ville acceptant *MasterCard* ou *Visa* ou les 2. Essayer notamment ***Cathay United Bank*** *(plan A2,* ***1*** *; 18A, Sivatha Bd),* ***Foreign Trade Bank of Cambodia*** *(zoom,* ***2*** *; Tep Vong St, face à l'angle sud-ouest du marché),* ***ANZ Royal Bank*** *(plan A-B2,* ***3*** *; Tep Vong St),* ***Canadia Bank*** *(plan A2,* ***4****)* et ***Acleda Bank*** *(sur Sivatha Bd),* ***Cambodia Asia Bank*** *(plan A1 ; à l'angle de la route 6 et de Sivatha Bd).*

– Et le ***bureau Huynken*** *(plan A2,* ***5****)* pour un des meilleurs taux de change de la ville.

LE CAMBODGE

Agences de voyages

De nombreuses agences en ville proposent des services de billetterie pour les transports, des excursions sur le site d'Angkor et dans le reste du pays, à la carte. Certaines proposent aussi des visas pour le Vietnam et assurent le change.

■ ***Khoaviet Travel :*** *332, St 63 (Siem Reap River St), Wat Damnak village.* ☎ *063-966-023.* • *khoaviettravel.fr* • *Khoaviet Travel* est une agence locale, spécialiste du « voyage sur mesure », en voiture privée avec chauffeur et guide privé. En couple, en famille, entre amis, *Khoaviet* compose des séjours entre culture, sport, aventure et détente. Elle couvre le Cambodge et ses proches voisins (Vietnam, Laos, Birmanie). Bien implantée, en traitant directement avec des correspondants locaux sélectionnés pour leur professionnalisme, *Khoaviet* offre un excellent rapport qualité-prix.

■ ***Amica Travel :*** *Buliding B49 et B50, Borey Angkor Palace, Kruos Village, Sangkat Svay Dangkum.* ☎ *063-966-139.* • *amica-travel.com* •G Une agence sérieuse, spécialiste du voyage au Cambodge, au Vietnam et au Laos. Voyages à la carte, voyages solidaires, trekking... Bonne organisation.

■ ***Asia My Way :*** *Traing Village, Slor Kram District.* ☎ *063-964-781 ou 782.* • *asia-myway.com* • *Lun-ven 8h-12h, 14h-18h et sam mat.* L'agence francophone, pionnière des voyages en Asie du Sud-Est, propose des circuits sur mesure : du programme culturel avec archéologue au trek, du voyage classique ou axé famille et chasse aux trésors. Également spécialiste des circuits en combiné avec le Laos, la Thaïlande, la Birmanie et le Vietnam.

■ ***Terre Cambodge*** *(hors plan par B1)* **:** *30, Roluos St, Borei Prem Prei.* 📱 *077-448-255 ou 092-476-682.* • *terrecambodge.com* • *bikingcambodia.net* • *Situé au nord de la ville (à hauteur d'Angkor Village Resort). Résa conseillée à l'avance (surtout en hte saison).* Cette agence sérieuse propose des formules treks et VTT (de la ½ journée à plusieurs jours), des voyages à la carte, de 7 à 14 jours entre amis ou en famille, avec nuits et repas chez l'habitant, encadrées par des guides d'un bon niveau culturel. Une belle façon de sortir des sentiers battus. Possibilité de rejoindre un groupe sur l'un de leurs 2 séjours.

■ ***Asia Holidays :*** *Borey Arcad, C40, N6, Krous Village.* ☎ *761-606.* • *asiaholidays.info* • *Sur la route de l'aéroport, dans le coin des agences et des compagnies aériennes.* Agence sérieuse et francophone qui se décarcasse dans l'organisation des séjours à la carte.

Urgences

En cas de pépin grave, il est préférable d'aller à Phnom Penh ou, encore mieux, à Bangkok, et de contacter votre assurance voyage.

✚ ***Royal Angkor International Hospital*** *(hors plan par A1)* **:** *sur la route de l'aéroport.* ☎ *063-761-888.* 📱 *012-235-888.* • *royalangkorhospital.com* • Consultation hors de prix (environ 150 $!), mais services compétents en cas de problème grave (accident) et urgences 24h/24. Pas de chirurgie sur place, mais peuvent apporter les premiers soins, faire les examens nécessaires avant le transfert sur Phnom Penh ou Bangkok, à condition d'avoir une carte de paiement.

✚ ***Angkor Hospital for Children*** *(plan A2)* **:** *Tep Vong St (angle Oum Chhay St).* ☎ *063-963-409. Lun-sam 8h-17h.* Mis en place par une ONG. Excellents soins pour les enfants, financés en partie par les tickets d'entrée au site d'Angkor.

✚ ***International Dental Clinic*** *(hors plan par A1)* **:** *545, route de l'aéroport (N6).* ☎ *063-767-618.* Tous types d'intervention dentaire et urgences bien sûr.

■ ***Pharmacie :*** ***U-Care,*** *Pi Thnou St (vieux marché).* ☎ *063-965-396 (poste 104). Tlj 24h/24.* Moderne, rayons de parapharmacie et beauté. Distributeur à l'intérieur. Pharmacienne francophone. *Également sur Sivatha Bd.*

Divers

■ ***Laveries :*** les hébergements peuvent s'en charger. Sinon on trouve des blanchisseuses un peu partout ou rendez-vous au ***Missing Socks Laundry Café*** (*plan A3,* ***7***) : *55, Steung Tmey Village,* *096-859-21-26.* Café attenant, pratique pour le petit déj en attendant.

■ ***Monument Books*** (*plan A3,* ***9***) **:** *Pokambor Av. Tlj 8h-22h.* Toute une sélection de livres sur le Cambodge, y compris en français : guides touristiques, Angkor, cuisine khmère... Également des cartes postales.

Où dormir ?

D'une poignée d'hôtels à la fin des années 1990, la ville en compte aujourd'hui... 1 000 ! Pour faire face à une ***montée exponentielle du tourisme,*** et malheureusement dans un certain désordre urbanistique, on a construit, sur la route de l'aéroport notamment, quantité de nouveaux hôtels, véritables usines rivalisant de démesure en taille. Ceux-là n'ont pas besoin de nous pour exister. Nous n'indiquons sur cette route de l'aéroport que quelques hôtels de charme, à taille humaine.

Nous recommandons de ***résider plutôt en ville,*** où l'offre touristique ne manque pas. C'est pourquoi il est toujours possible (particulièrement en basse saison, de mai à septembre) de ***négocier les prix*** dans les hôtels et les *guesthouses* quand ceux-ci ne sont pas proposés d'office.

Sachez, enfin, que la plupart des hôtels offrent le ***transfert avec l'aéroport ou le bateau*** : ne pas oublier de le demander lors de la réservation.

Autour du vieux marché

(zoom et autour)

De bon marché à prix moyens (moins de 30 $)

One Derz (*plan A2,* ***10***) **:** *Night Market str.* ☎ *097-211-7100.* • *onederz.com* • *Dortoirs climatisés mixtes ou réservés aux filles de 4, 6 ou 10 lits « bon marché » ; doubles à « prix moyens ». Transfert aéroport gratuit.* Une grande auberge de jeunesse vraiment bien placée, un peu en retrait de la rue. Spacieuse, *clean* et baignée de lumière. Sur le toit, une piscine avec une vue à 360 °C. Atmosphère conviviale, entretenue par une équipe efficace et sympa. Une escale qui fait vite le plein.

De prix moyens à chic (15-50 $)

Neth Socheata (*zoom,* ***11***) **:** *dans une ruelle parallèle à 2 Thnou St et St 9.* ☎ *063-963-294.* *011-448-838.* • *nethsocheatahotel.com* • *Doubles « chic » et suites, petit déj inclus, ainsi qu'un trajet aéroport.* On ne peut rêver hôtel plus central et en même temps préservé de l'agitation. De taille humaine, soigneusement rénové, il propose des chambres plaisantes et de bon confort, d'un excellent rapport qualité-prix. D'ailleurs, il vaut mieux réserver, c'est souvent complet. Suite avec terrasse et baignoire accolée au lit ! Accueil affable. Bon resto de l'autre côté de la ruelle (voir « Où manger ? »).

Siem Reap Riverside (*plan A3,* ***12***) **:** *sur la rive droite un peu avt la Crocodile Farm.* ☎ *063-760-177.* *012-517-000.* • *siemreapriverside.net* • *Doubles à « prix moyens », petit déj et AC inclus.* Petit hôtel propre et plaisant. Chambres à la déco simple mais bien tenues et avenantes, certaines familiales. Celles du 2e étage ont une vue dégagée sur la rivière, mais c'est encore mieux depuis la jolie terrasse sur le toit. Petite piscine à l'arrière. Accueil adorable.

Plus chic (50-80 $)

Villa B (*plan A3,* ***13***) **:** *après l'Old Market, prendre la route qui longe la rivière et tourner la 1re à droite au niveau de IKTT et 2 fois à droite.* *096-367-22-96.* • *villabangkor.com* • *Meilleurs tarifs si résa en direct.*

À 2 pas de Pub Street mais au calme, au cœur d'un grand écrin de verdure, une maison d'hôtes, d'architecture khmère contemporaine et dotée d'une belle piscine. Elle abrite 4 chambres confortables et bien équipées (lits *king size,* clim et ventilo...). 2 d'entre elles possèdent un balcon. Bons conseils fournis par Antoine et son équipe. Vélos à dispo. Transferts proposés. Possibilité de privatiser la villa. À 100 m, ne pas manquer la visite de l'atelier d'Ikkt, qui a remis au goût du jour le travail de la soie traditionnelle khmère.

Au nord de Samdech Tep Vong Street *(rive droite ; plan A-B1-2)*

Prix moyens (15-30 $)

Bou Savy Guesthouse *(plan A1, **14**) : Salakanseng village, dans un chemin perpendiculaire à la route 6, face à la station Caltex. 063-964-967 et 077-752-075. • bousavyguesthouse.com • Petit déj et transfert inclus.* En marge de la bruyante route de l'aéroport et face à l'école, mais dans un environnement néanmoins paisible. Toutes catégories confondues, les chambres sont entretenues scrupuleusement. Lit *king size* dans certaines et jusqu'à 3 lits dans d'autres. Agréable piscine. La gentillesse du personnel, toujours prêt à rendre service, conforte dans le choix de cette sympathique *guesthouse* d'un rassurant rapport qualité-prix. Location de vélos et resto sur place.

Paris Angkor Boutique *(plan A1, **16**) : 517, Phum Taphul Rd. 092-688-685. • parisangkorhotel.com • Petit déj inclus.* Pour les budgets plus serrés, le bâtiment ancien par lequel on entre abrite des chambres confortables mais un peu tristounes. Pour 10 $ de plus, c'est le jour et la nuit dans le bâtiment moderne à l'arrière, donnant sur la piscine : chambres aux beaux volumes, lumineuses et colorées. Pour tous, petit dej dans une élégante maison de style traditionnel. Un hôtel central à tarifs encore abordables.

De chic à plus chic (30-80 $)

Auberge Mont Royal *(plan A2, **18**) : 497, Taphul Rd (en face de The Villa Siem Reap). ☎ 063-964-044. 012-630-131. • auberge-mont-royal.com • Doubles à prix « chic », petit déj et transfert aéroport compris ; familiale.* Petit hôtel plaisant et rénové de 3 étages et d'une quarantaine de chambres bien nettes. Les *deluxe* sont incontestablement plus agréables que les standards, plus petites, et bénéficient de spacieuses salles de bains. Couleurs douces et déco soignée qui mêle astucieusement le bois et l'artisanat cambodgien. À l'arrière, bassin en guise de piscine et des villas au calme qui abritent les chambres les plus agréables. Petit resto-bar où sont servis de délicieux petits déj. Accueil francophone et personnel affable.

Central Boutique Hotel *(plan A2, **20**) : 855, Taphul Rd (dans une allée adjacente). ☎ 063-764-030. 012-320-476. • centralboutiqueangkorhotel.com • Doubles « plus chic », petit déj inclus ; également des triples.* En retrait de la rue principale, les chambres spacieuses et coquettes aux murs immaculés sont agencées autour de 2 belles piscines. Dans chacune, un effort de déco et des touches colorées bien agréables. Resto sympa à prix raisonnables.

The Villa Siem Reap *(plan A2, **15**) : 153, Taphul Rd. ☎ 761-036. • thevillasiemreap.com • Résa conseillée. Doubles « chic », petit déj inclus.* Des chambres où le violet domine et le confort ne fait pas défaut. 2 d'entre elles de plain-pied, avec plusieurs fenêtres devant un petit bout de jardin (mais un poil chères quand même). Espace cafét' et piscine. Organisation d'excursions et cours de cuisine. Service prévenant et disponible.

Villa D Riverside *(plan B1, **19**) : River Rd. 012-477-270. • villadriverside.com • Petit déj et navette aéroport inclus. Prêt de vélos.* Dans un quartier calme, un véritable petit cocon d'une douzaine de chambres bien équipées (bonne literie, clim). Les 2 chambres les plus sympa, au 2e étage, se partagent une belle terrasse qui, au-delà de la petite rue, donne sur la rivière. Simplement mais soigneusement arrangé et tenu. Petite piscine.

Spécial coup de folie (plus de 120 $)

Des adresses en dehors de nos catégories habituelles, mais les promos éventuelles en toute saison peuvent se révéler intéressantes.

Victoria Angkor Resort & Spa (plan B1, **21**) : *Sivatha Rd, à l'ouest des jardins royaux (Central Park !). ☎ 063-760-428. • victoriaangkorhotel.com/fr/ • Doubles env 180-320 $; si résa en direct, transfert et 1h de massage offerts.* Bravo à l'architecte qui a bâti cet hôtel dans un style rétro-colonial (ascenseurs compris) en souvenir de l'Indochine. Lumières tamisées, persiennes en bois et plancher en teck : on s'y croirait ! Pas moins de 130 chambres et suites superbes aux thèmes différents. Bar feutré à l'intérieur ou dans le jardin (*happy hours* 17h-19h). Également 2 restos, dont le très très chic *Connaisseur,* mais plats nettement plus abordables au bar, au bord de l'immense piscine d'eau salée, un bon plan ! Soutient l'action de *ChildSafe* qui s'engage à fournir aux enfants un environnement protégé.

FCC Angkor (plan B2, **23**) : *Pokambor Ave, près de la résidence royale. ☎ 063-760-280. • fcccambodia.com • En travaux, l'hôtel devait rouvrir mi-2019. Doubles 180-280 $, petit déj, jacuzzi, hammam et transfert aéroport compris.* Ancienne résidence du gouverneur français parfaitement retapée et mise en valeur, à l'architecture des années 1930. Les chambres et suites sont agréablement distribuées autour d'une piscine d'eau salée. Classieuses, au design un poil zen, à la hauteur de leur écrin. D'autres plus récentes sont venues compléter l'offre. Massage possible. Accueil discret et très aimable. Bar-resto et spa. Soutient l'action de *ChildSafe* qui s'engage à fournir aux enfants un environnement protégé.

Raffles – Grand Hôtel d'Angkor (plan B1, **22**) : *Vithei Charles-de-Gaulle. ☎ 063-963-888. • raffles.com/siemreap • En travaux, devrait rouvrir fin 2019. À partir de 370 $ en hte saison.* Les tarifs sont délirants, mais on ne peut passer à côté de cet hôtel mythique, reflet de la splendeur de l'époque coloniale (il fut construit en 1932), sans au moins y jeter un œil (à défaut d'y dormir !). Chambres très spacieuses (de 32 à 48 m²), très bien équipées, on s'en doute. Décor alliant harmonieusement les réminiscences Art déco et les beaux objets khmers. Vaste hall, portier, personnel en tenue traditionnelle, restaurants gastronomiques, bars (voir plus loin la rubrique « Où boire un verre ? »), jardins luxuriants, piscine superbe bordée de cocotiers, bain bouillonnant, spa. Les superlatifs ne manquent pas pour décrire cette vénérable vieille dame des colonies. Spectacles de danses et musiques royales dans les jardins de l'hôtel, accessibles aux non-résidents en haute saison. Soutient l'action de *ChildSafe* qui s'engage à fournir aux enfants un environnement protégé.

Du wat Damnak au wat Po Lanka (rive gauche ; plan B1-2-3)

De bon marché à prix moyens (moins de 30 $)

The Backpacker Hostel (plan B3, **24**) : *7, Makara St (Angkor High School Rd). 012-313-239. • angkorbackpacker.com • À 2 pas du carrefour avec Wat Bo Rd. Dortoir, doubles avec sdb et familiale « bon marché ».* Aucun charme et pas de première jeunesse, mais propre et fonctionnel : carrelage, clim (y compris dans le dortoir)... À ce prix, on ne va pas râler, même si on a une chambre au 4e étage et qu'il faut presque faire le grand écart entre chaque marche !

White Rabbit Hostel (plan B2, **31**) : *0545, Wat Bo Rd (en face de St 23). 092-767-316. Dortoirs et doubles « de bon marché à prix moyens ». Facebook.* On aime cette AJ hors

LE CAMBODGE

norme question cadre et décor. Tout y est décalé, baroque, voire un poil déjanté : couleurs pétantes, sculptures et mobilier insolites, fresques, un mélange rigolo et séduisant tout à la fois de pop art et d'art naïf... Sur les grilles, les paroles de la chanson *Imagine.* Tout est dit ! Décor thématique des chambres et dortoirs (4-12 lits) tout aussi original, mais les pièces du rez-de-chaussée restent un peu sombres. Belle piscine centrale, bar sympa et une équipe efficace.

☗ ***The Siem Reap Hostel*** *(plan B3, **34**) : 7, Makara St (au coin de Wat Bo Rd). ☎ 063-964-660. • thesiemreaphostel.com • Résa conseillée. Dortoirs (2 nuits min) de 8-10 lits « bon marché », doubles à prix « moyens », petit déj en sus.* Chambres de bonne tenue, fonctionnelles, à la déco sobre et au confort soigné. Clim partout, même dans les dortoirs (tous côté rue), équipés de larges casiers. Bourse aux livres, salle de cinéma et grande salle commune avec bar donnant sur la piscine intérieure, le tout bruyant quand même, notamment quand il y a de la musique. Accueil dynamique et ambiance internationale. Prêt de vélos pour la ville (pas pour Angkor).

– L'***impasse parallèle à l'arrière de Wat Bo Rd*** *(plan B2, **26**)* aligne les *guesthouses* « bon marché ». Marchander selon la saison et la durée du séjour, les prix « bon marché » commençant à 5-6 $ pour les dortoirs. Aucune adresse n'est parfaite, mais toutes les options sont possibles (clim, jardinet, eau chaude, resto sur place, location de vélos...). Voici notre sélection, non exhaustive :

☗ ***Happy Guesthouse*** *(plan B2, **26**) : 📱 012-960-879. • happyangkorguesthouse.com • Résa conseillée.* Peut-être notre préférée ! Chambres simplement meublées, mais propres et sans lacune. D'ailleurs, on se déchausse avant de grimper dans les étages. Accueil amical. On s'attarde bien volontiers avec un verre face au bar. Resto à prix serrés. Location de vélos, mais bien en vérifier l'état.

☗ ***European Guesthouse*** *(plan B2, **26**) : 📱 069-51-43-40. • europeanguesthouse.com •* Chambres simples mais propres, avec clim et eau chaude. Dortoirs (6-10 lits) avec clim, mais assez basiques. Cour intérieure bien tenue, avec une petite piscine. Location de vélos. Le même proprio propose à peu près la même chose en face, à la ***Sweet Dreams Guesthouse*** *(📱 092-548-600 ; • sweetdreamsguesthouse.com •).* Du coup, on peut profiter de la petite piscine de l'*European.*

☗ ***Lovely Family Guesthouse*** *(plan B2, **27**) : St 20 (rue perpendiculaire à la Wat Bo Rd). 📱 012-71-72-28. • visitangkor.net • Doubles climatisées mais sans petit dej ; transfert inclus à partir de 2 nuits.* Dans ce quartier des *guesthouses,* en voici une accueillante avec une douzaine de chambres, certes sommaires, mais nickel et sans mauvaise surprise. Le petit salon-terrasse à l'avant est bien paisible et l'accueil sincèrement *lovely* ! Location de vélos.

De prix moyens à plus chic (15-80 $)

☗ ***Angkor Retreat Villa*** *(plan B1, **33**) : 126, Wat Bo Rd. ☎ 063-762-727. • retreatvilla.com • Doubles à « prix moyens » limite « chic », petit déj inclus ; familiale.* Dans un périmètre qui s'urbanise à la vitesse de l'éclair, ce boutique-hôtel se ménage un charmant coin de verdure et cultive une ambiance relax. Chambres de tailles différentes, très mignonnes, de plain-pied ou à l'étage, avec balcon attenant et clim. Aucune objection sur le confort, et même de petites touches de déco fort plaisantes. Jolie piscine, spa et resto.

☗ ***Sizen Retreat & Spa*** *(plan B1, **42**) : Wat Bo Rd, au fond d'un chemin. ☎ 063-964-740. • sizen-retreat.com • Résa conseillée. Doubles « de chic à plus chic », petit déj, 1h de massage et transfert inclus.* Au cœur d'un quartier encore pittoresque et calme, une auberge de charme noyée dans la verdure et les fleurs. Dans un style inspiré par l'architecture locale, 5 pavillons d'un étage, abritant chacun 4 chambres élégantes, spacieuses et d'excellent confort (ventilo et AC, tomettes au sol, marionnettes du théâtre d'ombres aux murs). Meubles chinés chez les antiquaires. Dans le jardin, piscine au milieu des fleurs. Personnel charmant.

Golden Banana (plan B3, **35**) **:** *au fond d'une impasse entre la rivière et le wat Damnak. ☎ 063-761-259. 012-885-366. • golden-banana.com • Doubles « de chic à plus chic », petit déj compris.* 3 structures sous le même label vert pomme, style boutique-hôtel un rien bohème : le *B & B* au confort simple mais charmant (le moins cher), les chambres dites « supérieures » dans la partie plus récente, un immeuble voisin entourant une belle piscine, et enfin un restaurant de cuisine khmère. L'adresse est fréquentée par la communauté gay mais sans exclusivité. Piscines accessibles sans discrimination aux clients des différentes structures. Une de nos meilleures adresses dans cette catégorie.

Kafu Resort and Spa (plan B1-2, **40**) **:** *River Rd, proche du pont de la villa royale. ☎ 063-964-242. • kafuresort.com • Doubles avec sdb, ventilo et clim « de chic à plus chic », petit déj inclus.* Une pension de charme, face à la rivière. Chambres impeccables, réparties dans des pavillons d'un étage. Balcon ou terrasse avec vue. Jardin luxuriant et frais de part et d'autre d'un long chemin qui serpente. Piscine et spa.

Résidence Watbo (hors plan par B3, **36**) **:** *St 26. ☎ 063-766-127. • laresidencewatbo.com •* Situation idéale à quelques enjambées du centre et au beau milieu d'un quartier calme à l'ambiance de village. Ce petit havre abrite des chambres disposées en U sur 2 niveaux, pas très lumineuses mais tout confort, spacieuses et dotées de vastes douches séparées de la salle de bains. Depuis celles du rez-de-chaussée, on plonge directement dans la magnifique piscine, dans une douce ambiance de jungle. Restaurant sur place. Propose toutes sortes de soins du corps. Personnel attentif.

De plus chic à très chic (50-120 $)

Les Mystères d'Angkor (hors plan par B1, **39**) **:** *au nord de Wat Bo Rd, derrière le wat Po Lanka (on peut d'ailleurs le traverser). ☎ 063-963-639 et 012-53-77-15. • mysteres-angkor.com • Doubles « plus chic », et 2 grandes suites familiales, petit déj compris. Transfert aéroport gratuit à partir de 3 nuits.* 6 maisons d'un étage (une vingtaine de chambres en tout, en 3 catégories) dans un havre de verdure et de cocotiers, à l'écart du brouhaha de Siem Reap. Confort moderne (clim et ventilo) sans superflu. Jolie piscine, massage dans le jardin (abrité des regards, mais adossé à la petite rue, dommage). Réception et salon avec billard dans une maison khmère joliment restaurée. À l'étage, sous la vieille charpente, le resto avec sa formule table d'hôtes et sa cuisine de marché, sur résa. Accueil très plaisant. Soutient l'action de *ChildSafe* qui s'engage à fournir aux enfants un environnement protégé. Au fait, *Les Mystères d'Angkor,* c'est aussi le titre d'un film (pas terrible !) avec Lino Ventura.

Alliance Boutique Villa (plan B3, **37**) **:** *7, Makara St (High School Rd), wat Damnak. ☎ 063-964-940. • allianceangkor.com • Doubles « Très chic » et 1 familiale, petit déj et transfert aéroport compris.* Dans l'enceinte de l'ancienne Alliance française, derrière une rangée de palmiers, le bâtiment des années 1950 abrite 7 chambres spacieuses et élégantes, décorées avec goût dans un doux mélange de modernisme et de traditionnel. La plupart à l'arrière, bien au calme et colorées, avec baie vitrée et terrasse privative donnant sur un minuscule espace vert pour les suites. Petite piscine avec *deck,* adossée à la rue.

Maison 557 (plan B3, **47**) **:** *557, Wat Bo Rd. 089-280-830. • maison557.com • Doubles 90-160 $ en hte saison selon confort et situation, petit déj compris ; négociable en basse saison.* Ancienne maison d'architecte des années 1950, aujourd'hui un petit hôtel au calme et à l'entrée discrète, tenu par Jeff, un sympathique Écossais. Tout est articulé en U autour de la piscine. 7 chambres, dont 4 donnent directement sur la piscine. 2 des salles d'eau carrément en plein air, bien

LE CAMBODGE

agréable ! Également une suite familiale avec sa propre piscine. Déco très soignée, contemporaine et épurée.

Spécial coup de folie (plus de 120 $)

Navutu Dreams Resort *(hors plan par B3, **46**) : Angkor High School Rd ; tourner à droite au niveau du* Phnom Srei Restaurant. *☎ 063-964-864. 092-141-694. ● navutudreams.com ● À 1,3 km du centre. Doubles 125-165 $, petit déj inclus (guetter les* « Green season special rates »*) ; plus des familiales. Resto ouv aux non-résidents.* Quartier résidentiel peu urbanisé où dominent champs, palmeraies et petites rizières (derniers 500 m de route en terre battue !). 2 types de chambres, dans un bain de végétation tropicale : les « *Grand Tour* » (jardin privé et terrasse) et les « *Explorer* » (avec terrasse). Quasi le même confort et élégante décoration intérieure. Salle à manger ouverte, excellente restauration, service impeccable. 3 piscines (dont 2 d'eau salée et une pour les enfants) et un spa. Accueil chaleureux, pro et francophone. Le tout dans un calme absolu, vrai luxe à Siem Reap. Et comme le service de *tuk-tuk* est inclus, on est vraiment tout proche du tumulte de la ville.

Angkor Village Hotel *(plan B3, **48**) : au sud de Wat Bo Rd. ☎ 063-965-561. ● angkorvillage.com ● Doubles 125-200 $ (hte saison), petit déj inclus.* Ce beau « village » en pleine ville est inspiré des *kots,* villages de bonzes construits près des pagodes. En tout, une quarantaine de chambres décorées avec raffinement, réparties dans des pavillons, au sein d'un espace luxuriant et rafraîchissant. Une fois dans sa chambre, depuis le lit en bois sculpté avec vue sur les bassins de lotus et les fleurs, on est vraiment coupé du monde extérieur (à ceci près que certaines chambres sont adossées à la rue). Piscine et spa. Le resto *L'Auberge des Temples* est érigé sur pilotis, au milieu d'un lac, en pleine végétation. Définitivement beaucoup de cachet. Spectacles le soir à l'*Apsara Theatre* (voir « Loisirs » plus loin), en face.

Plus au sud (hors plan par B3)

Hostelling International *(hors plan par A3, **25**) : 209, Wat Damnak. 089-591-169. ● hisiemreap.com ● Un peu excentré, non loin de la rivière, en direction du Tonlé Sap. Dortoir « bon marché » et doubles à « prix moyens », petit déj inclus.* Cette ravissante maison coloniale abrite 18 chambres aux murs vert pomme. Une bonne surprise que cette AJ conviviale, à la tenue générale impeccable : clim, salles de bains riquiqui mais privées avec eau chaude, lits au carré et sols rutilants, balcon dans certaines chambres, billard et, cerise sur le gâteau, une petite piscine. Curieusement assez peu fréquenté, sans doute à cause de sa situation. Pour le repos, une agréable terrasse à l'avant. Petit resto et bar.

Sala Lodges *(hors plan par B3, **49**) : 498, Salakomroeuk. ☎ 063-766-699. ● salalodges.com ● Maisons avec une chambre (2-4 pers) à partir de 260 $ (petit déj, minibar, transfert aéroport et* tuk-tuk *inclus si résa en direct).* Ici, aux portes de la ville et déjà à la campagne, le grand luxe se passe de sophistication. De simples maisons traditionnelles sur pilotis datant de 1956 à 1985, achetées dans différentes provinces du pays avant d'être démontées puis remontées ici, pour en faire des *lodges* individuels haut de gamme. 11 maisons (13 chambres en tout, 2 chambres communiquent dans l'une d'elles) où les éléments anciens ont été récupérés au maximum. Magnifiques planchers d'origine, volumes immenses, mobilier en bois et lignes épurées. Les maisons sont disséminées dans un jardin luxuriant, où se love une piscine tout aussi enchanteresse. Vraiment pas loin de la ville et proche du paradis !

– Voir aussi ***Maison 557,*** plus haut.

Sur la route du Tonlé Sap (hors plan par A3)

L'École hôtelière Sala Baï *(hors plan par A3, **50**) : quartier Wat Svay, à 5 mn en tuk-tuk du vieux marché, le long de la rivière, rive gauche en direction du Tonlé Sap. 089-590-864.*

● *salabai.com/fr/* ● *Ouv de mi-oct à mi-juil. Résa obligatoire. Doubles 35-45 $, plus 2 suites. Petit déj inclus.* Il s'agit des chambres d'application de l'école hôtelière *Sala Baï,* fondée par l'ONG *Agir pour le Cambodge* (voir la rubrique « Aide humanitaire » en fin de guide). L'hôtel propose des chambres standard avec clim, ventilateur, minibar et douche à l'italienne. Hyper propres, sinon les étudiants se paient une mauvaise note ! Les familles (3-4 personnes) apprécieront de loger dans des chambres qui bénéficient d'une terrasse privative donnant sur un jardin arboré. L'hôtel comprend également un spa d'application qui permet de former une dizaine d'élèves tous les ans. On prend son petit déj en semaine dans la salle de l'excellent resto (voir « Où manger ? »). Cette adresse soutient l'action de *ChildSafe,* qui s'engage à fournir aux enfants un environnement protégé.

Sur la route de l'aéroport (nationale 6 ; plan A1 et hors plan par A1)

Les 9 km qui séparent le centre-ville de l'aéroport sont bordés d'hôtels plus ou moins récents ou en construction, assez éloignés du centre-ville ! L'offre pléthorique, rarement bon marché et essentiellement destinée aux groupes, a peu d'attraits à nos yeux de routards, à de rares exceptions près.

Chic (30-50 $)

🏠 🍽 ***Hôtel d'application de l'école Paul-Dubrule*** *(hors plan par A1,* ***51****) : La Glacière, route de l'aéroport (RN 6).* ☎ *063-963-673.* ● *ecolepauldubrule.org* ● *Doubles « chic », limite « plus chic », petit déj inclus.* 4 chambres charmantes, propres et confortables (TV, AC, salle de bains en marbre), tenues par les élèves de l'école d'hôtellerie et de tourisme Paul-Dubrule. Bien qu'un peu excentré, très bon rapport qualité-prix. La totalité des bénéfices est reversée au sein de l'ONG et contribue à l'autofinancement du projet pédagogique de l'école. Cette adresse soutient l'action de *ChildSafe,* qui s'engage à fournir aux enfants un environnement protégé.

De chic à très chic (50-120 $)

🏠 ***Goyavier Hotel*** *(hors plan par A1,* ***28****) : 678 B Sala Kanseng, Svay Dangkum.* ☎ *063-765-764.* ● *goyavierhotel.com* ● *À côté de la* Siem Reap International School. *À 5 mn du centre en* tuk-tuk. *Doubles à prix « chic ». Transferts aéroport inclus.* Un peu excentré, mais les allers-retours avec le centre-ville se font rapidement. Bien au calme, un joli hôtel au décor sobre et contemporain. Chambres spacieuses (préférer une autre chambre que celle du fond au 1er étage, sans dégagement devant). Massages possibles. Équipe sympa et investie. Atmosphère posée et conviviale. Belle piscine.

🏠 🍽 ***La Maison d'Angkor*** *(hors plan par A1,* ***30****) : sur la route de l'aéroport (N6), à 4 km du centre (niveau borne 316) ; sur la gauche en venant du centre.* ☎ *063-965-048.* ● *lamaisondangkor.com* ● *Doubles « très chic » en hte saison et des suites, petit déj et transfert aéroport compris (si résa en direct).* Un des rares hôtels de charme dans ce secteur. Petite structure paisible dans l'esprit boutique-hôtel, dotée de jolies chambres réparties dans des pavillons noyés dans un jardin luxuriant. Luxe, calme et volupté, donc, au bord de la piscine où sont servis les repas. Raffinement au diapason dans les chambres dotées de terrasse, fleurs fraîches. Jacuzzi dans le jardin. Cette adresse soutient l'action de *ChildSafe,* qui s'engage à fournir aux enfants un environnement protégé.

🏠 ***La Palmeraie*** *(hors plan par A1,* ***44****) : route de l'aéroport (N6).* ☎ *063-966-016.* 📱 *092-952-113.* ● *lapalmeraiedangkor.com* ● *Doubles 80-160 $ et bungalow familial pour 5 pers, petit déj inclus.* À 4 km de la ville, au milieu d'un jardin tropical, un petit hôtel de charme qui s'apparente davantage à une chambre d'hôtes. La belle piscine est bordée par des bungalows construits en style traditionnel, de très bon confort et dotés de toutes les options

LE CAMBODGE

souhaitables. Le tout est décoré avec goût, et les beaux volumes attestent du grand confort de l'adresse. Personnel aux petits soins et accueil francophone. Possibilité de prendre ses repas sous la charmante pergola. Une navette est prévue pour rejoindre le centre.

Sur la route d'Angkor *(hors plan par A1)*

Pavillon Indochine *(hors plan par A1,* ***45****) : 012-541-003 ou 012-849-681. ● pavillon-indochine.com ● Selon saison, doubles 60-85 $, familiales 90-110 $, petit déj-buffet inclus. Intéressant : les prix comprennent un* tuk-tuk *à la journée pour la visite des temples.* Dans le petit bâtiment de style khmer entouré d'un grand jardin, une vingtaine de chambres à la déco coloniale, ainsi que 4 suites familles (jusqu'à 6 personnes) et 2 bungalows. Les Français qui tiennent cette délicieuse adresse ont un réel souci du détail, notamment dans l'aménagement et la décoration (statues, vieilles affiches d'Angkor, gravures, etc.). Parquets en vieux bois, affiches anciennes et confort irréprochable dans chacune des vastes chambres. Bar et restaurant en terrasse donnant sur la piscine, spa. Le charme opère vite dans ce havre de paix au luxe discret, non loin d'Angkor Wat.

LE CAMBODGE

Où manger ?

Ce ne sont pas les restos qui manquent en ville. De la traditionnelle cantine de rue aux tables d'hôtels, amis routards, vous avez l'embarras du choix. Dans un registre plus chic, la plupart des hôtels et *guesthouses* des gammes supérieures possèdent des restos ouverts à tous, souvent sur réservation.

Dans la rue

Pour les plus fauchés ou les estomacs aguerris, il existe autour des marchés, dès la fin de journée, des cuisines ambulantes éclairées de néons, assorties de tables et chaises posées sur le trottoir. Chercher également vers l'impasse des *guesthouses (plan B2,* ***26****).* Cuisine économique et rapide dans une ambiance très locale et populaire ! Au carrefour principal dans le marché de nuit, on peut se régaler de mygales et de scorpions frits. Mais pas de serpent, pas de chance !

Autour du vieux marché *(zoom et autour)*

Dans ce tout petit périmètre de 3-4 rues perpendiculaires sont concentrées des dizaines (pour ne pas dire des centaines) de restos. Autrement dit, chaque pas-de-porte est une entrée de resto et la concurrence fait rage ! L'axe principal en est Pub Street et sa petite sœur, Pub Lane.

Bon marché (moins de 4 $)

Madam Moch *(plan A2,* ***63****) : 21, Taphul Rd. 012-910-101. Tlj 10h-22h.* Si le nom n'a pas l'air vendeur, la déco avenante et fleurie de la salle ouverte sur la rue invite immanquablement à la pause. On vient ici apprécier une nourriture familiale réussie et appétissante. Curry poulet, bœuf *lok lak, amok...* et une délicieuse banane aux fruits de la passion pour conclure. On se régale en plus d'être accueilli et servi avec le sourire.

Croq'Me *(plan B2,* ***68****) : Samdech Tep Vong St. 017-572-071. Sur le parking du supermarché* Taih Huot*. Lun-sam 8h-16h30.* Salades, sandwichs et burgers. Un snack pratique, rapide, extrafrais et appétissant. Idéal pour constituer son pique-nique.

Let's Eat ! *(plan A3,* ***86****) : House 24, group 11, Vihea Chen Village, Sankat Svan Dangkum. 017-444-691. Lun-ven 10h-16h30.* Un resto spécialisé dans les soupes de nouilles maison. 2 sortes seulement : au porc ou aux champignons. Développé par l'ONG *Friends,* à but social et solidaire, il forme des adultes, leur fournit un revenu et quelques notions, notamment pour gérer une micro-entreprise.

Prix moyens (4-8 $)

Sister Srey (zoom, **70**) : *200 Pokambor St, Riverside. 097-723-800. Mar-dim 7h-18h.* Le projet de 2 sœurs australiennes : le décor ouvert sur la rue, carreaux de ciment vintage, escalier métal, tables façon loft... Et une courte carte qui permet de se caler du petit déj au *tea time,* tout en feuilletant un magazine anglophone. Belle carte de cafés et des jus aux intéressantes associations. À l'étage, vêtements et échange de bouquins. Sur le tableau noir, à la craie et surmontant le dessin d'un bouddha, une maxime à méditer.

Jomnan's Kitchen (plan A2, **71**) : *Pum Taphul Rd. ☎ 063-964-838. Fermé dim.* À l'étage d'une superbe maison de style colonial, en retrait de la rue. Intérieur en boiseries, larges ventilateurs, stores en bambou. Sans doute l'un des meilleurs restos khmers à Siem Reap, dont le chef américano-cambodgien a connu les camps et reverse 10 % des bénéfices aux enfants défavorisés. Cette table se distingue autant pour son cadre dépaysant que pour sa cuisine : fine, fraîche et goûteuse.

Socheatea Restaurant (zoom, **11**) : *10, 2 Thnou St. Tlj 7h-22h.* Dans cette ruelle vraiment tranquille et sans voitures, un restaurant tenu par la même famille que l'hôtel. La salle ouverte sur la rue piétonne offre une halte sereine dans le brouhaha de la ville. Cuisine khmère appliquée, à base de plats pittoresques ou plus classiques. Les *spring rolls* frits font bien l'affaire. Une adresse clean, mais service parfois vite débordé.

The Indian (zoom, **67**) : *en face de l'hôpital provincial.* Un resto indien fréquenté par les Indiens amateurs, entre autres, de généreux *thalis,* cette spécialité végétarienne du sud de l'Inde. Plus récent, le resto (presque) voisin **Dakshin's** *(2, Thnou St ; zoom, 77)* est un régal pour les yeux et les papilles ! Cuisine ouverte sur une salle moderne, avec quelques tables en mezzanine. La carte explore avec brio les subtilités de la cuisine indienne, délicieusement parfumée. Service ultrapro.

Chamkar (zoom, **66**) : *The Passage. 092-733-150. Résa souhaitée. Fermé dim midi.* Un minuscule établissement loti dans un passage constitué uniquement de restos. Si elle est dispo, choisir l'unique table sur le balcon. Celles devant les cuisines permettent de voir officier les cuistots. La courte carte végétarienne adapte les spécialités khmères avec une imagination et une maîtrise réjouissantes. Portions généreuses, tarifs démocratiques : un plaisir à ne surtout pas bouder. Pour apprécier un environnement plus zen, un autre resto, **Chamkar House** s'est installé dans une maison khmère traditionnelle, dans une rue perpendiculaire à la N6.

Cambodian Traditional Chef (plan A3, **61**) : *Sok San Rd. 092-45-75-12.* On ne sait où donner de la tête dans cette rue animée entre Pub Street et le marché de nuit ! Est-ce l'*happy hour* à 1 $ servi avec le sourire de 10h à minuit qui nous a rendus complaisants ? Quoi qu'il en soit, on apprécie l'accueil chaleureux, la petite salle sans façon et la terrasse sur rue. Et la cuisine ne démérite pas : grand choix de plats khmers classiques à prix très serrés pour le quartier.

Bugs Café (plan A2, **85**) : *Night Market St. Tlj 17h-22h30. 017-764-560. Continuer Night Market St jusqu'à un peu avt l'embranchement de St 5 qui mène au Hyatt, c'est sur la gauche.* Certes, on peut grignoter (si on peut dire) des insectes achetés dans la rue et les marchés ; seule différence, ici, les bestioles sont cuisinées et accompagnées d'autres saveurs plus... enfin, moins... spéciales. Bref, proposé dans un cadre sobre et contemporain, c'est plus engageant. Salade de papaye aux scorpions, feuilleté aux fourmis rouges... Assiette de dégustation avec plein de beau monde dessus ! Le patron – français – se fera un plaisir de vous apporter toutes les explications voulues. Alors, tentés ?

Crep'Italy (zoom, **60**) : *Alley West. Tlj jusqu'à 22h. 086-814-303.* Pour de bonnes galettes bretonnes et des pizzas au feu de bois. Accueil francophone.

De prix moyens à chic (moins de 13 $)

Factory *(zoom,* ***88****) : Little Pub St. 088-580-00-10. Tlj 16h-23h.* Pas de fioriture dans ce modeste bar-pizza tenu par un accueillant Franco-Italien. Heureusement les *french* pizzas, en 2 tailles, ne subissent pas le même traitement que l'amusante déco, sur le thème béton et chantier ! Ici, ça bosse dur et bien. Ce sont même parmi les meilleures de la ville. Pour l'addition, ça va aussi, on ne casque pas trop. *Limoncello* maison à ne pas manquer en fin de repas.

Le Malraux *(zoom,* ***89****) : Psah Chas Alley. 012-229-826.* Un vent de Méditerranée souffle sur cet adorable passage étroit avec ses plantes et ses nombreuses terrasses qui débordent sur les pavés. Celle du *Malraux* joue sur le tableau rétro-colonial et raffiné (boutique chic à l'étage) qui sied parfaitement à la carte franco-italiano-khmère de bonne tenue. Gros succès auprès des touristes, malgré l'addition tirant vers le haut.

Le Napoléon Gastrobar *(zoom,* ***90****) : St 7. 011-294-575. Ouv 24h/24.* Grande brasserie aux murs de briques, dans un style colonial façon « Indochine » avec salons rétro en osier. Carte éclectique où les plats cocorico font du bien en cas de mal du pays : canard confit, coq au vin, huîtres... Avant 18h30, on gagne 25 % sur l'addition. Après minuit, on ne sert plus que des pizzas.

Ailleurs sur la rive droite *(plan A-B1-2)*

De prix moyens à chic (4-13 $)

Mie Café *(hors plan par B1,* ***64****) : 85, Phum Treng, Khum Slorgram. 012-791-371. Venant du centre, route d'Angkor, c'est la rue qui part à droite après avoir passé le Sofitel. Tlj sauf mar. Mieux vaut réserver le soir. CB refusées.* Dans une jolie maison traditionnelle en bois, salle à manger ouverte et aérée pour une très belle cuisine khmère avec une touche de créativité occidentale et de modernité. Que de bons produits, un vrai savoir-faire. Goûter aux poissons, bœuf ou grenouille marinés... L'*amok* de poisson, en particulier, est d'une finesse exquise. Service pro et attentif et un très bon rapport qualité-prix dans cette catégorie.

Phare Cafe *(hors plan par A3,* ***74****) : Ring Rd ; au bout de Sok San Rd, prendre à gauche sur Ring Rd, c'est au début de la rue. 092-875-987. Ouverture à 18h, plus à 15h certains jours (lun, jeu et sam nov-mars) avt le début du spectacle de cirque (voir plus loin la rubrique « Loisirs »). Résa recommandée.* Dîner contre le chapiteau du cirque Phare, en extérieur est d'autant plus sympa qu'on y déguste des plats emblématiques bien relevés, à prix raisonnables. *Amok* de poisson, bœuf *kroeung,* salade de fleurs de bananier, soupe citrouille et coco...

Du wat Damnak au wat Po Lanka *(rive gauche ; plan B1-2-3)*

Bon marché (moins de 4 $)

Little Kroma *(plan B3,* ***62****) : 84 Wat Damnak, Sala Komraeuk. Tlj.* Un petit resto de quartier sans prétention qui offre pourtant une bonne cuisine familiale, bien parfumée, et à des prix défiant toute concurrence.

Arun *(plan B1,* ***75****) : 63, Achar St. 012-890-396. Tlj 7h-22h (fermé l'ap-m).* Une adresse simple et populaire, largement fréquentée par une clientèle autochtone. Les touristes s'aident des photos présentées sur la carte en français. Bonne cuisine khmère à prix imbattables. Les poissons sont excellents, ainsi que les cuisses de grenouilles ou l'*amok* servi dans une noix de coco. Portions copieuses. Grande terrasse couverte.

Peace Café *(plan B1,* ***76****) : River Rd, au niveau de la pagode Ann Kau Saa. 092-177-127. Tlj 7h30-21h.* Une escale végétarienne et calme. L'allée traverse un grand jardin arboré et dessert tables, chaises ou assises cambodgiennes. La carte regarde aussi bien vers l'ouest que du côté du Cambodge et affiche des prix très raisonnables. Burger, *amok,* salades... Mais aussi petit déj et rafraîchissant choix de jus. Boutique d'artisanat solidaire.

De prix moyens à chic (4-13 $)

|●| *Sugar Palm* *(plan B3,* ***92****) : St 27, face à l'université Pannasastra. ☎ 012-818-143. Fermé dim. « Prix moyens. »* Encore une des très bonnes adresses de la ville. Cadre soigné pour une cuisine khmère qui l'est tout autant : *spring rolls* frais et croquants, *amok,* currys. Spécialité de *prahok kh'tis* (porc à la crème de coco et piments rouges séchés).

|●| *Hansa BBQ* *(plan B2,* ***69****) : 175, Wat Bo Rd. ☎ 017-776-935. Tlj 5h30-23h. Buffet à volonté 5 $.* Une adresse populaire pur jus ! Immense hangar sous lequel s'installent les familles pour profiter d'un buffet illimité d'une grande variété. La règle du jeu : premier arrivé, premier servi ! Le principe est simple : on remplit son assiette de viandes, poissons, fruits de mer, nombreux légumes... pour se concocter une mégafondue (eau bouillante fournie régulièrement). Et on remet ça... À ce prix, ne pas être trop exigeant sur la qualité du repas, mais quelle atmosphère dépaysante !

|●| ⛱ *The Haven* *(plan B3,* ***91****) : Chocolate Rd. ☎ 078-34-24-04. Résa indispensable. Plats à « prix moyens ».* Une belle adresse pour une belle action où l'on se pose volontiers pour un délicieux repas sous des paillotes, dans un jardin verdoyant. Ici, de jeunes adultes défavorisés suivent une formation aux métiers de la restauration. Ils sont à bonne école avec cette ONG créée par des Suisses, vu la haute qualité du service et des plats frais, asiatiques ou occidentaux, conçus à partir de produits éthiquables si possible. Élégante carte des vins du monde. Leur devise ? « *The meaning of life is to give life meaning.* » Approuvé !

|●| *La Cabane, cuisine des filles* *(plan B3,* ***65****) : St 27. ☎ 077-76-98-32. Menus 12-14 $ à midi ; plats « de chic à plus chic » le soir.* La cuisine des filles, c'est celle de 2 copines, Sophie et Daraneth, qui officient dans un décor somptueux. En fait, une sorte de brasserie parisienne assortie d'un comptoir, de coins salon et d'une courette à l'arrière, le tout tendance khmer modernisé. Tout un concept ! Les 2 cartes (celle du soir nettement plus chère) font, elles aussi, le grand écart entre les classiques locaux et des plats de tradition française. Une bonne affaire à midi.

|●| *Barrio* *(plan B3,* ***73****) : 170, Wat Bo Rd. ☎ 063-965-237. « Prix moyens. »* Installé dans un jardin charmant, le resto est tenu par un Français adorable. Au choix : la terrasse protégée ou la salle avec son grand lustre de cristal et son carrelage en damier... Petits plats bien franchouillards : œuf mayo, filet de bœuf et un plat du jour qui varie selon les envies. Plus quelques spécialités khmères.

|●| *Touich Restaurant* *(prononcer « Touille » ; hors plan par B1,* ***80****) : à 3 km du centre, derrière le wat Preah an Kau Sai (wat Leu). ☎ 092-808-040. Compter 3 $ en tuk-tuk. Réserver. Tlj à partir de 18h (dernière commande à 22h). « Prix moyens ».* Un petit resto local d'une dizaine de tables disposées sous un toit de bambou, à la déco simple et colorée. En cuisine, Touich concocte des plats simples et authentiques : viandes grillées, calamars sautés au poivre de Kampot, ainsi que quelques plats végétariens. Le tout bon et copieux. Service familial charmant. N'hésitez pas à interroger Sobey, son mari (vous le reconnaîtrez à son français parfait), qui s'attarde volontiers à chaque table. Une adresse à peine excentrée et qui vaut largement le détour.

|●| *Marum* *(plan B1,* ***82****) : 8A, B Phum Slor kram. ☎ 017-363-284. Tlj 11h30-23h (22h pour la cuisine).* Happy hours *15h-18h. Mieux vaut réserver, d'autant plus pour une table dehors. Menu 15 $, plats à « prix moyens ».* Un restaurant de la galaxie des *Tree Restaurants* (*Romdeng* et *Friends* à Phnom Penh, *Sandan* à Sihanoukville...), qui permet à de jeunes défavorisés de se mettre en selle. La carte, qui offre des associations de saveurs khmères inventives, attise la curiosité et titille agréablement les papilles. Joli jardin et service appliqué. Boutique d'objets fabriqués à partir de matériaux recyclés. Cette adresse soutient l'action de *ChildSafe*.

Chili Pepper *(plan B1-2,* ***40****) : 012-244-196. Menus autour de 13 $, plats à « prix moyens ». Danses et théâtre d'ombres mer à 19h30 (7 $ sur résa ; annulé si moins de 10 pers).* Élégante terrasse surplombant la rivière et entourée de végétation. Un cadre charmant pour goûter une cuisine khmère et européenne de bonne qualité à prix raisonnables. Un coup de cœur pour le spectacle du mercredi soir pendant le dîner. Belle performance réalisée par des jeunes (aveugles ou sourds) de la fondation Krousar Thmey.

Viroth's Restaurant *(plan B2,* ***78****) : 246, Wat Bo Rd. 012-826-346. Menus env 11-16 $.* Avec sa grande salle ouverte sur un jardin, ses bassins et sa fontaine, *Viroth's* fait le bonheur des amoureux. Le cadre contemporain, l'ambiance intimiste le soir venu ainsi qu'un service personnalisé offrent une reposante quiétude, si on ne s'attable pas trop près de la route. Excellente cuisine khmère raffinée, assiettes généreuses et délicieux desserts (bananes flambées au rhum bluffantes). Le chef a tout bon.

Le Tigre de Papier *(zoom,* ***79****) : Pub St. 012-265-811. Ouv 24h/24. « Prix moyens ».* 2 entrées pour ce resto en longueur, qui débouche aussi sur le passage ! Banquettes confortables, sympathique déco d'épicerie et situation stratégique, en plein cœur de l'action ! Coloré, convivial et d'un bon rapport qualité-prix, y compris au petit déj. Bons petits plats, pizzas au feu de bois et bière pas chère. Propose également des cours de cuisine.

The Square 24 *(plan B2,* ***81****) : St 24. 012-614-695. Tlj jusqu'à 21h30. Prix « chic ».* Encore un resto *trendy* où le cadre prime. Imaginer une haute paillote ouverte, à l'architecture moderne, dans un environnement végétal bordé de petits plans d'eau... Cuisine assez créative, réelle maîtrise des épices et des saveurs, mets joliment présentés. Excellent *fish amok* et des plats originaux servis avec un accompagnement au choix. Quelques plats « western » également. Service efficace et atmosphère tamisée reposante après la visite des temples.

Plus chic (plus de 13 $)

Cuisine Wat Damnak *(plan B3,* ***84****) : derrière la pagode du même nom, entre le marché Psa Dey Hoy et le lycée Angkor. 077-347-762. Fermé dim-lun, et au déj. Résa conseillée. Menu dégustation 5-6 plats env 27-31 $. Pas de carte.* Une jolie maison traditionnelle dans un quartier encore très typique et qui a conservé son âme de village. 3 atmosphères distinctes : une salle climatisée classique en bas, une autre aménagée dans la partie traditionnelle en bois à l'étage et un jardin tropical planté de nombreuses plantes aromatiques et d'épices. L'ancien chef de l'école *Sala Baï* propose une cuisine cambodgienne de marché créative, à base de produits locaux et de saison. Les menus dégustation changent tous les 15 jours. Proposé à l'achat, un livre de recettes cambodgiennes, ainsi que 2 ou 3 produits (poivre...).

Paris-Saïgon *(plan B2,* ***72****) : Samdech Tep Vong. ☎ 063-965-408. Résa fortement conseillée.* Un peu cher, mais idéal pour un dîner romantique. La petite salle climatisée affiche un cadre cosy, intime : murs en brique, éclairage tamisé, nappes blanches pour une exquise cuisine franco-vietnamienne ! Accueil discret, atmosphère feutrée pour déguster les nems maison ou un curry d'agneau-purée maison, entre autres. Intéressante sélection de vins.

Sur la route du Tonlé Sap (hors plan par A3)

École hôtelière Sala Baï *(hors plan par A3,* ***50****) : quartier Wat Svay, à 5 mn en tuk-tuk du vieux marché, le long de la rivière, rive gauche en direction du Tonlé Sap. 089-590-864. Résas : • booking@salabai.com • salabai.com/fr • Tlj pour le petit déj (7h-9h) et lun-ven pour le déj (12h-14h). Fermé de mi-juil à mi-oct. Menus et carte.* Dans le quartier authentique de Wat Svay, « la pagode des mangues ». Pour compléter la formation des jeunes, l'école hôtelière de l'ONG *Agir pour le Cambodge* a créé, en plus de l'hôtel (voir « Où dormir ? »), ce restaurant d'application. Il offre sur 2 niveaux un espace ventilé avec une belle vue sur le jardin et la rivière. Dans la continuité du restaurant, une longue baie vitrée permet d'observer les élèves apprentis cuisiniers en train de travailler. Le resto propose à la fois une cuisine d'influence asiatique et occidentale. 3 menus au choix qui changent régulièrement et une carte de suggestions servies par des étudiants très motivés. Bon, joliment présenté et original. L'occasion de contribuer au succès de cette formidable initiative qui permet de former tous les ans 150 jeunes Cambodgiens très défavorisés. La scolarité est entièrement gratuite ! Pour faire connaître le programme, on vous propose en fin de repas de découvrir l'école, incluant une visite de l'hôtel.

Sur la route de l'aéroport (nationale 6 ; hors plan par A1)

Le Jardin des Délices *(hors plan par A1,* ***87****)* **:** *La Glacière, N6 (avt l'aéroport). ☎ 063-963-673. • ecolepauldubrule.org • Ouv seulement pour le déj, mar-ven. « Prix moyens ».* Cet établissement est en réalité le restaurant d'application de l'école d'hôtellerie et de tourisme fondée par Paul Dubrule, qui forme des jeunes pour la plupart issus de milieux défavorisés. L'équipe des professeurs et des élèves propose chaque semaine un menu gastronomique d'influence française. Les bénéfices sont entièrement reversés à l'ONG et contribuent à l'autofinancement du projet pédagogique de l'école.

The Kitchen *(hors plan par A1,* ***83****)* **:** *N6 (pour l'aéroport). ☎ 063-763-660. 012-644-286. À hauteur de l'Acleda Bank, tourner à droite (c'est à 100 m). Tlj midi et soir jusqu'à 22h. « Plus chic ».* Dans une grande villa moderne et lumineuse, salle à manger de style contemporain à la sobre élégance et larges baies s'ouvrant sur le jardin. Excellente cuisine française traditionnelle, qui se paie le prix fort. Clientèle d'expats et d'hommes d'affaires, car c'est l'un des restos les plus chers de Siem Reap. Plats du jour à l'ardoise. Terrasse appréciée à la fraîche le soir.

LE CAMBODGE

Où boire un thé, un café ? Où prendre un petit déj ? Où déguster une glace ?

Bayon Pastry School Coffee Shop *(plan A1,* ***100****)* **:** *dans une ruelle qui part de Taphul St. 012-604-170. Tlj 8h-17h30. Formule brunch disponible tte la journée.* Par ici les becs sucrés ! Au bout d'une ruelle, une maison entourée d'un petit jardin abrite l'école du Bayon, qui permet chaque année à une vingtaine de jeunes filles de bénéficier gratuitement d'une formation en pâtisserie. Le café, dont les bénéfices contribuent au financement de la formation, permet d'apprécier le savoir-faire acquis par les étudiantes : version salée ou sucrée (quiche végétarienne, tarte au citron meringuée...). Quelques tables, de jolis coussins à motifs colorés, des magazines, jeux et bouquins. Bref, un espace simple et joliment arrangé où l'on se sent bien.

La Couleur du Thé *(hors plan par B1,* ***101****)* **:** *Slokrame ; en venant de la ville en longeant la rivière (rive gauche), passer le* Natura Resort, *puis 2e chemin à droite après la guesthouse* Samatika *; c'est à 30 m à gauche. 095-612-580. Tlj 8h-19h.* Certes un peu excentré, ce salon de thé à la lisière de la ville a des airs de campagne avec son beau jardin verdoyant et sa piscine. Dans une ambiance zen et sereine, installé dans un canapé chinois en bois rouge ou sous un parasol bouddhique, on prend le temps de vivre et de rêver. La préparation du thé, minutée avec précision, semble la seule contrainte dans ce lieu hors du temps. Une carte entière avec des thés de toutes provenances. Niki, la maîtresse des lieux, en connaît un rayon et, en vraie passionnée du thé, saura vous orienter. Tartes salées le midi, vins au verre et pâtisseries.

Gelato (zoom, **102**) : *Alley West. 085-757-590. Tlj 8h30-minuit.* Gros succès pour ce glacier italien qui botte plus d'un gourmand. Glaces et sorbets aux merveilleux parfums exotiques, à base de fruits frais et de lait bio. On s'y pose aussi pour un café ristretto, doppio et autres « oh ! ». Un lieu extraclean, sans risque pour l'estomac. L'étage est plus tranquille.

Malis (plan B2, **103**) : *Pokambor Ave. ☎ 063-762-266. Petit dej 6h30-10h, autour de 8 $, boissons comprises. Plats à « prix moyens », mais plus chers pour certaines viandes et les poissons.* Intérieur chic et choc entre grands volumes, boiseries, sculptures d'art et vastes baies vitrées donnant sur un patio. Pour apprécier sans se ruiner la cuisine fusion de ce jeune chef cambodgien renommé, on suggère le *breakfast,* génial, sous forme de buffet. Un festival pour les yeux et les papilles !

Où boire un verre ? Où écouter de la musique ?

Les endroits où prendre un verre ne manquent pas. La plus grosse concentration se trouve à 2 pas du vieux marché, dans la rue justement appelée Pub Street, véritable « rue de la Soif », doublée d'une petite allée parallèle (Pub Lane). On y croise aussi beaucoup de « plus petits bars du monde » : comprendre des vendeurs ambulants version bar mobile...

Dans Pub Street et The Lane (zoom)

Les pubs ouvrent tous les jours jusque tard. *Happy hours* multiples. Le son monte dans les bars de Pub Street. Certains sont en partie ouverts sur la rue, jusqu'à donner d'assourdissants mélanges au fil de la soirée...

Asana (zoom, **109**) : *dans la ruelle entre Pub St et St 7 (la même que celle du* Silk Garden*). Tlj 11h-0h30.* Dans une courette paisible, la dernière demeure en bois authentique du centre-ville abrite un bar chaleureux et original. Différents coins pour se poser, et une belle variété de façons de s'asseoir : chaises et canapés de toutes sortes, hamacs, lits suspendus, sacs de riz, etc. Dans la maison sur pilotis, grande salle à la lumière tamisée pour déguster d'excellents cocktails et *fruit shakes,* sans oublier le *sombaï,* spécialité maison à base de fruits et d'épices infusés dans de l'alcool de riz. Accueil charmant et atmosphère vraiment relax, bien éloignée du brouhaha touristique (enfin, tout dépend de l'ambiance musicale du bar voisin...). Possibilité de se restaurer (c'est bon et pas cher), et d'apprendre à concocter quelques cocktails originaux *(en anglais, sur résa).* Une de nos plus sympathiques adresses !

Miss Wong (zoom, **110**) : *dans une ruelle parallèle au nord de Pub St. Tlj 18h-1h.* Bar à cocktails chic et charme, signalé par une lanterne rouge et un joli décor chinois style *Lotus bleu.* Lumières bien tamisées, on se croirait à Shanghai dans les années 1920. Dépaysant.

Siem Reap Brewpub (plan B2, **111**) : *5, St 5. Tlj 11h-23h. Set dégustation (4 bières).* Comme beaucoup d'expats, vous rêviez échapper à l'inévitable *Angkor* ? Rendez-vous dans cette élégante villa de l'ancien quartier colonial où des salons relax occupent le vaste patio doté d'un bassin. Les lieux ont été convertis en brasserie belgo-khmère. Bières maison servies à la pression, en cocktails, voire dans les plats (cuisine à la bière) et jusqu'au pain ! Ambiance résolument décontract' dans cet estaminet des tropiques.

Angkor What ? (zoom, **114**) : *tlj jusqu'à 3h.* Un bar-boîte bien anglo-saxon. Grandes tablées à l'extérieur, et un son craché par des enceintes qui concurrencent celles du *Temple,* le club le plus populaire situé juste en face. Fresque déjantée à l'intérieur et chaude ambiance.

X Rooftop Bar (plan A3, **115**) : *Sok San Rd, à l'angle de Sivatha. 012-263-271. Accès par une cage d'escalier tte taguée. De 15h jusqu'au petit mat.* Chouette terrasse sur le toit, pour prendre un peu de hauteur sur l'agitation de la ville. Une mise à distance relative, car le DJ envoie du lourd, au *X Bar* ! Rock à donf dans cet antre de jeunes qui se retrouvent au bar, aux billards, baby-foot, ou sur la rampe de skate. On accède aux tables du haut par une corde à nœuds ! Musique live en fin de semaine et grosse ambiance certains soirs, mais il y a de la place et au moins, on respire. Retransmissions sportives (écran géant).

Red Piano (zoom, **113**) : *entrée sud-ouest de Pub St. ☎ 063-964-750. Tlj 6h30-1h.* Des murs rouges, ça va de soi, et une grande terrasse ouverte sur la rue, meublée de gros fauteuils en osier. Le piano est à l'étage, tout comme le balcon avec vue sur l'animation. Possibilité de se restaurer depuis le petit déj jusqu'au soir. Sympa le temps d'une bière belge ou d'un cocktail, mais inutile de s'attarder à table.

Ailleurs en ville

Bar du FCC Angkor (plan B2, **23**) : *voir « Où dormir ? ». Tlj 7h-minuit. Happy hours 17h-19h. Devrait rouvrir mi-2019 après travaux.* Un bar en plein air où les tables se mirent dans un bassin. Et autour, dans les galeries, des boutiques chics et branchées qui complètent le décor. Particulièrement agréable en début de soirée, pour l'apéro. Resto à l'étage, à prix raisonnables.

Elephant Bar (plan B1, **22**) : *dans l'hôtel* Raffles, *voir « Où dormir ? ». Ouvre à 18h.* Chic et cher mais tellement classe... C'est le moment de troquer le tee-shirt pour une chemise repassée ! Somptueux décor colonial, canapés Chesterfield, long bar où sont exposées les différentes bouteilles d'alcool, et un billard pour la détente. Avec qui ? Agatha Christie et son héros fétiche Hercule Poirot, *of course...*

L'Explorateur (plan B1, **21**) : *dans l'hôtel* Victoria Angkor, *voir « Où dormir ? ».* Happy hours *ven 17h-19h (avec petits canapés gratuits) : moitié prix sur les boissons.* Ambiance Art déco en terrasse, au bord de l'immense piscine. Beaucoup de charme et très calme (sauf le vendredi soir, lors des programmations musicales). Atmosphère chic et romantique, mais pas guindée. Cocktails servis avec de petits assortiments à grignoter.

Loisirs

Spectacles

Phare, « The Cambodian Circus » (hors plan par A3, **74**) : *Ring Rd. 015-499-480 et 092-225-320. • pharecircus.org • Au bout de Sok San Rd, prendre à gauche sur Ring Rd, c'est au début de la rue. En* tuk-tuk, *compter 7 $ A/R. Spectacle à 20h ; représentations supplémentaires nov-mars à 17h lun, jeu et sam. Arriver tôt si vous avez opté pour un billet à placement libre ou pour dîner avt. Ouverture billetterie,* Phare Cafe *et boutique tlj à 18h (plus 15h si une matinée est programmée). Résa indispensable en hte saison. Achat des billets possible sur Internet. Prix : 18-38 $ selon catégorie et option choisie (siège réservé ou placement libre) ; réduc. Durée : env 1h.* Cirque, théâtre, danse, musique, contes traditionnels se mêlent dans des spectacles éblouissants alliant poésie et performances acrobatiques, tradition et modernité. Quel talent, quelle énergie ! Chaque jour, des prestations de haut vol en mettent plein la vue des petits et des grands. Et nous émeut tout à la fois. Gros avantage de la scène, qui n'est pas immense : on est tout près des artistes, même sans être au 1er rang. Une dizaine de représentations par semaine, les spectacles alternant en rotation. Ce cirque associatif a été créé pour permettre l'autofinancement de l'ONG mère *Phare Ponleu Selpak* (à Battambang), créer des emplois pour

LE CAMBODGE

les jeunes artistes défavorisés et aider au développement de leur carrière professionnelle aux niveaux national et international. Il embauche aujourd'hui 120 personnes et la troupe part 2 fois par an en tournée à l'étranger ! Incontournable.

Sur place, un bon resto pour dîner avant le spectacle (voir plus haut « Où manger ? ») et une boutique (œuvres réalisées par des artistes peintres de *Phare Ponleu Selpak,* produits provenant d'ONG ou des *Artisans d'Angkor*).

Théâtre d'ombres : *ts les mer à 19h au resto* Chili Pepper *(plan B1-2,* ***40****). Résa impérative. Compter 7 $; annulé si moins de 10 pers.* Ces spectacles alternant théâtre d'ombres et danses sont proposés par l'ONG *Krousar Thmey* qui fait jouer des jeunes déficients visuels ou auditififs, très impliqués et doués. L'argent va directement à l'ONG.

Danses khmères

Nombre d'hôtels et de restos proposent chaque soir des danses plus ou moins khmères. Difficile de s'y retrouver dans la qualité. Disons que ça va du pire au vraiment pas mal. Notre préféré :

Apsara Theatre : *en face de l'*Hôtel Angkor Village *(voir « Où dormir ? » ; plan B3,* ***48****). Résas : ☎ 063-963-561. • angkorvillage.com • Formule dîner (menu fixe, boissons en sus) + spectacles tlj à 19h30. Prix : 27 $ (vraiment cher !).* Une superbe salle de théâtre (climatisée), tout en bois, où l'on s'installe à même le sol – pas de dossier donc – devant la scène, ou au 1er étage, sur des chaises (la visibilité est aussi bonne). 5 danses locales ou retraçant la légende du *Râmâyana,* de bonne qualité ; plus mitigé côté repas.

Massages et spas

La grande mode à Siem Reap comme ailleurs. Attention, pour les massages, beaucoup d'attrape-crédules. Parmi les adresses sûres :

■ ***Massage Krousar Thmey*** *(hors plan par B1) : même lieu que l'expo sur le patrimoine khmer (lire « À voir. À faire »). • krousar-thmey.org • Tlj sur demande 9h-21h. Compter 10 $/h.* Salon de massage de l'école pour enfants sourds ou aveugles de l'ONG du même nom. Les jeunes masseurs, aveugles, ont été formés par des professionnels. Une façon agréable de soutenir cette belle initiative.

■ ***Frangipani*** *(plan A2,* ***134****) : 615-617, Hup Guan St, Kandal village. ☎ 063-964-391. 012-982-062. • frangipanisiemreap.com • Tlj sauf lun 10h-20h, sur résa. Env 35 $/h.* Un des meilleurs instituts en ville, qui fait travailler des masseuses professionnelles ultra-compétentes. Boisson détoxifiante et lavage de pieds pour commencer. Une vingtaine de massages, du simple « antistress » à la réflexologie plantaire, en passant par le *stretching tropical.* Tout un programme ! Le top à Siem Reap.

■ ***Sokkhak Spa*** *(plan A3,* ***121****) : Sok San Rd. ☎ 063-763-797. • sokkhakspa.com • Tlj 10h-22h.* Voici une autre adresse élégante et raffinée pour se faire masser dans les règles de l'art par un personnel bien formé. Soins de qualité, à prix justifiés.

■ ***Khmer Relief Spa*** *(zoom,* ***122****) : St 7. ☎ 063-769-966. • khmerreliefspa.com • Tlj 10h-23h.* Petit établissement proposant là aussi, des massages de haute volée réalisés par des professionnels d'une grande gentillesse. Nombreux soins à base de fleurs et de fruits.

Achats

Dès qu'on s'offre un souvenir en dehors des marchés, les prix grimpent très vite. Mieux vaut être prévenu ! Peu de trouvailles dans une gamme de prix intermédiaire donc...

Senteurs d'Angkor *(zoom,* ***130****) : en face de l'angle nord du vieux marché. ☎ 063-966-733. • senteursdangkor.com • Tlj 7h30-22h30.* Élégante boutique vendant un large assortiment d'articles produits localement et uniquement à partir de matières premières cambodgiennes. Tissus de soie, bijoux, bibelots, bougies, épices, confitures, cafés et autres thés parfumés, tous très joliment présentés. Bien plus cher que sur les marchés, mais la qualité et l'origine sont certaines. Sur la route de l'aéroport (au nº 145), à 2 km du centre, un autre point de vente, assorti d'ateliers de démonstration, d'un spa et d'un joli jardin botanique.

Les Artisans d'Angkor *(plan A3,* ***131****) :* *Stung Thmey St. ☎ 089-624-666. • artisansdangkor.com • Tlj 7h30-18h30.* Ce chantier-école forme de jeunes ruraux aux métiers de l'artisanat : taille de la pierre, du bois, laque, dorure, tissage, etc. Plusieurs localisations. Cette école-*showroom* fait office de boutique (superbe) et l'on peut visiter les ateliers. De beaux produits, chers. Cette véritable entreprise gère aussi une boutique-café *(Angkor Cafe)* face à l'entrée du temple d'Angkor Wat, et, à 16 km de la ville (district de Puok), une ferme-boutique de soie *Angkor Silk Farm* *(tlj 8h-17h, départ en bus gratuit tlj à 9h30 et 13h30, retour 2h plus tard ; réserver).* On peut y observer toutes les étapes de la production, depuis l'élevage des vers jusqu'au tissage, en plus d'une somptueuse boutique qui clôt la visite et un espace buvette bien agréable. Une vingtaine de boutiques dans la région, sans compter celles des aéroports de Phnom Penh et de Siem Reap.

Les boutiques du « Kandal Village » *(plan A-B2,* ***134****) :* *Hup Guan St. Les boutiques ferment en général vers 18h-19h.* Une poignée d'artisans et créateurs se sont associés et ont créé l'appellation Kandal Village. Leur point commun ? Une rue très peu passante, ce qui lui donne un petit cachet, où ils conçoivent et vendent artisanat, épices *(Mademoiselle Thyda),* séries limitées, œuvres d'art... design et dans l'air du temps. Au rayon vêtements et accessoires, on aime bien *Louise Loubatières, Fusion 120, Soierie du Mékong* (une ONG luttant contre l'exode rural et pour l'autonomie des femmes)... Toutes ces vitrines sont des valeurs sûres. Tout cela a évidemment un prix. Également de quoi boire un verre, se restaurer ou s'offrir un massage chez *Frangipani* par exemple (lire ci-dessus « Massages et spas »). En tout, plus de 20 enseignes différentes.

Samatoa *(hors plan par A3,* ***132****) :* *11, St 63, Kolkran Village. 📱 092-529-001. • samatoa.com • Tlj sauf dim 8h-17h. Compter 5 $ A/R en tuk-tuk. Réduc de 10 % sur les articles sur mesure sur présentation du guide de l'année.* Cette entreprise sociale, créatrice de textiles haut de gamme, lutte contre la précarité des femmes en milieu rural tout en respectant les valeurs du développement durable. Fibre exceptionnelle, le lotus, associé à la soie, au kapok ou au bananier est filé et tissé à la main selon les traditions cambodgiennes. Si vous souhaitez une écharpe ou un habit sur mesure à base de lotus ou de soie 100 % naturelle, vous y trouverez votre bonheur. Non loin de là, à la *Lotus Farm by Samatoa,* on peut assister à la naissance du précieux tissu de lotus. Une initiative à encourager.

Theam's *(plan A1,* ***133****) :* *25, Veal Village, Khum Kokchak. 📱 078-208-161. • theamshouse.com • Assez excentré, prendre un tuk-tuk. Tlj 7h-19h.* À l'abri des regards dans un chemin en terre excentré, la maison de Theam est magnifique ! L'artiste, formé à l'école Boulle et passé aux *Artisans d'Angkor,* a installé ici son atelier et sa galerie d'art. Voilà une bonne raison pour aller s'y aventurer. Production originale, de haute qualité, comme ces triptyques peints à l'acrylique et laqués. Boutique pleine de couleurs, d'objets et d'animaux stylisés laqués. Gros succès des éléphants en argile laqués qui reçoivent 7 couches de peinture, à chaque fois poncées. Également des sets de table, foulards, etc.

Khmer Ceramics & Bronzes *(plan B1,* ***135****) :* *Vithey Charles-de-Gaulle. ☎ 063-210-004. 📱 017-843-014. • khmerceramics.com • Tlj 8h-20h.* Un Belge s'est installé là pour faire renaître la tradition de la céramique au Cambodge, tout en contribuant à l'insertion dans le marché du travail des apprentis, tous sourds et muets. Petite visite pour voir les artisans au travail devant leurs tours et leurs

LE CAMBODGE

fours. On peut s'inscrire pour un stage de 2h et récupérer le fruit de son travail après cuisson et vernissage 24h après.

Jayav Art *(hors plan par B1) :* *A25, Charles-de-Gaulle St.* *089-787-345. Tlj 11h-19h. Réduc de 10 % sur présentation de ce guide.* Philippe Brousseau a eu l'astucieuse idée de créer des modèles de sculptures inspirées de l'art khmer, fabriquées en... papier mâché ! Bel effet, et les sculptures sont étonnamment légères et solides. De loin comme de près, difficile de soupçonner qu'on a là des œuvres en papier recyclé. À l'étage, on peut voir le personnel cambodgien travailler minutieusement.

À voir

Plusieurs ***pagodes*** le long de la rivière, sur la rive gauche. On en voit tout le long de la route, jusqu'au lac. Elles n'ont pas autant souffert que celles de Phnom Penh, la plupart sont restées intactes. Observer les beaux frontons de bois. N'hésitez pas à louer un vélo et à vous engager sur les routes. En ville, le ***wat Bo*** *(plan B2)* date du XVIIIe s et renferme des peintures bien préservées représentant des passages du *Reamker,* le *Râmâyana* version khmère. Sur la rive ouest, le ***wat Preah Prohm Rath*** *(plan B2-3)* a été construit en 1945 à l'emplacement d'un monastère du XIIIe s. Kitsch et coloré.

Psaar Chas *(Old Market ; le vieux marché ; zoom) : ferme à 18h.* Détruite puis reconstruite, cette vaste halle abrite surtout des boutiques d'artisanat pour acheter vos souvenirs (côté rivière). Le marché de Phnom Penh est toutefois moins cher. Côté épices, la production locale ne parvenant plus à suivre la demande étrangère, le « poivre de Kampot » est un poivre vietnamien, de qualité tout à fait acceptable mais qui n'a aucune raison d'être vendu au prix du poivre cambodgien ! De même, méfiez-vous des pseudo-« boîtes en argent », souvent en tôle étamée, des fausses pierres précieuses, etc.

King's Road Market *(plan B3) : derrière le* Hard Rock Café. *• kingsroadangkor.com • Tlj 12h-22h.* Ce discret complexe de boutiques branchées *made in Cambodia* et de restos modernes a été aménagé pour les touristes autour d'une cour où se tiennent aussi des stands de souvenirs locaux de qualité. Petit spectacle chaque soir, à la tombée du jour dans une atmosphère agréable, presque bon enfant.

Night Market *(plan A2) : un peu à l'est de Sivatha. Env 17h-22h.* Boutiques d'artisanat, de textiles et d'accessoires. Hyper-touristique, et concurrence acharnée, donc prix à négocier, parmi la multitude de vêtements qui se distinguent peu d'un stand à l'autre. Petits restos et gargotes en plein air tout autour. Au milieu du marché, à une grande intersection, stands de mygales et scorpions frits... Bon appétit !

Psaar Leu *(le grand marché ; hors plan par B2) : à env 2 km du centre, sur la route de Phnom Penh. Tlj 6h-13h.* Marché couvert important pour toute la région. Des centaines de petits stands où les Cambodgiens viennent se ravitailler pour tout. Nourriture, vêtements, quincaillerie... Sympa pour observer le quotidien des habitants.

Les bâtiments coloniaux : plus grand-chose, malheureusement. Les plus connus restent le *Grand Hôtel d'Angkor (plan B1,* ***22****),* et, de l'autre côté de l'esplanade, la résidence royale dans la villa blanche, où de Gaulle séjourna en 1966, lors de sa visite à Angkor. C'est encore aujourd'hui la résidence du roi quand il vient par ici. Entre les deux, le *Royal Gardens* abrite une colonie de chauves-souris géantes. Pas loin, le *FCC Angkor (plan B2,* ***23****),* un bijou Art déco, et la poste, encore en parfait état.

★★★ **National Angkor Museum** (*Musée national d'Angkor ; plan B1*) **:** *968, Vithei Charles-de-Gaulle. ☎ 063-966-601. • angkornationalmuseum.com • Tlj 8h30-18h30 (18h avr-sept). Entrée : 12 $; réduc ; gratuit moins de 6 ans ; 5 $ de plus pour l'utilisation d'un audioguide en français. Idéal aux heures chaudes. Boutique chic très bien fournie en superbes pièces sculptées, objets, tissus... Espace librairie.*
Moderne et didactique, un excellent préambule à la civilisation et à l'art khmers, pour comprendre l'histoire du site d'Angkor et les différents styles architecturaux qui le composent. Au-delà des polémiques sur les sommes colossales englouties pour sa construction et sur le centre commercial attenant qui n'a de « centre culturel » que le nom, on applaudit sans réserve la mise en valeur réussie du patrimoine national.

La visite
Le musée, très vaste, s'organise sur 2 niveaux autour d'une pièce d'eau. Il est facile de consacrer 2 à 3h pour visiter les huit galeries numérotées de A à G, selon un parcours à la fois thématique et chronologique, bien pensé. Panneaux d'explications en anglais, clairs et synthétiques, multimédias (on peut choisir sa langue pour les films, mais attendre pour cela la fin du précédent) et audioguide intéressant. La visite commence au ***1er étage*** (indiqué **2nd floor** sur le plan !). Après une courte présentation filmée du musée (dans le *Briefing Hall*), sans grand intérêt, on pénètre dans le vif du sujet :
– ***La 1re galerie :*** salle spectaculaire « ***aux mille bouddhas*** » (« *1 000 buddha Images* »), présentés dans plusieurs centaines de niches. Sculptés sur bois, pierre, métal, ou ornés de pierres précieuses, tous sont d'origine cambodgienne et adoptent différentes *mudras,* y compris couchés. Peu de cartels et encore moins de dates, dommage. Le plus précieux, face à l'entrée, serait un bouddha méditant du XIe s provenant d'Angkor Wat (style Baphuon). Impressionnante série de bouddhas dorés et polychromes XVIIe-XIXe s. Sur le 2e podium, une étrange statue d'ermite allongé XIIe-XIIIe s. Tout au fond, des bouddhas debout. L'autre pièce majeure à ne pas manquer est le grand bouddha couché, dit *nirvana* : ses orteils et doigts sont égaux (non décalés), comme c'est la tradition dans la représentation du Petit Véhicule (bouddhisme cambodgien).
– ***La galerie A*** : dédiée aux périodes de la ***civilisation khmère,*** « *Khmer civilization* » (Funan, Chenla, pré-angkorienne, angkorienne et post-angkorienne), avec entre autres une carte intéressante des routes commerciales en Asie. Quelques pièces à l'entrée : bouddhas debout en grès et Vishnou du VIe s notamment. De la culture Chenla, un Vishnou montrant ses muscles de façon insolite... Harmonieuses divinités féminines.
– La section « ***Religions et croyances*** » ***(galerie B,*** « *Religions and Beliefs* »*)* commence par un répertoire complet des divinités brahmaniques. Voir la borne de frontière ciselée du XIe s sur laquelle Vishnou est cloné des centaines de fois. Puis le *Mukhalinga,* cet étonnant socle d'une seule pièce qui réunit les trois divinités hindoues en une seule pièce : Brahma sur la base cubique, Vishnou sur la partie octogonale et Shiva en haut. On poursuit le panorama religieux par le descriptif du bouddhisme du Grand Véhicule (Mahayana) et les légendes fondatrices qui s'y rattachent. On note l'omniprésence de la figure du serpent Naga, roi des eaux et des enfers et protecteur du Bouddha.
– La ***galerie C*** (« *The Great Khmer Kings* ») commence par une longue frise chronologique. On vous fera grâce de l'énumération des rois khmers ! Ils ont tous plus ou moins apporté leur pierre à la magnificence d'Angkor entre le IXe et le XIIIe s. Superbe série de linteaux sculptés puis de colonnes gravées, permettant de suivre l'évolution des styles à Angkor.
La visite continue au ***rez-de-chaussée*** (indiqué ***1st floor*** sur le plan) :
– La ***galerie D*** est consacrée au style ***Angkor Wat*** avec notamment une représentation du bodhisattva *Lokesvara* (la compassion), le bodhisattva du Grand Véhicule traditionnellement représenté à Angkor durant la période hindouiste

(découvert au Beng Mealea). Maquette centrale et film (son moyen) sur Angkor Wat projeté sur les murs, permettant une immersion réussie.
– La ***galerie E*** met l'accent ensuite sur ***Angkor Thom*** et le règne de Jayavarman VII (J7 pour les intimes). Énormes têtes des divinités (Asura, Deva...), puis les énigmatiques bouddhas au sourire mystérieux. Intéressante série de bornes joliment ciselées. Le tout précède un cortège de divinités animales : lions, éléphants, tortues, serpents, taureaux. Ne pas manquer le film en français, très bien fait, sur les caractéristiques du style Bayon, un style qui a vu naître les colossaux temples d'Angkor. Avant de passer dans la galerie suivante, 2 étonnantes statues gardiennes de l'escalier du temple de Banteay Srei : Narasimha et le torse de l'aigle Garuda.
– Dans la ***galerie des pierres*** *(****galerie F****, « Story from Stones »)*, on profite de la facilité qu'on a ici à détailler de près ce qui ne peut s'observer qu'en se tordant le cou lors de la visite des temples. Les textes gravés en sanskrit sur les stèles peuvent s'écouter grâce à de petits haut-parleurs judicieusement placés.
– ***Galerie G : les costumes*** *(« Ancient Costumes »)*. Sans doute l'une des salles les plus intéressantes, car elle permet de comprendre comment se sont définis les styles khmers anciens. Le sampot, long drap de 4 m de long, est noué autour de la taille, drapé, puis remonté par-derrière comme une culotte. Le dos est d'ailleurs autant travaillé que l'avant, on le voit bien grâce à des miroirs. Remarquer les plissés des pagnes : ils varient très nettement suivant les périodes. De même pour les différents types de coiffes et les bijoux.
– La visite s'achève par la salle des ***Apsaras,*** ces danseuses célestes apparues suite à l'épisode du barattage (union des forces des dieux et des démons pour extraire le nectar d'immortalité de la mer de lait). Quelques très jolies statues et film intéressant.

🎬🎬 ***L'exposition sur le patrimoine khmer*** *(hors plan par B1)* **:** *sur la route des temples, côté droit après l'hôpital Jayarvaman VII. 📱 012-762-317. Tlj 9h-12h, 15h-18h. GRATUIT (mais donations bienvenues).* Mise en place par l'association *Krousar Thmey* (voir la rubrique « Aide humanitaire » en fin de guide). Quelques panneaux d'informations sur le lac et son environnement, ses habitants et leurs cultures lacustres et maquette. À coupler avec l'expérience émouvante « *Seeing in the dark* » : accompagné d'une personne aveugle, on tente de trouver ses repères dans une salle complètement noire qui simule l'effervescence de la rue et une séquence d'achats au marché. Assez troublant de se confronter aux injustices quotidiennes de ces jeunes. En bref, un dispositif tout simple qui permet de tisser des liens spontanés avec les personnes déficientes visuelles, qui sont aussi formées aux massages (lire plus haut « Loisirs »).

🎬 ***Angkor Panorama Museum*** *(plan Angkor)* **:** *60, Phum Slor Kram, près du guichet des passes pour Angkor. ☎ 063-766-215. • angkorpanoramamuseum.com • Tlj 9h-20h. Entrée : 15 $ (bien cher).*
Ce récent musée résulte d'une sorte d'œuvre de diplomatie culturelle nord-coréenne, dont la facture s'élèverait à 22 millions d'euros ! On est d'emblée frappé par la grandiloquence et la démesure du projet (6 115 m²), d'autant que, si l'ambition est grande, hors le fameux panorama qui vaut le coup d'œil – mais pas 15 $ pour autant ! – le contenu muséographique est pauvre : des photos légendées des différents temples du site, quelques infos sur le type d'architecture qui les caractérise, et une maquette, qui réunit 25 des principaux temples, assez intéressante quant à elle. Une fresque (le panorama) monumentale et hyperréaliste à 360 °C, réalisée par les peintres de l'Institut d'État Mansudae, à l'origine de toutes les œuvres de propagande (peintures, sculptures) pour le pouvoir nord-coréen. Haute de 13 m et d'une circonférence de 123 m, elle a nécessité le travail de 63 artistes durant un peu

plus d'un an et illustre quelques événements marquants de l'histoire khmère. Enfin, un film d'animation (de 40 mn) relate le chantier d'Angkor Wat.
Bref, si le musée mérite d'être découvert, c'est largement autant pour ce qu'il révèle des relations coréo-cambodgiennes et de la façon dont Pyongyang a mis les choses en œuvre, que pour le musée lui-même (étant donné le prix). Mais on n'a pas forcément envie d'alimenter les caisses de l'État nord-coréen.

Route 60 *(plan Angkor) : en dehors du centre, en face de la billetterie principale pour les temples et de l'Angkor* Panorama Museum. À partir de la fin de l'après-midi, les marchands ambulants s'installent. Des étals en tous genres (alimentation, vêtements...) et quelques manèges ; une ambiance de petite fête foraine au milieu de laquelle les familles cambodgiennes pique-niquent et déambulent.

À faire

***Les balades de* Siem Reap Autrement** *: 885-799-436. • siemreapautrement.com • Résa à l'avance en très hte saison. Sur la base de 2 pers, env 40 $ la grosse ½ journée (à choisir parmi 3 thématiques) et 75 $ la journée entière.* Le sympathique Christophe s'est beaucoup promené dans le pays une fois ses valises posées au Cambodge. Cette connaissance de la vie dans les campagnes, des gens et de la culture l'a amené à proposer des balades accessibles à tous. Elles commencent presque toujours par un petit tour au marché à la fraîche (ça permet de mettre enfin un nom sur tous ces produits qui ne nous sont pas familiers), associé, selon l'option choisie, à la découverte d'un village flottant – d'où sa femme est originaire –, d'un temple... Une immersion dans la vie quotidienne qui est l'occasion de nombreux échanges.

Découvertes à pied et itinéraires à VTT dans la zone des temples et ailleurs autour du lac : pour ceux qui disposent d'un peu de temps pour découvrir les parages, les agences de voyages proposent différents itinéraires de découverte en 4x4 de temples éloignés et peu fréquentés ou des randos à pied ou à VTT.

Balades à cheval : *avec* ***The Happy Ranch Horse Farm*** *(à 1,5 km à l'ouest de la ville). 012-920-002. • thehappyranch.com • Tlj. Compter 28 $/h.* Un ranch à l'américaine, avec de magnifiques installations et des chevaux bien dressés qui conviendront également aux cavaliers débutants. Balades à l'heure ou à la demi-journée à travers la campagne et les rizières, encadrées par un personnel passionné.

Vespa Adventures : *012-864-610 et 071-357-6363. • vespaadventures-sr.com • Sur résa. Pas donné : 75-150 $.* Des circuits originaux d'une demi-journée ou d'une journée à Vespa, accompagnés par des guides pro et sympa. À la découverte d'Angkor (y compris au lever du jour), de la campagne, sur le thème culinaire, etc.

Ateliers pierres précieuses et semi-précieuses *(Gemological Institute of Cambodia ; plan A2) : Night Market St. ☎ 063-968-298. • gem.agency • Tlj 9h-23h. Réserver. Compter 70 $/pers pour 3h par exemple ; réduc.* Jean-Philippe Lepage, gemmologue créateur de l'Institut de gemmologie du Cambodge (rien que ça !), propose des ateliers de 1h, demi-journée ou davantage. Pierres cambodgiennes ou pas, l'idée est de se familiariser avec les différentes familles de pierres précieuses ou semi-précieuses, d'apprendre à distinguer une vraie pierre d'une fausse, et d'acquérir des bases permettant d'évaluer sa qualité. Et, bien sûr, une boutique sur place (pierres brutes ou taillées) avec certificats d'authenticité.

DANS LES ENVIRONS DE SIEM REAP

Sur la route du Banteay Srei

BBC *(Banteay Srei Butterfly Center) : à 23 km du centre, 9 km avt Banteay Srey. 015-509-019. Tlj 8h30-16h30. Entrée : 5 $, réduc.* Cette « serre » à papillons à l'air libre abrite 35 espèces différentes sur les 500 présentes au Cambodge. L'occasion de mettre un nom sur ces fleurs volantes, du bariolé et commun *leopard lacewing* au rare *great mormon,* au bleu métallique. Et d'observer cocons et chrysalides avant éclosion.

Mine Museum *(musée de la Mine) : à 25 km du centre, 7 km avt Banteay Srey. 015-674-163. • cambodialandminemuseum.org • Tlj 7h30-17h30. Entrée : 5 $, audioguide en anglais inclus. Nombreux panneaux, le plus souvent traduits en français.* Pour ceux et celles qui sont intéressés par le sujet, un petit musée artisanal et privé sur ce fléau du Cambodge. Mr Aki Ra (dont les parents ont été tués par les Khmers rouges quand il avait 5 ans) a posé des mines quand il était dans l'armée vietnamienne. Plus tard, il a été employé par le gouvernement pour les neutraliser (plus de 50 000 selon ses dires !). Il en resterait 3 à 6 millions, sans parler des bombes américaines. Un film retrace le parcours de ce personnage haut en couleur. Cette expérience lui a donné l'idée de créer ce musée ainsi que le *Relief Centre,* une école pour les handicapés et orphelins des mines. Vaut le coup, ne serait-ce que pour soutenir le projet de Mr Aki Ra. Vente de petits articles sur place, qui financent l'école. Vous pouvez aussi apporter des dons (possibilité de les acheter à Siem Reap).

ANGKOR... ET TOUJOURS

• Plan du site d'Angkor *p. 245-246* • Plan Angkor Wat *p. 250-251*
• Plan Angkor Thom *p. 255*

Qui n'a jamais rêvé des tours d'Angkor ? D'y entendre « cette musique sculptée qui nous révèle, après 10 siècles, le rythme lent et ondoyant de la danse des apsaras » (Élie Faure) ? De revivre le pèlerinage de Pierre Loti dans cette « basilique fantôme, immense et imprécise, ensevelie sous la forêt tropicale » ? Pour l'archéologue Bernard Groslier : « Il faut se représenter à la fois Versailles, la Concorde, le Louvre, la place des Vosges et toutes les plus belles cathédrales... » Rien de moins !
Pas de doute, Angkor excite l'imagination et favorise l'inspiration. Depuis la fin de la guerre, l'explosion touristique est en marche et s'accélère aujourd'hui avec l'essor exponentiel du tourisme asiatique (d'ailleurs, éviter de s'y rendre pendant le Nouvel An chinois, au risque de se retrouver dans des embouteillages monstres pour accéder aux temples).
Chaque année, l'ONU, l'Unesco, des experts et l'autorité cambodgienne en charge du site (rien que ça !) se penchent sur la façon de gérer au mieux l'augmentation des flux touristiques (on atteint les 5 millions de personnes par an). Aménagement des sites, réfection des routes, équipements annexes, organisation, réservation en ligne avec un créneau horaire pour les groupes... Quant à l'augmentation conséquente du prix des billets en 2017, elle a fait grincer quelques dents.

L'état du site est aussi abordé : les effets de la mousson sur le grès, la préservation des décors, la consolidation des édifices... tout comme l'aspect social, pour que la population alentour profite mieux de la manne induite par la richesse d'Angkor. Cet immense travail de conservation, qui ne paraît jamais suffisant vu l'ampleur de la tâche, doit être entrepris pour que chacun puisse continuer à venir admirer ce chef-d'œuvre de l'humanité.

UNE CITÉ DE LÉGENDE

Le site d'Angkor Wat aurait été 3 fois plus vaste que celui que l'on connaît aujourd'hui : c'est la conclusion d'une équipe d'archéologues qui, grâce à l'imagerie laser (LIDAR), a relevé avec une très grande précision la topographie de l'ensemble de la région. Les archéologues ont aussi noté des indices qui laissent penser que la combinaison de désastres environnementaux (inondations, surpopulation et déforestation) a également pu être à l'origine de l'effondrement de la civilisation khmère au XIVe s.

ANGKOR MIEUX !

Le LIDAR (Light Detection and Ranging) est une technologie de balayage laser embarquée dans un avion, permettant de voir en 3D à travers la végétation avec une précision de quelques centimètres. L'analyse d'environ 1 200 km² sur le site d'Angkor a révélé l'empreinte d'une urbanisation sophistiquée (rues, canaux, digues, bassins, quartiers d'habitation). À son apogée à la fin du XIIe s, l'agglomération aurait sans doute été l'une des plus grandes villes du monde avec près de 1 500 km² et 800 000 habitants !

UN PEU D'HISTOIRE ANGKORIENNE

La glorieuse capitale de l'Empire khmer aura vécu plus de 500 ans, ***de sa fondation au IXe s jusqu'à son déclin au XIVe s.*** En 889, le roi ***Yasovarman Ier,*** héritier des royaumes de Funan et de Chenla, fonde une capitale qui porte son nom. Mais les Cambodgiens l'appelleront tout simplement *Angkor,* qui, en langue khmère, signifie... « capitale ». Le site fut choisi pour la proximité du grand lac (Tonlé Sap), mais aussi pour ses collines, sa rivière (Siem Reap) et ses plaines fertiles permettant la culture du riz. Le roi, dévot de Shiva, avait besoin d'une montagne sacrée (le mont Meru de la légende hindoue) pour y installer les dieux. La justesse du choix des lieux ne sera jamais démentie par les successeurs de Yasovarman : il avait trouvé la capitale idéale, capable de garantir la prospérité et l'invulnérabilité du royaume khmer. Après sa mort, le grand temple de prasat Kravan aurait été élevé à sa gloire, ainsi que le sanctuaire de Baksei Chamkrong (mais tous les spécialistes ne s'accordent pas sur ce point).

Après l'épisode du déménagement à Koh Ker, entre 921 et 944, pour une bête histoire de partition du royaume entre successeurs, Angkor redevient capitale au milieu du Xe s et centre d'une unité retrouvée, grâce à ***Rajendravarman II.*** Immensément riche, celui-ci s'entoure de hauts dignitaires religieux et se lance avec eux dans de nombreux travaux (exécutés par des milliers d'esclaves) : on leur doit, entre autres, le temple du Mébon oriental, celui de Lolei, celui de Pre Rup et la très raffinée citadelle des Femmes (Banteay Srei), sans oublier de grandes chaussées, le temple du Palais royal (Phimeanakas) et quantité de petits sanctuaires. Ce grand roi laisse le pouvoir à son fils ***Jayavarman V (J5),*** « lotus né d'une onde céleste », selon la légende. Celui-ci n'ayant pas d'enfant, une nouvelle guerre de succession s'empare du royaume au début du XIe s. L'un des 2 prétendants au trône, Jayaviravarman, règne juste le temps d'entreprendre la fondation du grand temple de Ta Keo. Son rival, ***Sûryavarman Ier,*** patiente quelques années, mais remportera, avec la dynastie qui porte son nom, une incommensurable victoire.

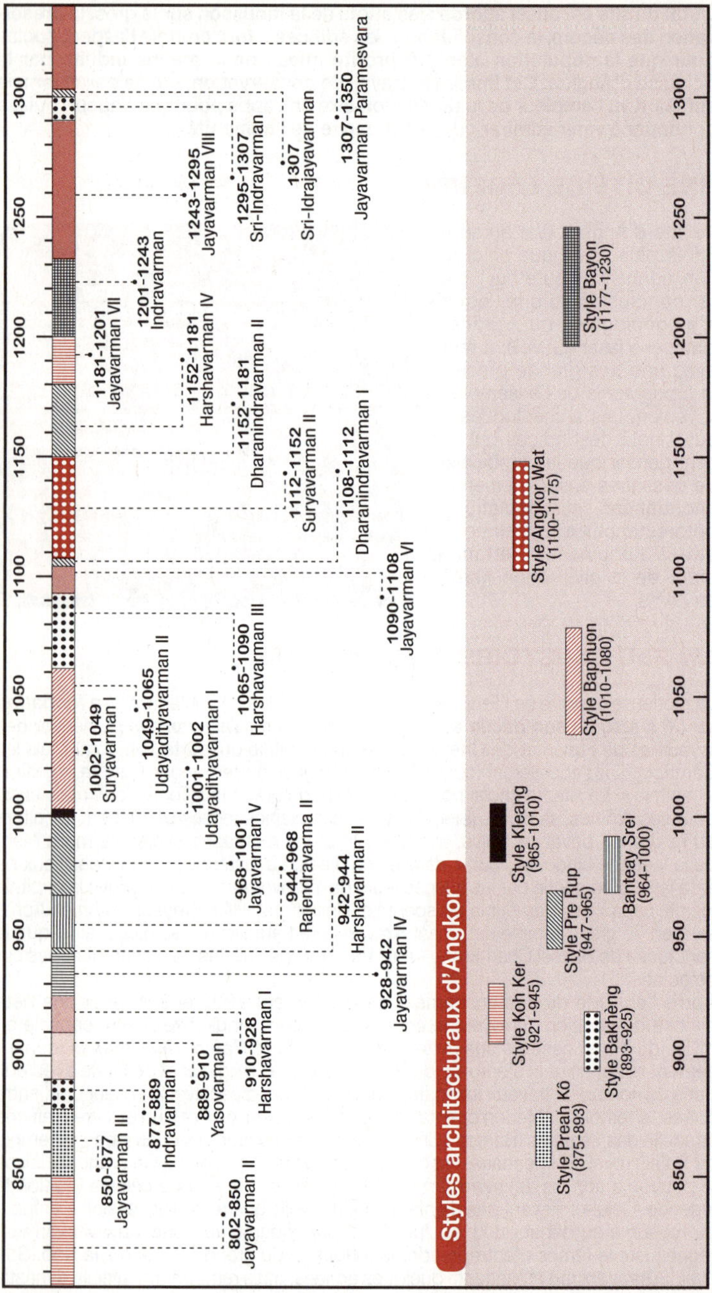
Styles architecturaux d'Angkor
802-850 Jayavarman II
850-877 Jayavarman III
877-889 Indravarman I
889-910 Yasovarman I
910-928 Harshavarman I
928-942 Jayavarman IV
942-944 Harshavarman II
944-968 Rajendravarma II
968-1001 Jayavarman V
1001-1002 Udayadityavarman I
1002-1049 Suryavarman I
1049-1065 Udayadityavarman II
1065-1090 Harshavarman III
1090-1108 Jayavarman VI
1108-1112 Dharanindravarman I
1112-1152 Suryavarman II
1152-1181 Dharanindravarman II
1152-1181 Harshavarman IV
1181-1201 Jayavarman VII
1201-1243 Indravarman
1243-1295 Jayavarman VIII
1295-1307 Sri-Indravarman
1307 Sri-Idrajayavarman
1307-1350 Jayavarman Paramesvara
Style Preah Kô (875-893)
Style Bakhèng (893-925)
Style Koh Ker (921-945)
Style Pre Rup (947-965)
Banteay Srei (964-1000)
Style Kleang (965-1010)
Style Baphuon (1010-1080)
Style Angkor Wat (1100-1175)
Style Bayon (1177-1230)
850
900
950
1000
1050
1100
1150
1200
1250
1300

COMPRENDRE LES STYLES ARCHITECTURAUX D'ANGKOR EN UN CLIN D'ŒIL

Style	Temples apparentés	Architecture	Sculpture
Style Preah Kô (875-893) hindouisme	**Temples de Roluos (Lolei, Preah Kô, Bakong)**	Généralement en brique. Apparition des temples-montagnes en grès	Premiers bas-reliefs en grès
Bakheng (895-925)	**Phnom Bakhèng**	Généralisation du grès	Formes géométriques et poses sévères
Koh Ker (925-945)	**Koh Ker, Prasat Kravan**	Apparition des galeries	Profusion des statues en nombre et en volume
Style Pre Rup (945-967) hindouisme et bouddhisme	**Pre Rup**	Utilisation de la latérite et apparition des temples bouddhistes	Statues au décor simple
Style Bantey Srey (964-1000) hindouisme	**Bantey Srey**	Utilisation du grès rouge	Maîtrise de l'art khmer, décorations plus fluides et plus délicates
Style Khleang	**Ta Keo**		Simplification du style de Banteay Srey
Style Baphuon (1010-1080) hindouisme et bouddhisme	**Baphuon**	Abondance des décorations	Recherche de l'harmonie, de la fluidité et de l'élégance dans l'expression des visages
Style Angkor Wat (1100-1175) hindouisme	**Angor Wat, Banteay Samrè, Beng Mealea**	Apogée de l'art khmer	Position frontale des statues afin de donner de la grandeur Beaucoup de raffinement
Style Bayon (1177-1230) bouddhisme	**Ta Prohm, Angkor Thom, Bayon, Preah Khan**	Apparition de tours sculptées de visages et multiplication des éléments architecturaux	Représentations plus réalistes de scènes de la vie quotidienne

L'ère des grands bâtisseurs

Sûryavarman Ier a sans doute œuvré à l'avancement du chantier du Baphuon ; en tout cas, il fait entretenir les temples et restaurer le Palais royal. Ses 50 ans de règne permettent la pacification et l'extension du royaume, dont vont profiter ses successeurs. Son fils Udayadityavarman (à vos souhaits !) entreprend de gigantesques travaux : on lui doit cet incroyable lac artificiel de 8 km sur 2, appelé Barai occidental.

En 1113, Sûryavarman II, un prince sans scrupule, s'empare du pouvoir. Conquérant insatiable, il s'en prend aussi bien aux Chams qu'aux Vietnamiens, élargissant considérablement ce qui est devenu l'Empire khmer. Paradoxalement, c'est à ce guerrier redoutable que l'on doit la plus élégante et la plus majestueuse des constructions : ***Angkor Wat.*** Dédié à Vishnou, ce véritable « temple-montagne » demeure aujourd'hui encore le symbole du Cambodge, et le fut aussi bien pour les royalistes que pour les Khmers rouges. À peu près à la même période sont élevés d'autres temples, parmi lesquels Thommanon et l'imposant Banteay Samrè. Après les 32 ans (approximativement) de règne de Sûryavarman II, l'empire connaît une longue période de guerres et une succession de rois qui ont laissé peu de traces.

Jusqu'à l'avènement***, vers 1181, de Jayavarman VII (J7), vainqueur des Chams*** qui avaient osé, pour la 1re fois de son histoire, s'emparer du royaume et piller Angkor ! Hanté par l'invasion cham, J7 n'aura plus qu'une idée : protéger son pays et sa capitale. Fervent ***bouddhiste,*** il invoque la protection des dieux, d'où le ***nombre considérable de temples édifiés sous son règne,*** notamment à Angkor : Banteay Kdey, Ta Prohm, puis les groupes de Preah Khan et les sanctuaires de Banteay Prei, Neak Pean, Ta Som, Ta Nei... La plus belle de ses fondations, incontestablement, est celle de la ville royale : Angkor Thom, Angkor la Grande. Jayavarman VII fait élever des murailles autour de sa nouvelle capitale, également protégée par des douves de 100 m de largeur ! Embrassant la foi bouddhique, c'est sous les traits du bienveillant bodhisattva Avalokiteçvara qu'il se fait représenter en personne, sur le temple-montagne qui est son chef-d'œuvre : le Bayon. À son père, à sa mère, il dédie des bijoux en pierre : le Preah Khan et le Ta Prohm. Mieux : ce roi, qu'on dit lépreux (mais est-ce le souvenir d'un vieux mythe indien ?), fait élever, sous la protection du Bouddha, 102 hôpitaux à travers le Cambodge. Jayavarman VII eut des successeurs franchement réac... Ils restaurèrent vigoureusement l'orthodoxie hindoue. Trop tard. Le peuple était devenu bouddhiste.

Selon la légende, un jour, le chef des jardins tue le souverain qui s'était introduit nuitamment dans le potager. Allait-on exécuter l'auteur de cette tragique méprise ? Non, il était bouddhiste. Alors on le fit roi. Incroyable ! Dès lors, les souverains bouddhistes issus du peuple ne pensent plus en pharaons. Aux gros temples en pierre, ils préfèrent des pagodes en bois.

Au XIVe s, la cité d'***Angkor entame son déclin.*** Une des raisons avancées par les scientifiques et notamment par l'EFEO (l'École française de l'Extrême-Orient) : ***une fragilité croissante du système hydraulique*** provoquée au fil du temps par les variations climatiques. Car pour subvenir aux besoins énormes de la ville, le captage, le stockage et la distribution de l'eau étaient vitaux. D'où la nécessité de construire un réseau efficace avec toutes les contraintes et difficultés induites par l'extension constante du site et la maintenance. La grande sécheresse et les fortes moussons du XIVe s auraient affecté l'économie, et conduit à ***l'abandon de la ville*** au cours du siècle suivant. Peu à peu, les bassins vont s'envaser, la mousson ronger les visages divins... Aujourd'hui, la maintenance du réseau hydraulique est l'objet de toutes les attentions.

Mais revenons au XIVe s, car pour ne rien arranger, en 1351, les Thaïs assiègent Angkor, la pillent, et réduisent en esclavage ses 100 000 habitants. Le prince khmer Soryotei parvient à chasser les Thaïs au bout de 6 ans, et se fait reconnaître roi. Pourtant, quelque chose est cassée et ses successeurs vont délaisser la cité.

L'émerveillement des découvreurs

Le compte-rendu de Tcheou Ta-Kouan décrit notamment les fabuleuses cérémonies royales : remparts d'étendards et de fanions, cortège de centaines de filles aux cheveux fleuris, défilé d'éléphants, troupes de femmes en armes, épouses et concubines en palanquins d'or, puis le roi lui-même, brandissant son épée du haut d'un éléphant. Partout, des parasols blancs ou rouges, tachetés d'or... Sans oublier les chants, la musique et les cierges.
Le récit du Marco Polo chinois, parvenu aux oreilles de quelques aventuriers occidentaux, va enflammer leur imagination. Mais ils n'auront pas l'occasion de se rendre dans la cité magique, ***abandonnée par la Cour vers 1430 notamment à cause des attaques siamoises.*** Livrée aux pillages, l'ancienne capitale perd beaucoup de ses richesses, parmi lesquelles de somptueux bouddhas d'or et des pierres précieuses, désormais en Birmanie ! Envahie peu à peu par la végétation, seule une petite partie d'Angkor continue à être fréquentée... La majeure partie du site devient le royaume... des bêtes sauvages. Les tigres ont remplacé les rois, les singes les courtisans.
Au milieu du XVIe s, un roi cambodgien retombe sous le charme, en chassant l'éléphant dans la jungle. Il fait dégager la végétation pour mieux admirer les temples, puis décide d'y installer sa Cour. On restaure alors la plupart des monuments, et des missionnaires rapportent la nouvelle en Europe : on a retrouvé la cité engloutie... De rares grands voyageurs leur succèdent aux XVIIe et XVIIIe s, colportant d'autres rumeurs : Angkor, pour eux, est comparable à Rome et à Babel !
Il faut attendre le XIXe s pour que les Occidentaux puissent voir les premières images rapportées d'Angkor. On les doit au botaniste Henri Mouhot (dont le père travaillait au Trésor – ça ne s'invente pas !), qui explora le Cambodge de 1858 à 1861. La publication de ses dessins dans la très populaire revue *Le Tour du monde* va lancer en France le mythe angkorien. Ses écrits, en plus de ses jolis croquis, feront rêver des générations de voyageurs.

UN MANDARIN CHEZ LES KHMERS

En 1296, un voyageur chinois, Tcheou Ta-Kouan, arrive à Angkor Thom. Il eut alors ces mots, restés célèbres : « Je salue la perfection. » Après une année passée à sillonner la région, il rédigea un récit détaillé, que l'on peut considérer comme le 1er guide consacré au Cambodge. Grâce à l'objectivité de son témoignage, on a beaucoup appris sur les mœurs et coutumes de l'époque angkorienne.

UNE CITÉ PAS SI PERDUE...

Même si Angkor a connu une grande période de déclin, les temples n'ont jamais été abandonnés. Quelle surprise pour Henri Mouhot, en 1861, de découvrir ces temples qui n'ont jamais cessé d'être des lieux de culte ! D'abord hindou, Angkor devient bouddhique à la suite de la conversion d'un roi, dès la fin du XIe s.

Le génie des conservateurs

Après la période des découvreurs arrive celle des explorateurs... et des colons (les 1ers tracent souvent le chemin des 2^{nds}). La grandeur d'Angkor Wat sera utilisée pour unifier l'Indochine : après avoir visité le site, le gouverneur de la Cochinchine, fraîchement conquise, propose à la France de s'implanter au Cambodge – histoire de taquiner les Anglais déjà présents au Siam. Une fois installés (avec la bénédiction du roi), les colonisateurs n'auront d'yeux que pour les beautés d'Angkor, devenu le symbole de la puissance coloniale en Asie. En 1867, des moulages des temples sont présentés au public parisien lors de l'Exposition universelle. Des explorateurs rapportent des statues khmères pour les expos suivantes, suscitant des vocations. Parmi les premiers pionniers de l'art khmer, le cartographe Louis Delaporte tente de dresser un inventaire d'Angkor. Vaste entreprise ! Il faudra des dizaines d'archéologues, d'architectes et d'épigraphistes pour achever sa tâche. ***Angkor*** va devenir ***le plus grand chantier archéologique du monde,*** sous la houlette de l'École française d'Extrême-Orient, créée en 1900. ***En 1907, le site, auparavant situé en territoire siamois, est rendu au Cambodge.*** Le pouvoir colonial français a ainsi le champ libre pour s'investir dans la sauvegarde des temples : la Conservation d'Angkor est créée.

Les successeurs de Commaille

Les successeurs du 1er conservateur d'Angkor sont de sacrés personnages, qui se tuent à la tâche, ***comme envoûtés par les lieux.*** Ils se font tour à tour archéologues, écrivains, dessinateurs, constructeurs, sauveteurs et gardiens des temples... Henri Parmentier est de ceux-là : il retourne inlassablement les pierres pour percer leurs mystères. La parution de l'un de ses articles déclenche chez Malraux l'envie irrésistible de venir à Angkor ! Autre héros des lieux, ***Henri Marchal,*** qui passe plus de 60 ans au Cambodge. Conservateur d'Angkor à la fin des années 1930, en poste pendant 34 ans (un exploit, vu les conditions de vie d'alors), il rédige un impressionnant journal de fouilles et se lance dans une reconstruction totale des temples (méthode appelée « anastylose ») : il fait démonter les ruines pour les remonter ensuite pierre par pierre. Il meurt à Siem Reap, en pleine guerre du Vietnam. Derniers noms légendaires liés à la Conservation : les ***Groslier,*** père et fils. Georges Groslier, passionné de peinture, de sculpture et de danse, s'intéresse surtout à l'art khmer : il a l'idée de créer le superbe Musée national de Phnom Penh. Mais la malédiction cambodgienne frappe à nouveau ! Groslier meurt torturé par les Japonais en 1945. Son fils, Bernard-Philippe, reprend le flambeau. Devenu archéologue, il est nommé conservateur d'Angkor en 1960 et entreprend une vaste campagne de restauration et de consolidation du site, avec de gros moyens financiers (merci de Gaulle !) et techniques, hérités de la débâcle de l'armée française en Indochine. Pendant la guerre qui embrase le pays à partir de 1970, Groslier continue courageusement son travail, traversant les champs de bataille à vélo ! Dernier génie des lieux, Groslier est finalement chassé d'Angkor par les Khmers rouges.

UN PREMIER CONSERVATEUR TRÈS IMPLIQUÉ

Jean Commaille, fils de soldat, peintre amateur, était une sorte d'aventurier débarqué en Indochine dans les fourgons de la Légion. Trop amoureux d'Angkor, il se fit plaquer par sa femme et habita une cabane sur le site ! Il finit assassiné par des bandits en 1916, détroussé de la paie des ouvriers de la Conservation. Il est inhumé à proximité du Bayon.

La folie des pilleurs

Contrairement à une rumeur tenace, les hommes de Pol Pot ont peu pillé Angkor, considéré comme le symbole du glorieux passé khmer. Ils ont surtout saccagé les temples pour en utiliser les pierres : on en a retrouvé dans les rizières (elles servaient de barrages), ainsi qu'à Phnom Penh : le monument de l'Amitié khméro-vietnamienne est, paraît-il, taillé dans du grès d'Angkor ! Les objets de culte, surtout, ont souffert de l'idéologie du régime : les troupes qui occupaient le site ont eu le loisir de dynamiter quelques statues et d'en décapiter beaucoup, notamment celles de la galerie aux mille bouddhas. Sans doute par flemme, ou par peur des esprits, les Khmers rouges se sont souvent contentés d'enterrer ces traces honteuses d'une religion « réactionnaire ». Quelques dirigeants ont aussi favorisé le trafic avec la Thaïlande.

Ainsi ***les Khmers rouges ne sont pas les seuls responsables du vaste pillage des temples*** commencé après le départ de leurs protecteurs français. Les paysans eux-mêmes avouent qu'ici « 1 kg de pierre vaut 1 kg d'or ». ***Le commerce des statues khmères est l'un des plus fructueux du marché de l'art ancien.*** Toutes les méthodes sont bonnes pour arracher leurs trésors aux temples mal protégés : on scie les bas-reliefs, on détache les visages de grès au burin, on fait sauter les socles.
En 1994, Sihanouk lance un appel désespéré : « La lutte contre les prédateurs d'Angkor doit constituer un devoir sacré pour tous... » Il n'est pas entendu par tout le monde, mais l'opinion publique internationale a pris conscience du problème, et les catalogues d'œuvres volées découragent la plupart des acheteurs.

Enjeux et coopération internationale

L'explosion – à la fois démographique, urbanistique et touristique – de Siem Reap et l'un de ses corollaires, la croissance des besoins en eau, entraînent la baisse du niveau de la ***nappe phréatique,*** fragilisant ainsi la stabilité des temples millénaires. Sans oublier la ***pollution de l'air*** générée par la circulation des nombreux cars et *tuk-tuk* et l'érosion des temples conçus à l'origine pour accueillir seulement les pas de quelques prêtres. Quant aux ***120 000 habitants maintenus sur le site*** d'Angkor (on ne parle même pas des constructions illicites), ils semblent toujours échapper aux retombées économiques (environ 100 millions de dollars grâce à la vente de tickets en 2017), vivant pour la plupart sans eau ni électricité. Une situation injuste à laquelle commencent à s'atteler des ONG.
D'un point de vue patrimonial, en 2017, le bilan de 25 années de classement par l'Unesco se révélait plus que positif, en dépit de l'usure des pierres due aux écarts de températures ou à la prolifération de lichens et des dégâts causés par les racines des fromagers. Une vingtaine de pays étrangers participent activement à la reconstruction des sites et ont investi 500 millions de dollars depuis 1993.
Il reste aux autorités à permettre au plus grand nombre de découvrir cet inestimable patrimoine, tout en assurant sa sauvegarde pour les générations futures : pas une mince affaire quand on sait que 10 millions de visiteurs sont attendus en 2025 (contre « seulement » 5 millions en 2017). Un avenir qui passera en premier lieu par la régulation des flux et la création de nouveaux circuits de visite. Un vrai défi !

Conseils pratiques

– La ***période*** la plus agréable (de novembre à mars) correspond à la haute saison touristique, donc synonyme de fréquentation maximale des sites. Le temps est absolument étouffant en avril et mai, et la saison des pluies (de juin à octobre) atteint son pic lors des 2 derniers mois. Mais rien n'empêche de visiter les sites à ces périodes et de jouir ainsi de mois plus creux.
– ***Sites :*** • angkor.com.kh • *(l'officiel)* ***capsurlemonde.org/angkor*** • Les principaux temples d'Angkor (site assez succinct) : photos et histoire... En français. • ***cik.efeo.fr*** • Le site de l'École française d'Extrême-Orient, créée en 1907 pour préserver le site d'Angkor. • ***mcdermottgallery.com*** • Magnifiques photos sépia des monuments d'Angkor. Visiter également la galerie qui les présente (près de la poste à Siem Reap).

Horaires, tarifs et durées de visite

– ***Horaires billetterie :*** ***tlj à partir de 5h*** *(ouv des guichets)-17h30. Le point de vente est situé sur la route 60, au nord-est de Siem Reap attenant à l'*Angkor Panorama Museum. *Compter 5-6 $ l'A/R en* tuk-tuk. Les hôtels et agences ne vendent pas de billets.

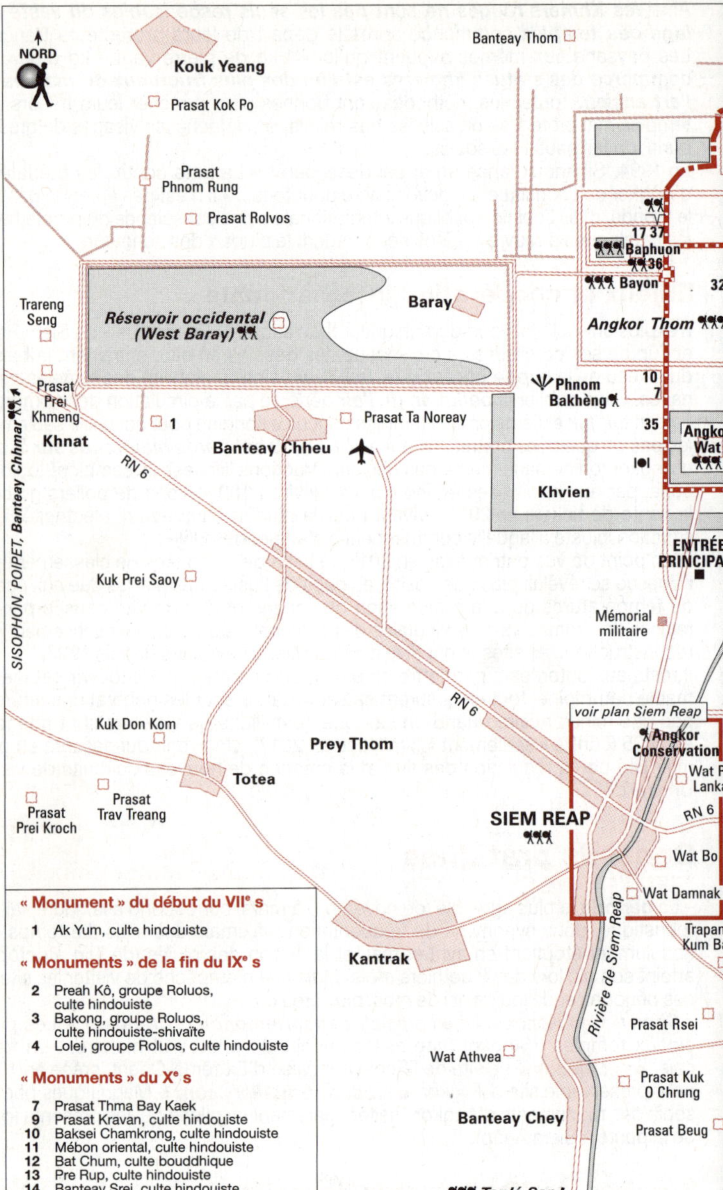
NORD
Kouk Yeang
Banteay Thom
Prasat Kok Po
Prasat
Phnom Rung
Prasat Rolvos
17 37
Baphuon
36
Bayon
32
Trareng
Seng
Réservoir occidental
(West Baray)
Baray
Angkor Thom
Prasat
Prei
Khmeng
Khnat
1
Phnom
Bakhèng
10
7
Prasat Ta Noreay
Banteay Chheu
35
Angko
Wat
Khvien
RN 6
SISOPHON, POIPET, Banteay Chhmar
ENTRÉE
PRINCIPA
Kuk Prei Saoy
Mémorial
militaire
RN 6
voir plan Siem Reap
Angkor
Conservation
Kuk Don Kom
Prey Thom
Totea
Wat P
Lanka
Prasat
Prei Kroch
Prasat
Trav Treang
SIEM REAP
RN 6
Wat Bo
Wat Damnak
Trapan
Kum Ba
Kantrak
Rivière de Siem Reap
Prasat Rsei
Wat Athvea
Prasat Kuk
O Chrung
Banteay Chey
Prasat Beug
Tonlé Sap
« Monument » du début du VIIe s
1 Ak Yum, culte hindouiste
« Monuments » de la fin du IXe s
2 Preah Kô, groupe Roluos, culte hindouiste
3 Bakong, groupe Roluos, culte hindouiste-shivaïte
4 Lolei, groupe Roluos, culte hindouiste
« Monuments » du Xe s
7 Prasat Thma Bay Kaek
9 Prasat Kravan, culte hindouiste
10 Baksei Chamkrong, culte hindouiste
11 Mébon oriental, culte hindouiste
12 Bat Chum, culte bouddhique
13 Pre Rup, culte hindouiste
14 Banteay Srei, culte hindouiste

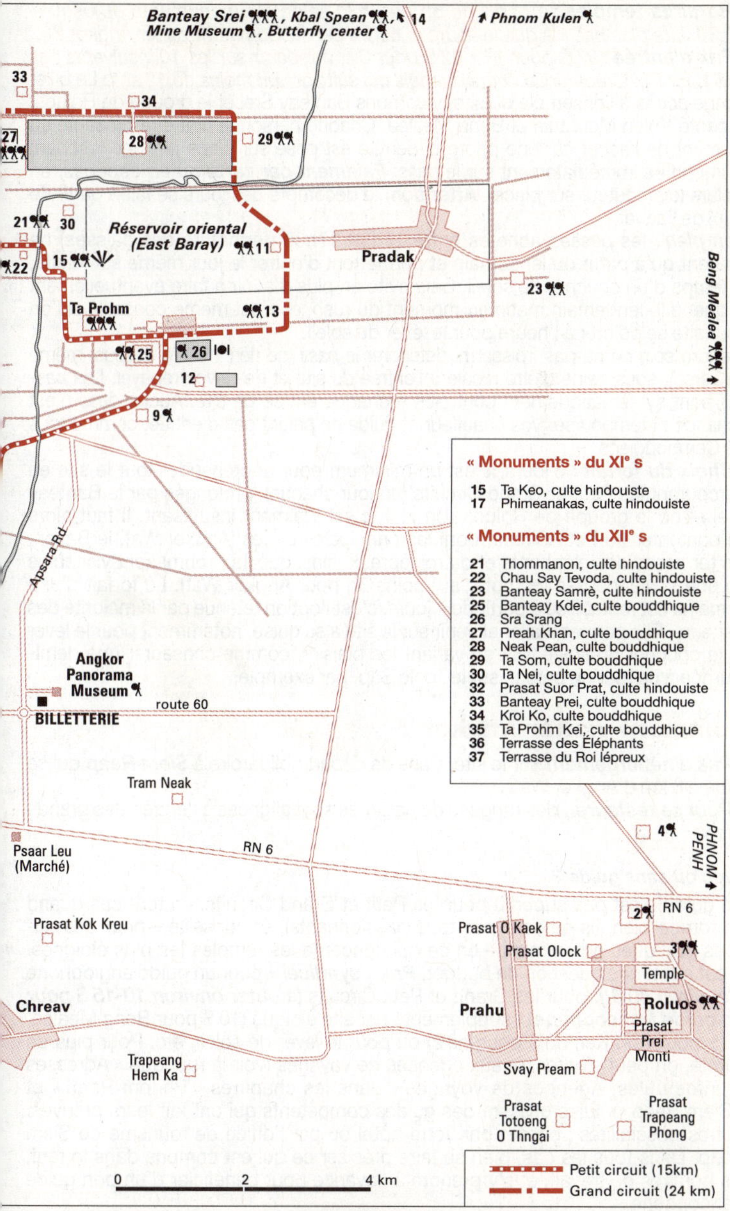

Banteay Srei, Kbal Spean, 14
Mine Museum, Butterfly center
Phnom Kulen
33
34
27
28
29
21
30
Réservoir oriental
(East Baray)
11
Pradak
22
15
Beng Mealea
23
Ta Prohm
13
25
26
12
9
Apsara Rd
« Monuments » du XIe s
15 Ta Keo, culte hindouiste
17 Phimeanakas, culte hindouiste
« Monuments » du XIIe s
21 Thommanon, culte hindouiste
22 Chau Say Tevoda, culte hindouiste
23 Banteay Samrè, culte hindouiste
25 Banteay Kdei, culte bouddhique
26 Sra Srang
27 Preah Khan, culte bouddhique
28 Neak Pean, culte bouddhique
29 Ta Som, culte bouddhique
30 Ta Nei, culte bouddhique
32 Prasat Suor Prat, culte hindouiste
33 Banteay Prei, culte bouddhique
34 Kroi Ko, culte bouddhique
35 Ta Prohm Kei, culte bouddhique
36 Terrasse des Éléphants
37 Terrasse du Roi lépreux
Angkor
Panorama
Museum
BILLETTERIE
route 60
Tram Neak
4
PHNOM
PENH
Psaar Leu
(Marché)
RN 6
RN 6
2
Prasat O Kaek
Prasat Kok Kreu
Prasat Olock
3
Temple
Chreav
Prahu
Roluos
Prasat
Prei
Monti
Trapeang
Hem Ka
Svay Pream
Prasat
Totoeng
O Thngai
Prasat
Trapeang
Phong
0
2
4 km
Petit circuit (15km)
Grand circuit (24 km)

ANGKOR

– **Horaires temples :** *à partir de 5h ou 7h30 selon les monuments et jusqu'à 17h30. Lire plus bas « À quelle heure et où ? » dans « Comment visiter Angkor ? ».*
– **Prix d'entrée :** *37 $ pour 1 j. ; 62 $ pour 3 j., à répartir sur les 10 j. suivants ; et 72 $ pour 7 j., à répartir au cours du mois qui suit ; gratuit moins de 12 ans.* Le billet donne accès à l'ensemble du site, y compris Banteay Srei et le groupe de Roluos, excepté Kulen Mountain et Beng Mealea. Chaque personne doit être présente au moment de l'achat car une photo d'identité est prise sur place par une webcam et imprimée immédiatement sur le *pass*. ***Paiement par carte ou en espèces,*** en dollars (distributeur sur place). ***Attention,*** le décompte des jours se fait à partir de celui de l'achat.
Bon plan : les *passes* achetés entre 17h et 17h30 (fermeture des caisses) ne courent qu'à partir du lendemain et permettent d'entrer le jour même sur le site, le temps d'un coucher de soleil. Cela évite en plus d'avoir à faire éventuellement la queue le lendemain matin au moment du rush, et c'est même conseillé si l'on souhaite se pointer à l'heure pour le lever du soleil.
Prendre soin de ne pas froisser ni détériorer le *pass* (ne rien inscrire dessus, même au verso), sous peine d'être recalé à l'entrée du site et de devoir repayer. Les *passes* sont systématiquement contrôlés à chaque entrée de site. Aucun *pass* n'est échangé ni remboursé. Vos chauffeur et guide ne paient pas d'entrée, comme tous les Cambodgiens.
– ***Choix du forfait :*** 3 jours, c'est un minimum pour appréhender tout le site en parcourant les Petit et Grand Circuits (un jour chacun), prolongés par le Banteay Srei et/ou le groupe de Roluos. Un jour, c'est vraiment insuffisant. Il faut alors se contenter du Petit Circuit, dont les principales perles (Angkor Wat, le Bayon, les terrasses des éléphants et du roi lépreux, ainsi que Ta Prohm) sont visitables en une seule journée (compter au moins 3h pour Angkor Wat). Le forfait d'une semaine est rentabilisé à partir de 4 jours, c'est l'option retenue par la majorité des visiteurs. Elle permet d'aller et venir sur le site à sa guise, notamment pour le lever et le coucher du soleil tout en variant les plaisirs, comme consacrer une demi-journée à un tour en bateau sur le Tonlé Sap, par exemple.

Comment visiter Angkor ?

– ***Pas d'hébergement*** sur le site. Base de départ obligatoire à ***Siem Reap*** qui se situe à 8 km d'Angkor Wat.
– ***Pour se restaurer,*** des rangées de gargotes sont alignées à l'entrée des grands sites.

Avec ou sans guide ?

Un guide n'est pas superflu pour les Petit et Grand Circuits, en tout cas quand on tombe bien (ils ne sont pas tous passionnants), et conseillé – pour des raisons pratiques notamment – en ce qui concerne les temples les plus éloignés. C'est aussi une question de budget. ***Prix « syndical »*** pour un guide anglophone ***d'environ 40 $/j.*** pour les Grand et Petit Circuits ***(ajouter environ 10-15 $ pour un guide francophone)*** ; suppléments par site éloigné (10 $ pour Beng Mealea, 20 $ pour Koh Ker, 30 $ pour les 2) ou pour le lever de soleil, etc. Pour plus de sûreté, on peut s'adresser aux agences de voyages (voir la rubrique « Adresses et infos utiles. Agences de voyages » dans les chapitres « Phnom Penh » et « Siem Reap »). Elles utilisent des guides compétents qui ont fait leurs preuves. Autres possibilités : passer par votre hôtel ou par l'office de tourisme de Siem Reap. Dans tous les cas, bien se faire préciser ce qui est compris dans le tarif, les horaires de travail, et s'y prendre à l'avance pour bénéficier d'un bon guide francophone.

Quel moyen de locomotion ?

Le site est très vaste : il y a souvent plusieurs kilomètres entre les temples ; il est donc impossible de l'explorer à pied.

Voir aussi « Transports en ville et sur le site d'Angkor » à Siem Reap pour plus d'infos (prix, etc.). Évidemment, les tarifs des *tuk-tuk* et voitures grimpent pour les temples les plus éloignés, comme Banteay Srei, Phnom Kulen ou Kbal Spean.

– ***Vélo :*** sympa pour les temples du Petit Circuit, et jouable pour le Grand si l'on n'est pas pressé et en bonne santé. On conseille, en revanche, d'éviter la période des grandes chaleurs, d'avril à mai. Les ***vélos électriques*** (voir plus haut « Transports en ville et sur le site d'Angkor ») qu'on peut recharger sur le site s'avèrent une bonne option, car l'autonomie est suffisante pour le petit tour et normalement le grand tour. Attention, le soleil peut cogner fort et bon nombre de secteurs sont à découvert. Chapeau (en vente dans plein de boutiques du site), crème solaire et hydratation impératifs ! Par ailleurs, calculez bien votre coup afin d'éviter de vous retrouver en pleine nuit noire sur la route non éclairée.

– **Moto-dop *ou* tuk-tuk *:*** le *tuk-tuk,* idéal à plusieurs (jusqu'à 3 ou même 4 personnes), est aussi plus confortable et moins cher que le *moto-dop* (même si l'on est seul). Compter environ 15-25 $/j selon le circuit. Le chauffeur peut vous accompagner toute la journée et vous déposer au pied des temples, mais il n'a pas le droit de vous guider : ce n'est pas un guide officiel. D'ailleurs, il connaît les noms de chaque édifice mais rarement leur histoire. Attention, en saison des pluies (de juillet à octobre), les routes inondées peuvent rendre l'accès à moto difficile, voire impossible.

– ***Voiture avec chauffeur :*** si vous êtes attaché à votre confort (dont la clim) ou quand les trajets s'allongent. C'est évidemment aussi le plus rapide ! Veiller à ce que les chauffeurs se garent correctement pour ne pas encombrer la voie et ne pas gêner la vue sur les temples.

À quelle heure et où ?

Depuis les embouteillages aux pics d'affluence d'Angkor Wat jusqu'à ceux du coucher du soleil au Phnom Bakhèng, foule, poussière et bruit risquent de surprendre, voire de décevoir les redécouvreurs contemporains d'Angkor. Les cyclistes – parfois pris en tenaille entre un gros bus et les bas-côtés – jureront, pesteront... Pas de vrais remèdes, juste quelques palliatifs.

– Pour l'instant, ***seuls Angkor Wat***, les temples de ***Bakhèng et Pre Rup, ainsi que le bassin Srah Srang, sont accessibles dès 5h***, ***les autres*** temples ne le sont qu'***à partir de 7h30*** (dommage pour le Bayon notamment...). Toutefois, la règle semble peu à peu évoluer. Ne pas hésiter à se renseigner au préalable.

– ***Les groupes, quant à eux, ne commencent à arriver qu'à partir de 8h... C'est toujours ça de pris !***

– Venir dès 5h à l'ouverture du site pour le lever du soleil sur ***Angkor Wat,*** mais vous ne serez pas seul (pour les photographes avertis, ce sera mieux l'après-midi, mais toujours autant de monde). Autre idée : faire la visite d'Angkor Wat dans le sens inverse de la foule (de l'est vers l'ouest). Tôt le matin ou la fin d'après-midi sont à viser pour visiter ***Ta Prohm*** et ***le Bayon.***

– Inclure une ***visite matinale d'un site éloigné,*** comme Banteay Srei, reste un moyen sûr d'étancher les petites soifs d'explorateur.

– Dans l'ensemble, ***c'est à l'heure du déjeuner qu'on est le plus tranquille,*** entre les groupes qui repartent en ville déjeuner et ceux qui veulent éviter les pics de chaleur. Moins de monde, mais la lumière est aussi plus crue. Une option : déjeuner entre 11h et midi, d'autant qu'on est parti tôt et que la faim taraude !

Restauration et toilettes

Inutile de ressortir du site pour déjeuner en ville, de véritables petits villages de restos jouxtent les principaux temples, notamment en face de l'entrée d'Angkor Wat. Dans les gargotes standard (essayer, par exemple le *Neary Khmer*

Restaurant), prix un peu plus élevés qu'à l'extérieur dans les zones plus fréquentées, on s'en doute. Mais prix sages en face du Preah Khan, à l'angle nord-ouest du grand circuit. Sinon des gargotes et d'agréables restaurants avec terrasse (comme le *Palmboo*), face au bassin Sras Srang (le bassin des ablutions), à l'est de Ta Prohm *(plan Angkor,* ***26****)*. Bricoler son **pique-nique** (emporter éventuellement une natte) constitue une autre option bien plus économique et plus pratique aussi : c'est ce que font nombre de Khmers.
Petit détail qui a son importance, il y a des w-c près de chaque grand site.

Problèmes de sécurité

La question des mines

L'ensemble du site, d'une superficie de 400 km², a été truffé de mines par les Khmers rouges, mais aussi par les militaires eux-mêmes afin de protéger les temples. Bref, le secteur était dangereux, comme toute la région nord du pays. La *Cofras* (société française) et *Halo Trust* (ONG britannique) ont déminé tous les sites ouverts au public.
Soyons bien clairs : les compagnies de déminage sont certaines qu'il n'y a plus de mines dans les endroits déminés, pas ailleurs. Ainsi, quand on parle d'un site déminé, il s'agit du temple lui-même mais pas forcément à 200 m de celui-ci. Ça ne veut pas dire qu'il y ait des mines, ça veut simplement dire qu'il n'a pas été visité par les démineurs. Donc, rassurez-vous, il n'y a plus aucun danger sur les sites. Mais n'allez pas explorer seul la jungle ou les sous-bois entourant les temples « hors circuit ».

Les vipères, les scorpions et les singes

– Présence de ***vipères*** venimeuses sur le site, surtout pendant la saison des pluies (septembre, octobre). Le port de sandales est alors déconseillé, même si les vipères fuient en vous sentant approcher.
– Les ***scorpions*** se cachent dans les anfractuosités d'arbres et de roches. Ne mettez jamais vos mains sous une pierre ou dans un tronc d'arbre.
– Méfiez-vous des ***singes*** ! Ils ont des bobines attachantes et vous font de drôles de mimiques. Mais ils peuvent être féroces, surtout si vous transportez de l'alimentation. On les a vus se jeter littéralement sur une malheureuse touriste pour lui arracher son sandwich des mains. Pas de vile provocation donc à l'égard des bestiaux !

Comportement

Angkor est un ensemble de lieux sacrés. La plupart des temples sont en fait les tombes des rois ou de leurs parents. Adopter une tenue décente se révèle indispensable, mais pas suffisant. ***Se couvrir les épaules, les coudes et les genoux sous peine d'être refoulé*** ou de devoir acheter sur place des vêtements à prix d'or. Un simple foulard ne suffit pas toujours, notamment pour la tour centrale d'Angkor Wat et le Bayon. Bien sûr, se prémunir des coups de soleil. Les marches sont très abruptes à grimper et les chevilles sont sollicitées. Aussi de ***bonnes chaussures*** dans lesquelles on ne transpire pas sont conseillées. Préférer les ***semelles souples et fines*** aux crampons de randonnée : un des ennemis sournois, après les pilleurs, ce sont les milliers de semelles quotidiennes qui abîment les pierres, peu à peu.

Petit lexique pour la visite

Angkor	capitale ou ville
Wat, prasat	temple
Apsara	nymphe
Baray	réservoir

LE CAMBODGE

Devaraja	divinisation de la fonction royale
Garuda	mi-homme, mi-oiseau
Lingam	symbole phallique
Mont Meru	montagne habitée par Shiva
Naga	serpent mythique à plusieurs têtes
Pali	base linguistique indienne qui, ajoutée au sanskrit, donna naissance au khmer
Barattage de la mer de lait	D'où naît le breuvage d'immortalité, l'ambroisie. Les démons et les dieux tirent chacun sur leur bout de naga qui, comme une courroie sur une poulie *(vasouki),* fait tourner la « baratte » formée par le mont Meru, d'un côté puis de l'autre, et produit ainsi le nectar *(amrita).*

À voir. À faire

Impossible de décrire ici les 287 temples recensés dans la région d'Angkor. Il faudrait plusieurs semaines pour tous les visiter et certains sites, malgré leur importance historique, ne valent pas vraiment le déplacement. Les plus beaux temples, par chance, sont peu éloignés les uns des autres (à l'exception de Roluos et Banteay Srei). Ils ont été regroupés dans le Petit Circuit (15 km) et le Grand Circuit (24 km), créés par la Conservation d'Angkor en 1925. Nous avons organisé nos textes en fonction de ces circuits même si ceux-ci ne sont plus suivis à la lettre de nos jours : les touristes préfèrent piocher à la carte dans les 2 circuits les principaux monuments qui les intéressent.

TOURS DE PASSE-PASSE

Le Cambodge est l'un des 2 seuls pays au monde (avec l'Afghanistan) à faire figurer un monument national sur son drapeau : les tours d'Angkor Wat. Tous les régimes qui se sont succédé (y compris communistes) l'ont adopté, à ce petit détail près : perspective oblige, seules 3 tours sont représentées...

LE PETIT CIRCUIT

D'Angkor Wat à Angkor Thom

Angkor Wat : *à l'entrée du site.* Le plus grand, le plus connu, le plus majestueux des temples. ***Un conseil :*** le site étant bondé de touristes, faire la visite avant 9h, à l'heure du déjeuner ou en fin de journée quand la foule est partie. On peut aussi préférer ***entrer par la jolie porte est*** (le demander à son chauffeur dans ce cas), il y a moins de monde dans ce sens, ce qui n'empêche pas de sortir par la porte principale, à l'ouest. Sans surprise, c'est à l'aurore et plus encore au crépuscule qu'on a la plus belle lumière pour photographier les tours d'Angkor se reflétant dans le bassin.

Symbole mythique du Cambodge

En khmer, *Angkor Wat* signifie « la pagode de la ville » ou « la ville-pagode ». Commencée au XIIe s, juste une année avant celle de la cathédrale Notre-Dame de Paris, la construction a duré 37 ans ! C'est le plus grand monument de l'Asie du Sud-Est et le plus grand édifice religieux de la planète avec Borabudur. On

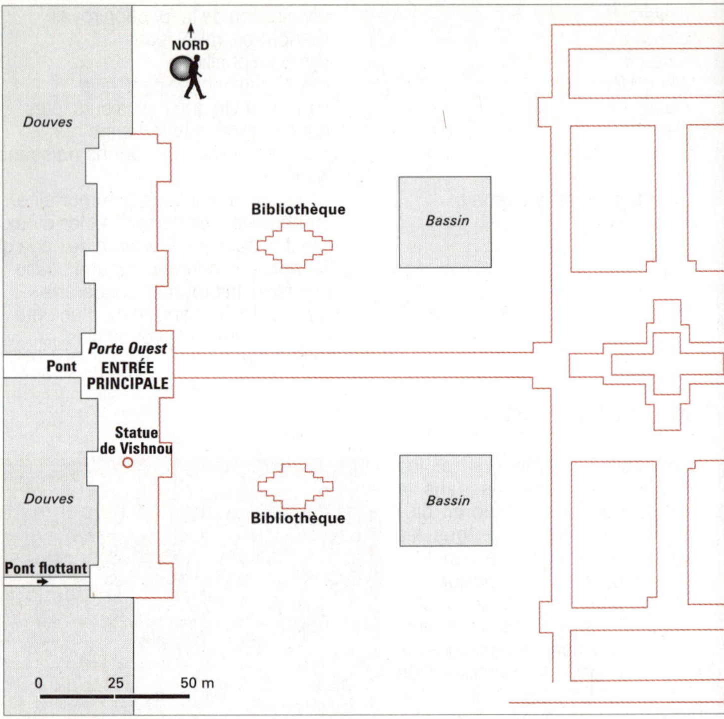

considère qu'une armée de 300 000 ouvriers et 6 000 éléphants auraient participé à sa construction. Ce temple-montagne serait entièrement dédié à Vishnou, dieu suprême de l'hindouisme, symbolisé par la tour centrale (le phallus est un attribut divin). D'ailleurs, tout est symbolique à Angkor Wat : les murs d'enceinte (1 025 m sur 800 m) représentent la chaîne de montagnes sur laquelle repose le mont Meru, centre de l'univers pour les hindous. Et le temple figure lui-même sur ce mont, et est en même temps le centre de la capitale et du royaume. Voilà pourquoi le roi bâtisseur d'Angkor Wat, Sûryavarman II, divinisait du même coup sa fonction, en s'apparentant à Vishnou... Censé être invulnérable, le temple a servi de refuge à la population de Siem Reap au début de la guerre civile en 1970.

La visite

Le temple est orienté ***à l'ouest (entrée principale).*** Pour aller à contre-courant des foules, nous recommandons d'entrer par la porte est.

Autour de l'enceinte extérieure, des ***douves*** de 1,3 km de côté, larges de 190 m et profondes de 2 à 3 m. Elles étaient probablement infestées de crocodiles autrefois. Un pont superbe, couvert d'une ***chaussée de pierre*** longue de 200 m, les enjambe. Des statues précèdent cette voie royale : d'un côté, un lion, de l'autre, des nagas. En longeant le mur d'enceinte vers le sud, en profiter pour admirer la grande ***statue de Vishnou,*** un peu en retrait sur la droite.

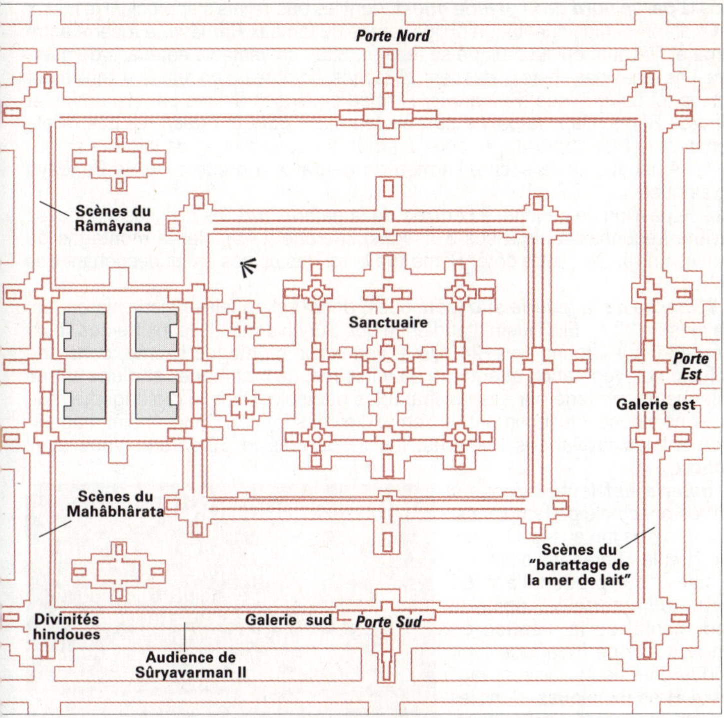

ANGKOR WAT

Revenir devant l'entrée, dans l'axe de la grande allée. Dans son prolongement, une fois passé cette 1re enceinte, une ***autre chaussée,*** longue de ***plus de 400 m.*** Sur les côtés, 2 balustrades de pierre représentant chacune un naga, serpent géant à 7 têtes, roi des animaux marins, gardien des richesses de la terre et omniprésent sur le site, jusque dans le dessin des tuiles. À droite et à gauche de la voie, les petits pavillons, que l'on appelle « ***bibliothèques*** ». Juste après, 2 grands ***bassins aux ablutions.*** Avant d'atteindre le temple, prendre le temps de contempler la ***façade principale,*** d'une harmonie parfaite sur 235 m. Les entrées des 5 tours étaient strictement réservées : celle de la tour centrale au roi, les 2 voisines aux dignitaires de la Cour et celles des extrémités aux éléphants royaux ! Les serviteurs, moins considérés que les éléphants, devaient se contenter des entrées de l'arrière. Pour avoir la plus belle vue d'ensemble, prendre à gauche et longer le grand bassin.

– ***Les bas-reliefs :*** les murs des galeries de la 2e enceinte sont chacun gravés sur 2 m de hauteur et 200 m de largeur de scènes fantastiques. Soit, au total, ***800 m de chefs-d'œuvre*** ! Un vrai péplum, figé dans le grès tendre, s'étale devant vos yeux... Ces bas-reliefs, incontestablement les plus beaux de tout Angkor, sont remarquablement conservés. Amusez-vous à débusquer les 3 000 ***apsaras,*** ces danseuses dont certaines ont été nettoyées par la coopération allemande. Parfaitement conservées, elles arborent des dizaines de types de coiffures différents !

Dans la ***partie nord de la galerie ouest,*** dont les bas-reliefs s'apprécient le mieux en fin d'après-midi, orientation oblige, scène du fameux ***Râmâyana*** (guerre entre Râma et Râvana, qui lui a piqué sa femme, Sîtâ), un véritable entrelacs de guerriers. Les roues des chars possèdent 16 rayons, nombre qu'on retrouve également dans la loi bouddhique. Remarquer l'armée de singes dirigée par Hanumân, et alliée de Râma. Dans la ***partie sud de la même galerie ouest,*** les bas-reliefs racontent le ***Mahâbhârata,*** encore une histoire de crimes et de jalousie amoureuse. À gauche de la scène, l'armée de Kaurava, à droite celle de Pandava (le vainqueur).

Dans le pavillon de gauche, à ***l'entrée de la galerie sud,*** les divinités hindoues : Râvana (reconnaissable à ses 3 visages) cherche à ébranler la montagne où se tient Shiva. De l'autre côté, Râma tue le roi des singes en lui décochant des flèches.

La ***1re partie de la galerie sud*** (côté ouest donc) est appelée galerie historique. Elle mesure 90 m. Elle illustre l'audience que Sûryavarman II, le maître des lieux, âgé de 20 ans, donne en 1124. On le voit sur la montagne sacrée, dans une profusion de végétation et entouré de ministres, de brahmanes et d'une armée d'éléphants, protégé par ses inséparables parasols. Dans le prolongement de la galerie, scènes du jugement de Yama, dieu des Enfers. On y dépeint magnifiquement les croyances khmères, les 37 paradis et 32 enfers. Vous avez le choix.

La ***galerie est*** (côté opposé à l'entrée principale du temple) est l'une des plus fameuses. On peut y admirer le « barattage de la mer de lait », qui produit l'*amrita,* nectar d'immortalité, épisode fondamental de la création de l'univers. De ce *barattage* (voir lexique plus haut) naissent plusieurs êtres mythiques, dont les apsaras, largement représentées. À droite, les démons géants (ou *asuras*) ; à gauche, les dieux du panthéon hindou (ou *Devas*). Au centre, arbitre suprême, Vishnou (qui se prépare à devenir immortel), surmonté d'Indra. À ses pieds, la tortue Kurma, avatar de Vishnou. Le singe *(Hanumân)* est le copain de Râma (un peu plus loin). Dans la mer de lait, toute une faune aquatique fantastique.

JEU DE SÉDUCTION

Vous en pincez pour Lara Croft, l'archéologue aventurière de Tomb Raider ? Vous aurez alors reconnu le temple, théâtre de scènes du film... On dit d'ailleurs qu'Angelina Jolie, tombée amoureuse du Cambodge lors du tournage, y serait retournée plusieurs fois. Les autorités eurent alors l'idée de se servir de sa notoriété pour lancer une campagne de préservation du site, fortement endommagé. Ici, on le surnomme déjà « Temple Angelina Jolie »...

Le sanctuaire : *on y accède généralement par l'entrée est.* Des escaliers abrupts mènent à l'intérieur du temple. Dans le sanctuaire, symbole du mont Meru dans la cosmologie hindouiste, une succession de terrasses, d'escaliers, de cours et de petits autels. Un vrai labyrinthe, même si la conception architecturale est parfaitement carrée. À l'intérieur, des ruines de bibliothèque et les bassins aux ablutions (vides) à chaque angle. Seul le roi pouvait accéder au sanctuaire. À côté, on trouve la fameuse galerie aux mille bouddhas. Il ne reste malheureusement presque plus rien, à part quelques bustes décapités. L'accès à la ***tour centrale*** se fait par une redoutable rampe *(6h40-17h, jusqu'à 2h d'attente parfois ! fermé les jours saints, soit 1 j./sem).* Prudence ! D'en haut, panorama magique sur la forêt, les tours voisines et la grande avenue dallée.

Phnom Bakhèng : *à proximité d'Angkor Wat, à gauche de la route menant à Angkor Thom. En cours de restauration, mais reste accessible. Montée au sommet jusqu'à 17h. Temple-montagne extrêmement fréquenté à*

l'heure du coucher du soleil (allez plutôt ailleurs, d'autant que, la jauge étant fixée à 300 pers, mieux vaut se pointer dès 15h30).
Au Xe s, Yasovarman Ier fit ériger le 1er temple d'État d'Angkor au sommet de cette colline naturelle. Véritable pyramide, le Phnom Bakhèng est malheureusement en mauvais état. Arrivé en haut, entre 16h et 17h, parfois jusqu'à 30 mn d'attente pour accéder au temple.
La tour centrale conserve de beaux portails sculptés. Tout autour, sur la terrasse, des blocs de pierre échoués là, quelques lingams, et, sur la terrasse inférieure, des tourelles qui dégringolent en cascade. Vue extra sur la forêt et le Tonlé Sap au coucher du soleil (sur Angkor Wat au lever). À l'angle opposé, on aperçoit les tours d'Angkor Wat.
– Depuis une plate-forme à mi-montée, vue également sur le Baray occidental et son temple sur une île.

***Baksei Chamkrong** (plan d'Angkor, **10**) :* *peu après le Phnom Bakhèng, sur la gauche, dans la forêt.* Élégante pyramide de brique et de latérite (matériaux classiques). Son nom, qui signifie « l'oiseau qui abrite sous ses ailes », est tiré d'une légende qui raconte qu'un grand oiseau avait protégé de son envergure un roi de ses ennemis. Elle fut érigée peu après la mort de Yasovarman Ier par son fils Harshavarman Ier. Jolie tour-sanctuaire, dont les sculptures en stuc moulé restèrent, hélas, inachevées. Archéologiquement intéressant ; les inscriptions gravées sur les piédroits de sa porte est déclinent toute la généalogie des rois précédant Harshavarman Ier.

Angkor Thom

Il s'agit en réalité de ***toute une ville fortifiée*** avec plusieurs temples, à 1 700 m exactement de la porte d'Angkor Wat. Au bout d'une longue et noble avenue bordée d'arbres, on aperçoit l'image tant rêvée de la ***porte sud*** : une arche sublime de plus de 23 m de haut, surmontée de ce mystérieux bouddha à 4 visages, coiffé de sa tiare de pierre. De chaque côté du pont franchissant les douves, ***54 statues de géants*** soutenant le naga sacré comme lors d'une compétition de tir à la corde : c'est le « barattage de la mer de lait », déjà évoqué par les bas-reliefs d'Angkor Wat. Côté gauche les divinités, côté droit les démons.
En franchissant le porche, on pénètre dans la vaste ville royale, centre du site archéologique et apothéose de l'ère angkorienne. La cité d'Angkor Thom est ceinte des 4 côtés par des murailles de 8 m de haut, sur une longueur totale de 12 km. Autour, des douves de 100 m de largeur... 5 portes monumentales permettent l'accès à la ville, les plus remarquables étant celles de la Victoire, à l'est, et la porte des Morts, du même côté, par laquelle on évacuait autrefois les cadavres.
Il faut imaginer que l'ancienne capitale, désormais peuplée d'arbres, de vaches et, dans la journée, de bonzes et de touristes, hébergea jusqu'à 100 000 habitants au Moyen Âge ! Leurs maisons, uniquement en bois et en paille (seuls les dieux avaient droit à des résidences en pierre), ont été englouties par le temps.

Le Bayon : *au centre de la ville d'Angkor Thom. 7h30-17h30. Un conseil : venir vers 7h du mat pour éviter la foule et profiter également de la lumière sur les visages en relief. Même effet le soir.* Il fut construit entre la fin du XIIe et le début du XIIIe s, sous le règne de Jayavarman VII après la victoire sur les Chams. Si le temple d'Angkor Wat est la majesté même, celui-ci représente plutôt le ***mystère incarné.*** D'où son nom : « la montagne magique ». Imaginer une forêt de têtes gigantesques, regardant dans toutes les directions... Une massive montagne de 54 tours (il n'en reste aujourd'hui que 37), représentant, pour certains, les 54 provinces de l'Empire khmer. Elles sont chacune ornées de 4 visages censés illustrer les 4 vertus du Bouddha : au sud, la sympathie ; à l'est, la pitié ; au nord, l'humeur égale ; à l'ouest, l'égalité. Soit, à l'origine, ***216 visages aux sourires énigmatiques*** qui irradient le royaume et vous observent du haut de leur sérénité totale. ***Pyramide à 3 niveaux,*** d'une hauteur totale de 43 m, le temple-montagne du Bayon constitue un dédale où l'on est obligé de se perdre. Le plan général relève d'une grande complexité : les tours-sanctuaires se retrouvent partout, suivant d'abord un schéma au carré, le long des enceintes, puis en cercle, autour de la montagne centrale en référence au cycle de la vie. Pour compliquer le tout, les portes et les allées observent une disposition cruciforme. D'où cette curieuse sensation éprouvée par le visiteur, pris entre les galeries, les terrasses, les escaliers et les tours !

Une autre énigme posée par ces sphinx khmers fut celle de leur origine. Le temple avait été construit à une époque de transition entre le brahmanisme et le bouddhisme. Il s'agit donc bien d'un panthéon, consacré aux dieux adorés au Moyen Âge par tous les Khmers, mais dont l'hôte central est devenu le Bouddha... avant que la religion ne change à nouveau !

GUÈRE DE SCRUPULES

En 1967, en pleine guerre du Vietnam, Jackie Kennedy décida de visiter Angkor. Elle fut accueillie par le roi Sihanouk, qui était pourtant violemment anti-américain. On organisa un somptueux pique-nique face au temple du Bayon, les commentaires culturels étant assurés par le conservateur français Groslier.

Le Bayon possède également de ***fabuleux bas-reliefs,*** aussi riches que ceux d'Angkor Wat, sinon plus : on y a totalisé plus de 10 000 personnages. On peut les admirer sur les murs extérieurs des galeries du 1er niveau, sur 1,2 km en tout. Dire qu'ils étaient autrefois enfouis dans la jungle ! Les fresques de la galerie est relatent les sanglants exploits de l'armée angkorienne contre les Chams, et celles de la galerie sud témoignent de la vie quotidienne des Khmers au XIIe s : pêche, chasse, combats de cochons, scènes de marché, accouchement. On y voit aussi la bataille du Grand Lac (le Tonlé Sap) et divers duels. Très utile d'avoir un guide pour les explications. Au 2e niveau, les fresques illustrent la vie quotidienne du roi. Les niches dans les murs accueillaient des bouddhas, pillés au milieu du XIIIe s, lors du retour au pouvoir des hindouistes.

Le Baphuon : *au nord du Bayon, à env 300 m. Prendre l'escalier de gauche avt la grande esplanade de 200 m. Compte tenu de la déclivité importante de l'escalier, l'accès est interdit aux moins de 12 ans.*

Implanté au cœur de l'ancienne cité royale d'Angkor Thom, au sud du Palais royal, et dédié au culte du Lingam, le Baphuon constitue ***l'un des plus grands édifices religieux du Cambodge ancien*** et fut probablement l'un des édifices majeurs autour duquel se structura la ville angkorienne. Autrefois comparé à une montagne d'or, ce temple (appelé « le père caché ») fut construit au milieu du XIe s (donc avant Angkor Thom, bien qu'il s'y trouve). Le Baphuon représente un style architectural khmer à lui tout seul. Construire une pyramide aussi vertigineuse releva de l'exploit pour l'époque. Rançon de ce succès, elle s'est en grande partie écroulée ! Le plus remarquable reste la façade occidentale du 2e étage que les artisans de l'époque moyenne transformèrent en un ***bouddha géant*** entrant en nirvana, long de 60 m. On se contente surtout de l'imaginer aujourd'hui, en prenant pour repère la tête qui se dessine sur la gauche.

L'anastylose (reconstruction pierre par pierre) du monument, entreprise par Groslier fut interrompue par la guerre en 1971. Puis les archives du chantier disparurent en 1975. Et voilà cet immense Lego de 100 000 pierres démonté mais sans mode d'emploi pour le remonter ! À partir de 1995, le Baphuon a fait l'objet d'un ***gigantesque programme de restauration,*** dont la maîtrise d'œuvre a été confiée à Pascal Royère de l'École française d'Extrême-Orient en partenariat

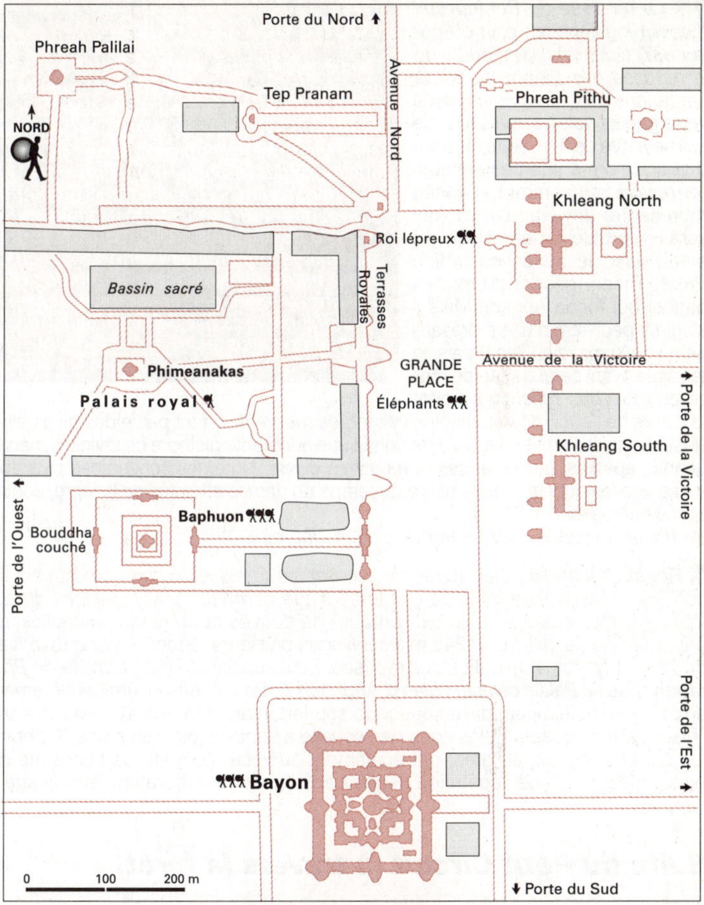

ANGKOR THOM

avec l'autorité cambodgienne Apsara. Ce travail de grande ampleur, où le béton a été exceptionnellement utilisé, a été achevé en 2012.

La terrasse des Éléphants *(Terrace of the Elephants ; plan d'Angkor,* ***36****)* **:** *le long de la grande avenue qui part du nord du Bayon.* Au début du XIIIe s, Jayavarman VII fit aménager cette terrasse en bordure du Palais royal, sur 350 m de longueur. Tout le long, elle est décorée de bas-reliefs visibles depuis la route. Il est probable que le souverain pouvait ainsi assister, avec ses courtisans, aux spectacles donnés sur la grande place. Sur le terrain en face, les vestiges de ***12 tours*** disséminés dans la végétation, les ***prasat Suor Prat,*** « tours des Danseurs de corde » *(plan d'Angkor,* ***32****),* disposées symétriquement autour de la porte de la Victoire.

La terrasse du Roi lépreux *(Leper King Terrace ; plan d'Angkor, **37**)* **:** *dans la continuité de la terrasse des Éléphants sur la droite (dos à la route).* Bien moins large que sa voisine, mais tout de même haute de 6 m, cette terrasse doit son nom à une petite statue retrouvée au sommet, censée représenter Jayavarman VII (qui serait mort de la lèpre). Ce roi serait associé au prince indien Preah Thong, gendre du roi des nagas, qui fonda Angkor. Mais il s'agirait peut-être d'une représentation de Yama, dieu des Enfers, la terrasse ayant servi de lieu de crémation. Les ***bas-reliefs*** qui ornent les murs de l'étroit déambulatoire, ***véritables merveilles,*** font partie des plus belles illustrations de l'art khmer. On y reconnaît une admirable pléthore de divinités, nagas géants, apsaras, génies armés et monstres divers. Noter les concubines plus abîmées que les autres : simple usure du temps ou dames atteintes de la lèpre, contaminées par le roi ?

Plusieurs restos après la terrasse du *Roi lépreux.*

TOURS DE CONTRÔLE

L'explication que donne Tcheou Ta-Kouan dans ses chroniques sur la construction des 12 tours (prasat Suor Prat) vaut son pesant de riz : « Quand 2 familles se disputent sans qu'on puisse régler le litige, un représentant de chaque famille s'assied au sommet d'une des tours (...). Après quelques jours d'observation, celui qui a tort finit par le manifester d'une façon ou d'une autre (ulcères, catarrhe ou fièvre maligne) et celui qui a raison n'a pas le moindre malaise. Ils décident ainsi du juste et de l'injuste. »

Royal Palace *(le Palais royal)* **:** *accès par les terrasses ou par la porte située côté Baphuon (suivre dans ce cas le fléchage parmi les spectaculaires arbres monumentaux aux troncs creux).* Entouré de douves et de hautes murailles, ce palais fortifié de 581 m sur 242 m a servi sous plusieurs règnes, à partir du milieu du Xe s, et fut remanié à diverses reprises. Seul subsiste le petit ***temple de Phimeanakas*** *(le Palais céleste ; plan d'Angkor, **17**).* Le toit, dit-on, était entièrement en or. Ce temple pyramidal a beaucoup souffert, mais le temps n'a rien ôté à ses lignes harmonieuses. Et les lions des escaliers sont toujours en place. Au nord, les bassins royaux, en grès, ont également survécu. Le reste de l'enceinte du palais n'est plus que végétation dense transformée en arboretum (étiquetage à l'appui).

Suite du Petit Circuit (à travers la forêt)

Thommanon *(plan d'Angkor, **21**)* **:** *sortir d'Angkor Thom par la porte de la Victoire (l'est) ; le temple est à gauche de la route.* Il fut construit à la fin du règne de Sûryavarman II, au début du XIIe s, et dédié à Vishnou. Jolis petits pavillons de grès, bien conservés. Remarquer les sculptures des portails et des angles.

Chau Say Tevoda *(plan d'Angkor, **22**)* **:** *juste en face de Thommanon, de l'autre côté de la route.* Construit un tout petit peu après son voisin mais moins bien conservé, à part de riches décorations. Cela explique les similitudes, même si l'influence d'Angkor Wat est ici plus forte.

Ta Keo *(plan d'Angkor, **15**)* **:** *à 1,5 km de Chau Say Tevoda, sur la gauche.* Une ***pyramide*** massive, sur plusieurs niveaux, culminant à une cinquantaine de mètres. Admirer la sobriété de l'ensemble, resté inachevé et entièrement dépourvu de sculptures. Ce dépouillement constitue toute l'originalité de l'édifice et, d'une certaine manière, permet de mieux en souligner les finesses architecturales. Ta Keo (« l'ancêtre Keo ») représente également un parfait exemple d'un ***temple-montagne.*** Construit à la fin du Xe s, il a certainement inspiré la construction d'autres temples angkoriens.

***Ta Prohm** (plan d'Angkor) : à 2 ou 3 km de Ta Keo, sur la gauche. Toujours un peu en restauration. Agréable à tt moment car situé en forêt (et donc à l'ombre).*
« L'ancêtre Prohm » figure parmi nos chouchous. Si Angkor Wat n'est qu'harmonie et majesté, le Bayon mystère et boule de gomme, Ta Prohm se révèle un ***lieu romantique et magique,*** parce qu'il resta longtemps livré à la jungle. La Conservation indienne, qui a heureusement sauvé les principaux monuments du site (voir les photos avant et après), eut l'excellente idée d'abandonner de nombreuses années celui-ci à son sort, histoire de laisser aux futurs visiteurs le plaisir de ressentir l'émotion éprouvée par les premiers découvreurs. Ainsi, quand on évoque Angkor, on pense autant aux visages couverts de mousse et aux racines couleur de pierre qu'aux tours d'Angkor Wat. Cependant, les amoureux du Ta Prohm, ceux qui en sont à leur 2e ou 3e visite, seront étonnés. En effet, le site a été nettoyé sévèrement de ses mauvaises herbes et arbres naissants. Subsistent évidemment les quelques grosses racines mythiques, mais l'ensemble a perdu, nous semble-t-il, de son aura romantique...
Construit sous Jayavarman VII vers 1186, Ta Prohm fut autrefois ***l'un des plus gigantesques temples d'Angkor.*** Difficile d'imaginer qu'il y a 8 siècles ce « monastère du roi » abritait 260 divinités, servies par 12 640 personnes, vivant toutes dans l'enceinte de 60 ha de cette ville dans la ville. Les dignitaires mangeaient dans une vaisselle en or, dormaient dans des draps de soie. La tour centrale croulait sous les pierres précieuses.
Aujourd'hui, le fromager et le ficus constituent les prédateurs les plus redoutés. Pensez aussi à lever les yeux : vous apercevrez certainement des perruches vertes (de la taille de perroquets), très bruyantes. Ce sont les mêmes qui ont envahi les parcs des capitales européennes depuis quelques années, après s'être échappées de cages de particuliers. Exotiques et à leur place ici, mais un vrai envahisseur sous d'autres cieux ! Dans certaines galeries, on remarque que des traits des bouddhas sculptés sur les murs ont été transformés en ermites. Jayavarman VIII, revenu à l'hindouisme, a ainsi voulu gommer les traces du bouddhisme instauré par Jayavarman VII. Essayer d'aller voir le Ta Prohm en fin d'après-midi, quand les derniers rayons inondent le temple. Magie garantie.

LE FROMAGER DESTRUCTEUR

Cet arbre splendide, utilisé autrefois pour fabriquer les boîtes de fromage, reste l'ennemi des archéologues. Ses graines, enfouies dans les déjections d'oiseaux, se retrouvent posées parfois sur les ruines. Les racines germent sur les murs en s'insérant entre les pierres qu'elles disloquent en grossissant. Elles se font pythons pour mieux dévorer les statues, les branches se font une joie de traverser portes et fenêtres. À se demander si la forêt fait œuvre de protection ou de destruction des sites...

***Banteay Kdei** (plan d'Angkor, **25**) : peu après Ta Prohm, route de droite qui redescend sur Angkor Wat ; c'est tt de suite à droite après le grand virage.*
La « citadelle des Cellules » est un vaste monastère bouddhique de la fin du XIIe s, entouré de 4 enceintes. Il fait partie des temples plats (à l'opposé des temples-montagnes) et s'étire sur plusieurs centaines de mètres. Il fut dégagé en 1920. C'est un temple admirable, dans un agréable environnement boisé. L'entrée principale, celle que l'on voit de la route, est surmontée de 4 visages très raffinés de 2 m de haut, représentant le bodhisattva Avalokiteshvara. Au gré de la balade, on découvre de nombreux linteaux et piliers sculptés. Banteay Kdei se caractérise par ses bas-reliefs multiples et pleins de raffinement, où apparaissent moult danseuses sacrées (apsaras). Le monastère était équipé d'une grande salle de danse où ces gracieuses créatures officiaient pour le roi.

Srah Srang *(plan d'Angkor,* ***26****) : face à Banteay Kdei, de l'autre côté de la route.* Le « bassin des Ablutions » (sa signification en khmer) est en fait une piscine royale, commandée par Jayavarman VII et creusée en 953. Superbes réflexions au lever du soleil. Le roi fit aménager tout autour des escaliers et des terrasses de grès, décorés de lions et de nagas. Mieux qu'une piscine olympique, le Srah Srang mesure 800 m sur 400 !

À noter, plusieurs ***restaurants*** (notamment le *Khmer Angkor Kitchen Restaurant*) avec une terrasse surélevée se sont installés face au bassin. Vraiment agréables et pas plus chers que les gargotes.

Prasat Kravan *(plan d'Angkor,* ***9****) : en poursuivant vers Angkor Wat, sur la gauche.* L'un des premiers temples du site (*prasat* signifie « temple »), construit en 921 mais restauré dans les années 1970. Il est dédié à Vishnou. Il se distingue également des autres par sa belle brique, alors que le grès fut largement employé par la suite. Les briques furent fabriquées sur place et séchées au soleil, puis cuites. L'ensemble a de l'allure avec ses 5 hautes tours. Nombreuses représentations de Vishnou. Noter encore l'avant-marche en demi-lune. À l'intérieur de la tour centrale, bas-reliefs de Vishnou à 8 bras (au fond) et 4 bras (côtés). À gauche, Vishnou tient un lotus, une conque, un sabre et un disque représentant la lumière. À droite, Garuda porte Vishnou (c'est en fait sa monture).

LE GRAND CIRCUIT

Il démarre dans le prolongement d'Angkor Thom, part dessiner une large boucle au nord, puis retrouve le Petit Circuit à hauteur de Banteay Kdei. La route est plus longue mais ne prend pas nécessairement plus de temps, les temples y étant moins nombreux.

Preah Khan *(plan d'Angkor,* ***27****) : 3 km au nord du Bayon. Entrée habituelle par l'ouest, à droite de la route, via un long chemin. La tradition voudrait pourtant qu'on entre par l'est. On conseille de se faire déposer à l'une des 2 portes et de sortir de l'autre côté, en fixant un point de rdv avec le* tuk-tuk*. Moins fréquenté en fin de journée.*

Plus qu'un temple, Preah Khan correspond d'abord à une antique ville disparue de plus de 50 ha, entourée de douves. La « ville de la fortune royale victorieuse » abritait un monastère (et ses 430 divinités), ainsi qu'une université bouddhique, dont le nombreux personnel engloutissait 10 t de riz par jour. Les 5 324 villages alentour comptaient près de 100 000 âmes (97 840, précise une stèle), dont plus de la moitié attachées à l'entretien du temple, 4 506 cuisiniers et 1 000 danseuses (on ne devait pas s'ennuyer dans le coin). Les habitations étaient disséminées dans la forêt autour du temple.

Au centre de cet ancien périmètre, le temple lui-même de Preah Khan (« l'Épée sacrée du roi ») fait irrésistiblement penser à Ta Prohm : ici aussi, la végétation s'est développée parmi les dédales de pierre, mais avec moins de violence. Moins connu des touristes, Preah Khan est souvent désert. En profiter, l'atmosphère n'en est que plus saisissante. Il reste pas mal de sculptures, malgré le vandalisme et les pillages.

On pénètre par l'entrée est, où on longe une chaussée encadrée de plots où figuraient des bas-reliefs de bouddhas, tous détruits par les brahmanistes au XIIIe s. Il ne reste qu'une seule effigie du Bouddha, au bout sur la gauche. Puis apparaît la célèbre scène du barattage de la mer de lait.

En passant la 2e porte, d'impressionnants fromagers embrassent et compressent le toit de la galerie. L'intérieur est couvert de bas-reliefs et de fausses fenêtres, colonnes sculptées de motifs végétaux. Fausses portes aussi, avec de superbes frises ciselées (notamment le départ du Bouddha en char). Porte du milieu, petits bouddhas assis. Autre scène remarquable : en haut, le Bouddha attaqué par les démons. Il appelle la « déesse Terre » à la rescousse. Alors, elle tire ses cheveux qui se transforment d'abord en torrents, puis en mer qui noie les démons. Puis viennent les bibliothèques (celle de gauche, vers la sortie, à colonnes sur 2 étages, est assez impressionnante) et l'enfilade de portes et de petites pièces qui mènent au centre du temple où l'on trouve un stûpa. Noter tous ces trous dans les murs, prévus pour fixer des plaques de métal renvoyant la lumière. Voir aussi le lingam aux 3 formes : rond au-dessus pour Shiva, octogonal pour Vishnou et carré pour Brahma. La visite se poursuit en traversant tout le temple. Le linteau de la porte ouest (à l'extérieur) illustre la bataille de Râma contre Râvana. Ce temple se révèle un véritable enchantement !

Neak Pean *(les Serpents enroulés ; plan d'Angkor,* ***28****)* **:** *à quelques km de Preah Khan. Prendre le chemin partant à droite de la route.* Peu d'intérêt pendant la saison sèche, car il n'y a pas d'eau. Un endroit pour le moins étonnant, construit à l'époque de Jayavarman VII, dans la seconde moitié du XIIe s. Imaginer un grand bassin entouré d'escaliers, occupé autrefois par des bonzes. Au centre, une toute petite île où se dresse un sanctuaire. Autour, 4 bassins plus petits, également carrés. En plus de l'ingénieuse entreprise mise en place, observer les animaux fantastiques sculptés sur le temple (on reconnaît 2 nagas géants) et sur les gros déversoirs des bassins. À l'intérieur de chaque déversoir, une figure sculptée différente. Dans le grand bassin, le groupe sculpté représente un cheval mythique (en fait, un dieu déguisé), tirant des hommes par sa queue. On sait aujourd'hui que le bassin central est une réplique du lac sacré Anavatapta, situé au pied du mont Kailash dans l'Himalaya tibétain, source du Gange, de la Shita, de l'Indus et de la Vakshu dans la mythologie hindoue, fleuves qui sont symbolisés par les 4 déversoirs. Les pèlerins venaient là s'asperger d'eau sacrée.

LE CAMBODGE

Ta Som *(plan d'Angkor,* ***29****)* **:** *à env 2 km de Neak Pean, sur la gauche.* Petit temple du style de Ta Prohm, édifié à la même époque. Englouti lui aussi par la forêt, le site est surtout connu pour la tour à visages de son entrée ouest. Il faut aller jusqu'à l'entrée opposée (à l'est) pour voir toute la partie extérieure gauche prisonnière d'un énorme banian. Le Ta Som est dédié à la mémoire des ancêtres des rois.

Le Mébon oriental *(plan d'Angkor,* ***11****)* **:** *au nord-est de Ta Prohm, à plusieurs km.* Ce temple était situé sur une île, au centre du Baray oriental, immense réservoir d'eau aujourd'hui transformé en rizière. La fondation du temple date de 952. Au milieu du Xe s, il y avait là une ville, choisie comme capitale par Rajendravarman. Seul le temple a subsisté, comme ailleurs. Dans l'enceinte, 4 tours en quinconce encadrent le sanctuaire. Les tours ouvrent à l'est avec de remarquables fausses portes en grès sculpté sur les autres côtés. Sur les linteaux de la tour centrale, Indra sur son éléphant tricéphale à l'est, Skanda dieu de la Guerre sur son paon à l'ouest, et Shiva sur son taureau sacré au sud. Sur la tour nord-ouest, remarquer sur la face est le dieu « qui enlève les obstacles », à tête d'éléphant, Ganesh, chevauchant sa trompe transformée en monture !

Pre Rup *(plan d'Angkor,* ***13****)* **:** *à 1,5 km au sud du Mébon, sur la droite. Tlj 5h-19h.* Imposante pyramide de brique, sur plusieurs niveaux, de la même époque que le Mébon. Il s'agit du dernier temple construit dans ce matériau. Derrière l'entrée se dressent 8 tours (4 de chaque côté) et au centre, une haute pyramide et une tour centrale flanquée de 4 autres tours. La grimpette est assez raide. Très jolie au coucher du soleil, mais nous ne sommes pas les seuls à le savoir ! Ancien temple funéraire brahmanique datant de 961, dédié à Shiva et dont le nom signifie « retourner le corps », un rituel de crémation dans l'hindouisme.
Les 14 hautes tours se terminent un peu en bouillie minérale, à cause de l'érosion, mais les couleurs, qui vont du gris à l'orange en passant par le beige, donnent tout son charme au site. Remarquer également les portails aux colonnes sculptées. La tour centrale abritait un lingam, aujourd'hui disparu. Enceinte et gradin entourent l'ensemble.

À L'EXTÉRIEUR DES CIRCUITS

Attention, l'accès à ces sites extérieurs se fait dans les mêmes conditions que pour les autres sites d'Angkor. Afin de ne pas parcourir des dizaines de kilomètres pour rien, veiller à se munir au préalable d'un *pass* auprès du bureau central. Les bureaux à l'entrée des temples n'en délivrent pas. Pas de ticket, pas d'accès – et la règle est stricte !

Le Baray occidental : ***à l'ouest*** *d'Angkor Thom, à env 12 km de Siem Reap, sur la route de l'aéroport.* **En cours de restauration, interdit au public : fin du chantier prévue courant 2020.** *Mais on bénéficie d'une bonne vue depuis la montée au Phnom Bakhèng.* Cet immense réservoir d'eau (8 km sur 2) fut aménagé au XIe s pour irriguer les douves, les bassins et les rizières de la nouvelle capitale. Ce genre de dispositif hydraulique, colossal, explique la puissance des Khmers à l'époque. Au centre, un Mébon, petit temple similaire à celui du Baray oriental mais tout à fait ruiné. On peut se promener sur cet étonnant lac artificiel et même profiter d'une petite plage, fréquentée le week-end par les Cambodgiens ! Endroit magique au coucher du soleil.

Banteay Samrè *(plan d'Angkor,* ***23****) :* ***à l'est*** *du Grand Circuit, un peu après le Baray oriental.* Traversée d'une zone d'habitations traditionnelles en chemin. Surnommé l'« Angkor Wat miniature », cet élégant temple du XIIe s est assez bien conservé. Faire le tour par la gauche le long des douves pour rejoindre l'allée d'accès. Double enceinte au carré, puis une seconde enceinte-galerie, avant d'accéder au sanctuaire, orné d'une jolie tour. Belles décorations sculptées, notamment sur les frontons. Les frises mettent en scène, ici aussi, Vishnou et Shiva, ainsi que des thèmes bouddhiques. Devant le temple, ne pas rater la superbe terrasse, aboutissement d'une longue chaussée le reliant à d'autres temples et flanquée de lions dont la queue amovible faisait place à une torche lors des cérémonies. On peut dire qu'alors les lions pétaient le feu !

Banteay Srei *(hors plan d'Angkor,* ***14****) : à 25 km* ***au nord*** *d'Angkor, par une adorable route goudronnée dans la campagne bordée d'échoppes, de palmiers et de rizières. Tlj 7h30-17h30. Compter env 30 mn de trajet et autour de 25 $ l'A/R en tuk-tuk.*

Banteay Srei, l'un des autres temples mythiques d'Angkor, est devenu célèbre au travers de l'aventure de Malraux, qui y vola un bas-relief et 2 apsaras en 1923. C'est aujourd'hui le site le mieux aménagé : moderne et propre avec café-resto, pontons, points de vue sur les marécages, sentiers dans la végétation, plan en 3D d'Angkor, inévitables boutiques d'artisanat, toilettes et centre d'interprétation.

– Sur la zone du parvis, le ***centre d'interprétation*** présente une intéressante perspective sur le Banteay Srei et sa place dans la chronologie angkorienne. Sa conservation a été réalisée en partenariat avec la Suisse. Excellente explication des méthodes de construction : les grands codes d'architecture hindoue repris dans ce temple plat, avec la symbolique du mont Meru et la tour-sanctuaire, les méthodes d'imbrication des pierres... Enfin, toute une partie historique sur la découverte et la restauration du site (de 1860 à nos jours), autour de photos d'époque. Une expo bien pensée et une introduction indispensable !

– Baptisé la ***citadelle des Femmes,*** le temple est entièrement décoré de reliefs, proches de la perfection. Autre particularité : ce petit bijou de l'art khmer est sculpté dans ce grès rose qui prend différentes teintes selon l'orientation du soleil. Par ailleurs, il n'a pas été construit par un roi mais pas son précepteur sur une terre offerte par le roi Rajendravarma. Dans la cour intérieure, plusieurs pavillons très bien conservés, gardés par des ***singes en pierre*** (copies), 2 belles ***bibliothèques,*** surmontées chacune d'un faux étage et flanquées, comme souvent, d'une fausse porte. Elles encadrent le ***sanctuaire*** destiné au roi. Partout, les

ET IL DEVINT MINISTRE DE LA CULTURE !

À 22 ans, Malraux avait déjà réussi à ruiner Clara, sa richissime épouse. Pour se refaire, il loua 4 charrettes à bœufs et démonta les bas-reliefs situés sur la tour de gauche, au fond du temple. Un secret vite éventé, puisqu'ils furent arrêtés tous deux dès leur retour à Phnom Penh. Assigné à résidence, Malraux plaida le « Res nullius » (le délit est nul, puisque l'objet n'appartient à personne !). Il prit 2 ans, dont 1 ferme. Une grande campagne de soutien à Paris lui permit de faire appel et de s'en tirer avec 1 an de sursis.

façades sont gravées d'une multitude de motifs floraux et de gracieuses figurines. Sur les linteaux des portes, des scènes de la mythologie brahmanique, véritables dentelles. Malgré la taille modeste du temple, dédié à Shiva, on peut passer des heures à observer les détails. Sur la droite en entrant, observer par exemple le triple fronton où Indra, seigneur du ciel, se tient sur un éléphant. Les toits étaient pentus, constitués de charpentes et recouverts de tuiles rendues étanches grâce à une colle végétale. On comprend pourquoi l'endroit, d'une grande harmonie, déclencha tant de passions. Selon l'architecte Maurice Glaize, il s'agit bien du « plus joli des temples khmers ».

Le groupe de Roluos : *à 15 km* ***à l'est*** *de Siem Reap. 2 possibilités : prendre la route 6 et suivre le panneau « Preah Kô » quand on arrive de Siem Reap ou « Bakong » en venant de Phnom Penh ; ou, plus bucolique, la route parallèle en latérite un peu plus au sud. Env 15 $ A/R en* tuk-tuk.
Rattaché au site archéologique d'Angkor, ce lieu préangkorien compte plusieurs temples de la fin du IXe s. Les rois installent ici Hariharalâya, capitale du royaume khmer pendant 70 ans, avant de déménager plus au nord. Roluos relève d'une grande importance : ses constructions témoignent des débuts de l'architecture et de la sculpture khmères. Les 3 principaux temples sont distants les uns des autres d'environ 1 km. Tôt le matin, on profite de la jolie couleur rose des briques.

Preah Kô *(Bœuf sacré ; plan d'Angkor,* ***2****) : à droite de la route 6, venant de Siem Reap.* Temple funéraire de Jayavarman II et de ses ancêtres, dégagé en 1932. C'est le 1er temple de Roluos, construit en 879 à proximité du Palais royal (disparu), à l'intérieur de douves. Il est consacré à Shiva. Accès par une chaussée dallée bordée de bornes (vestiges du péristyle, autrefois couvert de tuiles). Avant d'arriver au sanctuaire, à gauche une bibliothèque (admirer l'élégante voûte à encorbellement au-dessus de l'entrée). Devant le temple, 3 nandis, taureaux sacrés, monture de Shiva couchés sur le flanc, et sur le soubassement, 6 lions symbolisant le pouvoir et la force. Puis on trouve 6 tours-sanctuaires en brique assez bien conservées, aux portails ornés de sculptures. Tandis que les tours côté est (à l'avant) sont élevées en mémoire des ancêtres mâles du fondateur du temple, celles de l'ouest (moins hautes, à l'arrière) sont dédiées aux esprits des reines. Sur les linteaux, on découvre d'étranges créatures, des monstres marins, des serpents à 5 têtes, de curieux lions « à trompe »...

Bakong *(plan d'Angkor,* ***3****) : au sud de Preah Kô, à 1,5 km de la grand-route.* Le temple le plus important du groupe de Roluos, dédié à Shiva, dont la construction date de 881. Entouré de ***douves*** et d'un mur d'enceinte (700 m sur 900) dans un état remarquable. Flanqué d'un monastère en activité et aux couleurs qui détonnent (pas de visite), ce 3e temple-montagne de l'histoire khmère et le 1er construit en grès se révèle très photogénique. Le Bakong ayant été entièrement remonté par Maurice Glaize entre 1936 et 1943, on a pu constater que la tour n'était pas du IXe s, comme le reste du temple, mais du XIIe s. Ce qui explique la ressemblance avec Angkor Wat...
Avant de traverser les douves par le ***pont de l'Arc-en-Ciel,*** 2 nagas relient le monde des humains au mont Meru.

Noter les vestiges de ***salles de repos*** juste après le mur d'enceinte et quelques pavillons de méditation plus petits. Vous voici au pied de la majestueuse tour centrale à 5 étages. Il est temps de gravir l'escalier monumental avec, à chaque étage, les lions-gardiens. Remarquer les blocs de la bordure avec les trous, c'est là qu'on ancrait les parapets. Aux quatre coins, les éléphants (symbole de stabilité et pérennité) ont désormais plus l'allure d'hippopotames depuis qu'ils ont perdu leurs trompes. Marches très hautes pour élever au maximum la pyramide. Du fait de sa structure et aussi de la présence d'un sanctuaire au sommet, le Bakong symbolisait certainement le centre virtuel du royaume. Le tout entouré de 8 tours-sanctuaires de brique en assez bon état, représentant chacune une forme de Shiva. Travaux de restauration en cours, menés par la coopération allemande.

Lolei *(plan d'Angkor,* ***4****)* **:** *à gauche de la route 6 venant de Siem Reap, par une piste en terre.* Édifié par Yasovarman Ier, il est dédié à la mémoire des fondateurs de Hariharalâya. *Lolei* signifie d'ailleurs « séjour de Harihara » (c'est-à-dire de Shiva et Vishnou). Le temple formait alors une île au milieu d'un réservoir de 4 km de longueur sur 800 m de large qui alimentait la capitale en eau. Plus grand-chose de tout cela n'est visible aujourd'hui, mis à part 4 tours en piteux état, mais en restauration. Les reliefs des portails sont tout de même bien conservés, avec de très jolies divinités féminines, entre autres (les *Devatas*).

LE CAMBODGE

Au nord de Banteay Srei

En partant très tôt, avec une voiture, on peut enchaîner les 2 sites suivants. Mais attention ! Se souvenir qu'il faut arriver à l'entrée du péage de Phnom Kulen avant 11h (en haute saison) car le trafic est régulé (lire plus loin) ! Au retour, possible de profiter de Banteay Srei.

Kbal Spean : *continuer sur env 20 km après Banteay Srei. Bonne route et quelques ponts en plus ou moins bon état. Arrivée à un parking avec des gargotes. Ferme à 16h30.* Kbal Spean, la « rivière aux mille lingams », se découvre après une courte marche pentue à travers une forêt assez dense (30-45 mn). Un grand nombre de lingams ont été sculptés dans le lit de la rivière. En fait, ce sont comme des carrés de pierre tapissant le fond de l'eau. Ces lingams servaient à bénir les eaux avant qu'elles n'atteignent la cité royale. Des bas-reliefs, représentant les divinités du panthéon brahmanique, se trouvent aussi le long de la rivière. Malheureusement, beaucoup ont été volés, arrachés à coups de burin du lit de la rivière. Un guide ou un chauffeur de *tuk-tuk* averti vous montrera les sculptures cachées dans la jungle. Le paisible environnement, l'atmosphère inspirée qui baigne la rivière, la belle chute d'eau en contrebas (où l'on peut prendre une douche vigoureuse) rendent ce site assez unique parmi les temples d'Angkor, et il mérite le détour.

Borey Sovann Restaurant : *peu avt d'arriver au Kbal Spean, sur la droite. 012-842-258. Le midi seulement. Prix « chic ».* Agréable resto en pleine campagne. Salles en plein air entourées d'une végétation luxuriante, bière fraîche et cuisine de bonne qualité. Les petits budgets opteront pour les gargotes à l'entrée du site.

Phnom Kulen (la rivière aux mille lingams) : *à env 23 km à l'est de Banteay Srei (soit env 50 km de Siem Reap), par une piste correcte. Visite à déconseiller lorsqu'il a plu, la piste est en terre et les rochers peuvent être glissants. 2 sites : le 1er est accessible moyennant 20 $! Le 2d est gratuit et tout aussi intéressant que le 1er. Les agences de Siem Reap combinent la visite de Phnom Kulen avec celle de Banteay Srei. Y venir avt 11h. À midi, le sens de la circulation s'inverse et la route est réservée à la descente. Ce qui signifie aussi : pas de descente avt midi ! Compter 45 mn min de piste depuis le péage jusqu'au 1er parking, et autant à la descente. Prudence : ne pas quitter les chemins balisés, le déminage complet des environs n'est pas encore garanti.*

L'une des grandes montagnes sacrées pour les Cambodgiens angkoriens et un lieu de pèlerinage très populaire. C'est ici, en 802, qu'eut lieu le véritable acte de naissance du Cambodge. Le roi Jayavarman II y proclama l'indépendance du pays vis-à-vis de Java, et y fonda la première capitale. Immense plateau couvert d'une dense forêt vierge.
Il s'agit de 2 sites, tous 2 appelés « rivière aux mille lingams » en raison du nombre de lingams sculptés dans le lit de la rivière. Aux 2 endroits, belle cascade où il fait bon se baigner.
En plus des lingams et sculptures sur les rochers, ce site abrite un petit temple et un grand bouddha couché.
– *La rivière aux mille lingams :* on n'a pas compté, mais on ne doit pas en être loin. Depuis le parking, emprunter un petit chemin jusqu'à la rivière. La franchir sur un tronc d'arbre pour voir en amont, à une vingtaine de mètres, une sculpture de Vishnou couché. Comme au Kbal Spean, les fameux lingams ne sont que des carrés sculptés dans le lit de la rivière (et pas du tout de forme phallique). Un sentier mène ensuite, à une centaine de mètres, à une petite source sacrée. Gentil environnement.
– *Le temple du Bouddha : à 10-15 mn à pied du parking.* Les fainéants peuvent s'y rendre à *moto-dop.* Ici, rien d'artistique, il s'agit d'un lieu de culte. Stands de bondieuseries et de pharmacopée populaires : onguents, herbes et écorces, cornes et dents de toutes sortes, pierres à furoncles et tout un tas de choses... Escalier en béton, encadré de nagas, menant au pied du *rocher du Bouddha couché,* sculpté au XVe s. Au XIXe s, pour le protéger, on y édifia un petit temple qu'on atteint par un second escalier plus large. Il fut détruit en 1975 par l'aviation gouvernementale, car les Khmers rouges tenaient la colline. Cependant, le bouddha ne fut pas touché. Du sommet, à près de 500 m de hauteur, superbe panorama sur la région. Atmosphère très religieuse.
– *Les chutes d'eau : reprendre la voiture jusqu'au 2e parking.* Lieu de pique-nique populaire pour les familles, surtout le week-end. De hauts arbres prodiguent un ombrage salutaire.

À l'est d'Angkor

Beng Mealea : *60 km env à l'est de Siem Reap. Pour s'y rendre, 2 itinéraires possibles : route 6, puis bifurcation à gauche au village de Dam Daek ; ou route 66 (l'ancienne Voie royale, aujourd'hui à péage). Prévoir 1h30 de trajet en tuk-tuk. Prix : env 30 $ l'A/R (env 50 $ en voiture). Mieux vaut y aller l'ap-m. Entrée : 5 $. Billetterie 2 km avt le site. En s'organisant, il peut être pratique de coupler la visite avec celle du village lacustre Kampong Khleang (voir plus haut le chapitre sur le Tonlé Sap) ou avec les sites de Banteay Srei et Kbal Spean puis le groupe de Roluos au retour (grosse journée).*
À comparer au Ta Prohm mais en beaucoup moins arrangé pour la visite (seulement quelques passerelles et passages tracés). Sa restauration, modeste, remonte à 1955. C'est un de nos temples préférés.

Un peu d'histoire
Le Beng Mealea (la « guirlande de l'étang ») date du XIIe s. Ville et sanctuaire tout à la fois, d'une superficie de 108 ha (à peu près celle d'Angkor Wat). Un fossé de 4 m de largeur l'entourait. En fait, on ne sait pas grand-chose sur ce sanctuaire. Par son style, il est proche d'Angkor Wat.

Visite du site
Le long du chemin menant au temple, quelques vestiges du corps du serpent (naga) qui précédait les 4 entrées. Arrivée à la partie sud du site. 1er bâtiment à gauche, avec un portique et un linteau sculpté. En face, une bibliothèque en ruine. Passage d'une galerie avec quelques éléments de voûte, mais ce sont

LE CAMBODGE

les arbres qui font voûte désormais. C'est tout un système de passerelles qui a été installé depuis le tournage du film de Jean-Jacques Annaud *Les Deux Frères* (2004). Tour centrale totalement écroulée et formant un immense éboulis. Tout autour, des galeries à 5 colonnes en pierre. On pénètre (en souplesse) dans l'une d'elles à travers un passage orné de barreaux de grès tournés comme du bois, pour atteindre une petite plate-forme en hauteur. Pendant quelques secondes, on se prend pour Indiana Jones. Là, devant nous, une belle galerie.
On longe un passage couvert, dans une pénombre humide, pour déboucher sur une magnifique bibliothèque. 4 murs percés de fenêtres à 5 colonnettes de pierre (on retrouve souvent le chiffre 5, plus rarement le 7). On se retrouve dans l'axe de l'entrée (vestiges du corps du naga sur les côtés). Dans le mur, face à la bibliothèque, une trouée lumineuse s'ouvre sur un nouveau spectacle de belles colonnes encore debout, dans un fantastique chaos de pierre et de linteaux déchus. Après avoir contourné la bibliothèque, on parvient à des éléments de l'enceinte extérieure qu'on va suivre quelque temps jusqu'à la porte est, reconnaissable à ses nagas surgissant des fougères arborescentes dans leur position d'origine. Là encore, grande poésie de ces vestiges tentant de s'extraire de leur gangue végétale. Nombreuses portions des remparts en ruine. La visite aura duré au moins 1h30, dont 90 mn d'enchantement total.

Preah Khan : *à env 6-7h de Siem Reap (en saison sèche seulement), en poursuivant plein est depuis Beng Mealea. Mais accès plus aisé depuis le village de Stoung, avt Kompong Thom en venant de Siem Reap. Donation : 5 $.* ***Attention,*** ne pas confondre avec le site situé à l'intérieur du parc d'Angkor. De Beng Mealea à Preah Khan, les 65 km de piste empruntent le tracé de l'ancienne Voie royale datant du Xe s. Aventure ! Plusieurs vestiges de ponts et de bâtiments angkoriens. Preah Khan, plus grand complexe jamais construit (35 km^{2}, soit 3 fois plus qu'Angkor Thom !), fut d'abord un lieu de culte brahmanique mystérieux, dont la richesse provenait probablement des mines de fer voisines, exploitées depuis des temps immémoriaux par des peuples protokhmers. Dépouillé de ses plus belles sculptures en 1870 par les archéologues français (visiter le musée Guimet à Paris...), sauvagement pillé dans la 2de moitié des années 1990, Preah Khan est dans un très mauvais état général. La visite n'en demeure pas moins une récompense à la hauteur de l'effort consenti, ne serait-ce que pour la tour aux 4 têtes de *prasat Preah Stung,* qu'on attribue à Jayavarman VII (Bayon).

Koh Ker : *à env 60 km de Beng Mealea en continuant vers le nord-est par la route à péage. Compter 3h de route depuis Siem Reap (120 km en tout). Prix d'une voiture A/R : env 80 $. Entrée : 10 $.* Jayavarman IV, qui règne déjà à Koh Ker, préféra y rester quand il devint empereur. Son fils, ingrat, revint à Angkor. Le fait que le site ait acquis toute son ampleur en seulement une quinzaine d'années donne une idée de la mégalomanie de ces temps. Vestige le plus connu et spectaculaire, la pyramide *prasat Thom* (ou *prasat Kompeng*), un *prang* (tour principale) pyramidal de 7 étages et de 40 m de haut dédié à Shiva. Avec le *prasat* Chen (autre monument important situé à l'entrée), ils abritaient une statuaire remarquable et raffinée. Les sculptures en ronde-bosse, contrairement aux autres temples qui possèdent des bas-reliefs, apportent ici un effet réaliste original.
Le *prasat* Chen est, quant à lui, dédié à Vishnou. Nombreuses statues, autrefois peintes, dans les 2 pavillons d'entrée. Le site a été abondamment pillé au cours du dernier tiers du XXe s, du fait de son isolement. Mais grâce aux études effectuées sur place et à la campagne de demande de restitutions engagée par l'État, Sotheby's en 2011 et le Metropolitan Museum of Art de New York en 2013 ont restitué trois statues. Mais d'autres œuvres se trouvent encore fort probablement dans des musées ou collections privées. Plus d'infos sur le site de l'École française d'Extrême-Orient : • *efeo.fr* •

Ceux qui veulent continuer l'aventure peuvent filer en direction de Tbeng Meanchey, et, 20 km avant d'y arriver, prendre une piste vers le nord (difficile en saison de pluies), remontant vers la citadelle de Preah Vihear...

Angkor... plus loin !

Banteay Chhmar : ce gigantesque temple s'adresse avant tout aux routards à l'esprit vraiment aventurier. Ils découvriront, après bien des difficultés, un monument qui a certes été restauré, mais où la magie opère toujours, entre autres du fait de son isolement.

Infos pratiques

Au nord-ouest du Cambodge. Compter 4h env au départ de Siem Reap. Route impeccable en bus jusqu'à Sisophon (105 km, 1 à 2h de trajet, env 5 $). Ensuite, 65 km de route en taxi privé ou collectif, ou moto-taxi (à Sisophone, se rendre de la station de bus à celle des taxis collectifs, 3 km). Au retour, trajet Sisophone-Phnom Penh possible. Entrée : 5 $; gratuit moins de 12 ans.

– Loger chez l'habitant, visiter le magnifique temple de Banteay Chhmar avec des guides du village, faire des activités pour découvrir la vie traditionnelle khmère, c'est possible à Banteay Chhmar où des comités de villageois ont développé un programme de tourisme solidaire en 2007 sous l'impulsion de l'association française *Agir pour le Cambodge.* Le but était de développer la communauté sur les plans social, économique et écologique et de leur assurer des revenus complémentaires, répartis de manière équitable. Des villageois ont été formés par l'école hôtelière *Sala Baï* de Siem Reap pour la cuisine du restaurant et le service des chambres d'hôtes. Une façon utile, donc, d'aider ces familles à vivre. Depuis 2009, ce programme est géré par *Global Heritage Fund,* un organisme américain qui sensibilise les populations locales à la conservation et à la mise en valeur de leur patrimoine. Il est aussi en charge de la restauration du temple. Pour en savoir plus : • *tsophal@globalheritagefund.org* • (M. Tath Sophal, responsable du projet) et • *visitbanteaychhmar.org* •

– Autre solution, dormir dans un des hôtels de Sisophon. L'idéal est de partir tôt le matin et de revenir le soir à Sisophon (ou à Siem Reap). Conseillé d'acheter de l'eau et quelques biscuits pour la journée.

La visite

On a du mal à comprendre que ce temple, parmi les plus grands de tout le Cambodge, ait été construit dans une région si déshéritée. Bâti au XIIe s, il est entouré d'une douve, large de 65 m.

Avant d'entrer à l'intérieur du temple, observer l'enceinte principale. Sur la gauche, superbe scène de combat naval opposant les Khmers aux Chams. Ces derniers sont reconnaissables à leurs coiffes, les autres étant tête nue. Armés de lances, les soldats s'affrontent au corps à corps. Certains se noient et se retrouvent au milieu des poissons.

Il faut aimer l'escalade pour pénétrer à l'intérieur du temple, un gigantesque amas de blocs de pierre et d'écroulements successifs. Cette difficulté de s'y déplacer l'a certainement protégé des pillages (encore que certaines pièces aient manifestement disparu).

Partout, la pierre est finement sculptée, notamment les célèbres apsaras qui gardent les entrées. Le temple possède, lui aussi, des tours à visages, perdues au milieu de la végétation. Vous l'avez compris, vous êtes dans une œuvre majeure de l'art khmer, ignorée du tourisme... encore pour quelque temps.

Soierie du Mékong : *entrée face au collège de Banteay Chhmar, sur la route principale.* ☎ *546-901-570.* • *soieriesdumekong.com* • *Lun-ven 7h30-12h, 13h30-17h ; le w-e, mieux vaut réserver.* Fondée par 2 ONG françaises, *Enfants du Mékong* et *Espoir en Soie,* cette entreprise sociale lutte

LE CAMBODGE

pour l'autonomie des femmes et contre l'exode rural fréquent dans la région. Des collections de foulards variés et d'excellente qualité alliant la créativité du design français et le savoir-faire du tissage à la main.

Preah Vihear : *situé dans la chaîne frontalière des Dangkrek. Compter 250 km de route goudronnée depuis Siem Reap, soit env 3h30-4h. Pour s'y rendre : minibus à Siem Reap, devant le marché psaar Leu (hors plan de Siem Reap par B2), à env 2 km du centre, sur la route de Phnom Penh ; il arrive à Sra Em, à 30 km de Preah Vihear. Compter 5 $ pour env 3h de trajet. Ensuite, moto-taxi jusqu'à destination (autour de 10 $ + 5 $ pour monter en haut du temple). Entrée : 10 $.*
Noter que le conflit frontalier, qui opposait depuis des années les armées thaïe et cambodgienne (chaque pays revendiquant sa souveraineté sur le temple), s'est soldé en novembre 2013 par une décision de la Cour internationale de justice donnant raison au Cambodge.
Les allures de forteresse de ce sanctuaire (XIe-XIIe s) de grès jaune noirci par le temps, grimpant à l'assaut d'une colline sacrée depuis des temps immémoriaux, pour culminer à 640 m d'altitude comme une nef tournée vers Angkor, font de sa visite un moment inoubliable. On y accède en parcourant différentes bibliothèques et *gopuras* reliés par une voie royale. Sur le site, il y a parfois plus de militaires que de visiteurs, mais leur présence n'est pas contraignante.
Depuis Siem Reap, la visite peut être idéalement couplée avec la découverte d'autres sites éloignés comme Koh Ker (selon l'itinéraire choisi).

Nuit sur place obligatoire. Plusieurs *guesthouses* à Sra Em, à 30 km du site, sur la route d'Along Vien *(chambres autour de 10-15 $)*. Également un hôtel 4 étoiles, le ***Preah Vihear Boutique Hotel and Restaurant*** : *(☎ 088-346-05-01 ; • preahvihearboutique.com • ; double env 190 $).* Une trentaine de chambres agréables, entourées de beaux jardins. Piscine, bar et resto.

Noter que la frontière avec la Thaïlande est encore fermée, mais il est question qu'elle rouvre prochainement. À suivre... Il est néanmoins possible de passer en Thaïlande par le village cambodgien de Phang (situé sur la route longeant la frontière, à environ 60 km à l'ouest de Preah Vihear). On arrive au village thaï d'Osmak.

LE CENTRE-EST

KOMPONG CHAM

42 000 hab.

• Plan *p. 269*

Relativement endormie en journée, cette ville à l'apparence moderne possède encore un certain cachet colonial. Elle s'éveille surtout le soir, éclairée aux néons du plus bel effet, depuis les lampadaires jusqu'au pont qui enjambe le Mékong. Les bords du fleuve, flanqués d'une grandiose piscine flottante grouillent alors de badauds, de touristes et de food-trucks dans une ambiance de kermesse.
Aux alentours immédiats de Kompong Cham, ne pas manquer d'explorer l'île

sauvage de Koh Paen, de sillonner à vélo les pistes longeant les berges et de découvrir les plantations d'hévéas.
La province de Kompong Cham compte encore un grand nombre de Chams. Autrefois hindous et puissants, ceux-ci furent progressivement vaincus par leurs voisins khmers et vietnamiens. Convertis à l'islam à partir du XVIIe s, ils sont aujourd'hui plutôt déshérités, d'autant qu'ils ont particulièrement souffert sous les Khmers rouges.

Arriver – Quitter

La majorité des bus font un arrêt sur le boulevard Monivong *(plan B2)*. Infos et billets dans les hôtels ou au restaurant *Lazy Mekong Daze (plan B3, **24**)*.

➢ ***Phnom Penh :*** 7h-15h45, jusqu'à une dizaine de bus/j. dans les 2 sens. 120 km (N7), 3h de voyage. Également des taxis collectifs à prendre à côté de la station *Caltex*, à l'angle d'Ang Duong St et N7 (prix similaires).

➢ ***Kompong Thom et Siem Reap :*** env 2-3 bus/j. tôt le mat. Prévoir respectivement 120 km (env 2h30 de trajet) et 280 km (env 6h30).

➢ ***Kratie :*** 2 bus/j. dans les 2 sens avec la compagnie *Sorya*. 220 km, prévoir 4h30 de trajet. Également des taxis collectifs, à peine plus chers et des minivans plus rapides.

➢ ***Batambang, Poipet :*** 1 bus/j. tôt le mat.

Où dormir ?

Les hôtels sont situés devant le Mékong. Pas spécialement romantiques, mais il y en a pour tous les prix et tous les goûts. Évidemment, pour la vue sur le Mékong avec ou sans balcon, il faudra allonger quelques dollars supplémentaires. Également des *guesthouses* pour les budgets serrés pas trop à cheval sur l'hygiène.

Bon marché (moins de 15 $)

■ ***Moon River Guesthouse*** *(plan B3, **10**) :* *Preah Sihanouk St.* ☎ *016-788-973 et 077-788-973.* • *moonrivermekong@gmail.com* • Chambres simples mais avec clim. Les plus fauchés se contenteront du ventilo. Vue sur le Mékong pour les meilleures. Resto sur place.

■ ***Mekong Crossing*** *(plan B3, **21**) :* *à l'angle de la rue Pasteur et du quai.* ☎ *017-801-788.* Les moins chères sont avec ventilo mais sans fenêtre. Les plus chères possèdent la clim et donnent sur le fleuve, ce qui est quand même nettement mieux. Bien tenu. Location de vélos. Fait aussi resto (voir « Où manger ? »).

Prix moyens (15-30 $)

■ ***Tmor Da Guesthouse*** *(plan B3, **11**) :* *Preah Sihanouk St, à côté du resto* Lazy Mekong Daze. ☎ *011-66-26-59 et 011-64-18-69. Petit déj en sus.* Les chambres propres et vastes, au mobilier khmer typique et aux salles d'eau avec douche à l'italienne profitent d'un balcon et d'une vue sur le fleuve pour les plus chères. Les autres ne possédant pas de fenêtre, on est déjà moins emballé.

■ ***KC River Hotel*** *(hors plan par B3, **12**) :* *3rd Village, après le pont.* ☎ *097-777-89-89 et 078-89-67-89.* • *kcriverhotel.com* • *Tarifs hors petit déj.* Impossible de manquer cette tour blanche qui domine désormais les berges. Elle abrite un hôtel moderne et des chambres dotées d'un petit balcon. Celles tournées vers le fleuve ont évidemment notre préférence. La déco joue la sobriété ce qui n'est pas toujours gagné dans ce genre d'établissement nouvelle génération. Accueil pro.

■ ***Monorom 2 VIP Hotel*** *(plan B2, **13**) :* *Mort Tunle St.* ☎ *092-777-102. Pas de petit déj.* Un hôtel qui ne lésine pas sur le bois verni sculpté. Déco assez chargée, mais il reste de la marge pour investir les chambres vraiment spacieuses. Clim et chambres familiales.

Où manger ? Où prendre le petit déj ? Où boire un verre ?

De bon marché à prix moyens (moins de 8 $)

Destiny Coffee House *(plan B3,* ***20****) : 12, Vithei Pasteur. Fermé le soir. Bon marché.* Qu'elle est revigorante, cette adresse gourmande en diable où les douceurs fondantes compensent l'absence de vue sur le Mékong : brownies, pancakes, excellents cafés, salades, jus de fruits et petits plats occidentaux. Carrément régressif !

Mekong Crossing *(plan B3,* ***21****) : voir « Où dormir ? » Tlj 6h-minuit. Bon marché.* Resto-pub idéalement placé, avec une belle terrasse extérieure en angle. Sympa au petit déj pour voir le lever du soleil sur le fleuve ou dans la journée pour siroter un savoureux *fruit shake.* On y sert jusque tard une bonne cuisine khmère. Propre, ambiance agréable dans la salle lumineuse.

Smile Restaurant *(plan B2,* ***23****) : 6 St 7 Riverside. 017-99-77-09. • bsda-cambodia.org • Tlj. Résa conseillée ou arriver tôt. Prix moyens.* Il s'agit d'un centre de formation pour orphelins, alors patience si le service tarde et gardez le sourire. Le staff, lui, n'en manque pas ! D'autant que les plats – typiquement khmers ou internationaux – se révèlent délicieux. Les boissons maison et les petits déjeuners devraient finir de vous convaincre. À la boutique, vente de kramas au profit de l'ONG. Une très bonne adresse.

Lazy Mekong Daze *(plan B3,* ***24****) : Preah Sihanouk St. 011-624-048. Prix moyens.* Resto-bar tenu par un Breton et son énergique compagne khmère, Dary. Cocktails, petits déj, plats khmers et occidentaux, savoureuses pizzas (un peu d'attente). À déguster affalé dans les fauteuils de rotin. Location de vélos, tickets de bus et un puits d'infos sur les balades dans la région.

The River *(plan B2,* ***22****) : Preah Sihanouk St. Au dernier étage de l'hôtel LBN Asian.* Bar-karaoké que l'on recommande avant tout pour la vue. Mais rien ne vous empêche de pousser aussi la chansonnette...

À voir. À faire

Le **grand marché** *(plan B2)* classique au centre-ville et quelques **villas** datant du début du XXe s à l'ouest de l'avenue Preah Bat Ketomealea *(plan A1-2).* Voyez notamment la grandiloquente maison du gouverneur !

Le **phare français** *(hors plan par B3) : traverser le pont.* Un peu incongru ici, il fut construit par les Français. Restauré, mais la montée s'effectue à vos risques et périls par des échelles métalliques (on déconseille aux enfants). De là-haut, jolie vue (surtout au coucher du soleil) sur la ville en face, le fleuve et un village khmer en contrebas.

Techo Sen Swimming Center *(hors plan par A1) : Preah Bat Chey Reachea. Entrée env 2 $.* Cette piscine olympique fut inaugurée en 2015 par le 1er ministre Hun Sen et porte d'ailleurs son nom, pour faire simple. *Clean,* et en général peu de monde.

Balades en bateau sur le Mékong *: rens auprès des pêcheurs situés près du* ***Monorom 2 VIP Hotel*** *(plan B2,* ***13****) ou au restaurant* ***Lazy Mekong Daze*** *(plan B3,* ***24****). À partir de 7 $/pers.* Préférer le crépuscule pour profiter de la plus belle lumière.

Wat Nokor *(hors plan par A2) : à 3,5 km au nord du centre-ville, sur la N7, direction Phnom Penh. Y aller à moto-dop, en tuk-tuk ou à vélo. Tlj 7h-17h.*

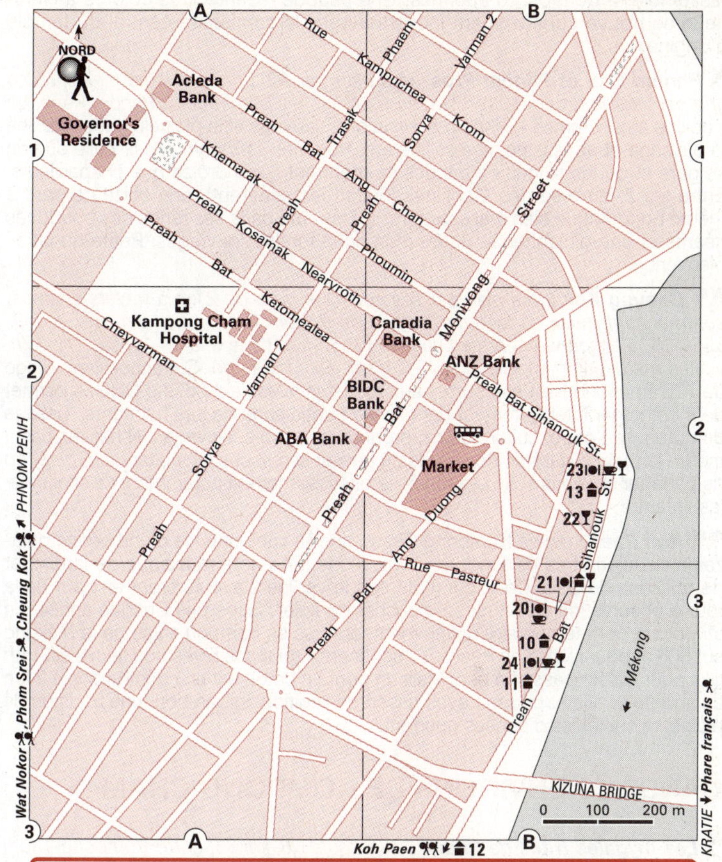

KOMPONG CHAM

Où dormir ?	**Où manger ?** **Où prendre le petit déj ?** **Où boire un verre ?**
10 Moon River Guesthouse (B3) **11** Tmor Da Guesthouse (B3) **12** KC River Hotel (hors plan par B3) **13** Monorom 2 VIP Hotel (B2) **21** Mekong Crossing (B3)	**20** Destiny Coffee House (B3) **21** Mekong Crossing (B3) **22** The River (B2) **23** Smile Restaurant (B2) **24** Lazy Mekong Daze (B3)

Entrée : 2 $, valable aussi pour Phnom Srei et Phnom Pros. Dans son agréable écrin campagnard, ce temple bouddhique construit sous le règne de Jayavarman VII (fin XIIe s-début XIIIe s), le célèbre vainqueur des Chams, mérite largement la visite. En faisant ériger ce temple, il a mêlé les éléments bouddhistes et hindouistes. De superbes contrastes de couleurs et de formes naissent de l'alternance de blocs de grès et de latérite, noircis et usés par le temps jusqu'à ressembler à de grosses éponges. Une pagode récente, très colorée à l'intérieur, se trouve curieusement incrustée dans le sanctuaire central du temple d'origine.

Phnom Srei et Phnom Pros (hors plan par A2) **:** *par une voie majestueuse grimpant sur la droite de la N7, à env 7 km de la ville, direction Phnom Penh.* La « colline aux Femmes » *(Phnom Srei),* la plus sauvage et la plus éloignée, domine le paysage et sa voisine, la « colline aux Hommes » *(Phnom Pros),* celle où l'on se gare et où les singes en bandes se montrent aussi drôles que chapardeurs. Entre les 2, au pied des 2 collines (500 m les séparent), une sorte de parc à thème bouddhique bien mal entretenu qui compte dans ses rangs des bouddhas géants et une bibliothèque dotée d'un riche fonds d'ouvrages. Petite donation bienvenue.

Cheung Kok (hors plan par A2) **:** *par une piste de 2 km à travers champs, commençant quasi en face de l'entrée de Phnom Pros et Phnom Srei. 069-555-115. • amica-web.com • Lun-ven 13h30-17h30, le w-e 9h-11h30, 14h-17h. Visites gratuites en anglais (30 mn-1h), sur résa. Boutique.* Cet accueillant village de 700 âmes a ouvert ses portes aux touristes avec l'aide d'une ONG. Il permet de s'immerger intelligemment dans la vie quotidienne de ses habitants. Tissage du coton, sculpture, culture du riz, production de soie, élevage... N'hésitez pas à mettre la main à la pâte ! Possibilité de passer la nuit chez l'habitant *(5 $/pers)* ou de partager un repas *(4 $).* Les fonds récoltés permettent notamment de scolariser les enfants.

Koh Paen : face à Kompong Cham, une île sablonneuse d'une bonne quinzaine de kilomètres de long, couverte d'une luxuriante mosaïque de jardins et de maisons de bois. Ceux qui n'ont pas le vertige s'aventureront en haut de la tour d'observation en brique au coucher du soleil. Superbe ! Chaque année, un stupéfiant pont temporaire entièrement fabriqué en bambou enjambe le Mékong sur 800 m pour relier Koh Paen au « continent » quand le niveau du fleuve est trop bas pour laisser passer le bac. Mais un pont en béton est en construction à 2 km au sud de la ville et pourrait avoir raison de l'édifice en bambou, une tradition de plusieurs centaines d'années pourtant.

DANS LES ENVIRONS DE KOMPONG CHAM

Les mygales frites de Skun : *sur la route N6, km 68, entre Kompong Thom et Phnom Penh.* Si vous passez par ce marché où tous les cars s'arrêtent pour la pause-restaurant, ne manquez pas cette spécialité culinaire locale. Ces mygales d'élevage sont vendues vivantes (soulevez le couvercle !), puis cuites sous vos yeux par des femmes qui en portent de pleins plateaux sur la tête. Brrr ! Ne manquez pas non plus les sauterelles frites, les blattes géantes, les larves, les abeilles... Vous avez bien fait de vous arrêter, c'est bourré de protéines !

Les plantations d'hévéas : *de long de la N7 vers l'est en direction de Kratie, jusqu'au village de Suong.* Il s'agit de la principale région productrice de caoutchouc, l'une des richesses du pays. La N7 traverse de vastes plantations d'hévéas jadis créées par les Français. Il faut voir les petits godets qui recueillent le blanc latex, les saigneurs à l'œuvre au petit jour, les camions de collecte... Toute une économie, de la coopérative villageoise à l'usine. Visite possible de l'usine de traitement **Chup Rubber Plantation** *(20 km à l'est de Kompong Cham).*

Chiro : *à 6 km au nord de Kompong Cham, sur la rive opposée du Mékong. Compter 30 mn à vélo ou 10 mn de tuk-tuk (5 $).* Pour les amateurs de beaux paysages et de tranquillité. En contrebas du village de Chiro, on accède à une magnifique plage de sable blanc en traversant les champs de maïs. Baignade magique... Pour découvrir le Cambodge rural, nous recommandons de loger sur place. *Compter 10-20 $ la nuitée chez l'habitant, en bungalow ou en maison traditionnelle.* L'association cambodgienne *Organization for Basic Training (OBT ; 017-319-194 ; • obtcambodia.wordpress.com •)* développe le tourisme communautaire pour offrir une instruction gratuite aux enfants du village. On partage ainsi avec les habitants une partie de leur quotidien et leurs repas. Confort assez simple, mais on vient avant tout pour s'imprégner de la culture khmère. Location de vélos, balades en bateau, pêche...

KRATIE

38 000 hab.

• Plan *p. 273*

Alanguie au bord du Mékong, Kratie se laisse bercer dans un décor naturel aux faux airs de Loire avec ses bancs de sable et ses lumières changeantes, à apprécier depuis les berges notamment au coucher du soleil. Si la ville possède un modeste patrimoine colonial (voir surtout la maison du Gouverneur), on conseille de s'échapper sur l'adorable île de Koh Trong, juste en face et d'aller saluer les rares dauphins d'eau douce qui batifolent dans le fleuve à quelques kilomètres au nord.
La région de Kratie fut, du VIe au VIIIe s, un « haut lieu de khméritude » avant de devenir un foyer anticolonial, puis une base pour le Viet-minh et les Khmers rouges. Malgré la N7 ou la N73 qui la placent aujourd'hui à 5h en voiture de Phnom Penh, cette région longtemps accessible seulement par bateau distille toujours une sensation de bout du monde. En route, une bonne dose de Cambodge rural vous attend : jolies vues sur le Mékong et ses maisons flottantes, campagne riche en plantations et séchoirs à tabac, bambouseraies et villages habités par des Chams.

Arriver – Quitter

Les compagnies de bus *Sorya* et *Rith Mony* assurent pratiquement les mêmes services, aux mêmes tarifs. Les points de départ se situent le long du fleuve, où l'on peut acheter ses billets, ou plus simplement auprès des hôtels et restaurants. Départs le matin.

➢ ***Phnom Penh et Kompong Cham :*** 2 bus/j. avec Phnom Penh (env 300 km, 6h de trajet) via Kompong Cham (env 200 km, 3h).

➢ ***Siem Reap :*** 1 bus/j., départ vers 7h. Compter 8h de trajet.

➢ ***Stung Treng :*** 1 bus/j. Env 140 km dont une très bonne section de la N7, compter 2h30. Également des taxis collectifs.

– ***Minibus express :*** il existe également des minibus express nettement plus rapides, mais on vous y entasse à 4 sur une banquette pour 3 personnes et demie (sans compter les bagages). On peut toujours payer pour 2 places ou emprunter les ***vans*** plus récents (et plus chers) respectant la règle d'un passager par siège.

Adresse et infos utiles

■ ***CRDTours*** *(plan A1, **1**) : St 3, face au restaurant* Tonlé. *099-834-353. • crdtours.com • Tlj 7h30-17h30.* Outre les conseils sur la région ou sur les transports en bus, cette ONG très pro organise des circuits écotouristiques en dehors des sentiers battus, notamment au sein des communautés du nord-est du pays. Loue aussi motos et vélos.

LE CAMBODGE

Tourist Office (plan A3) **:** *sur la berge du Mékong, niveau St 13.* Guère d'infos à soutirer.

■ **Acleda Bank** et **Canadia Bank :** *près de* Pete's Pizza *(plan A1, **22**).* DAB 24h/24.

■ **Location de vélos :** dans la plupart des hôtels et *guesthouses.*

Où dormir ?

Bon marché (moins de 15 $)

Balcony Guesthouse (plan A1, **10**) **:** *Preah Soramarith Quay. 016-60-40-36. • ngoempheak@gmail.com • Dortoir, petit déj en sus et doubles.* Une AJ qui n'en porte pas le nom offrant des salles de bains partagées, un dortoir pour 5-6 personnes et tout un choix de doubles avec ou sans clim. Vue sur le fleuve pour certaines et pour tous depuis la terrasse au 2ᵉ étage. Confort général correct et ambiance décontractée.

Tonlé Guesthouse (plan A1-2, **11**) **:** *St 3. 072-210-505. • letonle.org •* Voici des chambres d'application où se forment les étudiants en hôtellerie, issus de milieux défavorisés. En plus de faire une bonne action, vous apprécierez le confort de ces 2 maisons situées de part et d'autre de la rue. Chambres impeccablement tenues, décorées avec soin, dotées ou non de salles de bains privées.

You Hong II Guesthouse (plan A3, **12**) **:** *119, St 10, reliant la berge au marché. 011-674-088 ou 085. • you hong_kratie@yahoo.com •* Petites chambres réparties dans 2 bâtiments, au budget et confort variable (ventilo ou clim, eau froide ou chaude, salle de bains ou non). En visiter plusieurs pour faire son choix ! Café-resto convivial au rez-de-chaussée.

Heng Heng II Hotel (plan A3, **13**) **:** *sur la berge, niveau St 10. 012-929-943.* Un hôtel classique, pas de la dernière fraîcheur, mais dont le rapport qualité-prix reste correct. Les chambres les moins chères n'ont pas de fenêtre, mais sont propres et ventilées.

De prix moyens à chic (15-50 $)

Mekong Dolphin Hotel (plan A1, **14**) **:** *Preah Soramarith Quay. 072-666-66-66. • mekongdolphinhotel.com •* 7 étages et plus de 80 chambres : le décor est planté. Derrière une façade blanc immaculé qui se voit de loin, chambres avec ou sans clim, certaines donnant sur le fleuve. Hôtel récent, fonctionnel et *clean,* mais pas des plus glamour avec ses couloirs carrelés et son mobilier vernis. Cependant, rien à redire pour le confort et les tarifs.

Où manger ? Où boire un verre ?

De bon marché à prix moyens (moins de 8 $)

Tonlé Restaurant (plan A1-2, **11**) **:** *St 3. À côté de la guesthouse (voir « Où dormir ? »). « Prix moyens ».* Cette école hôtelière pour jeunes défavorisés propose une table de qualité dans un cadre aéré et accueillant. Service zélé pour une cuisine khmère à des prix très raisonnables.

Tokae (plan A3, **20**) **:** *rue 10. 097-339-1285. Tlj jusqu'à 22h. « Prix moyens ».* Face à l'effervescence du marché, on repère ce petit resto d'angle tout ouvert à sa grande peinture de gecko au mur. Classiques khmers, plats végétariens, crêpes et un gaspacho qui en dit long sur la nationalité du patron. Impec et ce dès le petit déjeuner.

Jasmine Boat Restaurant (plan A3, **21**) **:** *Preah Soramarith Quay. ☎ 96-331-1998. Tlj 6h30-22h. Plats 4-15 $.* Un spot idéal où se poser en

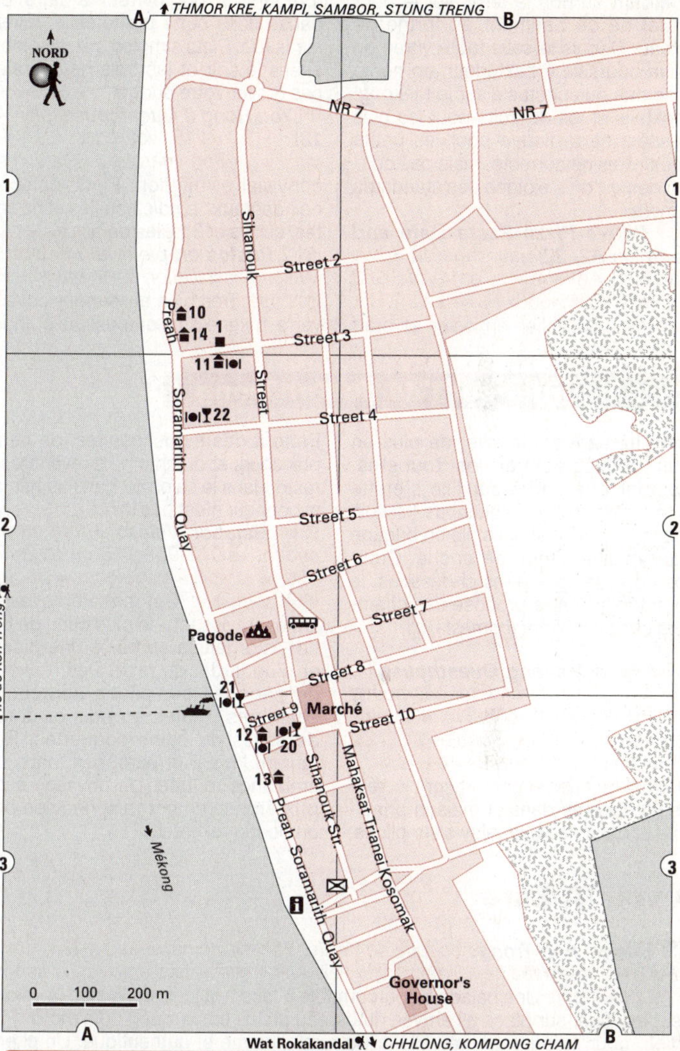

KRATIE

Adresses utiles

- Tourist Office (A3)
- 1 CRDTours (A1)

Où dormir ?

- 10 Balcony Guesthouse (A1)
- 11 Tonlé Guesthouse (A1-2)
- 12 You Hong II Guesthouse (A3)
- 13 Heng Heng II Hotel (A3)
- 14 Mekong Dolphin Hotel (A1)

Où manger ? Où boire un verre ?

- 11 Tonlé Restaurant (A1-2)
- 12 You Hong II Guesthouse (A3)
- 20 Tokae (A3)
- 21 Jasmine Boat Restaurant (A3)
- 22 Pete's Pizza Pasta Cafe and Bar (A2)

attendant ou non le ferry, sur le pont virtuel de ce bâtiment en forme de bateau. Depuis la salle toute vitrée ou sur la coursive à l'extérieur, on ne se lasse pas du spectacle sur le Mékong. Cocktails et jus de fruits pour les plus pressés, carte fleuve pour les petits creux. Cuisine correcte, mais pas donnée dès qu'on s'éloigne des standards khmers.

Pete's Pizza Pasta Cafe and Bar *(plan A2,* ***22****)* **:** *au siège de Sorya Kayaking Adventures, entre les St 3 et 4. 010-285-656. Tlj 7h-21h. « Prix moyens ».* Mobilier en osier et staff toujours dispo invitent à faire une pause dans cette petite salle ouverte sur la rue. Plats simples, pizzas plébiscitées le soir et jus frais ne devraient pas grever votre budget.

You Hong II Guesthouse *(plan A3,* ***12****)* **:** *119, rue 10. Voir aussi « Où dormir ? ». « Bon marché ».* Café-resto convivial et mignon. Plats locaux et occidentaux : *amok,* nouilles et riz sautés, currys et 3 tailles de pizza.

Restos en plein air : *le long du Mékong, installation en fin d'ap-m. Prix très bas.* Très bien aussi pour boire un verre, baigné d'un crépuscule orangé.

Où séjourner sur l'île de Koh Trong ?

Une alternative à la ville, de plus en plus privilégiée par les touristes, d'autant que l'offre sur l'île s'étoffe avec les années. Lire plus bas « À voir. À faire ». Prévoir si possible un bagage léger et une lampe de poche. Outre nos adresses préférées ci-dessous, le *community centre* propose des chambres chez l'habitant *(homestays).*

Arun Mekong Guesthouse : *à env 3 km du débarcadère, à la pointe nord de l'île. 017-663-014. • arunmekong@yahoo.com • Doubles sans ou avec sdb à « prix moyens » ou « chic ».* Charme, accueil et confort sont ici réunis. Chambres dans la maison principale et dans des bungalows sur pilotis. Partout des moustiquaires, de beaux planchers et du charme à revendre. Au resto, dans le salon ou dans un hamac, le bonheur n'est pas loin.

Rajabori Villas : *à côté du précédent. 012-959-115 ou 012-770-150. • rajabori-kratie.com • Doubles « plus chic ».* Cet ensemble absolument ravissant – le plus beau de Kratie – s'organise autour d'une piscine et d'un jardin de rêve. Des répliques de pagodes sur pilotis abritent les chambres, toutes en bois et dotées de salles de bains coquettes. Restaurant khmer et européen, dans une ambiance feutrée. Un privilège à des prix étonnamment raisonnables pour un boutique-hôtel.

À voir. À faire

L'île de Koh Trong : *en face de Kratie. Service de navettes 7h-19h, ttes les 15-30 mn. Traversée : 5-10 mn ; 1 000 riels A/R. Possibilité d'embarquer son vélo (en supplément).* Une balade incontournable à faire à la journée, à pied, à vélo (on peut les louer sur place à l'arrivée du bateau ou les embarquer) ou à moto *(1 $ le trajet),* pour plonger au cœur de la vie rurale, calme et authentique. Un chemin goudronné de 9 km aussi étroit que pratique permet de faire le tour de l'île et de se plonger dans la campagne cambodgienne. Pêle-mêle, on croise pêcheurs, temples, chars à bœufs, un village flottant, des bonzes et des gamins au large sourire... et encore peu de touristes. On recommande aussi d'y dormir, pour une robinsonnade hors du temps (voir plus haut).

Wat Rokakandal *(hors plan par A3)* **:** *à 2 km au sud de la ville, en bordure du fleuve. Clés auprès du gardien.* Ce temple discret, construit au bord du fleuve au début du XIXe s, est l'un des plus anciens de la région. À l'intérieur de la jolie pagode, colonnes de bois à dorures, charpentes décorées et plafond particulièrement bien préservés.

Kayak : *avec* ***Sorya Kayaking Adventures,*** *entre les St 3 et 4 (plan A1). 010-285-656. • soryakayaking.com • Lun-sam 7h-21h. Résa plusieurs jours avt conseillée. Package complet inclus dans le prix.* Plusieurs possibilités d'excursions à la demi-journée, pour découvrir Kratie et ses environs depuis le Mékong. Une des balades permet d'aller voir les dauphins. Sorties en kayak également avec ***Silver Dolphin*** *(plan A2),* près de l'office de tourisme. *012-999-810. • silverdolphinkayaking@yahoo.com •*

DANS LES ENVIRONS DE KRATIE

Vers le sud

Chhlong : *à 30 km de Kratie en suivant le Mékong, au bord de la route goudronnée (N73) reliant Kompong Cham. Prévoir 1h de trajet en* tuk-tuk *(env 20 $ A/R).* Ce bourg fluvial semble nous arriver presque intact des temps du protectorat. Ancienne étape majeure du commerce du bois, le comptoir marquait la limite de la civilisation avant le « Haut Chhlong » (Mondolkiri), peuplé de tribus hostiles. Rejoindre la rue (une piste en fait) de la berge, parallèle à la nationale. Le long d'un confluent photogénique, des demeures à arcades distillent toujours une forte présence, bien qu'elles soient pour la plupart très délabrées.

Vers le nord

En direction de Kampi, par la route qui suit la berge du Mékong. Depuis Kratie, compter 10 $ l'A/R en *tuk-tuk* pour Prek Kampi (dauphins).

Thmor Kre : *village à 6 km.* Surnommé *Sticky rice village,* car les échoppes le long de la route y vendent 2 spécialités locales. Tout d'abord le krolan, un mélange de riz, noix de coco et arachides cuits à l'étouffée dans des tubes de bambou. Délicieux, à déguster sur place ou à emporter ! Goûter également les *nehms,* du poisson du Mékong cuit en papillote dans des feuilles de bananier.

Sambok Mountain : *à 8 km de Kratie. Panneau « Meditation Resort ».* Lieu de culte bouddhique perché sur une colline luxuriante et peuplée de singes. Pour la gravir, 3 escaliers (160, 65 et 127 marches) bordés de dizaines de statues de moines grandeur nature. Au 1er niveau, petit sanctuaire très kitsch, à gauche, représentant péchés et punitions de l'enfer bouddhique. Au 2e niveau, dit « Sub Buddhagaya », remarquer le gong fabriqué à partir d'une ogive de bombe américaine désamorcée. Au 3e niveau, vue panoramique sur la région et le Mékong (un peu obstruée par les arbres). On peut monter au sommet à moto, mais fortement déconseillé en cas de pluie.

Les dauphins d'eau douce *(ou «* ***de l'Irrawaddy*** *») : au site de* ***Prek Kampi,*** *à env 13 km de Kratie. Tlj 6h-17h. Prix des bateaux : env 10 $ pour 2 (dégressif) ; réduc. Durée indicative : 1h (nov-mai) à 1h30 (juin-oct).*
Le dauphin de l'Irrawaddy circule dans les grands fleuves et semble particulièrement se plaire dans cette partie du Mékong, ici très large. Moins d'une quarantaine d'individus – en déclin constant – folâtrent ici. Avec un peu de patience, la balade en barque laisse le temps de les observer. Mais ils sont aussi timides que leurs cousins marins peuvent être enjoués et curieux. Ne pas chercher leur bec, ils n'en ont pas et ressemblent au marsouin. L'émersion respiratoire périodique garantit d'entrevoir furtivement leur tête ronde, mais pas assez longtemps pour espérer une photo du cétacé... Et inutile de compter sur une pirouette à la Flipper, quitte à faire mentir les photomontages des agences ! Alors, profitons-en pour les écouter respirer, tout simplement.

L'homme et ses techniques de pêche violentes (électricité, explosifs, filets inadaptés) ont décimé la population de ce mammifère, qui reste menacé à terme par l'inéluctable développement du bassin du Mékong. La protection de l'espèce est en partie financée par cette exploitation touristique écoresponsable. Les barques évoluent lentement et coupent le moteur pour approcher les cétacés. À faire si possible en fin d'après-midi, avec, en prime, de superbes couchers de soleil.
Mais l'équilibre écologique est sérieusement menacé par le ***barrage hydroélectrique de Don Sahong,*** à 210 km de là, à la frontière avec le Laos et à 2 km d'un autre dortoir pour les dauphins. Une voie migratoire essentielle pour une centaine d'espèces de poissons sera alors coupée, privant aussi les pêcheurs de leur gagne-pain. Les villageois et les ONG environnementales sont vent debout contre cette catastrophe imminente. Malgré leurs protestations, l'inéluctable chantier a démarré en 2016...

À moins de 1 km au nord, les ***rapides de Kampi,*** lieu de repos, de pique-nique et de baignade pour les locaux, surtout le week-end et à la saison des pluies seulement (novembre-mai).

Sambor : *à env 40 km de Kratie (1h de tuk-tuk). 10 km au-delà de Kampi, au carrefour (statues de dauphins) du village de Sandan, au lieu d'obliquer à droite vers la N7 et Stung Treng, prendre la piste tt droit, le long du fleuve.* Ce village du bout du monde fut le site d'une des 1res capitales du royaume de Chenla (VIe-VIIe s). Le temple *Wat Sor Sor Muy Roi* connu pour ses « 100 colonnes » a malheureusement été rasé par les Khmers rouges, mais une copie très colorée a été construite dans les années 1990. En profiter pour visiter le *Mekong Turtle Conservation Centre (● mekongturtle.com ● ; entrée env 4 $),* certes modeste, mais instructif.

STUNG TRENG

IND. TÉL. : 074

À environ 150 km au nord de Kratie, Stung Treng est le dernier port sur le bassin du Mékong avant Champasak (Laos). Si le grand fleuve marque les limites occidentales du district, c'est l'un de ses 4 affluents qui borde le « centre-ville » et que franchit la N7 en route vers le Laos. Selon les uns, cette rivière s'appelle « Tonlé Kong », ce qui rime avec Sékong, nom de son cours laotien et d'une province voisine de ce pays. D'autres parlent du « Tonlé San » puisque la San et la Kong mêlent leurs flots une dizaine de kilomètres en amont. Vous suivez ?
Bon, pas grand-chose à voir ni à faire ici, à part succomber à ces réflexions hydrographiques, organiser une excursion fluviale sur le Mékong, ou – choisissons notre patronyme – le Tonlé Kong ou tout simplement faire étape avant de rejoindre le Laos. Cela dit, gageons qu'avec la récente construction du pont chinois, à 3 km au sud sur la route des chutes, l'est du pays va devenir un peu plus accessible encore.

Arriver – Quitter

En bus et minivan

➢ ***Phnom Penh :*** 1 bus/j. le mat avec *Sorya (☎ 092-181-805 ; départ du marché),* 1 minivan local en début d'ap-m et enfin 1 bus de nuit avec *Vireak Buntham* (départ près de l'hôpital), mais bien regarder l'état du véhicule. Compter 8-9h de voyage.

➢ ***Siem Reap :*** 2 minivans/j., dont 1 local le mat et 1 autre de la compagnie *AVT (☎ 012-257-207)* en début d'ap-m. Durée: 5h.

➢ ***Kratie :*** quelques minivans tlj selon affluence. Beaucoup plus aléatoire, le bus *Sorya* pour Phnom Penh... s'il y a de la place. Durée : 2h.

➢ ***Banlung (Ratanakiri) :*** 2 minivans/j., le mat et en début d'ap-m, en principe. Durée : 2h.

➢ ***Paksé*** *(Laos)* **:** en principe, 2 minivans en début d'ap-m. Durée : 4h. Se reporter aussi au chapitre « Quitter le Cambodge et le Laos » en début de guide.

Adresses utiles

■ ***Canadia Bank :*** *près du marché.* Change les euros et les dollars à taux correct. Distributeur de billets délivrant des dollars.

■ ***Acleda Bank :*** *rue parallèle, non loin du marché.* Service de change (moyen) et distributeur de billets délivrant des dollars. *Western Union.*

Où dormir ?

Bon marché (moins de 15 $)

🏠 🍽 ***Riverside Guesthouse & Restaurant (Mr T) :*** *pour le moment, en face de l'arrêt des minibus, face au Mékong ; mais la guesthouse pourrait déménager, contactez Mr T avt de venir ! ☎ 012-257-207. • kimtysou@gmail.com • Doubles mais seulement grand lit. Plats env 2-5 $ servis jusqu'à 21h.* L'efficace et anglophone Mr T a fait de sa pension une populaire étape routarde sur la route du Mékong, entre Cambodge et Laos. Pour les infos en tout cas, pas de doute, c'est lui qu'il faut voir. Chambres très simples et sans fenêtre, sauf la nº 1 avec vue sur le Mékong, en attendant la nouvelle *guesthouse.* Resto-bar au rez-de-chaussée *(tlj 6h30-21h).* Résa de transports : bus, minibus de la compagnie *AVT*, notamment pour Paksé (Laos ; voir « Arriver – Quitter »). Organisation d'excursions fluviales (voir « À faire »).

🏠 ***Meyli Mulmet Guesthouse :*** *face au fleuve, 100 m à l'ouest de l'arrêt des minibus. ☎ 012-555-536. Doubles ventilées ou climatisées avec sdb.* Dans cet hôtel, tout est *clean,* avec tout le confort. Si vous le pouvez, optez pour les nºs 116 et 117 avec balcon côté fleuve. Curiosité locale, la réception sert d'entrepôt de sacs de riz. Accueil en khmer.

🏠 ***Stung Treng Hotel & Guesthouse :*** *rue 64 ; du rond-point du Mékong, remonter un peu l'avenue centrale, c'est sur la droite. ☎ 012-916-465. Doubles ventilées ou climatisées avec sdb.* Grand hall à la chinoise, décoré de meubles en bois kitsch et constellé de portraits. Chambres très propres, certaines sans fenêtre, donc préférer côté rue, sauf si vous avez le sommeil léger.

Où manger ? Où boire un verre ?

🍽 ***Tom Lé Kio :*** *sur le fleuve, en contrebas des minibus et du poste de police. Enseigne (lumineuse le soir) en khmer ; demander le « Blue River ». Midi et soir jusqu'à 21h30. De prix moyens à chic.* C'est la bonne surprise de la ville. Une plate-forme flottante sur le Mékong, très agréable, avec une terrasse et une cuisine ouverte où l'on peut voir la patronne passer ses épices au pilon. Carte avec photos, mais on vous conseille la délicieuse salade de crevettes aux tiges de lotus et citron (gare, elle est très relevée !) et le savoureux poisson du Mékong (prix au poids). Également les plats de riz et de nouilles habituels, moins chers. Le resto idéal à midi pour contempler le fleuve.

🍽 ***Suntha :*** *rue 63, à l'angle de la rue 16, dans le centre. ☎ 012-225-156. De* *bon marché à prix moyens.* Une institution locale, ouverte du petit déj au dîner et même un peu plus tard que les autres. Vaste salle avec 2-3 tables en terrasse. Plats habituels du style *fried noodles, lok lak,* poisson frit, etc. Venir avec sa bière, sinon on peut aller vous la chercher moyennant un sourire. Anglais très peu parlé.

Bars en plein air : *le long du fleuve, côté est, tlj 8h-20h30.* Sympa au coucher du soleil.

À voir. À faire

Excursions sur le Mékong : *se renseigner chez Mr T (voir « Où dormir ? »). Pour une journée de balade sur le Mékong afin de voir les dauphins et les chutes Sopheakmit, avec déj inclus, compter env 30 $/pers (min 6 pers). Loc de bateau (6 places) sur le Mékong env 15 $/h. Pour la frontière du Laos (en 4h), compter env 220 $ le bateau de 10 à 20 pers. Pour Kratie (7h de bateau), compter 200 $ pour 4 pers.*

Sopheakmit Waterfalls : *si vous ne prenez pas un tour organisé (voir ci-dessus), c'est à 70 km en voiture au nord-ouest de Stung Treng. Compter 1h30 l'aller. De Stung Treng, prendre le pont chinois et suivre l'asphalte sur 30 km ; tourner à droite vers Preah Rumkel sur une piste de 15 km ; au carrefour suivant, prendre à droite une piste de 18 km ; enfin, à gauche, 8 km de goudron, direction Sovann Entertainment. Ne vous plaignez pas, avt il fallait passer par le Laos pour y accéder ! Entrée : 1 $.* Bienvenue à la frontière naturelle du Cambodge et du Laos... c'est-à-dire le Mékong lui-même (le poste-frontière se trouve plus à l'est). Rien de spectaculaire en termes de hauteur, au contraire même, les chutes sont plutôt basses, le charme provient plutôt de leur largeur (10 km, si on englobe les chutes de Phapeng ; voir plus loin au Laos) et de leur côté éclaté, avec de nombreux rochers disséminés un peu partout dans le fleuve. Bucolique, mais dommage que le casino gâche un peu la vue, sans parler du manque de propreté aux abords des stands de nourriture.

CAMBODGE : HOMMES, CULTURE, ENVIRONNEMENT

AIDE HUMANITAIRE

Des centaines d'associations et d'ONG apportent leur soutien aux populations cambodgiennes en difficulté, mutilées par plus de 20 ans de guerres.

Le « volontourisme »

Si vous voulez profiter de votre voyage pour vous impliquer financièrement ou collaborer au sein d'une organisation, renseignez-vous à l'avance pour ne pas tomber dans ***les effets pervers du « volontourisme »***.
En préambule, sachez qu'au Cambodge, plus de 18 000 enfants vivent dans des institutions type orphelinats. Or la très grande majorité des structures existantes sont enregistrées dans des lieux touristiques. Rien qu'à Siem Reap, il en existe 80 ! D'après l'association *Friends-International* et le *Mouvement Childsafe* axé sur la protection des enfants, 80 % des jeunes ne sont pas orphelins (au moins un des 2 parents est encore en vie). On peut alors s'interroger sur le nombre croissant de ces institutions « charitables ».
La réalité est encore plus sordide que celle mise en avant : la plupart des orphelinats, avec les dons qu'ils suscitent, sont devenus un véritable business. Les responsables cherchent à tout prix à attirer la sympathie des visiteurs de passage. Touchés par cette situation, désireux d'approcher « une réalité » du pays, certains paient pour apporter leur aide (jusqu'à 500 $ auprès d'une association ou directement auprès d'un orphelinat) et s'engagent soit à faire des dons réguliers, soit à lever des fonds au retour (parfois les 2). Les sommes en jeu peuvent être considérables. D'où ce besoin de « fournir » les orphelinats en enfants, engendrant l'effet pervers qui consiste à convaincre des familles dans le besoin de placer leurs enfants en orphelinat contre la promesse d'une bonne éducation. Celles-ci ne se doutent pas que leurs enfants serviront de « marchandises » pour une entreprise lucrative. Elles sont d'ailleurs souvent persuadées d'offrir à leur progéniture une éducation et une vie meilleure.
Or tous les orphelinats n'accueillent pas les enfants dans des conditions décentes et/ou acceptables. Nombre d'entre eux sont « au mieux » considérés comme une attraction touristique, avec parfois un spectacle à la clé, au pire victimes de maltraitance et d'abus, qui leur laissent de graves séquelles physiques et psychologiques. Aucune précaution de base n'est prise pour protéger les enfants, ne serait-ce qu'en amont : certaines structures n'exigent ni passeport, ni casier judiciaire avant d'accepter un volontaire (cela doit vous alerter) et ne les sélectionnent même pas selon des compétences effectivement utiles. Alors que recevoir un volontaire ou travailler avec des enfants ne s'improvise pas. Les étrangers restent quelques jours ou quelques semaines, rarement assez pour mener à bien un programme et en instillant toujours un sentiment d'abandon chez les pensionnaires.
Même le parrainage est délicat, car il demande un engagement sur plusieurs années. Bien réfléchir avant de s'engager, car trop nombreux sont les touristes qui laissent tomber après un an. Les conséquences peuvent alors être dramatiques

pour les gamins. D'autre part, le parrainage cultive la dépendance des familles envers des donateurs étrangers et ne leur donne pas les moyens de s'autonomiser financièrement.
Voilà pourquoi, à ceux qui souhaitent allier tourisme et volontariat, nous demandons de passer par des organismes reconnus pour leur compétence et leur honnêteté qui, concernant les enfants, ciblent avant tout la réinsertion, le soutien aux familles et à leur unité, et non des agences internationales de « volontourisme » ou des structures locales, qui ont trouvé un marché pour un business juteux. De plus, il existe de nombreuses associations qui interviennent dans d'autres domaines tout aussi utiles.

Quelques ONG

Nous avons recensé celles que nous connaissons le mieux (ce qui ne veut pas dire que les autres ne valent pas le coup). Si vous envoyez directement de l'argent, précisez bien que vous soutenez leur mission au Cambodge, car elles mènent souvent leurs actions dans plusieurs pays d'Asie du Sud-Est.

■ ***Agir pour le Cambodge :*** *14, rue des Jeûneurs, 75002 Paris.* • *contact@agirpourlecambodge.org* • *agirpourlecambodge.org* • Située à Siem Reap, *Sala Baï* est une école hôtelière qui forme de jeunes Cambodgiens issus de l'extrême pauvreté. Plus de 1 600 étudiants, dont 70 % de jeunes filles, y ont été formés depuis 2002, date de la création de l'école par l'association *Agir pour le Cambodge.* Grâce à *Sala Baï,* tous ont trouvé un emploi stable après avoir obtenu leur diplôme. Déjeuner à *Sala Baï,* c'est une journée de formation pour un élève. Séjourner à *Sala Baï,* ce sont 2 à 4 jours de formation pour un élève.
■ ***Enfants d'Asie :*** ☎ *01-47-00-19-00.* • *enfantsdasie.com* • Association reconnue d'utilité publique et fondée en 1991, elle a pour but d'accompagner les enfants les plus démunis, issus de famille d'une extrême pauvreté, à construire leur avenir au Cambodge, Laos, Philippines et Vietnam. En leur assurant la scolarisation et la formation, elle leur permet de décrocher un emploi stable pour soutenir leur famille et devenir acteurs du développement de leur pays.
■ ***Enfants du Mékong :*** *5, rue de la Comète, 92600 Asnières-sur-Seine.* • *enfantsdumekong.com* • *À Battambang : village Bekchanthmey Sangkat Prek Preh Sdach, près de la statue du Géant noir.* 📱 *+ 855 (0)77-646-102.* Née en 1958 au Laos, *Enfants du Mékong* (EDM) agit en Asie du Sud-Est pour favoriser l'accès à l'école des enfants pauvres. Très présent au Cambodge, EDM y gère 5 centres scolaires – qui permettent aux enfants des zones reculées de poursuivre leurs études dans de bonnes conditions – et 1 centre universitaire à Phnom Penh. À Battambang (centre scolaire), EDM continue l'histoire que l'association AFS a commencé à écrire au début des années 1980. L'action d'EDM est basée sur une histoire d'amitié entre la France et l'Asie, élargie aujourd'hui aux autres pays donateurs. C'est surtout l'histoire d'amitiés individuelles entre un parrain et un filleul dont il finance les études. En nous prévenant à l'avance, vous pouvez venir visiter notre centre et, peut-être un jour,... parrainer ?
■ ***Handicap International France :*** *138, av. des Frères-Lumière, CS 78378, 69371 Lyon Cedex 08.* ☎ *04-78-69-79-79.* • *handicap-international.fr* • L'ONG a été fondée en 1982 par 2 médecins français pour aider les Cambodgiens victimes de mines antipersonnel dans les camps de réfugiés en Thaïlande. Son histoire s'est écrite face aux pires catastrophes humanitaires de ces dernières décennies. Dans plus de 60 pays, elle démontre que des solutions existent en s'appuyant sur les individus, leurs familles et leurs communautés et les savoir-faire disponibles sur place. Elle est cofondatrice de la campagne internationale pour interdire les mines, qui a abouti à l'interdiction de ces armes ; elle a reçu le prix Nobel de la paix (1997) et est classée 8e meilleure ONG au monde

(NGO Advisor 2017). Au Cambodge, elle mène des activités de déminage, de formation de démineurs et des actions de sensibilisation aux risques des mines. Elle renforce l'accès des personnes handicapées aux soins de réadaptation et à un appareillage, et favorise leur insertion professionnelle. Elle contribue également à la réduction des handicaps en améliorant la santé maternelle et infantile.

■ ***CARE :*** *71, rue Archereau, 75019 Paris. ☎ 01-53-19-89-89. • carefrance.org • Ⓜ Crimée.* L'ONG *CARE* est un réseau humanitaire de solidarité internationale qui met en œuvre des projets d'urgence et de développement. Son objectif est de lutter contre l'extrême pauvreté en menant des programmes d'éducation, de sécurité alimentaire, d'accès à l'eau potable, de santé, d'activités génératrices de revenus... *CARE* porte une attention particulière à la condition des femmes. Leur émancipation et leur autonomisation sont des facteurs essentiels de la lutte contre la pauvreté.

■ ***Krousar Thmey*** *(Nouvelle Famille) : • krousar-thmey.org • Contact en France : 47, rue Greneta, 75002 Paris. ☎ 01-40-13-06-30. • france@krousar-thmey.org • Contact au Cambodge : ☎ + 855 (0)23-880-503. • communication@krousar-thmey.org • Krousar Thmey,* 1re fondation cambodgienne d'aide à l'enfance défavorisée, agit auprès des plus démunis depuis 1991. Elle scolarise les enfants aveugles et sourds dans tout le pays, gère des centres de protection et des maisons familiales pour enfants des rues, ainsi qu'une école d'arts et de culture khmers. Au total, elle aide chaque année plus de 2 500 enfants dans ses programmes situés dans 14 provinces du Cambodge. *Krousar Thmey* propose aussi une exposition sur le patrimoine khmer à Siem Reap, à découvrir en même temps qu'une expérience unique : « Seeing in the dark ». À ne surtout pas manquer !

■ ***Pour un Sourire d'Enfant :*** *49, rue Lamartine, 78000 Versailles. ☎ 01-30-24-20-20. • pse.ong • Au Cambodge : 402 groupe 12, village Trea, district Stung Mean Chey, BP 2107, Phnom Penh 3, Cambodge. ☎ + 855 (0)23-995-660.* L'une des ONG qui nous ont le plus émus. Elle s'occupe prioritairement des enfants des familles de chiffonniers qui travaillent dans les rues de la ville ou sur les décharges en province. Plus de 11 000 enfants sont ou ont été pris en charge : 6 500 en rattrapage scolaire, en formation professionnelle ou « parrainés » dans les écoles publiques des environs. 4 500, les « anciens » sont déjà dans la vie active avec des métiers qualifiés. Du riz (7 t par semaine) est distribué aux parents en compensation pour ces petits bras manquant aux revenus de la famille. Les enfants sont scolarisés et formés aux métiers de l'hôtellerie et de la restauration, à la mécanique, à la coiffure, aux métiers du bâtiment et au commerce. Possibilité de visiter le centre (voir « Où manger ? » à Phnom Penh).

■ ***ONG Friends-International et ChildSafe :*** *au Cambodge, ☎ (0)12-311-112 (ChildSafe Hotline). • thinkchildsafe.org • Voir aussi « Où manger ? Les restos d'application d'école hôtelière gérés par des ONG » à Phnom Penh et Siem Reap. En France : Friends-International, 29, rue Vaneau, 75007 Paris. • france@friends-international.org • ChildSafe,* reconnaissable à son logo pouce levé dans un cercle orange, est un mouvement lancé par l'*ONG Friends-International,* soutenue par le ministère du Tourisme et d'autres institutions. Il opère principalement en Asie et regroupe des hôtels, des *guesthouses,* des conducteurs de *tuk-tuk* et d'autres acteurs formés pour protéger les enfants contre toutes les formes d'abus. Il diffuse « 7 conseils aux Voyageurs », qui informent les touristes sur des problèmes que peuvent rencontrer les enfants et sur les meilleurs comportements à adopter pour les protéger. *ChildSafe* dispense aussi des formations permettant aux populations locales de mieux identifier les risques et donc de prévenir les violences envers les enfants. Les plaintes recueillies anonymement sont suivies et transmises aux autorités dans le respect des Droits de l'homme et des dispositions légales de chaque pays.

■ ***Planète Enfants & Développement :*** *53, bd de Charonne, 75011 Paris.* ☎ *01-53-34-86-32.* • *planete-eed.org* • *ONG reprise par* Les Enfants du Mékong. Cette ONG française intervient au Cambodge depuis 1984 auprès des enfants et des familles les plus démunies dans le cadre de projets sanitaires, sociaux et éducatifs. Connaissant parfaitement le pays, elle met en place des actions avec des ONG locales dont elle renforce les capacités, afin que les Cambodgiens agissent eux-mêmes pour le développement social du pays. Elle agit dans plusieurs provinces et à Phnom Penh, où la très forte immigration et l'éloignement du milieu d'origine entraînent une paupérisation qui se traduit par des problèmes de malnutrition, de déscolarisation et d'accès aux soins avec un rare recours aux services sociaux. Elle accompagne les habitants des bidonvilles victimes du changement climatique pour protéger leur logement des inondations. PE & D travaille aussi avec des jeunes ouvrières des usines de textile pour proposer des services de santé maternelle et des crèches pour les jeunes enfants. Elle est toujours en lien avec le gouvernement pour faire évoluer les politiques sectorielles dans ces domaines. Elle est soutenue par des bailleurs de fonds publics et privés et par la générosité de donateurs particuliers.

■ ***HAMAP Humanitaire :*** *7, rue de Charenton, 94140 Alfortville.* ☎ *01-43-75-44-68.* • *hamap-humanitaire.org* • L'ONG agit au profit des populations défavorisées en leur permettant l'accès à l'eau et à l'assainissement, à l'éducation, à la santé et à la sécurité. Elle intervient dans une quinzaine de pays dans le monde et plus particulièrement au Cambodge. Dans le domaine de la santé, elle organise plusieurs fois par an, en soutien des acteurs locaux, des missions médicales. Dans un autre domaine, *HAMAP Humanitaire,* en coopération avec l'ONG *L'Eau pour tous,* des agences de l'eau et des collectivités françaises, développe un programme de forage de 70 points d'eau dans la région de Siem Reap qui permet à plus de 10 000 personnes d'accéder chaque année à l'eau potable. Pour devenir bénévole, n'hésitez pas à les contacter.

■ ***L'École du Bois :*** *à Thbès, commune de Voa Sâr, à env 40 km au sud-ouest de Phnom Penh.* • *lecoledubois.org* • L'école a été créée en 2008 par une Française d'origine khmère. Elle offre à de jeunes Cambodgiens défavorisés une formation gratuite en menuiserie, ainsi que des cours d'instruction civique, de français et d'anglais. Ils vivent en internat. À ce jour, elle a rendu autonomes plus de 100 jeunes de la campagne. Ils sont désormais capables de subvenir durablement aux besoins de leur famille grâce à un savoir-faire qui les valorise. La prochaine ambition consiste à faire de l'atelier un outil productif, indépendant sur le plan financier et humain (grâce aux anciens élèves), pour assurer les formations suivantes. Par ailleurs, un partenariat s'est noué avec les Compagnons du Tour de France qui accueillent quelques diplômés pour 2 ans. À leur retour, ces jeunes prendront en charge la formation de niveau bac pro. Vous pouvez aider l'ONG en vous engageant en tant que membre, parrain ou sponsor.

BOISSONS

– L'***eau*** du robinet n'est pas potable. On trouve partout des bouteilles d'eau minérale, dont une produite au Cambodge par un Français, la *Kulen.* Pour diminuer la consommation de plastique, vous pouvez aussi ***utiliser une gourde*** et une paille de filtration (voir plus haut la rubrique « Santé » dans « Cambodge utile »). Méfiez-vous des glaçons. Quant aux jus de fruits pressés, à vous de juger les conditions d'hygiène dans lesquelles ils ont été préparés.
– L'une des rares boissons nationales est la ***bière,*** de marque *Angkor* ou *Cambodia,* toutes 2 plutôt bonnes et légères. La *Tiger* (de Singapour)

est également très répandue, ainsi que la *Anchor* (à ne pas confondre avec la bière locale), venue des États-Unis !

– On peut trouver du ***vin*** français dans la plupart des restos chics de Phnom Penh et de Siem Reap, ainsi que des vins australiens ou chiliens, moins chers.

– Les Khmers consomment surtout du ***vin de palme,*** que l'on peut se procurer sur les marchés. Attention, c'est méchant !

– Également de l'***alcool de riz,*** souvent distillé artisanalement et parfois offert en fin de repas.

– Le ***café*** est en général assez fort et pas terrible.

– Le ***thé*** vert est souvent bon, tradition asiatique oblige. Mais, dans les endroits touristiques, on vous servira bien souvent du thé *Lipton* en sachet.

– Le ***teukolok,*** véritable spécialité khmère, est à la fois rafraîchissant et nourrissant. C'est une sorte de *shake* (appelé comme ça dans les gargotes quand il y a un menu). Les fruits (mangue, banane, pomme, ananas, papaye, orange, etc.) sont mélangés avec de la glace pilée, des œufs, du lait et du sucre. Un must, mais gare à l'hygiène !

CUISINE

La cuisine cambodgienne mélange allègrement les influences vietnamienne, thaïlandaise, chinoise et française. Beaucoup de soupes, de riz (aliment de base de la population), de nouilles et de légumes. De temps en temps de la viande (porc et bœuf, mais ce dernier est souvent dur !), mais surtout du poisson d'eau douce, sans oublier les anguilles (pêchées dans le Tonlé Sap ou le Mékong), et du poulet. Également du gibier (chevreuil) dans les zones forestières. Les préparations sont agrémentées de citronnelle, coriandre, gingembre et *prahoc,* une spécialité khmère qui s'apparente au nuoc-mâm, cette sauce à base de poisson fermenté dans une saumure.

Parmi les ***plats typiques,*** citons le plus populaire : l'***amok,*** poisson ou poulet cuisiné avec du lait de coco et un savoureux mélange d'épices, le tout cuit à l'étouffée dans une feuille de bananier. C'est l'équivalent du *hok mok* thaï. Succulent ! Existe au crabe sur la côte. Les autres plats les plus courants sont le poisson grillé ***(trey aing)*** ou frit ***(trey chean),*** la soupe de porc ***(samla chapek)*** ou de poisson ***(somla machou banle),*** la salade de bœuf ***(phlea sach ko)*** et les populaires nouilles de riz sauce coco ***(khao phoun).*** Notons aussi les *volcans,* de la viande de bœuf grillée sur une pierrade, mélangée avec des légumes épicés (une fondue cambodgienne, en somme !) et le ***lok lak,*** bœuf mariné au citron ou au poivre, servi avec un œuf frit et beaucoup d'oignons. Parfois un peu semelle quand même, le bœuf...

Sinon, les curiosités gastronomiques ne manquent pas : certains Cambodgiens sont friands de criquets et même de nos chères cuisses de grenouilles, grillées, farcies au riz et au gingembre, et épicées à souhait ! Sans parler des mygales, des criquets ou mêmes de blattes.

RIZ JAUNE

Le riz gluant est un délice, mais il a un léger inconvénient : il colle à l'œsophage et de nombreuses personnes âgées meurent par étouffement. Pas étonnant que la farine de riz gluant fasse une excellente colle en lui rajoutant de l'huile d'amande.

UNE ARAIGNÉE À CROQUER

Au Cambodge, la tarentule est un mets de choix, notamment dans la région de Skun. Faire frire dans l'huile et arroser de jus de citron. Ce plat est consommé seulement depuis la période Pol Pot qui affamait la population. Régalez-vous avec ces pattes croustillantes et la tête bizarrement blanche.

Les ***restaurants français*** sont (presque !) aussi nombreux que les expats français eux-mêmes, surtout à Phnom Penh. Dans la capitale, mais aussi en province, pas mal de ***restos asiatiques*** servent des spécialités thaïes, chinoises, indiennes ou encore vietnamiennes. Pour l'anecdote, le curry, ici, se mange avec... de la baguette (on parle de pain, bien sûr) !
Côté fruits, on retrouve tous les parfums des tropiques : papayes, mangues, jacquiers, noix de coco, mangoustans (coque brun-violet au fruit blanc laiteux très parfumé), pommes de lait (de la famille des sapotilles, qui sont également très bien représentées), fruit du dragon (peau rose fuchsia avec d'étranges pétales, chair gris clair acidulée, parsemée de minuscules graines noires) au goût peu prononcé, mais très esthétique, et bien sûr les durians (à l'odeur si... particulière).

CURIEUX, NON ?

– À l'est de Phnom Penh, en allant vers le Vietnam, vous aurez peut-être l'occasion de boire de l'alcool allongé de sang frais de cobra. L'animal est saigné devant vous. Le breuvage aurait des vertus médicinales !
– En plus d'être bouddhistes, la plupart des Khmers sont aussi animistes. Ils croient aux génies et aux esprits, bons ou mauvais, assurant l'équilibre et l'harmonie du cosmos. Cette croyance les aide à s'adapter et à accepter leur situation. Du coup, le comportement rationnel des Occidentaux les déconcerte (et inversement).

FAUX AMIS

S'il y a un bien un pays où les élèves sont heureux, c'est au Cambodge : en khmer, il n'existe ni conjugaison, ni genre, ni nombre, ni article ! Pour les francophones, attention aux faux amis. Ne vous méprenez pas sur le sens de « en kouille », par exemple, qui signifie tout simplement « asseyez-vous ».

– Les Cambodgiens sont très superstitieux : ne prenez pas le risque de passer sous une corde à linge, considérée comme impure et enlevez votre chapeau en entrant dans une pagode, sinon vos cheveux ne se réincarneraient pas et dans la prochaine vie, vous seriez... chauve.
– Pour rouler en ville, mieux vaut connaître les bases de la conduite cambodgienne : on double là où il y a de la place, les motos occupent la partie droite de la chaussée et si une voiture tourne à droite, le feu rouge ne compte pas... entre autres. Bref, c'est pas gagné !
– Les gens gardent leur calme en toutes circonstances. S'énerver ou élever la voix ferait perdre la face à un interlocuteur. On ne contredit pas non plus quelqu'un, s'il se trompe, on ne lui fait pas remarquer. Sinon, il pourrait vous en vouloir.
– Le Tonlé Sap est le plus grand lac d'Asie du Sud-Est. Son système hydrologique y est étonnant. Des millions de personnes vivent autour, mais aussi sur l'eau, dans des villages flottants dont les maisons se déplacent plusieurs fois par an au rythme des crues, décrues et des besoins des habitants.
– Énormes, poilues, cuites ou crues, vous goûterez bien une douzaine de mygales ? Ça tombe bien, on en trouve à Skun, près de Kompong Cham. Si cela vous rebute, rassurez-vous, on trouve aussi criquets et blattes au menu. Ouf !
– Un Blanc doit répondre à l'image que les Khmers ont des Occidentaux vivant dans des pays riches. Un Blanc fauché est un non-sens et un style négligé indigne de respect. On demande de la tenue.

DROITS DE L'HOMME

Les élections législatives de juillet 2018 ont achevé de montrer le vrai visage du Cambodge de Hun Sen : un régime autoritaire – pour ne pas dire une dictature – qui se cache derrière un paravent de démocratie. Interdiction du principal parti

d'opposition, interdiction à 118 de ses membres d'exercer la moindre activité politique, enfermement préventif des rares voix dissidentes, placement sous contrôle du peu de presse indépendante qui restait encore en activité : rien d'étonnant dès lors à ce que le parti (présidentiel) du peuple cambodgien ait remporté 100 % des sièges au Parlement, réduit à son plus simple rôle de chambre d'enregistrement. Les appels au boycott du leader de l'opposition Sam Rainsy, aujourd'hui en exil, n'ont guère été entendus, et Hun Sen a réussi à transformer ce scrutin en plébiscite. Et s'il y avait encore un doute sur ses intentions, le président, au pouvoir depuis 1985, a clairement annoncé son intention de devenir le chef d'État resté le plus longtemps au pouvoir.
Une fois les élections passées, 16 prisonniers politiques ont été relâchés, par voie de grâce royale, pour donner des signaux à la communauté internationale. Mais la justice, aux ordres de l'exécutif et des plus offrants, continue d'exercer une chasse aux défenseurs des droits humains, ou aux leaders sociaux. Sur le modèle thaïlandais, une loi de lèse-majesté a été adoptée, dont le champ d'interprétation, très vaste, permet de condamner toute personne critique envers l'État.
Parmi les principales victimes de cette répression à l'encontre de la société civile, les militants pour le droit à la terre sont les plus durement touchés. L'une d'entre eux, Tep Vanny, a ainsi vu sa peine de 20 ans de prison ferme confirmée par la Cour suprême en février 2018. Sa faute ? Avoir participé à une manifestation pacifique en 2013. Heureusement, la militante a bénéficié d'une des grâces royales délivrées en août.
Trafic de bois précieux, concessions minières, grands projets d'infrastructures : l'accaparement de terres ne cesse pas, et chaque année, des milliers de familles sont expropriées. Des chantiers qui sont également à l'origine de graves dégâts environnementaux. La contestation sociale, particulièrement dans le textile, a certes abouti à une faible augmentation du salaire (lire plus loin la rubrique « Histoire »), mais plusieurs leaders syndicaux ont eu des ennuis judiciaires par la suite. Selon *Human Rights Watch,* de nombreuses rafles ont en outre eu lieu, surtout à Phnom Penh, visant les « populations indésirables » (toxicomanes supposés, enfants des rues, prostituées, etc.). L'ONG dénonce les détentions sans durée déterminée et sans procédure judiciaire. Plus récemment, elle a rendu public un rapport sur la multiplication des attaques à l'acide.

Procès des chefs khmers rouges

Pour de nombreux observateurs, les derniers responsables du Kampuchéa démocratique, à l'origine de l'extermination de plus de 1,7 million de Cambodgiens entre 1975 et 1979 (voir le chapitre « Histoire »), pourraient bien mourir avant d'être jugés, en raison de la lenteur des procédures. Néanmoins, Nuon Chea et Kieu Samphân, respectivement chef d'État et idéologue du régime khmer rouge, ont tous deux été définitivement condamnés à vie, le verdict ayant été confirmé en appel en novembre 2016. Condamnés une nouvelle fois 2 ans plus tard, le tribunal les a officiellement et pour la 1re fois condamnés pour « génocide », à l'encontre de la communautés Cham et des Vietnamiens du Cambodge. Kaing Guek Eav (alias « Duch »), qui a dirigé le sinistre camp S-21, avait, quant à lui, été reconnu coupable de crimes contre l'humanité.
Consulter aussi : • ***proceskhmersrouges.net*** • Anne-Laure Porée a été correspondante française de nombreux médias français, à propos du fameux procès. Complet et instructif. Aujourd'hui, elle poursuit son étude de la période en s'attachant au quotidien de S-21, des recherches qu'elle partage sur son blog.

■ ***Fédération internationale des Droits de l'homme (FIDH) :*** *17, passage de la Main-d'Or, 75011 Paris. ☎ 01-43-55-25-18. • fidh.org • Ⓜ Ledru-Rollin.*

■ ***Amnesty International*** *(section française) : 76, bd de la Villette, 75940 Paris Cedex 19. ☎ 01-53-38-65-65. • amnesty.fr • Ⓜ Belleville ou Colonel-Fabien.*

N'oublions pas qu'en France aussi les organisations de défense des Droits de l'homme continuent de se battre contre les discriminations, le racisme et en faveur de l'intégration des plus démunis.

ÉCONOMIE

Saigné par le génocide khmer rouge qui, entre 1975 et 1979, a tué près de 2 millions de Khmers, surtout les élites, le Cambodge, 16,2 millions d'habitants, dont plus de 30 % ont moins de 14 ans, vit en partie sous perfusion.

UNE PROSPÉRITÉ GÂCHÉE PAR LA GUERRE

Pol Pot n'aura eu besoin que de 4 ans pour détruire totalement un pays où l'on avait coutume de dire : « Le Vietnamien plante le riz, le Cambodgien le regarde pousser, le Laotien l'écoute et le Chinois le vend... »

Une situation encourageante mais fragile

Depuis le retour au calme des années 1990, la situation s'est améliorée dans de nombreux domaines (en matière de législation, de réseau routier, de déminage, de relations internationales, etc.). Avec un taux de croissance autour de 7-8 % depuis les années 2000 et une inflation autour de 3 %, la Banque mondiale a reclassé le Cambodge parmi les pays « à revenu intermédiaire ». Avec les aides internationales en recul, mais, représentant encore tout de même 20 % de son budget, le gouvernement cherche des financements extérieurs privés. Parmi les pays les plus généreux, la Chine arrive en tête (même si elle s'y retrouve puisqu'elle fournit 34 % des importations du pays), puis le Japon et les États-Unis. Cela dit, cette manne, augmentée du transfert des revenus des travailleurs expatriés, ne fait que compenser le rapatriement des dividendes des sociétés étrangères implantées dans le pays, en particulier dans le domaine du textile.

S'il demeure l'un des moins avancés de l'ASEAN, toujours marqué par de fortes inégalités, le pays est passé de 30 à 15 % des Cambodgiens vivant sous le seuil de pauvreté national avec moins de 1 $ par jour. Bien sûr, c'est encore trop, surtout lorsque l'on considère que nombre d'enfants souffrent toujours de malnutrition. Le marché du travail n'offre que peu d'emplois aux jeunes et le pays souffre de corruption, à toutes les échelles de l'administration (mais on a quand même vu à Phnom Penh le bâtiment du « ministère Anticorruption » !). En 2018, l'ONG *Transparency International* classe le pays au 161e rang mondial sur 180 (*● transparency.org ●*), le pire résultat de l'ASEAN.

Par ailleurs, très fortement « dollarisé », le pays bénéficie d'une bonne stabilité monétaire mais, d'un autre côté, le secteur bancaire, où quasi tous les dépôts sont en dollars, reste fortement dépendant du taux de change. Une situation susceptible d'affaiblir ce grand importateur (énergie, denrées alimentaires, etc.).

Les secteurs clés de l'économie

L'économie est peu diversifiée, puisqu'elle repose sur 3 secteurs principaux :

– ***L'agriculture :*** la moitié de la population vit de l'agriculture. Mais le secteur agricole, qui contribue au quart de la richesse du pays, stagne ces dernières années notamment du fait des aléas climatiques et de la structure même des exploitations, de faible taille. Le potentiel est riche : *fruits* et *légumes* pour remplacer les importations du Vietnam et de la Thaïlande ; *poivre* de la région de Kampot et le long de la N7 dans le Kompong Cham ; *maïs, manioc, canne à sucre, noix de cajou, sésame...* ne sont encore l'affaire que de quelques pionniers ; comme le *palmier à huile* dont les plantations sont visibles le long de la N4 au sud du col de Pich Nil. L'*hévéaculture*,

avec les immenses plantations de Chup, de Krek, de Mimot, de Snuol, plantées jadis par les Français, a pris de l'ampleur ces dernières années. Le *tabac* est cultivé sur les berges du Mékong au nord de Kompong Cham. La *pêche,* partout pratiquée et surtout dans le Tonlé Sap, est encore mal organisée, et le *bois* est dramatiquement surexploité. L'*élevage* de bovins a commencé, et le pays exporte déjà.
Par ailleurs, l'agroalimentaire est une longue aventure qui n'en est qu'à ses débuts.
– ***L'industrie :*** elle repose essentiellement sur le *textile* et la confection de *chaussures.* Le textile emploie à lui seul autour de 700 000 personnes et constitue le principal moteur de la croissance avec près de 70 % des exportations, principalement vers les États-Unis et l'Union européenne, ce qui rend d'ailleurs le pays fortement dépendant et même déficitaire dans sa balance commerciale. De plus, l'arrivée de pays voisins, comme la Birmanie et le Vietnam, place le Cambodge sur un marché de plus en plus concurrentiel.
Du point de vue social, les conditions de travail, ainsi que les bas salaires, ont conduit les ouvriers à descendre dans la rue en 2014 et 2015 pour réclamer une amélioration de leur statut. Avant cette mobilisation, une ouvrière du textile, travaillant pour le compte d'une grande marque occidentale, gagnait en moyenne 100 $ par mois pour 10 à 12h de travail par jour. Ce qui était loin de couvrir les besoins élémentaires d'une famille (loyer, eau, électricité, nourriture...) ; ainsi, beaucoup se retrouvaient contraints d'emprunter... Ces mobilisations ont en partie « payé », puisque les ouvriers ont finalement obtenu une 1re augmentation du salaire minimum à 140 $, tandis que de nouvelles négociations permettaient d'obtenir 170 $ à partir de janvier 2018 (contre 176 $ réclamés par les syndicats) avec la garantie d'une révision annuelle. De leur côté, certaines grandes marques de vêtements, comme *H & M,* commencent à signer des accords avec les syndicats pour garantir des avancées sociales. En effet, les chiffres indiquent que 2 000 ouvrières souffrent chaque année de malaise sur leur lieu de travail (malnutrition, voire décès, lié au faible revenu, heures supplémentaires qui engendrent une grande fatigue, vapeurs toxiques, mauvaise aération...).
De nouveaux secteurs pourraient bien se développer de manière significative dans les prochaines années, notamment la production de vélos ou, nettement moins écologique, le domaine minier (pierres précieuses, bauxite, or et fer) et les gisements d'hydrocarbures récemment découverts en mer... De plus, le gouvernement donne des autorisations à des entreprises chinoises pour édifier des barrages hydroélectriques malgré de terribles conséquences environnementales (lire plus loin la rubrique « Environnement ») et pour construire tours et casinos notamment sur la côte sud (Sihanoukville a profondément changé de visage et d'identité depuis que la Chine a décidé d'en faire un Macao cambodgien).
– ***Le tourisme :*** l'essor est spectaculaire et devrait se poursuivre. Les Chinois arrivent en tête des visiteurs étrangers et sont devenus la cible prioritaire du gouvernement. Environ 6 millions de touristes se sont rendus au Cambodge en 2018, soit 10 % de plus que l'année précédente, et ce n'est sans doute pas terminé. Pour l'instant, ce dynamisme est surtout lié à Angkor. Ce qu'il faut maintenant, c'est que les recettes du tourisme profitent aussi au reste du pays, que les visiteurs découvrent quantité d'autres centres d'intérêt, d'itinéraires qui combleront les amateurs de nature sauvage, de grandes forêts, de tourisme fluvial, les explorateurs, les accros de la moto, comme les partisans du balnéaire ou du farniente (zone côtière, îles)... Ça vient, petit à petit.

ENVIRONNEMENT

Une biodiversité en grand et en petit

Le Cambodge compte encore un certain nombre de ***grands mammifères*** au rang desquels on peut citer tigres, éléphants, ours, rhinocéros, cervidés (gazelles), singes comme les gibbons... Parmi les bovidés, mention spéciale pour le ***ko-prey.***

Cet animal à grandes cornes, pourtant emblème national est aujourd'hui extrêmement rare, voire peut-être disparu. Autre mention : les ***dauphins d'eau douce de l'Irrawaddy*** visibles dans le Mékong près de Kratie, menacés eux aussi d'extinction sous la pression humaine.
Bien sûr, le pays abrite par centaines des espèces d'***insectes*** (plus de 500 espèces de papillons, par exemple, dont beaucoup encore non étudiées), de ***poissons*** et autres bébêtes rampantes à sang froid (varans, serpents...), sans oublier les ***oiseaux*** (environ 400 espèces, dont une centaine rien que sur le site d'Angkor comme différentes perruches ou des drongos).
Tout ce petit monde abonde sur la côte ***(mangroves),*** autour du ***Tonlé Sap*** (roseaux, forêts inondées, rizières...) et dans les forêts ***(bambous, feuillus...).***

Le fléau de la déforestation

Les forêts justement... Plusieurs associations écologiques, comme *Global Witness (● globalwitness.org ●)* ou *Global Forest Watch (● globalforestwatch.org ●),* dénoncent le problème majeur de la ***déforestation*** au Cambodge. À l'origine, l'attribution de concessions gouvernementales, le besoin de nouvelles terres agricoles, l'augmentation des plantations d'hévéas (l'arbre à caoutchouc), de manioc et de palmiers à huile. Mais aussi les besoins énergétiques (conduisant aussi à d'importantes émissions de gaz à effet de serre et à des problèmes de santé respiratoire) et les réseaux clandestins qui profitent des envies d'une riche clientèle étrangère – principalement chinoise – souhaitant s'offrir du mobilier en bois précieux. Tout cela avec l'implication de l'élite gouvernementale et de l'armée, à un niveau de corruption très élevé. Les conséquences sont catastrophiques : l'abattage d'arbres dans la région du Nord-Est entraîne progressivement une ***diminution annuelle de près de 2 % de la surface forestière.*** C'est même l'un des taux de déforestation les plus élevés au monde ! Triste record. Depuis les années 1980, le Cambodge a perdu ¼ de ses forêts. Différents organismes internationaux, dont le PNUD, essaient tant bien que mal de juguler les dégâts engendrés par cette régression des surfaces boisées.

Les barrages font bloc et le Tonlé Sap suffoque

La situation du lac Tonlé Sap inquiète les experts de l'environnement, la jugeant même au bord de la rupture écologique. ***Le plus grand lac d'Asie du Sud-Est,*** qui multiplie sa superficie par 4 durant la saison des pluies, représente une source d'alimentation majeure pour les habitants de ses rives fertiles. Mais il est surexploité, pollué par les métaux lourds et les déchets en tout genre, et la biodiversité est mise à mal. Plus grave, ***la construction de barrages hydroélectriques.*** Malgré la résistance des habitants et des écologistes, comme dans les Cardamomes (ouest du pays), où la forêt risque d'en payer le prix fort, de plus en plus de terres sont accaparées. L'exemple de Don Sahong, un barrage en cours de construction sur le Mékong, à la frontière du Laos et du Cambodge, est lui aussi problématique. Malheureusement, ce barrage devrait bloquer les flux migratoires d'une centaine d'espèces de poissons, affamer les pêcheurs du Mékong jusque dans les pays voisins et perturber le processus de sédimentation. Les derniers ***dauphins d'eau douce*** *(Irrawaddy)* du Mékong sont, quant à eux, ni plus ni moins condamnés à disparaître à court terme.

Mais Angkor ?

Il est nécessaire aussi d'évoquer la surexploitation touristique du site d'Angkor qui a entraîné une déforestation importante dès les années 1980 et 1990 et la disparition d'une partie de la faune sauvage. L'ONG *Wildlife Alliance* s'attache, depuis 2013, à réintroduire des singes notamment (gibbons, langurs...). Mais le tourisme de masse induit aussi des problèmes grandissants d'évacuation des eaux usées, qui sont rejetées dans les rizières. Outre le piétinement des sites, le nombre excessif de bus hors d'âge pollue chaque jour le cœur du secteur classé d'Angkor, où sévit un trafic incessant, mêlant aussi *tuk-tuk,* voitures et... cyclistes !

GÉOGRAPHIE

Situé au cœur de la péninsule indochinoise, le Cambodge s'insère entre la Thaïlande (à l'ouest), le Vietnam (à l'est) et le Laos (au nord). Sa superficie n'est que de 181 035 km² et des poussières, soit 3 fois moins que la France. Le relief est moyen, avec tout de même un sommet à près de 1 800 m d'altitude (au sud-ouest), quelques plateaux au nord (la chaîne des Dangrek, 400 m d'altitude moyenne) et 2 chaînes de basses montagnes (les Cardamomes et l'Éléphant) à l'ouest. La côte sud borde le golfe de Siam sur environ 250 km, avec quelques jolies plages vers Sihanoukville et Kep et des mangroves.
La grande particularité du Cambodge réside dans son système hydrographique avec, bien sûr, le Mékong, bras nourricier du pays qu'il traverse sur près de 500 km. Et l'étonnant Tonlé Sap, lac situé entre Angkor et Phnom Penh. Le Tonlé Sap constitue un organe vital du Cambodge : relié au Mékong à la hauteur de Phnom Penh par un canal naturel d'une centaine de kilomètres, ils se vident l'un dans l'autre selon la période l'année. Ainsi le lac voit-il sa superficie quadrupler à la saison des pluies ! Il en résulte une terre hautement fertile pour l'agriculture (rizières notamment) et des eaux douces parmi les plus poissonneuses au monde. Enfin, n'oublions pas les forêts, qui ceinturent le pays du sud-ouest au nord-est.

HISTOIRE

Jusqu'au XIXᵉ s, le Cambodge est la proie d'**invasions** menées par ses voisins turbulents et conquérants. Résultat : la région (la Cochinchine) lui glisse progressivement entre les doigts. Il faut dire que sous l'angle des tragédies de palais, les **XVIIᵉ et XVIIIᵉ s** cambodgiens sont **riches en trahisons,** coups de poignard, assassinats et autres décapitations. En 1722, pas moins de 4 rois complotent les uns contre les autres. Le Cambodge est alors un beau fromage que le **Siam** et le **Vietnam** se disputent avidement, le pays passant finalement sous contrôle vietnamien. Est-ce la fin du Cambodge ? Pas encore... Car, brusquement, les dynasties changent au Siam et au Vietnam. La « tradition » exige qu'on offre un cadeau aux Siamois pour l'avènement de la nouvelle dynastie. Le Cambodge devient... **protectorat siamois.**
Malgré sa frustration, le Vietnam doit attendre 1813 pour pouvoir réagir, durement... Les troupes viets campent à Phnom Penh. En 1841, les Vietnamiens annexent le Cambodge. Bien entendu, les Thaïs répliquent. Guerres. Dévastations. Vous parlez d'un destin ! Mais pourquoi se battre quand on peut s'entendre ? Le Cambodge sera sous **condominium siamo-vietnamien,** son roi choisi à la fois par Bangkok et par Hué.

Près d'un siècle de protectorat français

En 1859, les Français viennent de prendre Saigon « pour venger le massacre des missionnaires ordonné par Hué ». En bon voisin, le roi cambodgien Ang Duong fait savoir qu'il serait « très heureux de conclure une alliance avec l'empereur des Français ». Le protectorat est instauré en 1863. Son 1ᵉʳ acte est d'écraser le maquis de Poukombo – un montagnard « héroïsé » depuis par la légende anticoloniale. Les Cambodgiens en veulent à la France, alors maîtresse de la Cochinchine, de ne pas leur avoir rendu les régions annexées jadis par les Vietnamiens, mais les Français obtiennent du Siam qu'il renonce à ses prétentions, ainsi qu'aux provinces conquises de **Battambang** et d'**Angkor.**

Pour la 1re fois, le souverain cambodgien a les mains libres. Le royaume est réorganisé, mais pas sans couinements... En France, **Jules Ferry** reçoit des plaintes émanant de mandarins. Suspecte-t-il le roi ? Toujours est-il qu'en 1884 débarque l'envoyé du gouvernement français. Envahissant le palais et pointant les baïonnettes sur la gorge du roi, M. Thompson obtient le traité qui lui livre tous les pouvoirs politiques. Cette grossière erreur politique suscite une insurrection qui dure 26 mois. Jules Ferry tombé, le nouveau pouvoir français met de l'eau dans son vin : chaque mesure doit recevoir l'approbation royale. **À la fin du XIXe s,** la France s'offre le luxe d'envoyer une canonnière menacer Bangkok : comme par magie, le Siam rend au Cambodge les provinces de Stung Treng, de Mlou-Prei, de Tonlé-Repou et de Kong... En 1907, un nouveau traité avec les Thaïs apporte la restitution de Battambang, Sisophon, Mongkol-Borei, Siem Reap et Tnot. Pour le Cambodge, **l'heure est revenue de ressembler à un pays...**

À l'appel du **roi Sisowath, l'École française d'Extrême-Orient** vient défricher la forêt d'Angkor, dépouiller les inscriptions, classer les blocs écroulés et conserver la statuaire. En découvrant les ruines relevées, un frisson d'admiration parcourt le monde entier... Parallèlement, **la France colonise.** Routes. Plantations d'hévéas. Hôpitaux. Écoles publiques. L'enseignement bouddhique est maintenu, les vieux textes sacrés traduits... Dans l'entre-deux-guerres, on asphalte 1 160 km de routes. On va en train de Phnom Penh jusqu'au Siam.

La 2de Guerre mondiale

En 1940, le royaume thaï, profitant de la défaite française et du pétrin britannique, attaque avec succès le Cambodge et le Laos. Il reprend Battambang et Angkor. Mais les événements se précipitent. En 1941, le Japon occupe l'Indochine, attaque Pearl Harbor... mais attendra le 9 mars 1945 (juste avant la capitulation) pour investir Phnom Penh et jeter tous les Français en prison. 3 jours plus tard, le nouveau roi, **Norodom Sihanouk** (qui est monté sur le trône en 1941, âgé de seulement 19 ans), dénonce le protectorat français et proclame l'indépendance. Méfiant, Tokyo préfère miser sur l'ultranationaliste **Son Ngoc Thanh,** aimé du peuple, qui accède au fauteuil de 1er ministre.

Vient la Libération. La France envoie Leclerc. Les provinces annexées par la Thaïlande sont rétrocédées et Sihanouk obtient une autonomie accrue, dans un cadre de **monarchie constitutionnelle.**

Croisades de Sihanouk pour l'indépendance

Il a fallu une guerre mondiale et ses désordres inévitables pour que le Cambodge retrouve son indépendance. La patience et la ténacité de Norodom Sihanouk y sont aussi pour beaucoup : les Français ne lui rendent sa liberté que par bribes, en prenant tout leur temps... En janvier **1946,** Paris reconnaît « l'autonomie interne » du Cambodge au sein de l'Union française, puis, en novembre **1949,** lui délivre le statut d'État associé, en gardant la main, ce qui n'est pas rien, sur l'armée et la police. Mais, rentré d'un exil forcé, l'insubmersible Son Ngoc Thanh enflamme les foules, et même anime un maquis, ravitaillé par le Viêt-minh. L'ardeur nationaliste est à son comble et il faudra attendre la **croisade royale (non violente) de 1953** pour que Sihanouk obtienne une réelle indépendance nationale. Une campagne politique permet de chasser pacifiquement les militaires et les agitateurs vietnamiens. En **1954,** à la **conférence de Genève** sur l'Indochine, Sihanouk évite la partition du Cambodge en obtenant enfin la reconnaissance officielle de son royaume souverain.

Le Cambodge indépendant

Définitivement débarrassé des ingérences françaises, le Cambodge ne l'est pas pour autant de ses propres démons... Pour mieux riposter aux attaques de ses opposants, Sihanouk a ce geste qui étonne tout le monde : il **abdique en**

mars 1955 et laisse le trône à son père. Écrasé par sa charge, il a besoin d'une reconnaissance officielle. Un peu comme de Gaulle (qu'il admirait), Sihanouk a toujours demandé des preuves d'amour à son peuple... Le Sangkum, « communauté socialiste populaire » qu'il met sur pied, lui permet de gagner les **élections de septembre 1955** et de se faire nommer 1er ministre. 5 ans plus tard, à la mort de son père, il ne reprend pas le trône mais accède au **statut de chef de l'État.** Un nouveau référendum national confirme que les Cambodgiens approuvent sa politique de neutralité dans le conflit vietnamien.

Piège américano-vietnamien

Les Américains vont faire payer cher à Sihanouk son non-alignement. La CIA arme le mouvement khmer Serei, qui tente de l'éliminer. Aidée également par la Thaïlande et le Vietnam du Sud (tous 2 pro-Américains), la guérilla de droite cambodgienne sape soigneusement, 10 années durant, toutes les tentatives de paix du gouvernement, incitant inévitablement Sihanouk à rechercher l'aide de la Chine et du Vietnam du Nord. **En 1965, la rupture entre Cambodge et États-Unis est totale.** Suite à la fameuse offensive du Têt au Vietnam, les Américains, désemparés, accentuent la pression sur le Cambodge. Dans l'est du pays, la « **piste Hô Chi Minh** » est l'une de leurs principales préoccupations. Cette route de près de 1 800 km, édifiée dans les années 1950 par le Viêt-minh, permet aux révolutionnaires du Nord d'infiltrer le Sud-Vietnam en y acheminant hommes et armes. Terminus de la piste, la taupinière de Cuchi est une incroyable trouvaille vietnamienne qui permet de prendre les troupes américaines en étau. Militairement, une intervention américaine au Cambodge s'impose, histoire de déloger les maquisards du Viêt-cong. Sihanouk ayant refusé son aide, il devient donc urgent de le remplacer : **le général Lon Nol,** qui a su gagner la confiance de l'armée cambodgienne et de la bourgeoisie de Phnom Penh, toutes 2 inquiètes de la montée du péril communiste, devient **1er ministre** à la suite des élections de 1966.
Aussitôt, **Sihanouk forme un « contre-gouvernement »,** dans lequel on retrouve diverses personnalités de la gauche cambodgienne, dont de futurs Khmers rouges... Pris dans un inextricable engrenage politico-militaire, le Cambodge sombre dans **l'anarchie.** Des émeutes éclatent dans les zones rurales, violemment réprimées par des hommes de Sihanouk. Grave erreur qui lui vaudra la haine des campagnes. Au même moment, les débuts de la Révolution culturelle chinoise enflamment les esprits de la gauche cambodgienne : les Khmers rouges sont nés, ainsi baptisés par Sihanouk en personne. Accusés d'avoir fomenté les émeutes paysannes, ceux-ci gagnent le maquis pour entamer une lutte de guérilla contre le gouvernement. Coup d'éclat (pour ne pas dire coup d'État) : le **18 mars 1970,** le Parlement cambodgien proclame la **destitution de Sihanouk** ! Le prince Sisowath Sirik Matak, responsable de cette trahison, a été encouragé par la CIA... D'ailleurs, Washington reconnaît aussitôt le nouveau gouvernement, composé du **prince Sisowath,** bien sûr, et... du général Lon Nol. Sihanouk, coincé à Pékin, appelle le peuple cambodgien à la résistance. Ceux qui ne sont pas massacrés par les troupes de Lon Nol prennent le maquis pour rejoindre les Khmers rouges.
En avril 1970, Nixon donne son feu vert aux forces américano-sud-vietnamiennes qui pénètrent au Cambodge pour en chasser les révolutionnaires vietnamiens. Les conséquences sont terribles pour la population. Selon un journaliste américain, en l'espace de 14 mois, les B-52 américains vont effectuer plus de 3 600 raids. Terrorisés, les paysans des provinces de l'Est se réfugient à Phnom Penh, dont la population passe de 600 000 à 2 millions d'habitants.

Terreur et corruption : le régime de Lon Nol

À partir de 1970, le Cambodge entre de plain-pied dans **une guerre qui va se prolonger pendant plus de 20 ans.** Malgré tous les efforts de Norodom Sihanouk (qui porte, cependant, une sacrée part de responsabilité), le pays est trop petit pour supporter la pression conjuguée des puissances impérialistes, exportatrices de leurs querelles idéologiques en Asie du Sud-Est. Comment résister aux États-Unis (via la Thaïlande et le Vietnam du Sud), au géant soviétique (qui soutient le Viêt-minh) et à la pieuvre chinoise (qui arme les Khmers rouges) ? À l'exception du groupe des pays non alignés (Inde, Indonésie, etc.) et, d'une certaine manière, du général de Gaulle, trop peu de voix s'élèvent pour sauver le peuple khmer plongé dans l'enfer de cette « **3e guerre d'Indochine** », comme l'appela Jean-Claude Pomonti, du *Monde*.

ET L'AMÉRIQUE ARMA... LES KHMERS ROUGES

Nixon ne supporta pas que certains soldats nord-vietnamiens se réfugient au Cambodge avec l'assentiment plus ou moins direct du roi Sihanouk. Selon l'Amérique, les Khmers étaient aussi communistes mais... moins dangereux. L'aide américaine permit d'armer Pol Pot et de renverser Sihanouk, en mars 1970. À Washington, personne n'avait lu les terribles écrits de Pol Pot.

À peine arrivé au pouvoir, Lon Nol décrète la loi martiale, condamne Sihanouk à mort (par contumace), se fait nommer maréchal, puis président de la République, et s'entoure de militaires archicorrompus. Sous son régime, environ 800 000 personnes sont victimes des divers affrontements au Cambodge : pogroms antivietnamiens, insurrections réprimées dans le sang, bombardements meurtriers des Américains, offensives de la guérilla KR et du Viêt-cong, etc.

Pour s'opposer aux putschistes, Sihanouk crée le **Front uni national du Kampuchéa (FUNK)** et soutenu par Mao, qu'il admire, constitue à Pékin un gouvernement d'Union nationale **(le GRUNC)** en s'alliant aux Khmers rouges. En avril 1973, il retourne en secret dans son pays, pour entreprendre une tournée des zones « libérées » par la guérilla khmère rouge. 2 mois plus tôt, les accords de Paris avaient mis fin (du moins sur le papier) à la guerre du Vietnam. Les Américains n'en continuent pas moins de bombarder pendant plusieurs mois le pays meurtri. Malgré leur aide militaire et pourtant débarrassée des Vietnamiens à la fin de l'année 1974, la république fantoche de Lon Nol, rongée à l'intérieur par la corruption et militairement battue sur tous les fronts par les Khmers rouges (ils détiennent les 2/3 des campagnes), est prête à tomber. Phnom Penh est encerclée.

Les Khmers rouges au pouvoir

Année zéro

Le **17 avril 1975,** les Khmers rouges sont maîtres de la capitale, faute d'opposants. Les responsables gouvernementaux se sont enfuis, aidés par la CIA. Soulagés par la fin des hostilités, les habitants accueillent les « révolutionnaires » dans la liesse. Un événement à peine imaginable va alors se produire : sous prétexte de bombardements américains imminents, en l'espace de 48h, les « libérateurs » procèdent à **l'évacuation TOTALE de Phnom Penh** ! Habitants et réfugiés, soit environ 2,5 millions de personnes, sont déportés de force vers les campagnes du nord et de l'ouest du pays... Un exode qui coûtera la vie à des dizaines de milliers de personnes (on parle de 400 000 victimes). En quelques jours, cette capitale, considérée comme la plus belle d'Asie du Sud-Est, n'est plus qu'une ville fantôme, livrée aux rats et à une poignée de révolutionnaires qui saccagent tous les symboles de la société bourgeoise et capitaliste. C'est l'« année zéro », aube d'une renaissance totale proclamée par la radio khmère rouge.

Dans la foulée, toutes les villes du Cambodge sont évacuées : on ordonne à la population de gagner les rizières pour se mettre au travail dans le but d'assurer l'autosuffisance alimentaire du « **Kampuchéa démocratique** », selon la nouvelle appellation du pays. Durant sa déportation, la population est soigneusement triée en 3 catégories. Les militaires sont conduits à l'écart pour être exécutés.

Fonctionnaires et intellectuels (il suffit de porter des lunettes ou de posséder un stylo), considérés comme suspects, sont envoyés dans des « villages spéciaux ». Le reste, classé sous l'appellation de « peuple », est prié de rejoindre son village natal et de se plier aux ordres pour gagner son riz quotidien. Les conditions de travail sont proches de l'esclavagisme : les digues sont élevées à main nue, les charrues sont tirées par des hommes (les bœufs ayant été tués), les horaires sont draconiens (10 à 12h de travail) et les repas limités au strict minimum, voire supprimés au cas où les quotas ne sont pas respectés.

Période « papa-maman »

Progressivement, toute la société cambodgienne est réorganisée sur le modèle d'une armée. **L'Angkar** – organisation suprême des Khmers rouges – régit désormais le pays sans que quiconque en connaisse vraiment les responsables. Tout est remis en question : les gens doivent changer de nom, le salut avec les mains est banni, la lecture est remplacée à l'école par des danses et des chants révolutionnaires... Les enfants appartiennent à l'Angkar. C'est la période « papa-maman », ainsi baptisée par la radio officielle !

Le mariage lui-même n'échappe pas à la révolution : les époux sont choisis au hasard. Plus de 600 personnes pouvaient être unies en une seule fois au cours de cérémonies express ! Ces **mariages forcés** seront considérés comme des crimes en 2009.

Comme toute religion réactionnaire est interdite, autant dire que toutes le sont. Les bonzes sont persécutés, les chrétiens sont accusés de travailler pour la CIA et la communauté cham (musulmane) est presque entièrement massacrée. Les pagodes deviennent des greniers à riz et les mosquées des porcheries.

Des valeurs du passé khmer, seuls les temples d'Angkor et le roi semblent respectés. Et encore... Les vénérables statues du Bouddha sont décapitées et Sihanouk, rappelé dès 1975 pour participer à la « reconstruction », se retrouve prisonnier pendant 3 ans dans son propre palais. Pour justifier son nom, le Kampuchéa démocratique organise des élections en mars 1976. Un curieux exemple de démocratie : les candidats sont des cadres militaires, et seuls les combattants votent. Le reste du peuple est considéré comme « prisonnier de guerre »...

MARIAGES FORCÉS

Voici encore un crime méconnu des Khmers rouges. Entre 1975 et 1979, on maria près de 250 000 Cambodgiens inconnus les uns des autres. Dans leur utopie délirante, les révolutionnaires imaginaient l'avènement d'un homme nouveau tout en souhaitant augmenter la population. Les mariés vivaient ces unions forcées comme des viols.

Le génocide

Cloisonnés dans des campagnes dont ils n'ont pas l'habitude, en proie aux maladies, au soleil, à la faim et aux travaux de force, les citadins sont condamnés à brève échéance. Dans l'urgence d'accomplir leur « programme », les Khmers rouges n'ont prévu aucune intendance. Les hôpitaux des villes sont interdits d'accès, les médicaments réservés aux combattants, les médecins traqués pour cause d'appartenance à la bourgeoisie... D'incessantes exactions sont commises sur la population sous prétexte de non-conformité idéologique : les jeunes aux cheveux longs sont exécutés, de même que toute personne susceptible de connaître une langue étrangère ! Les Khmers rouges haïssent les signes d'intelligence. « **Il vaut mieux tuer un innocent que de garder en vie un ennemi** », disent les bourreaux pour se justifier. Pour économiser les cartouches, on fracasse les têtes des condamnés à coups de pioche.

L'Angkar a tout planifié et attend des combattants que ses ordres soient exécutés avec une rigueur implacable. Critiquer l'Angkar constitue un sacrilège sanctionné par la mort. Les charniers se multiplient aux quatre coins du pays. On estimera à 2 millions le nombre de victimes.

Stalinisme des rizières

Mais qui sont les Khmers rouges ? Et qui se cache derrière cette monstrueuse organisation appelée Angkar ? Les principaux dirigeants sont connus, malgré les pseudonymes que certains ont choisis pour brouiller les pistes : **Khieu Samphân, Ieng Sary, Son Sen** et **Saloth Sâr,** plus connu sous le nom de **Pol Pot** (pour « Politique Potentielle » !). Ces 4 hommes concentrent à eux seuls tout le pouvoir. Ieng Sary, par exemple, a une dizaine de ministères sous son contrôle.

SIHANOUK ET LES KHMERS ROUGES

Destitué par l'arrivée de Lon Nol, proaméricain, Sihanouk pensait que sa survie politique ne se ferait qu'en soutenant les Khmers rouges. Il devint président du Kampuchéa démocratique en 1975, mais démissionna en 1976. L'ex-roi se retrouva alors enfermé au palais, sans pouvoir. Durant le génocide, il perdit 14 de ses petits-enfants. Il ne garda la vie sauve que grâce à la pression de Mao sur Pol Pot. Selon les Chinois, on ne tue pas un dieu vivant !

Envoyés **en France dans les années 1950** pour y faire leurs études, ils y entretiennent leur anticolonialisme tout en s'initiant aux rudiments du marxisme dans les milieux étudiants autour de la Sorbonne. Rentrés au pays, ils se lancent dans l'agitation politique, puis, chassés par le roi, se réfugient dans le maquis. Ils constituent leur armée avec des paysans, traditionnellement opposés au pouvoir de Phnom Penh. En privilégiant les adolescents, plus faciles à endoctriner. La Révolution culturelle de Mao va considérablement influencer l'idéologue Khieu Samphân qui met au point une sorte de **marxisme agraire,** le Cambodge n'ayant pas de prolétaires. Le modèle n'est donc pas soviétique, même si la Tcheka semble avoir inspiré les méthodes de l'Angkar. Intellectuel brillant mais froid et têtu comme du teck, Khieu Samphân accouche de théories utopiques sans se préoccuper de leurs conséquences. Mais c'est le plus « modéré », en tout cas le plus ouvert, des leaders KR. Une fois au pouvoir (il est officiellement chef de l'État), il est vite débordé par son compère Saloth Sâr (un nom aux initiales sans équivoque), alias « frère numéro un », alias Pol Pot (il se faisait aussi appeler Tol Sot), chef de l'armée KR, devenu 1er ministre en avril 1976. Admirateur de Marx et de Staline, Pol Pot a un autre modèle : Hitler. Avec des méthodes encore plus barbares (si c'est imaginable...), Pol Pot aura appliqué sur le peuple khmer un génocide proportionnellement plus important que celui des nazis, à la différence qu'on peut parler d'**autogénocide,** puisque c'est son propre peuple qui en a été la victime.

La chute des Khmers rouges

La haine des Khmers rouges pour les Vietnamiens révisionnistes, plus profonde encore que celle du capitalisme, va causer leur perte. Pol Pot et ses hommes rêvent de **reconstituer l'Empire angkorien,** qui s'étendait au temps de sa grandeur sur une partie du Vietnam (et du Siam, mais les KR n'en veulent pas aux Thaïs, qui les ont bien aidés). L'erreur du nouveau gouvernement est de s'en prendre au régime de Hanoi, qui sait pourtant se défendre, comme il l'a prouvé avec les Américains.

REGRETS BIEN TARDIFS

Entre 1975 et 1979, certains intellectuels de la France giscardienne soutenaient Pol Pot. La victoire des Khmers rouges symbolisait le succès d'une petite armée contre le rouleau compresseur américain et le régime fantoche de Lon Nol. Mais aucun de ces intellectuels ne s'était intéressé à l'idéologie fanatique de ces cinglés et ne semblait entendre les témoignages des réfugiés. Il aura fallu attendre les années 1980 pour que les avis changent, et encore...

Soyons réalistes : les Vietnamiens, trop occupés à édifier le socialisme dans leur pays, ne se préoccupent pas vraiment du sort des Cambodgiens (ennemis héréditaires), mais **l'influence de la Chine** (autre ennemi héréditaire) au Cambodge et la menace des Khmers rouges à leur frontière les poussent à réagir.
En **décembre 1978,** l'armée vietnamienne envahit le Cambodge et chasse les Khmers rouges de Phnom Penh.

Occupation vietnamienne, contre-guérilla khmère

Les Vietnamiens ont l'intelligence d'installer des Cambodgiens au pouvoir (dont Hun Sen, un Khmer rouge repenti), pour ne pas provoquer la population. Mais ils ne se débarrassent pas des Khmers rouges, acculés à la frontière thaïlandaise... Ces derniers, infatigables, reprennent la **guérilla.** Ils vont utiliser un moyen diabolique pour tenter de déstabiliser le nouveau régime : **les mines** ! De fabrication chinoise, les mines antipersonnel sont conçues non pas pour tuer mais pour mutiler. En les plaçant volontairement dans les rizières et les champs, les Khmers rouges savent pertinemment qu'ils empêcheront les paysans de travailler. Et sans récoltes, le régime ne tiendra pas longtemps... Encore un mauvais calcul de la part des dirigeants Khmers rouges : les Vietnamiens ne sont pas au Cambodge pour faire des profits – ils n'ont même pas tenté de coloniser le pays –, et seule la population va souffrir du minage intensif des campagnes... Des **débuts de famine** et un nombre considérable de **mutilés** incitent les organisations caritatives internationales à aider le peuple cambodgien, mais une partie de l'aide (qui passe par la Thaïlande) est détournée par les Khmers rouges. Les hommes de Pol Pot ne sont pas seuls à s'opposer à l'occupant vietnamien : aidé par Pékin, Sihanouk crée une armée royaliste en 1982, et le nationaliste de droite Son Sann, aidé par la Thaïlande (entre autres), forme son propre groupe armé.

Reconstruction

Après 11 ans d'occupation vietnamienne, la conjoncture internationale et l'effondrement du bloc soviétique bouleversent les données politico-militaires. Un accord secret entre le Vietnam et la Chine impose une levée de la mainmise vietnamienne sur le Cambodge et un cessez-le-feu de la part des Khmers rouges. L'armée vietnamienne se retire du Cambodge en 1989. Le **23 octobre 1991,** les **accords de paix** sont enfin signés, à Paris, par les 4 factions cambodgiennes rivales, sous l'égide du Conseil de sécurité de l'ONU.

LA MÉMOIRE SÉLECTIVE DE L'ONU

Le Vietnam envahit le Cambodge en décembre 1978, chassant Pol Pot et ses comparses criminels. Et pourtant, Thiounn Prasith, l'ambassadeur des Khmers rouges, garda son siège à l'ONU encore... 14 ans. En effet, à l'époque, les Vietnamiens étaient les grands ennemis des Américains (donc de l'Occident). Les Khmers rouges étaient considérés comme moins dangereux (pourtant leurs crimes étaient connus !).

La plus importante opération de l'histoire des Nations unies peut commencer... pour un budget estimé à 2 milliards de dollars. L'Autorité provisoire de l'ONU pour le Cambodge (APRONUC, ou UNTAC en anglais) a tout pouvoir pour accomplir la mission définie par les accords de Paris : rétablissement de la paix, retour des réfugiés, mise en place d'un nouveau pouvoir politique, organisation d'élections libres et reconstruction du pays. Accessoirement, les **temples d'Angkor** sont enfin déclarés **Patrimoine mondial de l'humanité** en 1992.
En tout cas, le peuple n'a pas tout pardonné aux Khmers rouges. Lors de son retour à Phnom Penh en novembre 1991 pour participer aux réunions, le responsable khmer rouge Khieu Samphân manque d'être lynché ! Le prince Sihanouk, lui,

revient triomphalement au pays en septembre 1991. Début 1992, les « Casques bleus » débarquent, au nombre de 20 000, suivis d'une cohorte d'ONG et d'hommes d'affaires.

Des élections ont lieu en mai 1993, pour élire l'assemblée constituante. Le FUNCINPEC (sihanoukiste) et le PPC (ancien parti proche d'Hanoi) sortent des urnes largement vainqueurs, malgré le boycott des élections par les Khmers rouges.

Le 24 septembre, **Sihanouk** promulgue la Constitution du gouvernement royal du Cambodge et **redevient roi du pays, 38 ans après avoir abdiqué...** ce qui en fait du même coup le plus ancien souverain asiatique. Il désigne le prince Ranariddh (leader du FUNCINPEC et accessoirement son fils) et Hun Sen (ancien 1er ministre), respectivement 1er et 2d Premiers ministres. La mission de l'APRONUC prend fin ce jour-là : la démocratie est revenue, Sihanouk a retrouvé son trône (ce que tout le monde souhaitait), et la reconstruction du pays est bien entamée.

Khmer rose et dérive du pouvoir

Mais **le bilan de l'ONU** paraît **mitigé** : le déploiement des Casques bleus a déversé une manne financière sur le pays (110 millions de dollars rien qu'en argent de poche), dont ont surtout profité les commerçants des grandes villes (la plupart chinois) et les prostituées. Les prix ont flambé, un nombre considérable de Cambodgiens se retrouvent au chômage, les rapatriés s'entassent dans les bidonvilles et les squats, la délinquance s'accroît. Plus grave pour l'avenir : les Khmers rouges ne sont pas encore tous désarmés et le pouvoir leur laisse jouer une partie du jeu politique.

Le **gouvernement de coalition,** avec 2 Premiers ministres à sa tête (provietnamien d'une part et libéral d'autre part), ennemis notoires, provoque des situations de guérillas internes alors que chaque parti politique a gardé sa force armée ! Le régime s'éloigne peu à peu de la démocratie prévue par les accords de paix, tandis que la marge de manœuvre de **l'opposition s'amenuise.** La communauté internationale et l'ONU ne semblent pas s'en émouvoir outre mesure.

Le 5 juillet 1997, les forces armées gouvernementales prennent d'assaut le siège du parti de Ranariddh, le 1er ministre. Rapidement, cette guerre civile d'une violence inouïe tourne à l'avantage des soldats de Hun Sen. Les partisans royalistes sont exécutés ou torturés. **Hun Sen** prend les rênes du **pouvoir.** L'homme fait peur, y compris dans son propre entourage. La corruption vérole l'administration et l'armée où quasiment tous les officiers ont acheté leurs galons. Rappelons que 70 % des intellectuels, enseignants et techniciens ont été exécutés sous Pol Pot !

Fin d'un bourreau, arrivée d'un dictateur...

Fin juillet **1997,** la radio khmère rouge annonce un scoop : **Pol Pot** a été **arrêté** et jugé par des anciens partisans. Verdict : la prison à vie. La nouvelle est accueillie avec scepticisme. Les Khmers rouges veulent faire amende honorable en accablant leur ex-chef historique, pour servir leurs futures alliances politiques. Un an plus tard, le prisonnier Pol Pot meurt mystérieusement et son corps est incinéré, ce qui arrange tout le monde.

En **1998,** après une année 1997 de toutes les tensions, **Hun Sen remporte les élections** « démocratiques » (41 % des votes).

Les Khmers rouges qui se sont ralliés ont obtenu un poste de député (!), ceux qui choisissent d'intégrer l'armée régulière gardent leur grade et leurs avantages (bonjour l'ambiance dans les casernes !). Toute contestation du régime est vite réprimée. Et Sihanouk ne peut rien faire, muselé par son 1er ministre et ennemi Hun Sen.

En 2001, le Conseil constitutionnel du Cambodge donne son accord pour la **création d'un tribunal chargé de juger les Khmers rouges** ayant exercé durant la période du Kampuchéa démocratique, de 1975 à 1979. Mais pas tous. Certains ont obtenu de Hun Sen, lui-même Khmer rouge repenti, une amnistie pure

et simple : l'ancien chef de l'État Khieu Samphân, l'ancien ministre des Affaires étrangères Ieng Sary et « l'âme » du régime khmer rouge, Nuon Chea, tous trois retranchés dans leur province de Pailin. Or l'ONU a clairement fait savoir qu'elle n'accorderait pas de subventions à un gouvernement qui laisse ses inculpés en liberté.
Le temps des révélations et des condamnations est-il venu ?

Nouveau roi et discorde autour d'un temple

Norodom Sihamoni. Tel est le nom du nouveau monarque cambodgien. À la surprise générale, le roi Norodom Sihanouk abdique **en 2004** en faveur de son plus jeune fils, né en 1953. Le roi cinéaste laisse son trône à un fils chorégraphe et danseur, peu féru d'intrigues de palais. Après avoir fait ses études à Prague, il s'est plutôt illustré sur les scènes coréennes et parisiennes. Ces affaires royales ne semblent guère affecter Hun Sen. L'homme fort du pays conforte son pouvoir aux **législatives de 2008** et fête, en janvier 2009, 24 années au poste de 1er ministre. Un record.
Pendant ce temps-là, le 7 juillet 2008, à la frontière thaïlandaise, le **temple Preah Vihear,** classé au Patrimoine mondial de l'Unesco et attribué au Cambodge, ravive les braises du conflit jamais éteint entre les 2 voisins.
Après quelques escarmouches, le ministre thaïlandais, qui avait négocié un compromis honorable sous l'égide de l'ONU se voit destituer à son retour à Bangkok ! Début 2011, la gestion de ce petit territoire d'à peine 4,6 km^2 fait à nouveau l'objet d'une controverse nationaliste. Plus que les ruines, ce sont les **hydrocarbures en sous-sol** qui intéressent les 2 pays. À partir du **4 février 2011, les armées s'affrontent** aux abords du temple avec des armes lourdes, faisant des morts et des blessés dans les deux camps, et notamment un touriste, ainsi que des dégâts matériels. Plus de 15 000 civils sont évacués. Le temple n'en sort pas non plus indemne. Le gouvernement du 1er ministre thaïlandais, Abhisit Vejjajiva, est confronté à la pression intense d'un mouvement ultranationaliste, l'Alliance populaire pour la démocratie (ou les « chemises jaunes »).

Le procès des Khmers rouges

Enfin l'ouverture !

Finalement, après 30 ans d'attente et de nombreuses controverses (lenteur du tribunal, son coût, son indépendance politique...), 2 ans et demi après que les magistrats concernés ont prêté serment, le procès des Khmers rouges s'ouvre le **17 février 2009 à Phnom Penh.** Les **5 inculpés** sont Duch (ancien directeur du centre de torture S-21), Nuon Chea (idéologue du régime et bras droit de Pol Pot), Khieu Samphân (ancien chef d'État du régime), Ieng Sary (ancien ministre des Affaires étrangères, mort en 2013) et sa femme Ieng Thirith (ancienne ministre des Affaires sociales, finalement jugée inapte à un procès pour raisons neurologiques en décembre 2011). 5 personnes, c'est peu, mais il sera probablement très difficile d'aller plus loin. En effet, l'opposition du gouvernement cambodgien brandit habilement le spectre d'une blessure nationale qui pourrait entraîner le retour de l'instabilité. Rappelons que, quitte à élargir, on pourrait également mettre en cause la communauté internationale qui, après 1979, préféra supporter et reconnaître les Khmers rouges, pendant de nombreuses années, plutôt que le gouvernement provietnamien... Un procès, en outre, particulièrement marqué par des tensions liées à la traduction !

Les condamnations

Le « frère » **Duch,** de son vrai nom Kaing Guek Eav, un ex-professeur de mathématiques, est le 1er jugé par les « chambres extraordinaires » (le nom officiel du tribunal). À partir de 1975, il a été le directeur du centre de torture S-21, installé dans

l'ancien lycée Tuol Sleng (se reporter à la rubrique « À voir. À faire » à Phnom Penh). Environ 20 000 personnes y seront emprisonnées, souvent en famille, torturées et tuées ou achevées à Choeung Ek.
Duch est décrit comme un homme méthodique, méticuleux et perfectionniste, avec une obsession maniaque des archives. Sur une liste de 17 noms d'enfants, il a annoté : « Tuez-les tous. » Avant son arrestation fortuite en 1999, il s'était converti au christianisme. Il plaide coupable et présente ses excuses aux victimes. Le 26 juillet 2010, reconnu coupable de crimes de guerre et crimes contre l'humanité, Duch est condamné à 35 ans de prison, peine commuée en appel à la perpétuité, en février 2012.
Après lui, les procès des 2 plus hauts dirigeants khmers rouges encore vivants, **Nuon Chea,** l'idéologue du régime, et **Khieu Samphân,** le chef de l'État du « Kampuchéa démocratique », sont divisés en segments distincts afin qu'un 1er verdict puisse être rendu avant la mort des accusés, tous octogénaires.
Les 2 hommes nient toute responsabilité dans le génocide et sont condamnés à perpétuité en 2014 et en 2016, pour crimes contre l'Humanité et pour avoir ordonné les plus grandes migrations forcées de l'Histoire moderne. Des procès suivis par 4 000 parties civiles. Reconnus « indigents », ils n'auront pas à dédommager leurs victimes mais une dizaine de projets de financement externe ont été retenus. En 2018, ils sont condamnés pour « génocide à l'encontre de la communauté Cham », une minorité musulmane, et des Vietnamiens du Cambodge.

Le cas Vergès

C'est dans ce cadre que Jacques Vergès (né au Laos en 1924 et mort en 2013), l'un des 2 avocats de Khieu Samphân (né en 1931), utilisa sa tactique préférée de « défense de rupture », une forme de mise en accusation médiatique des accusateurs. Il est vrai que les 2 hommes se sont connus dans les années 1950 à Paris, fréquentant les mêmes cercles marxistes du mouvement anticolonialiste. Cette amitié de pseudo-intellos n'expliquera certainement pas le mystère entourant l'avocat et les 8 années (de 1970 à 1978) pendant lesquelles il s'est volatilisé. Une des hypothèses suggère qu'il faisait le coup de feu aux côtés des Khmers rouges. Dans une interview au magazine *Der Spiegel,* il avait même affirmé qu'« il n'y a[vait] jamais eu de génocide au Cambodge »... Ah bon ?

Législatives de 2013 et contestations sociales

À l'issue des ***élections législatives de 2013, Hun Sen se déclare vainqueur*** : 68 sièges contre 55 pour ses adversaires. Il enregistre son plus mauvais score depuis 1998. Un tournant ? En tout cas un résultat largement contesté par l'opposition, le Parti du sauvetage national du Cambodge (CNPR) et son chef de file Sam Rainsy. Un accord sur la réforme de la commission électorale nationale est tout de même négocié, dont l'indépendance sera inscrite dans la Constitution, mais en vain...
Les résultats pour le moins « mitigés » d'Hun Sen s'expliquent par le ras-le-bol d'une population qui subit un ***système basé sur le népotisme et l'injustice*** (comme les terres expropriées aux paysans au profit de firmes internationales), creusant chaque jour un peu plus les inégalités entre une classe dirigeante richissime et une population exsangue. Entre elles deux, on trouve un système clientéliste basé sur les Oknhas, un titre aristocratique payant qui donne droit à des privilèges.
Les ***manifestations*** s'enchaînent (ouvriers du textile, jeunes, religieux, opposants...), ***réprimées dans la violence.*** Malgré certaines avancées sociales obtenues par les ouvriers (en terme salarial notamment), une loi adoptée début 2016 remet en cause le droit de grève et permet aux employeurs de dissoudre une organisation syndicale. Le 1er ministre finit par interdire la liberté de rassemblement et de manifestation.

C'est dans ce contexte qu'intervient, en juillet 2016, ***l'assassinat de Kem Ley,*** politologue très critique à l'égard d'un pouvoir considérablement durci, népotique et corrompu. Son cortège funéraire mobilise plusieurs dizaines de milliers de personnes, malgré les entraves des autorités.

Depuis 2016 : la crise politique s'accentue

Sam Rainsy s'appuie sur le mécontentement social pour fédérer et renforcer l'opposition. Une initiative qui passe mal évidemment. À partir de 2015, le pouvoir exerce de nouvelles pressions sur les opposants et ***contraint Sam Rainsy à l'exil en France.*** Il écope de 5 ans de prison par contumace fin 2016 pour un post Facebook. Autant dire que le climat politique est plus tendu que jamais. Hun Sen – qui a demandé par l'intermédiaire de son ministère de l'Information que la mention « glorieux suprême et puissant » soit accolée à son nom dans la presse – musèle tout ce qui ressemble à un élan d'opposition.
Après une percée électorale du CNRP lors des **municipales de juin 2017** (confirmant celle des législatives de 2013), son nouveau chef, **Kem Sokha,** est emprisonné en septembre sous prétexte de « trahison et espionnage » en faveur de Washington. La voie est donc libre pour **dissoudre en novembre 2017 le seul parti d'opposition.** Malgré la suspension de l'aide des États-Unis et de l'Union européenne et l'appel au boycott de l'opposition en exil, **le parti de Hun Sen rafle la totalité des sièges lors des élections législatives de juillet 2018**. Voici donc Hun Sen – qui a fêté ses 29 ans de pouvoir en janvier 2019, ce qui en fait ***le plus vieux chef de gouvernement en poste de la planète*** – à la tête d'un pays dirigé par un parti unique et d'une fortune considérable amassée par son clan. Un pays qui connaît une forte croissance grâce au soutien de la Chine et qui peut désormais ignorer les réprimandes de l'Occident.

MÉDIAS

Malgré la démocratie retrouvée au début des années 1990, les médias cambodgiens sont bâillonnés par la loi sur la presse de 1995, qui interdit toute publication susceptible de porter atteinte à la stabilité politique. Après une percée de l'opposition aux élections communales de juin 2017, et à l'approche des élections générales de juillet 2018, le gouvernement a mis au point un plan de guerre impitoyable contre les médias indépendants. Radios et journaux fermés, journalistes intimidés ou jetés en prison, la presse libre doit désormais se battre pour exister.

Votre TV en français : TV5MONDE, la première chaîne culturelle francophone mondiale

Avec ses 11 chaînes et ses 14 langues de sous-titrage TV5MONDE s'adresse à 360 millions de foyers dans plus de 190 pays du monde par câble, satellite et sur IPTV. Vous y retrouverez de l'information, du cinéma, du divertissement, du sport, des documentaires...
Grâce aux services pratiques de son site voyage • *voyage.tv5monde.com* •, vous pouvez préparer votre séjour et une fois sur place, rester connecté avec les applications et le site • *tv5monde.com* • Demandez à votre hôtel le canal de diffusion de TV5MONDE et contactez • *tv5monde.com/contact* • pour toutes remarques.

Presse

Le *Phnom Penh Post* (• *phnompenhpost.com* •), essentiellement consacré à l'actualité cambodgienne, a beaucoup perdu de son indépendance depuis qu'il a été racheté en 2018 par un magnat proche du pouvoir. Il se décline en 3 éditions : *Post English, Post Khmer* et *Post Weekend.* À l'intérieur, un plan actualisé de Phnom Penh. Le *Cambodia Daily,* journal historique de la démocratie cambodgienne, dont le slogan est « All the News without fear or favor », a dû publier son dernier numéro en septembre 2017, après presque ¼ de siècle d'existence. Les pressions du gouvernement ont eu raison de ce quotidien, qui propose désormais une édition sur Internet *(• cambodiadaily.com •).* De son côté, le *Khmer Times,* un journal récent consensuel à l'égard du pouvoir, comporte, dans son édition du vendredi, 4 pages en français.

Le plus sérieux des quotidiens en khmer, *Rasmei Kampuchea,* est lui aussi proche du parti du 1er ministre Hun Sen. Des quotidiens plus récents, tels que *Nokor Wat News Daily* ou *Nokor Thom Daily,* tentent de se faire une place dans ce marché de la presse de plus en plus compétitif.

Radio

Dans la majeure partie du pays, on peut capter RFI 24h/24 (sur 88.5 FM à Phnom Penh, 92 FM à Siem Reap et sur 94.5 FM à Sihanoukville et Battambang). Si le gouvernement ne détient officiellement qu'une seule station, la *National Radio of Cambodia* (NRC), la plupart des stations privées du pays, une quarantaine, sont largement contrôlées par des proches du parti au pouvoir.

La plupart des radios qui portaient une voix indépendante ont, elles aussi, été fermées sous pression du gouvernement qui n'a toléré aucune voix discordante en amont des élections de juillet 2018. Au total, 32 radios ont interrompu leurs programmes khmers. C'est le cas de *Voice of Democracy,* dont la retransmission des programmes sur les stations locales jouait un rôle fondamental dans la diffusion d'une information indépendante, notamment dans les campagnes. La station diffuse désormais des programmes sur son site et sa chaîne de vidéos en ligne *(• vodhotnews.com •).*

Télévision

CTN (chaîne privée, consensuelle à l'égard du pouvoir) a la plus grande audience. Les chaînes *MyTV* et *Bayon TV* sont également très populaires, en particulier auprès des jeunes téléspectateurs. Elles diffusent notamment des versions cambodgiennes de formats d'émissions mondialisés (*The Voice, Cambodia's got talent,* etc.). On capte de nombreuses télévisions par satellite, notamment *Star TV* (Hong Kong), *MTV, CNN, BBC, Fox* et *HBO.* On reçoit aussi Canal France International (films et documentaires) dans certains hôtels, et TV5MONDE (lire plus haut).

Médias en ligne

La consultation des médias en ligne est en constante augmentation au sein d'une population majoritairement jeune et désormais très connectée, suite au récent boom de la téléphonie mobile. En 2016, les réseaux sociaux – essentiellement Facebook – ont dépassé la télévision comme principale source d'information. Problème : en octobre 2017, la plate-forme californienne a lancé dans 6 pays, dont le Cambodge, une fonctionnalité intitulée « Explore », qui relègue les publications des médias indépendants dans un espace secondaire et peu accessible. En quelques jours, la page *Facebook* en khmer du *Phnom Penh Post* a perdu 45 % de ses lecteurs. Devant le tollé, Facebook a finalement annulé cette expérimentation.

Les francophones peuvent consulter en ligne : *(• lepetitjournal.com/cambodge •).*

Liberté des médias

La presse est surveillée de très près dans ce pays où le régime du 1er ministre Hun Sen, au pouvoir depuis plus de 30 ans, entretient de très bonnes relations avec les principaux propriétaires de médias. Sa propre fille, Hun Mana, est à la tête d'un

énorme groupe médiatique qui se décline en journaux, magazines, radios, chaînes de télévision et sites internet – tous très prompts à vanter les mérites de « papa ». Échaudés par la vague de répression sans précédent qui a touché la presse libre en 2017 et 2018, les quelques rares médias non affiliés au pouvoir qui ont survécu, comme RFI, sont contraints d'être très prudents dans le traitement des informations qu'ils diffusent.
Les journalistes d'investigation spécialisés dans l'environnement doivent redoubler de vigilance. En octobre 2014, le journaliste ***Taing Try,*** qui enquêtait sur un trafic de bois dans la province de Kratie (sud du pays), a été abattu d'une balle alors qu'il se trouvait dans sa voiture. Quelques mois plus tôt, ***Suon Chan,*** journaliste local de 44 ans, a été battu à mort par un groupe de pêcheurs à la sortie de son domicile, en représailles à ses articles sur la pêche illégale. Depuis 2016, le clan Hun Sen manifeste une hostilité ouverte contre la presse indépendante, qu'il accuse de participer à une conspiration internationale qui viserait à renverser le 1er ministre. Peu après le meurtre de Kem Ley, un commentateur politique de renom, des médias comme le *Phnom Penh Post,* le *Cambodia Daily* ou *Radio Free Asia* ont été violemment pris à partie par la famille du 1er ministre et ont fait l'objet de menaces anonymes. 3 journalistes ont été jetés en prison en 2017 sous le prétexte fallacieux d'« espionnage ».

Le Cambodge occupe le 143e rang sur 180 pays dans le classement mondial de la liberté de la presse, établi en 2019 par *Reporters sans frontières.*
■ ***Reporters sans frontières :*** ☎ *01-44-83-84-84.* • *rsf.org* •

MINES

Les mines antipersonnel ont été posées pendant 2 décennies, essentiellement dans le nord-ouest du pays, entre 1978 et 1998, pendant une guérilla qui a débuté avec l'occupation vietnamienne (à partir de 1978). Des millions de mines ont été posées aussi bien par les Khmers rouges que par l'armée, cambodgienne ou vietnamienne. Même après le départ de cette dernière, en 1989, la guérilla a continué – bien que moins intensément – jusqu'à la mort de Pol Pot et la fin des combats en 1998, affectant considérablement le pays. Autre fléau, les 2,7 t de bombes lâchées par les États-Unis sur le territoire entre 1965 et 1973. On estime que 20 % des engins n'ont pas explosé. En tout, ce sont encore des millions de munitions qui sommeillent toujours sur le sol cambodgien...
Le travail de déminage a commencé en 1990, avec l'aide des ONG qui avaient pris le relais des Casques bleus. En 2014, sept associations travaillaient au déminage du pays : *Cambodian Mine Action Center* (ONG du gouvernement), *Cambodian Armed Forces, HALO Trust, Mines Advisory Group* (ONG britanniques), *Cambodian Self Help Demining* (ONG créée par le fondateur du musée de la Mine à Siem Reap), *APOPO* (ONG belge) et *Golden West* (ONG américaine) : soit 4 000 personnes qui ont déminé 45 km².
Mais des milliers d'engins explosifs seraient encore enfouis dans le sol cambodgien.
Le bilan des dégâts est lourd. Il faut seulement une poussée de 5 kg pour provoquer l'explosion de certaines mines. Depuis 1979, près de 65 000 victimes ont été recensées. On en croise partout dans les rues, amputées d'une jambe, voire des deux, parfois aveugles. Leur seule chance de réinsertion : se procurer une jambe artificielle. Spécialisée dans l'appareillage des personnes amputées, l'association *Handicap International* intervient également auprès des victimes de mines (voir plus haut la rubrique « Aide humanitaire »). Phnom Penh n'est pas minée, et Angkor a été nettoyé entre 1990 et 2000. Si quelques endroits isolés à la frontière thaïlandaise peuvent encore comporter un risque, il n'y a aucune raison de s'y aventurer seul. À ce jour, aucun touriste n'a été blessé par les mines.

OFFRANDES ET DONS

Il est d'usage de laisser une offrande aux moines des pagodes, ainsi qu'aux mendiants. Prévoir des riels en petites coupures (100 ou 500) pour les nombreux mutilés de guerre (généralement victimes des mines), mais essayez de donner discrètement, sinon tous les estropiés du quartier vous tomberont dessus ! Opportunément, devant certains centres de pèlerinage bouddhistes, des changeurs sont spécialisés dans le change des gros billets en petites coupures. Si vous croisez une personne âgée en train de mendier, vous pouvez être sûr qu'elle est seule et réellement dans le besoin. Car au Cambodge, traditionnellement, les personnes âgées sont toujours prises en charge par leur famille.

En revanche, mieux vaut ne jamais distribuer d'argent aux enfants, ni même leur acheter les produits qu'ils proposent (boissons, souvenirs....). Cet acte les enferme dans le cercle vicieux de la pauvreté et les garde éloignés de l'école. Si vous voulez les aider, consommez auprès des entreprises sociales (hôtels, restaurants...) qui emploient adultes et étudiants, ou apportez du matériel scolaire directement dans les écoles ou auprès des associations ou des chefs de village.

PATRIMOINE CULTUREL

L'art khmer

La ***sculpture*** et la ***danse*** ont toujours constitué les expressions artistiques privilégiées par le peuple khmer. La communion parfaite de ces 2 arts est incarnée par les célèbres apsaras (danseuses célestes) omniprésentes sur les murs des temples angkoriens. Les sculptures de ces corps gracieux et de ces visages angéliques avaient notamment fasciné Rodin (mais aussi Malraux et bien d'autres). Après la chute de l'Empire khmer, les pratiques artistiques cambodgiennes ne se sont pas éteintes mais elles sont devenues plus discrètes. Le régime khmer rouge leur a été fatal : assimilés à la culture bourgeoise et à la religion, chanteurs, sculpteurs, musiciens des temples et architectes ont disparu à 90 % dans les camps de travail. Les plus chanceux ont choisi l'exil. Aujourd'hui, la plupart des danseuses sont de jeunes pensionnaires des orphelinats.

La ***musique,*** pour sa part, joue un rôle très important pour les Khmers et rythme chacune de leurs fêtes et cérémonies. Les musiciens jouent sur de très beaux instruments traditionnels : de grands xylophones *(roneat)* en bois et lamelles de bambou, des hautbois stridents *(sralai),* de grandes guitares courbes et les fameux *chapeis* (la guitare khmère), sans oublier les percussions *(skor areak).*

À noter que l'***art du cirque,*** tout autant ancestral que la danse, a subi le même sort sous les Khmers rouges. Le travail de l'association *Phare Ponleu Selpak* de Battambang dans ce domaine est en tout point remarquable. Au-delà de l'action sociale menée auprès des jeunes défavorisés (1 200 scolarisés autour des métiers de la scène), c'est une véritable tradition presque perdue qui renaît grâce à eux. On doit cette initiative à l'origine à 9 jeunes Cambodgiens passés par les camps de réfugiés et revenus au pays. L'association possède maintenant sa troupe professionnelle à Siem Reap. Du grand art, à ne pas manquer !

Le Sbek Thom a également refait surface après 1991 : il s'agit du ***théâtre d'ombres khmer.*** Comme en Indonésie, les marionnettes sont en cuir. Il existe d'autres formes de théâtre comme le *Lakhon Bassac,* le *Lakhon Khaul* et le *Yiké.*

À lire aussi : • ***vorasith.online.fr/cambodge*** • De très bonnes pages érudites mais parfaitement lisibles sur la culture khmère et l'histoire du pays. En français.

Danse

Après 25 ans de silence, le *Ballet royal du Cambodge* a ressuscité, grâce à Bopha Devi, fille aînée de Sihanouk et danseuse étoile renommée (et à une aide de la France). Son frère, l'actuel roi Sihamoni, fut lui-même danseur. Le Ballet royal se produit surtout à l'étranger et dans le palais de Phnom Penh.
L'art du ballet reste incontestablement la tradition artistique la plus authentique. Depuis 2008, il est même inscrit sur la liste du Patrimoine culturel immatériel de l'humanité de l'Unesco. Le déroulement du répertoire du ballet (danse de la princesse et de la fleur, danse de la femme et du géant, extraits du *Râmâyana,* etc.) est conforme à celui hérité des anciennes cours royales. Le corps reste vertical, le visage impassible (impassibilité qui fait office de masque naturel), et seuls pieds et mains se meuvent. Ces danses sont considérées comme un rite sacré affirmant le pouvoir du roi plus que comme un simple spectacle. D'ailleurs, jusqu'à l'indépendance du pays, les danses se déroulaient uniquement dans l'enceinte du palais, accompagnées par un chœur de femmes. Les mouvements des danseuses reproduisent ceux du Grand Naga, serpent créateur du Cambodge. Autre coutume respectée par le Ballet : les costumes dorés des danseuses sont directement cousus sur elles pendant des heures, avant chaque représentation, pour qu'elles se glissent complètement dans la peau de leur personnage.

Cinéma

En 2011 ouvrait à Phnom Penh le 1er multiplexe autorisé à diffuser des productions étrangères. Pourtant, au cinéma, le Cambodge s'était signalé à plusieurs reprises bien avant. Passons sur la carrière au grand écran de ***Norodom Sihanouk*** lui-même ; les années 1960 et 1970 virent une prolifération de films cambodgiens, mais la plupart (plus de 400) disparurent sous les Khmers rouges.
Bien avant que les temples d'Angkor ne connaissent leur actuel succès, ***L'Oiseau de paradis,*** réalisé en 1962 par Marcel Camus, narrait l'histoire d'un coup de foudre entre un jeune bouddhiste et une danseuse sacrée...
Le docteur Haing Ngor, exilé aux États-Unis après avoir connu le régime de Pol Pot, obtenait un oscar à Hollywood en 1984, pour son rôle dans ***La Déchirure*** *(Killing Fields).* Dix ans plus tard, le jeune réalisateur Rithy Panh tournait ***Les Gens de la rizière*** *(1994),* 1er film cambodgien présenté à Cannes, et, en 1997, le très réussi ***Un soir après la guerre.*** En 2002, nouveau coup de maître avec le poignant ***S-21, la machine de mort khmère rouge,*** où bourreaux et survivants sont confrontés.
En 2004, 2 films français sont sortis : ***Holy Lola,*** de Bertrand Tavernier, monté autour du thème de l'adoption, et ***Dogora. Ouvrons les yeux,*** de Patrice Leconte, un film musical sans acteurs ni dialogues. En 2009 sort l'adaptation du roman de Marguerite Duras, ***Un barrage contre le Pacifique,*** tournée par Rithy Panh dans la province de Kompong Son. Parmi les derniers films de ce réalisateur hanté par l'histoire de son pays, ***Le papier ne peut pas envelopper la braise*** (2007), Prix du cinéma européen du meilleur documentaire, ***Duch, le maître des forges de l'enfer*** (2011), un entretien bouleversant de l'ex-directeur du camp S-21, seul

SIHANOUK SE FAIT DES FILMS

Le roi Sihanouk adorait se produire en public pour chanter dans la catégorie crooner. Il réalisait également des films à l'eau de rose, dans lesquels il jouait le rôle du héros. Il imposait à ses ministres les moins en vue d'endosser les personnages de voyous ou de bandits. À la fin des années 1960, il créa son propre festival de Cannes pour que ses films raflent les meilleurs prix. Pendant ce temps, les Khmers rouges endoctrinaient les campagnes...

face à la caméra, ***L'Image manquante*** (2013), un film utilisant des figurines d'argile et des images d'archives, primé à Cannes et nommé aux oscars, ou encore ***La France est notre patrie*** (2015), sur l'Indochine française, primé au Brésil.

Régis Wargnier porte à l'écran le livre autobiographique de François Bizot, *Le Portail* (voir plus haut « Livres de route » dans « Cambodge utile »), dans ***Le Temps des aveux,*** en 2014. En convainquant Duch de son innocence, le prisonnier français va créer des liens amicaux avec son geôlier, qui mèneront à sa libération après 3 mois de détention. En 2016, le cinéaste franco-vietnamien Davy Chou tourne ***Diamond Island,*** qui dénonce la misère de la jeunesse cambodgienne au milieu de la construction d'un paradis ultramoderne pour les riches au cœur de Phnom Penh, tandis que dans ***Les Pépites*** Xavier de Lauzanne rend un hommage digne et sensible des 20 années de parcours de Christian – mort quelques jours avant la sortie du film – et Marie-France des Pallières, fondateurs de l'association ***Pour un sourire d'enfant*** (lire « Aide humanitaire »).

SILENCE, ON TOURNE !

Si les tours d'Angkor Wat sont célèbres dans le monde entier, c'est certainement en partie grâce au cinéma. Citons entre autres Les Mystères d'Angkor, *un film de science-fiction de 1960 avec Lino Ventura. Elles servirent aussi de décor à* Lord Jim *(1965) avec Peter O'Toole, à* Apocalypse Now *(1979) – même si Coppola dut faire construire une réplique en carton-pâte –, mais aussi à* Tomb Raider *(2001) avec Angelina Jolie, ou encore* Deux frères *(2004) de Jean-Jacques Annaud.*

En 2017, Angelina Jolie passe derrière la caméra avec ***D'abord ils ont tué mon père,*** où les atrocités des Khmers rouges sont observées du point de vue d'une petite fille ; une histoire vraie choisie par le Cambodge pour le représenter aux Oscars. Autre histoire d'enfant pendant cette tragique période avec ***Funan,*** un très beau dessin animé de Denis Do, sorti en 2019 et récompensé au Festival du film d'animation d'Annecy.

Mentionnons également le film d'action ***Jailbreak*** (Jimmy Henderson), sorti en 2017 et totalement *made in Cambodia*.

PERSONNAGES

– ***Norodom Sihanouk*** *(1922-2012)* **:** ancien roi, personnage aimé et apprécié de son peuple. Ancienne star de cinéma, maoïste, il a donné l'indépendance à son pays, mais est resté impuissant face à la montée des Khmers rouges. Bouddhiste, considérant que « monogamie égale monotonie », il a abdiqué en faveur de son fils Norodom Sihamoni en 2004. En 2012, il décède à Pékin. Le dieu vivant est mort.

– ***Vann Molyvann*** *(1926-2017)* **:** le père de la « nouvelle architecture khmère » étudie à l'École nationale supérieure des beaux-arts, à Paris, et devient l'architecte officiel du roi Sihanouk. Il bâtit Sihanoukville et, à Phnom Penh, le Stade olympique et le monument de l'Indépendance. Revenu en 1991, après un exil suisse sous les Khmers rouges, il entre au gouvernement.

– ***Sam Rainsy*** *(né en 1949)* **:** ancien ministre des Finances et opposant au régime du 1er ministre Hun Sen. Régulièrement écarté du pouvoir et fait prisonnier, il a vécu en exil avant de retourner au Cambodge en 2013 pour participer aux élections législatives, dont il conteste les résultats. 2 ans plus tard, il repart en exil en France pour la 4e fois en 20 ans suite aux pressions du pouvoir. Plusieurs condamnations pour diffamation le conduisent à quitter, en 2017, la tête du seul parti d'opposition, le CNRP, au profit de Kem Sokha.

– ***Norodom Sihamoni*** *(né en 1953)* **:** l'actuel roi du Cambodge depuis 2004. Ancien danseur et directeur de ballet, il a étudié à Pyongyang (Corée) et à Prague (République tchèque) après avoir passé sa jeunesse en France et avoir représenté le Cambodge auprès de l'Unesco.

– ***Rithy Panh*** *(né en 1964)* **:** cinéaste cambodgien, reconnu sur la scène internationale, il a donné la parole tant aux bourreaux qu'aux victimes dans ses films, comme un devoir de mémoire (voir « Patrimoine culturel. Cinéma »).

– ***Somaly Mam*** *(née en 1970)* **:** présidente d'*Agir pour les femmes en situation précaire.* Victime du trafic sexuel dans sa jeunesse, elle a libéré plus de 3 000 petites filles des maisons closes au Cambodge, mais aussi au Vietnam, au Laos et en Thaïlande. Elle a dû démissionner de sa Fondation en 2014 suite à des enquêtes mettant en doute la véracité de ses récits.

– ***Khoun Sethisak*** *(né en 1970)* **:** le Pavarotti cambodgien. Ce ténor de talent a étudié 8 ans à Moscou avant de revenir au pays en 1996 et se produire sur les scènes nationales.

– ***Davy Chou*** *(né en 1983)* **:** cinéaste franco-cambodgien né en France ; il incarne la nouvelle génération avec son documentaire *Le Sommeil d'or (2012)* sur l'âge d'or du cinéma cambodgien (années 1960-1975). Son 1er long-métrage, *Diamond Island* est sorti en 2016.

POPULATION

Actuellement, le nombre d'habitants au Cambodge est estimé à 16,2 millions. La composition de la population cambodgienne est étonnamment homogène, avec 90 % de ***Khmers.*** Ils occupent le pays depuis le début de notre ère. Le Khmer est attaché à sa terre, ce qui explique son patriotisme farouche. Plein de douceur, il sait pourtant se montrer un guerrier redoutable. Timide, il n'en est pas moins courageux, et du courage, il lui en a fallu pour vivre les horreurs de près de 30 ans de guerre, de dictature et d'instabilité politique... Selon l'écrivain François Ponchaud, qui a vécu une décennie auprès des Khmers, la violence et la cruauté de ce peuple, pourtant si paisible, peuvent s'expliquer par sa susceptibilité, son individualisme et son esprit de vengeance. Exacerbées par une idéologie ultraradicale comme celle des Khmers rouges, ces tendances sont sans doute à l'origine de la folie suicidaire qui s'empara du Cambodge dans les années 1970. Un effrayant paradoxe chez un peuple autant attaché aux valeurs du bouddhisme, à l'esprit de famille et à l'hospitalité ! Mais que ses penchants néfastes ne vous empêchent surtout pas d'apprécier le peuple khmer à sa juste valeur : la population aspire désormais et plus que jamais à la paix.

Le flou quant au nombre d'exilés pendant la période des Khmers rouges complique les statistiques : on sait qu'environ 350 000 personnes ont réussi à quitter le Cambodge dès l'arrivée de Pol Pot au pouvoir, mais combien sont parvenues à s'enfuir dans les mois et les années qui ont suivi ? Des centaines d'exilés, longtemps restés en France, en Amérique, au Canada, en Australie ou ailleurs, reviennent chaque année depuis 1991. Ces Khmers rapatriés sont souvent surnommés « les rapat' » par les Français d'origine cambodgienne.

Le reste de la population cambodgienne est composé principalement d'Annamites (ethnie vietnamienne), de Chinois et de Chams.

Ennemis héréditaires des Khmers, qui les appellent les « youns » (terme méprisant qui signifie « barbares »), les ***Vietnamiens*** sont environ 100 000 au Cambodge, soit 2 à 3 fois moins qu'avant 1970. Une bonne raison à cela : chassés par le gouvernement de Lon Nol, ils ont été ensuite soigneusement traqués et décimés par les Khmers rouges. Ceux qui sont revenus au Cambodge (parce qu'ils y étaient nés) sont surtout pêcheurs, voire ouvriers ou petits commerçants. Ils vivent la plupart du temps en communautés, séparés des Khmers. Tradition asiatique oblige, la peau claire des filles vietnamiennes fait qu'elles sont appréciées des Cambodgiens alors que les mariages mixtes sont souvent mal perçus par la famille ! Sok Kong, le *tycoon* qui règne sur les stations-service *Sokimex* et sur l'exploitation touristique d'Angkor, est d'origine vietnamienne.

Autre minorité importante, les ***Chinois,*** qui tiennent les rênes économiques du pays. Outre les descendants des différentes ethnies venues de toute la Chine, la communauté chinoise comprend de plus en plus d'hommes d'affaires en provenance de Hong Kong, Singapour et Bangkok. Enviés et courtisés par les Khmers, ce sont eux qui contrôlent le marché de l'or au Cambodge.

Les ***Chams,*** au nombre d'environ 200 000, descendent d'une ethnie très ancienne, d'origine malaise, autrefois combattue par les rois d'Angkor. Musulmans, ils n'ont jamais été chaleureusement acceptés par les Khmers, sans toutefois avoir jamais été rejetés. En revanche, ils furent particulièrement persécutés par les Khmers rouges. Selon *Amnesty International,* un district exclusivement composé de 20 000 Chams fut entièrement massacré à l'époque de Pol Pot ! Les rescapés de la communauté cham vivent le long du Mékong.

D'autres minorités ethniques, très discrètes, occupent les régions de montagne, dans le sud-ouest et le nord du pays : Pears, Kuys, Braos, Samrês...

À toutes ces communautés s'ajoutent les quelques milliers d'Occidentaux, personnels d'ONG, membres de missions gouvernementales, aventuriers ou commerçants expatriés (Français et Australiens notamment), que l'on trouve surtout dans la capitale et à Siem Reap.

RELIGIONS ET CROYANCES

Bouddhisme

Religion d'État jusqu'en 1975, ***le bouddhisme*** est redevenu la ***religion officielle*** du pays à la fin des années 1980. Introduit sur le territoire khmer après l'hindouisme, vers le XIIIe s, le bouddhisme a fini par séduire les souverains d'Angkor, comme le prouve le temple majestueux du Bayon, où veillent les mystérieux bouddhas à quatre visages. Ce bouddhisme primitif (dans le sens où il est plus ancien) professe l'athéisme (le Bouddha ne doit pas être déifié), l'absence de culte et la méditation comme moyen d'atteindre le nirvana (vide obtenu par l'extinction du désir), auquel ne peuvent prétendre que les moines après plusieurs réincarnations. La majorité des croyants se contente d'espérer une prochaine vie sans douleur grâce aux prières et aux nombreuses offrandes.

Il est de coutume de donner à manger aux bonzes, auxquels tout travail est interdit. Cette habitude avait révolté les Khmers rouges : ils envoyèrent les moines repiquer le riz dans les rizières ! Ceux qui refusaient de travailler la terre étaient exécutés. Le pays en comptait environ 60 000 avant 1975... Seulement un millier de moines ont survécu au régime khmer rouge. Et les 3 000 pagodes ont été presque entièrement détruites. Depuis la chute de Pol Pot, les moines ont peu à peu refait leur apparition et semblent avoir converti de nombreux jeunes. On voit désormais des bonzeries toutes neuves à Angkor, et de nombreux wat à travers le pays ont été reconstruits. Les bonzes restent dans les

TATOUAGES SACRÉS

Les Sak Yant sont des tatouages réalisés par des moines bouddhistes dans certains temples. Ils offrent protection à condition que l'on accepte de respecter les grands principes religieux. Attention, ces tatouages effectués avec des pointes de bambou sont assez douloureux et surtout dangereux (pas de nettoyage de l'aiguille).

temples tout au long de la saison des pluies ; ce sont les habitants des alentours qui viennent les nourrir. À la fin de cette période, qui annonce la saison des mariages et son raffut sonore dès 4h du matin, on les croise par petits groupes de deux à quatre en train de longer les routes pour faire la quête pour leur nourriture.

Reportez-vous aux dessins des gestes et attitudes *(mudra)* du Bouddha dans le chapitre « Hommes, culture, environnement » du Laos.

Animisme

Les Khmers ont gardé un vieux fond d'animisme. Leur univers est peuplé de génies et d'esprits, bons ou mauvais. Par exemple, la maladie, à leurs yeux, est plus la manifestation d'une force occulte qu'une simple apparition de microbes. Au lieu d'appeler un médecin, on préférera souvent changer le nom d'un malade pour tromper les esprits ! Ou l'on fera appel à un *kru* (gourou), plus à même d'apaiser leur courroux...

Joint au bouddhisme et au brahmanisme, cet animisme explique l'attitude des Khmers, qui veillent à respecter l'harmonie du cosmos. Tout cela les conduit à s'accommoder des obstacles et à se résigner à leur sort. On comprend mieux pourquoi la fréquentation d'Occidentaux rationnels les déconcerte (et vice versa)... Au Cambodge, nous avons affaire à un peuple pétri de spiritualité, ne l'oublions pas... (Merci au père François Ponchaud pour ses explications sur cette question importante.)

Hindouisme

Il est arrivé au début de notre ère sur le territoire, à peu près en même temps que le bouddhisme, dans les bagages de moines, de commerçants et de princes probablement venus de la côte orientale de l'Inde. En pays khmer, l'hindouisme va en quelque sorte se superposer aux structures sociales, mais sans aucun prosélytisme ni aucune agressivité, intégrant certaines divinités locales. On y retrouve, cependant, le sanskrit comme langue sacrée et l'organisation en 4 castes, avec celle des brahmanes en tête. En fait, il est adapté, et sont laissées de côté, par exemple, les notions de pureté et d'impureté qui hiérarchisent généralement les castes. Seule la caste des brahmanes est formalisée, associée généralement à des fonctions honorifiques ou savantes, dans l'entourage immédiat du roi. Les autres catégories sociales sont les *varna,* que l'on assimilerait plus à des corporations professionnelles héréditaires qu'à de véritables castes cloisonnées.

Au final, ***il s'agit d'un hindouisme tolérant, cohabitant avec le bouddhisme***, et presque d'une religion d'État, alternant les dominantes shivaïte (grand emblème, le lingam) et vishnouite (représentation de Vishnou et de ses avatars). Le nom du roi s'inspire d'une divinité tutélaire (il est donc divinisé, dépositaire des hautes sciences ou de la connaissance incarnée), il a été spirituellement éduqué par un gourou (généralement choisi parmi les hauts dignitaires brahmanes, parfois même en fonction de leur lignée indienne). Les proches du roi sont des brahmanes détenteurs des grands textes fondateurs (les *Veda,* les épopées), l'un d'entre eux étant le *purohita,* sorte de chapelain royal.

Hindouisme et bouddhisme semblent donc coexister dans une certaine intelligence jusqu'au Xe s, époque où les fondations de temples bouddhiques se multiplient. La fin du XIe s voit ensuite un renouveau du bouddhisme du Grand Véhicule, avec une apothéose sous le règne de Jayavarman VII, mais c'est sans agressivité vis-à-vis de l'hindouisme. Une secte shivaïte va cependant mal réagir à la fin du XIIIe s : destruction et transformation (en images shivaïtes) systématiques des représentations du Bouddha. Au final, cet excès de fureur met fin au bouddhisme du Grand Véhicule, supplanté par le Petit Véhicule sous le règne de Srindavarman le très pieux, qui finira sa vie en ermite... L'hindouisme se réduit de plus en plus à un brahmanisme de cour... jusqu'à disparaître complètement : c'est au XIVe s que l'on trouve trace des dernières inscriptions en sanskrit, la langue sacrée de l'hindouisme.

Superstition

En plus d'avoir intégré dans leur vie quotidienne les religions et croyances évoquées plus haut, les Cambodgiens sont particulièrement superstitieux. Les domaines concernés sont aussi variés que la gourmandise, la grossesse des femmes, les fruits interdits, comment corriger des testicules de taille différente, le risque de passer sous une corde à linge, considérée comme impure. Vous verrez peut-être à la campagne des enfants porter un cordon autour du cou avec une clé suspendue. Cela afin d'éloigner certaines maladies. Car le roi de l'enfer, ne possédant pas la clé, ne peut entrer dans le corps. Attention, si un bouddha orne votre cou, il faut absolument le cacher dans la bouche en allant aux toilettes. Il ne doit pas assister à la scène peu ragoûtante, sinon il perdrait son effet protecteur. De même, évitez d'entrer dans une pagode avec un chapeau, vos cheveux ne s'en remettraient pas : sans leur réincarnation... vous seriez chauve dans la prochaine vie.

SAVOIR-VIVRE ET COUTUMES

Dicton éculé mais toujours valable : « N'oubliez pas que, ici, l'étranger, c'est vous ! », même si les Khmers sont un peuple accueillant et tolérant, comme l'exige la tradition bouddhique. D'ailleurs, ils ne vous feront pas remarquer vos éventuels impairs.

Quelques règles à ne pas ignorer :

– Il s'agit avant tout, comme partout en Asie, de ne jamais s'énerver et de ne surtout pas élever la voix ni de se faire menaçant. Ce genre de comportement fait perdre la face à un Cambodgien, et il vous en gardera rancœur : « faire perdre la face », en langue khmère, c'est l'équivalent de tuer !

– De même, il est très mal vu de contredire quelqu'un. Si votre interlocuteur se trompe, ne le lui faites pas remarquer. Il ne le reconnaîtra pas et vous en voudra par la suite.

– Rester pudique dans son habillement : les touristes torse nu dans les lieux publics sont très mal vus (à juste titre !), et le nudisme sur la plage, n'en parlons pas. Lors de la visite des temples, il s'agit bien sûr d'être décemment vêtu, couvert des épaules aux genoux (et c'est valable pour les hommes comme pour les femmes).

– La politesse est très importante. En public, il convient d'appeler une personne par son nom précédé de « monsieur » ou « madame ». Appeler les gens directement revient à dire : « Viens ici, mon chien. »

– Il est mal vu de critiquer la famille royale et le roi. Plus qu'un homme politique, il incarne le symbole de l'unité et des traditions khmères.

– Il est de coutume de donner de l'argent aux vrais mendiants, surtout les personnes âgées et mutilés de guerre (nombreux), qui n'ont rien d'autre pour vivre. Un billet de 500 riels suffit. Ici, la radinerie est une honte (surtout celle des Occidentaux).

MAINS EN L'AIR !

Au Cambodge, on ne se serre pas la main, et on s'embrasse encore moins. Pour saluer quelqu'un, portez vos mains jointes au-devant de la poitrine si vous êtes face à un égal. Si vous saluez un supérieur, joignez les mains devant le visage. Mais si c'est un dieu, alors là, levez bien haut (pas trop haut quand même) les mains jointes au-dessus de la tête.

– Au Cambodge, un Blanc fauché est un anachronisme. Avec une dégaine de clochard, vous perdriez toute considération ! Les Khmers attendent des Occidentaux qu'ils correspondent à l'image qu'ils se font des peuples riches. Ne cherchez pas à changer cette vision des choses et sachez qu'une personne propre et digne est ici mieux respectée qu'un routard négligé... Que cette mentalité ne vous révolte pas : ce n'est pas de l'intolérance de la part des habitants, mais une tradition basée sur des règles élémentaires de politesse et de respect des autres. La propagande khmère rouge a également laissé des traces : en 1975, les jeunes aux cheveux longs étaient exécutés !
– Ne jamais toucher la tête d'une personne (même d'un enfant), ce geste étant considéré comme une injure. En revanche, les Cambodgiens déambulent volontiers en se tenant par le petit doigt.
– Ne pas montrer les gens du doigt.
– Dans les temples, on n'entre pas la tête couverte. Contourner le Bouddha par la gauche, dans le sens inverse des aiguilles d'une montre. Ne pas s'asseoir dos au Bouddha et ne pas pointer ses pieds dans sa direction, c'est très mal vu. En aucun cas une femme ne doit toucher un moine, sinon celui-ci perdrait tous ses mérites acquis.
– Toujours demander l'autorisation avant de prendre une photo de quelqu'un.

SEXE

Le Cambodge n'a rien à voir avec la Thaïlande, mais les mœurs ont beaucoup évolué avec l'arrivée des forces de l'ONU en 1992, et corollairement, de la prostitution. Le sida a fait une entrée fracassante dans le pays. En provenance notamment de Thaïlande, près de 50 % des prostituées seraient séropositives !
Tout aussi grave et dramatique, la prostitution enfantine. Elle a fait son apparition dans certaines villes du pays depuis que la Thaïlande, incitée par la pression internationale, fait la chasse aux pédophiles et aux esclavagistes. Nombre de potentats locaux ont rapidement compris les profits rapides qu'ils pouvaient tirer de ce trafic de gamines et gamins vendus (parfois par leurs parents !), facile à mettre en place et peu coûteux. Il s'agit d'un esclavage abject et intolérable que chaque touriste doit combattre. Si vous constatez une situation où un enfant se trouve en danger (sexuel, mais pas seulement), composez le ***numéro de téléphone d'urgence*** : ☎ ***1280.***
À ce sujet, voir l'ONG *ChildSafe* dans la rubrique « Aide humanitaire », plus haut.

SITES INSCRITS AU PATRIMOINE MONDIAL DE L'UNESCO

Organisation des Nations Unies pour l'éducation, la science et la culture
En coopération avec le Centre du patrimoine mondial

Pour figurer sur la liste du Patrimoine mondial, les sites doivent avoir une valeur universelle exceptionnelle et satisfaire à au moins un des 10 critères de sélection. La protection, la gestion, l'authenticité et l'intégrité des biens sont également des considérations importantes.
Le patrimoine est l'héritage du passé dont nous profitons aujourd'hui et que nous transmettons aux générations à venir. Nos patrimoines culturel et naturel sont 2 sources irremplaçables de vie et d'inspiration. Ces sites appartiennent à tous les peuples du monde, sans tenir compte du territoire sur lequel ils sont situés. Pour plus d'informations : ● *whc.unesco.org* ●

- ***Angkor*** (1992).
- Le ***temple de Preah Vihear,*** situé à la frontière du Cambodge et de la Thaïlande, classé depuis le 7 juillet 2008. Ce classement avait d'ailleurs ravivé les tensions entre Cambodge et Thaïlande, qui se disputaient ce temple depuis des décennies. Mais le conflit est aujourd'hui réglé suite à la décision de la Cour internationale de justice en novembre 2013, qui a finalement donné (globalement) raison au Cambodge.
- La zone des ***temples de Sambor Prei Kuk,*** site archéologique de l'ancienne Ishanapura (2017), dans la région de Kompong Thom.
- Noter que ***l'art du ballet cambodgien*** est inscrit depuis 2008 sur la liste du Patrimoine culturel immatériel de l'humanité de l'Unesco.

LAOS UTILE

ABC du Laos

- ***Superficie :*** 236 800 km².
- ***Population :*** 7,2 millions d'hab.
- ***Religions :*** bouddhisme (66 %), animisme (20 %), christianisme (2 %).
- ***Régime politique :*** république à parti unique d'idéologie marxiste depuis 1975.
- ***Capitale :*** Vientiane.
- ***Chef de l'État :*** Bounnhang Vorachith (depuis 2016).
- ***Chef du gouvernement :*** Thongloun Sisoulith (depuis 2016).
- ***Langues :*** lao (langue officielle), dialectes taïs (taï dam, taï lue, taï daeng), dialectes sino-tibétains (hmong, yao), tibéto-birman (akha, lahu), français et anglais.
- ***Monnaie :*** kip.
- ***Salaire minimum :*** 900 000 kips par mois (soit environ 95 €).
- ***Fête nationale :*** le 2 décembre (République de 1975).
- ***Indice de développement humain :*** 139e rang (0,586) sur 189.

AVANT LE DÉPART

Représentations diplomatiques

– ***À Paris :*** **ambassade de la République démocratique et populaire du Laos** *(RDPL), 74, av. Raymond-Poincaré, 75016. ☎ 01-45-53-75-22 (service consulaire). • ambalaos-france.com • Ⓜ Victor-Hugo. Lun-ven 9h-12h pour les visas, ou sur rdv 14h-17h.*

– ***À Bruxelles :*** **ambassade de la RDPL,** *av. de la Brabançonne, 19-21, Bruxelles 1000. ☎ 02-740-09-50. • laoembassy.brussels@gmail.com • Lun-jeu 9h-12h, également joignable par tél lun-ven 14h-16h.*

– ***À Genève :*** **mission permanente du Laos auprès des Nations unies,** *14 bis, route de Colovrex, 1218 Le Grand-Saconnex, Genève. ☎ 022-798-24-41. • laomission_geneva@bluewin.ch • Lun-ven 9h-12h, 14h-17h.*

– ***Les ressortissants canadiens*** doivent s'adresser à l'ambassade du Laos aux États-Unis : *Lao Embassy, 2222 South St NW, Washington DC, 20008. ☎ 001-202-667-00-76 (service consulaire). • laoembassy.com • Lun-ven 9h-12h.*

Formalités

Tout voyageur se rendant au Laos est tenu de posséder un ***passeport*** valable encore au moins 6 mois après le retour, et un ***visa de tourisme,*** sauf les ressortissants suisses qui n'ont pas besoin de visa préalable pour un séjour n'excédant pas 15 jours. Il est valable 3 mois à partir de la date d'émission (2 mois pour les Canadiens), pour un séjour de ***30 jours maximum.***

Les ***mineurs*** doivent être munis de leur propre pièce d'identité (passeport pour le Laos). Pour l'autorisation de sortie de territoire lorsque les enfants ne sont pas accompagnés par un de leurs parents, chaque pays a mis en place sa propre régulation. Ainsi, ***les mineurs français*** doivent être munis d'une ***autorisation de***

sortie du territoire. Pour voyager à l'étranger, ils doivent présenter leur passeport, un formulaire signé par l'un des parents titulaire de l'autorité parentale et la photocopie de la pièce d'identité du parent signataire. Renseignements auprès des services de votre commune et sur • *service-public.fr* •

Obtention du visa :
– ***Auprès des services consulaires des ambassades laotiennes :*** présenter passeport, formulaire à remplir (téléchargeable sur le site des ambassades) et une photo d'identité (2 photos pour les Canadiens). *Prix : 35 € en France (délai : env 3 j. ouvrables) ou visa express en 20 mn : 40 € ; en Belgique 40 € (délai : 3 j. ouvrables) ; 50 Fs en cas de séjour de plus de 15 jours pour les Suisses (délai : 3 j. ouvrables ; formulaire à télécharger sur le site de l'ambassade à Paris) ; 57 $ pour les Canadiens (délai : 10 j. ouvrables).* Visa par correspondance disponible en France, en Suisse et pour les Canadiens (contacter l'ambassade pour les conditions et frais d'envoi).
– ***Aux frontières terrestres ou aéroports internationaux :*** c'est le *visa on arrival,* rapide et moins cher qu'en passant par l'ambassade, puisque le prix de base est de 30 $ (42 $ pour les Canadiens), à quoi on ajoute 1 $ si vous n'avez pas de photo. Aux frontières terrestres, quelques « suppléments » pseudo-officiels sont à prévoir (hum !)... Ne pas oublier 1 photo et le montant cash, en dollars ou en euros. Attention : certains postes-frontières paumés ne le délivrent pas forcément, se renseigner. Site utile pour les dernières infos en la matière (en anglais) : • *laos-guide-999.com* •
– Le ***E-visa*** est encore à l'étude. Coût : environ 30 € pour une durée de validité sur place de 30 jours. Les détails n'étant pas connus à l'heure du bouclage du guide, n'hésitez pas à contacter l'ambassade pour plus d'informations, notamment pour demander le site officiel du visa en ligne.
– ***Extension sur place à l'Immigration Office de Vientiane, Paksé ou Luang Prabang :*** *compter 20 000 kips/j. supplémentaire.* Se renseigner sur la possibilité d'effectuer cette démarche (évolutif). Au-delà de 15 jours supplémentaires, il peut être plus économique de sortir du pays et d'y entrer à nouveau en prenant un autre *visa on arrival...* valide 30 jours.

Avoir un passeport européen, ça peut être utile !

L'Union européenne a organisé une assistance consulaire mutuelle pour les ressortissants de l'UE en cas de problème en voyage.
Leur assistance est bien entendu limitée aux situations d'urgence : décès, accidents ayant entraîné des blessures ou des lésions, maladie grave, rapatriement pour raison médicale, arrestation ou détention. En cas de ***perte ou de vol de votre passeport,*** ils pourront également vous procurer un ***document provisoire*** de voyage.

Ariane, pour votre sécurité, restez connectés

Ariane est un service gratuit mis à disposition par le Centre de crise du ministère français des Affaires étrangères pour vous alerter en cas de risque sécuritaire lors de vos déplacements à l'étranger. Créez votre compte et inscrivez vos voyages personnels ou professionnels. Les informations renseignées sur Ariane seront utilisées uniquement en cas de crise pendant votre séjour et permettent notamment de contacter les proches lors des situations d'urgence.
Pour en savoir plus : • *diplomatie.gouv.fr* •

Sites utiles

• ***ecotourismlaos.com*** • Émanant des autorités touristiques laotiennes, ce site bourré d'infos et de contacts permet de se faire une bonne idée des randonnées et des sites à découvrir avec des guides, au cœur de la nature sauvage du pays. En anglais.

• ***routard.com*** • Le site de voyage n° 1, avec plus de 800 000 membres et plusieurs millions d'internautes chaque mois. Pour s'inspirer et s'organiser, près de 300 guides destinations actualisés, avec les infos pratiques, les incontournables et les dernières actus, ainsi que les reportages terrain et idées week-end de la rédaction. Partagez vos expériences avec la communauté de voyageurs : forums de discussion avec avis et bons plans, carnets de route et photos de voyage. Enfin, vous trouverez tout pour vos vols, hébergements, voitures et activités, sans oublier notre sélection de bons plans, pour réserver votre voyage au meilleur prix.
• ***diplomatie.gouv.fr*** • Cliquer sur « Conseils aux voyageurs ». Le site du ministère français des Affaires étrangères, mis à jour régulièrement, répertorie les régions déconseillées et donne aux voyageurs, selon un classement par pays, des conseils généraux de sécurité, les formalités d'entrée et de séjour. Un site à consulter avant votre départ.
• ***la.ambafrance.org*** • Le site officiel de l'ambassade de France. Très bien renseigné et mis à jour régulièrement. L'actualité culturelle et politique, mais aussi les infos pratiques pour passer la frontière ou encore se faire soigner.

Assurances voyage

Lire la rubrique homonyme dans le chapitre « Cambodge utile ».

ARGENT, BANQUES, CHANGE

Monnaie et change

– L'***unité monétaire*** du Laos est le ***kip.*** Il existe des coupures de 500, 1 000, 2 000, 5 000, 10 000, 20 000, 50 000 kips et 100 000 kips.
En 2019, 1 $ équivaut à environ 8 500 kips ; et pour 1 €, on obtient environ 9 500 kips.
– Les ***euros*** se convertissent facilement en kips dans la plupart des banques des villes touristiques (taux un peu meilleur à Vientiane). Attention, ce ne sera pas forcément le cas dans les coins reculés. Donc soit changer suffisamment dès que possible, soit emporter une réserve de dollars, plus facilement acceptés partout. Les bureaux de change peuvent aussi dépanner, et pratiquent à peu près le même taux que les banques. Les ***billets doivent être en bon état.*** Enfin, il n'existe aucune limitation quant à l'entrée ou à la sortie de devises.
Attention, il est quasi impossible de changer ses kips restants à l'extérieur du pays ou, quand ça arrive, le taux est très désavantageux. En revanche, si vous voulez changer vos billets avant de repartir, allez voir les bijoutiers dans les grandes villes. Ils peuvent racheter des kips contre des devises.
– ***Horaires :*** les banques sont généralement ouvertes du lundi au vendredi de 8h30 à 15h30. À Vientiane et à Luang Prabang, des bureaux de change sont également ouverts le week-end et à des horaires étendus.

Cartes de paiement

Avertissement

Si vous comptez effectuer des retraits d'argent aux distributeurs, il est **très vivement conseillé** d'avertir votre banque avant votre départ (pays visité et dates). En effet, **votre carte peut être bloquée dès le 1er retrait** pour suspicion de fraude. C'est de plus en plus fréquent. Bonjour les tracasseries administratives pour faire rentrer les choses dans l'ordre, et on se retrouve vite dans l'embarras !

– ***Distributeurs automatiques :*** on trouve facilement (même dans les petites villes et sites fréquentés par des touristes) des distributeurs de billets fonctionnant avec les principales cartes bancaires internationales. Notez que nombre des distributeurs automatiques ne délivrent que 1 million de kips (environ 105 €) maximum (mais jusqu'à 10 fois par jour !), ce qui multiplie les frais fixes prélevés à chaque opération par votre banque, mais aussi par l'établissement local (environ 20 000 kips). Le réseau *ANZV* (à Vientiane) et la *Banque Franco-Lao* permettent de retirer jusqu'à 2 millions de kips (environ 210 $) jusqu'à 4 fois sur la journée, mais la commission prélevée par la banque laotienne est aussi 2 fois plus élevée (40 000 kips).

Petite mesure de précaution : si vous retirez de l'argent dans un distributeur, utilisez de préférence les distributeurs attenants à une agence bancaire. En cas de pépin avec votre carte (carte avalée, erreurs de code secret...), vous aurez un interlocuteur dans l'agence, pendant les heures ouvrables du moins.

– ***Règlement par carte de paiement :*** il est souvent sujet à commission (3-5 %) que ce soit dans les grands hôtels, certaines boutiques cossues et dans quelques restaurants chics de Vientiane et de Luang Prabang ou au guichet des banques pour retirer des kips, dollars ou bahts avec une carte *Visa* ou *MasterCard.* Pensez à téléphoner à votre banque pour relever le plafond de retrait aux distributeurs et pour les paiements par carte, quitte à le faire rebaisser à votre retour.
N'oubliez pas aussi de VÉRIFIER LA DATE D'EXPIRATION DE VOTRE CARTE DE PAIEMENT avant votre départ !

Besoin urgent d'argent liquide

– Envoyer de l'argent par ***La Poste*** : le bénéficiaire, muni de sa pièce d'identité, peut retirer les fonds dans n'importe quel bureau du réseau local. Le transfert s'effectue avec un mandat ordinaire international (jusqu'à 3 500 €) et la transaction prend 8-10 jours vers l'international. Plus cher, mais plus rapide, le mandat express international permet d'envoyer de l'argent (montant variable selon la destination – 34 au total) sous 2 jours maximum, 24h lorsque la démarche est faite en ligne. *Infos : ● labanquepostale.fr ●*
Vous pouvez être dépanné en quelques minutes grâce au système ***Western Union Money Transfer.*** L'argent vous est transféré en moins de 1h. La commission, assez élevée, est payée par l'expéditeur. Possibilité d'effectuer un transfert auprès d'un des bureaux *Western Union* ou, plus rapide, en ligne, 24h/24 par carte de paiement (*Visa* ou *MasterCard*) : on trouve des bureaux affiliés un peu partout au Laos, y compris dans des villes de moyenne importance.
Même principe avec d'autres organismes de transfert d'argent liquide, comme ***MoneyGram*** ou ***PayTop.*** Transfert sécurisé en ligne en moins de 1h.
Dans tous les cas, se munir d'une pièce d'identité. Toutefois, en cas de perte/vol de papiers, certains organismes permettent de convenir d'une question/réponse type pour pouvoir récupérer votre argent. Chacun de ces organismes possède aussi des applications disponibles sur téléphone portable. Consulter les sites internet pour connaître les pays concernés, les conditions tarifaires et trouver le correspondant local le plus proche :
● westernunion.com ● moneygram.fr ● paytop.com ● azimo.com/fr ●

ACHATS

On ne peut pas dire que l'on découvre au Laos un artisanat très diversifié.
– Le ***tissage*** en est l'élément le plus répandu et le plus typique. Chaque région a son propre style de soieries ou de cotonnades. Il existe aussi des patchworks et

des broderies. La soie laotienne est chère mais de très bonne qualité. Lorsqu'elle est bon marché, c'est qu'elle n'est pas pure (20 % de soie, 70 % de coton).
- On peut aussi trouver de beaux ***objets sculptés*** en bois ou en corne, plus rarement en pierre. Mais ces objets, bouddhas, animaux, sont plutôt chers, voire très chers.
- Le Laos possède une tradition d'***orfèvrerie*** très riche. On y travaille de beaux bijoux en argent et parfois en or. La dinanderie d'argent est de très bonne qualité et les prix sont abordables. On trouve en particulier de belles boîtes en argent décorées de motifs traditionnels (éléphants, tigres, thèmes religieux). Nous déconseillons d'acheter les bijoux ornés de pierres précieuses ou semi-précieuses.
- Le ***café*** et le ***thé***. On en trouve à Vientiane mais, si vous en avez la possibilité, achetez-en dans leur région de production, à Paksé (thé et café de Bolavens), et à Phonsavan (Phousan tea) et Phongsaly pour le thé vert.
- Enfin, on peut acquérir à coût raisonnable de très beaux exemplaires de ***vannerie*** paysanne.

Magasins

Les principaux lieux d'approvisionnement sont les marchés, véritables bazars où l'on trouve absolument tout. Il n'y a de commerces spécialisés (magasins de souvenirs, vêtements, papeteries, antiquités, photos) que dans les villes.
À Vientiane, des centres commerciaux ouverts par des businessmen étrangers proposent à peu près de tout.
- ***Horaires :*** la plupart des magasins sont ouverts sans interruption de 8h à 17h. Certains ferment un peu plus tard et sont ouverts le dimanche.

Marchandage

Le marchandage est la règle, le prix fixe l'exception, y compris dans les boutiques. Inutile d'insister si vous sentez que le prix plancher est atteint. Question de savoir-vivre... De même, vous perdrez la face et vous passerez pour un gougnafier si vous marchandez pour 500 kips. Ne jamais oublier qu'en Asie, il vaut toujours mieux paraître prospère que radin, et que, en règle générale, il vaut mieux faire envie que pitié !

BUDGET

Le Laos demeure très abordable pour un porte-monnaie occidental même si, devant l'afflux de visiteurs, certains hôteliers et restaurateurs ont considérablement augmenté leurs prix, sans que le service se soit amélioré pour autant. À Vientiane et Luang Prabang, les tarifs sont majorés. Ils explosent lors du Nouvel An chinois (entre fin janvier et début février), beaucoup plus qu'à l'occasion du Nouvel An bouddhique (*Pimai,* 3 jours à la mi-avril) où les prix subissent une légère augmentation. Bien négocier !

Hébergement

Nos prix correspondent à une chambre double, sauf pour les dortoirs dans la catégorie « très bon marché » où les prix sont donnés par personne, en haute saison. Le petit déjeuner n'est quasi jamais inclus dans le prix de la chambre pour les établissements des catégories « Très bon marché » et « Bon marché ». Le wifi existe quasi partout, gratuitement.

Pour les villes les plus importantes du pays (Vientiane et Luang Prabang) :

- ***Très bon marché :*** moins de 100 000 kips (12 $; env 10,50 €).
- ***Bon marché :*** de 100 000 à 200 000 kips (12-24 $; env 10,50-21 €).
- ***Prix moyens :*** de 200 000 à 360 000 kips (24-42 $; env 21-38 €).
- ***Un peu plus chic :*** 360 000-550 000 kips (42-65 $; env 38-58 €).

- ***Chic :*** de 550 000 à 800 000 kips (65-94 $; env 58-84 €).
- ***Très chic :*** plus de 800 000 kips (plus de 94 $; 84 €).

Pour le reste du pays :

- ***Très bon marché :*** moins de 80 000 kips (9 $; env 8,50 €).
- ***Bon marché :*** de 80 000 à 150 000 kips (9-18 $; env 8,50-16 €).
- ***Prix moyens :*** de 150 000 à 300 000 kips (18-35 $; env 16-32 €).
- ***Chic :*** de 300 000 à 500 000 kips (35-59 $; env 32-53 €).
- ***Très chic :*** plus de 500 000 kips (plus de 59 $; 53 €).

Nourriture

Nos prix correspondent à un plat.
- ***Bon marché :*** moins de 30 000 kips (env 3,50 $; 3 €).
- ***Prix moyens :*** de 30 000 à 60 000 kips (3,50-7 $; 3-6 €).
- ***Chic :*** de 60 000 à 100 000 kips (7-12 $; 6-10,50 €).
- ***Très chic :*** plus de 100 000 kips (plus de 12 $; 10,50 €).

Transports

En bus, compter environ 110 000 à 150 000 kips pour un trajet Vientiane-Luang Prabang ou Vientiane-Paksé (la couchette est plus chère).

Pourboires

Dans les restaurants, il n'y a rien d'obligatoire, mais vous pouvez laisser un petit billet dans les établissements chics, si vous êtes satisfait du service. Lorsque vous visitez une pagode, ayez toujours un peu de monnaie pour glisser une petite donation dans les boîtes prévues à cet effet. Idem au moment de remercier votre guide. Pour un chauffeur, compter environ 20 000-30 000 kips/j. Ne pas donner d'argent aux enfants, qui en sollicitent parfois dans les sites touristiques.

CLIMAT

- La ***meilleure période*** pour se rendre au Laos s'étend ***de novembre à février.*** On est alors en saison sèche et les températures ne sont pas trop élevées. Toutefois, du fait du dérèglement climatique, les épisodes pluvieux se multiplient désormais à cette période. Attention, le contraste entre les températures diurnes et nocturnes est important. En montagne ou sur les hauts plateaux, les nuits sont très fraîches et comme les chambres ne sont pas chauffées, il vaut mieux ***prévoir de quoi bien se couvrir.*** Ensuite, lorsqu'il commence déjà à faire très chaud à Vientiane, la température demeure plus clémente à Luang Prabang, du fait des montagnes environnantes (Vientiane est dans une plaine)...
- ***De mars à octobre :*** les mois les plus chauds sont mars et avril. À Vientiane et à Luang Prabang, on trouve désormais la climatisation un peu partout, y compris dans les établissements bon marché. Mais, souvent dès la mi-février et jusqu'à début avril avec les premières pluies d'orage, les brûlis voilent l'horizon et font pleuvoir des cendres de végétation sur des villes comme Luang Prabang... Les personnes souffrant de problèmes respiratoires peuvent s'en trouver gênées. Les rizières et les campagnes sont asséchées. En mai, le festival des fusées (Boun Ban Faï) annonce le début de la mousson. Il pleut alors beaucoup dans le Sud, un peu moins dans le Nord. La chaleur s'installe entre 30 et 35 °C. De juin à septembre, c'est-à-dire pendant la mousson, le voyage reste possible, certains jours il ne tombe pas une goutte. De plus, à Vientiane, si la chaleur peut être gênante, la pluie ne tombe qu'en soirée : ce qui vous laisse toute latitude pour profiter des journées. En revanche, les averses sont plus fréquentes à Luang Prabang.

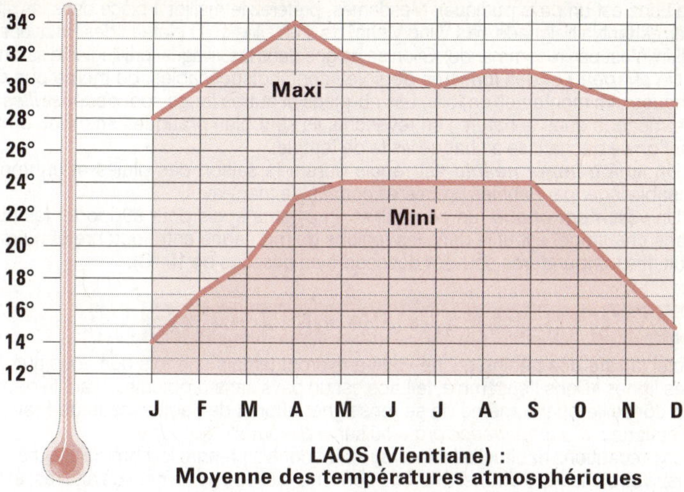

LAOS (Vientiane) :
Moyenne des températures atmosphériques

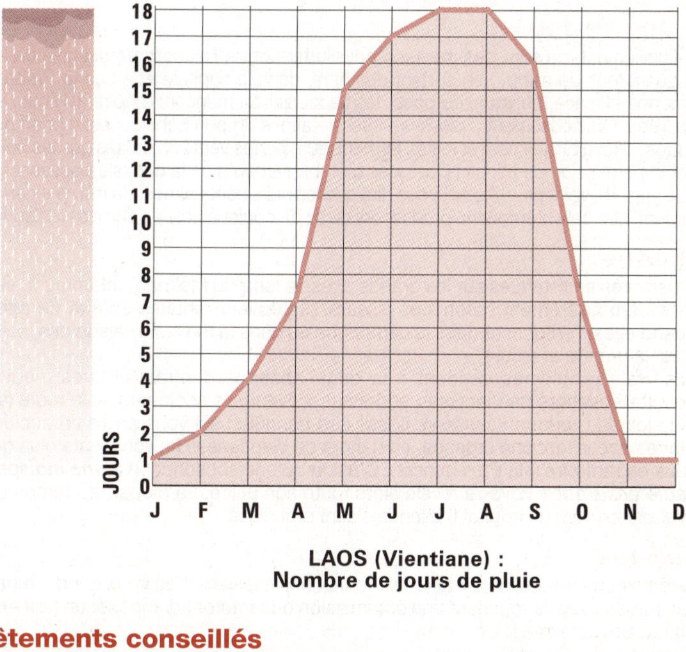

LAOS (Vientiane) :
Nombre de jours de pluie

Vêtements conseillés

Durant la saison sèche, nul besoin d'emporter une garde-robe importante. On se contentera de vêtements d'été aisément lavables : on se salit plus à cause de la poussière sur les pistes. Les jambes nues sont plus vulnérables aux moustiques, à la poussière et aux herbes piquantes, et, en plus, elles sont très mal perçues par la population

(le Laos est un pays pudique). Mesdames, préférez le maillot 1 pièce dans les sites permettant la baignade, tels Vang Vieng, les 4 000 îles ou le plateau des Bolavens (le bikini n'est pas recommandé). Si on se baigne dans les villages, privilégier le sarong.
- Un ***chapeau*** et des ***lunettes de soleil*** sont indispensables, de même que des chaussures montantes en toile. Les nu-pieds et autres tongs sont ***déconseillés*** en promenade dans la nature ; en revanche, ils sont bien pratiques en milieu urbain où l'on se déchausse à chaque visite de temple.
- Un ***solide imperméable*** est requis durant la saison des pluies et un imperméable léger pendant les premières ondées de mars-avril.
- Un ***vêtement chaud*** (un bon pull et un pyjama épais pour supporter les nuits sans chauffage) est utile dans les régions de montagne entre octobre et mars (la nuit, les températures peuvent descendre en dessous de 10 °C).

DANGERS ET ENQUIQUINEMENTS

Voici la liste des pépins qui ne vous arriveront jamais une fois que vous aurez lu ces lignes ! Dans l'ensemble, le Laos est un pays sans problème. Avant le départ, on conseille quand même de se renseigner auprès de l'ambassade de France à Vientiane : • *la.ambafrance.org* • ou sur • *diplomatie.gouv.fr* •
Les précautions habituelles en voyage sont donc à prendre ici comme ailleurs : fermez votre chambre d'hôtel avant de sortir, ne laissez pas traîner vos affaires, évitez de laisser dépasser votre portefeuille, etc. Les Laotiens sont en général discrets, et on est peu importuné ou sollicité pour quelque raison que ce soit.

« Couvre-feu »

Officiellement, ce sont des mesures pour lutter contre l'alcoolisme des jeunes, qui risquent leur vie à moto en sortant des bars, dans la capitale et à Luang Prabang. Pas très efficace, puisque, du coup, les Laotiens commencent à boire à 17h au lieu de 19h... Officieusement... plusieurs interprétations un peu nébuleuses, a priori politiques... Résultat, les bars et restos ferment leurs portes vers 23h, tandis que les boîtes ont la permission de minuit ! Quelques d'établissements de la capitale poussent jusque vers 1h, voire plus. Autant vous dire que les nuits sont calmes, du moins extérieurement. Car cela n'empêche pas l'alcool de riz de couler à flots à l'abri des maisons !

Routes

À peu près entretenues sur les grands axes, le long du Mékong notamment, elles sont particulièrement défoncées ailleurs, et souvent réduites à l'état de pistes quand elles s'enfoncent dans la campagne ou dans la forêt. En saison des pluies, c'est la grande aventure.
Les vrais problèmes tiennent à la quasi-absence d'infrastructures médico-hospitalières hors de Vientiane, et donc aux éventuels accidents de la route (voir plus loin la rubrique « Santé »). Il faut être honnête : s'il vous arrive un accident grave nécessitant une urgence, en dehors de Vientiane, il ne vous reste plus qu'à vous en remettre à la Providence... C'est là qu'une souscription à ***une indispensable assurance voyage*** révèle alors toute son utilité. La plupart du temps une évacuation vers un hôpital thaïlandais sera organisée.

Tuk-tuk

Certains chauffeurs de *tuk-tuk* malintentionnés essaieront de vous conduire dans les adresses où ils touchent une commission ou tenteront d'imposer un tarif exorbitant. Soyez ferme !

Vol à l'arraché

À Vientiane et à Luang Prabang, si vous louez un vélo, ne mettez pas vos affaires dans le panier devant le guidon. Quelques vols à l'arraché sont à déplorer : il vaut mieux mettre votre sac en bandoulière.

Baignade

La baignade dans le Mékong est à déconseiller, même si l'on est bon nageur. Le lit du fleuve est en effet imprévisible. Cela dit, la baignade est possible sur quelques plages des 4 000 îles au sud du pays, à condition d'y aller prudemment. Avec la construction de barrages sur les rivières Nam Khan et Nam Ou, il est fortement déconseillé de se baigner. L'eau est, la plupart du temps, lâchée sans avertissement et le niveau peut alors monter brusquement. Ne pas se tremper non plus dans des eaux stagnantes ou des rivières avec peu de débit, en raison du risque de bilharziose.

Drogue

Attitude de base : S'ABSTENIR D'Y TOUCHER.

Le Laos est le 3e producteur d'opium du monde. Dans le nord du pays, la culture du pavot constitue une importante source de revenus pour les paysans. Plusieurs programmes d'éradication ont toutefois fait chuter la surface cultivée. On ne trouve plus de vastes champs de pavot comme autrefois, les terrains sont plus petits et cachés. Au Laos, l'usage de l'opium n'est ni franchement interdit ni vraiment toléré. Comme dans tous les pays d'Asie du Sud-Est, l'héroïne est présente, mais le *yaba* (méthamphétamine) est aujourd'hui la drogue la plus consommée. Très abordable, elle n'en est pas moins redoutable, extrêmement addictive et à l'origine de graves problèmes de santé et de société. Circulent aussi des produits de mauvaise qualité, ou coupés avec des substances toxiques, qui ont entraîné la mort par empoisonnement d'un certain nombre de jeunes voyageurs. Le chanvre indien (marijuana ou ganja) est très répandu. Il se trouve discrètement sur tous les marchés, car utilisé en cuisine, dans certaines soupes de poulet notamment. Toutes ses substances sont aussi parfois vendues aux Occidentaux par des indics, qui touchent une partie de l'amende : minimum 500 $ en cash, mais cela peut prendre une tournure bien plus grave, puisque ***la loi punit sévèrement la consommation et, surtout, la détention de stupéfiants, quels qu'ils soient, allant jusqu'à la peine de mort, en théorie.*** Vous êtes prévenu, ne jouez pas avec le feu ! D'autre part, rappelons que tout transport de drogue vers la Thaïlande et autres pays de la région est à proscrire...

ÉLECTRICITÉ

La tension est de 220 volts et les prises sont de type français ou américain, acceptant souvent les fiches de ces 2 standards. Si nécessaire, vous trouverez des adaptateurs sur les marchés. Si Vientiane et les villes principales sont correctement alimentées toute l'année, 1/3 du territoire n'est pas encore électrifié. Dans certains coins reculés, les pannes sont par ailleurs fréquentes. Là où l'électricité provient de groupes électrogènes, l'alimentation n'est que de quelques heures, de la tombée du jour à 22h. Profitez-en pour recharger vos appareils et pensez à emporter une lampe de poche ou une frontale.

HÉBERGEMENT

Dans toutes les villes touristiques, on trouve une large gamme d'hébergements, de la simple *guesthouse* familiale (voire la chambre chez l'habitant, notamment dans les villages) à l'hôtel 3-5 étoiles, en passant par les établissements de charme. On y loge correctement à des prix très abordables. Attention, la législation laotienne qualifie de *guesthouse* toute structure de moins de 15 chambres. Au-delà, on parle d'hôtel. Dans un cas comme dans l'autre, la dénomination de l'hébergement ne présume aucunement de son niveau de confort.

La plupart des logements, y compris dans la catégorie « Très bon marché », sont propres et disposent de chambres avec ventilo et salle de bains privée. Mais dans les établissements les moins chers, voire à « prix moyens », ces dernières sont souvent basiques et sans aucune déco. Côté équipement, les lits de certaines *guesthouses* n'ont pas de drap de dessus mais juste un drap de dessous et une couverture. Sinon, la majorité des chauffe-eau sont électriques. Bien vérifier qu'il est allumé et faire couler l'eau à très faible pression sinon c'est la douche froide assurée. Il n'existe pas de bac à douche, encore moins de rideaux, parfois une très légère pente vers le trou d'évacuation, et l'eau coule au mieux à 10 cm des toilettes ou juste au-dessus. Quant au papier hygiénique, il ne faut pas le jeter dans la cuvette des toilettes, mais dans la poubelle à côté. Il suffit de s'y habituer. Pour la clim, il faudra débourser un peu plus parfois. Dans les catégories inférieures, le petit déjeuner est rarement proposé, il faut le prendre dehors. Quelques hôtels chics possèdent une piscine, parfois accessible aux non-résidents, moyennant un droit d'entrée.

LANGUES

Lao

La langue officielle du pays est le lao, qui fait partie de la famille des langues taï parlées dans le Sud-Est asiatique par près de 100 millions de locuteurs. Si les Laotiens, nourris à la TV et à la musique thaïes, comprennent les Thaïlandais, l'inverse n'est pas vrai. La proximité linguistique du lao n'existe qu'avec les dialectes parlés dans le nord-est de la Thaïlande (région de l'Isan) et du nord (lanna). En revanche, l'alphabet utilisé aujourd'hui est très proche du thaï (adaptation d'un système graphique khmer), mais en mode simplifié : il comporte moins de consonnes. S'il n'est pas trop difficile d'acquérir des notions de ***lao parlé,*** suffisantes pour se débrouiller dans le contexte d'un voyage, le maîtriser est une autre histoire. En effet, c'est une langue tonale et la plus grosse difficulté consiste à différencier les 6 tons, dont 3 sont couramment utilisés. Autre problème compliquant la maîtrise : la transcription des mots est celle mise au point par les Français, et que nous utilisons la plupart du temps. Elle est souvent approximative (comme celle de « Vieng Chan » en Vientiane), et fluctuante au gré des documents et de leur origine.
Le ***lao écrit*** trouve son origine dans le lao tham, utilisé exclusivement dans les temples, où l'histoire du pays est consignée sur de poussiéreux manuscrits ancestraux.

Français

Jusqu'à la révolution de 1975, l'administration était bilingue, une partie de l'enseignement se faisait en français, langue qui était pratiquée par les élites et l'aristocratie. Le français reste parlé sommairement par ceux qui ont fait leurs études avant 1975. Depuis, le statut du français est intermédiaire : manquant de profs et de crédits, son enseignement est facultatif et en régression par rapport à l'anglais qui le supplante aujourd'hui, surtout chez les jeunes. On continue d'utiliser le français dans certains textes officiels, mais, depuis 1997, le recours se fait de plus en plus à l'anglais.

Vocabulaire de base

– On vous recommande ***Le lao de poche*** (Assimil, 2011). Assez ardu quand même ! La pratique sur place est impérative !
– À Vientiane, on peut se procurer un petit lexique de base (en anglais) qui propose d'apprendre le lao en 16 leçons. Il existe aussi un petit guide pratique appelé ***Let's Speak Lao.***

Par convention, pour la liste qui suit : *h* se prononce h aspiré ; *ph,* p + h aspiré ; *e,* comme dans « leur » ; *o,* comme dans « corps » ; *ou,* comme dans « fou » ; *on,* comme dans « bonne » ; *aï,* comme dans « Hawaï » ; *oï,* comme dans « monoï » ! Et puis ne vous étonnez pas si les Laotiens rient quand vous essayez de parler leur langue : les différents accents changent complètement le sens de la phrase... qui peut devenir alors particulièrement grivois ou complètement absurde !

Formules de politesse

Bonjour	*Sabaï dii*
Comment allez-vous ?	*Sabaï dii bo ?*
Ça va bien	*Sabaï dii*
Et vous ?	*Lè tchao dè ?*
Merci	*Khop tchaï*
Merci beaucoup	*Khop tchaï laï laï*
S'il vous plaît	*Kalounaa*
À bientôt	*Pop kan maï*
Au revoir (celui qui part)	*Paï kone deu, la kone*
Bonne chance	*Sok dii*
Bonne nuit	*None lap fan dii*
Pardon	*Kho thot*

Expressions courantes

Oui	*Tchao, doï* (politesse appuyée) ou *euh* (informel)
Non	*Bo*
Ok	*Toklong*
Avez-vous, y a-t-il ?	*Mi... bo ?*
Je n'en ai pas, il n'y a pas	*Bo... mi*
J'en ai, il y en a	*Mi*
Ça ne fait rien, ce n'est pas grave (pas de problème)	*Bo pen niang (ou Bo mi ban ha)*
Je ne comprends pas	*Khoï bo khao tchaï*
Parlez lentement, svp	*Wao saa saa dè*
Répétez, svp	*Wao keun*
Qu'est-ce que c'est ?	*An ni men niang ?*
Hôtel	*Hong hem*
D'où venez-vous ?	*Tiao ma té saï ?*
Je viens de France	*Khoï ma tè pathet falang* (ou *flangcès*)
Je suis français	*Khoï penn khon falang* (ou *flang*)
Je m'appelle...	*Khoï suu...*
Combien coûte ceci ?	*An ni laka tao daï ?* (variante : « Combien ça coûte ? » – *paï gneum ?)*
Cher	*Phêng*
Trop cher	*Peng phôt*
Bon marché	*Bo peng*
On y va	*Tuk paï daï*

Télécommunications

Téléphone	*Tholassap*
Numéro de téléphone	*Beu tholassap*
Je voudrais parler avec...	*Khoï yak lome kap...*

Sur la route

Je veux aller...	*Yak paï...*
Où se trouve... ?	*You saï... ?*
... la gare de bus	*... satannii lot mé*
Je voudrais acheter un billet	*Khoï yak su pi*
À quelle heure part le bus ?	*Lot mé tcha ok vila tchak mong ?*
Est-ce loin ?	*Kaï bo ?*
Avion	*Gnyone*
Bateau	*Heua*
Rivière	*Mè nam*
Île	*Done*

Bus	*Lot mé*
Voiture	*Lot keng*
Taxi	*Lot Taxi*
Vélo	*Lot thiip*
Tournez à gauche	*Liao saï*
Tournez à droite	*Liao khoua*
Tout droit	*Paï su*
Stop !	*Djout !*
Demi-tour	*Hio kap*
Ici	*You nii*
Là-bas	*You phoune*
Route	*Thanone*
Pont	*Khoua*
Forêt	*Pa maï*
Montagne	*Phou* (ou encore *doï*)
Lac	*Ang nam*
Marché	*Talat*
Temple	*Wat*
Village (ou quartier)	*Ban*
Stûpa	*That*
Rivière	*Mae Nam*
Grotte	*Tham*
Chutes d'eau	*Tad*

Administrations

Bureau	*Hongkane*
Poste	*Païssani*
Banque	*Thanakane*
Police	*Tamlouat*
Ambassade	*Satane thout*

À l'hôtel

Hôtel	*Hong hèm*
Avez-vous une chambre ?	*Mi hong none bo ?*
Une chambre pour une personne	*Hong none diao khon nung*
Une chambre pour deux personnes	*Hong none khu song khone*
Combien ça coûte ?	*Laka tao daï ?*
Pouvez-vous baisser le prix ?	*Lout laka daï bo ?*
Je voudrais voir une chambre	*Khoï kho beung hong daï bo*
Avez-vous une autre chambre ?	*Mi hong ik bo ?*
Je resterai une seule nuit	*Khoï phak nung khun*
Je resterai deux nuits	*Khoï phak song khun*
Salle de bains	*Hong nam*
Eau chaude	*Nam hone*
Y a-t-il une moustiquaire ?	*Mi moung bo ?*
Air conditionné	*Air yen*
Ventilateur	*Phat lom*
Savon	*Sabou*
Papier toilette	*Djia anamaï*
Servez-vous le petit déj ?	*Djao mi ahan sao bo ?*

Au restaurant

Restaurant	*Han-ah-hane*
Manger	*Kine khao*
Je veux manger	*Khoï yak kine khao*
Soupe de nouilles blanches	*Feu*

Nouilles frites *(fried noodles)*	*Koua Feu*
Riz	*Khao*
Riz gluant	*Khao niao*
Riz blanc	*Khao tchao*
Riz frit	*Khao phat*
Viande	*Sine*
Porc	*Sine mou*
Bœuf	*Sine ngoua*
Buffle	*Sine khouaï*
Poulet	*Sine kai*
Canard	*Sine pét*
Œuf	*Khaï*
Poisson	*Pa*
Légume	*Phak*
Sel	*Keua*
Poivre	*Mak pit taï* (ou *mak pit khaï*)
Piment	*Mak phèt*
Sans piment (important !)	*Bo phèt*
Pain	*Khao tchi*
Fruit	*Mak maï*
Gâteau	*Khanom*
Je voudrais boire	*Khoï yak kine nam* (ou *khoï yak dum*)
Eau courante	*Nam tamada*
Eau minérale	*Nam bolisout*
Glaçons	*Nam korn*
Sans glace	*Bo saï nam kone*
Bière	*Bia lao*
Thé	*Nam sa*
Café noir	*Kafé dam*
Café au lait	*Kafé nam nom*
Avec du sucre	*Saï nam tane*
Je n'ai plus faim	*Im lèo*
Bon	*Sèp*
Délicieux	*Sèp laaï*
Mauvais, pas bon	*Bo dii* (ou *bo sep*)
L'addition	*Chèk bin*
Où sont les toilettes ?	*Hong nam you saï ?*

Urgences

Pouvez-vous m'aider ?	*Souaï khoï daï bo ?*
Je suis perdu	*Khoï long thang*
Je ne me sens pas bien	*Khoï bo sabai*
Je suis malade	*Khoï pèn khaï*
J'ai mal à cet endroit	*Khoï tjèb you nii*
Police	*Tamlouat*
Ambulance	*Lot hong mo*
Hôpital	*Hong mo*
Médecin	*Than mo*
Moustique	*Young*
Sangsue	*Tak*
Froid	*Yen*
Chaud	*Hone*

Nombres

Zéro	*Soun*	Deux	*Song*
Un	*Nung*	Trois	*Sam*

Quatre	*Sii*	Vingt	*Sao*
Cinq	*Haa*	Trente	*Sam sip*
Six	*Hok*	Quarante	*Sii sip*
Sept	*Tiét*	Cent	*Loï*
Huit	*Pèt*	Mille	*Phane*
Neuf	*Kao*	Cent mille	*Séne*
Dix	*Sip*	Million	*lane*

Après chaque décimale, on recommence à compter. Sauf pour 11, 21, 31, etc., où l'on utilise *ét* au lieu de *nung*. Exemples :

Onze	*Sip ét*
Douze	*Sip song*
Vingt et un	*Sao ét*
Etc.	

Au marché, on sous-entend souvent *loï* (la centaine) ; exemple : *sip song pan ha kips* = 12 500 kips (*loï* est omis après *ha*). Aussi, ne pas confondre *sip ha pan* = 15 000 et *sip pan ha* = 10 500.

LIVRES DE ROUTE

– ***Le Laos,*** d'Isabelle Massieu (Magellan et Cie, coll. « Heureux qui comme », 2018). Isabelle Massieu (1844-1932) a été la première Européenne à venir seule en Indochine. Après avoir vadrouillé au Liban, à Ceylan et en Inde, elle installe son salon où passent des voyageurs au Laos.
– ***Le Mékong,*** de Louis de Carné (Magellan et Cie, coll. « Heureux qui comme », 2005). Louis de Carné (1844-1871) était le seul civil de la 1re grande exploration du Mékong jamais conduite par des Européens sur le dernier « monstre sacré » d'Asie : la mission Doudart de Lagrée-Francis Garnier (1866-1868). Il y raconte sa version non officielle dans la jungle, marquée par les pluies torrentielles. Il mourra à 27 ans de fièvre.
– ***Au royaume du million d'éléphants. Exploration du Laos et du Tonkin, 1887-1895,*** d'Auguste Pavie (L'Harmattan, coll. « Mémoires asiatiques », 2000). Il fut nommé vice-consul de France à Luang Prabang en 1887. Par son seul charisme, ce promoteur ardent et pacifique de la France en Indochine parvint à pacifier les Pavillons noirs et à évincer les Siamois, en plaçant le Laos sous protectorat français (1893). Récit résumé de son journal de marche, direct et concret, avec des détails sur le pays et les rivières qu'il emprunta de nombreuses fois, à défaut de routes.
– ***La Nuit indochinoise,*** de Jean Hougron (1950-1958 ; Robert Laffont, coll. « Bouquins », 2004, 2 vol.). En 1947, jeune professeur lassé par la routine, Jean Hougron largue les amarres pour un voyage indochinois de 5 années. Tour à tour chauffeur de camion, ramasseur de benjoin, vendeur de bière ou employé au consulat des États-Unis, il arpente la région, apprend plusieurs langues, observant et prenant tout en note. Au final, une grande fresque romanesque décrivant avec passion l'âme et la vie indochinoises.
– ***Voyages dans les royaumes de Siam, Cambodge et Laos,*** d'Henri Mouhot (Arléa 2010). À 32 ans, entre 1858 et 1861, avec l'appui de la Société royale de géographie de Londres, Henri Mouhot s'embarque pour ces contrées méconnues. Il effectue 3 expéditions au Siam (la Thaïlande aujourd'hui) et en Indochine, où il découvre par hasard les ruines d'Angkor. Il meurt de fièvre tropicale en 1861, près de Luang Prabang. Son journal de route, sauvé et publié en livre en 1868 par Hachette, fut à l'origine de bien des rêves et vocations.
– À lire également : ***Lettres du Laos et du Tonkin (1901-1903),*** de Joseph Chevallier (L'Harmattan, 1995). La correspondance d'un jeune lieutenant à son père. Avec style, il lui relate son aventure, sa vision du colonialisme, critique au passage l'armée et sa hiérarchie. Il livre une autre image du pays. À compléter avec ***L'image du Laos au temps de la colonisation française (1861-1914),*** de Marion

Fromentin-Libouthet (éd. L'Harmattan, 2012). Les rapports entretenus par les Français, simples voyageurs ou installés sur place, avec le Laos et ses habitants. Un des rares ouvrages d'historiens sur cette période.

Romans, fictions et B.D.

– ***Le Déjeuner du coroner,*** de Colin Cotterill (2004 ; Albin Michel, 2007) et, du même auteur, ***La Dent du Bouddha*** (2005 ; Le Livre de Poche, 2009). Sur fond d'arrivée au pouvoir des Rouges, un papi coroner plein d'humour mène l'enquête pour résoudre l'énigme de mystérieux assassinats...
– ***Kham la Laotienne,*** de Louis-Charles Royer (éd. Kailash, 1997). Publié en 1935, ce roman colonial et policier se passe dans le Laos des années 1930. Un vrai banquier, faux chasseur d'éléphants, un jeune ingénieur des mines et une belle Laotienne (Kham) voyagent ensemble de Marseille à Luang Prabang. Au Laos, ils sont emportés par leurs ambitions, tourmentés par leurs désirs et ravagés par leur âpreté au gain.
– ***Sao Van Di,*** de Jean Ajalbert (éd. Kailash, 2003). À Luang Prabang, un jeune poète utilise les subtilités de son art pour déclarer son amour à la belle Sao Van Di.
– ***La Longue Marche des éléphants,*** de Troubs et Nicolas Dumontheuil (Futuropolis, 2017). Le centre de conservation des éléphants de Sayaboury tente d'enrayer le déclin de la population d'éléphants, animal emblématique du Laos. En 2015, à l'initiative de ce centre, une caravane de pachydermes se lance dans une marche de 500 km à travers le pays, dans le but d'éveiller les consciences. Les 2 artistes qui ont suivi le majestueux convoi nous livrent un témoignage émouvant et poétique. Un poids lourd pour la préservation des éléphants, on l'espère !
– ***Un million d'éléphants,*** de Vanyda et Jean-Luc Cornette (Futuropolis, 2017). Les planches de Vanyda racontent les vicissitudes du Laos à travers l'histoire de sa famille à des périodes clés : la guerre d'Indochine aux côtés des Français, les bombardements américains pendant la guerre du Vietnam, l'arrivée des communistes au pouvoir et l'exil en France. Ne pas manquer le carnet de voyage à la fin de la B.D., nourri de plusieurs témoignages de Laotiens rencontrés dans le royaume alors qu'ils préparaient leur projet.
– ***Les aventuriers du Mékong,*** par Marc Pichelin et Guillaume Guerse (éd. Delcourt, 2018). Quand 2 auteurs de BD animalières, sans éditeur, se plie à la mode de la BD reportage et se lancent dans un périple jusqu'au sud Laos. Une aventure pleine d'humour.

PHOTO, VIDÉO

Prendre des photos ou filmer ne pose aucun problème particulier au Laos. De manière générale, les Laotiens sont plutôt flattés qu'on leur tire le portrait, surtout les enfants. Par simple courtoisie, leur demander toujours la permission avant de déclencher et montrez-leur le résultat sur l'écran, ce qui provoque souvent des éclats de rire. Certaines ethnies refusent d'être photographiées, question de croyances ; alors, ne pas insister ! Sur certains sites, prendre des photos peut être interdit, ou soumis à un droit payant, voire à une permission, comme dans les temples. Éviter de photographier les installations militaires et gouvernementales.

POSTE

La poste laotienne fonctionne bien dans les villes. Les panneaux sont généralement traduits en français, langue officielle de la poste. En revanche, le service est aléatoire, voire inexistant dans les campagnes... Compter 3 semaines pour que votre carte postale arrive à bon port.
– ***Horaires :*** du lundi au vendredi de 8h à 12h et de 13h à 17h.

SANTÉ

La situation sanitaire du Laos reste très précaire. Les hôpitaux du pays manquent encore clairement de moyens. Mieux vaut ne pas tomber malade ni avoir un accident, même si certains progrès ont été réalisés. Matériels et médicaments sont souvent bas de gamme, voire douteux (contrefaçons fréquentes). Toutefois, certains médecins parlent le français et ont été très correctement formés par les profs de la faculté de médecine de Lyon, qui a envoyé longtemps des enseignants pour assurer les cours. Sur le plan des médicaments également, la présence française et l'amitié franco-laotienne ont permis à des laboratoires d'ouvrir une filiale à Vientiane qui produit de bons médicaments. Pour éviter des problèmes qui peuvent prendre un tour extrêmement désagréable, il convient d'observer les règles suivantes.

Vaccinations

Se reporter à la rubrique « Santé » de « Cambodge utile ».

Conseils généraux

– Prendre obligatoirement une ***assurance voyage*** (voir « Assurances voyage » dans « Cambodge utile ») qui couvre les frais d'hospitalisation, de rapatriement, etc. Dans ce sens, sachez que *Routard Assurance* a des accords avec *International SOS,* le seul organisme d'assistance réellement implanté au Laos, et qui organise si nécessaire des évacuations sanitaires aériennes vers Bangkok (Thaïlande) ou Singapour. Quand on sait la précarité des hôpitaux du pays, et le coût de 1h de vol, cette assurance est vraiment indispensable...
– Ne pas partir au Laos si l'on n'est pas ***en bonne santé.*** En cas de nécessité, même pour un problème bénin, on réalisera vite que l'on est bien seul, d'autant plus si on se trouve dans la campagne.
– ***Trousse à pharmacie de base :*** elle doit comporter des pansements, du désinfectant cutané (alcool à 70°, *Hexomédine, Bétadine*), du paracétamol, un anti-nauséeux *(Primpéran),* de quoi traiter une turista simple avec un antibiotique, type azithromycine *(Zithromax®),* allié à un ralentisseur du transit intestinal, tel que l'acécadotril *(Tiorfan®),* plus éventuellement, un antibiotique à large spectre, à n'utiliser qu'après avis autorisé.
– ***Hygiène générale et alimentaire :*** toutes les précautions universelles sont à appliquer à la lettre au Laos. Attention à la cuisine traditionnelle, délicieuse mais très pimentée (« *Bo phèt* » est l'expression à utiliser pour demander un plat non épicé). Veiller à bien se laver les mains pour prévenir les infections intestinales (prévoir, par exemple, des lotions hydroalcooliques, bien pratiques, à acheter avant le départ), surveiller les éraflures et autres, éviter de trop marcher pieds nus. Voir plus bas, également, les précautions liées à l'eau.

■ ***Catalogue Santé-Voyage :*** les produits et matériels utiles aux voyageurs, assez difficiles à trouver dans le commerce, peuvent être achetés par correspondance sur le site ● *astrium.com* ● Infos complètes toutes destinations, boutique web, paiement sécurisé, expéditions *Colissimo Expert* ou *Chronopost.* ☎ *01-45-86-41-91 (lun-ven 14h-19h).*

Risques et précautions

Mêmes risques au Laos qu'au Cambodge en ce qui concerne la ***dengue, les problèmes intestinaux liés à l'alimentation,*** et mêmes recommandations au sujet des ***piqûres et morsures d'animaux,*** du ***soleil*** et de la ***baignade.*** Se reporter donc à la rubrique « Santé » dans « Cambodge utile ».

PENSE-BÊTES

Les moustiques piquent surtout entre 17h15 et 19h. Parfois, ils peuvent faire une gratte supplémentaire.

Sachez qu'une fièvre en milieu tropical se soigne en priorité avec des comprimés de paracétamol, sauf bien sûr s'il s'agit d'un paludisme.
– Le ***paludisme*** au Laos est l'un des plus coriaces du monde, principalement dans le nord-ouest du pays. Pour certaines zones du Laos, seuls le *Doxypalu* ou la *Malarone* sont efficaces en prévention. Consultez votre médecin avant le départ. Les précautions maximales sont de rigueur. Dès le coucher du soleil, porter des vêtements recouvrant le maximum de surface corporelle ; sur les parties restant découvertes, utiliser abondamment des répulsifs antimoustiques efficaces à base de DEET 50 %. Il est conseillé de renouveler fréquemment l'application. Les moustiquaires imprégnées constituent la meilleure protection, avec l'imprégnation des vêtements (faire tremper vos vêtements avant le départ ; efficace plusieurs semaines).
– ***L'eau :*** ne jamais consommer d'eau non bouillie, sauf s'il s'agit d'eau minérale en bouteille décapsulée devant vous. Attention aux glaçons en dehors des hôtels et restos des villes de Vientiane et Luang Prabang. Les glaçons industriels (sans danger) ont un trou cylindrique au milieu ; souvent on vous en proposera pour rafraîchir votre verre de bière mais parfois ils sont facturés ! Évitez la glace pilée dans les jus de fruits et autres *shakes* achetés dans les échoppes de rues. Elle est souvent broyée dans des conditions douteuses. Prudence !
Dans les zones touristiques, on trouve partout de l'eau minérale, du thé, de la bière, du soda. En revanche, pour les séjours ruraux, il est recommandé de purifier l'eau grâce à une paille d'ultrafiltration de poche à 0,01 micron, qui, à travers 5 étages de filtration, piège absolument tous les parasites, virus et bactéries avec une capacité de 2 000 l d'eau purifiée.

TÉLÉPHONE, INTERNET

Téléphone fixe

Chaque province possède un indicatif à 3 chiffres (nous l'indiquons dans le guide pour chacune des villes).
– ***Laos → Laos :*** indicatif de la province (à composer seulement si vous êtes dans une autre province) + numéro du correspondant (6 chiffres).
– ***France → Laos :*** 00 + 856 + indicatif de la province (à 2 chiffres, sans le « 0 ») + numéro du correspondant (6 chiffres).
– ***Laos → France :*** 00 + 33 + numéro du correspondant à 9 chiffres (sans le « 0 » initial).
– Avec le développement des portables, il est devenu très difficile de trouver une boutique pour téléphoner. Pas de cabines téléphoniques non plus. Si vous avez besoin de passer un coup de fil local et que vous n'avez pas de téléphone, n'hésitez pas à demander à un Laotien de le faire pour vous, moyennant un petit billet.
– Certaines adresses, reliées à des réseaux particuliers, utilisent un indicatif spécifique que nous précisons dans le texte lorsque c'est le cas.
– ***Renseignements téléphoniques au Laos :*** composer le ☎ *178* ou le ☎ *179.*

Téléphone portable

Le réseau (norme 3G) couvre toutes les villes du pays et touche l'essentiel des campagnes.
– ***Laos → Laos :*** 020 + numéro à 8 chiffres ou 030 + numéro à 7 chiffres.
– ***France → Laos :*** 00 + 856 + 20 (ou 30) + numéro à 7-8 chiffres.

– ***À savoir :*** pour être sûr que votre appareil est compatible avec votre destination, renseignez-vous auprès de votre opérateur.
– ***Activer l'option « international » :*** elle est en général activée par défaut. Pensez sinon à contacter votre opérateur pour souscrire à l'option (gratuite) au moins 48h avant votre départ.
– ***Le « roaming » ou itinérance :*** c'est un système d'accords internationaux entre opérateurs. Concrètement, cela signifie que lorsque vous arrivez dans un pays, le nouveau réseau local s'affiche automatiquement. Vous recevez rapidement un sms de votre opérateur qui propose un ***pack voyageurs*** plus ou moins avantageux, incluant un forfait limité de consommations téléphoniques et de connexion internet.
– ***Forfaits étranger inclus :*** certains opérateurs proposent des forfaits où ***35 jours de roaming par an sont offerts*** dans le monde entier. On peut donc cumuler plusieurs voyages à l'étranger sans se soucier de la facture au retour. Attention, si SMS, MMS et appels sont souvent illimités, la connexion internet est, elle, limitée. D'autres opérateurs offrent carrément le ***roaming toute l'année vers certaines destinations.*** Renseignez-vous auprès de votre opérateur.
– ***Tarifs :*** ils sont propres à chaque opérateur et varient en fonction des pays (le globe est découpé en plusieurs zones tarifaires). **N'oubliez pas qu'à l'international, vous êtes facturé aussi bien pour les appels sortants que pour les appels entrants,** idem pour les textos. Donc, quand quelqu'un vous appelle à l'étranger, vous payez aussi. Soyez bref !
– ***Acheter une carte SIM/puce sur place :*** une option avantageuse. Il suffit d'acheter à l'arrivée une carte SIM locale prépayée chez l'un des opérateurs (*ETL, Unitel, Tigo, Lao Telecom, Beeline* ou *M Phone*). Nombreuses boutiques spécialisées à Vientiane ou à Luang Prabang et dans les aéroports internationaux. On vous attribue alors un numéro de téléphone local et, parfois, un petit crédit de communication. Prix : à partir de 30 000 kips. Avant de payer, essayez cette carte SIM dans votre téléphone – préalablement débloqué – afin de vérifier si celui-ci est compatible. Avantages : tarif très bas pour les appels locaux et internationaux (demander quels sont les numéros spéciaux à faire pour réduire encore la note). Les cartes de recharge de crédit (5 000 à 100 000 kips) s'achètent dans n'importe quelle petite épicerie, même au fin fond des campagnes. Pratique. Attention, emporter un portable à double carte SIM (désactiver les données mobiles sur votre carte SIM d'origine) ou un vieux portable, sinon on ne pourra plus vous joindre sur votre numéro habituel.

La connexion internet en voyage

– ***Se connecter au wifi*** à l'étranger est le seul moyen d'avoir accès au Web gratuitement, si vous ne disposez pas d'un forfait avec *roaming* offert.
Le plus sage consiste à ***désactiver la connexion*** « données à l'étranger » (dans « Réseau cellulaire »). On peut aussi mettre le portable ***en mode « Avion »*** et activer ensuite le wifi. Attention, le mode « Avion » empêche, en revanche, de recevoir appels et messages.
La quasi-totalité des hôtels au Laos disposent d'un réseau, le plus souvent gratuit. Si bien que nous ne mentionnons plus systématiquement le picto .
– Une fois connecté au wifi, vous avez accès à tous les services de la ***téléphonie par Internet,*** comme ***WhatsApp, Messenger*** (la messagerie de *Facebook*), ***Viber, Skype.***

Attention piratage !

Les wifi publics sont devenus de véritables passoires ! Il est devenu très facile, même pour un débutant, de s'introduire sur un réseau. La seule parade véritablement fiable est de ne fréquenter que des sites « certifiés ». Ils commencent par « https:// » et affichent souvent un petit cadenas à côté de l'adresse. Dans ce cas, vos transmissions sont cryptées, et donc sécurisées. Les sites les plus sensibles et populaires, comme les banques, ont tous une connexion certifiée.

Enfin, si vous utilisez un ordinateur en libre-service, évitez, dans la mesure du possible, d'entrer votre mot de passe ou toute information sensible ! Une quantité phénoménale de ces postes est infectée par des « enregistreurs de frappe », qui peuvent transmettre vos données à un destinataire mal intentionné. Et si malgré tout, vous utilisez ces postes, pensez à bien vous déconnecter et à ne pas cliquer sur l'option « enregistrer mon mot de passe ».

TRANSPORTS

Au Laos, les distances se calculent plus en heures de route qu'en kilomètres, compte tenu de l'état du réseau routier.
Si vous voyagez en bus, comptez en moyenne 8 à 10h selon le bus, pour parcourir Vientiane-Luang Prabang, par exemple, soit 400 km, alors qu'en avion la durée de vol entre Vientiane et les autres capitales provinciales ne dépasse pas 1h15. Le choix de l'avion s'imposera donc pour ceux qui sont pressés et qui en ont les moyens.

La route

L'état des routes

Les grands axes routiers du pays, comme la route 13, dite « route des Français » (traverse le Laos du nord au sud et relie ainsi la Chine au Cambodge) ou les principaux axes transversaux joignant la Thaïlande au Vietnam, sont goudronnés et à peu près de bonne qualité. Pour autant, la plupart des 15 000 km du réseau demeurent des pistes en terre ou de gravillons, plus ou moins praticables en saison des pluies (boue, ornières profondes) et selon les travaux de réparation effectués. Les voyages en bus et taxis collectifs sont donc souvent longs et harassants... Ils sont déconseillés sur les itinéraires difficiles pendant la mousson à cause des risques d'accident et de nuit. De plus, pas évident de fermer l'œil en raison de l'état des routes. Dans le nord du pays, les routes bitumées ne couvrent qu'environ 10 % du réseau routier. En vélo et à moto, gare aux crevaisons sur les pierres pointues. Pour les vélos, privilégier les pneus type VTT quand c'est possible.

S'orienter grâce aux sites, applications smartphones et cartes routières

Une fois téléchargée, l'application gratuite de cartes et de navigation ***maps.me*** ne nécessite pas de connexion wifi pour être consultée. Très détaillée et extrêmement pratique, même en rando. Pensez toutefois à bien recharger votre batterie, car l'appli consomme pas mal. ***Google Maps/Waze*** indique en temps réel la qualité du réseau, les radars, les limitations de vitesse et autres incidents sur le réseau routier. Notez qu'une fois l'itinéraire lancé, on peut se déconnecter et l'appli continue de fonctionner...
À consulter sur leur site *(gratuit)* ou à télécharger en pdf *(1 $)*, les ***Hobo Maps*** sur • *hobomaps.com* • Cartes très précises et régulièrement mises à jour sur des régions (le nord du Laos avec l'état des routes et le temps de parcours) et des villes, comme Luang Prabang, ses environs, Vientiane, Van Vieng, la plaine des Jarres et certaines villes du nord. Avantage : nombreuses adresses pointées.
En dépannage, l'indéboulonnable carte routière sans batterie, ni connexion : s'en procurer une soit avant de partir pour plus de choix, soit sur place, dans certaines librairies et supérettes de Vientiane et de Luang Prabang. On conseille la ***GT Rider Touring Map*** sur le Laos, réalisée par les *Golden Triangle Riders* *(• GT-Rider.com •)*. Elle incorpore des plans des principales villes. Pratique.

Bus et taxis collectifs

Très économique, le ***bus*** est le moyen de transport le plus utilisé par les habitants et les routards. Mais compte tenu de l'état des routes... et des bus, des nombreux arrêts et imprévus, les retards sont fréquents. Prévoir large.

Distances en km	PAKSÉ	THAKHEK	VAN VIENG	LUANG NAM THA	HOUEISAI	LUANG PRABANG	VIENTIANE
VIENTIANE	670	340	160	651	811	342	
LUANG PRABANG	980	650	185	310	480		342
HOUEISAI	1500	1165	670	167		480	811
LUANG NAM THA	1330	1000	500		167	310	651
VAN VIENG	800	470		500	670	185	160
THAKHEK	340		470	1000	1165	650	340
PAKSÉ		340	800	1330	1500	980	670

Souvent, les gares routières sont excentrées, reliées au centre-ville par des *tuk-tuk.* Les bus sont couramment bondés. Il en existe 3 catégories, de confort variable : les bus locaux *(regular bus),* les express et les VIP. Pour les grands trajets, les VIP, plus chers, sont aussi plus confortables et les sièges sont numérotés. Mais tout est relatif, surtout en termes d'espace, plus adapté à la morphologie locale. Certains sont équipés de couchettes. Si ces derniers sont achetés neufs par certaines compagnies, la plupart des véhicules en circulation sont des 2de, voire des 3e main en provenance de Chine ou de Corée. Pour sillonner les campagnes reculées, des camionnettes bâchées ou des triporteurs font généralement office de ***taxis collectifs.*** Ce sont de vrais tape-culs régulièrement bourrés jusqu'au toit de passagers, de marchandises et d'animaux ! Notez que les Laotiens sont plutôt sujets au mal des transports, mieux vaut donc avoir soi-même l'estomac bien accroché. Si les bus partent, en théorie, à heure fixe, les taxis collectifs ne démarrent en principe que quand ils sont pleins, à l'intérieur de tranches horaires fixes de service (souvent le matin entre 7h30 et 10h30).

Les billets des bus locaux s'achètent généralement le jour du départ aux guichets des gares routières ou, à défaut, directement auprès des chauffeurs. En revanche, ceux des bus express et VIP s'achètent à l'avance. La plupart des *guesthouses* et agences de voyages les vendent, moyennant une petite commission. Le transfert jusqu'à la gare routière est alors souvent inclus, ce qui est bien pratique lorsque celle-ci est éloignée du centre-ville. Les billets des camionnettes-taxis collectifs, eux, se prennent le plus souvent auprès des chauffeurs...

– ***Conseil :*** arriver à la gare routière un peu avant l'heure de départ. Il n'est pas rare qu'un bus parte en retard... ou en avance !

Voiture

– ***Avec chauffeur :*** toutes les agences de voyages en proposent pour un prix acceptable (surcoût modique par rapport à une location simple). La gamme des véhicules va du 4x4 climatisé au minibus. La formule est conseillée si l'on est au moins 3 et pour des raisons évidentes d'orientation, de maîtrise de la langue, de pratique de la circulation locale (ainsi, les feux rouges ne sont pas toujours respectés) et de problèmes d'assurance (quoiqu'il arrive, votre responsabilité ne sera pas engagée)... Au prix de la prestation, il faut ajouter le pourboire du chauffeur *(compter env 20 000-30 000 kips/j.).*

– ***Sans chauffeur :*** les conducteurs expérimentés peuvent tenter l'aventure : la signalisation s'est améliorée, les applis d'orientation fournissent une aide précieuse et le trafic est rarement encombré. Pour éviter tout litige, un constat de l'état de la voiture est requis avant de prendre la route. Penser, avant le départ, à prendre des photos des dégâts apparents sur la carrosserie.

Éviter absolument de rouler de nuit et se tenir constamment sur ses gardes par rapport aux piétons et 2-roues, surtout dans les villages (tout le monde traverse n'importe où, même dans un virage, et n'importe quand, sans regarder). Et par rapport aux autres voitures : le code la route n'a pas vraiment de sens pour la plupart des Laotiens au volant, qui peuvent avoir un comportement très dangereux. Le nombre d'accidents est très élevé par rapport au parc automobile en circulation.

Il est conseillé de partir avec ***un permis de conduire international,*** même s'il n'y a aucune exigence côté loueur ; en cas de problème, c'est l'assurance qui vous le réclamera.

Samlo, tuk-tuk, jumbo, songthaews *et bus urbains*

Les *tuk-tuk,* tricycles motorisés, similaires à ceux qu'on trouve en Thaïlande et au Cambodge, ou leur version side-car (appelée alors *samlo*), peuvent transporter de 2 à 4 passagers selon les modèles. Son grand frère, le *jumbo* (*tuk-tuk* collectif), peut accueillir jusqu'à 12 passagers et se trouve dans toutes les villes. Les *songthaews* sont des pick-up ouverts à l'arrière et équipés de 2 rangées de bancs

placées en longueur. Pas très confortables, ils dépannent sur les courts trajets ; sur les plus longues distances, ça peut devenir harassant.
Négocier très ferme, car, à la vue des touristes, les chauffeurs n'hésitent pas à quintupler leurs tarifs ! Un conseil : éviter les *tuk-tuk* stationnés face aux grands hôtels, aux restos chics ou aux supérettes occidentales. Leur cible toute désignée étant le touriste fraîchement débarqué de l'aéroport, à qui ils feront payer jusqu'à 10 fois le prix normal.
Une course en centre-ville de 5 mn se monnaie autour de 15 à 20 000 kips pour le *tuk-tuk* complet. Si vous embarquez sur un *jumbo* collectif, comptez 5 000 kips par personne. Sachez aussi qu'après 21h-22h, les chauffeurs ont l'habitude de majorer leurs tarifs de 50 % environ... Enfin, peu de chauffeurs comprennent l'anglais ou le français, il est donc assez utile d'avoir le nom de la destination écrite en lao ; et quand bien même la plupart d'entre eux ne savent pas forcément lire, ils se repèrent surtout aux quartiers, aux temples, aux marchés, aux hôtels et *guesthouses,* à certains carrefours également, etc.

Moto

Pour louer une moto au Laos, ***on conseille d'être expérimenté*** ; ***les accidents sont fréquents sur des routes souvent en mauvais état.*** Ils représentent l'une des premières causes de mortalité des touristes dans le pays, avec la précarité des structures médicales. Toutefois, force est de constater que ce mode de locomotion est populaire auprès des routards, notamment sur certaines jolies boucles du sud du pays (région de Thakhek, plateau des Bolavens) et pour explorer les villages du nord. Alors voici quelques conseils.
– Si vous n'avez pas le permis moto, un loueur sérieux ne vous confiera jamais un de ses engins. De toute façon, sans expérience, on déconseille carrément, ça serait trop dangereux. On tient à vous ! Contentez-vous d'un scooter pour explorer les environs.
– On le sait, c'est tentant, de rouler en tongs et la tête nue sous ces latitudes. Niet ! Pantalon, tee-shirt manches longues (déjà pour les coups de soleil), chaussures fermées, casque (d'ailleurs obligatoire, amende prévue) sont hautement conseillés.
– Bien vérifier l'état du 2-roues, ses freins et les phares. À ce sujet, ***la conduite de nuit est à proscrire absolument,*** d'autant plus en rase campagne. C'est extrêmement dangereux : nids-de-poule ou plutôt d'éléphant, passages sans bitume, chiens et bétail errants, automobilistes et autres motards alcoolisés. Prévoyez large si votre étape est longue ; crevaison, petites pannes peuvent toujours arriver. Si vous êtes surpris par la nuit au milieu de nulle part, réduisez la vitesse et n'hésitez pas à vous arrêter dans une *guesthouse* même rudimentaire. Mieux vaut passer une nuit inconfortable qu'une nuit à l'hôpital.
– La plupart du temps, les loueurs ne proposent pas d'***assurance.*** Privilégier ceux qui en ont. Mais même si elle existe, il ne s'agit que d'une formule au tiers et à minima, avec les conséquences financières que cela peut entraîner en cas d'accident (frais de santé, de réparation de la moto, etc.). S'il y a défaut d'assurance, le conducteur doit payer la réparation des dommages causés aux tiers et au véhicule en cas d'accident. La police peut placer le conducteur en détention et confisquer son passeport jusqu'à ce qu'un règlement financier intervienne. Savoir aussi que les assurances de voyage ne fonctionnent généralement pas quand on loue un véhicule. Ennuyeux... Vérifier attentivement votre police d'assurance.
Devant la recrudescence des vols de motos louées, il est recommandé :
– d'utiliser un antivol personnel (cadenas, chaîne) ;
– de vérifier les termes du contrat de location et de ne pas laisser son passeport en dépôt auprès du loueur, l'ambassade ne pouvant délivrer un laissez-passer pour un retour en France qu'en cas de vol ou de perte déclarés du passeport auprès de la police ;
– de privilégier la caution par carte de paiement avec couverture par une assurance internationale ;

– de préférer, en cas de différend avec le loueur, un compromis aussi satisfaisant que possible, négocié avec calme et courtoisie, afin d'éviter que l'affaire soit portée devant la police.
Un ***grand tour à moto ne doit jamais être envisagé seul.*** L'idéal est de joindre un tour organisé (voir les chapitres « Vientiane » et « Luang Prabang »). C'est de cher à très cher, mais vous profiterez de la logistique, de la connaissance du terrain et d'un service d'assistance.

Avion

L'avion est le moyen de transport le plus pratique et le plus rapide pour se déplacer à l'intérieur du Laos. Au départ de Vientiane, la compagnie *Lao Airlines (• laoairlines.com •)* assure des vols quotidiens pour Luang Prabang, Paksé, Xieng Khouang (Phonsavan), Oudom Xai, Luang Nam Tha et Savannakhet. Également des vols au départ de Luang Prabang pour Paksé. Les avions sont souvent retardés quand la météo est mauvaise, surtout en saison des pluies. De même, les vols sur les petites lignes (Oudom Xai et Luang Nam Tha) peuvent être annulés si l'avion n'est pas suffisamment rempli ou si les conditions climatiques sont incompatibles avec la petite taille des appareils. On vous conseille donc de prévoir large dans votre itinéraire, surtout si vous devez prendre ensuite un vol international.
Sachez, en tout cas, que *Lao Airlines* affrète des Airbus A 320 et ATR 72. Non seulement elle ne figure pas sur la liste noire des compagnies aériennes, mais elle propose une bonne qualité de services. Également la compagnie *Lao Skyway (• laoskyway.com •)* qui opère au départ de Vientiane des vols à destination de Luang Prabang, Luang Nam Tha, Oudom Xai, Houeisai, Paksé.
Seules les villes de Vientiane, Luang Prabang, Paksé et Savannakhet possèdent des aéroports internationaux.

Bateau

Fleuve de légendes, le Mékong serpente entre des rives montagneuses et rocheuses dans le nord du pays, couvertes de forêts tropicales humides dans le Sud. Ici et là, noyés dans la végétation luxuriante des berges, quelques discrets villages vivent encore relativement loin du monde moderne... Naviguer sur le Mékong et ses affluents garantit de belles croisières au fil de l'eau. Leur charme tient aussi au fait que les locaux les utilisent comme voies de transport, semant dans leur sillage des tranches de vie bien authentiques. Mais la construction de barrages, notamment sur la Nam Ou, dans le nord, tronçonne de plus en plus les périples. Si bien que la route tend à supplanter le fleuve.

Les secteurs navigables du Mékong

Théoriquement, on peut naviguer toute l'année entre Luang Prabang et Houeisai, en passant par Pakbeng. Dans le sud, il est aussi possible de naviguer entre Paksé et Champasak, jusqu'à l'île de Don Khong, et même Don Khône et Don Det, si le niveau d'eau le permet.

La navigation sur la rivière Nam Ou

Moins large que le Mékong, son affluent, la Nam Ou, s'écoule dans une vallée resserrée, bordée de falaises rocheuses érodées. Les monts embrumés, souvent des massifs de karsts (pains de sucre) aux formes grignotées et creusées par le temps, composent un vrai paysage d'estampe chinoise. Maintenant qu'on vous a bien mis l'eau à la bouche, sachez que vous aurez de moins en moins l'occasion de naviguer dessus... dommage, surtout pour les habitants. Le nombre de barrages construits par les entreprises chinoises entrave désormais ces voies de communication ancestrales, entraîne de graves problèmes

environnementaux et économiques (moins de poissons et d'algues) et, dans une moindre mesure, prive le voyageur de balades exceptionnelles.
Concrètement, en remontant vers le nord : la liaison ***entre Luang Prabang et Nong Khiaw*** n'est déjà plus possible ; elle l'est entre Nong Khiaw et Muang Ngoi (superbes paysages !), ensuite à 45 mn en amont de Muang Ngoi, il faut contourner le barrage par voie terrestre puis reprendre une embarcation vers Muang Khoua.

Les différents types de bateau

Selon votre temps et votre budget, il existe plusieurs types de bateau pour voyager sur le Mékong et ses affluents.
– ***Les petits bateaux privés :*** ces *bateaux-taxis* organisent des promenades sur le fleuve à l'heure, à la demi-journée ou à la journée, rarement plus.
– ***Les slow boats*** *(bateaux lents)* ***:*** c'est « l'autobus fluvial laotien ». Il s'agit d'un bateau régulier à moteur, sorte de mini-péniche d'une quarantaine de mètres de long, à faible tirant d'eau. Ils peuvent embarquer une centaine de personnes. Les Laotiens l'utilisent, car il est économique et permet d'embarquer les marchandises. Les passagers sont assis sous une toiture à claire-voie. Et comme la vitesse est lente, on a bien le temps d'apprécier les superbes paysages. On y vend en principe des boissons et des soupes, mais mieux vaut emporter ses victuailles.
– ***Les speed boats :*** ce sont des bateaux rapides de 6-8 personnes, genre hors-bord (non bâchés donc), qui permettent de relier Luang Prabang à Houeisai via Pakbeng, à mi-chemin. Ils fendent la surface de l'eau à 50 km/h, sont bruyants, inconfortables (prévoir un coussin pour protéger le dos, un coupe-vent, un bon vêtement de pluie quand les nuages sévissent, et une bonne dose de crème solaire par beau temps !) et manquent singulièrement de poésie. En principe, on voyage casqué, ce qui donne des allures d'équipage de bobsleigh. Les *speed boats* séduiront les amateurs de sensations fortes. Mais 6h30 sur de tels engins, c'est long. **On vous déconseille franchement de les emprunter pendant la mousson ou suite à de fortes pluies.** Le Mékong (ou ses affluents) charrie des obstacles dangereux, comme des troncs d'arbre. Ces engins sont propulsés par une bouteille de gaz à l'arrière du bateau ou de l'essence. Le moindre choc violent peut être fatal. Il y a déjà eu des accidents.
– ***Les bateaux de croisière Wat Phou et Luang Say :*** une formule coûteuse et luxueuse. Il s'agit de longs bateaux en bois à faible tirant d'eau, équipés pour de petits groupes. Des croisières de 3 jours et 2 nuits ont lieu dans le sud du Laos à bord du *Wat Phou (● vatphou.com ●).* Itinéraire : Paksé-Champasak-Vat Phou-région des 4 000 îles, et retour à Paksé en minibus. Également des croisières de 2 jours dans le nord du pays, à bord du *Luang Say (● mekong-cruises.com ●)* entre Luang Prabang et Houeisai, avec nuit à Pakbeng, dans un hôtel-*lodge* de luxe.
– ***Les bateaux de croisière Shompoo Cruise :*** là encore, il s'agit de longs sampans en bois qui relient Luang Prabang à Houeisai en 2 jours et 1 nuit, avec des prestations moins luxueuses et moins onéreuses que celles de *Wat Phou* et *Luang Say.* Se reporter à la rubrique « Arriver – Quitter. En bateau » à Luang Prabang.

Train

Le Laos possède actuellement un réseau ferré plutôt modeste : 3,5 km s'étirant entre le pont de l'Amitié et la station de Thanaleng, située à 17 km de Vientiane. De cette gare, vous pouvez rejoindre Vientiane par bus, *tuk-tuk* ou taxi. Cependant, la majorité des voyageurs du rail en provenance de la Thaïlande (Bangkok, Ayutthaya...) continue de descendre à la gare frontalière de Nong Khai.
Projet pharaonique, *la liaison ferroviaire Vientiane-Kunming* (en Chine) avance à grands pas et devrait voir le jour d'ici 2021. L'objectif, conduit par la Chine, est de relier le Yunnan (Chine) à Singapour en passant par le Laos et la Thaïlande. À l'horizon 2025, le train passera par Luang Prabang et Boten (à la frontière chinoise) avec continuité possible vers Nong Khai (en Thaïlande), la Malaisie et Singapour : côté laotien, pas moins de 75 tunnels et 167 ponts pour couvrir une distance de

420 km environ en 3h. Mais une seule voie est prévue, utilisée prioritairement pour les marchandises. Quant aux passagers qui pourront se le permettre, ils devront s'adapter aux faibles fréquences.

URGENCES

■ ***Police :*** *☎ 191.*
■ ***Pompiers :*** *☎ 190.*
Le problème de ces 2 numéros, c'est qu'il n'y a pas toujours quelqu'un au bout du fil...

■ ***Ambassade de France à Vientiane :*** *☎ (21) 26-74-00 et permanence 24h/24 (pour les urgences seulement) : 020-555-147-51. • la.ambafrance.org •*

Pour les cartes de paiement

Avant de partir, notez donc bien le numéro d'opposition propre à votre banque (il figure souvent au dos des tickets de retrait, sur votre contrat, ou à côté des distributeurs de billets), ainsi que le numéro à 16 chiffres de votre carte. Bien entendu, conservez ces informations en lieu sûr et séparément de votre carte.
Par ailleurs, l'assistance médicale se limite aux 90 premiers jours du voyage et l'assistance véhicule aux cartes haut de gamme (renseignez-vous auprès de votre banque).

– ***Carte Visa :*** *n° d'urgence (Europe Assistance) – ☎ (00-33) 1-41-85-85-85 (24h/24). • visa.fr •*
– ***Carte MasterCard :*** *n° d'urgence – ☎ (00-33) 1-45-16-65-65. • mastercardfrance.com •*
– ***Carte American Express :*** *n° d'urgence – ☎ (00-33) 1-47-77-72-00. • americanexpress.com •*
Au Laos, se présenter à une agence *Western Union* avec une pièce d'identité.

Il existe aussi un serveur interbancaire d'opposition qui, en cas de perte ou de vol, vous met en contact avec le centre d'opposition de votre banque. *En France : ☎ 0892-705-705 (service 0,35 €/mn + prix d'un appel) ; depuis l'étranger : + 33-442-605-303.*

Besoin urgent d'argent liquide

Se reporter plus haut à la rubrique « Argent, banque, change ».

Pour les téléphones portables

Voici les numéros des 4 opérateurs français, accessibles depuis la France et l'étranger :

– ***Orange :*** *depuis la France, ☎ 0800-100-740 ; depuis l'étranger, ☎ + 33-969-39-39-00.*
– ***Free :*** *depuis la France, ☎ 3244 ; depuis l'étranger, ☎ + 33-1-78-56-95-60.*
– ***SFR :*** *depuis la France, ☎ 1023 ; depuis l'étranger, + 33-6-1000-1023.*
– ***Bouygues Télécom :*** *depuis la France comme depuis l'étranger, ☎ + 33-800-29-1000 (service et appel gratuits).*

Vous pouvez aussi demander la suspension de votre ligne depuis le site internet de votre opérateur.

LE LAOS

VIENTIANE ET LE CENTRE

VIENTIANE

990 000 hab. IND. TÉL. : 021

• Plan d'ensemble *p. 338-339* • Zoom (le centre) *p. 341*

L'atmosphère paisible de Vientiane, presque engourdie, où le temps semble s'étirer avec indolence, tranche radicalement avec la frénésie des autres capitales des pays voisins. Pourtant, son développement économique s'accompagne de projets immobiliers et de travaux d'aménagement. L'intensification du trafic et la mutation de ses larges avenues, bordées de nombreuses vieilles villas et de bâtiments d'époque coloniale, parfois en péril, révèlent une cité dorénavant sous l'influence du boom économique qui secoue un Sud-Est asiatique parti à la poursuite du « parrain » chinois, et effaçant progressivement les quelques traces liées à la présence française au temps du protectorat. Progressivement, les coquettes façades un peu défraîchies entourées de jardins broussailleux disparaissent derrière des palissades où s'annoncent les constructions prochaines de complexes commerciaux démesurés surdimensionnés pour cette petite capitale.
À la croisée des chemins, Vientiane troque encore un peu de patine et de pittoresque par ici, contre plus d'animation par là, sans trahir tout à fait sa nature encore indolente et délaisser sa douceur de vivre. C'est là tout son charme. Elle s'anime joyeusement en soirée, avec son marché du soir qui aligne le long du Mékong ses échoppes débordant de textiles et d'objets manufacturés et importés de chez ses grands voisins chinois et vietnamien.

UN PEU D'HISTOIRE

Le nom laotien de Vientiane est *Vieng Chan* ou *Viang Chan.* Il signifierait « ville du santal » ou « ville de la lune », le Mékong réalisant ici un méandre généreux en forme de croissant de lune. *Viang* signifie à la fois « ville » et « forteresse ». Le roi Setthathirat fortifie l'ancien Muang qui existe ici depuis le Xe s et en fait sa capitale en 1563 à la place de Luang Prabang *(Muang Sua),* jusque-là ville principale du pays.
Prospère au XVIIIe s, Vientiane est presque entièrement **détruite au XIXe s par les Thaïlandais** qui emportent le fameux bouddha d'Émeraude. **L'arrivée des Français marque le renouveau de la ville à la fin du XIXe s.** Quelques bâtiments coloniaux subsistent d'ailleurs, plus ou moins bien entretenus. Ils ont été construits sur le modèle des villas du Midi de la France, avec des tuiles rouges et des

frises extérieures en bois. On les trouve essentiellement dans la partie basse de la ville, entre l'ambassade de France et la place Nam Phou...
Après la révolution de 1975, le nouveau régime, soucieux de limiter l'exode rural, n'entreprend rien pour développer Vientiane. Cela n'empêche pas les paysans de s'installer en masse à la périphérie de la ville, dans de simples maisons en bois sur pilotis. Aujourd'hui, c'est peut-être l'aménagement des berges du Mékong, en un grand parc esthétiquement discutable, qui illustre le mieux le remodelage de la ville. La chaussée surélevée a confisqué le panorama dont on jouissait depuis d'anciennes et populaires gargotes sur pilotis, tandis que de nouvelles constructions poussent à sa recherche.

Comment y aller ?

En avion

✈ ***Aéroport international Wattay*** *(hors plan d'ensemble par A2)* **:** *à env 4 km à l'ouest du centre-ville, sur la route de Luang Prabang.* ● *vientianeairport.com* ● Il compte 2 terminaux situés côte à côte : le 1er accueille les vols internationaux ; le 2d, les vols intérieurs. Distributeurs de billets dans chacun, bureaux de change dans le terminal international *(tlj 9h-20h30, taux équivalent à celui du centre).* Bureau de poste, achat de cartes SIM locales (téléphone et Internet), loueurs de voitures *Avis* et *Sixt*. Resto-buffet au 2e étage. Pas de consigne.

■ ***Lao Airlines :*** *à l'aéroport.* ☎ *16-26 ou 21-10-50.* Vols quotidiens pour ***Luang Prabang, Paksé, Xieng Khouang (Phonsavan), Oudom Xai, Luang Nam Tha*** et ***Savannakhet.***

■ ***Lao Skyway :*** ☎ *1441 (Call Center).* ● *laoskyway.com* ● Dessert ***Houeisai, Luang Nam Tha, Luang Prabang, Paksé*** et ***Xieng Khouang.***

– Pour les vols internationaux réguliers vers ***Siem Reap*** (Cambodge), ***Bangkok*** (Thaïlande), ***Hanoi*** (Vietnam), ***Kunming*** (Chine) et ***Yangon*** (Birmanie), se reporter au chapitre « Arriver – Quitter ».

Pour se rendre au centre-ville

– ***En taxi :*** *comptoir à l'aéroport. Compter 57 000 kips (ou 7 $).* Un petit quart d'heure suffit pour rejoindre le centre.

– ***Navette (airport shuttle) :*** ● *vientianebus.org.la* ● *Entre l'aéroport (terminal international) et la gare routière de Talat Sao, bus ttes les 40 mn (ou ttes les heures) 8h35-20h35 en direction de l'aéroport. Vers la gare routière centrale, liaisons 9h15-21h15 (même fréquence). Env 35 mn jusqu'à la gare routière en passant par les 10 arrêts. Compter 15 000 kips/pers.*

– Plus économique, le ***bus*** *(en sortant de l'aéroport à gauche, puis à droite jusqu'à la route ; compter 5 000 kips),* arrêt près du *Khua Din Market (plan d'ensemble E3).* Si vous avez réservé dans un hôtel, vérifiez sur son site si celui-ci n'assure pas une navette gratuite depuis l'aéroport.

Par voie terrestre

– ***Le pont de l'Amitié*** **(*Mittapab Bridge*** *ou* ***Friendship Bridge*)** **:** à env 20 km au sud-est de Vientiane, il enjambe le Mékong pour relier la Thaïlande au Laos. Frontière ouv tlj 6h-22h sans interruption. Pour traverser le pont, les piétons doivent embarquer dans un bus spécial *(prix fixe, pas cher, 8 fois/j.)* qui s'arrête pour les formalités de sortie de Thaïlande, puis au poste-frontière d'entrée au Laos. 2 passages terrestres maximum (par an) avec la frontière thaïlandaise sont autorisés. Au-delà, un visa thaïlandais est nécessaire.

Pour se rendre au centre-ville

– *Thai-Lao International Bus :* 6 bus/j. relient Udon Thani et Nong Khai à Vientiane (gare routière de Talat Sao). Pour l'achat d'un billet A/R, passeport demandé.

– Alternativement, côté Laos, bus n° 14 *(env 6 000 kips)* ttes les 20 mn vers la gare routière de Talat Sao (marché du matin) ou *tuk-tuk* et taxis, forcément plus chers.

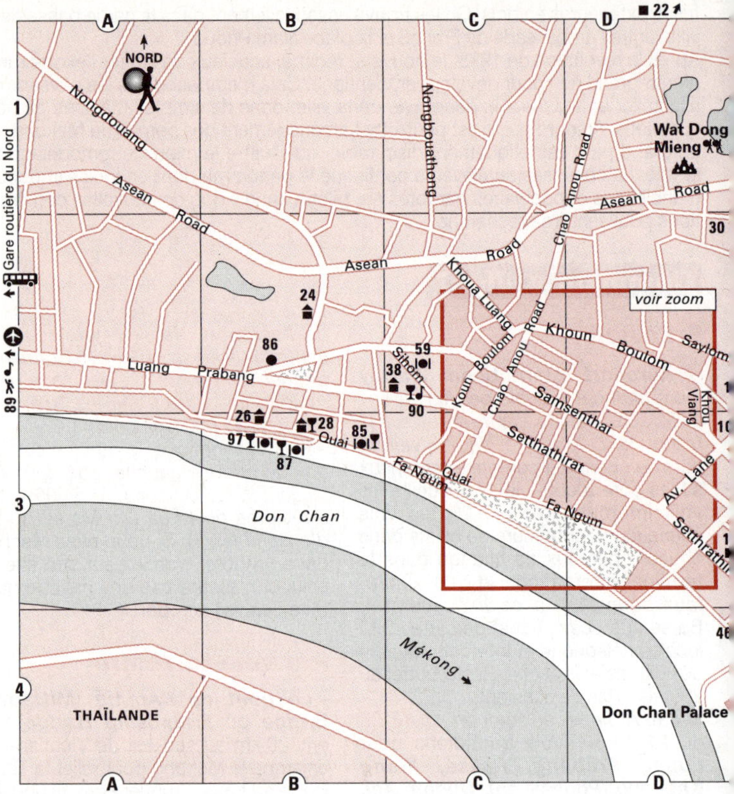

Adresses utiles

- **i** Lao National Tourism (E2-3)
- **1** Consulat de France (D3)
- **3** Ambassade du Vietnam (F2)
- **4** Ambassade du Canada (hors plan par G1)
- **13** EXO Travel (F1)
- **14** Immigration Office et Joint Development Bank (D2)
- **15** Institut français (E2)
- **18** Consulat de Thaïlande (G2-3)
- **19** Monument Books (E4)
- **20** Centre médical de l'ambassade de France (E3)
- **22** Jules Classic Adventure (location de motos ; hors plan par D1)
- **46** Pharmacie Paramy (D4)

Où dormir ?

- **24** Villa Lao (B2)
- **26** Nalinthone Guesthouse (B2-3)
- **28** Hotel Beau Rivage Mékong (B3)
- **29** Jungle House (hors plan par H1)
- **30** Villa Sisavad (D2)
- **38** Dream Home Hostel 1 (C2)
- **44** Heuan Lao Guesthouse (E4)
- **45** Green Park Boutique Hotel (E4)
- **47** Villa Manoly (E4)

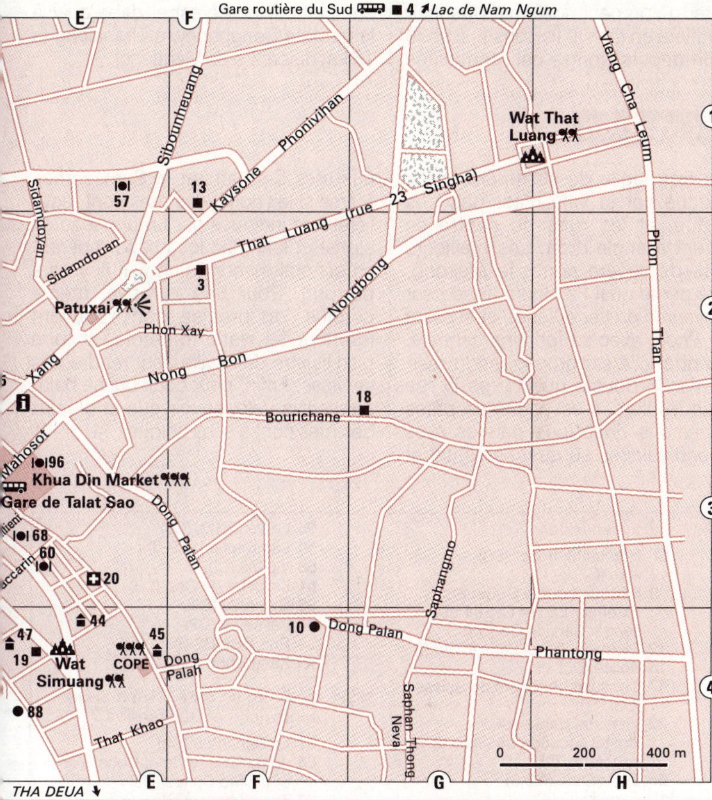

VIENTIANE – Plan d'ensemble

Où manger ?

57 Pa Kham Tan (E1)
59 Pizza da Roby (C2)
60 PVO (E3)
68 Bistro 22 (E3)
96 Gargotes du marché Khua Din (E3)
97 Gargotes du marché au bord du Mékong (B3)

Où boire un verre ?
Où sortir ?

28 The Spirit House (Hotel Beau Rivage Mekong ; B3)
85 Samyeck Pakpasack (B3)
87 The Naga Boat (B3)
89 Marina Club (hors plan par A2)
90 Wind West (C2)

Loisirs et détente

10 Piscine du club de fitness Sengdara (F4)
15 Institut français (D-E2)
22 Papaya Spa At Home (hors plan par D1)
86 Piscine du Mercure Vientiane (B2)
88 Piscine du Don Chan Palace (E4)

À voir

109 Morning Market (D3)

– Noter qu'on peut également franchir la frontière en *train* (2 liaisons/j., à 9h30 et 16h depuis Nong Khai ; formalités aux gares frontalières) et débarquer à la gare de Dongphosy, à Thanaleng (à 16 km du centre de Vientiane).

Orientation

Il est très facile de se repérer dans Vientiane car la ville n'est pas très étendue, et les rues du centre se coupent à angle droit. Les meilleurs points de repère sont : le *Mékong,* bordé par le quai Fa Ngum (fondateur du royaume du Lane Xang), et la *place Nam Phou,* avec sa fontaine centrale. Le centre-ville est grosso modo délimité par la boucle que forme la rue Khoun Boulom. Il est formé de pâtés de maisons découpés par les rues perpendiculaires au quai Fa Ngum et aux rues Setthathirat et Samsenthai. Même si les noms des rues sont régulièrement indiqués par un panneau en alphabet latin, les locaux se repèrent en général au nom d'un wat (il y en a partout). Pour une adresse, même connue, on précise donc souvent (derrière tel wat). Toutefois, un bon plan Illustré de la ville peut rendre des services. Enfin, pour ceux qui se baladeraient à vélo, savoir que la plupart des rues sont à sens unique.

Adresses utiles

- Hôpital Mahosot (D3)
- **7** Avis (C3)
- **9** Banque pour le Commerce Extérieur Lao et Lao's Passenger Service Co (D3)
- **12** Diethelm Travel Laos (C2)
- **16** Police (D3)
- **17** Consulat honoraire de Suisse (C3)
- **32** Ventiane Backpackers Hostel (location de vélos et scooters ; C3)
- **65** Book-Café (C2-3)
- **112** Baràvin (D3)

Où dormir ?

- **23** Sala Inpeng (C3)
- **25** Mixay Paradise (C3)
- **31** Day Inn Hotel (D2)
- **32** Mixok Inn (C3)
- **34** Ansara (C3)
- **35** Sailomyen Cafe & Hostel (D2)
- **36** Settha Palace Hotel (D2)
- **37** Sunbeam Hotel et Douang Deuane Hotel (C3)
- **39** Lao Orchid Hotel (C3)
- **40** Vayakorn House (C3)
- **42** Khamvongsa (C3)
- **43** Mali Namphou Hotel (D3)
- **46** Champa Boutique Hotel (C3)
- **48** Chanthapanya Hotel (C3)

Où manger ?

- **36** La Belle Époque (resto du Settha Palace Hotel ; D2)
- **50** Tango (C2-3)
- **52** Ban Vilaylac Restaurant et L'Adresse de Tinay (C3)
- **53** Han Sam Euay Nong (C3)
- **54** Taj Mahal Restaurant (C-D3)
- **55** Le Vendôme (C3)
- **56** Lao Kitchen (C2-3)
- **58** Via Via (C3)
- **61** La Cage du Coq (C3)
- **63** Chokdee (C3)
- **67** Let's Eat! (D2)
- **74** Pho Zap (D2-3)
- **75** Xang Khoo (D3)

Où boire un café ? Où manger sandwichs et pâtisseries ?

- **57** Le Banneton (C3)
- **66** Joma Bakery Café, Coco & co et Le Trio Coffee (D3)
- **77** The Cabana (C3)
- **78** Annabelle Café (C3)
- **84** Sinouk Café (C3)

Où boire un verre ? Où sortir ?

- **51** Sticky Fingers (C3)
- **62** Khop Chaï Deu (D3)
- **69** Noy's Fruit Heaven (C3)
- **77** Bor Pen Nyang (C3)
- **79** ATMO (C2-3)

Achats

- **55** T'shop Laï Gallery – Lao Coco Arts (C3)
- **115** Mixay Boutic et Her Works (C3)
- **116** Lao Textiles – Carol Cassidy (C3)
- **118** Saoban (C3)
- **123** Tounet (C3)

Loisirs et détente

- **36** Piscine du Settha Palace Hotel (D2)
- **113** Sasyratn et White Lotus (D3)
- **121** Tangerine Garden (C3)
- **122** Lao Bowling Centre (D2)

LE LAOS

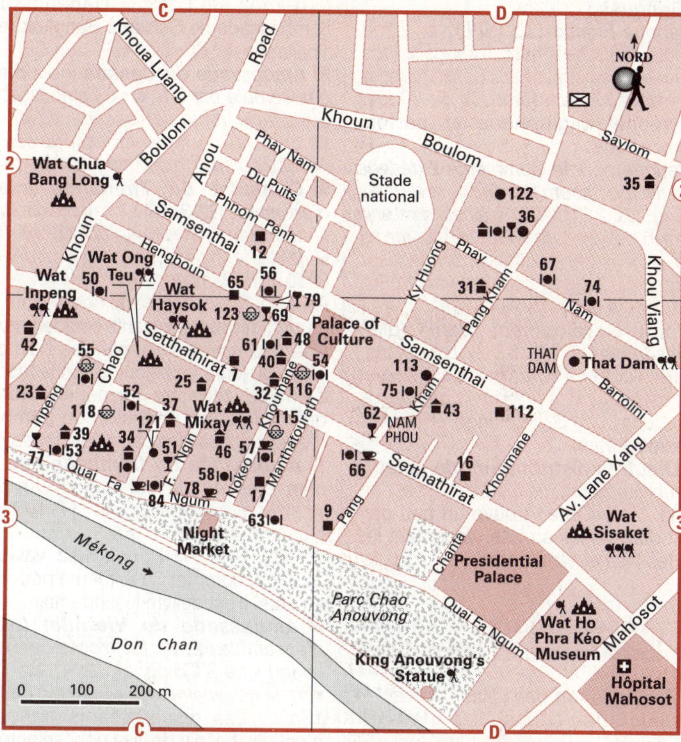

VIENTIANE – Le centre (Zoom)

Adresses et infos utiles

– ***RFI à Vientiane :*** 100.5.

Infos touristiques

Lao National Tourism *(plan d'ensemble E2-3) : 3556, av. Lane Xang, face à l'Institut français. ☎ 21-22-48. • tourismlaos.org • ecotourismlaos.com • Tlj 8h30-12h, 13h30-16h.* Toute une série de panneaux y détaille les attraits touristiques et culturels des différentes provinces du pays. Peu de documentation, quelques cartes. On peut souvent obtenir de meilleures infos auprès des agences de voyages et hébergements routards.

– ***Cartes et plans :*** *auprès de **Monument Books** (plan d'ensemble E4, **19**).* Se procurer les cartes *Hobo,* très bien faites et très détaillées.

Argent, banques, change

Le centre-ville compte de nombreuses banques, officines de change et distributeurs de billets.

Principales banques, officines de change, distributeurs de billets

Lun-ven 8h30-15h30 pour les banques ; nombre de changeurs ferment plus tard et restent ouv le w-e. Dans toutes les banques ci-dessous : service de change des devises courantes et distributeurs de billets 24h/24 (on en trouve un peu partout).

■ ***Banques :***
– Banque Franco-Lao (BFL) : av. Lane Xang. À côté de l'Institut français. Une annexe plus centrale sur Setthathirat, à côté de la pl. Nam Phou. Tlj 8h-20h30. Personnel anglophone et parfois francophone.
– Banque pour le Commerce Extérieur Lao (BCEL ; zoom D3, ***9****) : 1, rue Pang Kham. ☎ 21-32-00. • bcel.com.la • Bureau ouv en sem 8h30-15h30, fermé le w-e ; kiosque de change donnant sur le quai Fa Ngum, ouv lun-ven 8h30-19h, le w-e 8h30-15h30.*
– Joint Development Bank (plan d'ensemble D2, ***14****) : 82, av. Lane Xang. Juste à côté de l'Immigration Office et sur Setthathirat, à côté de l'hôtel* Mixok Inn *(zoom C3,* ***32****).* Change et service *Western Union.*

■ ***D'autres distributeurs de billets :*** *nombreux sur la rue Setthathirat et l'av. Lane Xang.* On en trouve un peu partout disséminés en ville, acceptant les cartes *Visa* et *Mastercard.*

Représentations diplomatiques et formalités

■ ***Prolongation des visas :*** *auprès de l'****Immigration Office*** *(plan d'ensemble D2,* ***14****), Khoun Boulom et Lane Xang. ☎ 21-96-07. Près du marché du mat. Lun-ven 8h-12h, 13h-16h. • immigration.gov.la •* Voir le chapitre « Laos Utile », rubrique « Avant le départ. Formalités » plus haut.

■ ***Police*** *(zoom D3,* ***16****) : rue Setthathirat, à proximité de la pl. Nam Phou. ☎ 191 ou 1191.* Ils ont l'habitude des touristes et sont plutôt réglos. Mais le mieux, en cas de pépin, est de s'adresser à la réception de votre hôtel ou à votre consulat, qui vous aiguillera.

■ ***Consulat de France*** *(plan d'ensemble D3,* ***1****) : rue Setthathirat (entrée par la rue Gallieni). ☎ 26-74-00. En cas d'urgence consulaire uniquement : 📱 020-555-147-51. • la.ambafrance.org • Lun-ven, sur rdv seulement, 9h-12h30, 14h-17h30.* Le consulat de France représente aussi les intérêts des ressortissants belges, néerlandais et luxembourgeois.

■ ***Consulat honoraire de Suisse*** *(zoom C3,* ***17****) : 10/2 rue Manthaturath. ☎ 26-41-60. • vientiane@honrep.ch • Lun-ven 9h-11h30.* Dépend de l'ambassade de Suisse à Bangkok, en Thaïlande *(☎ 00-66-2-674-69-02).*

■ ***Ambassade du Canada*** *(hors plan d'ensemble par G1,* ***4****) : à l'ambassade d'Australie, route de Thadeua, au km 4. ☎ 35-38-34. • laos.embassy.gov.au • Service consulaire ouv mar-jeu 13h-14h.*

■ ***Consulat de Thaïlande*** *(plan d'ensemble G2-3,* ***18****) : 15, rue de Bourichane, Ban Ponesinuan. ☎ 45-39-16. • vientiane.thaiembassy.org • Lun-ven 8h30-12h. Demande de visa sur rdv seulement • thaivisavientiane.com •* Pour la plupart des ressortissants occidentaux : visa nécessaire seulement au-delà de 15 ou 30 jours de séjour, selon le mode d'arrivée, terrestre ou aérien. Noter qu'il existe une limitation du nombre d'entrées possibles par la voie terrestre.

■ ***Ambassade du Cambodge*** *(hors plan d'ensemble par G4) : route de Thadeua, au km 2. ☎ 31-49-52. • camemb.lao@mfa.gov.kh • Lun-ven 8h-12h, 14h-17h.* Pour le visa, valable 30 jours, compter 30 $, même pour les enfants. Il est délivré le lendemain.

■ ***Ambassade du Vietnam*** *(plan d'ensemble F2,* ***3****) : 85, route de That Luang (rue 23 Singha). ☎ 41-34-00. • mofa.gov.vn/vnem.la • Lun-ven 8h30-17h30.* Les ressortissants français n'ont pas besoin de visa pour séjourner au Vietnam moins de 15 jours.

■ ***Ambassade du Myanmar (ex-Birmanie*** *; hors plan d'ensemble par E4) : Lao-Thai Rd, Ban Watnak, Sisattanak. ☎ 31-49-10. • mevlao@laotel.com • Lun-ven 8h30-12h, 13h-16h30.*

Urgences, santé, pharmacies

À Vientiane

Pour les petits bobos, les 2 adresses plus loin feront l'affaire. ***En cas de gros pépin,*** les médecins se chargeront d'un rapatriement vers la Thaïlande, où la qualité des soins est comparable à la France (lire la rubrique « Santé » dans « Laos utile »). En dehors de Nong Khai de l'autre côté du Mékong, la grande ville thaïlandaise la plus proche est Udon Thani, à 60 km.

✚ ***Vientiane Rescue :*** *☎ 1623.* Service d'ambulances géré par des bénévoles efficaces et créé par un ancien pompier français. Apportent les premiers secours aux accidentés de la route.

Centre médical de l'ambassade de France (*plan d'ensemble E3*, **20**) **:** *bd Khouvieng ; l'accès se fait par la grille latérale, dans la petite rue parallèle au bd Kouvieng.* ☎ *21-41-50 ou, pour les urgences :* 📱 *020-565-547-94 (permanence 24h/24). Consultations sans rdv lun-ven 8h30-12h, 13h30-19h (17h mer) ; le w-e 9h-12h, 13h30-17h.* Ce cabinet privé compte 2 médecins généralistes, un dentiste, un kinésithérapeute, un orthophoniste, un chirurgien-orthopédiste et un psychothérapeute. Le tarif de la consultation est de 300 000 kips. Soins plutôt chers. La carte *Vitale* française n'est d'aucune utilité, mais vous recevrez tous les formulaires nécessaires pour un remboursement par les assurances. ***Pharmacie*** sur place.

Hôpital Mahosot (*zoom D3*) **:** *rue Setthathirat ; face au consulat de France.* Un hôpital universitaire francophone comptant une annexe pour les étrangers, l'***International Clinic*** (☎ *21-40-18 ou 19*). Garde médicale 24h/24. Chambres individuelles confortables. Correct pour les petits coups durs, mais qualité des soins inégale suivant les services et les médecins.

Pharmacies : *en plus de celle du centre médical de l'ambassade de France, la* ***Paramy Pharmacy*** *(plan d'ensemble D4,* **46***), le long de l'hôpital Mahosot. Tlj 7h30-21h. Accueil francophone. D'autres le long de Nong Bon (plan d'ensemble F2), derrière le marché du mat.* Près d'une dizaine de pharmacies recommandables où l'anglais, voire le français, sont baragouinés. Souvent, les médicaments existent en 2 versions : essentiellement fabriqués en Asie ou importés de France, ce qui fait passer facilement leur prix du simple au triple mais éloigne d'autant, a priori, le risque de contrefaçons. Savoir qu'il est presque toujours possible d'acheter les médicaments à l'unité (bien vérifier les dates de péremption).

En Thaïlande

Wattana Hospital : *à* ***Nong Khai,*** *à 3 km du pont de l'Amitié (au Laos : Mr Assanai,* ☎ *24-00-97).* • *wattana hospital.net* • Petit hôpital thaïlandais le plus proche de Vientiane. Service satisfaisant mais, tant qu'à faire, mieux vaut aller jusqu'à l'*AEK Udon International Hospital,* qui dispose de plus de moyens. Accueil en français.

AEK Udon International Hospital : *555/5, Phosri Rd, à* ***Udon Thani.*** ☎ *(0066) 42-34-25-55.* • *aekudon.com* • *À 1h30 de route de Vientiane, sans compter les formalités douanières.* En cas de gros pépin, c'est ici (ou carrément à Bangkok) qu'il faut demander à être transféré. Héliport sur le toit de l'hôpital. Près d'une quarantaine de spécialités représentées. Services irréprochables, mais prix élevés, mieux vaut avoir une bonne assurance voyages.

Bangkok International Hospital : *2, Soi Soonvijai 7, New Petchaburi Rd, à* ***Bangkok.*** ☎ *00-66-2-310-30-00.* • *bangkokhospital.com* • En cas d'urgence, des traducteurs sont mis à votre disposition. Un des hôpitaux thaïlandais les plus compétents.

Transports

Consulter également la rubrique « Transports » dans « Laos utile ».
Vientiane, c'est plat et peu étendu : beaucoup de distances peuvent être facilement parcourues à pied, et encore plus à vélo, mais en faisant attention, la circulation s'est considérablement intensifiée et les gros 4x4 font la loi sans beaucoup se préoccuper du code de la route. Si nécessaire, recourir aux *tuk-tuk* et *jumbos,* plutôt chers ou, plus économique, au service de bus de la ville. On déconseille la moto – dangereuse, sans grand intérêt en ville et pas particulièrement agréable pour les environs.

Bus urbains et de banlieue : plus de 40 véhicules ont été offerts par le Japon à la municipalité de Vientiane. Pour les lignes et leurs fréquences, se renseigner auprès de votre hébergement.

Tuk-tuk et jumbo (*tuk-tuk collectif*) **:** ils sont généralement stationnés ou patrouillent autour des marchés et au coin des avenues et rues du centre-ville... Toujours négocier le prix du trajet avant le départ, car ils ne sont pas si bon marché que ça (20 000 kips par personne pour 1 ou 2 km). Sachez, enfin, qu'il est difficile de trouver des *tuk-tuk* après minuit.

■ ***Location de vélos et scooters :*** la plupart des guesthouses et de nombreuses petites agences en proposent. Compter généralement 40-50 000 kips/j. Plus cher pour un VTT, bien sûr. Une bonne agence aux prix légèrement inférieurs : ***Lao Bike*** *(rue Setthathirath, juste en face du wat Ong Teu ;* 📱 *020-546-743-45 ; • phoumy2002@yahoo.com •).* Scooters 110 cc, notamment au ***Vientiane Backpackers Hostel*** *(zoom C3,* ***32*** *; rue Nokeo Khoumane ; ☎ 25-50-58 ; compter env 5 $/j. ; résa conseillée).*

■ ***Location de voitures :*** *compter 50-85 $/j. et 350-420 $/sem pour une voiture avec chauffeur, dans la région de Vientiane exclusivement. Pour un véhicule avec km illimité et autorisation pour tt le pays : prévoir env 100 $/j. et 600 $/sem + 25-30 $/j. pour le chauffeur.* Rappelons qu'il est préférable de louer une voiture avec chauffeur. Y penser, par exemple, pour visiter les alentours de Vientiane si l'on est plusieurs. La plupart des grands hôtels et agences de voyages proposent ce genre de service. Voici une agence internationale réputée :

– *Avis (zoom C3,* ***7****) : rue Setthathirat. ☎ 22-38-67. • avis.la • Tlj 8h30-18h (13h le w-e).* Propose toute une gamme de véhicules assurance incluse, de la petite voiture au 4x4 rutilant en passant par le minibus, avec ou sans chauffeur (anglophone). Compter 60 $/j. sans chauffeur pour la plus petite catégorie, plein d'essence à ajouter. Également un bureau à l'aéroport.

■ ***Location et tours à moto :*** *compter 80 000 kips/j. pour un petit engin de 50 cm³ semi ou totalement automatique.* Filer sur ce genre d'engins pour un grand tour en solo depuis Vientiane est imprudent et exténuant, autant louer sur place à l'arrivée. Pour les motards expérimentés, voici un loueur et organisateur de tour à moto sérieux :

– *Jules Classic Adventure (hors plan d'ensemble par D1,* ***22****) : 176, Hom 12, Ban Phonekham, Nong Boua Thong Tay area, Sikhothabong.* 📱 *020-595-112-95. • bike-raid-laos.com • À 5 km du centre-ville ; compter 20 mn de tuk-tuk ; transfert possible. Loc à partir de 35 $/j. Tours variables, se renseigner. Contacter à l'avance, le parc s'épuise vite en hte saison.* Jean-Louis, un Basque qui a l'aventure chevillée au corps, accueille les clients dans sa belle maison traditionnelle à l'écart de la ville. Location de motos de 250 à 650 cm³. Et organisation de très beaux circuits à moto à travers le pays. Quand on rentre fourbu d'une virée à moto, on peut se faire pouponner sur place au *Papaya Spa at home,* tenu par sa femme : aromathérapie, massages suédois, soins du visage, bains de vapeurs aromatiques... Cadre très reposant.

Agences aériennes

Souvent plus intéressant que de passer directement par les compagnies elles-mêmes, car elles ont des promos (attention, sans changement ni remboursement possibles). Ces agences sont généralement ouvertes du lundi au vendredi de 8h à 17h et le samedi de 8h à 12h. En voici une :

■ ***Lao's Passenger Service Co*** *(zoom D3,* ***9****) : 1, rue Pang Kham. ☎ 213-642.* 📱 *020-555-058-53.* Résas de tous transports, notamment de billets d'avion domestiques et internationaux, à prix très compétitifs.

Agences de voyages

Elles sont généralement ouvertes du lundi au vendredi de 8h à 12h et de 13h à 17h ; parfois le samedi matin.

■ ***Shanti Travel :*** *☎ (00-33)9-70-40-76-17 (en France). • shantitravel.com •* Une agence dynamique créée par des Français installés en Asie depuis de nombreuses années, à contacter avant votre départ pour organiser votre voyage. Spécialiste du voyage sur mesure, l'équipe partage ses conseils du terrain et crée pour vous des programmes qui correspondent à vos attentes, votre rythme et votre budget. Leur mission ? Vous faire découvrir le Laos et le Cambodge de manière authentique, hors des sentiers battus. Et pour les voyageurs prêts à continuer leur route en Asie du Sud-Est, *Shanti Travel* vous emmène aussi en Birmanie, au Vietnam, en Thaïlande, ou encore en Indonésie.

■ ***Laowheels Travel :*** *☎ 22-36-63. 📱 020-555-046-04. • laowheels-travel.com •* Une agence privée dirigée par Christophe Kittirath, un Laotien qui a longtemps vécu en France et qui propose, en dehors des sentiers battus et dans tout le pays, des circuits à la carte (sur devis) de 7 à 22 jours en minivan confortable en compagnie de guides francophones et/ou de chauffeurs anglophones expérimentés. Les nuits sont souvent organisées chez l'habitant. Ses prestations ont leur prix, mais la qualité des services proposés, sa véritable écoute des clients et son souci de montrer un Laos authentique le justifient.

■ ***EXO Travel*** *(plan d'ensemble F1,* ***13****) : 15, Kaysone Rd, Ban Phon Sa Ad, Saysetha. ☎ 45-46-40. • exotravel.com •* Une agence sérieuse, spécialisée dans les voyages sur mesure, haut de gamme, culturels, comme nature et découverte de l'environnement au Laos et dans les pays voisins. Propose aussi des séjours aventure (trekking, vélo, kayak, moto) ou à thème (ethnies, artisanat...). Accueil en français.

■ ***Diethelm Travel Laos*** *(zoom C2,* ***12****) : • diethelmtravel.com/laos •* Cette agence, dont le siège est à Bangkok, propose des circuits et séjours dans la plupart des provinces du Laos. C'est aussi sans doute la plus chère. Bureaux dans la plupart des pays voisins. Accueil en français.

Supérettes et alimentation

■ ***Baràvin*** *(zoom D3,* ***112****) : 364, rue Samsenthai. ☎ 21-77-00. Tlj sauf dim 8h-20h.* Impossible de manquer l'énorme tonneau en guise de devanture. Grand choix de vins et de spiritueux, essentiellement français.

Presse, livres, cartes postales, photos

■ ***Institut français*** *(plan d'ensemble D-E2,* ***15****) : av. Lane Xang, en face du marché du matin. ☎ 21-57-64. • if-laos.org • Lun-sam 8h30-17h. Entrée libre.* Consultation sur place de journaux et magazines français (avec 8-10 jours de retard). Médiathèque-bibliothèque bien fournie *(lun-ven 9h30-17h30, sam 9h30-16h30).* Cotisation annuelle obligatoire pour tout emprunt de livres. Également des séances de cinéma payantes *(10 000 kips),* dont une pour les enfants (voir le programme sur le site). Concerts et spectacles occasionnels. Petit café-resto sur place, pas mal du tout.

■ ***Monument Books*** *(plan d'ensemble E4,* ***19****) : Setthathirat, en face du Wat Simuang. ☎ 25-21-00. Tlj 9h-20h (18h dim).* Au rez-de-chaussée, les jouets, à l'étage, les livres. Large choix de magazines et de livres en français. Certains sont introuvables en Europe, car écrits par des expatriés. Également une foule de bouquins en anglais sur l'Asie, des beaux livres, guides de voyage, cartes postales.

■ ***Book-Café*** *(zoom C2-3,* ***65****) : 53, rue Hengboon. 📱 020-568-937-41. Tlj 8h-20h.* Une attachante petite librairie, avec un rayon occase (achat-vente, échange). Tourisme, histoire, romans, beaux livres, rayon français, etc. Bien fouiller, il y a quelques pépites. Le génie de cette caverne d'Ali Baba n'est autre que Robert Cooper, l'éditeur de la série des Dr Siri, de Colin Cotterill (voir « Livres de route » dans « Laos utile »).

Où dormir ?

Tous les hôtels disposent du wifi.

De très bon marché à bon marché (moins de 200 000 kips / 24 $)

⌂ ***Villa Sisavad*** *(plan d'ensemble D2,* ***30****) : 117/12 Ban Sisavad. ☎ 212-719. 📱 020-556-214-97. • villasisavad.com • Résa à l'avance très conseillée. Doubles « bon marché » avec sdb et AC ; petit déj en sus.* Dans un quartier excentré (à 15 mn du centre en véhicule), cette petite rue tranquille abrite un hôtel au très bon rapport qualité-prix. 2 bâtiments se répartissent une quinzaine de chambres plutôt spacieuses avec clim et frigo. Mais le vrai atout est la petite piscine (à ce prix, c'est une aubaine), bordée de tables ombragées par un toit de chaume. Accueil chaleureux et francophone.

Vayakorn House *(zoom C3,* ***40****) : 91, rue Nokeo Khoumane. ☎ 24-19-11 ou 12. • vayakorn.biz • Doubles « bon marché » avec sdb et AC. Pas de petit déj.* Une adresse historique à Vientiane. En plein centre, un bâtiment de 3 étages abrite des chambres simples. Toutes parquetées, propres, avec mobilier un peu élimé, mais de taille très honorable. Seul bémol : la moitié des chambres sont aveugles, les plus lumineuses étant au dernier étage. Annexe récente et de meilleur standing à 2 pas de là, sur la rue Hengbounnoy (parallèle) : ***Vayakorn Inn*** *(« prix moyens »).* Chambres spacieuses, bien équipées, avec balcon et au calme. Déco soignée et service pro.

Heuan Lao Guesthouse *(plan d'ensemble E4,* ***44****) : dans une ruelle en retrait de la rue Samsenthai, juste au carrefour avec la rue Setthathirat. Au pied de la statue de Sisavang Vong, prendre la 1re ruelle du côté de sa main levée (panneau marron). ☎ 21-62-58. Doubles avec sdb, ventilo ou clim « bon marché » ; pas de petit déj mais café et thé offerts.* Dans leur sympathique maison un peu excentrée mais au calme, un gentil couple accueille les voyageurs dans un esprit pension de famille. Réparties autour de la cour verdoyante un brin foutraque, des chambres correctes, mais salles de bains défraîchies. Bon rapport qualité-prix-accueil de Somboune, artiste-peintre francophone, amoureux des chiens et des chats (il y en a partout !). Louer un vélo sur place est judicieux, vu la distance.

Mixay Paradise *(zoom C3,* ***25****) : 2, rue François-Ngin. ☎ 25-42-23. Doubles sans ou avec sdb, clim ou ventilo et TV, « bon marché » (haut de la fourchette), petit déj compris.* La façade pimpante de cet immeuble à galeries extérieures laisse espérer un intérieur moins banal. La blancheur des murs et carrelages intérieurs lui donne un côté un peu froid. Les chambres, de taille parfois très réduite, disposent d'un peu de mobilier. Demander à en voir plusieurs, car elles sont plus ou moins lumineuses, et parfois avec fenêtres sur couloir ou sur mur. Au rez-de-chaussée, resto avec terrasse où l'on prend le petit déj. Laverie, résa de transports et d'excursion, etc.

Sailomyen Cafe & Hostel *(zoom D2,* ***35****) : rue Saylom. ☎ 21-42-46. • sailomyencafehostel@gmail.com • Facebook. Lit en dortoir « très bon marché », doubles « bon marché ».* Une adresse soignée, au cadre plaisant, de style un peu new-yorkais mêlant briquettes, poutres métalliques et béton ciré, avec un café sympa où sont aussi servis les petits déj. Sur l'arrière, autour d'un vaste patio calme et lumineux, de très belles chambres doubles avec salle de bains privée, sur 3 niveaux, confortables et à la déco au goût du jour. Pour les budgets serrés, des dortoirs climatisés de 6-8 lits, impeccables également, mais peu spacieux et sans fenêtre. Location de vélos à côté. Un bon rapport qualité-prix à quelques enjambées du centre.

Dream Home Hostel 1 *(plan d'ensemble C2,* ***38****) : 49, rue Sihome. 📱 020-523-263-44. • dreamhomehostel1@gmail.com • Dortoirs « très bon marché », petit déj inclus.* Une atmosphère résolument cool et jeune dans cette auberge à peine en marge du centre-ville. Graffitis des routards de passage aux murs du salon commun, et bar-snack qui déborde sur la rue. La musique, elle aussi s'échappe volontiers de cette joyeuse adresse. Prix plancher dans des dortoirs de 4 à 16 personnes, mixtes et climatisés, avec rangements sous les lits superposés. Doubles vraiment petites, mais le rapport qualité-prix reste bon. Et la meilleure pizzeria de Vientiane, la *Pizza Da Robby,* n'est qu'à quelques mètres dans la même rue.

Nalinthone Guesthouse *(plan d'ensemble B2-3,* ***26****) : quai Fa Ngum. ☎ 24-36-59. Pas de petit déj.* Face au Mékong, ce petit immeuble passe-partout abrite des chambres sans charme mais propres. Les moins chères donnent sur l'arrière mais les hôtes peuvent profiter des balcons avec vue.

Mixok Inn *(zoom C3,* ***32****) : 188, rue Setthathirat. ☎ 25-47-81. Doubles « bon marché » avec sdb, petit déj* *inclus. À une intersection très passante, donc on ne peut plus central.* L'immeuble de 3 étages sans charme particulier est un carrefour pour les baroudeurs qui se retrouvent au café-resto du rez-de-chaussée. Chambres basiques, avec clim, literie ferme et salle de bains. Mieux vaut ne pas avoir le sommeil léger. Résa de bus possible.

Prix moyens (200 000-360 000 kips / 24-42 $)

■ ***Sala Inpeng*** *(zoom C3,* ***23****) : 63, rue Inpeng. ☎ 24-20-21. • salapeng@gmail.com • Résa indispensable. Pas de petit déj. CB refusées.* En plein centre-ville, non loin du Mékong, le calme de cette rue rappelle le côté village de Vientiane d'autrefois ! Jolies maisonnettes traditionnelles, en bois et sur pilotis, dans un jardin. S'y nichent quelques chambres avec terrasse, déclinées en 3 catégories, selon la taille et la décoration. Toutes sont charmantes, confortables (moustiquaire, bonne literie, clim) et très bien entretenues. Accueil impeccable et dépaysement garanti.

■ ***Villa Manoly*** *(plan d'ensemble E4,* ***47****) : Soi 2B, Ban Phyavat (ruelle entre les wat Pyavat et Lak Mueang). ☎ 21-89-07. • villa-manoly.com •* Plantée au milieu d'un vaste jardin tropical avec petite piscine, cette villa coloniale au charme suranné est décorée d'un bric-à-brac d'objets traditionnels. Les chambres sont plutôt spacieuses, sobres et bien équipées (frigo, baignoire). Les plus chères bordent la piscine, les autres sont un peu en retrait et donnent sur un couloir. Bon accueil du patron français.

■ ***Mali Namphou Hotel*** *(zoom D3,* ***43****) : 109, rue Pang Kham. ☎ 21-50-93. • mali-namphu.hotelinvientiane.com • Petit déj inclus.* En plein centre, à proximité immédiate de la place Nam Phou, ce bel hôtel abrite des chambres réparties autour du joli patio verdoyant, situé à l'arrière de l'établissement, avec une belle piscine cachée sur une terrasse en hauteur. Petites chambres propres et confortables, la plupart avec balcon, les *deluxe* pouvant accueillir jusqu'à 3 personnes. Parmi les commodités : coffre-fort, frigo et clim dans les chambres. Une adresse fiable et vivante, où l'on est bien accueilli.

■ ***Villa Lao*** *(plan d'ensemble B2,* ***24****) : Ban Nong Douang. ☎ 24-22-92. • villalaos.com • Depuis la rue Samsenthai, prendre à droite juste avt le Mercure Vientiane (panneau). Doubles sans ou avec sdb et clim « de bon marché à prix moyens ».* Au milieu d'un jardin tropical, 2 charmantes maisons traditionnelles en bois abritent des chambres inégales, avec terrasse et parquet à l'étage ou carrelage au rez-de-chaussée. Si le niveau de confort est assuré dans les supérieures, les *standard* sont trop dépouillées pour le tarif : sanitaires à partager, ventilo... Joli jardin pour profiter de la douceur des soirées et un salon à l'ancienne, qui cultive l'atmosphère coloniale. Possibilité de restauration et cours de cuisine. Une adresse qui vaut plus pour le cadre que pour le confort, pas optimal. Un peu excentré, location de vélos sur place.

■ ***Day Inn Hotel*** *(zoom D2,* ***31****) : 59/3, rue Pang Kham. ☎ 22-38-48. • dayinn.hotelinvientiane.com • Doubles avec sdb et clim.* La façade peu reluisante de cet hôtel n'est pas raccord avec l'intérieur plutôt gai avec ses couleurs vives. Espace et confort assurés, mobilier en rotin, balcon ou véranda. Bon accueil.

■ ***Sunbeam Hotel*** *(zoom C3,* ***37****) : village Watchan. ☎ 21-66-75. • sunbeam1.hotel@gmail.com • Petit déj inclus.* Un hôtel récent et encore rutilant qui propose des chambres spacieuses, sobres et surtout nickel. Clim et salles de bains impeccables, mais pas d'ascenseur. En contrepartie, belle vue depuis le 4e étage.

■ ***Douang Deuane Hotel*** *(zoom C3,* ***37****) : rue Nokeo Khoumane. ☎ 22-23-01. • DD_Hotel@hotmail.com • Fourchette basse de la catégorie.* Pas de révélation architecturale pour cet hôtel fonctionnel qui manque de gaieté. Sur 5 étages (ascenseur), de part et d'autre des larges couloirs, des chambres fonctionnelles, propres, avec clim, frigo, TV et salle de bains. Pratique pour une étape en centre-ville.

Un peu plus chic (360 000-550 000 kips / 42-65 $)

Khamvongsa *(zoom C3, **42**) : rue Khoun Boulom, Ban Vat Chan. ☎ 22-32-57. • hotelkhamvongsa.com • Doubles et suites avec kitchenette et mezzanine (jusqu'à 3 pers). Petit déj inclus.* La maison coloniale a conservé son vieux parquet de bois exotique et ses larges fenêtres. Au rez-de-chaussée, la réception et le bar-salle de petit déj sont ouverts sur la rue. Réparties entre la maison et, pour la plupart, dans un bâtiment moderne sur l'arrière, les chambres sont spacieuses et élégantes avec leurs tissus lao. Tant pis pour l'absence d'ascenseur, l'ensemble impeccablement tenu a du charme à revendre.

Champa Boutique Hotel *(zoom C3, **46**) : 2-3, rue François-Ngin, dans la ruelle après le wat Mixay. ☎ 25-58-66. • champaboutiquehotel.com • Petit déj inclus.* En plein centre, au calme car en retrait de la rue, un hôtel cosy dont les chambres s'organisent autour d'une jolie piscine. Spacieuses, lumineuses grâce à leur baie vitrée, elles possèdent tout l'équipement moderne pour assurer un bon confort. Accueil pro.

Chanthapanya Hotel *(zoom C3, **48**) : 138, rue Nokeo Khoumane. ☎ 24-14-51. • chanthapanyahotel.com • Fourchette haute. Petit déj inclus.* En plein centre, un hôtel à la jolie façade en bois. Chambres confortables, calmes et vraiment impeccables. Déco soignée avec têtes de lit en bois ciselé, lits extralarges et salles de bains modernes. Éviter toutefois celles dont les fenêtres donnent sur un mur. Piscine sur une terrasse encaissée, bien agréable lors des journées torrides ; salle de fitness et sauna. Accueil gentil et serviable.

Hotel Beau Rivage Mékong *(plan d'ensemble B3, **28**) : quai Fa Ngum. ☎ 24-33-50. • hbrm-laos.com • Fourchette haute.* Dans un quartier calme, avec une vue imprenable sur les berges aménagées du Mékong. L'hôtel moderne ne paie pas de mine de l'extérieur. Pourtant, ses chambres – toutes différentes – ont du cachet avec leur touche *fifties* et sont très bien équipées. Selon les étages, déco design, à la fois sobre et chaleureuse, avec des éléments modulables, dans les tons roses ou bleus ; très claires, dotées de petits balcons donnant sur le fleuve pour les plus chères, ou sur le jardin pour les autres. Une valeur sûre et originale de Vientiane. Attenant, ***The Spirit House*** est tout indiqué pour une pression bien fraîche ou un jus de fruits sur la grande terrasse, face au Mékong. Cuisine lao et occidentale servie toute la journée.

Chic (550 000-800 000 kips / 65-94 $)

Lao Orchid Hotel *(zoom C3, **39**) : rue Chao Anou. ☎ 26-41-34. • lao-orchid.com • Petit déj inclus.* Dans cette rue tranquille, face au wat Chan et à 2 pas du Mékong et de ses fabuleux couchers de soleil, voici un hôtel à la silhouette banale qui assure des prestations conformes aux attentes dans cette catégorie : chambres spacieuses et nickel avec sèche-cheveux, minibar. Déco sobre. Nos préférées sont les plus élevées (ascenseur), ne serait-ce que pour la vue. Également des suites, qui font alors basculer dans la catégorie « Très chic ». Bon petit déj. Personnel pro.

Très chic (plus de 800 000 kips / 94 $)

Ansara *(zoom C3, **34**) : rue Wat Chan. ☎ 21-35-14. • ansarahotel.com • Dans une ruelle calme rejoignant le quai Fa Ngum à l'angle du wat Chan. Résa très conseillée. Doubles 140-160 $; 10-20 % de réduc si résa en direct. Menu déj 2-3 plats.* Une superbe maison coloniale réhabilitée ? Que nenni ! Mais bien une reconstruction particulièrement réussie, à laquelle ont été adjoints 2 bâtiments de résidence plus classique sur l'arrière. Tradition et modernité se marient parfaitement : confort maximal, mobilier et déco combinant le style laotien à l'asiatique contemporain. Toutes les chambres disposent d'un balcon donnant sur le jardin et la grande piscine. Le petit déj, soigné, est servi sur l'élégante terrasse du restaurant *Signature* (formules déjeuner tentantes, cuisine française) ou à l'étage de la maison.

Settha Palace Hotel *(zoom D2, **36**)* **:** *6, rue Pang Kham. ☎ 21-75-81 ou 82. • setthapalace.com • Résa impérative. Doubles à partir de 135 $.* Une grande demeure coloniale des années 1930, rénovée et aménagée avec goût par des architectes talentueux. Chambres luxueuses avec beau plancher, élégant mobilier et pour certaines un balcon. Lits en palissandre, marbre dans les salles de bains, hauts plafonds. La brasserie ***La Belle Époque*** sert dans une salle haute de plafond une cuisine de grand-mère (pot-au-feu, jarret d'agneau...) qui comblera toutes les générations nostalgiques de la popote française. Le resto ouvre sur la jolie piscine accessible aux non-résidents (compter 20 $) sise dans un luxuriant jardin. Un parfum rétro du temps du mandat français.

Green Park Boutique Hotel *(plan d'ensemble E4, **45**)* **:** *248, Kouvieng Rd, Nongchanch. ☎ 26-40-97. À 10 mn de marche du centre et en retrait de la route. Résa impérative. Doubles à partir de 100 $.* Des chambres cossues réparties dans de petites maisons. Elles s'articulent autour de la piscine et de bassins, enjambés par de petits ponts. Les *standard,* avec leur canapé et un joli plancher, sont déjà de bonne taille. Le jardin luxuriant est un plaisir pour les yeux. Une atmosphère et un professionnalisme parfaits pour une escale en amoureux. Spa et salle de gym ; également un resto. Navette toutes les heures (10h-22h) pour le centre-ville.

Où dormir dans les environs ?

Jungle House *(hors plan d'ensemble par H1, **29**)* **:** *206, Soi 20, Ban Xokkham. 020-556-100-50. • junglehouse.la • À 10 km du centre. Passer le grand wat Luang, après un pont, tourner à gauche, ensuite, très compliqué, mieux vaut demander aux locaux « wat Xokkham » (prononcer Sokam). Soi 20 est une route en terre 500 m derrière le wat. Résa longtemps à l'avance indispensable. Compter 100 $ pour 2, comprenant le dîner, les boissons et le déj, ainsi que le service de nettoyage du linge ; on se sert comme on veut dans le frigo. Transfert aéroport et navette pour le centre gratuits.* En pleine campagne, rien n'indique cette *Jungle House* derrière la vieille grille. Et pourtant, dans le jardin tropical se cache une immense villa composée de 4 chambres, réparties dans la maison principale et un cottage. En prime, une grande piscine et une bibliothèque de plus de 500 livres. Cette vraie maison d'hôtes (on mange avec les propriétaires), superbement meublée et décorée, a été créée par Michaël, un Britannique, à l'initiative de nombreuses associations pour personnes handicapées (dont COPE, que l'on peut visiter) et sa femme lao, Dr Xoukiet, qui combat le trafic d'enfants. Une adresse vraiment à part.

Où manger ?

Ce ne sont pas les restos ni les saveurs qui manquent à Vientiane, malgré sa taille modeste. Des stands de marché aux gargotes de rue aux établissements plus apprêtés, plats laotiens, vietnamiens ou chinois se côtoient et s'entremêlent. D'autre part, les amateurs de cuisine fusion et les nostalgiques de la cuisine française se réjouiront du choix remarquable d'établissements au rapport qualité-prix attractif, surtout au déjeuner.

CUISINES LAOTIENNE, VIETNAMIENNE ET INDIENNE

Bon marché (moins de 30 000 kips / 3,50 $)

Gargotes des marchés de Vientiane : au marché *Khua Din (plan d'ensemble E3, **96**)*, au bord du Mékong *(plan d'ensemble B3, **97**)* et dans le parc Chao Anouvong *(zoom D3)* où les familles et amis se fournissent auprès des stands ambulants pour pique-niquer. Soupes de nouilles *(phó)*, *lap*, poulet ou poisson grillé, *hot pot* et, bien sûr, l'inévitable riz gluant.

|●| ***Cantoches de rue :*** dans le petit quartier chinois, au croisement des rues Heng Boun et Khoun Boulom *(zoom C2)*, ainsi que le long du quai Fa Ngum *(zoom C-D3)*. On y sert une nourriture populaire sino-laotienne ou « sino » tout court.

|●| ***Han Sam Euay Nong*** *(Les « 3 Sœurs » ; zoom C3,* ***53****)* ***:*** *rue Chao Anou, en face du wat Chan. Tlj 8h-20h.* Cette cantine populaire ouverte sur rue attire l'œil avec ses toiles cirées colorées et ses étals de fruits bientôt pressés en jus. Sous l'auvent sont installées les popotes et quelques tables, qui prolongent une petite salle. Peu d'excentricités à la carte : *noodle soups*, riz frits, salade de papaye... Fraîcheur et quantité assurées ; solitaires, ne prenez pas de grande portion ! Accueil en v.o.

LE LAOS

|●| ***Pho Zap*** *(prononcer Feu Sèp ; zoom D2-3,* ***74****)* ***:*** *rue Phay Nam, près du That Dam. Tlj 6h-15h.* Une adresse prisée des locaux. Comme eux, ne faites pas attention au cadre, l'essentiel se passe dans les grandes marmites fumantes qui embaument à l'entrée de la salle en longueur. Sans surprise, l'adresse est spécialisée dans les *phó*, ces soupes vietnamiennes parfumées. Elles sont proposées en 3 tailles et servies sur des toiles cirées. Excellents jus de fruits frais et, pour le dessert, il suffit de traverser la rue pour s'offrir un *nam van* (fruits dans du lait de coco).

|●| ***PVO*** *(plan d'ensemble E3,* ***60****)* ***:*** *dans une ruelle entre les rues Samsenthai et Kouvieng, en face de la Bakery Boris (fléché). Tlj 6h-15h30 (14h dim).* Enseigne populaire de cuisine vietnamienne, installée dans une ruelle calme, au rez-de-chaussée d'un bâtiment récent. Vaste salle en béton ciré, peu décorée. Bon choix de plats, notamment de bons *bo bun*, *phó*, *spring rolls* ou autres salades et sandwichs vietnamiens. Le tout à accompagner d'une bière ou d'un jus de fruits frais.

|●| ***Let's Eat !*** *(zoom D2,* ***67****)* ***:*** *Peaun Mit Office, Phainam Rd. Lun-ven 7h-14h30.* Un resto d'application de l'ONG *Friends*, spécialisé dans les soupes de nouilles maison. 2 sortes seulement : au porc ou aux champignons. Avec sa vocation de business social et solidaire, il forme des adultes, leur fournit un revenu et quelques bases pour gérer une micro-entreprise.

|●| ***Taj Mahal Restaurant*** *(zoom C-D3,* ***54****)* ***:*** *juste derrière le palais de la Culture. Tlj sauf dim midi.* Sous les dehors modestes d'une terrasse couverte de tôles, ce gentil resto indien propose une savoureuse cuisine. Dans l'assiette, voici donc currys, *chicken butter* et toute une palanquée d'autres plats typiques du pays de Gandhi, à apprécier sous l'air brassé par les ventilateurs. Prix doux comme l'accueil.

|●| ***Pa Kham Tan*** *(plan d'ensemble E1,* ***57****)* ***:*** *rue Asean, à côté de la Neerada School. 📱 020-222-330-18. Lun-ven 9h-2h. Fermé le w-e.* Derrière un mur, et peu visible de l'extérieur, une cantine populaire qui sert, sous un toit en tôle, une poignée de plats typiquement lao : *laap*, salade de papaye, soupe, porc grillé accompagné de riz gluant. Si le menu n'est pas traduit, faites directement votre choix en cuisine, ou en montrant les assiettes de vos voisins ! Frais et sans chichis.

Prix moyens (30 000-60 000 kips / 3,50-7 $)

|●| ☂ ***Ban Vilaylac Restaurant*** *(zoom C3,* ***52****)* ***:*** *derrière le wat Ong Teu. Tlj 11h30-22h30. Fermé dim midi.* Une adresse discrète et raffinée, un peu camouflée derrière son mur végétal et ses loupiotes à la nuit tombée, joliment décorée d'objets traditionnels laos. Spécialités lao-thaïes délicieuses, de la salade de papaye au *tom yam* en passant par le poisson à la citronnelle... il y a 360 plats à la carte ! Surtout des déclinaisons de *stir-fried* et de *fried rice* que la patronne prend le soin d'expliquer, on vous conseille plutôt les plats du jour. Selon son appétit, on a le choix entre 3 tailles de plat. Une cuisine saine et parfumée dans un lieu calme et reposant. Notre cantine à Vientiane.

|●| ***Lao Kitchen*** *(zoom C2-3,* ***56****)* ***:*** *rue Hengboon, en face du KP Hotel.*

☎ *25-43-32. Tlj 11h-21h30 (dernière commande).* Parfait pour s'initier à une cuisine lao, fine, calibrée – si besoin – pour les palais étrangers. La carte détaille parfaitement, en anglais, les ingrédients des *laap* (celui de canard est recommandé), soupes et les plats de riz. Cadre net et plaisant. Mais service parfois débordé.

Xang Khoo *(zoom D3, **75**)* **:** *68, rue Pang Kham, au coin de la fontaine de Nam Phou.* ☎ *21-93-14.* Cette crêperie réputée fait un carton avec ses galettes au sarrasin : savoyarde, végétarienne... c'est un régal. Ces spécialités bretonnantes côtoient des plats laotiens traditionnels et occidentaux. Le tout dans une salle bistrot chaleureuse avec tomettes au sol, grosses poutres au plafond, et large terrasse. Crêpes sucrées pour conclure comme il se doit !

CUISINES FRANÇAISE ET INTERNATIONALE

De bon marché à prix moyens (moins de 60 000 kips / 7 $)

Le Vendôme *(zoom C3, **55**)* **:** *rue Inpeng, face au temple du même nom.* ☎ *21-64-02. Ouv 10h-14h (lun-ven seulement), 17h-22h (tlj).* À l'angle de rues presque villageoises, la terrasse couverte et verdoyante qui ceinture la maison coloniale fait vite le plein midi et soir. Les retardataires se consoleront à l'intérieur, qui vaut son pesant de pittoresque : une ambiance digne d'un roman d'Hougron (voir « Livres de route » dans « Laos utile »). Côté cuisine, quelques spécialités bien franchouillardes : filet de porc aux figues, gratins, potages, etc. Bonne franquette assurée, comme l'illustre le plat du jour, vraiment bon marché. Et ne passez pas à côté des soufflés, qui se déclinent en version sucrée. À partager pour ne pas exploser !

Chokdee *(zoom C3, **63**)* **:** *quai Fa Ngum.* ☎ *26-38-47. Tlj 10h-23h30.* Avec une effigie de Tintin au Népal à l'entrée, les Belges ne cessent de nous épater ! Car il faut l'avoir, la banane, pour monter sous ces latitudes un resto-bar qui ne démériterait pas au plat pays ! *Waterzooï,* carbonades, moules sont au rendez-vous. D'autres spécialités, accompagnées de frites ou de purée. Tout est bon et bien servi. Rien ne manque, puisque 100 bières belges sont à la carte ! Terrasse, salle et mezzanine avec balcon, décorées de fresques de B.D. Vous l'aurez compris, il fait bon vivre au *Chokdee* et du coup, on y est rarement seul !

Via Via *(zoom C3, **58**)* **:** *rue Nokeo khoumane.* *020-281-779-32. Tlj sauf sam midi 11h30-22h.* Très centrale, cette adresse prisée des touristes assure le job : cuites au feu de bois, les pizzas à pâte fine sont de bonne taille et généreusement garnies. Les pâtes maison ne sont pas en reste et les lasagnes végétariennes, gratinées à souhait, assouvissent un probable manque de fromage ! Ambiance relax en terrasse et service rapide. Patron français.

Pizza da Roby *(plan d'ensemble C2, **59**)* **:** *61, rue Sihome.* *020-599-899-26. Tlj sauf dim 11h30-14h30, 17h30-22h.* Les pizzas qui remportent tous les suffrages sont ici, dans cette rue discrète à la lisière du centre. Avouons qu'elles sont extra, mais les pâtes et lasagnes leur font une concurrence sévère. Bravo au chef, italien, bien sûr. Agréable terrasse sous les lampions.

De chic à très chic (plus de 60 000 kips / 7 $)

La Cage du Coq *(zoom C3, **61**)* **:** *rue Hengbounnoy.* *020-546-760-65. Tlj sauf mar 11h-14h30, 17h30-21h30. CB refusées. Formule déj à « prix moyens ».* Pas de tapage pour ce resto français niché dans une paisible ruelle du centre. Mais comme il en a sous l'aile, sa bonne réputation s'ébruite : la maison coloniale a du cachet, comme la terrasse, intime et pleine de charme avec ses tables hautes, ses coussins et sa jolie déco. Et les abat-jour ne sont autres que les cages de coqs ! La carte décline quelques spécialités gourmandes de l'Hexagone avec une prédilection pour le canard (en nems à l'apéro, c'est un régal). Le chef toulousain ne fait pas l'impasse sur le cassoulet, pardi ! Sympathique carte des vins, dont certains sont servis au verre. Accueil plein d'entrain. *Cocorico* !

L'Adresse de Tinay *(zoom C3,* ***52****) : derrière le wat Ong Teu, voisin de* Ban Vilaylac. *020-569-134-34. Tlj 17h-22h30. Fermé au déj. Menu 160 000 kips.* Cadre moderne et agréable pour une cuisine française inventive et métissée, préparée par Tinay, le chef franco-laotien. Menu intéressant mais à l'ardoise, les prix décollent !

Tango *(zoom C2-3,* ***50****) : rue Setthathirat, en face du Wat Inpeng. ☎ 25-51-85. Tlj sauf mer 10h-23h.* Pas de mélodies sud-américaines dans ce *Tango*, mais une cuisine (encore !) française qui fait la part belle aux viandes et aux fromages, fermiers s'il vous plaît et importés de France ! Tomme de Savoie en salade, saint-marcellin et reblochon au four... Les carnassiers jettent leur dévolu sur un tartare au couteau, un burger ou un magret accompagné de gratin dauphinois ou d'une ratatouille, pour changer du riz. Également 1 plat du jour à l'ardoise. À arroser d'un verre de vin ou d'un rhum arrangé ! Accueil jovial de Benoît, le patron, également chef et pâtissier.

Bistro 22 *(plan d'ensemble E3,* ***68****) : 22, rue Samsenthai. ☎ 21-41-29. Fermé sam midi et dim. Formules déj.* Ne vous laissez pas décourager par les 10 mn de marche depuis le centre, car la cuisine française et gourmande vaut bien une embardée à proximité du marché Khua Din. Le cadre ? Résolument bistrot avec ses banquettes le long du mur en briques et ses tables en marbre. À midi, la formule fait mouche avec un bon choix (poisson, viande et plat végétarien) qui ravit la communauté d'expats. Le soir, les prix grimpent, mais si l'on rêve d'une côte de bœuf à partager, d'un tartare, d'un pavé de thon façon *tataki* (juste saisi) ou d'un plateau de fromages... En dessert, le fondant mi-cuit fait des ravages. Bon choix de vins au verre. Service aux petits oignons.

Où boire un café ? Où manger sandwichs et pâtisseries ?

Le Banneton *(zoom C3,* ***57****) : rue Nokeo Khoumane, face au resto* La Terrasse. *☎ 21-73-21. Tlj 7h-18h30 (13h30 dim).* Pour les Vientianais, c'est la meilleure boulangerie-pâtisserie de la ville. Voici la panoplie complète des viennoiseries françaises croustillantes pour vous caler à l'heure du petit déj, avec un café bio vraiment top et de la confiture maison. Également de bonnes tartines gourmandes, des quiches, salades, sandwichs et de délicieux jus de fruits. À emporter ou à savourer sur place, entre les photos en noir et blanc.

Joma Bakery Café *(zoom D3,* ***66****) : 44/4, rue Setthathirat, près de la fontaine Nam Phou. ☎ 21-52-65. Tlj 7h-21h.* On trouve de tout dans cette boulangerie-cafétéria à l'américaine : croissants, *cookies, donuts, wraps,* et sandwichs. Ambiance très occidentale, comme les prix d'ailleurs, mais c'est bon, frais, et l'intérieur design est plutôt réussi. Ses recoins et la mezzanine attirent du monde.

Coco & co et Le Trio Coffee *(zoom D3,* ***66****) : à côté de Joma. 030-9621-704. Tlj 8h-17h.* Ce café végétarien est surtout une invitation à faire une pause dans un cadre accueillant, sur la mignonne terrasse ou au comptoir. Café fraîchement torréfié, jus de fruits, yaourts et glaces maison, ainsi que des gaufres plutôt honnêtes. À midi, des salades, currys végétariens et *veggie rolls* pour caler une petite faim. Bon accueil.

The Cabana *(zoom C3,* ***77****) : 15-16, quai Fa Ngum. Tlj 8h-17h.* Face au Mékong, un petit café où la priorité semble être la douceur de vivre. Un côté magazine de déco décalé dans le va-et-vient incessant du quai ! Sol en béton, fauteuils en rotin, mobilier en bois... Pour accompagner un café ou un thé (lao ou *Mariage Frères* !), des bagels, sandwichs ou pâtisseries maison.

Annabelle Café *(zoom C3,* ***78****) : quai Fa Ngum. Tlj 7h-19h.* Est-ce un mirage que cette pâtisserie française chic et choc au bord du Mékong ? On se damnerait pour la tarte au citron autant que pour les éclairs, les millefeuilles ou les tartes aux fruits... Un régal pour les yeux et pour les papilles, à déguster dans de jolies assiettes sur des tables en marbre. Tout indiqué pour une pause sucrée raffinée ou pour un petit déj furieusement gourmand (les viennoiseries ne sont pas en reste). Quelques salades et grignotages salés également. Un écart qui mérite bien la dépense.

☕ 🍽 ***Sinouk Café*** *(zoom C3,* ***84****) : au coin du quai Fa Ngum et de la rue François Ngin.* ☎ *312-150. Tlj 7h30-22h.* Le représentant local de la marque de café du plateau des Bolavens, dans le Sud. Un petit look parisien, on peut y prendre le petit déj avec œufs, croissants frais, et/ou pain au chocolat et un café au goût fumé. Également petite restauration, à l'étage ou dans les fauteuils en osier de la terrasse.

Où boire un verre ? Où sortir ?

Pour admirer le coucher du soleil

Avec l'aménagement des berges du Mékong, la plupart des bars-gargotes alignent désormais leurs terrasses plus à l'ouest, aux abords du centre-ville *(plan d'ensemble B3,* ***97****).* Idéal pour l'apéro.

🍸 🍽 ⛱ ***Samyeck Pakpasack*** *(plan d'ensemble B3,* ***85****) : quai Fa Ngum.* ☎ *21-29-12.* Perchée à l'étage d'un *steak house,* cette terrasse couverte est la seule à perpétuer la tradition des guinguettes aussi près du centre. Surtout, elle a conservé sa vue sur le fleuve. Architecture rudimentaire en bois, tables et bancs à l'avenant, bien pour siroter une bière en grignotant quelques spécialités du cru. Le soir, groupe live. Populaire et animé.

🍸 🍽 ⛱ ***The Naga Boat*** *(plan d'ensemble B3,* ***87****) : quai Fa Ngum.* 📱 *020-292-955-50. Tlj 17h-minuit (happy hours 17h-20h).* En contrebas des guinguettes, dans le *no man's land* d'herbes hautes qui bordent le Mékong, voici une jolie barge qui servit un temps pour le transport commercial, avant que Tony, un Français expat, ne lui offre une nouvelle vie. Idéal pour admirer le coucher du soleil en buvant un verre sur son ponton ou sur la petite plage aménagée. Fait aussi resto à prix très raisonnables.

Bars et pubs

🍸 ***Noy's Fruit Heaven*** *(zoom C3,* ***69****) : rue Hengboon. Tlj 7h-21h.* Dissimulé derrière un monticule de fruits, un bar à jus vitaminé qui propose de délicieux smoothies et salades de fruits frais, pressés sous vos yeux. Également quelques plats lao sains et plutôt savoureux, à consommer dans la salle décorée d'ombrelles multicolores ou sur la petite terrasse.

🍸 ⛱ ***Khop Chaï Deu*** *(zoom D3,* ***62****) : 54, rue Setthathirat, presque à l'angle de la pl. Nam Phou. Tlj 8h-23h.* Une ancienne villa coloniale précédée d'une vaste terrasse entourée de verdure, le cadre est plutôt chouette. Le soir, l'éclairage aux lampions est réussi. On s'installe en plein air, près du bar, à la terrasse de l'étage ou dans les salles climatisées, investies régulièrement par des groupes de pop-rock asiatiques. Les nombreux plats lao-thaïs et internationaux ne font pas d'étincelles... ni de mal : un mets simple accompagne honorablement une *Beerlao* pression.

🍸 ⛱ ***Bor Pen Nyang*** *(zoom C3,* ***77****) : quai Fa Ngum. Tlj 10h (mais rien ne se passe avt 17h)-minuit.* Bar fréquenté par les expats et les oiseaux de nuit, à découvrir après avoir grimpé les escaliers vers le 4e étage sur le toit de l'immeuble. Superbe vue sur le Mékong, billard et écrans TV. La nourriture ne vaut pas le coup.

🍸 🍽 ***ATMO*** *(zoom C2-3,* ***79****) : rue Hengboon. Tlj sauf dim 10h (16h sam)-23h30.* C'est bien une atmosphère qu'on vient chercher dans ce bar-resto branché aux murs de brique. Un cadre qui se paie, surtout si on accompagne son cocktail de charcuteries, d'un foie gras maison ou d'un plat tendance fusion tiré à 4 épingles. On se contente tout aussi bien d'une bière (lao ou belge) à l'apéro. Concert 1 samedi par mois.

🍸 ⛱ ***Beer gardens de la place Nam Phou*** *(zoom D3) :* profitez d'une soirée pour venir vous hydrater sur l'une des terrasses aménagées comme un *beer* *garden* à la mode thaïlandaise autour d'une imposante fontaine. Le lieu est agréable, vivant... mais très touristique.

Sticky Fingers *(zoom C3,* ***51****) : rue François Ngin. ☎ 21-59-72. Tlj 17h (10h le w-e)-23h. Brunch tlj.* Ce pub bien connu et animé draine les voyageurs et résidents étrangers de Vientiane qui s'y retrouvent en soirée pour descendre quelques verres et grignoter des plats « italo-mexicano-libano-américano-asiatiques ».

Wind West *(plan d'ensemble C2,* ***90****) : sur la route de Luang Prabang. Tlj 20h-1h.* Ouvert en 1993, ce fut le 1ᵉʳ pub de Vientiane ! Style western, tout en rondins, et essentiellement fréquenté par des Laotiens ; on y écoute de la musique live presque tous les soirs. Fait aussi *steak house.* Bonne ambiance quand il y a de l'assistance.

Discothèques

Les discothèques sont généralement ouvertes tous les soirs (entrée payante), mais l'ambiance n'est souvent au rendez-vous que le week-end, quand les jeunes laotiens font le tour des boîtes. Elle bat son plein vers 22h30. À 23h30, soit 1h plus tard... c'est l'heure officielle maximale de fermeture. Noctambules, rassurez-vous, plusieurs établissements ont la permission de minuit, voire plus. La prostitution est dorénavant commune dans ces lieux, bien qu'elle reste théoriquement réprimée et bien moins développée qu'en Thaïlande.

Marina Club *(hors plan d'ensemble par A2,* ***89****) : route de Luang Prabang, en direction de l'aéroport, 500 m après le* Mercure *; y aller en* tuk-tuk. *Tlj 21h-1h.* Le temple local de l'électro avec tout ce qu'il faut de lumières laser et de décibels pour attirer les jeunes Laotien(ne)s. Le R'n'B et karaoké du début de soirée fait place ensuite à la house. On peut aussi se faire quelques *strikes* au bowling adjacent. Pas loin de là, la boîte ***@t Home*** *(22h-minuit)* joue les vases communicants avec les mêmes ingrédients.

LE LAOS

Achats

Plusieurs ***magasins*** proposent aux touristes des objets de décoration (assez chics) inspirés de la tradition laotienne, plutôt chers. Tous se situent dans les principales rues commerçantes du centre-ville : Samsenthai, Setthathirat et Chao Anou. Ceux que nous recommandons garantissent un commerce équitable.

Décoration, divers

T'shop Laï Gallery – Lao Coco Arts *(zoom C3,* ***55****) : rue Inpeng, à côté du resto* Le Vendôme. *☎ 22-31-78. Tlj 8h-20h (10h-18h dim).* Une boutique d'artisanat solidaire, d'insolites objets à partir de bois recyclé, de coco, de coquille d'œuf (si, si !), bois ou fer, des créations contemporaines réalisées avec des matériaux traditionnels, et puis des savons et autres produits de beauté... À l'initiative du sympathique Michel, tout est fabriqué localement, par des dizaines de personnes handicapées qui se réinsèrent par l'artisanat. Bravo !

Saoban *(zoom C3,* ***118****) : 97/1, rue Chao Anou. ☎ 24-18-35. • saobancrafts.com • Lun-sam 9h-20h, fermé dim.* Un artisanat traditionnel varié, réalisé dans les villages du Laos par une population majoritairement féminine (98 %), est vendu dans cette boutique à prix raisonnables. On y trouve aussi bien des couverts en aluminium que des mobiles cousus main pour les enfants, des bijoux ou des tissus en soie et coton... Et plein d'autres idées astucieuses à chiner.

Tissus et textiles

Le meilleur choix de tissus se trouve sur les marchés. Ne pas hésiter à marchander, dans les limites du raisonnable. On peut voir des ateliers de tissage au nord-est de Vientiane, dans le quartier de Ban Nong Bua Thong. Pour ceux qui peuvent attendre, les marchés de Luang Prabang sont plus agréables et moins chers.

Lao Textiles – Carol Cassidy *(zoom C3,* ***116****)* **:** *82, rue Nokeo Khoumane. ☎ 21-21-23. • laotextiles.com • Tlj sauf sam ap-m et dim 8h-12h, 14h-17h.* Dans une grande maison coloniale entourée d'un luxuriant jardin, on y trouve tissus et vêtements aux motifs minutieux, créés sur place par une styliste renommée. Ils sont fabriqués sur des métiers à tisser traditionnels, que l'on aperçoit dans l'atelier à l'arrière. C'est du haut de gamme, donc cher, mais vraiment raffiné.

Her Works *(zoom C3,* ***115****)* **:** *rue Nokeo Khoumane. • herworks.la • Tlj 10h (12h le w-e)-18h.* Utiliser les tissus traditionnels pour confectionner ses propres sacs, pochettes et lancer sa ligne de vêtements, voilà le pari de cette créatrice qui a fait son bonhomme de chemin. Un travail minutieux et des produits dans l'air du temps à des prix raisonnables.

Mixay Boutic *(zoom C3,* ***115****)* **:** *53/55, rue Nokeo Khoumane. 020-555-052-82. • mixayboutic.com • Juste à côté du resto* La Terrasse. *Lun-sam 9h30-19h30 ; fermé dim.* Essentiellement de superbes tissus et de l'artisanat local adapté au goût occidental.

Tounet *(zoom C3,* ***123****)* **:** *rue Hengboon, à 2 pas du palais de la Culture. ☎ 21-50-03. Tlj sauf dim 8h-19h30.* Création de modèles maison de pantalons, sacs et écharpes, à partir de tissus lao et d'Asie du Sud-Est. Possibilité de se faire confectionner des pièces sur mesure en 1 semaine. Accueil adorable, en français de surcroît.

Loisirs et détente

Piscines

Certaines piscines d'hôtels sont ouvertes aux non-résidents ; compter environ 10-20 $. On aime bien celle du *Settha Palace Hotel (zoom D2,* ***36****)*, dont l'environnement luxuriant est plus riant qu'au *Mercure Vientiane (plan d'ensemble B2,* ***86 ;*** qui offre peu de dégagement). Cette dernière offre toutefois accès au sauna. Autre option, celle au 3e étage du *Don Chan Palace (plan d'ensemble E4,* ***88****)*, couverte et sans trop de charme malgré la proximité du Mékong, qu'on aperçoit au loin. En dehors des hôtels, il y a également le grand bassin extérieur de la *piscine municipale,* à côté du stade ou celle du club de fitness *Sengdara (plan d'ensemble F4,* ***10*** *; 5/77, rue Dong Palan ; ☎ 45-21-59 ; env 90 000 kips/j).* Le bassin est plus petit que celui de la municipale, mais mieux entretenu, et le prix inclut l'accès à la salle de fitness (machines), sauna ; également un bassin enfants.

Massages

Derrière la place Nam Phou, la rue Pang Kam alterne tailleurs et boutiques de massage. Faites vos jeux !

■ ***Sasyratn*** *(zoom D3,* ***113****)* **:** *rue Pang Kham. ☎ 21-87-03. Tlj 9h-21h.* Cadre plutôt joli, et relaxant. Gamme complète de massages traditionnels, de la tête aux pieds, la plupart pour 90 mn. Éventail complet de soins : manucure, épilation, salon de coiffure. Vous pouvez aussi faire confiance au ***White Lotus*** juste à côté *(020-582-882-22 ; tlj 9h-22h),* dont le cadre simple et traditionnel n'est pas pour nous déplaire. Pour se remettre de la marche, on vous conseille le *foot massage.* Pas cher, et personnel nombreux : il y a donc souvent de la place.

■ ***Tangerine Garden*** *(Spa and Wellness Centre ; zoom C3,* ***121****)* **:** *rue Wat Chan, face à l'hôtel* Ansara. *☎ 25-14-52.* Dans une maison blanche de style colonial, au calme (ça compte !). Toute une gamme de massages pour ressortir totalement zen. Plus cher qu'ailleurs, mais propre et calme.

■ ***Papaya Spa At Home*** *(hors plan d'ensemble par D1,* ***22****)* **:** *176, Hom 12, Ban Phonekham, Nong Boua Thong Tay area, Sikhothabong. 020-556-105-65. À 5 km du centre, au nord de la ville.* Dépaysement, professionnalisme et calme garantis. C'est la contrepartie d'un éloignement tout relatif (un coup de fil, et on vient vous chercher). Accueil en français par Vinh, la proprio, dans une authentique maison traditionnelle lao au milieu des rizières.

LE LAOS

Cinéma et bowling

■ **Institut français** (plan d'ensemble E2, **15**) **:** *voir « Adresses et infos utiles ». • if-laos.org • Projection de films en principe mer (enfants), ven et parfois sam mat. Env 10 000 kips.* Programmation éclectique de films, qui conviendra aux cinéphiles comme aux voyageurs en mal de culture française. Également des cafés-concerts. Voir le programme sur leur site ou brochure.

■ **Lao Bowling Centre** (zoom D2, **122**) **:** *rue Khoun Boulom. ☎ 22-32-19. Tlj 9h-minuit (parfois jusqu'à 3h le w-e). À peine plus cher après 19h.* Un bowling avec des machines des années 1970, où les Laotiens, d'habitude si tranquilles, lancent leurs 6 boules comme des dingues, et demeurent curieux et amusés du jeu des étrangers. Billard également.

À voir

Dans le centre *(zoom)*

Architecture coloniale, moderniste et Art déco

Datant du protectorat et des années 1950-1960, le plan urbain de Vientiane dévoile encore quelques bribes d'architecture coloniale en voie de disparition. Même si la mutation de la ville entraîne une chasse à la rentabilité des terrains, difficilement compatible avec la protection du patrimoine, les voyageurs attentifs distingueront plusieurs styles, correspondant à des fonctions très différentes : les grands bâtiments administratifs, le palais présidentiel, les luxueuses villas situées avenue Lane Xang ou rue de la Mission (vers l'ambassade de France et l'église catholique) et les rangées de « compartiments chinois » de l'hypercentre (rue Setthathirath notamment). Ces dernières témoignent d'un habitat typique à toute l'Asie du Sud-Est d'époque coloniale : commerce au rez-de-chaussée, logement au-dessus.

Wat Sisaket (zoom D3) **:** *entre l'av. Lane Xang et la rue Setthathirat. Tlj 8h-17h. Entrée : 10 000 kips. Plusieurs panneaux explicatifs, traduits en français. Pantalon ou jupe longue demandée pour les femmes (prêt possible à l'entrée).*
Situé au centre de la ville, dans un jardin paisible, Sisaket (« le cheveu sur la tête ») est à peine inauguré par le roi Anouvong en 1818 que les Siamois déferlent sur Vientiane et la mettent à sac. Ils épargnent cependant le Wat Sisaket pour son style... siamois ! Ce qui fait de ce temple le plus ancien de la ville. Converti en musée et rénové, il fait partie des visites incontournables de la ville.
La principale caractéristique de ce temple est sa profusion de statuettes du Bouddha, disposées généralement 2 par 2, dans des niches creusées dans l'enceinte du cloître et dans les murs du *sim* (sanctuaire). Il y en des milliers, choc visuel garanti ! Les plus anciennes sont en bronze et datent du XVe s. Les autres, en bois ou en argent, remontent pour la plupart aux XVIIIe et XIXe s.
Le temple principal, de style siamois, est entouré d'une colonnade de bois sculpté et possède un toit à 5 pans. En plus des niches à statuettes, des peintures très abîmées illustrant la vie du Bouddha ornent les murs intérieurs du sanctuaire. L'étonnant plafond à caissons et ses décorations florales seraient inspirés du château de Versailles. Au sol, les carreaux-béton à motifs géométriques sont typiques de l'époque du protectorat. À l'extérieur, derrière le *sim,* mais aussi sous la colonnade, des gouttières en bois *(hang hod)* en forme de naga (serpent mythique) permettent de recueillir l'eau lustrale dont on arrose les statues lors de la fête du Nouvel An. On aperçoit aussi quelques tombes renfermant des urnes. Dans le petit parc qui entoure l'enceinte extérieure, ne pas manquer le pavillon bibliothèque (Ho Tai) situé le long de l'avenue Lane Xang et son élégante toiture à 4 pans d'inspiration birmane.

LE LAOS

Wat Ho Phra Kéo Museum *(zoom D3)* **:** *Setthathirat. Tlj 8h-17h. Entrée : 10 000 kips.* À côté du palais présidentiel, l'ancien temple royal a été construit au XVIe s pour abriter le précieux bouddha d'émeraude (Phra Kéo), qui fut acheminé vers la capitale siamoise à la fin du XVIIIe s suite à un conflit avec un belliqueux voisin. Détruit 2 fois, le temple fut reconstruit au XXe s sous le protectorat français et abrite désormais une petite collection d'antiquités. On traverse un beau jardin avant de gravir l'escalier principal, dont les rampes représentent des nagas. De la fondation originale, subsiste la porte, à côté de celle d'entrée. Nombreuses statues de bouddha en bronze, *apsaras* en terre cuite.

King Anouvong's Statue *(zoom D3)* **:** érigée en 2010 au bord du fleuve, la statue représente le roi Anouvong, qui régna au début du XIXe s. Inhabituel qu'un régime marxiste choisisse un ancien roi pour représenter le pays ! Il faut dire que celui-ci s'est illustré pendant son règne en soulevant le joug du Siam, dont le Lane Xang faisait alors partie. La statue est orientée vers la Thaïlande, le bras levé, comme pour mieux maintenir à distance le grand frère voisin...

That Dam ou « stûpa noir » (zoom D3) **:** *au bout de la rue Chanta Khoumane.* Cet étrange stûpa, qui doit son surnom aux sombres moisissures clairsemées de végétation qui le recouvrent, est sans doute très ancien. Selon la légende, il serait le gardien d'un dragon à 7 têtes qui aurait protégé la ville lors des invasions siamoises. Quand on connaît cette période tragique de l'histoire du Laos, on se dit que sa protection n'a guère été efficace, d'autant que les Siamois l'auraient débarrassé de sa couverture de feuilles d'or. C'est peut-être la raison pour laquelle ce stûpa n'est pas l'objet d'une grande dévotion... En revanche, son histoire fait couler beaucoup d'encre : articles et publications se disputent ses secrets.

Wat Mixay *(zoom C3)* **:** un petit temple entouré d'une muraille, de style thaïlandais avec une forte influence chinoise. Remarquer les bas-reliefs des portes du sanctuaire.

Wat Ong Teu (zoom C3) **:** *à l'ouest de la rue Setthathirat.* Le temple est situé au centre d'un ensemble de 5 monastères, disposés en croix sur les points cardinaux : wat Inpeng (ouest), wat Mixay (est), wat Chanh (sud), wat Haysok (nord). Le wat Ong Teu, lui aussi reconstruit au début du XXe s, a été fondé par le roi Setthathirat. C'est le temple du « bouddha lourd », car il abrite le plus important bouddha en bronze de Vientiane. L'extérieur est surtout remarquable pour sa magnifique porte dorée en bois sculpté. Les motifs représentent des scènes du *Râmâyana.* À l'intérieur, l'imposante statue du Bouddha est flanquée de plusieurs petits bouddhas en bronze dans différentes postures.

Wat Inpeng *(zoom C3)* **:** un temple intéressant pour sa façade richement parée de bas-reliefs en bois sculpté doré, ornés de mosaïques de verre. L'enceinte du temple abrite une petite école monastique.

Wat Haysok *(zoom C3)* **:** temple-monastère mandarinal, dont on remarquera au passage l'impressionnante toiture à 5 pans. À l'intérieur, belles peintures du mur au plafond. Notez en ressortant la série de bouddhas, qui chacun adopte une posture différente autour du banian. Très beaux arbres.

Wat Chua Bang Long (zoom C2) **:** *dans une petite impasse perpendiculaire à la rue Khoun Boulom.* Un temple vietnamien devant lequel s'élève une grande statue blanche immaculée de Kuan Yin, déesse de la Compassion. Également quelques statuettes très kitsch devant le sanctuaire. Très fréquenté lors du Nouvel An chinois et vietnamien.

À l'ouest (vers l'aéroport)

Wat Tai Yai (hors plan d'ensemble par A2) : sur la route de Luang Prabang, sur la gauche avt de tourner vers l'aéroport. Construit à la fin du XIXe s dans le style siamois, ce wat est remarquable par ses fines décorations polychromes extérieures. Son sanctuaire abrite l'un des plus imposants bouddhas de Vientiane...

Au nord

***Wat Dong Mieng** (plan d'ensemble D1) : au nord de la ville, proche de l'ancien marché Thong Khan Kham.* Construit en 1923, ce temple n'est guère visité. Et pourtant, il est très joliment décoré dans le style lao-thaï. Demander au bonze de service d'ouvrir la porte.

***Kaysone Phomvihane Museum** (hors plan d'ensemble par G1) : av. Kaysone Phomvihan, à 6 km env au nord du centre en direction de la gare routière. Tlj sauf lun 8h-12h, 13h-16h. Entrée : 5 000 kips.* Un musée à l'architecture stalinienne à la mémoire du 1er président du Laos (dont le visage vous est familier puisqu'il se trouve sur tous les billets à partir de 2 000 kips). Impossible de louper l'imposante statue du bonhomme à l'entrée du musée... On mesure le culte entretenu par le régime autour de ce personnage historique, parvenu au pouvoir en 1975. Seuls les mordus se complairont dans les photos d'archives.

Au nord-est (plan d'ensemble E-H1-2)

***Patuxai** (**Anousavari** ; plan d'ensemble E2) : au bout de l'av. Lane Xang, faisant face au palais présidentiel. Tlj 8h-17h. Entrée : 3 000 kips.* Un curieux arc de triomphe érigé vaguement à l'image de celui de la place de l'Étoile à Paris, mais dont la décoration est inspirée de la mythologie laotienne ! Édifié à grands frais dans les années 1960 avec du béton américain destiné à construire un aéroport, c'est un monument commémoratif en l'honneur des morts des différentes guerres. Depuis la terrasse au sommet du monument, à laquelle on accède par un escalier (marché artisanal dans les étages), la vue panoramique sur la ville est imprenable. L'esplanade au pied du Patuxai est équipée de fontaines musicales qui se déchaînent théoriquement à 18h en semaine et dès 9h jusqu'au soir le week-end. Ce spectacle est très populaire en ville...

***Wat That Luang** (plan d'ensemble G-H1) : à env 4 km à l'est du centre-ville. Tlj 8h-12h, 13h-16h. Entrée : 10 000 kips.*

Ce grand stûpa doré haut de 40 m est le monument sacré le plus important du Laos, et le symbole du pays. Sur l'esplanade bétonnée, l'immense bâtiment sur le flanc droit du temple est le Parlement lao. Également plusieurs monastères bouddhiques en activité.

Le wat That Luang a eu une histoire mouvementée, mis à mal à travers les siècles par les Siamois, Birmans et autres envahisseurs. D'après la légende, au IIIe s de notre ère, un stûpa bouddhique s'élevait déjà à cet emplacement, mais les fouilles entreprises n'ont rien révélé de plus ancien qu'un temple khmer daté du XIe s. Le stûpa actuel fut édifié au milieu du XVIe s, lorsque Vientiane devint capitale du royaume. Sa restauration, réalisée par les Français au début du XXe s, est plutôt clinquante avec sa peinture dorée. Le stûpa, dont la base mesure 68 m de côté, est entouré d'un cloître (2 entrées). Certains prétendent que le Wat That Luang contiendrait un cheveu du Bouddha, mais rien n'y fait allusion. Les visiteurs n'accèdent qu'à la 1re terrasse. Les autres sont réservées aux moines. La fête du That Luang a lieu mi-novembre (voir la rubrique « Fêtes et jours fériés » au chapitre « Laos : hommes, culture, environnement »). Des bonzes, venus de tout le pays, habitent alors dans les loges qui entourent le cloître et y reçoivent des offrandes des fidèles. À l'extérieur, toutes les ethnies du pays et ambassades étrangères viennent se présenter. Et il se tient une véritable foire, avec montreurs d'animaux, manèges, jeux d'adresse, loteries et attractions diverses.

Au sud-est du centre (plan d'ensemble E4)

Wat Simuang (plan d'ensemble E4) **:** *à l'angle des rues Setthathirat et Samsenthai, avt le début de la route de Thadeua.*
Entouré de verdure, voici le temple (tout jaune) le plus vénéré de la ville, parce qu'il abrite le *Lak Muang* (pilier tutélaire). Selon la légende, cette lourde pierre aurait été plantée en terre en écrasant une jeune femme enceinte ! Elle s'était, paraît-il, offerte en sacrifice... Plus probablement, il s'agit d'une ancienne borne khmère autour de laquelle le sanctuaire initial fut construit au XVIe s, détruit en 1868 et reconstruit en 1915.
Très coloré, un peu dans le style hindou, le wat Simuang est aujourd'hui le temple de la chance et de la divination. Les autochtones (et sympathisants !) viennent y faire des vœux, puis reviennent s'ils sont exaucés pour faire une offrande sous forme de billets de banque, de couronnes de fleurs ou de fruits. D'où la présence de marchands de fleurs tout autour du temple. Devant le sanctuaire se dresse une surprenante statue du roi Sisavang Vong, à l'allure martiale, réalisée par un sculpteur soviétique dans les années 1960. Il en existe une copie dans les jardins du Palais royal de Luang Prabang.

Morning Market (plan d'ensemble D3, **109**) **:** *av. Lane Xang. Tlj 7h-16h env.* Derrière le *Talat Sao Shopping Mall,* le *Morning Market,* tout bétonné, abrite tous types de marchandises. Surtout de l'électroménager, mais en cherchant, vous trouverez quelques accessoires et tissus. Le *Khua Din Market* voisin est plus intéressant.

Khua Din Market (plan d'ensemble E3) **:** *derrière le marché du mat et à côté de la station de bus. Tlj 5h-18h env mais son animation décline vers 14h.*
C'est ici que les paysans viennent vendre leurs produits frais dans une atmosphère joyeuse et haute en couleur, pleine de tous les parfums (et puanteurs !) de l'Orient. Les marchandises sont exposées par catégories. Superbe travail des fleuristes découpant et modelant patiemment des feuilles de bananier avec des assemblages destinés aux offrandes lors des mariages. Énorme boucherie en plein air avec boudins en cubes trempant dans l'eau, enfilade d'œufs sur des brochettes avec poussins à l'intérieur, étals d'insectes, œufs de fourmis, etc. À la poissonnerie, on verra des poissons gluants à tête de serpent qui frétillent dans des bassines, d'énormes poissons-chats débités au hachoir, des anguilles, grenouilles et autres batraciens... Le rayon des fruits et légumes est le plus coloré, celui du tabac et des écorces le plus odorant. Pour se restaurer : des gargotes bon marché et des étals, où l'on est tout surpris de trouver de vrais pains à la française et des sandwichs.

COPE Visitor Centre (plan d'ensemble E4) **:** *sur Khou Vieng Rd, en face de l'hôtel* Green Park. *☎ 21-84-27. • copelaos.org • Tlj 9h-18h. Visite guidée gratuite.* Cette ONG laotienne, trait d'union entre les fondations internationales et les besoins locaux, fabrique des prothèses et offre des soins aux personnes victimes des munitions non explosées. Entre 1964 et 1973, 2 millions de tonnes de bombes ont été larguées par les États-Unis sur le sol du Laos ! Des chiffres effrayants et des dégâts terribles... Le centre, installé sur le site du CMR (*Centre for Medical Rehabilitation,* avec un stade adapté aux personnes handicapées), présente une exposition permanente émouvante : photos, sculptures, vidéos, etc. Sur place, une petite boutique contribue à l'autofinancement de l'organisation. Possibilité de boire un verre au ***Karma Cafe,*** paillote au toit de chaume qui vend aussi des glaces maison.

DANS LES ENVIRONS DE VIENTIANE

Mis à part pour le Buddha Park, la location de voiture avec chauffeur est le moyen le plus adapté pour explorer les environs.

Vers le sud-est

Wat Xieng Khuan (Buddha Park *; hors plan d'ensemble par E4)* **:** *à 24 km au sud-est de Vientiane en longeant le Mékong par la route de Thadeua. Bus nº 14 depuis la gare routière Talat Sao (voir « Quitter Vientiane »), direction Thadeua ; le bus s'arrête devant le parc. Plus rapide, mais un peu plus cher, prendre un* tuk-tuk *directement de Vientiane ou un tour organisé par une agence ou un hôtel (env 70 000 kips). Tlj 9h-17h. Entrée : compter 15 000 kips avec le droit photo.* Voici le terrain de jeux original de Luang Pu, qui remit le couvert de l'autre côté de la frontière, à Nong Khai en Thaïlande après avoir quitté le Laos en 1975. Bonhomme un peu farfelu, sorte de Facteur Cheval laotien et décédé en 1996, il souhaitait unifier bouddhisme et hindouisme ! Joignant l'acte à la parole, il convoqua ici les panthéons de ces 2 religions pour créer plus de 200 statues, dont plusieurs dizaines sont remarquables. La naïveté et l'étrangeté de ces œuvres en béton armé datant des années 1950 ne laissent personne indifférent. En vedette, un gigantesque bouddha couché.
Le wat Xieng Khuan, c'est aussi un jardin public avec une jolie vue sur le Mékong, lieu de promenade dominicale privilégié.

LE LAOS

Vers le nord, sur la route de Vang Vieng

***Lak Ha Sip Sawg Market* :** *à env 50 km de Vientiane, sur la route 13.* Un petit marché authentique, tenu par des Hmong poussés jusqu'ici par la guerre dans les années 1960. Très coloré avec ses fruits, légumes, vêtements, viandes et poissons séchés, il donne aussi l'occasion de casser une petite croûte dans ses popotes odorantes.

***Vang Song* :** *à env 60 km de Vientiane, sur la route 13, prendre la bifurcation indiquée sur la droite, c'est à env 3 km. Entrée : 20 000 kips/véhicule.* Un étonnant petit groupe de bouddhas sculptés au XVIe s dans une falaise émergeant de la jungle, sur un site occupé dès l'époque môn. *Vang Song* signifie « palais des éléphants » : un cimetière d'éléphants aurait été découvert dans une grotte à proximité...

***Dan Pha* :** *non loin de Phonhong (sur la route 13, à 70 km de Vientiane).* Site naturel très joli, constitué d'un plateau de grès rose entaillé par une petite rivière. Quelques bouddhas gravés.

Où dormir entre Vientiane et Vang Vieng ?

***Namlik Eco-village* :** *à env 85 km de Vientiane. En bus (en direction de Vang Vieng depuis la gare du nord à Vientiane), demander au chauffeur de vous déposer au village de Senxoum, au km 80 sur la route 13. Pour les 7 km restants, le gérant vient vous chercher. 020-555-087-19. • namlik.org • Compter env 40 $ la double, petit déj et activités incluses.* En pleine nature, des bungalows sur pilotis, prolongés par une large terrasse avec hamac en surplomb de la rivière Nam Lik (qu'on aperçoit plus ou moins derrière les arbres). Celui qui a la meilleure vue est en bas, au plus près de la rivière. Dans chacun, possibilité de loger 3 personnes, voire 8 pour l'un d'entre eux. Salle de bains et eau chaude, mais on vient avant tout pour une expérience hors du commun. À vélo (loc sur place), on rejoint facilement un village de tisserands. En option, kayak, tubing et tyroliennes. Joli resto dans les bois, et accueil chaleureux de Patrick, David et leur équipe. Passez au moins 2 nuits sur place, pour profiter au mieux de ce jardin d'Éden !

QUITTER VIENTIANE

- Amoureux du Mékong, sachez qu'il n'y a plus aucun service régulier de bateau ou de cargo au départ de Vientiane, que ce soit vers le nord ou le sud. Et pas de croisières non plus.
- Une myriade d'agences et tous les hébergements ou presque disposent d'un service de réservation de transport. Pour le bus et le train, c'est assurément plus pratique que de se rendre dans les gares éloignées du centre pour acheter son billet. D'autant plus que le *tuk-tuk* n'est pas donné. Pour l'avion, ne pas oublier de comparer les prix avec ceux proposés directement par les compagnies. Les fréquences données ici peuvent varier, le mieux est donc de s'informer sur place.

En bus

- Les agences et les hébergements proposent presque systématiquement le *pick-up* (ramassage) des voyageurs. Le rendez-vous est généralement fixé 1h avant le départ. À privilégier !
- En dehors des départs listés plus bas, d'autres formules privées existent, parfois en minivan. Pour Vang Vieng, c'est la meilleure option, on vient vous chercher à l'hôtel. Se renseigner auprès des agences.
- ***Liaisons internationales :*** voir « Arriver – Quitter », au début du guide, pour les formalités d'entrée concernant les pays voisins.

Vientiane compte 3 gares routières principales.

Gare routière Talat Sao *(plan d'ensemble E3)* **:** *derrière le marché du mat.* Un nouveau bâtiment qui doit accueillir l'ensemble des lignes était encore en construction lors de notre passage. En attendant, les bus se garent dans les rues tout autour. Départ pour les villes des environs, la Thaïlande et des bus locaux desservant le pont de l'Amitié (Friendship Bridge).

➢ ***Aéroport :*** 3 lignes desservent l'aéroport (préciser l'arrêt au chauffeur), celle de Thong Pong, de Nong Theng et de That Hong.
- Également une navette ***(airport shuttle)*** qui dessert l'aéroport depuis la gare en passant par une dizaine de stations en centre-ville. *Tlj 8h35-20h35, ttes les 40 mn ou ttes les heures. Durée : 35 mn. Prix : 15 000 kips/pers.*

➢ ***Pour le pont de l'Amitié*** *(frontière thaïlandaise ; 16 km)* **:** départ du bus n° 14 ttes les 20 mn. Env 30 mn de trajet. Si votre seule ambition est de vous rendre en Thaïlande, il est plus pratique de prendre un bus direct pour Bangkok, Udon Thani ou Nong Khai.

➢ ***Pour Wat Xieng Khuan*** *(Buddha Park ; 24 km)* **:** départ du bus n° 14 ttes les 20 mn, 6h30-17h30. Compter 40 mn.

➢ ***Pour Nong Khai*** *(Thaïlande)* **:** 6 bus/j., 7h30-18h. Prévoir 1h30 de trajet.

➢ ***Pour Udon Thani*** *(Thaïlande)* **:** généralement 8 bus/j., 8h-18h. Trajet : 2h30. D'Udon Thani, changement pour Bangkok, Chiang Mai ou Chang Rai.

➢ ***Pour Bangkok*** *(Thaïlande)* **:** 1 bus de nuit vers 18h.

Gare routière du Sud *(New Southern Bus Station ; hors plan d'ensemble par G1)* **:** *à env 10 km au nord-est du centre-ville, sur la route 450. Pour s'y rendre, tuk-tuk ou une dizaine de bus (nos 23 et 29 de la gare Talat Sao).* Départ pour les villes du Sud-Laos. Distributeur de billets sur place et petites gargotes. Ce terminal dessert les villes du sud et les frontières vers le Vietnam et le Cambodge.

➢ ***Pour Thakhek*** *(330 km)* **:** 1 bus/h, 5h-minuit env, normaux ou VIP le soir. Compter 5-6h de route. Sachez aussi que la plupart des bus pour Savannakhet et Paksé s'arrêtent à Thakhek.

➢ ***Pour Kong Lor*** *(village et grotte ; env 350 km)* **:** 1 bus/j., le mat. Compter 7-8h de trajet.

➢ ***Pour Savannakhet*** *(483 km)* **:** 1 bus/h, 5h30-20h30. Prévoir 8-10h de trajet.
➢ ***Pour Paksé*** *(736 km)* **:** 10h-16h env, 14 bus/j. normaux, ainsi qu'en VIP avec couchettes. Compter 10-15h de route.
➢ ***4 000 îles*** *(808 km)* **:** 1 bus/j., dans la matinée. Compter 18h de route. Mieux vaut diviser le trajet en plusieurs étapes.
➢ ***Pour Veun Kham*** *(frontière du Cambodge ; 890 km)* **:** 1 bus/j., dans la matinée. Env 20h de route. Autant fractionner le trajet. *Visa on arrival* cambodgien disponible à la frontière. Voir avertissement dans « Le district de Siphandone. Arriver – Quitter », plus loin.

Gare routière du Nord *(hors plan d'ensemble par A2)* **:** *à 10 km au nord-ouest du centre-ville, sur la route T2 appelée aussi station de Luang Prabang. ☎ (030) 526-21-11. Pour s'y rendre, bus n° 8 de la gare de Talat Sao.* Départs pour les villes de tout le nord du pays et la Chine.
➢ ***Pour Vang Vieng*** *(160 km)* **:** ttes les heures en minivan, 8h-16h.
➢ ***Pour Luang Prabang*** *(384 km)* **:** 6h30-20h env, à peu près 10 bus/j., express VIP ou avec couchettes et clim. 8-12h de route.
➢ ***Pour Luang Namtha*** *(676 km)* **:** 2 bus/j. (clim). Compter 24h de trajet. Autant faire étape en route.
➢ ***Pour Oudom Xai*** *(580 km)* **:** 6h45-17h env, 4 bus/j., normaux ou VIP avec clim. Compter respectivement 12 et 15h de trajet.
➢ ***Pour Phongsaly*** *(815 km)* **:** généralement, 2 bus/j. (clim), tôt le mat et en soirée (couchette). Env 26h de route. On conseille vraiment de fractionner le trajet.
➢ ***Pour Xieng Khuang (Phonsavan*** *; 375 km)* **:** 6h30-20h env, 10 bus/j., express ou VIP. Compter 8-10h de route.
➢ ***Pour Houeisai*** *(895 km)* **:** 2 bus/j. (clim), vers 10h et 17h. Compter 24h de route. On conseille donc de faire étape...
➢ ***Pour Kunming*** *(Chine)* **:** 2 bus/j., à 14h et 18h normalement. Compter au moins 36h.
➢ ***Pour le Vietnam*** **:** 18h30-20h env, normalement 3 bus/j. pour ***Hanoi*** (env 24h) et ***Da Nang*** (env 24h) et 1 bus/j. pour ***Vinh*** (env 17h de trajet) et ***Hué*** (env 22h).

Gare de Sikhaï **:** *au nord de l'aéroport. S'y rendre en* tuk-tuk. *Pick-up* ttes les 15 mn, tte la journée pour ***Vang Vieng.*** Arrêts fréquents en route. Durée : 3h30.

Pour le Vietnam **:** plusieurs compagnies privées proposent des bus modernes et climatisés à destination des grandes villes du Vietnam. Départs quotidiens de Vientiane (service de *pick-up* à votre hébergement). Horaires, prix des billets et infos affichés dans la plupart des agences de voyages du centre-ville et des *guesthouses.* Renseignez-vous autant que possible sur les conditions de transport, les éventuels changements de bus, etc. *Attention,* il est nécessaire d'obtenir un visa auprès d'un consulat du Vietnam avant d'y entreprendre un voyage.

En train

➢ ***Pour Bangkok*** **:** départ de Thanaleng (la gare de Dongphosy, à 16 km de Vientiane, face au Pont de l'Amitié) 1 fois/j. en fin d'ap-m avec changement à Nong Khai (Thaïlande). Idem dans l'autre sens Vientiane-Bangkok. Durée : env 12h.

En avion

✈ ***Aéroport international Wattay*** *(hors plan d'ensemble par A2)* **:** *à env 3 km à l'ouest du centre-ville, sur la route de Luang Prabang ; dans les embouteillages, le* tuk-tuk *est plus habile.* Pour les liaisons et leurs fréquences, voir la rubrique « Transports » dans « Laos utile ».
– Tuyau : pour Bangkok, il peut être plus économique de rejoindre Udon Thani (en Thaïlande, à seulement 50 km au sud du pont de l'Amitié) d'où plusieurs vols/j. (durée 1h05) rejoignent Bangkok, affrétés par *Thai Smile* et les compagnies *low-cost Nok Air* et *Air Asia.*
– Attention, certaines de ces liaisons sont aléatoires et dépendent de l'affluence, des avions... et de plein

d'autres imprévus ! Les liaisons et fréquences, ci-dessous, ne sont données qu'à titre indicatif.
Avec *Lao Airlines* : ● *laoairlines.com* ●
➢ ***Pour Luang Prabang :*** 3 vols/j. Durée : 45 mn.
➢ ***Pour Xieng Khouang (Phonsavan) :*** 1 vol/j. Durée : 30 mn.
➢ ***Pour Oudom Xai :*** 1 vol/j. Durée : 50 mn.
➢ ***Pour Luang Nam Tha :*** 1 vol/j. Durée : 1h.
➢ ***Pour Paksé :*** 2-3 vols/j. Durée : 1h15.
➢ ***Pour Savannakhet :*** 1 vol/j. Durée : 1h.

VANG VIENG

25 000 hab. IND. TÉL. : 023

● Plan *p. 365* ● Les environs de Vang Vieng *p. 371*

À 160 km au nord de Vientiane sur la route de Luang Prabang, la verdoyante région de Vang Vieng est baignée par la rivière Nam Song que bordent de spectaculaires formations karstiques, truffées de grottes et flanquées de falaises abruptes faisant parfois penser aux motifs de la peinture chinoise sur soie.

IL ÉTAIT UNE FOIS VANG VIENG

Peuplé en partie de Hmong, ce cadre enchanteur, sorte de mini-« baie d'Along terrestre » ou de « Guilin » du Laos, ne pouvait qu'attirer le tourisme. En l'absence de tout contrôle, l'affaire prit au fil du temps une drôle de tournure avec l'arrivée en masse de jeunes *backpackers* en mode défoulement, façon *spring break* (semaine de relâche estudiantine donnant lieu à divers excès). De multiples activités pseudo-sportives virent le jour, accompagnées de tout un cérémonial à base d'alcool et de drogue (dure aussi...) à gogo. Parallèlement, les exigences simples de cette communauté quant à l'hébergement et à la nourriture (muesli, hamburger, etc.), secondaires par rapport à la défonce, entraînèrent un nivellement de l'offre vers le bas. *Guesthouses* et restos se clonèrent à l'infini, étouffant charme et pittoresque. Mais pire, dans ce contexte, plusieurs accidents mortels donnèrent l'alerte.

VANG VIENG EST MORT, VIVE VANG VIENG

En 2012, le gouvernement sonna la fin de la récré et décida de faire le ménage, y compris au sein des autorités du district, complices de ces dérives. Le ministère du tourisme laotien a mis sur pied un programme de sensibilisation qui recommande aux touristes « de respecter et de suivre strictement les règles, la tradition et la culture du peuple lao », tout en encourageant les populations locales à maintenir l'identité lao et son mode de vie.
Aujourd'hui, si la ville est revenue dans les clous, elle garde encore

LIMA 6, SITE 27

Entre le village et la route 13, un terrain de gravier de plus de 1 500 m de long sur 200 m de large est le vestige d'une piste d'aviation secrète utilisée par la CIA durant le conflit vietnamien. Les avions et hélicos de la compagnie Air America *y débarquaient le matériel destiné à approvisionner les troupes royalistes laotiennes et les Hmong en lutte contre le Pathet Lao communiste. Tout cela dans le plus grand secret et à l'insu du Congrès de Washington pour qui il n'y avait aucun combattant américain au Laos.*

quelques traces de son passé tapageur. Mais le cadre, lui, n'a pas changé : le panorama en dents de scie des falaises domine toujours. Et il suffit de faire quelques kilomètres pour retrouver un paysage resté authentique, juste jalonné de villages pittoresques, propices à de belles balades. On vous suggère donc, sans hésiter, d'inscrire cette étape séduisante dans votre itinéraire.

Arriver – Quitter

Les fréquences varient selon les saisons, et les horaires peuvent évoluer rapidement. Attention aux longs trajets, ils sous-entendent parfois un changement de véhicule et peut-être de longues attentes. Autant scinder son voyage.
À Vang Vieng, plusieurs compagnies privées affrètent des véhicules, allant du van au bus VIP. Achat des billets auprès des hébergements ou des nombreuses petites agences. Ramassage des voyageurs inclus.

Gare routière nord *(hors plan par B1, **2**)* **:** *près du marché, à env 2 km. Pour s'y rendre, en tuk-tuk, compter 10 000 kips/pers.* Mais il existe de nombreuses formules de ramassage en ville.
Autres arrêts de bus : Malany Villa *(plan B1, **3**)*, ***Thavonsouk Resort*** *(plan A2, **15**)* et ***station de bus touristique*** *(plan A2, **1**).* Les bus venant de Vientiane vous déposeront normalement à l'un de ces endroits. Pratique, le centre-ville est tout près.
➢ ***Luang Prabang*** *(185 km)* **:** de la gare routière nord, 2 bus locaux, en 6h de trajet et 1 express. Agences privées, 3 à 4 bus/j. dont 2 de nuit. Durée du trajet : 4 à 6h pour la nouvelle route.
➢ ***Vientiane*** *(160 km)* **:** de la gare routière nord, 7h-15h30 env, 3 bus/j. Compter 3h30-4h selon bus.
➢ ***Phonsavan*** *(plaine des Jarres ; env 200 km)* **:** de la gare routière nord, 1 minibus local/j., vers 9h normalement. Compter env 8h de voyage (arrêts fréquents).
➢ ***Autres destinations du Sud-Laos :*** long... autant faire étape à Vientiane.

S'orienter, se déplacer

Aucun nom de rue n'est indiqué à Vang Vieng. Les 2 rues principales filent nord-sud, parallèlement à la Nam Song et à la nationale Vientiane-Luang Prabang, qui borde tout ce beau monde à l'est, au-delà de la longue esplanade de l'ancienne piste d'atterrissage. De petites rues perpendiculaires coupent les artères. La bourgade n'a en soi pas de charme particulier. Un simili-« centre-ville » s'est développé dans la partie nord du quadrillage, autour de la rue est-ouest qui se termine par un coude et une descente jusqu'à la passerelle qui franchit la rivière, juste sous l'île Saysong.
La ville se parcourt facilement à pied, mais pour les excursions vers les grottes, il vaut mieux louer un vélo ou une moto. On déconseille les très polluants *buggies,* nouvelle mode locale imposée par les Coréens.

Adresses et infos utiles

■ ***Office de tourisme*** *(plan B2)* **:** *lun-ven 8h30-11h30, 14h-16h. Fermé sam-dim.* Malgré le manque de moyens, quelques brochures et de la bonne volonté pour donner des infos utiles en anglais basique.
✉ ***Poste*** *(plan B1)* **:** *à l'intersection centrale. Lun-ven 8h-12h, 13h-16h.* Transfert d'argent par *Western Union* possible. *ATM* à proximité.
■ ***Banque pour le Commerce Extérieur Lao*** *(BCEL ; plan B1, **4**)* **:** *tlj 8h30-15h30.* Service de change, distributeur de billets 24h/24 et retrait possible au guichet avec une carte de paiement (sauf le week-end dans ce dernier cas).

LE LAOS

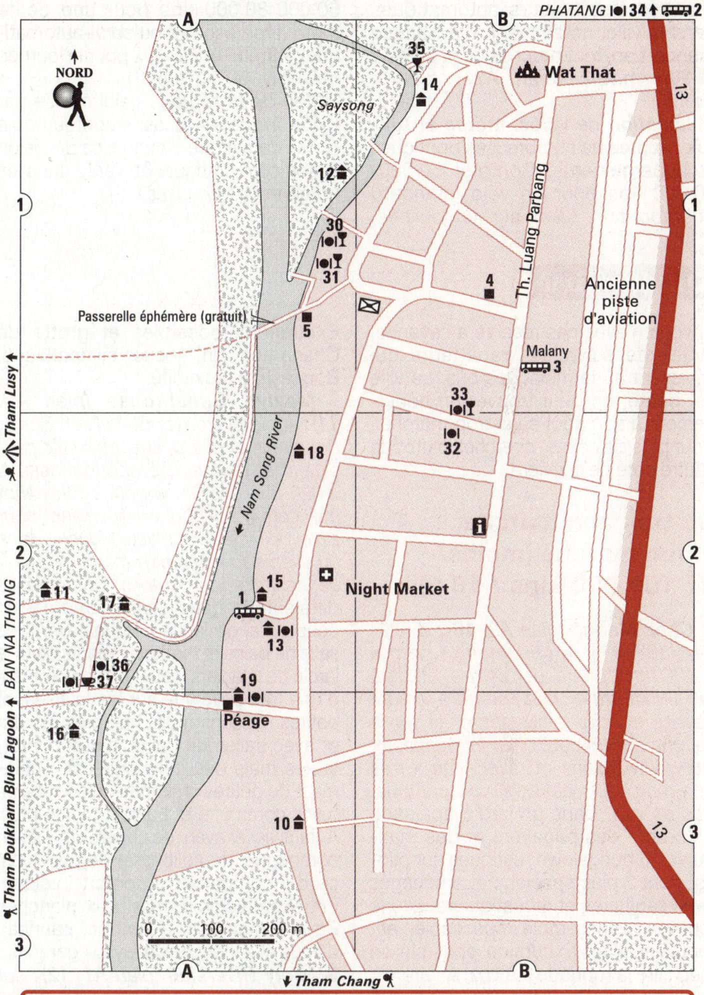

VANG VIENG

Adresses utiles

- Office de tourisme (B2)
- 1 Station de bus touristique (A2)
- 2 Gare routière nord (hors plan par B1)
- 3 Malany Villa (arrêt de bus ; B1)
- 4 Banque pour le Commerce Extérieur Lao (BCEL ; B1)
- 5 Tubing Station (A1)

Où dormir ?

- 10 Jammee Guesthouse (A3)
- 11 Maylyn Guesthouse (A2)
- 12 Many Riverside (A1)
- 13 Villa Nam Song (A2)
- 14 Champalao Bungalows (B1)
- 15 Thavonsouk Resort (A2)
- 16 Chez Mango (A3)
- 17 Vieng Tara Villa (A2)
- 18 Vansana Vang Vieng Hotel (A2)
- 19 Riverside Boutique Resort (A2-3)

Où manger ?
Où boire un verre ?

- 19 Le Crabe d'Or (A3)
- 30 Otherside, Banana et River Hills (A1)
- 31 Vamphaxay Restaurant (A1)
- 32 Happy Mango (B2)
- 33 The Rising Sun-Gary's Irish Bar (B1-2)
- 34 Organic Mulberry Farm Café (hors plan par B1)
- 35 Earth Bar (B1)
- 36 Pizza Luka (A2)
- 37 Lotus Restaurant (A2-3)

D'autres distributeurs automatiques dans la ville, notamment à la Banque Franco-Lao, tout proches de la poste.

■ ***Pharmacie*** *(plan A2) : face à l'hôpital.*

■ ***Location de vélos, motos et tuk-tuk :*** auprès de nombreuses boutiques et hébergements. Compter 50 000-70 000 kips pour un vélo (standard ou *mountain bike*) sur la journée, 50 000-80 000 kips pour une petite moto (type scooter ou semi-automatique). Affréter un *tuk-tuk* pour la journée revient à 150 000 kips.

– ***Plan de la région :*** celui réalisé par ***Hobo Maps*** est quasi incontournable par sa couverture étendue, sa précision et son côté pratique. En vente dans les hôtels et *guesthouses.*

Où dormir ?

Si vous n'avez pas réservé à l'avance, évitez de suivre les rabatteurs qui sévissent au terminal des bus. La ville est petite, on peut trouver un hébergement à son goût sans trop marcher. Pour plus de calme, cherchez plutôt de l'autre côté de la rivière.

De très bon marché à bon marché (moins de 150 000 kips / 18 $)

LE LAOS

Chez Mango *(plan A3,* ***16****) : 020-544-357-47. ● chezmango.com ● À 400 m à peine du centre et déjà dans un autre monde ; prendre le pont payant, franchir le suivant, c'est sur la gauche par un petit chemin (panneau). Bungalows sans ou avec sdb « très bon marché » ; petit déj non compris. Pas de wifi.* Dans un jardin apaisant, à l'ombre des papayers et des manguiers, 6 bungalows rustiques sur pilotis, dont 2 plus spacieux et aménagés avec sanitaires et moustiquaire. Literie ferme, mais ensemble impeccablement tenu par Noé. Excursion possible en jeep : lire la rubrique « À voir. À faire ».

Jammee Guesthouse *(plan A3,* ***10****) : à 10 mn de marche du centre, au sud du village, bien fléché. 020-528-429-78. ● jammeeguesthouse@hotmail.com ● Doubles avec sdb « bon marché ».* Bien au calme, une grande maison familiale aux chambres claires et bien équipées. Optez pour celles à l'étage, mais celles du rez-de-chaussée (sur l'avant surtout !) possèdent une miniterrasse. Déco passe-partout, duvets sur les lits (un peu durs). Terrasse pour le petit déj, avec succulentes salades de fruits. Laverie. Excursions possibles et grotte de Chang non loin. Accueil sympathique. Bon resto à proximité.

Maylyn Guesthouse *(plan A2,* ***11****) : sur la rive droite de la Nam Song ; prendre le pont à péage, puis la 2e passerelle et tourner à droite (panneaux). 020-556-040-95. ● jophus_foley@hotmail.com ● Téléphoner en arrivant pour savoir s'il y a de la place. Doubles sans ou avec sdb « très bon marché » ; petit déj basique non compris.* Une adresse différente et dépaysante gérée par un couple irlando-laotien. Bungalows avec salle de bains et terrasse répartis dans le jardin de lataniers, ceux du fond profitant d'une très belle vue sur les falaises, et petites maisons multichambres (en dur et avec salles de bains, plutôt confortables mais peu insonorisées). Également de petites chambres avec salle de bains commune et balcon (moitié prix). Autant visiter avant de choisir. On y vit en compagnie de colibris et de papillons, ce qui compense le confort basique. Entretien aléatoire mais prix plancher. Pavillon bar-resto à l'entrée, panneau d'infos et échanges de tuyaux garantis.

Many Riverside *(plan A1,* ***12****) : sur l'île de Saysong (accès par les passerelles). 020-544-445-25. Doubles avec sdb et clim « bon marché ».* L'atout majeur est sa situation sur l'île de Saysong, à l'écart de l'agitation et si proche du centre. À ce prix, on a apprécié la chambre carrelée de taille honnête et propre. Sympathique terrasse agrémentée de chaises massives, prolongée par un jardin gentiment désordonné. Laverie.

Voir aussi à ***l'Organic Mulberry Farm*** les dortoirs 2-8 lits. Lire plus loin « Où manger ? »

De prix moyens à chic (150 000-500 000 kips / 18-59 $)

Champalao Bungalows (plan B1, **14**) : *au bord de la rivière. ☎ 51-16-98. • bungalows_champalao9@hotmail.com • Doubles à « prix moyens », mais aussi quelques chambres « bon marché » avec sdb commune.* Dans un coin paisible au nord de la ville, un couple discret originaire de Thaïlande a construit de beaux bungalows traditionnels avec terrasse sur l'île de Seysong, de l'autre côté de la rivière, qu'on enjambe par une passerelle. Une poignée de chambres économiques à l'étage de la maison principale (salle de bains à partager). Moustiquaire, ventilo, hamac et clim dans les plus chères, qui peuvent accueillir 4 personnes. Plusieurs catégories. Charme, calme et volupté sont ici les maîtres mots.

Vansana Vang Vieng Hotel (plan A2, **18**) : *au bord de la rivière, entre les 2 ponts. ☎ 51-15-98. • vansanahotel-group.com • Doubles avec sdb et clim à prix « chic » ; petit déj inclus.* Un hôtel de chaîne quelconque, qui remplit sa palanquée de chambres avec des groupes. Pas de révélation esthétique, mais un choix intermédiaire pour qui veut profiter d'une piscine dans un jardin tropical soigné. Outre le confort standardisé des chambres, c'est la vue sur la rivière qui mérite une halte. Évitez les chambres sur l'arrière. Accueil anglophone.

Villa Nam Song (plan A2, **13**) : *au bord de la rivière, par le même chemin que Thavonsouk, côté opposé. ☎ 51-16-37. • villanamsong.com • Doubles dans la catégorie « chic », petit déj compris. Formules ½ pens.* Sur un terrain abondamment fleuri de la berge de la Nam Song, planté de bananiers et de manguiers, une quinzaine de chambres réparties dans une longue bâtisse de plain-pied, tournée vers la rivière et les falaises mais située en retrait. Confort et équipement corrects et jolies terrasses qui prolongent la plupart des chambres. Le resto *La Vérandah* a investi un grand pavillon et une belle terrasse. Une adresse bien située (son meilleur atout) mais aux prix trop élevés pour les chambres sur l'arrière, face à un mur (à éviter !). Bon accueil.

Thavonsouk Resort (plan A2, **15**) : *au bord de la Nam Song, au niveau des barques à moteur. Accès par un chemin en terre. ☎ 51-10-96. • thavonsouk.com • Doubles à prix « chic », petit déj inclus.* Les bungalows installés le long des berges avec vue sur les montagnes jouissent d'une vue extra et sont entourés d'une pelouse verdoyante. Les chambres les plus agréables sont ici, mais gare à la nuisance des barques dont le moteur vrombit dès l'aube. Les chambres en 2e ligne n'ont ni le même confort, ni la même vue, et les salles de bains sont franchement minimalistes. Bar-resto où l'on s'attarde seulement pour la vue imprenable sur les falaises. Le petit déj ne vaut pas un clou. Souvent réservé pour les groupes.

Très chic (plus de 500 000 kips / 59 $)

Vieng Tara Villa (plan A2, **17**) : *face à la rivière. 📱 020-555-181-55. • viengtara.com • Doubles 100-140 $, petit déj inclus.* Un cadre magique sur la rive droite de la rivière. Chambres sur pilotis au-dessus des rizières verdoyantes, avec une terrasse pour profiter de la vue évidemment superbe sur les karsts. Pour d'autres, le réveil se fait devant la rivière, celles face au jardin sont plus classiques. Quoi qu'il en soit, un lieu apaisant pour un établissement de charme et de confort.

Riverside Boutique Resort (plan A2-3, **19**) : *juste avt le péage du pont, sur la droite. ☎ 51-17-26. • riversidevangvieng.com • Doubles 140-240 $ en saison, petit déj inclus.* Un cadre enchanteur en bord de rivière ! Et rien ne semble entraver cette délicieuse harmonie où tout concourt au bien-être des sens. Les bâtiments – sur 2 niveaux et répartis autour de la piscine – s'insèrent dans un jardin tropical de toute beauté. Au diapason, les chambres, raffinées mais sans luxe ostentatoire, sont sans fausse note : immenses, avec tomettes au sol, tissus provenant de différentes ethnies, mobilier exotique, balcon et vue imprenable sur la rivière et les montagnes... On en est restés babas... Excellent resto *Le Crabe d'Or*, à prix démocratiques (voir plus bas « Où manger ? »).

Où dormir chic dans les environs ?

Sanctuary Nam Ngum Beach Resort : *à 25 km avt Vang Vieng en venant de Vientiane, après le village de Tha Heua.* *020-52-20-21-07.* • *sanctuaryhotelsandresorts.com* • *Doubles 50-99 US$. Navette gratuite pour Vang Vieng.* Un havre de sérénité à 15 mn de Vang Vieng, au bord d'un immense lac artificiel (27 km de long). Une vingtaine de bungalows au toit de chaume répartis sur une presqu'île donnent sur les eaux bleutées du lac. 2 catégories de chambres, avec un confort aux petits oignons dans chacune : grandes salles de bains, béton ciré au sol, chaussons, terrasse avec transats, idyllique pour le coucher du soleil. Les *deluxe* sont plus éloignées des barques à moteur utilisées par les pêcheurs (peignoir dans celles-ci), et les suites peuvent accueillir 4 personnes. Baignade dans le lac ou dans la piscine flottante. Prix moyens au resto pour une cuisine savoureuse : poissons grillés, salades parfumées... Accueil charmant et nombreuses propositions de balade, sur le lac, à pied ou à vélo. Ne manquez pas le marché du village de pêcheurs Tha Heua !

Où manger ? Où boire un verre ?

Vang Vieng souffre encore de son passé touristique *low-cost.* En attendant l'apparition d'une scène culinaire à la hauteur des paysages alentour, voici quelques bons plans, et d'autres sans aucun génie mais bien placés. Vous ne mourrez pas de faim à Vang Vieng, mais vous ne ferez pas de repas inoubliables non plus.

Plusieurs des hébergements que nous listons disposent de restaurant : voir « Où dormir ? ».

Bon marché (moins de 30 000 kips / 3,50 $)

Otherside, Banana et River Hills *(plan A1, **30**) : tt proches du carrefour qui sert de centre, à proximité de la passerelle gratuite.* Côté rivière, en surplomb de l'île Saysong, 3 restos-bars contigus et identiques : terrasse couverte filant jusqu'en surplomb de la rivière, équipée de 2 longues estrades face à face, où l'on se prélasse sur des matelas autour de tables basses. Sympa pour boire un *smoothie* dans une atmosphère relax, mais pas de révélation gastronomique. À côté, ***Vamphaxay Restaurant*** *(plan A1, **31**)* surplombe les passerelles. Niveau cuisine, c'est toujours un peu pareil, mais la vue dégagée fait la différence.

Lotus Restaurant *(plan A2-3, **37**) : après le pont qui fait suite à celui à péage, à l'angle du chemin perpendiculaire, sur la droite. Tlj du mat au soir.* Une simple paillote agrandie, équipée d'une poignée de tables et d'une petite terrasse. Convivialité laotienne et française garantie par le couple mixte qui gère les lieux. Madame prépare des plats authentiques : *laap,* soupe à la mode lao ou vietnamienne, filet de poisson aux épices, herbe et citron. Monsieur discute avec les convives et leur donne les tuyaux du moment. Omelettes et petit déjeuner aussi. Vin maison servi au verre ou en pichet. Loue également 2 chambres avec vue sur les montagnes à environ 100 m de là (prix moyens).

Night Market *(plan AB-2) : dans les rues piétonnes autour de l'hôpital. Tlj à partir de 17h.* En plus des produits *made in Vietnam* et *China,* quelques gargotes pour grignoter.

Prix moyens (de 30 000 à 60 000 kips / 3,50-7 $)

Pizza Luka *(plan A2, **36**) : sur la rive droite de la rivière, à côté du* Lotus Restaurant. *Fermé mar.* Un resto avec des tables en plein air et un vrai four à bois d'où sortent de délicieuses pizzas à pâte fine. Yasmina propose aussi des lasagnes et salades à arroser d'un vin italien. Ambiance conviviale dans le joli jardin.

Happy Mango (*plan B2,* ***32***) **:** *dans une rue face à la poste, face au Gary's Irish Bar. Tlj.* Une échoppe à jus sur la rue, et quelques tables en bois blond dans une petite salle. Un cadre pimpant pour se régaler d'une cuisine thaïlandaise enlevée. Difficile de faire son choix, tout est fameux ! Salades (au canard notamment), incontournables pad thaï et *currys.* Si vous redoutez les épices, précisez-le à la commande. Vous nous direz des nouvelles du *mango sticky rice* en dessert ! Pour arroser le tout, jus de mangue ou vins argentins. Accueil anglophone adorable et pro. Notre coup de cœur à Vang Vieng.

The Rising Sun-Gary's Irish Bar (*plan B1-2,* ***33***) **:** *sur la 1re parallèle au sud de l'axe est-ouest du centre-ville. Tlj du petit déj à tard le soir.* Ce pub qui distille musique et bonne humeur est facilement repérable avec sa bouteille géante à l'entrée. Burgers et baguettes voisinent avec les spécialités irlandaises pour un résultat convaincant : *fish and chips*, *irish stew,* petit déj irlandais complet. TV branchée sur le sport, billard, fléchettes, personnel anglo-saxon chaleureux et *live music* le soir. Parmi les mousses disponibles, la Guinness syndicale, bien sûr.

Earth Bar (*plan B1,* ***35***) **:** *au nord du centre en longeant la rivière, face à l'île Seysong. Tlj 17h-23h. Happy hours 18h-21h.* Les amateurs de couchers de soleil apprécieront le jardin-terrasse qui surplombe la rivière. Un spot décontracté et résolument jeune, où la *happy hour* fait oublier l'inconfort des rondins de bois et des pierres rugueuses. Pour se remplir l'estomac, les burgers tiennent la rampe.

Organic Mulberry Farm Café (*hors plan par B1 et plan « Environs de Vang Vieng »,* ***34***) **:** *à env 5 km au nord du centre par la nationale. Jouxte le départ du tubing. ☎ 51-12-20. Dortoirs 2-8 lits. Petit déj complet et menu 3 plats.* Depuis qu'il y a moins de déjantés du *tubing,* on a tout loisir d'apprécier ce beau coin au bord de l'eau. Cette ferme bio est réputée pour sa production de thé à base de feuilles de mûriers à soie, et ses fromages de chèvre ! Alors, si un sandwich au fromage de biquette toasté, accompagné d'un thé ou d'un jus de mûres vous fait saliver... Original et bon. Nombreux plats végétariens, là encore à partir de produits maison. Cette ferme un peu bohème est aussi engagée dans un projet éducatif qui dispense aux jeunes des cours d'anglais. Pas mal de bonnes idées qui mériteraient d'être mieux abouties. Possibilité de dormir sur place, en chambre double ou en dortoir avec les volontaires qui mettent la main à la pâte pour un prix très serré.

Chic (de 60 000 à 100 000 kips / 7-12 $)

Le Crabe d'Or (*plan A3,* ***19***) **:** *au Riverside Boutique Resort. Ouv tlj. Menu dégustation 125 000 kips et carte.* Si le budget vous ferme la porte des chambres, celles du restaurant et du bar sont nettement plus accessibles pour un cadre qui fait figure d'exception à Vang Vieng. Qu'on est bien, attablé en terrasse, au rez-de-chaussée ou à l'étage en surplomb de la rivière ! Le cadre est sublime avec ses lampions dans les arbres, son mobilier en rotin au charme colonial, sa vaisselle raffinée et ses tables espacées. Carte variée : lao et occidentale. L'occasion de goûter des spécialités bien mitonnées : *Or Lam, Mok Pa...* Un ravissement pour les yeux et les papilles à un prix très raisonnable.

À voir. À faire dans les environs

En plus d'apprécier le panorama depuis le centre, il faut absolument investir les environs et franchir le pont sur la rivière. Dans un paysage karstique, on découvre des villages, une trentaine de grottes, des lagons, des cascades et une jungle à la verticalité tortueuse. Pour peu, on pourrait se prendre pour Indiana Jones.

– Les *guesthouses* et les petites agences proposent des tours guidés. C'est une option valable, voire impérative pour les activités plus ou moins sportives. Mais

la balade solo est envisageable, à pied, en louant un vélo ou une petite moto. Hormis les bruyants buggies qui pullulent sur les pistes et les chemins souvent chaotiques, assez peu de trafic.
– Avant de vous lancer, munissez-vous du plan *Hobo Maps* en vente dans la plupart des hôtels et *guesthouses*. N'oubliez pas de bonnes chaussures, on n'escalade pas les pitons en tongs.
– ***La plupart des sites sont payants, ainsi que les ponts principaux*** *(plan A2-3)*, ***au sud du centre*** pour les voitures comme pour les vélos et les piétons. Pour traverser la rivière Nam Song en évitant le péage, empruntez la ***passerelle gratuite*** *(plan A1)* située sous l'île de Seysong. C'est un pont éphémère qui est détruit à la saison des pluies et reconstruit tous les ans. Pour les grottes, un guide local peut être nécessaire, selon la profondeur des explorations. Garder toujours une frontale ou une lampe torche sur vous, même s'il y en a parfois à louer.
– Pendant la mousson, plusieurs grottes sont inaccessibles, les baignades impossibles et le trekking trop dangereux.

Aux alentours immédiats de Vang Vieng

Tham Chang *(grotte)* **:** *à 1 km au sud du centre. À pied, suivre la route qui longe la rivière et prendre la piste (indiquée). Petit droit d'entrée (+ cher pour les 2-roues et les voitures) à régler au* Vang Vieng Resort, *avt d'atteindre la grotte proprement dite, ouv lun-ven 8h-11h, 13h-16h, le w-e 8h-16h. Tarif : env 15 000 kips/pers. L'excursion est facile à pied et le lieu est très fréquenté : y aller le plus tôt possible.* 147 marches en béton mènent à la grotte, éclairée comme une attraction foraine. Ancien refuge contre les brigands, elle n'est pas très impressionnante, mais l'un des 2 chemins aménagés mène à un belvédère d'où la vue sur les alentours est sympa. Baignade dans une source d'eau au pied de la grotte.

À l'ouest de Vang Vieng

Filant entre rizières vert émeraude, falaises abruptes couvertes de jungle et à travers plusieurs petits villages aux maisons sur pilotis, cette excursion circulaire est devenue très populaire. À parcourir à moto ou à vélo (pour les plus sportifs ; compter près de 1h sur un chemin rocailleux), les distances étant trop grandes à pied. Le départ se situe au niveau de *Maylyn Guesthouse (plan Vang Vieng A2,* ***11****)*. Une fourche se trouve à environ 4 km. Avant de l'atteindre, les plus toniques quitteront leur monture pour gravir le piton *Pha Ngeun.*

Le piton Pha Ngeun **:** *entrée 10 000 kips.* La grimpette (compter 45-60 mn) est très raide et pénible par grosses chaleurs ; le véritable sommet s'atteint après 2 étapes, ponctuées de pavillons. Un remarquable panorama à 360° sera votre récompense.

➢ De retour sur la piste, on suggère de prendre sur la gauche (sud) ; cela réduit le risque de se planter de chemin, il suffira de prendre toujours à main droite. Traversée de plusieurs villages avec écoles, dispensaires et petits temples, longues falaises sur la gauche. Arrivée à un pont péage après le resserrement de la vallée. Avant que la piste ne s'incurve et ne grimpe, repérer le chemin qui descend sur la gauche. Il franchit la petite rivière et après quelques kilomètres, débouche sur un deuxième village encapsulé dans un panorama karstique, digne d'un pays perdu. De retour sur la piste principale, filant vers l'est et Vang Vieng cette fois, le spectacle recommence... Après environ 2 km, ne pas manquer le petit panneau sur la gauche marqué « *Golden Flower Cave* ».

Golden Flower Cave *(hors plan)* **:** *à 600 m de la piste, après avoir franchi une petite rivière, souvent asséchée. Entrée : 10 000 kips.* La grotte est toute petite, mais le lieu est entretenu comme un vrai paradis, par un vieux gardien adorable parlant quelques mots de français.

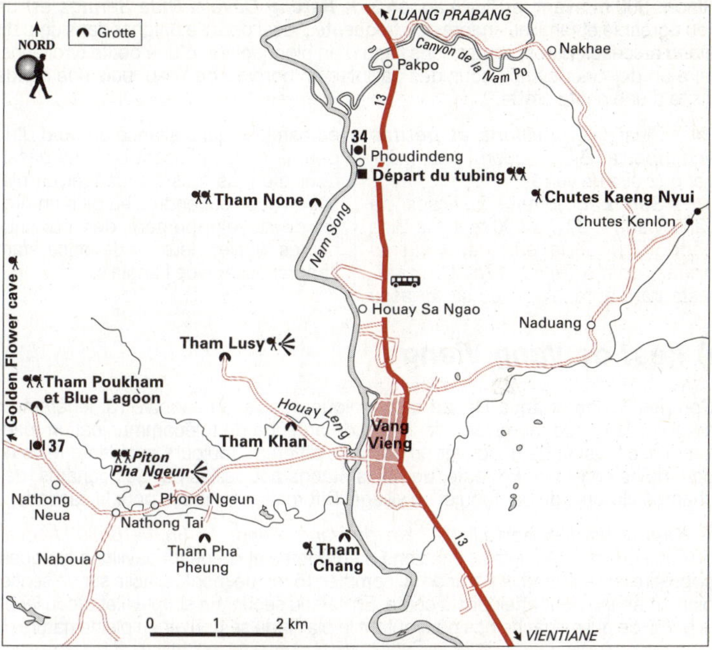

ENVIRONS DE VANG VIENG

➢ De retour encore sur la piste, 3 renversants pitons, 2 km plus loin, méritent une pause photo ! Encore 2 km et, avant le village de Nathong, bifurcation sur la gauche pour la grotte Tham Poukham et le Blue Lagoon.

Tham Poukham, le Blue Lagoon 1 et autres sites de baignade : *à 6 km du centre de Vang Vieng. Tlj 7h30-17h. Entrée : 10 000 kips pour chacun des « lagons ». Guide 50 000 kips jusqu'à 4 pers ; loc frontale 10 000 kips. Pour l'accès à la grotte, avoir de bonnes chaussures et de l'eau.* Vous voici sur l'un des sites les plus connus de Vang Vieng. On file tout de suite vers Tham Poukham. On atteint cette magnifique grotte située derrière le Blue Lagoon 1, au prix d'une sacrée grimpette sur un sentier bien raide jalonné de marches, mais assisté de rampes et sans difficultés insurmontables. La 1re salle, à demi éclairée par la lumière naturelle, est impressionnante par ses dimensions et abrite un superbe bouddha couché. On peut s'enfoncer dans la grotte en suivant les flèches peintes sur les rochers, à condition d'avoir une lampe frontale car aucun chemin n'est tracé. Très peu de monde, et pierres parfois glissantes. Sans être pétochard, il est plus rassurant de louer les services d'un guide.
Retour vers le Blue Lagoon qui s'est transformé en parc aquatique avec toboggans d'un côté, zipline (tyrolienne) de l'autre, ce qui lui fait perdre pas mal de charme. Équipés d'un gilet de sauvetage, les candidats au grand plouf depuis une branche d'arbre haut perchée défilent à la queue leu leu, à renfort de cris et d'applaudissements... Ils chercheraient à imiter le héros d'un téléfilm coréen ! Dans ces conditions, le lac aux eaux turquoise ne vend plus vraiment de rêve...
Si bien que 4 autres sites ont ouvert afin d'écouler le flux touristique du 1er. Rien d'exceptionnel toutefois, hormis une balade sympa dans la campagne. Évitez de vous rendre aux nos 2 et 3 à vélo, en raison de l'état des pistes (trous et caillasse).

LE LAOS

Sinon, 500 m avant le Blue Lagoon 3, le ***Patong Cave & Blue Springs*** est un lieu agréable et familial, encore peu fréquenté ; idéal pour se baigner dans un petit étang aux eaux pures, sauter dans l'eau d'un plongeoir ou d'une petite tyrolienne, faire un déjeuner sympa sous des paillotes en bordure de l'eau, puis une rapide visite d'une petite grotte.

Plusieurs ***pavillons et petites échoppes*** au Blue Lagoon 1 pour manger ou boire un verre.

Sae Lao *(plan « Environs de Vang Vieng »,* ***37****)* ***:*** *à 500 m avt le* Blue Lagoon 1, *sur la gauche. • saelao project.com • Tlj 9h-17h.* Un café-restaurant agréable, avec sa terrasse en bambou qui s'avance au bord d'un petit lac. Très plaisant pour se désaltérer d'un jus frais ou manger un plat sain. Vous soutiendrez en plus un projet de développement des communautés locales, leur fer de lance étant l'apprentissage de l'anglais.

À l'est de Vang Vieng

Compter 15 km en tout. Départ bien indiqué depuis la nationale 13, légèrement au nord du centre, au niveau de la grande antenne de télécommunication (panneau). L'occasion de découvrir un paysage différent, toujours accidenté mais un peu moins échevelé. En route, de petits étangs patrouillés par des canards, des champs clôturés de bambou et un village. Bifurcation indiquée pour la cascade.

Kaeng Nyui Waterfall : *à 7 km de Vang Vieng. Tlj 8h30-16h30. Accès : 10 000 kips/pers.* À l'entrée, une zone de gargotes et de petits pavillons typiques, populaire le week-end. À partir de là, compter 15 mn de montée facile sur un sentier bien aménagé pour atteindre la chute. En saison sèche, un simple filet d'eau lèche la paroi, ce qui ne gâche pas pour autant le plaisir de se trouver en pleine nature.

LE LAOS

➢ Revenu sur la piste, continuer vers le nord. Après un petit village, veiller à prendre à gauche au lieu de continuer tout droit. Peu de temps après, on entre dans le ***beau canyon de la Nam Po,*** sûr ainsi d'avoir pris la bonne option. La piste retrouve la nationale environ 2 km au nord de l'*Organic Mulberry Farm Café* (voir « Où manger ? »).

Plus loin au nord

Phatang : *à env 17 km, sur la route de Luang Prabang.* Phatang est un village situé dans un écrin de collines calcaires superbes. L'une d'elles, isolée et ressemblant à une dent sortant du sol, donne son nom au village. En prenant un des chemins qui rentrent dans le bourg après le pont et le temple, on peut facilement faire une petite balade en solo.

Tham Xang et Tham Nam (grottes) ***:*** *à 14 km env, bifurcation vers l'ouest depuis la nationale, juste avt un petit temple. Entrée : 10 000 kips par grotte et 5 000 kips pour le pont. Nombre d'agences incluent cette excursion aux sorties kayak et rando (voir plus bas « Activités (plus ou moins...) sportives. Combiné trekking, kayak et grottes »).* Petite, *Tham Xang* est proche de la rive droite de la Nam Song. À visiter le matin, pour profiter d'un éclairage naturel. À environ 1 km plus loin vers l'ouest, *Tham Nam* est traversée par une rivière, qui s'assèche toutefois au point culminant de la saison sèche. On s'y laisse flotter sur environ 500 m, aidé d'une chambre à air et guidé par un câble. Fun !

Activités (plus ou moins...) sportives

Pour faire votre étude de marché, vous n'aurez que l'embarras du choix : tous les hôtels, *guesthouses* et agences fournissent des prestations plus ou moins similaires, incluant le tubing, le kayak et la visite de grottes dans une journée bien chargée. Un conseil : ne perdez pas trop de temps à comparer, les prix sont sensiblement identiques partout...

Descente en bouées (tubing) sur la Nam Song : *se rendre à la* Tubing Station *(plan Vang Vieng A1,* **5***) ou résa auprès de sa* guesthouse *ou des petites agences, qui passent alors vous chercher à l'hôtel. Descente 9h-16h (dernier départ). Tarif : 60 000 kips/pers, transport et gilet de sauvetage compris, plus une caution de 60 000 kips pour la chambre à air. Attention : amende de 60 000 kips si vous la rendez après 20h. Se munir d'un sac étanche (en vente dans de nombreux commerces voisins).* Trajet motorisé jusqu'au point de départ 6 km au nord du centre, d'où l'on se laisse flotter paresseusement sur 4 km, sur la Nam Song jusqu'à Vang Vieng. Cela prend environ 3h en saison sèche, la moitié quand les eaux sont plus hautes et rapides. Inextricablement liée à Vang Vieng, cette activité donna lieu à des débordements annexes, parfois tragiques (voir l'intro de Vang Vieng). Aujourd'hui pratiquée de manière indolente, elle est absolument sans danger (hors gros débit de la saison des pluies en juillet-août) et assurément rafraîchissante.

Tour en barque motorisée : *embarquement sur la berge, au niveau de Thavonsouk (voir « Où dormir ? »). Prévoir 80 000 kips pour 2 pers. Durée : env 30 mn.* Si flotter est encore trop fatigant... Parcours de 5 km.

Excursions en jeep : dans sa jeep jaune, Noé (*Chez Mango,* voir la rubrique « Où dormir ? ») vous emmène en balade sur 1 journée *(compter env 20 $/pers),* même en basse saison.

Combiné trekking, kayak et grottes : *organisé par ttes les agences et guesthouses, c'est un classique. Compter 150 000 kips/pers, guide compris.* Départ en *tuk-tuk* vers 8h30, *tubing* dans la grotte Tham Nam, petit tour à Tham Xang et descente en kayak sur environ 13 km dans un cadre somptueux. Retour vers 16h. À signaler que le kayak peut être assez périlleux pour des débutants lorsqu'en saison des pluies la rivière est gonflée et devient très rapide.

Escalade – Adam's Climbing School *(plan A2)* **:** *020-288-89-92 ou 020-565-644-99. • vangviengclimbing.com • ½ journée (départ à 9h ou 14h) ou 1 j. complet (9h-18h), respectivement 180 000 et 260 000 kips, tt compris et matos fourni.* Monté par des Laotiens anglophones qui se sont formés à l'étranger et ont une grosse expérience. Bon matériel, sérieux. La demi-journée est parfaite pour une initiation. De nombreuses voies allant du 5A au 6C.

Montgolfière : *résas dans les hôtels, agences et en direct. 020-558-967-99. • chanthaphoneinsarn@hotmail.com • 2 vols/j., à 6h et 16h30. Compter 90 $/pers pour un vol de 35 mn, pick-up et drop off à l'hôtel inclus.* Aube ou crépuscule ? On n'a pas tranché ce dilemme, mais quand la météo ne joue pas les trouble-fête, il y a plus de lumière le matin. Un magnifique voyage dans les airs, opéré par une escouade chinoise bien rodée. Et depuis la terre ferme, le ballet multicolore est magnifique ! Également des survols en ULM, mais on est moins fan du moteur.

Tyrolienne (zipline) : *à la grotte Tham None, proche du départ du tubing. Compter 20 $/pers, et parfois inclus une journée d'excursion.*

PHONSAVAN ET LA PLAINE DES JARRES

IND. TÉL. : 061

La province montagneuse de Xieng Khouang, très éprouvée par les bombardements américains dans les années 1960, a subi d'importantes

modifications de sa population. Son ancienne capitale, Xieng Khouang, a été totalement détruite et remplacée par la ville nouvelle de Phonsavan. Peu touristique et à l'écart des circuits, elle est peuplée de minorités thaïe et hmong. On y pratique la culture du riz d'altitude sur brûlis et celle du pavot. La province est, en effet, grosse productrice d'opium.
Elle peut aussi constituer un point de passage vers le Vietnam via le poste-frontière de Nam Khan, mais si l'on vient de Luang Prabang, la route constamment sinueuse représente une étape longue et éprouvante.
À une altitude moyenne de 1 000 m, ce haut plateau garantit un climat agréable sans chaleur excessive, mais en hiver les températures nocturnes sont très fraîches ; s'équiper donc en conséquence.

UN PEU D'HISTOIRE

La province fut longtemps indépendante avant de passer sous influence vietnamienne. Au XIXe s, elle fut tour à tour le théâtre d'expéditions de bandits chinois et de raids vietnamiens. Durant la guerre au Vietnam, Xieng Khouang fut l'une des 1ères provinces à être libérées grâce à l'aide massive des Nord-Vietnamiens, qui considéraient la région comme stratégique. Ils y installèrent plusieurs batteries de DCA qui justifièrent aux yeux des Américains leurs bombardements intensifs. Après 1975, de nombreux Vietnamiens sont venus s'installer dans la province, et un nombre important de conseillers soviétiques y avait établi leurs quartiers. Le centre d'intérêt principal de la région est archéologique. La célèbre plaine des Jarres se trouve en effet dans cette région. Ces grosses pierres creusées, regroupées en plusieurs sites, parsèment une plaine à la végétation rase, battue par les vents. De ces mégalithes, probablement des monuments funéraires, on ne connaît pas vraiment l'origine, ce qui confère à ces sites un petit parfum de mystère.

Les ravages de la guerre

L'autre raison de s'y rendre est de constater par soi-même ce qu'une guerre peut générer comme conséquences funestes à long terme. Car on ne le rappellera jamais assez, le Laos fut le pays le plus bombardé de l'histoire par habitant. Le sol regorge encore de ces munitions – environ 270 millions – non désamorcées (UXO, *unexploded ordnance,* en anglais) qui font toujours des victimes chaque semaine parmi les agriculteurs, les ouvriers de chantier et surtout les enfants (40 %). Et l'on estime que le sol de la plaine des Jarres contient encore près de 80 millions de bombes à fragmentation, non désamorcées, et qu'il faudra 150 ans pour venir à bout du déminage...
En 2008, une conférence internationale à Dublin a convenu d'interdire les munitions à fragmentation. Jusqu'à présent 111 pays ont ratifié le traité ; les États-Unis, la Russie, la Chine et Israël ne l'ont toujours pas signé. Lire plus loin à la fin de la rubrique « Histoire », la partie consacrée aux bombes américaines.
Vous pouvez, si vous le souhaitez, apporter une contribution au programme de déminage en finançant, entre autres, l'achat de matériel, comme les détecteurs de métaux. Voir • *maginternational.org* •

PHONSAVAN

• Plan *p. 376-377*

Ville moderne sans charme aucun, mais camp de base incontournable pour la visite des célèbres sites de la plaine des Jarres. Intéressantes balades aux alentours et nombreux villages hmong et thaï. Pour dormir, quelques adresses sur les collines dominant la ville, mais tout se concentre vers l'est sur l'artère principale, la route 7.

Arriver – Quitter

Par la route

Depuis Vang Vieng ou Luang Prabang (par Phou Khoun), la route traverse de magnifiques paysages : montagnes, villages de minorités... Attention : nombreux virages ! On peut vite avoir le tournis...

Route Phonsavan-Vientiane

2 possibilités :

➢ La meilleure option est de passer par le sud-est. La route D1, refaite récemment, passe par Muang Khoun. À ce niveau, on bifurque vers la route 5101 en direction de Paksane jusqu'à la route 13 avant d'atteindre Vientiane. C'est par là que les bus passent pour relier la capitale. Prévoir 7h en voiture, 8-9h en bus et 350 km.

➢ Par la route 7 jusqu'à Phou Khoun, puis rejoindre la route 13 jusqu'à Vientiane en passant par Vang Vieng. Plus éprouvant. Prévoir 9h-10h en voiture et 395 km.

En bus

Gares routières : *il en existe 3 ! Rejoindre les 2 premiers terminaux en tuk-tuk.*

- La 1re (terminal ouest ; hors plan par A1) est à env 3 km à l'ouest du centre, sur la route 7. C'est de là que partent les bus pour Luang Prabang, Vientiane par Vang Vieng, et Vinh au Vietnam.

- La 2de (terminal sud ; hors plan par A2) est à env 6 km au sud-ouest du centre, sur la route D1. Les bus rejoignent Vientiane par Paksane ou Paksé via Thakhek.

- Enfin, du marché central (plan D2), départs des minibus pour Luang Prabang et Vang Vieng (mais très lents !) et des bus pour Vientiane (mais moins confortables et de 25 places seulement au lieu des 45 places pour les bus plus récents qui partent des autres gares routières).

Le plus simple est de passer par une agence de Phonsavan incluant le transfert depuis votre hôtel au terminal, avec forcément une commission (comparez les prix, très variables d'une agence à l'autre).

➢ ***Pour Vientiane :*** 4 bus/j. de chaque terminal, 2 le mat, 1 en fin d'ap-m et 1 VIP de nuit. Durée : 8-10h selon la route et le bus.

➢ ***Pour Luang Prabang :*** 2 bus/j. du terminal ouest, 1 le mat et 1 VIP de nuit. Compter 8-9h de trajet.

➢ ***Pour Vang Vieng :*** 4 bus/j. du terminal ouest, 3 le mat et 1 en fin d'ap-m. Compter 8-9h de trajet.

➢ ***Pour Thakhek et Paksé :*** 4 bus/sem du terminal sud, le mat tôt. Compter respectivement env 10h et 15h de trajet. Pour ***Kong Lor's Village*** et *cave,* descendre à Ban Nahin et prendre un *songthaew.*

➢ ***Pour Laksao :*** 1 bus/j. du terminal sud, le mat tôt. Compter 8h de trajet.

➢ ***Pour Vinh (Vietnam) :*** via le poste-frontière de Nam Khan. Lire « Arriver - Quitter », au début du guide.

En avion

✈ Avec *Lao Airlines,* l'avion reste le moyen le plus rapide pour se rendre dans la province de Xieng Khouang, mais seulement au départ de Vientiane. L'aéroport de Phonsavan (il s'agit plutôt d'un terrain d'aviation) ne dispose que d'un équipement sommaire. En conséquence, les horaires d'aller et de retour varient beaucoup en fonction des conditions météo.

➢ ***De Vientiane :*** 1 vol/j. en début d'ap-m. Durée : env 30 mn.

Adresses et infos utiles

ℹ ***Xieng Khouang Provincial Tourism Department*** *(hors plan par A2) : sur la route vers la plaine des Jarres. ☎ 31-22-17. Lun-ven 8h-11h30, 13h30-16h.* Assortiment de bombes (neutralisées !) dans la cour à l'arrière équipée d'une piste de pétanque ! Office de tourisme provincial, avec un maigre matériel à disposition. Demander le plan détaillé de la région, sinon peu d'infos ou erronées.

■ ***Banque pour le Commerce Extérieur Lao*** *(plan C2,* ***2****) : Xaysana Rd, au grand rond-point. Lun-ven*

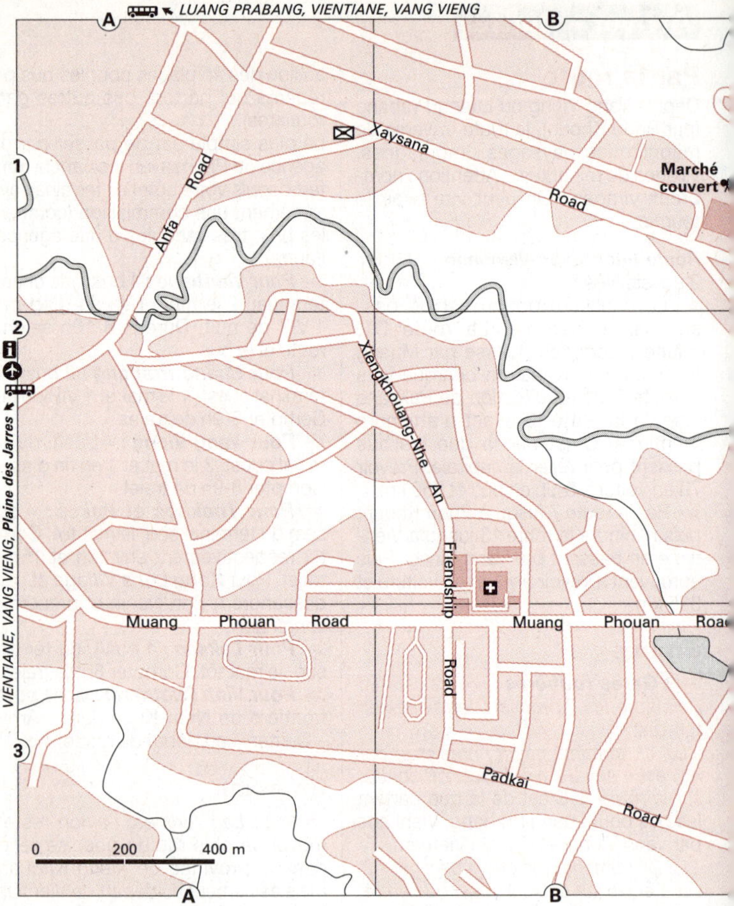

■ **Adresses utiles**	**34** Location de motos Lao Falang (D2)
i Xieng Khouang Provincial Tourism Department (hors plan par A2)	**Où dormir ?**
2 Banque pour le Commerce Extérieur Lao (C2)	**10** Jennida Guesthouse II (D2)
3 Lao Development Bank (C3)	**11** Sengsavanh Hotel (D2)
13 Agence Sousath Travel (D2)	**12** Namchai Guesthouse (D2)
	13 Nice Guesthouse (D2)

8h30-15h30. La banque la plus centrale. Distributeur 24h/24 et change.

■ ***Lao Development Bank*** *(plan C3,* **3***)* **:** *Vilsay Rd, à 800 m sur la droite, dans la rue partant de la poste. Lun-ven 8h30-15h30.* Distributeur 24h/24 et transfert d'argent.

L'***hôpital*** *(plan B2)* est une coopération entre le Laos et la Mongolie. Les gens d'ici l'appellent d'ailleurs

PHONSAVAN

14 Vansana Plain of Jars Hotel (C1)	**31** Simmaly et Craters (D2)
15 Anoulack Khen Lao Hotel (D2)	**32** Bamboozle (D2)
16 Auberge de la Plaine des Jarres (D3)	**33** Nisha (D2)
	34 Lao Falang (D2)
Où manger ?	**À voir**
Où boire un verre ? Où sortir ?	**40** MAG Visitor Information Centre (D2)
30 Phonekeo (C2)	

« l'hôpital mongol »... Correct pour petits bobos et petite chirurgie (plus échographie et appareil de radiologie).

■ ***Location de motos*** *(Lao Falang ; plan D2,* ***34****) :* 020-233-056-14. Marcello loue des scooters et motos *(à partir de 80 000 kips/j.)* pour visiter les sites de la plaine des Jarres. Fait également agence de voyages (excursions, vente de billets de bus) et resto-pizzeria (voir « Où manger ?»).

■ ***Agence Sousath Travel*** *(plan D2,* ***13****) : ☐ 020-229-672-13. Tlj 8h-20h. Visites à la journée à partir de 20 $/pers. Compter 80-130 $ jusqu'à 4 pers le tour personnalisé à la journée en 4 x 4 avec un guide.* L'agence la plus sérieuse pour la visite guidée des sites de la plaine des Jarres. Rasa, qui a travaillé avec son père dans des ONG pour le déminage de la région, connaît les environs comme sa poche. Il propose des circuits traditionnels ou à la carte passant par l'ancienne base de la CIA, des tunnels Viêt-cong et autres lieux historiques de triste mémoire. Vente de billets de bus également. Fait aussi resto-bar *(Bombie's).*

✚ ***Clinique-pharmacie du Dr Sivay*** *(plan C2) : en plein centre, juste en face de la poste centrale. ☐ 020-556-600-25. Tlj sauf dim 8h30-19h.* Le Dr Sivay a un diplôme français et parle bien notre langue. Service d'échographie.

Où dormir ?

En hiver (décembre-février), les nuits peuvent être très fraîches et rares sont les hébergements qui proposent un chauffage. Ne pas hésiter à demander des couvertures supplémentaires.

Bon marché (80 000-150 000 kips / 9-18 $)

LE LAOS

⌂ ***Jennida Guesthouse II*** *(plan D2,* ***10****) : Navieng Rd. Ne pas confondre avec le* Jennida 1 *dans la rue principale. ☐ 020-285-900-01. Pas de petit déj.* Un hôtel récent à la façade jaune, impeccable. Organisées autour d'une cour calme et plaisante, les chambres s'étagent sur 3 niveaux. Lit confortable couvert d'une bonne couette, salle de bains nickel, ventilo, l'essentiel est là et à prix plancher. Accueil jeune, motivé et gentil comme tout.

⌂ ***Sengsavanh Hotel*** *(plan D2,* ***11****) : Navieng Rd, immanquable, c'est la grosse bâtisse bleu ciel. ☎ 21-11-17. Petit déj-buffet en sus.* Chambres au confort moderne, avec salle de bains, grosse couette, matelas bien épais, équipées de clim réversible dès les *standard*. Celles sur l'arrière donnent sur la campagne et les rizières. Accueil très pro. Un très bon rapport qualité-prix-calme.

⌂ ***Namchai Guesthouse*** *(plan D2,* ***12****) : Navieng Rd. ☎ 31-20-95. • ssonluni@gmail.com • Doubles avec ventilo ou clim, sans petit déj.* Dans 3 bâtiments récents à étages, de grandes chambres claires à la déco quasi inexistante. On a une petite préférence pour celles dans le bâtiment au fond de la cour, bien au calme. Accueil familial et anglais basique pour converser.

⌂ ***Nice Guesthouse*** *(plan D2,* ***13****) : rue principale. ☎ 31-24-54. ☐ 020-556-162-46. • nice_guesthouse@hotmail.com • Chambres avec sdb, sans petit déj.* L'archétype du petit hôtel simple, sympa, propre et bien tenu. Des chambres sur 2 niveaux qui s'alignent le long d'une courette. Préférer celles à l'étage, un poil plus chères, mais plus grandes et plus tranquilles.

Chic (300 000-500 000 kips / 35-59 $)

⌂ |●| ***Vansana Plain of Jars Hotel*** *(plan C1,* ***14****) : dominant la ville sur une colline. ☎ 21-31-70 ou 73. • vansanahotel-group.com • Fléché depuis la route principale (à env 400 m). Petit déj compris.* Un hôtel de chaîne, sans grand charme mais au calme sur les hauteurs. Les chambres s'alignent sur plusieurs bâtiments tout en longueur. Elles sont de bon confort avec vue sur la ville depuis le balcon. Resto très moyen, installé dans une salle à la déco démodée où est servi également le petit déj. Navette à disposition de 5h à 21h (demander au resto où vous dînez en ville d'appeler le chauffeur qui viendra vous chercher). Personnel pro.

⌂ ***Anoulack Khen Lao Hotel*** *(plan D2,* ***15****) : dans la ruelle qui relie la rue principale au marché central. ☎ 21-35-99* ou 31-23-08. • anoulackkhenlao.com • *Petit déj-buffet en sus.* 2 bâtiments aux façades kitsch. Celui de droite abrite les chambres les plus confortables et les suites, à gauche plusieurs catégories, plutôt classiques et impersonnelles mais propres. Bon équipement et confort général pour cette adresse fonctionnelle et très centrale.

Auberge de la Plaine des Jarres (plan D3, **16**) : *sur une colline au sud-est de la ville.* 020-235-333-33. • auberge_plainjars@yahoo.fr • *Petit déj en sus.* Loin de tout, dans une pinède sur les hauteurs de la ville. On dort dans de vastes chalets en pierre avec terrasse sur pilotis et vue superbe sur la forêt ou la ville. Chambres doubles avec salon et une cheminée comme unique moyen de chauffage (le feu peut être lancé en votre absence). L'ensemble est simple, plutôt romantique... dommage que le resto ne soit pas à la hauteur. Tenu par un Français accueillant.

Où manger ? Où boire un verre ? Où sortir ?

Attention, les adresses ferment tôt.

De bon marché à prix moyens (moins de 60 000 kips / 7 $)

Tous les restos affichent des plats bon marché, ceux qui proposent de la cuisine occidentale (burgers, pizzas) entrent dans la catégorie « prix moyens ».

Dans le pittoresque ***marché central*** *(plan D2),* plusieurs gargotes permettent de se restaurer sommairement mais convenablement.

Phonekeo (plan C2, **30**) : *rue principale. Tlj 6h-21h30.* Resto sino-laotien. Grands posters et chromos aux murs, gros ventilos, longues tables où une clientèle mélangée se régale d'une copieuse cuisine traditionnelle à prix très bas. Quelques spécialités : le *laap* (abondant !), la soupe de poisson (genre *tom yam* moins épicé), le riz frit traditionnel ou de bonnes frites avec la viande de son choix.

Simmaly (plan D2, **31**) : *rue principale. Tlj 6h-21h30.* Dans le même genre et aux mêmes prix que le *Phonekeo* pour des portions aussi généreuses. Les locaux y viennent, ce qui est bon signe. En revanche, cadre sans intérêt, photos de plats et de couples d'amoureux sur des murs vert pistache. Patronne adorable.

Bamboozle (plan D2, **32**) : *rue principale. Tlj 7h-10h30, 17h-22h30.* Fréquenté pour le petit déj par les touristes et les expats. Murs de bambou, déco *funny.* Cuisine plutôt occidentale : burgers et pizzas, mais aussi quelques plats lao. Se transforme en bar le soir pour la *happy hour* de 17h à 19h.

Nisha (plan D2, **33**) : *rue principale, le dernier vers l'est. Tlj 8h-21h30.* Un resto au cadre plus que banal qui propose une palette complète des classiques de la cuisine indienne, dont les rituels *samossas, chicken tikka massala* et currys accompagnés de pain *nan* à l'ail ou au fromage et d'un onctueux lassi. Plats végétariens aussi. Service souriant.

Craters (plan D2, **31**) : *rue principale. Tlj 6h30-22h.* Un petit resto laotien qui ne passe pas inaperçu avec ses gros obus dressés en terrasse. À l'intérieur quelques armes et munitions aux murs. On aime ou pas, mais ce qui nous intéresse ici c'est l'assiette. Belle variété de plats classiques, avec notamment de bons *kao phat (fried rice)* et *phat pak (stir-fried).* Propose également pizzas et burgers.

Lao Falang (plan D2, **34**) : *dans la ruelle qui relie la rue principale au marché central. Tlj 11h30-13h30, 17h-22h.* Dans une petite salle banale, Marcello, expatrié italien, sert une bonne et copieuse cuisine de son pays : pâtes fraîches maison, pizzas, assiettes de charcuterie et quelques viandes grillées. Ça change un peu ! Bons gâteaux pour les gourmands et vins d'importation.

À voir. À faire

MAG Visitor Information Centre *(plan D2,* ***40****)* **:** *rue principale. Tlj 10h-20h.* Salle d'expo de l'ONG britannique, active dans le déminage dans le monde entier. Elle présente à l'aide de dioramas et de panneaux explicatifs l'historique des bombardements de la région, les conséquences sur la santé et la vie quotidienne de la population, le travail des démineurs. Description détaillée de toutes les variétés d'engins mortifères. De passionnants documentaires d'archives historiques sont diffusés en continu à l'étage. Les pièces d'artisanat et tee-shirts que vous y achèterez serviront, modestement, au financement de cette œuvre ô combien utile. On peut prolonger la visite plus loin dans la rue principale par le ***UXO Survivor Information Centre*** *(tlj 13h-20h)* qui aborde le sujet des munitions non explosées du point de vue médical et décrit les différents types de prothèse nécessaires à la survie des victimes des bombes antipersonnel. Vente d'une foule de petits objets sympa pour aider cette ONG. Quelques livres à consulter et des films à voir.

Musée de la province de Xieng Khouang *(plan C3)* **:** *Muang Phouan Rd. Tlj sauf lun 9h-11h30, 13h-16h. Entrée : 15 000 kips.* Le musée est installé dans un superbe bâtiment entre la bibliothèque et l'imposant centre culturel, tous d'architecture remarquable aux allures de temples. Au rez-de-chaussée, évocation de l'histoire de la région par des panneaux explicatifs aux textes (en anglais) un peu succincts. La partie ethnologie à l'étage est plus intéressante : costumes traditionnels, instruments de musique, bijoux, paniers finement tressés pour la pêche...

Le marché central *(Poukham Garden Market ; plan D2)* **:** On y trouve tout ce qui se mange dans la région : coqs sauvages, œufs de fourmis en saison (pleins de protéines), viande de cerf, cochons d'Inde, etc.

Il existe aussi un ***marché couvert*** (construit et tenu par les Chinois), dans la rue principale *(plan B1),* où l'on vend les articles de bazar habituels. Rien de transcendant mais on peut y acheter des étoffes, des bijoux traditionnels et des boîtes en argent ciselé.

LA PLAINE DES JARRES

On se perd en conjectures sur l'origine et la fonction des jarres, ces récipients de pierre de forme cylindrique et de taille variable. On ne les a pas datées avec précision, mais on suppose que leur origine remonte au Ier s av. J.-C. (pour les plus anciennes). Toutes les hypothèses ont été émises pour expliquer leur fabrication, y compris les plus farfelues. Une légende locale prétend que les jarres auraient été non pas creusées mais moulées à partir d'un mélange de pierre écrasée, de canne à sucre et de peau de buffle ! Elles auraient ensuite été cuites dans une grotte située sur l'un des sites, dont la voûte est percée d'une sorte de cheminée. Cette version ne tient pas la route une 2de, car même l'œil le moins averti aperçoit les traces de coups de burin à l'intérieur des jarres, preuve qu'elles ont été taillées et creusées dans de grosses pierres.
Tout le mystère réside dans le fait que les jarres sont en grès, une pierre que l'on ne trouve pas à proximité des sites. On en compte plusieurs centaines. Leur poids varie de 500 kg à 6 t, ces dernières pouvant abriter 6 hommes. Nombre d'entre elles ont été pillées et emportées ou pulvérisées par les bombardements américains, les cratères voisins en attestent. Il en reste cependant suffisamment pour que le visiteur se fasse une idée.
En ce qui concerne leur fonction, l'hypothèse la plus vraisemblable est un usage funéraire. La plupart des sites où sont concentrées les jarres sont sur des buttes. Or, on sait que les hommes des civilisations mégalithiques enterraient leurs morts dans des tumulus. Par ailleurs, on sait aussi que les jarres étaient fermées à la manière de sarcophages, comme l'attestent les couvercles de pierre que l'on

rencontre encore ici et là. Enfin, le fait que les jarres soient regroupées et de taille variable laisse à penser que leur disposition servait à marquer la hiérarchie sociale d'un groupe. Il ne s'agit là, cependant, que de pures hypothèses.

À voir

Tous les sites suivants se font aisément en une journée, soit en louant une moto, soit en circuit guidé (plus sécure) proposé par l'une des nombreuses agences.

Ban Ang *(ou « **site nº 1** ») : à Thong Hai Hin, à 8,5 km au sud-ouest de Phonsavan, non loin de l'aéroport. Accès possible en* tuk-tuk. *Tlj 7h-17h. Entrée : 15 000 kips.* À la billetterie, expo photo sur les destructions des bombardements américains. C'est le site le plus vaste et le plus important, puisqu'on y dénombre 344 jarres. En haut du 1er chemin accessible en voiturette électrique, ancien trou de bombe et une des plus grosses jarres du site (6 t). C'est également l'une des seules à posséder un col bien dessiné. Dans le coin, plusieurs dizaines d'autres jarres, de tailles variables. En contrebas, sous une petite colline rocheuse, on aperçoit l'entrée de la grotte. Celle-ci ressemble à un trou creusé artificiellement. Dans la voûte, 3 cheminées communiquent avec le sommet de la colline. C'est là que les jarres auraient été fabriquées. En chemin, vers la colline en face, on découvre la seule jarre sculptée (la nº 217). En un style très primitif, un homme avec les bras levés. Sur sa droite, à terre, un couvercle partiellement enterré. Devant, une jarre arborant encore le sien.
– Sur place, petite cafétéria et nombreuses boutiques d'artisanat.

Nakho *(ou « **site nº 2** ») : à 22 km au sud de Phonsavan par la route D1. Tlj 8h-17h. Entrée : 10 000 kips. Cafét' à côté de la billetterie, l'entrée du site est 500 m plus loin (2e parking).* Plus ramassé, situé sur 2 petites collines. À gauche du chemin, la 1re, boisée, porte le nom de « colline des Cabanes » ou « des Tables » (parce que certaines jarres sont horizontales). Le site en compte 68 seulement. Vous noterez aussi que certaines jarres semblent n'être creusées qu'aux 2/3... Dans l'une des jarres, un arbre a poussé, ce qui l'a fait éclater. Sur la 2e colline, un bel ensemble de jarres également et juste un petit bosquet d'arbres. Vaste panorama. Là aussi, l'une des jarres arbore une figure d'homme.

Xiang Di *(ou « **site nº 3** ») : le plus éloigné. À Hai Hin Lat Khai, à 8 km du site nº 2 et env 26 km au sud de Phonsavan. Tlj 8h-16h. Entrée : 10 000 kips. Petit resto à côté de la billetterie.* Petit groupe de 158 jarres en haut d'une colline, dans un bosquet semi-ombragé. Impressionnant cratère de bombe à l'entrée. Son intérêt réside surtout dans son approche. On laisse le véhicule au parking et on entame une agréable petite balade de 1 km par de superbes rizières. Magnifique panorama ! 3 km plus loin (suivre le panneau *Tham Dan Waterfall*), petites cascades pour se rafraîchir.

Muang Khoun *(Old Capital) : à 30 km au sud-est de Phonsavan par la route D1. Visite incluse dans la plupart des circuits guidés.*
Intéressante pour son atmosphère un peu décadente. Au centre de cette vieille capitale, appelée autrefois Xieng Khouang, les ruines du *wat Vat Phia (tlj 8h-17h, entrée : 10 000 kips)* du XVIe s, encore occupé par une statue du Bouddha, seul au milieu de colonnes calcinées et épargné comme par miracle par les bombes américaines. À côté, 2 temples ont été récemment construits.
Un peu plus loin, les ruines de la riche demeure d'un médecin français du temps du protectorat. Plus intéressant, le très ancien stûpa *That Foun (tlj 8h-17h, entrée : 10 000 kips)* sur la colline au-dessus de l'école. D'une hauteur de 25 m avec sa flèche penchée, il date du XVIe s. Superbement restauré en 2018, on admire l'élégance de son architecture. À 500 m, un peu plus haut, à gauche, un autre vestige de stûpa, le carré *That Chom Phet* datant de l'époque Cham. Laissé à l'abandon, c'est une pathétique ruine perdue dans la nature, envahie par la végétation et qui se dégrade inéluctablement.

LUANG PRABANG ET SA RÉGION

LUANG PRABANG 44 000 hab. IND. TÉL. : 071

• Plan d'ensemble *p. 384-385* • Zoom centre *p. 386-387*
• Les environs de Luang Prabang *p. 415*

Des collines verdoyantes et des monts couverts de forêts forment le cadre naturel de cette ville, 3e du pays par sa taille mais 1re par sa beauté. C'est tout d'abord un site exceptionnel. Luang Prabang s'étend sur une langue de terre, tout en longueur, au confluent du fleuve Mékong et de la rivière Nam Khan. Le climat est une raison de s'y sentir bien. À environ 600 m d'altitude, en saison sèche (de novembre à février) la chaleur est supportable, et l'air agréablement frais le soir.
Sur les plans historique et culturel, c'est la ville la plus riche du Laos. Peu de bâtiments modernes, et pas du tout en hauteur, car ils doivent respecter les codes de l'architecture locale. Une ville totalement horizontale, donc, une véritable splendeur. Elle a été classée au Patrimoine mondial de l'humanité par l'Unesco, ceci expliquant cela. Ville fluviale, ville royale à taille humaine, Luang Prabang se visite facilement à pied, même si bon nombre enfourchent leur biclou pour se promener dans les proches alentours.
On s'y pose volontiers plusieurs jours, le temps d'arpenter ces ruelles et temples, mais aussi de découvrir les multiples activités qui permettent désormais de diversifier son séjour aussi bien en ville que dans les environs.

UN PEU D'HISTOIRE

Le nom originel de Luang Prabang est *Jawa,* désignant un endroit indianisé ou entouré de jungle ou d'eau. La ville ne prit son nom définitif qu'en 1491, en l'honneur du grand bouddha d'or fin, arrivé 2 ans auparavant. *Luang* signifie « grand » et *Prabang* (ou *Phabang*) « statue d'or sacrée ».
Elle devint capitale du royaume du Laos jusqu'en 1563, date à laquelle le roi Setthathirat décida de s'établir à Vientiane, avant de retrouver son titre après l'éclatement du pays en 3 royaumes, à la fin du XVIIe s.
Longtemps suspectée de sympathie envers la royauté par le nouveau pouvoir établi en 1975, la ville, sévèrement contrôlée, ne fut approvisionnée en électricité durant la journée qu'à partir de 1990. Auparavant, les petites entreprises devaient faire tourner leurs groupes électrogènes pendant la nuit. Aujourd'hui, la ville ouvre grand ses bras au tourisme – principale source de ses revenus –, ainsi qu'aux investisseurs vietnamiens et chinois qui ont bien compris la manne potentielle de ce secteur. Ces 2 communautés vivent depuis longtemps à Luang Prabang. La plupart des Vietnamiens sont arrivés au temps de la présence française en tant que fonctionnaires. Et on sait qu'il existait auparavant un quartier habité par les

Chinois, dans la rue principale. Les Laotiens continuent d'ailleurs à la nommer « Ban Jek », littéralement, « le village des jaunes ».

UNE VILLE FRAGILE À PROTÉGER

Son classement au Patrimoine mondial de l'humanité assure la protection de la ville et de son environnement naturel, ce qui inclut la vieille ville (centre historique), les berges de la Nam Khan et les collines autour du Mékong. Plusieurs bailleurs de fonds (en particulier la région Centre et la ville de Chinon, mais aussi l'Agence française de développement, l'Union européenne et l'Unesco) soutiennent un ambitieux programme de mise en valeur. L'ensemble est géré par le département du Patrimoine mondial de Luang Prabang. Il définit les règles de préservation du site, initie et coordonne les actions de sauvegarde, depuis l'aménagement des berges du Mékong et de la Nam Khan jusqu'à la remise en état des venelles transversales (y compris le système d'écoulement des eaux), en passant par la conception d'un mobilier urbain spécifique. Il est aussi chargé de la restauration ou la rénovation d'un certain nombre de bâtiments (la belle maison de bois princière du Ban Xieng Mouane, certains temples, etc.), l'éclairage nocturne des plus beaux monuments, la sensibilisation de la population à la préservation du patrimoine immobilier...
Mais ces derniers temps, on a vu poindre quelques entorses au cahier des charges de l'Unesco (des enseignes non règlementaires et incongrues dans la péninsule, des arbres centenaires abattus, bétonnage excessif des parcelles, utilisation de matériaux interdits...). Gare !
La préservation de la qualité écologique de la ville fait également partie des objectifs du département. Car Luang Prabang possède un ensemble de « zones humides » spécifique, un réseau de mares, naturelles ou creusées par la population, qui y élève des poissons et y fait pousser des végétaux. Alimentées grâce à une connexion à l'ensemble du bassin versant, elles engendrent une « coulée verte » au cœur d'un secteur relativement peu connu de la ville. Importantes à plusieurs titres (rôle d'épuration, rétention en cas d'inondation, intérêt paysager, faunistique et floristique mais aussi économique), il est essentiel de les préserver et de les mettre en valeur.

Arriver – Quitter

En avion

✈ ***Aéroport*** *(hors plan d'ensemble par E4)* ***:*** *à 6 km du centre-ville.* • *luangprabangairport.com* • Possibilité d'obtenir le visa laotien à l'arrivée. Visa délivré pour 30 j. moyennant 30 $ pour les Français (35 $ pour les Belges et Suisses, 42 $ pour les Canadiens), plus 1 $ de taxes. Prévoir une photo d'identité. Dans le hall de l'aéroport : service de ***change*** (en principe, tlj 10h-17h ; même taux que les banques de Luang Prabang) et distributeur. Possibilité d'acheter une ***carte SIM*** (avec ou sans Internet).
➢ ***Vientiane :*** 3-4 vols/j. avec *Lao Airlines.* Durée : 45 mn.
➢ ***Paksé :*** 1 vol/j., le mat, avec *Lao Airlines.* Durée : 1h40.
➢ Pour les vols internationaux vers ***Bangkok, Chiang Mai, Siem Reap, Jinghong*** (Yunnan), ***Hanoi*** et ***Singapour*** (en *code share*), se reporter au chapitre « Arriver – Quitter » en début de guide.

Rejoindre le centre-ville

➢ ***En minivan collectif :*** ticket à acheter dans le hall de l'aéroport, juste avant la sortie. Tarif (fixe) : 50 000 kips incluant les bagages, valable pour 3 personnes se rendant au même hôtel. Même prix pour le retour.
– Les *tuk-tuk* sont habilités à conduire les voyageurs de la ville à l'aéroport, mais pas l'inverse.

En bus

Il existe 2 gares routières. De nombreuses agences au centre-ville proposent également des minibus pour les principales villes (plus chers que les bus,

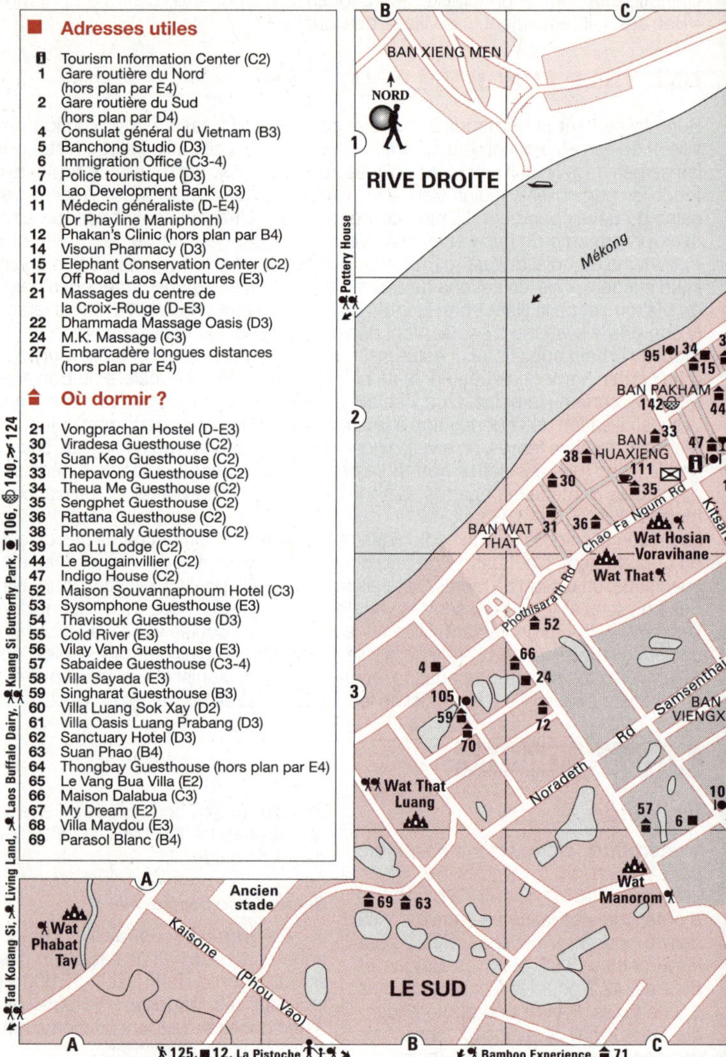

Adresses utiles

- Tourism Information Center (C2)
- 1 Gare routière du Nord (hors plan par E4)
- 2 Gare routière du Sud (hors plan par D4)
- 4 Consulat général du Vietnam (B3)
- 5 Banchong Studio (D3)
- 6 Immigration Office (C3-4)
- 7 Police touristique (D3)
- 10 Lao Development Bank (D3)
- 11 Médecin généraliste (D-E4) (Dr Phayline Maniphonh)
- 12 Phakan's Clinic (hors plan par B4)
- 14 Visoun Pharmacy (D3)
- 15 Elephant Conservation Center (C2)
- 17 Off Road Laos Adventures (E3)
- 21 Massages du centre de la Croix-Rouge (D-E3)
- 22 Dhammada Massage Oasis (D3)
- 24 M.K. Massage (C3)
- 27 Embarcadère longues distances (hors plan par E4)

Où dormir ?

- 21 Vongprachan Hostel (D-E3)
- 30 Viradesa Guesthouse (C2)
- 31 Suan Keo Guesthouse (C2)
- 33 Thepavong Guesthouse (C2)
- 34 Theua Me Guesthouse (C2)
- 35 Sengphet Guesthouse (C2)
- 36 Rattana Guesthouse (C2)
- 38 Phonemaly Guesthouse (C2)
- 39 Lao Lu Lodge (C2)
- 44 Le Bougainvillier (C2)
- 47 Indigo House (C2)
- 52 Maison Souvannaphoum Hotel (C3)
- 53 Sysomphone Guesthouse (E3)
- 54 Thavisouk Guesthouse (D3)
- 55 Cold River (E3)
- 56 Vilay Vanh Guesthouse (E3)
- 57 Sabaidee Guesthouse (C3-4)
- 58 Villa Sayada (E3)
- 59 Singharat Guesthouse (B3)
- 60 Villa Luang Sok Xay (D2)
- 61 Villa Oasis Luang Prabang (D3)
- 62 Sanctuary Hotel (D3)
- 63 Suan Phao (B4)
- 64 Thongbay Guesthouse (hors plan par E4)
- 65 Le Vang Bua Villa (E2)
- 66 Maison Dalabua (C3)
- 67 My Dream (E2)
- 68 Villa Maydou (E3)
- 69 Parasol Blanc (B4)
- 70 Satri House (B3)
- 71 The Luang Say Residence (hors plan par B4)
- 72 Villa Maly (C3)

Où manger ?

- 95 BBQ Buffet Mekong (C2)
- 99 Mi Pet (D3)
- 100 Atsalin Restaurant (D3)
- 101 Nangvong Noodle Shop (C3)
- 102 Boua Ban (D3)
- 103 Ton Teuy (hors plan par D4)
- 104 Lao Lao Garden (D2)
- 105 Manda de Laos (B3)
- 106 Silk Road Café (hors plan par A4)

Où prendre le petit déj ? Où boire un thé ?

- 111 Saffron Coffee (C2)
- 113 L'Étranger, Books and Tea (D2)

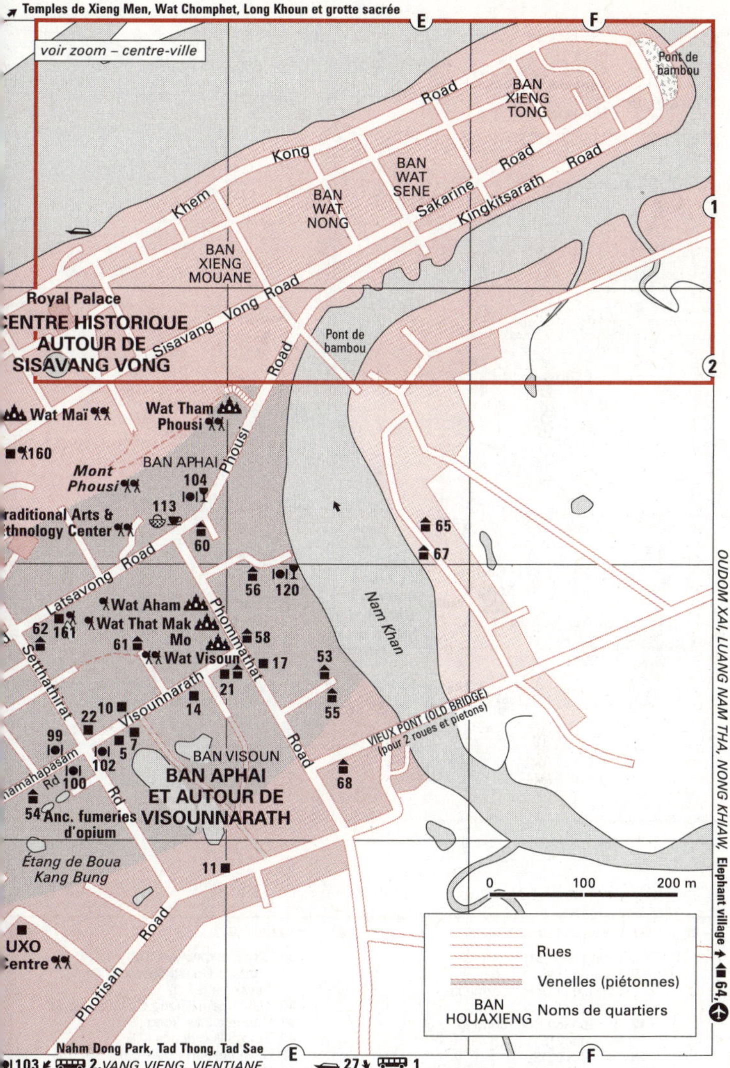

LE LAOS

Où boire un verre ?
Où sortir ?

47 Indigo House (C2)
104 Lao Lao Garden (D2)
120 Utopia (E3)
124 Dao Fa (hors plan par A4)
125 Muang Swa (hors plan par B4)

Marchés

140 Marché Phosi (hors plan par A4)
141 Marché de nuit artisanal (C2)
142 Marché du matin (C2)

Achats

113 Kopnoi (D2)

À voir

160 Discovery Centre (D2)
161 Lupa Fine Art Gallery (D3)

LUANG PRABANG – Plan d'ensemble

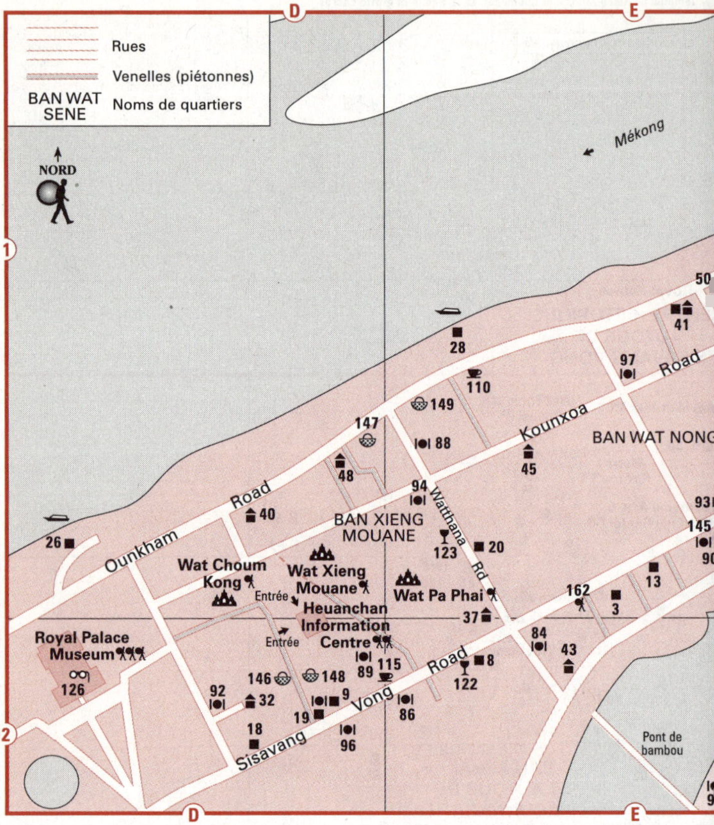

■	**Adresses utiles**	

Adresses utiles

- **3** Luang Say (E1)
- **8** Banque Franco-Lao (E2)
- **9** Banque pour le Commerce Extérieur Lao (D2)
- **13** Bouaphanh Souttaphong Pharmacy (E1)
- **18** Tiger Trail (D2)
- **19** Green Discovery et White Elephant Adventures (D2)
- **20** Institut français (E1)
- **22** Cinéma Sang au Victoria Xiengthong Palace (F1)
- **23** Peninsula Sauna & Massages (F1)
- **25** Big Brother Mouse (F1)
- **26** Embarcadère des ferries pour la rive droite du Mékong (D1)
- **28** Embarcadère des bateaux pour Pak Ou (E1)
- **29** Débarcadère des bateaux en provenance de Pak Ou (F1)
- **46** Shompoo Cruise (E1)

Où dormir ?

- **32** City Backpackers (D2)
- **37** Heritage Guesthouse et Villa Saykham (E1-2)
- **40** View Khem Khong Guesthouse (D1)
- **41** Chitdara 2 Mekong (E1)
- **42** Sokxai Residence (F1)
- **43** Saynamkhan Hotel (E2)
- **45** Villa Chitdara (E1)
- **46** Villa Senesouk (E1)
- **48** Sala Prabang (D1)
- **49** The Apsara (E1)
- **50** The Belle Rive Hotel (E1)
- **51** Les 3 Nagas (E1)
- **73** The Apsara Rive Droite (F2)

Où manger ?

- **9** Coconut Garden (D2)
- **50** The Belle Rive Terrace (E1)
- **80** Petit resto sans nom (E1)
- **81** Phonheuang Cafe (E1)
- **82** Tamarind (E1)

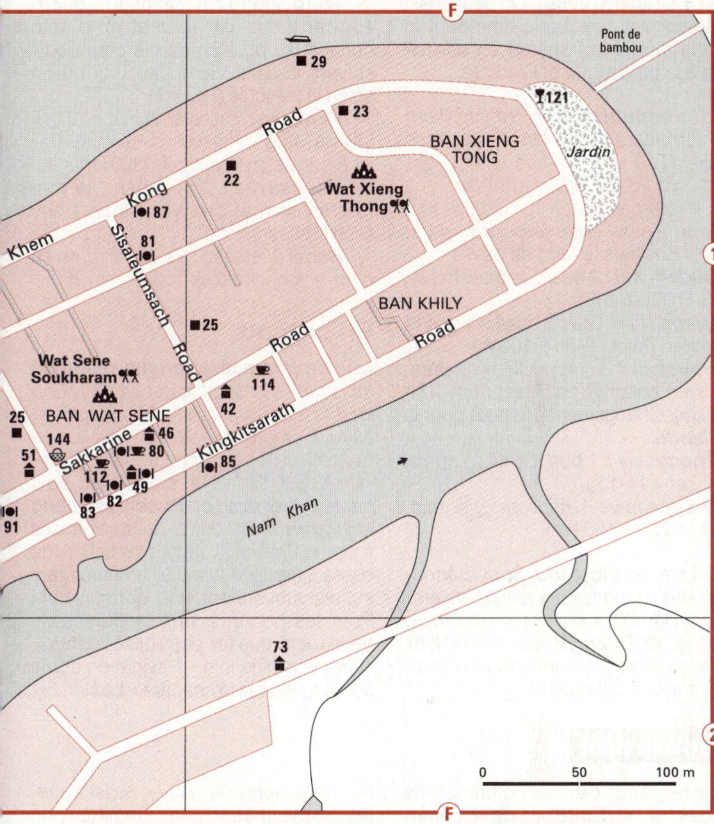

LUANG PRABANG – Zoom (Centre-ville)

83 Bamboo Tree (E1)
84 Café Toui (E2)
85 Rosella Fusion (F1)
86 Bouang (E2)
87 Calao (E1)
88 Khaiphean (E1)
89 Café-resto Heuanchan (D2)
90 Café Ban Vat Sene (E1)
91 Tamnak Lao (E1)
92 Café del Mundo (D2)
93 Un Petit Nid (E1)
94 Pak Houay Mixay Restaurant (E1)
96 Tangor (D2)
97 L'Éléphant (E1)
98 Dyen Sabai (E2)

Où prendre le petit déj ? Où boire un thé ?

90 Café Ban Vat Sene (E1)
110 Saffron Coffee (E1)
112 The Scandinavian Bakery (E1)
114 Le Banneton (F1)
115 Croissant d'Or (D-E2)

Où boire un verre ? Où sortir ? Où voir un spectacle ?

121 Viewpoint Café (F1)
122 Maolin Tavern (E2)
123 Chez Matt (E1)
126 Royal Ballet Theater (D2)

Achats

90 Passa Paa (E1)
144 Ock Pop Tok (E1)
145 TAEC (E1)
146 Passa Paa (D2)
147 Phothisak Rattanakone (D1)
148 Artisans Café (D2)
149 Orange Tree (E1)

À voir

162 Kit Photographic Gallery (E1)

mais plus rapides aussi). On peut aussi y réserver ses tickets de bus, dont le prix comprend le transfert en *tuk-tuk* jusqu'à la gare routière. Pratique.

Gare routière du Nord *(Northern Bus Terminal ; hors plan d'ensemble par E4,* ***1****) : à env 5 km de Luang Prabang. ☎ 25-27-29. Compter env 50 000 kips/pers le* tuk-tuk *(dégressif à partir de 2 pers) entre le centre-ville et la gare.* Bus vers le nord du pays :

➢ ***Oudom Xai :*** 1 bus/j., le mat. Trajet : env 5-6h (200 km).

➢ ***Luang Nam Tha :*** 2 bus/j., le mat et en soirée. Trajet : 8-9h (310 km).

➢ ***Houeisai :*** 2 bus/j. VIP en soirée, l'un avec couchettes. Trajet : env 13h (500 km). Changement possible pour la ***Thaïlande.***

➢ ***Phongsaly :*** 1 bus local/j., l'ap-m. Trajet : env 14-15h.

➢ ***Nong Kiaw :*** 1 minivan/j., le mat. Trajet : env 4h (150 km).

Gare routière du Sud *(Bannaluang Bus Station ; hors plan d'ensemble par D4,* ***2****) : à env 3 km de Luang Prabang. ☎ 25-20-66. Env 30 000 kips le* tuk-tuk *entre le centre-ville et la gare.* Bus vers le sud du pays :

➢ ***Vang Vieng :*** 5 minibus/j., 5h30-15h, et 2 bus VIP (le mat et le soir, couchettes pour ce dernier) qui poursuivent jusqu'à Vientiane. Trajet 5-6h selon le véhicule (180 km).

➢ ***Vientiane :*** 1 minivan le mat, et 2 bus VIP via Vang Vieng (voir ci-dessus). Trajet 8-12h selon le véhicule (320 km).

➢ ***Phonsavan :*** 2 départs/j., le mat (par minivan et bus VIP). Trajet : env 8-9h (260 km).

➢ ***Hanoï*** *(Vietnam)* ***:*** 1 bus VIP/j., en fin d'ap-m (couchettes). Trajet : min 26h...

En bateau

Embarcadère longue distance *(hors plan d'ensemble par E4,* ***27****) : Ban Don Mai, à 11 km env de Luang Prabang. Compter env 70 000 kips le* tuk-tuk *pour relier embarcadère et centre-ville.* C'est de là que partent les *slow boats* et les *speed boats* pour ***Pakbeng*** et ***Houeisai.*** De nombreuses agences à Luang Prabang vendent les tickets de bateau, transfert jusqu'à l'embarcadère inclus, moyennant une commission. Pour les horaires, prix et durées de trajet, ainsi que les possibilités de croisière, voir plus loin « Navigation sur le Mékong » dans le chapitre « Le Nord »).

Orientation

Compte tenu de ses dimensions réduites, on ne risque pas de se perdre à Luang Prabang. La partie historique de la ville et les principaux monuments classés se trouvent dans la presqu'île formée par le confluent de la Nam Khan et du Mékong. Cette langue de terre, dominée par le mont Phousi, est traversée sur toute sa longueur par la rue Sisavang Vong (ou rue Phothisarath), qui devient, au bout de la péninsule, la rue Sakkarine, et par la rue Khem Kong, qui longe le fleuve, aussi appelée Souvannabanlang, Ounkham ou Manthathoulat. Mais tout le monde la connaît sous le nom de Mekong Rd (appellation aussi utilisée dans le guide pour éviter toute confusion).

L'autre axe important est la rue Kitsarath Setthathirat qui part du Mékong, coupe la rue Phothisarath à hauteur de la poste.

Le rêve pour les trekkeurs urbains, tout est quasiment accessible !

Transports

– **Tuk-tuk *collectifs :*** ces véhicules à moteur ont 3 ou 4 roues, c'est variable. On les trouve un peu partout dans la rue, il suffit de les héler. On peut aussi, quand on est plusieurs, en louer un pour la journée pour découvrir les alentours. Pour un petit déplacement en ville, tout dépend des talents du négociateur, mais prévoir environ 20 000 kips le trajet. Attention, on vous propose souvent des prix par personne. Bien préciser que la course vaut pour le nombre total de personnes à transporter.

– ***Location de vélos :*** très bien pour découvrir la ville. Voir « Adresses utiles ». Un rappel : éviter de mettre ses affaires dans le panier, à cause des vols à l'arraché. Et gare à la conduite des Laotiens, qui rappelons-le, n'ont pour la plupart, pas appris à conduire : bifurcation en diagonale, pas de clignotant...

– ***E-Bus :*** de cette initiative, il ne reste que quelques *tuk-tuk* électriques qui sillonnent rarement la ville, dommage. Si vous en trouvez, même prix que leurs homologues classiques.

Adresses utiles

Infos touristiques et services

Tourism Information Centre *(plan d'ensemble C2)* **:** *Sisavang Vong Rd, en face de la grande poste. ☎ 21-24-87. • tourismluangprabang.org • Nov-mars : tlj 8h (9h le w-e)-11h30, 13h30-16h (15h30 le w-e) ; avr-oct : lun-ven seulement.* Vous y trouverez un plan de la ville gratuit, les horaires de bus et de bateaux. Accueil en anglais, mais pas vraiment utile. On essaiera aussi de vous vendre des excursions.

– ***Plan de la ville :*** mieux que celui donné par l'office de tourisme, celui réalisé par ***Hobo Maps*** est relativement complet (compte tenu des changements perpétuels). Également une carte des environs très pratique, notamment pour les excursions à vélo (kilométrage, état de la route, côtes...). Certaines *guesthouses* les vendent, sinon on les trouve parfois à l'office de tourisme, à l'aéroport et sur *• hobomaps.com •* Et bien sûr, les cartes embarquées, type *• maps.me •* et *• google maps •*

■ ***Consulat général du Vietnam*** *(plan d'ensemble B3,* ***4****)* **:** *Phothilasath Rd. ☎ 25-47-48. Lun-ven 8h-11h30, 13h30-17h.* Les ressortissants français sont exemptés de visa pour un séjour au Vietnam de moins de 15 j. Au-delà, un visa est nécessaire (il l'est dans tous les cas pour les ressortissants belges, suisses et canadiens). Pour un visa valable 30 ou 90 j., à entrée simple ou multiple, délivré le jour même, en 24 ou 48h : compter 55-100 $ selon la formule retenue.

■ ***Banchong Studio*** *(plan d'ensemble D3,* ***5****)* **:** *Ban Vixoun, Setthatirath Rd. Tlj sauf dim 8h-21h.* Intéressant pour les cartes mémoire et se faire faire des photos d'identité pour les visas.

■ ***Immigration Office*** *(plan d'ensemble C3-4,* ***6****)* **:** *Phamahapasam Rd. Lun-ven 8h-11h30, 14h-16h.* Possible de faire prolonger son visa 2 fois 30 j., à condition d'en faire la demande 1 semaine avant la date d'expiration. Prévoir 1 photo, son passeport et 20 000 kips/j. supplémentaire. Délai : 24h.

■ ***Police touristique*** *(plan d'ensemble D3,* ***7****)* **:** *Visounnarath Rd. 📱 030-57-89-137. Tlj 8h-11h30, 14h-16h, mais permanence 24h/24.*

■ ***Location de vélos et de VTT :*** on en trouve un peu partout, notamment dans les boutiques des rues Sisavang Vong et Visounnarath, ainsi que dans la plupart des *guesthouses* de Ban Houaxieng et de Ban Wat That *(plan d'ensemble C2).* Bien vérifier les pneus et les freins avant d'enfourcher son destrier ! En gros, compter 20 000 kips/j. pour un vélo de ville, 40 000-60 000 kips/j. selon le modèle pour un VTT.

■ ***Location de scooters :*** plusieurs loueurs dans la rue Sisavang Vong. Prévoir autour de 120 000 kips le modèle de base (casque fourni, essence en supplément). Bien vérifier l'état des machines. Et une règle : roulez doucement. En cause, la conduite des Laotiens et l'état des routes, ses gravillons et nids-de-poule.

Change

■ ***Banque Franco-Lao*** *(zoom E2,* ***8****)* **:** *Sisavang Vong Rd. Tlj 8h30-20h.* Change et distributeur de billets (*Visa* et *MasterCard*).

■ ***Banque pour le Commerce Extérieur Lao*** *(zoom D2,* ***9****)* **:** *Sisavang Vong Rd. ☎ 25-29-83. Lun-ven 8h30-15h30.* Distributeur de billets.

■ ***Lao Development Bank*** *(plan*

d'ensemble D3, ***10****) : Visounnarath Rd. Lun-ven 8h-15h30.* Bureau de change indépendant sur la rue même. Service de *Western Union.* Le distributeur n'accepte pas les cartes étrangères.

■ ***Bureaux de change :*** *nombreux dans la Sisavang Vong Rd (zoom D-E2) et près de la poste (plan d'ensemble, C2). Tlj 8h-19h env (certains fermés dim).* Les taux sont sensiblement les mêmes, mais bien réclamer le ticket, vérifier le taux utilisé et toujours recompter ses billets au comptoir.

Urgences, santé

Comme évoqué plus haut dans la rubrique « Santé » de « Laos utile », les moyens sanitaires sont ici extrêmement basiques. Or circuler à 2-roues, en ville et dans les environs, est à juste titre largement plébiscité. Prudence donc, les accidents ne sont pas rares. Prévoir une bonne assurance avant de partir. Si vous devez être évacué, sachez que l'hôpital ne dispose pas des ressources nécessaires pour assurer des soins d'urgence de qualité.

✚ ***Luang Prabang Provincial Hospital*** *(hors plan d'ensemble par A4) : sur la route de Kouang Si, près du bowling. ☎ 25-40-25 ou 27 (mais pas d'anglais parlé). S'y rendre directement ; demander « hong mor kweng phou mok ».* Le service des urgences est géré par la chaîne des hôpitaux thaïlandais « Bangkok Hospital ». Les petits bobos peuvent être pris en charge. Mais en cas de gros problème, contacter son assurance qui prendra (ou pas) la décision d'une évacuation par avion vers Bangkok, où les hôpitaux sont de très bon niveau.

Pour les cas moins graves, voici 2 médecins généralistes :

■ ***Dr Phayline Maniphonh*** *(plan d'ensemble D-E4,* ***11****) : Ban Thatbosoth, Souvannabalang Rd, quasi en face de Lao Woman's Union. 📱 020-557-721-44. Le soir en sem à partir de 17h.* Elle parle le français et consulte chez elle.

■ ***Phakan's Clinic*** *(hors plan d'ensemble par B4,* ***12****) : 111, Kaisone Phomvihan Rd, Ban Phonkham. 📱 020-555-582-80. Tlj 8h-20h.* Généraliste anglophone.

■ ***Ostéopathe :*** François Nisin *(📱 020-975-433-43)* a son cabinet près du marché Phosi. Ce très bon thérapeute français pourra débloquer des tensions et rééquilibrer un corps éprouvé par un trajet sur une route défoncée ou un trek difficile.

■ ***Bouaphanh Souttaphong Pharmacy*** *(zoom E1,* ***13****) : Sisavang Vong Rd, en face de l'école primaire. ☎ 25-22-52. Tlj sauf dim 8h-11h30, 12h30-21h.* Peut dépanner en cas de petits bobos. Les proprios, très sympa, parlent le français.

■ ***Visoun Pharmacy*** *(plan d'ensemble D3,* ***14****) : Visounnarath Rd. 📱 020-565-98-111 et 020-588-97-444. Tlj 8h-13h, 15h-21h.* On saura vous conseiller en anglais.

Agences de voyages

■ ***Amica Travel*** *(plan d'ensemble C2) : 64, Mekong Road (Souvannabanlang Rd), Ban Pakham. ☎ 21-22-75. • amica-travel.com •G* Une agence sérieuse spécialiste du voyage au Laos, au Cambodge et au Vietnam. Voyages à la carte, voyages solidaires, trekking... Bonne organisation.

■ ***Khoaviet Travel :*** *nº 66, Unit 5, Ban Viengsay. 📱 020-98-00-07-52. • khoaviettravel.fr •* *Khoaviet Travel* est une agence locale, spécialiste du « voyage sur mesure », en voiture privée avec chauffeur et guide privé. En couple, en famille, entre amis, Khoaviet compose des séjours entre culture, sport, aventure et détente. Elle couvre le Laos et ses proches voisins (Vietnam, Cambodge, Birmanie). Bien implantée, en traitant directement avec des correspondants locaux sélectionnés pour leur professionnalisme, *Khoaviet* offre un excellent rapport qualité-prix.

■ ***Asia My Way :*** *• asia-myway.com •* L'agence francophone, pionnière des voyages en Asie du Sud-Est, propose des circuits sur mesure en adéquation avec vos envies d'évasion : du programme culturel à la randonnée plutôt axée aventure hors des sentiers battus, en solo, en couple, en famille ou entre amis. Également spécialiste des circuits en combiné avec le Cambodge, la Thaïlande, la Birmanie et le Vietnam.

■ ***ORLA Tours*** *(plan d'ensemble E3,* ***17****) : 29/2 Chaosomphou Rd, Ban Visoun.* ☎ *25-46-95.* ● *orlatours.com* ● *Résa 1 mois avt conseillée pour une question d'organisation.* Gérée par une équipe franco-laotienne, dans une démarche de tourisme équitable, l'agence s'est spécialisée dans des circuits sur mesure vraiment hors des sentiers battus. Sur le Mékong, à pied, ou en voiture, elle ouvre de nouvelles pistes pour aller à la rencontre des tribus et participe au développement des villages grâce à leur association humanitaire ● *enfantsdulaos.com* ● Également au programme, la Birmanie et la Thaïlande. La longueur et la difficulté de chaque aventure sont étudiées en fonction de la demande. Réponses aux questions dans les 24h.

■ ***Tiger Trail*** *(zoom D2,* ***18****) : Sisavang Vong Rd.* ☎ *25-26-55.* ● *laos-adventures.com* ● *Tlj 8h-21h. Résa min 1 j. avt pour les sorties d'une journée.* Agence spécialisée dans l'écotourisme. Surtout intéressant pour le kayak sur la Nam Khan et la Nam Ou et ses sorties à VTT (location seule possible). Également du trekking avec nuit chez l'habitant et d'autres excursions plus classiques.

■ ***Green Discovery*** *(zoom D2,* ***19****) : Sisavang Vong Rd.* ☎ *21-20-93.* ● *greendiscoverylaos* ● *Tlj 8h30-21h.* Implantée dans tout le Laos, cette agence s'est forgée une sérieuse réputation. Au programme, trek, VTT, kayak sur le Mékong, circuits à thème (faune et flore, photo, grottes,...).

■ ***White Elephant Adventures*** *(zoom D2,* ***19****) : Sisavang Vong Rd.* 📱 *030-578-91-20.* ● *white-elephant-adventures-laos.com* ● Propose kayak, VTT, trek sur un ou plusieurs jours. Le plus souvent, niveau de difficulté moyen, pas de portage de sac et logement chez l'habitant. En revanche, on ne recommande pas les tours avec balade à dos d'éléphant.

Culture

■ ***Institut français*** *(zoom E1,* ***20****) : Ban Wat Nong.* ☎ *25-39-24.* 📱 *020-555-264-74.* ● *if-laos.org* ● *Et Facebook. Lun-sam mat 9h-12h, 14h-19h.* Avec pour but la promotion de la langue et de la culture françaises, l'institut organise des expos temporaires, des séances de ciné en plein air 2 fois par mois (agenda sur Facebook) et aussi des ***rencontres et conversations entre Laotiens et francophones de passage le samedi matin.*** Ne pas hésiter non plus à y déposer un bon bouquin ; il s'agit de la seule petite bibliothèque francophone, et c'est donc pour les enfants et ados qui apprennent le français le seul moyen de lire dans notre langue. Enfin pour la petite histoire, sachez que Pierre Desproges y passa une partie de son enfance (son père était le directeur de l'école dont c'était le logement de fonction).

■ ***Cinéma Sang :*** *tlj à 18h30 au Sanctuary Hotel (plan d'ensemble D3,* ***65****),* ☎ *21-37-79. Tlj à 19h au Victoria Xiengthong Palace (zoom F1,* ***22****),* ☎ *21-32-00.* ● *cinemaluangprabang.com* ● *GRATUIT (mais achat d'une boisson demandée). Durée : 1h15.* Projection sur grand écran d'un film muet culte de 1924, *Chang,* tourné dans le nord du Laos par 2 cinéastes qui ont vécu 18 mois dans une famille laotienne (par ailleurs réalisateurs du mythique long-métrage *King Kong*). Le film raconte la vie de Kru et des siens face aux périls de la jungle.

Massages

■ ***Massages du centre de la Croix-Rouge*** *(plan d'ensemble D-E3,* ***21****) : Visounnarath Rd.* ☎ *25-28-56. Tlj 13h-20h.* L'une des options les moins chères (et les plus rustiques aussi, avec matelas au sol) pour se faire masser à Luang Prabang tout en faisant une B.A.

■ ***Dhammada Massage Oasis*** *(plan d'ensemble D3,* ***22****) : juste avt le carrefour entre Setthatirath et Visounnarath Rd.* ☎ *21-26-42 et 25-29-33. Tlj 9h-21h30. Massages 40 mn-2h.* Différents massages, tous de bon niveau : orientaux (dynamiques), à l'huile (plus doux), aux herbes ou partiels (tête, visage, pieds). Un des meilleurs rapports qualité-prix de la ville pour un massage oriental.

■ ***Peninsula Sauna & Massages*** *(zoom F1,* ***23****) : Souvanhakhampong Rd, wat Xieng Thong.* ☎ *25-34-11.* 📱 *020-556-752-82. Tlj 9h-21h.*

Sauna et massages. Les masseurs qui travaillent ici ont été formés par Mme Somchit, qui mène son affaire avec efficacité. Pour de vrais massages laos traditionnels de qualité, mais très, très toniques (mieux vaut être prévenu !).

■ ***M.K Massage*** *(plan d'ensemble C3,* ***24****) : à côté de la Maison Dalabua. ☎ 25-32-08. • mkspaluangprabang.net • Massages 1h-1h30. On paie avt le soin.* Massage thaï, ayurvédique, aux herbes, partiels, gommage, pédicure, manucure... toute une gamme de bienfaits.

Actions humanitaires

■ ***L'ASAS :*** *• lasas.ch •* Association suisse tournée vers les enfants en milieu rural. Elle travaille par exemple en partenariat avec la bibliothèque de la ville pour favoriser la lecture dans les villages. Elle assure le transport scolaire des enfants isolés, distribue des produits d'hygiène et du matériel scolaire. Récemment, elle a ouvert en ville un musée des sciences, le *Discovery Centre* (lire plus loin la rubrique « À voir »).

■ ***Les Enfants du Laos :*** *• enfantsdulaos.com •* Par son activité, l'agence *ORLA Tours* (voir plus haut) sillonne nombre de villages. Elle a pu identifier des besoins, notamment en matériel scolaire et éducatif et faire le constat que les jeunes des campagnes, privés de l'outil informatique, trouvaient difficilement un emploi en ville. Une école équipée d'ordinateurs a ouvert dans un village au nord de Luang Prabang. Vous pouvez suivre leurs actions et faire un don sur leur site.

■ ***Big Brother Mouse*** *(zoom F1,* ***25****) : Phayameungchan Rd. • bigbrothermouse.com • Tlj 8h-19h.* L'association a été créée en 2006 pour faire découvrir la lecture aux jeunes, dans un pays où la tradition orale prime et où les portables laissent aujourd'hui peu de chance de voir émerger la culture de l'écrit. Elle rédige des livres pour enfants, les édite et les diffuse dans les villages à travers des *book parties* très populaires. Leur siège à Luang Prabang est aussi un lieu de conversation entre anglophones et Laotiens *(9h-11h, 17h-19h).*

Divers

■ ***Laveries :*** on en trouve partout, dans les *guesthouses* ou dans les ruelles descendant vers le Mékong où sont concentrées les hébergements pour routards.

Où dormir ?

Dans le centre historique, autour de la rue Sisavang Vong (zoom et plan d'ensemble C-D2-3)

Très bon marché (moins de 100 000 kips / 12 $)

■ ***Viradesa Guesthouse*** *(plan d'ensemble C2,* ***30****) : Ban Wat That. 020-565-808-80. Dortoir « très bon marché », doubles avec sdb et clim « bon marché ». Petit déj servi.* La pension est un amalgame de bâtiments imbriqués au bord d'une venelle qui descend vers le fleuve. 1 dortoir de 4 lits avec salle de bains extérieure et ventilo, intéressant pour les petits budgets. Les doubles bénéficient de la clim et d'une salle de bains privée. Ambiance auberge de jeunesse.

■ ***Suan Keo Guesthouse*** *(plan d'ensemble C2,* ***31****) : Ban Wat That. ☎ 25-47-40 ou 25-44-04. Doubles avec sdb, ventilo ou clim. Pas de petit déj. Fourchette hte.* Chambres réparties dans 2 maisons, la plupart carrelées ou parquetées, avec eau chaude. Le 1er étage, tout en bois, possède un certain charme (ventilo seulement). Mieux vaut toutefois ne pas tomber sur un voisin qui ronfle (parois minces). Ensemble propre et accueil avenant.

■ ***City Backpackers*** *(zoom D2,* ***32****) : Ounheuan Rd. Au fond d'une allée. 020-959-148-20. Dortoirs 4-10 lits.*

Petit déj compris. Bon emplacement pour cet *hostel* qui propose des chambres petites et basiques, aux couchages bien fermes. Certains dortoirs possèdent une salle de bains, tous un ventilo et la clim. Pas un charme délirant, mais pour le prix, ça dépanne.

Bon marché (100 000-200 000 kips / 12-24 $)

■ ***Thepavong Guesthouse*** *(plan d'ensemble C2,* ***33****) : Ban Houaxieng, près de Kaemkong Rd. 020-553-144-59. • magnoula_moly@hotmail.com • Doubles avec ventilo ou clim. Pas de petit déj, mais café, thé et eau gratuits.* Ce lieu verdoyant est tenu par un vénérable papi, qui parle un peu le français. Il propose des chambres de taille modeste, bien tenues, avec un balcon pour celles de l'étage. Celles du rez-de-chaussée, près du hall, sont logiquement plus bruyantes. On aime le petit jardin à l'avant qui donne envie de se poser. Bon rapport qualité-prix. Propose également des vélos, scooters et des transports en bus.

■ ***Tha Heua Me Guesthouse*** *(plan d'ensemble C2,* ***34****) : Khem Kond Rd (Souliyavongsa Rd). 020-776-655-52 ou 020-553-311-53. • thaheuame@gmail.com • Doubles avec sdb et clim. Fourchette hte.* Face au Mékong, une maison familiale de 6 chambres seulement, dont 4 à l'étage, à privilégier (la 999 offre une vue sur le fleuve). Parquet, tissus laotiens, vraiment impeccable pour le prix.

■ ***Sengphet Guesthouse*** *(plan d'ensemble C2,* ***35****) : Ban Houaxieng. ☎ 25-35-34. 020-557-702-98. Doubles avec sdb privée (« bon marché ») ou commune (« très bon marché »), ventilo ou clim. Pas de petit déj, mais thé, café et bananes à dispo.* Dans une ruelle calme, une maison qui dégage une sympathique intimité. D'une grande simplicité, les chambres sont assez petites, et certaines du rez-de-chaussée donnent sur un mur (l'étage est plus lumineux), mais la propreté est indéniable. Attention, salle de bains commune uniquement au rez-de-chaussée : pas pratique pour les chambres qui se trouvent à l'étage. Bons lits, bon accueil et atmosphère familiale. Petite terrasse ombragée juste devant. Vélos.

■ ***Rattana Guesthouse*** *(plan d'ensemble C2,* ***36****) : 3/2, Kok Sack Rd, Ban Wat That. ☎ 25-22-55. 020-555-709-97. • tisouk@yahoo.com • Doubles avec sdb, ventilo et clim et TV câblée ; petit déj en plus.* 2 petits bâtiments mitoyens (l'un en bois, l'autre moderne) offrent de modestes chambres, notamment au rez-de-chaussée de l'ancienne bâtisse, où certaines ne possèdent pas de fenêtre. Rien à dire pour celles de l'étage. Équipement correct. Réception anglophone et patronne francophone, qui vous donnera plein d'infos, si elle est là. Atmosphère familiale. Services de laverie, location de minivan (avec chauffeur).

■ ***Heritage Guesthouse*** *(zoom E1-2,* ***37****) : 66/6, Ban Xieng Mouane. ☎ 25-25-37. • moradok2003@yahoo.com • Doubles sans ou avec clim.* Une adresse qui présente le double avantage d'être au centre, tout en étant au calme. Dans une ancienne demeure, des chambres un peu petites, avec salle de bains. Évitez celles du rez-de-chaussée, bien humides, et privilégiez celles à l'étage, même si elles sont un peu plus chères. On aime bien le petit charme qui s'en dégage. Accueil aimable.

■ ***Phonemaly Guesthouse*** *(plan d'ensemble C2,* ***38****) : 031/2 Ban Houaxieng. ☎ 25-35-04. 020-556-706-45. Doubles avec sdb, clim, frigo, TV câblée, mais pas de petit déj (café et bananes en libre-service).* Ancienne maison tout en bois, dont le balcon couvert à l'étage dessert des chambres propres et correctement équipées, plus lumineuses que celles du rez-de-chaussée (au même prix). Le patron parle l'anglais.

Prix moyens (200 000-400 000 kips / 24-48 $)

■ ***Lao Lu Lodge*** *(plan d'ensemble C2,* ***39****) : Ban Pakham. ☎ 25-56-78. • laolulodge.com • Doubles avec sdb et clim, petit déj compris.* Une maison dans une ruelle piétonne, au bord d'un jardin luxuriant, qui abrite des

LE LAOS

chambres confortables, plutôt spacieuses, propres et soignées. On apprécie la déco à base de tissus laotiens. Quelques tables pour se poser à l'extérieur. Bon accueil. Une adresse où le souci de bien faire semble permanent. Un excellent rapport qualité-prix, juste à côté du marché du matin. M. Bo, le propriétaire, possède aussi une agence de voyages sérieuse.

View Khem Khong Guesthouse *(zoom D1,* ***40****) : 01/10, Ban Xieng Mouane, Mekong Rd (Khem Kong Rd). 030-515-50-74. • viewkhemkhong guesthouse.wordpress.com • Doubles avec sdb et clim, petit déj en sus.* Face au Mékong, une maison traditionnelle constituée de petites chambres calmes et propres. Au rez-de-chaussée, comme souvent, elles sont plus sombres. L'ensemble est bien tenu par Éric, un Français. Repas (du petit déj au dîner) servis en terrasse sur la rive dominant le fleuve.

Chitdara 2 Mekong *(zoom E1,* ***41****) : 18/02, Mekong Rd (Khem Kong). ☎ 21-28-86. • villachitdara2.com • Petit déj inclus.* Face au Mékong, une ancienne maison convertie en *guesthouse.* Seulement 5 chambres avec vue sur le fleuve pour 3 d'entre elles (les plus chères). Dommage toutefois qu'il n'y ait pas de véritable terrasse ni de jardin pour se poser. Alex, le sympathique patron laotien, parfaitement francophone, possède aussi l'agence *Shompoo Cruise* (lire plus loin dans le chapitre « Le Nord », « Navigation sur le Mékong »).

Sokxai Residence *(zoom F1,* ***42****) : Sakkarine Rd. ☎ 25-43-09. 020-960-182-22. Petit déj inclus.* Dans la rue principale, mais au calme, cette maison à l'architecture traditionnelle rénovée abrite une poignée de chambres assez petites, à la déco sobre, égayées par de jolis tissus laotiens. Salle de bains basique. Matelas plus ou moins fermes selon les chambres. Vue sur les temples pour certaines chambres, ainsi que depuis le balcon commun situé à l'étage. Le petit déj se prend sur la terrasse, au bord de la rue. Accueil aimable.

Saynamkhan Hotel *(zoom E2,* ***43****) : Ban Wat Sene. ☎ 21-29-76. • saynamkhanhotel-luangprabang.com • Doubles sans ou avec vue sur la rivière, petit déj inclus.* Chambres réparties au sein de 2 maisons à proximité de la Nam Khan. Certaines sont un peu exiguës. On a un petit faible pour les chambres aménagées dans l'ancienne demeure en bois. Préférez celles de l'étage : au rez-de-chaussée, elles sont humides, surtout les salles de bains. Les plus chères bénéficient d'une vue sur la rivière et d'un balcon pour en profiter. Loue des vélos.

Un peu plus chic (320 000-550 000 kips / 38-65 $)

Le Bougainvillier *(plan d'ensemble C2,* ***44****) : Ban Pakham. 020-954-912-41. • bougainvillier-lp.com • Doubles avec sdb, clim et frigo, petit déj inclus.* Au cœur de la vie laotienne, juste devant le marché du matin. Chambres accueillantes et bien équipées, réparties dans 2 maisons de part et d'autre du jardin. Délicieux petit déj (hmm, le tapioca au lait de coco !) servi en terrasse. Parfait avant d'entamer la découverte de la ville. L'équipe franco-laotienne est d'ailleurs de très bon conseil sur les visites et excursions alentour (elle connaît les prestataires sérieux). On peut aussi se poser avec une B.D. ou l'un des nombreux livres sur le Laos de la belle bibliothèque, tranquillement installé dans le jardin, en admirant le mont Phousi. Un très bon rapport qualité-prix. Bref, une petite adresse comme on les aime.

Villa Chitdara *(zoom E1,* ***45****) : Ban Wat Nong. ☎ 25-49-49. • villachitdara.com • Doubles avec sdb, clim et ventilo, petit déj inclus.* Dans ses maisons en bois à la belle architecture, la sympathique propriétaire franco-laotienne accueille ses hôtes avec attention. Elle propose des chambres de bon confort (literie de qualité, balcon ou terrasse privée, les plus récentes sont plus spacieuses). Le petit déj se prend sur une belle terrasse en bois. Le quartier est plaisant, la rue calme et l'endroit a de l'allure. Prêt de vélos. Une adresse où l'on se sent bien.

Villa Senesouk *(zoom E1,* ***46****) : Sakkarine Rd, face au wat Sene. ☎ 21-20-74. 030-992-305-95.*

LE LAOS

• luangphabang.com/senesouk • Doubles avec sdb, ventilo et clim. « Prix moyens » pour les moins chères. Pas de petit déj (mais thé et café à dispo). Dans le quartier historique, une jolie maison ancienne, bien rénovée. Bon accueil d'une famille laotienne. Au 1er étage, les chambres sont plus chères et un balcon commun donne sur la pagode de l'autre côté de la rue. D'autres chambres sur la cour à l'arrière, plus calmes. La bonne tenue de l'ensemble et la régularité d'année en année en font une adresse de choix.

Villa Saykham *(zoom E1-2, **37**) : Watthana Rd, à côté de l'Heritage Guesthouse. ☎ 25-42-23. • villa saykham@laopdr.com • Doubles avec sdb et clim ; également des familiales pour 3 et 4. Petit déj inclus.* Bien placé et plutôt au calme, même si le monastère qui jouxte l'hôtel assure de temps en temps un réveil matinal... Les chambres, bien tenues et à la déco traditionnelle, sont réparties dans 2 bâtiments. Comme toujours, préférez celles en étage. Juste un bémol sur le petit déj, frugal.

De chic à très chic (plus de 550 000 kips / 65 $)

Indigo House *(plan d'ensemble C2, **47**) : rue Sisavang Vong, Ban Pakarm. ☎ 21-22-64. • indigohouse.la • Résa conseillée (souvent complet). Doubles 70-85 $. Transfert aéroport aller-retour gratuit si résa en direct.* Un hôtel moderne à l'architecture plaisante, et, surtout, de belles chambres spacieuses et tout confort dans les tons bleutés, au style élégant et sobre tout à la fois. Plaira à ceux qui souhaitent résider directement au cœur de l'animation. Café-resto et petite boutique au rez-de-chaussée.

Sala Prabang *(zoom D1, **48**) : 102/6, Ounkham Rd, Ban Xieng Mouane. ☎ 25-24-60 ou 25-40-87. • salalao boutique.com • Doubles avec clim 65-80 $, petit déj inclus. Également des studios.* Le patron est architecte d'intérieur, le résultat est plutôt réussi. Demeure du XIXe s restaurée en hôtel de charme : boiseries, beaux carrelages anciens (français !), simplicité, confort et élégance. Quelques chambres donnent sur le Mékong (avec balcon et vue superbe), les autres sur l'arrière (plus petites et plus calmes, les moins chères). Le succès aidant, il s'est enrichi d'annexes dans d'autres maisons du quartier. Attention, certaines sont vraiment exiguës. Accueil charmant. Terrasse au bord du fleuve pour le petit déj.

The Apsara *(zoom E1, **49**) : rue Kingkitsarath, Ban Wat Sene. ☎ 25-46-70. • theapsara.com • Doubles 95-145 $, petit déj et taxes compris.* Un hôtel de charme en surplomb de la Nam Khan, avec vue sur les collines et qui la joue design décontracté, d'ailleurs les parties communes se révèlent plutôt quelconques. En revanche, les 2 bâtiments abritent des chambres spacieuses avec sol en bois rouge. Dans l'édifice principal, on trouve les *superior*, équipées de lits immenses tant en largeur qu'en hauteur. Toutes sont décorées dans le style colonial avec quelques notes modernes (mais pas de TV) et celles de l'étage possèdent une vue sur la rivière. Vélos à dispo. Restaurant sur place.

The Belle Rive Hotel *(zoom E1, **50**) : 99, Ban Phon Heuang. ☎ 26-07-33. • thebellerive.com • Doubles 95-160 $, également des suites. + 10 % de taxes. CB acceptées (avec commission).* Situation exceptionnelle pour ces belles maisons coloniales posées au bord du Mékong. Elles abritent 13 chambres spacieuses à la déco à la fois cosy et raffinée, toutes différentes et bénéficiant de tout le confort. Toutes profitent d'une vue sur le fleuve. Grandiose ! Prêt de vélos et excursions organisées. Bon resto (voir plus loin « Où manger ? »).

Spécial folie

Les 3 Nagas *(zoom E1, **51**) : 97/5, rue Sakkarine, Ban Wat Nong. ☎ 25-38-88. • 3-nagas.com • Au milieu de la péninsule, très bien situé. Doubles 220-380 $; également des suites.* Une belle maison coloniale rénovée avec raffinement et attention, tant pour les matériaux que pour les détails : le bois ici est roi. Tout confort

LE LAOS

évidemment (salles de bains vraiment superbes), et la plupart des chambres disposent d'un balcon privé (et/ou d'une terrasse), d'un petit salon et parfois d'un lit à baldaquin. Un autre bâtiment de l'autre côté de la rue, tout aussi ancien et tout aussi joliment restauré, abrite une partie des chambres. Restaurant sur place. Possibilité de profiter de la piscine de l'hôtel *Sofitel*, situé à l'extérieur de la péninsule.

Maison Souvannaphoum Hotel *(plan d'ensemble C3, **52**) : rue Phothisarath (ou Suranaphoum), dans le prolongement de la rue Sisavang Vong, au niveau de la fontaine. ☎ 25-46-09. • angsana.com • Doubles 200-250 $, petit déj inclus.* Ancienne villa princière superbement rénovée, dans un parc-jardin élégant. Tout a été refait dans des tons clairs modernes, mariant design et tradition laotiens dans le mobilier et la décoration. Tout confort, évidemment, et service très professionnel, mais les salles de bains, plutôt raffinées, sont petites pour le standing. Autant le savoir, atmosphère chicos et quelque peu empesée ! Dispose également d'un spa et d'une piscine, malheureusement sans véritable espace autour. Quant au resto, il propose une carte à prix beaucoup plus raisonnables.

LE LAOS

Ban Aphai et autour de la rue Visounnarath *(plan d'ensemble C-D-E2-4)*

De très bon marché à bon marché (moins de 200 000 kips / 24 $)

Vongprachan Hostel *(plan d'ensemble D-E3, **21**) : Visounnarath Rd. 📱 020-914-589-78. Dortoirs 6-10 lits mixtes et pour filles ; clim, ventilo et petit déj inclus. « Très bon marché ». À ne pas confondre avec la* Maison Vongprachan *juste en face, catégorie « un peu plus chic ».* L'établissement a 2 atouts majeurs : son excellent emplacement et la propreté des lieux... Même si l'accueil est souvent en v.o. et le flux de routards qui y transitent important, le personnel se met en quatre pour vous aider. Tous les classiques du genre : casiers, transferts, location de scooters, excursions... et les plus : terrasse sur le toit et billard gratuit.

Sysomphone Guesthouse *(plan d'ensemble E3, **53**) : 22/4, Ban Visoun. ☎ 25-23-25. 📱 020-525-123-66. La plupart des chambres sont « très bon marché », celles avec sdb et clim « bon marché » ; petit déj possible.* Au fond d'une impasse, dans un quartier tranquille et pourtant près du centre-ville. Des chambres assez sommaires et au charme limité, reparties dans 2 bâtiments. Dans le 1er, elles ont des parois en bois, des sanitaires communs, un ventilo si on ajoute quelques kips. Dans le 2d, elles sont plus récentes, un peu plus chères aussi. Attention, au rez-de-chaussée, elles peuvent sentir l'humidité.

Thavisouk Guesthouse *(plan d'ensemble D3, **54**) : Phamahapasam Rd. 📱 020-961-894-18. Haut de la fourchette « bon marché ».* Chambres simples avec ou sans clim et salle de bains carrelée. En choisir une située dans le bâtiment à l'arrière car la rue est bruyante dès les premières heures de la journée.

Prix moyens (200 000-400 000 kips / 24-48 $)

Cold River *(plan d'ensemble E3, **55**) : 01/5, Ban Meuna. 📱 020-9881-55-28. • coldriverluangprabang.com • Doubles avec sdb, ventilo et clim. Également des familiales. Petit déj compris avec thé et café locaux.* Au fond d'une impasse, à l'abri de la circulation, une adresse tenue par Ruddy et Marion, une famille française très sympa. On aime bien la déco des chambres, sobre et lumineuse, réhaussée par un design hmong original. D'autant plus agréable que la plupart profitent d'une vue partielle ou totale sur la Nam Khan. Le meilleur rapport qualité-prix ? Les standard avec balcon (mais petite salle de bains). Et ici, on pense écologie en favorisant l'usage d'une gourde remplie d'eau filtrée (à dispo dans chaque chambre) pour remplacer les polluantes bouteilles en plastique.

L'ambiance relax alliée au confort et à l'excellente tenue générale font du lieu une vraie *guesthouse* dans l'esprit, se rapprochant d'un hôtel par la qualité des prestations. Un très bon point de chute.

Vilay Vanh Guesthouse *(plan d'ensemble E3,* ***56****) : Ban Aphai. ☎ 25-27-57. 020-555-476-96. Fourchette basse.* Quartier agréable et populaire de vénérables demeures en bois et coqs matinaux, le tout noyé dans la végétation. Autre qualité, proche de l'*Utopia,* le café le plus insolite de la ville ! Maison en bois dans un jardin, offrant des chambres propres et de confort correct. Clim, TV câblée. Seules celles au rez-de-chaussée ne bénéficient pas d'une vue terrible. Bon accueil.

Sabaidee Guesthouse *(plan d'ensemble C3-4,* ***57****) : 91, Ban Mano. ☎ 25-31-43. • sabaidee-hotel.com • Doubles avec sdb, ventilo ou clim certaines avec frigo. Petit déj inclus. Fourchette basse.* À proximité du wat Monorom. Suffisamment en retrait de la rue pour ne pas être importuné par la circulation. Les chambres sont carrelées, classiques et parfaitement tenues. Préférez les standards, les 2 *deluxe* au rez-de-chaussée ont vue sur un mur... Prêt de vélos. Accueil sympathique, parfois en français.

Villa Sayada *(plan d'ensemble E3,* ***58****) : Ban Aphai, Phommathat Rd, en face du wat Visounnarath (Visoun pour les intimes). ☎ 25-48-72. • villasayadalaos@gmail.com • Doubles standard ou deluxe avec sdb et clim.* Une très jolie *guesthouse* en bois, tenue par un Japonais anglophone, qui abrite de vastes chambres avec mobilier et linge de maison raffinés et petites touches de soie colorée en guise de déco. Les standard se trouvent à l'arrière et donnent sur le petit jardin ; ça tombe bien, sur rue, les chambres sont bruyantes. Petite préférence pour celles en étage. Certaines doubles assez grandes conviendront parfaitement aux familles (ou aux amis). Balcon privé et/ou petite terrasse.

Villa Luang Sok Xay *(plan d'ensemble D2,* ***60****) : Phousi Rd. 020-522-211-14. • villa-luangsokxay.com • Dans une ruelle, vers la rivière. Doubles avec sdb, clim. Pas de petit déj, mais thé et café à dispo.* Petit hôtel sur un étage, dans un coin animé qui compte pas mal de bars (mais à 23h30, tout le monde rentre chez soi). Une poignée de chambres d'un certain charme et bien équipées : déco soignée, grand lit, TV câblée, service de linge, etc. Grand balcon collectif au carrelage en damier. Prêt de vélos.

D'un peu plus chic à chic (320 000-800 000 kips / 38-94 $)

Villa Oasis Luang Prabang *(plan d'ensemble D3,* ***61****) : Setthatirah Rd, dans une petite impasse perpendiculaire à la rue Visounnarath. 020-974-520-59 et 020-979-842-79. • mrhoangvillaoasis@gmail.com • Catégorie « Un peu plus chic ». Petit déj inclus.* En face d'un petit étang où fleurissent des lotus, une douzaine de chambres avec terrasse ou balcon privé. Les standard sont plus anciennes, mais au même prix que les plus récentes décorées de belles photos. Tout confort et calme absolu que seuls viendront perturber quelques cris d'oiseaux ou de gallinacées. Petite terrasse au bord de l'eau pour bouquiner ou prendre un verre. Une vraie petite oasis.

Sanctuary Hotel *(plan d'ensemble D3,* ***62****) : Kitsarath Setthathirat Rd. ☎ 21-37-77. • sanctuaryhotelsandresorts.com • Catégorie « Chic », limite « Très chic » en hte saison. Petit déj inclus.* À 2 pas du centre, l'hôtel fut construit à l'emplacement des anciennes écuries royales, avant de devenir un hôpital chinois. Aujourd'hui, ces jolis bâtiments de style colonial aux boiseries sombres (celui de la réception est même classé), bordent un paisible étang où des lotus ont pris leurs aises. Les palmiers et gommiers du parc s'y miroitent aussi. Les chambres, toutes dotées d'un balcon ou d'une terrasse de plain-pied, sont de taille moyenne, bien agencées et équipées : sols de terre cuite et couleurs douces aux murs. Personnel attentif et prestations vraiment de qualité.

Un peu plus loin du centre

De bon marché à prix moyens (100 000-400 000 kips / 12-48 $)

Suan Phao *(plan d'ensemble B4,* **63***) : 234/4 Ban That Luang. ☎ 252-847. 020-551-707-52. À 15-20 mn à pied du centre. Fourchette basse de « bon marché ». Pas de petit déj. Résa conseillée.* Si la densité des adresses de la péninsule vous accable, alors direction la campagne, dans ce jardin où sont alignées quelques chambres au très bon rapport qualité-prix. Elles possèdent toutes une salle de bains et une terrasse, des lits fermes, la clim ou un ventilo. Le patron est francophone. Autre atout : le terrain de pétanque juste à côté pour se mesurer au talent des Laotiens. Ne pariez pas trop de bières !

Singharat Guesthouse *(plan d'ensemble B3,* **59***) : Noradteh Rd (ban Thad Luang). 020-596-419-23. • singharatguesthouse@hotmail.com • Doubles avec sdb, clim ; dans les étages, balcon privé ou commun ; petit déj inclus.* Il a vraiment du charme ce quartier avec ses demeures transformées en riches hôtels. Cette *guesthouse* est une bonne option pour y séjourner sans trop se ruiner. Les chambres y sont de taille honorable. Déco soignée où le mobilier en bois foncé donne du peps au lieu. Accueil gentil.

Un peu plus chic (360 000-550 000 kips / 42-65 $)

Thongbay Guesthouse *(hors plan d'ensemble par F4,* **64***) : Ban Vieng May, Vat Sakem. ☎ 25-32-34. • thongbay-luangprabang.com • Transfert gratuit avec le centre plusieurs fois/j. ; sinon, on peut y aller en marchant 20 mn ou louer un vélo. Prix « chic » en hte saison pour les bungalows face à la rivière.* Une *guesthouse* en surplomb de la rivière tenue par un couple suisse allemand-lao. Les bungalows en bois sont bien arrangés et intégrés à leur environnement, la végétation abonde et une piscine vient rafraîchir l'ensemble. Bref, calme et verdoyant, on se croirait en pleine nature et, pourtant, on n'est qu'à quelques coups de tongs de l'animation. Atmosphère sympathique. Resto sur place. Une de nos plus belles adresses.

Le Vang Bua Villa *(plan d'ensemble E2,* **65***) : de l'autre côté de la Nam Khan. ☎ 21-29-31. • levangbuavilla.com • Doubles avec sdb et clim, les deluxe avec balcon à prix « chic », petit déj compris. Navette et prêt de vélos.* Un hébergement dans ce village tranquille, pour ceux qui privilégient la piscine au charme. Les chambres, bien qu'un peu sombres et sans vue, sont correctement équipées. Accueil en français de Kek.

De chic à très chic (plus de 550 000 kips / 65 $)

Maison Dalabua *(plan d'ensemble C3,* **66***) : Phothisarath Rd, Ban That Luang. ☎ 25-55-88. • maisondalabua.com • Doubles 90-140 $; bungalows autour de 200 $, petit déj inclus. À 10 mn à pied de la péninsule.* Aidée par une équipe de Français, Toune a transformé son ancienne maison de famille en un bel endroit pour passer un séjour au calme parfait. On accède aux chambres par un ponton en bois qui serpente au-dessus d'un petit étang paysager dans lequel fleurissent des lotus (*Dalabua* signifie « princesse des lotus »). Le lieu est paisible et verdoyant. En plus des 3 bâtiments, elle a fait démonter puis remonter ici plusieurs maisons traditionnelles laos sur pilotis avec terrasse *(overwater bungalows).* Elles abritent les plus belles chambres (et les plus chères). Sinon optez pour celles en étage qui surplombent les bassins de lotus. La vue y est superbe. Très bon petit déj (confiture maison, café bio, etc.). Piscine, spa, massages et prêt de vélos.

My Dream *(plan d'ensemble E2,* **67***) : de l'autre côté de la Nam Khan. On y accède par le vieux pont à 2-roues ou à pied (ne pas avoir le vertige), sinon navette de l'hôtel et prêt de vélos. ☎ 25-28-53. • mydreamresort.com • Doubles 70-110 $, bungalows et villas*

100-135 $. Petit déj inclus. Également des unités familiales avec 2 chambres. On est ici dans un village, très proche de la ville, mais plus au calme et gros atout : 2 piscines dans un cadre nature à la fois élégant et charmant pour un prix encore sage. Idéal pour se relaxer après avoir arpenté le pays. Certaines chambres, en bois et bambou, profitent d'une vue sur la rivière et le jardin juste devant ; d'autres, plus bétonnées, donnent sur une piscine. Toutes possèdent un très bon niveau de confort. Ensemble vraiment agréable, à l'image de l'accueil.

Villa Maydou *(plan d'ensemble E3,* ***68****) : Ban Meuna. ☎ 25-46-01 ou 02. • villamaydou.com • À 2 pas du vieux pont piéton et 10-15 mn de la péninsule à pied, au bout d'une allée. Doubles « très chic » 95-120 $, petit déj compris. Resto sur place. Prêt de vélos.* Dans un séduisant jardin tropical, tout à côté d'un vénérable temple (gong le matin de bonne heure à portée d'oreilles certaines chambres !), 5 grandes demeures de style traditionnel, dont 2 classées, restaurées avec goût et offrant de superbes chambres tout confort (mais pas de TV). Les 3 autres sont récentes. Bois précieux et mobilier de style colonial, peintures, tissus hmong sur les lits. Également une maison avec 3 chambres à louer en entier. L'ensemble possède beaucoup de charme. Accueil francophone la plupart du temps. Un lieu empreint d'une atmosphère sereine. L'une de nos belles adresses.

Parasol Blanc *(plan d'ensemble B4,* ***69****) : 11, Phouvao Rd, Ban That Luang. ☎ 252-124. • parasol-blanc.com • Doubles 80-140 $, petit déj compris. À 15-20 mn à pied du centre ; vélos prêtés par l'hôtel.* Au calme, dans une des zones humides de la ville, si importantes sur le plan urbain et écologique, ce très beau jardin de cocotiers et bananiers s'étend autour d'un bassin de lotus où barbotent des canards. Aujourd'hui protégé par l'Unesco, il occupe une ancienne carrière qui servait autrefois à fabriquer des briques pour les temples. On l'admire depuis le balcon des chambres tout confort, aménagées dans de beaux bâtiments. Admirez les tuiles en bois qui les coiffent ; elles datent du début du XXe s. Un endroit de charme, assurément. Bon accueil en français du patron. Resto sur place.

Spécial coup de folie

Satri House *(plan d'ensemble B3,* ***70****) : 57, rue Phothisarath, Ban That Luang. ☎ 25-34-91. • satrihouse.com • Double 280 $ en hte saison, petit déj inclus ; également des suites. À 10-15 mn à pied de la péninsule.* Tout bonnement superbe ! Dans un jardin agréablement dense, pas moins de 7 magnifiques bâtiments, dont l'un d'époque coloniale, construit au début du XXe s, est classé au Patrimoine mondial de l'Unesco. L'ambiance se rapproche bien plus d'une maison d'hôtes de luxe et de charme que d'un hôtel. Toutes les chambres sont différentes, décorées de meubles et bibelots anciens, dotées de vastes salles de bains originales très réussies. Devant la maison principale, terrasse accueillante, et chaises longues autour des 2 piscines. Également un bassin aux lotus. Superbe spa.

The Luang Say Residence *(hors plan d'ensemble par B4,* ***71****) : 4-5, Ban Phonepheng. ☎ 26-08-91. • luangsayresidence.com • Doubles 180-500 $; voir les offres sur Internet.* Les grandes chambres avec terrasse sont réparties dans 8 maisons d'inspiration coloniale. Très belle piscine entourée de teck, et parasols identiques à ceux autrefois utilisés par les explorateurs perchés sur les éléphants. Quant à la maison de maître et son porche monumental, elle abrite, outre une poignée de chambres, un élégant hall atrium circulaire, un restaurant, une bibliothèque et une véranda. Bois exotique, lin, soie... se conjuguent pour parfaire le raffinement de l'hôtel, sur lequel plane encore l'esprit des explorateurs du XIXe s.

Villa Maly *(plan d'ensemble C3,* ***72****) : Ban That Luang, Thammanikalat Rd. ☎ 25-39-03. • villa-maly.com • Doubles 100-280 $, excellent petit déj inclus. À 10 mn à pied de la péninsule.* Dans l'ancienne résidence réaménagée de la princesse Khampieng et du prince

LE LAOS

Khamtan, le petit-fils du roi Zakarine au XIXe s. Des chambres au style colonial, tout confort, plus ou moins spacieuses, dont la plupart entourent la piscine centrale. Mais ce qu'on apprécie surtout, ce sont l'accueil et toutes les petites attentions accordées aux hôtes. Prêt de vélos. Prix toutefois surévalués en haute saison.

The Apsara Rive Droite *(zoom F2, **73**) : Ban Phanluang. ☎ 21-30-53. • theapsara.com • Accès par le pont ou en bateau depuis l'autre hôtel* Apsara *situé sur la péninsule. Doubles env 200 $ en hte saison, petit déj inclus.* Un peu excentré, certes, mais quel cadre ! Seulement 9 chambres spacieuses et archi-confortables, avec vue sur les beaux jardins ou la rivière depuis la terrasse ou le balcon. Une piscine, un resto et un bar viennent compléter le tableau.

Où manger ?

Dans le centre historique, autour de Sisavang Vong (plan d'ensemble C2 et zoom)

Bon marché (moins de 30 000 kips / 3,50 $)

Comme partout au Laos, il est possible de se restaurer à très bon compte ***sur les étals des marchés.*** Le soir venu, entre 17h et 22h environ, en bas de la rue Kitsarath Setthathirat *(plan d'ensemble C2),* des étals proposent des plats cuisinés à emporter. D'autres étals dans une ruelle longeant l'hôtel *Indigo (plan d'ensemble C2, **47**),* aux mêmes heures. Longues tables avec toile cirée, où l'on déguste poulet ou cochon laqué dans des feuilles de bananier, poissons grillés au charbon de bois. Stands végétariens également.

Petit resto sans nom *(zoom E1, **80**) : face au wat Sene. Tlj 7h30-22h.* Pour un petit déj traditionnel ou une pause entre 2 visites, on avale vite fait une soupe de nouilles au porc ou au bœuf, sans se ruiner.

Phonheuang Café *(zoom E1, **81**) : Ban Phon Heuang. Tlj 9h30-21h.* Au bord d'une rue calme, l'équipe féminine concocte des plats thaïs, vietnamiens (bon *bô bun*) et laos (*kaiphean, sukiyaki* : des nouilles aux légumes et viande, frits ou en soupe). Très bon rapport qualité-prix. Service discret sur la petite terrasse couverte.

Prix moyens (30 000-60 000 kips / 3,50-7 $)

Tamarind *(zoom E1, **82**) : le long de la rivière Nam Khan. ☎ 21-31-28. 📱 020-777-704-84. Tlj sauf dim 11h-16h, 17h30-21h. Résa fortement conseillée.* La jolie salle décorée de belles photos s'ouvre sur une agréable petite terrasse en surplomb de la rue. Dans l'assiette, cuisine lao par excellence. Grande spécialité : le *lao BBQ fish feast*... Ne vous privez pas d'un délicieux dessert : riz gluant à la noix de coco, au sésame et à la banane, banana split, yaourt et sauce tamarin... Comme boisson, on peut opter pour un jus au tamarin, à la cannelle, au jujube... Très bon service. Petit coin épicerie. On peut aussi participer à un cours de cuisine dans un lieu enchanteur, à la campagne, ou se faire accompagner pour une virée sur le marché.

Bamboo Tree *(zoom E1, **83**) : Ban Wat Sene, Sakkarine Rd et Kingkitsarath Rd. ☎ 25-37-47. Tlj 9h-22h.* 2 salles, l'une au bord de la rue principale, l'autre, juste en contrebas, face à la Nam Khan, plus paisible. Dans les 2 cas, même cuisine goûteuse et joliment présentée qui décline quelques recettes originales laos de grande qualité. Propose aussi des cours de cuisine.

Café Toui *(zoom E2, **84**) : Ban Xieng Mouane, Watthana Rd. 📱 020-5657-67-63. Tlj 10h-22h.* Des plats délicieux et parfumés, dans la tradition, concoctés par un chef, un vrai ! *Laap,* curry, *mok pa* (poisson à la vapeur) et quelques plats végétariens. Une adresse qui a su s'imposer par la qualité de sa cuisine lao. Service souriant.

Rosella Fusion *(zoom F1, **85**) : au bord de la Nam Khan River. Tlj sauf dim 10h-22h30.* Superbe cadre paisible, verdoyant et ombragé pour une cuisine lao de grande qualité, servie généreusement. Quelques spécialités : le *tom yum pa* au poisson (bouillon parfumé à souhait), le *mok pa* (poisson à la vapeur), et surtout le *muu pad sikai,* porc à la citronnelle, poivre et basilic aux légumes de saison. Le tout, sans ajout de glutamate. Également quelques plats occidentaux. En prime, terrasse surplombant la rivière.

Bouang *(zoom E2, **86**) : Sisavong Vong Rd. Tlj sauf dim 11h30-21h30.* Salle colorée, tout en longueur, investie par les habitués comme par les touristes de passage. Et pour cause, la carte change régulièrement, au gré de l'inspiration de la cheffe française, toujours à la recherche de nouvelles associations. Elle concocte des plats qui transcendent les recettes laos traditionnelles. On se délecte de leurs fraîcheur, parfums et goûts. Bref, une cantine vite adoptée. Accueil en français.

Calao *(zoom E1, **87**) : Khem Kong Rd. ☎ 21-21-00. Tlj 10h-22h30. « Prix moyens », atmosphère plutôt chic.* Ça n'est pas, a priori, le genre d'endroit que l'on fréquente les baskets non cirées. Mais en investissant cette belle demeure de 1904, les proprios de *L'Éléphant* nourrissaient une ambition : « Une cuisine royale haut de gamme à prix abordables. » On y vient de jour pour profiter de la vue sur le Mékong depuis les 2 terrasses ou du balcon, le soir pour une atmosphère plus romantique. Quel que soit le moment, on déguste à la carte une cuisine lao raffinée (attention aux piments) avec une mention spéciale pour le service attentionné, pro et souriant. Une très bonne adresse.

Coconut Garden *(zoom D2, **9**) : Sisavang Vong Rd. ☎ 25-45-04. Tlj 10h30-23h (dernière commande).* Une escale qui fait le plein tous les jours en saison. On s'installe dans une cour donnant sur la rue, à l'intérieur, ou encore dans l'agréable jardin de l'autre côté. Dans l'assiette, plats laos, thaïs et européens savoureux et bien présentés. Desserts goûteux également.

Lounge bar. Une affaire qui roule, mêmes proprios que *L'Éléphant.*

Khaiphean *(zoom E1, **88**) : Ban Xieng Mouane, Watthana Rd. 030-515-52-21. Tlj sauf dim 11h-21h30 (fermeture de la cuisine).* L'ONG *Friends-International (● childsafe-international.org ●)* permet à des jeunes défavorisés de se former aux métiers de la restauration. Chaque élève fait équipe avec un prof et doit, avant tout, dépasser la barrière de la langue. À la carte des plats végétariens ou non, parfois originaux, mais demander les *specials* du mois, un peu moins chers. Cadre agréable et coloré. Petit coin boutique également.

The Belle Rive Terrace *(zoom E1, **50**) : 99, Ban Phon Heuang. ☎ 26-07-33. Tlj midi et soir jusqu'à 22h30. « Prix moyens », cadre et atmosphère « chic ».* Une des plus belles terrasses, au bord du Mékong. Abondamment fleurie, tables bien séparées (avec parasol). Cuisine sérieuse, avec une judicieuse utilisation des herbes (et modérée pour les piments). Ne pas manquer les quelques spécialités de la carte (assez courte) : le *sa pla* (poisson cuit aux herbes locales et citron vert), le *kaeng khiaw waan* (curry vert à la noix de coco, aubergine, citronnelle)... Addition raisonnable.

Café-resto Heuanchan *(zoom D2, **89**) : tlj 9h-17h.* Magnifique écrin de verdure pour ce café dans l'enceinte d'une belle demeure traditionnelle (se reporter plus loin à la rubrique « À voir »). Au menu, des plats laos bien dans la tradition (pour rester dans le thème), ainsi qu'un large choix d'infusions (certaines issues des plantes du jardin), jus de fruits et café.

Café Ban Vat Sene *(zoom E1, **90**) : Ban Wat Sene, Sakkarine Rd. ☎ 25-24-82. Tlj 6h30-22h30.* Même maison que *L'Éléphant* (voir plus loin). Prestations et déco soignées (peintures, beaux objets, mobilier tressé), dans une vénérable maison coloniale rénovée. Carte de snacks, quiches, tartes salées et de petits plats laotiens bien tournés, propres à quelques minorités ethniques (intéressant). Terrasse sympa. On aime aussi venir prendre son petit déj pour savourer de vrais croissants. Pas donné, mais si bon...

|●| *Tamnak Lao* *(zoom E1,* ***91****) : Ban Wat Sene, Sakkarine Rd. ☎ 25-25-25. Tlj 10h-22h.* Au bout de la presqu'île, dans un coin plus animé en journée que le soir, on s'installe en terrasse au bord de la rue ou au balcon pour choisir des plats typiquement laos parmi une carte longue comme le Mékong. Avantage : chaque spécialité est expliquée avec les ingrédients qui la composent... ça aide. Les assiettes arrivent ensuite, parfumées et à la présentation soignée. Le resto donne aussi des cours de cuisine.

|●| Ｙ *Café del Mundo* *(zoom D2,* ***92****) : Ounheuan Rd. ☎ 21-21-48. Tlj 7h-21h.* Le proprio flamand ne renie pas ses origines et propose aux palais fatigués des frites (belges) à arroser de quelques mousses trappistes, mais aussi des salades et autres burgers végétariens. Les plats laos ne s'en sortent pas mal non plus : bons *currys, laap* et *mok pa*, très joliment présentés. Petite terrasse sur le trottoir.

|●| *Un Petit Nid* *(zoom E1,* ***93****) : Sakkarine Rd. ☎ 26-06-86. Tlj midi et soir jusqu'à 22h30. Peut flirter avec la catégorie « Chic ».* Légèrement en contrebas, une grande et vénérable demeure de 1854. Salle ouverte, bien ventilée à la déco dépouillée, plus une terrasse. Cuisine lao typique... Sauces maison parfumées (et pimentées !) à souhait. Également pâtes et pizzas.

|●| *Pak Houay Mixay Restaurant* *(zoom E1,* ***94****) : Ban Xieng Mouane, Sothikhoummane. ☎ 21-22-60. Tlj 11h-14h, 18h-21h. Mieux vaut passer avt et réserver, car certains jours, on n'y reçoit que des groupes.* Un resto traditionnel dans une maison en bois et bambou ouverte sur les côtés. On vient surtout pour les recettes de la grand-mère qui n'ont pas changé d'un iota depuis l'ouverture de l'établissement il y a déjà un bail. Quelques spécialités : le curry de poisson aux chanterelles, l'*olam* (ragoût aux légumes), la traditionnelle saucisse de porc de Luang Prabang (c'est le moment ou jamais de la goûter !).

|●| *BBQ Buffet Mekong* *(plan d'ensemble C2,* ***95****) : Pakham Rd. Tlj 17h30-21h30. Buffet env 70 000 kips ; réduc enfants.* Son barbecue *(hot pot)* et son énorme buffet à volonté remportent un franc succès, tant auprès des familles chinoises que des touristes en appétit. Il s'agit d'une plaque chauffante sur charbon de bois pour faire cuire la viande et les fruits de mer, doublée d'un bassin circulaire dans lequel mijotent les légumes. Les serveurs gèrent les braises. On n'y vient plus pour la quantité que pour la qualité, moyenne. Ambiance populaire autour de grandes tablées.

De chic à très chic (plus de 60 000 kips / 7 $)

|●| *Tangor* *(zoom D2,* ***96****) : 63, rue Sisavang Vong. ☎ 26-07-61. 📱 020-956-072-62. Tlj 10h-23h30. « Chic », limite « très chic ».* Cadre cosy et lumière tamisée, de beaux tableaux ornent les murs. Les citations de Baudelaire et de Hemingway sur le vin expriment la philosophie des lieux. Dans ce resto tenu par Thibault et Marie, deux Français, on découvre une cuisine créative et joliment présentée. Carte plutôt courte, mais qui change régulièrement. Pour couronner le tout, bande-son sympa et agréable cour verdoyante à l'arrière, plus intimiste.

|●| *L'Éléphant* *(zoom E1,* ***97****) : Ban Wat Nong, Kounxoa Rd. ☎ 25-24-82. À env 100 m du Mékong, en face du wat Nong Sikhounmuang. Tlj 12h-14h30, 18h-22h30 (réserver). Plats 75 000-320 000 kips.* Dans un bâtiment des années 1960, avec une agréable terrasse (surtout le soir) et une grande salle aérée. Décor sobre et élégant tout à la fois. Clientèle à dominante occidentale et pléthore de serveurs. Cuisine élaborée et fine. Carte essentiellement française et un menu dégustation laotien d'un excellent rapport qualité-prix !

De l'autre côté de la Nam Khan, face au centre historique

Facilement accessible, par le frêle pont de bambou en saison sèche ou par bateau à la saison des pluies (dans les 2 cas : 5 000 kips).

|●| 🍸 *Dyen Sabai* *(zoom E2,* ***98****) : ☎ 41-01-85. 📱 020-551-048-17. Tlj 8h-23h (saison humide 10h-23h).*

Happy hours *12h-19h. « Prix moyens », limite « chic » pour quelques plats ; hot pot à 80 000 kips pour 2.* Les tables sont installées en surplomb de l'eau, sur des terrasses sur pilotis, au milieu des bambous. À la carte, une excellente cuisine asiatico-occidentale, des combinaisons de saveurs originales, de beaux légumes, un choix étendu de mets et une spécialité : la fondue, servie généreusement. Viande ou poisson accompagné d'une assiette de légumes et nouilles à faire mijoter dans un bouillon goûteux. On s'y sent vraiment bien. C'est d'ailleurs un des rares endroits où se retrouvent les jeunes Laotiens. Petite boutique, jolis éclairages le soir et atmosphère extra. Il faut aussi souligner l'accueil adorable de Nathalie, une Québécoise tombée en amour avec le Laos. Une de nos meilleures adresses. Elle a aussi ouvert un nouveau resto dans la péninsule (rue principale), le *Yuni Yupoun*, avec des plats du Pérou à l'Inde, en passant par le Canada et l'Afrique...

Ban Aphai et autour de la rue Visounnarath (plan d'ensemble D-E2-3)

Bon marché (moins de 25 000 kips / 3 $)

Mi Pet *(enseigne jaune au cadre rouge, en lao ; plan d'ensemble D3,* ***99****) :* Phamahapasam Rd, en face de l'Atsalin Restaurant. *Ouv 10h-23h30 ; fermé 1 dim sur 2.* Tout est fait maison : les nouilles servies en soupe ou *fried*, les raviolis et surtout les *salapao* (entre le beignet et la pâte à pain, farci au porc, cuit à la vapeur, disponible dès 15h). Une institution du quartier.

Atsalin Restaurant *(plan d'ensemble D3,* ***100****) : Phamahapasam Rd. Tlj sauf dim 9h-22h.* Petit resto lao-chinois avec une salle à manger ouverte. Riz et nouilles aux crevettes et seiches, légumes sautés au wok, etc. Copieux, mais un peu gras. À avaler sur place, en salle ou en terrasse.

Nangvong Noodle Shop *(plan d'ensemble C3,* ***101****) : Phamahapasam Rd. Tlj 6h-15h.* Dans un quartier habité par les Vietnamiens qui ont immigré au Laos dans les années 1970, ce petit resto est réputé pour sa soupe de nouilles au porc et au bœuf.

Boua Ban *(plan d'ensemble D3,* ***102****) : Visounnarath Rd. Tlj 9h-22h.* Là encore une adresse qui possède une bonne réputation dans le quartier et qui propose des plats thaïs.

Ton Teuy *(hors plan d'ensemble par D4,* ***103****) : Photisan Rd. Non loin de Ban Aphai (à une centaine de mètres après le cadre du plan d'ensemble). Lun-sam 10h-22h.* Tenu par 3 sœurs, qui gèrent chacune une partie : resto, boulangerie et glacier. De l'entrée au dessert, on commande à chacun des comptoirs avant de s'installer en terrasse. C'est la cantine des salariés du coin. Très propre (la cuisine se fait avec des gants !), on y mange une assiette de poulet, canard ou porc au riz, à moins d'opter pour un sandwich à la boulangerie (pour un pique-nique, par exemple), et on conclut par une glace maison au lychee, au pandanus ou au fruit de la passion. Bons jus de fruits également.

Prix moyens (25 000-60 000 kips / 3-7,50 $)

Lao Lao Garden *(plan d'ensemble D2,* ***104****) : Phousi Rd, Ban Aphai. Tlj 11h30-23h30. Happy hours de 16h à la fermeture.* Un des restos préférés des jeunes Européens pour son cadre coloré, ses recoins tamisés, la végétation entre les tables (presque toutes en plein air) et son barbecue. Grand choix à la carte, du sandwich au poisson-chat, mais le service est très lent. Pour boire un verre, plusieurs bars. Billard, musique forte et souvent blindé (c'est d'ailleurs parfois un peu l'usine).

À l'ouest du centre

De prix moyens à chic (60 000-100 000 kips / 7,50-12,50 $)

Manda de Laos *(plan d'ensemble B3,* ***105****) : à 10 mn à pied du centre* *historique, derrière la* Maison Dalabua *(voir « Où dormir ? »). ☎ 25-39-23. Tlj midi et soir. « Chic », partie basse de la fourchette.* Une adresse qui vaut le détour, tant pour le cadre que pour la cuisine. Tables joliment dressées face à un étang scintillant de bougies la nuit, hors du temps et des années qui passent. Atmosphère raffinée et intimiste qui n'a rien de guindé. On y savoure une cuisine goûteuse, fusion et joliment présentée. Accueil et service à la hauteur.

Silk Road Café *(Ock Pop Tock ; hors plan d'ensemble par A4,* ***106****) : juste après le marché Phosi, tourner dans le chemin à droite. ☎ 21-25-97. Tlj 9h-16h. Prix moyens.* Délicieuse cuisine servie sur une grande terrasse en bois offrant une vue exceptionnelle sur le Mékong et les montagnes. Le complexe abrite également un atelier de confection (voir plus loin la rubrique « Achats »), une boutique, ainsi qu'un petit hôtel de charme, décoré avec de l'artisanat confectionné par les tribus *(75-120 $).* Certaines chambres ont un balcon donnant sur le fleuve.

Où prendre le petit déj ?
Où boire un thé ou un café ?

Café Ban Vat Sene *(zoom E1,* ***90****) : Ban Wat Sene, Sakkarine Rd. Tlj 6h30-22h30. Voir « Où manger ? » plus haut.* Excellentes formules très complètes, à déguster en lisant quelques journaux ou en pianotant sur son portable. Croissants, muffins, tartes, etc., qui accompagnent cafés et thés, dont l'excellent thé vert fumé de Phongsaly (au nord du Laos). Vend aussi quelques bouquins.

Saffron Coffee *(zoom E1,* ***110****) : Ounkham Road. Tlj 6h30-19h45.* Ouvert par des Américains passionnés qui travaillent avec des petits producteurs de café arabica bio, situés au nord de Luang Prabang. L'occasion de découvrir ce nectar local en prenant son petit déj, un goûter, un repas léger en salle ou sur la terrasse au bord du Mékong. Autre adresse, dans une rue piétonne, plus à l'ouest *(plan d'ensemble C2,* ***111****).*

The Scandinavian Bakery *(zoom E1,* ***112****) : Sakkarine Rd. Tlj 6h-19h.* Grand choix de pâtisseries et gâteaux secs. Également, burgers, pizzas, pâtes... Produits frais. Le rendez-vous des routards anglophones. Quelques tables en terrasse.

L'Étranger, Books and Tea *(plan d'ensemble D2,* ***113****) : Phousi Rd, Ban Aphai. Lun-sam 7h-22h, dim 10h-22h.* Une librairie où l'on peut boire un verre. Au 1er étage, il y a même des fauteuils pour profiter du film projeté à 19h. Bon petit déj dans un lieu agréable. L'endroit accueille aussi la boutique *Kopnoi* (voir plus loin « Achats »).

Le Banneton *(zoom F1,* ***114****) : 03/46, Sakkarine Rd. Tlj 6h30-20h30 (18h mar).* Cadre patiné, grands volets en bois, vieilles photos. Viennoiseries, salades, sandwichs et bon jus d'orange. Quelques tables en terrasse. Tout de même pas donné.

Croissant d'Or *(zoom D-E2,* ***115****) : 102, Sisavang Vong Rd. Tlj sauf mar 6h-21h30.* Pour déguster de bons croissants et pains au chocolat, ainsi que des gâteaux qui fondent dans la bouche.

Où boire un verre ? Où sortir ?
Où voir un spectacle ?

Bars

Utopia *(plan d'ensemble E3,* ***120****) : Kingkitsarath Rd, Ban Aphai. Tlj 8h-23h30.* Noyé dans une orgie de plantes tropicales, avec un super *river view deck* dominant la placide Nam Khan (matelas et coussins pour descendre une vieille *Lao* dans une béatitude totale). Et pour les autres contemplatifs, sous la grande paillote, des coins tout aussi relax, environnés

LE LAOS

d'une collection éclectique d'objets parfois difficilement identifiables. Peu de sièges, on est obligé de s'allonger ! Certains en profiteront pour suivre les cours de yoga. Pour les plus sportifs, sur le côté, un vrai terrain de beach-volley avec des matchs d'enfer très suivis... Et le convivial bar servant des cocktails extra dans une atmosphère tellurique. Bonne cuisine en prime : sandwichs, snacks, *steak and chips, thai green curry,* pizza au feu de bois... Une adresse où tout le monde va, tôt ou tard.

Lao Lao Garden *(plan d'ensemble D2,* ***104****) :* *voir « Où manger ? ».*

Viewpoint Café *(zoom F1,* ***121****) : au bout de la péninsule. Tlj 10h-22h30.* Ombragé par des cocotiers, une terrasse qui surplombe la confluence de la Nam Khan et du Mékong. Atmosphère paisible et belle vue. Parfait pour une pause en journée. Bien entendu, on paie le cadre... Fait aussi resto.

Indigo House *(plan d'ensemble C2,* ***47****) : rue Sisavang Vong. Voir « Où dormir ? ». Tlj 6h30-22h.* Immanquable au début de la rue commerçante. On craque pour la terrasse du 3ᵉ étage qui vaut le coup d'œil (ouverte à partir de 9h). Idéal pour prendre un verre en profitant de l'animation de la rue. Au rez-de-chaussée, plats ou snacks internationaux, parfois végétariens.

Maolin Tavern *(zoom E2,* ***122****) : Sisavang Vong Rd. Tlj 10h (16h lun)-23h30.* Dans ce cadre tout en brique (pour rappeler les villes du plat pays ?), expats et touristes viennent profiter des soirées à thèmes organisées par Geoffrey, un Belge, en sirotant une bière à prix démocratique. Fait aussi resto.

Chez Matt *(zoom E1,* ***123****) : Ban Xieng Mouane, face à l'Institut français. Tlj 16h30-23h30.* Un petit bar créé par un Français, qui dans une ambiance coloniale, propose une belle sélection de vins, mais aussi de whiskies et de gins. Assiettes de charcuterie et de fromages pour accompagner les breuvages. Pas mal d'habitués.

Discothèques

Dao Fa *(hors plan d'ensemble par A4,* ***124****) : à 3 km du centre-ville, sur la N13, près du* shopping mall. *Les taxis connaissent. Ferme vers 0h30. Entrée gratuite.* Jeunes Laotiens et étrangers s'y trémoussent joyeusement. Musique thaïe, laotienne (en live) et occidentale. À noter également dans le même secteur **U Pub** et **Heart Beat.**

Muang Swa *(hors plan d'ensemble par B4,* ***125****) : Phou Vao Rd. Tlj jusqu'à 23h30. Entrée gratuite.* Le dancing à la laotienne fréquenté par une clientèle plutôt trentenaire. Ambiance joviale et sympa.

Spectacles

Royal Ballet Theater *(Théâtre Phalak Phralam ; zoom D2,* ***126****) : dans l'ancien Palais royal. ☎ 25-37-05. 020-559-714-00. • phralakphralam.com • Lun, mer, ven et sam à 18h. Entrée : 100 000-150 000 kips selon emplacement. Billets en vente au guichet d'entrée du Palais royal. Durée : 1-2h selon spectacle. Petite buvette.* Des spectacles de danses traditionnelles représentant des scènes du *Râmâyana.* On y va aussi pour le petit côté kitsch et amateur.

Les marchés

Marché Phosi *(hors plan d'ensemble par A4,* ***140****) : à 1,5 km env au sud-ouest de la ville. Y aller en* tuk-tuk. *Tlj 4h-18h (parfois plus tard).* Un grand marché couvert typique. Derrière le bâtiment qui déborde de stands de fringues, d'ustensiles en tout genre, de nouilles et de couenne de porc, se trouvent les petits étals de fruits, légumes et piments.

Marché de nuit artisanal *(plan d'ensemble C2,* ***141****) : sur Sisavang Vong Rd, le soir, à partir de 16h30 et jusqu'à 21h30-22h.* Toute la rue est envahie de sacs, vêtements et pièces de tissu à motifs traditionnels, mais aussi d'objets et de papeterie de moins en moins *made in Laos,* de plus en plus *in China* ou *Vietnam.* Autre précision : malgré ce que prétendent les vendeurs,

LE LAOS

on ne trouve pas de bijoux en argent pur, mais uniquement en alliage.

Marché du matin *(plan d'ensemble C2, **142**) : autour du wat Maï et dans le quartier de Ban Pakham, tlj 6h-12h.* Légumes, poissons, viande, thé, quelques sacs et vêtements. Les lève-(très) tôt ne manqueront pas de venir voir les commerçants installer leurs étals dès 5h30, alors qu'il fait encore nuit, pour savourer une atmosphère unique à la fois paisible et affairée, à la lueur de quelques faibles loupiotes.

Achats

Dara Market *(plan d'ensemble D3) : à l'angle de Kitsarath et Latsavong Rd.* En plus d'un bon point de repère en ville, c'est aussi un marché fréquenté par les locaux avec des boutiques de téléphonie, de vêtements, d'articles de rando, textile laotien au mètre et une pharmacie bien approvisionnée, etc. Sur le côté, en continuant la rue, une ***supérette*** *(D&T Supermarket)* vend des produits alimentaires et d'hygiène à prix raisonnables. Ça peut dépanner.

Pas mal de ***magasins « d'antiquités »,*** notamment dans la rue Sisavang Vong : « vieux » tissus, poids et balances à opium, pipes, etc. Sachez que les vraies antiquités sont rares et que les objets vendus ici sont souvent de pâles copies. Intéressant si on veut rapporter un souvenir, à condition de payer un prix en rapport.

Ock Pop Tok *(zoom E1, **144**) : Sakkarine Rd, près de l'hôtel 3* Nagas, *de part et d'autre de la rue. ☎ 25-32-19. • ockpoptok.com • Tlj 8h-20h (21h en saison).* Lorsqu'une Laotienne et une Britannique décident de travailler ensemble, cela donne *Ock Pop Tok* (« l'Est rencontre l'Ouest »). Aujourd'hui, 400 femmes des villages alentour sont employées dans l'entreprise textile selon les principes du commerce équitable. Dans les 2 boutiques du centre-ville, on trouve principalement des tissus et de la confection en soie, mais aussi en coton. Très bonne qualité et... très cher. Ne pas manquer non plus la visite de l'atelier – un peu excentré – avec restauration sur place dans un environnement enchanteur (voir plus haut « Où manger ? Plus loin, au sud de la ville ») ; départs gratuits de la boutique plusieurs fois par jour, de 9h à 15h. En s'organisant à l'avance, on peut aussi participer à d'intéressants ateliers (teinture naturelle, tissage au métier à tisser ou vannerie).

TAEC *(zoom E1, **145**) : Sakkarine Rd. Tlj 9h-21h.* Annexe du *Traditional Arts & Ethnology Centre* (rubrique « À voir »). Cette boutique de commerce équitable revend la production artisanale d'une trentaine de villages : nappes, plaids, serviettes, vêtements, sacs ... De la belle qualité à tous les prix.

Passa Paa *: boutique sur Sakkarine Rd (zoom E1, **90** ; tlj 8h-21h) et atelier Ban Choum Khong, face à l'*Artisans Café *(zoom D2, **146** ; lun-ven 9h-17h, sam 9h-12h).* La petite sœur d'*Ock Pop Tok* réalise des créations textiles modernes aux motifs hmong traditionnels. Beau et cher.

Phothisak Rattanakone *(zoom D1, **147**) : 4, Ban Xieng Mouane, dans la rue qui longe le Mékong. ☎ 21-26-54. Tlj 8h-19h.* L'un des meilleurs bijoutiers de Luang Prabang. Son grand-père a façonné la couronne du roi. Une visite à son atelier s'impose, ne serait-ce que pour le voir travailler. Il fabrique des bijoux, calices en argent, étuis à couteaux... Ses prix sont relativement élevés, mais on comprend pourquoi une fois qu'on l'a vu à l'œuvre.

Kopnoi *(plan d'ensemble D2, **113**) : Phousi Rd, Ban Aphai. • kopnoi.com • Lun-sam 7h-22h, dim 10h-22h. Même local que* L'Étranger *(voir plus haut, « Où prendre le petit déj ?... »).* Contemporain, design laotien, meubles, tissus, vêtements, objets d'art, petits cadeaux. Assez cher là aussi, mais de grande qualité. Expos temporaires à l'étage.

Artisans Café *(zoom D2, **148**) : Ban Choum Khong. 📱 020-555-711-25. Tlj sauf dim 9h-18h.* La boutique se fournit auprès d'un village lao-hmong-khmu au nord de Luang Prabang, qui confectionne un très bel artisanat textile : quelques vêtements, mais surtout des coussins, écharpes, nappes et serviettes, à partir d'un coton de bonne qualité. Ne pas manquer d'aller jeter un œil à l'étage de la vénérable demeure en bois. Il abrite l'association culturelle ***Puang Champa*** qui s'est donné pour mission de préserver et transmettre les arts du spectacle laotiens (musique et danse). Ses membres se sont déjà produits plusieurs fois en France.

Orange Tree *(zoom E1,* ***149****) : house n° 67, Ban Wat Nong, le long du quai du Mékong. En principe, tlj sauf dim 10h-18h... quand le patron n'est pas fatigué !* Un humour qu'on retrouve dans les objets détournés à vendre dans sa jolie boutique. Bric-à-brac chic et sympa. Pas mal d'objets début XXe s, et de l'artisanat équitable.

On peut aussi trouver des *piastres de commerce,* monnaie d'argent de l'Indochine française, chez les ***bijoutiers du marché Phosi.*** Celles qui ont été frappées entre 1890 et 1910 ont un titrage en argent supérieur à celles émises dans les années 1920. Attention, cela a bien entendu suscité une petite industrie du faux (donc, ne pas les payer trop cher).

À voir. À faire

Dans le centre historique, autour de Sisavang Vong *(plan d'ensemble C-D2, C3 et zoom)*

L'entrée de la plupart des grands temples est fixée à 20 000 kips. D'autres, de moindre importance, sont gratuits. Se promener dans le jardin entourant le temple est généralement gratuit.

L'ascension du mont Phousi *(plan d'ensemble D2)* **:** *accès soit par les escaliers situés dans la Sisavang Vong Rd, face à l'ancien Palais royal, soit par la Phousi Rd, côté Nam Khan, soit par le musée d'ethnologie (TAEC). Le mieux consiste à monter d'un côté et redescendre par l'autre. Achat des billets au niveau de l'arbre de l'Illumination. Entrée : 20 000 kips/pers.*

Nous conseillons de commencer la visite de Luang Prabang par l'ascension du Phousi pour jouir depuis son sommet d'une belle vue sur la ville. Les temples sont malheureusement cachés par les arbres, mais on bénéficie tout de même d'un joli panorama sur le Mékong. Le meilleur moment pour y monter est la tombée de la nuit, lorsque le ciel rougeoie encore. Vous n'y serez, en revanche, pas tout seul.

– En arrivant côté Sisavang Vong (accès le plus court), sur la droite se trouve le ***wat Pa Houak,*** temple de petite taille très ancien, dont la façade comporte de belles sculptures en bois. Il renferme d'anciens manuscrits sacrés que l'on peut demander à voir si l'on a la chance de rencontrer le gardien. À mi-chemin, on peut faire halte sur une terrasse plantée d'un banian qui incarne l'arbre de l'Illumination. C'est là qu'on achète les billets.

– Si vous choisissez l'ascension côté Phousi Road, affutez vos mollets : l'escalier comporte 328 marches. Bon, pas trop difficile quand même. On passe devant le ***wat Tham Phousi*** (on en parle plus loin). Le chemin est jalonné de statues du Bouddha, chacune associée à un jour. Voir aussi l'empreinte du pied du Bouddha.

– Par le TAEC (derrière le Dara Market) : moins de marches de ce côté. Le sentier mène à l'arbre de l'Illumination.

C'est ***au sommet du Phousi***, au milieu d'un petit chaos de rochers, qu'est planté le ***that wat Chomsi,*** stûpa de 20 m de hauteur, érigé sur une pyramide à trois gradins. Construit au début du XIXe s, il a été restauré au temps du protectorat. Il est surmonté d'une fine flèche dorée que l'on aperçoit de loin. Le *that wat Chomsi* est le point de départ d'une procession aux flambeaux, qui a lieu au moment du Nouvel An laotien. Côté vue, vers l'est, tout doré sur son fond de verdure, on aperçoit le ***wat Pa Phone Phao*** (temple de la Méditation). Il était entouré de sanctuaires et de temples. Aujourd'hui, il n'en reste que 5.

Royal Palace Museum *(l'ancien Palais royal et le musée ; zoom D2)* **:** *entrée par la Sisavang Vong Rd. Tlj 8h-11h30, 13h30-16h ; dernier billet 30 mn avt fermeture. Entrée : 30 000 kips. Photos interdites. Tenue correcte exigée, pantalon et bras couverts (sinon, on vous prête une chemise pour quelques kips). Consigne gratuite pour les sacs et appareils photo (interdits dans l'enceinte).*
– Dans l'enceinte, sur la droite, se trouve ***le temple qui abrite le bouddha d'Or*** *(GRATUIT).* Pour les Laotiens, l'ancien Palais royal est moins important que le bouddha d'Or (*Phabang* ou *Prabang*), sous la protection duquel le Laos est encore aujourd'hui très officiellement placé. La statue pèse 50 kg et mesure 83 cm de hauteur. D'après la légende, elle aurait été coulée à Ceylan au début de l'ère chrétienne et aurait été offerte à Fa Ngum, fondateur du Lane Xang, par le roi khmer Phaya Sirichantha. Selon les mauvaises langues, la statue que l'on voit au cours de la visite n'est qu'une copie ; le vrai bouddha se trouverait quelque part en lieu sûr à Vientiane. Cette version est d'autant plus crédible que le peuple a la hantise de se faire voler une nouvelle fois ce bouddha par les Thaïlandais, comme ce fut déjà le cas au XVIIIe s. La statue est entourée de tambours en bronze pour la guerre, et pour amener la pluie, ainsi que de défenses d'éléphant sculptées et de paravents brodés par la reine. Grande débauche de sculptures et ciselages dorés.
– ***À l'entrée du parc,*** sur la gauche, une statue du roi Sisavang Vong, réplique de celle qui se trouve à Vientiane, rappelle que celui qui régna au moment de l'indépendance du pays fut l'artisan de la réunification.

La visite

Le palais fut construit entre 1904 et 1909, sous le protectorat français.
– La ***1re salle*** est celle dite ***du Protocole.*** Le trône du moine suprême est à l'avant-plan, devant celui du roi, pour rappeler que le chef religieux était le personnage le plus important du royaume.
– ***Salle de réception du roi :*** à droite de l'entrée. Elle est décorée de magnifiques peintures sur toiles de style Art déco, réalisées en 1930 par Alix de Fautereau, une artiste française. Les panneaux représentent des scènes colorées de la vie villageoise laotienne aux différentes heures de la journée. La peinture la plus représentative est une scène de marché dans laquelle on reconnaît les différentes minorités à leurs habits. Les Hmong sont en noir, portant des paniers dans le dos. Les Akha sont debout à droite et les Laos sont accroupis. 2 panneaux sculptés et dorés retracent l'épopée du *Râmâyana.*
– ***Couloir des tambours de bronze :*** ils datent de 600 à 1 000 ans et étaient destinés à rassembler les soldats pour la guerre, et à amener la pluie. Plusieurs sont d'ailleurs décorés de grenouilles, qui symbolisent la mousson (vie, fertilité, prospérité).
– Derrière la salle du Protocole, la ***salle du Trône*** a été richement décorée en 1960 avec de magnifiques motifs en mosaïque de verre représentant la vie quotidienne et l'histoire du Laos. Le trône est en bois doré à la feuille. Le dernier roi, Sisavang Vathana, ne s'y serait jamais assis car il n'aurait jamais été couronné. C'est du moins ce que dit l'histoire officielle... Impossible de tout décrire. Apprécier le coffre-fort, près du trône. Belle collection de sabres. Vitrine centrale, ravissantes statuettes en or du XIXe s. Toutes celles des siècles précédents ont été volées par les Pavillons noirs. De très beaux bouddhas datant des XVIIe et XVIIIe s sont exposés dans des vitrines. Ils proviennent tous des temples et des monuments de Luang Prabang aujourd'hui détruits. Également des bouddhas en cristal de roche des XVe et XVIe s, qu'on trouva à l'intérieur du *that Mak Mo* (le « temple Pastèque »).
– ***Salle de la bibliothèque du roi :*** beaucoup de livres concernant la politique chinoise. Manuscrits sur feuille de palme. Dans le couloir qui suit, sceaux royaux (ivoire et cuivre) et vieux billets. Costume de la reine en soie et richement orné.
– ***Chambre à coucher de la reine,*** suivie de celle ***du roi.*** Noter la grande sobriété du décor. Dans celle de la reine, un portrait de la dernière famille royale (en haut, le roi et la reine ; au 2e rang, le fils décédé). Les 4 autres membres de la famille vivent en France.

DITES-LE AVEC DES FLEURS

Sisavang Vong n'avait rien moins que 15 femmes, qui toutes avaient leur propre demeure en ville. Il faisait appeler l'une ou l'autre au gré de son humeur. L'heureuse élue arrivait au palais avec un bouquet de fleurs de frangipanier blanches ou rouges, tenant lieu de code : fleurs rouges, elle était indisposée ; blanches, elle pouvait passer la nuit avec lui.

– ***Salle des instruments de musique :*** plus une petite collection de masques et de vêtements de danseurs du *Râmâyana*. Coffres à manuscrits en feuilles de palme joliment décorés et travaillés.
– Dans la ***salle de réception de la reine,*** peinture en pied du dernier roi Sisavang Vong réalisée en 1967 par une artiste russe. D'autres peintures représentent son fils et la reine Khamphouy.
– Dans la ***salle de réception du secrétaire du roi*** sont exposés les cadeaux offerts aux souverains par les chefs d'État et gouvernements étrangers. Remarquer la somptueuse argenterie birmane et cambodgienne, le magnifique nécessaire de bureau thaïlandais, un boomerang aborigène, la belle porcelaine japonaise, le sac à main en rubis pour la reine et... les pin's russes ! On peut voir également un morceau de pierre de lune offert par les Américains, à côté d'une maquette d'*Apollo 11,* exposés dans une vitrine.
Dans le parc, les semaines qui précèdent le Nouvel An laotien (mi-avril), ***des troupes de danseuses*** répètent en fin d'après-midi les spectacles qui seront donnés pour les festivités. Tout au fond du parc, sur la droite en se dirigeant vers le Mékong, des bâtiments renferment ***les automobiles de l'ancien roi,*** dont une DS.

Wat Choum Kong *(zoom D1)* **:** date du milieu du XIXe s. remarquer les 2 sculptures en granit d'inspiration chinoise, devant l'entrée. L'intérieur est décoré de fresques polychromes modernes de style naïf. Jardin avec statues du Bouddha, joliment arrangé tout autour. Très apaisant.

Wat Xieng Mouane *(zoom D1)* **:** date de la fin du XIXe s. Façade avec fresques, portes et encadrements ciselés. Ce petit sanctuaire décoré de mosaïques de verre et de bouddhas d'or peints au pochoir contient de très belles statues dorées debout. Le bouddha central date de 1853. Noter ce petit bouddha de bronze, à gauche de l'autel, datant du XVIe s. Dans l'enceinte du temple, une école d'artisanat destinée aux jeunes bonzes et patronnée par l'Unesco, afin d'assurer la transmission des techniques traditionnelles de sculpture, peinture, pochoir, etc. Prière tous les jours à 17h30.

Heuanchan Information Centre *(Villa Xieng Mouane ; zoom D1-2)* **:** *030-549-36-32. • heritageluangprabang.com • Tlj 9h-17h. Entrée : 15 000 kips.* Un bel exemple de restauration d'une vaste demeure traditionnelle en bois, sur pilotis, princière de surcroît, au milieu d'un beau jardin. La structure, composée d'un bâtiment principal et d'un bâtiment mitoyen qui accueille la cuisine, a été conservée. À l'intérieur, expo photos, objets et plusieurs costumes traditionnels.
– Près de l'édifice, petit centre d'information avec quelques panneaux explicatifs en français, et à côté, un beau temple. Plusieurs activités sont également proposées (cours de cuisine, création de papier traditionnel, tissage d'objets en bambou, etc.). On y trouve aussi un café-resto, bien agréable (voir plus haut « Où manger ? »).

Wat Pa Phai *(zoom E1)* **:** construit au début du XIXe s, de style Luang Prabang. Entrée noyée sous les bougainvillées. Belles fresques représentant des scènes de la vie de Bouddha replacées au cœur de la ruralité laotienne.

Wat Sene Soukharam *(zoom E1)* **:** *au bord de la Sisavang Vong Rd.* C'est le « temple des 100 000 trésors ». Construit en 1714 par le roi Kitsarath avec un toit à 3 pans et 100 000 pierres du Mékong, rénové dans le style thaïlandais. 2 tigres en pierre gardent l'entrée du sanctuaire. Dans une petite chapelle sur le côté, un bouddha de 8 m, de facture moderne, dont la position des mains implore la pluie. À l'extérieur, on remarque 2 belles pirogues de course, richement décorées au pochoir. Elles participent à la fameuse fête *Ho Khao Padap,* sur la rivière Nam Khan, en août-septembre. Enfin, on peut apercevoir, derrière les gongs, un char de cérémonie.

Wat Xieng Thong *(zoom F1)* **:** *presque au bout de la péninsule. Ouv 6h-18h. Entrée : 20 000 kips. Se couvrir les épaules et les genoux, sinon loc de jupes possible.*
Cet ensemble d'édifices sacrés de la « ville de l'arbre de l'Illumination » est le plus riche de Luang Prabang. Leur bon état de conservation tient au fait que depuis le XVIe s ils étaient placés sous la sauvegarde de la royauté. Le wat Xieng Thong a été construit en 1560 par le roi Setthathirat dans le but de commémorer la mémoire de Tao Chanthaphanith, un commerçant originaire de Vientiane qui, bien avant l'arrivée du roi Fa Ngum, avait été, d'après la légende, élu roi de Luang Prabang.
– Dans la partie ouest (côté Mékong) de l'enceinte se dresse la ***chapelle du bouddha couché,*** aussi appelée la « chapelle rouge ». C'est un édifice élégant, orné de mosaïques de verre d'inspiration japonaise, datant de 1957, construit à l'occasion du 2 500e anniversaire du Bouddha. Il abrite un très ancien bouddha qui fut montré à Paris lors de l'Exposition coloniale de 1931. Les petits bouddhas sont des dons des villageois. Sur les murs, pochoirs à la feuille d'or, réalisés par les élèves de l'école des beaux-arts de Luang Prabang.
– Juste à côté, l'édifice principal, la ***chapelle du bouddha sacré*** (que l'on sort chaque année pour le Nouvel An). Ce sanctuaire est caractéristique de l'architecture de Luang Prabang, avec ses pans de toits qui descendent presque jusqu'au sol. Sur la façade arrière, on peut admirer la très belle mosaïque de verre représentant l'arbre de l'Illumination (l'arbre de la *bodhi*).
À l'intérieur, la décoration au pochoir doré sur fond noir raconte la légende de Tao Chanthaphanith. Au plafond est suspendue une longue gouttière en bois destinée à recevoir l'eau lustrale. Elle sert à asperger le grand bouddha sorti du temple à l'occasion du Nouvel An. À l'entrée, mur latéral de droite, représentation du paradis : on danse dans la maison céleste.
– Au fond de l'enceinte de la pagode, la ***chapelle du char funéraire du roi*** Sisavang Vong présente une façade décorée de bas-reliefs en bois doré, évoquant des scènes du *Râmâyana* lao. Construite en 1960, juste après la mort du souverain (en 1959), elle abrite un étrange char, haut d'une dizaine de mètres, monté sur des pneus (pour rouler) et sculpté de têtes de dragons. Ce char contient l'urne funéraire du roi la plus importante (sans ses cendres, déposées au That Luang).

Wat Maï *(plan d'ensemble D2)* **:** *au bord de Sisavang Vong Rd. Entrée du temple : 10 000 kips. Jardin en accès libre.* Construit entre la fin du XVIIIe et le début du XIXe s, ce très beau temple, également appelé *Banpakham,* était celui du patriarche suprême, que le régime appelle désormais le « président des moines » (l'ancien est mort après la révolution de 1975, à Bangkok). C'est là que le bouddha d'Or est exposé à la vénération des foules à l'occasion du Nouvel An. Le sanctuaire, rénové en 1970, est coiffé d'une toiture à 5 pans surmontée de 3 parasols. Leur nombre augmente en fonction de l'importance sociale des donateurs. En façade, des bas-reliefs en ciment doré représentent des scènes de la vie rurale et de la vie quotidienne des Laotiens. On y voit les principaux animaux du pays : cerf, tigre, rhinocéros, éléphant.
À l'arrière du temple, sous un abri, l'immense pirogue (de 50 rameurs) est sortie au moment de la course sur la Nam Khan qui a lieu pendant la pleine lune d'août-septembre.

Wat That *(plan d'ensemble C2)* **:** *Chao Fa Ngum Rd.* C'est un temple imposant, richement décoré, datant du début du XXe s. On y accède par des escaliers aux rampes moulées en forme de nagas. Sur la façade, des dessins naïfs évoquent la vie du Bouddha et les horreurs de la vie.

Wat Hosian Voravihane *(plan d'ensemble C2-3)* **:** *au-dessus du wat That.* Il a été reconstruit au début du XXe s sur l'emplacement d'un ancien sanctuaire du XVIe s. Beaux bas-reliefs en bois sculpté en façade.

Tak Bat *(l'aumône des moines)* **:** dans la rue Sisavang Vong, au lever du soleil. L'aumône des moines, pratiquée depuis la nuit des temps, est aujourd'hui essentiellement tournée vers les bouddhistes étrangers (surtout thaïs et coréens). Ce qui n'empêche pas les visiteurs de tous horizons de s'y associer. Quant aux appareils photo qui crépitent, c'est un autre rituel auquel les moines ont dû s'adapter, parfois malgré des abus. Mais pour ne pas gêner la progression et la spiritualité du mouvement, il convient de garder une certaine distance en signe de respect (se mettre sur le trottoir d'en face, par exemple) ou participer en s'agenouillant auprès des autres donateurs en ayant prévu un bol de riz (et une cuillère) ou d'autres victuailles à acheter de préférence au marché du matin ou dans les échoppes alentour. Certains Laotiens perpétuent le rituel, en toute discrétion, dans les ruelles adjacentes. Sortir un appareil serait ici, en revanche, très malvenu. Autant se faire discret.

POURQUOI LES MOINES PORTENT-ILS UNE ROBE ORANGE SAFRAN ?

Selon les règles du « Vinaya » (le code monastique), la robe doit être teinte à l'aide d'une matière la moins onéreuse possible et facilement trouvable par un moine itinérant sans ressources. À l'époque du Bouddha, la teinte safran (ou d'autres tons proches de la terre) était la plus facile à se procurer.

Discovery Centre *(plan d'ensemble D2,* ***160****)* **:** *annexe de la bibliothèque. Lun-ven 8h-16h30, le w-e 9h-16h. Entrée : 20 000 kips ; réduc. Panneaux en français.* L'association suisse ASAS est partie du constat que les sciences n'étaient pas enseignées avant la fac. Or, peu de jeunes atteignent ce niveau. Ils ont donc ouvert cette petite « cité des sciences » pour fournir des infos basiques et ludiques avant tout aux Laotiens, mais chaque entrée contribue à financer le centre et l'association.
L'entrée s'effectue par une navette spatiale pour laisser place à des ateliers et des quizz sur le système solaire, la géologie, les continents, le corps humain et l'environnement. Un film (6 mn) évoque aussi la protection des éléphants par l'*Elephant Conservation Centre*. Pour l'anecdote, sachez que la bibliothèque occupe l'ancien commissariat à l'époque coloniale et que le musée se tient dans l'ex-salle de garde à vue (voir les grilles sur la porte de sortie) !

Coucher du soleil sur le Mékong : *compter env 150 000 kips la pirogue privatisée pour 1h.* À négocier auprès des bateliers qui se tiennent sur la promenade au bord du fleuve et qui ne manquent pas d'alpaguer le chaland.

Ban Aphai et autour de la rue Visounnarath *(plan d'ensemble D-E2, D3-4)*

Wat Tham Phousi *(plan d'ensemble D-E2)* **:** *Phousi Rd, Ban Aphai.* Sorte de grotte qui abrite un bouddha en méditation. Les jeunes bonzes insisteront sûrement pour vous montrer 5 rochers, qui représentent la main du Bouddha, et, plus loin, un bloc de pierre informe qui serait son pied. De là, un petit chemin en direction du nord mène au *wat Pakhé,* temple du XVIIIe s. Noter la porte dorée à gauche, où l'on voit, sculptés, 2 personnages européens, des Hollandais, premiers visiteurs de Luang Prabang. À l'intérieur, fresques bien abîmées qui racontent la vie de l'époque. Devant, un vieux *wat* ruiné du XVIe s.

LE LAOS

Wat Visoun *(plan d'ensemble D3)* **:** *Visiounnarath Rd. Tlj 8h-18h. Entrée : 20 000 kips, valable pour le That Mak Mo et le wat Aham.* C'est le plus ancien temple de Luang Prabang. Il abritait le *Prabang* avant l'arrivée des Pavillons noirs. Son origine remonte au XVIe s, mais il a été presque entièrement reconstruit en 1898. Il ne ressemble à aucun autre temple, avec ses fenêtres à balustres en bois inspirées du Vat Phou, temple khmer situé dans le sud du pays. L'intérieur contient un grand nombre de statues, dont une du Bouddha en méditation, ainsi que des stèles anciennes.

– ***That Mak Mo*** *(plan d'ensemble D3)* **:** *dans la même enceinte que le wat Visoun.* Stûpa de pierre édifié sur l'ordre de l'épouse du roi Visounnarath, en forme de pastèque (mais non, pas la femme du roi, le temple !). C'est là qu'on trouva les bouddhas de cristal de roche qu'on peut voir au Palais royal. Il n'est malheureusement ni restauré ni entretenu.

– ***Wat Aham*** *(plan d'ensemble D3)* **:** *Phommathat Rd.* Séparé du wat Visoun par un beau portique sur lequel veillent 2 héros du *Râmâyana.*

Traditional Arts & Ethnology Centre (TAEC *; plan d'ensemble D2)* **:** *Ban Khamyong. ☎ 25-33-64. • taeclaos.org • Tlj sauf lun 9h-18h. Entrée : 25 000 kips ; gratuit moins de 12 ans. Visite guidée en français, sans supplément, le ven à 15h. Sinon petit fascicule en français à l'entrée. Ateliers de broderie et de vannerie avec des artisans locaux sur résa (min 2 pers) : 12-15 $/pers.*

Ce petit musée, très bien fait et assez interactif, est géré par une association sans but lucratif. Il est consacré aux minorités du Laos : Akha, Hmong, Tai dam, Khamu (ethnie majoritaire à Luang Prabang)... On y découvre l'origine de chacun de ces peuples, leur habitat, leurs modes de subsistance d'hier et d'aujourd'hui et leur artisanat. Vêtements, objets, photos, textes, vidéos... Notamment les coiffes particulièrement élaborées des Akha, les jupes plissées des Hmong, la vannerie des Khamu, un savoir-faire détenu par les hommes, mais qui tend aujourd'hui à disparaître. Régulièrement, une expo temporaire très intéressante.

En plus de son travail de recherche, l'association a également pour objectif de soutenir les populations locales grâce à l'artisanat dans une démarche de commerce équitable. Dans sa boutique, elle revend la production d'une trentaine de villages et reverse la moitié des revenus aux fabricants. Autre boutique dans la rue principale de la péninsule (voir plus haut « Achats »).

Enfin, ne pas manquer dans le patio les échantillons de tissu pour apprendre à distinguer l'industriel de l'artisanal. Utile avant d'aller au marché de nuit !

Possibilité de se poser dans le patio, pour un jus frais.

UXO Centre (*Unexploded Ordnance ; plan d'ensemble D4)* **:** *• uxolao.gov.la • Tlj 8h-16h. GRATUIT. Donations bienvenues. Nombreux panneaux à lire en anglais.* Un petit musée, mais indispensable pour visualiser un record effrayant : ***le Laos est le pays le plus bombardé au monde,*** et compte le plus grand nombre de victimes dues aux munitions ! Il y a les munitions héritées de la guerre d'Indochine contre les Français et de la guerre civile. Mais le plus lourd tribut fut payé entre 1964 et 1973. Sur les 260 millions de bombes lâchées sur le pays par les Américains, 1/3 n'ont pas explosé à l'impact. On se demande quel est le pire ? Le sous-sol laotien est toujours truffé de quelque 78 millions de sous-munitions. Encore aujourd'hui, 1 personne meurt ou se retrouve mutilée chaque jour à cause d'elles, impactant la vie de toute une famille, voire de la communauté qui n'ose plus se rendre aux champs et gagner de quoi subvenir aux besoins des siens.

Alors, les habitants s'adaptent et recourent parfois au juteux trafic de métal, interdit par le gouvernement. Et pour cause, la manipulation des bombes entraîne là encore de nombreux accidents. D'autres détournent les engins pour en faire des objets de déco, quitte à banaliser leur fonction meurtrière.

UXO Lao continue de recenser les zones touchées et de les déminer dans la mesure de ses moyens tout en informant la population sur les risques et l'attitude à adopter en cas de découverte d'engins explosifs. Lire aussi en fin de guide la rubrique « Histoire », « Les bombes américaines : enfin du nouveau ? ».

Lupa Fine Art Gallery *(plan d'ensemble D3,* ***161****) : Latsavong Rd.* *020-9566-77-88. • vunhuhai.com • Tlj 9h-22h.* L'entrée est libre (et généralement sans personnel) dans cette micro-galerie qui expose les portraits réalistes de Vunhuhai, un artiste vietnamien. Il offre un intéressant travail sur la lumière, le contraste entre le noir et blanc et la couleur, l'expression des visages. Autre galerie plus grande dans la péninsule, *Kit Photographic Gallery (zoom E1,* ***162*** *; mêmes horaires).*

Au sud du centre historique

Wat Manorom *(plan d'ensemble C4) : le temple principal ouvre juste pdt 1h, 18h-19h... visez bien !* Le sanctuaire contient la plus imposante statue du Bouddha en bronze du Laos. Elle date du XIVe s et atteint, paraît-il, les 3 t. Mais il est probable que personne ne l'ait jamais pesée.

Wat That Luang *(plan d'ensemble B3) : pour visiter l'intérieur du temple, demander les clés à l'un des moines.* Intérieur rustique datant du début du XIXe s. Les cendres de Sisavang Vong et de sa famille reposent dans le stûpa devant le temple.

Wat Phabat Tay *(pagode vietnamienne ; plan d'ensemble A4) : entrée : en principe 10 000 kips.* La pagode, moderne, de style vietnamien, n'a pas grand intérêt. En revanche, on jouit d'un splendide panorama (surtout au coucher du soleil) des escaliers taillés dans la falaise qui domine le Mékong.

Bamboo Experience *(hors plan d'ensemble par B4) : à env 2 km au sud du wat Manorom (plan d'ensemble C4).* *020-5696-88-89. • bambooexperience.org • Formule matinée (env 8h30-13h30) ou soirée (16h-20h/21h). Prévoir 40 $/pers ; ½ tarif moins de 14 ans, transfert logement compris. Résa 1 à 2 j. avt conseillée.* Dans cette belle maison traditionnelle en bois et... bambou, en bordure de rizière (une des rares en ville), la plante est prétexte à découvrir une large palette d'activités : on vous en explique d'abord les multiples utilisations, puis on tresse un objet (qu'on rapporte), avant d'assister à la préparation d'un plat, de s'essayer à l'arbalète, aux échasses ou... à la pétanque. C'est dans cet environnement bucolique et paisible qu'on prend le déjeuner ou le dîner. Une autre façon d'appréhender la ville et le savoir-faire laotien.

La Pistoche *(hors plan d'ensemble par B4) : Ban Phong Pheng.* ☎ *26-09-43. À env 2 km au sud-ouest de la poste. Y aller en tuk-tuk. Tlj 10h-22h (20h en basse saison). Entrée : 30 000 kips (même prix enfants et adultes). Parking.* Le seul complexe aquatique ouvert à tous regroupe 4 piscines (2 grands bassins et 2 piscines pour enfants avec jeux d'eau), un solarium et des chaises longues au cœur d'une belle végétation... Également un trampoline. Café-resto sur place. Une majorité de touristes et d'expats, ainsi que des familles laotiennes le week-end fréquentent le lieu : bonnes occasions de rencontres. Le seul endroit à Luang Prabang où l'on peut s'exposer en bikini (mais string déconseillé !).

De l'autre côté de la Nam Khan

Balade : en saison sèche, emprunter le pont de bambou à l'extrémité de la péninsule *(zoom F1 ; payant),* à la confluence de la Nam Khan et du Mékong. Attention, les ponts de bambou disparaissent à la saison des pluies (ou lors de lâchers d'eau du barrage en amont). Poursuivre le chemin sur la gauche pour rejoindre 500 m plus loin **Ban Xangkhong** *(hors zoom par F1)*. Un village tout en longueur, où l'on tisse la soie et fabrique du papier traditionnel. On voit les artisans travailler sur leurs métiers à tisser. On peut acheter leur production, moins chère que dans le centre de Luang Prabang. Possibilité de revenir à Luang Prabang via l'autre pont de bambou en contrebas du resto *Dyen Sabai*, pour une halte, mais balade d'environ 2 km plus monotone sur cette portion.

Manifestations

– **Fête des pirogues** (*Ho Khao Padap*) **:** *au moment de la pleine lune d'août-sept.* Superbe course sur la Nam Khan à laquelle participent 17 pirogues, représentant chacune un temple. Elles sont propulsées par 50 rameurs.
– **Fête des lumières** (*Boun Heua Fay*) **:** *la dernière pleine lune d'oct ou la 1re de nov.* La veille, les temples sont illuminés de lampes en papier créant un cadre quasi féerique. Mais le point culminant de la fête se déroule le lendemain soir, sur l'artère principale de la péninsule, où chaque quartier et temple défilent avec les embarcations spécialement conçues pour la fête avant de les lancer sur le Mékong, au pied du wat Xieng Thong. Elles se mêlent aux offrandes achetées par les habitants et les touristes. Elles emportent au loin les péchés. C'est aussi un hommage à Naga, la divinité de l'eau. Magique !
– **Nouvel An hmong** (*Kin tjieng*) **:** *10 j. à la nouvelle lune de déc ou janv, à Ban Khoua Thii Nung, un village aux portes de Luang Prabang, 200 m après la gare du sud (hors plan d'ensemble par D4). Y aller en* tuk-tuk. Les participants arborent leurs costumes traditionnels, les jeunes jouent au *katow* (balle en osier). C'est aussi l'occasion pour filles et garçons de lier connaissance et peut-être de s'engager ; bref, comme dans toutes les fêtes du monde.

DANS LES ENVIRONS DE LUANG PRABANG

Excursions

Il vous suffira bien souvent de traîner près du Mékong, à hauteur de la rue Kitsarath Setthathirat *(plan d'ensemble C2),* ou encore de vous rendre au terminus des pick-up jouxtant le marché nocturne artisanal *(plan d'ensemble C2,* ***141****)* pour vous voir proposer un guide et un moyen de transport pour les différents sites. Si vous êtes seul, passer par une agence se révélera plus économique. Enfin, si vous n'avez qu'une journée pour visiter les environs, privilégiez les chutes de Kouang Si ou les grottes de Pak Ou.

En bateau

La rive droite du Mékong

À peine débarqué de l'autre côté du fleuve, on se retrouve en pleine campagne, dans un environnement paisible et peu touristique. Autre atout : la succession ininterrompue de petits villages qui s'étirent sur près de 2 km en surplomb du Mékong est jalonnée de beaux temples, chacun avec ses attraits particuliers. On croise moines et moinillons, des femmes qui tiennent de petites échoppes... Une balade vraiment agréable pour se mettre au vert et au calme à seulement quelques encablures de Luang Prabang.
➢ ***Pour s'y rendre :*** la solution la plus économique consiste à prendre le ***ferry*** *(zoom D1,* ***26****).* Embarquement devant l'ancien Palais royal. Il arrive au village de Xieng Men *(plan d'ensemble C1).* Compter 5 000 kips par personne (prix fixe) ; 10 000 kips avec un vélo. Sinon, s'adresser à l'un des nombreux propriétaires de barques, au même endroit. On les trouve aussi au départ des bateaux pour Pak Ou *(zoom E1,* ***28****).* Il suffit de demander aux bateliers de faire la traversée. Dans ce cas, il faut négocier *(sur la base de 5 000 kips/pers).* On trouve sans problème des bateaux pour le retour.

➢ Du débarcadère, monter vers ***Ban Xieng Men,*** puis prendre le 1er chemin à droite, parallèle au fleuve, et traverser le pont de bois. On débouche sur une venelle bétonnée (par l'Agence française de développement) qu'on emprunte jusqu'au

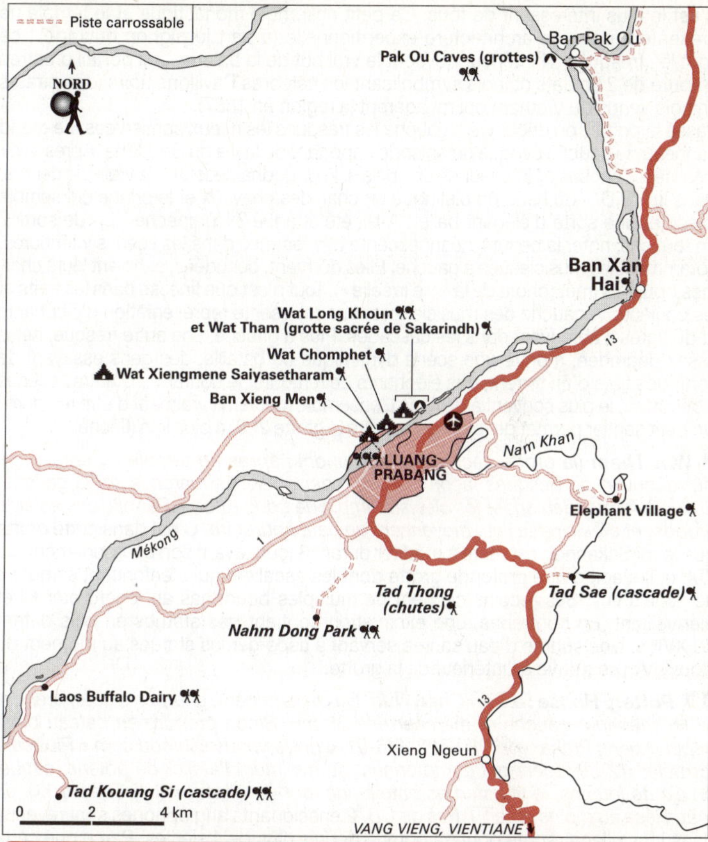

LES ENVIRONS DE LUANG PRABANG

pied du wat Chomphet. Ensuite, un sentier à travers la forêt mène au wat Long Khoun et à la grotte sacrée de Sakharind. Compter environ 2 km de bout en bout.

Wat Xiengmene Saiyasetharam : *1er temple sur la gauche, à env 10 mn du débarcadère. Entrée : 10 000 kips. S'il est fermé, demander les clés à la maison d'en face.* Ensemble monastique avec un temple du XVIe s restauré, un peu poussiéreux, mais non dénué d'attraits : portes sculptées, beau plafond peint et colonnes dorées à la feuille d'or.

Wat Chomphet : *à env 5 mn à pied du wat Xiengmene, au sommet de la colline Phouphet. Pour y accéder, une belle grimpette d'une centaine de hautes marches. Droit d'entrée : 10 000 kips.* Datant de 1888, le temple mêle l'art chinois et thaï, mais il est bien décrépit. Il a servi d'observatoire militaire pendant de nombreuses années. Et pour cause, l'emplacement est stratégique : belle vue sur le Mékong et le mont Phousi en face, seule raison qui encourage à grimper jusque là-haut.

Wat Long Khoun : *à 15 mn à pied du wat Chomphet (30 mn env du débarcadère). Après le wat Chomphet, le béton cède la place à un chemin de terre. Entrée : 10 000 kips.*

C'est le plus intéressant de tous. Ce petit ensemble monastique et le temple ne présentent pas une architecture exceptionnelle (à part le pignon ouvragé) ; ce sont les fresques à l'intérieur qui sont le vrai but de la balade. Joli portail d'entrée entouré de 2 soldats chinois symbolisant les célèbres Pavillons noirs (des pirates chinois venus du Vietnam qui ravagèrent la région en 1887).
Passé le portail, on découvre à gauche les fresques les mieux conservées. Le grand panneau de gauche évoque un épisode important de la vie du Bouddha. Après avoir idéalisé les choses à l'intérieur de son palais, le Bouddha découvre la vraie vie dehors. Dans la « B.D. » du haut, on distingue un char, des chevaux et le prince qui semble exécuter une sorte d'élégant ballet. A-t-il été attaqué ? L'empêche-t-on de sortir ? En tout cas, noter la beauté incandescente des femmes dans les scènes inférieures, notamment les musiciennes à gauche. Elles dorment, dénudées, exhibant leurs charmes opulents (métaphore de la « vie irréelle »). Tout n'est que finesse dans les traits et les couleurs. À gauche des musiciennes, une ravissante représentation d'éléphants et de tigres s'abreuvant dans les cascades. Plus à gauche, une autre fresque, hélas assez dégradée, montre une scène dynamique de bataille, des gens essayant de sortir des flots d'un torrent, des éléphants de remonter le courant... D'autres scènes à découvrir, le plus souvent à deviner. L'ensemble mériterait vraiment d'être restauré ! Un petit sentier permet de rejoindre ensuite la grotte 200 m plus loin (fléché).

Wat Tham *(la grotte sacrée de Sakarindh)* **:** *après un temple récent, rouge vif, recouvert de fresques façon B.D., grimper quelques marches sur la gauche. Souvent fermé, demander les clés au temple de Long Khoun. Parfois, des enfants proposent d'éclairer le lieu, moyennant un petit pourboire.* C'est dans cette grotte que le roi Sakarindh est resté à méditer durant 3 jours avant son couronnement, au XIXe s. Il s'agit d'une profonde grotte dont les escaliers qui s'enfoncent semblent ne jamais finir. Ses recoins cachent de multiples bouddhas au regard éternel et bienveillant. En contrebas, une excavation contient des statues en bois datant du XVIe s. Une source d'eau sacrée servant à asperger les statues au moment du Nouvel An se trouve à l'intérieur de la grotte.

Pottery House : ***à Ban Chan Nua.*** *Du débarcadère, grimper la côte, prendre le 1er chemin à gauche et marcher env 25 mn. Sinon prendre en bateau privé depuis Luang Prabang. 020-522-446-61. • potteryhouselaofood.com • Plusieurs formules 12-39 $/pers qui comprennent au minimum l'atelier de poterie, auquel on ajoute (ou pas) le transfert en bateau, un tour du village, le déj. Prévoir ½ j. en tout. Résa au moins la veille. Pas de CB.* 2 enseignants anglophones sont revenus dans leur village réputé pour sa poterie depuis plus de 4 siècles. Parce que cette activité était en déclin, ils ont eu l'idée de ces visites pour redonner vie aux fours communautaires et recréer de l'emploi. Les poteries sont toujours réalisées selon des techniques ancestrales que l'on peut expérimenter. Le tour du village permet, quant à lui, d'en apprendre plus sur l'histoire du lieu.
On conseille aussi le déjeuner (vraiment très bon) présenté dans de la vaisselle en bambou. Une belle initiative à soutenir.

➢ ***Pour rejoindre Luang Prabang :*** soit retourner à l'embarcadère principal d'où part le ferry, soit monter dans une pirogue privée depuis les embarcadères qui se trouvent au pied des 2 derniers temples *(compter dans ce cas autour de 10 000 kips/pers, moins de concurrence de ce côté !).*

Excursion en amont du Mékong, vers les grottes de Pak Ou

La balade en bateau permet d'observer la vie au bord du fleuve. Lorsqu'il est à son plus bas niveau, on aperçoit notamment des pêcheurs et des orpailleurs (lire également plus bas).

➢ ***Pour s'y rendre :*** un bateau part le matin de l'*embarcadère pour Pak Ou (zoom E1,* ***28****)* à Luang Prabang. En principe, il s'arrête en chemin à Ban Xan Hai. *Compter autour de 80 000 kips/pers jusqu'à 5 pers ; 65 000 kips/pers si plus de 5 ; ou louer un bateau à la ½ journée à ce même embarcadère. Essayer de se grouper.*

Dans ce cas, compter env 370 000 kips pour le bateau. Se renseigner aussi sur les tarifs pratiqués auprès d'autres touristes. Compter env 3-4h pour faire l'A/R et visiter tranquillement.
Ceux qui voudront visiter d'autres sites dans l'après-midi (voir plus loin « Excursion en aval du Mékong ») loueront le bateau pour quelques heures de rab' et quelques kips de plus.

Pak Ou Caves (grottes) **:** *à 35 km en amont de Luang Prabang. Le bateau accoste au pied des escaliers en pierre qui conduisent à la grotte du wat Tham Ting, la « grotte des Stalactites ». Il est aussi possible de venir en minibus (départ du parking au carrefour de la poste, 8h-14h) ou en camionnette bâchée, à prendre n'importe où en ville ou le long du Mékong. Dans ce cas, compter env 1h de trajet et autour de 250 000 kips l'A/R pour 1-5 pers, plus 13 000 kips/pers pour la traversée en bateau, la grotte se trouvant de l'autre côté du Mékong (guichet dans le village). Prévoir une lampe de poche, surtout pour la grotte du centre (on peut en louer une sur place). Entrée : 20 000 kips. Un abri pour le pique-nique a été aménagé entre les 2 grottes, au niveau des toilettes (payantes).*
Le site bouddhique le plus célèbre des environs de Luang Prabang. Il s'agit de plusieurs grottes sacrées, situées dans une falaise abrupte en aplomb du Mékong et trouée à sa base.
On accède à la 1re grotte (il y en a 2) par une volée de marches où trônent des centaines de bouddhas de toutes tailles. C'est un lieu de pèlerinage qui fut longtemps habité par des ermites. Lors des fêtes du Nouvel An, on y apporte des statues, d'où le nombre impressionnant de statuettes amoncelées dans l'entrée de la grotte. Sur la droite, une formation rocheuse rappelle la forme d'un éléphant. En contrebas, il est possible de se faire dire la bonne aventure. Il suffit de tirer au sort des bouts de papier couverts de formules magiques en laotien.
En sortant de la grotte, redescendre d'un niveau et prendre à droite les escaliers menant à la *grotte du wat Tham Poum,* « la grotte du Centre », située beaucoup plus en hauteur que la première (on a compté 200 marches entre les deux !). Belle vue sur la vallée du Mékong. La grotte du wat Tham Poum fut découverte par Francis Garnier. Elle est plus profonde que la précédente : elle s'enfonce sur 54 m. À l'entrée, un bouddha à gros ventre. La légende raconte que ce bouddha était un très bel homme courtisé par toutes les femmes, ce qui le troublait pour méditer. Il pria longuement les dieux afin de devenir moins séduisant. Ses vœux furent exaucés, les dieux lui donnèrent ce gros ventre. En pénétrant à l'intérieur, on note sur la droite une frise de bouddhas à la feuille d'or. À gauche, vestiges d'un petit aqueduc en bois sculpté qui amenait l'eau pour laver les bouddhas. Aux 2 bouts, un cygne et un dragon. Dans les anfractuosités, des milliers de bouddhas (plus de 6 000) de toutes tailles. Sur la droite, un corps de lion sculpté dans la pierre, qui semble garder le sanctuaire.
Quelques restos sur pilotis se sont installés en face de la grotte de Pak Ou. Pour un repas avec vue sur un paysage d'une douce sérénité.

➢ En repartant sur Luang Prabang, on peut faire un crochet en bateau par la ***rivière Nam Ou*** qui se jette dans le Mékong à la hauteur de Pak Ou. Le détour vaut la peine pour le splendide paysage offert par les spectaculaires falaises de calcaire qui surplombent la rivière.
À Luang Prabang, le débarquement s'effectue, en principe, plus en amont *(zoom F1,* ***29****).*

Excursion en aval du Mékong

En louant une barque pour quelques heures au même endroit que pour Pak Ou, il est possible de faire une très belle balade en aval du Mékong et de visiter plusieurs sites vierges de toute présence touristique de masse.

Les pêcheurs et les orpailleuses du Mékong : en continuant la descente du fleuve, on aperçoit des pêcheurs. Certains utilisent de petits filets qu'ils étendent en s'enfonçant dans l'eau jusqu'à la poitrine. D'autres pêchent à

LE LAOS

l'épervier. Les prises sont assez maigres en période de basses eaux. Elles sont conservées dans de petites nasses en osier tressé par les pêcheurs, sur les berges du fleuve. Un peu plus loin, sur la rive gauche, on rencontre des orpailleuses, essentiellement en avril, mai et juin, avant les hautes eaux. Image hautement emblématique du Mékong.

CHERCHEUSES D'OR

Les femmes qui habitent le long du Mékong creusent la terre du rivage, puis la lavent pour en extraire une fine poussière noire où scintillent quelques paillettes d'or. Cette poussière est ensuite mise au contact du mercure, qui dissout l'or. Puis le mercure est chauffé. En s'évaporant, il libère l'or, qui est vendu aux bijoutiers de la ville.

Balade en *tuk-tuk,* scooter ou minibus

Difficile de tout faire dans la journée. Pour avoir une idée des prix avec l'excursion la plus éloignée (Khouang Si), compter environ 120 000 kips la location d'un scooter à la journée, 180 000 kips en *tuk-tuk* ou 350 000 kips pour un van (max 9 pers) : aller-retour et 4h sur place. Autre solution : via une agence, en van partagé. Inconvénients : départ à heures fixes, moins de temps sur place et pas d'arrêt en chemin ; avantage : plus économique (environ 50 000 kips/pers).

À l'est

Elephant Village : *à env 18 km de Luang Prabang. Sur les derniers km, piste bien signalée côté gauche de la route principale. Bureau en ville, près de la* BCEL *(zoom D2,* ***9****).* ☎ *25-24-17.* *030-51-40-614.* • *elephantvillage-laos.com* • *Tlj 8h-16h. Résa obligatoire 1 ou 2 j. avt. Entrée : 10 $. Excursion en bateau jusqu'à Tad Sae possible. Déj sur place : 12 $ et utilisation de la piscine (jusqu'à 15h) : 10 $.* Dans un environnement magnifique, au bord de la Nam Khan, qui justifie à lui seul la visite, le complexe touristique recueille une quinzaine de pachydermes, dont 2 éléphanteaux (un né sur place). Leurs cornacs ont tous travaillé dans l'industrie forestière avant de devenir salariés du camp, au côté d'employés des villages voisins. La plupart des activités impliquent de grimper sur le dos de l'animal (balades, bain), mais dans le but de concilier bientraitance, maintien d'une activité pour les éléphants et demandes touristiques, certaines promenades se font à cru (sans nacelles). À vous de voir (lire aussi dans la rubrique « Faune », plus loin, le texte consacré aux éléphants). Mais on peut très bien venir jusque-là en se « contentant » de s'instruire et d'observer ces animaux exceptionnels.
Sans rapport, le fondateur allemand était aussi un passionné de voitures anciennes. On peut voir les différents modèles qu'il a achetés partout dans le pays (sans les retaper), dans un bâtiment au fond du camp, avant le resto.

Des kiosques en surplomb de la rivière offrent un cadre majestueux pour boire un thé face aux montagnes.

Shangri Lao : *au fond du camp. Resto à « prix moyens », accessible à tous, sur résa.* Une poignée de magnifiques bungalows s'ouvrent sur la rivière grâce à de larges baies vitrées. Mais il faudra casser sa tirelire pour en profiter. Plus abordable, le resto situé face à la Nam Khan et la piscine. Ne pas manquer de grimper sur la terrasse pour la superbe vue.

Tad Sae (cascade) **:** *de Luang Prabang, suivre la route 13 en direction du sud sur env 15 km. On s'y rend à scooter, en* tuk-tuk *ou à vélo pour les plus courageux, puis 5 mn de bateau (10 000 kips/pers) au départ du parking de Ban Aen (payant). Tlj 8h-17h. Entrée : 15 000 kips.* Site très touristique aménagé de restos et cafés sur pilotis qui dénaturent les 2 premiers bassins. Malgré tout et s'il n'y a pas trop de monde, l'endroit reste agréable et les vasques d'un bleu turquoise laiteux sont rafraîchissantes. Plusieurs activités sur place : balade à dos d'éléphant (on ne recommande pas) et survol des chutes en tyrolienne *(ziplines).* Pour plus de tranquillité, il est possible d'accéder à une 3e cascade (chemin fléché sur la gauche à partir du 1er bassin) ou de longer la rivière en remontant le chemin à condition d'être correctement chaussé. On se retrouve alors vite seul.

Au sud

Tad Thong (chutes) **:** *à 5,8 km de Luang Prabang. À 3 km de la ville, après la pagode vietnamienne de Phabat Tay, bifurquer à droite et continuer sur encore 2,8 km de piste. Attention, le dernier km n'est pour l'instant pas carrossable, accès à scooter ou à pied. Droit d'entrée : 20 000 kips.* Contrairement à Tad Sae, le site n'est pas aménagé, hormis de hautes et vieilles marches envahies par la végétation qui permettent de grimper jusqu'à la 1re cascade. Compter environ 45 mn. On peut s'y baigner lorsque l'eau est assez haute, et poursuivre le long d'un sentier qui mène jusqu'au village khmu de *Houay Thong.* Pour rejoindre la 2e cascade, mieux vaut revenir au point de départ et emprunter l'autre chemin (voir le plan à l'entrée du site). On peut aussi se poser à l'entrée du parc dans un des cabanons sur pilotis, rustiques, disposés autour du lac et siroter un verre. Une escapade sans prétention, mais sympa et peu fréquentée.

Nahm Dong Park : *à 10 km au sud de Luang Prabang. 020-9999-08-06 (Lé parle le français) ou 020-5610-82-07 (Kéo). • nahmdong.com • 4 km après la sortie sud-ouest de la ville, ne pas prendre la direction des chutes de Kouang Si, mais tourner à gauche, puis passer devant le Santi Resort et bifurquer à droite à la jonction suivante. Au bout de 1 km, le goudron devient une piste carrossable. Après l'indication sur la droite, continuer sur encore 5 km. Tlj 9h-17h. Entrée : 20 000 kips.* Parc de 10 ha situé dans une belle vallée encaissée. On y vient pour le cadre, la faune et la flore (très beau jardin d'essences à l'entrée et espace consacré à l'apiculture avec ruches et panneaux d'interprétation au cœur du parc). Pour les activités : l'accrobranche (dès 7 ans), le pont suspendu (pour ceux qui ont le vertige, il apporte déjà son lot de sensations : à tenter néanmoins pour la vue). Plus rassurant, une promenade le long de la cascade jusqu'à la rivière où l'on peut se baigner quand il y a suffisamment d'eau. D'autres activités sur résa : treks, massages et *cooking class.*
Camping : *au fond du parc. Compter 120 000 kips pour 2, tente comprise.* En cas de pluie, il est possible de se réfugier dans une maison lao mise à disposition. Géré par un Français très sympa.
Resto : *« Prix moyens ».* Kiosques aménagés près de la rivière dans un cadre luxuriant. On s'attable devant quelques plats à base de légumes bio du potager et de fruits du jardin (bananes, papayes). Goûtez aux frites de patate douce, aux rouleaux de printemps et autres BBQ de viande ou de poisson.

The Living Land Company : *à env 5 km de Luang Prabang en direction de Kouang Si. 020-551-992-08. • livinglandlao.org • Formule ½ j. (8h30-11h30 ou 13h30-16h30) env 350 000 kips/pers (env 40 $), transfert inclus. Déj possible : 10 $.* Au pied des montagnes, la rizière a été divisée en plusieurs parcelles pour permettre aux apprentis riziculteurs de découvrir les états de maturation successifs de la céréale tout en expérimentant le travail au champ : labourage derrière un buffle, piquage, récolte. Puis, des ateliers sont consacrés au tri, à la mouture pour en faire de la farine (où l'on voit que moudre du riz est un sport !). La ferme produit ainsi 2 t de riz par an utilisées pour sa consommation personnelle (pas de vente). D'autres activités annexes complètent l'expérience : tressage de bambou, ferronnerie, broyage de canne à sucre... Une immersion, certes touristique, mais qui donne une idée sur ce petit grain, aliment de base, qui représente encore les ¾ de l'agriculture du pays.
Possibilité de déjeuner (sans visite) dans la grande maison sur pilotis avec vue sur la rizière. *Compter dans ce cas 15 $. S'y rendre en tuk-tuk, à vélo ou à scooter.*

Laos Buffalo Dairy : *à l'entrée de Ban Muang Khay, à env 22 km de Luang Prabang, sur la route de Kouang Si (10 mn env avt les chutes). 020-52-30-24-75. • laosbuffalodairy.com • Tlj 9h30-17h30. Glace en vente sur le bord de la route. Visite guidée (ttes les 20 mn en hte saison) : 50 000 kips ; avec nourrissage des*

LE LAOS

animaux et un goûter : 100 000 kips (durée : 1h). C'est la seule laiterie de lait de bufflonne au Laos. L'équipe australo-américaine loue les femelles enceintes pour 4-6 mois, le temps qu'elles mettent bas et allaitent leurs petits, assurant un revenu aux fermiers pendant toute la période. Grâce aux soins et à la nourriture appropriés, le taux de mortalité des bufflons est fortement descendu. Avec le lait, elle fabrique fromages, yaourts, ainsi que de délicieuses glaces (en vente sur place). Elle a aussi expérimenté avec succès le croisement entre des buffles chinois et lao pour un meilleur rendement laitier (la consanguinité existante affaiblissait l'espèce) et lancé plusieurs programmes auprès des habitants : l'incitation à la traite des bufflonnes pour leur consommation personnelle en vue de lutter contre la malnutrition (ce lait étant bien plus riche que celui de vache), l'élevage de cochons (sur une litière d'écorce de riz qui absorbe les odeurs : on a testé !) et de lapins (importés par des Français dans les années 1990 !). En dehors des bufflonnes que l'on voit à l'extérieur, les centaines d'autres sont confinées sous les hangars.

Tad Kouang Si (cascade) **:** *à env 30 km de la ville, vers le sud-ouest. Au départ de Luang Prabang, on peut s'y rendre en louant un scooter, un tuk-tuk ou un minibus à la ½ journée, une pirogue à moteur et même un vélo pour les plus sportifs (avec des vitesses qui fonctionnent pour affronter le relief). La route traverse des villages hmong, des rizières et des forêts. Tlj 8h-17h30. Entrée : 20 000 kips. Attention, sol très glissant, prévoir de bonnes chaussures. Les amateurs de quiétude arriveront avt 9h ou 10h ou carrément en fin de journée.*
Endroit très agréable, bien que très touristique. Depuis le parking, prendre le sentier aménagé sur la droite qui mène d'abord à un centre de protection des ours, puis de piscine naturelle en piscine naturelle, au pied des chutes. Là, w-c et aire de pique-nique où les groupes organisent leur repas. Baignade autorisée tout en haut ou tout en bas, dans les bassins naturels (cabines pour se changer).
En haut, les plus courageux traverseront la rivière pour emprunter un sentier de 3 km qui mène à la résurgence de la source et à une petite grotte. Balade sympa à travers la forêt avec des panneaux aux embranchements.
Gargote au niveau de la dernière chute de Kouang Si, sinon resto en dur en contrebas. Également à l'entrée, après le parking, nombreux restos populaires.

Kuang Si Butterfly Park (Serre aux papillons) **:** *à env 300 m avt l'entrée des chutes, sur la droite. 020-982-374-66. Tlj 10h30-16h30. Entrée : 40 000 kips ; réduc.* Le chemin descend jusqu'à une immense serre créée par 2 Néerlandais qui se sont donnés pour mission l'étude et la préservation des papillons et des plantes qui les abritent. Un petit poste éducatif enseigne sur les différents stades de l'évolution des insectes, avant qu'ils ne disparaissent à notre vue, du moins pour certains, noyés sous la chlorophylle. Et si ce lieu, à l'ambiance tropicale, invite au farniente, profitez des chaises posées dans le bassin : détente... ou pas si on décide de se faire picorer les pieds par les poissons.
Snack sur place.

– On peut aussi jeter un œil au village juste avant l'arrivée au parking des chutes : maisons sur pilotis et piscines naturelles !

Vanvisa Guesthouse – At the Falls Lodge : *à* ***Ban Thapene*** *; prendre à gauche à la sortie du parking de Khouang Si, c'est à 5 mn à pied. 020-554-081-33. • vandara2@hotmail.com • Double avec sdb env 40 $. Repas sur demande.* Plongée dans la verdure, au pied d'une petite chute d'eau, cette pension familiale possède 7 bungalows à la déco rustique non dénuée de charme, confortables avec matelas bien épais et salle d'eau. Également 2 chambres au rez-de-chaussée de la maison, mais plus petites et sombres. Cuisine laotienne. Possibilité de se baigner dans la rivière juste devant la *guesthouse.* Repos assuré et bon accueil.
Carpe Diem Restaurant : *route à droite, 100 m avt l'entrée des chutes. 020-98-676-741. Tlj 9h-17h. Prix « Chic ».* Un endroit extraordinaire composé d'un ensemble de terrasses sur multiples niveaux autour d'une petite chute (piscine naturelle au pied).

LE LAOS

L'équipe franco-suisse propose une cuisine internationale avec quelques plats fusion originaux. Onéreux, mais justifié par le cadre, unique.

Encore plus au sud : à Sayaboury

■ ***Elephant Conservation Center :*** *bureau à Luang Prabang, Mekong Road Rd, Ban Pakham (Visitors' Center ; plan d'ensemble C2,* ***15****).* ☎ *25-23-07.* • *elephant conservationcenter.com* • *Tlj 9h-19h (fermé à l'heure du déj). En hte saison, résa plusieurs sem avt conseillée, mais c'est parfois possible à la dernière minute, tentez votre chance ! Compter 210-270 $/pers pour 2 j./1 nuit (durée min), tt compris (le trajet en minivan, le bateau, les activités et les repas, délicieux), prévoir 100 $/ pers en sus pour un* lodge *avec sdb.*

Après 2h30 de minivan et environ 15 mn de bateau, on rejoint un site enchanteur, dont les bungalows en bambou tressé surplombent un lac, en lisière de forêt. Le séjour est jalonné de diverses activités : marche dans la forêt, observation des éléphants au bain, dans la zone de socialisation et d'enrichissement ou de reproduction ou encore à l'hôpital. Une immersion qui permet d'approcher ces magnifiques animaux dans une zone naturelle et de mieux comprendre la démarche du centre dans l'urgence de leur sauvegarde.

Les éléphants captifs sont ici étudiés, soignés. Or, les moyens nécessaires au centre se révèlent colossaux. D'où les prix pratiqués et un compromis en constante évolution entre l'attente des visiteurs qui viennent découvrir les mammifères et celle des cornacs qui reçoivent un salaire décent en faisant partager leur passion pour ces animaux, qu'ils doivent apprendre à resocialiser sans l'homme.

Les objectifs communs de ces différents axes (de conservation, scientifique, social et touristique) sont à la fois d'assurer la survie de l'espèce en favorisant la reproduction et de pouvoir relâcher les plus aptes à l'autonomie un jour (prochain ?). Cette expérience a très peu été entreprise dans le monde (exemple au Sri Lanka). Mais après 30-40 ans de captivité, certains éléphants ne retourneront jamais à la vie sauvage (parce que malades ou peu autonomes) et finiront probablement leur vie au centre.

On est observateur tout en participant à un véritable projet de conservation en soutenant une équipe motivée, passionnée et passionnante, toujours en questionnement sur la meilleure démarche à adopter.

Lire aussi les infos sur les éléphants travailleurs dans la rubrique « Faune ».

LE NORD

• Carte *p. 424-425*

NAVIGATION SUR LE MÉKONG

De Luang Prabang à Pakbeng et Houeisai, voilà une belle occasion de remonter ce fleuve mythique en sampan, sur une portion encore bien préservée. Le Mékong se montre tour à tour étroit, puissant, cisaillé de paravents de rocs noirs, de feuilletage de schistes et de récifs en socs de charrue.

On y voit tout du long d'intéressantes scènes de vie, hameaux perdus en pleine forêt, villages flottants de péniches, pêcheurs en équilibre sur quelque pirogue, orpailleuses affairées à tamiser leur butin au bord du fleuve, buffles, gorges,

rapides, quelques pains karstiques (pas la baie d'Halong non plus !) : bref, le dépaysement à chaque méandre. Une balade qu'on préfère largement effectuer en *slow boat,* pour laisser le temps au temps et partager ce trajet avec un mélange de voyageurs et de villageois, parfois accompagnés de chargements improbables !

Infos pratiques

Pakbeng se situe à mi-chemin entre Luang Prabang et Houeisai. ***La navigation entre Luang Prabang et Pakbeng est indéniablement la plus intéressante.*** La portion jusqu'à Houeisai concernera les lecteurs qui filent vers la Thaïlande. Les autres peuvent rejoindre depuis Pakbeng, en bus, les villages du nord.

➢ ***En slow boat :*** env 110 000 kips/pers pour chacun des 2 tronçons. Achat du billet directement à l'embarcadère au moins 1h avt le départ ou directement auprès d'une agence à Luang Prabang. Dans ce cas, il comprend le trajet jusqu'à l'embarcadère. Bien comparer les tarifs. En hte saison, résa bien à l'avance conseillée, de préférence le plus à l'avant du bateau pour s'éloigner du moteur.

Les bateaux quittent ***Luang Prabang*** tlj en début de matinée ***pour Pakbeng*** (trajet : 8-9h). ***Depuis Pakbeng,*** départ tlj le mat ***pour Houeisai*** (trajet : 7-8h), départ le matin également et même durée dans l'autre sens pour Luang-Prabang. ***Depuis Houesai,*** départ tlj en fin de matinée ***pour Pakbeng*** (trajet : 6-7h, on descend le fleuve). Dans les 2 cas, on passe la nuit à Pakbeng.

➢ ***En speed boat :*** env 200-250 000 kips/pers pour chaque tronçon si le bateau est plein (6 places). Sinon, il est possible d'en privatiser un (environ 150-160 $). Depuis les 3 villes, les bateaux partent quand ils sont pleins. Passer la veille par une agence peut permettre de constituer un groupe suffisant, réduire le coût et éviter l'attente. Gilet de sauvetage et casque intégral obligatoires. Bien se protéger du soleil ou de la pluie (pas de toit sur ces hors-bord). Petit rappel : **pas de *speed boat* pendant la mousson ou après de fortes pluies** (lire la rubrique « Transports. Bateau » dans la partie « Laos utile »).

Le *speed boat* est la seule option pour relier Luang Prabang à Houeisai dans la journée. Prévoir alors 6h30 de bateau (éprouvant !) avec tout de même une pause déjeuner à Pakbeng.

Depuis Luang Prabang ou Houeisai départ le mat ***vers Pakbeng.*** Pakbeng est à env 3h30 de Houeisai et 3h de Luang Prabang (le sens du courant influe peu sur la rapidité de ces bateaux). ***Depuis Pakbeng,*** départ en début d'ap-m ***vers Luang Prabang*** comme ***vers Houeisai.***

➢ ***En bateau de croisière :***

■ ***Shompoo Cruise*** *(zoom Luang Prabang, E1,* ***46****) : 18/2, Ounkham Rd. ☎ 21-31-89. • shompoocruise.com • Tlj sauf dim 8h30-17h30. Pas d'activité en juin. Compter 130 $/pers le trajet complet entre Luang Prabang et Houeisai (155 $/pers dans l'autre sens) ; 85 $/pers entre Luang Prabang et Pakbeng, même tarif entre Pakbeng et Houeisai (100 $/pers dans l'autre sens), déj et visite des grottes de Pak Ou compris. Possibilité de louer le bateau en entier.* Une agence tenue par Alex, un Franco-Laotien. Même principe que les *slow boats,* même temps de trajet avec une nuit à Pakbeng (logement non compris), mais, sur le bateau (8 à 40 personnes), le confort est meilleur. Des arrêts pour la visite de villages ethniques sont prévus. Un bon compromis, à mi-chemin entre *slow boat* et croisière de luxe.

■ ***Luang Say*** *(zoom Luang Prabang, E1,* ***3****) : 50/4, Sakkarine Rd. ☎ 25-25-53. • mekong-cruises.com • luangsay.com • Tlj 8h30-19h. Pas d'activité en juin. Compter env 300-540 $/pers, tt compris (repas, logement, guides anglophones et entrées des sites) ; ½ tarif moins de 12 ans (gratuit en basse saison).* Croisières de charme de 2 jours avec 1 nuit à Pakbeng au très beau *Luang Say Lodge.* Visite des grottes et du village de Pak Ou. Les bateaux accueillent 40 personnes maximum. Possibilité de s'arrêter à Pakbeng, mais retour par ses propres moyens. D'autres croisières plus longues sont également proposées.

PAKBENG

IND. TÉL. : 081

• Plan *p. 427*

À une grosse journée de *slow boat* de Luang Prabang (soit environ 150 km au nord-ouest). Les bateaux arrivent en fin d'après-midi et repartent le lendemain en début de matinée. La plupart des touristes suivent le mouvement. Du coup, en journée, cette bourgade khamu accrochée à flanc de montagne prend des airs de village tranquille qui vaque paisiblement à ses occupations, autour de sa rue principale au long de laquelle essaiment habitations et commerces. Malin qui marque une pause, pour profiter du lieu et, pourquoi pas, partir à la rencontre des pachydermes du Mekong Elephant Park ?

Arriver – Quitter

En bateau

Embarcadère *(plan A2)* **:** *au bout de la rue principale.* Pour les horaires, durées et prix de navigation, se reporter au début du chapitre « Le Nord. Navigation sur le Mékong ».

En bus

Gare routière *(hors plan par B1)* **:** *à env 3 km de l'embarcadère.*
➢ ***Oudom Xai* :** 3 bus/j. Trajet : 3h30-4h (140 km). Route bitumée.

LE LAOS

Adresses et infos utiles

Tourist Office *(plan A2)* **:** *à 50 m de l'embarcadère. 020-228-524-80. Horaires variables.* Infos sur la région, horaires des bateaux.

■ ***Agricultural Promotion Bank*** *(plan B1,* ***1****)* **:** *le long de la route principale, à env 1 km de l'embarcadère. Lun-ven 8h-15h.* Change dollars et bahts, mais pas les euros. Service *Western Union* et ***distributeur*** ; il en existe 2 autres dans la rue principale *(plan B1,* ***2****)*. Possibilité de changer des devises au guichet de la ***BCEL*** *(plan B1,* ***4****)*. *Lun-ven 9h-15h. Attention, avoir des billets impeccables.*

■ ***Les Médecins de Chinguetti – Pakbeng*** *(plan A2,* ***3****)* **:** *de l'embarcadère, 1re route qui monte à gauche, à env 400 m. • medecinsdechinguettipakbeng.fr • Tlj selon présence des bénévoles.* Un dispensaire tenu par une ONG de médecins français, généralistes, chirurgiens-dentistes et aussi moins régulièrement, gynécologues, ophtalmologistes, sages-femmes, pharmaciens et autres disciplines, qui effectuent à Pakbeng des missions tout au long de l'année. Un projet « bien naître » s'est développé avec succès en collaboration avec les hôpitaux laotiens du district. Le projet « bien voir » complète depuis peu l'activité de cette ONG dynamique qui s'implique également dans le dépistage et l'éducation sanitaire auprès de la population. Les Laotiens viennent de loin pour s'y faire soigner gratuitement. Les praticiens se rendent aussi dans des villages qui longent le Mékong et dans ceux des montagnes environnantes. Ils assurent aussi des consultations pour les étrangers de passage. Le dispensaire peut être visité sur demande. Et n'hésitez pas à déposer stylos, brosses à dents et dentifrices, toujours très demandés.

– ***Marché*** *(plan A-B1)* **:** *en léger retrait de la rue principale. Tlj.*

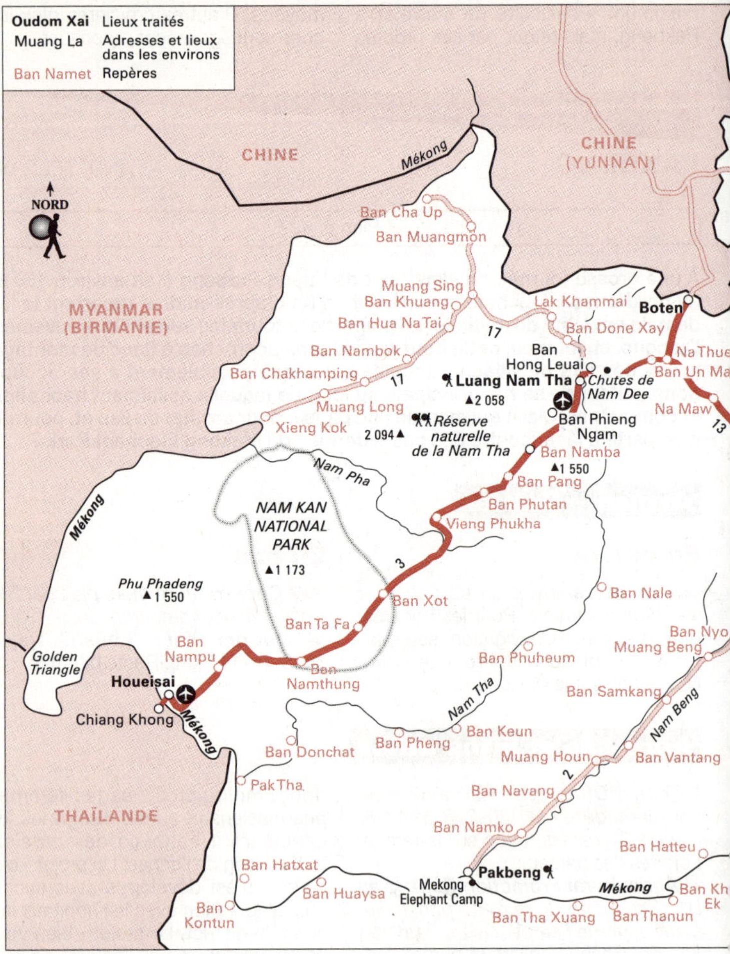

Où dormir ?

Hôtels et *guesthouses* s'égrènent le long des 2 rues qui partent de l'embarcadère. En haute saison, il y a parfois du monde sur les bateaux et les établissements sont vite pleins : réservez. En tout cas, dès votre arrivée, ne pas traîner pour chercher une chambre. Certains voyageurs ont parfois dû trouver refuge auprès d'un temple.

De très bon marché à bon marché (moins de 150 000 kips / 18 $)

☗ ***Monsavanth Guesthouse*** *(plan A2,* ***11****) : à 150 m de l'embarcadère.* ☎ *21-26-19.* 📱 *020-577-19-35. « Bon marché. »* Chambres donnant toutes

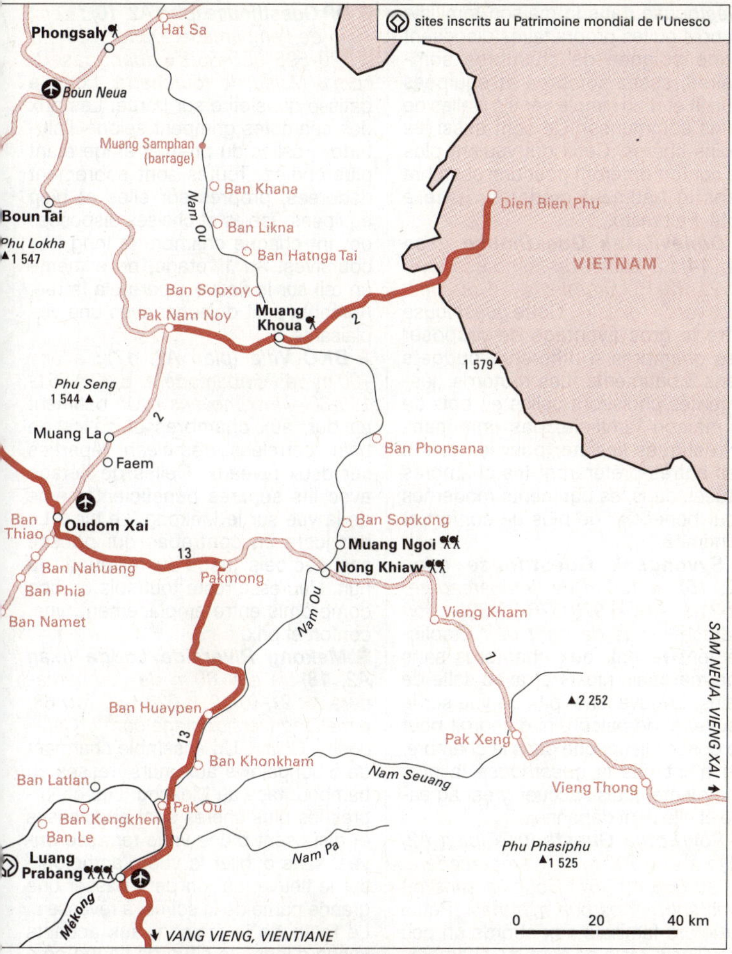

LE NORD DU LAOS

sur la rue, d'une rigoureuse simplicité mais vraiment nickel ; murs blanc immaculé, salle de bains carrelée. Pour le petit déj (en supplément), rendez-vous à la *Monsavanth Bakery,* juste en face. L'adresse la plus chère de la catégorie, mais pour le prix, c'est une excellente affaire ! Seul hic : l'endroit est vite plein.

Meksavanh *(plan A2,* ***12****) : à 200 m de l'embarcadère. 020-557-823-90. « Très bon marché ».* Au rez-de-chaussée, les chambres donnant sur le couloir d'accès au resto sont peu sexy. On leur préfère celles à l'étage, réparties le long d'une jolie coursive en bois, dont l'extrémité offre une vue sur le Mékong. Fait aussi resto. Un rapport qualité-prix honnête.

Vatsana Guesthouse *(plan A1,* ***13****) : à 200 m de l'embarcadère. ☎ 21-23-02. 020-957-389-16. « Très bon marché ».* Agréable *guesthouse* dans la maison familiale en bois où les propriétaires disposent d'une poignée de chambres sommaires, assez sombres et équipées d'un lit et d'un simple ventilo (salles de bains communes). Ce sont aussi les moins chères. Ceux qui veulent plus de confort opteront pour une chambre dans le bâtiment moderne, juste à côté. Fait resto.

Donevilasak Guesthouse *(plan A1,* ***14****) : à 250 m de l'embarcadère. ☎ 21-23-15. Doubles avec ou sans sdb, ventilo ou clim.* Cette *guesthouse* offre le gros avantage de proposer des chambres à différents budgets dans 3 bâtiments. Les routards désargentés choisiront celles en bois de la maison familiale, pas immenses et rustiques (insister pour les voir !). Les autres préféreront les chambres situées dans les bâtiments modernes pour bénéficier de plus de confort et d'intimité.

Syvongsak Guesthouse *(plan A2,* ***15****) : à 150 m de l'embarcadère. ☎ 21-23-00. 📱 020-576-23-39. « Bon marché ». Pas de petit déj.* Établissement récent, aux chambres sans charme, mais nickel et avec salle de bains. En revanche, pas de vue sur le fleuve, ni de balcon, ni d'endroit pour se poser ailleurs que dans la chambre. Ce n'est pas la *guesthouse* la plus charmante, mais l'accueil y est agréable et elle peut dépanner.

Poy Latha Guesthouse *(plan A2,* ***16****) : à env 100 m de l'embarcadère. 📱 020-566-427-57. Doubles sans ou avec sdb. « Très bon marché ».* Petite structure familiale aux abords un peu brouillons. Mais ce sont les chambres parmi les moins chères de Pakbeng ! Une seule jouit d'une vue sur le fleuve, tout comme la terrasse. Un des points forts du lieu, même si l'ensemble reste sommaire.

De prix moyens à chic (150 000-500 000 kips / 18-59 $)

Ces hébergements pratiquent tous des prix incluant le petit déjeuner. Hors saison, possibilité de tarifs discountés... chouette !

DP Guesthouse *(plan A2,* ***10****) : à env 40 m de l'embarcadère. ☎ 21-26-24. 📱 020-593-055-55. • duangpasert.com • Milieu de fourchette.* Longue bâtisse qui s'étire sur la rue. Les prix des chambres grimpent selon « l'altitude », celles du premier étage étant plus chères. Toutes sont sobrement décorées, propres sur elles et bien équipées. Tables et chaises disposées devant chaque chambre le long des coursives. Au 1er étage, on a même un œil sur le fleuve... par-delà la rue. Agréable petit déjeuner avec une vue plaisante.

BKC Villa *(plan A2,* ***17****) : à env 100 m de l'embarcadère. 📱 020-551-180-80. « Prix moyens ».* Un bâtiment en dur, aux chambres et salles de bains carrelées, très *clean,* réparties sur deux niveaux. Celles de l'étage avec lits séparés bénéficient même de la vue sur le Mékong. Le hic ? Le bar juste en contrebas qui pousse ses décibels jusqu'au milieu de la nuit. L'adresse reste toutefois un bon compromis entre emplacement, vue, confort et prix.

Mekong Riverside Lodge *(plan A2,* ***18****) : à env 80 m de l'embarcadère. ☎ 21-40-10. 📱 020-551-710-68. • mekongriversidelodge.com • Catégorie « Chic ».* Un ensemble charmant de 5 bungalows aux murs tressés en bambou, face au Mékong. Les chambres les plus chères sont spacieuses et disposent d'une vraie terrasse privée, sans oublier la vue d'anthologie sur le fleuve. Là, on peut passer une grande partie de la soirée, à rêvasser... Le resto de la maison, aux accents venus d'Inde, se situe de l'autre côté de la rue.

Phet Sok Xay Hotel *(plan A2,* ***19****) : à env 80 m de l'embarcadère. ☎ 21-22-99. • phetsokxaihotel.com • « Prix moyens ».* Impossible à rater vu ses dimensions inhabituelles pour le coin. Architecture néocoloniale pas mal bétonnée, mais l'endroit n'est pas déplaisant avec sa vaste terrasse qui offre une vue lointaine sur le Mékong. Une quarantaine de chambres de bon confort, petites et lambrissées du sol au plafond. Les jours de rush, c'est un peu l'usine, et l'accueil peut s'en ressentir.

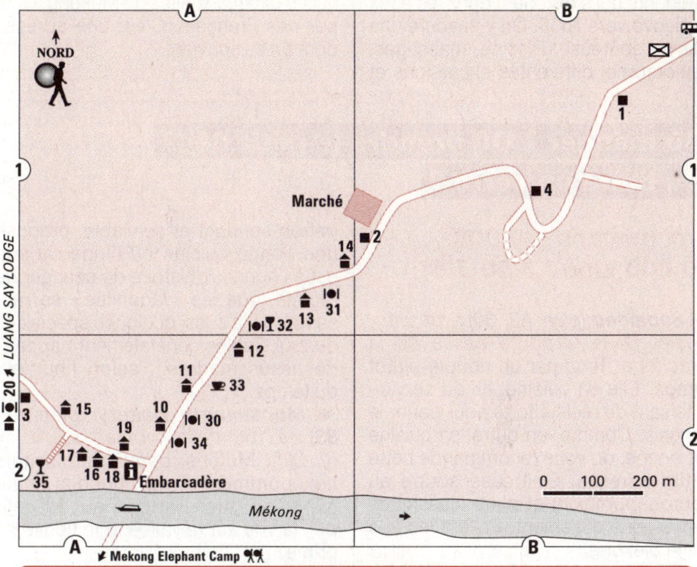

PAKBENG

Adresses utiles

- Tourist Office (A2)
- **1** Agricultural Promotion Bank (B1)
- **2** Distributeurs (B1)
- **3** Les Médecins de Chinguetti – Pakbeng (dispensaire ; A2)
- **4** BCEL (B1)

Où dormir ?

- **10** DP Guesthouse (A2)
- **11** Monsavanth Guesthouse (A2)
- **12** Meksavanh (A2)
- **13** Vatsana Guesthouse (A1)
- **14** Donevilasak Guesthouse (A1)
- **15** Syvongsak Guesthouse (A2)
- **16** Poy Latha Guesthouse (A2)
- **17** BKC Villa (A2)
- **18** Mekong Riverside Lodge (A2)
- **19** Phet Sok Xay Hotel (A2)
- **20** Sanctuary Pakbeng Lodge (hors plan par A2)

Où manger ? Où prendre le petit déj ? Où boire un verre ?

- **20** Restaurants du Pakbeng Lodge (hors plan par A2)
- **30** Sabaïdee (A2)
- **31** Restaurant Dockhoune (A1)
- **32** Ounhouan (A1)
- **33** Monsavanth Bakery (A2)
- **34** Hassan Restaurant (A2)
- **35** Happy Bar (A2)

Très chic (plus de 500 000 kips / 59 $)

Sanctuary Pakbeng Lodge *(hors plan par A2,* ***20****) : à env 400 m de l'embarcadère, par la rue de gauche. ☎ 21-23-04. • sanctuaryhotelsandresorts.com • Doubles 100-160 $ avec petit déj (quasi moitié prix en basse saison).* Grand et bel hôtel, au calme parfait, en surplomb du Mékong. Chambres élégantes et confortables aménagées avec le plus grand soin. Toutes disposent d'un balcon ou d'une terrasse pour admirer à l'envi le fleuve, du point du jour au somptueux coucher du soleil. Un verre à la main, on se sent alors vraiment privilégié. Les *deluxe* et les suites, plus que spacieuses, offrent une appréciable intimité, dans un bâtiment juste en contre-haut. Agréable salle de resto aérée avec vue sur le jardin verdoyant, le Mékong et les éléphants qui s'ébrouent dans les eaux du fleuve vers 7h30. On y savoure une cuisine goûteuse. Piscine, massages, boulodrome, différentes excursions et accès direct aux rives du Mékong. Géré par des Français. C'est une adresse dont on se souvient.

Où manger ? Où prendre le petit déj ? Où boire un verre ?

Prix moyens (30 000-60 000 kips / 3,50-7 $)

Sabaïdee *(plan A2, **30**) : rue principale. Dans la partie basse de la fourchette.* Tenu par un couple plutôt sympa. Elle en cuisine, lui au service et faisant de réels efforts pour parler le français. Comme, en outre, sa cuisine est bonne, on vous recommande cette petite adresse. Goûteuse soupe au potiron *(pumpkin)* et plats classiques servis généreusement. Salle avec vue sur le Mékong.

Restaurant Dockhoune *(plan A1, **31**) : à 200 m de l'embarcadère. Tlj jusqu'à 22h env. Dans la partie basse de la fourchette.* Agréable petit resto au cadre soigné proposant une cuisine classique et correcte. Une poignée de tables occupe la terrasse, au bord de la rue, pour regarder passer les gens, passer les gens, passer les gens...

Ounhouan *(plan A1, **32**) : à 200 m de l'embarcadère.* Un resto au cadre un peu plus sophistiqué que les autres avec ses murs de bambous dressés et son plafond égayé de lanternes en papier multicolore. Bonne cuisine et grand choix de plats traditionnels. Parfait également pour boire un coup avec un personnel qui n'hésitera pas à poser devant vous un petit *free shot* de whisky arrangé. Musique plutôt cool à un niveau sonore qui ne la ramène pas. Une adresse « wok n' roll » : on aime !

Hassan Restaurant *(plan A2, **34**) : à 150 m de l'embarcadère.* Hassan, le patron souriant et serviable, propose une bonne cuisine où l'Inde du sud est à l'honneur, histoire de changer de régime (que les « laophiles » se rassurent, il y a aussi quelques spécialités du cru). Tables généralement nappées de tissus madras... selon l'humeur du temps.

Monsavanth Bakery *(plan A2, **33**) : à 150 m de l'embarcadère. Tlj 6h-22h.* Muffins, bagels, croissants aux pommes et au chocolat, café expresso, etc. Parfait pour le petit déj, la vue sur la vallée et le fleuve en prime.

Happy Bar *(plan A2, **35**) : à 150 m de l'embarcadère, 30 m en contrebas du chemin.* Un des rares lieux de Pakbeng animés relativement tard. Les *backpackers* jouent au billard, se déhanchent, ou jouent leur propre programmation en branchant leur smartphone : ce qui dépare un chouia avec le calme du patelin.

Chic (60 000-100 000 kips / 7-12 $)

Sunset *(restaurant du* Pakbeng Lodge *; hors plan par A2, **20**) : voir « Où dormir ? », plus haut. Résa conseillée. Menu fixe env 12 $ ou carte. Ouv le soir seulement.* Le bien nommé *Sunset* est parfait pour son intimité et son point de vue panoramique sur le Mékong. Au menu, une cuisine laotienne préparée à base de produits issus de la ferme bio, et des plats plus occidentaux à la carte, réhaussés par les épices du Laos.

À faire

Mekong Elephant Park *(hors plan par A2) : résa auprès du* Sanctuary Pakbeng Lodge *(plan A2, **20**) ; voir « Où dormir ? », plus haut. • mekongelephantpark.*

LE LAOS

com • Tlj 7h30-17h. Entrée parc : 20 $; réduc enfants. Nombreuses activités pour petits et grands à visée pédagogique et ludique : 20-60 $/pers. Accès en bateau depuis le Sanctuary Pakbeng Lodge. *Restauration sur place.* Ce lieu préservé au bord du Mékong, géré par des Français, propose une sensibilisation au milieu de vie des éléphants et des populations locales. Les pachydermes évoluent dans leur environnement naturel, en pleine forêt. On peut visiter le site au gré de petits parcours botaniques et se balader le long de sentiers balisés en traversant des paysages magnifiques de forêt avec la vallée du Mékong en toile de fond. À voir : une ferme de l'ethnie hmong, l'exposition d'outils des cornacs, des ateliers artisanaux. Aire de jeux pour enfants. L'observation des mammifères en toute liberté dans leur aire de loisirs, le *check up* de leurs soins quotidiens et leur bain font aussi partie du programme. Également possible en matinée, une marche avec les éléphants à travers la jungle. Voir aussi la boutique qui vend l'artisanat fabriqué par les cornacs et leur femme.

LE *MUSTH* DE L'ÉLÉPHANT

L'éléphant mâle, sujet à d'étonnantes crises de fringale (le musth), se met à manger bien plus que de raison. Conséquence inattendue, cette goinfrerie provoque une brusque montée de testostérone. Ses tempes se couvrent alors d'un musc blanc, puis rouge. Il devient très agressif. Or, cet appétit n'a rien de vraiment sexuel : même madame éléphant doit bien se tenir... à l'écart. Vraiment pas le must !

HOUEISAI (PROVINCE DE BOKEO)

IND. TÉL. : 084

• Plan *p. 431*

Ville frontière, étendue sur la rive, entre fleuve et forêt, dans le mythique Triangle d'or. Y transitent les marchandises de Chine, qui rejoignent la Thaïlande par un pont enjambant le Mékong depuis 2013. Pas un charme fou, mais beaucoup de voyageurs y font une halte obligatoire entre les villages du nord, la Thaïlande, ou l'embarquement pour une croisière sur le Mékong jusqu'à Pakbeng et Luang Prabang.

Arriver – Quitter

En bateau

Possibilité d'acheter les billets dans les agences du centre-ville, moyennant une petite commission. Ce n'est pas nécessaire pour les *slow boats.* En revanche, c'est avantageux pour les *speed boats* car les agences regroupent les demandes (les bateaux partent une fois pleins). Pour les horaires et les prix de navigation, voir plus haut « Circuler sur le Mékong ».

Embarcadère des* slow boats** *(plan A1,* **1) : à 1 km env au nord de Houeisai. Guichet (tlj 8h-16h) à 50 m au-dessus de l'embarcadère. Compter env 15 000 kips/pers en* tuk-tuk *pour rejoindre le centre-ville (moins si on est plusieurs).*

Embarcadère des* speed boats** *(hors plan par A2,* **2) : à 2,5 km env au sud de Houeisai. Compter env 20 000 kips/pers en* tuk-tuk *pour rejoindre le centre-ville (moins si on est plusieurs).*

En bus

Gare routière Keo Champa *(hors plan par A2,* **3***) : à 3 km env au sud de Houeisai. Ts les départs se font avt 16h.*

Compter 15 000-20 000 kips/pers pour rejoindre le centre-ville en tuk-tuk.
➢ ***Luang Nam Tha :*** 2 bus/j., le mat et vers midi. Trajet : env 4h (170 km).
➢ ***Oudom Xai :*** 1 bus/j., le mat. Trajet : env 7h (330 km).
➢ ***Luang Prabang :*** 2 bus/j., dont un VIP en milieu d'ap-m. Trajet : env 13h (500 km).
➢ ***Vientiane :*** 1 bus/j., le mat. Trajet : env 27h (!).

Gare routière Pethaloun *(hors plan par A2,* ***4****)* ***:*** *à 4 km env au sud de Houeisai. Compter 20 000 kips/pers pour rejoindre le centre-ville en* tuk-tuk.
➢ ***Luang Nam Tha :*** 1 bus/j., le mat. Trajet : 3h30 (200 km).
➢ ***Luang Prabang :*** 1 bus/j., en fin d'ap-m. Trajet : env 12h (500 km).
➢ ***Oudom Xai :*** 2 bus/j., mat et ap-m. Trajet : env 6h (330 km).
➢ ***Vientiane :*** 1 bus VIP/j., le mat. Trajet : env 20h (900 km).
➢ Pour les trajets vers ***Hanoi*** et ***Diên Biên Phu*** (Vietnam), mais aussi à destination de ***Chiang Rai*** (Thaïlande), se reporter à la rubrique « Arriver – Quitter » en début de guide.

De/vers la Thaïlande

Les touristes étrangers doivent emprunter le pont situé à 8 km au sud de Houeisai (ouv 6h-22h, mais ferme parfois plus tôt que prévu ; mieux vaut se présenter avt 21h). Seuls les locaux utilisent des traversiers vers Chiang Khong, en Thaïlande, depuis l'embarcadère du centre-ville.
➢ Les lecteurs qui prennent un bus direct de Houeisai (Phetaloun) vers ***Chiang Rai*** ou ***Chiang Mai*** se contentent de descendre du bus avant chaque poste frontière, pour remonter dans le même véhicule après. Les autres rejoignent le poste-frontière laotien en *tuk-tuk* (compter 20 000-25 000 kips/pers), passent la douane et prennent un autre *tuk-tuk* (env 6 000 kips/pers ou 25 Bts) pour traverser le pont jusqu'à la douane thaïlandaise. Juste au-delà, *tuk-tuk* pour ***Chiang Khong*** ou minivans pour ***Chiang Rai*** et ***Chiang Mai*** (pour plus de détails, lire le chapitre « Arriver – Quitter » en début de guide).
➢ En venant de Thaïlande, possibilité d'obtenir le visa laotien au poste-frontière. Bureaux de change et distributeur.

LE LAOS

Adresses utiles

■ ***Tourist Office*** *(plan A2)* ***:*** *rue principale. ☎ 21-11-62. Lun-ven 8h-12h, 13h30-16h.* Quelques infos à glaner. Ni trop efficace, ni toujours ouvert.
■ ***Banque pour le Commerce Extérieur Lao*** *(plan A2,* ***5****)* ***:*** *rue principale. Lun-ven 8h30-15h30.* Change et retrait d'argent au guichet avec les cartes de paiement internationales. Distributeur.
■ ***Phong Savanh Bank*** *(plan A2,* ***6****)* ***:*** *rue principale. Tlj 8h30-16h30 (guichet de change sur le côté gauche de la banque le w-e).* Retrait d'argent au guichet avec cartes de paiement internationales, change et distributeur.
■ ***Lao Red Cross*** *(plan A1,* ***8****)* ***:*** *dans la rue principale, à 400 m env du centre-ville, en allant vers l'embarcadère des slow boats. ☎ 21-19-35. Sauna : tlj 16h-20h30 ; massages : tlj 14h (10h30 le w-e)-21h. Compter 50 000-70 000 kips selon massage ; 20 000 kips pour le sauna (tt est fourni).* Sauna aromatisé aux plantes avec 2 cabines non mixtes. Propose aussi des massages aromatiques ou thérapeutiques, pratiqués dans la pure tradition laotienne. Les fonds contribuent à financer le programme de la Croix-Rouge dans la région. Très relaxant !

Où dormir ?

Très bon marché (moins de 80 000 kips / 9 $)

⌂ ***Little Hostel*** *(plan A2,* ***23****)* ***:*** *rue principale. 📱 030-520-63-29. ● littlehostel.wordpress.com ●* Voilà une micro-AJ qui tient les promesses des grandes. Seulement 2 dortoirs (mixtes) de 4 lits gigognes s'y partagent les sanitaires (eau chaude) et la grande salle du rez-de-chaussée. Bon équipement (casiers fermés, liseuses, draps...) et services (laverie, location de vélos, snacks...). Le tout couronné par

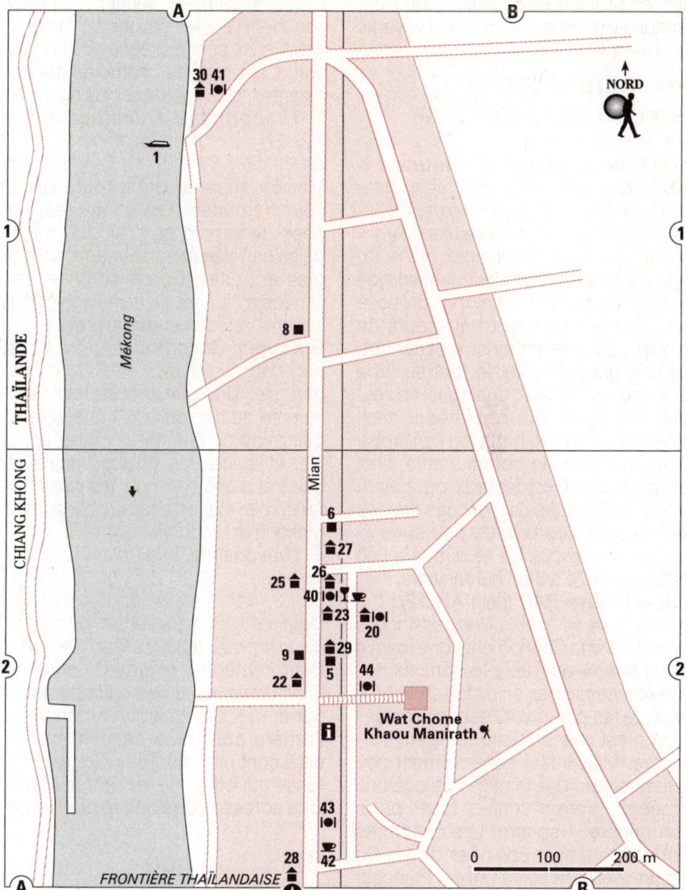

HOUEISAI

■ **Adresses utiles**

- Tourist Office (A2)
- 1 Embarcadère des *slow boats* (A1)
- 2 Embarcadère des *speed boats* (hors plan par A2)
- 3 Gare routière Keo Champa (hors plan par A2)
- 4 Gare routière Pethaloun (hors plan par A2)
- 5 Banque pour le Commerce Extérieur Lao (A2)
- 6 Phong Savanh Bank (A2)
- 8 Lao Red Cross (A1)
- 9 The Gibbon Experience (bureau ; A2)

Où dormir ?

- 20 Daauw Home Restaurant & Homestay (B2)
- 22 Guesthouse BAP (A2)
- 23 Little Hostel (A2)
- 25 Sabaydee Guesthouse (A2)
- 26 Oudomphone Guesthouse 2 (A2)
- 27 Thanormsab Guesthouse (A2)
- 28 Kaupjai Guesthouse (A2)
- 29 Thaveesinh Hotel (A2)
- 30 Houayxai Riverside Phonevichith Hotel (A1)

Où manger ? Où prendre le petit déj ?

Où boire un verre ?

- 20 Daauw Home Restaurant & Homestay (B2)
- 40 Bar How ? (A2)
- 41 Restaurant Latsouly (A1)
- 42 Dream Bakery (A2)
- 43 Bokeo Café (A2)
- 44 La Terrasse (B2)

l'accueil souriant et arrangeant de Nok, la proprio laotienne qui a pas mal voyagé.

Bon marché (80 000-150 000 kips / 9-18 $)

Daauw Home Restaurant & Homestay (plan B2, **20**) : *dans une ruelle parallèle à la rue principale. 030-904-12-96. • projectkajsiablaos.org • Fléché depuis l'escalier qui mène au temple.* Cette fondation qui vient en aide aux femmes des tribus hmongs propose des hébergements aux voyageurs de passage. Soit des cabanes tout confort, soit une grande tente, le tout sur une pente où subsistent quelques arbres. Petit resto également (carte très limitée), à l'ambiance un peu baba, où l'on croise les membres de la communauté ainsi que quelques Occidentaux qui paient pour travailler ici (et ça n'est pas donné). Pour excuser les prix un peu surévalués de l'ensemble, on se dira que l'on contribue à une action humanitaire.

Guesthouse BAP (plan A2, **22**) : *rue principale. ☎ 21-10-83.* Une *guesthouse* tenue par Mme Chan Pheng, une mamie de caractère, qui parle le français. Ici, on ne demande pas à voir les chambres avant de les prendre. C'est comme ça ! Si on n'est pas prévenu, ça peut surprendre. Mais il faut généralement peu de temps pour que la mine quelque peu fermée du premier contact laisse place à un généreux sourire. Les chambres sont correctement équipées de ventilo et d'une salle de bains privée. Plancher ou sol carrelé. Préférer celles donnant sur l'arrière, plus calmes. Fait aussi bar.

Sabaydee Guesthouse (plan A2, **25**) : *rue principale. 020-569-294-58.* Propreté parfaite et bon confort : literie de qualité, douche et w-c (sol carrelé et eau chaude) dans la chambre (généralement spacieuse), ventilo ou clim. Pour le même prix, essayer d'en avoir une à l'arrière, côté jardin et Mékong. Terrasse au dernier étage pour se poser. Accueil un brin machinal.

Oudomphone Guesthouse 2 (plan A2, **26**) : *rue principale. ☎ 21-13-08. 020-556-831-54. Fourchette basse ; pas de petit déj.* Pension classique, fonctionnelle, offrant des chambres correctes, assez spacieuses, avec sol et salle de bains carrelés, ventilo... La plupart occupent l'ancien bâtiment à l'arrière, du coup, elles sont protégées de la circulation. Côté rue, les chambres sont plus récentes, plus chères et plus bruyantes.

Thanormsab Guesthouse (plan A2, **27**) : *rue principale. ☎ 21-10-95. 020-557-844-69. Pas de petit déj.* Maison séparée de la route par une cour bétonnée. Les chambres, équipées de ventilo ou d'AC, de salle de bains carrelée et eau chaude, sont propres et nettes. Bonne surprise, celles situées à l'arrière de la maison donnent sur une pelouse et des arbres.

Kaupjai Guesthouse (plan A2, **28**) : *rue principale. 020-556-831-64. Pas de petit déj.* Une *guesthouse* relativement récente au confort très honorable. Une quinzaine de chambres carrelées, propres et spacieuses, dotées d'une salle de bains et d'une clim pour les plus chères. Au dernier étage, terrasse pour admirer le Mékong et le coucher du soleil.

Thaveesinh Hotel (plan A2, **29**) : *rue principale. ☎ 21-15-02. 020-556-33-33. • thaveesinh.info@gmail.com • Doubles avec sdb, ventilo ou clim ; pas de petit déj, mais café et thé offerts.* Petit immeuble central de style sino-thaïlandais, avec des balcons donnant sur la rue. Les chambres donnant sur l'arrière sont plus calmes, même si elles sont plus sombres. Sur le toit, terrasse qui offre une vue sur le Mékong. Une adresse classique et bien tenue.

Chic (300 000-500 000 kips / 35-59 $)

Houayxai Riverside Phonevichith Hotel (plan A1, **30**) : *à 1 km env au nord du centre-ville, près de l'embarcadère des slow boats. ☎ 21-17-65. 020-554-837-29. • houayxairiverside.com • Bas de la fourchette.* Emplacement privilégié pour ce petit hôtel à l'écart du centre-ville et au bord du Mékong. Au petit déj, depuis la terrasse, on ne se lasse pas de contempler le trafic des bateaux sur l'eau. L'endroit est calme. Côté chambres, c'est tout bon. Les moins chères, avec ventilo, occupent l'ancien bâtiment. Elles sont bien tenues, et les murs orange donnent la pêche. Accueil familial sans entrain. Fait aussi resto.

Où manger ? Où prendre le petit déj ? Où boire un verre ?

Bon marché (moins de 30 000 kips / 3,50 $)

🍽 ***Bokeo Café*** *(plan A2,* ***43****) : rue principale. Tlj jusqu'à 21h30.* On aime bien cette (toute) petite adresse avec mini-terrasse sur rue et petite salle coquette, son accueil familial et serviable, sa cuisine à la fois diversifiée et goûteuse, sa musique d'ambiance... enfin, quand le karaoké n'a pas la mauvaise idée de miauler trop fort, quand même !

Prix moyens (30 000-60 000 kips / 3,50-7 $)

🍽 ***La Terrasse*** *(plan B2,* ***44****) : à 20 m à gauche du 1er palier de l'escalier d'accès au temple. Tlj 16h-22h. Fourchette basse.* On mange sur des tables, soit normales avec chaises, soit basses avec coussins, réparties sur deux agréables... terrasses. Faites de bois, elles se dissimulent dans la verdure, jusqu'à faire oublier l'agitation de la ville pour déguster son plat. La carte, pas pléthorique, propose une cuisine savoureuse généreusement servie. Les quelques jeunes expatriés de la ville en ont fait leur quartier général.

🍽 🍸 ☕ ***Bar How ?*** *(plan A2,* ***40****) : rue principale. Tlj jusqu'à 23h.* Un p'tit resto au cadre soigné, mais à l'accueil malheureusement peu souriant et vite dépassé. On peut se poser en salle ou en terrasse au bord de la rue. La carte propose une bonne cuisine lao. Les amateurs de cocktails repéreront l'adresse pour la quinzaine de shooters de *lao whisky* (fait maison), arrangés au kiwi, à la pomme, à la menthe, au gingembre, etc. Pas mal non plus pour prendre le petit déj.

🍽 ***Restaurant Latsouly*** *(plan A1,* ***41****) : à 2 pas de l'embarcadère des slow boats. Ouv de midi à la fin d'ap-m.* Latsouly sert de bonnes soupes locales et des plats laotiens à prix doux. Vue sur les bateaux et le fleuve.

🍽 Voir également dans la rubrique « Où dormir ? », plus haut, le ***Daauw Home.***

☕ ***Dream Bakery*** *(plan A2,* ***42****) : rue principale. Tlj sauf dim 7h-20h (19h sam).* Cafés, thés, jus de fruits frais et nombreuses pâtisseries pour le petit déj. Également des sandwichs en journée.

LE LAOS

À voir. À faire

Wat Chome Khaou Manirath *(plan B2) : au sommet de la colline.* On y accède par un escalier naga d'une centaine de mètres. Le temple, prospère, est habité par de nombreux novices. De là-haut, la vue englobe le Mékong et la rive thaïlandaise. Encore plus belle au coucher du soleil.

DANS LES ENVIRONS DE HOUEISAI

– ***The Gibbon Experience :*** *bureau en centre-ville (plan A2,* ***9****), dans la rue principale. 📱 030-574-58-66. • gibbonexperience.org • Tlj 8h-17h. Pas d'activité de mi-août à mi-sept. Compter 190-300 €/pers selon programme, tt compris (transport, activités, repas et hébergement). Attention, il est nécessaire d'être en bonne condition physique.*

Jean-François Reumaux, un Français, a monté cet original projet pour contribuer à la préservation de la forêt de Bokeo. Cette démarche, soutenue par les autorités laotiennes, a abouti, en 2008, à la création du Nam Kan National Park. Une partie des bénéfices finance le fonctionnement du parc et différentes actions de protection des milieux naturels ou de soutien auprès des villageois.

The Gibbon Experience propose de vivre 2 ou 3 jours dans la forêt tropicale. Plusieurs parcours ont été aménagés dans un petit secteur du parc national. On alterne balade à pied en compagnie d'un guide (mais tous ne se valent pas), et voltige d'arbre en arbre arrimé à des tyroliennes (près de 20 km de câble ont été tirés). La nuit se passe dans des maisons de 8 à 14 personnes, perchées dans les arbres à 40 m du sol, au niveau de la canopée ! Côté confort : c'est un lit, une moustiquaire et une douche froide. Certaines cabanes sont au cœur des arbres, d'autres offrent une vue plus panoramique. Une expérience vraiment sportive, pour l'organisme comme pour le porte-monnaie.

LUANG NAM THA

IND. TÉL. : 086

• Plan *p. 435*

À une soixantaine de kilomètres au sud de la frontière chinoise (Yunnan) et à 120 km au nord-ouest d'Oudom Xai, Luang Nam Tha, capitale de la province du même nom, est une grosse bourgade-carrefour posée dans une plaine d'altitude où, en saison sèche, le climat est plus tempéré que tropical. En saison humide, la chaleur peut être très lourde.
Le centre vivant, où se mélangent routards, habitants des villages et commerçants chinois, abrite le marché ainsi que les hôtels et restos. Faute de véritable patrimoine architectural, Luang Nam Tha est un bon camp de base pour organiser un trek dans la réserve naturelle de la Nam Tha et découvrir les villages de la région. D'ailleurs, les agences spécialisées dans l'écotourisme fleurissent.

LE LAOS

Arriver – Quitter

En bus

Gare routière longues distances *(hors plan par B2,* ***1****)* ***:*** *à 8 km env au sud du centre-ville. Compter env 20 000 kips/pers en tuk-tuk pour s'y rendre.* Liaisons avec :
➢ ***Houeisai :*** 3 bus/j., le mat, le midi et l'ap-m. Trajet : env 4h (170 km).
➢ ***Oudom Xai :*** 3 bus/j. Trajet : env 3h (120 km).
➢ ***Luang Prabang :*** 1 bus/j., le mat. Trajet : env 8h (310 km).
➢ ***Vientiane :*** 2 bus le mat (express). Trajet env 22h (700 km).
➢ ***Diên Biên Phu*** *(Vietnam)* ***:*** 2 bus/j., tôt le mat. Trajet : env 9h (325 km).
➢ ***Muengla*** *(Chine)* ***:*** 1 bus/j., le mat. Trajet : env 3h (125 km).

Gare routière petites distances *(plan B2,* ***2****)* ***:*** *à la sortie de la ville.* Liaisons avec :
➢ ***Boten*** *(frontière chinoise)* ***:*** 6 minibus/j., 8h-15h30. Trajet : env 1h30 (50 km).

En avion

✈ ***Aéroport*** *(hors plan par B2)* ***:*** *à 5 km env au sud de la ville. Compter env 20 000 kips/pers en tuk-tuk pour s'y rendre.*
➢ ***Vientiane :*** 1 vol/j., l'ap-m, avec *Lao Airlines.*

Adresses utiles

ℹ ***Tourist Office*** *(plan B1)* ***:*** *☎ 21-30-21. • luangnamtha-tourism-laos.org • Lun-ven 8h-11h30, 13h30-16h.* Grande maison en bois. Panneaux d'affichage

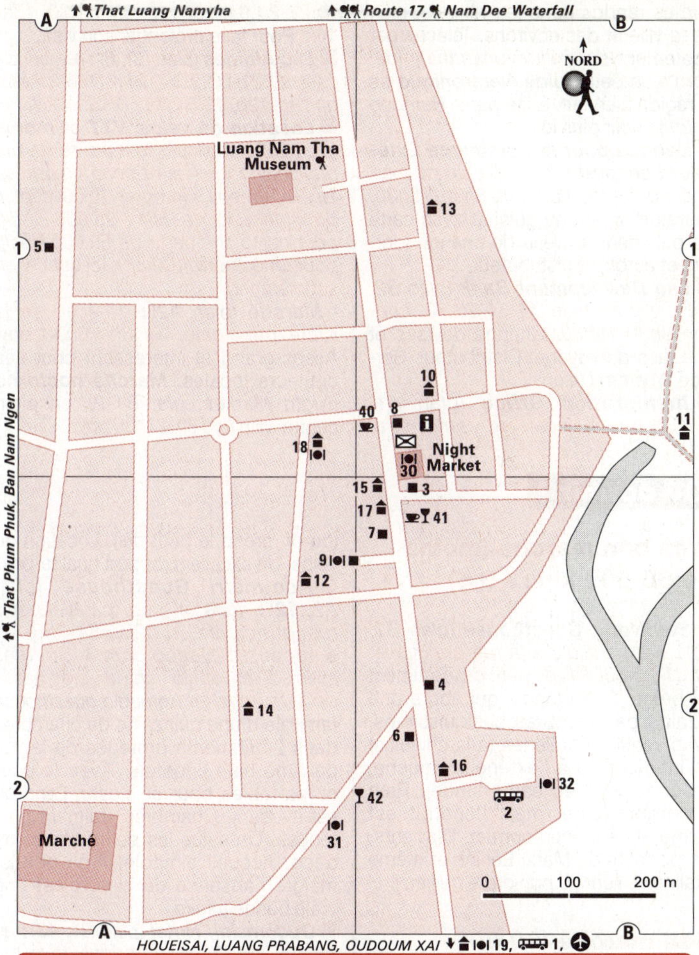

LUANG NAM THA

Adresses utiles

- Tourist Office (B1)
- 1 Gare routière longues distances (hors plan par B2)
- 2 Gare routière petites distances (B2)
- 3 Banque pour le Commerce Extérieur Lao (B2)
- 4 Lao Development Bank (B2)
- 5 Immigration Office (A1)
- 6 Lao Airlines (B2)
- 7 Discovering Laos (Namtha Riverside Experience ; B2)
- 8 Green Discovery (B1)
- 9 Forest Retreat Laos (A2)

Où dormir ?

- 10 Soulivong Guesthouse (B1)
- 11 Phou lu III (B1)
- 12 Adounsiri Guesthouse (A2)
- 13 Oudomsinh Hotel (B1)
- 14 Tavyxai (A2)
- 15 Khamking Guesthouse (B2)
- 16 Amandra Villa (B2)
- 17 Thoulasith Guesthouse (B2)
- 18 Zuela Guesthouse (A1)
- 19 The Boat Landing Guesthouse & Restaurant (hors plan par B2)

Où manger ?

- 9 Minority Restaurant (A2)
- 18 Zuela Restaurant (A1)
- 30 Restos du marché nocturne (B1-2)
- 31 Aimsabaiy (A2)
- 32 Two Sisters Restaurant (B2)

Où prendre le petit déj ? Où boire un verre ?

- 40 Manikong Bakery Cafe (B1)
- 41 Bamboo Lounge (B2)
- 42 Chill Zone (A-B2)

sur les randos dans les villages, plan de la ville et des environs. Télécharger également sur • *luangnamthaguide.com* • un petit ***guide électronique*** de la région bien fait, édité par le *Bamboo Lounge* (voir plus loin).

■ ***Banque pour le Commerce Extérieur Lao*** *(plan B2,* ***3****)* **:** *à côté du marché nocturne. Lun-ven 8h30-15h30.* Retrait d'argent au guichet avec carte de paiement. Bureau de change (dollars et euros) et distributeur.

■ ***Lao Development Bank*** *(plan B2,* ***4****)* **:** *rue principale.* ☎ *31-20-73. Lun-ven 8h30-15h30.* Change devises et chèques de voyage. Distributeur. Service *Western Union.*

■ ***Immigration Office*** *(plan A1,* ***5****)* **:** *un peu à l'écart du centre-ville.* ☎ *21-21-04. Lun-ven 8h-11h30, 13h-16h.* Pour faire prolonger son visa.

■ ***Lao Airlines*** *(plan B2,* ***6****)* **:** *rue principale.* ☎ *21-20-72 ou 21-21-86. Tlj sauf dim 8h-12h, 13h-17h.*

■ ***Location de vélos, VTT et motos*** *(plan B2)* **:** *plusieurs loueurs sur la rue principale (horaires et tarifs similaires). Tlj 7h-19h env. Compter 10 000 kips/j. pour un vélo de ville ; 25 000 kips/j. pour un VTT. À partir de 50 000 kips/j. pour une moto 100 cm³ (essence en supplément).*

– ***Marché*** *(plan A2)* **:** *à l'écart de la route principale. Tlj 8h-16h30 env.* Assez grand et intéressant pour ses couleurs locales. ***Marché nocturne*** *(Night Market ; plan B1-2),* en plein centre-ville *(tlj 17h-21h30 env).*

Où dormir ?

LE LAOS

Très bon marché (moins de 80 000 kips / 9 $)

⌂ ***Soulivong Guesthouse*** *(plan B1,* ***10****)* **:** *rue parallèle à la rue principale.* ☎ *31-22-53. Pas de petit déj.* Bâtiment en béton de 2 étages, qui abrite une dizaine de chambres basiquissimes, avec ventilo et toilettes (à la chinoise) à l'intérieur ou à l'extérieur (douche, en principe avec eau chaude). Rien d'extraordinaire, mais l'endroit est calme et l'entretien correct. D'ailleurs, les portraits de Marx, Lénine et même Staline veillent au bon ordre du lieu !

Bon marché (80 000-150 000 kips / 9-18 $)

⌂ ***Zuela Guesthouse*** *(plan A1,* ***18****)* **:** *au fond de l'impasse juste en face du marché nocturne.* 📱 *020-558-866-94. Doubles avec sdb, ventilo ou clim, lockers.* Jolis bâtiments tout en briques vernies et bois, aux toits ourlés de lambrequins. L'endroit est charmant. Comme l'édifice est en retrait de la route, pas de nuisance liée à la circulation (c'est appréciable !). Les chambres, décorées de tissus traditionnels, tiennent toutes leurs promesses. Celles à l'étage sont plus lumineuses. Resto dans la même cour (où on prend le petit déj). Location de vélos. Un excellent rapport qualité-prix.

⌂ ***Adounsiri Guesthouse*** *(plan A2,* ***12****)* **:** *dans une rue parallèle à la rue principale.* 📱 *020-554-455-32.* • *adounsiri@yahoo.com* • *Doubles avec sdb et ventilo dans la partie basse de la fourchette.* Agréable *guesthouse* familiale d'une quinzaine de chambres dans 2 bâtiments protégés de la rue par une haie végétale. Avec la cour et les tables pour se poser, l'endroit est avenant. Chambres vraiment bien tenues. On salue les petits efforts de déco. Accueil aimable. À ce prix-là, malgré l'absence de clim, c'est une vraie bonne affaire.

⌂ ***Oudomsinh Hotel*** *(plan B1,* ***13****)* **:** *au fond d'une impasse partant de la rue principale, à env 100 m du centre.* 📱 *030-471-71-211. Pas de petit déj.* Sorte de motel autour d'une grande cour ombragée qui propose 2 types de chambre. Des bungalows tout en bois, avec un p'tit charme, douche et toilettes à la chinoise. Terrasse intime donnant sur la rivière en contrebas. À ce niveau de prix (à la limite du « très bon marché »), c'est une des bonnes affaires de la ville. Il y a aussi les chambres (« bon marché ») dans 2 bâtiments en dur, face à face et tout en longueur, plus modernes et plus confortables. Une adresse calme, en retrait de l'animation de la ville.

Thoulasith Guesthouse *(plan B2, **17**) : accès par une ruelle discrète qui part de la rue principale. ☎ 21-21-66. 020-222-9-34-44. • infothoulasith@gmail.com • Pas de petit déj.* Cette *guesthouse* qui se dissimule en retrait de la rue principale est une vraie bonne surprise. Posés au bord d'un jardin verdoyant et calme, les 2 bâtiments relativement récents comptent une quinzaine de chambres nickel. Certaines salles de bains sont même mignonnes. Terrasse pour se prélasser. L'accueil est aimable, les prix s'avèrent très raisonnables. Un endroit où l'on se pose avec plaisir, mais en ayant pris soin de bien visiter la chambre au préalable : certaines sont mal aérées.

Tavyxai *(plan A2, **14**) : dans une rue parallèle à la rue principale. 030-510-32-98. Doubles avec sdb, clim ou ventilo ; pas de petit déj.* Grosse villa cossue avec façade à colonnes qui en jette un peu. Chambres assez spacieuses et bien équipées... Petite terrasse au 1er étage pour prendre l'air. Un rapport qualité-prix honnête.

Khamking Guesthouse *(plan B2, **15**) : rue principale, en face du marché nocturne. ☎ 31-22-38. 020-22-39-07-77. Doubles avec sdb, clim et ventilo ; pas de petit déj.* Bâtiment sans charme, offrant des chambres plus lumineuses à l'étage et plus calmes à l'arrière. Car, située en plein centre, l'adresse n'est pas toujours très zen.

Prix moyens (150 000-300 000 kips / 18-35 $)

Phou lu III *(plan B1, **11**) : à l'est du centre-ville. 020-55-42-27-03 • phouiutravel@gmail.com • Resto sur résa pour les résidents.* En lisière de la ville, dans un quartier qui sent déjà la campagne, agréable écolodge que ne renieront pas ceux qui cherchent un peu de calme. Les bungalows proposés sont à la fois vastes, bien équipés et construits en matériaux traditionnels : certes, les grincheux trouveront que les murs en bambou tressé isolent insuffisamment du chant du coq. Chacun a sa terrasse face au vaste jardin un peu en devenir. Pour ne rien gâcher, l'accueil est serviable.

Amandra Villa *(plan B2, **16**) : au sud du centre, en léger retrait de la rue principale. ☎ 21-24-01. 020-98-08-88-78. • amandrahotels.com •* Bâtiment tout en bois avec une coquette terrasse dans la verdure. Les chambres offrent une bonne gamme de confort, équipées de salles de bains proprettes... ensuite, ventilo ou clim, taille et déco font le reste. Les *deluxe,* très grandes, décorées de nattes et bambou aux murs disposent d'un coin salon. Les catégories inférieures, avec leurs murs blancs, ne sont pas pour autant négligées. Et si vous avez un bus local à prendre, la gare routière est juste à côté.

LE LAOS

Où manger ?

De bon marché à prix moyens (moins de 60 000 kips / 7 $)

Restos du marché nocturne *(plan B1-2, **30**) : rue principale. Tlj jusqu'à 21h30 env. « Très bon marché. »* Idéal pour se sustenter de *noodle soups,* brochettes, bols de riz, assis sur un banc. Ambiance populaire, pleine de vie.

Minority Restaurant *(plan A2, **9**) : au fond d'une impasse qui part de la rue principale. Tlj jusqu'à 22h30 env. « Prix moyens ».* Terrasse en bois, aérée et tranquille (pas le moindre bruit de circulation) avec un éclairage tamisé pour une atmosphère intime le soir venu. Les jeunes femmes qui s'activent derrière les fourneaux préparent une cuisine goûteuse. On y croise les clients de l'agence *Forest Retreat* : impec pour avoir quelques tuyaux sur les activités dans le coin.

Two Sisters Restaurant *(plan B2, **32**) : à la gare routière petites distances. Tlj jusqu'à 23h env. « Bon marché ».* Un resto tout en bois qu'on aime bien. Certes, on est juste à côté de la gare routière, mais il y a peu de bus, et on ne mange pas le nez dans les hydrocarbures. La terrasse avec ses bouquets de verdure est même plaisante. Cuisine laotienne de bon aloi, appréciée des locaux. Le *buffalo steak* est savoureux. Une adresse bienvenue pour prendre un peu de large par rapport au centre-ville.

Zuela Restaurant *(plan A1,* ***18****) : le resto de la Zuela Guesthouse (voir « Où dormir ? »). Tlj jusqu'à 22h30. Haut de la fourchette.* Cuisine lao et internationale correcte (soupe, pizzas, burgers, steak, etc.). On vient avant tout pour le cadre paisible.

Aimsabaiy *(plan A2,* ***31****) : entre marché et rue principale. Tlj jusqu'à 22h env. « Prix moyens ».* Une adresse très locale, en retrait du centre-ville et de ses adresses routardes. La classe moyenne locale vient remplir cette grande salle lambrissée du sol au plafond et largement ouverte sur la campagne par de grandes baies vitrées. On y savoure des spécialités assez *hot-spicy,* à choisir sur les photos du menu (pas en anglais, vous l'avez saisi).

Où dormir ? Où manger dans les environs ?

The Boat Landing Guesthouse & Restaurant *(hors plan par B2,* ***19****) : Ban Kone ; à 6 km au sud de la ville et à 1 km de l'aéroport. ☎ 31-23-98. • theboatlanding.com • Doubles 50-55 $ selon saison, petit déj compris. Resto à « prix moyens ».* Une dizaine de bungalows traditionnels en bois et rotin, avec terrasse individuelle, face à la rivière Nam Tha. Confortables et pleins de charme, tout comme l'environnement que constitue l'agréable jardin tropical. Jolis couvre-lits en coton tissé. Des panneaux solaires assurent des douches chaudes. C'est aussi l'occasion de déguster une cuisine laotienne raffinée dans une belle salle ouverte sur la rivière. Location de vélos. Une vraiment belle adresse, à l'écart de tout.

Où prendre le petit déj ? Où boire un verre ?

Manikong Bakery Cafe *(plan B1,* ***40****) : rue principale. Tlj 6h30-23h.* Très bien pour prendre le petit déj (croissants, muffins, toasts et confiture, etc.), voire un p'tit noir en journée. Propose également des sandwichs et pizzas en journée.

Bamboo Lounge *(plan B2,* ***41****) : rue principale. 020-556-800-31. Tlj jusqu'à 23h.* Une terrasse abritée de la rue par un mur de plantes vertes, 2 petites salles, une équipe féminine sympa issue des villages voisins, on passe ici pour croiser d'autres routards, prendre un petit déj, un verre, voire un plat italien (il y a même un four à pizza pour le soir). Une partie des bénéfices est reversée à des programmes scolaires pour les gamins du coin.

Chill Zone *(plan A-B2,* ***42****) : entre marché et rue principale. Tlj 15h-23h.* On a l'embarras du choix pour boire un coup : des tables basses avec minitabourets, des mange-debout autour de fûts aménagés ou des tables classiques. Le tout sur une grande plateforme ouverte à toutes les moussons (couverte d'un toit, quand même !), avec vue dégagée sur l'horizon montagneux.

À voir. À faire à Luang Nam Tha et dans les environs

Luang Nam Tha Museum *(plan A1) : rue principale. Lun-ven 8h15-11h15, 13h15-15h30. Entrée : 10 000 kips.* Petit musée un peu fourre-tout : poteries, bouddhas en bronze, objets de la vie quotidienne, instruments de musique, costumes traditionnels, anciens billets de l'Indochine française qui ont circulé jusqu'en 1977-1978, etc.

Au nord de Luang Nam Tha *(hors plan par A1)*

Nam Dee Waterfall (chutes de Nam Dee) **:** *à 9 km env de Luang Nam Tha. En tuk-tuk, compter 120 000 kips l'A/R avec attente du chauffeur. Sinon, louer un VTT ou une moto (si on fait la boucle vers les villages). Prendre la direction de Muang Sing ; à la sortie de la ville, au rond-point, bifurquer à droite (passer sur le pont), puis prendre la route à gauche env 1 km plus loin à la station-service ; ensuite, c'est tt droit. Les chutes sont juste à la sortie du village de Nam Dee, 200 m après le guichet d'entrée. Si vous êtes perdu (on ne sait jamais...), demandez :* « Nam dtok tat you sai ? » *(« Où sont les chutes ? »). Droit d'entrée : 10 000 kips ; 5 000 kips pour le vélo.* Les chutes n'ont rien d'extraordinaire, mais c'est l'occasion d'une agréable balade. Le village est peuplé par des Lanten, qui utilisent encore les caractères chinois dans l'écriture.

Les villages : ils essaiment la route 17 en direction de Muang Sing, sur une trentaine de kilomètres à partir de Luang Nam Tha (il y en a au-delà, mais c'est une autre aventure...). La route, plutôt bonne, grimpe pépère en suivant globalement le cours de la Nam Tha. Outre quelques bananeraies et de rares pans de « vraie » forêt, les pentes des collines sont couvertes de plantations d'hévéas. Des rizières en terrasses se nichent parfois dans la vallée encaissée. Les premiers villages sont ***Ban Hong Leuai*** *(km 5)*, puis ***Ban Phin Ho*** *(km 11)*. Tous deux sont peuplés de ***Lanten*** dont l'activité est dominée par le tissage et la teinture : les toiles sont imbibées à la louche (au sens propre !) de teinture, souvent tirée des indigotiers qui fleurissent dans les montagnes alentour, avant de sécher à tous les vents sur des structures en bambou. L'habitat traditionnel sur pilotis, avec ses murs de bambou tressé, laisse peu à peu la place au ciment, plus moderne, plus confortable.
En poursuivant la route, on atteint ***Ban Done Xay*** *(km 17-18)*, peuplé de ***Khamu*** (ou Khmu) cette fois. À l'entrée et à la sortie, à l'écart du hameau, notez les jolis greniers, dont les pilotis sont équipés de savants systèmes pour éviter que quelque pirate à 4 pattes vienne se remplir la panse du butin de l'année. Au long de la rue principale en terre battue, les villageois vaquent : on saisit ici le terme de « communauté », tant les activités sont menées ensemble. Avec un peu de chance, on assiste au travail de crochet de quelques vieilles dames qui fument fièrement la pipe. Cette ethnie est reconnue pour sa connaissance des plantes et son travail de vannerie.
Retour à la route pour rejoindre le village de ***Lak Khammai*** *(km 27)* de la communauté ***akha.*** Le hameau est perché sur la colline de l'autre côté de la rivière (à 300 m de la route, accès à moto un peu scabreux). Ici, pas de pilotis, les habitations sont de plain-pied. Sans cheminée, non plus, on voit la fumée du foyer s'échapper comme elle peut par la base des toits de paille. Le village préserve encore bien sa typicité, avec quelques constructions cylindriques en bambou.
On finira ici ce tour d'horizon des ethnies implantées dans ces collines qui accueillent également des villages de l'ethnie hmong (autrement appelés « Méo »). Un peuple montagnard animiste dont une forte communauté a dû s'exiler après la guerre d'indépendance (pour son soutien à la France). Elle compte encore à ce jour 2 000 âmes en Guyane française.

À l'ouest et au sud-ouest de Luang Nam Tha *(hors plan par A1)*

Autre circuit en boucle de 15 à 20 km qui nécessite une bonne demi-journée. Négocier un *tuk-tuk* ou louer un VTT. Vous devrez demander votre chemin, sachant que peu de villageois parlent l'anglais.

La balade commence par ***That Luang Namyha*** *(hors plan par A1),* à 1,5 km environ du centre-ville. On peut d'ailleurs le visiter en aller-retour depuis le centre-ville, sans faire toute la boucle décrite. Il s'agit d'un joli stûpa doré, perché au sommet d'une colline. Intéressant pour le point de vue sur la ville et les environs. En poursuivant plus au sud, la route longe forêts d'hévéas (avec les petits bols collecteurs de latex) et rizières. 4 km plus loin, on arrive à ***That Phum Phuk,*** un stûpa accessible par un escalier de 175 marches. Il a été construit pour remplacer l'ancien stûpa édifié au XVIIe s et détruit par les bombardements américains, dont il reste d'ailleurs quelques vestiges. Un lieu ombragé, empreint de sérénité.
Reprendre vers le sud, puis à gauche et tout de suite à droite. Après 1 km de piste, on atteint le hameau de ***Ban Nam Ngen,*** un village de tisserands. Toutes les familles, ou presque, ont un métier à tisser. On peut les observer à l'ouvrage. D'autres distillent le *lao-lao,* l'alcool national à base de riz. À 1,5 km de là, petit arrêt à ***Ban Phieng Ngam,*** où les tisserands ont ouvert un magasin pour vendre foulards, écharpes, couvertures, etc., confectionnés dans les villages du coin. De là, encore quelques coups de pédale (sur 2 km) pour rejoindre la route principale, à 6 km au sud de Luang Nam Tha, juste au niveau de l'aéroport.

Excursions dans la réserve naturelle de la Nam Tha : *compter env 40-50 $/pers pour un trek d'une journée, sur la base de 4 pers (55-75 $/pers sur la base de 2 pers) ; env 65 $/pers pour un trek de 2 j. sur la base de 4 pers (env 75 $/pers sur la base de 2 pers).* Plusieurs agences proposent des excursions dans ce parc, toute l'année. Elles durent généralement de 1 à 3 jours et combinent, selon vos souhaits, trek (marche de 4 à 6h par jour), balade à bord de pirogue à moteur, virée à VTT, en raft ou en kayak, et découverte de villages ethniques. La nuit se passe dans une hutte villageoise ou sous une tente. On part en petit groupe (maxi 8 personnes), en compagnie de guides (un guide pour 4 personnes). Les tarifs incluent le transport, les droits d'entrée, les repas, l'eau (bien se faire préciser le nombre de bouteilles d'eau prévues), le logement (sac de couchage généralement fourni) et les guides. Prévoir un sac à viande, de bonnes chaussures, un répulsif contre les moustiques et des vêtements chauds (le contraste des températures entre le jour et la nuit est souvent saisissant de novembre à février). En 1 jour, on ne pénètre que très peu dans le parc même, il faut au moins 2 jours pour en profiter pleinement. Ne pas hésiter à comparer les prestations de plusieurs agences. En voici 3 plébiscitées *(ttes ouv tlj 8h-20h)* :

■ ***Discovering Laos*** *(Namtha Riverside Experience ; plan B2,* ***7****) : rue principale. ☎ 21-20-47. 020-229-903-44. • namtha-river-experience-laos.com* • Organise différents treks mixant marche et kayak.
■ ***Green Discovery*** *(plan B1,* ***8****) : rue principale. ☎ 21-14-84. • greendiscoverylaos.com* • Une grosse agence spécialisée dans l'écotourisme. Programmes variés mais pas donnés.
■ ***Forest Retreat Laos*** *(plan A2,* ***9****) : rue principale. 020-555-600-07. • forestretreatlaos.com* • Organise différents treks et parcours écotouristiques.

BOTEN

Pour les étrangers, Boten reste l'unique point de passage terrestre entre la Chine et le Laos. Un kiosque de la *Lanexang Bank* permet d'acquérir ses premiers yuans (monnaie chinoise), mais vous pouvez aussi vous adresser aux particuliers qui attendent après le poste-frontière chinois.

LE LAOS

Arriver – Quitter

➢ ***Luang Nam Tha*** *(50 km)* **:** 6 minibus/j., 8h-15h30. Trajet : env 1h30.

➢ ***Oudom Xai*** *(100 km)* **:** 1 départ/j., le mat. Trajet : env 4h (100 km).

Premiers pas en Chine

L'ensemble des formalités frontalières entre Laos et Chine s'effectue en général très rapidement et sans problème (sans commission...).
Le passage est possible entre 8h30 et 16h30 (heure laotienne). Des *tuk-tuk* assurent la traversée du *no man's land* qui sépare les 2 pays (env 1 km).
– ***Attention :*** en venant de Chine, le *visa on arrival* laotien s'obtient sur place (voir la rubrique « Avant le départ – Formalités » en début de guide). En revanche, dans l'autre sens, **le visa chinois ne s'obtient pas sur place.** Il faut le demander auprès des ambassades chinoises dans votre pays (avant de venir) ou au plus proche, à Vientiane, Chiang Mai ou Bangkok.

OUDOM XAI (MUANG SAI)

IND. TÉL. : 081

• Plan *p. 443*

À 120 km au sud-est de Luang Nam Tha et environ 200 km au nord de Luang Prabang, c'est un point de passage obligé pour ceux qui veulent aller plus au nord. Cette petite « capitale » provinciale dynamique et sans grand charme est entourée de collines verdoyantes qui lui servent d'environnement agréable (c'est au moins ça !). En partie bombardée par l'aviation américaine entre 1963 et 1966, elle est hâtivement rebâtie en cahutes sur pilotis après la guerre. Puis devient une plaque tournante du commerce avec le Vietnam, la Chine et la Thaïlande grâce à un solide réseau routier, financé en grande partie par la Chine : un résumé de ce qu'a connu le nord du pays depuis 30 ans.

Arriver – Quitter

En bus

La ville compte 2 gares routières, toutes 2 situées au sud du centre. Certains rares bus relient à la fois les 2 gares.

Gare routière « du nord » *(hors plan par B2,* ***1****)* **:** *rue principale, à 600 m au sud du centre-ville. Tuk-tuk pour s'y rendre.* Liaisons avec :

➢ ***Boten*** *(frontière chinoise) et* ***Muengla*** *(Chine)* **:** 1 bus/j., en début de mat. Trajet : respectivement env 4h (100 km) et 6h (160 km).

➢ ***Diên Biên Phu*** *(Vietnam)* **:** 1 bus/j., en début de mat. Trajet : env 7h (210 km).

➢ ***Luang Nam Tha :*** 3 bus/j., 2 le mat, le 3e en milieu d'ap-m. Trajet : env 4h (120 km).

➢ ***Muang Khoua :*** 3 départs/j., 2 le mat et 1 l'ap-m. Trajet : env 3-4h (100 km).

➢ ***Phongsaly :*** 1 bus/j., en début de mat. Trajet : 7-8h (215 km).

Gare routière « du sud » *(hors plan par B2,* ***2****)* **:** *sur la route de Luang Prabang, à 6 km au sud du centre-ville. Y aller en tuk-tuk.* Liaisons avec :

➢ ***Luang Prabang :*** 3 départs/j., le mat, le midi et en milieu d'ap-m. Trajet : env 5h (200 km).

➢ ***Nong Khiaw :*** 1 bus/j., le mat. Trajet : env 4h (110 km).
➢ ***Pakbeng :*** 2 bus/j., le mat. Trajet : env 4h (140 km). Route bitumée mais nombreux nids-de-poule.
➢ ***Vientiane :*** 4 bus/j., 1 le mat, 3 l'ap-m (dont 2 VIP). Trajet : 15-17h (650 km).

En avion

✈ ***Aéroport*** *(hors plan par B2)* **:** *à 600 m env à l'ouest du centre-ville.*
➢ *Lao Airlines* et *Lao Skyway* assurent chacun 1 vol/j., le mat et en début d'ap-m, pour ***Vientiane.***

Adresses utiles

Tourist Office *(plan A1)* **:** *rue principale. ☎ 21-24-83. • oudomxay.info • Lun-ven 8h30-12h, 13h30-16h30.* Pas mal de renseignements sur la région. Horaires des bus. Et surtout la bonne idée d'un panneau d'affichage très complet à l'extérieur (consultable à toute heure).
■ ***Lao Airlines*** *(hors plan par B2,* ***3****)* **:** *à 600 m env du centre-ville, juste avt l'entrée de l'aéroport, sur la gauche. ☎ 31-21-46. Horaires variables.* Également un ***bureau en ville*** *(au rdc de la* Litthavixay Guesthouse *; plan B2,* ***14*** *; ☎ 21-21-75).*
■ ***Banques :*** *rue principale. Lun-ven 8h15-15h30.* ***Lao Development Bank*** *(plan A1,* ***4****) ;* ***Banque pour le Commerce Extérieur Lao*** *(plan A1,* ***5****) ;* ***Indochina Bank*** *(plan B2,* ***6****).* Change au guichet et distributeur.
■ ***Public Security Office – Immigration & Tourism*** *(plan A1,* ***7****)* **:** *030-200-60-02. Lun-ven 8h-11h30, 13h-16h.* Pour faire prolonger son visa.
– ***Marché*** *(plan A1)* **:** *à 200 m du croisement central de la ville. Tlj.* Marché aux fruits et légumes, poissons et viandes.
■ ***Lao Red Cross*** *(plan A2,* ***8****)* **:** *dans la rue qui contourne le Phu That. ☎ 31-23-91. Tlj 15h-19h.* Sauna et massages à prix fort intéressants, pratiqués dans la pure tradition laotienne. Les fonds contribuent à financer le programme de la Croix-Rouge dans la région.

Où dormir ?

Très bon marché (moins de 80 000 kips / 9 $)

Hongfa Guesthouse *(plan A1,* ***11****)* **:** *à 150 m du croisement central. 020-22-03-69-99. Dans la partie basse de la fourchette. Pas de petit déj.* Dans un bâtiment surplombant un square, légèrement en retrait de l'agitation urbaine, une vingtaine de chambres réparties sur 3 niveaux. Au programme de chacune, salle de bains, ventilo et séance de langage des signes (les proprios parlent deux... allez, trois mots d'anglais).
Litthavixay Guesthouse *(plan B2,* ***14****)* **:** *rue principale, au pied des escaliers qui mènent au musée. ☎ 21-21-75. 020-987-200-00. • litthavixay@yahoo.com • Dans la partie basse de la fourchette.* Un hôtel qui tire bien son épingle du jeu en proposant des chambres aux meubles dépareillés, parfaitement tenues. On sent le souci de la propreté. Toutes disposent d'une salle de bains avec douche chaude. En revanche, certaines ont le mur de la maison mitoyenne comme seul horizon. Préférer celles situées au fond du bâtiment, un peu plus éloignées de la rue bruyante. Bon accueil.
Say Lomyen Guesthouse *(plan B2,* ***12****)* **:** *quartier Phoosai, près du rond-point. ☎ 21-13-77. Pas de petit déj.* 2 bâtiments côte à côte d'une trentaine de chambres sans prétention et quelque peu défraîchies. Salles de bains carrelées, eau chaude. Intéressant pour les chambres avec ventilo (pour la clim, il y a mieux ailleurs). Accueil en v.o.
Vilavong Guesthouse *(plan B2,*

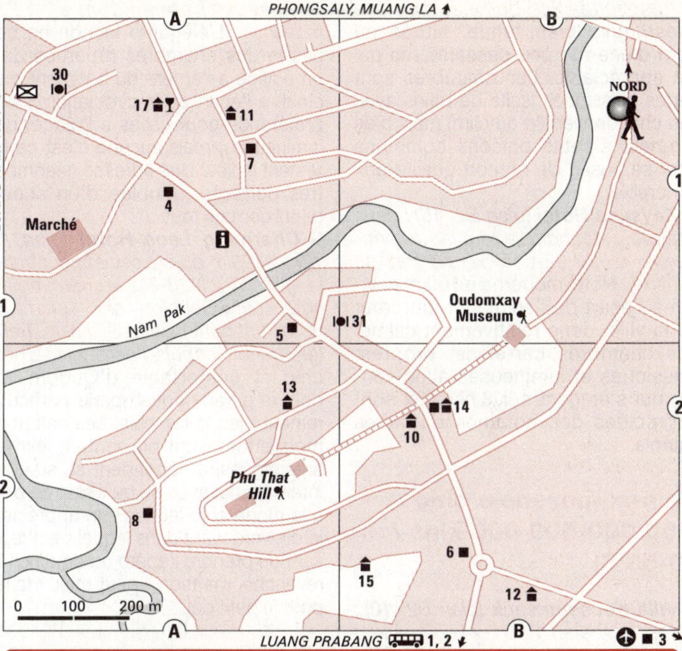

OUDOM XAI (MUANG SAI)

■ Adresses utiles

- Tourist Office (A1)
- 1 Gare routière « du nord » (hors plan par B2)
- 2 Gare routière « du sud » (hors plan par B2)
- 3 Lao Airlines (hors plan par B2)
- 4 Lao Development Bank (A1)
- 5 Banque pour le Commerce Extérieur Lao (A1)
- 6 Indochina Bank (B2)
- 7 Public Security Office – Immigration & Tourism (A1)
- 8 Lao Red Cross (A2)

Où dormir ?

- **10** Vilavong Guesthouse et Villa Keoseumsack (B2)
- **11** Hongfa Guesthouse (A1)
- **12** Say Lomyen Guesthouse (B2)
- **13** Oudomphet Guesthouse (A2)
- **14** Litthavixay Guesthouse (B2)
- **15** Xaysana Hotel (B2)
- **17** Charming Laos Hotel (A1)

Où manger ? Où boire un verre ou prendre un café ?

- **17** Café Sinouk (A1)
- **30** Souphailins Restaurant (A1)
- **31** Kanya Restaurant (A-B1)

10) *: rue principale. ☎ 21-25-03. Pas de petit déj.* Une grande demeure particulière, en léger retrait de la rue. Les chambres du rez-de-chaussée sont un peu moins chères, mais moins lumineuses aussi. Dommage que, ces derniers temps, le lieu pâtisse d'un manque d'entretien.

Bon marché (80 000-150 000 kips / 9-18 $)

Oudomphet Guesthouse *(plan A2,* ***13****) : dans une rue perpendiculaire à la route principale. ☎ 31-22-36. 020-556-854-55. • pathoomphone@gmail.com • Dans la partie basse de* *la fourchette. Pas de petit déj.* Une *guesthouse* bien tenue, située au bord d'une rue peu passante, ce qui est appréciable. Les chambres sont certes classiques (salle de bains avec eau chaude, ventilo ou clim) mais bien propres. 2 petits balcons communs pour se poser. Un rapport qualité-prix honorable.

Xaysana Hotel *(plan B2, **15**) : dans une rue perpendiculaire à la rue principale. 020-22-515-57-37. Pas de petit déj.* Hôtel moderne à 100 m environ à l'écart de l'animation du cœur de la ville, donc relativement calme. Les chambres carrelées, propres, classiques et lumineuses avec ventilo qui s'étagent sur 3 niveaux sont appréciées des hommes d'affaires chinois.

De prix moyens à chic (150 000-500 000 kips / 18-59 $)

Villa Keoseumsack *(plan B2, **10**) : rue principale. ☎ 31-21-70. • keoseumsack@hotmail.com • « Prix moyens ».* L'élégante façade en bois cache des chambres réparties dans un édifice à l'arrière du bâtiment principal, à l'écart de la circulation. Petite préférence pour celles à l'étage, plus lumineuses, mais aucune n'est parfaitement isolée. Une adresse néanmoins très correcte, doublée d'un accueil gentil comme tout.

Charming Laos Hotel *(plan A1, **17**) : à 100 m du croisement central de la ville. ☎ 21-28-81. • charminglaoshotel.com • Doubles « chic » (partie hte de la fourchette), petit déj inclus. Transfert gratuit depuis l'aéroport.* L'hôtel chic et confortable d'Oudom Xai, dont le gérant laotien parle particulièrement bien le français. Les chambres moquettées sont plaisantes, joliment aménagées, et répondent au standing international avec ce qu'il faut de déco à la mode chic laotien. On apprécie le jardin verdoyant dans lequel il est reposant de prendre l'apéro ou de dîner. En revanche, mention « peut mieux faire » pour le petit déj.

LE LAOS

Où dormir dans les environs ?

De bon marché à prix moyens (80 000-300 000 kips / 9-35 $)

Hotel Lhakham *: dans le village de **Muang La**, à 30 km env au nord de Oudom Xai, sur la route de Phongsaly. À la sortie du village, chemin sur la gauche. 020-555-559-30 et 020-588-415-61. • lhakhamhotel@gmail.com • Doubles avec sdb, petit déj compris. Resto sur place, avec résa la veille pour les non-résidents. Source chaude payante, résa obligatoire 2h avt, accessible aux non-résidents.* En plus de chambres spacieuses alignées le long de la rivière, d'une terrasse pour profiter du cadre et d'une déco un peu originale (bambou géant en guise de pied de lampe), l'hôtel possède sa propre source chaude, une des particularités du village. Les bassins individuels ont été creusés dans des bâtiments aux larges vitres, donnant un peu l'impression qu'on est en pleine nature. Un très bon rapport qualité-prix. Patron anglophone et sympa.

– Sinon, un bain public *(gratuit)* se trouve au niveau du *Muang La Resort* (avant le petit pont, sur la gauche). On se rince à l'eau froide de la rivière. Attention, les femmes se baignent habillées. Mieux vaut adopter une tenue couvrante pour ne pas choquer les villageois.

Très chic (plus de 500 000 kips / 59 $)

Namkat Yorla Pa *: village de **Faen**, à 15 km env au nord-est d'Oudom Xai. 020-555-64-359. • namkatyorlapa.com • En saison, doubles 100-120 $, petit déj inclus (également des suites et villas). Transfert depuis Oudom Xai payant, sur résa. Resto accessible aux* *non-résidents.* Ce superbe établissement aurait pu inspirer à Baudelaire sa fameuse tirade « Luxe, calme et volupté ». Loin de tout, les hôtes privilégiés s'établissent dans des chambres et villas bâties en respectant au mieux l'environnement. La décoration, les matériaux, l'agencement (jardinets intérieurs dans certaines chambres, baies vitrées donnant sur la jungle, salons et grandes terrasses privées...), tout concourt à une seule envie : prolonger le moment autant que le porte-monnaie le supportera. Pour agrémenter le plaisir, les doigts de pieds pourront soit se déployer en éventail au bord de la magnifique piscine, soit partir en balade ou s'adonner à une des nombreuses activités (aussi accessibles aux non-résidents). Également spa, fitness, sauna, massages et soins...

Où manger ?
Où boire un verre ou prendre un café ?

De bon marché à prix moyens (moins de 60 000 kips / 7 $)

|●| ***Souphailins Restaurant*** *(plan A1,* ***30****) : au nord du croisement central. ☎ 21-11-47. « Prix moyens ».* Dans une impasse, cette pittoresque demeure abrite un adorable petit resto. La sémillante patronne concocte une délicieuse cuisine laotienne, carrément chez elle. Cadre chaleureux digne d'un minimusée des arts et traditions populaires. Mieux vaut avoir un peu de temps, car tout est frais et fait sur-le-champ. Petite terrasse. On vous conseille le poisson cuit dans une feuille de bananier, le *lap,* un bon gaspacho *(jam jen luam mid)* ou encore la viande grillée et séchée *(pbing siin sud nueng).* Une adresse attachante.

|●| ***Kanya Restaurant*** *(plan A-B1,* ***31****) : dans une rue perpendiculaire à la rue principale. ☎ 31-20-77. « Bon marché ». Tlj jusqu'à 22h.* Posters vrais, moulures fausses, des néons, des fleurs artificielles, des ventilos. Dans ce resto bien connu à Oudom Xai, on sert une grande variété de plats copieux que l'on déguste autour de grandes tables communes. Le midi, vous partagerez peut-être le couvert avec un employé de banque, un policier en uniforme ou un routard en escale. Service rapide et courtois. Une valeur sûre.

🍷 ***Café Sinouk*** *(plan A1,* ***17****) : voir plus haut le* Charming Laos Hotel *dans « Où dormir ? ». Tlj 7h-20h.* Au rez-de-chaussée du chic hôtel, une poignée de tables basses et de fauteuils en rotin dans une salle moderne et chaleureuse. On aime aussi le petit jardin situé sur la partie arrière du bâtiment. Parfait pour laisser filer le temps devant un (bon) café ou un verre.

À voir

À la tombée du jour, faire un tour au sommet du ***Phu That*** *(plan A2),* véritable mamelon au milieu de la plaine. Le *that* perché tout en haut a été achevé en 1997, sur les ruines d'un ancien stûpa bombardé en 1975. Derrière s'élève une belle statue dorée du Bouddha, avec les rizières et les collines environnantes en toile de fond. Pour une pause pleine de sérénité.

Oudomxay Museum *(plan B1) : au centre-ville. Accès par les escaliers qui grimpent depuis la rue principale. Lun-ven 8h-11h, 13h30-16h. Entrée : env 5 000 kips.* Objets et vêtements traditionnels, nombreuses photos de guerre. Un musée qui a le mérite d'exister.

NONG KHIAW

IND. TÉL. : 071

• Carte *p. 447*

À 26 km à l'est de Pakmong et environ 200 km au nord de Luang Prabang, ce gros village s'étire de part et d'autre de la Nam Ou, dans un site naturel particulièrement beau. Des collines et des monts rocheux, aux contours usés et couverts de végétation luxuriante, composent cette vallée, souvent embrumée le matin, au fond de laquelle coule la Nam Ou. Par son site exceptionnel et son paysage tropical tempéré (et vert), Nong Khiaw est une de nos étapes préférées dans le nord-est du Laos. Une halte obligée pour ceux qui souhaitent poursuivre vers Muang Ngoi et Muang Khoua. On ne s'y attarde en général pas trop longtemps, car hormis quelques balades sur les hauteurs (splendides cela dit), les points d'intérêt restent limités.

Sur la rive droite, la partie ancienne du village (et la plus habitée) se compose d'un chemin de terre autour duquel se répartissent des dizaines de maisons en bois enfouies dans des jardins luxuriants. Le centre *(Ban Nong Khiaw)* se trouve en surplomb de la rivière. Il est relié par un pont moderne en béton (construit par les Chinois en 1973) à *Ban Sop Houn,* un autre quartier de la ville, situé sur la rive gauche, qui concentre aujourd'hui la plupart des adresses routardes.

Arriver – Quitter

En bateau sur la Nam Ou

À défaut de routes praticables, la Nam Ou sert encore de voie de communication économique aux régions enclavées du nord-est du Laos. Malheureusement, la construction de plusieurs barrages rend les liaisons de plus en plus difficiles. La navigation n'est plus possible entre Luang Prabang et Nong Khiaw, entre Muang Ngoi et Muang Khoua (à 45 mn en amont de Muang Ngoi, il faut prendre un bus pour contourner le barrage et reprendre la navigation de l'autre côté jusqu'à Muang Khoua).

***Embarcadère** (plan B2)* : *sur la rive droite de la rivière Nam Ou.* Des bateaux à moteur (à fond plat) opèrent en direction de :

➢ ***Muang Ngoi :*** 2 départs/j., en fin de mat et début d'ap-m. Durée : 1h. Env 25 000 kips/pers. Paysage superbe.

➢ ***Muang Khoua :*** tant que la liaison est maintenue, le bateau part avec min 10 passagers. Compter 125 000 kips/pers. Il est également possible d'affréter un bateau privé en se regroupant avec d'autres routards. Trajet en 5-6h.

Par la route

***Arrêt des minibus et camions bâchés** (hors plan par A1)* : *à env 1,5 km du pont, face à l'hôpital (y aller en* tuk-tuk *; on en trouve peu en ville, demander à votre hébergement d'en appeler un).*

➢ ***Pour Luang Prabang :*** 2 minibus ou camions bâchés/j., en fin de mat et début d'ap-m. Durée : 3-4h. Se placer, de préférence, sur le côté gauche du bus, pour la vue.

➢ ***Pour Oudom Xai :*** en principe 1 minibus/j. en fin de mat, mais aléatoire. Mieux vaut prendre un minibus pour ***Pakmong*** où on trouve une correspondance pour Oudom Xai.

➢ ***Houeisai :*** 1 minivan en principe en fin de journée.

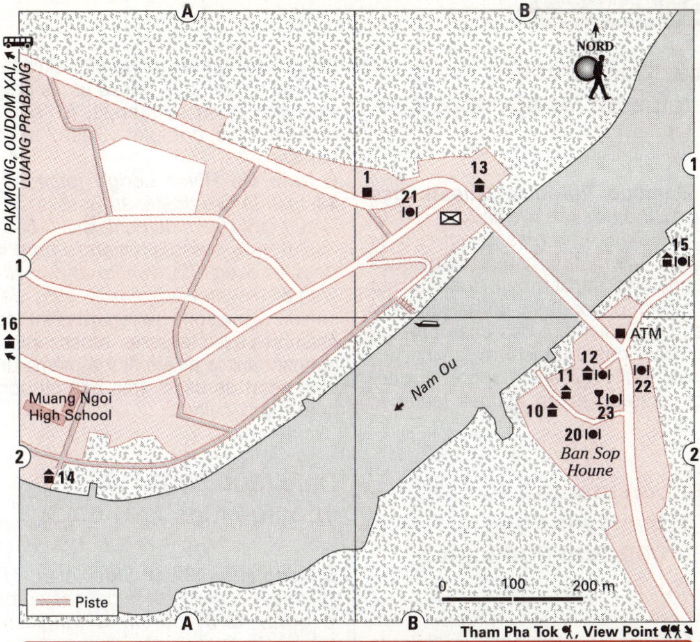

NONG KHIAW

■ **Adresses utiles**

Embarcadère (B2)
1 Banque pour le Commerce Extérieur Lao (B1)

Où dormir ?

10 Meexai (B2)
11 Bamboo Paradise Guesthouse (B2)
12 Vongmany Guesthouse (B2)
13 Sengdao Chittavong Guesthouse (B1)
14 Nam Ou River Lodge (A2)
15 Nong Kiau River Side (B1)
16 Mandala Ou Resort (hors plan par A2)

Où manger ? Où prendre le petit déj ? Où boire un verre ?

12 Vongmany Restaurant (B2)
15 Resto du Nong Kiau River Side (B1)
20 Alex (B2)
21 Delilah's (B1)
22 Deen (B2)
23 Q (B2)

Adresses utiles

■ ***Banque pour le Commerce Extérieur Lao*** *(plan B1,* ***1****)* **:** *sur la route qui mène à Pakmong, à 200 m du pont. Lun-sam 9h30-15h30.* Au guichet, change de devises (sans com') et accepte la carte *Visa* (présenter son passeport), moyennant 3 % de com'. Dispose aussi d'un distributeur de billets. Un ***autre distributeur*** *(ATM)* se trouve de l'autre côté du pont *(plan B2).* Mais attention, ils sont ***souvent en panne.*** Mieux vaut prévoir suffisamment de liquide avant d'arriver.

Où dormir ?

Très bon marché (moins de 80 000 kips / 9 $)

■ ***Bamboo Paradise Guesthouse*** (plan B2, **11**) : *sur la rive gauche.* ▯ *020-555-452-86. Doubles avec sdb et ventilo, thé et café gratuits.* Quelques bungalows en bambou donnant sur la rivière, prolongés d'un balcon avec hamac. Également des chambres en dur plus confortables, avec une terrasse. Petite épicerie. Rapport qualité-prix correct, et un accueil jeune et sympa.

De bon marché à prix moyens (80 000-300 000 kips / 9-35 $)

■ ***Meexai*** (plan B2, **10**) : *non loin de la rivière, rive gauche.* ▯ *030-923-07-62 ou 020-955-593-05.* • *meexaiguesthouse.com* • *Doubles avec sdb et ventilo « bon marché ».* Chambres en dur, propres et correctement équipées, au rez-de-chaussée ou à l'étage. Petite terrasse. Bon accueil du patron. Une adresse plébiscitée par les routards.

■ ***Vongmany Guesthouse*** (plan B2, **12**) : *rive gauche.* ▯ *020-559-798-86 ou 030-923-06-39. Doubles « bon marché » avec sdb, petit déj en sus.* Maison cossue face à la rivière aux chambres plutôt spacieuses et claires, sans fioriture. Demandez-en une à l'étage pour profiter encore mieux de la vue. Possède aussi un resto juste à côté, où est servi le petit déj (voir « Où manger ? »).

■ ***Sengdao Chittavong Guesthouse*** (plan B1, **13**) : *rive droite.* ☎ *81-00-01.* ▯ *020-553-796-77. Bungalows avec sdb, ventilo ou clim « bon marché » ou « prix moyens » selon confort. Petit déj en sus.* Dans un jardin qui domine la rivière Nam Ou, offrant une belle vue sur la vallée, la *guesthouse* propose 2 types de bungalow : les plus simples conçus en bambou tressé et les plus « luxueux », en contrebas, à l'équipement plus complet. Resto avec terrasse.

■ ***Nam Ou River Lodge*** (plan A2, **14**) : *sur la rive droite, au bout du village, à env 700 m du pont.* ▯ *020-553-796-61.* • *mangkvj@yahoo.com* • *Doubles avec sdb, ventilo et moustiquaire, à « prix moyens », petit déj en sus.* 2 maisons se répartissent les chambres avec terrasse, impeccables, donnant sur la rivière. Il y a même un petit effort de déco. Très bon rapport qualité-prix-calme.

Chic (300 000-500 000 kips / 35-59 $)

■ ***Nong Kiau River Side*** (plan B1, **15**) : *petit chemin sur la gauche après le pont.* ☎ *81-00-04.* • *nongkiau.com* • *Doubles avec sdb, ventilo et clim, petit déj-buffet inclus. Prix souvent plus intéressants si résa en direct sur leur site.* La quinzaine de vastes bungalows sur pilotis, étirés dans un cadre luxuriant entre la rivière et la montagne, présente un bon confort : de l'espace et un grand lit à baldaquin avec moustiquaire. L'atout principal : la vue sur la rivière, que ce soit de la chambre et ses larges baies vitrées, du balcon ou de la salle de bains. Fait aussi resto.

■ ***Mandala Ou Resort*** (hors plan par A2, **16**) : *sur la rive droite, un peu après le village, à env 1,5 km du pont (prêt de vélos).* ▯ *030-537-73-32.* • *mandala-ou.com* • *Fermé en principe mai-juin. Prix limite « très chic ». Resto et bar pour les résidents seulement.* 10 bungalows de style lao confortables et bien équipés (lits *king size*) soit avec terrasse donnant sur le jardin, soit avec un balcon face à la rivière. Piscine avec vue sur les monts karstiques de la vallée, sauna. Bon accueil. Une belle adresse de la région.

Où manger ? Où prendre le petit déj ? Où boire un verre ?

Bon marché (moins de 30 000 kips / 3,50 $)

Alex *(plan B2, **20**)* : *rive gauche. Tlj 7h-22h.* C'est Mama Alex qui officie en cuisine et qui assure le service quand le fiston est absent. Elle concocte de bons petits plats laotiens bien riches en herbes et citronnelle qui relèvent le goût. Il y a même des spécialités allemandes pour satisfaire la nombreuse clientèle germanique. On les reçoit assis sur des coussins devant les tables basses ou plus classiquement installé. L'adresse routarde par excellence.

Delilah's *(plan B1, **21**)* : *sur la rive droite. Tlj 7h30-23h.* Un café qui sert le petit déj toute la journée (version anglo-saxonne ou israélienne) et de délicieuses pâtisseries. On se posera sur la terrasse de poche ou dans le salon garni de coussins pour s'affaler devant un film projeté tous les jours à 17h et 20h.

Vongmany Restaurant *(plan B2, **12**)* : *rive gauche.* Bonne cuisine lao à prix corrects et, comme toujours, préparée à la demande, d'où un service « un peu » long.

– Également plusieurs ***gargotes*** dans la rue du village parallèle à la rivière *(plan A-B1).*

Prix moyens (30 000-60 000 kips / 3,50-6 $)

Deen *(plan B2, **22**)* : *tlj jusqu'à 23h (22h pour la cuisine). Pas d'alcool. « Bon marché. »* Resto indien à la carte longue comme la Nam Ou. Plusieurs types de *naans, chapatis* et *rotis*, du *chicken korma* pour les palais sensibles, en version *masala, curry* ou *tikka* pour les plus aguerris.

Resto du Nong Kiau River Side *(plan B1, **15**)* : *à gauche après le pont (voir « Où dormir ? »).* ☎ *81-00-04.* Dans un cadre plaisant, au son des coassements des grenouilles, on goûte au *tom yam* (pas trop épicé !), *laap*, sanglier et crevettes en saison, tous les classiques, plus des spaghettis et une bonne variété de desserts.

Q *(plan B2, **23**)* : *rive gauche. Tlj jusqu'à 23h. Happy hours 17h-19h.* Bien à l'heure de l'apéro pour siroter une bière ou un cocktail dans la salle ouverte à l'étage. On migre ensuite vers un des restos du quartier, dont certains ne servent pas d'alcool. Le *Q* propose aussi quelques plats, mais plus chers qu'ailleurs.

À voir. A faire

View Point *(hors plan par B2)* : *sur la rive gauche, à env 500 m au sud du pont, chemin fléché sur la gauche. Accès : 20 000 kips. Compter env 1h30 pour grimper au sommet. Assez sportif, prévoir de bonnes chaussures.* Superbe au lever ou au coucher du soleil (prévoir une lampe de poche) avec une vue à 360°C qui porte loin sur les montagnes et la rivière. Au lever, on se retrouve souvent au-dessus d'une mer de nuages qui se dissipe plus ou moins rapidement selon les jours.

Il existe un autre point de vue sur la rive droite, mais plus difficile d'accès.

Tham Pha Tok *(hors plan par B2)* : *à 2 km du centre, sur la rive gauche de la rivière Nam Ou. Accès en tuk-tuk ou à pied en suivant la route au-delà du pont, en direction de Phonsavan. Entrée : 5 000 kips.* Pendant la guerre, les Laotiens se réfugiaient dans cette grande galerie pour se protéger des bombardements. Attention au petit ravin au bout de la grotte, la lampe est utile ! Les autres grottes à proximité ne sont pas accessibles.

Des agences, telles que les réputées *Green Discovery (● greendiscoverylaos.com ●)* et *Tiger Trail (● laos-adventures.com ●)* proposent de découvrir le secteur à ***vélo,*** en ***kayak*** ou ***à pied,*** sur un ou plusieurs jours. Leurs bureaux se trouvent sur la rive droite, non loin du pont et de la poste *(plan B1).*

MUANG NGOI

À 1h de bateau en amont de Nong Khiaw, sur la rive gauche de la Nam Ou, Muang Ngoi est un curieux mélange de bout du monde et de haut lieu de villégiature routarde tout en restant très tranquille. Peu d'animation sur l'unique rue du village. Certains s'y sentent esseulés, d'autres apprécient cette immersion dans un temps qui semble suspendu et profitent du cadre majestueux de la rivière dans les brumes du petit matin.
Ceux qui aiment marcher partiront à la découverte de la campagne et des villages alentour. C'est tout. Ça peut être beaucoup… ou pas assez.

Arriver – Quitter

LE LAOS

En bateau

Pour les départs, se rendre au bureau de la navigation, juste au-dessus de l'embarcadère. Ouv 8h-9h30.
➢ ***Vers Nong Khiaw :*** 1 fois/j., le mat. Compter 1h de navigation. Paysage superbe.
➢ ***Pour Muang Khoua :*** toujours possible mais il faut contourner le nouveau barrage à 45 mn en amont de Muang Ngoi, et reprendre un autre bateau. 1 départ le mat s'il y a min 10 passagers, en dessous, le prix augmente. Inscrivez-vous sur la liste affichée au bureau de la navigation. Bateau privé possible. Compter env 4h de beau voyage (plus le contournement du barrage) avec quelques arrêts au niveau des villages. Si vous avez de la chance, vous verrez un marché installé à même les rives.

Infos utiles

- L'unique rue de ce petit village s'allonge parallèlement à la rivière.
- L'embarcadère se trouve à l'extrémité nord, d'où l'on escalade les berges pour rejoindre la rue qui part sur la droite.
- **Pas de distributeurs.** Possibilité de changer des euros et dollars dans certaines *guesthouses,* mais le cours n'est pas terrible. Mieux vaut prévoir suffisamment de liquide avant d'arriver, à Nong Khiaw (mais distributeurs peu fiables) ou mieux, à Luang Prabang.
- Le village bénéficie de l'électricité et du wifi partout.

Où dormir ?

Énormément de choix et le bonheur des petits budgets. Mais attention, le village étant devenu très touristique, les prix peuvent encore grimper et varier selon l'affluence et les saisons. Couvrez-vous bien la nuit, il peut faire frisquet en saison sèche à l'intérieur des bungalows (pas de chauffage).

Très bon marché (moins de 80 000 kips / 9 $)

Nicka's : *sur la rue principale.* *020-597-160-10 ou 020-557-094-41. Bungalows avec sdb « Très bon marché ».* Prix plancher pour des bungalows vraiment tout simples avec balcon et hamac face au bras de la rivière et à la montagne. Coin tranquille. En revanche, autour des bungalows, c'est un peu le bazar. Resto sur une agréable terrasse.

Lerdkeo Sunset Guesthouse : *au milieu de la rue principale, sur la droite. 020-773-050-41 ou 020-288-952-11. Doubles avec sdb, petit déj en sus.* Cette adresse familiale propose des bungalows (parfois un peu humides), mais dotés de balcon donnant sur un bras du fleuve avec même une petite table pour prendre ses repas. Un endroit idéal pour assister au coucher de soleil. Petit potager dans le jardin. Resto à 20 m.

Phetdavanh Guesthouse : *du débarcadère, monter les escaliers jusqu'à mi-hauteur, puis prendre le sentier à gauche.* Quelques chambres avec balcon et hamac, bien tenues. Également des bungalows simples avec vue sur la Nam Ou. Pas toujours d'accueil.

Aloune Mai Guesthouse : *prendre la rue principale, puis petit chemin à gauche sur 200 m et une ultime passerelle. 020-233-736-21. Doubles avec sdb.* Au pied de la montagne, dans un bel environnement, avec un grand jardin, une longue maison en bois aux chambres basiques, pour amateurs de tranquillité et de nature. En retrait, mais une bonne adresse pour le prix.

Saylom Guesthouse : *à droite en montant le petit chemin depuis l'embarcadère. 030-224-309-31. Doubles avec ventilo et sdb ; pas de petit déj.* Coin un peu vieillot, mais chambres carrelées et propres avec une petite terrasse, correctes pour un prix plancher.

De bon marché à prix moyens (80 000-300 000 kips / 9-35 $)

Ning-Ning : *à 50 m du débarcadère, côté gauche. Grosse structure en béton sur pilotis, immanquable depuis la rivière. 020-238-801-22. • ningning_guesthouse@hotmail.com • Bungalows avec sdb et ventilo à « prix moyens », petit déj inclus. CB acceptées.* Sur l'arrière, des bungalows agréables et spacieux, avec salle de bains carrelée et eau chaude. Patron anglophone très sympa.

River View Guesthouse : *020-221-487-77. • pdvbungalows@gmail.com • Résas à la* Phetdavanh Guesthouse *(voir plus haut). Chambres « prix moyens », très bon petit déj en sus.* *Guesthouse* tenue par Gabriel, un sympathique Suédois marié à une Laotienne dont la famille tient la *Phetdavanh Guesthouse.* On a le choix entre des chambres récentes dans des bungalows en dur, luxueuses, avec clim, frigo, salle de bains moderne, déco soignée et terrasse privative offrant une belle vue dégagée sur les montagnes, et d'autres plus simples, mais avec terrasse également, alignées face à la rivière ou encore des chambres économiques, qui s'étagent dans le bâtiment principal. Bonne literie pour toutes. Possède un resto-bar sur la rue principale, près de l'embarcadère. De plus, Gabriel pourra vous indiquer plein de balades à faire dans le coin.

Lattanavongsa Guesthouse : *réception immédiatement en surplomb de l'embarcadère. 020-223-624-44 ou 020-238-636-40. • touynoy.laos@gmail.com • Bungalows « bon marché » avec sdb et ventilo, petit déj en sus.* Les bungalows en bambou tressé sont répartis en 2 ensembles. Coin mieux entretenu et plus propret pour les plus « éloignés » du débarcadère, à l'intersection de la rue principale. Ils sont posés autour d'un jardin planté d'un ficus à son aise et d'un haut palmier, le tout fermé par un portail. Chambres basiques avec moustiquaire aux fenêtres et un petit balcon. Le resto possède une terrasse dominant le fleuve.

Où manger ? Où boire un verre ?

Quasi toutes les *guesthouses* nourrissent leurs hôtes. Mais rien ne vous empêche d'aller dans un des nombreux restos de la rue principale, en évitant ceux qui font travailler les jeunes enfants... Quant aux gargotes de rue, préférez y manger le midi pour plus de fraîcheur.

Gecko Bar : *dans la 2e partie de la rue principale, au début du chemin qui part à gauche en direction de la grotte. Repas le soir seulement. Plats « bon marché » limite « prix moyens ».* Tenu par un jeune très sympa. Plats servis sur une terrasse aménagée de coussins, à l'ambiance tamisée le soir venu. Un lieu qui essaie d'être actif en proposant la vente de produits locaux (thé, tisane, miel...), des cours de cuisine, la location de vélos et des massages.

Rainbow Restaurant : *à droite en remontant du débarcadère, à côté du* Riverside Restaurant *(fléché).* 020-229-578-80. *Plats « bon marché » limite « prix moyens ».* Une bonne petite table, un brin cachée dans une discrète ruelle, offrant de sa terrasse une vue superbe sur la rivière avec les montagnes en arrière-plan. Cuisine goûteuse à base de produits locaux (pêche), préparée avec soin. Prévoir un peu d'attente, mais, avec ce panorama, le temps file tout seul. Accueil familial adorable.

Bee Tree : *tt au bout de la rue principale.* Happy hour *18h-19h.* Dans un beau jardin, au calme, on vient siroter de bons cocktails en goûtant aux fameuses algues (*khaiphean* ou *fried river weed*). Fait aussi resto, mais franchement pas terrible.

Ning-Ning : *voir « Où dormir ? ».* Le restaurant en terrasse (surdimensionnée) avec vue panoramique sur le fleuve est intéressant pour boire un verre, beaucoup moins pour la cuisine. Et pourquoi tant de béton qui rompt le charme des rives ?

Où dormir ? Où manger dans les environs ?

Sopchem Guesthouse et Restaurant : *à* **Sopchem**. *Pour s'y rendre, contacter la* guesthouse, *s'adresser au bureau de navigation de Muang Ngoi ou au loueur de kayaks juste à côté qui peut organiser le transport en barque. C'est la 1re* guesthouse *en débarquant au village.* 030-552-47-88. *Bungalows avec sdb et ventilo « Très bon marché ».* Sur une butte contournée par la rivière en coude, des bungalows simples, très propres et bien tenus, avec salle de bains privée (eau froide seulement). Le petit resto sans prétention est abrité sous une paillotte au cœur du jardin potager. Délicieux légumes frits et copieuses soupes, mais pas de viande. Accueil adorable de Kham Phowy, le chaleureux proprio qui se plie en 4 pour ses hôtes.

LE LAOS

À voir. À faire

Excursions sur la rivière : *rens au petit bureau de la navigation. Compter env 150 000 kips pour un* **bateau** *(jusqu'à 5 pers) et 30 mn de trajet en aval de la rivière. Possible aussi en* **kayak** *(env 80 000 kips/pers pour 4h). Prévoir ensuite 1h de marche pour rejoindre la cascade (Tad Mok) en passant par des villages.* Sur le trajet, on admire toute la vie au bord de l'eau : les hommes qui pêchent au filet ou à la ligne, des buffles dont seule la tête reste émergée... Magnifique ! Escale et visite du pittoresque village de ***Sopchem.*** La rue principale aligne plusieurs tisserands et le produit de leur travail méticuleux est proposé à la vente sur place ou dans les marchés des villes touristiques du pays (Luang Prabang, Vang Vieng, Vientiane...). On peut aussi dormir et manger dans le village (voir plus haut).

Balade dans la vallée : Muang Ngoi se situe au confluent de la Nam Ou et d'une petite rivière venant de l'est. C'est l'occasion d'une superbe promenade. Prévoir de l'eau.

➢ Prendre la piste à partir du café *Gecko* pendant 30 mn pour arriver à un kiosque où il faut acquitter un ***droit d'accès*** *(10 000 kips)* pour continuer son chemin et visiter la grotte *(Tham Kang).* C'est ici que se réfugiaient les habitants de la vallée pendant les bombardements américains. Certains ont fini par y vivre, des enfants y sont même nés entre 1965 et 1972. Plus loin, quitter la piste et prendre

le petit sentier à droite à l'intersection (pas toujours évident à repérer, l'application ● *maps.me* ● peut s'avérer utile). Il serpente à travers champs jusqu'à ***Ban Na,*** un intéressant village habité par des Khamu et des Lao. On y trouve quelques *guesthouses* et restos avec vue sur les rizières.
Reprendre ensuite le sentier des rizières, traverser un cours d'eau et rejoindre le village de ***Hoy Bo,*** plus authentique car éloigné de la piste. Toute petite cascade sympa pour faire trempette suivant la saison, et gargote de Monsieur Kee pour se rafraîchir.
Monsieur Kee propose également des chambres rudimentaires à prix riquiqui pour faire l'expérience de passer une nuit dans un village plein d'authenticité et loin de tout.

LA PROVINCE DE PHONGSALY

Région la plus septentrionale du Laos, bordée par la Chine et le Vietnam. Son relief particulièrement tourmenté d'une part, la menace liée à la présence de tribus guerrières descendues du Yunnan d'autre part, ont longtemps contribué à son enclavement. Il a fallu attendre la fin du XIXe s et une mission conduite par l'explorateur français Auguste Pavie, alors vice-consul de Luang Prabang aux côtés du roi Ong Kham, pour que l'on puisse enfin remonter la rivière Nam Ou à hauteur de Phongsaly, ce qui n'est malheureusement plus possible aujourd'hui en raison de la construction de barrages par une entreprise chinoise. Si bien que Phongsaly peine toujours à s'ouvrir vers le sud et reste à bien des égards plus proche de ses voisins du Nord que de Vientiane, comme le prouve le nombre croissant de Chinois qui s'installent dans la province. Mais ses paysages de montagne à la végétation généreuse et ses étonnantes plantations de thé font l'objet de beaux treks hors des sentiers battus.

MUANG KHOUA

IND. TÉL. : 081

Porte d'entrée de la province au confluent de la Nam Ou et de la Nam Pak, ce petit port fluvial commande aussi le passage vers le Vietnam, en direction de Diên Biên Phu. Le bourg s'étage sur la colline qui marque le confluent. Treks sympa à faire dans les environs.

Arriver – Quitter

En bateau

Bureau des renseignements sur la navigation : *plutôt une cabane, à l'embarcadère. Ouv 8h30-9h30.*
Départs théoriquement tous les matins, mais tout dépend du nombre de passagers. Mieux vaut se renseigner la veille.
➢ ***Depuis et vers Nong Khiaw :*** 10 passagers min, sinon le prix, plus élevé, est à négocier. Compter 5-6h au départ de Nong Khiaw et 4h en sens inverse.
➢ ***Pour Muang Ngoi :*** bateaux le mat avec un barrage à contourner. Env 3h30 de navigation.
➢ ***Pour Hat Sa (Phongsaly) :*** la construction d'un barrage en amont ne permet plus de remonter le fleuve. Il faut donc se rabattre sur le bus. En revanche, au départ de Hat Sa, il est possible de descendre la Nam Ou sur un tronçon, on s'arrête avant Muang Khoua.

Par la route

Gare routière : *à 3 km du centre ; mieux vaut réserver un* tuk-tuk *pour s'y rendre (car peu nombreux).* Liaisons avec :

➢ ***Oudom Xai :*** 2-3 minibus/j., le mat, le midi, parfois l'ap-m. Compter 3-4h (100 km). Bonne route dans sa majorité.

➢ ***Phongsaly :*** de Muang Khoua, prendre le bus du mat pour Oudom Xai et descendre à Pak Nam Noy (45 mn). De là, correspondance pour Phongsaly (6h de route). Durée : 9h-10h en tout.

➢ ***Diên Biên Phu (Vietnam) :*** 4 bus/j., 11h-14h. Durée : 4h (106 km). Après le passage du pont, la route suit la rive gauche vers l'aval avt d'escalader les montagnes en direction de Diên Biên Phu. À l'heure où nous imprimons, les ressortissants français n'ont pas besoin de visa pour séjourner au Vietnam moins de 15 jours. Au-delà et pour les autres nationalités, il faut déjà avoir effectué les démarches dans un consulat car il n'est pas délivré à ce poste-frontière. Toujours se renseigner avant le départ sur les changements possibles.

Adresses utiles

Office de tourisme : *dans la rue principale, perpendiculaire à la rue qui grimpe depuis le fleuve.* *020-580-217-94. ● bounmakod@hotmail.com ● Lun-ven 8h-11h30, 13h30-16h30.* Bounma, compétent et anglophone, peut fournir de bonnes infos sur la région. S'il n'est pas là, les horaires de bus et le calendrier des marchés qui ont lieu tous les 10 jours (rassemblement des tribus locales et des habitants du district) sont affichés sur la porte. L'office peut aussi vous conseiller des balades à faire seul ou accompagné (lire plus loin « À faire »).

Argent, change : ***Lao Development Bank,*** *au rond-point du village (lun-ven 8h30-15h30).* **Distributeurs** devant la *Banque pour le Commerce Extérieur Lao,* tout à côté, et **change,** ainsi que *Western Union* à l'*Agricultural Promotion Bank,* au bout de la rue qui monte de l'embarcadère.

Où dormir ?

De très bon marché à bon marché (moins de 150 000 kips / 18 $)

Manhchai Guesthouse : *dans la rue principale, à côté de l'office de tourisme.* *020-567-521-59. Doubles « bon marché » avec sdb et ventilo.* Cette belle maison abrite des chambres carrelées bien tenues. Accueil sympa. Une bonne adresse très centrale.

Chaleunsouk Guesthouse : *dans la rue qui monte du débarcadère, sur la droite.* *030-932-08-88. Doubles avec sdb, ventilo ou clim, TV ou non.* Pour quelques kips supplémentaires par rapport aux 1ers prix dans l'ancienne bâtisse (salle de bains vieillotte), préférez les chambres dans la maison la plus récente. Elles sont clinquantes et kitsch, mais bien équipées, avec du carrelage partout. Balcon commun offrant une belle vue sur la rivière ; on peut s'y servir gratuitement en thé et eau. Le meilleur rapport qualité-prix de la ville, dommage que l'accueil soit tout à fait indifférent.

Keophila Guesthouse : *en remontant depuis le débarcadère, sur la droite dans l'angle du 1er virage.* *020-566-655-65. Doubles « très bon marché ».* Les chambres doubles à l'étage sont assez grandes, avec salle de bains (eau chaude), w-c à la turque pour certaines et TV. Un rapport qualité-prix-propreté acceptable. Accueil aimable.

Manotham Guesthouse : ***à Ban Natoun,*** *le village de l'autre côté du pont suspendu ; prendre à gauche, c'est encore sur la gauche après la maison jaune (signalé).* *020-558-800-58. Doubles avec douche* *(eau froide), sdb extérieures avec eau chaude, petit déj en sus : « très bon marché ». Dîner avec la famille à 18h, accessible à tous sur résa.* Cette *guesthouse* familiale toute simple propose des bungalows en bois haut perchés sur pilotis le long de la Nam Pak. Les chambres possèdent bien une fenêtre (avec une vue sur le pont), mais pas de vitre, seulement des volets ! Peu fréquent, les proprios assurent une vraie table d'hôtes.

Nam Ou Guesthouse : *au bord de la Nam Ou. 020-588-79-78. Accessible depuis les berges par un long escalier de bois, ou à partir de la place centrale. Doubles sans ou avec sdb, ventilo et TV « très bon marché ».* 2 séries de chambres avec moquette parfois, à la propreté limite et plus ou moins sombre. Ensemble un peu vétuste, mais agréable terrasse couverte face à la rivière. Accueil correct.

Où manger ? Où boire un verre ? Où prendre le petit déj ?

Petites gargotes devant le marché : l'offre est basique, des soupes, du poulet, parfois une bière, et voilà tout.

Sayfon Restaurant : *dans la rue menant au port, sur la gauche. Tlj 7h-22h. « Bon marché. »* Agréable terrasse avec vue sur la rivière, fréquentée par des routards du monde entier. Petit déj archibasique (mais pas vraiment le choix en ville), le reste de la journée cuisine correcte et sans surprises, mais qui fait l'affaire.

Nam Ou Guesthouse : *voir « Où dormir ? ».* Là encore, terrasse face à la Nam Ou pour boire un verre ou avaler un morceau (à condition de se cantonner aux basiques). En revanche, moins d'intérêt le soir.

Voir aussi la table d'hôtes de la ***Manotham Guesthouse*** à condition de réserver et de dîner tôt. Voir « Où dormir ? ».

LE LAOS

À faire

Pont suspendu (swinging bridge) : *au bout de la rue principale (quand on regarde l'office de tourisme, prendre à gauche), au niveau du rond-point, repérer la ruelle qui descend, indiquée par le panneau : « B. Salongsay ».* Ceux qui n'ont pas le temps de faire une balade dans la région s'aventureront au moins sur cette passerelle qui balance, qui balance à mesure qu'on progresse vers Ban Natoun, le village en face de Muang Khoua. Sensations garanties quand on est sujet au vertige, mais les plus courageux qui se hasardent à zieuter la vue sur la Nam Pak seront récompensés.

Randonnées guidées : *l'office de tourisme organise des marches d'un à plusieurs jours vers les villages akkha, loma, khamu... Essayer de se grouper, car c'est moins cher à partir de 7 pers. Résa au min la veille obligatoire.*

BOUN TAI

Mérite une petite halte, au moins pour déjeuner, sur le trajet Oudom Xai-Phongsaly. Cet ancien fort français abrite les bureaux de l'administration du district. En face du fort, restes d'un four en brique. Malgré ses apparences de « village-rue », comme c'est souvent le cas au Laos, Boun Tai pourra vous faire prendre la clé des champs. En quittant la grand-route sur la droite en

venant du sud, vous serez en 2 mn au bord de la rivière Nam Lan. Et sur la gauche, toujours en venant du sud, vous pouvez faire une balade de 3h aller-retour en direction du village leu de *Ban Naway* ; vue sur rivière, collines et rizières garantie.

Arriver – Quitter

Liaisons en bus avec :

➢ ***Phongsaly :*** 3h de trajet pour 92 km de mauvaise route, tronçonnée de bouts de piste.

➢ ***Oudom Xai :*** 140 km et 3h de route.

Adresses utiles

Office de tourisme : *dans le fort, à la sortie de la ville en allant vers Phongsaly, sur la droite.* ☎ *020-221-354-06. Lun-ven 7h30-11h30, 13h30-16h.* Il organise des treks de 2 à 4 j. dans les villages akhas de la région.

– ***Distributeur :*** *face à la* Banque pour le Commerce Extérieur Lao.

Où dormir ? Où manger ?

Senyord : *juste avt le pont sur la droite en venant du sud.* Comme dans tous les restos chinois, on choisit la victuaille dans le frigo avant de s'installer dans la grande salle donnant sur les rizières. Une bonne adresse mais grosses difficultés pour se faire comprendre. Loue aussi des chambres, au cas où...

Petite gargote : *après le pont sur la droite, près du marché.* Cuisine lao simple, type soupe de nouilles.

PHONGSALY

IND. TÉL. : 088

• Plan *p. 457*

Ancienne halte caravanière entre le Laos et la Chine, la ville fut construite sur les pentes du mont Phu Fa (1 625 m). Perchée à 1 430 m d'altitude, il s'agit de l'agglomération la plus haute du pays. Des années 1930 à 1950, c'était le dernier bastion de l'armée française dans le nord du pays (juste avant la frontière chinoise). Aujourd'hui, on y vient pour les nombreux treks à faire dans les environs. Marcher au cœur du paysage tourmenté et spectaculaire de la province, rencontrer les habitants d'un village qui vivent de leurs théiers centenaires justifient pleinement qu'on s'aventure dans ces confins.

La région est habitée par 15 ethnies différentes, et principalement les Phounoy, une ethnie d'origine tibéto-birmane, ainsi que par des immigrants chinois. On y cultive le pavot, qui demeure une source de revenus importante pour les habitants.

– *Info utile :* de novembre à mars, Phongsaly a parfois la mauvaise habitude de s'envelopper d'un cordon de brume. Avec l'altitude, il peut alors faire sacrément frisquet, le mercure pouvant descendre certaines nuits jusqu'à 5 °C.

LE LAOS

PHONGSALY

■ **Adresses utiles**

- Phongsaly Provincial Tourism Office (A2)
- **2** Agricultural Promotion Bank (B2)
- **3** Lao Development Bank (B2)
- **4** Amazing Lao Travel (A2)
- **13** Lao Skyway (A2)

Où dormir ?

- **10** Home Savang Guesthouse (A2)
- **11** Sen Saly Guesthouse (A2)
- **13** Viphaphone Hotel (B2)

Où manger ? Où prendre le petit déj ?

- **20** Loajhean Restaurant (A2)
- **21** Laoper Restaurant (A2)
- **22** Sone Coffee Lao Shop (B2)
- **23** Restos autour du plan d'eau (A2)

Arriver – Quitter

Par la route

Gare routière *(hors plan par A2)* : *à 3 km du centre, sur la route d'Oudom Xai. Pour s'y rendre, des tuk-tuk partent tôt le mat sur le parking, près de l'agence* Amazing Lao *(plan A2). Sinon votre hôtel peut arranger un transport.*

Tous les départs (ou presque) de Phongsaly se font tôt le mat, en principe, 7h30-8h30. Les billets ne s'achètent que le jour même. Donc, venir tôt. Liaisons avec :

➢ ***Oudom Xai*** et ***Luang Praban***[…] 2 départs/j., le mat et en début d'[…] Compter respectivement 5-6h de

(215 km de mauvaise route), et 10-11h jusqu'à Luang Prabang. D'Oudom Xai, continuation possible, mais seulement le lendemain pour ***Luang Nam Tha.***

➢ ***Muang Khoua :*** 1 bus tôt le mat ; changer à Pak Nam Noy. Compter 9-10h de route au total avec la correspondance.

En bateau

➢ ***Hat Sa-Muang Samphan :*** *Hat Sa se trouve à 23 km de Phongsaly. S'y rendre en bus depuis la gare routière à 1,5 km du centre (hors plan par B2).* En principe, départ des bus à 8h, du bateau à 9h (mais toujours se renseigner avant).

Suite à la construction d'un barrage, il est seulement possible de descendre la Nam Ou de Hat Sa à Muang Samphan pendant 2h, soit un peu plus du tiers du parcours initial. Ensuite, utiliser un transport collectif (minibus ou *tuk-tuk*) pour rejoindre Muang Khoua en 2h30-3h. Prévoir de l'attente, car pas de correspondance organisée. En dépannage, il existe un hébergement à Muang Samphan.

En avion

■ ***Lao Skyway :*** *jouxte le* Viphaphone Hotel *(plan B2,* ***13****).* 📱 *020-555-882-58.* ● *laoskyway.com* ● *Lun-ven 7h30-11h30, 13h30-17h.*

➢ ***Boun Neua-Vientiane :*** 4 départs/sem dans de petits coucous. Boun Nena est à env 45 km au sud de Phongsaly. Durée du vol : 1h40.

Orientation

La ville s'étire au sommet des collines dominées par le mont Phu Fa au nord. La rue principale fait de nombreux lacets en venant du sud. Le « centre-ville » se situe au niveau des hôtels *Viphaphone* et *Phongsaly,* à égale distance du marché et de la vieille ville. C'est ici que se concentrent hôtels, restos et commerces.

Adresses et info utiles

🛈 ***Phongsaly Provincial Tourism Office*** *(plan A2) : dans la petite rue, face à la* Nangtam Guesthouse, *qui descend derrière l'arrêt des* tuk-tuk. 📱 *020-542-846-00.* ● *tourismlaos.org* ● *Tlj 8h-11h30, 13h30-16h.* Très compétent et aimable. Plan de ville. L'office propose ses propres treks au sud de Phongsaly vers les villages akha loma et kmmu.

■ ***Amazing Lao Travel*** *(plan A2,* ***4****) : après l'arrêt des* tuk-tuk *en descendant la rue principale.* ☎ *21-05-94.* 📱 *020-557-743-54.* ● *explorephongsalylaos.com* ● Agence spécialisée dans les treks au nord de Phongsaly de 1 à 5 jours à la rencontre des villages peuplés par les minorités ethniques.

■ ***Agricultural Promotion Bank*** *(plan B2,* ***2****) : face à la poste et à côté du petit musée. Lun-ven 8h30-16h.* Change (même des euros) et distributeur en face.

■ ***Lao Development Bank*** *(plan B2,* ***3****) : après le coffee-shop.* Même change, mêmes horaires. *ATM* à côté.

2 ***autres distributeurs*** devant la *BCEL Bank,* dans la rue qui monte du centre vers le mont Phu Fa, et devant la station de *tuk-tuk.*

– ***Marché*** *(plan A2) : en surplomb de la rue principale. Tlj 6h-17h.* Ensemble de bâtiments en brique avec couverture en tuiles vertes. On y trouve des fruits et légumes en provenance de Chine et du Laos, ainsi que du thé, mais mieux vaut l'acheter à Ban Komaen, le village des plantations (lire plus loin « À voir. À faire à Phongsaly et dans les environs »).

Où dormir ?

Pas vraiment le point fort de la ville. Aucun hôtel ne sert le petit déj.

De très bon marché à bon marché (moins de 150 000 kips / 18 $)

Home Savang Guesthouse *(plan A2,* ***10****) : dans la petite rue qui part de l'arrêt des tuk-tuk et qui descend vers l'office de tourisme. 020-568-956-23. Doubles « bon marché » (fourchette basse) avec sdb.* En retrait, face à une école, cette petite *guesthouse* familiale aligne quelques chambres pas désagréables et propres, au bon rapport qualité-prix. On n'y parle pas l'anglais.

Sen Saly Guesthouse *(plan A2,* ***11****) : une maison vert clair, en venant de l'arrêt des tuk-tuk, sur la droite de la rue après le virage. Pas de tél. Doubles « bon marché » avec sdb.* Chambres à l'arrière avec salle de bains, un peu vétustes et archibasiques (w-c à la turque avec casserole et douche d'où coule un filet d'eau chaude, pas de lavabo), mais il s'agit des moins chères de la ville, cela dit à peine moins que la *Home Savang Guesthouse*. Accueil correct. En dépannage.

Prix moyens (150 000-300 000 kips / 18-35 $)

Viphaphone Hotel *(plan B2,* ***13****) : dans le centre. ☎ 21-09-99. 020-977-158-75. • viphaphonehotelphongsaly@gmail.com • Doubles avec sdb, la plupart à « prix moyens », les deluxe atteignent la fourchette hte, certaines plus basiques et sans vue « bon marché ».* L'établissement est géré par une équipe américaine très sympa et surtout pleine de bons conseils et d'infos sur la région. Elle modernise peu à peu l'hôtel : les huisseries, les salles de bains (w-c à la turque pour les moins chères), les matelas, la déco... faut dire qu'ils partent de loin. Dès le début, ils ont misé sur une propreté exemplaire et un minimum de confort avec des couettes pour tout le monde. Ceux qui le peuvent opteront pour les chambres les plus chères avec vue sur les montagnes, splendide, qui donnent plein sud. Les *deluxe* possèdent la clim et le chauffage, une salle de bains (avec eau chaude) et une literie récente. Ne pas manquer de grimper sur le toit-terrasse pour admirer la vue à 360 °C et le coucher du soleil. Loue aussi des vélos.

Où manger ? Où prendre le petit déj ?

Dans cette ville, vous ne trouverez que des restaurants populaires, souvent chinois : pas de carte, on choisit en cuisine ou dans le frigo. En voici, parmi les plus fréquentés par les locaux :

Loajhean Restaurant *(plan A2,* ***20****) : à 100 m en descendant après l'arrêt des tuk-tuk. Tlj 7h-22h. « De bon marché à prix moyens. »* Resto chinois qui cuisine des aubergines au gingembre, pois gourmands, viande... tout est bon (ah ! il y a aussi des larves). Comme les portions sont généreuses, inutile de trop commander, car l'addition grimpe vite.

Laoper Restaurant *(plan A2,* ***21****) : dans la petite rue qui monte face à l'arrêt des tuk-tuk. « De bon marché à prix moyens. »* Resto chinois, avec au choix dans le frigo des légumes, bidoche et larves (tofu pour les moins téméraires). Là encore, très correct et bien servi.

Sone Coffee Lao Shop *(plan B2,* ***22****) : à côté du Phongsaly Hotel, à droite en montant. Ouv dès 6h pour le petit déj. « Bon marché ».* Quelques plats, des œufs, des crêpes. Patronne très sympa. Pour un petit déj plus sucré que salé, c'est là qu'on vient.

Restos autour du plan d'eau *(plan A2,* ***23****) : « prix moyens ».* Si les rues du centre sont désertes le soir, c'est que beaucoup de jeunes descendent s'encanailler dans les 3-4 restos qui entourent le bassin. Musique forte, parfois live, parfois sous forme de karaoké, plus bière à gogo, c'est l'ambiance ! On y mange correctement en zieutant les promeneurs tourner autour du plan d'eau.

Sur le marché *(plan A2),* de petits stands où l'on cuit de la viande devant vous.

À voir. À faire à Phongsaly et dans les environs

Museum of Phongsaly Ethnic Groups *(plan A-B2)* **:** à côté de l'Agricultural Promotion Bank. *Ouverture aléatoire, mais en principe, lun-ven 8h-11h30, 13h30-16h30. Entrée : 10 000 kips.* Il faut prendre le temps de lire les commentaires, car ce musée est absolument essentiel à la compréhension des minorités du Laos. Richement illustrés de photos et de cartes, les différents panneaux racontent l'histoire et le mode de vie des 15 ethnies qui peuplent la province. Qui sont les Kmu, les Bit, les Phounoy, les Lolo ou les Seng ? Parlent-ils la même langue ? Se marient-ils entre eux ? Quelles sont leurs activités principales, leurs croyances, leurs costumes ? Où habitent-ils ?... Une étape passionnante pour mieux apprécier la richesse de l'héritage culturel de la région !

La vieille ville *(plan B2)* **:** au cœur de la ville et à flanc de colline se cachent quelques ruelles pavées, bordées de petites maisons d'un autre âge, d'influence chinoise pour certaines. Le temps semble s'être arrêté.

Le mont Phu Fa *(plan B1 ; 1 625 m)* **:** *un chemin empierré part sur la gauche, puis un sentier à travers la forêt grimpe en moins de 30 mn jusqu'au guichet. Droit d'accès : 5 000 kips.* Une longue rampe d'escalier (431 marches) permet de négocier la section finale. Du stûpa, superbe perspective sur Phongsaly et sa vallée, si la brume ne recouvre pas tout.

Les plantations de thé de Ban Komaen *(hors plan par A2)* **:** *à 14 km au sud-ouest de Phongsaly. À la sortie de la ville, après la gare routière, fléché sur la gauche. Piste carrossable à flanc de montagnes avec une vue à couper le souffle tout du long. Pour s'y rendre, se renseigner auprès de l'office de tourisme ou de l'agence* Amazing Lao. Ce village phounoy est connu pour ses théiers centenaires (jusqu'à 400 ans pour les plus vieux), qui poussent naturellement dans la région. Rien à voir avec les plantations cultivées ailleurs dans le monde, où les arbustes sont taillés pour ne pas excéder 1 m. Ici, certains arbres atteignent jusqu'à 6 m de haut ! En venant le matin, on peut parfois apercevoir les femmes récolter les feuilles en étant perchées dans les branches, retenues par des cordes. Le thé de Phongsaly est présenté sous sa forme ancestrale : compressé et ficelé en cylindre, parfois protégé dans un tube de bambou.

Pour en savoir plus, ne pas manquer la petite expo au bout du village consacrée au thé bien sûr : son histoire, ses vertus médicinales, le processus de la récolte au conditionnement.

– ***Acheter du thé :*** il s'agit d'un thé vert au goût légèrement fumé, dont les feuilles ne sont pas traitées chimiquement. On l'achète soit dans le village auprès des familles (souvent vendu par lot de 4 cylindres ficelés), soit auprès de la coopérative à l'entrée du village (feuilles issues de théiers plus anciens, conditionnées dans des cylindres en bambou ; plus cher).

Randonnée en solo : de nombreux sentiers rayonnent autour de Phongsaly vers des ***villages phounoy*** à moins d'une journée de marche aller-retour. On peut reconnaître cette ethnie tibéto-birmane par l'habitude qu'ont les femmes âgées de porter des guêtres de coton pour se protéger des sangsues. Certaines de leurs maisons sont encore recouvertes d'un toit de chaume descendant très bas et couvrant les 4 côtés.

L'itinéraire le plus facile consiste à rejoindre les 2 villages phounoy de ***Khounsouk Noy*** (1h15 aller simple) et ***Khounsouk Luang*** (45 mn supplémentaires). Il suffit de prendre la route en terre qui s'engage au pied du *Phu Fa Hotel* avant de s'orienter plein nord. Le chemin, balisé de bout en bout, est accessible aux 2-roues (et même aux voitures en saison sèche). Champs de riz sur brûlis, quelques rizières en terrasses commencent à faire leur apparition en contrebas. Superbe coucher de soleil.

LE LAOS

🥾🥾 ***Randonnée guidée de plusieurs jours :*** *l'idéal est d'être un groupe de 4 avec un guide pour négocier le meilleur rapport qualité-prix (env 45-50 $/j. et par pers) incluant les repas, l'hébergement, la donation aux villages traversés, le tuk-tuk pour rejoindre le point de départ. Le prix ne comprend pas les transports en bus et en bateau, ni les boissons. Rens auprès du* Phongsaly Provincial Tourism Office *(plan A2) et de l'agence* Amazing Lao Travel *(plan A2,* ***4****).* La région comblera les amateurs de trekking : accidentée, peu de routes, mais beaucoup de sentiers, une couverture forestière encore importante, malgré les ravages de la déforestation et de la culture sur brûlis, nombreuses ethnies.

LE SUD

• Carte *p. 463*

Le sud du Laos affiche un caractère marqué, tout à fait différent de celui du reste du pays. Cela ne date pas d'hier puisque cette région, très tôt placée sous la domination khmère, est tout simplement considérée comme le berceau de la civilisation pré-angkorienne. En atteste le site du Vat Phou, temple situé dans la province de Champasak... Autre particularité : jusqu'en 1947, c'est une colonie française, au même titre que Vientiane, relativement développée par rapport au reste du pays. L'activité économique se concentre essentiellement dans la plaine du Mékong, alors principale voie de communication et de transport dans cette région de l'Asie.
Au cœur de la saison sèche, la chaleur peut être étouffante dans la plaine qui prend des allures de savane jaunâtre, comme à Savannakhet. Ce n'est pas le cas des karsts de Khammouane, dans les environs de Thakhek, où l'on profite de la fraîcheur en partant à l'assaut des pics calcaires ou en explorant une des nombreuses grottes alimentées par des rivières souterraines. De même, sur le plateau des Bolavens, l'altitude garantit températures douces et pluies abondantes apportant une diversité agricole qui incitèrent les colons à y introduire notamment le caféier. Cette culture, qui produit un breuvage d'excellente réputation, voisine celle du thé, des arbres fruitiers (bananiers, litchis...), des légumes et du riz, sans oublier les exploitations d'hévéas et de tecks.
4 000... Nous n'avons pas compté ces îles luxuriantes qui s'égrènent juste avant la frontière cambodgienne, là où le Mékong se divise en de multiples bras, telle une divinité hindoue... Que les voyageurs s'installent sur Don Khong, Don Det, ou Don Khône, ils profitent tous à leur manière de la magie unique de cette région amphibie.

Comment y aller ?

La vallée du Mékong reste l'épine dorsale du Sud. Elle est traversée par la route 13, toute droite et en très bon état, qui file à partir de ***Vientiane*** vers Thakhek, Savannakhet, Paksé, Champasak et les 4 000 îles.
On peut aussi rejoindre le Sud-Laos depuis le ***Cambodge,*** par la frontière

de Dong Kralor-Veun Kham (région des « 4 000 îles » ; au nord de Stung Treng), la ***Thaïlande*** (via Thakhek, Savannakhet ou Paksé) ou encore le ***Vietnam*** (par les frontières de Nam Phao, Na Phao et Dan Savan). Tous ces postes-frontières laotiens délivrent un *visa on arrival.*
Il existe aussi des liaisons aériennes internationales aux aéroports de Paksé et de Savannakhet.

THAKHEK

IND. TÉL. : 051

• Plan *p. 465* • La boucle des karsts de Khammouane *p. 469*

À 360 km au sud de Vientiane, Thakhek signifie le « quai des visiteurs ». C'est dans ce port fluvial que débarquaient autrefois les commerçants étrangers. Aujourd'hui, la ville, bien que modeste, conserve de vrais atouts : géographique d'abord, à mi-chemin entre Vientiane et Paksé, elle se situe à 12 km du pont de l'Amitié III, qui rejoint Nakhon Phanom en Thaïlande (et son aéroport relié à Bangkok). Historique, car adossé au Mékong, son centre charmant d'époque coloniale, avec sa petite place et les maisons alentour, lui confère un caractère désuet, plus animé qu'à Savannakhet. Et enfin touristique, pour la beauté de ses environs : les karsts de Khammouane offrent de fabuleux panoramas, des rivières traversent des grottes garnies de bouddhas, de la forêt dense, des villages paumés et des pics qui se hérissent jusqu'à devenir forêts. Autant de bonnes raisons d'y faire halte.

Arriver – Quitter

Gare routière principale *(plan B1) : sur la route 13, à env 3 km du centre-ville, que l'on rejoint aisément en tuk-tuk.* ☎ *25-05-19.* Les billets s'achètent le jour même (pas la veille).

➢ ***Vientiane :*** 5h30-minuit, env ttes les heures, plus 1 bus VIP le mat. Compter 5-6h de route (340 km).

➢ ***Paksé :*** 10h30-23h, env ttes les 2h, et 1 bus VIP plus tôt le mat. Durée : env 6h-7h (385 km).

➢ ***Savannakhet :*** 7h30-17h, minibus ttes les heures depuis la petite gare routière près du marché au km 2 de la route pour Savannakhet et Paksé *(plan B2).* Min 5 pers. Ils s'arrêtent dans le centre de Savannakhet. Sinon, prendre le bus pour Paksé qui part de la gare routière principale et descendre à celle de Savannakhet, à 2 km du centre-ville (prendre ensuite un *tuk-tuk*). Durée : env 2h (120 km).

➢ ***Kong Lor :*** 2-3 minibus le mat au départ du marché Phet Many, près du grand rond-point central *(plan B1).* Peu sont directs, sauf si la majorité des passagers vont à Kong Lor. Il faut souvent changer à Vieng Kham (sur la route 13), puis à Ban Nahin (le chauffeur vous déposera au départ du minibus qui assure le relais). Dans le sens retour, départ de Kong Lor tlj vers 7h30. Durée : env 4h30-5h (180 km).

➢ Pour les ***liaisons internationales,*** se reporter en début de guide au chapitre « Arriver – Quitter ».

Se déplacer à Thakhek et dans les environs

La marche ou le vélo sont parfaits pour sillonner la ville, plate, au bord du Mékong.

Pour rayonner dans les environs, chartériser un *tuk-tuk* ou un *songthaew* est possible, mais autant se grouper pour

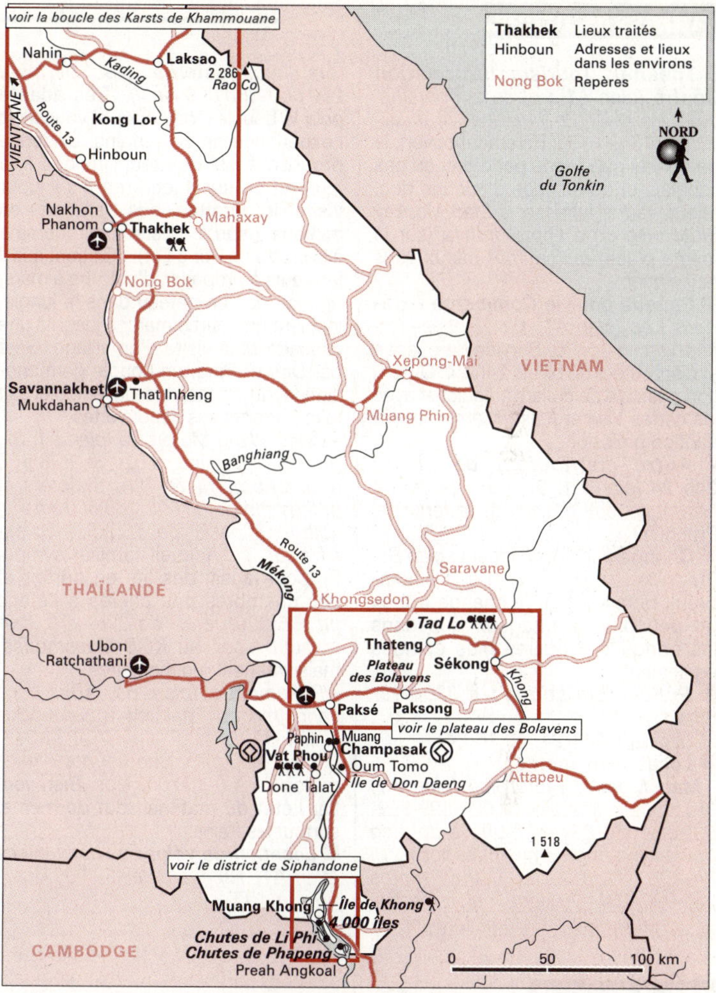

LE SUD DU LAOS

faire baisser l'addition (négo pas évidente). Les transports réguliers ne desservent pas ou mal les petits sites ou villages, souvent éloignés des routes principales, à quelques exceptions près comme la grotte de Kong Lor (voir « Les karsts de Khammouane »). Pour un max de liberté restent donc le scooter ou la moto. Consulter impérativement la rubrique « Moto » dans « Laos utile. Transports ».

Prévoir au moins 1 nuit à Thakhek, pour jouir de la ville et faire un tour à l'entrée des karsts de Khammouane, 2 nuits si vous voulez atteindre de beaux sites, et 3 à 4 jours pour négocier la boucle complète avec 1 nuit à Thakhek au début et à la fin du périple.

Adresses utiles

Thakhek Tourism Information Centre (plan A1) **:** *pl de la Fontaine, côté Mékong. En principe, tlj 9h30-11h30, 13h30-16h.* Rarement ouvert, le personnel peu formé parle peu ou pas l'anglais et ne dispose d'aucune doc. Mieux vaut s'adresser à *Mad Monkey Motorbike* ou à l'hôtel *Inthira* (sur la même place) qui sauront mieux vous renseigner.

Banque pour le Commerce Extérieur Lao (plan A1, **1**) **:** *Vientiane Rd. Lun-ven 8h-15h30.* Service de change et distributeur de billets 24h/24. Obtention possible de dollars au guichet avec les cartes *Visa* et *MasterCard,* moyennant commission.

Autre distributeur de billets 24h/24 (plan A1, **3**) **:** *dans le centre historique, sur la place de la fontaine.* Pratique !

Change (money changers ; plan B1, **2**) **:** *au rond-point. Tlj 8h-17h.* De nombreux bureaux font le change à taux un peu plus avantageux que dans les banques. Horaires plus étendus également.

Police touristique : *030-915-66-44.*

Urgence 24h/24 : ☎ *16-24.*

Location de motos :

– *Mad Monkey Motorbike* (plan A1, **3**) *: pl. de la Fontaine. 020-599-399-09 ou 020-234-777-99. • douang davanh@yahoo.com • Facebook. Tlj 8h-20h. Scooters et petites motos 100 000-150 000 kips/j. selon modèle et durée de loc ; 250 cm³ tout-terrain (pour conducteurs avec permis), 250 000-300 000 kips/j.* Très adapté pour la boucle (*The Loop*), si vous avez l'expérience de ces engins. L'agence propose aussi des tours guidés à la journée ou sur 4 jours en 4 x 4 pour visiter les grottes, des transferts en minibus jusqu'à 6 personnes (comme à la grotte de Kong Lor)... Ce sont aussi les seuls à proposer, d'octobre à mars, une journée en bateau dans la jungle, incluant une partie marche jusqu'à une cascade et la visite d'un village. Géré par Dirk et Ping, un couple germano-laotien, qui connaît bien la région et sait faire partager ses découvertes.

– *Wang Wang Motorbike* (plan A1, **3**) *: pl. de la Fontaine. 020-569-785-35 (WhatsApp). Tlj 7h-22h. Scooters et petites motos 60 000-180 000 kips/j. ; voiture à partir de 60 $/j., dégressif pour 3 j.* Accueil familial sympa. Propose aussi des lits en dortoir et des chambres peu chères à l'étage *(lit 35 000/pers, doubles 70 000-100 000 kips),* au *KGB Guesthouse,* mais vraiment rudimentaires.

– *Pokemongo* (plan B1, **10**) *: dans l'enceinte du* Thakhek Travel Lodge *(voir « Où dormir ? »). 020-234-317-46. Tlj 7h30-18h. Scooters et petites motos 70 000-100 000 kips.* Bien vérifier l'état du matériel tout de même, surtout les freins.

Location de vélos : *à l'hôtel* Inthira *(plan A1, **13**). Compter 30 000 kips/j. pour un VTT.*

Où dormir ?

De très bon marché à prix moyens (moins de 300 000 kips / 35 $)

Thakhek Travel Lodge et Villa Thakhek (plan B1, **10**) **:** *à env 3 km du Mékong et du centre historique, en retrait de la route ; entrée à gauche d'un garage (panneau).* ☎ *21-29-31. 020-556-500-10. • thakhektravel lodge@gmail.com • Dortoir « très bon marché », doubles allant jusqu'à « bon marché » au Lodge et jusqu'à « prix moyens » dans la* Villa. *Résa conseillée. Petit déj en sus.* Cette auberge très populaire dispose d'hébergements pour tous les budgets, du dortoir mixte (8 lits) aux chambres climatisées avec salle de bains. Aménagement rustico-minimaliste, mélange de sections de troncs d'arbres et de béton. Brut mais original ! Assez propre et bien tenu. Visiter avant de faire son choix. La

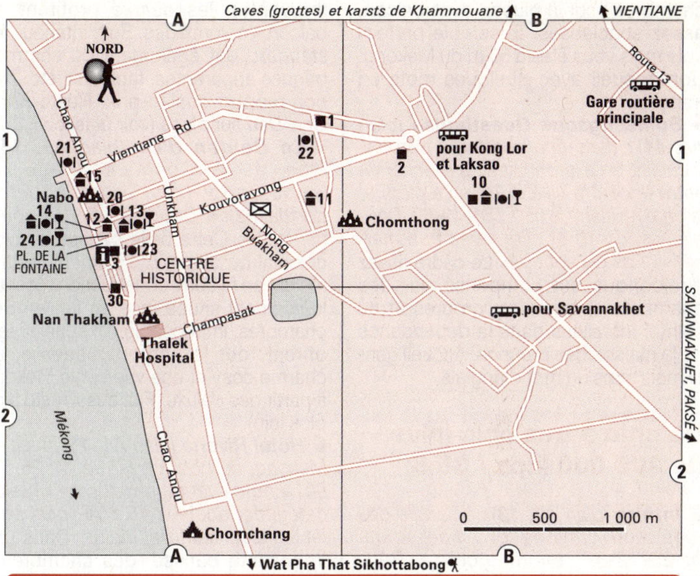

THAKHEK

■ **Adresses utiles**

- Thakhek Tourism Information Centre (A1)
- 1 Banque pour le Commerce Extérieur Lao (A1)
- 2 Change (B1)
- 3 Distributeur de billets, Mad Monkey Motorbike et Wang Wang Motorbike (A1)
- 10 Pokemongo (location de motos ; B1)
- 13 Inthira (location de vélos ; A1)

Où dormir ?

- 10 Thakhek Travel Lodge et Villa Thakhek (B1)
- 11 Somsengsouk Guesthouse (A1)
- 12 Southida Guesthouse (A1)
- 13 Inthira (A1)
- 14 Le Bouton d'Or (A1)
- 15 Hotel Riveria (A1)

Où manger ? Où boire un verre ?

- 10 Resto du Thakhek Travel Lodge (B1)
- 13 Khop Chaï Deu (A1)
- 14 Resto de l'hôtel Le Bouton d'Or (A1)
- 20 Soukmany (A1)
- 21 Sweet Home (A1)
- 22 Manyly (A1)
- 23 Six Friends (A1)
- 24 DD Bistro & Café et Patalaï (A1)

■ **À faire**

- 30 Namfon Petang (A1-2)

Villa Thakhek est un pavillon de plain-pied, donnant sur un espace gazonné. Équipement et confort garantis (clim), déco soignée. Seul hic : la situation excentrée, trop loin du centre historique et du Mékong pour envisager la marche. Comme les *tuk-tuk* demandent de 15 000 à 30 000 kips par personne selon le nombre de passagers, mieux vaut louer un vélo ou une moto (possible sur place). Le livre d'or contient de nombreux tuyaux concernant la boucle des karsts de Khammouane *(The Loop).* Personnel attachant.

Southida Guesthouse *(plan A1, 12) : rue Chao Anou. ☎ 21-25-68. Doubles « bon marché » avec sdb et clim. Pas de petit déj.* Derrière une façade peu avenante, une collection de chambres pour la plupart avec balcon, assez spacieuses. Ensemble perfectible mais vous êtes à 50 m du Mékong. Bon accueil avec quelques mots en français.

Somsengsouk Guesthouse *(plan A1,* ***11****) : dans une petite rue perpendiculaire à l'axe principal, à mi-chemin entre le centre-ville (à 10 mn à pied) et la gare routière. 030-561-49-69. Doubles avec sdb et clim « très bon marché ». Pas de petit déj.* Le cadre assez quelconque est compensé par des chambres spacieuses, propres et au calme, installées dans la dépendance de la maison des proprios. Accueil gentil mais sans un mot d'anglais.

De chic à très chic (plus de 300 000 kips / 35 $)

Inthira *(plan A1,* ***13****) : à l'angle des rues Kouvoravong et Chao Anou. ☎ 25-12-37. • inthira.com • Résa conseillée. Doubles avec sdb 35-55 $, petit déj inclus.* En plein centre, cette demeure coloniale arbore un style contemporain et un bon degré d'équipement. Tournées vers la rue (bruyante), les *deluxe* profitent du balcon à colonnades. Sur l'intérieur, les *standard* ont également du charme : briques apparentes, tableaux, etc. Très bon rapport qualité-prix. Resto *Khop Chaï Deu* sur place (voir plus loin).

Le Bouton d'Or *(plan A1,* ***14****) : face au Mékong. ☎ 25-06-78. • boutondor-tk.wix.com/lebouton dorthakhek • Doubles 45-70 $, petit déj inclus.* Cette belle bâtisse de type colonial qu'on croirait joliment restaurée est en fait une construction récente, idéalement située face au fleuve. Ses chambres, impeccables et spacieuses, offrent tout le confort moderne, un charme cosy et une vue sur le Mékong à partir des *deluxe.* Fait aussi resto (voir plus loin).

Hotel Riveria *(plan A1,* ***15****) : face au Mékong, au bout de la rue. ☎ 25-00-00. • hotelriveriathakhek.com • Selon catégorie, doubles 45-85 $, plus pour les suites ; petit déj inclus.* Dans une imposante bâtisse, des chambres à la déco classique, de bonne taille et agréables, équipement complet (clim, minibar, coffre, bouilloire). Vue sur le Mékong ou la ville selon confort. Accueil prévenant.

Où manger ? Où boire un verre ?

Bon marché (moins de 30 000 kips / 3,50 $)

Petits restos de la berge du Mékong *(plan A1) : au sud de la pl. de la Fontaine.* Depuis le déplacement des gargotes du bord du fleuve vers le *marché de nuit chinois* à côté de l'*hôtel Riveria,* il ne reste qu'une poignée de terrasses de petits restos au bord de l'eau. Rien de fameux, des grillades de viande ou de poisson, parfois quelques plats cuisinés, mais on peut aussi se contenter d'y boire une *Beerlao* en contemplant un coucher de soleil d'anthologie sur le Mékong.

Soukmany *(plan A1,* ***20****) : Chao Anou, après Inthira, en face de la Southida Guesthouse. Tlj 10h-22h.* Un grand bâtiment bleu couvert d'un toit turquoise. Ne pas se fier à cette grande salle impersonnelle, ce resto familial sert une cuisine lao-thaïe à la fois copieuse et parfumée. Petite terrasse également, mais couverte et au mobilier riquiqui d'enfant.

Sweet Home *(plan A1,* ***21****) : en face du Riviera Hotel. Tlj 10h-minuit.* Au-delà des classiques riz et nouilles sautés, les *dimsum,* soupes et salades d'œufs de 100 ans trahissent une essence chinoise. Une adresse plutôt rustique et pittoresque.

Six Friends *(plan A1,* ***23****) : à l'angle des ruelles reliant la pl. de la Fontaine et la rue principale. Tlj 17h30-22h.* C'est entre les maisons coloniales que cette gargote a aménagé une terrasse avec des palettes de récup' colorées. Prix unique et défiant toute concurrence pour tous les plats à l'ardoise : *rice stir-fried, rice basil, fried rice...* au porc, aux crevettes ou au poisson. Bon choix de smoothies et cocktails de fruits frais.

Prix moyens (30 000-60 000 kips / 3,50-7 $)

Les restos ci-après préparent également des plats « très bon marché ».

Resto de l'Hôtel Bouton d'Or (*plan A1, **14***) : *voir « Où dormir ? »* Incontestablement le meilleur resto de la ville ! On s'installe sur une agréable terrasse fleurie dominant le Mékong et c'est parti pour un festival de saveurs lao-thaïes. Mention spéciale pour le *laap* de viande ou poisson. La carte est riche et variée, les prix sont très corrects pour la qualité, le service efficace, gentil et sans fausses notes. On adore !

Khop Chaï Deu (*plan A1, **13***) : *resto de l'hôtel Inthira, voir « Où dormir ? ».* Le design contemporain-colonial de la salle (cuisine ouverte, bar avec comptoir, arcades) et la terrasse sur rue attirent inéluctablement les voyageurs. On y sert un vaste choix de plats occidentaux : pizzas, burgers, viandes grillées, bonnes frites maison... Mais on retrouve aussi des plats laotiens, du poisson et des viandes au curry. Large choix de boissons. Personnel bien rodé.

Manyly (*plan A1, **22***) : *dans une petite rue perpendiculaire à Vientiane Rd, en face de la Banque pour le Commerce Extérieur Lao. Tlj 16h-22h30.* Si vous n'avez pas encore goûté au barbecue coréen, c'est l'occasion. Ce resto installé sous une halle aligne les grosses tables en bois autour desquelles les familles s'affairent : après avoir choisi un plateau de poisson ou de viande (ou les 2 !), elles jettent les morceaux de viande sur la pierrade, les crevettes et calamars autour, dans un bouillon parfumé d'herbes et de salade. Un délice, qui plus est léger, sain et... non pimenté. Une adresse peu touristique où le personnel ne parle pas l'anglais.

Resto du Thakhek Travel Lodge (*plan B1, **10***) : *voir « Où dormir ? ».* Pratique pour ceux qui logent sur place et pour tous les routards qui veulent échanger les derniers tuyaux sur la boucle des karsts de Khammouane, ou les dénicher dans le livre d'or. Au menu, de bons petits plats asiatiques et internationaux à engloutir sur la terrasse couverte. Également un fameux barbecue le soir. Ambiance AJ sympa.

Patalaï (*plan A1, **24***) : *dans la 1re ruelle au nord de la place de la Fontaine, derrière le DD Bistro & Café. Tlj sauf mar 12h-23h.* Un petit resto à l'angle de 2 ruelles, avec une grande salle impersonnelle et une terrasse sur rue. On y vient pour déguster la meilleure pizza de la ville, à la pâte croustillante et fine, richement garnie, concoctée par l'adorable Sandrine. Bon choix de pâtes également. On peut même y boire un pastaga !

DD Bistro & Café (*plan A1, **24***) : *pl. de la Fontaine, en face de Mad Monkey Motorbike. Tlj 7h-21h.* Cadre moderne et agréable, bien pour boire un verre face à l'animation de la place, d'autant que le bistro est plutôt calme et même souvent vide ! On peut aussi y prendre son petit déj lao et avaler quelques plats mais il y a mieux ailleurs. Personnel très jeune, non anglophone et peu motivé, dommage.

LE LAOS

À voir. À faire

Le vieux centre colonial : ceux qui abordent le Laos par cette région seront immédiatement frappés par la différence de rythme et d'environnement d'une rive à l'autre. Et pourtant, Nakhon Phanom, en face, n'est pas ce qui se fait de plus clinquant en Thaïlande. Ce sentiment d'être entré dans une parenthèse temporelle est illustré par le vieux centre colonial de Thakhek et sa croquignolette placette. Guère étendu puisqu'il dépasse à peine la rue Chao Anou, il s'étire sur environ 1 km le long du fleuve. L'essentiel des maisons est plus ou moins décati, parfois ruiné et de récentes constructions rompent l'harmonie d'ensemble. Sans rêver au remplacement de toutes les tôles rouillées par les tuiles rouges d'origine, espérons que le succès touristique de la ville incitera des entrepreneurs à soutenir la recherche du temps perdu !

– **Namfon Petang** (Boun ; plan A1-2, **30**) : *rue parallèle au Mékong, au sud de la pl. de la Fontaine. Tlj 16h-22h. Gratuit, on paie juste pour les boissons et les plats.* Plusieurs terrains de pétanque en plein air pour se mesurer aux Laotiens, très bons joueurs et sérieux adversaires, croyez-nous. On y a laissé notre tee-shirt !

DANS LES ENVIRONS DE THAKHEK

Wat Pha That Sikhottabong *(hors plan par A2) : à env 5 km au sud du centre par la route côtière, toujours tt droit. Festival en fév. Tlj 8h-18h. Entrée : 5 000 kips.* Érigé entre le VIe et le VIIIe s, le stûpa conserve une relique du Bouddha. Il a été restauré au XVIe s, puis surélevé d'un bourgeon de lotus dans les années 1950. Sa réplique thaïlandaise se dresse juste en face. Le petit temple, quant à lui, abrite une statue du Bouddha surmontée d'un beau plafond rouge décoré à la feuille d'or. À côté du complexe religieux, un ensemble de maisons en bois témoigne de l'architecture régionale traditionnelle. Il est réservé aux moines. L'ensemble, disséminé dans un vaste espace herbeux au bord du Mékong, bénéficie d'une sérénité à peine troublée par les quelques visiteurs de passage. Des gargotes se sont installées à l'entrée du site.

LES KARSTS DE KHAMMOUANE

Une région gâtée par la nature

Filant vers l'est depuis Thakhek, il ne faut que quelques kilomètres à la route 12 pour entrer dans les massifs karstiques de la province de Khammouane. Formant une ceinture de 270 km de long sur environ 40 km de large, coincés entre le Mékong et la cordillère annamitique, ils donnent naissance à des paysages remarquables et variés : amples panoramas dominés au loin par les moutonnements de collines et pics calcaires, vallées perdues et cols entortillés, engoncés dans des forêts de pierre, denses comme des murailles, grottes à profusion, rivières souterraines, forêts et jungles encore bien présentes malgré d'inévitables déforestations. Profitant de leur cloisonnement, les plaines restent assez vertes en saison sèche pour la culture du tabac qui succède à celle du riz.

À voir. À faire

La boucle complète, appelée aussi « The Loop », entièrement goudronnée et longue d'environ 400 km (avec la grotte de Kong Lor), nécessite de passer au moins 1 nuit en route (à Kong Lor), ou mieux, 2 nuits (à Thalang pour la 1re) si vous visitez les grottes en début de circuit. Si vous disposez d'un véhicule ou d'une moto, revenir par la même route le 2e jour et visiter les autres grottes du parcours manquées à l'aller. Un choix préférable au retour par la nationale 13, car le tronçon de Vieng Kham à Thakhek ne présente guère d'intérêt et souffre d'un trafic important.
Enfin, de Kong Lor, possibilité de repartir pour Vientiane par les routes 8, puis 13 (compter 7h) ou Phonsavan, au nord, par la route D1 entièrement refaite (embranchement à 2 km après Tha Bak, compter 7h en tout). Infos dans les hébergements de Kong Lor.
Très populaire et apprécié des touristes du monde entier, certains passent 4-5 jours pour faire la boucle à leur rythme et bien profiter de cette région superbe. Pour ceux qui disposeraient de moins de temps, il est déjà possible de visiter des sites intéressants dans la journée au départ de Thakhek sur la route de Thalang. Nous avons donc scindé l'itinéraire en 2.

LA BOUCLE DES KARSTS DE KHAMMOUANE

– Pour plus d'infos sur cette boucle, un dépliant très complet (avec carte et descriptif de 15 étapes clés) intitulé « The Loop » est disponible gratuitement dans les hôtels de Thakhek ou chez les loueurs de motos et scooters. À consulter aussi, le site ● *laosloop.info* ●

Les grottes et massifs karstiques entre Thakhek et Thalang

Par la route 12 qui file vers la frontière vietnamienne. Se grouper pour chartériser un *songthaew,* ou louer une petite moto. Partir tôt le matin et déjeuner en route. Se munir d'une lampe frontale ou de la lumière de son smartphone est indispensable. On trouve sur ce tronçon quelques petits restos, stations-services et ATM.

Elephant's Cave (Tham Xang) : *à env 6 km du centre de Thakhek, bifurcation sur la droite (panneau) et continuer sur 2 km de piste rouge. Entrée : 5 000 kips.* On vient ici surtout pour l'environnement. Il faut en effet traverser un village, qui pratique la culture sur sable sur les berges de la rivière, puis emprunter le pont avant de grimper les escaliers qui mènent à une petite grotte garnie de sculptures naïves et veillée par un bouddha. Bien que modeste et mal entretenu (nombreux détritus), l'intérieur recèle une forme calcaire ressemblant à un éléphant, vénérée par les villageois des alentours.

Buddha's Cave (Tham Pa Fa) : *bifurcation indiquée sur la gauche de la route, à env 6 km de Thakhek, puis 6 km de bonne piste. Parking payant pour les motos. Tlj 8h-17h. Entrée : 5 000 kips. Photos interdites. Jupes obligatoires pour les filles (en loc sur place, 3 000 kips). Tour en barque : 10 000 kips/pers.* Depuis le parking, se diriger vers la falaise équipée d'une passerelle. Petite, cette grotte découverte en 2004 n'en dégage pas moins une impression à la fois sereine et sacrée. Elle fait d'ailleurs l'objet d'un pèlerinage. Par une petite ouverture sur les hauteurs, on pénètre dans une chambre où les formations calcaires forment de magnifiques drapés autour d'une collection de 229 vénérables bouddhas en bronze, dont la présence ici reste un mystère. Elle est souvent occupée par des Laotiens qui viennent prier. Petit tour en barque possible sous la grotte.

Paseum Cave : *au bout du parking de Buddha's Cave, emprunter le chemin le plus à gauche sur 800 m. Compter 10 mn de marche en tt ; à la fourche, prendre à gauche. Possible aussi à moto jusqu'au pont, puis continuer à pied.* On débouche sur un lac majestueux où ne règnent que calme et sérénité, seulement perturbés par le chant des oiseaux et les bulles des poissons. Admirez le reflet des karsts dans cette eau claire turquoise où les rochers moussus et les plantes aquatiques affleurent. Féerique ! Sur la gauche, un chemin mène à une petite grotte traversée par une rivière souterraine sur 700 m, l'occasion d'une agréable baignade dans une semi-obscurité (lampe indispensable).

Tham Xieng Liap : *à env 13 km de Thakhek, bifurcation sur la droite (panneau). Depuis le parking, suivre le sentier pdt env 10 mn. Sinon, pour éviter de traverser la rivière qui peut être dangereuse, on vous recommande plutôt d'accéder directement à la 2e grotte par le parking du* Green Climbers Home *au pied de la falaise et faire le circuit à l'envers.* La 1re cavité est alimentée par une rivière souterraine que l'on distingue dans la pénombre. Ressortir et traverser la rivière (à l'extérieur), on débouche sur un cours d'eau que l'on remonte jusqu'à une nouvelle grotte aux belles dimensions, qui s'ouvre sous une haute falaise spectaculaire de 300 m de haut.

Entre les grottes Xieng Liap et Pha Nya In, côté gauche, un chemin carrossable conduit au ***Lake Falang*** (panneau), une grande piscine naturelle alimentée par une rivière. Idéal pour une baignade rafraîchissante.

Tham Pha Nya In : *à env 15 km de Thakhek, côté gauche, repérer une arche en brique et pierre (200 m avt Green Climbers). Prévoir une lampe.* Un chemin, puis une volée de marches envahies par les branchages mènent à cette petite grotte, tendue d'une kyrielle de fanions bouddhistes. Un escalier sur la gauche conduit à un autel garni de statues de bouddhas. De ce « balcon », belle vue sur la grotte et la rivière souterraine. Atmosphère apaisante.

Green Climbers Home : *à env 15 km de Thakhek ; chemin indiqué sur la droite. 020-596-675-39 (Fai). • greenclimbershome.com • Oct-mai. Pour 2 : tente 50 000-60 000 kips (sac de couchage compris), bungalows sans ou avec sdb 130 000-200 000 kips. Dortoir 50 000-70 000 kips/pers. Plats bon marché. Résa des cours min 1 j. avt.* Toutes ces falaises calcaires ne pouvaient qu'attirer les amateurs d'escalade. 2 couples de grimpeurs américains et suisses gèrent avec efficacité ce centre, dans un environnement superbe. Cours, location de matériel. Débutants bienvenus. Voies équipées de 9 m à 130 m de long, allant du 3A au 8C. Propose également 2 ensembles de bungalows, chacun avec un resto sur pilotis à 500 m l'un de l'autre. Ambiance très cool dans les grandes salles communes en bois (tables basses, coussins). Pas étonnant que les routards (principalement grimpeurs, mais tout le monde est bienvenu) s'y retrouvent. Les restos sont ouverts aux non-résidents, recommandés pour la pause déj !

Tham Nang Aen : *à env 20 km de Thakhek. Chemin d'accès sur la droite, clairement indiqué. Tlj 9h-17h. Entrée : 30 000 kips. Tour en barque : 20 000 kips/pers.* Le site est joli mais très aménagé : la grotte est traversée par un chemin bétonné et un éclairage coloré qui dénature les couleurs naturelles de la roche. Les 1res salles se visitent à pied, mais pour voir les suivantes, il faudra opter pour la balade en barque sur la rivière souterraine, avec arrêts pour une succession d'escaliers à monter et à descendre (compter 2h en tout). Gargotes sur place au parking.

Pha Katai Viewpoint : *à env 54 km de Thakhek. Chemin d'accès avt le passage du canal, sur la gauche, panneau* « Limsompou Guesthouse », *puis* Sum-View. *Tlj 9h-17h. Entrée : 5 000 kips.* Pour une pause avant d'atteindre Thalang, on suggère une bonne grimpette au sommet d'un rocher karstique pour profiter d'une vue panoramique grandiose à 360°. L'ascension se fait par un escalier métallique qui peu à peu se transforme en échelle de meunier assez vertigineuse !

Nam Theun 2 Reservoir et **Nakai Nam Theun National Park :** *à env 60 km de Thakhek.* Sur la route de Thalang, en approchant le village de ***Nakai,*** tout d'un coup, c'est le choc : par milliers, des troncs blanchis émergent des ramifications de l'immense lac de retenue du barrage de Nam Theun 2 (voir dans le chapitre « Hommes, culture, environnement » la rubrique « Environnement. La question des grands barrages hydroélectriques » en fin de guide). Le paysage devient étrange et prend des allures féeriques. Avis aux photographes ! Pour en apprécier une vision globale, un excellent point de vue se situe entre Nakai et Thalang, fléché ***Orchid Path*** sur la gauche. Compter 45 mn de montée par un sentier pentu mais sans difficulté. Panorama inoubliable du sommet, bien sûr !

Sabaidee Guesthouse & Restaurant : *à* ***Thalang,*** *juste avt le pont qui traverse la Nam Theun. 020-554-299-50. • phaithoun_bounyalath@hotmail.com • Facebook. Doubles « très bon marché » avec sdb. Également des dortoirs et des tentes. Plats et BBQ « de bon marché à prix moyens ».* Bungalows ventilés et avec eau chaude, en dur prolongés d'une terrasse pour la plupart, en bambou et plus spartiates pour les moins chers (prévoir sac à viande). Toujours en train de se marrer et doté d'une pêche d'enfer, le patron laotien bossa pour EDF lors de la construction du barrage. Du coup, il se débrouille un peu en français, participe aux concours de pétanque tous les soirs et... prépare des croissants et pains au chocolat pour le matin ! Grand pavillon resto, bonne cuisine. BBQ et buffet copieux, feux de camp festif, petites sorties pêche et pique-nique en bateau organisés à la demande. Une institution qui attire des jeunes du monde entier.

Phosy Guesthouse & Restaurant : *à* ***Thalang,*** *juste avt la* Sabaidee Guesthouse, *mais le resto se situe après la* Sabaidee, *au bord du lac. 020-546-016-66 (WhatsApp). • phosythalang.com • Doubles « très bon marché ». Également des emplacements pour campeurs au bord de l'eau. Plats « de bon marché à prix moyens ».* Concurrent direct du festif *Sabaidee,* cette *guesthouse* joue la carte du petit *resort* familial tranquille. Les bungalows sont installés dans un site enchanteur, de part et d'autre d'un bras de rivière, tous avec terrasse et hamac pour se la couler douce. De confort simple, ils sont équipés d'une moustiquaire et d'une salle de bains privée. Agréable salle de petit déjeuner sur place et, à 5 mn à pied, grand resto sur pilotis, au calme face au lac, pour se rassasier d'une petite cuisine laotienne goûteuse et peu onéreuse. Tous les soirs un apéro-balade sur le lac est organisé à bord d'une barge à moteur de fabrication artisanale. Le *mojito* dégusté sur l'eau au soleil couchant ne s'oublie pas de sitôt !

La boucle des karsts de Khammouane, de Thalang à Vieng Kham

De Thalang à Laksao : les 20 km de route qui longent le lac de Nam Theun 2, puis le traversent, ***sont les plus époustouflants du « Loop ».*** Prévoir de nombreux arrêts contemplatifs pour apprécier cette mystérieuse retenue aux arbres noyés à perte de vue, le méandre des rivières, les jeux d'ombres photogéniques reflétés dans les eaux sombres. Puis la route serpente le long de douces collines karstiques. La petite ville de Laksao, à 40 km au nord de Thalang, n'a aucun intérêt en soi, si ce n'est ses indispensables stations-service. C'est aussi le point de jonction pour le Vietnam dont le poste frontière de Nam Phao est à 33 km.

Dragon Cave : *à env 19 km à l'ouest de* ***Laksao,*** *au km 70 de la route 8A. Tlj 8h-17h. Entrée : 10 000 kips.* L'une de nos grottes préférées, d'environ 500 m de profondeur. Après avoir longé une rivière souterraine puis un chemin sablonneux bien éclairé, bordé de draperies et de stalactites aux formes surprenantes (notamment un pied d'éléphant à taille réelle), on arrive dans une vaste salle dominée par une impressionnante cascade de stalactites. Le clou de la visite se situe au fond, sur la gauche, pour un festival de concrétions superbes, mis en valeur par un jeu de lumières. Sur les hauteurs, l'étroit passage sous la roche nécessite du matériel de spéléo, ne pas s'y aventurer seul. À l'extérieur, on pourra suivre un petit sentier agrémenté de fanions pour aller saluer Bouddha dans un temple creusé dans la roche. Petit resto sympa, en bord de route.

Cool Pool : *5 km plus loin, au km 65 de la route 8A, prendre une piste sur la droite sur 4,5 km (panneau), passer le village de Ban Napavan, puis une superbe et grande étendue herbeuse jusqu'aux montagnes karstiques. Tlj 8h-17h. Parking : 10 000 kips/moto, 20 000 kips/voiture.* Au pied d'une montagne karstique fantomatique, un adorable petit lagon aux eaux turquoise au cœur d'une végétation généreuse. Le lieu est petit mais plaît aux familles et groupes d'amis qui s'y retrouvent en nombre pour se baigner. La halte est rafraîchissante mais manque un peu d'intimité. Sur place, petite gargote pour manger une *noodle soup* ou un *fried rice.*

Khongkhoun Restaurant & Handicraft Centre : *au km 65 de la route 8A, un peu avt l'embranchement pour la Cool Pool. Tlj 8h-20h. Plats « bon marché ».* Agréable petit resto de bord de route pour déguster sur une jolie terrasse verdoyante une bonne cuisine lao-thaïe. Du tissu brodé par les petites dames des villages environnants est proposé à la vente. L'occasion d'aider les communautés locales. Salle d'expo à côté.

Tha Bak Bridge : *au km 60 de la route 8A.* Au petit village de Tha Bak (17 km avant Ban Nahin), s'arrêter au pont franchissant la large rivière Nam Theun. Magnifique paysage, mais c'est aussi en contrebas qu'il faut regarder. Les drôles d'embarcations en métal brillant ont été confectionnées dans l'enveloppe de bombes américaines ! La plupart sont utilisées pour la pêche mais celles ancrées de l'autre côté du pont, sont proposées pour faire des balades sur la rivière jusqu'à de petits rapides *(info à la 1re maison, côté gauche ; 020-556-642-45 ; compter 150 000 kips pour 3 pers et 1h30 de balade).*

Kong Lor's Cave and Village : *à env 45 km de Vieng Kham ; embranchement env 3 km avt Ban Nahin (appelé parfois Khoun Kham sur les cartes), au niveau d'une station-service, puis env 45 km de route campagnarde jusqu'à la grotte et son village. De Thakhek (plan B1), 2 bus/j., le mat et le midi, pour Ban Nahin ; et de là, plusieurs bus/j. pour Kong Lor, mais horaires irréguliers. De Vientiane, 1 bus le mat (7-8h de route, changement à Ban Nahin inclus). Visite : tlj 8h30-16h. Entrée :*

65 000 kips/pers, la barque pour 1-3 passagers est incluse. Compter 2h min de visite (si vous ne faites qu'une courte pause de l'autre côté). Lampes frontales et tongs prêtées. Essayez d'y aller tôt pour apprécier la balade en barque sans trop de monde. L'idéal étant de dormir la veille dans le secteur.
Cette merveille de la nature ressemble à un tunnel d'environ 30 m de large, 20 à 100 m de haut et 7,5 km de long, où coule une rivière. Elle mérite un brin d'histoire. Située dans le secteur des pistes Hô Chi Minh, Kong Lor est utilisée comme planque pendant la 2de guerre d'Indochine (1955-1975). Des villageois s'y terrent pendant 90 jours, jusqu'à ce qu'ils surprennent un canard voguant en sens inverse, preuve qu'une sortie existe ! Du coup, elle servira à acheminer armes et munitions.
La visite se fait en barque : 45 mn de trajet aller dans la pénombre, incluant une marche de 10 mn au milieu des stalagmites et stalactites du *Palais du Naga* puis retour à la lumière, dans le paysage féerique de la vallée opposée où se sont installées de petites gargotes, échoppes et un loueur de vélos. De ce côté, il est également possible d'aller visiter le village de ***Ban Natane,*** 2 km plus loin. On peut même y loger en *homestay,* mais il faut prévenir de son intention à l'achat du billet et demander qu'on vienne vous chercher le lendemain en barque. Possibilité de se baigner avant l'entrée. Dans le sens inverse, navigation d'un trait jusqu'au point de départ. Notez qu'en saison sèche, il faut parfois pousser la barque, surtout à l'aller.
Le village et la vallée de Kong Lor, c'est aussi un petit paradis dans son genre, rejoint par une route qui sinue paisiblement à travers une vallée très photogénique. Presque verticales, les formations karstiques qui la bordent se resserrent jusqu'à la grotte.
Autant loger dans le village de Kong Lor, à 2 pas du site, plutôt qu'à Ban Nahin où, si vous êtes coincé (plus de transport, la nuit qui tombe...), vous trouverez cependant plusieurs *guesthouses* et restos, et même un distributeur de billets.

LE LAOS

Spring River Resort : *à 1 km avt l'entrée du village de **Kong Lor,** prendre le chemin à droite et traverser les champs de tabac sur 1,3 km. 020-596-361-11. • springriverresort.com • Résa conseillée. Doubles avec sdb commune 15 $, petit déj en sus ; bungalows avec sdb 55 $, petit déj compris. Plats à « prix moyens ».* Un magnifique *resort* proposant des hébergements pour tous budgets : des bungalows douillets en bambou tressé, avec moustiquaire, répartis dans un jardin luxuriant (les sanitaires communs, nickel et nombreux sont à l'écart) et de grands bungalows luxueux à la déco élégante, avec salle de bains moderne, frigo plein et surtout une terrasse surplombant le lagon aux eaux transparentes. Côté resto, superbe terrasse à l'atmosphère romantique pour déguster une cuisine laotienne raffinée et surprenante. Belle carte de vins. L'ensemble est tenu par Vickie et Thomas, un couple lao-suisse, toujours disponible. Ils proposent un accès direct à la grotte en bateau à moteur (payant), louent des kayaks et donnent des conseils pour se balader dans les villages proches... Infos sur les transports pour Ban Nahin, Thakhek et Vientiane. Mais a-t-on envie de partir ?

Thong Dam Guesthouse & Kounmee Restaurant : *à l'entrée du village de **Kong Lor,** juste après* Chanta House, *1 km avt l'entrée de la grotte. 020-557-209-99. Doubles « très bon marché ». Petit déj non compris. Plats « bon marché ».* Des bungalows impeccables, avec salle de bains, grand lit moelleux, ventilo et surtout une terrasse privative pour les plus chers donnant sur les champs de tabac avec une vue dégagée sur les karsts. De l'autre côté de la route, bon petit resto proposant un vaste choix : riz sautés, currys, soupes, *laap,* salades... Atmosphère familiale et villageoise garantie.

Eco-Lodge : *au village de **Kong Lor,** juste après le* Kounmee Restaurant. *030-906-27-72. Doubles « très bon marché ». Petit déj non compris. Plats « bon marché ».* On aime bien cette petite adresse familiale tenue avec beaucoup de soin par une dame charmante et bonne cuisinière. Les chambres sont réparties dans 2 bâtiments face à un espace herbeux. Petites touches de déco qui font plaisir, bonne grosse couette, salle de bains nickel, ventilo... le tout à prix plancher ! Salle de resto dans un autre bâtiment, côté rue.

Chantha House : *la 2e maison à l'entrée du village de* ***Kong Lor.*** *020-221-000-02. • chanthahouse@hotmail.com • Doubles de « très bon marché » à « bon marché » avec ou sans clim. Petit déj non compris. Plats « bon marché ».* Un grand chalet sur 2 niveaux. Sur l'arrière, des chambres de bon confort mais au matelas un peu dur. Préférer celles à l'étage, le long de la coursive, plus chaleureuses avec leur parquet plutôt que celles du rez-de-chaussée, carrelées et froides, donnant directement sur le parking. Bon accueil.

La forêt de pierre : *à env 18 km de Ban Nahin et 25 km avt Vieng Kham.* Soudain, les massifs calcaires s'effilent et se densifient jusqu'à former une véritable forêt, dans laquelle la route grimpe et se fraie un passage à grand-peine. Point de vue spectaculaire aménagé.

➢ De Vieng Kham, bifurquer à gauche sur la route 13 vers Thakhek, que l'on atteint au bout de 105 km. La circulation peut être dense. Soyez vigilant !

SAVANNAKHET

IND. TÉL. : 041

• Plan p. 475

LE LAOS

Plantée au bord du Mékong, à près de 500 km de Vientiane, Savannakhet est la capitale de la province la plus peuplée du pays.
Depuis la mise en service du pont de l'Amitié II à 6 km au nord, Savannakhet a perdu le trafic frontalier qui générait l'essentiel de son animation. Du coup, la ville tente de redynamiser son centre historique et de restaurer ses demeures à l'architecture coloniale, Art déco et moderniste. Devant les façades décrépites et les rues arpentées le soir par les chiens errants, on se dit qu'il reste encore fort à faire. Mais Savannakhet retiendra certains voyageurs sensibles au charme étrange de cette ville, empreint de nostalgie.

Adresses utiles

- Savannakhet Tourism Information Centre (A3)
- **1** Banque Franco-lao (B1)
- **2** Hôpital provincial de Savannakhet (A4)
- **3** Consulat du Vietnam (hors plan par B1)
- **4** Consulat de Thaïlande (hors plan par B1)

Où dormir ?

- **10** Leena Guesthouse (hors plan par B2)
- **11** Joli Guesthouse (B2)
- **12** Savanbanhao Hotel (B2)
- **13** Vivanouk Homestay (A3)
- **14** Vanpila (B1)
- **15** Pilgrim's Kitchen & Inn (A2)
- **16** Avalon Residence et Aura Residence (hors plan par B1)

Où manger ? Où boire un verre ?

- **20** Gargotes du Night Market (B3)
- **21** Gargotes au bord du Mékong (A2)
- **22** Gargotes du marché Savanxay (hors plan par B1)
- **23** Lin's Café (B3)
- **24** Lao Darm Floating (A2)
- **25** Souk Savanh et Lao Chaleun (A3)

À voir. À faire

- **30** Bungva Lake, that Inheng et la forêt protégée de Dong Natad (hors plan par B1)

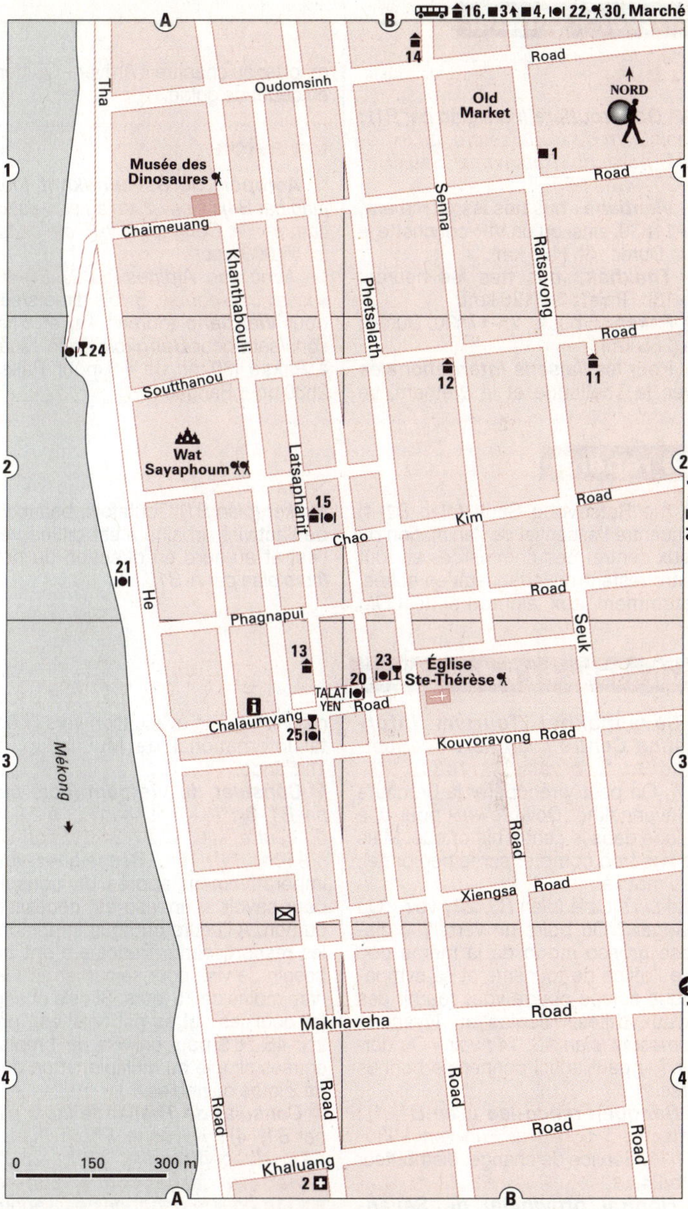

SAVANNAKHET

Arriver – Quitter

En bus

Gare routière *(hors plan par B1)* **:** *à env 2 km du vieux centre, à l'extrémité nord de Ratsavong Seuk Rd. 030-445-22-39.*

➢ **Vientiane :** bus ttes les 40 mn env, 6h-11h30, ainsi qu'un VIP-couchette le soir. Durée : 8h (483 km).

➢ **Thakhek :** bus ttes les heures, 7h-13h. Trajet : 3h (120 km).

➢ **Paksé :** 5 bus/j., 7h-17h30. Durée : 5h (265 km).

➢ Pour les ***liaisons internationales*** avec la Thaïlande et le Vietnam, se reporter au chapitre « Arriver – Quitter » en début de guide.

En avion

✈ **Aéroport de Savannakhet** *(hors plan par B4)* **:** *à env 2 km au sud-est du centre-ville. Compter env 15 mn en taxi (et 50 000 kips).*

➢ Avec *Lao Airlines* (☎ *21-21-40 ; • laoairlines.com •*), 5 vols directs/sem pour **Vientiane** (durée : 1h) et 5 liaisons/sem pour **Bangkok,** avec escale à **Paksé** (30 mn de vol pour Paksé, 2h30 pour Bangkok).

Se repérer

La rue Ratsavong Seuk *(plan B1-4)* concentre l'essentiel de l'animation du vieux centre. Ses commerces en tout genre restent ouverts jusqu'en soirée, notamment aux alentours de l'*Old Market (plan B1).* Toutefois, beaucoup de l'activité urbaine s'est diluée vers l'est et au nord en direction du pont *(hors plan par A-B1).*

LE LAOS

Adresses et infos utiles

Savannakhet Tourism Information Centre *(plan A3)* **:** *Chalaumvang Rd. Lun-ven 8h-11h30, 14h-16h.* On peut y récupérer la brochure « Savannakhet Downtown » pour une balade dans le centre historique. Mais ne pas trop compter sur le personnel, peu motivé.

– Le *Lin's Café* (*plan B3,* ***22*** *;* voir « Où manger ? Où boire un verre ? ») dispose grosso modo de la même doc que l'office de tourisme et sa sympathique équipe pourra vous fournir des tuyaux utiles. Nicolas au *Vivanouk Homestay (plan A3,* ***14*** *;* voir « Où dormir ? ») peut aussi donner de bonnes infos.

■ **Banque Franco-lao** *(plan B1,* ***1****)* **:** *Ratsavong Seuk Rd. Lun-ven 8h30-15h30.* Service de change, distributeur 24h/24.

Hôpital provincial de Savannakhet *(plan A4,* ***2****)* **:** *Khanthabouli Rd.* ☎ *21-27-17. Urgences 24h/24.* Valable uniquement pour les petits bobos. En cas de diagnostic plus sérieux, ils organisent une évacuation vers l'hôpital international de Mukdahan, en Thaïlande.

■ **Consulat du Vietnam** *(hors plan par B1,* ***3****)* **:** *38, Santiphab Rd, à 2,5 km du centre-ville.* ☎ *21-24-18. Lun-ven 8h-11h, 14h-16h.* Renseignez-vous impérativement auprès du consulat pour savoir si un visa est nécessaire ou non. À l'heure où nous imprimons, les ressortissants français n'ont pas besoin de visa pour séjourner au Vietnam moins de 15 jours. Si cela change (et pour les autres nationalités), prévoir 46-76 $ pour un visa de 1 mois à entrées simple ou multiple, et un délai de 2 jours ouvrables.

■ **Consulat de Thaïlande** *(hors plan par B1,* ***4****)* **:** *Kaysone Phomvihan, à 4 km du centre-ville.* ☎ *21-23-73. • thaisavannakhet.com • Lun-ven 9h-11h pour le dépôt des passeports, 14h-16h30 pour le retrait.* Les ressortissants occidentaux n'ont pas besoin de visa pour un séjour n'excédant pas 30 jours (arrivée par avion) ou 15 jours (entrée par une frontière terrestre). Si nécessaire, obtention ici d'un visa valable 60 jours. Pour un visa touriste, prévoir environ 1 000 bahts (environ 30 €) et 2 photos d'identité (possibilité de s'en faire faire en face du consulat). Retrait du visa en principe le lendemain.

■ ***Téléphone*** *(plan B2)* **:** *Ratsavong Seuk Rd, entre Soutthanou et Phagnapui Rd.* Pour acheter une carte SIM locale, adressez-vous aux magasins rue Ratsavong Seuk, proche du vieux marché ou en face du marché Savanxay.

Où dormir ?

Bon marché (moins de 150 000 kips / 18 $)

Leena Guesthouse *(hors plan par B2,* ***10****)* **:** *Chao Kim Rd. ☎ 21-24-04. • leenaguesthouse.blogspot.com • Doubles avec sdb (« bon marché » avec eau chaude ou « très bon marché » avec eau froide) ; petit déj non compris. Plats « bon marché ».* Au calme, en retrait de la rue (panneau), les chambres sont distribuées dans 3 bâtisses colorées. Préférer les étages, plus lumineux. Le carrelage omniprésent accentue l'impression de propreté de l'ensemble. Petit resto installé dans un pavillon coquet, pour le petit déj ou des repas simples.

Joli Guesthouse *(plan B2,* ***11****)* **:** *Soutthanou Rd. 020-998-428-99. Résa conseillée. Petit déj inclus.* À 2 pas de l'animation de la rue commerçante, au bout d'un chemin, se dresse cette grande maison jaune très bien entretenue, aux chambres immenses avec clim et ventilo. Également 3 chambres économiques, plus petites et avec salle de bains à partager. Carrelage partout. On profite aussi d'une terrasse commune avec vue dégagée sur la ville. Très bon rapport qualité-prix.

Savanbanhao Hotel *(plan B2,* ***12****)* **:** *Senna Rd. ☎ 21-22-02. Doubles avec sdb ; petit déj non compris.* Plusieurs pavillons de 2 niveaux sont répartis sur un espace ressemblant à un parking. On ne retiendra que les chambres du pavillon principal, vastes, confortables, avec clim et salle de bains clinquante. Dans les autres pavillons, elles sont tristes et proche de la vétusté. Bon accueil.

De prix moyens à chic (150 000-500 000 kips / 18-59 $)

Vivanouk Homestay *(plan A3,* ***13****)* **:** *Latsaphanit Rd. 020-916-060-30. • vivanouk.com • Dans le centre historique. Doubles sans sdb de « prix moyens » à « chic » ; un peu moins cher pour* Vanpila*, doubles avec sdb à « prix moyens » (fourchette basse).* De cet ancien entrepôt, Nicolas s'est amusé à réinventer l'aménagement intérieur. L'escalier en colimaçon distribue 3 chambres à la déco épurée aux tons blanc et bleu pâle, tomettes au sol. Notez les anciennes persiennes reconverties en tables ou sommiers. Les 2 salles de bains sont à l'extérieur ; au sens propre pour l'une d'elles, qui se retrouve en plein air, toilettes comprises ! Si c'est complet, Nicolas propose 3 chambres d'hôtes dans sa maison baptisée ***Vanpila*** *(plan B1,* ***14****)*, à 10 mn de marche, dans un quartier résidentiel calme. Toutes possèdent une salle de bains, un lit en bambou au matelas épais, avec en prime un bout de jardin pour buller. Accueil zen.

Pilgrim's Kitchen & Inn *(plan A2,* ***15****)* **:** *Latsaphanit Rd. 020-221-337-33. • pilgrimscontact@gmail.com • Dans le centre historique. Doubles avec sdb et clim à « prix moyens ».* Très bien situé, un petit hôtel-resto aux allures d'auberge de jeunesse, aménagé dans un style contemporain. Chambres parquetées et spacieuses, de bon confort. Attention, 2 sont aveugles, proposées à prix réduit. Côté resto, cadre un brin colonial pour un tour du monde culinaire qui va du burger aux plats indiens en passant par les pizzas, les nachos mexicains, les pitas grecques et le *chicken curry* asiat' ! ça surprend, mais c'est plutôt bon. Location de vélos et scooters.

Avalon Residence *(hors plan par B1,* ***16****) : Sisavonvong Rd. ☎ 25-27-70. • hotel.avalonbooking.com • Non loin de la gare routière et du marché Savanxay. Doubles à « prix moyens » ; petit déj en sus. À 15 mn à pied du centre historique.* Dans un bâtiment moderne sur l'axe principal de la ville, des chambres classiques qui n'affichent pas un charme renversant, mais se révèlent spacieuses et très bien équipées, surtout compte tenu du prix. Accueil serviable et pro. Un bon plan au final, pratique quand on arrive en bus, excentré sinon. Si c'est complet, l'hôtel mitoyen ***Aura Residence*** *(☎ 25-28-18)* propose les mêmes prestations aux mêmes prix.

Où manger ? Où boire un verre ?

Bon marché (moins de 30 000 kips / 3,50 $)

Les gargotes du Night Market *(plan B3,* ***20****) : pl. Talat Yen. Tlj 17h-22h.* Le soir, ces petites gargotes rendent au centre historique un peu de son animation. Plats chinois, laos ou thaïs, comme ce que propose *Xokhai,* petite cantoche qui officie depuis belle lurette sur la place. Mais il y en a d'autres.

Les gargotes au bord du Mékong *(plan A2,* ***21****) : Tha He Rd. Tlj 17h-21h. On conseille la plus grande, au centre, celle avec les tables et bancs recouverts de carrelage coloré.* Une poignée de gargotes au bord de l'eau propose le fameux barbecue laotien à prix riquiqui. Copieuse assiette pour 2 personnes avec viandes, abats, crevettes et poisson à faire cuire sur une plaque chauffante auréolée d'un délicieux bouillon de légumes. Atmosphère populaire et familiale.

Les gargotes du marché Savanxay *(hors plan par B1,* ***22****) : à l'extrémité nord de Ratsavong Seuk Rd, tt proche de la gare routière (côté ouest).* On y engloutit les traditionnelles soupes de nouilles, brochettes de viandes, riz gluant et des spécialités régionales...

Prix moyens (30 000-60 000 kips / 3,50-7 $)

Lin's Café *(plan B3,* ***23****) : à l'extrémité de la grande place, près de l'église. 020-998-816-30. Tlj sauf dim 8h30-22h.* Un lieu très plaisant malgré son cadre ordinaire. Service en continu et plats de qualité très correcte pour le prix. À la carte, un mélange de plats occidentaux et asiatiques, dont un choix végétarien. On y vient également pour s'enquérir de quelques bons conseils pour la visite des environs. Service adorable.

Lao Darm Floating *(plan A2,* ***24****) : Tha He Rd, après le wat Sayaphoum en bordure du Mékong, descendre la rampe et grimper à bord de la barge 030-529-18-11. Tlj 10h-22h.* On adore le coucher de soleil vu du ponton-resto de cette sympathique barge. Mais on apprécie tout autant les bons plats lao et thaïs, goûteux et variés. La cuisine étant dans le bâtiment en hauteur, les plats sont acheminés dans un panier par un filin ! Une adresse romantique, conviviale, et le meilleur plan pour un repas au bord de l'eau.

Souk Savanh *(plan A3,* ***25****) : sur la place Talat Yen. Tlj 17h-23h.* Ce bistrot vintage tenu par des Thaïs est un des endroits les plus animés le soir. Musique forte et parfois un chanteur qui assure l'ambiance. Quelques plats thaïs et chinois également. Les proprios ont également ouvert le bistrot ***Lao Chaleun Bar, Food & Music,*** au bout de cette même place, côté Mékong. Même esprit, on passe de l'un à l'autre selon l'humeur.

LE LAOS

À voir. À faire

👣👣 ***Le vieux quartier colonial*** *(plan A-B3)* **:** pour certains, le délabrement et la léthargie qui se sont abattus sur le quartier rendront la balade décevante, voire un peu déprimante. D'autres en nourriront leurs souvenirs et réflexions, en mariant la nostalgie à l'espoir, grâce à ces quelques bâtisses encore fières ou restaurées. Quoi qu'on en pense, la vieille ville reste, malgré sa taille modeste, un témoignage historique important. À commencer par la **place *Talat Yen,*** veillée par l'***église Sainte-Thérèse,*** dont le dessin rectangulaire à la française continue à défier l'adversité, supportée par le nombre respectable de maisons à colonnades et compartiments chinois (commerce au rez-de-chaussée, logement au-dessus) alentour.

👣👣 ***Wat Sayaphoum*** *(plan A2)* **:** *au bord du Mékong.* C'est le plus ancien temple de la province de Savannakhet, construit en 1896, 3 ans après l'arrivée des Français. Cette pagode est joliment décorée dans le style traditionnel laotien et abrite une intéressante fabrique de bouddhas (côté fleuve).

👣👣 ***Le marché*** *(hors plan par B1)* **:** *à l'extrémité nord de Ratsavong Seuk Rd, juste à côté de la gare routière. Tlj 5h-20h.* À ne pas manquer. Immenses halles très animées, qui foisonnent de victuailles et produits divers. Très intéressant.

👣 ***Le musée des Dinosaures*** *(ministère des Sciences et de la Technologie ; écrit en français ; plan A1)* **:** *Khanthabouli Rd. ☎ 21-25-97. Tlj 8h-11h30, 13h-16h. Entrée : 10 000 kips. Panneaux en français.* Ce tout petit musée expose une dizaine d'ossements de 6 dinosaures qui vécurent dans la région il y a 110 millions d'années, dont un sauropode, mais on n'en voit qu'un os ! Le musée n'a visiblement aucun moyen, mais on y est toujours accueilli à bras ouverts.

DANS LES ENVIRONS DE SAVANNAKHET

– ***Excursion combinant les 3 sites plus bas :*** faisable à vélo ou en scooter. On peut aussi chartériser un *tuk-tuk* (prévoir 4h). Se munir de la brochure *Savannakhet Outskirts* auprès de l'office de tourisme ou du *Lin's Café*.
Du centre-ville, monter au nord jusqu'à la *Avalon Residence* (un peu avant la route 9, le marché et la gare routière) et prendre plein est jusqu'au lac Bungva. Poursuivre ensuite la petite route sur environ 3 km jusqu'à une intersection en « T ». Prendre à gauche sur encore 3 km jusqu'à That Inheng. Itinéraire champêtre avec peu de circulation. De That Inheng continuer la petite route qui mène vers la route 9 (opposée au village). Au bout de 250 m, tourner dans la 1re rue à droite ; l'entrée de la forêt (portail ouvert) se trouve quelques centaines de mètres plus loin.

👣 ***Bungva Lake*** *(hors plan par B1,* ***30****)* **:** *à env 6 km de Savannakhet.* Plus ou moins étendu selon la saison, fréquenté par des pêcheurs à pied ou en barque, son périmètre est flanqué de sympathiques petits restos disposant d'annexes flottantes ou de terrasses sur pilotis. Idéal pour manger un plat local sans se ruiner ou siroter un verre en rêvassant. Très calme en semaine, les locaux y viennent surtout le week-end en famille. Typique et populaire, c'est le moment de faire une pause !

LES LOIS DE LA NATURE

L'estomac perturbé après avoir mangé du porc avarié, le Bouddha se serait arrêté d'urgence sur ce site qu'on dit sacré depuis 1 500 ans. Histoire de se soulager et de récupérer, il s'adossa à un arbre hang. D'où ce stûpa, édifié en mémoire de cette auguste pause. Cette légende est prise au sérieux par les villageois du coin : encore aujourd'hui, ils n'élèvent pas de cochons !

That Inheng *(hors plan par B1,* ***30****)* **:** *à env 13 km de Savannakhet. Tlj 8h-17h. Entrée : 5 000 kips.* Bâti au XVIe s, sa base est enrichie de bas-reliefs hindouistes de style khmer et de quelques sculptures érotiques autour de la porte d'entrée, ornée du dieu Shiva... Le stûpa est entouré de galeries remplies de centaines de bouddhas dorés. Quelques gargotes face à l'entrée.

La forêt protégée de Dong Natad *(hors plan par B1,* ***30****)* **:** ses 8 500 ha sont dominés par de majestueux diptérocarpes. La résine *nyang* est extraite de ces géants de la forêt pour confectionner des torches. Avec un peu de chance, vous verrez des autochtones escalader des arbres pour collecter du miel. La zone, quadrillée par des chemins de gravillons ou de sable, cache également un lac serein.

PAKSÉ

IND. TÉL. : 031 — 70 000 hab.

• Plan *p. 482-483*

À 265 km de Savannakhet, au confluent du Mékong et de la rivière Xe Don, cette ville commerçante, qui s'étale sur 16 km de long, est le chef-lieu tranquille de la province de Champasak. Le grand fleuve, large ici de 1,5 km, délaisse son rôle frontalier pour se réfugier en terre laotienne.
Les Français fondent Paksé au début du XXe s, pour en faire le centre administratif du Sud, dans le but de contrôler la navigation. C'est de nos jours un pôle économique majeur et une plaque tournante des importations du pays. Elle doit ce statut à sa proximité avec la Thaïlande, d'où l'on arrive par le poste-frontière terrestre de Vang Tao, avant de franchir le Mékong par un pont construit dès 1975 par les Japonais. Pas étonnant non plus qu'on y trouve un aéroport international.
Les destructions datant de la 2de guerre d'Indochine (1955-1975) privent malheureusement Paksé des charmes désuets de Thakhek ou de Savannakhet. Malgré le manque d'homogénéité architecturale, sa situation en fait pourtant une étape stratégique pour rayonner aux alentours. Elle se trouve à une quarantaine de kilomètres de Champasak et du Vat Phou, classé au Patrimoine de l'Unesco. C'est surtout le camp de base avant d'attaquer la boucle du plateau des Bolavens, réputé autant pour son café que pour ses chutes d'eau et ses innombrables possibilités de trek.

Arriver – Quitter

En avion

Aéroport international de Paksé *(hors plan par A1)* **:** *sur la route 13 en direction de Savannakhet, à env 4 km au nord-ouest du centre-ville.* Sur place, bureau d'informations, service de change (désavantageux) et distributeur de billets à l'extérieur. Pour rejoindre le centre, compter 80 000 kips en taxi.

Les destinations suivantes sont desservies par *Lao Airlines (☎ 21-10-50 ou call center 1626).*

➢ **Vientiane** *(certains via Savannakhet)* **:** 3 vols/j. dans les 2 sens. Durée : 1h15. 1 vol aussi assuré par *Lao Skyway.*

➢ Pour les vols vers **Siem Reap, Bangkok** et **Hô Chi Minh-Ville,** se reporter en début de guide au chapitre « Arriver – Quitter ».

En bus

La répartition des destinations desservies par les 4 gares routières principales de Paksé est un vrai casse-tête et peut changer d'année en année. Même les autochtones s'y perdent, l'office de tourisme compris ! Dans tous les cas, se renseigner avant de réserver et ne pas hésiter à passer par le service de réservation des hébergements : les prix sont sensiblement les mêmes, et vous évitez un déplacement. De plus, les agences incluent souvent le transfert jusqu'à la gare routière quand elles n'ont pas leur propre service de minivan ; les liaisons et les fréquences que nous signalons ne sont qu'indicatives.

Une solution simple et pratique :
Bus et minivans touristiques : s'adresser aux agences et hôtels ou chez le loueur de motos *Miss Noy (plan A1-2, **9**).* Ramassage à votre hôtel. Départ en principe à 8h. Pour **Champasak** (compter 1h) ou ***Siphandone/4 000 îles*** (compter 2h30 jusqu'aux quais d'embarquement).
➢ Pour le ***passage de la frontière thaïlandaise*** Vangtao-Chong Mek, à 45 km de Paksé, se reporter au chapitre « Arriver – Quitter » en début de guide.

Station des bus VIP du centre *(plan A2, **3**)* ***:*** *rue 11. Dans le centre.* Dessert ***Thakhek*** et ***Vientiane*** : départ à 20h30, respectivement 4h30 et 10h de trajet. Pratique, confortable et rapide... mais un peu plus cher que les autres.

Gare routière de Kieng Kai *(hors plan par D3)* ***:*** *à 4 km du centre sur la route 38. Gare de bus internationaux.* Pour le ***Cambodge*** (Siem Reap, Phnom Penh), la ***Thaïlande*** (Ubon Ratchathani et Bangkok) et le ***Vietnam*** (Hué), se reporter au chapitre « Arriver – Quitter » en début de guide.

Gare routière du Nord *(Lak Chet ; hors plan par A1, **1**)* ***:*** *au nord-ouest du centre-ville sur la route 13, au km 7 en direction de Savannakhet. S'y rendre en tuk-tuk.* C'est le point de départ des bus ordinaires (lents et moins chers) pour les villes situées au nord de Paksé (Savannakhet, Thakek, Vientiane). Les bus internationaux rapides s'y arrêtent en provenance de la gare du Sud.

Station Talat Lak Song *(hors plan par D2, **4**)* ***:*** *au km 2 sur la route 13, en direction du sud.*
➢ ***Thakhek et Vientiane :*** 1 bus ttes les heures env.
➢ ***Siphandone :*** 1 bus/j. le mat.
➢ ***Vers la frontière thaïe :*** bus locaux et *songthaew,* 6h-16h. Trajet : 1h-1h30.

Gare routière du Sud *(Lak Pet ; hors plan par D2, **2**)* ***:*** *au km 8 sur la route 13, au carrefour de la route 16 en direction de l'est. Compter env 100 000 kips en taxi depuis le centre-ville.* Départs pour les villes du Sud, la région des 4 000 îles et le plateau des Bolavens, en bus ou en *songthaew* (petite camionnette équipée de 2 rangées de bancs). La gare du Sud est le point de départ des bus internationaux qui font halte aussi à celle du Nord.
➢ ***Savannakhet*** (265 km) ***:*** 6h30-16h env, bus ttes les 40 mn env ; 3-4h de trajet.
➢ ***Thakhek*** (385 km), 6h de trajet ; ***Vientiane*** (736 km), env 16h de trajet ; ***Luang Prabang*** (980 km), 20h de trajet.
➢ ***District de Siphandone*** *(4 000 îles)* ***:*** pour ***Don Khong*** (130 km), compter 5 bus/j. à partir de 8h. Le bus va jusqu'à Muang Khong via le pont de *Ban Hat,* à 3 km au sud de *Muang Khong* (où se trouvent les hébergements). Env 2h30 de voyage. Pour ***Don Khône*** et ***Don Det*** (135 km), bus ttes les heures 7h-16h. Env 3h de trajet. Voir dans « Le district de Siphandone » pour les bacs et les pirogues.
➢ ***Plateau des Bolavens :*** 3 bus le mat vers ***Paksong*** (env 1h30 de trajet) et ***Attapeu*** via ***Thateng,*** 3 bus/j. pour ***Sékong*** et 5 bus/j. pour ***Saravane,*** jusqu'à 16h env.
➢ ***Siem Reap*** et ***Phnom Penh (Cambodge)*** : 1 bus/j. le mat. Compter 12h de trajet pour Phnom Penh.
➢ ***Bangkok (Thaïlande) :*** 2 bus/j.,

départ dans l'ap-m. Compter 13h de trajet.

Un **« terminal » de songthaew** borde le marché du matin *(Dao Heuang Market ; plan B3).* Départs à 9h, 10h et 11h pour Paksong et Thateng sur le plateau de Bolavens, ainsi que la frontière de ***Vang Tao.*** Dans ce cas, le poste-frontière se traverse à pied.

En bateau

Trajet ***Paksé-Champasak*** sur un petit bateau touristique surtout pendant la saison sèche (novembre-avril). Résa impérative la veille, car il faut minimum 4 personnes pour que le bateau parte (billet env 70 000-80 000 kips). Renseignez-vous auprès de votre hôtel ou des agences. Départ

Adresses utiles

- i Paksé Tourism Information Centre (A2)
- 1 Gare routière du Nord (hors plan par A1)
- 2 Gare routière du Sud (hors plan par D2)
- 3 Station des bus VIP du centre (A2)
- 4 Station Talat Lak Song (hors plan par D2) Embarcadère (A2)
- 5 Banque pour le Commerce Extérieur Lao (A2)
- 6 Lao Development Bank (A1)
- 7 Consulat du Vietnam (B1)
- 9 Miss Noy location de vélos et motos (A1-2)
- 10 Avis (A2)
- 11 Monument Books (A2)
- 12 Vat Phou Cruises (A2)
- 13 Vinath Money Exchange, Dok Champa Massage et Pho Kham massage (A2)
- 26 Wat Phou Travels (A2)

Où dormir ?

- 13 Sanga Hostel et Chato Hostel (A2)
- 20 Sabaidy 2 Guesthouse (B1)
- 21 Alisa Guesthouse et Lankham Hotel (A2)
- 22 Hotel Phi Dao (A1-2)
- 23 Nang Noi Guesthouse (A2)
- 24 Résidence Sisouk (A2)
- 25 Sala Champa Hotel (A2)
- 26 Paksé Hotel (A2)
- 27 Champasak Palace Hotel (B1)
- 28 Sakhone Guesthouse (A1)
- 29 Athena Hotel (B1-2)
- 30 Le Jardin de Paksé (D3)

Où manger ? Où boire un verre ?

- 24 Sinouk Coffee House (A2)
- 26 Le Panorama et Patio de Noy (Paksé Hotel ; A2)
- 40 Xuanmai (A2)
- 41 124 Thaluang Coffee (A1)
- 42 Jasmin Indian Restaurant (A1)
- 43 Dokmai Restaurant (B2)
- 44 Daolin Restaurant (B1-2)
- 45 Lankham Noodle (B3)
- 46 La Terrasse (B1)
- 47 Athen restaurant (A1-2)

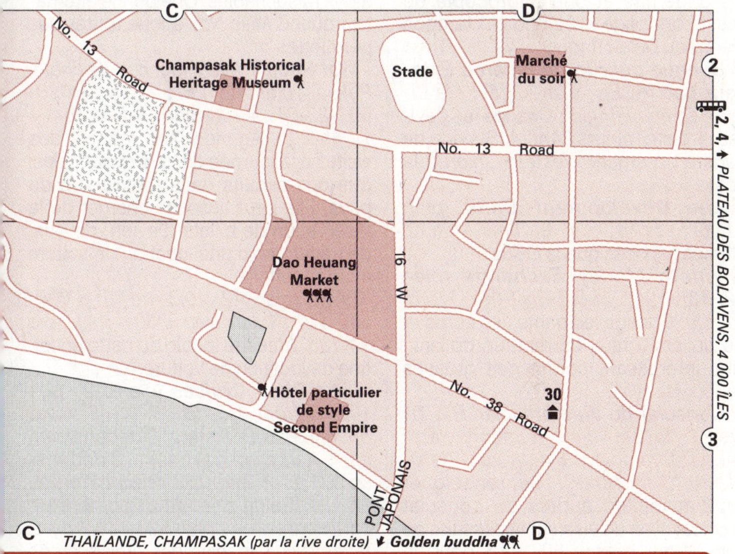

PAKSÉ

à 8h30 de l'embarcadère voisin de la poste *(plan A3)*, mais on peut venir vous prendre à l'hôtel. Trajet : 1h30, un peu plus long au retour (on est à contre-courant).

Se déplacer

La marche convient au centre, et le Mékong n'est jamais qu'à 15 mn de la rue 13. Louer un vélo suffit pour élargir son rayon d'action. Réserver les petites motos à ceux qui en ont la maîtrise et aux excursions vers le plateau des

Bolavens. Pour une course en *tuk-tuk* ou en *songthaew* en ville, compter 10 000-15 000 kips. Problème, il n'y en a pas partout et encore moins à partir de 18h.

Adresses utiles

Paksé Tourism Information Centre (plan A2) **:** *rue 11. ☎ 21-20-69. • southern-laos.com • Lun-ven 8h-11h30, 14h-16h30.* Personnel parfois anglophone... Vente de billets de bus.

Prolongation des visas (plan A2) **:** *auprès de l'*Immigration Office*. Lun-ven 8h-11h, 13h30-16h. Compter 20 000 kips/j. + 30 000 kips entre le service et le formulaire.* Prévoir 2 photos d'identité et une photocopie du passeport (page avec photo + tampon d'entrée). Délai : 1 jour.

Banque pour le Commerce Extérieur Lao (BCEL ; plan A2, **5**) **:** *rue 11. Lun-ven 8h30-15h30.* Change les devises et distributeurs 24h/24. Service de transfert d'argent *Western Union* à la poste.

Lao Development Bank (plan A1, **6**) **:** *rue 13. Lun-ven 8h30-15h30.* Mêmes services que la *BCEL*.

Vinath Money Exchange (plan A2, **13**) **:** *rue 5. 020-552-067-17. Tlj 8h-20h.* Change les bahts, les euros et les dollars à taux correct (en dollars : plus intéressant contre des grosses coupures).

Consulat du Vietnam (plan B1, **7**) **:** *rue 24. ☎ 21-41-40. • vnconsulate-pakse.mofa.gov.vn • Lun-ven 7h30-11h30, 14h-16h30.* Se renseigner impérativement auprès du consulat pour savoir si un visa est nécessaire ou non. Si oui, prévoir 50-120 $ pour un visa à entrée simple ou multiple (valable 3 mois) et un délai de 2 jours ouvrables.

Location de vélos et petites motos : *compter env 20 000 kips/j. pour un vélo et 50 000-100 000 kips pour une moto selon type et durée.* Service proposé par la plupart des *guesthouses* et petites agences. Pour les motos, consulter impérativement la rubrique « Transports » – paragraphes « Vélo » et « Moto », dans « Laos utile ».

Agence de voyages, location de vélos et motos :

– **Miss Noy** (plan A2, **9**) **:** *rue 13. 020-222-722-78. • noy7days@hotmail.com • Tlj 8h-20h. Pour la loc de motos, résa préférable 2-3 j. à l'avance.* Réservation de tous types de transport et d'excursions, ainsi que location de vélos et motos avec un plan du plateau des Bolavens (très utile) fourni par Yves, un Belge installé ici depuis des années.

– **Wang Wang** (plan B1) **:** *rue 24, à côté du resto La Terrasse. 020-599-395-52. Tlj 7h-19h30.* Loue aussi des motos à prix raisonnables. Une bonne alternative quand *Miss Noy* a loué toutes ses pétrolettes.

– **Wat Phou Travels** (agence de l'hôtel Paksé ; plan A2, **26**) **:** *rue 5. 030-503-23-31. • watphou-travels.com • Tlj 8h-20h.* Agence qui organise des visites à la journée dans la région, ainsi que des circuits dans tout le sud du pays. Elle peut aussi se charger de la réservation de billets d'avion, de bus, de transferts, d'une location de voiture avec chauffeur.

Avis (plan A2, **10**) **:** *rue 10. 020-592-470-91. Lun-ven 9h30-18h, le w-e 9h-13h.* Antenne locale de cette enseigne de location de voitures.

Vat Phou Cruises (plan A2, **12**) **:** *108, Sedonn Rd. ☎ 25-14-46. • vatphou.com • Oct-mars, 3 départs/sem (mar, jeu, sam) ; avr-sept, 2 départs/sem (mar et sam), service interrompu en juin. Selon période et nombre de participants, compter 520-740 $/pers, tt compris.* Organise des croisières de 3 jours et 2 nuits à bord du *Vat Phou,* une barge en bois de 34 m de long, transformée en hôtel flottant. En tout, 12 cabines doubles confortables, avec salle de bains et clim. Itinéraire : Paksé-Champasak-Vat Phou-région des 4 000 îles, et retour à Paksé en minibus.

Hôpital provincial de Paksé (plan A2) **:** *rue 46. ☎ 21-20-18.* Valable pour les petits bobos. Mieux vaut directement aller juste derrière, à l'***International Hitech Polyclinic*** *(accès par la rue 1. ☎ 21-47-12 ; tlj 8h-17h ; consultations : 300 000 kips).* Médecins vietnamiens compétents et anglophones. Pas de service de chirurgie. ***Pharmacie*** sur place. En cas de problème sérieux, évacuation vers l'hôpital d'Ubon Ratchathani, en Thaïlande (à 3h de route). Voir les rubriques « Santé » dans « Laos utile » et « Adresses utiles. Urgences, santé, pharmacies » à Vientiane.

■ ***Monument Books*** *(plan A2, **11**) : en face du* Champasak Plaza Hotel, *côté nord.* ☎ *21-42-19. Tlj 9h-20h (18h dim).* La seule librairie internationale de Paksé. Cartes postales, plans, bouquins sur le Laos (tourisme, livres historiques), romans et beaux livres. Petite sélection en français.

■ ***Dok Champa Massage*** *(plan A2, **13**) : rue 5, en face du* Paksé Hotel. *020-541-887-78. Tlj 9h-22h.* Souvent du monde, bien choisir son créneau horaire. À quelques mètres, on a apprécié les massages du ***Pho Kham Massage*** : personnel pro et prestations soignées à prix raisonnables. Parfait pour éliminer la fatigue !

Où dormir ?

De très bon marché à bon marché (moins de 150 000 kips / 18 $)

Sanga Hostel *(plan A2, **13**) : rue 5. 031-253-899. • facebook.com/sangasouvenir • Lit en dortoir « bon marché » sans le petit déj ; doubles à « prix moyens » avec petit déj.* Face au *Paksé Hotel*, une petite auberge de jeunesse toute pimpante. Pensez à réserver car il n'y a que 2 dortoirs et 2 chambres privées... en attendant un agrandissement prévu dans l'immeuble voisin. Lits métalliques, rideaux, casiers, sanitaires communs, tout est impeccablement tenu. Cerise sur le gâteau, la très jolie salle de petit déj qui fait aussi resto. 2e cerise, la superbe petite boutique qui vend des produits de qualité fabriqués dans le pays (sacs et vêtements ethniques, bijoux, etc). Accueil très souriant.

Chato Hostel *(plan A2, **13**) : rue 5. 030-525-2555. • facebook.com/chatohostel • Lit en dortoir 8-10 lits « bon marché » sans le petit déj ; double à « prix moyens » avec petit déj.* Juste à gauche du *Sanga Hostel*, une autre petite AJ privée composée de 2 dortoirs (dont 1 réservé aux filles), avec rideaux, casiers et prises, plus 2 chambres privées (simple ou double) mais sans fenêtre. Là encore, bon confort mais peu de lits, alors pensez à réserver. Salle de bains commune. Cuisine.

Nang Noi Guesthouse *(plan A-B2, **23**) : rue 5. 095-625-44. • bounthong1978@hotmail.com • Lit en dortoir de 4 pers (cadenas et placards sécurisés) « très bon marché » ; doubles « bon marché » ; petit déj en sus.* Grande maison familiale dans une rue tranquille. La réception comme les chambres, toutes carrelées, sont d'une propreté irréprochable. À peine plus chères, celles du 2e étage ont clim et balcon. Accueillante terrasse couverte sur l'avant. Services de tickets de bus, laverie et échange de livres.

Sakhone Guesthouse *(plan A1, **28**) : rue 12. 030-500-17-35. Doubles « très bon marché » et « bon marché » avec ventilo ou clim. Pas de petit déj mais café et thé gratuits.* L'avantage du centre sans l'inconvénient du bruit : le chemin de terre jalonné de petites maisons est préservé du brouhaha, et l'accueil familial fait chaud au cœur. Une poignée de chambres de plain-pied, sans fioritures, avec salle de bains sur le palier. Pour le petit déj, le *Vida Bakery Café,* en face, est tout indiqué pour des croissants et *cookies* maison.

Alisa Guesthouse *(plan A2, **21**) : rue 13.* ☎ *25-15-55. • alisa-guesthouse.com • Résa conseillée. Doubles avec sdb et clim « bon marché ». Également des triples et quadruples. Pas de petit déj.* Rapport prix-qualité-situation convaincant : chambres nettes, propres et spacieuses même si la literie est un peu ferme et que les légers dormeurs se plaindront du bruit de la route. Déco standard un poil aseptisée, mais le tout impeccablement tenu pour cette catégorie. Location de motos et billets de transport.

Hotel Phi Dao *(plan A2, **22**) : 125,*

LE LAOS

rue 13, dans un angle. ☎ 21-55-88. • phidaohotel@gmail.com • Doubles « prix moyens » avec sdb et clim. Également des familiales (4-5 pers). Petit déj non compris. De construction récente, cet hôtel propose des chambres un poil plus chères que ses concurrents bon marché, mais ce léger écart de prix est mérité. Chambres bien entretenues, le confort comme l'équipement (balcon pour certaines) sont irréprochables, seul manque un zeste de charme. Mieux vaut privilégier l'arrière pour le bruit. Le café-resto se répartit entre le vaste lobby et la terrasse, elle aussi soignée. Quelques plats européens étoffent une carte asiatique (oui, le spectre ratisse large).

Sabaidy 2 Guesthouse *(plan B1,* ***20****) : rue 24. ☎ 21-29-92. Nuit de « très bon marché à bon marché » ; pas de petit déj et couvre-feu à 23h...* Précédés par une cour, les vestiges de la villa coloniale hébergent le dortoir et les chambres les moins chères. Vu le prix plancher, on ferme les yeux sur l'état de délabrement... Pour un peu plus, mieux vaut opter pour les chambres avec salle de bains dans la bâtisse sur l'arrière, plus récente.

Sala Champa Hotel *(plan A2,* ***25****) : à l'angle des rues 5 et 10. ☎ 21-22-73. Bungalows « bon marché » avec sdb, et doubles « prix moyens » ; petit déj en sus.* Dans cette ancienne villa coloniale des années 1930, les chambres à l'étage ont un charme désuet. Notre préférence va à celles avec parquet, plafonds hauts, meubles d'antan et balcons. L'une d'elles, immense, peut accueillir 4 personnes. Moins chers et plus insipides, les « bungalows » se situent au rez-de-chaussée, dans un bâtiment annexe planté devant la villa. Jardin bien entretenu et fleuri.

Lankham Hotel *(plan A2,* ***21****) : 133, rue 13. ☎ 21-33-14. Lit en dortoir de 3 pers et doubles « très bon marché » avec ventilo, doubles « bon marché » avec clim ; petit déj non compris.* Des chambres avec ventilo) sur plusieurs niveaux, entre des escaliers peu reluisants. Celles avec clim, un poil plus chères, sont aussi plus confortables alors que d'autres, très basiques ont fenêtre sur couloir... Oubliez la grasse matinée pour celles donnant sur la rue. Néanmoins, les lits sont confortables. Ambiance plus impersonnelle que dans nos autres adresses et service indifférent. Au resto, spécialité de *phó* (soupe vietnamienne). Laverie et change à taux très correct.

De prix moyens à chic (150 000-500 000 kips / 18-59 $)

Résidence Sisouk *(plan A2,* ***24****) : à l'angle des rues 9 et 6. ☎ 21-47-16. • residence-sisouk.com • Doubles de catégorie « chic », pouvant aller jusqu'à « très chic » pour certaines chambres à certaines périodes, petit déj à la française inclus.* Avec ses galeries de balcons, l'élégante façade de cette maison coloniale est revenue dans la famille après avoir été confisquée par le gouvernement en 1975. C'est aujourd'hui un boutique-hôtel plein de personnalité. Meubles cossus, textiles laotiens, parquets vernis, photos aux murs, madame Sisouk veille au confort de ses hôtes. Les chambres de catégorie supérieure gagnent en surface et profitent de balcons. Délicieux petit déj avec du bon pain, servi dans une salle intime au dernier étage, avec vue sur la rivière Xe Don. On peut aussi y dîner : bonne cuisine franco-laotienne du marché. Personnel attentif et francophone.

Paksé Hotel *(plan A2,* ***26****) : rue 5. ☎ 21-21-31. • hotelpakse.com • Doubles de catégorie « moyens » (eco) à « chic », voire « très chic », petit déj inclus. CB acceptées (+ 2,6 %).* Grand hôtel central à la déco chaleureuse, faisant appel à des bois de qualité et au bambou pour la note locale. Desservies par un ascenseur, les chambres sont confortables et impeccables (bonne literie). Sans compter les suites et familiales, les différentes catégories se distinguent par leur taille et leur décoration. Dans les *eco,* les fenêtres donnent sur le patio intérieur, on préfère les *standard.* Aux 5e et 6e étages, les plus chères (et plus grandes) jouissent d'une vue imprenable sur le Mékong. Petit déj varié et copieux. Resto sur le toit (voir plus loin). Boutique (chère, mais jolie). Excellent accueil, avec le sourire et en français.

Champasak Palace Hotel *(plan B1, **27**) : rue 13, près du pont russe. ☎ 21-22-63. • champasakpalacehotel.com • Doubles à « prix moyens », petit déj inclus.* Une curiosité : sur une éminence plantée de grands arbres, un bâtiment historique à l'architecture tarabiscotée, à l'origine un palais royal, construit pour le dernier souverain du Laos, qui n'a jamais pu en profiter. Il y avait pourtant mis les moyens : une centaine de colonnades, 1 900 portes et fenêtres, toutes encadrées de dorures... Reconverti en hôtel de 115 chambres, l'ensemble ne manque pas d'allure de l'extérieur, mais les chambres, malgré leur taille imposante, ne font pas d'étincelles. À réserver pour une expérience hors du temps, mais attention, le déclin a bel et bien commencé !

Très chic (plus de 500 000 kips / 59 $)

Athena Hotel *(plan B1-2, **29**) : rue 13. ☎ 21-48-88. • athena-pakse.com • Doubles 60-90 $, petit déj inclus.* Un hôtel de charme à l'accueil pro et aux chambres cossues. On recommande les moins chères, qui profitent d'une terrasse ou d'un balcon avec vue sur la jolie piscine entourée de verdure. Les autres, certes plus spacieuses et avec baignoire, s'ouvrent sur la rue. Service de massages.

Le Jardin de Paksé *(plan D3, **30**) : à 2 km du centre, dans une rue adjacente à la rue 38. 030-946-3324. • lejardindepakse.com • Double 70 $, petit déj inclus. Transfert possible vers l'aéroport.* L'environnement verdoyant et le charme de cette adresse compensent le relatif éloignement du centre. Sur 2 étages, quelques chambres spacieuses, à la déco coloniale simple et soignée. Le luxe, c'est le beau jardin, le gazouillis des oiseaux et la petite piscine entourée de chaises longues. Des denrées rares et bien précieuses à Paksé. Personnel charmant et navette le soir pour dîner en ville.

LE LAOS

Où manger ? Où prendre le petit déj ? Où boire un verre ?

Bon marché (moins de 30 000 kips / 3,50 $)

Gargotes le long du fleuve, au marché du matin *(Dao Heuang Market, plan C3),* au marché du soir (*horset,* à l'est du stade), au marché central *(Champasak Shopping Centre ; plan A2),* en plein centre-ville. On y mange soupes, brochettes, nouilles sautées, etc., pour des clopinettes.

Lankham Noodle *(plan B3, **45**) : sur la rive du Mékong, côté ville. Tlj 6h-22h.* Annexe du *Lankham Hotel,* une sorte de vaste hangar aux multiples tables débordant sur le trottoir et spécialisé dans le *hot pot,* une marmite fumante réchauffée sur des braises. Toujours aussi savoureux avec herbes, nouilles en sachet et lamelles de viande ou de poisson qu'on jette dans l'eau frémissante. À arroser de généreuses rasades de *Beerlao,* bien sûr.

Jasmin Indian Restaurant *(plan A1, **42**) : rue 13. Tlj 7h-22h.* Une véritable cantine routarde, où l'on oublie le mobilier en alu et plastique pour apprécier, à leur juste valeur, les savoureux classiques de la cuisine indienne à petits prix. Plusieurs plats rassasieront ceux qui ont l'estomac dans les talons : *chicken tikka, biryani...* et nombreuses options pour les végétariens.

Daolin Restaurant *(plan B1-2, **44**) : à l'angle des rues 13 et 24. Tlj 6h30-21h.* Un des QG des routards de toutes origines qui disposent d'un choix long comme le bras de plats occidentaux et asiatiques à prix démocratiques. Qualité inégale mais le petit déj est top. Connu aussi pour son café du plateau des Bolovens et ses glaces. En face, le ***Sabaidee restaurant*** est une alternative qui tient aussi la route (d'ailleurs, gare au bruit).

Prix moyens (30 000-60 000 kips / 3,50-7 $)

🍽 ☕ 🍸 ***Sinouk Coffee House*** *(plan A2,* ***24****) : à l'angle des rues 9 et 6. ☎ 21-25-53. Tlj 7h-21h.* Très prisé par les Occidentaux de passage, ce bistrot propose un beau choix de cafés (chaud, glacé, *espresso,* allongé...) qui viennent directement de chez le patron-producteur, dans les Bolavens. Également des jus de fruits frais, des viennoiseries et formules petit déj. Carte de sandwichs et salades. Terrasse agréable avec mobilier en rotin et salle soignée. Idéal pour goûter un moment de repos avant de prendre le bus de nuit pour Vientiane. Le restaurant du 4e étage, très chaleureux avec ses boiseries aux murs, jouit d'une belle vue sur la ville. Cuisine de qualité, plus créative qu'au café et parsemée de touches françaises. Accueil gentil.

🍽 ***Dokmai Restaurant*** *(plan B2,* ***43****) : rue 24. Tlj 11h-22h.* Un bon resto italien pour varier les plaisirs ! Traversez la jolie salle et laissez-vous conduire dans le jardin secret, sur l'arrière. Dans un cadre si serein, les excellentes pizzas sont encore plus appréciées ! Corrado, le patron chaleureux, loquace et amateur de blues, vient volontiers faire la conversation pendant que son chef laotien mitonne de jolis petits plats qui n'ont rien à envier à ceux de la Botte. Un coup de cœur à Paksé.

🍽 ***Xuanmai*** *(plan A2,* ***40****) : rue 5 (angle rue 10). 📱 020-280-585-85. Tlj. Plats « de bon marché à prix moyens » et menus « à prix très chic » (6 ou 7 petits plats).* Un resto qui ne paye pas de mine mais qui a son petit succès dans le quartier. Mme Ngoc a la bosse du commerce. Elle concocte une excellente cuisine maison avec des plats végétariens, thaïs, vietnamiens et bien sûr laotiens. Mention spéciale pour les saucisses locales à la citronnelle, entre autres ! Pour les gourmets ayant le budget, 2 menus complets, laotien et vietnamien. Elle propose également des cours de cuisine et gère un petit *resort* fleuri et calme aux portes de la ville *(Xuanmai Garden Resort).*

🍸 ***124 Thaluang Coffee*** *(plan A1,* ***41****) : dans un chemin parallèle à la route 13. 📱 020-968-900-70. Mar-dim 9h-19h. Fermé lun.* Un adorable café, atypique et zen. Oh, pas grand-chose, juste quelques tables, un mobilier en rotin et une musique classique en fond sonore. Une bulle au calme pour boire un café serré et grignoter une pâtisserie. Accueil discret et serviable du patron japonais.

🍽 ***La Terrasse*** *(plan B1,* ***46****) : à l'angle des rues 24 et 21. Tlj 10h-22h.* À un croisement peu passant, cette large terrasse, qui prend le soir des allures de guinguette, est diablement sympathique. Les plats lao et asiatiques pas bien ruineux côtoient de généreuses pizzas cuites au feu de bois et quelques plats français de bon aloi (magret de canard, émincé de poulet, steaks avec frites).

🍽 ***Athen Restaurant*** *(plan A1-2,* ***47****) : route 13. Tlj 9h-22h30.* Géré par les mêmes propriétaires que l'*Athena Hotel,* ce sympathique resto ne joue cependant pas dans la même cour. Savoureuse cuisine qui maîtrise les grands standards de la cuisine asiatique. Large déclinaison de riz frits, dont on choisit la taille (*small* ou *large*), bons *currys,* à déguster sous la tonnelle odorant le jasmin, un peu à l'écart de la circulation. Souvent des concerts le soir.

Chic (60 000-100 000 kips / 7-12 $)

🍽 🍸 ⛱ ***Le Panorama*** et ***Patio de Noy*** *(plan A2,* ***26****) : voir* Paksé Hotel *dans « Où dormir ? ». Au* Patio, *le midi seulement ; au* Panorama, *tlj 16h30-23h30 (restauration jusqu'à 22h).* Perchée sur le toit de l'hôtel, cette terrasse offre une vue imprenable sur le centre historique de Paksé, cerné par le Mékong et la rivière Xe Don. Dans l'assiette, d'excellentes spécialités asiatiques et françaises préparées par un chef originaire de Sète : grillades, filets de poisson, magret, pizzas. Service attentif. On peut aussi s'y contenter d'un bon cocktail au coucher du soleil. Un lieu plein de charme, où l'on échappe délicieusement à la touffeur de la ville. *Le Patio,* situé au rez-de-chaussée de l'hôtel, propose une carte succincte de plats asiatiques et végétariens. Mais pas de vue comme au *Panorama...*

LE LAOS

À voir. À faire

Wat Luang *(plan A2)* **:** *au bord de la rivière Xe Don, en plein centre-ville.* Richement décoré, le temple principal de la ville fut construit au tout début du XXe s et héberge une école de moinillons. Jolie vue sur la rivière, que traversent souvent des groupes de bonzes dans un formidable contraste de couleurs !

Le marché central *(Champasak Plaza Shopping Centre ; plan A2)* **:** *en plein centre-ville.* Ce qui fut un temps le plus grand complexe commercial du Laos a en partie brûlé dans les années 1990. On y trouve fruits et légumes sur les étals à l'extérieur et, à l'intérieur, principalement des vêtements, dont pas mal de contrefaçons chinoises.

Dao Heuang Market *(marché du matin, plan C-D3)* **:** *tlj 7h-17h. À 2 km du centre. Compter 10 000 kips/pers en tuk-tuk.* Sans doute le plus vaste et le plus authentique du Laos. Le volume des marchandises alimentaires exposées est vraiment impressionnant, et on s'étonne que dès 14h la majorité des denrées ait été écoulée. Les étals de viande et les bassines de poisson fermenté *(padèk)* valent leur pesant de tripes ! En tout cas, n'oubliez pas de charger vos batteries, vous ferez le plein d'images fortes, et d'odeurs de même intensité !

Le marché du soir *(Talat Lak Song ; plan D2)* **:** *au km 2 sur la route 13 en direction du sud, côté gauche quand on vient du centre, et à proximité du stade. Tlj du mat au coucher du soleil (on l'appelle quand même « marché du soir » !).* Classiques stands de fruits et légumes, poisson séché et puis des étals de viande particulièrement odorants.

L'hôtel particulier de style Second Empire *(plan C3)* **:** *près du pont japonais.* On l'aperçoit très bien depuis le pont japonais. Avec son allure très XIXe s, ses toitures bleues rehaussées de dorures, cette curiosité architecturale suscite l'intérêt : il s'agit d'une lubie ruineuse d'une riche planteuse de café, amoureuse de Paris. Renseignez-vous lors de votre passage : la bâtisse pourrait être accessible.

Champasak Historical Heritage Museum *(plan C2)* **:** *au km 1 de la route 13, vers le sud, avt le stade. Tlj 8h-11h30, 13h-16h. Entrée : 10 000 kips.* Modeste musée présentant quelques objets rituels ou de la vie quotidienne et quelques éléments architecturaux provenant du Vat Phou et d'Oum Mouang, ainsi que des tambours de bronze appartenant à la mystérieuse culture Dong Son. À l'étage, quelques photos des leaders de Champasak et de la province.

Le temple chinois : *au bord de la route 13, vers le sud, après le stade.* Sa façade polychrome possède de belles décorations (bambous, paysages...) et des bas-reliefs multicolores. À voir en passant, car l'intérieur ne se visite pas.

Golden Buddha *(hors plan par D3)* **:** *sur la colline au-delà du pont japonais.* On l'aperçoit de loin, sans se rendre compte de sa taille impressionnante. Il domine le Mékong et la ville du haut de ses 25 m. Pour s'y rendre, nul besoin d'entamer l'escalade à pied, à l'arrière une route en lacet a été construite (prendre un *tuk-tuk*) pour y acheminer les pèlerins. En effet, un temple l'a rejoint ainsi qu'une armée de centaines de bouddhas dorés luisant au soleil, fruit pour chacun d'une donation de fidèles. Si vous vous sentez l'âme généreuse et espérez améliorer votre karma, il vous en coûtera 500 $ pour avoir le vôtre.

DANS LES ENVIRONS DE PAKSÉ

Ban Sapaï *(village de tisserands ; hors plan par A1)* **:** *à 17 km au nord de Paksé. Sur la route 13 qui mène à l'aéroport, à env 15 km, prendre sur la gauche au niveau* *d'un temple ; c'est à 3 km (panneau).* La plupart des maisons du village de la minorité Lao Loum abritent, au rez-de-chaussée, un ou plusieurs métiers à tisser le coton ou la soie. En revanche, l'achat des tissus aux coloris vifs (à meilleur prix qu'à Paksé) n'est possible que dans un seul lieu, une sorte de halle, au bord du Mékong. Cette visite peut faire l'objet d'une excursion à vélo (route légèrement ondulante mais faisable même sans vitesse). Sur le trajet, remarquer l'étonnante succession de cimetières colorés. À gauche en venant de Paksé, cimetière pour les Laotiens (crémation essentiellement) ; à droite, cimetières catholique et vietnamien...

L'île de Don Kho : *en face de Ban Sapaï. Prévoir 40 000 kips A/R en barque.* Pour ceux qui ont un peu de temps, cette île de tisserands et de pêcheurs fut à une époque un port d'escale pour les bateaux français sur le Mékong. La tradition veut qu'elle ait été peuplée il y a 400 ans par des indigènes de la région d'Attapeu. Intéressant petit *wat* de plus de 200 ans. On peut même dormir en maison d'hôtes. Le Laos du temps jadis, comme on ne le voit plus.

CHAMPASAK

40 000 hab. IND. TÉL. : 031

• Plan *p. 491*

LE LAOS

À une trentaine de kilomètres au sud de Paksé, sur la rive droite du Mékong, Champasak s'étire langoureusement entre fleuve et montagnes, sur 3 km le long d'une route qui mène au fameux Vat Phou. Le village a connu son heure de gloire au début du XXe s, lorsque les Français chouchoutaient la famille royale. Autour du rond-point qui lui sert de centre de gravité, quelques belles villas princières rougies par la poussière en témoignent encore... Aujourd'hui, en dehors de l'effervescence annuelle du festival du Vat Phou (fin janvier), Champasak se complaît dans une douce tranquillité. Dès lors, pourquoi ne pas poser son sac, y consacrer plus qu'une nuit et profiter de cette atmosphère paisible, en partageant les délices de la vie rurale avec le majestueux Mékong en guise d'horizon ? Autant préciser que les fêtards n'y trouveront pas leur compte.
Mais il y a encore plus calme en face de vous : l'île de Don Daeng ! Une poignée de villages, pas une voiture, juste des 2-roues et des tracteurs, des immenses plages de sable, une poignée de chambres chez l'habitant ou un *resort* de luxe, avis aux amateurs...

Arriver – Quitter

En *songthaew* et en bus

➢ ***Paksé*** *(28 km) :* la plupart des *songthaews* quittent Champasak entre 7h et 8h (arrivée au marché du matin). Ils empruntent la nouvelle route, impeccable, qui suit la rive droite du Mékong, puis traversent le fleuve par le pont japonais. Depuis Paksé, *songthaews* depuis le marché du matin, 7h-15h. Compter env 1h de trajet.

– Pendant la hte saison, des minivans assurent de manière aléatoire la liaison avec Paksé. Se renseigner auprès de son hébergement ou au *020-553-390-08.*

En bateau

➢ ***Paksé :*** quelques liaisons en bateau affrétées par *Miss Noy* (voir à Paksé, « Adresses utiles »). Depuis Champasak, se renseigner auprès

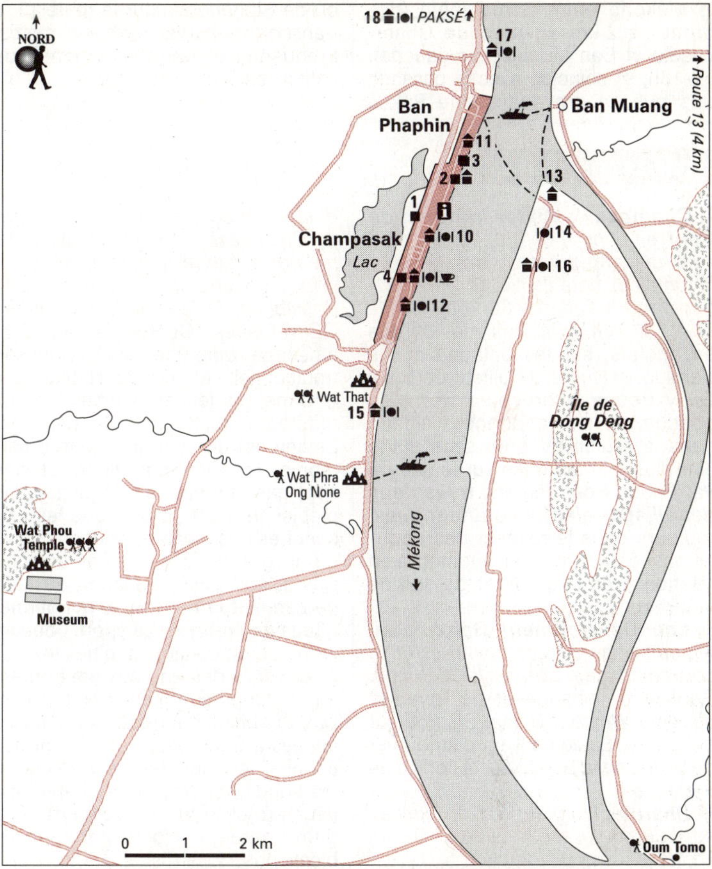

CHAMPASAK ET SES ENVIRONS

Adresses utiles

- Champasak Visitor Information Centre
- 1 Lao Development Bank
- 2 Pharmacie
- 3 Champasak Spa
- 4 Chez Maman

Où dormir ? Où manger ?

- 2 Champasak with Love
- 4 Résidence Bassac, Homemade (chez Bunmi) et Chez Maman
- 10 Kamphouy Guesthouse et Saithong Restaurant
- 11 Anouxa Guesthouse
- 12 Nakorn Cafe Guesthouse & Restaurant
- 13 Community Lodge
- 14 Mr Mee
- 15 The View
- 16 La Folie Lodge
- 17 The River Resort
- 18 Wopakok Hotel & Restaurant

de *Kamphouy Guesthouse* (voir ci-dessous « Où dormir ? »). Jacques, du *Nakorn Cafe,* organise aussi cette liaison en bateau.

En bac

Pour rejoindre la route 13 de l'autre côté du fleuve, un **bac** traverse le Mékong entre Ban Paphin (rive droite, à 2 km au nord de Champasak) et Ban Muang (rive gauche), 6h-18h, et coïncide avec le passage des bus en provenance de Paksé ou de Siphandone sur la route 13. Il transporte voitures, minibus et motos. Fréquence et tarifs en fonction de l'affluence.

Adresses utiles

Champasak Visitor Information Centre : *dans le centre, env 50 m au nord du rond-point central (celui de la fontaine), côté fleuve. ☎ 21-20-21. Lun-ven 8h-12h, 13h30-16h ; le w-e 9h-12h, 14h-16h.* Pas mal d'infos en anglais, sur les balades et les transports (vente de billets de bus). On y trouve la brochure très bien conçue sur les randonnées à faire dans la région avec ou sans guide (lire plus loin les treks sur le site de Vat Phou). Pour certains ***treks dans des villages alentour authentiques***, toujours dans le respect des populations locales, ils peuvent mettre en relation avec des guides du site de Vat Phou.

Lao Development Bank *(plan, **1**) : au niveau du rond-point, à 100 m côté campagne. Lun-ven 8h30-15h30.* Service de change et de transfert d'argent *Western Union.* Distributeur de billets. Également un distributeur de billets de la *BCEL* face à l'office de tourisme.

Pharmacie *(plan, **2**) : à 1 km au nord du bourg. 020-292-651-32. Tlj 6h-18h.*

Location de vélos : la plupart des *guesthouses* en proposent. Le vélo est la solution la plus pratique pour se balader sur l'île de Don Daeng, et il n'est pas évident d'en trouver sur place. On vous conseille donc de louer votre vélo à Champassak auprès de votre hébergement et de traverser avec sur les barques à moteur.

Champasak Spa *(plan, **3**) : à 800 m au nord du rond-point, côté fleuve. • champasak-spa.com • 020-564-997-39. Mar-dim 10h-12h, 13h30-19h. Fermé lun et en juin. Soins à la ½ journée ou à la journée (avec menu végétarien). Résa via le site internet. Stages méditation à la journée ou sur 3 j. (avec possibilité d'un stage de poterie avec un artisan de Champasak). Séjours holistiques, bien-être, santé et spiritualié 7-9 j. (avec nuit dans l'hôtel de votre choix). Possibilité de louer l'espace entier. CB refusées.* Centre de bien-être aménagé dans une superbe maison traditionnelle et géré par Nathalie qui a formé des jeunes femmes lao aux différentes techniques de massage. Le lieu est un véritable havre d'harmonie. Tous les ingrédients utilisés sont garantis naturels et locaux. On plébiscite d'autant plus que les prix sont très raisonnables pour des soins d'une grande qualité. Par ailleurs, David, son mari, s'occupe du *club de badminton* de la ville, qui permet à tous de pratiquer ce sport. Joueurs en herbe ou confirmés, n'hésitez pas à relever le défi en vous confrontant aux champions locaux ! Nathalie et David habitent depuis de nombreuses années à Champasak et mènent des actions permanentes pour améliorer les conditions de vie des habitants. Leur projet actuel : la construction d'une garderie. Vos dons sont les bienvenus.

Chez Maman *(plan, **4**) : sur la route principale, 4 rues après le rond-point en direction du Vat Phou. 020-911-555-45. Tlj 8h (10h en basse saison)-18h en hte saison.* Ghislaine accueille les visiteurs avec générosité dans sa jolie boutique où tous les produits ont été sélectionnés avec soin pour promouvoir l'artisanat local et faire travailler autant que possible les artisans de la région. Que ce soit les tissus, les sacs ou les paniers, tous les objets sont liés à une histoire, une famille, que Ghislaine connaît. Elle-même dessine et coud des vêtements, du coup uniques ! Et comme on se sent bien, on en profite pour s'attabler au salon de thé.

LE LAOS

Où dormir ? Où manger à Champasak et sur Don Daeng ?

Avertissement : pendant la période du festival du Vat Phou (souvent en février) réserver bien à l'avance sous peine de devoir payer sa chambre 3 fois plus cher. Ou alors se rabattre sur Paksé.

De très bon marché à prix moyens (moins de 300 000 kips / 35 $)

Kamphouy Guesthouse *(plan,* ***10****) : à 100 m au sud du rond-point, côté campagne. 020-222-799-22. Doubles « très bon marché » avec sdb et eau chaude ; petit déj en sus.* Une quinzaine de chambres bien ventilées, réparties dans une grande villa orangée et ses 2 annexes, plantées dans le jardin. Propre et bien tenu pour le prix, mais literie assez dure. Loue scooters et vélos et propose un transfert en bateau vers Paksé. Petite épicerie. Une bonne adresse malgré le peu d'anglais parlé.

Anouxa Guesthouse *(plan,* ***11****) : à 1 km au nord du 1er rond-point, côté Mékong. ☎ 51-10-06. • anouxachampasak@gmail.com • Doubles « très bon marché » avec sdb et ventilo, « bon marché » avec clim. Petit déj non compris.* Dans un petit jardin bordé par le Mékong, on a le choix entre des chambres dans des bungalows en dur, climatisées, avec petite terrasse privée donnant sur le fleuve et d'autres dans 2 maisons en bois avec terrasse. Si l'entretien laisse parfois à désirer, le cadre et la vue sont au top. Fait aussi resto et loue des motos et des vélos. Depuis leur ponton, transfert possible vers l'île de Don Daeng et les 4 000 îles.

Nakorn Café Guesthouse & Restaurant *(plan,* ***12****) : en face du wat Nakorn, au sud du rond-point. 030-947-31-07. • nakorn-cafe-riverview.com • Doubles avec sdb, clim et ventilo à « prix moyens ».* Tenue par un couple belgo-lao, la *guesthouse* propose des chambres décorées avec beaucoup de soin et bien équipées avec vue sur le Mékong, le jardin bien entretenu ou le temple. Dans l'annexe récente, le *Nakorn River View,* les chambres spacieuses et ultra-confort (dont 2 familiales) sont face au Mékong elles aussi. Merveilleux ! Côté resto, délicieuse cuisine locale, thaïe et européenne. On profite autant de l'aurore pour le petit déj que d'un flamboyant coucher de soleil au dîner, dans la chaleureuse salle ouverte ou sous une paillote dans le jardin, encore plus près du fleuve. Nombreux livres en français dans la bibliothèque et infos à gogo sur la région. Une adresse pleine de charme, qui organise aussi un transfert en bateau vers Paksé *(compter 400 000 kips, 8 pers max).*

Champasak with Love *(plan,* ***2****) : à 800 m au nord du rond-point, côté Mékong. 309-78-67-57.* La belle terrasse en bois donnant sur le fleuve en jette ! C'est l'atout majeur de cette adresse tenue par des Thaïlandais qui accueillent les clients avec une grande gentillesse. Cuisine correcte et variée avec quelques plats végétariens. Côté douceurs, gaufres et glaces maison. À l'étage, 3 chambres petites mais très bon marché et bien propres (ventilo ou clim) avec salles de bains à partager (non mixtes). Location de vélos et de scooters.

Community Lodge *(plan,* ***13****) : sur l'île de* ***Don Daeng,*** *dans le village de Hua Don Daeng, pointe nord de l'île, là où l'on débarque. 020-552-752-77. Hébergement et repas « très bon marché ».* Des maisons en bois très sommaires, avec logement en dortoir ou en chambre pour 2 personnes. Également la possibilité de loger chez l'habitant. Confort rustique avec dépaysement garanti.

Saithong Restaurant *(plan,* ***10****) : à 100 m au sud du rond-point. 020-222-062-15. Tlj 6h30-21h. Plats à « prix moyens ».* La salle qui s'ouvre sur le Mékong accueille des visiteurs (souvent des groupes) venus se régaler de poulet ou de poisson vapeur cuits dans une feuille de bananier, d'excellents

LE LAOS

nems et rouleaux de printemps et d'autres bons plats à glaner dans une carte appétissante, mais gare aux épices. Une bonne adresse du secteur. Les chambres, dans le passage, nous ont moins tapé dans l'œil.

Chez Maman (plan, **4**) : *route principale. Tlj 8h-18h.* Entre 2 achats, ne pas manquer de siroter un café ou un thé bio en provenance d'une petite coopérative du plateau des Bolavens, ou d'autres provinces du Laos pour élargir ses découvertes. Installé dans un confortable canapé *chesterfield* ou au comptoir, on se régale des délicieux gâteaux maison de l'adorable Ghislaine, toujours prête à renseigner les routards de passage.

Homemade (chez Bunmi ; plan, **4**) : *sur la route principale. Juste au sud de* Chez Maman*, un peu avt la* Résidence Bassac. *Tlj 6h30-22h.* Bunmi, parfaitement anglophone, propose une carte variée à prix doux. On a un faible pour les brochettes de citronnelle au poulet *(oua zing kai),* mais tout est savoureux ! Quant au cadre, rustique et informel, il est extra. Pour ne rien gâcher, accueil charmant.

Mr Mee (plan, **14**) : *sur l'île de* **Don Daeng,** *à env 1 km au nord de la* Folie Lodge. *Plats à « prix moyens ».* Une maison familiale au bord du chemin, qui décline des spécialités locales servies en extérieur sur de grandes tablées en bois. Soupe tom yam, *noodles,* poisson grillé... Simple et pittoresque, comme on aime !

De chic à très chic (plus de 300 000 kips / 35 $)

Résidence Bassac (plan, **4**) : *à env 500 m au sud du rond-point.* 030-540-75-87. • *residencebassac.com* • *Doubles env 90-110 $, bon petit déj compris. Au resto, formule BBQ le midi.* Une ancienne maison de marchand chinois qui propose des chambres à la déco d'inspiration coloniale mêlée de touches modernes et ethniques du meilleur goût : les spacieuses *deluxe* et les duplex, avec balcon donnant sur le jardin, peuvent accueillir jusqu'à 3 personnes. Au resto, très bons plats locaux et méditerranéens servis face au Mékong.

The View (plan, **15**) : *à env 4 km au sud du rond-point, en direction de Vat Phou.* 020-996-877-76. *Resto ouv aux non-résidents midi et soir. Doubles 30-70 $, petit déj inclus.* Un charmant hôtel aux chambres bien nettes au bord du Mékong, avec clim pour les plus chères. Le jardin offre un dégagement agréable, et la terrasse a un emplacement de choix pour une pause déjeuner paisible en revenant du Vat Phou. Location de vélos.

La Folie Lodge (plan, **16**) : *sur l'île de* **Don Daeng.** 020-555-320-04. • *lafolie-laos.com* • *Tél pour la traversée du fleuve. Selon saison et type, compter 90-160 $, petit déj et traversée compris. Pour les non-résidents, formule déj + piscine + vélo + bateau autour de 35 $/pers.* Depuis la large plage longeant le Mékong, un long chemin bordé de lanternes mène à cette petite folie. 12 bungalows de 2 chambres chacun avec terrasse donnant sur le fleuve, ses pêcheurs et les montagnes au-delà. Construction traditionnelle et luxueuse en bois verni, lits ultralarges, tissages et grand ventilo au plafond. Le resto, proche de la piscine, est installé dans un majestueux pavillon. Il sert une cuisine occidentale et asiatique raffinée. Base paradisiaque pour explorer l'île et visiter le Vat Phou, ce *lodge* est écoresponsable et impliqué dans le soutien de la communauté et de l'infrastructure locales. Vélos à disposition pour arpenter l'île.

The River Resort (plan, **17**) : *piste en terre à gauche, 1 km au nord du bourg.* 020-568-501-98. • *theriverresortlaos.com* • *Doubles 104-160 $, petit déj inclus.* Magnifique établissement composé de maisons abritant 2 chambres (rez-de-chaussée et étage) avec vue sur le Mékong ou sur les jardins, l'étang et la rizière. Somptueux aménagements. 2 piscines au bord du fleuve, avec terrasse en bois. Ils ont même leur propre rizière, en plus du jardin potager, pour leur grand restaurant sur le fleuve.

LE LAOS

Où dormir ? Où manger dans les environs de Champasak ?

Wopakok Hotel & restaurant *(hors plan, **18**)* **:** *route 14A, à 12 km au nord de Champasak et à 17 km au sud de Paksé. L'accès le plus facile reste la moto.* 020-971-912-69. • *nanana_thailand@hotmail.com* • *Lit en dortoir 10 $, doubles 20-25 $, sdb commune. Resto à « prix moyens ».* Au bord du Mékong, à mi-chemin entre Paksé et Champasak et loin de son Irlande natale, Sean a déployé ses talents d'architecte pour bâtir de ses mains cette belle maison entourée d'une nature luxuriante. À l'étage, 2 confortables dortoirs de 8 lits prolongés par une grande terrasse. Face aux montagnes, de plain-pied, 6 doubles bien nettes avec matelas au sol, équipées d'un frigo. Ce qu'on préfère, c'est l'immense terrasse face au fleuve, le jardin à perte de vue, les repas délicieux et le fameux *fish n'chips* ! Une adresse de charme et un accueil jovial : idéal pour se ressourcer.

À voir. À faire

Les villas princières : *à 150 m au sud du rond-point, côté campagne.* Il s'agit de 2 belles villas coloniales témoignant des fastes passés du roi de Champasak et de son frère, et toujours habitées par la famille. Dans l'une d'elles se trouve une stèle du Ve s écrite en sanskrit, provenant du Vat Phou.

Wat That : *à env 2,5 km au sud du bourg, sur la droite après le pont.* Ce temple possède un curieux sanctuaire construit dans le style colonial. Y sont conservés des *nang sao phouk,* de très anciens manuscrits en langue pali, gravés sur des feuilles de latanier (une sorte de palmier), malheureusement pas visibles. Les immenses pirogues colorées derrière la tour du tambour sont utilisées pour des courses rituelles.

Wat Phra Ong None : *à env 4 km au sud de Champasak après le 2e pont, côté Mékong, derrière le portail coulissant.* Un temple tout simple où les offrandes s'accumulent auprès du bouddha couché sous un baldaquin, sous la garde de moines.

SANG POUR SANG

Le petit temple Phra Ong None abrite un bouddha couché auquel est rattachée une étrange légende. Un jour, un pêcheur sur le Mékong aiguisa son couteau sur un rocher affleurant à la surface de l'eau. Le rocher se mit à saigner. Effrayé, l'homme courut ameuter le village. On sortit alors le rocher de l'eau pour s'apercevoir qu'il s'agissait d'une statue du Bouddha, qui aussitôt se mit à parler : « Emmenez-moi au temple royal, le wat Vuang Kao. » Ce qui fut fait, et le wat Vuang Kao devint ainsi le wat Phra Ong None (le « temple du Bouddha couché »).

Théâtre d'ombres : *près du rond-point à la fontaine, derrière l'office de tourisme.* 020-550-811-09. • *ciam.laos@gmail.com* • *Ts les mar et ven pour le théâtre d'ombres et mer et sam à 20h30 pour le cinéma. Entrée : 50 000 kips. Durée : 1h15.* Un Français, Yves Bernard, amoureux du Laos, a monté un projet artistique original en faisant revivre les marionnettes traditionnelles qui interprètent de manière burlesque les légendes du *Râmâyana,* accompagnées de musique et de chants. Autre divertissement captivant : la projection sur grand écran d'un film muet culte de 1924, *Chang,* tourné au Nord-Laos et restituant la vie quotidienne d'une famille dans l'environnement souvent hostile de la jungle. Le film, accompagné par les musiciens du théâtre d'ombres, est magnifique. À la belle étoile, sous les arbres au bord du Mékong, on s'attendrait presque à voir surgir une panthère !

DANS LES ENVIRONS DE CHAMPASAK

L'île de Don Daeng : *accès en bateau depuis l'embarcadère de Ban Paphin (à 2 km au nord de Champasak), ou Ban Muang (sur la rive gauche, en face) ou Champasak (embarcadère avt le 2e pont sur la route de Vat Phou). Traversées tte la journée depuis Ban Paphin ; sinon, se renseigner auprès de sa guesthouse. Prévoir 80 000-100 000 kips/embarcation A/R.* En forme d'amande étirée, longue de 8 km, l'île occupe un renflement du Mékong. Chemins ombragés, plage de sable dans le nord et vie traditionnelle, encore plus ralentie que d'habitude, attireront les aficionados du farniente. On peut très bien se baser ici pour explorer la région (voir « Où dormir ? Où manger ? ») ou visiter l'île à vélo (pas de voitures ici) le temps de quelques heures. À ce sujet, on vous conseille de le louer à Champasak, à moins que vous ne logiez à *La Folie*.

Ban That : *à env 30 km au sud de Champasak. Au niveau de Done Thalat, passer le village et tourner à droite 3 km plus loin, puis faire encore 6 km sur une mauvaise piste.* Il s'agit d'un site khmer du XIIe s, de la même époque donc que son illustre voisin, construit sur la voie qui reliait jadis Angkor au Vat Phou. Il est composé de 3 sanctuaires en grès en assez bon état, ainsi que d'une stèle portant des inscriptions. Voir aussi le grand *baray* (bassin) à l'est du site.

Oum Tomo : *à 20 km au sud-est de Champasak, sur la rive gauche du Mékong, face à l'extrémité sud de l'île Don Daeng. Plusieurs accès : en voiture depuis la route 13 (rive gauche, donc bac à prendre), à la sortie du village de Tomo Nawk (au km 40), juste après le passage de la rivière Tomo, tourner à droite et faire encore 4,5 km sur une piste. Pirogue à moteur pdt les hautes eaux au départ de l'embarcadère de Champasak (compter 350 000 kips A/R pour 1h de trajet). Tlj 8h-18h30. Entrée : 10 000 kips.* Datées du IXe s de notre ère, ces ruines khmères, qui devaient avoir un lien avec Vat Phou, sont dispersées dans une forêt dense en bordure de la rivière Tomo. On aperçoit au pied des arbres qui craquent sous la brise quelques vestiges. Seul est encore debout un petit édifice en latérite, où l'on découvre un beau bas-relief représentant Brahma... Un site poétique en bordure de rivière, et très peu fréquenté.

Le village de Ban Khiet Ngon : *à 40 km env de Champasak et à 10 km de la route 13. Péage pour accéder au village.* Si l'on vient s'aventurer dans cette contrée reculée, c'est pour les *eco-trails* qui rayonnent autour du village. Signalisation et explications très bien faites sur la végétation locale. On peut aussi faire du canoë sur l'étang. Mais le village est surtout connu pour le ***Phou Asa,*** un plateau d'origine volcanique à l'aspect lunaire, situé à 642 m d'altitude. Depuis le village, on l'atteint à dos d'éléphant (environ 200 000 kips pour 1 ou 2 personnes et 1h30 de balade) ou à moto. Prendre la piste à droite à l'entrée du village (panneau). Ce vaste site archéologique est délimité par un enclos de 180 m sur 50 m fait de murs et de colonnes de 2 m en ardoises empilées sans mortier. Au fond, un temple en ruine et une tour. Vue époustouflante sur toute la région.
Au centre du village, ***petit centre d'information*** dépendant de la municipalité *(tlj 7h-16h).* Panneaux explicatifs sur les activités et le mode de vie local. Réservations de guides. Propose aussi des hébergements chez l'habitant *(community lodge)* pour environ 40 000 kips la nuit.

Où dormir à Ban Khiet Ngon ?

Toui Phoupaseuth Restaurant & Trekking : *à l'entrée du village, sur la droite. 030-991-81-55. ● toui_ps@hotmail.com ● Doubles « bon marché » avec ventilo et eau chaude.* De simples bungalows sur pilotis face à un étang dans un village pittoresque, tenus par un jeune couple plein d'enthousiasme. Lui parle l'anglais, et sa femme est aux fourneaux pour préparer les repas. Toui a plus d'une corde à son arc pour vous faire découvrir le coin (treks, balade à dos d'éléphant).

Kingfisher Eco-Lodge : *à env 700 m du village, en bordure d'un marais. 020-557-263-15. • kingfisherecolodge.com • Fermé mai-juin. Résa indispensable en saison. En hte saison, doubles « eco » 250 000 kips et bungalows « confort » 750 000 kips, avec petit déj.* Un magnifique *lodge* très confortable, voire chic pour les maisonnettes en matériaux traditionnels réparties autour d'une mare où viennent s'abreuver les buffles et se baigner les éléphants. Au resto, situé à l'étage, plats laos et italiens. Les 7 bungalows individuels sur pilotis disposent d'une grande baie vitrée en façade pour profiter du spectacle depuis le lit et d'une véranda avec hamacs pour se prélasser. Les 4 *ecorooms* (elles vont par paires) ne sont pas en reste et bénéficient également d'une petite terrasse. L'eau est chauffée par panneaux solaires. Laverie et VTT à dispo.

VAT PHOU

• Plan *p. 498-499*

Classé au Patrimoine mondial de l'humanité par l'Unesco, c'est le site archéologique le plus intéressant et le plus important du Laos. Pour les amoureux des vieilles pierres, sa visite justifie à elle seule un voyage dans le sud du pays. Ceux qui ont visité les temples d'Angkor au Cambodge trouveront sûrement le site modeste, mais sa configuration de temple-montagne et son atmosphère viennent enrichir l'expérience.
Le Vat Phou, littéralement « temple de la Montagne » en lao, serait le berceau de la civilisation khmère, bien avant la fondation d'Angkor. Les premières recherches scientifiques sur le site ont été entreprises au début du XXe s par le Français Henri Parmentier, de l'École française d'Extrême-Orient. Encore aujourd'hui, des missions internationales d'études (notamment françaises), de fouilles archéologiques et de restauration continuent de travailler en partenariat avec les autorités laotiennes dans un souci de formation et de transfert des compétences.

PETIT PRÉAMBULE ORTHOGRAPHIQUE

Dans sa transcription latine, le site apparaît sous 3 formes : les Thaïs préfèrent *Wat Phou* quand ils écrivent en latin, les Français *Vat Phu,* la lettre « u » traduisant un « ou » long, comme dans *Vat Phouououou.* Les Laotiens (et les Anglos-Saxons) ont quant à eux opté pour *Vat Phou* : c'est donc la version que nous avons retenue.

UN PEU D'HISTOIRE

On connaît assez précisément le passé du Vat Phou, grâce aux descriptions issues d'annales chinoises « l'histoire des Souei », datant du IVe s. À cette époque, il existe un pays dans le delta du Mékong, le ***royaume de Funan,*** qui est vassal de la Chine. À la fin du VIe s, les royaumes des pré-Khmers et des Chams qui peuplent

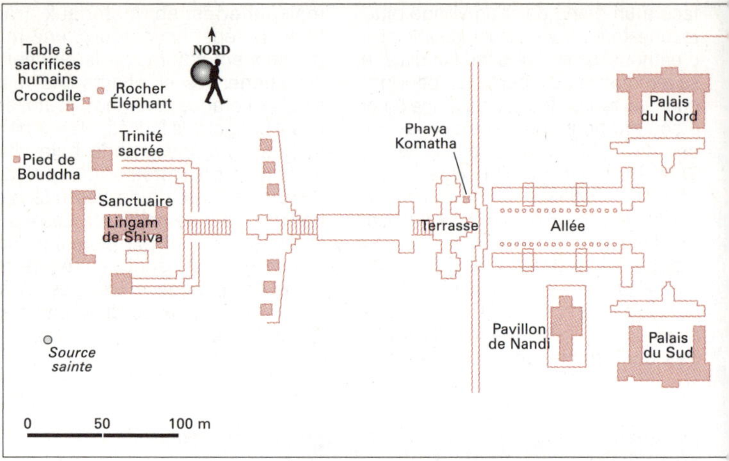

le sud du Laos actuel s'allient et parviennent à vaincre le Funan. Ce nouvel État prend le nom de Chenla. Puis les habitants du Cambodge s'attaquent à leurs alliés chams, qui sont battus à leur tour. Dès lors, les ***ancêtres des Khmers font du site actuel du Vat Phou leur principal centre de culte.*** Pourquoi ? Parce qu'à une époque très reculée, des religieux, sans doute venus d'Inde, avaient reconnu dans les formes généreuses de la montagne verdoyante dominant le temple la forme phallique représentant le ***dieu Siva,*** le *lingam Parvatha* (en sanskrit), « le lingam de la Montagne », appelé aujourd'hui Phou Kao !

Toute une société s'était donc organisée autour de ce lieu sacré. On y trouvait le temple du Lingam sur l'actuel site du Vat Phou, où vivaient prêtres et brahmanes, sans oublier la ville de ***Sresthapura,*** fondée par le roi Devanika au Ve s. Cette dernière se situait à l'emplacement du village que l'on traverse après le deuxième pont sur la route menant de Champasak au Vat Phou. Sresthapura s'étendait ainsi sur plus de 2 km de côté, et ses vestiges, actuellement sous terre, ont fait l'objet de fouilles à l'emplacement d'anciens temples. Selon les archéologues, cette ville pourrait avoir compté plusieurs milliers d'habitants...

Les ruines que l'on peut voir sur le site du Vat Phou sont considérées comme angkoriennes et datent, elles, du ***Xe au XIIe s*** de notre ère. Elles sont impressionnantes.

Rappelons que le Vat Phou est aussi un site sacré pour les bouddhistes, vraisemblablement depuis le XVIe s. Mais des recherches ont prouvé que le bouddhisme cohabitait avec l'hindouisme dans la zone proche du Vat Phou dès le VIIe s.

Arriver – Quitter

➢ ***En tuk-tuk** ou à **vélo** :* situé à 8 km au sud de Champasak, il est facile de faire l'A/R en *tuk-tuk* (compter 20 mn et env 100 000 kips l'aller-retour pour 2). On les trouve principalement en s'adressant aux *guesthouses* et restos de Champasak. Si jamais un *songthaew* déjà chargé passe, un trajet simple

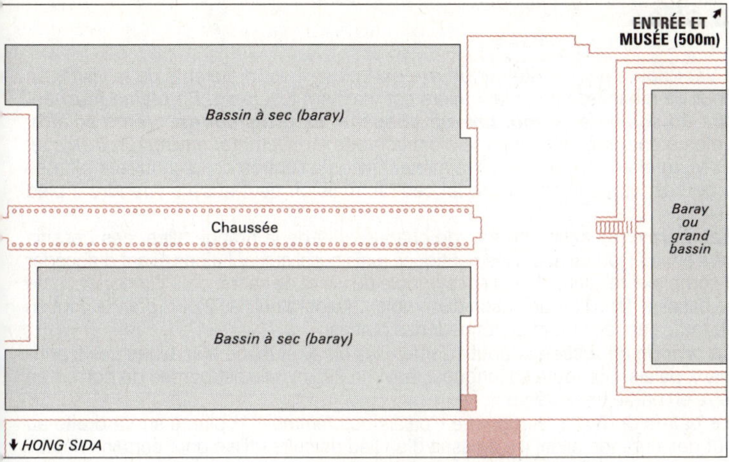

VAT PHOU

devrait vous revenir à 10 ou 20 000 kips. Le plus agréable reste le vélo, même s'il n'y a guère d'ombre en chemin.

➢ ***En voiture depuis les 4 000 îles :*** ne pas faire le détour par Paksé, mais prendre le bac au niveau de Ban Muang à 4 km à l'ouest de la route 13 (voir carte Champasak et ses environs).

À voir

Infos sur • vatphou-champassak.com • Site ouv tlj 8h-16h30. Entrée : 50 000 kips + parking 5 000 kips. Transfert en voiturette électrique compris. Visites possibles hors horaires (overtime) *6h-8h et 16h30-18h : 55 000 kips mais le musée est alors fermé. Visites guidées possibles, compter env 25-40 $ le groupe selon le nombre de pers.*

– ***Treks possibles*** avec une thématique culturelle, nature ou archéologique (particulièrement intéressants). Durée et difficultés variables (1-5h). *Certains sont guidés, compter dans ce cas 25-70 $ jusqu'à 5 pers ; d'autres peuvent se faire de manière autonome et sont gratuits. Résa de préférence au moins la veille.* Une belle initiative pour découvrir toute la richesse de la région. Brochure disponible auprès des offices de tourisme de Champasak et Paksé, des hébergements de la région et sur le site internet de Vat Phou (« Info et contacts »).

Le musée

Bien conçu et situé en face du départ des voiturettes électriques, il constitue une bonne introduction ou une bonne conclusion à la visite du site. La 1re salle est didactique, avec panneaux explicatifs, schémas et photos consacrés à la découverte et à l'histoire du temple. On verra dans l'autre salle des stèles en sanskrit, des statues de Vishnou, Garuda, Shiva en compagnie de linteaux ouvragés, de remarquables fûts de colonnettes ciselées, ainsi que des « trésors » découverts lors des fouilles.

Le site

Le Vat Phou étant orienté sur un axe est-ouest, il est préférable de le visiter en début de matinée, quand la lumière est vraiment favorable. ***En pleine journée, sous un soleil de plomb, prévoir chapeau, lunettes noires, crème solaire,*** et même une ombrelle, comme c'est la mode ici ! Compter environ 2h de visite. Des voiturettes électriques vous mènent jusqu'à l'entrée de la chaussée plantée de bornes, après le grand bassin central, mais on peut aussi s'y rendre à pied (10 mn).

- ***Les baray :*** à l'extrémité est, de chaque côté de la grande allée, ces bassins servaient aux joutes et défilés nautiques mais aussi aux ablutions avant d'accéder au complexe religieux. L'eau est symbole de vie et de sacré, d'où l'importance de ces bassins dans l'organisation du temple... Aujourd'hui, les 2 plus grands sont en eau toute l'année et font le bonheur des buffles.
- ***La grande chaussée :*** débute derrière les *baray* et mène aux ruines des 2 principaux palais. Sur toute sa longueur, environ 200 m, elle est bordée de bornes en pierre en partie restaurées.
- ***Le palais du Nord*** *(surnommé « palais des femmes »)* ***:*** planté sur la droite au bout de la grande allée, il s'agissait d'un lieu de culte utilisé pour certains rituels. Construit en latérite et grès, il s'orne de sculptures hindoues, qui ont largement survécu malgré la conversion du Vat Phou au bouddhisme. Ainsi, cette fausse porte ornée de bas-reliefs, où l'on voit Shiva et son énergie féminine Parvati (également nommée Uma) sur leur taureau Nandi... Récemment restaurée. Le palais dispose aussi de fenêtres à balustres tout en rondeurs qui ont inspiré l'architecture laotienne.
- ***Le palais du Sud*** *(surnommé « palais des hommes »)* ***:*** juste en face du précédent, il a aussi été édifié en grès et en latérite. Il est orné de motifs décoratifs hindous similaires. À l'ouest de ce palais, le ***pavillon de Nandi*** est très dégradé. De ce temple dédié au fameux taureau, construit en blocs de grès, partait vers le sud la route d'Angkor rejoignant la célèbre cité distante de 240 km à vol d'oiseau.
- Les ***escaliers*** montant vers le sanctuaire se situent dans l'axe de l'allée centrale, après les 2 palais. Ils sont bordés tout du long de superbes frangipaniers, aux fleurs odorantes, qui donnent un charme fou au site ! Sur la ***1re terrasse,*** partiellement dallée, on admire à droite une statue qui fait toujours l'objet d'un culte assidu (nombreuses offrandes !). Selon les Laotiens, elle représenterait Phaya Kamatha, le roi et fondateur du temple. Une légende tenace veut qu'une course ait opposé les 2 architectes du Vat Phou et d'un temple près de Thakhek. Celui de Thakhek termina son œuvre le premier et fit résonner le gong, dont le son, selon la légende, pétrifia Phaya Kamatha dans la position où l'on peut encore le contempler... Il existe de nombreuses variantes que les guides locaux pourront vous conter... Superbe vue sur le site, les bassins et la vallée depuis chaque terrasse.
- Le ***sanctuaire,*** à l'origine brahmanique, s'élève au sommet d'une sorte de pyramide à 7 degrés de 11 marches chacun (ouf !). Il s'agit d'un petit bâtiment en forme de croix, richement orné de sculptures représentant différentes divinités du panthéon hindou. Sur le linteau de la façade de droite, un bas-relief montre Krishna dansant sur le démon-serpent Kaliya. Des ascètes en prière *(rsis)* sont représentés au bas de chaque pilier. Toujours à l'extérieur, de chaque côté, 2 belles *devatas* (servantes des dieux) et 2 *dvarapalas* (gardiens) protègent l'entrée du sanctuaire. À l'intérieur, sur le magnifique linteau de la porte centrale, Indra chevauche Airavata, l'éléphant à 3 têtes...

Le saint des saints abritait autrefois un lingam arrosé en permanence par l'eau provenant de la source sacrée descendant de la montagne et acheminée jusqu'à la salle intérieure du sanctuaire par des canalisations en grès. La ***source*** se trouve derrière le bâtiment, sous la falaise, et sa canalisation a été mise au jour par des fouilles archéologiques récentes. Plus ou moins abondante selon la saison... Depuis le XIIIe-XIVe s, plusieurs statues du Bouddha sont installées dans le sanctuaire.

– Derrière le sanctuaire, côté nord, un bas-relief sculpté dans un rocher montre la ***Trinité sacrée*** *(Trimurti)* sur laquelle repose la religion hindoue : Shiva au milieu, entouré de Brahma à gauche et de Vishnou à droite.

– En continuant vers le nord, avec la montagne sur la gauche, on tombe sur un petit lieu de cérémonie moderne et un monastère. À l'arrière de celui-ci, dans une caverne rocheuse, quelques beaux bouddhas antiques... Passer alors sous le monastère et longer encore la falaise sur environ 50 m pour atteindre la ***table à sacrifices humains*** ! Sur cette pierre taillée en forme de crocodile qui rappelle celle d'un corps humain, on pratiquait, selon la légende locale, des sacrifices de jeunes filles vierges... À côté, une étrange sculpture représente un serpent à 2 têtes sur des escaliers.

Passer ensuite devant un amoncellement de blocs brisés qui devaient composer une chambre de méditation entièrement en grès (admirer ces énormes blocs architecturaux et vous aurez une idée des prouesses techniques d'autrefois). On arrive, enfin, au gros ***rocher Éléphant.*** On y observe en effet un éléphant, taillé dans le grès, aux yeux peints. Cela dit, la paroi à droite du rocher, apparemment naturelle, possède également les traits d'un éléphant...

I●I ***Phou Kao Restaurant :*** *devant les* baray. *De bon marché à prix moyens.* Une salle ouverte en pleine nature, au cœur du Vat Phou, calme et reposant. Cuisine lao, adaptée à tous.

Fête

– Durant 3 jours, la grande fête bouddhique et populaire du ***Mahkhabousa*** commence 3 jours avant la 3e pleine lune du 3e mois lunaire (souvent en février). Il s'agit d'une fête-pèlerinage prenant des allures de foire commerciale, agrémentée de tournois sportifs, loteries, manèges, concerts, danses, musique et spectacles. L'inauguration officielle du festival est l'occasion de parades organisées par les principaux districts de la province. Au prix d'entrée du festival, il faut ajouter le péage (selon le véhicule). Le dernier jour est souvent gratuit. La quête des bonzes a lieu dans les ruines, le jour de la pleine lune, vers 7h du matin. Le même soir, lors d'une procession menée par les moines, des milliers de bougies sont allumées en l'honneur du *vat.*

LE PLATEAU DES BOLAVENS

• Carte *p. 504-505*

Le plateau des Bolavens, qui a une lointaine origine volcanique, est situé à environ 1 000 m d'altitude et sa population est estimée à 120 000 habitants. C'est l'une des principales régions agricoles du Laos. Elle est recouverte de rizières, de plantations d'hévéas et de thé, de teck, bananiers, litchis, et de cultures maraîchères, qui façonnent les paysages et le rendent si attachant. Quant à la couleur rouge de la terre, elle est due à la décomposition de coulées de lave vieilles de 500 000 ans. Mais le territoire a acquis une renommée internationale grâce à son café, que les connaisseurs considèrent comme l'un des meilleurs du monde. Pour découvrir tout le processus de l'arbre au

breuvage, allez voir comment ça se passe dans les plantations que nous recommandons. À voir aussi, des chutes d'eau spectaculaires, qui font partie des sites les plus visités.
Ce secteur a été très éprouvé par la guerre du Vietnam et ses nombreux bombardements américains sur la piste Hô Chi Minh, qui le parcourait du nord au sud... Des communautés ethniques, telles que les Katu, Alak, Tahoy et Ngaï s'y sont installées, fuyant la guerre, et vivent toujours selon leurs coutumes ancestrales. On peut leur rendre visite à condition de respecter leur mode de vie.
Comme c'est un plateau d'altitude luxuriant, humide et frais (en moyenne, 10 °C de moins qu'à Paksé), il faut savoir que les températures nocturnes peuvent descendre très bas en hiver. S'équiper donc en conséquence pour passer la nuit dans les hébergements non chauffés.
– Depuis Paksé, on accède facilement au plateau des Bolavens par la route. Voir « Arriver – Quitter » à Paksé.

Organiser son tour du plateau

Une région pour amoureux de sites grandeur nature et de petits villages. On y consacre entre 1 et 4 jours, à organiser seul, avec l'aide de son hébergement ou des agences de voyages de Paksé.
– ***La petite boucle des Bolavens :*** *prévoir 2 j. pour parcourir env 170 km au départ de Paksé.* Passant par Paksong, Thateng et Tad Lo, elle couvre les principaux points d'intérêt du plateau. La route est goudronnée tout du long, mais en travaux entre Paksong et l'embranchement du km 21, ce qui rend la conduite pénible entre Paksé et Paksong.
– ***La grande boucle :*** *compter 3 j. pour 320 km.* 150 km de plus que la boucle précédente, entre Paksong et Thateng, via Sékong. Certains villages et sites comme Tad Tayicsua se rejoignent encore par la piste.
– ***Quel transport ?*** Il n'existe pas de transport public entre Paksong et l'intersection de Ban Beng Phu Kham (se renseigner, cela peut évoluer). En dehors de cette portion et... moyennant un peu (voire beaucoup) de patience, il est possible de réaliser ces boucles en panachant les transports publics et les chartérisations de *tuk-tuk* et autres véhicules. Toutefois, l'idéal consiste, si l'on s'en sent capable, à louer une petite moto (100-125 cm^3, semi ou complètement automatique). À Paksé, s'adresser à *Miss Noy* (service francophone de qualité ; coordonnées dans les « Adresses utiles » de Paksé), ou d'autres loueurs établis sur la rue principale. Toujours bien lire le contrat et vérifier l'état de la machine.

LE LAOS

TAD FANE ET ENVIRONS

Au km 21 en venant de Paksé, la route bifurque soit au nord vers Tad Lo et Thateng, soit à l'est vers Paksong. C'est dans cette seconde direction que nous partons.

Où dormir ? Où manger ?

🏠 🍴 ***E-Tu Waterfall :*** *km 35. • etuwaterfall.com • Doubles 30-50 $, petit déj (pas terrible) inclus. 📱 020-283-477-66.* Dans le jardin pentu, un alignement de chalets récents et confortables avec terrasse, donnant sur la belle végétation. Les chambres les plus chères sont proches de la rivière, mais ne valent pas la différence de prix. Grands volumes, TV, frigo et salles de bains nickel. Fait aussi resto.
🏠 🍴 ***Tad Fane Resort :*** *sur la route 23, au km 38. 📱 020-566-*

933-66. • tadfaneresort.com • Doubles 35-50 $, petit déj inclus. Plats « prix moyens ». Le seul hébergement sur le site des cascades est forcément très fréquenté. Il n'empêche qu'on apprécie à être bercé par le bruit des chutes d'eau depuis les charmantes maisonnettes en bois sur pilotis. Quand même une réserve sur la propreté approximative des chambres. Cuisine sans relief au resto et service lent.

Tad Yuang Guesthouse : *au km 40, à l'entrée des chutes. 020-979-888-58. • southida112@gmail.com • Doubles 400 000 kips, petit déj et accès aux chutes inclus.* Une *guesthouse* flambant neuve entourée d'un jardin fruitier. Grandes chambres modernes avec une baie vitrée et terrasse donnant sur cette belle nature. Salle de bains privée, clim, TV écran plat... Pas d'impasse sur le confort.

À voir. À faire

Tad Itou : *au km 35, puis 700 m de bonne piste.* Une cascade assez méconnue et sauvage, qui mérite une halte, même si ce n'est pas la plus impressionnante. Pour descendre au pied de la chute d'eau, emprunter prudemment l'escalier (c'est parfois glissant). Avec un peu de chance, vous serez seul pour vous baigner ! Serein et tranquille. Possibilité de loger sur place (voir plus haut « Où dormir ? »).

Les chutes de Tad Fane : *entrée 10 000 kips (parking : 5 000 kips).* 2 chutes jumelles spectaculaires, considérées comme les plus hautes du Laos et, à notre avis, les plus belles. Facilement accessibles, elles sont incontournables ! Elles dégringolent en parallèle dans une gorge vertigineuse de 120 m de profondeur, au cœur de la jungle luxuriante de Dong Hua Sao, l'une des réserves naturelles les plus riches en biodiversité du pays... On les admire depuis la plate-forme située dans le *Tad Fane Resort* (voir plus haut) sans avoir à marcher.

– **Tyrolienne :** *au départ de la terrasse du Tad Fane resort. Compter 40 $ (4 tyroliennes).* Pour approcher au plus près des chutes, voilà le plus court chemin, mais aussi le plus vertigineux ! Les amateurs de sensations fortes se lanceront sur un enchaînement de 1,5 km de câbles suspendus au-dessus du vide ! La 1re tyrolienne, longue de 470 m, est la plus impressionnante, et la 2de nous suspend juste au-dessus des chutes. Grand frisson garanti, mais les mesures de sécurité semblent respectées (personnel à chaque plate-forme, casque...).

La chute de Tad Champi : *en face de Tad Fane, au km 38. À 2 petits km de la route. Accès difficile sur une mauvaise piste à travers les plantations de café. Entrée : 5 000 kips + petit droit de parking.* Pas la cascade la plus accessible, mais un cadre enchanteur ! Du parking, compter environ 10 minutes de descente, parfois escarpée. En surplomb, panorama grandiose, et au pied des cascades, une piscine naturelle qui mérite un plongeon ! La chute forme 3 cascades dans un magnifique cirque de verdure. Très bien pour un pique-nique ou pour se restaurer à l'une des gargotes. Coin vraiment tranquille.

Café et thé Lak 40 Suan Sackda : *au km 40, juste avt l'embranchement pour Tad Yuang. 020-545-953-45. Tlj 7h-18h. Dégustation payante pour le café, gratuite pour le thé.* Une plantation bio de 4 ha gérée par South, la charmante propriétaire franco-laotienne. Si elle a le temps, elle vous fera faire le tour de sa plantation où café et thé prospèrent à l'ombre des arbres fruitiers. En tant que membre actif de la *Coopérative des producteurs de café du plateau des Bolavens,* elle doit répondre à un cahier des charges qui assure une qualité optimale. Ne manquez

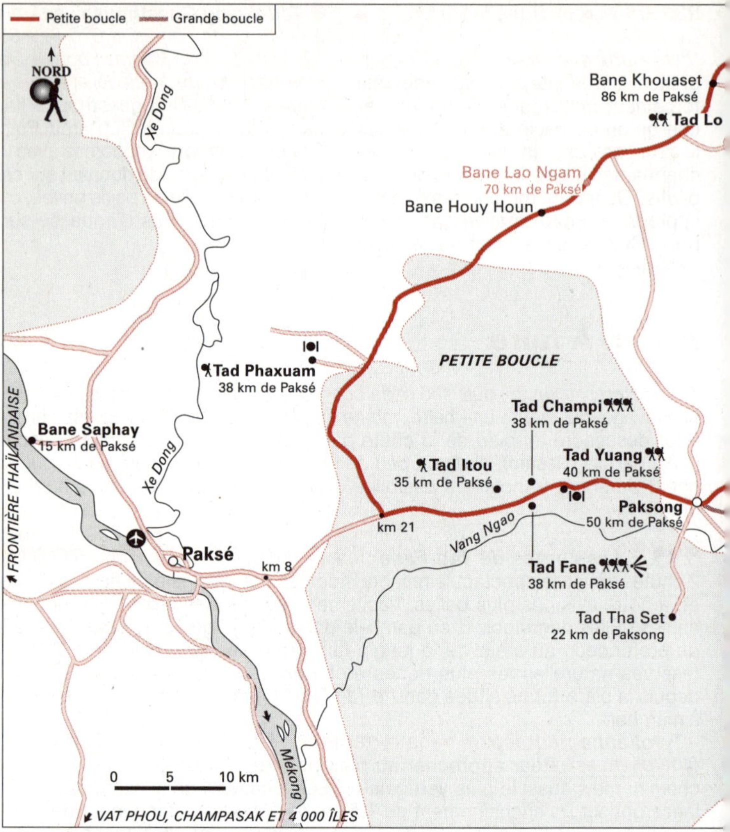

pas de vous attabler pour déguster un excellent café (arabica, robusta ou libérica) ou l'un des 5 types de thé, dont le fameux thé blanc. En plus des cafés et des thés en vente au détail, des tisanes, épices et tissus dans un coin boutique, à prix raisonnables. Accueil francophone aimable.

La chute de Tad Yuang *(la cascade des Chamois)* **:** *par un embranchement situé 2 km après Tad Fane en allant vers Paksong. Entrée : 10 000 kips + parking 10 000 kips.* Majestueuse et populaire, cette cascade de 40 m se divise en 2 bras. On s'en approche en descendant un escalier un peu raide. Pause photo depuis le belvédère avant de piquer une tête dans le bassin naturel en contrebas. Les femmes gardent leur sarong pour faire trempette. Le week-end, c'est un endroit très fréquenté pour pique-niquer au bord de la rivière, sous les paillotes. Également un agréable resto. La concession et l'exploitation du site ont été confiées par l'État à un retraité (M. Inpong) qui a passé une partie de sa vie en France dans la région de Châteauroux. Il en a hérité le surnom de « Berrichon du Mékong ». Personnage haut en couleur, très communicatif, il viendra certainement vous saluer.

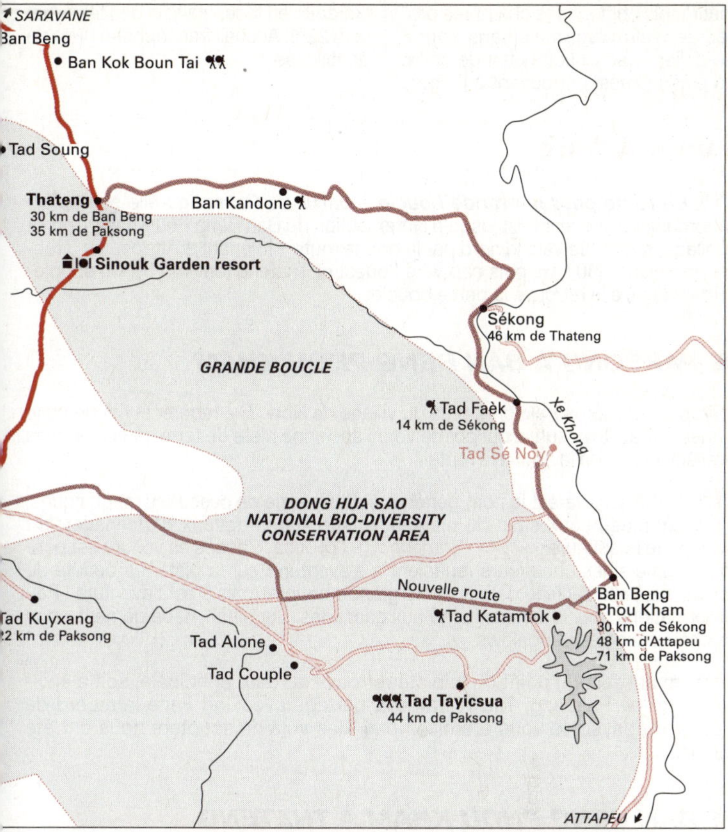

PLATEAU DES BOLAVENS

PAKSONG

À env 50 km de Paksé. Rayée de la carte par les bombardements américains, Paksong dut être entièrement reconstruite. C'est aujourd'hui un carrefour important pour les bus et *songthaew* qui desservent la région. La ville constitue aussi le ***point de jonction entre la petite et grande boucle.*** Mais pour continuer par la grande boucle, il n'y a pas de bus pour rejoindre Ban Beng Phou Kham et il est difficile de trouver une location de 2-roues. Mieux vaut avoir prévu son transport avant le départ. Son marché, avec des gargotes pour casser la croûte, est très animé.

Où dormir ?

Savanna Guesthouse : *au nord-est du marché. 020-557-906-13. Doubles « bon marché » ; pas de petit déj.* En bordure d'un bras de rivière,

2 bâtiments abritent des chambres propres de plain-pied, mais sans apprêt particulier, avec douche chaude et TV. Les plus calmes se trouvent à l'arrière (karaoké en face, mais fin des festivités vers 22h). Accueil francophone plein de gentillesse.

À voir. À faire

En route pour la grande boucle à partir de Paksong : elle se déploie d'abord sur 70 km vers l'est jusqu'à l'intersection de Ban Beng Phu Kham. Depuis ce village, remontée vers le nord par la bonne route 11 venant d'Attapeu en direction de Sékong (30 km), puis cap vers l'ouest et Thateng (environ 50 km supplémentaires) où elle retrouve la petite boucle.

DE PAKSONG À BAN BENG PHOU KHAM

Environ 30 km après Paksong, près du village de Nong Oy, repérer sur la droite le panneau « Tad Tayicsua », qui pointe vers l'ancienne piste de terre, plus ou moins parallèle au sud de la nouvelle route.

Tad Tayicsua est le nom générique d'une série de cascades magnifiques, et un des plus beaux sites du plateau, même si des travaux d'aménagement risquent de le défigurer. *Accès + parking : 10 000 kips.* L'accès en voiture est possible, même si les chauffeurs renâclent à s'aventurer sur la piste. La beauté du site justifie à elle seule le détour par la grande boucle, mais c'est l'aventure ! Peu d'informations pour cheminer jusqu'aux cascades. Sur place, hébergement « bon marché » dans des bungalows.

10 km au-delà du point où la piste retrouve la route principale, soit à environ 50 km de Paksong, ***Tad Katamtok*** partage avec Tad Fane le record de hauteur du pays. Ne vous éternisez pas, des vols de scooters nous ont été signalés.

DE BAN BENG PHOU KHAM À THATENG

20 km après la cascade de Katamok, on trouve Ban Beng Phu Kham, d'où l'on bifurque vers le nord par la route 11 en direction de Sékong. À environ 15 km, 3 km de piste sur la droite mènent à la cascade de ***Tad Faek,*** modeste mais très populaire le week-end auprès des autochtones. Entrée : 5 000 kips. Baignade, pique-nique (petits restos), sono... Animation garantie !

Sur place, hébergement possible dans des bungalows au toit de chaume, installés au bord de la rivière. Rudimentaires (toilettes à la turque et pas de douche), mais très bon marché. Se renseigner au snack près de la cascade.

Encore 20 km plus loin, ***Sékong,*** capitale de la province éponyme, n'a rien d'excitant mais compte quelques banques, hôtels et *guesthouses.* Il reste alors 45 km jusqu'à Thateng. De nombreux villages ponctuent la route, dont Ban Kandone.

Ban Kandone : *à 29 km au nord de Sékong et 17 km avt Thateng, un panneau indique la bifurcation côté nord de la route. Il reste 4 km de piste.* Beau et grand village peuplé par l'ethnie katu. Il est organisé autour de sa Maison des esprits, qui bénéficie d'un programme d'aide de la communauté internationale. À visiter avec humilité, comme d'hab'. Petite contribution parfois demandée.

LE LAOS

THATENG

À 35 km au nord-est de Paksong, en suivant la route principale. Croisement routier entre Salavan (ou Saravane), Paksong, Paksé et Sékong. À part des banques pour tirer de l'argent ou faire du change, peu d'intérêt en soi mais proche d'un village ethnique intéressant.

Où dormir ? Où manger dans les environs ?

Sinouk Garden : *au km 32 après Paksong et à 6 km de Thateng. 030-955-89-60. • sinoukcoffeeresort.com • Doubles 70-100 $, petit déj compris. Au resto (ouv aux non-résidents), plats à « prix moyens ».* Au milieu d'une vaste plantation de café, un hébergement digne d'un manoir enchanteur. Le logement se fait dans les chalets aux balcons de bois qui ont été autrefois la résidence familiale des planteurs. Une vingtaine de chambres à la déco digne d'un magazine. Plancher et meubles en bois sombres, textiles fins et voilages aux fenêtres. Même plaisir des yeux dans le parc fleuri à la végétation luxuriante, traversé par une rivière ponctuée de roches volcaniques. Piscine à l'eau de source. Un vrai paysage d'aquarelle. Bonne cuisine servie avec attention et café en vente, bien sûr, pour clore le tout. Un vrai coup de cœur aux prix raisonnables pour la qualité.

Captain Hook : *à* ***Ban Kok Boun Tai.*** *Petit droit d'entrée au village avt de poursuivre sur un chemin de terre bien accidenté. 020-989-304-06. • captainhooklaos23@gmail.com • Nuitée 50 000 kips/pers, dîner et petit déj inclus. Également des tours de la plantation et du village.* Au détour des pistes de terre rougeoyante, Mr. Hook gère 21 ha de café : robusta, arabica et tipica, cette dernière variété étant la plus ancienne. Il accueille les visiteurs de passage dans sa maison traditionnelle en bois, à l'instar de celles du village et propose des visites *(payantes).* Sur place, vous pourrez observer les femmes qui torréfient le café. Des bungalows à l'arrière abritent des chambres ultrasimples. Une étape instructive et hors du temps !

À voir dans les environs de Thateng

Ban Kok Boun Tai : *à env 15 km au nord de Thateng, sur la route 23 qui mène à Salavan.* Étalé de part et d'autre de la route, ce village est habité par des Protomalais animistes de l'ethnie katu. Ils ne s'habillent plus en costume traditionnel mais ont conservé leur principale coutume qui consiste à confectionner leurs cercueils de leur vivant, traditionnellement stockés sous les greniers à riz... Dans le village, les enfants sont souvent nus et se promènent parmi les poules et les cochons. Certains habitants fument encore le tabac dans des pipes à eau en bambou. Attention aux comportements qui risqueraient de déranger : manque de discrétion, photos sans autorisation et tenue un peu trop déshabillée.

TAD LO

Situé en bordure du plateau des Bolavens, à 85 km de Paksé, le village de Tad Lo est réputé pour ses trois belles chutes d'eau, dont l'une porte son nom. Mais débit parfois famélique, eau boueuse... les cascades souffrent du barrage de la Xe Xet, situé à quelques kilomètres en amont (au sud). Néanmoins, l'ambiance villageoise est dépaysante, le choix de petits restos et pensions, la possibilité de baignade et de randonnées en font une des étapes les plus agréables des Bolavens.

Adresse et infos utiles

■ ***Info Centre :*** *dans le centre du village principal. ● salavantourism.org ● 📱 020-544-559-07. Lun-ven 8h-16h30.* Dans sa grande cabane de bois, tapissée de panneaux et cartes, M. Kouka, jeune homme dynamique, a développé un tourisme responsable dans sa région. Il prodigue conseils et infos sur les transports et l'hébergement et organise des tours guidés pour entrer en contact avec les populations des minorités ethniques. Plusieurs formules intéressantes allant de la ½ journée à 3 jours avec nuit en *ecolodge* ou *homestay.*

Où dormir ? Où manger ?

🏠 |●| ***Sailomyen Guesthouse :*** *juste avt le pont qui enjambe la rivière. 📱 020-916-879-75. Bungalows « bon marché », sdb extérieure.* Au bout du village, face à la rivière, une adresse charmante malgré la simplicité des lieux. Les bungalows donnent sur la rivière, et on ne se lasse pas de la vue depuis la terrasse, allongé dans un hamac ! Repas à prix serrés, et accueil gentil comme tout.

🏠 |●| ***Palamei Guesthouse :*** *au carrefour des 2 rues principales. 📱 000-956-753-11. Doubles « très bon marché » ; petit déj en sus. Plats à « prix moyens ».* Une adresse familiale où on se sent tout de suite comme chez soi. 9 chambres et bungalows en paille tressée, spacieux et propres, avec douches (à partager pour les moins chers). Le plus : les petites terrasses qui donnent directement sur les champs et les rizières. Et chaque soir, vers 18h, le dîner est préparé et partagé en famille autour d'une grande table. Poissons, herbes, riz, soupe, dessert, un régal pour les yeux et les papilles. Possibilité de découvrir les environs en compagnie de Po, le chaleureux patron. Anglais balbutié.

🏠 |●| ***Tim's Guest House & Restaurant :*** *avt le pont sur la droite. 📱 020-553-430-71. Doubles avec ventilo, sdb à partager, « très bon marché » ; petit déj en sus.* Tenu par un couple laotien parlant le français et l'anglais. Les chambres, simples, donnent sur un petit jardin mais peu de dégagement. Ambiance conviviale et sympathique resto ouvert jusqu'à 22h.

🏠 |●| ***Mama Pap's Restaurant :*** *dans la rue principale. Lits en dortoir « très bon marché ».* Madame est la plus ancienne et la plus joyeuse des restauratrices de Tad Lo. Son slogan : « *Big food for small kips* » ! Elle est invariablement débordée dès qu'il y a de l'affluence. Cuisine sans finesse, mais *banana pancakes* et sandwichs géants ont la cote. À l'étage, dans une pièce commune, une dizaine de matelas doubles à même le sol, surmontés de moustiquaires. Prix plancher.

🏠 |●| ***Fandee Guesthouse :*** *en face du centre d'infos. ● fandee-guesthouse.webs.com ● Bungalows « très bon marché » avec sdb (eau chaude), ventilo et hamac en terrasse.* Créée par un Français, la *guesthouse* dégage une atmosphère conviviale avec son accueillante terrasse en bois où, selon les heures, flotte une familière odeur de fromage gratiné ! Bon resto, qui propose, histoire de varier les plaisirs, une planche de charcuterie et du vin au verre en plus d'une cuisine lao. Confortables bungalows en bois avec salle de bains et moustiquaire.

🏠 |●| ***Tad Lo Lodge :*** *en bordure de la forêt et de la principale cascade. ☎ 030-459-92-72. ● souriyavincent@yahoo.com ● Double 50 $, petit déj compris.* Au bord de la rivière, ces charmantes cabanes en bois et en dur abritent des chambres – toutes avec salle de bains, ventilo, moustiquaire et petite terrasse – plus ou moins proches de la rivière. Fait aussi resto dans une grande paillote surplombant la rivière. Les 2 éléphants viennent régulièrement s'y abreuver ou prendre un bain (vers 16h30). Véritable cachet, mais le prix nous a semblé exagéré.

Où dormir ? Où acheter du bon café entre Tad Lo et Paksé?

Katu Homestay : *à* ***Ban Houy Houn*** *(entre Tad Lo et Tad Phaxuam), à 25 km de Tad Lo et env 60 km de Paksé. 020-998-372-06. Doubles « très bon marché », sanitaires communs. Visite de la plantation (env 20 mn) : 15 000 kips.* Le jeune monsieur Vieng, situé au bord de la route principale, fait visiter à la demande sa plantation de café. Sur 3 ha, il produit une majorité de robusta, mais aussi de l'arabica et du liberica. Évidemment, il est toujours plus intéressant de visiter la plantation pendant la récolte du café, de novembre à avril. Dégustation sous une grande paillote conviviale et, pour prolonger la halte, 4 chambres spartiates dans des bungalows en bambou.

À voir. À faire à Tad Lo et dans les environs

Les trois chutes : attention : suite à la construction du barrage en amont, méfiez-vous des éventuels lâchers d'eau, potentiellement dangereux.
– La belle ***Tad Hang*** jouxte le village, après avoir traversé le pont ; 1 km en amont, au niveau du *Tad Lo Lodge,* on s'approche de ***Tad Lo*** grâce à des escaliers et des passerelles en bambou qui surplombent les chutes. On est alors au plus près de l'eau et l'effet brumisateur est des plus rafraîchissant ! À 8 km, toujours en amont, ***Tad Soung*** *(accès payant)* est la plus impressionnante (environ 80 m de haut) quand elle n'est pas à sec. En faisant bien attention de ne pas s'approcher du vide, on peut s'y baigner dans un bassin de la partie supérieure (accessible par la route qui grimpe depuis l'ouest du village).

TAD PHAXUAM

À env 45 km de Tad Lo et 38 km de Paksé. Entrée : 10 000 kips + parking 5 000 kips. À visiter de préférence tôt le mat et hors w-e pour éviter les cars en provenance de Thaïlande. Au cœur d'une nature luxuriante, un village touristique aménagé par un Thaïlandais, en bordure de belles chutes d'eau avec un joli petit pont en bambou à traverser pour la photo. Ensuite, le côté carte postale prend une tournure discutable : un village regroupe les habitations typiques de sept ethnies différentes où les habitants posent en costume pour la photo. Rien de très authentique, contrairement aux autres villages du plateau...
– Snack avec vue sur la rivière.

LE DISTRICT DE SIPHANDONE (LES 4 000 ÎLES)

• Carte *p. 511*

Dans l'extrême sud du Laos, le Mékong semble renâcler à l'idée d'affronter les rapides et chutes d'eau spectaculaires qui marquent la frontière cambodgienne. Puis, son fil se dénoue subitement en de multiples brins et s'entortille autour d'une myriade d'îles luxuriantes. Cet archipel fluvial donne son nom au district : Siphandone signifie « les 4 000 îles » en lao.

La région fut un cauchemar, ou plutôt la fin d'un rêve, pour les Français, qui rêvaient de faire du Mékong l'artère commerciale de leurs terres indochinoises. Les îles de Khône et de Det portent encore les marques d'un véritable coup de poker, une ligne de chemin de fer destinée à snober les chutes du Mékong...

MONSIEUR « 4 000 ÎLES »

Pour l'anecdote, Khamtay Siphandone, le président du pays de 1998 à 2006, est né sur l'île de Don Khône. Et, comme vous l'avez remarqué, il porte le même nom que la région. Au moins, il sait d'où il vient !

Ce monde étonnant et submersible au gré des saisons est également célèbre pour sa poignée de dauphins d'eau douce dits « de l'Irrawaddy », une espèce malheureusement en voie de disparition. Tout comme dans la région de Kratie au Cambodge, on pourra, avec un peu de chance, les observer en pirogue. De nos jours, les 4 000 îles attirent pas mal de monde, dont beaucoup d'adeptes du farniente contemplatif. Mais pas seulement, puisque les balades vers les chutes et les vestiges historiques, sans oublier les activités plus ou moins sportives, y sont faciles à organiser.

Avant de vous laisser happer par ces doux rivages, choisissez votre ou vos îles en connaissance de cause. Don Khong, c'est la grande paisible, aux centres d'intérêt toutefois assez limités, qui plaira surtout aux amateurs de repos complet. Don Det, toute petite, est paradoxalement bien plus dense en termes d'hébergement et de fréquentation, et bien plus jeune aussi. Juste en face, Don Khône, reliée à la précédente par le pont de l'ancien chemin de fer, est un excellent compromis entre farniente (jolis hébergements et bons petits restos), balades et sites à voir.

– ***Avertissement :*** quelques vols à l'intérieur des chambres nous ont été signalés dans certains bungalows 1ers prix, pas vraiment sécurisés. Autant garder votre argent et vos papiers sur vous, et si un cadenas ferme la porte, l'échanger contre le vôtre, si vous en avez un... Pas de parano non plus !

Arriver – Quitter (pour toutes les 4 000 îles)

– Il n'existe plus de service public de bateau entre Siphandone et Champasak-Paksé.

– ***Attention, phonétiquement Don Khong et Don Khône sont très proches,*** et il arrive que des routards se retrouvent sur l'autre île sur une simple erreur de prononciation. Voilà pourquoi de nombreux chauffeurs de bus utilisent l'appellation ***Muang Khong (du nom de la ville principale) pour désigner Don Khong*** et éviter de la confondre avec Don Khône.

En bus public, touristique ou *songthaew*

Rappelons que les hébergements et agences de voyages de Paksé organisent 1 liaison/j. en bus ou minivan climatisé. Confortable et pas plus cher.

➢ ***Paksé-Don Khong*** *(130 km)* **:** pour la partie route, voir cette rubrique à Paksé. Pour le retour, s'adresser à son hébergement, c'est le plus simple. On peut rejoindre les intersections avec la route 13, où circulent les bus et taxis collectifs, mais ils risquent d'être complets et de ne pas s'arrêter... Conseil : pas la peine d'acheter son billet retour, c'est toujours galère à changer sur place, et inutile d'acheter un billet *open,* il ne permet de monter dans le bus que s'il y a de la place.

➢ ***Champasak-Don Khong*** *(95 km),* ***Champasak-Don Khône et Don Det*** *(105 km)* **:** trajet à réserver la veille auprès des *guesthouses* de Champasak ou des îles. De Champasak, le bateau rejoint Ban Muang sur l'autre rive du Mékong, d'où l'on récupère le bus parti plus tôt de Paksé qui assure le trajet jusqu'aux 4 000 îles (minivan prévu si le bus est complet). Idem dans le sens inverse.

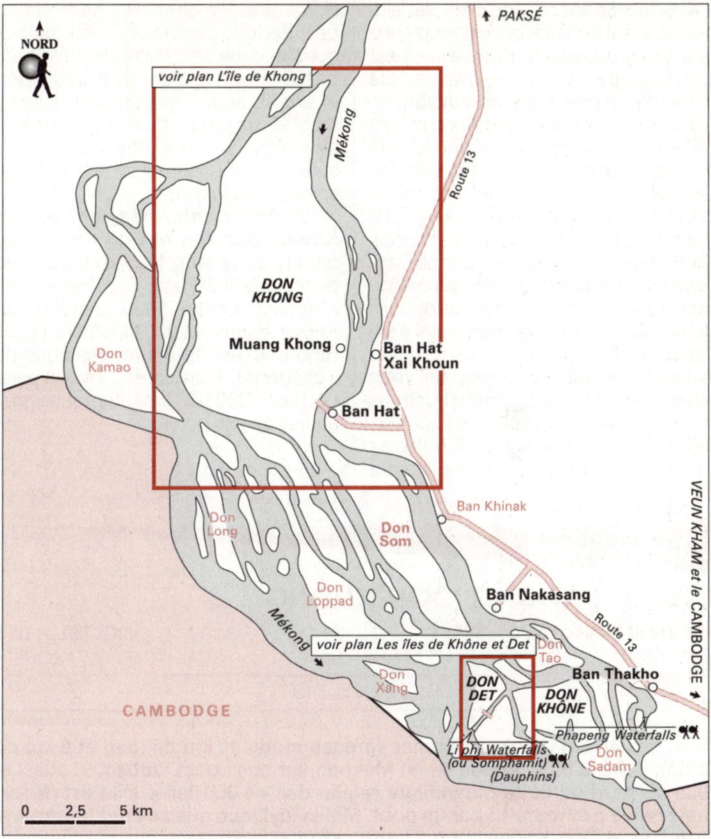

LE DISTRICT DE SIPHANDONE

➢ ***Paksé-Don Khône et Don Det*** *(140 km)* **:** pour la partie route, voir cette rubrique à Paksé. Arrivée au village de *Ban Nakasang,* où l'on traverse le Mékong sur des pirogues à moteur (7h-17h) ; compter env 15 000 kips/pers l'aller pour Don Det et 20 000 kips/pers pour Don Khône. Certaines compagnies de bus proposent un forfait bus et bateau, bien vérifier ce qui est inclus ou pas. Attention, si vous arrivez après 17h à Ban Nakasang, le bateau vous déposera certainement à Don Det à cause de la nuit. Pour le retour, mêmes conditions que pour Don Khong (voir plus haut).

➢ ***Siphandone (4 000 îles)-Cambodge*** *(frontière de Veun Kham, à 25 km)* **:** ouv 6h-18h. *Visa on arrival* à env 30 $, disponible pour les 2 pays. Avec la compagnie *Sorya,* bus de Paksé le matin, via Ban Nakasang, avec passage à la frontière puis arrêts à Stung Treng, Kratie, Kompong Cham et arrivée à Phnom Penh env 12h30 plus tard. Également des minivans de Paksé avec changement de véhicule à la frontière pour se rendre à Stung Treng. Dans les 2 cas, possibilité de changer de bus (ou de minivan) à Stung Treng pour aller à Siem Reap.

– ***Avertissement :*** si l'on peut se faire déposer à la frontière lao-cambogienne *Veun Kham/Dong Kralor,* celle-ci est au milieu de nulle part. Très peu de véhicules y attendent les voyageurs. Du coup, il faut s'adresser aux agences et hébergements de Paksé ou des 4 000 îles (et idem depuis les villes du Cambodge), qui proposent des transports passant d'un pays à l'autre. Lire aussi ci-dessus. Les horaires et temps de transport donnés sont parfois fantaisistes et il arrive que le nombre de bus soit insuffisant (du coup, tout le monde s'entasse dans un seul véhicule).

À la police des frontières, on vous réclamera une « taxe d'infrastructures touristiques » d'environ 2 $ pour sortir du pays. Rien de vraiment très clair (demandez un reçu pour voir...), sauf que vous n'y couperez sans doute pas. Parfois, c'est le chauffeur de bus qui s'occupe des formalités. On peut passer outre (garder son passeport et entreprendre les démarches seul), mais soyez prudent car le bus ne vous attendra pas... Pour entrer dans le pays voisin, il faut évidemment le tampon de sortie du pays quitté.

➢ ***Liaisons inter-îles, entre Don Khong, Don Det et Don Khône :*** au départ de Muang Khong, bateau en principe à 8h30 pour Don Det et Don Khône. Compter 1h30 jusqu'à Don Khône et env 40 000 kips/pers l'aller. Sinon, il est toujours possible de « chartériser » un bateau (max 8 pers) pour env 250 000 kips. Se renseigner auprès de son hôtel.

L'ÎLE DE KHONG (DON KHONG et MUANG KHONG)

IND. TÉL. : 031

• Plan *p. 513*

Avec ses 46 km de circonférence (grosso modo 16 km de long et 8 km de large), voici la plus grande île du Mékong sur son cours laotien, et aussi la plus au nord de cette magnifique région des « 4 000 îles ». L'île est désormais reliée à la route 13 par un pont. Moins idyllique que ses petites sœurs, Don Det et Don Khône, Don Khong est plus vaste mais aussi beaucoup plus calme. Principale activité : relier à vélo les petits villages (mais peu d'ombre), un bon moyen de partir à la rencontre d'une population locale plus accueillante, peut-être parce qu'elle ne dépend pas exclusivement du tourisme.

Adresses utiles à Muang Khong

■ ***Agricultural Promotion Bank*** *(plan,* ***1****)* ***:*** *au sud du village. Lun-jeu 8h30-15h30. Fermé ven-dim.* Services de change (à taux fort correct) et *Western Union.* Attention, le distributeur de billets ne prend pas les cartes internationales.

■ ***Distributeur automatique de billets*** *(plan,* ***2****)* ***:*** *au début de la route pour Muang Sen.* Accepte les cartes *Visa* et *MasterCard.*

■ ***Change*** également possible auprès des hébergements, vérifier les taux.

■ ***Location de vélos et scooters :*** auprès des *guesthouses.* Éviter de louer dans les hôtels chics, bien trop chers.

■ ***Résas d'excursions, de transports :*** il n'y a pas d'agence à proprement parler, mais tous les hébergements proposent ce service. Pour les bus à destination du Cambodge, lire l'avertissement dans « Arriver – Quitter ».

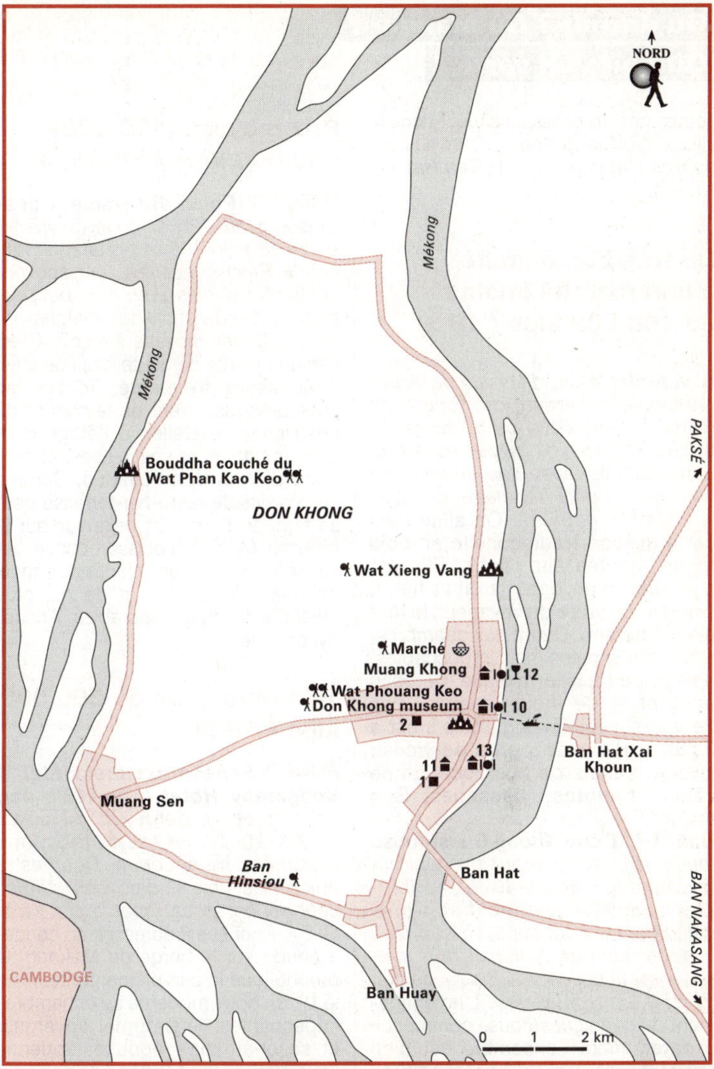

L'ÎLE DE KHONG

■ **Adresses utiles**

1 Agricultural Promotion Bank
2 Distributeur automatique de billets

Où dormir ? Où manger ? Où boire un verre ?

10 Done Khong Guesthouse
11 V. Mala
12 Pon's Riverside Guesthouse
13 Senesothxeune Hotel & Kongmany Hotel

Où dormir ? Où manger ? Où boire un verre ?

Toutes nos adresses se situent dans le village de ***Muang Khong,*** 2 km au nord de ***Ban Hat*** et en face de ***Ban Hat Xai Khoun.***

De très bon marché à bon marché (moins de 150 000 kips / 18 $)

V. Mala *(plan,* ***11****)* ***:*** *sur la route principale, à l'arrière du Kongmany Hotel et avt l'Agricultural Bank. 020-975-457-87. Doubles « très bon marché » avec sdb commune ; petit déj en plus (au même prix que la chambre pour 2 !).* On aime bien cette maison traditionnelle en bois rouge montée sur pilotis. Elle est précédée d'un beau jardinet fleuri, planté d'un arbre du voyageur, le tout bien entretenu. Quant aux chambres, elles sont simples mais impeccables, dotées de mobilier typique, de beau parquet et de moustiquaires. Pas de vue sur le Mékong, mais il est à 2 pas... Plein de petits services : laverie, tickets de bus, location de vélos et motos, massages. Bon accueil.

Done Khong Guesthouse *(plan,* ***10****)* ***:*** *au tt début du quai sur le Mékong. ☎ 21-40-10. 020-987-899-94. • donekhong.gh@gmail.com • Doubles avec sdb (eau chaude, clim et ventilo) « bon marché » ; petit déj en sus. Plats « de bon marché à prix moyens ».* L'aménagement de cette *guesthouse* commence à dater, mais l'ensemble est bien entretenu et propre. Les chambres carrelées, petites et simples, possèdent pour certaines une vue sur le fleuve au 1er étage. Sinon, tout le monde peut en profiter depuis la terrasse collective. Resto au-dessus de l'eau, avec, en spécialité, le *mok pa,* à commander à l'avance. La patronne, ancienne institutrice, parle le français et peut organiser toutes sortes de transports.

Prix moyens (150 000-300 000 kips / 18-35 $)

Pon's Riverside Guesthouse *(plan,* ***12****)* ***:*** *au cœur du village. 020-554-067-98. • ponarenahotel.com • Résa conseillée, car souvent complet. Doubles avec sdb, petit déj en plus. Sandwichs « bon marché » et plats « de prix moyens à chic ».* C'est l'un des points de chute des agences, donc assez fréquenté. Toutes les chambres disposent de la clim et de l'eau chaude. Celles à l'étage sont plus agréables et spacieuses, et profitent d'un balcon commun. Comme ses voisins, le resto-bar-terrasse peut se targuer d'une très belle vue sur le Mékong. *Mok pa* et poisson-chat entier sur commande, à prix chic, sinon choix habituel de nouilles et de riz, plus quelques viandes honorables. Accueil dynamique.

Très chic (plus de 500 000 kips / 59 $)

Senesothxeune Hotel & Kongmany Hotel *(plan,* ***13****)* ***:*** *partie sud de la berge. ☎ 51-50-21 et 21-20-77. • ssx-hotel.com • kongmany-hotel.com • Doubles à prix « très chic », plus des suites ; petit déj compris. Repas à prix « très chic ».* Pour ses 2 adresses au coude-à-coude sur la berge du Mékong, le proprio joue la complémentarité. Pour le 1er, un hôtel moderne aux chambres impeccables, le paternel auvergnat et sa charmante épouse laotienne vous expliqueront le sens de son nom imprononçable ! Jolie salle de resto pour une fondue laotienne pas donnée mais de qualité, et superbe terrasse sur le fleuve pour l'apéritif. Le *Kongmany* possède une jolie bâtisse coloniale en bois centenaire, mais les chambres sont très (trop) simples à notre goût et les planchers un peu fragiles... En revanche, les chambres du bâtiment voisin sont superbes, avec beau parquet, salle de bains moderne, clim, TV et balcon sur le Mékong. Piscine. *Snooker.* Attention, les vélos et les scooters sont 2 fois plus chers qu'ailleurs.

À voir. À faire

On vous conseille la ***petite balade sur la berge du Mékong au lever du jour,*** toujours bucolique avec ses bonzes qui sollicitent régulièrement le matin des offrandes à coups de tintements de clochettes et de chants...

Wat Xieng Vang *(ou* ***Wat Jom Thong)*** **:** *au nord du village de Muang Khong, au bout de la piste qui longe le Mékong.* Ce temple est particulier par le fait qu'il est bâti sur un plan cruciforme influencé par le style colonial. Il profite aussi de son emplacement au bord du fleuve. Il a été en partie restauré grâce à l'argent d'une fondation américaine, mais l'intérieur, peu entretenu, déçoit un peu.

Wat Phouang Keo : *sur l'esplanade centrale de Muang Khong.* Impossible de manquer son bouddha gigantesque qui veille à l'extérieur avec sa tête couronnée d'un naga à 7 têtes. Quelques fresques autour du socle. À l'intérieur, à droite, un stûpa un peu particulier car consacré à un Français, Claude Vincent, initiateur du tourisme au Laos et assassiné en 1996. Sur le mur d'enceinte, remarquer la liste des familles donatrices. Ici, les sommes se chiffrent en dollars...

Don Khong Museum : *à l'arrière du Kongmany Hotel, sur la route principale. Tlj 8h-16h. Entrée : env 5 000 kips.* Quelques salles avec des photos anciennes du transbordement des bateaux de Don Khône à Don Det, des panneaux explicatifs en anglais, des nasses à poissons, instruments de musique et mobilier.

Le marché : petit marché local qui vaut la visite, mais il faut absolument venir très tôt le matin (6h-7h30) car il s'arrête vers 8h ! Au beau milieu d'une myriade de couleurs et d'odeurs, on découvre de beaux fruits et légumes, des poissons de taille « mékonguesque », du sucre de palme, et des pharmacies où acheter des médicaments à l'unité.

Balade à vélo ou à scooter : important, il n'y a pas d'ombre, et compte tenu de la longueur (46 km), difficile d'éviter la chaleur. Attention aussi aux trous sur la route et prévoir de rentrer prudemment à la nuit tombante. La balade la plus simple consiste à faire la partie sud. À vélo, compter 2h sans les arrêts. Prendre la route partant de la place de Muang Khong, vers l'ouest, pour traverser l'île dans un paysage de rizières, sur 8 km de terrain plat. Cela dit, la partie la plus intéressante se trouve le long de la côte ouest. Demandez votre route pour ***le bouddha couché du Wat Phou Kao Keo,*** un temple gardé par quelques bonzes mais surtout par un beau bouddha couché et doré de 15 m de long. Superbe vue sur le fleuve.
Autre option, partir vers le nord depuis Muang Khong. Cet itinéraire plus long que la boucle sud, entre fleuve et rizières au vert tendre, permet de découvrir les habitations et leurs habitants, toujours souriants et contents de saluer un étranger... Pour le tour complet, prévoir la journée avec un pique-nique.

Le sucre de palme – Ban Hinsiou : la fabrication du sucre a lieu de novembre à mai. De longues tiges de bambou fixées au tronc du palmier à sucre permettent d'accéder au sommet. Les fruits sont décrochés, puis pressés. Le jus ainsi obtenu est chauffé pendant 3h, jusqu'à l'obtention d'une pâte épaisse, versée dans de petits moules ronds en feuille de palmier. Après refroidissement, on obtient des pavés d'environ 6 cm de diamètre et pesant 200 g. Vendus sur les marchés de la région, ils représentent pour Don Khong une source non négligeable de revenus...

Excursion en bateau vers Don Det et Don Khône : *départ tlj vers 8h30, env 60 000 kips/pers A/R (pour 6 pers), sinon au prorata du nombre de pers sur la base de 250 000 kips l'aller pour le bateau, plutôt 300 000 kips dans l'autre sens. Pour tt rens, s'adresser à sa guesthouse ou demander M. Phoumi, le chef de l'association locale.* Compter 1h30 de descente du fleuve jusqu'à Don Khône. La visite de la chute de Li Phi est à payer en sus (voir plus bas). Retour vers Don Khong aux alentours de 14h30 pour 2h de navigation, contre-courant oblige. Indispensable !

Fête

Suang Heua (ou Boun Xouang Heua) : *fin nov ou début déc, à la pleine lune.* Une spectaculaire course de bateaux. Plusieurs jours avant, les habitants de la région affluent dans une ambiance fébrile de kermesse, envahissant les berges du Mékong et la place centrale de Muang Khong, au beau milieu d'un petit parc d'attractions avec manèges et grande roue... Sur l'eau, ce ne sont que pirogues décorées et équipages synchronisés. Les terrasses des restos demeurent les meilleurs endroits pour assister aux courses. Ambiance moins coincée que sur la Tamise, on vous l'assure !

L'ÎLE DE KHÔNE (DON KHÔNE) ET L'ÎLE DE DET (DON DET)

IND. TÉL. : 030

• Plan *p. 517*

À chaque île ses avantages et ses inconvénients. Le village principal de Don Det, situé à la pointe nord où accostent les bateaux, concentre un grand nombre d'hébergements (sans oublier commerces, restos et bars), certes un peu moins chers qu'à Don Khône mais vraiment les uns sur les autres. Pour le calme, il est conseillé de descendre plus au sud, où les adresses s'étalent tranquillement.
Juste après, c'est le pont français, qu'il suffit de traverser pour se retrouver à Don Khône. Cette île, qui a notre préférence (avec la berge sud de Don Det), regroupe moins d'adresses, on s'y sent bien et, de plus, elle abrite les principaux centres d'intérêt du secteur.

Adresses et infos utiles

■ ***Change :*** à Ban Nakasang (sur la terre ferme), on compte 3 banques. On vous conseille la *BCEL,* sinon demander la *LDB* et l'*Agricultural Bank*. En principe, elles ont chacune un ATM mais vérifier que les machines disposent des logos *Visa* ou *MasterCard.* ***Sur les îles, pas d'ATM,*** on ne peut que changer du liquide (euros ou dollars) dans les petites agences, *guesthouses* et restos. Le taux est souvent meilleur sur Don Det mais bon taux *Chez Fred et Lea,* à Don Khône. Éviter les hôtels chics qui se sucrent au passage.

■ ***Location de vélos et de motos :*** la plupart des *guesthouses* et petites agences en proposent. Compter env 10 000 kips/j. pour un vélo et 70 000-80 000 kips pour une moto 100 cc. Préférer le vélo ici... Pas évident toutefois de circuler : les pistes sont très caillouteuses et certaines portions sableuses. Et pour couronner le tout, gare aux crevaisons sur les pierres pointues !

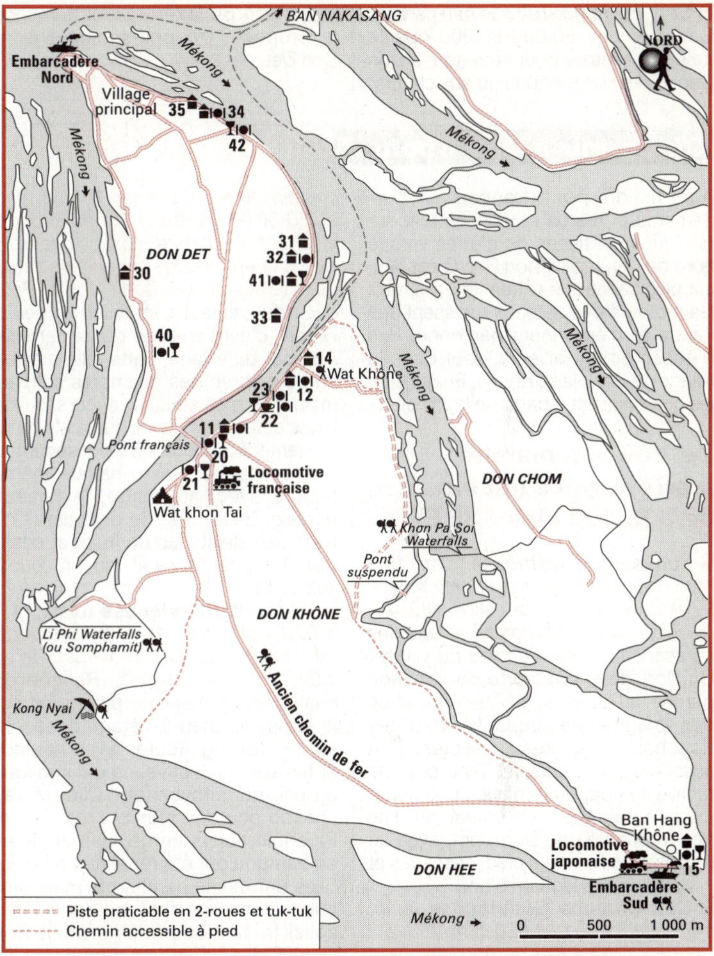

LES ÎLES DE DON KHÔNE ET DE DON DET

Où dormir à Don Khône ?

- **11** Pan's Guesthouse
- **12** Pakha Guesthouse
- **14** Souksanh Guesthouse et Dok Champa Guesthouse
- **15** Pomelo Guesthouse

Où manger ? Où prendre le petit déj ? Où boire un verre à Don Khône ?

- **20** Tokham Sarmxok
- **21** Fleur du Mékong
- **22** Chez Fred et Lea
- **23** Nisha

Où dormir à Don Det ?

- **30** Easy Go Backpackers & Beach Bar
- **31** Mr Vai
- **32** Mr Phao Riverview Guesthouse
- **33** The Boat House
- **34** Crazy Gecko
- **35** Baba Guesthouse

Où manger ? Où boire un verre à Don Det ?

- **34** Crazy Gecko
- **40** The Garden of Nang
- **41** Mama Leuah

■ ***Service de tuk-tuk :*** un peu partout. Compter env 50 000-80 000 kips le trajet aller-retour pour se rendre à Don Det, à Ban Hang Khône ou aux chutes.

■ ***Service de laverie :*** tout le monde le propose. Un peu moins cher à Don Det.

Où dormir à Don Khône ?

À partir du pont français, hébergements et restos se concentrent sur quelques centaines de mètres vers le nord de l'île, face à Don Det. C'est bien sûr plus calme aux extrémités, même si les moteurs des bateaux rugissent dès l'aube et n'épargnent personne. Pas d'hébergement ailleurs, sauf dans le village de Ban Hang Khône. En général, les prix baissent à partir de la 2e nuit...

De très bon marché à prix moyens (moins de 300 000 kips / 35 $)

Souksanh Guesthouse *(plan,* ***14****) : notre adresse la plus au nord. 020-970-455-30 ou 020-918-089-44. Doubles « très bon marché ».* Une des adresses les moins chères du village. On dort dans une sorte de cabanon perché au-dessus du Mékong, avec des piaules basiques (surtout les douches) mais très correctes. Fait aussi resto côté fleuve. Tenu par une famille sympa, qui organise une demi-journée pas chère en bateau sur l'île peu fréquentée de Don Som, avec au programme balade à pied, cascades et « rapides de l'Éléphant blanc ».

Dok Champa Guesthouse *(plan,* ***14****) : côté nord. 020-554-769-21. Doubles avec sdb « de bon marché à prix moyens ».* Une *guesthouse* récente et bien conçue, au bord du Mékong. 2 niveaux de confort, les chambres en bois ou en dur. Toutes avec balcon sur l'eau, douche et clim, mais celles en dur sont plus spacieuses et plus confortables. Un bon rapport qualité-prix général, d'autant que le resto sur le fleuve est également de bonne facture.

Pomelo Guesthouse *(plan,* ***15****) : à* ***Ban Hang Khône****, au sud-est de l'île. 020-979-258-93. • pomelo.guesthouse@gmail.com • À 6 km du pont par l'ancienne voie de chemin de fer. Compter 1h15 à pied ou 50-60 000 kips en* tuk-tuk. *Doubles avec sdb et plats à « prix moyens » ; petit déj en sus. En hte saison, quelques tentes à louer bon marché.* Pour ceux qui veulent s'installer un peu à l'écart, c'est l'adresse quasi parfaite. Au bout du village, cette jolie maison en bois abrite des chambres simples mais très bien tenues, avec salle de bains et terrasse privée sur le Mékong. Également 2 bungalows possédant le même charme. Resto-bar de même facture avec, au centre, le fameux *pomelo.* Belle carte de petit déj et de resto, excellents jus de fruits et cocktails. Tenu par Olivia et Tan, un couple suisso-thaï.

Pan's Guesthouse *(plan,* ***11****) : 020-236-551-51. Doubles « de bon marché à prix moyens » avec sdb ; petit déj en sus.* Rangée de chambres donnant de plain-pied sur le jardin ou bien à l'étage avec vue sur le Mékong. Toutes avec hamacs et terrasse collective, ce qui implique un peu de mitoyenneté. Clim et eau chaude pour les plus chères. Resto. Plus loin sur la berge, des annexes en bambou ont été repeintes en bleu. Elles ont moins de charme mais profitent d'une vue face au fleuve tout aussi fantastique (même prix). Bon accueil de M. Pan, mais ne l'appelez pas Peter !

Pakha Guesthouse *(plan,* ***12****) : 020-558-475-22. Doubles avec sdb « de très bon marché à bon marché » ; petit déj en sus. Également des familiales.* Installée des 2 côtés du chemin. Sur la berge, les chambres les moins chères, rudimentaires et ventilées, sont installées côte à côte dans une bâtisse au-dessus du fleuve, avec terrasse commune. Attention, cloisons extrafines. Côté terre, on trouve le resto sous paillote et d'autres bungalows, pour certains climatisés. Bonne cuisine.

LE LAOS

Où manger ? Où prendre le petit déj ? Où boire un verre à Don Khône ?

De bon marché à prix moyens (moins de 60 000 kips / 7 $)

🍽 🍸 ***Nisha*** *(plan,* ***23****)* **:** *peu après l'hôtel Sala Done Khône. ☎ 020-928-383-25. Tlj 6h30-22h. Tous les prix.* Ce petit resto, situé côté rue, propose une délicieuse cuisine indienne et malaisienne qui ravira les petits budgets, les végétariens et même les autres. Samossas, pakoras, currys, naans, lassi, tout est bon et pas cher. On peut s'asseoir en tailleur sur la petite estrade. Un bon plan.

🍽 🍸 ⛱ ***Tokham Sarmxok*** *(plan,* ***20****)* **:** *au 1er pilier du pont français, côté nord. Tlj. Tous les prix.* Cette baraque sans prétention offre des matelas pour s'allonger, observer l'animation du pont et du fleuve, rêvasser au fil de l'eau et au temps qui s'écoule tout doucement... Bonne petite cuisine avec un peu de tout, des nouilles, du riz et du *pad thaï,* le tout bien fait et pas cher. Parfait aussi pour boire un verre. Accueil souriant.

🍽 ☕ ***Chez Fred et Lea*** *(plan,* ***22****)* **:** *avt l'auberge Sala Done Khône. ☎ 020-221-288-82. Tlj en continu, sauf 14h30-18h en hte saison. Plats à prix moyens et menu laotien à prix chic. Résa conseillée. CB acceptées.* Petit resto-salon de thé franco-lao qui prépare le matin d'excellents petits déj à base de confitures maison, thé et café du plateau des Bolavens, et concocte ensuite de succulents petits plats et desserts, ainsi que des sandwichs de qualité. Le sympathique Fred, originaire de Bordeaux, est par ailleurs une mine d'infos sur la région. Il change aussi les devises à bon taux et peut s'occuper de vos résas de transport.

🍽 🍸 ***Fleur du Mékong*** *(plan,* ***21****)* **:** *au sud du pont, après le Sengaloun. ☎ 020-965-442-93. Plats à prix moyens.* Côté rue, une salle banale au rez-de-chaussée avec une petite terrasse et une grande pièce ouverte au-dessus. Mais la patronne a fait du curry de canard aux patates douces et du poisson en papillote ses spécialités maison. C'est bon et ça change. S'il est dans le coin, le patron est un guide francophone, peu avare de bons tuyaux.

🍸 ⛱ Un peu avant le pont, sur la droite, un ***petit bar sans nom*** très sympa avec des chaises en plastique pour boire une bière au coucher du soleil et observer chaque soir le bain quasi rituel des buffles...

Où dormir à Don Det ?

Dans le village au nord de l'île, où accostent les bateaux, c'est une succession quasi ininterrompue de *guesthouses,* de boutiques et de restos qui commence d'ailleurs à déborder sur la côte ouest. Mieux vaut donc loger au sud, ce qui permet d'ailleurs de passer plus rapidement à Don Khône par le pont français...

Très bon marché (moins de 80 000 kips / 9 $)

🏠 ***Easy Go Backpackers & Beach Bar*** *(plan,* ***30****)* **:** *sur la côte ouest, un peu en dehors du « bin's » du nord. Dortoirs bon marché.* Rien de fantastique, loin de là, mais si vous cherchez des dortoirs pas chers, vous les avez trouvés. Situés à l'arrière dans une grande cour plus ou moins entretenue, avec douche (froide) commune. Le petit plus, c'est le *beach bar* de l'autre côté du chemin, avec une plagette pour faire trempette.

🏠 ***Mr Vai*** *(plan,* ***31****)* **:** *☎ 020-554-999-69. Doubles avec sdb. Résa conseillée, car peu de chambres.* Dans un coin tranquille de Don Det, le jardin bien entretenu entoure une poignée de chambres en bois, côte à côte et toutes

LE LAOS

simples, avec moustiquaires. Douche froide. Allez, ça ira, vaille que vaille... Petit déj possible chez Mrs Sai, juste à côté.

Mr Phao Riverview Guesthouse *(plan, **32**) : au bord du Mékong. 030-499-27-11. Doubles sans ou avec sdb.* Dans un espace jardiné, plusieurs bungalows sommaires en bois avec moustiquaire et petite terrasse ombragée pour buller sur un matelas, les yeux perdus dans les myriades d'îles flottantes. Sanitaires communs très *roots,* ou privés, un poil mieux. Pour les repas, resto-terrasse sur le fleuve. Accueil chaleureux et familial. Mr Phao organise aussi des excursions, notamment aux chutes de Phapeng (voir plus loin). Location de vélos.

De bon marché à prix moyens (80 000-300 000 kips / 9-35 $)

The Boat House *(plan, **33**) : côte sud-est. 020-548-139-00. • theboathousedondet.com • Bon marché. CB acceptées.* Tenu par un couple germano-laotien sympathique. Seulement 2 bungalows en bois, très agréables, avec douche-w-c., ventilo, balcon donnant sur le fleuve et Don Khône. Également un bungalow en bambou mais un peu vieillot. Fait aussi resto (prix moyens à un peu plus chic) avec surtout du poisson. Mais le plus de l'adresse, ce sont les très chouettes balades de 2-3 jours à bord du bateau du patron dans des coins du Mékong peu fréquentés *(compter env 50 $/j. et par pers, tt inclus).*

Crazy Gecko *(plan, **34**) : au nord de l'île. 020-997-938-75. • crazygecko.ch • Prix moyens.* Tenue par un couple lao-suisse, cette jolie petite maison en bois posée au bord du Mékong propose des chambres très bien tenues (mention spéciale à la familiale de l'étage !) et des bungalows récents au bord de l'eau (plus chers, forcément). Fait aussi resto (voir plus loin).

Chic (300 000-500 000 kips / 35-59 $)

Baba Guesthouse *(plan, **35**) : 020-988-939-43. • dondet.net • Doubles avec sdb, clim, ventilo et petit frigo à « prix chic » (fourchette basse) en hte saison ; petit déj en sus, devant le Mékong. CB acceptées.* Basile, un Français peintre et photographe à ses heures, a conçu avec Phouvanh, sa femme laotienne, une belle adresse, face à une île d'où s'élance un *rain tree* majestueux. Ça tombe bien, chaque chambre possède un balcon d'où on peut l'admirer. On a un faible pour le panorama de celles de l'étage. Peu de déco, mais de belles salles de bains. L'ensemble est très bien tenu. Agréable terrasse au-dessus de l'eau où est servi le petit déj (pas de resto). Bon accueil de Basile qui pourra vous donner plein de conseils pour profiter de la région.

Où manger ? Où boire un verre à Don Det ?

The Garden of Nang *(plan, **40**) : au milieu de la côte ouest, à env 2 km au sud de l'embarcadère. 030-538-2364. Tlj 12h-16h. Prix moyens.* L'une de nos plus jolies découvertes et l'occasion d'une chouette balade à pied ou à vélo ! Vous serez récompensé de votre effort puisque la jolie paillote, au milieu de nulle part, campe devant une adorable plagette où l'on va se rafraîchir avec plaisir avant d'avaler son plat... Une fois séché, bronzé et attablé (ou assis en tailleur sur la petite estrade), on déguste avec délice la cuisine *vegan* de Nang. Tout est fait à la commande, façon *slow food,* les *spring rolls,* les currys, les légumes sautés au tofu ou encore le savoureux *vegan burger* servi avec frites et salade. Et c'est un régal ! À accompagner d'un jus ou d'un *smoothie* (dont un aux herbes). Une adresse et un coin qu'on adore...

LE LAOS

Mama Leuah (plan, **41**) : *côte est. 059-078-792. Resto à « prix moyens » et chambres avec ou sans sdb « bon marché ». Dollars et bahts acceptés.* Une belle terrasse au-dessus du Mékong pour une des meilleures cuisines de Don Det. Spécialités de *spring rolls, lao laap*, steaks, plus des plats allemands et suisses. Musique zen. À la manœuvre, un couple lao-germanique, qui loue aussi une poignée de bungalows tout simples avec un balcon pour zieuter le fleuve, mais ils sont à touche-touche. Pas mal de monde, les touristes connaissent bien l'adresse...

Crazy Gecko (plan, **34**) : *au nord de l'île. Prix moyens.* Agréable terrasse sur le Mékong avec une carte locale qui s'aventure aussi vers des plats suisses-allemands, type *schnitzel* et *rösti*. Pas mal de routards suisses et allemands, vous aviez compris. Pour se distraire, billard et terrain de pétanque.

À voir. À faire

Attention, interdiction de faire voler des drones dans le secteur, à cause de la frontière et du barrage tout proches. Si, si, y en a qui ont essayé... ils ont eu des problèmes.

Les anciennes maisons coloniales : *en venant du pont, prendre à gauche, vers le nord.* Une bâtisse blanche aux volets bleus, en fait l'ancien bureau de poste et, quelques dizaines de mètres plus loin, une maison d'habitation pour les colons français. Tout ça en ruine, sur un terrain occupé aujourd'hui par l'école primaire et le collège secondaire de l'île. Dans l'enceinte de l'hôtel *Sala Done Khône (près du resto Nisha ; plan,* ***23****)*, voir la maison coloniale restaurée où dormit l'ancien gouverneur général de l'Indochine et ancien président Paul Doumer. Le panneau en français indique la date de 1896, mais il semblerait que la maison date plutôt du début du XXe s.

Wat Khône : *au nord de Don Khône, à droite avt la pointe.* Très jolie pagode gardée par des dragons. Jolie statuaire sur le flanc gauche, avec un bouddha assis sur un naga et un autre entouré d'un singe et d'un éléphant en position d'offrande. Le wat permet aussi de couper la route du nord pour aller aux chutes...

Le chemin de fer : *sur 6 km, entre le pont français de Don Khône et le village de Ban Hang Khône au sud-est de l'île. Compter env 1h15 de marche ou 15 mn en tuk-tuk.* Construite à la fin du XIXe s pour contourner une zone où le Mékong n'est pas navigable, cette petite ligne mesurait 8 km en tout reliait Don Khône à Don Det par le superbe pont français (150 m de long pour 3 m de large) édifié en 1919. Il tient toujours bon et fait le bonheur des piétons et des cyclistes, qui affluent au coucher du soleil... Il faut imaginer les conditions de travail à l'époque, particulièrement rudes, compte tenu de l'environnement, du climat insalubre, de la météo et de l'équipement

L'HISTOIRE DU BATEAU QUI PRENAIT LE TRAIN

Au temps du protectorat français, étendre le commerce avec les pays voisins supposait de maîtriser la navigation sur le Mékong. Or les chutes, écueils et autres rapides constituaient autant d'obstacles infranchissables. Pour les contourner, une ligne de chemin de fer de 6 km de long fut donc construite en 1893, d'abord à travers l'île de Don Khône, puis à partir de 1923 sur 2 km supplémentaires à travers celle de Don Det. Les 2 îles furent reliées par un pont, qui existe toujours, tout comme les quais qui servaient à haler la marchandise. Eh oui, le bateau prenait le train ! Un pari fou, une réalisation titanesque qui fut exploitée jusqu'à ce que la route 13 supplante le chemin de fer en 1937.

basique. Les 500 travailleurs locaux réquisitionnés pour la 1re portion de la ligne sont peu qualifiés, mal nourris et mal soignés ; beaucoup tombent malades ou meurent sur le chantier. Il faudra 5 mois de travaux pour réussir à transborder le 1er bateau à bord du train. Celui-ci comptait 12 wagons. Passagers et marchandises débarquaient au sud de l'île pour rembarquer au nord, et vice versa. Les embarcadères en béton sont toujours là : au village de Ban Hang Khône pour celui du sud et sur la côte est de Don Det pour celui du nord. On peut voir 2 locomotives rouillées, découvertes dans la jungle en 1989 par Jean-Michel Strobino, un Français passionné par l'histoire du Laos : la loco dite française dans le prolongement sud du pont et la loco dite japonaise au village de Ban Hang Khône. De grands panneaux en anglais et de très intéressantes photos d'époque expliquent l'histoire du chemin de fer, abandonné après la construction de la route 13 longeant les 4 000 îles. Les rails ont été récupérés et la voie de chemin de fer est devenue une excellente piste. Lire aussi l'encadré consacré à cette histoire hors du commun, presque digne de *Fitzcarraldo,* le film de Werner Herzog dans lequel on transporte un bateau à travers l'Amazonie !

*** Li Phi** (ou **Somphamit) Waterfalls :*** *à la pointe sud-ouest de Don Khône, à env 1,5 km du pont. Tlj 7h-18h. Entrée : env 35 000 kips. Li Phi* signifie en lao quelque chose comme « le piège aux mauvais esprits ». Les Lao pensent que les chutes captent les *phi* (mauvais esprits), si bien qu'ils ne se baignent jamais à cet endroit (aujourd'hui encore, des pêcheurs se noient régulièrement dans les eaux agitées du Mékong). Les chutes ne sont pas très hautes, mais le cadre est très beau avec son couloir de roches qui forme un torrent, même si le site est désormais aménagé d'un jardin de bambous, d'une roue à aubes, d'une *zipline* (tyrolienne) assez chère et d'un joli restaurant...

Un grand ***resto*** sur place, avec une terrasse et des tables sous une belle et vaste paillote en chaume de riz. *Tlj 8h30-17h30. Prix moyens.* C'est aussi là qu'il faut s'adresser pour la tyrolienne. Sinon, quelques cahutes à l'entrée du site, histoire de ne pas mourir de soif et de faim après la petite marche...

La plage de Kong Nyai : depuis les chutes, un chemin mène à une plage, où certains se trempent en saison sèche, mais attention à ne pas vous écarter de la berge en raison du courant. Et ne pas rejoindre le village en maillot de bain, question de respect pour les coutumes locales. Plusieurs paillotes servent à manger et à boire sur place. Bon, en saison des pluies, la plage n'existe plus ! C'est aussi d'ici que l'on peut partir en balade pour voir les dauphins (lire plus loin).

Khon Pa Soi Waterfalls : *à 4 km du pont. Aller jusqu'à l'extrémité nord de Don Khône (village de Ban Khon Nua) ou couper par le chemin du Wat Khône. Continuer vers le sud jusqu'à un grand panneau jaune « Khon Pai Soi Waterfalls » indiquant un chemin à gauche. On arrive devant un petit pont suspendu (au passage, bon resto avec terrasse en surplomb). Traverser le pont et suivre le chemin vers la gauche. Pas d'accès possible depuis le sud de l'île (ponts cassés). GRATUIT.* On débouche sur un site spectaculaire de chutes et rapides. Mais au milieu, on découvre, un peu navré, les vestiges de gigantesques nasses à poissons en bois et bambou de plus de 10 m de long. Elles ont été abandonnées depuis l'interdiction de pêcher prononcée à cause de la construction du barrage de Don Sahong.... Une misère et une honte car, en période de hautes eaux, ces nasses pouvaient attraper chacune jusqu'à 500 kg de poisson et nourrir des familles entières !

Les dauphins d'eau douce (dits **« de l'Irrawaddy »**) **:** *de Don Khône, on peut les observer en pirogue au départ de 2 sites. On conseille de faire l'excursion au lever du soleil (en tout cas pas après 9h) ou bien alors à 16h, car les dauphins se montrent peu aux heures chaudes. Le 1er départ*

LE LAOS

*se fait de **Ban Hang Khône,** à 6 km au sud du village principal (voir plus haut). D'ici, le panorama est magnifique sur le Mékong et la frontière cambodgienne. En saison sèche, les dauphins ont tendance à barboter dans une piscine naturelle au sud de l'île (en saison des pluies, ils circulent), c'est donc d'ici qu'on a le trajet le moins long et le moins cher. Compter env 70 000 kips/bateau pour 4-5 pers max ; possibilité de grouper la visite avec d'autres îles et d'autres chutes, notamment celles de Phapeng (150 000-250 000 kips selon parcours).*
*Le 2[d] départ se trouve à la plage de **Kong Nyai** (vers les chutes de Li Phi ; à env 3 km du pont ; voir plus haut) ; navigation plus longue mais très belle le long de la côte ouest. Compter env 110 000 kips/pers.* On les appelle dauphins de l'Irrawaddy, car on les trouve également dans ce grand fleuve birman. Sur les quelques dizaines de spécimens qui restent en Asie, on n'en compte plus que 4 dans cette partie du Mékong... Avec un peu (beaucoup) de chance, vous pourrez vous émerveiller de leur discrète apparition, car la plupart du temps on aperçoit juste leurs ailerons et museau au moment où ils respirent. Votre visite et ce qu'elle rapporte à la population locale demeurent le meilleur moyen de préserver cette espèce. Ce n'est pas que les dauphins soient exterminés volontairement. Au contraire, ils sont considérés comme des animaux sacrés. Mais les mailles des filets des pêcheurs laotiens et les explosifs des braconniers cambodgiens leur ont, par le passé, fait beaucoup de mal. Et aujourd'hui, c'est le barrage de Don Sahong qui risque de les faire disparaître totalement.

Sorties en kayak et visites combinées : *résa auprès de ttes les guesthouses, restos et agences. Compter env 200 000 kips/pers pour la journée ; petit déj vers 8h30 et sur l'eau dès 9h45, retour vers 17h-18h. Difficulté : 1 à 2 selon le niveau du Mékong.* Elles sont organisées aussi bien au départ de Don Khône que de Don Det et incluent le petit déj, un rapide apprentissage du kayak, un guide, le déjeuner, les visites des chutes de Phapeng (ou de Khon Pa Soi), et l'observation des dauphins. Faisable par toute personne en bonne santé, cette formule, bien organisée, remporte un succès mérité. En saison des pluies, le courant peut être fort et la sortie s'avérer bien plus sportive. Renseignez-vous avant.

Don Som : *prendre le bac au nord de Don Det. Compter env 10 000 kips/pers, vélo inclus, pour 5 mn de traversée. On peut aussi opter pour l'excursion de la* Souksanh Guesthouse *(plan, **14**).* Pour sortir un peu des îles et des sentiers battus, voici une chouette balade à faire sur une île de 12 km de long, peu fréquentée par les touristes... Bien se renseigner sur le dernier bac pour rentrer avant la nuit.

Sunset cruises : *départ à 16h, pour 2h de navigation en pirogue. Tarif : env 120 000-150 000 kips/pirogue, 6 pers max.* Pour profiter de l'embrasement des heures dorées. Amis de la poésie, bonsoir.

LE LAOS

DANS LES ENVIRONS DE DON DET ET DON KHÔNE

Phapeng Waterfalls : *à proximité de la route 13, à 10 km au sud de Ban Nakasang, à 3 km de la frontière cambodgienne. Pour s'y rendre, prendre une moto-taxi au départ de Ban Nakasang, le mat avt 9h30 (A/R avec attente comprise). On peut aussi y aller depuis l'embarcadère de Ban Hang Khône (lire plus haut « Les dauphins d'eau douce ») ou s'adresser à la guesthouse de Mr Phao (lire plus haut « Où dormir à Don Det ? »). Tlj 8h-17h. Entrée : 55 000 kips.* Voici donc le fameux « Niagara du Mékong », entendez les plus grandes chutes d'Asie du Sud-Est en volume : 11 000 m^3/s en moyenne, avec des pics de 49 000 m^3 en saison des pluies ! Ce sont aussi les plus larges au monde : 15 m de haut seulement... mais 10 km de large, si l'on tient compte du fait qu'elles se prolongent jusqu'aux chutes de Sopheakmit (voir le chapitre Stung Treng au Cambodge) ! Attention, du site on ne perçoit pas vraiment sa largeur, on en a juste un échantillon. Cela dit, avec leur bruit d'enfer, elles sont spectaculaires, et l'on jouit d'un beau panorama en montant jusqu'au kiosque qui les surplombe. En descendant au pied des chutes, l'atmosphère est encore plus impressionnante avec la vapeur d'eau en suspension dans l'air... Dommage que des déchets flottent parfois au bord du rivage.

|●| 🍸 Sur place, ***The View,*** un resto... avec vue !

LAOS : HOMMES, CULTURE, ENVIRONNEMENT

BOISSONS

– Avant toute chose, ne jamais consommer d'***eau*** du robinet non bouillie. Privilégier l'eau minérale capsulée, que l'on achète dans tous les commerces et épiceries de rue. En dehors des endroits à fréquentation touristique, attention aussi aux glaçons. On reconnaît les glaçons « industriels » (consommables) à leur forme cubique et au trou cylindrique au milieu. Évitez la glace pilée. Dans les grandes villes, les hébergements mettent parfois de l'eau filtrée à disposition des clients, pratique pour ***remplir sa gourde.*** De même, certains restos servent gratuitement de l'eau en verre ou carafe (un bon moyen d'éviter les bouteilles en plastique). En principe, elle est filtrée, mais posez tout de même la question ! Voir aussi la paille de filtration dont on parle dans la rubrique « Santé » de « Laos utile ».
– Les ***jus de fruits :*** nombreux, frais et savoureux. Ananas, mangue, banane, orange et citron sont les plus courants. Sauf indication contraire de votre part, ils sont souvent servis sucrés au sucre de palme.
– Le ***thé :*** dans ce pays producteur, c'est une boisson largement répandue, qui consiste le plus souvent en quelques feuilles de thé vert jetées dans un verre d'eau chaude (purifiée, bien sûr). D'ailleurs, pour ne pas se retrouver avec un simple sachet de thé noir de marque internationale, toujours demander un « traditionnal lao tea » ou un « green tea », son goût est légèrement fumé.
– Le ***café,*** dont les plantations ont été introduites par les Français sur le plateau des Bolavens, est très bon, quoique plus torréfié (léger goût de brûlé) qu'en Europe. En général, il est servi avec du lait concentré sucré. Pour un café noir, il faudra préciser à la commande « *kafé dam* ». Il se sert également froid, avec des glaçons. On trouve également sans problème des cafés expresso à la mode européenne.
– La ***bière*** la plus connue est la *Beerlao,* brassée près de Vientiane. Honorable et sage, l'originale titre à 5°. Très abordable pour une grande bouteille de 66 cl dans les gargotes et restos, elle est généralement servie suffisamment fraîche. On la trouve aussi en petites bouteilles et canettes de 33 cl, ou, plus rarement, à la pression (pas toujours top).
– Le ***lao-lao,*** alcool national, est préparé en faisant fermenter du riz gluant cuit, mélangé à de la levure et de l'eau, dans de grosses jarres. Il titre de 40 à 50°. Il se consomme dans toutes les gargotes et son prix est dérisoire. Attention quand même, il a la réputation de rendre un peu fou. Dans les endroits fréquentés par les touristes, le *lao-lao cocktail,* préparé avec du miel, du jus de citron et des glaçons, fait un peu office de ti-punch local. On en trouve aussi sur les marchés avec un serpent ou un scorpion (ou les 2) dans la bouteille.

CUISINE

La nourriture laotienne ressemble un peu à la cuisine thaïlandaise. Elle se caractérise par l'utilisation plus abondante de piments et d'herbes aromatiques (au moins 120) appartenant à la pharmacopée traditionnelle. Le riz gluant cuit à la vapeur est la base de l'alimentation (un proverbe affirme même « Le vrai Laotien est celui qui mange du riz gluant », le décor est planté !). Les soupes parfumées sont aussi très populaires, surtout dans les villes. Pour le reste, la cuisine laotienne aligne un joli nombre de spécialités, même si les recettes similaires à celles de la cousine thaïe floutent un peu le jugement. Enfin, Vientiane et surtout Luang Prabang proposent quelques tables de (très) belle tenue, dont les chefs, formés à la mode occidentale, savent métisser les saveurs.

D'ailleurs, il suffit de se rendre sur un marché pour entrevoir l'infinie variété des produits, qui impactent évidemment l'alimentation. Côté fruits et légumes, on trouve en abondance salades, choux, navets, tomates, navets sucrés, ananas, noix de coco, papayes, plusieurs variétés de banane (banane plantain, banane à pépin, etc.), fleurs de bananier, haricots de soja, pommes de terre, taros, durians, etc.

Les repas

Les Laotiens prennent leurs repas assez tôt : on déjeune de 11h30 à 13h et on dîne dès 17h-17h30. Dans les restos traditionnels, vous aurez du mal à vous faire servir après 21h. Dans les villes et sites touristiques, comme à Vientiane, Luang Prabang ou Paksé les horaires sont plus souples.

Le matin, les Laotiens prennent un vrai repas composé le plus souvent de riz gluant avec quelques morceaux de viande séchée. Dans les villes, il est parfois remplacé par une soupe (le *phó*) à base de blé ou de riz : le *mi* (jaune), le *phó* (blanc) ou le *khao pirksen* (blanc et épais). On trouve aussi le *khao tchi paté,* un sandwich de pâté vietnamien assorti de quelques rondelles de concombre et de persil.

Sinon, vous pouvez essayer la baguette de pain, héritage français très populaire dans les villes, arrosée de lait concentré sucré, à accompagner d'un café ou d'un thé à la manière laotienne. On trouve, enfin, de bons croissants à Vientiane et à Luang Prabang.

Spécialités

– Le ***khao niao,*** ou *riz gluant,* cuit à la vapeur et servi dans de petits paniers en rotin tressé, est la forme la plus courante du riz. Il se malaxe dans la main en boulettes que l'on trempe dans les plats comme on sauce avec le pain. Ce riz se consomme également sucré, comme friandise, le *khao lam* (voir plus loin).

– Le ***laap*** est une salade traditionnelle laotienne composée de viande (bœuf, porc ou canard) ou de poisson haché et cuit, assaisonnée au citron vert et au piment, servie avec du concombre et beaucoup d'herbes aromatiques. Accompagné de riz gluant, c'est LE repas laotien emblématique. Simple et toujours bon.

– Le ***tam mak houng,*** ou *salade de papaye verte,* est une institution culinaire laotienne. C'est l'équivalent du *somtam* thaïlandais. Les papayes vertes sont pilées avec de l'ail, du citron, du *padek* (résidus de poissons fermentés, souvent crus, à éviter si possible pour question d'hygiène) et du piment. Estomacs sensibles, s'abstenir, à moins de le commander sans piments *(bo phèt)* et sans *padek* (poisson fermenté). Même les estomacs en béton auront intérêt à ne pas dépasser les 2 piments *(song mak phèt).*

– Le ***mok*** est tout d'abord un mode de cuisson à la vapeur dans une feuille de bananier, d'une préparation plus ou moins émincée, voire de la consistance d'un pâté. C'est un cousin germain de l'emblématique ***amok*** cambodgien ou du ***hok mok*** thaïlandais. Les *mok* de poisson au lait de coco sont particulièrement délicieux. On trouve aussi des *mok* à la viande, et des *mok mot* d'œufs de fourmis (vous avez bien lu !), que l'on trouve, durant la mousson, plus en vente au marché qu'à la carte des restos.

– Les ***saucisses de porc*** sucrées à la chinoise sont servies grillées ou frites. Le ***sai oua Luang Prabang*** est une saucisse de porc que l'on trouve dans cette ville.

Elle est souvent offerte comme cadeau par les Laotiens lorsqu'ils rendent visite à la famille. Les saucisses de viande de buffle mélangée à du riz méritent également d'être goûtées.

– L'***or lam*** est encore l'une des spécialités de Luang Prabang. Il s'agit d'un ragoût à base d'aubergines miniatures, de champignons gluants, de couenne de porc et de poule sauvage, parfumée à l'aneth et à l'écorce de *sakham,* au goût anisé.

– Les ***som mou*** sont des morceaux de viande de porc cru, marinés dans du vinaigre et du piment à l'intérieur de feuilles de bananier. C'est délicieux, mais ils présentent tout de même un risque, même pour les estomacs aguerris. Le ***som pa*** est la même recette avec du poisson.

– Le ***khao poun*** est un plat populaire composé de nouilles de riz, qui peuvent être servies en soupe, accompagnées d'un bouillon de lait de coco épicé, de germes de soja et de feuilles de menthe. On le trouve également comme accompagnement avec le ***tam som*** (salade vinaigrée) ou dans les plats vietnamiens.

– Également la ***viande de buffle séchée au soleil*** puis grillée : c'est assez fort, et il vaut mieux avoir de bonnes dents.

– Le ***phó*** (prononcer « feu »), d'origine vietnamienne, est l'un des plats les plus populaires du Laos : soupe de nouilles et de viande en lamelles ou en boulettes (souvent les 2), accompagnée de petits piments, de menthe, de germes de soja, de coriandre et de basilic, que chacun accommode à sa guise.

– Sur chaque table de resto, à la disposition du client, un assortiment de piment en poudre, de sauce de soja, de vinaigre et de sucre, de même que l'indispensable ***nam pa,*** une sauce de poisson fermenté que les Vietnamiens appellent *nuoc-mâm.* Préparé avec les mêmes ingrédients, le ***padek*** se présente sous forme de pâte, mais il est préférable de s'en méfier dans les campagnes, pour raisons d'hygiène.

– Le ***tom yam*** est une soupe d'origine thaïlandaise composée de viande ou de poisson, agrémenté de feuilles de citronnelle, lait de coco, coriandre... Le mélange est en général assez relevé. Elle est traditionnellement cuisinée – et parfois directement servie – dans un réchaud circulaire alimenté par du charbon de bois.

– Si les produits de la mer sont absents pour d'évidentes raisons géographiques, le Mékong regorge en revanche de ***poissons...*** d'élevage, les barrages et la pollution ayant fortement diminué le nombre de poissons sauvages. Ils sont malgré tout savoureux, particulièrement le *tilapia,* consommé grillé ou en mok.

Bizarreries

Les amateurs d'expériences gastronomiques seront comblés, les Laotiens ayant pris l'habitude de manger tout ce qui bouge (ou presque). En effet, la population rurale vivant loin des marchés continue de vivre en grande partie de chasse et de cueillette avec un goût pour les viandes de la forêt. Ils mangent chauves-souris, écureuils, civettes, serpents, varans, mais aussi les rats des bambous et des rizières (pas ceux des villes). On en trouve sur certains étals de marché. La viande de chien est appréciée et se mange dans des restos spécialisés. Les cigales et les sauterelles, quant à elles, sont frites. C'est assez fin, croustillant et ça a un arrière-goût de noisette. Le ***porc-épic en ragoût*** a une chair tendre sans goût de gibier prononcé. Le ***buffle*** ressemble beaucoup au bœuf, en un peu plus fort et un peu plus coriace. On peut aussi goûter à la ***peau de buffle séchée*** et frite ou aux ***algues frites du Mékong*** *(khaiphean)* au léger goût d'oseille, parsemées de sésame et parfois d'ail et de tomates, que l'on sert surtout dans les restos de Luang Prabang (on en trouve aussi sur le marché). Les restos chinois proposent des ***larves.*** Abstenez-vous du pangolin, un petit mammifère à écailles insectivore, c'est une espèce en voie de disparition. Bon appétit !

Les en-cas sucrés

Il existe une ribambelle de douceurs à déguster, souvent en dehors des repas. On les trouve sur les marchés ou à même la rue, auprès des marchands ambulants. La

période coloniale a également légué au pays une tradition de pâtisseries : pas de quoi se damner, mais on arrive à se caler la dent sucrée.
– Le ***khao tom,*** du riz gluant avec de la banane ou de la patate douce, cuit dans des feuilles de bambou, soit à la vapeur, soit grillé. Ça vous rassasie un éléphant en moins de deux !
– Le ***khao lam,*** du riz gluant à la noix de coco présenté dans un segment de bambou. Facile à emporter.
– Le ***nam van,*** littéralement « eau sucrée », est un mélange de fruits noyés dans du lait de coco sucré, que l'on déguste comme dessert. Il existe de nombreuses variantes avec des haricots rouges, des patates douces, du maïs, des gelées d'herbe, des billes de tapioca, du manioc, etc.
– Le ***roti*** est une crêpe d'origine indienne aux œufs ou fourrée à la banane, arrosée de lait concentré sucré. On la trouve seulement le soir dans les rues de Vientiane et de Luang Prabang.
– Les ***tuiles au lait de coco*** sont délicieuses. On les achète fraîchement préparées dans les étals de rue, à Luang Prabang en particulier.

CURIEUX, NON ?

– On goûte aux œufs de fourmis, crus ou cuits. Attention, ils contiennent de l'acide formique, celui qui vous brûle en cas de morsure d'une fourmi rouge. Hormis cette particularité, ce n'est pas mauvais. Ils sont d'ailleurs parfois incorporés dans les omelettes. On est sympa de vous prévenir !
– Le *lao kap ké* est un alcool de riz dans le lequel macère un gecko, sorte de petit lézard.
– Les plus aventuriers goûteront au fameux durian, un fruit qui ressemble à une pomme de pin géante, dont les senteurs oscillent entre le camembert sur le retour et la crème de purin. Il faut alors faire preuve d'une profonde zénitude devant cette chair blanche pestilentielle, dont les arômes se révèlent au final plus subtils que son odeur.
– Dans les campagnes, vous croiserez sans doute des femmes au sourire rouge sombre et aux dents aussi noires que la suie. S'en dégage l'inquiétante impression qu'elles saignent des lèvres. Elles chiquent en fait une feuille de bétel accompagnée de chaux et de noix d'arec. Une tradition ancestrale qui colore la bouche et la salive.
– Outre la baguette et les croissants chauds, la pétanque est un héritage français. On trouve des boulodromes partout, jusque dans les villages les plus paumés. L'occasion de se mesurer aux Laotiens, souvent excellents joueurs.
– Le Laos compte 2 000 licenciés de rugby, la moitié sont des femmes.
– Selon la croyance animiste, les *lokapâlas* (appelés aussi *dikpâlas)* sont les génies protecteurs des villages et provinces. Ils apparaissent généralement la nuit, parfois sous la forme d'un animal. Fuir devant eux porte malheur ; il faut, au contraire, faire preuve de courage en avançant et en les regardant droit dans les yeux, puis revenir en leur tournant le dos pour leur exprimer son mépris.
– Si vous désirez vous faire tirer le portrait aux côtés d'un moine plus petit que vous... faites en sorte de vous baisser pour qu'il vous dépasse.
– Si les couples s'abstiennent d'exprimer de façon voyante leur passion en public (les bisous sont relégués aux secrets d'alcôve), il n'est pas rare que 2 hommes se baladent main dans la main, signe de complicité.

DROITS DE L'HOMME

Alors que les inégalités s'accentuent avec l'ouverture économique du Laos au commerce mondial, le système politique demeure, lui, de plus en plus hermétique. Le Laos reste plus que jamais l'un des régimes les plus répressifs de la planète, avec un Parti monolithique et un contrôle absolu du pouvoir sur les médias et sur Internet. Les réseaux sociaux sont devenus l'un des principaux outils de surveillance et de répression du régime, et mieux vaut réfléchir à 2 fois avant d'y publier un commentaire sensible.

De l'extérieur, les ONG se mobilisent pour la libération des quelques rares Laotiens courageux qui ont tenté de s'opposer à des décisions gouvernementales ou d'obtenir des réformes en organisant des manifestations, en vain. 2 d'entre eux croupissent en prison depuis 1999, sans que l'on ait plus de nouvelles de leur état de santé. D'autres, comme le militant écologiste Sombath Somphone, enlevé en 2012, sont considérés comme « disparus ».

En août 2017, un décret gouvernemental sur les associations impose désormais des contraintes de fonctionnement supplémentaires aux ONG et aux autres groupes de la société civile, au risque de se voir infliger des sanctions pénales. Des associations concentrent surtout leurs activités sur les immenses projets d'infrastructures, qui menacent l'environnement et les droits des populations autochtones. Dans le cadre d'un vaste programme de construction de barrages sur le Mékong, comme celui de Don Sahong, par exemple, des milliers de personnes ont été déplacées et officiellement relogées, selon les autorités. Mais leur sécurité alimentaire est aujourd'hui compromise. Selon les estimations, 50 millions de personnes dépendent des ressources du Mékong, et ces bouleversements risquent de transformer leur vie, sans compter les espèces sauvages endémiques en voie de disparition. La rupture d'un barrage dans la province d'Attapeu (sud) en juillet 2018, qui a provoqué officiellement la mort ou la disparition de plus de 160 personnes (le bilan réel est probablement beaucoup plus lourd) a néanmoins obligé les autorités à réévaluer l'ampleur de son programme hydroélectrique.

Les entreprises de déforestation, souvent liées au pouvoir en place, menacent aussi gravement les zones d'habitat. Malgré la tentative du pouvoir d'intégrer de force les minorités ethniques (Hmong, Mien, Kamu, Oïe...), elles demeurent victimes d'atteintes aux libertés religieuses. Enfin, en dépit de la politique offensive menée par le 1er ministre Thongloun Sisoulith, le pays demeure très mal classé en matière de lutte contre la corruption. Depuis 2018, le gouvernement s'est également attaqué de front à la lutte contre la drogue, qui provoque des ravages dans la jeunesse laotienne.

Pour plus d'informations, contacter :

- ***Fédération internationale des Droits de l'homme :*** *17, passage de la Main-d'Or, 75011 Paris. ☎ 01-43-55-25-18. • fidh.org • Ⓜ Ledru-Rollin.*
- ***Amnesty International :*** *76, bd de la Villette, 75940 Paris Cedex 19. ☎ 01-53-38-65-65. • amnesty.fr • Ⓜ Belleville ou Colonel-Fabien.*

N'oublions pas qu'en France aussi les organisations de défense des Droits de l'homme continuent de se battre contre les discriminations et le racisme, et en faveur de l'intégration des plus démunis.

ÉCONOMIE

Le Laos est l'un des pays les plus pauvres de la planète avec un salaire minimum de 1 200 000 kips/mois (environ 125 €) pour 48h de travail hebdomadaire. Concrètement, près du ¼ de la population vit sous le seuil de pauvreté, mais la situation s'améliore depuis le début des années 2000. L'économie du pays est largement tributaire de l'aide internationale et de l'exportation des ressources naturelles (hydroélectricité, bois et mines) vers les pays voisins. Peu peuplé et enclavé, le Laos souhaiterait devenir un carrefour routier et ferroviaire entre la Chine et l'Asie du Sud-Est. Autre ambition, ***sortir de la liste des pays les moins avancés d'ici à 2024,*** grâce à une croissance économique forte et régulière (autour de 6,5 % estimés en 2019) et un taux d'inflation contenu (autour de 1 % en 2018 mais en légère hausse pour 2019). Avec une gouvernance archaïque et largement corrompue et une dette publique forte (durablement installée autour de 67 % du PIB), la pente reste rude.

Entre communisme et libéralisme

L'économie du Laos se caractérise par ***d'énormes disparités entre les régions.*** L'essentiel de l'activité économique se situe à proximité des zones frontalières, se nourrissant des échanges avec les voisins, Chine, Vietnam et Thaïlande, d'où sont importés la plupart des produits finis et nombre de produits frais. Peu industrialisé, le Laos continue d'importer 2 fois plus qu'il n'exporte.
Jusqu'à la révolution de 1975, c'était un pays aux structures féodales. Les terres les plus riches se concentraient entre les mains de quelques familles, et le niveau de vie était extrêmement bas. La révolution communiste en 1975 n'a malheureusement pas changé grand-chose. L'expropriation des terres, la socialisation de l'économie et la collectivisation des méthodes de travail ont, au contraire, aggravé la situation économique. Dès 1979, le régime a mis de l'eau dans son vin en cessant la collectivisation des campagnes, avant de libéraliser entreprises et commerce dès 1986.
Le Laos est d'ailleurs aujourd'hui l'un des pays d'Asie doté de la ***réglementation la plus libérale pour l'entrée et la sortie des capitaux.*** Ce revirement complet a été renforcé par l'adhésion du Laos à l'ASEAN (Association des nations du Sud-Est asiatique) en 1997. En 2010, la Bourse de Vientiane a été créée. Une révolution pour un pays à l'économie planifiée (même les drapeaux rouges avec faucille et marteau des bâtiments publics en rigolent encore !). Puis, en 2013, le pays a adhéré à l'OMC (Organisation mondiale du commerce). La poursuite des réformes, accélérée par l'entrée dans l'OMC et son cortège de conditions, reste nécessaire pour permettre au pays de s'installer durablement au sein des pays émergents et de quitter la zone de PMA (Pays les moins avancés). Si la présence d'un parti unique d'inspiration communiste (PPRL) assure la stabilité politique du pays, des problèmes de gouvernance subsistent : en 2013, l'Assemblée nationale a ainsi révélé des niveaux élevés de corruption (en 2018, l'ONG Transparency International classait le pays au 132e rang mondial sur 180) et d'évasion fiscale au sein des organismes étatiques. Sans compter la situation de forte dépendance par rapport aux pays voisins, qui mettent un peu les coudes sur la table.

Agriculture

Avec l'exploitation des forêts et la pêche, le secteur agricole génère environ 16 % du PIB, en occupant 60 % de la population active. Si l'agriculture est encore dominée par une ***activité de subsistance traditionnelle,*** sans engrais ni technologies, elle n'occupe que 8 % des terres cultivables (qui représentent seulement 10 % de la surface du pays en raison du relief tourmenté). ***Le riz*** pousse, à lui seul, sur 70 % des terres cultivées, et les plaines centrales du pays (régions de Vientiane, Savannakhet et Champasak), irriguées par les eaux du Mékong, produisent la moitié de la récolte nationale. Riz humide en plaine, riz sec en montagne. Les paysans cultivent également maïs, fruits et légumes, manioc, arachides, canne à sucre, sésame, etc. Les Chinois louent et exploitent les terres sur 20 ans, qu'ils arrosent copieusement d'engrais chimiques pour faire pousser hévéas, bananes et canne à sucre.
L'exploitation des forêts – tant convoitées par la Thaïlande, le Vietnam, la Malaisie et la Chine – représente une importante source de revenus pour le pays. Pour le volet économique, on retiendra que des quotas d'abattage et d'exportation d'arbres ont été instaurés par le gouvernement laotien en 2004. Or, le trafic sévit avec les pays limitrophes (Chine, Vietnam...) sur fond de corruption. Pour le volet écologique de ce carnage, voir plus loin la rubrique « Environnement ».

Tourisme

Figurant ***parmi les secteurs les plus dynamiques,*** celui des services génère près de 41,5 % du PIB avec 29 % des emplois. Et plus particulièrement le tourisme qui affiche chaque année d'importantes hausses de fréquentation. Le pays serait passé de 700 000 touristes en 2000 à presque 5 millions en 2018, au 3/4 des pays limitrophes. Un chiffre artificiellement gonflé par les autorités qui comptabilisent certains travailleurs frontaliers. Pour les Occidentaux, l'atout majeur du Laos tient à ses communautés ethniques, sa nature et son riche patrimoine. Mais les projets pharaoniques initiés par les Chinois, notamment à Vientiane et dans les environs de Luang Prabang brouillent les cartes.

Ressources minières et hydroélectricité

Le secteur industriel génère près de 31 % du PIB avec 10 % de l'emploi total. ***Très riche*** en gisements de cuivre, zinc, plomb, charbon et or, le ***sous-sol*** n'avait jamais vraiment été exploité avant les années 2000. Depuis, les investissements étrangers affluent, et l'exploitation du sous-sol connaît une forte croissance. Aujourd'hui, l'industrie minière est devenue l'un des piliers de l'économie. Les Chinois ne s'y sont pas trompés, ils ont proposé aux Laotiens de financer une partie de la ligne de chemin de fer, sur 420 km à travers le pays et ses montagnes pour relier le Yunnan à Vientiane, à condition de disposer de la libre exploitation des sols et sous-sols de part et d'autre du tracé de la voie. Après avoir hésité, le gouvernement laotien a sagement refusé l'offre à ces conditions.
Mais le fer de lance de l'économie du pays, c'est ***l'énergie hydroélectrique*** ! Dans ce véritable château d'eau régional qu'est le Laos, on compte aujourd'hui une quinzaine de barrages en activité. D'autres sont en construction (voir plus loin la rubrique « Environnement », mais aussi « Droits de l'homme » plus haut). L'ambition des autorités est claire : développer l'hydroélectricité en tant que source d'énergie principale, propre et renouvelable, tout en s'imposant comme un centre de production régional. Encore faut-il que les Laotiens en bénéficient : les 3/4 de l'électricité produite sont exportés vers la Thaïlande, qui apporte d'ailleurs son soutien financier aux projets, tout comme d'autres pays de l'ASEAN. Lire aussi plus loin « La question des grands barrages hydroélectriques » dans la rubrique « Environnement ». Enfin, ***l'industrie textile*** demeure un secteur important de l'économie. L'activité génère de nombreux emplois et près de 25 % des exportations du pays.

Aide internationale

Très importante (5 à 7 % du PIB), l'aide internationale finance principalement les programmes de réduction de la pauvreté et de développement des infrastructures. Le Japon, la Suède et la France figurent parmi les principaux créanciers... Certaines agences spécialisées de l'ONU comme le PNUD (Programme des Nations unies pour le développement) ont contribué aussi au développement du pays. Des ONG sont en place, une centaine au total, dont *Médecins sans frontières, Action contre la faim* et *Handicap International* pour les plus connues, ou encore le *Comité de coopération avec le Laos,* plus spécifique... Beaucoup viennent en aide aux populations victimes de déplacements forcés à l'occasion des grands chantiers.
Quant à ***la Chine, elle investit*** (plantations extensives, projets industriels, construction et exploitation de barrages...) ***plus qu'elle n'aide.*** Certains analystes renvoient l'attitude de la Chine au Laos à une forme de colonisation par l'argent : dans le nord du pays, une prime de 100 000 dollars serait offerte à tout Chinois qui quitte le pays pour s'implanter au Laos durablement (interdiction de retour au bercail pendant plusieurs années !). La Chine, qui a déjà massivement colonisé le

nord du pays, poursuit sa conquête vers le sud, notamment grâce à la fameuse ***ligne ferroviaire entre Kunming et Vientiane*** qui devrait être opérationnelle d'ici fin 2021.
Sur ce chantier, les critiques ne manquent pas : elles sont économiques, puisque le Laos finance le 1/3 des 5 milliards d'euros du projet grâce à des prêts octroyés par la... Chine (et s'il ne parvient pas à les rembourser, de nouvelles conditions pourraient lui être imposées, comme des terres ou des autorisations d'exploration de régions minières). Les rizières, quant à elles, ont été détruites et par là même une économie de subsistance pour les agriculteurs qui avaient la malchance de vivre le long du tracé ; critiques sociales ensuite avec le déplacement de plus de 4 400 familles (la compensation doit, en principe, être réglée par le gouvernement laotien). Les bénéfices pour les Laotiens restent discutables. La Chine, quant à elle, trace « ***une nouvelle route de la Soie*** » pour écouler ses marchandises vers l'océan Indien.

ENVIRONNEMENT

Végétation

Outre des kapokiers, des bambous géants et de nombreux résineux, comme le benjoin et le pin, il existe toutes sortes d'arbres fruitiers. Manguiers, papayers, jacquiers, bananiers, cocotiers, palmiers à huile, arbres à durian se trouvent surtout dans la moitié sud du pays. Il y a encore des caféiers et des théiers en abondance dans la région du plateau des Bolavens (et dans la région de Phongsaly, au nord pour les théiers), plus des pêchers aux alentours de la plaine des Jarres. Les orchidées, elles, poussent dans les régions tempérées par l'altitude.
Or, dans les régions du Sud et du Nord-Est, exploitation forestière rime avec catastrophe écologique, car rien n'est vraiment mis en œuvre pour renouveler les pans de forêt abattus. Si celle-ci occupait 70 % du Laos en 1940, le chiffre est aujourd'hui tombé autour des 40 % ! Et au rythme où sont exportées légalement ou illégalement les essences précieuses comme le teck ou le palissandre (bois de rose), il y a danger...
Depuis 2004, le gouvernement a réglementé l'exploitation de la forêt tropicale. Mais si ***le couvert forestier reste assez stable*** au niveau national, ***sa qualité se dégrade.*** La forêt dense est inexorablement remplacée par des forêts dites « ouvertes », mêlant arbres, buissons et prairies.
Pour se dédouaner, les autorités fustigent la culture sur brûlis pratiquée par certains agriculteurs pour nettoyer leurs plantations à moindre effort, comme étant une des causes de la déforestation. Or, que pèsent réellement ces exploitations traditionnelles face aux énormes concessions faites aux entreprises industrielles, autorisées à dépasser allègrement les quotas par le gouvernement qui les a instaurés ? Certes, ce sont chaque année 2,5 à 3,5 milliards de US$ qui sont en jeu !
Dans le nord, les exploitations d'hévéas (l'arbre produisant le latex) et de bananiers, confiées pour beaucoup à des compagnies chinoises, se font ***au détriment de toute considération écologique et humaine.*** En particulier de par l'utilisation massive de pesticides extrêmement nocifs, entraînant parfois le décès par empoisonnement surtout d'enfants, plus vulnérables, et rendant les terres tout à fait stériles.

Faune

Compte tenu de la faible densité de sa population et de son réseau de communication sommaire, le Laos est sans doute ***le pays d'Asie qui possède encore la faune la plus abondante et la plus variée.*** Les espèces les plus spectaculaires sont l'éléphant sauvage (en voie de disparition), le léopard, le gibbon et l'ours noir. Le rhinocéros de Sumatra d'Asie aurait pratiquement disparu, tout comme le dauphin d'eau douce (ou dauphin d'Irrawady). En revanche, on peut toujours rencontrer l'ours à collier et quelques centaines de tigres indochinois, malheureusement braconnés pour combler les envies culinaires de certains touristes Chinois. On croise encore plusieurs espèces de singes (macaques), des pangolins (eux aussi cruellement traqués pour la qualité de leur chair, appréciée par les Chinois, encore !), des sangliers, de nombreuses espèces d'écureuils ou de civettes et des cervidés. Les variétés d'insectes et de papillons sont innombrables, et les cigales animent le décor sonore de la forêt. Les serpents sont nombreux dans tout le pays, en particulier les cobras et la vipère de Russell.

Laos, cimetière des éléphants ?

On le surnomme le « pays au million d'éléphants »... il le fut un temps, sans doute. Pourtant, aujourd'hui, au Laos comme dans tous les pays d'Asie ou d'Afrique, la population globale de ces pachydermes (sauvages et captifs) menace de s'éteindre. Alors qu'on parlait de 40 000 éléphants au début du XXe s, seuls 400 individus subsistent à l'état sauvage, et 400 captifs. Or, ***il meurt 5 fois plus d'éléphants qu'il n'en naît*** et ce, pour plusieurs raisons : pour les éléphants sauvages, il s'agit essentiellement de la détérioration de leur habitat naturel. La déforestation est due à l'extension des terres agricoles, à l'exploitation du bois (hévéa et teck), ainsi qu'aux constructions de barrages inondant des hectares de forêt. Quant aux éléphants captifs, ils sont employés dans des camps sans la possibilité de se reproduire, leur fonction étant de distraire les visiteurs.

UN PROCESSUS BIEN CRUEL

Quelque 400 éléphants font partie de la vie quotidienne des Laotiens. Ils sont utilisés comme chevaux de trait par les villageois, promènent les touristes et possèdent un caractère quasi sacré. Pour les domestiquer, les dresseurs leur font subir un rituel, dont le but est de briser l'esprit de l'animal. Par la violence (mise en cage, chaînes, lances en métal, privation de nourriture...), ils le forcent à se soumettre. Une fois le rituel terminé, l'éléphant est ensuite dressé et prêt à obéir à l'homme.

Les propriétaires d'éléphants qui ne travaillent pas dans les zones touristiques continuent à faire de la reproduction pour alimenter un marché de vente d'éléphants vers l'étranger, même si les autorisations d'export sont de plus en plus difficiles à obtenir.

L'urgence consiste donc à créer des conditions favorables à la procréation pour la survie de l'espèce en maintenant les individus au Laos. À Sayaboury, le Centre de conservation des éléphants secourt, soigne (dans l'unique hôpital du pays) et fait reproduire les éléphants. Ceux qui passent par Luang Prabang ne manqueront pas de se rendre à leur bureau (voir les « Environs de Luang Prabang, encore plus au sud ») et de consulter leur site ● *elephantconservationcenter.com* ●

Outre la survie de l'espèce, un autre problème se pose : la gestion des mâles se retrouvant au chômage et dont les camps de touristes ne veulent pas car considérés comme potentiellement dangereux. Les propriétaires d'éléphants s'inquiètent pour l'avenir. Le bûcheronnage *(logging)* étant désormais interdit, comment continuer à entretenir les pachydermes ? L'Elephant Conservation Center socialise les éléphants pour, à long terme, ***relâcher une partie des mammifères*** dans le parc national de Nam Pouy où vivent déjà entre 50 et 80 individus à l'état sauvage. Le gouvernement de la province de Sayaboury soutient le programme. En attendant, la ***reconversion dans les activités touristiques*** apparaît comme une autre piste, mais ***à quelles conditions*** ?

On entend des échos de maltraitance dans certains camps, mais pas tous. Or, si tous étaient boycottés, que deviendraient ces éléphants ? Déjà, de grâce, fuyez les spectacles. Pour les approcher, choisissez plutôt une structure qui met l'accent sur la bientraitance et instaure des règles : le bain doit être un moment de socialisation et de jeu pour les animaux, sans que les visiteurs n'interviennent et il n'est pas forcément quotidien pour ces éléphants de forêt ; le cornac ne doit utiliser son cruel et traumatisant crochet de dressage qu'en cas de danger immédiat ; parfois, les balades à dos d'éléphant s'effectuent à cru, sans nacelle, pour une durée limitée, dans un environnement où ils peuvent se nourrir de la façon la plus adéquate et diversifiée possible (un adulte mange entre 30 et 200 variétés végétales différentes). Mais, d'une façon générale, on recommande vraiment les structures qui privilégient ***l'observation à la participation.***

Le problème est loin d'être réglé, au Laos comme dans tous les pays où survivent encore des groupes. Il exige un juste équilibre entre préservation de l'espèce, défense (sans jeu de mots) de l'animal et intérêt de leurs propriétaires.

La question des grands barrages hydroélectriques

La Thaïlande, le Laos, le Cambodge et le Vietnam ont signé un accord qui stipule que chacun de ces pays doit consulter ses voisins pour tout projet de barrage sur le Mékong ou sur l'un de ses affluents. Une procédure purement consultative qui n'empêche aucun de ces États de construire ce qu'il veut. Les dés sont d'ailleurs déjà en partie pipés, vu que le grand voisin chinois a déjà érigé ce qu'il faut de barrages en amont pour ouvrir ou fermer le robinet à sa convenance...

Au Laos, l'industrie hydroélectrique est en plein essor, et les autorités ne lésinent pas sur les projets : les moyens, ce sont les autres qui les apportent.

En 2010 fut entrepris le barrage hydroélectrique controversé de Nam Theun II, le plus grand d'Asie du Sud-Est. Le barrage de Xayaburi, le 1er implanté sur le cours inférieur du Mékong, est érigé par les Thaïlandais, qui achèteront 95% des 1 300 mégawatts produits. Celui de Don Sahong, sur le Mékong aussi, au niveau des chutes de Khône, dans les 4 000 îles, a été confié à une entreprise chinoise, comme les 7 barrages situés sur la rivière Nam Ou, affluent du Mékong. En tout, 46 centrales hydroélectriques sont opérationnelles et 54 en chantier ou en projet.

Chacune de ces constructions fait frissonner les associations de défense des Droits de l'homme et de l'environnement. Sans omettre les riverains. Ces projets s'accompagnent de déplacements forcés de la population, de villages et de terres noyés en amont. Quant aux conséquences écologiques en aval, elles ont un impact direct sur la raréfaction du poisson et des algues, dont les villageois tirent leurs revenus, la modification du pH de l'eau, la sédimentation du fleuve, le niveau des eaux et donc les zones humides et agricoles. Si la Thaïlande et la Chine encouragent et investissent dans les barrages, le Cambodge et le Vietnam freinent, quant à eux, des 4 fers : 90 % du riz exporté par le Vietnam est issu de plantations dans le delta du Mékong et 12 % du PIB du Cambodge sont liés au fleuve. Dans cette course, le Laos n'est pas seul. La Thaïlande et le Cambodge ont également leurs projets : au total, 70 ouvrages pourraient barrer le fleuve d'ici 2030.

Nouvelle donne ?

Il aura fallu une catastrophe pour que les autorités laotiennes et les pays voisins prennent en compte le coût humain et écologique de ces barrages. En juillet 2018, dans le sud du pays, le barrage thaï-coréen de Xe Pian-Xe Namnoy a cédé, dévastant 6 villages, en inondant 13 autres, causant la mort de plus de 30 personnes et la disparition de centaines d'autres (aucun chiffre définitif n'a encore été communiqué). 6 600 habitants ont perdu leur logement. Il faut savoir qu'il n'y a aucun moyen d'avertir la population en cas de danger.

Suite à cet accident, le Laos a annoncé une surveillance accrue des chantiers et la suspension de nouvelles autorisations. Pourtant, dès les jours suivants, reprenait

le projet gigantesque et controversé du barrage de Pak Lay au sud de Luang Prabang dont la mise en chantier est prévue pour 2022.
Quant à la Thaïlande, elle étudierait le remplacement de l'énergie hydroélectrique importée du Laos par sa propre énergie solaire, devenue moins onéreuse.

FÊTES ET JOURS FÉRIÉS

En lao, « fête » se dit *boun,* et s'il y a un mot qu'il faut connaître, c'est bien celui-là. Toutes les occasions sont bonnes pour « faire le *boun* » : départ ou retour d'un parent, mariage, funérailles, achat d'un téléviseur, et, bien sûr, fêtes religieuses. Le *boun* se confond souvent avec la cérémonie de *soukhouan,* d'origine animiste, qui se célèbre pour souhaiter la bienvenue à un hôte.
Malgré les restes de croyances animistes, au Laos ce sont bien les fêtes religieuses bouddhiques qui ponctuent l'année. Celle-ci, commencée à la mi-avril, est régie selon le calendrier solaire, mais les mois sont lunaires. De plus, le calendrier bouddhique commence 638 ans avant l'ère chrétienne.

Avril

– ***Nouvel An bouddhique*** (le *Pii mai* ou *Pimai)* **:** *du 13 au 18 avr.* C'est ***la fête des Eaux*** et la plus importante. Elle est basée sur le calendrier solaire. Bien qu'il n'y ait officiellement que 3 jours chômés successifs (le dernier jour de l'année qui s'achève, le 1er de l'année à venir et un jour entre les 2), la fête dure près d'une semaine. Toutes les activités du pays sont alors concentrées autour des pagodes. On revêt la tenue traditionnelle et on ripaille. Les statues du Bouddha sont sorties et aspergées de l'eau lustrale consacrée. Ce ne sont pas les seules... puisque toute la population s'arrose copieusement, de manière quand même moins systématique et chaotique que lors des Songkran urbains de Thaïlande (même période).

Mai

– ***Le 1er mai :*** tradition socialiste oblige, le 1er mai est officiellement férié et chômé. Mais sa célébration ne donne lieu qu'à quelques manifestations protocolaires dans la capitale.
– ***Visakha Bouça*** et ***Boun Bangfay*** (fête des Fusées) **:** *pleine lune de mai.* Elles coïncident, bien qu'étant d'essence très différente. La 1re est une fête bouddhique qui commémore à la fois la naissance, l'éveil et la mort du Bouddha. La 2de est une fête païenne qui célèbre la fécondité et le culte du phallus. C'est une sorte de carnaval débridé qui donne lieu à toutes sortes d'excès (grande consommation de *lao-lao*). Chaque village met un point d'honneur à construire la plus grande fusée en bambou chargée de poudre noire, selon un procédé connu des seuls bonzes !

Juillet

– ***Khao Phansa :*** fête strictement religieuse. Elle marque le début de la traditionnelle retraite des moines au monastère pendant les 3 mois de mousson. C'est aussi le moment que choisissent les familles pour raser le crâne des jeunes garçons qui vont entrer au monastère pour 3 jours, 3 mois, 3 ans ou toute leur vie.

Août-septembre

– ***Ho Khao Padap Din :*** *la fête des Morts a lieu à la 1re nouvelle lune d'août ou de sept, tôt le matin.* Le même jour, course de pirogues sur la Nam Khane à Luang Prabang.

Octobre-novembre

– 2 fêtes qui coïncident dans le calendrier lunaire. Elles ont lieu à la dernière pleine lune d'octobre ou à la 1re de novembre. ***Boun Ok Phansa*** marque la fin de la retraite de 3 mois des moines, et ***Boun Heua Fay,*** dite aussi *Loy Krathong,* est la fête des Lumières, qui donne lieu à de spectaculaires courses de pirogues sur le Mékong. On lance aussi de petits radeaux illuminés faits de bambou sur les rivières, en guise d'offrandes pour remercier nagas et génies tutélaires, afin d'accorder santé et prospérité dans l'année à venir.
– La ***fête du That Luang*** : *au wat That Luang de Vientiane, pdt la pleine lune de nov.* Des moines venus de tout le pays se rassemblent dans les galeries autour du stûpa et reçoivent les offrandes des fidèles sous forme de guirlandes de fleurs. Depuis quelque temps, cette fête prend un tour de plus en plus profane. À l'extérieur du temple se tiennent toutes sortes d'attractions qui n'ont rien de religieux. La fête débute par une retraite aux flambeaux jusqu'au wat Simuang.

Décembre-janvier

– ***La Fête nationale :*** *2 déc.* Elle commémore la révolution de 1975 et donne lieu à plusieurs cérémonies protocolaires.
– Le ***Nouvel An hmong*** : *dans les villages hmong à la nouvelle lune de déc (le 12e mois lao).* C'est une fête joyeuse, au cours de laquelle les habitants sortent leurs costumes de fête et (parfois) fument de l'opium. Les jeunes des 2 sexes se placent en ligne face à face et se lancent et relancent inlassablement une balle en osier.

Février

– ***Makha Bouça :*** *pdt 1 à 5 j.* On commémore la prédication du Bouddha établissant les règles de la vie monastique. Importantes célébrations à Champasak, Luang Prabang et à Thakhek. Cette fête religieuse donne lieu à des retraites aux flambeaux.
– ***Le Têt vietnamien et le Nouvel An chinois :*** *fin janv-début fév, dans les villes principales.* Feux d'artifice et explosions de pétards. La plupart des commerces chinois ou vietnamiens ferment à cette occasion, ce qui permet de prendre la mesure de l'importance économique de ces 2 communautés.
– ***Le festival de l'Éléphant :*** *dans le district de Sayaboury, pdt 3 j.* Processions, numéros d'adresse, bains, concours de dessins... L'occasion de sensibiliser le plus grand nombre à la sauvegarde de l'espèce.

Mars

– ***Boun Pha Vet :*** *sur 3 j. début mars.* On célèbre l'une des incarnations du Bouddha en ordonnant des moines. C'est l'occasion de nombreuses réceptions en famille et dans les monastères.

GÉOGRAPHIE

D'une superficie de 236 800 km^2, environ celle de la Grande-Bretagne, le pays s'étend du nord au sud sur près de 1 500 km. Bordé au nord-est par la ***cordillère Annamitique*** (point culminant, le Phou Bia entre Xieng Khouang et Vientiane, à 2 850 m d'altitude) et à l'ouest par le Mékong, le Laos a des frontières avec la Chine, le Myanmar, la Thaïlande, le Cambodge et le Vietnam. Près de 80 % de sa superficie sont répartis entre plateaux et montagnes. La principale caractéristique du Laos est de ne pas posséder d'accès à la mer.
Le ***Mékong*** arrose le pays sur 1 800 km. Il est théoriquement navigable toute l'année mais, de plus en plus, le niveau des eaux devient trop bas à la fin de la

saison sèche. Notamment dans le Nord, quand les barrages chinois, en amont, restent fermés. Dans le Sud, il n'est plus que rarement utilisé depuis l'amélioration du réseau routier. Le même sort l'attend probablement dans le Nord, au fur et à mesure que s'ouvrent de nouvelles routes. La presque totalité des terres cultivables se situe aux abords du fleuve, où se concentre plus de la moitié de la population. Le centre du pays est occupé par des plateaux calcaires ou gréseux.

UN PEU LOUCHE !

Alors que ce pays ne dispose d'aucun accès à la mer, le Laos fit en 2007 une demande d'adhésion à la commission internationale de la pêche à la baleine... On soupçonna (à juste titre) le Japon d'avoir soudoyé grassement le gouvernement laotien pour profiter d'une voix amie lors des délibérations de cette commission.

Au sud, le ***plateau des Bolavens*** compose une région fertile et tempérée, propice aux cultures d'altitude, comme le café. À l'extrême sud du pays, à la frontière du Cambodge, le Mékong se divise en une multitude de bras qui enserrent plusieurs centaines d'îles. La plus grande est l'île de Khong, dans la province de Champasak. Des rapides et chutes d'eau interdisent la navigation entre les 2 pays, au grand dam des explorateurs français du XIXe s (voir plus loin, « Histoire. Protectorat français »)...

HISTOIRE

Durant les 1ers siècles de notre ère, le sud du Laos constitue le pays d'origine des Khmers et développe une civilisation avancée, comme en témoignent les ruines du Vat Phou.
Au IXe s, le Laos est peuplé par des migrations successives de Thaïs, venus du sud de la Chine. Ils s'établissent dans les plaines et le long de la vallée du Mékong, et s'organisent en communautés autonomes appelées *muang*. Voilà pourquoi, la composante ethnique dominant le pays, les ***Lao Loum,*** appartient au groupe thaï, présent dans toute l'Asie du Sud-Est : Thaïlande bien sûr mais aussi Birmanie, Vietnam et Yunnan (sud-ouest de la Chine).

Le royaume du Million d'éléphants

Au cours de son histoire, le Laos fut souvent tributaire des relations tumultueuses entre Thaïs et Khmers. Au XIVe s, c'est Fa Ngum, un prince qui avait vécu à la cour d'Angkor et épousé une princesse khmère, qui reprend Viangchan (Vientiane) et fonde en 1353 le royaume de Lane Xang, le royaume du « Million d'éléphants ». Plaçant son royaume sous l'influence politique des Khmers, Fa Ngum impose le bouddhisme theravada comme religion officielle. Toutefois, en 1373, Fa Ngum est déposé par ses ministres pour excès de pouvoir et remplacé par son fils Samsenthai. Le royaume bascule alors sous l'influence du voisin siamois, dont le style architectural inspire de nombreux temples. Le pays connaît une période de prospérité avant de sombrer dans les guerres de succession et le chaos.
De 1480 à 1520, entre les rois Suvannabalang et Phothisarat, le pays est calme. Ce dernier fait de Vientiane la capitale du pays et annexe le royaume de Chiang Mai, dans le nord de la Thaïlande. Son fils, Sai Setthathirat, fait fortifier Vientiane. Il ordonne la construction du wat That Luang pour héberger un cheveu du Bouddha, ainsi que celle du wat Phra Kèo pour accueillir le fameux bouddha d'Émeraude, réplique du bouddha d'Or de Luang Prabang. Après la mort du fils, disparu au cours d'une expédition contre les tribus des hauts plateaux, le royaume passe sous l'influence birmane, et sombre à nouveau dans une période troublée jusqu'en 1654 et la venue sur le trône du roi Souligna Vongsa, qui règne durant 57 ans. Cette période d'expansion territoriale et de prospérité est considérée

comme l'âge d'or du Laos indépendant, avant que le pays ne se désagrège et ne passe sous l'influence étrangère pour près de 3 siècles.

Grandeur et décadence

Le dernier roi étant sans héritier, diverses factions partagent le royaume en 3 : celui de Luang Prabang au nord, de Vientiane au centre et de Champasak au sud. Chacun des royaumes est divisé en de multiples chefferies et inféodé aux royaumes étrangers : Chinois et Siamois dans le Nord, Vietnamiens dans le Centre, Siamois et Cambodgiens dans le Sud. En 1778, les Siamois se livrent à un 1er sac de Vientiane et emportent les 2 bouddhas sacrés du pays. Seul le bouddha d'Or de Luang Prabang sera restitué ultérieurement... En 1827, le prince Anou de Vientiane essaie de secouer le joug siamois. Mal lui en prend. Non seulement il est battu, mais les Siamois brûlent Vientiane et déportent sa population en Thaïlande. Tous les temples de Vientiane sont détruits, à l'exception du wat Sisaket.

Protectorat français

Dans la 2de moitié du XIXe s, la France, déjà présente au Tonkin, profite de l'envoi de missions d'exploration pour étendre son influence. Le géographe et aventurier ***Henri Mouhot*** est le 1er à dresser un état du Laos. Suivent ensuite les missions de ***Doudart de Lagrée*** et ***Francis Garnier,*** puis d'***Auguste Pavie.*** En 1893, le roi de Luang Prabang demande la protection de la France, pensant que celle-ci vaut mieux que la suzeraineté siamoise. Entre 1893 et 1904, le Siam accepte donc de céder à la France, au terme de plusieurs traités, la totalité des territoires qui forment le Laos moderne, à l'exception de la région de Champasak.

Le bilan du protectorat français est fortement contrasté. Si les Français ont à leur actif la reconstruction de Vientiane, le tracé de 2 ou 3 routes nationales et l'aménagement de la navigation sur le Mékong, on ne peut pas dire qu'ils se soient véritablement intéressés au pays. À l'inverse de l'Annam et du Tonkin, le Laos ne présente pas un grand attrait économique pour les autorités coloniales. Ses richesses naturelles sont difficilement exportables. En réalité, ***la présence française est en partie motivée par la volonté de stopper les prétentions territoriales du rival anglais et... d'organiser un trafic d'opium***, cultivé sur place et au Yunnan, afin de contrer celui issu des pavots de l'Inde, contrôlé par la perfide Albion.

Le côté négatif de la présence française au Laos réside surtout dans l'absence de compréhension de l'identité laotienne : le découpage administratif opéré par les fonctionnaires français ne correspond à rien et fait fi des différences culturelles entre les ethnies. Enfin, le plus gros tort de la France est l'absence de formation d'élite locale, le recrutement d'un corps de fonctionnaires presque exclusivement annamites et le soutien, même après l'indépendance, à une aristocratie féodale corrompue.

QUAND LA FRANCE ENFUMAIT SES COLONIES

À l'instar de la Grande-Bretagne, le gouvernement français se lança en Indochine dans le lucratif commerce de l'opium, dès la fin du XIXe s. Si les colons contrôlaient et taxaient la consommation locale, ça n'était pas pour réduire, voire éliminer la drogue sur le territoire, comme annoncé officiellement, mais bien pour obtenir le monopole de l'approvisionnement des fumeries et augmenter ses recettes fiscales. Et tous les moyens étaient bons pour élargir la clientèle, quitte à offrir l'opium couplé à de l'alcool pour créer une dépendance dévastatrice. Si bien que dans les années 1920, la très officielle Régie de l'opium représentait près de la moitié du budget du gouvernement général !

Durant la 2de Guerre mondiale, le Laos est administré par le régime de Vichy en collaboration avec les Japonais qui occupent l'Indochine après 1941. Ceux-ci vont clairement se poser en champions de la décolonisation, par intérêt tactique sans doute. De leur côté, les nationalistes thaïlandais, très antifrançais, soutiennent les revendications indépendantistes en nourrissant le secret espoir d'une « grande Thaïlande » incluant le Laos.

Marche vers l'indépendance

Fort de l'appui des Japonais et des Thaïlandais, ***le prince Petsarath, leader nationaliste*** et chef du mouvement Lao Issara (« les Laotiens libres »), ***déclare unilatéralement l'indépendance en octobre 1945.*** Indécis, le roi de Luang Prabang, ***Si Savang Vong,*** passe alternativement du refus de l'indépendance au soutien au nouveau gouvernement, avant que ***les Français*** ne ***reprennent les choses en main.*** Petsarath, son frère Souvanna Phouma et son demi-frère Souphanouvong s'exilent en Thaïlande en 1946, suite à un bref combat contre les troupes françaises à Thakhek, le seul affrontement armé entre Français et Laotiens de toute l'histoire du pays.
Alors que ***Souphanouvong,*** partisan de l'indépendance totale et d'une alliance avec le Viet-minh, prend le maquis, ***Souvanna Phouma*** rentre en 1949 pour prendre les rênes du Laos, jouissant d'une large autonomie après avoir parachevé sa réunification. ***L'indépendance est déclarée en 1953.***

Période troublée

Le bras armé du parti communiste, le ***Pathet Lao,*** rebaptisé plus tard « Armée populaire de libération du peuple lao », réussit à contrôler plusieurs provinces du nord du pays, faiblement peuplées. Au lendemain d'une éphémère tentative de gouvernement d'union nationale en 1957, la droite regagne le pouvoir et fait arrêter le prince ***Souphanouvong.*** Ce dernier s'évade en 1960 et reprend la lutte clandestine, tandis que le gouvernement de Vientiane bénéficie du soutien croissant des Américains. ***En 1960, l'officier Kong Le déclenche un coup d'État*** visant à imposer un régime neutraliste. C'est vouloir la quadrature du cercle. Débarqué par les pro-Américains moins d'un an plus tard, Kong Le rejoint le Pathet Lao avant de s'en démarquer. En juin 1962, une nouvelle tentative de gouvernement d'union nationale, formé par les communistes, les neutralistes et la droite, est aussi infructueuse que la précédente. À partir de 1964, les communistes, qui contrôlent la quasi-totalité du nord et de l'est du pays, agissent seuls, avec le soutien vietnamien. Pour lutter contre la guérilla et perturber la piste Hô Chi Minh qui passe par l'est du pays, ***les Américains bombardent le centre et le sud-est du Laos.***

Révolution

Finalement, ***en 1973, un accord de cessez-le-feu*** intervient dans le cadre global des négociations américano-vietnamiennes de Paris. ***Les communistes contrôlent alors 11 des 13 provinces*** du pays et peuvent se permettre d'accepter, pour la forme, leur participation à un nouveau gouvernement d'unité nationale. Celui-ci dure jusqu'à la démission forcée de tous les ministres non communistes, en 1975. Les mois suivants voient ***l'exode massif des opposants politiques,*** de l'ancienne aristocratie et des forces vives économiques du pays. 300 000 Laotiens émigrent vers la Thaïlande, la France, le Canada et les États-Unis.
En décembre 1975, le ***Parti révolutionnaire du peuple lao*** (PRPL) ***règne sans partage sur le Laos,*** avec à sa tête Kaysone Phomvihane, un vétéran de la guérilla pro-vietnamienne. Les 1res années du nouveau régime sont marquées par une collectivisation intensive des campagnes, un appauvrissement général de la population et une dépendance quasi totale vis-à-vis du bloc communiste et

des Vietnamiens. Si la répression est mesurée à l'égard de la religion, elle est beaucoup plus féroce envers les opposants, qu'ils soient de droite, neutralistes, ou même communistes dissidents. Bien que le régime ne se soit jamais clairement prononcé à ce sujet, on sait que le roi Si Savang Vong et sa famille, arrêtés en 1977, sont morts des suites de mauvais traitements dans les années 1980, après avoir été déportés dans le nord du pays.

Nouvelle voie

Dès le début des années 1980, des signes d'assouplissement se font sentir, sur le plan économique et religieux notamment. Pragmatique, la direction du parti comprend que l'on ne peut pas plaquer un modèle étranger sur un pays contre ses propres traditions. Et surtout qu'il est difficile de répartir équitablement les richesses d'un pays qui n'en produit pas.

– ***Sur le plan politique,*** la situation reste quasi inchangée. Le Laos demeure un pays au régime de parti unique, où l'opposition n'est pas tolérée. Même si des non-communistes participent au gouvernement, ils doivent entériner les décisions du parti.

– ***Sur les plans social et sanitaire,*** en dépit d'une bonne volonté affichée, le pouvoir éprouve de grosses difficultés à tirer parti des richesses produites par le secteur privé pour en faire bénéficier le plus grand nombre. Peut-on concilier prospérité économique et absence de démocratie politique ? Le niveau sanitaire du pays reste très bas.

– ***Sur le plan diplomatique,*** le Laos a normalisé ses relations avec tous ses voisins, y compris la Thaïlande, l'ancien ennemi. 4 ponts de l'Amitié jetés sur le Mékong scellent aujourd'hui la bonne entente entre les 2 pays.

– La ***crainte principale du Laos*** est de se faire culturellement envahir par la Chine, le Vietnam et la Thaïlande. Les vidéos, chaînes de télévision et la musique thaïe sont omniprésentes dans le pays, pour des raisons évidentes de communauté de langue. La Chine et le Vietnam affichent une très grosse présence économique mais aussi humaine. Selon certains chiffres, ces 2 communautés compteraient pour presque 50 % de la population réelle du pays.

Les bombes américaines : enfin du nouveau ?

Le Laos est le pays le plus bombardé de l'histoire, un « dommage collatéral » de la guerre du Vietnam. En effet, pour couper la piste Hô Chi Minh qui ravitaillait les Nord-Vietnamiens et pour ne pas revenir à leur base chargés d'explosifs qu'ils ne parvenaient pas toujours à lâcher, les États-Unis ont largué sur le Laos une bombe toutes les 8 mn pendant 9 ans (1964-1973). Une partie des 200 sous-munitions contenues dans chaque engin n'explose pas en touchant le sol, mais, une fois enterrée, se transforme en mines antipersonnel. Selon l'ONG *Handicap International,* depuis 1964, plus de 50 500 personnes ont été blessées, dont près de 30 000 sont décédées. Près de « 80 millions d'engins non explosés, principalement des sous-munitions, contaminent 15 des 17 provinces du Laos ». Ces projectiles (de la taille de boules de pétanque) peuvent exploser lorsque les gamins jouent avec, ou quand un paysan pratique la culture sur brûlis (la bombe chauffe et explose), ou encore lors de maniements pour recycler le métal. Une tragédie aggravée par un accès difficile aux soins dans les zones rurales.

TRISTE RECORD

On évalue à 2 millions le nombre de bombes lâchées par les Américains sur le pays entre 1964 et 1973. Plus que pendant toute la 2de Guerre mondiale ! Un record mondial, alors que le Laos n'était même pas en guerre contre les États-Unis.

Le déminage, long et coûteux, est loin d'être terminé. 2 % des terres ont pour l'instant été décontaminés. En 1996, le gouvernement laotien a lancé un programme de nettoyage et de sensibilisation, surtout auprès des enfants, soutenu par plusieurs ONG, telles que *Handicap International.* On estime à un siècle la durée nécessaire pour dépolluer les sols. Mais avec des catastrophes comme un barrage qui cède dans le sud du pays en juillet 2018, ce sont encore des milliers de sous-munitions contenues dans le sol qui sont brassées et susceptibles de recontaminer des terrains déjà dégagés.

Quant au Congrès américain, il a commencé à débloquer tardivement quelques millions de dollars pour déminer le pays (3 millions en 2010 ; 15 millions en 2016). Cette aide a permis de réduire significativement le nombre de décès par an. En septembre 2016, ***Barack Obama est le 1er président américain en fonction à se rendre au Laos.*** À l'occasion du sommet de l'AESAN, il a reconnu les dommages subis par ce pays dans une guerre non déclarée, et a promis le doublement des aides pour le déminage, soit 90 millions de dollars répartis sur 3 ans. Mais en 2019, seul 1/3 avait été versé.

Attention, il est important de ne pas sortir des sentiers balisés, notamment à l'est du pays (plaine des Jarres et la frange sud le long de la frontière avec le Vietnam), régions les plus touchées pendant la guerre.

Les bombes ne sont pas seules responsables de la contamination des sols : ***les produits chimiques,*** tels que l'agent Orange (un défoliant), ***utilisés comme arme de guerre*** notamment sur la piste Hô Chi Minh pendant la même période, ***continuent de polluer*** les sols et l'eau, les rendant encore aujourd'hui impropres à la culture et la consommation et ***causent de graves maladies*** à la population.

MÉDIAS

Les médias nationaux sont étroitement contrôlés et les journalistes se bornent à recopier religieusement les dépêches de l'agence gouvernementale *Khaosan Pathet Lao (KPL)...*

Votre TV en français : TV5MONDE, la première chaîne culturelle francophone mondiale

Avec ses 11 chaînes et ses 14 langues de sous-titrage TV5MONDE s'adresse à 360 millions de foyers dans plus de 198 pays du monde par câble, satellite et sur IPTV. Vous y retrouverez de l'information, du cinéma, du divertissement, du sport, des documentaires...

Grâce aux services pratiques de son site voyage • *voyage.tv5monde.com* •, vous pouvez préparer votre séjour et une fois sur place, rester connecté avec les applications et le site • *tv5monde.com* • Demandez à votre hôtel le canal de diffusion de TV5MONDE et contactez • *tv5monde.com/contact* • pour toute remarque.

Presse

Le pays compte environ 25 journaux, tous sous contrôle de l'État.

Dans les kiosques des grandes villes, vous trouverez l'hebdomadaire francophone *Le Rénovateur.* Rédigé par une équipe franco-laotienne, son contenu diffère peu de celui du quotidien anglophone, *Vientiane Times.* Dans ces deux publications, on peut donc lire des articles culturels, historiques, économiques et touristiques. L'actualité locale comme les nouvelles internationales y sont traitées autant que possible, mais le ton est vieillot et les sujets sont passés à la moulinette de la censure.

Les 3 quotidiens du parti – *Paxaxon, Pathet Lao* et *Vientiane May* – pratiquent en lao la politique de la langue de bois. Leurs éditions économiques ne sont pas meilleures, et le journal du Parti, *Paxaxon* (Peuple), continue à se présenter comme une « publication révolutionnaire élaborée par le peuple et pour le peuple, et qui rend service à l'action politique de la Révolution »... Parallèlement, on trouve – essentiellement à Vientiane et à Luang Prabang – une foule de journaux et magazines étrangers en anglais et en français... Et pour se tenir au courant de l'actualité internationale, on peut aussi ouvrir *The Nation* et le *Bangkok Post,* des quotidiens thaïlandais en anglais, très lus au Laos.

Radio

Lao National Radio (FM 103.7 à Vientiane), ancien vecteur de la propagande communiste du genre « la voix de son maître », diffuse chaque jour sur à peu près 75 % du pays un journal en français d'assez bonne qualité, avec des infos internationales fournies, au détriment des nouvelles locales... Les radios thaïlandaises, écoutées massivement par les Lao, débitent, quant à elles, un flot ininterrompu de musiques occidentales et pop thaïes, entrecoupées d'émissions légères ! Également quelques radios internationales émettent en lao, notamment *Radio Free Asia* et *RFI* (100.5 FM à Vientiane et ailleurs en ondes courtes). Si la proximité linguistique explique la popularité des médias thaïlandais, *Radio Free Asia, Voice of America* et *SBS Lao* (webradio australienne) demeurent les seuls diffuseurs « occidentaux » fournissant du contenu en lao.

Télévision

Le réseau satellite thaïlandais *UBC* arrose le pays de ses 40 chaînes régionales et internationales. Les Laotiens en sont de grands fans, et l'on voit fleurir partout des antennes satellite, même jusque dans certains villages reculés disposant tout juste de l'électricité ! Depuis l'instauration de la loi sur les médias en 2011, le gouvernement accorde un nombre croissant de licences au secteur privé. Une trentaine de chaînes sont désormais accessibles et diffusent des programmes à l'échelon local, provincial ou national.

La *Télévision Nationale Lao* compte 2 chaînes nationales : *TNL1* (généraliste, actualités, journal en français tous les jours à 19h30 et 23h) et *TNL3* (principalement des séries et films thaïlandais). Elles demeurent le meilleur moyen d'avoir des infos en images sur le Laos.

Depuis quelques années cependant, *Lao Digital TV* diffuse une trentaine de chaînes, essentiellement issues des 3 grands voisins mais incluant également des diffuseurs internationaux *(CNN, BBC, TV5...).* Notons encore les ambitions du groupe privé *Lao Star Channel.*

Médias en ligne

Selon les estimations récentes, environ 20 % de la population utilisent Internet. L'accès en ligne à la presse et aux sites d'informations, locaux ou internationaux, est limité mais toujours croissant, en particulier chez les jeunes issus de l'élite politique et économique du pays. Les réseaux sociaux (notamment Facebook) constituent de plus en plus une source d'informations pour cette frange de la population, méfiante envers la presse officielle et son autocensure. Par ailleurs, le nombre d'utilisateurs de téléphones portables est en augmentation ; presque toute la population urbaine dispose d'un abonnement.

Depuis fin 2014, un décret punit d'emprisonnement tout internaute qui critiquerait le régime. Ce décret menace l'essor des plates-formes d'information en ligne. De plus, les fournisseurs d'accès à Internet doivent soumettre des rapports trimestriels aux autorités détaillant le nombre d'utilisateurs d'Internet, leur nom, leur profession et les sites web qu'ils visitent. Dans la pratique, ces rapports ne sont pas systématiquement remis. D'ailleurs, la censure du Web est quasi inexistante. Certains experts estiment que les autorités ne disposent pas des outils ni des ressources suffisantes pour bloquer l'accès aux sites qu'elles jugeraient politiquement ou culturellement « sensibles ».

Liberté de la presse

Le pays figure au 171e rang sur 180 pays au classement mondial de la liberté de la presse publié en 2019 par *Reporters sans frontières.* Les médias laotiens sont étroitement surveillés par le Parti révolutionnaire populaire lao (PPRL), au pouvoir. Critiquer le gouvernement est un crime. Le Parti unique fait une grande place au népotisme, et nombreux sont les « cronies » au pouvoir descendant de l'ancienne aristocratie. Malgré des progrès réalisés dans les infrastructures des télécommunications et un meilleur accès à Internet dans le pays, la liberté de l'information demeure très limitée. Le contrôle du gouvernement de toute la presse écrite et audiovisuelle rend impossible la création de médias indépendants. La politique liberticide du parti au pouvoir va de pair avec son refus de transparence démocratique, et la répression de toutes formes d'expression collective libre, qu'elles soient politiques, religieuses ou culturelles. L'autocensure s'opère directement dans les rédactions. En effet, le Code pénal du Laos permet l'emprisonnement de journalistes pour la publication de documents qui « affaibliraient l'État » et pour l'importation de médias « contraires à la culture nationale ». Le silence et le manque d'informations concernant le pays en général et certains sujets sensibles continuent malheureusement d'être les principaux indicateurs du manque de liberté de la presse. Les chiffres concernant la distribution de la presse écrite demeurent très bas.
La presse étrangère entre au compte-gouttes et est régulièrement surveillée une fois à l'intérieur du pays. En janvier 2016, un décret autorise l'installation de médias étrangers dans le pays, mais à condition qu'ils acceptent de soumettre leurs contenus à la censure du Parti. Mais faute d'accès sur zone aux journalistes qui ont voulu couvrir l'effondrement d'un barrage en juillet 2018, on n'a jamais pu établir, de façon précise, le nombre de personnes décédées et disparues.

■ ***Reporters sans frontières :*** *☎ 01-44-83-84-84.* ● *rsf.org* ●

PATRIMOINE CULTUREL

Temples bouddhiques

Les temples, appelés *wat,* tiennent une place importante dans la société laotienne. Autrefois, ils servaient d'auberge où le voyageur pouvait se reposer. Aujourd'hui, c'est aussi bien un lieu de culte qu'un lieu de rencontre. Chaque village possède son temple, construit avec les dons des fidèles. Le *wat* est un ensemble architectural complexe centré sur le *vihan* ou *sim* qui signifie « sanctuaire » : c'est l'édifice principal. Celui-ci est entouré par des *thats,* c'est-à-dire des stûpas à caractère votif ou funéraire. Des autels à offrandes *(hos),* des chapelles *(chedis),* des bibliothèques *(ho tays),* des puits et les logements des moines *(koutis)* font partie de cet ensemble. De nombreuses cérémonies s'y déroulent toute l'année : le Nouvel An, les commémorations de la naissance et de la mort du Bouddha ainsi que celle de son illumination, etc.
Contrairement aux temples thaïlandais, très décorés, les temples laotiens ont des lignes simples et légères, tout en étant raffinés et élégants.
Au Laos, on compte 2 principaux styles d'après la forme générale du bâtiment et de la toiture :
– ***Le style de Vientiane :*** de forme compacte, l'édifice est élancé et la toiture se compose de plusieurs décrochements successifs. La plupart des sanctuaires sont

VIENTIANE

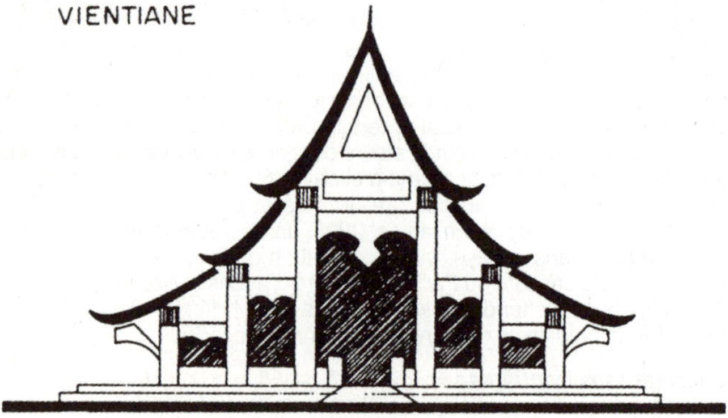

LUANG PRABANG

rectangulaires, et certains, comme le wat Phra Kèo de Vientiane, sont entourés d'un portique à colonnes sur les 4 côtés. Les escaliers qui mènent à la porte d'entrée sont gardés par des nagas, serpents des eaux et des airs censés protéger la ville.

– ***Le style de Luang Prabang :*** semblable au style de Vientiane, mais les décrochements sont étroitement imbriqués les uns dans les autres et l'ensemble tombe jusqu'à quelques mètres du sol. Cette caractéristique leur procure une élégance indéniable. Le wat Xieng Thong à Luang Prabang en est l'exemple typique. Les *wat* de Luang Prabang sont aussi admirés pour leurs bas-reliefs des portes et des murs, dorés sur fond noir ou rouge, ainsi que pour leurs frontons de bois sculpté.

Musique, chant et danse

Malgré l'arrivée en masse de la techno et des karaokés pop thaïs dans les villes, les musiques et danses ancestrales n'ont pas disparu. Elles se modernisent évidemment, tout en restant fidèles à leurs traditions...

La musique populaire laotienne est restée vivante et riche, notamment dans les campagnes. Le chant reflète les traditions et l'âme des différentes ethnies. Les morceaux commencent par une longue incantation qu'on croirait sortie des steppes d'Asie centrale (la terre d'origine des ethnies thaïes) avant qu'un rythme un peu bossa ne démarre, autour duquel se tissent des ritournelles entêtantes. C'est carrément prenant, même quand les instruments synthétiques ont largement remplacé les traditionnels.
L'instrument lao emblématique est le *khên,* une sorte d'orgue à bouche en roseaux et à double anche. Le son produit, fascinant, ressemble un peu à celui d'un harmonica ou d'un orgue aigrelet. Les autres instruments traditionnels sont le *khong wong,* une sorte de batterie de gongs, le tambour ou *khong seng,* le *so,* sorte de violon à cordes verticales, et le xylophone ou *rang nat.*
Il existe aussi une forme de musique académique, accompagnée de danses, d'inspiration religieuse, qui a pour thème récurrent le *Râmâyana* lao, une des variantes. C'était un spectacle de cour. Aujourd'hui, il ne se donne plus qu'à l'occasion des fêtes et... dans certains hôtels.
Presque exsangue il y a encore peu, la danse semble renaître. À Luang Prabang, lors des fêtes du Nouvel An, le ballet du *Râmâyana* a été ressuscité, et à Vientiane des spectacles ont régulièrement lieu.

Théâtre

La tradition du théâtre populaire, ou *mo lam,* a longtemps été l'exutoire des populations, qui exprimaient ainsi leurs sentiments profonds. Il existe 4 types de *mo lam* selon le nombre de participants. Le texte, à thème, est souvent plein d'humour et de jeux de mots grivois, voire franchement paillards.

POPULATION

Le Laos est le pays le moins peuplé d'Asie, avec 7,2 millions d'habitants, une croissance démographique tournant autour de 1,5 % et une densité d'un peu moins de 31 hab./km². Alors que l'espérance de vie moyenne est de 67 ans, le Laos se caractérise par une population jeune, constituée à 40 % environ de moins de 15 ans. La taille moyenne d'une famille est de 6 personnes. Plus de 65 % des Laotiens vivent à la campagne, essentiellement dans les plaines baignées par le Mékong. Un ¼ habite dans les zones montagneuses. Les provinces les plus peuplées sont, dans l'ordre : Savannakhet, Vientiane, Champasak et Luang Prabang. Les villes de Vientiane, Luang Prabang et Savannakhet, principales plateformes économiques du pays, assistent actuellement à un gonflement sensible de leur population...

Multitude de groupes ethniques

Le pays compte entre 40 et 100 groupes ethniques différents... selon les classifications. C'est la province de Luang Namtha, dans le Nord-Laos, qui en compte le plus. Le découpage ethnique du Laos est reconnu par le pouvoir, qui divise le pays en 3 groupes. Cette classification géographique ne répond pas à des critères ethnologiques.
– Les ***Lao Loum*** représentent 70 % de la population du pays et vivent dans les plaines du Sud ou sur les bords du Mékong. Ils constituent le groupe dominant culturellement et économiquement. Essentiellement producteurs de riz, ils parlent le lao, une langue du groupe thaï et sont majoritairement bouddhistes. Étroitement liés à la famille des *Lao Loum* mais avec une plus grande indépendance face à la culture laotienne, les *Lao Taï* ont gardé leurs croyances animistes et leurs coutumes. Les plus résilients sont les *Taï dam* (Thaïs noirs) qui vivent sur les plateaux du nord et de l'est du Laos.

– Les ***Lao Sung,*** peuples montagnards animistes de souche tibéto-birmane, représentent 10 % de la population. Ils vivent surtout dans les montagnes du Nord-Laos et se répartissent en 2 groupes distincts : les ***Hmong*** et les ***Mieng*** correspondant aux peuples Miao et Yao de Chine. Les 1ers sont les plus nombreux et se subdivisent en plusieurs groupes tribaux en fonction de leurs costumes : Hmong « rayés », Hmong « blancs »... Ce sont des nomades, aujourd'hui largement sédentarisés mais qui continuent à pratiquer la culture du riz de montagne sur brûlis et la culture du pavot. Récemment, on a assisté à un retour, encore timide, de l'émigration hmong, notamment des États-Unis. Ils reviennent au pays en touristes et n'ont pas de mal à se faire passer pour de richissimes « tontons d'Amérique » ! Plus d'infos sur : ● ***hmongstudiesjournal.org*** ● Site sur une des ethnies du nord du Laos : les Hmong. Pour découvrir leur histoire, leur culture et leurs droits. En anglais.

L'ENFER DE LA DROGUE

Depuis le XVIIe s, les Hmong cultivent traditionnellement le pavot. Connaissant le danger de l'opium, la consommation personnelle en est interdite. Une seule exception : les personnes âgées et malades peuvent en fumer mais à condition que les fils (qui vivent sous le même toit) soient mariés et subviennent aux besoins de la famille.

– Les ***Lao Theung*** constituent 20 % de la population et demeurent incontestablement le groupe ethnique le plus défavorisé du pays. D'origine protomalaise ou môn-khmère, ces peuples animistes se subdivisent en une multitude de tribus *(Katu, Katang, Khamu...).* Surtout présents dans le centre et le sud du pays, ce sont les plus anciens habitants du Laos. Ils ont été repoussés vers les zones les moins fertiles et la forêt par les « envahisseurs » d'origine thaïe.
● ***infolaos.free.fr*** ● Infos générales sur le pays et une petite section consacrée aux ethnies minoritaires illustrée de photos. En français.

RELIGIONS ET CROYANCES

Bouddhisme

La religion majoritaire et presque officielle du Laos est le bouddhisme theravada, appelé aussi « Petit Véhicule » ou hinayana, qui rassemble près de 66 % de la population du pays. Il est du même type que celui rencontré dans les autres pays du Sud-Est asiatique, à l'exception du Vietnam. Le bouddhisme theravada s'est propagé au Laos entre les XIVe et XVIIe s. Il s'est progressivement imposé face à l'animisme et le brahmanisme auxquels les populations du Sud avaient été converties dès le début de notre ère. Il se base sur les 4 vérités premières enseignées en Inde par Siddharta Gautama au VIe s av. J.-C. Le bouddhiste laotien croit à la réincarnation. L'idéal étant d'atteindre directement le nirvana (ou *nibbana*) sans passer par la réincarnation. Dans la pratique, beaucoup de Laotiens pensent que faire le bien et non le mal suffit à assurer son salut. Faire le bien permet d'acquérir les mérites ou *boun.* Comme ce mot signifie aussi « fête », certains Laotiens pensent qu'il suffit de faire la fête pour acquérir des mérites...
L'essentiel de la vie religieuse se déroule autour du monastère. Les moines jouissent d'un grand prestige et sont très respectés.
En théorie, ils ne peuvent posséder que 8 objets : les 3 robes jaune safran, le rasoir, le bol, la tasse, le bâton et le filtre à eau, pour ne pas avaler des insectes par mégarde. Mais dans la pratique, lors des cérémonies de *soukhouani,* les bonzes reçoivent toutes sortes de cadeaux de la part de la famille invitante, en signe de remerciement. Tout Laotien doit endosser l'habit de moine une fois dans sa vie,

à condition de n'avoir ni tué ni volé et d'être exempt de maladie de peau. L'ordination commence avant l'âge de 8 ans et se poursuit vers l'âge de 20 ans. Avant, c'était la seule opportunité pour un garçon d'avoir une éducation et d'apprendre à lire et à écrire. La plupart des garçons ont la tête rasée et sont ordonnés au moins une fois pour quelques semaines. Beaucoup d'hommes reprennent la robe pour des périodes limitées afin d'acquérir des mérites. Les femmes, elles, peuvent également vivre une existence monastique, elles ont alors la tête rasée et portent une robe blanche...

MISOGYNES, LES BOUDDHISTES ?

Pour « avancer » dans l'échelle des réincarnations, une femme devra d'abord se réincarner en... homme ! Elles ne sont pas autorisées à toucher les bouddhas sacrés, notamment pour aller coller les petits carrés d'or. Elles ne peuvent pas non plus toucher les moines, et leurs oboles doivent être enveloppées d'un papier ou d'un tissu. En général, les espaces interdits aux femmes sont indiqués par des rangées de pots de fleurs. Mesdames, si vous transgressez un espace réservé, on vous le fera vite comprendre d'un regard réprobateur !

Contrairement à ce qui a pu être prétendu, le bouddhisme n'a pas souvent fait l'objet de persécutions au Laos après la révolution de 1975, même si à un moment le pouvoir tenta de limiter à 2 ou 3 le nombre de moines par pagode. Sur le plan de la religion, le pouvoir a toujours affirmé que le bouddhisme faisait partie intégrante de l'identité laotienne. S'il est exact que dans les années qui suivirent la révolution des moines furent contraints de travailler la terre, ce qui leur est interdit par la religion, c'est que certains politiques pensaient que les religieux devaient donner l'exemple du travail. De plus, certains courants religieux bouddhiques étaient trop ouvertement sous l'influence thaïlandaise, aux yeux du pouvoir. Enfin, il existait un autre contentieux entre le pouvoir et la religion : beaucoup de jeunes gens se faisaient moines pour échapper au service militaire. Aucun témoignage, cependant, ne permet d'affirmer qu'il y eut des profanations de temples ou des arrestations de moines ès qualités.

Mudras : gestes et attitudes du Bouddha

Chaque image du Bouddha est représentée dans une attitude particulière ou ***mudra.*** Le Bouddha peut être représenté assis, couché (position du paranirvâna) ou debout et plus rarement en position de marche. Les *mudras* sont au nombre de 40. Il existe 2 types de *mudras* debout typiquement laotiens : le 1er, unique dans tout le Sud-Est asiatique, s'appelle la posture de « l'appel de la pluie ». Le Bouddha est debout avec ses 2 bras tendus sur chaque côté, les doigts pointant vers le sol. On le rencontre dans plusieurs temples de Vientiane et à Luang Prabang. Le 2d type correspond à l'image du Bouddha qui « contemple l'arbre de la *bodhi* » ; il est debout les mains croisées au niveau de la poitrine.

Animisme, culte des ancêtres et autres croyances

Si 20 % de la population y adhèrent pleinement, la grande particularité du Laos est de faire cohabiter le bouddhisme avec des pratiques animistes omniprésentes. Tous les Laotiens croient aux ***phis*** (prononcer « pi »). Un mot qui signifie à la fois « esprit », « âme », « fantôme » et « revenant ». En théorie, cette croyance est mal vue par le régime. Mais comment interdire un ensemble de pratiques partagées par tout le monde ? À l'instar des *nats* birmans, les *phis* sont partout. Génies bienfaisants, malfaisants ou facétieux, ils peuvent se nicher dans un arbre, un animal, une maison, ou prendre possession d'une personne.

- ***Bhumi-Sparsa ou « Geste de la prise de la terre à témoin »***

Position assise du lotus, la main droite touche le sol, tandis que la gauche repose sur les jambes, paume tournée vers le ciel. Ce geste représente l'Éveil de Bouddha.
Appelé aussi maraisijaya-mudra (victoire sur Mara).

- ***Dhyana ou « Attitude de méditation »***

Les 2 mains reposent l'une sur l'autre, paumes vers le ciel, la main droite sur la main gauche. Les jambes sont pliées en tailleur, dans la position du lotus.

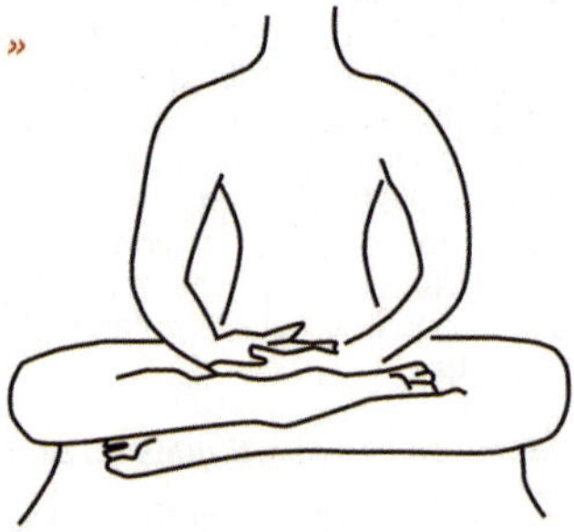

- ***Vitarka et Dharma-tchakra ou « Geste de tourner la roue »***

Position debout ou assise, le bras droit est levé, main à demi ouverte pour que le pouce et l'index se joignent et forment un cercle (la roue, symbole de l'enseignement). Fait avec une seule main, ce geste s'appelle Vitarka ; fait des 2 mains, il se nomme Dharma-tchakra. Ce geste rappelle le premier sermon de l'enseignement du Bouddha.

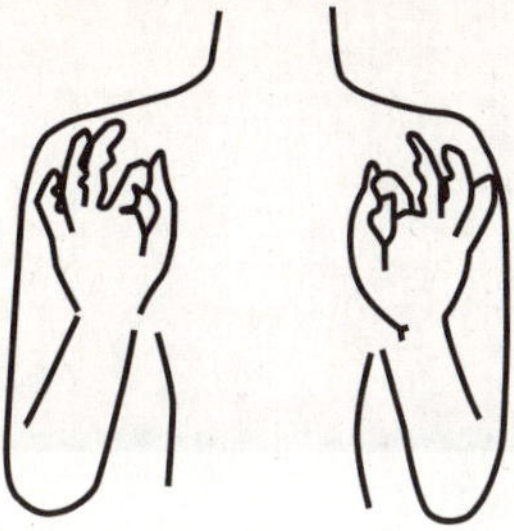

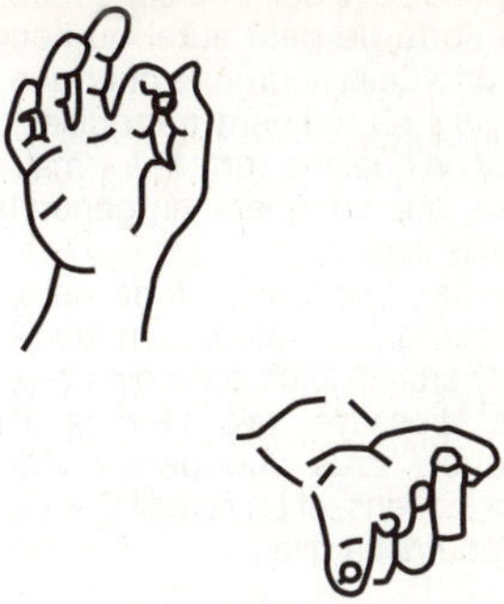

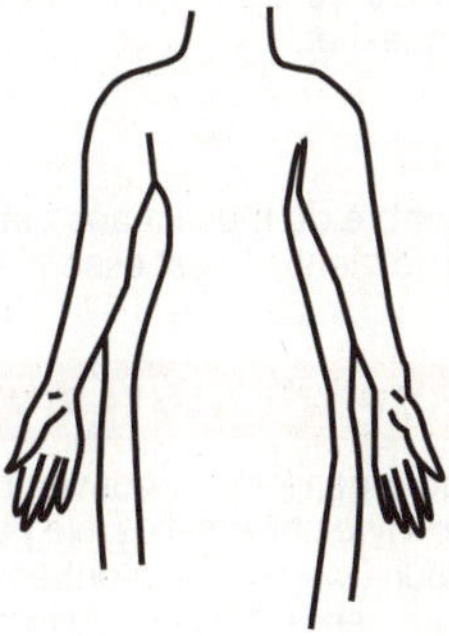

- ***Varada ou « Geste du don »***

Assis ou debout, main droite ouverte et offerte, bras allongés, ce geste est celui du don, de la charité, des faveurs répandues.

- ***Abhaya ou « Apaisant les querelles »***

Position debout ou en marche, une ou deux mains levées, paume en avant. C'est le geste de l'absence de crainte et de l'apaisement.

En principe, il suffit de construire une sorte de petit autel où l'on apporte de la nourriture pour que les *phis* se tiennent tranquilles. C'est en quelque sorte leur « maison », que l'on place en général dans le jardin.
Tous les Laotiens, même ceux qui ont fait des études en Occident, croient plus ou moins aux *phis.* N'essayez pas de vous en moquer. Vous choqueriez vos amis laotiens, et on ne sait pas ce qui pourrait arriver...

LE NEUF FAIT CHIC

Comme dans toute l'Asie, la numérologie tient une place importante. Au Laos, le chiffre 9 est assimilé à la réussite et à la prospérité. Aussi les plaques minéralogiques contenant plusieurs 9 se vendent à prix d'or. Si vous apercevez une voiture au quadruple 9, il y a beaucoup de chance que ce soit un gros 4x4 voyant et flambant... neuf.

Christianisme

La petite communauté catholique représente 2 % de la population. Elle se compose de Laotiens et de Vietnamiens. Ils ont leurs églises à Vientiane et à Savannakhet...

Islam

Le nombre de musulmans est très réduit, à peine 1 % de la population. La mosquée de Vientiane est essentiellement fréquentée par des Pakistanais.

SAVOIR-VIVRE ET COUTUMES

En règle générale, il convient d'observer au Laos les règles de politesse et de savoir-vivre universelles. Ne pas s'imposer ni abuser de la gentillesse de ses interlocuteurs, ne pas se montrer capricieux et exigeant. Bref, soyez respectueux et on vous respectera. En Asie et au Laos en particulier, cela passe par un certain nombre d'attitudes de base.
– ***Ne jamais se mettre en colère*** ni montrer que l'on perd patience. Toujours garder son calme, éviter de crier ou de parler trop fort.
– ***Se vêtir correctement.*** Pour les hommes, pas de torse nu. Bermuda longueur genoux possible, mais il vaut mieux être en pantalon. Pour les femmes, ni short ni minijupe ; jupe longue de préférence ou pantalon. Éviter d'avoir les épaules nues, des décolletés plongeants et toute tenue provocante. Lors de la visite des temples, Mesdames, le port de la jupe est obligatoire. Si elle est trop courte, on vous prêtera ou louera un sarong sur place.
– ***Éviter de toucher la tête,*** considérée comme sacrée. Éviter de désigner quelqu'un ou quelque chose avec le pied et de monter sur les statues du Bouddha. Dans les temples, il convient de se déchausser et de se découvrir la tête. Les femmes ne doivent pas tendre la main aux moines, ni les toucher. Si elles veulent leur faire un présent, elles doivent le déposer sur un support comme une table. Les entrées aux temples leur seront interdites si elles portent jupe courte et épaules nues.
– ***Se déchausser avant de pénétrer dans une maison.***

Conseils de savoir-vivre auprès des villageois

– ***Si vous vous rendez dans un village,*** l'usage veut que vous vous présentiez au chef pour lui demander formellement la permission de visiter les lieux et lui expliquer l'objet de votre visite. Il s'agit moins de demander une autorisation que de reconnaître l'importance de l'autorité locale.

– ***Si vous ne faites que passer*** dans un village ethnique, marquez-y par courtoisie un arrêt de quelques minutes, sinon les villageois vous prendront pour de « mauvais esprits ».
– ***Avant d'entrer dans une maison*** villageoise, demandez toujours la permission aux habitants, et présentez-vous.
– ***Ne touchez pas de la main et ne photographiez pas*** les symboles des esprits villageois et la porte des Esprits (à l'entrée des villages) : les villageois pensent que vous blessez ou volez leurs esprits.
– ***N'achetez pas d'objets anciens*** appartenant aux familles depuis des générations, car c'est leur patrimoine. Essayez d'encourager l'économie villageoise en achetant leurs fabrications artisanales destinées à la vente. C'est une source légale de revenus pour eux.
– ***Porter autant que possible des vêtements propres*** et qui, en tout cas, couvrent bien le corps.
– ***Dans les villages akha,*** il est interdit de casser ou d'arracher les branches des arbres.
– ***Si du whisky laotien*** vous est offert, ne vous enivrez pas et évitez toute agressivité.
– ***N'encouragez pas la mendicité*** des enfants en leur donnant de l'argent. Préférez les petits cadeaux : petits jouets, stylos, etc.
– ***Si vous logez dans une famille,*** proposez-lui de payer votre logement et votre nourriture, c'est la moindre des politesses.
– ***Ne faites pas de propagande*** religieuse ou politique aux villageois : vous auriez des ennuis avec la police, et les habitants n'en ont pas besoin.
– ***Évitez de parler trop fort*** dans les villages : c'est une pratique impolie.
– ***Ne marchez pas seul hors du village,*** si vous voyez que cela gêne vos hôtes, parce qu'ils se sentent responsables de votre sécurité.

SEXE

Le Laos n'a rien à voir avec la Thaïlande du point de vue du débridement sexuel. Soucieux de respectabilité, le nouveau régime n'a pas été tendre avec les prostituées. Celles qui ne sont pas parties travailler dans les bordels thaïlandais ont été envoyées dans des camps de rééducation pour une période plus ou moins longue. Cependant, depuis les années 1990, avec l'ouverture du pays au tourisme, les choses évoluent... La prostitution est en plein développement, sans que cela atteigne les ravages du pays voisin. Dans la plupart des boîtes laotiennes et dans certains bars, les belles de nuit sont bel et bien présentes. Les prostituées sont généralement de jeunes femmes issues de milieux défavorisés, orphelines, mères célibataires ou sans famille proche, déjà en marge de la société traditionnelle.
Que faire si l'on est abordé ? À vous de voir. Mais à notre avis, il vaut mieux s'abstenir. Il serait désolant qu'en raison du comportement de quelques-uns le gouvernement remette en cause l'ouverture touristique. De même, sans faire de cours de morale, avec la propagation du sida, il est bien évident qu'il faut absolument sortir couvert. Le sida touche surtout le nord du Laos, où la maladie est véhiculée par les héroïnomanes et les ouvriers travaillant sur les chantiers chinois, qui fréquentent des prostituées. Également de nombreux cas à la frontière avec la Thaïlande, liés eux aussi à la prostitution... Heureusement, le préservatif est entré progressivement dans les mœurs, au moins dans les villes.
Cela dit, les Laotiens ne sont pas bégueules. Les rencontres sont toujours possibles. Et rien n'interdit de vivre une belle histoire d'amour ; mais attention, on vous demandera peut-être de célébrer très vite le mariage... d'autant que, du point de vue légal, les relations hors mariage avec un(e) Laotien(ne) ne sont pas admises. En cas d'infraction, il est prévu la confiscation du passeport, une amende (minimum 1 000 $) ainsi qu'une peine de prison.

SITES INSCRITS AU PATRIMOINE MONDIAL DE L'UNESCO

Organisation des Nations Unies pour l'éducation, la science et la culture · En coopération avec le Centre du patrimoine mondial

Pour figurer sur la liste du Patrimoine mondial, les sites doivent avoir une valeur universelle exceptionnelle et satisfaire à au moins un des 10 critères de sélection. La protection, la gestion, l'authenticité et l'intégrité des biens sont également des considérations importantes.
Le patrimoine est l'héritage du passé dont nous profitons aujourd'hui et que nous transmettons aux générations à venir. Nos patrimoines culturel et naturel sont deux sources irremplaçables de vie et d'inspiration. Ces sites appartiennent à tous les peuples du monde, sans tenir compte du territoire sur lequel ils sont situés. Pour plus d'informations : • *whc.unesco.org* •

– La ville de ***Luang Prabang*** (1995).
– Le ***Vat Phou*** et les anciens établissements associés du paysage culturel de ***Champasak*** (2001).

SPORTS ET LOISIRS

Volley-ball et *katow*

Le volley-ball est le sport le plus populaire au Laos. On trouve des terrains de volley jusque dans les villages les plus reculés de la brousse, et même dans les monastères. Le *katow* se joue avec un ballon ou une balle en rotin ou en bambou, que l'on peut toucher avec les pieds ou toutes les parties du corps sauf les mains et les bras.

Pétanque

Cet héritage de la présence française perdure avec une popularité étonnante. On trouve des boulodromes jusque dans les villages paumés. Les Laotiens s'y retrouvent en fin d'après-midi et se prennent pour Marius, ponctuant leurs commentaires d'expressions françaises du genre : « C'est bon ! » Ils sont aussi ravis de partager des parties avec les touristes français.

Football

La jeunesse laotienne en est folle ! Les maillots à l'effigie de joueurs japonais ou coréens sont légion, et les terrains vagues, les cours de récré ou les bancs de sable du Mékong se transforment le soir en terrains improvisés. Souvent, les matchs ont lieu le samedi à 15h pendant la saison sèche.

Combats de coqs

Très populaires, surtout dans la région de Luang Prabang et plus au nord, à Nong Khiaw. Ils sont officiellement interdits depuis 1993, mais l'application de cette loi est toute symbolique. Ils ont lieu en général le week-end ou à l'occasion de certaines fêtes religieuses. Des paris sont organisés, même si officiellement, là encore, les jeux d'argent sont interdits au Laos. Violent et cruel. Toutes les traditions ne sont pas si bonnes à garder.

les ROUTARDS sur la FRANCE 2020-2021

(dates de parution sur • *routard.com* •)

Découpage de la FRANCE par le ROUTARD

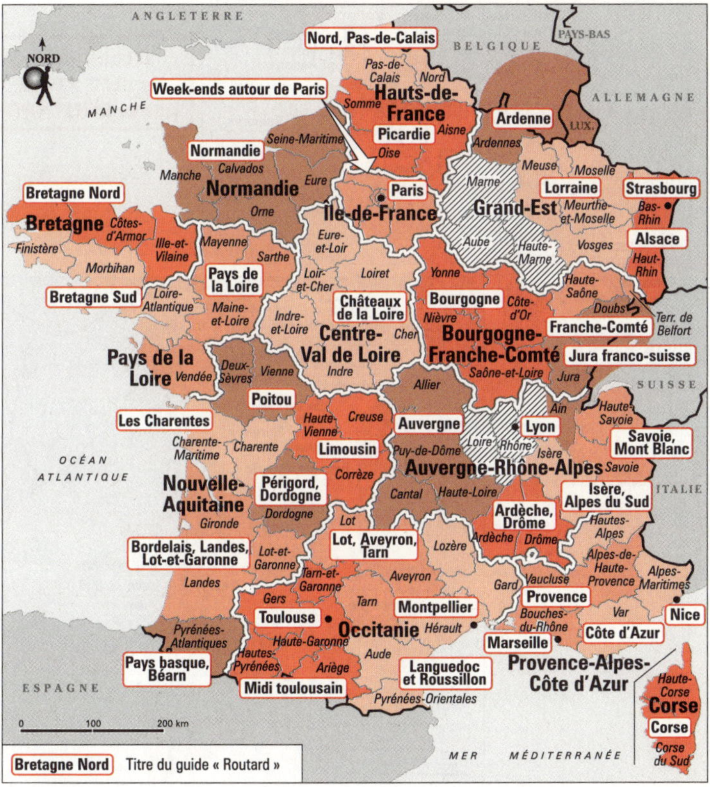

Autres guides sur la France

- Hébergements insolites en France
- Nos meilleurs campings en France
- Nos meilleures chambres d'hôtes en France

Autres guides sur Paris

- Paris
- Paris balades
- Paris exotique
- Restos et bistrots de Paris
- Le Routard des amoureux à Paris
- Week-ends autour de Paris

Le Routard à vélo

- EuroVelo6
- La Bourgogne du Sud à vélo
- La Loire à Vélo
- La Vélodyssée (Roscoff-Hendaye)
- Le Canal des 2 mers à vélo
- Paris Île-de-France à vélo
- ViaRhôna

les ROUTARDS sur l'ÉTRANGER 2020-2021

(dates de parution sur • **routard.com** •)

Découpage de l'ESPAGNE par le ROUTARD

Découpage de l'ITALIE par le ROUTARD

Autres pays européens

- Allemagne
- Angleterre, Pays de Galles
- Autriche
- Belgique
- Bulgarie
- Crète
- Croatie
- Danemark, Suède
- Écosse
- Finlande
- Grèce continentale
- Hongrie
- Îles grecques et Athènes
- Irlande
- Islande
- Madère
- Malte
- Norvège
- Pays baltes : Tallinn, Riga, Vilnius
- Pologne
- Portugal
- République tchèque, Slovaquie
- Roumanie
- Suisse

Villes européennes

- Amsterdam
- Berlin
- Bruxelles
- Budapest
- Copenhague
- Dublin
- Lisbonne
- Londres
- Moscou
- Naples
- Porto
- Prague
- Saint-Pétersbourg
- Stockholm
- Vienne

les ROUTARDS sur l'ÉTRANGER 2020-2021

(dates de parution sur • **routard.com** •)

Découpage des ÉTATS-UNIS par le ROUTARD

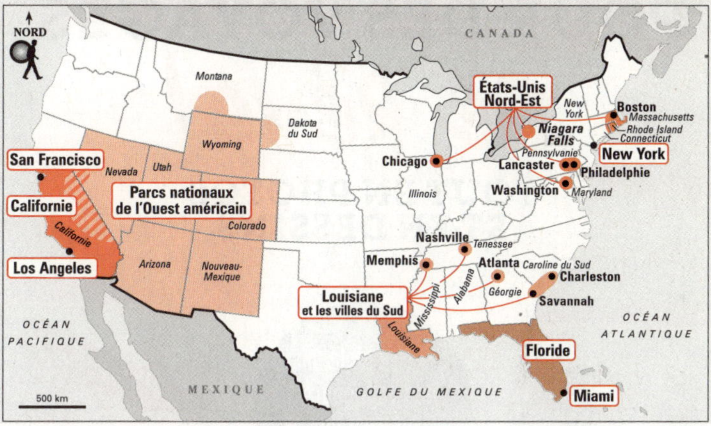

Autres pays d'Amérique

- Argentine
- Brésil
- Canada Ouest
- Chili et île de Pâques
- Colombie
- Costa Rica
- Équateur et les îles Galápagos
- Guatemala, Belize
- Mexique
- Montréal
- Pérou, Bolivie
- Québec et Ontario

Asie et Océanie

- Australie côte est + Red Centre
- Bali, Lombok
- Bangkok
- Birmanie (Myanmar)
- Cambodge, Laos
- Chine
- Hong Kong, Macao, Canton
- Inde du Nord
- Inde du Sud
- Israël et Palestine
- Istanbul
- Jordanie
- Malaisie, Singapour
- Népal
- Shanghai
- Sri Lanka (Ceylan)
- Thaïlande
- Tokyo, Kyoto et environs
- Turquie
- Vietnam

Afrique

- Afrique du Sud
- Égypte
- Kenya, Tanzanie et Zanzibar
- Maroc
- Marrakech
- Sénégal
- Tunisie

Îles Caraïbes et océan Indien

- Cuba
- Guadeloupe, Saint-Martin, Saint-Barth
- Île Maurice, Rodrigues
- Madagascar
- Martinique
- République dominicaine (Saint-Domingue)
- Réunion

Guides de conversation

- Allemand
- Anglais
- Arabe du Maghreb
- Arabe du Proche-Orient
- Chinois
- Croate
- Espagnol
- Grec
- Italien
- Japonais
- Portugais
- Russe
- G'palémo (conversation par l'image)

Livres-photos/Livres-cadeaux

- L'éphéméride du Routard
- Voyages
- Voyages : États-Unis (octobre 2019)
- Voyages : France (octobre 2019)
- Voyages : Italie
- Road Trips (40 itinéraires sur les plus belles routes du monde)
- Nos 120 coins secrets en Europe
- Les 50 voyages à faire dans sa vie
- 1 200 coups de cœur dans le monde
- 1 200 coups de cœur en France
- Nos 52 week-ends dans les plus belles villes d'Europe
- Nos 52 week-ends coups de cœur en France
- Cahier de vacances du Routard

Nous tenons à remercier tout particulièrement Loup-Maëlle Besançon, Thierry Bessou, Gérard Bouchu, François Chauvin, Grégory Dalex, Fabrice Doumergue, Cédric Fischer, Carole Fouque, Nicolas George, Michelle Georget, David Giason, Claude Hervé-Bazin, Emmanuel Juste, Dimitri Lefèvre, Fabrice de Lestang, Romain Meynier, Éric Milet, Pierre Mitrano, Jean-Sébastien Petitdemange, Thomas Rivallain et Jean Tiffon pour leur collaboration régulière.

Brice Andlauer
Jean-Jacques Bordier-Chêne
Agnès Debiage
Coralie Delvigne
Jérôme Denoix
Tovi et Ahmet Diler
Clélie Dudon
Sophie Duval
Alain Fisch
Bérénice Glanger
Adrien et Clément Gloaguen
Sébastien Jauffret
Alexia Kaffès
Augustin Langlade
Jacques Lemoine
Aline Morand
Louis Nagot
Caroline Ollion
Martine Partrat
Odile Paugam et Didier Jehanno
Céline Ruaux
Prakit Saiporn
Nejma Tahri Hassani
Alice Tonasso
Caroline Vallano

Direction : Nathalie Bloch-Pujo
Direction éditoriale : Élise Ernest
Édition : Matthieu Devaux, Olga Krokhina, Gia-Quy Tran, Julie Dupré, Emmanuelle Michon, Pauline Janssens, Amélie Ramond, Margaux Lefebvre
Ont également collaboré : Agnès Petit, Marie Gosset et Alice Caputo
Cartographie : Frédéric Clémençon et Aurélie Huot
Contrôle de gestion : Jérôme Boulingre et Yannis Villeneuve
Secrétariat : Catherine Maîtrepierre
Fabrication : Nathalie Lautout et Audrey Detournay
Relations presse : COM'PROD, Fred Papet. ☎ 01-70-69-04-69.
• *info@comprod.fr* •, Martine Levens (Belgique) et Maureen Browne (Suisse)
Direction marketing : Adrien de Bizemont, Élodie Darty et Charlotte Brou
Informatique éditoriale : Lionel Barth
Couverture : Clément Gloaguen et Seenk
Maquette intérieure : le-bureau-des-affaires-graphiques.com, Thibault Reumaux et npeg.fr
Direction partenariats : Jérôme Denoix
Contact Partenariats et régie publicitaire : Florence Brunel-Jars
• *fbrunel@hachette-livre.fr* •

INDEX GÉNÉRAL

INDEX GÉNÉRAL

LISTE DES CARTES ET PLANS

IMPORTANT : DERNIÈRE MINUTE

Sauf rare exception, le *Routard* bénéficie d'une parution annuelle à date fixe. Entre deux dates, des événements fortuits (formalités, taux de change, catastrophes naturelles, conditions d'accès aux sites, fermetures inopinées, etc.) peuvent intervenir et modifier vos projets de voyage. Pour éviter les déconvenues, nous vous recommandons de consulter la rubrique « Guide » par pays de notre site ● ***routard.com*** ● et plus particulièrement les dernières ***Actus voyageurs.***

Remarque importante aux hôteliers et restaurateurs

Les enquêteurs du *Routard* travaillent dans le plus strict anonymat. Aucune réduction, aucun avantage quelconque, aucune rétribution n'est jamais demandé en contrepartie. Face aux aigrefins, la loi autorise les hôteliers et restaurateurs à porter plainte.

Avis aux lecteurs

Le Routard, ce n'est pas comme le bon vin, il vieillit mal. On ne veut pas pousser à la consommation, mais évitez de partir avec une édition ancienne. Les modifications sont souvent importantes.

Les réductions accordées à nos lecteurs ne sont jamais demandées par nos rédacteurs afin de préserver leur indépendance. Les hôteliers et restaurateurs sont sollicités par une société de mailing, totalement indépendante de la rédaction, qui reste donc libre de ses choix. De même pour les autocollants et plaques émaillées.

Les **Routards** *parlent aux* **Routards**

Faites-nous part de vos expériences, de vos découvertes, de vos tuyaux et de vos coups de cœur. Aidez-nous à remettre l'ouvrage à jour. Indiquez-nous les renseignements périmés. Faites profiter les autres de vos adresses nouvelles, combines géniales... On adresse un exemplaire gratuit de la prochaine édition à ceux qui nous envoient les meilleurs courriers, pour la qualité et la pertinence des informations.

Quelques conseils cependant :

– Envoyez-nous votre courrier le plus tôt possible afin que l'on puisse insérer vos tuyaux sur la prochaine édition.

– N'oubliez pas de préciser l'ouvrage que vous désirez recevoir, ainsi que votre adresse postale.

– Vérifiez que vos remarques concernent l'édition en cours et notez les pages du guide concernées par vos observations.

– Quand vous indiquez des hôtels ou des restaurants, pensez à signaler leur adresse précise et, pour les grandes villes, les moyens de transport pour y aller.

Si vous le pouvez, joignez la carte de visite de l'hôtel ou du resto décrit.

En tout état de cause, merci pour vos nombreux mails.

122, rue du Moulin-des-Prés, 75013 Paris

● *guide@routard.com* ● *routard.com* ●

Édité par Hachette Livre (58, rue Jean-Bleuzen, CS 70007, 92178 Vanves Cedex, France)
Photocomposé par Jouve (rue de Monbary, 45140 Ormes, France)
Imprimé par Lego SPA Plant Lavis (via Galileb Galilei, 11, 38015 Lavis, Italie)
Achevé d'imprimer le 2 août 2019
Collection n° 13 - Édition n° 01
54/3577/2
I.S.B.N. 978-2-01-706800-6
Dépôt légal : août 2019

PAPIER À BASE DE FIBRES CERTIFIÉES